Uwe Backes/Eckhard Jesse
Politischer Extremismus in der Bundesrepublik Deutschland

Uwe Backes/Eckhard Jesse

Politischer Extremismus
in der Bundesrepublik Deutschland

Propyläen

Buchhandelsausgabe:
© 1993 Verlag Ullstein GmbH, Berlin · Frankfurt/Main
Alle Rechte vorbehalten
Satzherstellung: Fotosatz Froitzheim, Bonn
Druck: Franz Spiegel Buch GmbH, Ulm
ISBN 3 549 05155 7

Gedruckt auf alterungsbeständigem Papier
mit chlorfrei gebleichtem Zellstoff

Die Deutsche Bibliothek – CIP-Einheitsaufnahme

Backes, Uwe:
Politischer Extremismus in der Bundesrepublik Deutschland/
Uwe Backes ; Eckhard Jesse. – Berlin : Propyläen, 1993
   ISBN 3-549-05155-7
NE: Jesse, Eckhard:

Inhalt

I. Einleitung

1. Bedeutung der Thematik in Politik und Politikwissenschaft

Die Entwicklung der deutschen Politikwissenschaft nach dem Zweiten Weltkrieg ist entscheidend geprägt durch das Ende der ersten deutschen Demokratie und den Sieg einer Diktatur, die namenloses Leid über einen Teil der Menschheit gebracht hat. Ein politisches System wie das des Nationalsozialismus und des Kommunismus sollte unter allen Umständen verhindert werden, ebenso aber die Form einer Demokratie wie jene der Weimarer Republik, die nach dem Bewußtsein vieler Zeitgenossen die Entstehung einer totalitären Diktatur wenn nicht begünstigt, so doch nicht wirkungsvoll unterbunden hat. Bei allen sonstigen Verschiedenheiten bestand unter den Gründungsvätern der deutschen Politikwissenschaft nach dem Zweiten Weltkrieg über diese Weichenstellung Konsens.

Es gibt in der deutschen Politikwissenschaft seit längerem einen Grundsatzstreit über das Selbstverständnis des Faches[1]. Dies ist nicht ungewöhnlich, da auch andere Disziplinen über geeignete Ansätze und Methoden ringen. Die Schwierigkeiten im Hinblick auf die Politikwissenschaft sind jedoch insofern besonderer Natur, als diese Disziplin erst nach dem Zweiten Weltkrieg – und dann auch nur allmählich – an den Universitäten hat Fuß fassen können[2]. Gleichwohl blickte das neue Fach auf eine ehrwürdige Tradition zurück, die in Deutschland bis ins 16. Jahrhundert zurückgeht[3] und insgesamt bis zu Platon und Aristoteles reicht. Die Politikwissenschaft mußte sich in den fünfziger Jahren zum Teil mit Vorurteilen alteingesessener Nachbarfächer aus-

---

1 Vgl. etwa die nützliche Bestandsaufnahme von Klaus von Beyme (Hrsg.), Politikwissenschaft in der Bundesrepublik Deutschland. Entwicklungsprobleme einer Disziplin, Opladen 1986.
2 Vgl. etwa die Ausführungen bei Hans-Peter Schwarz, Probleme der Kooperation von Politikwissenschaft und Soziologie in Westdeutschland, in: Dieter Oberndörfer (Hrsg.), Wissenschaftliche Politik, Freiburg 1962, S. 297–333; Erwin Faul, Politikwissenschaft im westlichen Deutschland, in: PVS, 20 (1979), S. 71–103, Klaus von Beyme, Modern Schools of Politics: Western Germany, in: GO, 17 (1982), S. 94–107; Herfried Münkler, Politikwissenschaft. Zu Geschichte und Gegenwart, Schulen und Methoden des Fachs, in: Iring Fetscher/Herfried Münkler (Hrsg.), Politikwissenschaft. Begriffe – Analysen – Theorien. Ein Grundkurs, Reinbek bei Hamburg 1985, S. 10–24.
3 Vgl. dazu Hans Maier, Politische Wissenschaft in Deutschland. Lehre und Wirkung, erw. Neuausgabe, München 1985 (1969); siehe auch ders., Die ältere deutsche Staats- und Verwaltungslehre (Polizeiwissenschaft). Ein Beitrag zur Geschichte der politischen Wissenschaft in Deutschland, Neuwied 1980[2] (1966).

einandersetzen[4], wonach sie keine »richtige« Wissenschaft sei, allenfalls eine »Hilfswissenschaft«. Diese Kritik war ebenso anmaßend wie die aus der Defensivposition geborene Selbststilisierung als »Königswissenschaft«[5]. In dem Maße, wie die Vorbehalte anderer Disziplinen schwanden, nahmen interne Ausdifferenzierungen, Separierungstendenzen und Streitigkeiten über das Selbstverständnis des Faches zu[6]. Aus der Kritik zweier umfassender Monographien zur Entwicklung der Politikwissenschaft in der Bundesrepublik[7] – derjenigen von Hans Kastendiek und Hans-Joachim Arndt[8] – kann die dieser Studie zugrundeliegende Intention gleichsam kontrapunktisch erhellt werden.

Kastendiek geht von einem – durchaus differenzierten – marxistischen Ansatz aus und begreift den Wandel der Politikwissenschaft als Ausfluß gesellschaftlich-politischer Veränderungen. Durch das von Ernst Fraenkel und anderen verfochtene Konzept der »Integrationswissenschaft« habe die Politologie auf eine Konfrontation mit anderen Fächern verzichtet, indem sie bloß jene Aspekte ergänzte, die andere Disziplinen vernachlässigten. Zudem habe sie ihr früheres Postulat der »Oppositionswissenschaft« durch den Verzicht auf eigene Methoden zur Erfassung politischer Phänomene aufgegeben. »Zwar sollte mit Hilfe des *Integrationskonzeptes* die Politologie gerade in die Lage versetzt werden, das wissenschaftsorganisatorische Kästchendenken *zu überwinden*, aber die Abgrenzung von den anderen Fächern auf der Basis eines engen Politikbegriffes hatte genau den umgekehrten Effekt.«[9] Damit will Kastendiek erklären, weshalb die Politikwissenschaft sich an den Universitäten durchsetzen konnte. Sie sei von einer »Oppositionswissenschaft« zu einer unkritischen »Legitimationswissenschaft« geworden, die das etablierte System nicht von Grund auf in Frage stellte. Die »westliche Demokratie« wurde ebenso bejaht wie die »Totalitarismustheorie«. Das Aufkommen und Vordringen marxistischer Theorieansätze oder, mit den Wor-

---

4   Vgl. etwa die Vorbehalte des Historikers Gerhard Ritter gegen die »neue, aus Amerika importierte Wissenschaft von der Politik«. Zitiert nach Karl Dietrich Bracher, Politik und Politische Wissenschaft (1965), in: ders., Das deutsche Dilemma, München 1971, S. 319.
5   Zu den Begriffen »Hilfswissenschaft« und »Königswissenschaft« vgl. u. a. Ulrich von Alemann/Erhard Forndran, Methodik der Politikwissenschaft, Stuttgart u. a. 1974, S. 18–21; Paul Noack, Was ist Politik?, München - Zürich 1976, S. 18–23.
6   Allerdings wird damit nicht eine direkte Wechselbeziehung unterstellt.
7   Daneben gibt es noch eine weitere Gesamtdarstellung zur Entwicklung des Faches, die hier allerdings weitgehend vernachlässigt wird, da sie sich im wesentlichen auf die Institutionalisierung der Disziplin beschränkt und die Rolle der Politikwissenschaft als Normwissenschaft nur am Rande berührt: Arno Mohr, Politikwissenschaft als Alternative. Stationen einer wissenschaftlichen Disziplin auf dem Wege zu ihrer Selbständigkeit in der Bundesrepublik Deutschland 1945–1965, Bochum 1988. Siehe allerdings ebd., S. 287–301. Mohr bemängelt »das gleichsam hymnische Bekenntnis der Politikwissenschaft zur ›Demokratie‹«, wie er die Interpretation des »ideologische[n] Antagonismus von Demokratie und Totalitarismus« (ebd., S. 293, S. 296) tadelt. Aufgrund der unzureichenden Differenzierung zwischen der deskriptiven und der präskriptiven Ebene wird nicht immer deutlich, ob er nur die Überfrachtung mit erzieherischen Momenten kritisiert oder ob er das normative Konzept der zeitgenössischen scientific community prinzipiell in Frage stellt.
8   Vgl. Hans Kastendiek, Die Entwicklung der westdeutschen Politikwissenschaft, Frankfurt/M. 1977; Hans-Joachim Arndt, Die Besiegten von 1945. Versuch einer Politologie für Deutsche samt Würdigung der Politikwissenschaft, Berlin 1978.
9   H. Kastendiek (Anm. 8), S. 212 (Hervorhebung im Original).

ten Kastendieks, »gesellschaftskritischer Politikanalyse«[10] sei ein Zeichen begrüßenswerter Desintegration und kein »Zerfall«, wie es manche Kritiker bemängelten[11]. Tatsächlich ging die »innerwissenschaftliche Feindererklärung«[12] von einer militant dogmatischen Richtung aus, die der »bürgerlichen Wissenschaft« den Kampf ansagte. So läßt sich auch die heftige Kritik Fraenkels, der in den fünfziger Jahren Vorbehalte gegenüber der jungen Politikwissenschaft abzubauen bemüht war, nur als Reaktion auf eine intransigente Strömung begreifen, die danach trachtete, einen Grundkonsens von Wissenschaftspluralismus aufzulösen[13]. Kastendiek verwechselt mithin Ursache und Wirkung. Seine Kritik an der »Integrationswissenschaft« führt zudem insofern in die Irre, als sie unterstellt, die »Väter« der Politikwissenschaft hätten sich als »Oppositionswissenschaftler« verstanden.

Aus einer ganz anderen Richtung kommt die zweite große Arbeit zu einer negativen Einschätzung der Politikwissenschaft in der Bundesrepublik. Die Studie von Hans-Joachim Arndt »ist eine Generalabrechnung mit 30 Jahren Politikwissenschaft in der Bundesrepublik«[14]. Von einem recht abstrakten Begriff der »historischen Lage-Analyse«[15] ausgehend, unterzieht er nicht nur die marxistischen Schulen einer heftigen Kritik, bescheinigt vielmehr auch den Gründungsvätern der Politikwissenschaft in der Bundesrepublik Versagen. Die nationale Lage der Deutschen sei von ihnen so gut wie nicht thematisiert worden. Damit attackiert der Autor jene Politikwissenschaftler, die ihr Fach auch oder gar in erster Linie als »Demokratiewissenschaft« verstanden haben. Im Grund sei das wirkliche Problem der Deutschen – ihre nationale Identität – verdrängt oder bewußt ignoriert worden. Arndt arbeitet unter dem Signum »Demokratiewissenschaft« Parallelen zwischen Arnold Bergstraesser und Wolfgang Abendroth heraus[16]. Beide seien engagierte Verfechter der »Demokratiewissenschaft« gewesen. Die Position von Bergstraesser ist jedoch keineswegs einfach die Kehrseite der Auffassung Abendroths, der gegenüber der »Demokratiewissenschaft« ohnehin Bedenken angemeldet und davor gewarnt hat, »die nationalsozialistische oder von einer anderen Ideologie her bestimmte ›politische Schulung‹ durch eine ›demokratische politische Schulung‹ zu ersetzen«[17]. Abgesehen davon: Damit setzt Arndt das Problem der »nationalen Identität« nahezu absolut. Eine »Politologie für Deutsche« – wäre sie nicht notgedrungen provinziell? Es ist ein merkwürdiger Umstand, daß Arndt nach all den bitteren historischen Erfahrungen ausgerechnet so heftig gegen jene Form der »Demokratiewissenschaft« polemisiert, deren Intentionen gerade in der Akzentuierung freiheitlicher Werte lagen.

Kastendiek und Arndt stimmen – ungeachtet ihrer unterschiedlichen Ausrichtung – in der Ablehnung der – vereinfacht gesprochen – »etablierten« Politikwissenschaft

---

10 Ebd., S. 338.
11 Vgl. ebd., insbes. S. 315–323. Kastendiek setzt sich vor allem mit Alexander Schwan auseinander.
12 Ebd., S. 315.
13 Vgl. Ernst Fraenkel, Der Konflikt an der Freien Universität, in: ders., Universität und Demokratie, Stuttgart u. a. 1967, S. 36–70.
14 So Ulrich von Alemann, Gibt es eine »deutsche« Politikwissenschaft?, in: Das Parlament vom 7. April 1979.
15 Vgl. H.-J. Arndt (Anm. 8), S. 103–110.
16 Vgl. ebd., S. 265–274.
17 Zitiert nach A. Mohr (Anm. 7), S. 295.

überein. Während Kastendiek vor allem die »Integrationswissenschaft« harsch kritisiert, attackiert Arndt insbesondere die Funktion der westdeutschen Politikwissenschaft als »Demokratiewissenschaft«. In diesem Punkt treffen sie sich mit der anders angelegten Studie von Klaus Günther, der die deutsche Politikwissenschaft danach unterteilt, ob sie »Weimar-abhängig« oder »Bonn-abhängig« ist[18]. Als »Weimar-abhängig« gilt jene Richtung, die die Gegenwartsprobleme mittels der negativen Weimarer Erfahrungen zu interpretieren sucht, als »Bonn-abhängig« dagegen firmiert die aus dem Schatten von Weimar herausgetretene Forschung. Sie habe sich erst seit Ende der sechziger Jahre entwickeln können und weise eine maximalistisch-demokratische, eine marxistische und szientistische Inspiration auf. Nun hat es gewiß ein Weimarer Trauma gegeben, und manche Entwicklung in der Bundesrepublik ist in der Tat allzu sehr an der von Weimar gemessen worden, aber Günther muß strikt widersprochen werden, wenn er die »etablierte« Politikwissenschaft »im Banne von Weimar«[19] sieht. Erstens läßt sich die Mannigfaltigkeit der Politikwissenschaft bis Mitte der sechziger Jahre nicht auf diesen Aspekt reduzieren, und zweitens – vor allem – handelt es sich nicht überwiegend um vergangenheitsorientierte Denkmuster: Wer etwa die Notwendigkeit betont, eine Demokratie zu schützen und den politischen Extremismus aufmerksam zu beobachten, ist zutiefst an der Lage der Gegenwart ausgerichtet. »Weimar- und Bonn-Abhängigkeit« müssen übrigens keine Gegensätze sein. Die Extremismus-Forschung in der Bundesrepublik, sofern man angesichts zumeist recht bescheidener Beiträge überhaupt von einer solchen sprechen kann, ist längst aus dem Schatten Weimars herausgetreten.

Mit »Integrationswissenschaft« und »Demokratiewissenschaft« sind zwei eng mit dem Namen von Ernst Fraenkel – einem der Nestoren der deutschen Politikwissenschaft[20] und dem Begründer einer neopluralistischen Demokratietheorie[21] – verbundene Begriffe genannt. Die Verfasser begreifen Politikwissenschaft in ihrer Studie über den politischen Extremismus *auch* als »Integrationswissenschaft« und »Demokratiewissenschaft«, halten aber einen Exklusivitätsanspruch für unangemessen, zwänge dieser doch unterschiedliche Ansätze und Gegenstände in das Prokrustesbett einer einzigen Richtung. Wegen der Relevanz der Begriffe erscheint es geboten, auf sie näher einzugehen und den Zusammenhang zur Arbeit darzulegen.

Politikwissenschaft als »Integrationswissenschaft« – der Begriff stammt wohl von Ernst Fraenkel[22] – soll unter spezifischen Fragestellungen Themen erörtern, mit denen sich auch andere Disziplinen befassen. Dieser Umstand ist nicht zuletzt wissenschaftsgeschichtlich bedingt (Politikwissenschaft als »neue« Wissenschaft). Ernst

---

18 Vgl. Klaus Günther, Politisch-soziale Analyse im Schatten von Weimar, Frankfurt/M. 1985, insbes. S. 73–81.
19 Vgl. ebd., S. 108.
20 Zu Fraenkel vgl. ausführlich Hans Kremendahl, Pluralismustheorie in Deutschland, Leverkusen 1977; Joachim Detjen, Neopluralismus und Naturrecht. Zur politischen Philosophie der Pluralismustheorie, Paderborn 1988; Hubertus Buchstein, Politikwissenschaft und Demokratie. Wissenschaftskonzeption und Demokratietheorie sozialdemokratischer Nachkriegspolitologen in Berlin, Baden-Baden 1992, S. 242–265.
21 Vgl. Ernst Fraenkel, Deutschland und die westlichen Demokratien, hrsg. von Alexander von Brünneck, Frankfurt/M. 1991[7] (1964).
22 Vgl. ders., Das amerikanische Regierungssystem, Köln-Opladen 1960, S. 15. Soweit feststellbar, tauchte hier der Begriff »Integrationswissenschaft« das erste Mal auf.

Fraenkel und Karl Dietrich Bracher waren sich darin einig, »daß ein wissenschaftlich vertieftes Verständnis eines politischen Phänomens nur durch Verwendung einer synoptischen Methode möglich ist, die neben dem historischen Ausgangspunkt auch die philosophischen, soziologischen, juristischen, ökonomischen und psychologischen Aspekte ausreichend in Rechnung stellt, die zu seiner wissenschaftlichen Klarstellung erforderlich sein mögen. Diese Notwendigkeit ergibt sich aus dem Charakter der Politologie als einer Integrationswissenschaft.«[23] Dabei wird eine Prioritätensetzung bewußt vermieden, das Recht, beispielsweise, nicht als Ausfluß ökonomischer Grundbedingungen gedeutet[24].

Unter »Integrationswissenschaft« ist aber nicht nur die Verwendung einer synoptischen Methode zu verstehen, sondern auch die Verbindung von empirisch-deskriptiver Analyse mit normativen Betrachtungsweisen. Politikwissenschaft in diesem Sinne hat die politische Wirklichkeit zu analysieren *und* zu bewerten. Die Orientierung an Normen darf nicht fehlen. Die Politikwissenschaft soll untersuchen, »ob in einem politischen Gemeinwesen die institutionellen, intellektuellen, wirtschaftlichen, sozialen und moralischen Bedingungen erfüllt sind, die es ermöglichen, eine Lösung der jeweils anfallenden innen- und außenpolitischen Tagesprobleme zu erreichen, die den praktischen Bedürfnissen einer wirksamen Regierung und Verwaltung und den Mindestanforderungen eines geläuterten Gemeinwohls Genüge tut. Sie hat gegebenenfalls dazu Stellung zu nehmen, welche Schritte notwendig und erfolgversprechend sind, um Fehlerquellen zu beseitigen, die dies erschweren oder gar zu vereiteln vermögen.«[25] Natürlich muß die Akzentsetzung je nach Thematik eine andere sein. Einer wertrelativistischen Lehre wird damit ebensowenig Vorschub geleistet wie einer Verschleierungsideologie, hat Fraenkel doch an der Idee des Gemeinwohls festgehalten, dieses aber als »regulative Idee« interpretiert und nicht als vorgegeben angesehen.

Für die Extremismusthematik bedeutet »Integrationswissenschaft« folgendes: Um die Vielfalt der Probleme einzufangen, finden besonders historische, rechtliche, soziologische und auch psychologische Forschungsfelder Berücksichtigung. Auf diese Weise lassen sich Verbindungslinien ziehen und Forschungsstränge zusammenführen. Die Ausblendung oder die inadäquate Gewichtung einzelner Problembereiche, wie sie einschlägige Arbeiten mitunter auszeichnet, wird so am ehesten vermieden. Diese Unzulänglichkeit ist nicht zuletzt ein Ausdruck der immer stärkeren Spezialisierung und birgt die Gefahr einer isolierten Betrachtungsweise oder gar eines wissenschaftlichen Solipsismus in sich, obwohl gerade die Extremismusthematik aufgrund ihres schwer einzugrenzenden Gegenstandsbereichs einer umfassenden Erörterung bedarf. Die Arbeit ist – entsprechend dem erwähnten Konzept der »Integrationswissenschaft« speziell in der Version Fraenkels – sowohl empirisch-analytisch als auch normativ angelegt. Es wird also nicht die These geteilt, daß »kein Kompromiß zwischen

23 Ernst Fraenkel/Karl Dietrich Bracher, Vorwort, in: dies., Fischer Lexikon Staat und Politik, Neuausgabe, Frankfurt/M. 1964, S. 8.

24 Vgl. demgegenüber die Welle neo-marxistischer »Staatstheorien« in den siebziger Jahren, die Klaus von Beyme treffend als »typical German *Ableitungsliteratur*« charakterisiert hat. Siehe ders. (Anm. 2), S. 97 (Hervorhebung im Original).

25 Ernst Fraenkel, Die Wissenschaft von der Politik und die Gesellschaft (1963), in: ders., Reformismus und Pluralismus. Materialien zu einer ungeschriebenen politischen Autobiographie, Hamburg 1973, S. 339f.

empirisch-analytischer und normativer Position möglich ist«[26]. Eberhard Schütt-Wetschky gelangt zu diesem Ergebnis, weil sich die empirische Forschung auf den Seinscharakter beziehe, die normative hingegen Sollensaussagen anstrebe. Nun muß das eine jedoch nicht das andere ausschließen[27]. Erst eine angemessene Vorstellung von einem Gemeinwesen, wie es aussehen soll, legitimiert zu einem Verständnis extremistischer Bestrebungen. Oder, anders herum: Gerade eine akribische Aufarbeitung extremistischer Vorstellungen führt zu einem Ansatz, der betont anti-extremistisch ausgerichtet ist. Es besteht eine komplexe Wechselbeziehung. Jedenfalls gilt: Die Politikwissenschaft kapitulierte, beschränkte sie sich lediglich auf eine Systematisierung des rechts- und linksextremistischen Gedankengebäudes und verzichtete auf eine Bewertung. Das bedeutet jedoch keineswegs, die Gemeinsamkeiten extremistischer Vorstellungen zu überschätzen und sie dem demokratischen Verfassungsstaat in Schwarz-weiß-Manier gegenüberzustellen. Extremistische Phänomene weisen Gemeinsamkeiten wie gravierende Unterschiede auf. Das bekannte Bild vom Hufeisen bringt diesen Sachverhalt zum Ausdruck.

Der Begriff der »Demokratiewissenschaft« bedarf ebenfalls der Interpretation. Auch dieser Terminus ist eng mit Ernst Fraenkel verbunden. Schon im Jahre 1955 kam Fraenkel zu einer erstaunlich selbstbewußten Einschätzung des Faches Politikwissenschaft: »Die Wissenschaft von der Politik ist die demokratische Wissenschaft par excellence.«[28] Gewiß läßt sich die emphatische These in dieser Zuspitzung und Verallgemeinerung nicht halten. Sie war unter anderem eine Reaktion auf totalitäre Bedrohungen. Die Politikwissenschaft sollte die pluralistische Demokratie ebenso verteidigen wie die Gefahr autoritär-totalitärer Ordnungsvorstellungen brandmarken. Die These Fraenkels bezog sich nicht zuletzt auch auf den strukturellen Zusammenhang zwischen Demokratie und Politikwissenschaft. So unentbehrlich Politikwissenschaft in einem westlichen Verfassungsstaat sei, so überflüssig werde sie in einem undemokratischen Herrschaftssystem[29] – eine Auffassung, die man allerdings theoretisch und empirisch falsifizieren kann. Das gilt für das Dritte Reich[30] wie für die DDR[31].

---

26 So aber Eberhard Schütt-Wetschky, Praxisorientierte Politikwissenschaft. Zur Begründung einer richtig verstandenen normativen Position, in: Rudolf Wildenmann (Hrsg.), Erkenntnisfragen und Forschungsprobleme der Politikwissenschaft. Beiträge zu einem Colloquium der Deutschen Gesellschaft für Politikwissenschaft e. V. (DGfP), o. O. o. J. (1987), S. 101.

27 Vgl. beispielsweise Hans Herbert von Arnim, Zur normativen Politikwissenschaft. Versuch einer Rehabilitierung, in: Der Staat, 26 (1987), S. 477–496. Siehe auch Peter Graf Kielmansegg, Der wissenschaftliche und philosophische Umgang mit Politik (I) sowie die Diskussion zwischen Jürgen Falter/Iring Fetscher/Wilhelm Hennis, Der wissenschaftliche und philosophische Umgang mit Politik (II), jeweils in: Klaus von Beyme/Ernst-Otto Czempiel/ Peter Graf Kielmansegg (Hrsg.), Funk-Kolleg Politik, Bd. 1, Frankfurt/M. 1987, S. 57–77, S. 78–101.

28 Ernst Fraenkel, Akademische Erziehung auf politische Berufe (1955), in: ders. (Anm. 25), S. 322.

29 Vgl. ebd., S. 322.

30 Vgl. beispielsweise Johannes Weyer, Politikwissenschaft im Faschismus (1933–1945): Die vergessenen zwölf Jahre, in: PVS, 26 (1985), S. 423–437. Ausführlicher (und in der Sache wohl überzogen) Rainer Eisfeld, Ausgebürgert und doch angebräunt. Deutsche Politikwissenschaft 1920–45, Baden-Baden 1991. Zur Diskussion siehe ebenfalls Gerhard Göhler/ Bodo Zeuner (Hrsg.), Kontinuitäten und Brüche in der deutschen Politikwissenschaft, Baden-Baden 1991.

Der Vorwurf marxistischer Kritiker gegenüber der »traditionellen«»Demokratiewissenschaft«, diese gehe von einem »wesentlich formalen Begriff der Demokratie [aus], der an der Zielvorstellung eines möglichst reibungslos funktionierenden Systems institutionalisierter politischer Herrschaft orientiert ist«[32], greift zu kurz, trifft jedenfalls nicht die Position Fraenkels, der stets auf die Konflikthaftigkeit der Politik hingewiesen und daher die »Zielvorstellung eines möglichst reibungslos und konfliktlos funktionierenden Systems«[33] entschieden verworfen hat. Die gängige Kritik am »relativ statischen Set politisch-sozialer Spielregeln«[34] verkennt, daß deren Geltung gerade die Voraussetzung für Wandel und Dynamik bildet. Freilich muß man bei der hier verteidigten »Demokratiewissenschaft« zwischen dem hohen Anspruch und seiner mangelnden praktischen Einlösung unterscheiden. In der Tat war das »gleichsam hymnische Bekenntnis der Politikwissenschaft zur ›Demokratie‹ die spiegelbildliche Verkehrung einer trutzigen Verteidigungshaltung gegenüber den Feinden der Demokratie.«[35] Allerdings kann die Tatsache, daß »Demokratiewissenschaft« in den fünfziger und sechziger Jahren zum Teil steriles »Lehrbuchwissen« vermittelt hat und auch »affirmative« Implikationen besaß, keineswegs heißen, ihre Funktion und ihren Sinn schlechthin in Zweifel zu ziehen. Die aufgestellten Maximen müssen vielmehr auf das eigene demokratische System angewendet werden. Die Kluft zwischen Anspruch und Realität mag ein Ansporn zur Beseitigung bestehender Mängel sein, wobei das notwendigerweise in einem Spannungsverhältnis befindliche Begriffspaar »Verfassungsnorm und Verfassungswirklichkeit« nicht gegeneinander auszuspielen ist.

Die Extremismusthematik ist für die Politikwissenschaft im Sinne von »Demokratiewissenschaft« nicht bloß von exemplarischer, sondern geradezu von herausragender Bedeutung.[36] Am Beispiel des politischen Extremismus erschließt sich – wenn auch nur ex negativo – ein zentraler Aspekt: Man erkennt, was konstitutionelle Demokratie nicht sein kann und darf. Die Studie wird daher auch von der Absicht geleitet, einen Beitrag zur wissenschaftlichen Fundierung der Extremismusforschung

31 Vgl. Michael Th. Greven/Dieter Koop (Hrsg.), War der Wissenschaftliche Kommunismus eine Wissenschaft? Vom Wissenschaftlichen Kommunismus zur Politikwissenschaft, Opladen 1992; Frank Berg/Bärbel Möller/Rolf Reißig, Pro und contra politikwissenschaftliche Forschung in der DDR, in: PVS, 33 (1992), S. 256–277; siehe auch schon Hermann Weber, Ansätze einer Politikwissenschaft in der DDR, Düsseldorf 1971.

32 Jörg Kammler, Gegenstand und Methode der politischen Wissenschaft, in: Wolfgang Abendroth/Kurt Lenk (Hrsg.), Einführung in die politische Wissenschaft, Bern 1968, S. 21.

33 Dieser Vorwurf schlägt auf den Urheber des Zitats zurück, denn »Konfliktlosigkeit« ist eine hervorragende Voraussetzung für »Aufhebung von Herrschaft« und die »Identität von Regierenden und Regierten«. Eben dafür setzt sich nicht nur Kammler ein. Vgl. ders. (Anm. 32), S. 20f.

34 Ebd., S. 21; siehe auch den analogen und häufig zitierten Topos von Jürgen Habermas über den »Set von Spielregeln«. Vgl. ders., Politische Beteiligung – ein Wert »an sich«?, in: Ulrich Matz (Hrsg.), Grundprobleme der Demokratie, Darmstadt 1973, S. 319.

35 So A. Mohr (Anm. 7), S. 293.

36 Siehe zur Begründung Uwe Backes, Politischer Extremismus in demokratischen Verfassungsstaaten. Elemente einer normativen Rahmentheorie, Opladen 1989.

zu leisten, damit diese nicht weiterhin ein Kümmerdasein als »Stiefkind der Politikwissenschaft«[37] fristen muß.

In demokratischen Verfassungsstaaten prallen verschiedene gegenläufige Interessen aufeinander. Postmaterialistische Wertorientierungen stehen materialistischen gegenüber, die Interessen der Unternehmer denen der Gewerkschaften, laizistische Vorstellungen widerstreiten konfessionellen. Ein besonderer Konflikt ist der zwischen Demokratie und Extremismus, weil aufgrund der unterschiedlichen Wertgrundlagen ein Kompromiß nicht möglich ist. Die konträren Positionen lassen sich nicht miteinander versöhnen.

Das zwangsläufige »Aufgeben des demokratischen Belehrungspathos«[38] muß keineswegs das »Aufgeben demokratischer Prinzipien« nach sich ziehen. Was Ernst Fraenkel im Jahre 1955 zu Papier gebracht hat, ist heute so aktuell wie einst: »Die Demokratie ist nicht nur die komplizierteste, sie ist auch die gefährdetste aller Regierungsmethoden.«[39] Insofern bedarf sie des Schutzes, der wiederum so auszugestalten ist, daß er die Grundfesten der Demokratie stabilisiert, gleichzeitig aber freiheitliche Prinzipien nicht außer Kraft setzt. Die Herausforderungen für freiheitliche Gesellschaften erscheinen groß, hält man sich vor Augen, wie deren Gegner agieren und agiert haben: »Die Strategen des totalitären Umsturzes sind sich sehr wohl bewußt, daß die Zeiten des Barrikadenkampfes unwiederbringlich vorüber sind. Sie versuchen nicht mit den Mitteln einer offenen Revolte, sondern mit Hilfe der unmerklich autonomen Organisationen das demokratische Gefüge von innen zu sprengen.[40] Wenn diese Diagnose Fraenkels richtig ist, dann besteht aller Anlaß, sich mit den vielfältigen extremistischen Herausforderungen zu befassen. Wer in Deutschland geglaubt hatte, der politische Extremismus sei nach der Vereinigung völlig ins Abseits gedrängt worden, mußte – zumal aus den neuen Ländern – Gewalttätigkeiten einer rechtsextremen Subkultur gegenüber Fremden erleben.

Allerdings ist bei aller Wachsamkeit kein Grund für Pessimismus geboten, wie nicht zuletzt der nahezu weltweite Zusammenbruch des Kommunismus gezeigt hat. Mit den Worten, mit denen Ferdinand A. Hermens, der Begründer der »Kölner Schule«, vor 25 Jahren seine »Verfassungslehre« eröffnete, soll der erste Abschnitt schließen, denn die Stärkung des demokratischen Verfassungsstaates ist auch eine wesentliche Absicht der Autoren: »Dieses Buch ist ein Protest gegen die Auffassung, daß der demokratische Verfassungsstaat notwendigerweise schwach sei und sich gegenüber dem Extremismus der Linken und der Rechten in der Defensive befinden müsse.«[41]

37 Vgl. Uwe Backes/Eckhard Jesse, Extremismusforschung – ein Stiefkind der Politikwissenschaft, in: Wolfgang Michalka (Hrsg.), Extremismus und streitbare Demokratie, Wiesbaden 1987, S. 9–28.
38 Klaus von Beyme, Die deutsche Politikwissenschaft im internationalen Vergleich, in: ders. (Anm. 1), S. 22.
39 E. Fraenkel (Anm. 28), S. 322.
40 Ebd., S. 325.
41 Ferdinand A. Hermens, Verfassungslehre, Köln-Opladen 1968² (1964), S. V.

2. Problemstellung

Es muß nach den vorangegangenen Überlegungen zur Politikwissenschaft als »Integrationswissenschaft« und »Demokratiewissenschaft« eigentlich verwundern, daß der im folgenden behandelte Themenkreis des politischen Extremismus bisher nicht die Aufmerksamkeit gefunden hat, die ihm eigentlich gebührt. Die Gründe mögen unterschiedlicher Natur sein: Empiriker vermeiden vielfach ein solches Forschungsfeld, weil auf ihm normative Problemhorizonte auftauchen, mit denen sie nichts anzufangen wissen. Es versteht sich von selbst, daß eine marxistische Forschung diese Thematik als (nicht wünschenswerte) Provokation ansieht[42]. Und auch viele andere – die sich weder als Empiriker noch als Marxisten begreifen – tun sich schwer damit, so unterschiedliche Phänomene wie den Marxismus-Leninismus einerseits und den Neonationalsozialismus andererseits auf den Begriff zu bringen.

Leitende Fragestellung dieser Studie soll das Problem sein, inwiefern es angängig ist, für jene politischen Bestrebungen und Bewegungen in der Bundesrepublik, die dem demokratischen Verfassungsstaat den Kampf angesagt haben, den Oberbegriff des Extremismus vorzusehen. Ist der Extremismusbegriff im wissenschaftlichen Raum angesiedelt, oder dient er seitens der »etablierten« Kräfte lediglich zur Stigmatisierung bzw., so ein Modewort, zur »Ausgrenzung« unbequemer Kräfte? Diese Kernfrage ist weit davon entfernt, lediglich theoretischer Natur zu sein.

Zu den wichtigsten Fragen, die in diesem Band der Beantwortung harren, gehören die folgenden: Ist die zweidimensionale Scheidung des politischen Raumes in rechts und links, somit auch in Rechts- und Linksextremisten überhaupt sinnvoll? Welche Merkmale kennzeichnen politische Phänomene als extremistisch? Wo verläuft die Grenzlinie? Wie haben sich Rechts- und Linksextremismus sowie der Terrorismus in der Bundesrepublik entwickelt? Wieso konnten Teile des Linksextremismus in der Bundesrepublik bei meinungsbildenden Kräften auf beachtliche Resonanz stoßen, wie ist das Entstehen einer rechtsextremistischen Subkultur mit einem Hang zur Gewalttätigkeit erklärbar? Welche Gruppierungen besitzen den größten Einfluß? Welche Personen repräsentieren die gewichtigsten Strömungen des politischen Extremismus? Wie lassen sich die rechts- und linksextremistischen Phänomene weiter auffächern? Welche Möglichkeiten der Systematisierung des politischen Extremismus bieten sich an? Sind bei manchen Gruppierungen die Grenzen zwischen demokratischer und extremistischer Aktivität fließend?

Die Thematik würde oberflächlich angegangen, starrte man nur auf extremistische Bewegungen und klammerte das Umfeld aus. Schließlich ist der politische Extremismus in der Bundesrepublik nicht an der Macht. Um so mehr interessiert die Funktionsweise des demokratischen Verfassungsstaates nicht zuletzt im Hinblick auf den Extremismus. Wodurch zeichnet sich der Verfassungsstaat in der Bundesrepublik aus? Sind in seiner mehr als vierzigjährigen Existenz Veränderungen eingetreten? Stellt die Vereinigung Deutschlands eine Zäsur dar? Welche Systemschwächen, die als »Einbruchstellen« des politischen Extremismus gelten könnten, liegen vor? Ist die Demokratie in der Bundesrepublik gefestigt? Wie verhalten sich Demokraten gegen-

---

42 Der Begriff »Extremismus« findet dort so gut wie keine Verwendung, weil die Gefahr für die wie immer verstandene Demokratie nur von einer Seite aus gesehen wird. »Rechtsextremismus« impliziert jedoch den Gegenbegriff des »Linksextremismus«.

über Extremisten, wie Extremisten gegenüber Demokraten, und – keineswegs zu vernachlässigen – wie sollten sie sich verhalten? Warum befaßt sich die rechte Variante des politischen Extremismus so intensiv mit der linken und umgekehrt? Arbeiten Extremisten unterschiedlicher Couleur einander zu? Welche Argumentationsstereotypen herrschen vor?

Zur Problemstellung gehört auch die Frage nach den Ursachen extremistischer Bestrebungen. Welche wissenschaftlichen Erklärungsansätze liegen vor? Wo setzen sie an? Welche Reichweite haben ihre Aussagen? Treffen sie auf extremistische Phänomene generell zu, oder muß man wiederum differenzieren? Gibt es Widersprüche oder Überlappungen zwischen einzelnen Ansätzen? Ist die biographische Methode als ein integrierendes Konzept geeignet?

Mit der Frage nach begründenden Faktoren hängt die Erörterung von Bekämpfungsmöglichkeiten eng zusammen. Wie reagiert der demokratische Extremismus? Ist er überhaupt zu einer angemessenen Antwort in der Lage, ohne mit sich selbst in Widerspruch zu geraten? Wie ist bisher vom Instrumentarium der streitbaren Demokratie in der Bundesrepublik Gebrauch gemacht worden? Hat der Verfassungsstaat in der Bundesrepublik überreagiert – etwa bei der Abwehr von extremistisch eingestellten Bewerbern für den öffentlichen Dienst? Läßt sich im Hinblick auf die streitbare Demokratie von einem Verfassungswandel sprechen? An welchen Normen muß sich politisches Verhalten orientieren, wenn es sich im Rahmen konstitutioneller Demokratie bewegen soll? Gibt es trotz der legitimen Pluralität von Wertvorstellungen so etwas wie eine »demokratische Ethik«?

Wer die Extremismusthematik erörtert, sieht sich folgender Gefahr ausgesetzt: Unter dem Mikroskop des Extremismusforschers können extremistische Bewegungen eine Dimension annehmen, die der Realität nicht angemessen Rechnung trägt. Auch insofern beugt eine stetige Einbeziehung des Gegenpols – des demokratischen Verfassungsstaates – selektiver Wahrnehmung vor. Gleichwohl muß es in dieser Studie aber geboten sein, auch die Entwicklung von kleineren extremistischen Gruppierungen, die heutzutage zum Teil gar keine Rolle mehr spielen, nachzuzeichnen und zu bewerten. Die Arbeit will jedwede Kurzatmigkeit vermeiden, ohne deswegen aber die aktuelle Situation auszuklammern.

Im Gegensatz zu vielen Arbeiten über extremistische Bewegungen in der Bundesrepublik handelt es sich bei dieser Studie um eine Gesamtdarstellung. Nicht allein deshalb, weil ein Vorgehen, das das »Ganze« in den Blick nimmt, der komplexen Thematik gerechter wird, sondern noch aus einem anderen Grunde: Es muß traurig stimmen, daß die Beschäftigung mit dem politischen Extremismus häufig bloß der Fortsetzung der Politik mit anderen Mitteln dient, um ein bekanntes Clausewitz-Wort zu variieren. »Linke« Wissenschaftler befassen sich überwiegend mit dem »Neofaschismus« in der Bundesrepublik, und eher konservative Autoren spüren den Unterwanderungsmechanismen von Kommunisten nach – in der Regel mit dem Ergebnis, daß die einen vor den rechtsextremistischen Umtrieben zu warnen pflegen, die anderen hingegen vor der Gefahr kommunistischer Strategie. Diese Stereotypen beherrschen weithin das Feld. Es ist die Meinung der Autoren, daß ein dezidiert konservativer Demokrat mehr Gemeinsamkeiten mit einem Repräsentanten des demokratischen Sozialismus aufweist als mit einem Rechtsextremisten. Auf der anderen Seite gilt dies ebenso: Ein »Grüner« steht nicht von vornherein in der Nähe von Linksextremisten, die dem demokratischen Verfassungsstaat den Kampf angesagt haben. Leider sind solche Zuordnungen jedoch verbreitet. Es ist zu hoffen, daß durch den Kollaps des »realen Sozialismus« in der DDR mit seiner Hinterlassenschaft ein Bewußtseinswandel eintritt.

Politische Intentionen der eben geschilderten Art weisen die Autoren ebenso von sich wie bei dem Extremismus-Thema häufig anzutreffende volkspädagogische Ambitionen, wenngleich ihre Studie sich auch als ein Beitrag zur Stärkung und Festigung der Demokratie in der erweiterten (nicht: neuen) Bundesrepublik Deutschland versteht. Aber das Bekenntnis zum demokratischen Verfassungsstaat soll erstens nicht auf Kosten der Wissenschaftlichkeit gehen und zweitens keiner wie immer gearteten Parteilichkeit Vorschub leisten. Der Leser möge entscheiden, ob dieser Anspruch eingelöst wird.

3. Aufbau und Anlage

Die Thematik soll, wie erwähnt, möglichst von vielen Seiten beleuchtet werden, um die Komplexität des politischen Extremismus in Geschichte und Gegenwart der Bundesrepublik einfangen zu können. Aber auch eine Gesamtdarstellung zum politischen Extremismus in der Bundesrepublik, so sehr sie sich um Konsistenz bemüht, kommt nicht um eine gewisse Schwerpunktsetzung herum. Beispielsweise ist – von einem kurzen Beitrag zum Forschungsstand in der Einleitung abgesehen – auf eine eingehende Auseinandersetzung mit der Literatur[43] ebenso verzichtet worden wie auf eine Dokumentation.[44] Das politische System der DDR bleibt so gut wie ausgespart, weil diese Studie sich dem politischen Extremismus im demokratischen Verfassungsstaat widmet. Indirekt kommt sie jedoch vor: Die nahezu sklavisch am anderen deutschen Staat orientierte Deutsche Kommunistische Partei (und vorher die Kommunistische Partei Deutschlands) war die stärkste Kraft des Linksextremismus. Der Aspekt des Gefährdungsgrades der Demokratie durch Extremisten ließ sich zwar nicht völlig ausklammern[45], jedoch insofern etwas vernachlässigen, als diesem Komplex in der Literatur ohnehin eine gewisse Vorrangstellung zukommt. Hingegen wurde besonders darauf geachtet, daß nicht nur vom politischen Extremismus die Rede ist, sondern auch vom demokratischen Verfassungsstaat. Erstens läßt sich auf diese Weise die Antithese zum Extremismus erhellen, zweitens erscheint es nötig, da der Extremismus in der Bundesrepublik nicht im luftleeren Raum agiert. Der Leser möge beurteilen, ob die diesem Vorgehen innewohnende Gefahr (Perhorreszierung des politischen Extremismus bei gleichzeitiger Idealisierung des demokratischen Verfassungsstaates) vermieden worden ist.

Der Aufbau des Bandes, der sich auf die Bundesrepublik bezieht, wiewohl immer wieder Erörterungen theoretischer Natur und Vergleiche zu anderen Verfassungsstaaten einfließen, gestaltet sich folgendermaßen: Die einleitenden Überlegungen

---

43 Vgl. dazu Uwe Backes/Eckhard Jesse, Politischer Extremismus in der Bundesrepublik Deutschland. Bd. I: Literatur, Köln 1989.
44 Vgl. dies., Politischer Extremismus in der Bundesrepublik Deutschland. Bd. III: Dokumentation, Köln 1989.
45 Vgl. Kapitel VI. 5.

verdeutlichen insbesondere den spezifischen, in der Tradition der »Demokratiefor-schung« stehenden Ansatz und präsentieren einen zusammenfassenden Überblick zum Forschungsstand über Rechtsextremismus, Linksextremismus und Terrorismus (Kapitel I).

Die Propädeutik gibt eine erste Einführung zu den Kernbegriffen des Extremis-mus und des demokratischen Verfassungsstaates im Hinblick auf die Etymologie und die Definition (Kapitel II). Die Termini haben eine höchst unterschiedliche Entste-hungsgeschichte. Das Kapitel spart auch nicht das heikle Problem der Grenzziehung zwischen extremistischen und demokratischen Bestrebungen aus. Diese teils demo-kratietheoretisch, teils historisch angelegten Ausführungen wollen die Unverzichtbar-keit normativ orientierter Typusbegriffe wie »Extremismus« und »demokratischer Verfassungsstaat« verdeutlichen.

Das Kernstück der Studie bildet die Phänomenologie (Kapitel III). Es geht darum, die Vielfalt der extremistischen Bestrebungen in der Bundesrepublik zu erfas-sen, einzuordnen und zu bewerten. Zwecks Vermeidung von aktualistischen Fehl-schlüssen findet nicht nur die gegenwärtige Situation Berücksichtigung, sondern ebenso auch die Entwicklung in den fünfziger, sechziger, siebziger und achtziger Jah-ren. Es liegt auf der Hand, daß die Entwicklung des politischen Extremismus im Hin-blick auf den Zusammenbruch des »realen Sozialismus« besonderes Interesse ver-dient. Die Darstellung des extremistischen Spektrums im Vergleich ist chronologisch angelegt, wobei jeweils eine Vielfalt verschiedener Ausprägungen in Blick gerät. Bei der phänomenologischen Betrachtung wird besonderes Augenmerk auf das Selbstver-ständnis von rechts- und linksextremen Bewegungen (einschließlich terroristischer Gruppierungen) gelegt. Die zahlreichen durchweg linksorientierten Protestbewegun-gen, bei denen sich Elemente der Mehrheits- und Minderheitskultur durchdringen, finden in einem Exkurs Berücksichtigung. Wer eine umfassende Einordnung und Bewertung anstrebt, kann selbstverständlich nicht bei einer immanenten Vorgehens-weise stehenbleiben. Die chronologische Sichtweise erfährt zudem eine Ergänzung durch die systematische. In einer vergleichenden Betrachtung werden Doktrinen, Organisationen und Anhänger sowie Strategien analysiert. Beispiele von den unter-schiedlichsten extremistischen Bewegungen dienen der Illustration. Die Intention besteht darin, aufschlußreiche Parallelen aufzuzeigen, so sehr die extremistischen Bewegungen sich auch voneinander abheben oder sich nicht selten gar heftig befeh-den. Beide Hauptformen des politischen Extremismus weisen wieder so viele Varian-ten auf, daß der gängige Sprachgebrauch von »dem« Links- oder »dem« Rechtsextre-mismus zumindest schief ist. Der Anhang zu diesem Kapitel listet in einer Reihe von Tabellen Zahl/Mitglieder links- wie rechtsextremer Organisationen ebenso auf wie deren Wahlergebnisse.

Der Frage nach möglichen Ursachen extremistischer Bestrebungen gehen die fol-genden Ausführungen nach (Kapitel IV). Eine Reihe von Ansätzen, die von unter-schiedlichen Disziplinen vorliegen, wird vorgestellt sowie auf Gehalt, Reichweite und Grenzen ihrer Aussagen hin untersucht. Dies erweist sich schon deshalb als notwen-dig, weil kaum ein Erklärungskonzept auf den normativ eingegrenzten Phänomenbe-reich des politischen Extremismus zugeschnitten ist. Es bedarf daher jeweils der Klärung, für welche nicht-extremistischen Gegenstände die betreffende Hypothese ebenfalls gilt, und umgekehrt: welche Unterklasse extremistischer Phänomene gege-benenfalls betroffen ist. So zielen viele Erklärungsmodelle lediglich auf terroristische

Gruppierungen, während im Bereich der Legalität operierende Organisationen nicht in die Betrachtung einbezogen sind. Auch Überschneidungen und Widersprüche zwischen einzelnen Erklärungsfaktoren müssen herausgearbeitet werden. Schließlich stellt sich die Frage nach einem Konzept, das verschiedene Ansätze integrieren kann. Das stärker als andere Teile der Arbeit forschungsbezogene Kapitel enthält zahlreiche Beispiele, die es auch dem nicht einschlägig vorgebildeten Leser ermöglichen sollen, mancherlei Überlegungen notgedrungen abstrakten Charakters zu folgen.

Der nächste Abschnitt (Kapitel V) schlägt den Bogen zum vorherigen. Die Ausführungen über die Biographien sind eine Konkretisierung des theoretischen Konzepts im Hinblick auf die Ursachenforschung. Im Zentrum steht eine Erörterung des Karriereverlaufes von politischen Extremisten – differenziert nach Linksextremisten, Linksterroristen, Rechtsextremisten und Rechtsterroristen. Aufgenommen wurden nur diejenigen, die für eine bestimmte Strömung charakteristisch sind und dort als Protagonisten wirk(t)en. Repräsentanten der politischen Ordnung der DDR finden aufgrund der Prämisse – Extremisten in einer demokratischen Umwelt – keine Berücksichtigung. Es versteht sich von selbst, daß mit einer solchen Vorgehensweise keine stigmatisierenden Absichten verbunden sind. Die Angaben über die Personen fußen zum Teil auf Material, das diese zur Verfügung gestellt haben. Es handelt sich um je sechs Linksextremisten (Willi Dickhut, Rudi Dutschke, Thomas Ebermann, Herbert Mies, Max Reimann, Hans Gerhart Schmierer), Rechtsextremisten (Friedhelm Busse, Günter Deckert, Gerhard Frey, Michael Kühnen, Harald Neubauer, Adolf von Thadden) und Terroristen (Peter-Jürgen Boock, Gudrun Ensslin, Odfried Hepp, Horst Mahler, Ulrike Meinhof, Brigitte Mohnhaupt). Diese werden ausführlicher gewürdigt, weil die Ausführungen über den Terrorismus ansonsten eher knapp ausfallen. Die vergleichenden Betrachtungen beziehen auch solche Aktivisten aus dem extremistischen Milieu ein, die nicht eigens charakterisiert sind. Nicht alle der aufgeführten Personen waren in allen Phasen dem politischen Extremismus verbunden.

Ausführlich wird der Antipode des Extremismus behandelt, der demokratische Verfassungsstaat (Kapitel VI). Natürlich kann es an dieser Stelle nicht darum gehen, das politische System in der Bundesrepublik in extenso darzustellen und zu beurteilen[46], doch mag es geboten sein, einige jener Aspekte näher herauszukristallisieren, die in einem direkten oder indirekten Bezug zum politischen Extremismus stehen. Die Grundzüge der demokratischen Ordnung wie die Staatsstrukturprinzipien bedürfen der Skizzierung. Es ist auch unerläßlich, an dieser Stelle den Zusammenbruch des kommunistischen Systems in der DDR aufzuzeigen, weil die atemberaubende Entwicklung 1989/90 das extremistische Spektrum nachhaltig verändert hat. Auffallend – und stärker als in vielen anderen westlichen Demokratien – ist der Wandel der politischen Kultur, der sich seit den fünfziger Jahren vollzogen hat. Wird er durch die Vereinigung rückgängig gemacht? So sehr der Wandel insgesamt auch positiv zu

---

46 Vgl. dazu Thomas Ellwein/Joachim Jens Hesse, Das Regierungssystem der Bundesrepublik Deutschland, Opladen 1992[7] (1963); Kurt Sontheimer, Grundzüge des politischen Systems der Bundesrepublik Deutschland, Neuausgabe München 1989[12] (1971); Eckhard Jesse, Die Demokratie der Bundesrepublik Deutschland, Berlin 1986[7] (1978); Klaus von Beyme, Das politische System der Bundesrepublik Deutschland. Eine Einführung, München 1991[6] (1979); Wolfgang Rudzio, Das politische System der Bundesrepublik Deutschland. Eine Einführung, Opladen 1991[3] (1983).

bewerten ist, so gibt es gleichwohl gravierende Systemschwächen, die ihre Bagatellisierung nicht rechtfertigen. Schon deshalb nicht, weil sie sich als ein Einfallstor für den politischen Extremismus erweisen. Die Frage nach dem Gefährdungsgrad der demokratischen Ordnung in der Bundesrepublik hängt von vielen Faktoren ab, auch von der Massivität der Systemschwächen und ihrer Wahrnehmung durch die Bevölkerung.

Die Interaktion zwischen Demokraten und Extremisten schließt sich an (Kapitel VII). Es geht dabei um die vielschichtige und nicht immer einfache Wechselbeziehung zwischen Extremisten und Demokraten, wobei eine Ideologisierung (von Extremisten) und Idealisierung (von Demokraten) ungeeignet ist. Bekanntlich setzen Extremisten unterschiedliche Strategien ein, wie sie sich gegenüber der Demokratie und anderen Varianten des Extremismus verhalten. Das Problem wird aber auch von der anderen Seite aufgezäumt und die Frage gestellt, wie demokratische Kräfte auf ihre extremistischen Kontrahenten reagieren. Außerdem erscheint es angezeigt, das Verhalten der Demokraten wie das der Extremisten unter sich detailliert auszuleuchten, weil es die Komplexität des Gegenstandes verdeutlicht und Freund-Feind-Denken entgegenwirkt. Mit Hilfe zahlreicher Beispiele – eine exemplarische Erörterung verdient die »Antifaschismus«- und »Antikommunismus«-Kampagne – soll ein möglichst repräsentatives Bild geboten werden. Das Kapitel liefert zudem eine Antwort auf die (Kern-)Frage, ob und inwiefern eine »Erosion der Abgrenzung«[47] eingesetzt hat.

Wer nach den Ursachen extremistischen Verhaltens fragt, sollte auch nach geeigneten Möglichkeiten der Therapie Ausschau halten. Diesem Gesichtspunkt dient der nächste Abschnitt (Kapitel VIII), der gleichermaßen deskriptiv und präskriptiv angelegt ist. Bekanntlich muß die Demokratie einen Mittelweg zwischen Toleranz und Gegenwehr im Hinblick auf extremistische Bestrebungen finden. Der Abschnitt kreist um die Frage, inwiefern die in der Bundesrepublik praktizierte Form der streitbaren Demokratie diesem Gebot hinreichend Rechnung trägt. In welchem Ausmaß die Schutzbestimmungen der Verfassung in der Praxis Anwendung gefunden haben, läßt sich insbesondere an den Parteien- und den Vereinsverboten zeigen sowie am (hochgespielten) Streit um die »Berufsverbote«, der im In- und Ausland für Furore gesorgt hat. Dabei ist der historische Bezug ebenso unumgänglich wie der Hinweis auf den ambivalent zu würdigenden Wandel des Demokratieschutzes in Deutschland. Es dürfte auch angängig sein, einige Überlegungen zur Ethik demokratischen Handelns anzustellen.

Die eingangs aufgeworfenen Fragen sollen in der Schlußbetrachtung (Kapitel IX) eine zusammenfassende Beantwortung finden. So schließt sich der Kreis, zumal retrospektive und prospektive Überlegungen nicht ausgespart bleiben. Außerdem wird ein Vergleich zum westlichen Ausland (Rechtsextremismus, Linksextremismus, Terrorismus) anzustellen versucht, wenngleich nur in streiflichtartiger Form. Dies mag insofern aufschlußreich sein, als das Ergebnis manche Aufregung über die Gefahr des Extremismus in der Bundesrepublik relativieren müßte. Man könnte ebenso auf Osteuropa verweisen, wo die Hinwendung zum demokratischen Verfassungsstaat

---

47 So die wichtige Studie von Wolfgang Rudzio, Die Erosion der Abgrenzung. Zum Verhältnis zwischen der demokratischen Linken und Kommunisten in der Bundesrepublik Deutschland, Opladen 1988.

22

einerseits durch »alte Seilschaften« und andererseits durch nationalistische Bestrebungen erschwert wird, zumal die schwierige ökonomische Lage den Glauben der Menschen an die Demokratie nicht eben stärkt.

Das Glossar bietet Begriffserklärungen und kurze Problemskizzen zu Termini wie Rechts-, Linksextremismus, Demokratie und Terrorismus, die für die Thematik von konstitutiver Bedeutung sind und in der Studie immer wieder vorkommen. Auf diese Weise läßt sich zudem zeigen, in welchem Sinn bestimmte Begriffe verwendet werden. Die Studie endet mit einem ausführlich gehaltenen Literaturverzeichnis, das der weiteren Orientierung für jene Leser dienen mag, die sich über speziellere, in diesem Band nicht oder nicht ausführlich genug zur Sprache kommende Aspekte informieren wollen.

4. Forschungsstand

Das Urteil über die Forschung zum politischen Extremismus in der Bundesrepublik Deutschland fällt, wie bereits angedeutet, insgesamt eher negativ aus[48]. Eine Extremismusforschung im eigentlichen Sinne gibt es faktisch nicht, existiert doch eine partielle Tabuisierung des Extremismusbegriffs[49]. Es gibt nicht allzu viele einschlägige Lexika, die den Begriff des »Politischen Extremismus« verzeichnen, wenngleich die Tendenz steigend ist[50]. Die Defizite auf den einzelnen Feldern sind mit gewissen Abstrichen dieselben[51]. Viele Studien lassen es an einer theoretischen Fundierung der jeweiligen Problematik missen. Damit hängt zusammen, daß dezidiert politisch ausgerichtete Positionen im Vergleich zu anderen Forschungsbereichen dominieren. »Linke« Autoren dämonisieren häufig tatsächlichen oder vermeintlichen Rechtsextremismus, »rechte« zum Teil den Linksextremismus. Zudem ist die Situation konjunkturabhängig. »Schnellschüsse« sind immer dann en vogue, wenn extremistische Umtriebe die Gesellschaft verstören. All das trägt nicht zu einer behutsam-besonnenen Deutung bei. Spektakulär erscheinenden Erfolgen von extremistischen Gruppierungen folgt eine Hausse, klingen diese ab, setzt eine Baisse auch in der Literatur ein. Von kontinuierlicher Forschung kann daher nicht die Rede sein. Ähnlich skeptisch ist die extreme Spezialisierung seitens der Wissenschaft zu beurteilen. Sie leistet dem Vorwurf der Betriebsblindheit Vorschub – Extremismusforscher sähen den Wald vor

---

48 In diesem Sinne auch Armin Pfahl-Traughber, Der Extremismusbegriff in der politikwissenschaftlichen Diskussion, in: Uwe Backes/Eckhard Jesse (Hrsg.), Jahrbuch Extremismus & Demokratie, Bd. 4, Bonn 1992, S. 67–86.

49 Die Parallelen zur Totalitarismusforschung liegen auf der Hand. Vgl. zuletzt: Uwe Backes/Eckhard Jesse, Totalitarismus und Totalitarismusforschung. Zur Renaissance einer lange tabuisierten Konzeption, in: dies. (Anm. 48), S. 7–27; Hans Maier, Totalitäre Herrschaft – neubesehen, in: Thomas Nipperdey/Anselm Doering-Manteuffel/Hans-Ulrich Thamer (Hrsg.), Weltbürgerkrieg der Ideologien. Antworten an Ernst Nolte, Berlin 1993, S. 233–243.

50 Vgl. Max Kaase, Art. Politischer Extremismus, in: Dieter Nohlen (Hrsg.), Wörterbuch Staat und Politik, München 1991, S. 548–551.

51 Vgl. für Einzelheiten U. Backes (Anm. 36), Opladen 1989 (insbes. Kapitel 1: »Kritik der Extremismusforschung«).

lauter Bäumen nicht. So muß die »heillose Sprachverwirrung«[52] nicht verwundern. Ihr liegen freilich auch massive politische Divergenzen zugrunde, wenn man sich klar macht, was die meisten derer, die den Begriff des »Neofaschismus« verwenden, im Schilde führen – wissenschaftliche Ambitionen sind ihnen nur selten eigen. Offenkundig soll suggeriert werden, daß (spät-)kapitalistischen Gesellschaften aufgrund der ökonomischen Rahmenbedingungen faschistische Tendenzen innewohnen.

Wer sich den einzelnen Bereichen zuwendet, hat die harsche Gesamtkritik etwas zu differenzieren. Die Forschung über die extremistischen Strömungen läßt sich nicht über einen Kamm scheren, wiewohl ähnliche Schwächen auf allen Gebieten zutage treten. Wie ist die Situation auf den Gebieten der »politischen Extremisten«, des Rechtsextremismus, des Linksextremismus und des Terrorismus zu bewerten?

Im Hinblick auf die »politischen Extremismen«, die sowohl die »Linke« als auch die »Rechte« umfassen soll, fehlen normativ ausgerichtete Studien fast völlig, um die vorliegenden Ansätze integrieren zu können. Dabei ist die empirische Ausgangsbasis aufgrund der Verfassungsschutzberichte gut, so ergänzungsbedürftig diese in mancher Hinsicht erscheinen. Hier können die Abhandlungen zur politischen Bildung ebensowenig einen fundierten Beitrag leisten wie ausschließlich empirisch orientierte Studien ohne ein theoretisches Instrumentarium. Marxistische Positionen sind wohl normativ ausgerichtet, aber sie lassen sich für die Extremismusproblematik nicht nutzbar machen, weil sie deren Prämissen nicht akzeptieren (z.B. die Erkenntnis, daß der demokratische Verfassungsstaat nicht nur von einer Seite des politischen Extremismus bedroht wird). Arbeiten, die sich sowohl auf die eine als auch auf die andere Seite des politischen Spektrums beziehen, sind eher eine Rarität. Bezeichnenderweise unterscheidet das monumentale Parteien-Handbuch unter der Ägide von Richard Stöss, das für die Extremismusforschung einen unschätzbaren Wert aufgrund der Deskription und Analyse einer Reihe von extremistischen Kleinstparteien darstellt[53], nicht zwischen demokratischen und antidemokratischen Parteien. Die rechtsextremen Parteien gelten als »antidemokratisch«, die linksextremen, die so nicht genannt werden, als »antikapitalistisch«[54]. Das Schema ist offenkundig nicht auf derselben Ebene angesiedelt. Im einen Fall beurteilt man die Haltung zur demokratischen Ordnung, im anderen stellt man auf die Wirtschaftsordnung ab. Wieso soll eine »antikapitalistische« Partei per se nicht extremistisch sein?

Ein beträchtlicher Teil der Literatur über den Rechtsextremismus ist durch ein hohes Maß an politischer Agitation gekennzeichnet. Das führt zu einer Überschätzung rechtsextremistischer Zirkel, die in der Gesellschaft isoliert sind. Allerdings gibt es auch historisch anspruchsvolle und theoretisch gesättigte Arbeiten, welche die Proportionen zurechtrücken. Als brauchbare Einführung in den politischen Rechtsextremismus der Bundesrepublik Deutschland kann die Arbeit von Thomas Assheuer und

---

52 So Max Kaase, Zu den extremistischen Potentialen in der Bundesrepublik Deutschland, in: Extremismus und Schule. Daten, Analysen und Arbeitshilfen zum politischen Rechts- und Linksextremismus, Bonn 1984, S. 96.

53 Vgl. Richard Stöss (Hrsg.), Parteien-Handbuch. Die Parteien der Bundesrepublik Deutschland 1945–1980, 2 Bde., Opladen 1983/84.

54 Ders., Einleitung: Struktur und Entwicklung des Parteiensystems der Bundesrepublik – Eine Theorie, in: ebd., insbes. S. 295–309.

Hans Sarkowicz gelten[55]. Wissenschaftlich weitaus ambitiöser sind die zahlreichen Sozialisations-Untersuchungen aus der Bielefelder Schule des Pädagogen Wilhelm Heitmeyer, die freilich politikwissenschaftliche Fragestellungen so gut wie völlig ignorieren[56]. Der Provinzialismus der Rechtsextremismusforschung ist unverkennbar, denn zuverlässige Vergleiche zu rechtsextremistischen Bewegungen in anderen Ländern liegen aus deutscher Feder nur wenige vor.

Bei den Studien zum Linksextremismus in Deutschland überlagert ebenso – mit umgekehrtem Vorzeichen – eine politische Betrachtungsweise wissenschaftliches Vorgehen. Speziell mit wissenschaftlichen Gesamtdarstellungen zur DKP ist es schlecht bestellt. Empfehlenswert ist – mit einigen Abstrichen – der Band von Manfred Wilke/Hans-Peter Müller/Marion Brabant[57]. Die Vielzahl ausgezeichneter historischer Studien zum deutschen Kommunismus etwa in der Weimarer Zeit steht in beträchtlichem Kontrast zur wissenschaftlichen Dürftigkeit, den heutigen Kommunismus einzuordnen. Über die sonstigen linksextremistischen Gruppierungen vermag man sich ebenfalls nicht annähernd ein angemessenes Bild zu verschaffen. Das hängt nur zum Teil mit Schwächen der Literatur zusammen. Es gibt nun einmal objektive Hindernisse für die Erfassung anarchistischer und spontaneistischer Bewegungen, wenngleich die Vielzahl der Bekenntnisschriften[58] eine nützliche Quelle sein mag.

Das Schrifttum zum Terrorismus vermittelt das vergleichsweise beste Bild. Das mag auf mannigfache Ursachen zurückzuführen sein. Zum einen trat der Terrorismus in der Bundesrepublik Deutschland erst in den siebziger Jahren auf, als die Entwicklung wissenschaftlicher Methoden schon weit fortgeschritten war. Zum andern ist die Thematik insofern weniger emotional belastet, als sich vom Terrorismus praktisch jeder Autor distanziert, mit welcher Begründung auch immer. Sie eignet sich daher weniger zur politischen Instrumentalisierung als die des Rechts- und Linksextremismus[59]. Insbesondere die Ursachenforschung ist weit fortgeschritten[60], wenngleich der hohe methodische Aufwand nicht immer in einem angemessenen Verhältnis zu den

---

55 Vgl. Thomas Assheuer/Hans Sarkowicz, Rechtsradikale in Deutschland. Die alte und die neue Rechte, München 1992[2].
56 Vgl. Wilhelm Heitmeyer/Kurt Möller/Heinz Sünker (Hrsg.), Jugend – Staat – Gewalt. Politische Sozialisation von Jugendlichen, Jugendpolitik und politische Bildung, Weinheim-München 1992[2]; Wilhelm Heitmeyer u.a., Die Bielefelder Rechtsextremismus-Studie. Erste Langzeituntersuchung zur politischen Sozialisation männlicher Jugendlicher, Weinheim-München 1992.
57 Vgl. Manfred Wilke/Hans-Peter Müller/Marion Brabant, Die Deutsche Kommunistische Partei (DKP). Geschichte, Organisation, Politik, Köln 1990. Zur Nachfolgeorganisation der SED siehe: Patrick Moreau, PDS. Anatomie einer postkommunistischen Partei, Bonn-Berlin 1992; Heinrich Bortfeld, Von der SED zur PDS. Wandlung zur Demokratie?, Bonn-Berlin 1992.
58 Vgl. beispielsweise: Geronimo, Feuer und Flamme. Zur Geschichte und Gegenwart der Autonomen, Berlin 1990; ders., Feuer und Flamme? Ein unendlicher Fortsetzungsroman. Kritiken, Reflexionen und Anmerkungen zur Lage der Autonomen, Berlin 1992; Tomas Lecorte, Wir tanzen bis zum Ende. Die Geschichte eines Autonomen, Berlin 1992.
59 Allerdings machen zuweilen Studien Schlagzeilen, die das gar nicht verdienten. So die bedenklich verschwörungstheoretisch argumentierende Schrift von Gerhard Wisniewski/Wolfgang Landgraeber/Ekkehard Sieker, Das RAF-Phantom. Wozu Politik und Wirtschaft Terroristen brauchen, München 1992.
60 Vgl. die vom Bundesministerium des Innern hrsg.»Analysen zum Terrorismus«, Bde. 1–4/2, Opladen 1981–1984.

25

Ergebnissen steht, mag sich das hochkomplexe Phänomen des Terrorismus auch in der Tat einlinigen Interpretationsmustern entziehen. Die vielgepriesenen drei Bände aus der Reihe »Terroristen & Richter« von Heinrich Hannover, Rolf Gössner und Margot Overath zeichnen sich mehr durch politisches Engagement als durch wissenschaftliche Distanziertheit aus[61]. Vergleichende Studien sind – wie bei den anderen Bereichen – ein Desiderat der Forschung.

Bleibt nach den Ursachen für die Defizite der einschlägigen Literatur zu fragen, über die bisherigen Andeutungen hinaus. Offenbar wird das Feld des politischen Extremismus häufig als Tummelplatz für politisierende Strömungen aller Art angesehen. Damit erklärt sich zu einem guten Teil das Überwiegen dezidiert politischer Aussagen. Und mancher engagierte Demokrat glaubt, die Gegnerschaft zum politischen Extremismus prädestiniere schon zu einer Arbeit über ihn. Diese Umstände bedingen vielfach »bekenntnishafte« Ergüsse ohne analytischen Tiefgang, sei es für die Demokratie, sei es gegen eine bestimmte Variante des Extremismus. Für manche Autoren, etwa aus der szientistischen oder marxistischen Richtung, gilt der Forschungszweig des Extremismus zudem als anrüchig, wenn nicht gar als Tabu.

Es muß die Frage gestellt werden, welche Therapien sich zur Reduzierung der Mißstände anbieten. Eine Politikwissenschaft, die den politischen Extremismus ignorieren zu können glaubt, verdient diesen Namen nicht, zumal dann, wenn man unter ihr jene Wissenschaft versteht, die sich an der Kernfrage nach der Realisierbarkeit einer menschenwürdigen Ordnung orientiert, mag auch das selbstbewußt erscheinende Diktum von Ernst Fraenkel aus dem Jahre 1955 – »Die Wissenschaft von der Politik ist die demokratische Wissenschaft par excellence«[62] – übertrieben sein und sich nur mit der schwierigen, auf beträchtliche Widerstände stoßenden Etablierung dieser Disziplin an den Unversitäten erklären lassen. Gerade wer um die Zukunft der Demokratie – einer zarten Pflanze, die der Hege und Pflege bedarf – besorgt ist, darf der Auseinandersetzung mit dem politischen Extremismus nicht ausweichen, ist er doch eines der Gefahrenpotentiale einer demokratischen Ordnung, wobei aber auch die »Attitüden der Massen der Nichtextremisten«[63] zur Schwächung des Verfassungsstaates beitragen (können) – durch Apathie, Gedankenlosigkeit, Stigmatisierung, Überreaktionen und falsch verstandene Loyalitäten.

Die Extremismusforschung kann nur mittels einer Klärung der normativen Grundlagen aus ihrem Kümmerdasein hervortreten. Der Extremismusbegriff konstituiert ein Deutungssystem, das eng mit den elementaren Konstitutionsbedingungen demokratischer Verfassungsstaaten verknüpft ist. Wissenschaftsauffassungen, die den Bereich des Normativen aus der Betrachtung ausklammern oder die Realität an utopischen Maßstäben messen – beide Positionen sind in der Bundesrepublik weit verbreitet – sehen sich von vornherein außerstande, einen Beitrag zur konzeptionellen Fundierung des Extremismusbegriffs zu leisten. Eine Verbindung von Norm- und

---

61 Vgl. Heinrich Hannover, Terroristenprozesse. Erfahrungen und Erkenntnisse eines Strafverteidigers; Rolf Gössner, Das Anti-Terror-System. Politische Justiz im präventiven Sicherheitsstaat; Margot Overath, Drachenzähne. Gespräche, Dokumente und Recherchen aus der Wirklichkeit der Hochsicherheitsjustiz, jeweils Hamburg 1991.

62 E. Fraenkel (Anm. 28), S. 322.

63 So Klaus von Beyme, Politischer Extremismus im Lichte sozialwissenschaftlicher Radikalismusforschung, in: Rudolf Wassermann (Hrsg.), Terrorismus contra Rechtsstaat, Darmstadt–Neuwied 1976, S. 67.

Empirieorientierung sollte dazu beitragen, der Sackgasse des Relativismus wie des Utopismus zu entkommen. Dies setzt einerseits das Bewußtsein voraus, die demokratischen Verfassungsstaaten der Gegenwart seien das historische Entwicklungsprodukt eines jahrhundertelangen Ringens mit freiheitszerstörenden Kräften und Mechanismen, und andererseits, daß die Zukunft nicht im Sinne eines Telos aus den Gesetzen der Geschichte zweifelsfrei gewonnen, sondern nur durch vorsichtiges Experimentieren auf der Grundlage historischer Erfahrungen und richtungsweisender regulativer Ideen gemeistert werden kann. Hier nimmt Extremismusforschung ihren normativen und empirischen Ausgangspunkt.

Allerdings besteht die Gefahr, das Feld der politischen Extremismen als schattenhafte Antithese konstitutioneller Demokratie nur in seinen Umrissen, nicht aber in seiner Formenfülle wirklichkeitsgetreu zu erfassen[64]. Ein Schwergewicht wissenschaftlicher Analyse muß daher auf dem immanenten Verstehen der sozialen Phänomene liegen. Die ihnen eigene Weltsicht, ihre Deutungen von Vergangenheit und Gegenwart, ihre Zukunftsentwürfe, bedürfen einer genauen Rekonstruktion. Dieses ist notwendige Voraussetzung für das Anlegen übergeordneter Maßstäbe. Einerseits soll ein möglichst weites Feld politischer Extremismen in den Blick geraten, andererseits sind historische Entwicklungsabläufe von konstitutiver Bedeutung. Klischeebilder, verkürzte und simplifizierende Betrachtungen, wie sie in der Literatur und den Medien[65] vielfach vorkommen, können für die Forschung kein geeigneter Wegweiser sein.

Wünschenswert erschiene auch die Eliminierung sachfremder Einflüsse insbesondere politischer und volkspädagogischer Art. Ein »equilibristisches« Modell, das partout für die gleichrangige Behandlung rechts- und linksextremer Kräfte und Gefahren unabhängig von der aktuellen Situation eintritt, ist ebenso fehl am Platz wie die Horrifizierung oder Verniedlichung des einen Extremismus zu(un)gunsten des anderen. Wissenschaftliche Intentionen geraten auf diese Weise ins Hintertreffen.

Ähnliches gilt für die vielfach anzutreffende Stigmatisierung politischer Extremismen. Man begnügt sich damit, bestimmte politische Organisationen mit einem Etikett zu versehen und verzichtet im übrigen auf eine detaillierte Analyse. Mit Begriffen wie »Antisemitismus«, »Rassismus«, »Faschismus«, »Ausländerfeindlichkeit« wird vielfach fahrlässig operiert. Gleiches bewirkt vice versa der »Kommunismus«-Verdacht, zumal nach dem Zusammenbruch des »realen Sozialismus«. Der Aufbau politischer Feindbilder und Popanze kann nicht im Sinne des demokratischen Verfassungsstaates sein. Es bedarf vielmehr einer differenzierten Betrachtungsweise, die das Selbstverständnis ernst nimmt. Nur so kann Extremismusforschung sinnvoll sein[66].

Eine Aussage ist nicht schon deshalb irrig, weil sie von Anhängern extremistischer Organisationen stammt oder von ihnen verfochten wird. Wer eine bestimmte Auffas-

---

64 Vgl. dazu U. Backes (Anm. 36), S. 298–311.

65 Man denke etwa daran, daß vollmundige Aussagen von (tatsächlichen oder vermeintlichen) Neonationalsozialisten gerne für bare Münze genommen werden. Auf diese Weise spielen sich manche Gegner und Anhänger den Ball zu, ohne den tatsächlichen Stellenwert der Äußerungen kritisch zu untersuchen. Beide Seiten haben Interesse daran, daß der Rechtsextremismus überdimensioniert erscheint.

66 Die Verfasser haben im Jahre 1989 ein »Jahrbuch Extremismus & Demokratie« ins Leben gerufen, um die Extremismusforschung zu fördern. Es soll jene hier angeprangerten Negativa vermeiden.

sung deshalb ablehnt, weil sie dem politischen Extremismus nütze, muß Hellhörigkeit provozieren. Hier geht es nicht mehr um die Plausibilität einer Position, sondern um die Nutzanwendung. Ganz abgesehen davon, daß sich mit dem cui bono-Argument unterschiedlich hantieren läßt – allein der sachliche Gehalt und die logische Stringenz einer Aussage sind maßgebend. Ansonsten nähme ein juste milieu überhand, und der Verfassungsstaat entwickelte sich in eine »deformierte Demokratie«[67].

Wissenschaftliche Untersuchungen müssen sich gerade auf so heiklem Terrain wie der Extremismusforschung um eine sorgfältige Auswahl und Klärung ihrer zentralen Termini bemühen. Begriffe dienen vielfach mehr der Vernebelung als der Erhellung. Unerwünschte Konnotationen sind möglichst auszuschalten. Das ist zugegebenermaßen häufig leichter gesagt als getan, denn die sozialwissenschaftlichen Termini wie »demokratischer Verfassungsstaat« und »politischer Extremismus« beinhalten zumeist bereits umfangreiche Deutungssysteme.

---

67 So Hans Apel, Die deformierte Demokratie. Parteienherrschaft in Deutschland, Stuttgart 1991.

II. Propädeutik:
Demokratischer Verfassungsstaat und politischer Extremismus

Die Klärung grundlegender Begriffe gehört zu den elementaren Voraussetzungen (nicht nur) politikwissenschaftlicher Analysen. Denn in der wissenschaftlichen Diskussion wird der gleiche Begriff häufig mit ganz unterschiedlichen Bedeutungen oder Bedeutungsvarianten gebraucht. Diese unterscheiden sich in der Regel wiederum erheblich von den Verwendungsweisen der Alltagssprache. Daß dies in besonderem Maße auch für so zentrale Begriffe wie »politischer Extremismus« und »demokratischer Verfassungsstaat« gilt, kann kaum erstaunen. Immerhin berühren sie existentielle Fragen menschlicher Gesellschaftsbildung und stehen im Zentrum wissenschaftlicher, politischer und publizistischer Auseinandersetzungen.

Begriffliche Klarheit wird dabei aber nicht nur zur Vermeidung von Kommunikationsstörungen angestrebt; vielmehr dient sie auch der Eingrenzung der betreffenden Klasse von Gegenständen. Bei der Definition zentraler Begriffe wie »Extremismus« und »demokratischer Verfassungsstaat« ist zu beachten, daß es sich um normative Termini handelt. Normative Begriffe gewinnen ihre Bedeutung nicht allein aus den Tatsachen der Seinswelt, sondern stehen in Verbindung zur Sollenssphäre[1]. Der Bezug auf grundlegende Werte ähnelt der Wirkung eines Magnets: Er richtet eine Klasse von Gegenständen in einer ganz bestimmten Weise aus, erzeugt ein Kraftfeld mit Grenzen und Konturen. Die Verwendung normativer Begriffe im Rahmen wissenschaftlicher Analyse setzt eine genaue Beschreibung und Begründung ihrer Wertbasis voraus.

Im folgenden sollen die für die Analyse zentralen Begriffe »demokratischer Verfassungsstaat« und »politischer Extremismus« näher beleuchtet werden. Dazu sei jeweils zunächst ein Blick auf die historisch wie gegenwärtig vorfindbaren Verwendungsweisen und Bedeutungen geworfen (Etymologie). Daran schließt sich eine systematische Begriffsbestimmung an. Abschließend werden einige Aspekte des gegenseitigen Verhältnisses der Begriffe und ihrer Abgrenzung behandelt. Konkrete Beispiele sollen jeweils die theoretischen Erkenntnisse untermauern, wie diese sich umgekehrt aus der detaillierten Darstellung bestimmter Konstellationen gewinnen lassen.

---

1   Vgl. dazu vor allem: Karl Acham, Philosophie der Sozialwissenschaften, Freiburg-München 1983, S. 147 f.

1. Demokratischer Verfassungsstaat

1.1 Etymologie

Für jene Regierungsform, die im Rahmen der Analyse vorzugsweise als »demokratischer Verfassungsstaat« bezeichnet wird, sind zahlreiche nahezu bedeutungsgleiche Begriffe und Wortkombinationen in Umlauf. Gesprochen wird von der pluralistischen, rechtsstaatlichen, gewaltenteilenden, freiheitlichen, repräsentativen, konstitutionellen Demokratie. Alle diese präzisierenden Attribute wären überflüssig, würde der Begriff in annähernd gleicher Bedeutung gebraucht. Daß dies nicht der Fall ist, zeigt ein Blick in die politische »Arena«: »Christliche«, »soziale«, »sozialdemokratische«, »sozialistische«, »liberale«, »konservative«, »radikale«, »progressive« und »nationale« Demokraten liefern sich einen Konkurrenzkampf um politische Einflußchancen. Spätestens wenn »Volksdemokraten« (sprich: Kommunisten) und »Nationaldemokraten« (sprich: Rechtsextremisten) den Begriff okkupieren, werden signifikante Unterschiede in der Begriffsverwendung deutlich. Die Anmeldung von Herrschaftsambitionen mit Berufung auf Volkes Stimme allein reicht nämlich keineswegs aus, um den strengen Maßstäben des demokratischen Verfassungsstaates gerecht zu werden. Die konstitutionellen Demokratien des Westens und die »Volksdemokratien« des Ostens sind daher auch nicht verwandte, sondern zutiefst gegensätzliche politische Regime.

Wer aus den »antagonistischen« Systemqualitäten von Regimen, die sich allesamt als »demokratisch« bezeichnen, den Schluß zieht, eine der beiden Seiten betreibe offenkundig Etikettenschwindel, macht es sich allerdings zu leicht. Vielmehr ist der Begriff der Demokratie im Laufe seiner Geschichte, die bis in die Antike zurückreicht, in vielfältiger Weise gebraucht worden, so daß sich für ganz unterschiedliche politische Kräfte Anknüpfungsmöglichkeiten bieten. Die Wortbedeutung allein (»Demokratie« = »Volksherrschaft«) läßt verschiedene Interpretationen zu. So hat man die Auffassung vertreten, in einer Demokratie dürfe es keine Trennung zwischen Regierenden und Regierten geben (»Identitätstheorie«). Schon in der »Politik« des Aristoteles hatte es geheißen: »in der Demokratie regiert das Volk«[2]. Eine direkte Demokratie, bei der das Volk die politischen Entscheidungen selber trifft, wurde dann in der Neuzeit vor allem von Jean-Jacques Rousseau propagiert, der im »Gesellschaftsvertrag« dem von Aristoteles favorisierten Konzept der »mittleren« oder »gemischten« Verfassung (»Politie«) eine Absage erteilte[3]. Rousseau gelangte daher auch zu einem vernichtenden Urteil über den englischen Parlamentarismus: »Die Abgeordneten des Volkes sind also nicht seine Vertreter und können es gar nicht sein; sie sind nur seine Bevollmächtigten und dürfen nichts entscheidend beschließen. Jedes Gesetz, das das Volk nicht persönlich bestätigt hat, ist null und nichtig; es ist kein Gesetz. Das englische Volk wähnt frei zu sein; es täuscht sich außerordentlich; nur während der Wahlen der Parlamentsmitglieder ist es frei; haben diese stattgefun-

---

2 Aristoteles, Politik, übersetzt und hrsg. von Olof Gigon, München 1986[6], S. 112 (Drittes Buch, 1278a, 13).

3 Vgl. Jean-Jacques Rousseau, Der Gesellschaftsvertrag oder Die Grundsätze des Staatsrechtes, deutsch von H. Denhardt, Leipzig, o.J. (Original: Du contrat social, 1762), S. 112f. (Drittes Buch, 7. Kap.: »Gemischte Regierungsformen«).

den, dann lebt es wieder in Knechtschaft, ist es nichts.«[4] Mit seiner Forderung nach direkter Demokratie, der Ablehnung einer Volksvertretung (es sei denn mit strikter Bindung an ein imperatives Mandat) und der Behauptung eines rational und a priori bestimmbaren Gemeinwohls[5] (volonté générale) übte die Lehre Rousseaus einen tiefgreifenden Einfluß auf das politische Denken der (extremen) Linken aus. In der Französischen Revolution beriefen sich insbesondere die Jakobiner bei der Ausrufung der Tugend- und Schreckensherrschaft auf den Mann aus Genf. Jacob L. Talmon[6] hat Rousseau den Vertreter einer »totalitären Demokratie« genannt, weil die Kategorie der »volonté générale« ein Rechtfertigungsmodell für die Machtübernahme einer sich auf das Gemeinwohl und den Volkswillen berufenden oligarchischen Clique liefert, mögen diese Implikationen dem Erfinder der Lehre auch nicht bewußt gewesen sein.

Der Begriff der Demokratie als einer durch die Identität von Regierenden und Regierten gekennzeichneten politischen Ordnung unterscheidet sich offenkundig im wesentlichen von dem der pluralistischen, repräsentativen, konstitutionellen Demokratie, die auch mit dem Begriff der Konkurrenzdemokratie umschrieben wird. Deren Konzeption kann weit eher auf die aristotelische Regierungsform der »Politie« rekurrieren, als auf den Demokratiebegriff des Aristoteles. Der entscheidende Unterschied besteht darin, daß die aristotelische »Politie« eine Antwort auf die Frage zu geben versucht, wie unter Bürgern, die frei und politisch gleichberechtigt sind, in ihren Interessen, Meinungen und Überzeugungen aber große Differenzen aufweisen, auf der Basis eines friedlichen Konfliktaustrags sich politische Entscheidungen herbeiführen lassen. Dieser Gedanke wurde in Mittelalter und Neuzeit aus verschiedenen Gründen zunächst nicht mit dem Begriff der Demokratie verknüpft, sei es, weil viele Autoren die abwertende Verwendungsweise der griechischen Philosophen Platon und Aristoteles übernahmen, sei es, weil diese Regierungsform nur für Zwergstaaten als geeignet galt, in denen – wie in der Schweiz – eine Volksversammlung unter freiem Himmel zusammentreten konnte. Als der Begriff im 18. Jahrhundert im Sinne einer Kampfvokabel gegen Absolutismus und Adelsherrschaft politische Brisanz erhielt, wurde er (zumindest auf dem europäischen Kontinent) vielfach eng mit dem Prinzip menschlicher Fundamentalgleichheit verknüpft, so daß aus dieser Perspektive die von Aristoteles beschriebene Politie nicht als »demokratisch« gelten konnte, baute sie doch auf der als naturgegeben angesehenen Ungleichheit (zwischen Mann und Frau, Eingeborenen und Barbaren, Herren und Sklaven) auf.

Mit der Französischen Revolution begann in Europa die politische Realisation der demokratischen Ideen. Nun wurden mehr und mehr konkrete politische Zustände an den zuvor nur theoretisch entfalteten Begriff der Demokratie geknüpft. Zeitweilig geriet er so in den Geruch der Pöbel- und Schreckensherrschaft. Je stärker im 19. Jahrhundert die »Ideen von 1789« eine geschichtsmächtige Wirkung zeitigten und den europäischen Kontinent veränderten, desto größer wurde die Bereitschaft, den

---

4 Ebd., S. 131.
5 Vgl. Ernst Fraenkel, Der Pluralismus als Strukturelement der freiheitlich-rechtsstaatlichen Demokratie (1964), in: ders., Deutschland und die westlichen Demokratien, Stuttgart-Berlin-Köln-Mainz 1979[7] (1964), S. 197–221.
6 Jacob L. Talmon, The Origins of Totalitarian Democracy, London 1961 (1952), insbes. S. 38–49 (»Totalitarian Democracy [Rousseau]«).

Begriff an bestimmten politischen Realitäten auszurichten: »Die zunehmende Orientierung der Demokratietheorie an der demokratischen Praxis, wie sie sich in den europäischen Revolutionen des 19. Jahrhunderts und in dem jetzt in den Vordergrund tretenden Verfassungsmodell der Vereinigten Staaten entfaltete, bewirkte zunächst eine Verschiebung innerhalb des engeren verfassungspolitischen Verständnisses der Demokratie: diese wurde jetzt immer weniger als eine von anderen klar abgegrenzte Staatsform verstanden, der als Alternative Monarchie und Aristokratie gegenüberstanden, sie galt vielmehr als ein den modernen Verfassungen im ganzen inhärierendes politisches Element, das sich je nach sozialer Verfassung und historischer Situation mit aristokratischen und monarchischen Elementen verbinden konnte.«[7] Im vormärzlichen Deutschland breitete sich ein vor allem am Vorbild der Vereinigten Staaten von Amerika orientiertes Begriffsverständnis aus, das eine Verbindung von »Volksherrschaft« und Repräsentativverfassung in Großflächenstaaten zweckmäßig erscheinen ließ. Von hier aus mochte man dem Demokratiebegriff nun auch eine geistes- und verfassungsgeschichtliche Tradition zuordnen, die dem ursprünglichen Wortsinn vielfach zuwiderlief: die des »regimen mixtum«, der »gemischten Verfassung«, der »gemäßigten« Regierung, die einen Freiheitsschutz des Bürgers gegenüber dem Staat und Mechanismen zur Verhütung des Machtmißbrauchs von seiten der Regierenden vorsah.

Im Laufe des 19. Jahrhunderts trat der Demokratiebegriff seinen Siegeszug an und wurde schließlich von ganz heterogenen politischen Gruppierungen beansprucht. Einerseits scharten sich die Vorkämpfer politischer Gleichberechtigung, liberaler Reformen und des allgemeinen, gleichen Wahlrechts um den Begriff. Andererseits bemühten sich selbst monarchistische Kräfte nun um eine Versöhnung der Prinzipien der königlichen Souveränität und der »Volkssouveränität«. Mit dem zweiten französischen Kaiserreich (Louis Bonaparte) bildete sich der Prototyp eines auf den Willen des Volkes und der »Nation« gegründeten, plebiszitären Cäsarismus (»Bonapartismus«) heraus. Und am anderen Ende des politischen Spektrums propagierten kommunistische Organisationen die Übertragung des demokratischen Gleichheitsprinzips auf alle Lebensbereiche. So entwickelte sich der Demokratiebegriff im 20. Jahrhundert schließlich vollends zu einer »Leerformel«[8]. Kaum noch eine politische Kraft wollte auf ihn verzichten. Im Revolutionsjahr 1917 deutete Lenin den Terminus im Sinne des bolschewistischen Umsturzprojektes: »Demokratie ist ein eine Unterordnung der Minderheit unter die Mehrheit anerkennender Staat, d. h. eine Organisation zur systematischen *Gewaltanwendung* einer Klasse gegen die andere, eines Teils der Bevölkerung gegen den anderen.«[9] Der »Demokratismus für die Reichen« müsse durch einen »Demokratismus für die Armen«[10] ersetzt werden. Letztlich bereite aber das »Absterben« des Staates dann auch der »Demokratie« ein Ende.

---

7 Hans Maier, Die Demokratie als Indikator geschichtlicher Bewegung (19. Jahrhundert), in: Otto Brunner/Werner Conze/Reinhart Koselleck (Hrsg.), Geschichtliche Grundbegriffe. Historisches Lexikon zur politisch-sozialen Sprache in Deutschland, Bd. 1, Stuttgart 1972, S. 861–873, 862.

8 Vgl. zu diesem Begriff: Ernst Topitsch/Kurt Salamun, Ideologie. Herrschaft des Vor-Urteils, München-Wien 1972, S. 113–126.

9 Wladimir Iljitsch Lenin, Staat und Revolution (1917), in: ders., Ausgewählte Werke, Moskau 1985, S. 286–382, 350 (Hervorhebung im Original).

10 Ebd., S. 355.

Ähnlich wie die Bolschewiki übten auch die Nationalsozialisten eine vernichtende Kritik am System der parlamentarischen Demokratie[11]. Dennoch finden sich bei führenden Nationalsozialisten auch zahlreiche Äußerungen, in denen der Anspruch auf die Realisierung einer »wirklichen« Demokratie erhoben wird, etwa in einer Geheimrede Hitlers vom 23. November 1937, in der er ausführt, die Weimarer Republik sei »mit der Demokratie besiegt«[12] worden. Dabei betont Hitler die Einheit von »Führung und Volk«. Mit anderen Worten: Die Fähigkeit des charismatischen »Führers«, die »wahren« Interessen des Volkes zu erkennen und in politische Entscheidungen umzusetzen, ist Grundlage der nationalsozialistischen »Demokratie«. Ihre Struktur unterscheidet sich nach Hitler dennoch in entscheidenden Punkten von der »Demokratie im üblichen Sinne«: »Unsere *Demokratie* baut sich dann auf dem Gedanken auf, daß 1. an jeder Stelle ein *nicht von unten Gewählter, sondern ein von oben Auserlesener* eine Verantwortung zu übernehmen hat, bis zur letzten Stelle hin; 2. daß er *unbedingte Autorität nach unten und absolute Verantwortung nach oben* hat, zum Unterschied von sonstigen Demokratien, die jeden von unten aussuchen, nach unten verantwortlich sein und nach oben mit Autorität ausgestattet sein lassen, – eine vollkommen wahnsinnige Verkehrung jeder menschlichen Organisation.«[13]

Die Beispiele mögen genügen, um zu illustrieren, in welch mannigfaltigen Formen der Demokratiebegriff in die politische Szenerie des 20. Jahrhunderts Eingang gefunden hat. Der aus der altgriechischen Staatsformenlehre stammende Terminus gewann nach Jahrhunderten relativer Bedeutungslosigkeit, insbesondere seit dem 18. Jahrhundert, ein erhebliches Gewicht in der politischen Auseinandersetzung, das ihn zugleich zur Allerweltsvokabel mit schillernden Inhalten degradierte[14]. Im folgenden wird daher zur Vermeidung von Mißverständnissen auch in der Regel vom »demokratischen Verfassungsstaat« gesprochen.

1.2 Begriffsbestimmung

Der Begriff des »demokratischen Verfassungsstaates« bedarf gleichwohl einer näheren Bestimmung. Zunächst zum zweiten Bestandteil: Was ist gemeint, wenn vom »Verfassungsstaat« die Rede ist? Carl Joachim Friedrich, Verfasser bedeutender Analysen zur Geschichte des abendländischen Konstitutionalismus und zu dessen Entwicklungsprodukt in der Gegenwart, hat die Verfassung als zentralen Bestandteil konstitutioneller Demokratie bezeichnet. »Verfassung« sei dabei nicht in erster Linie

11 Über Hitlers Demokratiekritik ausführlich: Rainer Zitelmann, Hitler. Selbstverständnis eines Revolutionärs, Hamburg u.a. 1987, S. 344–363.

12 »Adolf Hitlers Geheimrede vom 23. November 1937 auf der Ordensburg Sonthofen im Allgäu zur ›Deutschen Geschichte und zum Deutschen Schicksal‹ vor dem ›Politischen Führernachwuchs‹, mir mit Hitlers Zustimmung von Hitlers Sekretär, Reichsleiter Bormann, als Schlüssel für das richtige Verständnis der Hitlerschen Gedankengänge überlassen«, in: Henry Picker, Hitlers Tischgespräche im Führerhauptquartier, Stuttgart 1981[2] (1979), S. 481–490, 489.

13 Ebd., S. 488 (Hervorhebung im Original).

14 Vgl. den Überblick bei: Rupert Breitling, Zur Renaissance des Demokratiebegriffs im 18. Jahrhundert, in: Peter Haungs (Hrsg.), Res Publica. Studien zum Verfassungswesen. Dolf Sternberger zum 70. Geburtstag, München 1977, S. 37–52.

»formalistisch«, also im Sinne einer geschriebenen Rechtsurkunde, sondern »lebendig-organisch aufzufassen, als eine Gesamtheit menschlicher Beziehungen, die auf genossenschaftlicher Zusammenarbeit beruhen.«[15] Diese Beziehungen sind in der »Verfassung« genau definiert. Insbesondere das Verhältnis staatlicher Machtträger untereinander und das zwischen den Machtträgern und dem Volk muß zur Verhinderung »autokratischer«, selbstherrlicher Machtausübung exakt umrissen sein. Allerdings ist das durch die »Verfassung« konstituierte Beziehungsgeflecht nicht notwendigerweise »demokratisch«, basiert mithin nicht unbedingt auf dem Prinzip gleicher politischer Rechte aller Staatsbürger[16]. Erst der demokratische Verfassungsstaat hat seit dem 19. Jahrhundert das Ethos menschlicher Fundamentalgleichheit mit den älteren Traditionen des abendländischen Konstitutionalismus verbunden.

Zu den Grundprinzipien des Konstitutionalismus zählen die sogenannte Gewaltenteilung einerseits, der Schutz der persönlichen Freiheitssphäre des Bürgers andererseits. Beide Elemente hängen eng miteinander zusammen, dienen sie doch gleichermaßen der Verhinderung von Machtmißbrauch und Willkürherrschaft. Die Kontrolle und Begrenzung politischer Macht kann durch vielfältige Mechanismen bewirkt werden: die Bindung von Regierenden und Regierten an vorab festgelegte Regeln (»Verfassung«), funktionale Differenzierung sich gegenseitig kontrollierender Herrschaftsbereiche (klassische »Gewaltenteilung«), Föderalismus, Trennung von Staat und Kirche, Verhinderung von Wirtschaftskartellen und des Mißbrauchs ökonomischer Macht zum Zwecke politischer Einflußnahme. Derartige Vorkehrungen verhindern die Zusammenballung politischer Macht, wirken der Gefahr angemaßter Machtanwendung zuwider[17]. Darüber hinaus ist die Freiheit des Bürgers aber auch durch rechtliche Garantien geschützt. Es handelt sich hierbei zum einen um Vorkehrungen, die den Bürger vor ungebührlichen Übergriffen von seiten des Staates bewahren sollen (»Habeas corpus«-Rechte), zum anderen um Garantien der Teilhabe an den politischen Angelegenheiten (z. B. Meinungs-, Versammlungs- und Vereinigungsfreiheit, aktives und passives Wahlrecht). Der Begriff der »rechtsstaatlichen« Demokratie meint sowohl die Bindung von Regierenden und Regierten an festgelegte Rechtsgrundsätze, über deren Geltung Konsens erzielt worden ist, wie auch die Ausrichtung des Staates auf den Grundwert der Menschenwürde, aus dem sich alle bürgerlichen Freiheitsrechte ableiten (»freiheitliche« Demokratie).

Die konstitutionelle, gewaltenteilende, freiheitliche und rechtsstaatliche Demokratie ist zugleich pluralistisch ausgerichtet, da der Schutz bürgerlicher Freiheit die Anerkennung einer naturgegebenen Vielfalt von Interessen, Meinungen und Überzeugungen notwendig macht. Pluralismus der Meinungen bedeutet, daß jeder das Recht besitzt, seine Gedanken frei zu äußern und sie publik zu machen, auch wenn sie der Mehrheit und den Regierenden mißfallen sollten. Toleranz gegenüber Andersdenkenden ist eine zentrale Voraussetzung für das friedliche Zusammenleben von Menschen. Pluralismus der Überzeugungen zeigt sich in der Religionsfreiheit

---

15 Carl Joachim Friedrich, Demokratie als Herrschafts- und Lebensform, Heidelberg 1966², S. 9.
16 Vgl. Karl Loewenstein, Verfassungslehre, Tübingen 1969² (1957), S. 67f.
17 Vgl. zum Begriff der Gewaltenteilung: Winfried Steffani, Rechtsprechende Gewalt in der pluralistischen Demokratie, in: ders., Pluralistische Demokratie. Studien zur Theorie und Praxis, Opladen 1980, S. 117–147, insbes. S. 117–119.

ebenso wie in dem Recht, politische Organisationen zu gründen. Die Existenz nur einer einzigen »Partei« ist das untrügliche Anzeichen dafür, daß in dem betreffenden politischen System elementare Voraussetzungen konstitutioneller Demokratie nicht erfüllt sind. Die Parteienvielfalt hängt eng zusammen mit dem verbrieften Recht auf die freie Ausübung politischer Opposition[18].

Wenn in demokratischen Regimen Entscheidungen auch nach der Mehrheitsregel getroffen werden, bedeutet dies nicht, die Mehrheit könne sich stets über die Minderheit(en) hinwegsetzen. Mehrheitsherrschaft und Minderheitenschutz ergänzen sich daher gegenseitig[19]. Im übrigen entspricht es dem Gebot politischer Klugheit, daß Entscheidungen erheblicher Tragweite auf einer möglichst breiten Konsensbasis ruhen. Dennoch behält die Mehrheitsregel ihre tragende Bedeutung für den Entscheidungsfindungsprozeß, da vollkommener Konsens in den weitaus meisten Fällen nicht herzustellen ist und ein an die Konsensregel gebundenes Regime kaum handlungsfähig wäre. Die Minderheit muß daher die Entscheidungen der Mehrheit respektieren, wobei es ihr freilich anheimgestellt ist, künftig selbst zur Mehrheit heranzuwachsen.

Pluralismus der Interessen bedeutet schließlich die Bildung verschiedener wirtschaftlicher Interessengruppen, die in ein Konkurrenzverhältnis treten können. Das »Gemeinwohl« wird in der Konkurrenzdemokratie nicht als vorgegeben angenommen, sondern soll aus dem Spiel der politischen Kräfte stets neu hervorgehen[20]. Freilich vermag der Konfliktaustrag nur dann friedlich vonstatten zu gehen, wenn alle Akteure ein Minimum an Werten und Spielregeln akzeptieren (»freiheitliche demokratische Grundordnung«; »fair play«). Wer gegen sie verstößt, gefährdet den inneren Frieden. Ihm kann daher nicht mit dem gleichen Maß an Toleranz begegnet werden. Die demokratischen Verfassungsstaaten müssen sich daher vor denen schützen, die die gebotenen Freiheiten zu deren Beseitigung mißbrauchen wollen[21].

Schließlich funktionieren die konstitutionellen, rechtsstaatlichen, gewaltenteilenden, freiheitlichen und pluralistischen Demokratien der Gegenwart zugleich nach dem Repräsentationsprinzip (»repräsentative Demokratie«). Politische Entscheidungen werden demnach nicht vom Volk selbst getroffen, sondern von eigens für eine bestimmte Frist bestellten Institutionen (Parlamente, Regierungen, Gerichte), die im Namen des Volkes, wenn auch nicht in dessen bindendem Auftrag, handeln[22]. Die Übertragung von Beratungs- und Entscheidungsbefugnissen ist nicht nur (und nicht in erster Linie!) deshalb ein Erfordernis politischer Praxis, weil eine Identität von Regierenden und Regierten schon in Zwergstaaten, erst recht aber in Großflächenstaaten undurchführbar erscheint; vielmehr trägt das Prinzip auch (und vor allem!) der Tatsache Rechnung, daß dem Durchschnittsbürger Zeit und Kompetenz fehlen, um neben dem Broterwerb noch verwickelte politische Materien beurteilen zu können. Es bietet ein anschauliches Beispiel dafür, daß die demokratischen Verfassungs-

---

18 Siehe zur Konkretisierung etwa Kap. VI.1.
19 Vgl. zu dieser Problematik u. a. die kontroversen Beiträge in folgenden Bänden: Bernd Guggenberger/Claus Offe (Hrsg.), An den Grenzen der Mehrheitsdemokratie. Politik und Soziologie der Mehrheitsregel, Opladen 1984; Heinrich Oberreuter (Hrsg.), Wahrheit statt Mehrheit? An den Grenzen der parlamentarischen Demokratie, München 1986.
20 Vgl. E. Fraenkel (Anm. 5), S. 197–201.
21 Vgl. zu diesem Problem ausführlich Kapitel VIII.
22 Vgl. zum Begriff der Repräsentation: W. Steffani (Anm. 17), S. 149–165.

staaten der Gegenwart, deren philosophische Grundlagen sehr komplex sind[23], nicht auf dem Reißbrett entworfen wurden, sondern aus langwierigen historischen Erfahrungsprozessen hervorgingen. Alle konstitutionellen Demokratien waren bisher zugleich repräsentative Demokratien. Reformkonzepte (»Partizipation«) stellen das Repräsentationsprinzip nicht als solches in Frage, sondern zielen auf eine stärkere Einbeziehung der Bürger in die Prozesse politischer Willensbildung und Entscheidungsfindung. Allerdings strebt der demokratische Verfassungsstaat keine Pflicht zur demokratischen Teilhabe an, sondern nur ein Recht. Demokratische Verfassungsstaaten zeichnen sich auch durch die Existenz politikfreier Räume aus[24].

2. Politischer Extremismus

2.1 Etymologie

Der Begriff des politischen Extremismus kann nicht auf eine Tradition der Art zurückblicken, wie sie den Begriff des demokratischen Verfassungsstaates geprägt hat[25]. Seine Aufnahme in das politische Lexikon ist weit jüngeren Datums, alt dagegen das Gegensatzpaar von »extrem« und »gemäßigt«. Die Vorstellung, wonach die »Mitte« zwischen den Extremen, eine Mischung reiner Verfassungstypen und ihrer Komponenten »Mäßigung« bedeutet, geht auf die griechische Staatslehre zurück und hat auch in der Neuzeit Einfluß ausgeübt[26]. Ein schönes Beispiel bietet die 1828 erschienene umfangreiche Abhandlung des preußischen Staatsmannes und Gelehrten Friedrich Ancillon, die sich vor allem in politischen Streitfragen der Zeit um eine »Vermittlung der Extreme in den Meinungen« bemühte. Extreme Auffassungen verführten »die schwachen Köpfe durch ihre anscheinende Einfachheit, die lebhaften Gemüther durch die grellen, glänzenden Farben, mit welchen man sie ausmalt, und die energischen Menschen durch eine Art von Kraft, die in ihnen zu liegen scheint.« In der Politik wirkten extreme Meinungen am »verderblichsten, weil hier sehr leicht unrichtige Begriffe zu ungerechten Handlungen verführen, und excentrische Ideen eine abnorme und excentrische Thätigkeit erzeugen«[27]. Als »extrem« gelten in der ersten Hälfte des 19. Jahrhunderts auch bereits politische Gruppierungen, die sich weit von den dominierenden Kräften entfernen. In der französischen politischen

---

23 Vgl. hierzu: Günther Maluschke, Philosophische Grundlagen des demokratischen Verfassungsstaates, Freiburg-München 1982.
24 Gegen überzogene Partizipationsmodelle wendet sich: Wilhelm Hennis, Die mißverstandene Demokratie. Demokratie – Verfassung – Parlament. Studien zu deutschen Problemen, Freiburg 1973.
25 Siehe zur Etymologie auch die entsprechenden Beiträge in: Uwe Backes/Eckhard Jesse, Politischer Extremismus in der Bundesrepublik Deutschland. Bd. III: Dokumentation, Köln 1989, Kap. II.
26 Vgl. Kurt von Fritz, The Theory of the Mixed Constitution in Antiquity. A Critical Analysis of Polybius' Political Ideas, New York 1958[2] (1954); Martin Gralher, Mitte – Mischung – Mäßigung. Strukturen, Figuren, Bilder und Metaphern in der Politik und im politischen Denken, in: P. Haungs (Anm. 14), S. 82–114.
27 Friedrich Ancillon, Zur Vermittlung der Extreme in den Meinungen. Erster Theil: Geschichte und Politik, Berlin 1828, S. X, XII.

Sprache werden die royalistischen Ultras als »extrême droite« und die extensiven Interpreten des Prinzips der »Volkssouveränität« als »extrême gauche« auf einen gemeinsamen Nenner gebracht[28]. Doch läßt sich der Extremismusbegriff selbst für Frankreich erst während des Ersten Weltkrieges nachweisen[29]. Bereits Mitte des 19. Jahrhunderts tauchten die Begriffe »extremist« und »extremism« in der englischen Presse auf[30] – freilich ohne spezifischen Zuschnitt. In den Vereinigten Staaten dürfte der Begriff erstmals während des Bürgerkrieges gebraucht worden sein, als die kompromißlosen Vertreter der sich bekämpfenden Parteien des Südens und des Nordens als »extremists of both parts of the country« firmierten[31].

Als Sammelbegriff für die politischen Kräfte an den Enden des Rechts-Links-Spektrums scheint »Extremismus« jedoch erst wesentlich später verwendet worden zu sein. Eine ausführlichere Darstellung findet sich wohl erstmals in der 1921 erschienenen Studie des französischen Publizisten Maxime Leroy über »Les techniques nouvelles du syndicalisme«, die dem Phänomen ein Kapitel widmet. Seit der Oktoberrevolution in Rußland sei »extrémisme« »eines der geläufigsten Worte unseres politischen Vokabulars«[32] geworden. Ausführlich setzt sich Leroy mit den »roten« Extremisten, der Partei Lenins, auseinander, die ebenso wie die »weißen« Extremisten, die Monarchisten, durch einen »absoluten Glauben« gekennzeichnet seien. – Bald sollten die (italienischen) Faschisten den Part übernehmen, den Leroy noch den kompromißlosen Königstreuen zugedacht hatte.

Während der Extremismusbegriff in Großbritannien und den Vereinigten Staaten bereits im 19. Jahrhundert nachweisbar ist, hat sich der Terminus in Deutschland verhältnismäßig spät eingebürgert. In der Presse der Weimarer Zeit scheint von »Extremismus« so gut wie nicht gesprochen worden zu sein, häufig dagegen vom »Radikalismus« oder von »staatsfeindlichen Kräften«. Zwar verwandte der Moraltheologe Franz Keller den Extremismusbegriff in seinem »Radikalismus«-Artikel für das katholische »Staatslexikon« (1931); seine terminologischen Erörterungen wurden jedoch von der Forschung allem Anschein nach nicht aufgegriffen[33]. Allerdings verwandten bald einige Emigranten den Begriff, nachdem sie ihm vermutlich im angelsächsischen Bereich häufiger begegnet waren: Er findet sich etwa in den frühen

28 Vgl. Dictionnaire Politique. Encyclopédie du Langage et de la Science Politiques, rédigé par une réunion de députés, de publicistes et de journalistes, avec une introduction par Louis Antoine Garnier-Pagès, publié par E. Duclerc et Paguerre, Paris 1842, S. 394.

29 Vgl. Art. »extrémisme«, in: Trésor de la Langue Française. Dictionnaire de la Langue du XIXe et du XXe siècle (1789–1960), 8 Bde., Paris 1980, S. 536.

30 Vgl. W. Nieke, Art. »Extremismus«, in: Joachim Ritter (Hrsg.), Historisches Wörterbuch der Philosophie, völlig neubearbeitete Ausgabe des ›Wörterbuch der Philosophischen Begriffe‹ von Rudolf Eisler, Bd. 2, Basel-Stuttgart 1972, S. 884; Manfred Funke, Art. »Extremismus«, in: Wolfgang W. Mickel (Hrsg.), Handlexikon zur Politikwissenschaft, München 1983, S. 133 f.

31 Vgl. Uwe Backes, Politischer Extremismus in demokratischen Verfassungsstaaten. Elemente einer normativen Rahmentheorie, Opladen 1989.

32 Maxime Leroy, L'extrémisme, in: ders., Les techniques nouvelles du syndicalisme, Paris 1921, S. 92–106. Siehe auch: Art. »Extrémisme«, in: Compère-Morel, Grand Dictionnaire Socialiste du Mouvement Politique et Economique National et International, Paris 1924, S. 276–279, 276. Dazu ausführlich: U. Backes (Anm. 31).

33 Vgl. Franz Keller, Art. »Radikalismus«, in: Staatslexikon, hrsg. von Hermann Sander, Bd. 4, Freiburg 1931⁵, Sp. 507 f.

Beiträgen Karl Loewensteins zur »militant democracy«[34], in den Studien zur »Autoritären Persönlichkeit« von Theodor W. Adorno[35] und anderen wie auch in einem bekannten Aufsatz Hannah Arendts aus dem Jahre 1953[36]. Freilich wurde in allen diesen Beiträgen der Extremismusbegriff nicht näher bestimmt.

Dies geschah allerdings in den Arbeiten amerikanischer Autoren wie Edward A. Shils[37] und vor allem Seymour M. Lipset[38], die »Extremismus« als Gegenbegriff zur »liberal democracy« in die wissenschaftliche Terminologie einführten. Von dort wirkte er wiederum auf die jungen Sozialwissenschaften in der Bundesrepublik ein, wo er nach und nach an die Stelle der gängigen Radikalismusvokabel trat. Im Laufe der zweiten Hälfte der sechziger Jahre, als NPD und »Neue Linke« für Aufsehen sorgten und zahlreiche einschlägige Beiträge erschienen, setzte sich der Extremismusbegriff allmählich durch. Auch die Sicherheitsbehörden paßten sich der neuen Diktion an. Seit dem Verfassungsschutzbericht für das Jahr 1974 firmieren antidemokratische Bestrebungen nicht mehr als »radikal«, sondern als »extremistisch«.

Zu dieser Entwicklung trug wohl nicht allein der verbreitete Sprachgebrauch besonders in der angelsächsischen Forschung bei, sondern auch die Vieldeutigkeit des Radikalismusbegriffs. Dieser kann nämlich auf eine längere und verwickeltere Geschichte zurückblicken als der des politischen »Extremismus«. Hierzu nur einige Beispiele: Im deutschen Vormärz galten Anhänger des politischen Gleichheitsprinzips und des allgemeinen Wahlrechts als »Radikale«[39], in Großbritannien die Verfechter der utilitaristischen Philosophie Jeremy Benthams[40]; in romanischen Ländern war der

---

34 Vgl. Karl Loewenstein, Militant Democracy, in: APSR, 31 (1937), S. 417–432, S. 638–658; ders., Legislative Control of Political Extremism in European Democracies, in: Columbia Law Review, 38 (1938), S. 591–622, 725–774; ders., Contrôle législatif de l'extrémisme politique dans les démocraties européennes, Paris 1939.

35 Vgl. Theodor W. Adorno, Studien zum autoritären Charakter (1950), Frankfurt/M. 1982[4] (1973), S. 150.

36 Vgl. Hannah Arendt, Ideologie und Terror, in: Bruno Seidel/Siegfried Jenkner (Hrsg.), Wege der Totalitarismus-Forschung, Darmstadt 1974[3] (1968), S. 166.

37 Vgl. Edward Shils, The Torment of Secrecy. The Background and Consequences of American Security Policies, Melbourne-London-Toronto 1956 (Teil IV: »Pluralism and Extremism«).

38 Vgl. Seymour M. Lipset, Socialism. Left and Right – East and West, in: Confluence, 7 (1958), S. 173–192; ders., Democracy and Working-Class Authoritarianism, in: ASR, 24 (1959), S. 482–501; ders., Social Stratification and 'Right-Wing Extremism', in: BJS, 10 (1959), S. 346–382; ders., Soziologie der Demokratie, Neuwied-Berlin 1962 (Original: Political Man. The Social Basis of Politics, New York 1960), inbesondere S. 121–189; ders., The Sources of the »Radical Right« (1955); ders., Three Decades of the Radical Right: Coughlinites, McCarthyites and Birchers (1962), jeweils in: David Bell (Hrsg.), The Radical Right: The New American Right, expanded and updated, New York 1964, S. 307–371, 373–446; ders./Earl Raab, The Politics of Unreason. Right-Wing Extremism in America, 1790–1977, Chicago-London 1979[2] (1970); ders., Supporters of the Birch Society, in: Gilbert Abcarian (Hrsg.), American Political Radicalism. Contemporary Issues and Orientations, Lexington-Toronto 1971, S. 195–210.; ders., Political Man. The Social Basis of Politics, expanded edition, London 1983, insbes. S. 459–565.

39 Vgl. Peter Wende, Art. »Radikalismus«, in: O. Brunner/W. Conze/R. Koselleck (Anm. 7), Bd. 5, S. 113–133, 132 f.

40 Vgl. Elie Halévy, The Growth of Philosophic Radicalism, with a preface of John Plamenatz, London 1972 (Original: La formation du radicalisme philosophique, Paris 1901–1904).

Radikalismusbegriff seit dem 19. Jahrhundert (links-)liberalen Kräften vorbehalten[41]; in der deutschen Arbeiterbewegung galt der linke, revolutionäre Flügel als »radikal«[42]; Lenin tadelte kommunistische Gruppen in Deutschland und anderswo wegen ihres Glaubens an die Spontaneität der »Massen« als »linksradikal«[43]. Das Spektrum der Wortbedeutungen reicht somit vom Liberalismus bis zum Kommunismus.

Geht man allein von der Wortbedeutung aus, kann weder »Extremismus« noch »Radikalismus« von vornherein als Gegenbegriff zum demokratischen Verfassungsstaat gelten. Wer eine von gängigen Positionen stark abweichende Auffassung vertritt, ist deshalb ebensowenig der Verfassungsfeindlichkeit zu zeihen wie derjenige, der sich in seinem Denken an die Wurzel der Probleme vorzustoßen bemüht (»radix« bedeutet im Lateinischen »die Wurzel«). Im folgenden soll dem Begriff des politischen Extremismus vor allem deshalb der Vorzug vor dem des Radikalismus gegeben werden, weil er aufgrund seiner durch die relativ kurze Begriffsgeschichte bedingten Farblosigkeit einer Verwendung im Rahmen wissenschaftlicher Terminologie geringere Widerstände entgegensetzt. Vor Fehlinterpretationen ist freilich auch der Begriff des politischen Extremismus nicht gefeit.

Auch der seit der Islamischen Revolution im Iran 1979 sich rasch verbreitende Begriff des »Fundamentalismus« kann den des Extremismus nicht ersetzen, obwohl manche Autoren ihn wohl nicht zuletzt deswegen gebrauchen, weil ihnen der Extremismusbegriff politisch belastet erscheint[44]. »Fundamentalismus« hat seinen Ursprung im amerikanischen Protestantismus zu Beginn der zwanziger Jahre dieses Jahrhunderts, wo er als Bezeichnung für eine sich auf ihre Glaubensfundamente besinnende religiöse Bewegung Verbreitung fand[45]. Auch heute wird der Begriff in erster Linie für religiöse Strömungen verwendet, die den Menschen in seiner ganzen sozialen und politischen Existenz beanspruchen und für die Ziele der Erweckungsbewegung gewinnen wollen. Es ist der politische Charakter der Fundamentalismen – im Unterschied zu offeneren religiösen Gemeinschaften –, der manche Autoren dazu führt, den Begriff auf militante und radikale Kräfte generell auszudehnen[46]. Auf diese Weise verschwimmen allerdings seine Konturen, was ihn für wissenschaftliche Zwecke nicht tauglicher macht. Es erscheint daher sinnvoll, fundamentalistische religiöse Strömungen als eine potentielle Variante des politischen Extremismus anzuse-

41 Vgl. Guido de Ruggiero, Geschichte des Liberalismus in Europa, Aalen 1964² (Original: Storia del liberalismo europeo, Bari 1925).

42 Vgl. J. Keir Hardie, Revisionism v. Radicalism in Germany, in: Socialist Review, (1910) 11, S. 193–196; Curt Geyer, Der Radikalismus in der deutschen Arbeiterbewegung, Jena 1923².

43 Vgl. Wladimir Iljitsch Lenin, Der ›linke Radikalismus‹, die Kinderkrankheit im Kommunismus, Berlin [Ost] 1970⁸ (1920).

44 Siehe etwa Thomas Meyer, Fundamentalismus. Aufstand gegen die Moderne. Reinbek bei Hamburg 1989. Außerdem Armin Pfahl-Traughber, Der Extremismusbegriff in der politikwissenschaftlichen Diskussion – Definitionen, Kritik, Alternativen, in: Uwe Backes/Eckhard Jesse (Hrsg.), Jahrbuch Extremismus & Demokratie, Bd. 4, Bonn 1992, S. 67–86, 84f.

45 Vgl. Martin Riesebrodt, Fundamentalismus als patriarchalische Protestbewegung. Amerikanische Protestanten (1910–28) und iranische Schiiten (1961–79) im Vergleich, Tübingen 1990, S. 12.

46 Siehe etwa Christian J. Jäggi/David J. Krieger, Fundamentalismus. Ein Phänomen der Gegenwart, Zürich-Wiesbaden 1991, die auch von »marxistischem« und »grünem« Fundamentalismus sprechen.

hen, die angesichts des Niedergangs des »realen Sozialismus« zukünftig noch an Bedeutung gewinnen könnte.

2.2 Begriffsbestimmung

Der Begriff des politischen Extremismus soll als Sammelbezeichnung für unterschiedliche politische Gesinnungen und Bestrebungen fungieren, die sich in der Ablehnung des demokratischen Verfassungsstaates und seiner fundamentalen Werte und Spielregeln einig wissen, sei es, daß das Prinzip menschlicher Fundamentalgleichheit negiert (Rechtsextremismus), sei es, daß der Gleichheitsgrundsatz auf alle Lebensbereiche ausgedehnt wird und die Idee der individuellen Freiheit überlagert (Kommunismus), sei es, daß jede Form von Staatlichkeit als »repressiv« gilt (Anarchismus). Das Mehrparteienprinzip sieht sich mit dem Alleinvertretungsanspruch einer einzigen politischen Kraft konfrontiert; der Pluralismus der Überzeugungen wird mit dem Hinweis auf die allein »wahre« Lehre zurückgewiesen; Interessenverbände geraten in den Verdacht, gegen das »Gemeinwohl« gerichtet zu sein; parlamentarische Prozeduren dienen in dieser Optik der Verfälschung des »Volkswillens«; demokratische Medien manipulieren öffentliche Meinung; die »bürgerliche« Demokratie gilt als Ausgeburt der Lasters, der kulturellen Dekadenz, des Sittenverfalls; in ihr herrschen Mißwirtschaft und Korruption – dies einige typische Vorwürfe, die von Extremisten gegenüber dem demokratischen Verfassungsstaat vorgebracht werden.

Die Gemeinsamkeiten extremistischer Kräfte beziehen sich jedoch nicht nur auf die Stereotypen ihrer Auseinandersetzung mit pluralistisch-demokratischen Systemen. Vielmehr resultieren diese Kritikelemente aus gemeinsamen Denkstrukturen. Alle extremistischen Doktrinen erheben auf die ein oder andere Weise den Anspruch auf exklusiven Zugang zur historisch-politischen Wahrheit – gleichgültig, ob man sich auf die Gesetze der Natur oder der Vernunft beruft. Die absolute Gewißheit, im Recht zu sein, läßt den Respekt vor den Auffassungen Andersdenkender schwinden. Die Überzeugung von der absoluten Gültigkeit der eigenen Visionen bringt jene fanatische Entschlossenheit hervor, der jedes zum Ziel führende Mittel legitim erscheint. Dabei wird die Tabula rasa in aller Regel dosiertem Experimentieren vorgezogen. Während das liberale politische Denken um den Gedanken der Vielfalt kreist, gehen extreme Linke und Rechte von der Idee der Einheit aus. Die einen sehnen sich nach der Geborgenheit traditioneller Gemeinschaften zurück, die anderen suchen nach neuen Formen konfliktfreien Zusammenlebens. Interessengegensätze und Meinungsverschiedenheiten gelten nicht als Grundtatbestand, sondern als Produkt heilloser Entfremdung von einem Zustand ursprünglicher Harmonie. Um die Welt wieder »ins Lot« zu bringen, werden auch größte Opfer in Kauf genommen. Nur eine radikale Veränderung kann dies bewirken – darin sind sich extreme Rechte und Linke einig. Ihr strategisches Waffenarsenal ist weitgehend austauschbar: kein Mittel der extremen Linken, das nicht auch bereits von der extremen Rechten angewendet worden wäre – und umgekehrt[47].

---

47 Vgl. dazu insbesondere Kap. III. Ferner: Uwe Backes/Eckhard Jesse, Demokratie und Extremismus. Anmerkungen zu einem antithetischen Begriffspaar, in: APZG, B 44/83, S. 3–18.

Als Antithese konstitutioneller Demokratie umfaßt der Begriff des politischen Extremismus im weiteren Sinne sowohl politische Regime und die sie tragenden Kräfte (autoritäre und totalitäre Diktaturen) als auch politische Gesinnungen und Bestrebungen in demokratischen Verfassungsstaaten. Gewinnen extremistische Kräfte in konstitutionellen Demokratien die Oberhand, entstehen diktatorische Systeme unterschiedlicher Couleur[48]. Aber auch in allen demokratischen Verfassungsstaaten existieren neben den großen demokratischen Parteien extremistische Organisationen mit mehr oder weniger großem Einfluß. Der politische Extremismus ist somit ein Phänomen von globaler Bedeutung (siehe Schaubild 1).

Schaubild 1: Demokratie – Diktatur – Extremismus

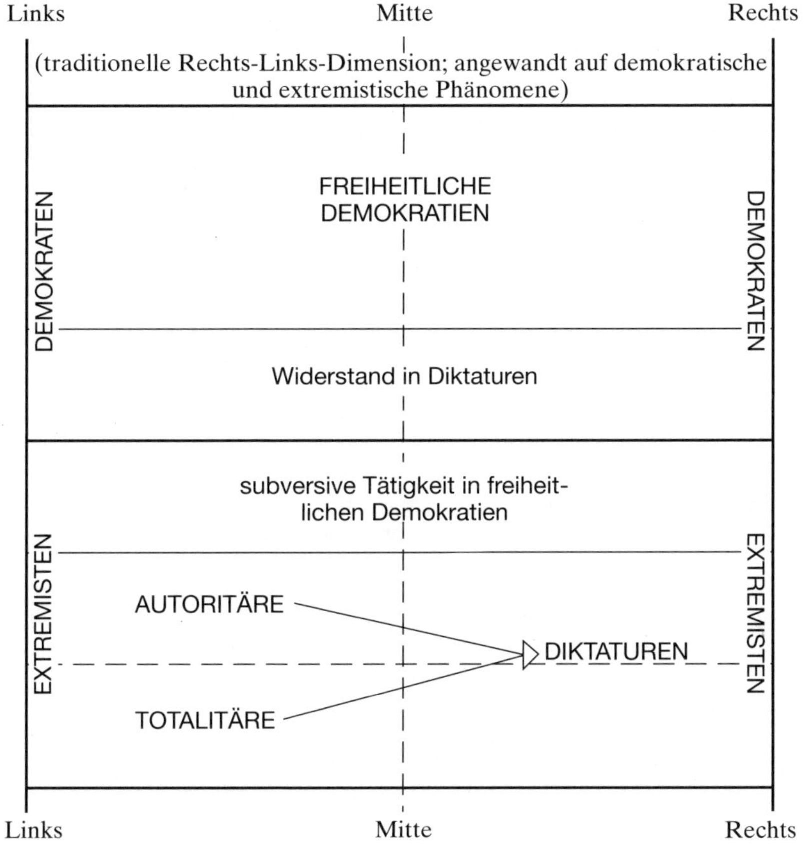

Links	Mitte	Rechts

(traditionelle Rechts-Links-Dimension; angewandt auf demokratische und extremistische Phänomene)

DEMOKRATEN

FREIHEITLICHE DEMOKRATIEN

DEMOKRATEN

Widerstand in Diktaturen

subversive Tätigkeit in freiheit-lichen Demokratien

EXTREMISTEN

AUTORITÄRE

DIKTATUREN

TOTALITÄRE

EXTREMISTEN

Links	Mitte	Rechts

---

48 Vgl. Dankwart A. Rustow, Democracy, A Global Revolution?, in: Foreign Affairs, 69 (1990) 4, S. 75–90.

Bei der Analyse extremistischer Erscheinungsformen in demokratischen Verfassungsstaaten können mehrere Ebenen unterschieden werden: 1. politische Einstellungen in der Bevölkerung, 2. entwickelte politisch-extremistische Doktrinen, 3. extremistische Organisationen, 4. extremistische Aktionen und Strategien. Antidemokratische Stereotype sind häufig auch in Gruppen der Bevölkerung verbreitet, die sich von extremistischen Organisationen fernhalten. Derartige Potentiale sorgen gelegentlich für Wahlüberraschungen, wenn die Zahl der Stimmen für extremistische Parteien die der Mitglieder um ein Vielfaches übersteigt. Der Beitritt zu einer extremistischen Organisation und das damit einhergehende Engagement sind ein – allerdings nicht zwingendes – Indiz für die Festigkeit der Gesinnung. Extremistische Organisationen verfügen stets über mehr oder weniger ausgearbeitete Doktrinen, die eine Weltsicht vermitteln, Vergangenheit und Gegenwart deuten, ein Bild von der Zukunft entwerfen und wichtige integrierende Funktionen erfüllen. Sie sind die Grundlage subversiver Aktivitäten, die die Beseitigung des demokratischen Verfassungsstaates und seiner Institutionen anstreben.

Die Gemeinsamkeiten der Extremismen in Gegenüberstellung zum demokratischen Verfassungsstaat dürfen die fundamentalen Unterschiede nicht überdecken. Zwischen rechten und linken Extremismen, Anarchisten und Kommunisten, Monarchisten und Neonationalsozialisten bestehen beträchtliche Divergenzen, so daß rechts- und linksextreme Gruppen sich nicht nur gegenseitig, sondern auch untereinander oft heftig bekämpfen. Eine Aufgabe der Phänomenologie wird darin bestehen, die Unterschiede deutlich herauszuarbeiten und dennoch nach Gemeinsamkeiten zu suchen, die aus der Perspektive des demokratischen Verfassungsstaates das Feld politischer Extremismen strukturieren[49].

3. Demokratischer Verfassungsstaat und politischer Extremismus: Probleme der Grenzziehung

Der demokratische Verfassungsstaat ist das Entwicklungsprodukt eines historischen Erfahrungsprozesses mit verschiedenen Formen des Machtmißbrauchs und der Willkürherrschaft. Extremistische Gruppierungen betreiben demgegenüber die Entfesselung jener freiheitsgefährdenden Kräfte, die die konstitutionelle Demokratie zu bändigen gelernt hat. Zwischen demokratischem Verfassungsstaat und politischem Extremismus besteht daher ein tiefer Gegensatz. Freilich muß eine Analyse des politischen Extremismus eine Reihe praktischer Faktoren berücksichtigen, die zur Verwischung der durch die Theorie gezogenen Grenzlinie beitragen (können).

An erster Stelle ist der Sachverhalt zu nennen, daß es auch in demokratischen Organisationen und Bewegungen extremistische Neigungen und Tendenzen geben mag. In solchen Fällen kommt es darauf an, welche Bedeutung diese Tendenzen für die Organisation als Ganzes haben. Beschränken sich extremistische Einflüsse lediglich auf einen radikalen, von den Entscheidungszentren weitgehend abgeschnittenen Flügel, oder handelt es sich um eine Minderheitsströmung, welche die Mehrheit

---

49 Vgl. Kap. III. 5.

dominiert? Etwas anderes ist gemeint, wenn vom »Extremismus der Mitte« gesprochen wird. Allerdings verbinden verschiedene Autoren Unterschiedliches damit. Der amerikanische Soziologe Seymour M. Lipset weist mit dem Begriff auf extremistische Tendenzen bei den Mittelklassen hin, den klassischen Trägerschichten des Liberalismus[50]. Andere Autoren bezeichnen demokratiegefährdende Entwicklungen in der demokratischen Mehrheitskultur als »Extremismus der Mitte«. So geißelt Wolf Dieter Narr »die borniertten Formen des offiziellen und halboffiziellen, des institutionellen und des politischen etablierten ›Verfassungsschutzes‹«. »Die rituelle Beschwörung extremistischer Gefahren lenke nur vom »Hauptflöz etablierter Politik«[51] ab. Eben dort aber seien die meisten Probleme der heutigen Demokratie zu suchen. Der von Narr angesprochene Sachverhalt ist prinzipiell nicht von der Hand zu weisen: Schlechte Politik und schwache Institutionen stärken extremistische Kräfte, erfolgreiche Politik und starke Institutionen schwächen sie. Aber ist es sinnvoll, den Extremismusbegriff für diesen Sachverhalt zu bemühen? Konsequenterweise müßte man das gesamte Arsenal der »politischen Pathologie« – von der Korruption bis zum Geheimnisverrat – als »extremistisch« bezeichnen und ebenso alle Fehler und Irrtümer, die demokratisch gesinnten Politikern an den Schalthebeln der Macht unterlaufen. Eine Entgrenzung des Extremismusbegriffs wäre die Folge, und seine analytische Tauglichkeit schwände dahin. Narrs Vorschlag entspringt denn auch mehr einem polemischen als einem wissenschaftlichen Interesse. Es zeugt von beachtlichen demagogischen Qualitäten, wenn linke oder rechte Fundamentalkritiker einen auf sie selbst gemünzten Negativbegriff umkehren und gegen ihre Kontrahenten richten. So hat Hans-Ulrich Kopp in einem Artikel für die neu-rechte Monatszeitung »Junge Freiheit« mit dem »Liberal-Extremismus« abgerechnet, der in der Bundesrepublik die Politik bestimme. Er strebe die multikulturelle Gesellschaft an, unterminiere die »Identität des deutschen Volkes«, hofiere »asoziale und kriminelle Minderheiten« (gemeint sind die Linksterroristen), dränge die »Mehrheit der Anständigen an den Rand«, treibe Außenpolitik ohne Berücksichtigung des Völkerrechts und komme »Maximalforderungen unfreundlicher Nachbarstaaten hemmungslos entgegen, während die ostdeutschen Landsmannschaften und volksdeutschen Minderheiten kurzerhand übergangen«[52] würden.

Ein weiteres Problem der Grenzziehung bietet das Nebeneinander und Durcheinander extremistischer und demokratischer Strömungen. Dies trifft in der Regel auf Soziale Bewegungen zu, da sich in ihnen eine grundsätzliche Unzufriedenheit mit bestehenden politischen Verhältnissen artikuliert. Bei der Analyse muß daher sorgfältig zwischen unterschiedlichen politischen Elementen differenziert werden. Ein Beispiel hierfür war die Friedensbewegung, die Ende der siebziger, Anfang der achtziger Jahre Tausende von Menschen bei Demonstrationen mobilisieren konnte. Erwiesenermaßen versuchten Extremisten auf Aktionen und Programmatik Einfluß zu nehmen. Besonders stark engagierten sich etwa die Organisationen des moskautreuen Kommunismus, die die Bewegung für ihre eigenen Ziele auszunutzen versuch-

---

50 Vgl. etwa Seymour M. Lipset, Der »Faschismus«, die Linke, die Rechte und die Mitte, in: KZfSS, 11 (1959), S. 401–444.
51 Wolf-Dieter Narr, Der Extremismus der Mitte, in: Vorgänge, 31 (1992) 6, S. 4–7, 7.
52 Hans-Ulrich Kopp, Die Begegnung der dritten Art: Liberal-Extremismus, in: Junge Freiheit, Jan./Febr. 1992, S. 2.

ten[53]. Dennoch wäre es verfehlt, unterstellte man der Friedensbewegung als Ganzes eine demokratiefeindliche Zielsetzung.

Dies wird allerdings häufig durch Täuschungsmanöver extremistischer Gruppierungen erschwert. Sie enthüllen ihre wahren Absichten nicht, verstecken ihre Ziele hinter plakativen Parolen und passen ihre Diktion demokratischen Formen und Formeln an. Besonders die offizielle Programmatik ist oft von einer politischen Mimikry geprägt. In dem Ende 1987 verabschiedeten NPD-Programm wurde gar ausführlich aus dem Grundgesetz zitiert, um die eigene Verfassungstreue zu untermauern. Eine Analyse der Parteipresse und parteioffizieller Veröffentlichungen zeigt dagegen, daß Anspruch und Wirklichkeit weit auseinanderklaffen[54]. Die Konfrontation der Absichtsbekundungen mit tatsächlichen Verhaltensweisen erbringt zumeist Klarheit. Schließlich muß die Parteiführung auch ideologischen Bedürfnissen der Mitglieder entsprechen. Eine perfekte Tarnung ist daher nicht möglich. Auch die Untersuchung der innerparteilichen Verhältnisse bringt in der Regel wichtige Erkenntnisse ans Tageslicht. Allerdings sind der Forschung hier auch Grenzen gesetzt, da interne Vorgänge häufig lange Zeit im verborgenen bleiben. Von großer Bedeutung für die Beurteilung möglicher »Zweifelsfälle« sind auch Kontakte, die entsprechende Gruppierungen nach »außen« unterhalten – zu anderen Organisationen im In- und Ausland, möglicherweise auch zu diktatorischen Regimen.

Die Probleme einer klaren Grenzziehung zwischen Demokratie und Extremismus in praxi belegen auch die »Republikaner« (REP) und die »Partei des Demokratischen Sozialismus« (PDS). Die PDS ist bis heute (1993) kein Beobachtungsobjekt des Verfassungsschutzes, obwohl sie lediglich durch Umbenennung aus der ehemaligen Diktaturpartei SED hervorgegangen ist und ein Großteil ihrer Mitglieder bereits vor 1989 der Partei angehörte. Für Teile der Partei ist der Nachweis extremistischer Orientierung leicht aus den offiziellen programmatischen Verlautbarungen zu entnehmen (z. B. die »Kommunistische Plattform«). Für den größeren Teil der Partei sind erhebliche Zweifel an der Ernsthaftigkeit des demokratischen Bekenntnisses angebracht[55]. Die 1983 gegründeten REP sind dagegen im Dezember 1992 zum Beobachtungsobjekt des Bundesamtes für Verfassungsschutz erklärt worden, obwohl sich im Vorjahr ein radikaler Flügel abgespalten hatte und die Führung demonstrativ ihre Läuterung zu einer demokratischen national-konservativen Kraft erklärt hatte. Dennoch deuteten schwerwiegende Indizien auf eine verfassungsfeindliche Orientierung hin: die politische Herkunft vieler REP-Mitglieder aus rechtsextremen Organisationen wie NPD und DVU; ausländerfeindliche und rassistische Äußerungen, die von der »Basis« immer wieder an die Öffentlichkeit drangen; rabiate Töne gegenüber dem »System« in der Bundesrepublik und mangelnde innerparteiliche Demokratie. Eine Darstellung der extremen Rechten in Deutschland, die den REP keine Beachtung schenken würde, könnte schwerlich zu einer angemessenen Beurteilung der derzeitigen Gefahrenpotentiale für die demokratische Ordnung gelangen.

---

53 Vgl. zu dieser Frage etwa: Axel Minrath, Friedenskampf. Die DKP und ihre Bündnispolitik in der Anti-Nachrüstungsbewegung, Köln 1986.
54 Siehe dazu Kap. III.2.
55 Vgl. nur die minuziöse Analyse von Patrick Moreau, PDS. Anatomie einer postkommunistischen Partei, Bonn-Berlin 1992.

Die Extremismusforschung muß sich jedoch vor der Konstruktion von Verschwörungstheorien hüten. Nicht selten wird in einschlägigen Arbeiten leichtfertig von vereinzelten personellen Kontakten auf die Beziehungen ganzer Organisationen geschlossen. Zudem besteht die Gefahr der self-fulfilling prophecy: Die eigene Theorie wird von vornherein in den Untersuchungsgegenstand hineininterpretiert, ohne daß eine hinreichende Chance zur Falsifikation besteht. Es ist daher wichtig, nach den Hintergründen und politischen Motiven politischer Verbindungen zu fragen, die lediglich strategischer oder taktischer Natur sein können. Ist keine restlose Klarheit über Ziele und Absichten möglich, muß der Rechtsgrundsatz »in dubio pro reo« Anwendung finden. Eine Untersuchung, die sich nicht auf die nüchterne Eruierung von Fakten beschränkt, sondern auch dem Seinsollenden Beachtung schenkt, muß sich ihrer Verantwortung in besonderem Maße bewußt sein.

Die Frage nach Extremismus und Demokratie im Hinblick auf politische Vorstellungen bestimmter Personen darf in keinem Falle als Problem der moralischen »Qualität« angesehen werden. Wenn vom Standpunkt des demokratischen Verfassungsstaates auch alle diejenigen Kräfte, die seine zentralen Werte und Spielregeln negieren, zu bekämpfen sind, sollte man gleichwohl nicht den glühenden Idealismus von Extremisten außer acht lassen – dies gilt für rechte wie für linke Gruppierungen. Der Respekt vor dem Andersdenkenden darf an der Grenze zum politischen Extremismus nicht haltmachen. Die folgende Analyse beleuchtet unter anderem die Motive von Personen des extremistischen Spektrums. Die zu fällenden Werturteile beschränken sich dabei jedoch auf die mit politikwissenschaftlichen Methoden zu lösende Frage nach Demokratie und Extremismus, enthalten sich im Hinblick auf die jeweiligen Persönlichkeiten tunlichst moralisierender Bewertungen.

4. Resümee

Die Ausführungen mögen den antithetischen Charakter von demokratischem Verfassungsstaat und politischem Extremismus verdeutlicht haben, so unterschiedlich – und keineswegs parallel – sich die Etymologie auch gestaltet hat, berücksichtigt man etwa die ehrwürdige Tradition des Demokratiebegriffs, der schon in der antiken Staatsphilosophie eine tragende, wenn auch andere Rolle spielte. Der demokratische Verfassungsstaat hat sich im Laufe vieler Jahrhunderte in Auseinandersetzung mit unterschiedlichen Formen von Willkürherrschaft herauskristallisiert, wobei wesentliche Einschnitte in der Amerikanischen und Französischen Revolution am Ende des 18. Jahrhunderts liegen.

Weisen demokratische Verfassungsstaaten eine Reihe fundamentaler Gemeinsamkeiten auf (z.B. Gewaltenteilung, Schutz der Freiheitssphäre des Bürgers, Rechtsstaatlichkeit, Pluralismus, Repräsentativverfassung), gilt dies für den extremistischen Bereich weniger, handelt es sich doch um Phänomene, die teilweise völlig gegensätzlicher Natur sind, denkt man etwa an den Kommunismus einerseits, den Faschismus andererseits. Gleichwohl gibt es Übereinstimmungen (z.B. im Hinblick auf die Ablehnung des demokratischen Verfassungsstaates, auf ideologische Alleinvertretungsansprüche und Doktrinen).

Gewiß herrscht kein Interpretationskonsens über normative Typusbegriffe wie Demokratie und Extremismus vor[56], doch ist der gegensätzliche Charakter der beiden Termini offenkundig. Während der Begriff der »Demokratie« seit dem 19. Jahrhundert einen Siegeszug angetreten hat – heutzutage kann es sich kaum noch ein Staat erlauben, auf das Etikett »demokratisch« zu verzichten –, verhält es sich mit dem des Extremismus anders: Er hat eine verschlungene Entwicklung genommen, kam erst viel später auf, zumal in Deutschland, und wird – im Gegensatz etwa zu Radikalismus – ausschließlich pejorativ gebraucht. Demokraten kennzeichnen autoritäre und totalitäre Bestrebungen so – gleichgültig, ob sie sich an der Macht befinden oder nicht. Es ist auffallend, daß Gegner des demokratischen Verfassungsstaates ihn in aller Regel nicht auf Demokraten beziehen. Sie scheuen sogar davor zurück, ihn auf die jeweils andere Variante des Extremismus anzuwenden. Erhöben Kommunisten nämlich gegenüber ihren Gegnern den Vorwurf des Rechtsextremismus, könnte ihm eine Bumerangwirkung innewohnen.

Ungeachtet des dichotomischen Charakters von Demokratie und Extremismus stößt eine Abgrenzung in der Praxis auf gravierende Schwierigkeiten. Denn nicht immer liegen die Unterschiede lupenrein auf der Hand, zumal bestimmte Richtungen extremistischer Bestrebungen sich um Tarnung bemühen. Weder ist es angängig, politisch unliebsame Kräfte mit dem Extremismusvorwurf zu stigmatisieren, noch entspricht es wissenschaftlicher Akribie, wenn die Verstellungskunst extremistischer Ideologien und Bewegungen nicht hinreichend in Rechnung gestellt wird.

---

56 Dies illustrieren anschaulich die entsprechenden Beiträge in: U. Backes/E. Jesse (Anm. 25), Kap. II.

III. Phänomenologie:
Extremistisches Spektrum im Vergleich

Nach der Abgrenzung des politischen Extremismus gegenüber konstitutionell-demokratischen Formen soll nun der auf diese Weise umrissene Bereich in der Vielfalt seiner Ausprägungen erfaßt, beschrieben und analysiert werden. Zwei Perspektiven ergänzen einander: eine historisch-genetische und eine systematisch-vergleichende. Die erstgenannte kommt in den Abschnitten zur Entwicklung des Rechts- und Linksextremismus sowie des Terrorismus zum Tragen, die letztgenannte in den Abschnitten über Doktrinen, Organisationen, Anhängerschaft und Strategien. Überschneidungen sind dabei unvermeidlich. Im Rahmen der phänomenologischen Betrachtungen wird dem Selbstverständnis der Untersuchungsobjekte eine große Bedeutung beigemessen. Sie sind zunächst »aus sich selbst« heraus zu begreifen[1]. Das immanente Verständnis der Gegenstände bildet die Grundlage jeder weitergehenden Einordnung und Bewertung. Demokratietheoretische Maßstäbe fließen notgedrungen bereits in die historisch-genetischen Teile der Phänomenologie ein; systematisch wird diese Perspektive jedoch erst in den vergleichend angelegten Abschnitten entfaltet. Dabei stehen rechts- und linksextreme Erscheinungsformen im Hinblick auf Doktrinen, Organisationen, Anhänger und Strategien einander gegenüber.

1. Extremismus: Rechte und linke Varianten

Der Begriff des Extremismus erfaßt in seinem antithetischen Verhältnis zu dem des demokratischen Verfassungsstaates ein breites Feld politischer Akteure, die sich durch unterschiedliche ideologische Orientierungen, Organisationsformen und Strategien auszeichnen. Die außerordentliche Vielgestaltigkeit der Phänomene hat in der Literatur immer wieder zu Zweifeln Anlaß gegeben, ob ein derartig weitgefaßter Sammelbegriff überhaupt sinnvoll sei[2]. Ist es zulässig und zweckmäßig, Stalinisten und Nationalsozialisten, Gesetzestreue und Terroristen, Parlamentarier und Sektierer unter einen gemeinsamen Begriff zu zwingen? Auf Vorbehalte dieser Art ist

---

1 Vgl. zu dieser Art des Vorgehens die wegweisende Studie von Ernst Nolte, Der Faschismus in seiner Epoche. Die Action française. Der italienische Faschismus. Der Nationalsozialismus, München-Zürich 1979⁵ (1963), S. 53–58.
2 Siehe beispielsweise die Streitschrift von Helga Grebing, Rechtsradikalismus gleich Linksradikalismus. Eine falsche Gleichung, Stuttgart 1971.

bereits eine Antwort gegeben worden: Die Akteure weisen trotz ihrer offenkundigen Unterschiede und Gegensätze auch Gemeinsamkeiten auf, die für ihre politisch-ethische Einordnung und Bewertung von fundamentaler Bedeutung sind. Sie alle kennzeichnet eine – mehr oder weniger – erbitterte Gegnerschaft im Hinblick auf Werte und Spielregeln konstitutioneller Demokratie, die keineswegs vordergründiger Natur ist, sondern in einer übereinstimmenden Grundstruktur ihres politischen Denkansatzes wurzelt.

Auch derjenige, der diese extremistische Grundstruktur erkennt und hervorhebt, kommt allerdings nicht umhin, bedeutsame Unterschiede der erfaßten Phänomene zu konstatieren. Im Rahmen einer »Phänomenologie« des politischen Extremismus fällt diesen Differenzierungen eine große Bedeutung zu, geht es doch um ein möglichst authentisches Erkennen und Verstehen der Gegenstände. Auch wird das »Gewicht« bestimmter Gemeinsamkeiten erst dann voll anschaulich, wenn man sich der immensen Vielgestaltigkeit bewußt ist. Dabei stellt das analytische Auge wiederum unwillkürlich Ordnungsschemata und überschaubare Einheiten her. Typologische Unterscheidungen erfüllen dabei lediglich eine heuristische Hilfsfunktion: Sie dienen der In-Gang-Setzung von Erkenntnisprozessen, dürfen also mit der Wirklichkeit selbst nicht verwechselt werden[3]. Dieser kann man sich wohl nur dadurch erfolgreich annähern, daß man einer Vielfalt von Perspektiven Raum gewährt. Die Weite des extremismustheoretischen Interpretationsrahmens ist in diesem Zusammenhang von Vorteil, da er eine Integration komplementärer Hypothesen und Deutungsmuster erlaubt.

Die Unterscheidung zwischen »rechts« und »links« ist – in der politischen Alltagssprache wie auch in der Wissenschaft – eines der am meisten gebrauchten typologischen Hilfsmittel[4]. Es drängt sich der Verdacht auf, daß die Orientierungsbegriffe eben deshalb so häufig verwendet werden, weil ihr Aussagegehalt äußerst vage ist. Sie können nämlich der (absoluten) Verortung eines bestimmten politischen »Lagers« wie auch der relativen Ortsbestimmung dienen. Dazu ein Beispiel: Einerseits wird die KPD zweifelsfrei als »links« eingestuft, andererseits zwischen einer KPD-»Linken« und einer KPD-»Rechten« differenziert – von sogenannten »ultralinken« Positionen ganz zu schweigen[5]. Der Begriff »rechts« nimmt offenkundig einen anderen Sinn an, je nachdem, ob er für eine Strömung innerhalb einer Partei oder für deren politische Verortung verwendet wird. Noch zweifelhafter erscheint der Aussagegehalt von »rechts« und »links«, betrachtet man das moderne demokratische Parteienspektrum: Eine große »Volkspartei« wie die deutsche Sozialdemokratie ist längst auch für Unternehmer wählbar geworden, obwohl sie im 19. Jahrhundert aus der Arbeiterbe-

---

3 Vgl. zum Problem typologischer Unterscheidungen in den Humanwissenschaften: Jean-Louis Chandon/Suzanne Pinson, Analyse typologique. Théories et applications, Paris-New York-Barcelona-Madrid 1981.

4 Siehe vor allem die bedeutende Studie von Jean A. Laponce, Left and Right. The Topography of Political Perceptions, Toronto-Buffalo-London 1981, ferner das Material sondierend: Johann Baptist Müller, Politische Attitüden links und rechts, in: Civitas, 16 (1979), S. 154–170.

5 Diese in der wissenschaftlichen Literatur vielfach unkritisch übernommene Terminologie wird zu Recht problematisiert bei: Theodor Bergmann, »Gegen den Strom«. Die Geschichte der Kommunistischen-Partei-Opposition, Hamburg 1987, S. 11. Als relative Richtungsindikatoren fanden die Begriffe auch in der NSDAP Verwendung. Hierzu kritisch: Michael Wolffsohn, Linker und rechter National-Sozialismus, in: ZfP, 24 (1977), S. 56–80.

wegung hervorgegangen war. Umgekehrt zählt die andere große »Volkspartei«, die CDU/CSU, heute auch viele Arbeiter zu ihren Wählern, wenngleich sie vielfach als die eigentliche Vertretung des »Bürgertums« gilt.

Aber die soziale Basis moderner demokratischer Parteien kann allenfalls ein Indiz für deren Positionierung auf einer Rechts-Links-Skala sein. Die zweidimensionale Gliederung des politischen Raumes betrifft in erster Linie Einstellungen, Überzeugungen, Ideen, Zielsetzungen. Wird von einer Partei gesagt, sie stehe »rechts«, dann ist damit ihre politische Programmatik angesprochen. Ihr gilt es nachzuspüren, will man Einsichten über die Funktionen der Rechts-Links-Scheidung gewinnen.

Der Blick auf den Wandel der Parteiprogramme seit dem 19. Jahrhundert belegt anschaulich, weshalb die zweidimensionale Rechts-Links-Unterscheidung heutzutage kaum mehr in der Lage ist, den Raum der parteipolitischen Ideen und Ziele angemessen zu erfassen. Offenkundig hat nämlich eine intensive Durchmischung der Programmelemente stattgefunden. Alle demokratischen Parteien sind Erben der liberalen Bewegungen des 19. Jahrhunderts (denkt man an das Wahlrecht, das Prinzip der Volkssouveränität, den Parlamentarismus und die Grund- und Freiheitsrechte), auch wenn sie sich nicht eigens als »liberal« definieren. Ebensowenig wird das von der Arbeiterbewegung erfochtene Prinzip der Sozialstaatlichkeit heute von irgend einer demokratischen Partei grundsätzlich in Frage gestellt, mögen die Auffassungen über seine Konkretisierung auch weit auseinander gehen. Die im eigentlichen Sinne konservative Einsicht, wonach der Fluß der Geschichte nicht in ein vorbestimmtes Telos mündet, Lehren für die Gestaltung der Zukunft folglich nicht (allein) aus abstrakten Theorien, sondern vor allem aus den Erfahrungen der Vergangenheit und Gegenwart zu gewinnen sind, darf heute innerhalb des demokratischen Lagers weithin auf Zustimmung hoffen. Aufgrund dieser gegenseitigen Befruchtung und Durchdringung verschiedener politischer Strömungen lassen sich in den Programmen der modernen demokratischen Parteien unschwer ursprünglich »linke« neben originär »rechten« Einsichten und Forderungen feststellen.

Nun wird von »rechten« und »linken« politischen Richtungen nicht nur innerhalb des konstitutionell-demokratischen Spektrums gesprochen. Rigoroser noch als hier differenziert man im Bereich der Extremismen zwischen Rechts- und Linksextremismus. Geschieht dies aber aus gutem Grund, oder hat auch hier eine ähnliche Verwässerung der politischen Sprache stattgefunden, wie das für die tragenden politischen Strömungen demokratischer Verfassungsstaaten gilt? Ohne Zweifel haben sich links- und rechtsextreme Kräfte gegenseitig vielfach beeinflußt und inspiriert. Bekanntestes Beispiel sind die »Nationalbolschewisten« der Weimarer Republik, die mit einer gewissen Bewunderung auf die Vorgänge in Rußland blickten, den Gegensatz zwischen »rechts« und »links« zu überwinden trachteten und sich auf die Suche nach einem »dritten Weg« zwischen Kommunismus und Kapitalismus begaben. Eine neuere Untersuchung über diese »nationalbolschewistischen« Strömungen, mit philologischer Akribie betrieben, setzt sich dennoch über dieses Selbstverständnis hinweg und apostrophiert »echte« Nationalbolschewisten wie Ernst Niekisch, Karl Otto Paetel, »Beppo« Römer, Harro Schulze-Boysen als Vertreter einer eindeutig »rechtsextremen« politischen Konzeption[6].

---

6 So die Argumentation in der bedeutenden Studie von Louis Dupeux, »Nationalbolschewismus« in Deutschland 1919–1933. Kommunistische Strategie und konservative Dynamik,

Leider gibt der Autor, der Straßburger Historiker und Deutschlandexperte Louis Dupeux, keine Definition des Begriffes »rechtsextrem«, fällt sein Urteil vielmehr auf der Grundlage eines die französische Diskussion bestimmenden Common sense im Hinblick auf die politischen Richtungsbegriffe »rechts« und »links«[7]. Diesem Common sense gegenüber darf man getrost etwas Zutrauen fassen, ist das Begriffspaar doch ein Produkt der französischen Geschichte, deren Verlauf für weite Teile Europas und darüber hinaus von geradezu paradigmatischer Bedeutung war[8]. Ihre Entstehung führt zurück in das Revolutionsjahr 1789. Im Mai des Jahres waren erstmals seit 1614 die Generalstände, bestehend aus 300 Adligen, 300 Vertretern des Klerus und 300 Bürgerlichen, wieder einberufen worden. Nachdem keine Einigung über deren Zusammensetzung erzielt werden konnte, erklärten sich die Vertreter des Dritten Standes, also des Bürgertums, zusammen mit einigen reformwilligen Adligen und Klerikern zur Nationalversammlung. Im Laufe der revolutionären Entwicklung wurde die Nationalversammlung zum Schauplatz der Auseinandersetzungen zwischen den unterschiedlichen politischen Strömungen des Landes: Die Frontenbildung kristallisierte sich bei den Beratungen zum Vetorecht des Königs heraus. Auf der rechten Seite des Rednerpultes versammelten sich (schon um die Abstimmung zu vereinfachen) die Befürworter einer starken monarchischen Spitze; sie traten für ein absolutes Veto ein. Auf der linken Seite gruppierten sich diejenigen, die dem König lediglich ein aufschiebendes (»suspensives«) Vetorecht zubilligen wollten[9]. Im Kern ging es somit um den Konflikt zwischen königlicher Souveränität und Volkssouveränität. »Rechts« standen die »Aristokraten«, »links« die »Patrioten«. Die Jahreszahl »1789« wurde zu einem politischen Symbol für die Überwindung der Ständegesellschaft durch eine auf dem Prinzip fundamentaler Menschengleichheit und der staatsbürgerlichen Gleichberechtigung basierenden politischen Ordnung. Bereits am 26. August 1789 hatte die Nationalversammlung eine Erklärung abgegeben, in der es

---

München 1985 (Original: Stratégie communiste et dynamique conservatrice. »Nationalbolchevisme« en Allemagne sous la République de Weimar, Paris 1976). Von den »linke[n] Leute[n] von rechts« spricht dagegen – in Anlehnung an den Titel eines Artikels von Kurt Hiller in der »Weltbühne« (1932): Otto-Ernst Schüddekopf, Nationalbolschewismus in Deutschland 1918–1933, Frankfurt/M. u.a. 1973 (1960). Eine parallele These im Hinblick auf einige rechtsextreme Gruppierungen der Zwischenkriegszeit in Frankreich vertritt: Zeev Sternhell, Ni droite, ni gauche. L'idéologie fasciste en France, nouvelle édition refondue et augmentée, Paris 1987 (1983).

7   Wobei zu beachten ist, daß diese Begriffe selbstverständlich auch im demokratischen Spektrum Frankreichs zahlreiche Metamorphosen erlebt haben. Siehe dazu etwa den Essay von Guy Rossi-Landi, Le chassé croisé. La droite et la gauche en France de 1789 à nos jours. Essai, Paris 1978. Ferner: Alain-Gérard Slama. Les chasseurs d'absolu. Genèse de la gauche et de la droite, Paris 1980.

8   Für den Verlauf der historischen Ereignisse vgl. Michael Erbe, Geschichte Frankreichs von der Großen Revolution bis zur Dritten Republik 1789–1884, Stuttgart-Berlin-Köln-Mainz 1982, insbes. S. 78–152; Jürgen Voss, Geschichte Frankreichs, Bd. 2: Von der frühneuzeitlichen Monarchie zur Ersten Republik, 1500–1800, München 1980, S. 168ff.

9   Am 11. September 1789 entschied die Nationalversammlung mehrheitlich zugunsten eines lediglich aufschiebenden Vetorechts des Königs. Vgl. Philippe Buchez/Pierre Roux-Lavergne, Histoire parlementaire de la Révolution française. Journal des assemblées nationales depuis 1789 jusqu'en 1815, Paris 1834. Ferner die Übersicht bei: Michel Mourre, Art. »Droite et Gauche«, in: ders., Dictionnaire encyclopédique d'histoire, Paris 1978, S. 1437–1442.

hieß: »Die Menschen werden frei und gleich an Rechten geboren und bleiben es.«[10] Vorerst sah die Realität anders aus. Aber die Deklaration formulierte politische Ziele, die bis in die Gegenwart ihre Brisanz nicht verloren haben (»Ideen von 1789«). Das Prinzip fundamentaler Menschengleichheit ist zu einer tragenden Säule der modernen Verfassungsstaaten geworden. Insofern lassen sich die auf das Jahr 1789 zurückgehenden Richtungsbegriffe »rechts« und »links« in ihrer ursprünglichen Bedeutung für das demokratische Spektrum nicht mehr sinnvoll verwenden. Dagegen ist die Ausgangslage des Jahres 1789 im Bereich der politischen Extreme in gewisser Weise erhalten geblieben: Während der Linksextremismus in seinen kommunistischen und anarchistischen Varianten das Prinzip fundamentaler Menschengleichheit der Idee gemäß bejaht, weist es der Rechtsextremismus grundsätzlich zurück. Im Bereich der politischen Doktrinen bietet sich die Möglichkeit einer hinreichend präzisen Unterscheidung zwischen Rechts- und Linksextremismus. Rechtsextremismus wäre nach dieser Definition »konterrevolutionär«, da »1789« rückgängig gemacht und eine auf dem Prinzip der Ungleichheit basierende Ordnung etabliert werden soll[11]. Dies läuft nicht notgedrungen auf die Restaurierung einer Ständegesellschaft traditionellen Typs hinaus; Rechtsextreme Zukunftsmodelle sehen jedoch im politischen Bereich stets klar definierte, institutionell verankerte, als legitim geltende, auf Herkunft, Leistung, nationaler, ethnischer oder rassischer Zugehörigkeit basierende Ungleichheiten, Rangfolgen, Hierarchien vor. Linksextreme Doktrinen dagegen gründen in dem Glauben an die Realisierbarkeit einer herrschaftslosen Ordnung Freier und Gleicher und propagieren die rigorose Durchsetzung des Prinzips menschlicher Fundamentalgleichheit in allen Lebensbereichen[12].

Die Unterscheidung zwischen Rechts- und Linksextremismus bedeutet, bei der Erfassung der zugehörigen Phänomene jeweils zwei Merkmalklassen zu berücksichtigen:

1. Die Klasse der Merkmale, die ein politisches Phänomen als »extremistisch« ausweisen – sie gelten für »rechte« und »linke« Ausprägungen gleichermaßen.

2. Die Klasse der Merkmale, die ein extremistisches Phänomen als rechts- oder linksgerichtet definieren.

Dies läßt sich anhand eines Beispiels verdeutlichen. Wolfgang Benz nennt in einem Beitrag zur Geschichte des Rechtsextremismus in der Bundesrepublik folgende Definitionskomponenten:

»1. Aggressiver Nationalismus, verbunden mit Feindschaft gegen Ausländer, Minoritäten, fremde Völker und Staaten;

---

10 Der Wortlaut der Erklärung ging in die Verfassung von 1791 ein. Der Text ist in Übersetzung abgedruckt bei: Wolfgang Heidelmeyer (Hrsg.), Die Menschenrechte. Erklärungen, Verfassungsartikel, Internationale Abkommen, Paderborn u.a. 1982³, S. 59–62.

11 Bedeutende Beiträge zum Gegensatz revolutionärer und konterrevolutionärer Kräfte in der französischen Geschichte des 19. Jahrhunderts enthält der Band von: Stéphane Rials, Révolution et Contre-Révolution au XIXᵉ siècle, Paris 1987.

12 Vgl. zur Geschichte rechts- und linksextremer Doktrinen seit der französischen Revolution die bedeutenden Studien von: Jacob L. Talmon, The Origins of Totalitarian Democracy, London 1961 (1952); ders., The Myth of the Nation and the Vision of Revolution. The Origins of Ideological Polarisation in the Twentieth Century, London-Berkeley-Los Angeles 1980. Zur Ideengeschichte im 20. Jahrhundert: Karl Dietrich Bracher, Zeit der Ideologien. Eine Geschichte politischen Denkens im 20. Jahrhundert, Stuttgart 1982.

2. Antisemitismus und Rassismus, Propagierung biologistischer und sozialdarwinistischer Ideen;

3. Intoleranz und der Glaube an Recht durch Stärke, Unfähigkeit oder Unwille zum Kompromiß in der politischen Auseinandersetzung, elitär-unduldsames Sendungsbewußtsein und, daraus resultierend, die Diffamierung Andersdenkender;

4. Militarismus und Streben nach »Führertum« bzw. bedingungsloser Unterordnung und Propagierung entsprechender autoritärer und diktatorischer staatlicher und sozialer Ordnung;

5. Neigung zur militanten Geheimbündelei und zu Konspirationstheorien, etwa der Annahme, Regierung, Wirtschaft, Gesellschaft seien durch bösartige international kooperierende Minderheiten korrumpiert oder gelenkt;

6. die Verherrlichung des nationalsozialistischen Regimes, die Leugnung oder Verharmlosung der moralischen, politischen und historischen Hypotheken des Hitlerstaats, der Schuld am Zweiten Weltkrieg, der Verantwortung für die im Namen des Dritten Reiches begangenen Verbrechen;

7. die Bereitschaft zur gewaltsamen Propagierung und Durchsetzung der erstrebten Ziele.«[13]

In Anbetracht der Schwierigkeiten einer über verschiedene historische Phasen hinweg praktikablen und erkenntnisstimulierenden Definition des Phänomens hat Wolfgang Benz auf eine systematische Ordnung seines Merkmalkataloges verzichtet. Daher enthält er zum einen notwendige Merkmale ebenso wie nur mögliche; zum anderen stehen für den Rechtsextremismus typische Merkmale neben solchen, die für den Bereich des politischen Extremismus insgesamt zutreffen. Folgende Eigenschaften finden sich bei linken Extremismen ebenso wie bei rechten: Intoleranz gegenüber »abweichenden« Auffassungen, mangelnde Kompromißfähigkeit und -bereitschaft, Missionsbewußtsein, Geheimbündelei, Verschwörungstheorien, die »Bereitschaft zur gewaltsamen Propagierung und Durchsetzung der erstrebten Ziele«. Diese Kennzeichen markieren strukturelle Gemeinsamkeiten extremistischer Doktrinen.

Was die von Benz als für den Rechtsextremismus typisch erachteten Merkmale betrifft, so orientieren sie sich offenkundig zu sehr am historischen Vorbild des Nationalsozialismus[14]. Der Rechtsextremismus nach 1945 stand zweifellos lange Zeit im Banne des NS-Regimes. Es hat jedoch sowohl konzeptionelle Neuansätze gegeben als auch den Versuch einer Revitalisierung der durch den Nationalsozialismus teils aufgesogenen, teils an den Rand gedrängten autoritär- und revolutionär-konservativen Traditionen. Der Nationalismus mit seiner Subordination des Einzelnen unter die

---

13 Wolfgang Benz, Organisierter Rechtsradikalismus in der Bundesrepublik Deutschland. Ein Überblick 1945–1984, in: GWU, 38 (1987), S. 90–104, 91.

14 Selbst Hans-Gerd Jaschke, der in seinen sonstigen Arbeiten das weite Spektrum rechtsextremer Ideen, Organisationsformen und Strategien herausgearbeitet hat, verengt den Begriff des Rechtsextremismus mit folgender Definition zu sehr: »Als ›rechtsextremistisch‹ werden Personen, Gruppen, Parteien und Organisationen bezeichnet, für die in der Tradition *des Faschismus bzw. Nationalsozialismus* eine hierarchische, ethnozentristische Gesellschaftsordnung, gestützt auf einen nationalistischen, starken Staat, politisches Leitbild ist.« Ders., Rechtsextremismus, in: Iring Fetscher/Herfried Münkler (Hrsg.), Pipers Handbuch der politischen Ideen, Bd. 5: Neuzeit: Vom Zeitalter des Imperialismus bis zu den neuen sozialen Bewegungen, München 1987, S. 487–495, 488 (Hervorhebung nicht im Original).

Belange einer – mal stärker kulturell, mal stärker biologisch definierten –»Gemeinschaft« ist den rechten Extremismen der Gegenwart gemeinsam. Die aus ihm hervorgehende Abwehrhaltung gegenüber allem Gemeinschaftsfremden kann sich allerdings in ganz unterschiedlicher Weise artikulieren, je nachdem ob und in welchem Maße das Existenzrecht anderer»Gemeinschaften« anerkannt wird. Der für den Nationalsozialismus typische Rassen-Antisemitismus mit seiner biologistisch-sozialdarwinistischen Akzentuierung wird keineswegs von allen Richtungen des heutigen rechtsextremen Spektrums in der Bundesrepublik geteilt, ebensowenig das NS-System von allen Strömungen rundweg»verherrlicht«. Gerade die auch im rechtsextremen Bereich geübte Kritik etwa am»Hitlerismus« ermöglicht wichtige Aufschlüsse über rivalisierende Konzeptionen.

Wenn es überhaupt gelingen soll, historischen Wandlungen unterworfene Gegenstände auf einen gemeinsamen Begriff zu bringen, dann darf der Definitionsversuch nicht bei Momentaufnahmen – aus welcher Epoche auch immer – verharren, sondern muß geschichtliche Prozesse in den Blick nehmen. Der moderne Verfassungsstaat ist in seiner heutigen Gestalt das Entwicklungsprodukt der liberalisierenden (»Grund- und Freiheitsrechte«,»Gewaltenteilung«, Konstitutionalismus) und demokratisierenden (»Volkssouveränität«, politisch-rechtliche Gleichheit) Bewegungen des 18. und 19. Jahrhunderts.

Der Rechtsextremismus ist eine antiindividualistische, das demokratische Grundaxiom menschlicher Fundamentalgleichheit negierende Abwehrbewegung gegen die liberalen und demokratischen Kräfte und ihr Entwicklungsprodukt, den demokratischen Verfassungsstaat. An die Stelle eines auf das Prinzip gleicher politischer Rechte aller Mitglieder gegründeten Gemeinwesens soll eine politische Ordnung treten, in der die auf Herkunft, Leistung, nationaler, ethnischer oder rassischer Zugehörigkeit basierende fundamentale Ungleichheit der Menschen institutionalisiert ist. Während die alten Ständestaatstheorien noch insoweit»universalistisch« waren, als sich die Dynastien und Stände verschiedener politischer Einheiten untereinander als gleichrangig ansahen, wurde der in Deutschland und Italien ursprünglich mit liberalen Ideen verknüpfte Nationalismus im Laufe des 19. Jahrhunderts von der extremen Rechten zur Anpassung ihrer Ungleichheitsphilosophie an die Bedingungen moderner Massengesellschaften instrumentalisiert. Als Mitglieder der Nation sind die Menschen einander gleichgestellt, sollen jedoch mitnichten über gleiche politische Rechte verfügen.

Linksextreme Doktrinen stimmen mit der Idee des demokratischen Verfassungsstaates in der Betonung menschlicher Fundamentalgleichheit überein. Sie ziehen aus diesem ethischen Grundprinzip jedoch denkbar radikale Konsequenzen, indem sie die totale Befreiung des Menschen von allen gesellschaftlichen (politischen, ökonomischen, kulturellen) Zwängen postulieren und die Errichtung einer herrschaftslosen Ordnung Freier und Gleicher für prinzipiell realisierbar erachten. Anarchistische und kommunistische Gesellschaftslehren haben dieses Endziel miteinander gemeinsam, differieren allerdings in den Auffassungen über den dabei einzuschlagenden Weg. Setzt der Anarchismus seine Hoffnung auf eine spontane Bewußtseinsveränderung, fordert der Kommunismus die völlige Unterordnung des Einzelnen unter die Belange der den großen revolutionären Zielen verschriebenen sozialen Gemeinschaft. Im Gegensatz zum konstitutionell-demokratischen Ideenkreis mißachten linksextreme Doktrinen die Einsicht von der Fehlbarkeit, Begrenztheit und Imperfektibilität des

Menschen und seines Strebens und verkünden die Heraufkunft des »neuen Menschen«, der mit allen bisher bekannten historischen Formen der Gesellschaftsgestaltung brechen und einen Zustand vollkommener Zufriedenheit und Harmonie auf Erden herbeiführen soll. Hierin wird der utopische Charakter linksextremer Doktrinen sichtbar.

2. Rechtsextremismus

2.1 Voraussetzungen und Anfänge

Als die NS-Diktatur unter dem Ansturm der alliierten Truppen zusammenbrach und die Wehrmacht Anfang Mai 1945 kapitulierte, ging eines der düstersten Kapitel deutscher Geschichte zu Ende. Die Willkürherrschaft der Nationalsozialisten mündete in eine Katastrophe für Deutschland und Europa. Einige Zahlen können dies verdeutlichen: Im Verlaufe der Jahre 1939 bis 1944 wurden im Reichsjustizministerium insgesamt 16 436 Hinrichtungen registriert, die weitaus meisten mit politischem Hintergrund. Die Zahl der von Militärgerichten zum Tode Verurteilten betrug schätzungsweise weitere 20 000[15]. Allein im Konzentrationslager Buchenwald starben von Juli 1937 bis Ende März 1945 56 545 Menschen[16]. Besonders schwer litten die aus Deutschland und den von der Wehrmacht besetzten Gebieten stammenden Juden unter den Verfolgungen der Nationalsozialisten: Neuere Schätzungen gehen von mehr als sechs Millionen Toten aus[17]. Die Zahl der Menschenverluste (Soldaten und Zivilbevölkerung) im Zweiten Weltkrieg überstieg in Deutschland und Österreich sieben Millionen, in der Sowjetunion 20 Millionen[18].

Die Alliierten hatten sich bereits 1943 auf die Forderung nach einer »bedingungslosen Kapitulation« geeinigt, und sie behandelten Deutschland nach Beendigung der Kampfhandlungen nach Art eines »Kondominiums«. Vor der Besetzung Deutschlands geltendes Recht wurde von den Siegermächten somit ausdrücklich nicht aner-

---

15 Vgl. die Angaben bei: Wolfgang Michalka (Hrsg.), Das Dritte Reich. Dokumente zur Innen- und Außenpolitik, Bd. 2: Weltmachtanspruch und nationaler Zusammenbruch 1939–1945, München 1985, S. 401.

16 Vgl. ebd., S. 403.

17 Vgl. vor allem den Band von: Wolfgang Benz (Hrsg.), Dimensionen des Völkermordes. Die Zahl der jüdischen Opfer des Nationalsozialismus, München 1991. Die Quellengrundlage für diese Angaben bilden insbesondere Berichte und Briefwechsel der SS, Deportationslisten und Zeugenaussagen. Bei der Zahl von 6 Mio. handelt es sich um eine Mindestangabe, in der u. a. auch die in den Ghettos und Lagern durch Hunger, Kälte, unzureichende hygienische Verhältnisse usw. ums Leben Gekommenen enthalten sind. Während die Zahlen seriöser Holocaust-Forscher aufgrund einer teilweise schwierigen Quellenlage und methodischer Probleme eine gewisse Schwankungsbreite aufweisen, betreiben NS-Apologeten (sogenannte »Revisionisten«) massive Zahlenmanipulation. Siehe dazu: Dokumentationsarchiv des österreichischen Widerstandes (Hrsg.), Amoklauf gegen die Wirklichkeit. NS-Verbrechen und »revisionistische« Geschichtsschreibung, Wien 1991.

18 Vgl. W. Michalka (Anm. 15), S. 404.

kannt. An seine Stelle trat das Besatzungsrecht[19]. Die politische Ordnung Deutschlands sollte grundlegend verändert, ein Rückfall in »Faschismus« und »Militarismus« ein für allemal verhindert werden. Auf der Potsdamer Konferenz (Juli/August 1945) definierten die Siegermächte die Ziele der für eine Übergangszeit gedachten Besetzung Deutschlands. Sie sahen unter anderem einen Abbau militärischer Potentiale, die Auflösung aller NS-Organisationen und die Bestrafung der Schuldigen vor. Mit Hilfe eines breitangelegten Entnazifizierungsprogramms sollte das politische Leben in Deutschland »auf demokratischer Grundlage« umgestaltet werden.

Freilich verstanden die Siegermächte unter der Formel der »Demokratisierung« grundlegend Verschiedenartiges. Bereits frühzeitig legte die Sowjetunion in ihrer Besatzungszone den Grundstein für eine politische Umgestaltung im Sinne ihres eigenen Regimes[20]. Dies bedeutete eine massive Privilegierung der Kommunisten und die sukzessive Zurückdrängung und Unterdrückung der übrigen politischen Kräfte. Dagegen förderten die drei Westmächte in ihren Besatzungszonen den Aufbau einer demokratisch-pluralistischen Ordnung[21]. Während jedoch eine kommunistische Partei schon mit Rücksicht auf die Sowjetunion agieren konnte, sollten diejenigen politischen Kräfte, die mit dem NS-System verbunden gewesen waren oder ihm nahegestanden hatten, an ihrer Entfaltung gehindert werden. Dies geschah einerseits durch die Politik der Entnazifizierung, die anfangs eine generelle Inhaftierung und gegebenenfalls Internierung Verdächtiger vorsah, andererseits durch eine selektive Neuzulassung politischer Organisationen[22].

Die Gefahr eines Wiederauflebens des Nationalsozialismus wurde von seiten der Besatzungsmächte nicht zuletzt unter dem Eindruck der bis zum Ende des Krieges vielfach noch erbittert geführten Kämpfe häufig überschätzt. Die Deutschen galten weithin als ein Volk der Nazis[23]. Immerhin war daran so viel richtig, daß das NS-Regime über lange Zeit hinweg von einer breiten Zustimmung in der Bevölkerung getragen worden war[24]. Wenig wußte man in den ersten Jahren nach Kriegsende über

19 Vgl. Theodor Eschenburg, Jahre der Besatzung, 1945–1949, Stuttgart-Wiesbaden 1983, S. 21–60; Theo Stammen, Das alliierte Besatzungsregime in Deutschland, in: Josef Becker/ Theo Stammen/Peter Waldmann (Hrsg.), Vorgeschichte der Bundesrepublik Deutschland. Zwischen Kapitulation und Grundgesetz, München 1979, S. 61–91.

20 Zur Entwicklung der sowjetischen Besatzungspolitik vgl. den Überblick bei: Hermann Weber, Geschichte der DDR, München 1985, S. 47–185 (»Die ›antifaschistisch-demokratische Umwälzung‹ 1945–1949«).

21 Vgl. Rainer Kunz, Parteien- und Parlamentarismusentwicklung in den deutschen Ländern 1945 bis zur Gründung der Bundesrepublik, in: J. Becker/Th. Stammen/P. Waldmann (Anm. 19), S. 357–379.

22 Zur Entnazifizierungspolitik vgl. insbesondere: Justus Fürstenau, Entnazifizierung. Ein Kapitel deutscher Nachkriegspolitik, Neuwied-Berlin 1969; Klaus-Dietmar Henke, Politische Säuberung unter französischer Besatzung. Die Entnazifizierung in Württemberg-Hohenzollern, Stuttgart 1981; Wolfgang Krüger, Entnazifiziert! Zur Praxis der politischen Säuberung in Nordrhein-Westfalen, Wuppertal 1982; Lutz Niethammer, Entnazifizierung in Bayern. Säuberung und Rehabilitation unter amerikanischer Besatzung, Frankfurt/M. 1972.

23 Verbreitet war die These von der »Kollektivschuld« der Deutschen. Sie wird erneut verfochten in folgendem Bestseller: Ralph Giordano, Die zweite Schuld oder Von der Last Deutscher zu sein, Hamburg 1987, S. 257–279.

24 Ian Kershaw kommt zu folgendem Ergebnis: »Im Vergleich mit vielen anderen autoritären Systemen hat das NS-Regime [...] trotz der vielen großen Dissens-Bereiche bis tief in den

die vielfältigen Formen politischen Opponierens. Allerdings waren Handlungen dieser Art nur von Minderheiten ausgegangen und hatten in aller Regel keine wirkliche Gefahr für das Regime bedeutet – mit wenigen Ausnahmen wie dem fehlgeschlagenen Umsturzversuch vom 20. Juli 1944, der allerdings bereits in eine von Niederlagen und Rückzugsgefechten der Wehrmacht geprägte Phase des Regimes fiel. Viele, die zeitweilig die Erfolge der Nationalsozialisten bejubelt und sich aktiv an Aktionen der nationalsozialistischen Massenorganisationen beteiligt hatten, waren nun von Zweifeln geplagt. Erst nach Kriegsende wurde für jeden das ganze Ausmaß der von den Nationalsozialisten verübten Verbrechen sichtbar. Das Grauen von Auschwitz – Symbol für die Vernichtung der Juden – und die verheerenden Folgen des Krieges mußten den Nationalsozialismus zutiefst diskreditieren. Für die meisten Überlebenden standen politische Probleme nun jedoch nicht auf der Tagesordnung. Scham und Schuldgefühle, erlittenes Leid und Unrecht, der Kampf um die Sicherung der nackten Existenz – all dies trug eher zum Rückzug aus der Politik und zur Verbreitung einer apolitischen Mentalität bei.

Wenn also unmittelbar nach Kriegsende eine Renaissance des Nationalsozialismus nicht zu befürchten war, konnte dies doch auch nicht bedeuten, die bis dahin in der deutschen Geschichte vielfach dominierenden politischen Strömungen seien mit dem Zusammenbruch des »Dritten Reiches« schlichtweg untergegangen. Im Vergleich etwa zu Frankreich und Großbritannien hatten die liberalen und demokratischen Ideen des 18. und 19. Jahrhunderts in Deutschland verhältnismäßig spät prägende Kraft auf die Gestaltung der politischen Ordnung erhalten. Die Revolution von 1848/49 war kläglich gescheitert, und der monarchische Obrigkeitsstaat hatte sich in den Folgejahrzehnten unter der Führung Preußens noch einmal mächtig entfalten können[25]. Erst aus der Niederlage im Weltkrieg ging 1918/19 eine von Anfang an

Krieg hinein einen hohen Grad von Popularität genossen.« Ian Kershaw, »Widerspruch ohne Volk?« Dissens und Widerstand im Dritten Reich, in: Jürgen Schmädeke/Peter Steinbach (Hrsg.), Der Widerstand gegen den Nationalsozialismus. Die deutsche Gesellschaft und der Widerstand gegen Hitler, München-Zürich 1985, S. 779–798, 795.

25 Siehe zur Verfassungsentwicklung Deutschlands im 19. Jahrhundert besonders: Ludwig Bergstraesser, Die Entwicklung des Parlamentarismus in Deutschland, in: Kurt Kluxen (Hrsg.), Parlamentarismus, Königstein/Ts. 1980[5], S. 138–160; Thomas Nipperdey, Grundprobleme der deutschen Parteiengeschichte im 19. Jahrhundert, in: Gerhard A. Ritter (Hrsg.), Deutsche Parteien vor 1918, Köln 1973, S. 32–55; Gerhard A. Ritter, Entwicklungsprobleme des deutschen Parlamentarismus, in: ders. (Hrsg.), Gesellschaft, Parlament und Regierung. Zur Geschichte des Parlamentarismus in Deutschland, Düsseldorf 1974, S. 11–54. Siehe besonders auch den luziden Essay von: Peter Graf Kielmansegg, Die Verspätung des freiheitlichen Verfassungsstaates in Deutschland, in: ders., Nachdenken über die Demokratie. Aufsätze aus einem unruhigen Jahrzehnt, Stuttgart 1980, S. 171–194. Zur Entwicklung des deutschen Rechtsextremismus im 19. Jahrhundert siehe vor allem folgende Beiträge: Klaus Epstein, Die Ursprünge des Konservativismus in Deutschland, Frankfurt/M.-Berlin-Wien 1973 (Original: The Genesis of German Conservatism, Princeton/N.J. 1966); Hans Kohn, Romanticism and the Rise of German Nationalism, in: The Review of Politics, 12 (1950), S. 443–466; Karl Mannheim, Konservatismus. Ein Beitrag zur Soziologie des Wissens (1925), Frankfurt/M. 1984; Hans-Jürgen Puhle, Agrarische Interessenpolitik und preußischer Konservatismus im wilhelminischen Reich (1893–1914). Ein Beitrag zur Analyse des Nationalismus in Deutschland am Beispiel des Bundes der Landwirte und der Deutsch-Konservativen Partei, Hannover 1967; Thomas Rohkrämer, Der Militarismus der

schwächliche, weil mit zahllosen Hypotheken belastete, parlamentarische Demokratie hervor. Viele Faktoren trugen zu ihrem baldigen Untergang[26] bei: politisch-institutionelle (die Übermacht des Reichspräsidenten, mangelnde Stabilität der Regierungen, die Vielfalt und zu geringe Kompromißfähigkeit der Parteien), wirtschaftliche (die Last der Reparationen, die Auswirkungen von Inflation und Wirtschaftskrise), soziale (die Persistenz der Klassengesellschaft des 19. Jahrhunderts). Vor allem aber litt die Weimarer Republik an einem in der breiten Bevölkerung wie auch in den gesellschaftlichen Führungsgruppen verbreiteten Mangel an demokratischem Bewußtsein[27]. Antidemokratische Anschauungen und Bestrebungen insbesondere rechter Provenienz bildeten von Anfang an eine schwere Belastung für die Republik[28]. Sie fiel schließlich dem Ansturm der nationalsozialistischen Massenbewegung zum Opfer, der die konservativen Bündnispartner nicht zuletzt aus den Reihen der Deutsch-Nationalen Volkspartei (DNVP) das Tor zur Macht im Staate öffneten.

Auch der Zweite Weltkrieg schuf trotz der enormen Zerstörungen von Menschenleben, materiellen Gütern und immateriellen Werten keine Tabula rasa. War die Macht der lange Zeit dominierenden Traditionen des Rechtsextremismus auch gebrochen, so gab es in vielen Einzelerscheinungen doch mancherlei Kontinuität. Angesichts der tiefen Diskreditierung des Nationalsozialismus kamen zunächst die nicht- oder gar anti-nationalsozialistischen Traditionslinien des Vorkriegs-Rechtsextremismus erneut zum Vorschein: insbesondere die deutsch-nationale, die konservativ-

---

»kleine Leute«. Die Kriegsvereine im Deutschen Kaiserreich 1871–1914, München 1990; Fritz Stern, Kulturpessimismus als politische Gefahr. Eine Analyse nationaler Ideologie in Deutschland, Bern-Stuttgart-Wien 1963 (Original: The Politics of Cultural Despair. A Study in the Rise of the German Ideology, Berkeley/Cal. 1961); Fritz Valjavec, Die Entstehung der politischen Strömungen in Deutschland, 1770–1815, München 1951. Zur Diskussion über die Radikalisierung der deutschen Rechten in den beiden Jahrzehnten vor und nach der Jahrhundertwende: Frans Coetzee/Marilyn Shevin Coetzee, Rethinking the Radical Right in Germany and Britain before 1914, in: Journal of Contemporary History, 21 (1986), S. 515–537; Dirk Stegmann, Vom Neokonservatismus zum Proto-Faschismus. Konservative Partei, Vereine und Verbände 1893–1920, in: ders./Bernd-Jürgen Wendt/Peter-Christian Witt (Hrsg.), Deutscher Konservatismus im 19. und 20. Jahrhundert. Festschrift für Fritz Fischer zum 75. Geburtstag und zum 50. Doktorjubiläum, Bonn 1983, S. 199–230 (mit zahlreichen Literaturhinweisen).

26 Siehe zu diesem Problem vor allem die grundlegende Studie von Karl Dietrich Bracher, Die Auflösung der Weimarer Republik. Eine Studie zum Problem des Machtverfalls in der Demokratie, Düsseldorf 1978[6] (1955). Zur neueren Diskussion: Gotthard Jasper, Die gescheiterte Zähmung. Wege zur Machtergreifung Hitlers, 1930–1934, Frankfurt/M. 1986; Hans Mommsen, Die verspielte Freiheit. Der Weg der Republik von Weimar in den Untergang 1918 bis 1933, Frankfurt/M.-Berlin 1990. Ferner die Beiträge in folgendem Sammelband: Karl Dietrich Erdmann/Hagen Schulze (Hrsg.), Weimar. Selbstpreisgabe einer Demokratie, Düsseldorf 1980.

27 Hagen Schulze bringt diesen Befund auf die Formel: »Bevölkerung, Gruppen, Parteien und einzelne Verantwortliche haben das Experiment Weimar scheitern lassen, weil sie falsch dachten und deshalb falsch handelten.« Hagen Schulze, Weimar. Deutschland 1917–1933, Berlin 1982, S. 425.

28 Vgl. vor allem die noch immer unverzichtbare Studie von: Kurt Sontheimer, Antidemokratisches Denken in der Weimarer Republik. Die politischen Ideen des deutschen Nationalismus zwischen 1918 und 1933 (1962), München 1983[2] (1968).

revolutionäre und die völkische[29]. Ihre Spuren lassen sich in ersten rechtsextremen Zusammenschlüssen und Parteigründungen nach 1945 nachweisen.

Da die Westalliierten politische Organisationsbildungen zunächst nur auf Kreisebene, später erst auf Zonenebene zuließen, erwuchsen die ersten Parteien aus regionalen und zonalen Zusammenschlüssen lokaler Organisationszellen. Erste rechtsextreme Formationen entstanden in allen westlichen Besatzungszonen. Für den Stadt- und Landkreis München hatte im Dezember 1945 eine »Wirtschaftliche Aufbau-Vereinigung« (WAV) eine Betätigungserlaubnis von der amerikanischen Militärregierung erhalten[30]. Wenig später, im März 1946, erhielt sie die Zulassung als Landespartei in Bayern. Bei den Wahlen zur Verfassunggebenden Landesversammlung erzielte sie 1946 5,1 Prozent, bei der ersten Landtagswahl in Bayern 7,4 Prozent der Stimmen. Später zog die Partei auch mit 12 Mandaten in den Ersten Deutschen Bundestag ein. Von der Gründung an übte in der aus heterogenen Gruppierungen (Vertriebene, wirtschaftliche Interessenvertreter, Nationalisten) zusammengesetzten Organisation *eine* Persönlichkeit einen dominierenden Einfluß aus: der aus München stammende Rechtsanwalt Alfred Loritz (geb. 1902, gest. 1979). In der Weimarer Zeit hatte Loritz der »Reichspartei des deutschen Mittelstandes« angehört. Von hierher brachte er Affekte gegen Parteien und Parlamentarismus mit, die er mit berufsständischen Ideen und einer Fachmannsideologie verknüpfte. Das auch mit Rücksicht auf die Wünsche der amerikanischen Besatzungsmacht wirtschaftspolitisch akzentuierte Programm versprach Bauern, Arbeiterschaft und Mittelstand eine sachgerechte Lösung ihrer Probleme durch ausgewiesene Experten und parteiunabhängige Beamte. Mit der Bildung einer Heimatvertriebenenpartei in Bayern verlor die WAV einen beträchtlichen Teil ihrer Klientel. Versuche der Bündnisschließung mit offen rechtsextremen Gruppierungen scheiterten. Zur endgültigen Auflösung im Jahre 1953 kam es nicht zuletzt auch aufgrund der Eskapaden des Parteigründers Alfred Loritz, eines notorischen Querulanten mit psychopathischen Zügen, der einen autokratischen Führungsstil pflegte, immer wieder spontanen Launen und Eingebungen folgte, häufig mit dem Gesetz in Konflikt geriet und schließlich um »politisches Asyl« in Österreich nachsuchen mußte, wo er im Jahre 1979 verstarb[31].

Eine nationalistische Parteigruppe um den Münchener Versicherungsangestellten Karl Meißner (geb. 1920) spaltete sich 1947 von der WAV ab und bildete im bayerischen Landtag eine eigene Fraktion unter der Bezeichnung »Der Deutsche Block«

29   Vgl. Peter Dudek/Hans-Gerd Jaschke, Entstehung und Entwicklung des Rechtsextremismus in der Bundesrepublik. Zur Tradition einer besonderen politischen Kultur, Bd. 1, Opladen 1984, S. 41; Richard Stöss, Vom Nationalismus zum Umweltschutz. Die Deutsche Gemeinschaft/Aktionsgemeinschaft Unabhängiger Deutscher im Parteiensystem der Bundesrepublik, Opladen 1980, S. 52; Kurt P. Tauber, Beyond Eagle and Swastika. German Nationalism Since 1945, Bd. 1, Middletown/Conn. 1967, S. 47–80. Siehe zu dieser Literatur kritisch: Uwe Backes/Eckhard Jesse, Politischer Extremismus in der Bundesrepublik Deutschland. Bd. I: Literatur, Köln 1989, Kap. III.

30   Vgl. auch zu den folgenden Ausführungen: Hans Woller, Die Wirtschaftliche Aufbau-Vereinigung, in: Richard Stöss (Hrsg.), Parteien-Handbuch. Die Parteien der Bundesrepublik Deutschland 1945–1980, Bd. 2: FDP bis WAV, Opladen 1984, S. 2458–2481.

31   Zur Person Loritz' ausführlich: Hans Woller, Die Loritz-Partei. Geschichte, Struktur und Politik der Wirtschaftlichen Aufbau-Vereinigung (WAV) 1945–1955, Stuttgart 1982, S. 22–32. Zu den biographischen Daten ferner: Uwe Backes/Eckhard Jesse, Politischer Extremismus in der Bundesrepublik Deutschland. Bd. III: Dokumentation, Köln 1989.

(DB)[32]. Allerdings war auch der DB infolge der Konkurrenz mit den Vertriebenenorganisationen und innerer Zerwürfnisse einem Auszehrungsprozeß unterworfen. Versuche, die Organisation über Bayern hinaus auszudehnen, scheiterten zunächst. Bis zur Bundestagswahl 1949 war der DB daher kontinuierlich nur in den bayerischen Regierungsbezirken Oberbayern, Niederbayern und Oberpfalz vertreten[33]. Deutlicher als bei der WAV traten beim DB die rechtsextremen Züge hervor. So wurde empfohlen, das »System des parlamentarischen Unfugs« zu beseitigen und stattdessen eine »Politik der starken Hand« zu betreiben. Parteien widersprächen aufgrund der Listenwahl dem »germanischen Thinggedanken«. Hier zeigte sich – wie auch in anderen Punkten – das völkische Element der DB-Ideologie. Vor einer Zerstörung des »Volkstums« durch den fremden Einfluß der Besatzungsmächte wurde eindringlich gewarnt[34].

Bei einer anderen frühen Parteigründung trat das deutsch-nationale Element zunächst stärker hervor: Im Oktober 1945 erhielt der ehemalige hessische Landtagsabgeordnete Heinrich Leuchtgens (geb. 1876, gest. 1959) von den amerikanischen Militärbehörden eine Parteilizenz für den oberhessischen Kreis Friedberg. Leuchtgens brachte in die neugegründete »Nationaldemokratische Partei« (NDP) seine Erfahrungen aus dem »Bauernbund« (ab 1927: »Hessischer Landbund«) mit ein, der der DNVP sehr nahegestanden hatte[35]. Bereits im Sommer 1945 hatte der Parteigründer den amerikanischen Besatzungsbehörden den »Entwurf einer Verfassung des Deutschen Reiches« vorgelegt[36]. Es handelte sich um die Verfassung einer Erbmonarchie mit ständestaatlicher Struktur. Das Volk wurde nach der jeweiligen »Beeigenschaftung« in »Edelinge« und »Gemeinlinge« unterteilt. Für die Wahl zum »Repräsentantenhaus« war ein nach Altersgruppen gestaffeltes Männerwahlrecht vorgesehen. Die Mitgliedschaft im »Oberhaus«, der Ständevertretung, sollte erblich sein.

Nachdem die Besatzungsbehörden auf dieses Verfassungsprojekt ablehnend reagierten, wurde das NDP-Programm stärker deren Erwartungen angepaßt. So trat an die Stelle des monarchischen Prinzips die Forderung nach einer Präsidialdemokratie. Allerdings hielt das Programm an ständischen Prinzipien fest. Berufsstände sollten als tragende Säulen der Gesellschaft fungieren, während das »gesamte Volksleben [...] möglichst staatsfrei zu gestalten«[37] sei. Seit der zweiten Jahreshälfte 1947 zeichnete sich eine ideologische Radikalisierung der NDP ab. Bei dem Versuch, die Organisation über die oberhessische Ursprungsregion hinaus auszudehnen, mußten nun auch stärker Personengruppen des ehemaligen NSDAP-Umfeldes integriert werden, die sich bis zu diesem Zeitpunkt noch nicht hatten politisch betätigen können und auf eine bereits lizenzierte Partei angewiesen waren. Diese neuen Parteigruppen drängten auf sozialpolitische Maßnahmen und attackierten zunehmend den besitzbürgerlichen Konservatismus des Parteigründers Leuchtgens. Besonders die Wiesbadener

---

32 Vgl. auch zum Folgenden: Horst W. Schmollinger, Der Deutsche Block, in: R. Stöss (Anm. 30), S. 807–847. Zur Person Meißners: U. Backes/E. Jesse (Anm. 31).

33 H. W. Schmollinger (Anm. 32), S. 811.

34 Ebd., S. 821.

35 Vgl. auch zum Folgenden: ders., Die Nationaldemokratische Partei, in: R. Stöss (Anm. 30), S. 1892–1921.

36 Siehe zu diesem Entwurf: K. P. Tauber (Anm. 29), S. 72.

37 Zitiert nach: H. W. Schmollinger (Anm. 35), S. 1901.

NDP-Ortsgruppe um Carl Christian Heinz und den ehemaligen NS-Aktivisten Karl-Heinz Priester (geb. 1913, gest. 1960)[38] profilierte sich zunehmend gegen die älteren Teile der Partei um Leuchtgens. Sie forderten die Wiederherstellung des Deutschen Reiches in den Grenzen von 1914, veranstalteten öffentliche Soldatenehrungen, wandten sich vehement gegen das »Unrecht der Entnazifizierung« und traten für die Wiedereinstellung ehemaliger NSDAP-treuer Staatsdiener ein[39]. Um eine Überflügelung durch die Anhänger der Wiesbadener NDP-Richtung zu verhindern, sondierte die Partei-Mehrheit um Leuchtgens im Sommer 1948 Möglichkeiten eines Bündnisses mit der in der britischen Zone vertretenen »Deutschen Konservativen Partei-Deutschen Rechtspartei« (DKP-DRP).

Die DKP-DRP war ihrerseits im März 1946 durch die Fusion zweier früher Parteigründungen entstanden: der »Deutschen Konservativen Partei« (DKP) und der »Deutschen Aufbau-Partei« (DAP)[40]. Die DKP ging aus verschiedenen regionalen und lokalen Initiativen, besonders in Schleswig-Holstein, Hamburg, Westfalen und im Rheinland, hervor und gedachte an Politik und Programmatik der DNVP anzuknüpfen. Erst Anfang 1946 kam man überein, die Lizenzierung der Partei auf Landes- und Zonenebene zu beantragen. Beim Aufbau der DKP waren ehemalige DNVP-Funktionäre wie Dr. Josef Borchmeyer, Eldor Borck, Wilhelm Jaeger und Otto Schmitt-Hannover führend beteiligt.

Dagegen spielten bei der Gründung der DAP einstige Aktivisten der »Deutschvölkischen Freiheitspartei« (DVFP) eine Hauptrolle. Als völkisch-nationalistische Abspaltung von der DNVP 1922 entstanden, hatte sie sich 1924 zeitweilig mit der NSDAP zusammengeschlossen, bei den Reichstagswahlen dieses Jahres mit ihr gemeinsame Listen und nach dem Einzug in den Reichstag auch gemeinsame Fraktionen gebildet (»Nationalsozialistische Freiheitspartei«)[41]. Nach der Entlassung Adolf Hitlers aus der Landsberger Haft war es jedoch im Februar 1925 zum Bruch gekommen. Die NSDAP breitete sich in der Folgezeit – zunächst langsam, dann rasch fortschreitend – auch im nördlichen Teil Deutschlands aus, und die DVFP unterlag einem kontinuierlichen Auszehrungsprozeß. Nach der »Machtergreifung« der Nationalsozialisten wurde auch die DVFP, die der NSDAP an Antisemitismus kaum nach-

---

38 Zur Person siehe: U. Backes/E. Jesse (Anm. 31).

39 Vgl. H. W. Schmollinger (Anm. 35), S. 1898.

40 Vgl. vor allem: Horst W. Schmollinger, Die Deutsche Konservative Partei – Deutsche Rechtspartei, in: R. Stöss (Anm. 30), S. 982–1024.

41 Die »Deutschvölkische Freiheitspartei« nannte sich nach dem Bruch des zeitweiligen Bündnisses mit der NSDAP »Deutschvölkische Freiheitsbewegung«. Vgl. Manfred Weißbecker, Deutschvölkische Freiheitspartei (DVFP) 1922–1933, in: Dieter Fricke u. a. (Hrsg.), Die Bürgerlichen Parteien in Deutschland. Handbuch der Geschichte der bürgerlichen Parteien und anderer bürgerlicher Interessenorganisationen vom Vormärz bis zum Jahre 1945, Bd. 1: Alldeutscher Verband – Fortschrittliche Volkspartei, Leipzig 1968, S. 765–777. Zum Verhältnis NSDAP – DVFP ausführlich: Wolfgang Horn, Der Marsch zur Machtergreifung. Die NSDAP bis 1933, Königstein/Ts.-Düsseldorf 1980 (Original: Führerideologie und Parteiorganisation in der NSDAP [1919–1933], Düsseldorf 1972), S. 172–218; Jan Striesow, Die Deutschnationale Volkspartei und die Völkisch-Radikalen 1918–1922, Bd. 1, Frankfurt/M. 1981, S. 421–447. Eine kurze Übersicht geben: Patrick Moreau, Nationalsozialismus von links. Die »Kampfgemeinschaft Revolutionärer Nationalsozialisten« und die »Schwarze Front« Otto Straßers 1930–1935, Stuttgart 1984, S. 18f.; H. W. Schmollinger (Anm. 40), S. 986f.; K. P. Tauber (Anm. 29), S. 51–54.

stand, den Rassismus jedoch mit monarchistischen und ständestaatlichen Lehren verknüpfte, verboten. Ihr Vorsitzender Reinhold Wulle (geb. 1882, gest. 1950) nahm Kontakte zu oppositionellen Kreisen auf, unterhielt eine »Gesellschaft Deutsche Freiheit« und trat publizistisch in Erscheinung[42]. 1938 wurde er aus politischen Gründen inhaftiert und während des Krieges eine zeitlang im Konzentrationslager Sachsenhausen gefangengehalten. Bereits im Januar 1945 gründete Wulle die DAP als illegale Organisation[43]. Erst im Oktober des gleichen Jahres wurde sie offiziell aus der Taufe gehoben. Neben Wulle trat Joachim von Ostau (geb. 1902, gest. 1969)[44] als Gründer hervor. Er war 1932 aus der NSDAP ausgetreten und hatte nach der »Machtergreifung« in Wulles »Gesellschaft Deutsche Freiheit« mitgewirkt. In den Vorstellungen dieser beiden DAP-Gründer traten nun völkische Bezugspunkte zurück; statt dessen orientierte man sich stärker zu konservativ-revolutionären, deutsch-nationalen und monarchistischen Kreisen hin. Insofern war die im März 1946 beschlossene Vereinigung der DAP mit der DKP nicht nur strategisch bedingt.

Unter der Bezeichnung DKP-DRP kandidierte das rechtsextreme Bündnis im Sommer 1949 bei der Wahl zum Ersten Deutschen Bundestag. Obwohl die Partei nur im nördlichen Teil Deutschlands vertreten war, erzielte die DKP-DRP 1,8 Prozent der Stimmen, wozu besonders das unerwartet gute Abschneiden im Land Niedersachsen (8,1 Prozent) beitrug[45]. Aufgrund der Wahlrechtsbestimmungen bei der ersten Bundestagswahl – einerseits mußte in jedem Bundesland die Fünf-Prozent-Klausel überschritten werden; andererseits genügte für den Einzug in den Bundestag das Überschreiten dieser Hürde in einem Bundesland, so daß die 8,1 Prozent in Niedersachsen den Mandatserfolg erklären – zogen fünf Abgeordnete der DKP-DRP ins Parlament ein: Fritz Dorls, Heinz Frommhold, Herwart Miessner, Franz Richter (richtig: Fritz Rößler) und Adolf von Thadden[46]. Ihnen gesellte sich im September noch der Abgeordnete Heinrich Leuchtgens hinzu, der als NDP-Vorsitzender auf einer Liste der »Freien Demokratischen Partei« (FDP) kandidiert hatte[47]. Dies war zum damaligen Zeitpunkt weniger ungewöhnlich, als es im nachhinein erscheint, da das junge Parteiensystem großen Fluktuationen von Mitgliedern, Anhängern und Wählern unterworfen war und es sich in gleichsam »flüssigem Zustand« befand. Zudem wiesen FDP wie auch »Deutsche Partei« (DP) starke national-konservative Flügelgruppen auf[48]. Rechnet man die 2,8 Prozent der WAV hinzu, was aufgrund des sehr heterogenen Charakters dieser Partei nur mit gewissen Abstrichen möglich ist,

---

42 Vgl. etwa: Reinhold Wulle, Geschichte einer Staatsidee, Berlin 1935, wo das »Mysterium des Blutes« (S. 8) beschworen wird.

43 Vgl. auch zum Folgenden: K. P. Tauber (Anm. 29), S. 50.

44 Zur Person: R. Stöss (Anm. 30), Bd. 1, S. 985f.

45 Vgl. H. W. Schmollinger (Anm. 40), S. 1012f.

46 Zu den biographischen Daten von Dorls, Richter-Rößler und von Thadden siehe: U. Bakkes/E. Jesse (Anm. 31). Über die Wahl und die Ergebnisse in deren Vorfeld aus rechtsextremer Sicht: Adolf von Thadden, Die verfemte Rechte. Deutschland-, Europa- und Weltpolitik in Vergangenheit, Gegenwart und Zukunft aus der Sicht von rechts, Preußisch-Oldendorf 1984, S. 47–63.

47 Vgl. H. W. Schmollinger (Anm. 40), S. 1015.

48 Zur frühen FDP: Jörg Michael Gutscher, Die Entwicklung der FDP von ihren Anfängen bis 1961, Meisenheim am Glan 1967. Zur DP: Hermann Meyn, Die Deutsche Partei. Entwicklung und Problematik einer nationalkonservativen Rechtspartei nach 1945, Düsseldorf 1965.

erhält man insgesamt 4,6 Prozent für rechtsextreme Parteien. Besonders von ausländischen Beobachtern wurde das Abschneiden rechtsextremer Gruppierungen mit Argusaugen beobachtet, wobei man teilweise auch »Bayernpartei« (BP) und DP pauschal dem Rechtsextremismus zuschlug[49]. Auch Bundeskanzler Adenauer meinte wohl BP und DKP-DRP, als er in einem Interview nach der Wahl von den »22« Sitzen der »extremen Rechtsparteien« sprach. Doch betonte der Kanzler, daß es sich dabei um »Splittergruppen« handele, während drei Parteien, CDU/CSU, SPD und FDP, einen überwältigenden Sieg zugunsten des demokratisch-parlamentarischen Systems errungen hätten: »Anstatt sich über diese Extremisten den Kopf zu zerbrechen, sollte die Welt besser das Vertrauensvotum in den Vordergrund schieben, welches die drei großen demokratischen Parteien erhalten haben, die Wahlen waren eine Wiedergeburt der deutschen Demokratie. Sozialdemokraten, Freie Demokraten und Christlichdemokraten haben von den 402 Sitzen deren 322 erobert. Ist dies nicht ein Zeichen der Gesundung? Ist diese Tatsache nicht mehr wert als die Resultate der Splitterparteien? Sobald der Pressestreit um diese Parteien abgeflaut ist, werden auch die Parteien von selbst verstummen.«[50] Die Tendenz dieser Aussage sollte sich in den folgenden Jahren als zutreffend erweisen.

2.2 Herausbildung des rechtsextremen »Lagers«

In der Tat war die Wahl zum Ersten Deutschen Bundestag insofern von ausschlaggebender Bedeutung, als sie die politischen Weichen für die Entwicklung der neugegründeten Bundesrepublik Deutschland stellte. Die Wähler hatten in ihrer großen Mehrheit den von den Besatzungsmächten favorisierten demokratischen Parteien das Vertrauen geschenkt. Extremen Kräften von rechts und links war somit nur eine politische Randexistenz zugedacht. Allerdings war in dieser Anfangsphase der zweiten deutschen Demokratie noch zu vieles im Fluß, als daß man bereits eine Prognose für die weitere Entwicklung hätte abgeben können. Die westdeutsche Gesellschaft stand vor gewaltigen Problemen: Über zehn Millionen Vertriebene und Flüchtlinge[51], circa zwei Millionen nicht wieder eingestellte ehemalige Beamte, NSDAP-Angestellte und Berufssoldaten, 2,5 Millionen Kriegshinterbliebene, 1,5 Millionen Schwerkriegsbeschädigte mit ihren Angehörigen, zwei Millionen Spätheimkehrer, vier bis sechs Millionen Ausgebombte und 1,5 Millionen Arbeitslose (1950)[52] hätten ein gewaltiges Rekrutierungspotential für rechtsextreme Organisationen bilden können.

Daß sich dieses Potential unter bestimmten Bedingungen in Wahlergebnissen niederschlagen konnte, stellte die im Oktober 1949 gegründete »Sozialistische Reichs-

---

49 Vgl. etwa folgende Wahlanalysen: Germany, in: Facts on File, 9 (1949) 459 (14.–20. August 1949), S. 265; After the German Elections, in: The Economist vom 20. August 1949, S. 385–387.

50 Auszug aus einem Interview Adenauers mit der United Press, in: Keesing's Archiv der Gegenwart vom 17. August 1949, S. 2043.

51 Vgl. die Angaben bei: Alfred M. de Zayas, Die Anglo-Amerikaner und die Vertreibung der Deutschen. Vorgeschichte, Verlauf, Folgen, München 1980, S. 24.

52 Die Angaben finden sich bei: Manfred Jenke, Verschwörung von rechts? Ein Bericht über den Rechtsradikalismus in Deutschland nach 1945, Berlin 1961, S. 46 f., der sich wiederum auf eine Untersuchung Helmut Schelskys stützt.

partei« (SRP) unter Beweis[53]. Ihre spektakulärsten Erfolge erzielte sie im Jahre 1951 bei den Wahlen zum niedersächsischen Landtag (11 Prozent) und zur bremischen Bürgerschaft (7,7 Prozent). Zu diesem Zeitpunkt zählte die Organisation gut 10000 Mitglieder. Die Tage der SRP waren jedoch gezählt, da die Bundesregierung bereits im Mai 1951 angekündigt hatte, sie werde ein Verbotsverfahren gegen die Partei einleiten. Der Antrag wurde schließlich im November gestellt, und das Bundesverfassungsgericht erklärte die SRP im Oktober 1952 für verfassungswidrig. In Erwartung des Urteils hatte sich die Partei bereits zuvor selbst aufgelöst. Für das Vorgehen der Bundesregierung war wohl die Absicht von untergeordneter Bedeutung, sich einen unliebsamen Konkurrenten beim Werben um das rechte Wählerpotential vom Halse zu schaffen[54]. Entscheidend war vielmehr die Tatsache, daß man so wenige Jahre nach dem Untergang des »Dritten Reiches« keine Partei wollte, die mehr oder weniger offen an den Nationalsozialismus anknüpfte. Das noch auf schütterer Basis stehende Ansehen der jungen westdeutschen Demokratie gegenüber dem Ausland sollte keinen Schaden erleiden. Man mußte befürchten, daß die neonazistischen Aktivitäten sich bei den anlaufenden internationalen Verhandlungen über die »Europäische Verteidigungsgemeinschaft« (EVG) und den »Generalvertrag« negativ auswirken würden[55]. Ein anti-israelischer Redebeitrag[56] des Bundestagsabgeordneten Fritz Rößler (»Dr. Franz Richter«), zu diesem Zeitpunkt bereits Mitglied der SRP, mag das Vorhaben der Bundesregierung zusätzlich bekräftigt haben: Einige Wochen nach Konstituierung des Bundesverfassungsgerichts in Karlsruhe (28. September 1951) setzte sie das Verbotsverfahren in Gang.

In der Tat unterschied sich die SRP von anderen frühen rechtsextremen Parteigründungen durch ihre starke Anlehnung an Formen und Inhalte der NS-Bewegung. Deren Führungskader hatten größtenteils ihre politischen Erfahrungen in der

---

53 Vgl. zur SRP vor allem die gründlichen und materialreichen Studien von: Otto Büsch/Peter Furth, Rechtsradikalismus im Nachkriegsdeutschland. Studien über die »Sozialistische Reichspartei« (SRP), Köln-Opladen 1967 (1957). Die Autoren stützten sich auf das vom Bundesverfassungsgericht beschlagnahmte Material. Siehe über O. Büsch/P. Furth: U. Backes/E. Jesse (Anm. 29), Kap. III. Eine eingehende Analyse zur SRP aus größerer zeitlicher Distanz bietet: Horst W. Schmollinger, Die Sozialistische Reichspartei, in: R. Stöss (Anm. 30), S. 2274–2336.

54 Dies akzentuiert: H. W. Schmollinger (Anm. 53), S. 2278. Allerdings deuten die Koalitionsverhandlungen in Niedersachsen (1951), in die auch die SRP einbezogen wurde, und die zwiespältigen Reaktionen von Vertretern der Bundesregierung auf den Mandatsverlust der niedersächsischen SRP-Abgeordneten nach dem Parteiverbot auf »machiavellistische« Kalküle hin. Vgl. Arnulf Baring, Im Anfang war Adenauer. Die Entstehung der Kanzlerdemokratie, München 1982[2] (1969), S. 478f.; Götz Roth, Fraktion und Regierungsbildung. Eine monographische Darstellung der Regierungsbildung in Niedersachsen im Jahre 1951, Meisenheim am Glan 1954. Zur Lage in der FDP: Heinz Georg Marten, Die unterwanderte FDP. Politischer Liberalismus in Niedersachsen, Aufbau und Entwicklung der Freien Demokratischen Partei 1945–1955. Eine politiksoziologische Untersuchung der krisenreichen Neubelebung des politischen Liberalismus unter besonderer Berücksichtigung der innerparteilichen, programmatischen und sozialstrukturellen Konstitutionbedingungen des niedersächsischen FDP-Landtages, Frankfurt/M.-Zürich 1978.

55 Vgl. Hans-Peter Schwarz, Die Ära Adenauer. Gründerjahre der Republik 1949–1957, Stuttgart-Wiesbaden 1981, S. 132.

56 Vgl. Deutscher Bundestag, Stenographische Berichte, 175. Sitzung vom 15. November 1951, S. 7185. Siehe dazu auch: M. Jenke (Anm. 52), S. 97.

NSDAP gesammelt. Fritz Dorls (geb. 1910)[57], von der Gründung bis zur Auflösung Parteivorsitzender, war NSDAP-Mitglied seit 1929. Nach dem Krieg hatte er einige Zeit in einem Internierungslager verbracht und sich nach der Freilassung der DKP-DRP angeschlossen, auf deren Liste er 1949 in den Bundestag gewählt worden war. Nach Gründung der SRP konnte er deren Interessen dort vertreten. Ein anderes führendes SRP-Mitglied, Gerhard Krüger (geb. 1908)[58], hatte in der Weimarer Zeit der paramilitärischen, rechtsextremen Untergrundorganisation »Bund Oberland« angehört, war bereits 1926 der SA, 1928 der NSDAP beigetreten, in der er eine erfolgreiche Parteikarriere absolvierte. Zuletzt war Krüger Mitarbeiter der kulturpolitischen Abteilung im Auswärtigen Amt gewesen. Nach Kriegsende zunächst interniert, hatte er sich 1949 in der »Gemeinschaft unabhängiger Deutscher« (GuD) betätigt und nach deren Scheitern zu den Gründern der SRP gehört. Auch Franz Richter (geb. 1912), zeitweilig ein geschätzter Redner der Partei, war, wie die Öffentlichkeit erst später erfuhr, bereits 1930 der NSDAP beigetreten, in den dreißiger Jahren Schulungsleiter der Gau-Schulungsburg Augustusburg und 1945 Mitarbeiter der Reichspropagandaleitung der NSDAP. Nach dem Zusammenbruch wirkte er zunächst im niedersächsischen Schuldienst, wurde aber wegen rechtsextremer Äußerungen 1949 entlassen. Im gleichen Jahr kandidierte er auf der Liste der DKP-DRP für den Bundestag, wirkte an der Gründung der »Deutschen Reichspartei« (DRP) 1950 mit, trat aber noch im gleichen Jahr zur SRP über. Erst 1952 wurde seine wahre Identität gelüftet und »Dr. Franz Richter« als Fritz Rößler[59] entlarvt. Der Starredner der SRP, um ein letztes Beispiel anzuführen, war kein geringerer als jener Major Otto Ernst Remer, der bei der Niederschlagung des Putschversuchs vom 20. Juli 1944 eine Hauptrolle gespielt hatte[60]. Ein Prozeß gegen Remer wegen beleidigender Äußerungen über die Widerstandskämpfer des 20. Juli erregte 1952 Aufsehen in der Öffentlichkeit und trug zum Ansehensverlust der SRP bei[61].

Die SRP warb ganz offen um die Mitarbeit ehemaliger NSDAP-Aktivisten – und zwar nicht nur um deren politisches Betätigungsbedürfnis für die eigenen Zwecke zu nutzen, sondern auch wegen ihrer Überzeugungstreue. Obwohl sie sich bei öffentlichen Bekundungen einer Tarnsprache bediente, konnten dem genauen Beobachter die zahlreichen Anklänge an Ideologie und Programmatik der NSDAP nicht verborgen bleiben. So frönte sie dem Mythos vom unvergänglichen deutschen »Reich«, propagierte eine Verbindung von Nationalismus und Sozialismus und griff ungeniert auf biologistische und sozialdarwinistische Argumentationsmuster zurück[62]. Das von den

---

57 Zur Person: R. Stöss (Anm. 30), Bd. 1, S. 2275.
58 Zur Person: U. Backes/E. Jesse (Anm. 31).
59 Zur Person: ebd.
60 Zur Person: ebd.
61 Siehe zum Remer-Prozeß und seiner Bedeutung für die moralische Beurteilung des NS-Regimes: Franz Greß/Hans-Gerd Jaschke, Politische Justiz gegen rechts: Der Remer-Prozeß 1952 in paradigmatischer Perspektive, in: Rainer Eisfeld/Ingo Müller (Hrsg), Gegen Barbarei. Essays Robert M. W. Kempner zu Ehren, Frankfurt/M. 1989, S. 453–478. Rudolf Wassermann, Zur Auseinandersetzung um den 20. Juli 1944. Der Remer-Prozeß als Meilenstein der Nachkriegsgeschichte, in: ders., Recht, Gewalt, Widerstand. Vorträge und Aufsätze, Berlin 1985, S. 36–64.
62 Vgl. vor allem die ideologiekritische Untersuchung von Peter Furth bei: O. Büsch/P. Furth (Anm. 53), S. 197–204; siehe auch: U. Backes/E. Jesse (Anm. 31), Kap. III. 2.1.3.

Rednern der SRP gezeichnete Bild vom »Dritten Reich« enthielt viel Licht und wenig Schatten. In einer »Kampfschrift« der SRP wurde der Nationalsozialismus mit folgenden Worten rehabilitiert: »In Europa ist in der Zeit zwischen den beiden Weltkriegen an verschiedenen Stellen der Versuch einer *echten* Lösung der nationalen und sozialen Probleme unternommen worden. Mag man diesen Versuch im wesentlichen als geglückt oder als gescheitert ansehen, der Wille zu einer echten Lösung im Gegensatz zu der bolschewistischen Scheinlösung war zweifellos vorhanden. Und man wird schwerlich bestreiten können, daß er hie und da bereits sichtbare Früchte zu tragen begann. Daß ein so gewaltiges Unternehmen mit Härten, z. T. sogar mit grausamen Eingriffen verbunden war, ist für den Kenner revolutionärer Epochen im Leben der Völker nicht weiter verwunderlich. In Zeiten, in denen sich die Völker aus langem Dämmerschlafe erheben, um aus einer nachgerade unerträglich empfundenen Lage zur Neugestaltung ihres Daseins zu schreiten, wird selten auf das persönliche Wohlbefinden Rücksicht genommen.«[63]

Das Bundesverfassungsgericht hatte, nachdem der Verbotsantrag der Bundesregierung eingegangen war, eine Beschlagnahmeaktion angeordnet, bei der interne Akten in großen Mengen sichergestellt wurden. Besonders das Schulungsmaterial für den Rednereinsatz und einschlägige Korrespondenzen gaben über die wahren Absichten und Anschauungen der SRP-Aktivisten beredt Auskunft. Während die SRP den »Rassen- und Religionskampf«[64] des NS-Regimes in öffentlichen Bekundungen ablehnte, äußerte sich intern vielfach ein penetranter Antisemitismus. Das politische System in der Bundesrepublik wurde schon deshalb abgelehnt, weil die SRP den Standpunkt vertrat, das »Deutsche Reich« existiere trotz des Zusammenbruchs rechtlich weiter. Die Regierung Dönitz sei unrechtmäßig entlassen worden, und der Weststaatsgründung komme daher ebensowenig Legitimität zu wie der DDR. Aus dieser gedanklichen Konstruktion wurde ein Recht auf Widerstand gegen die Verfassungsordnung der Bundesrepublik abgeleitet. Das »Reich« müsse im Sinne einer »führungsdemokratisch« zu organisierenden »völkischen Gemeinschaft« wiedererrichtet werden[65]. Den Inhalt der eigenwilligen Formel von der »Führungsdemokratie« illustrierten die innerparteilichen Verhältnisse der SRP. Entscheidungen wurden in der Regel nicht durch das Mehrheitsprinzip, sondern durch Weisung der Führung an ihre Gefolgschaft getroffen. Der Begriff der »Führungsdemokratie« diente der SRP also lediglich als eine euphemistische und pseudodemokratische Umschreibung für die bekannte NS-Losung: »Führer befiehl, wir folgen!«

Nach der Selbstauflösung der SRP im Herbst 1952, mit der sie dem kurz darauf ausgesprochenen Verbot hatte zuvorkommen wollen, versuchten deren Aktivisten, Nachfolgeorganisationen zu gründen. Dies scheiterte jedoch vor allem am Widerstand der Behörden. Also griff man notgedrungen auf die bereits in den Besatzungsjahren erprobte Praxis zurück: Bestehende politische Organisationen sollten im Sinne der eigenen Ziele umfunktioniert werden. Dies zeigte sich einerseits in Unterwanderungsbemühungen bei im Bundestag vertretenen Parteien, insbesondere DP und FDP mit ihren starken nationalkonservativen bzw. nationalliberalen Flügelgruppen. Auch

---

63 Zitiert nach: H. W. Schmollinger (Anm. 53), S. 2282 (Hervorhebung im Original).
64 Zitiert nach: O. Büsch/P. Furth (Anm. 53), S. 30.
65 Vgl. ebd., S. 52.

die WAV wurde zeitweilig Objekt derartiger Bestrebungen[66]. Andererseits bemühten sich ehemalige SRP-Führungskader um Anschluß und Einflußnahme bei Gruppierungen, die in grundsätzlicher Opposition zu der sich herausbildenden politischen Mehrheitskultur und deren konstitutionell-demokratischem Grundkonsens standen. Davon betroffen waren die »Deutsche Reichspartei« (DRP) und die »Deutsche Gemeinschaft« (DG).

Beide rechtsextreme Organisationen, an der Jahreswende 1949/50 entstanden, verfügten allerdings über unterschiedliche regionale Schwerpunkte. Während die DRP im wesentlichen die Nachfolge des DKP-DRP-Wahlbündnisses angetreten hatte und zunächst nur im nördlichen Teil der Bundesrepublik (Zentrum: Niedersachsen) organisatorischen Rückhalt besaß[67], war die DG in Bayern gegründet worden und bildete in der Folgezeit einen zweiten organisatorischen Schwerpunkt in Baden-Württemberg. Versuche der Ausdehnung auf die nördlichen Bundesländer, die die DG in eine Konkurrenzsituation zur DRP brachten, scheiterten. Auch personell und programmatisch fanden die ehemaligen SRP-Kader unterschiedliche Voraussetzungen für ihre Ziele vor. Bei der DRP war es vor allem das starke national-konservative Element, das sich einer Okkupierung der Partei durch dezidiert neo-nationalsozialistische Kräfte widersetzte. Sie verstand sich als eine Sammlungsbewegung für unterschiedliche rechte Strömungen, wodurch sich ihre Programmatik außerordentlich diffus ausnahm. Das »Sowohl-als-auch« beherrschte das Bild: Sowohl marktwirtschaftliche Orientierung als auch berufsständische Disziplinierung, sowohl Kritik am Nationalsozialismus als auch völkische Bekenntnisse, sowohl parlamentarische Repräsentation als auch starker Staat. Divergierende Konzeptionen wurden durch die mythische Verehrung des »Reiches« als einer unter allen Umständen wiederherzustellenden historischen Größe zusammengehalten. Die gleichzeitige Ablehnung der »westlichen« wie der »östlichen« Systeme ließ diametral gegensätzliche außenpolitische Positionen im Inneren der Partei zu. So wich die anfängliche Westorientierung 1953 einem nationalneutralistischen Kurs. Die ersehnten Stimmengewinne bei Wahlen blieben aus, wenngleich die DRP bei Landtagswahlen einige Achtungserfolge erzielen konnte[68].

Immerhin erwies sich die Partei als stark genug, um ihre süddeutsche Rivalin bei den Bundestagswahlen 1953 zu überrunden und auch in Bayern zur stärksten rechtsextremen Partei zu avancieren. Vorausgegangen waren Versuche der DG, im nördlichen Teil der Bundesrepublik das auseinanderfließende SRP-Potential zu kanalisieren. Daraufhin hatte man die DG in zwei rheinland-pfälzischen Regierungsbezirken sowie in Hessen und Niedersachsen verboten[69]. Die DG blieb trotz mancherlei Bündnisofferten und Sammelbestrebungen (Bundestagswahl 1953: »Dachverband der Nationalen Sammlung«) eine politische Sekte. Mitbestimmend für diese Entwicklung

---

66 Vgl. H. W. Schmollinger (Anm. 53), S. 2304–2309; H. G. Marten (Anm. 54).
67 Vgl. zur DRP ausführlich: Horst W. Schmollinger, Die Deutsche Reichspartei, in: R. Stöss (Anm. 30), S. 1112–1191; P. Dudek/H.-G. Jaschke (Anm. 29), S. 181–279.
68 Vgl. die Zusammenstellung der Wahlergebnisse bei: H. W. Schmollinger (Anm. 67), S. 1171f.
69 Vgl. Richard Stöss, Die Deutsche Gemeinschaft, in: ders. (Anm. 30), S. 877–900, 888. Ausführlicher: ders., Vom Nationalismus zum Umweltschutz. Die Deutsche Gemeinschaft/ Aktionsgemeinschaft Unabhängiger Deutscher im Parteiensystem der Bundesrepublik, Opladen 1980.

war wohl die Tatsache, daß sich die DG im Verhältnis zur DRP als in geringerem Maße taktisch und programmatisch flexibel erwies. Dafür sorgten nicht zuletzt das Unabhängigkeitsstreben und die Egozentrik ihres Gründers und intellektuellen Kopfes August Haußleiter (geb. 1905)[70].

Der gebürtige Nürnberger, schon als Fünfzehnjähriger in rechtsextremen Verbindungen aktiv, war bereits vor dem mißglückten Putschversuch Hitlers und Ludendorffs (November 1923) zur NS-Bewegung gestoßen, hatte sich später aber wieder von ihr getrennt. Seine Sympathien galten mehr und mehr den intellektuell anspruchsvolleren Konzepten der »konservativen Revolutionäre«. Bezeichnenderweise geriet er, seit 1928 Journalist beim »Fränkischen Kurier«, 1939 in Konflikt mit Gauleiter Streicher, was ihm einen Fronteinsatz einbrachte[71]. Seine kritische Haltung gegenüber dem Nationalsozialismus resultierte allerdings nicht aus einer prinzipiellen Distanz gegenüber rechtsextremen Ideen: »Er lehnte den totalitären ebenso wie den bürgerlich-demokratischen Staat ab und wollte eine ›echte‹ Volksgemeinschaft mit einer personalistisch starken und ›verantwortlichen‹ Führung, deren Herrschaft durch den Kampf organisierter Interessen nicht geschmälert, durch plebiszitäre Elemente vom Volk aber legitimiert werden sollte.«[72]

Diese Vorstellungen brachte Haußleiter nach 1949 in die DG ein. Im Gegensatz zur DRP propagierte seine DG von Anfang an einen neutralen deutschen Nationalstaat, der sich von »imperialistischen« Einflüssen des Ostens wie des Westens lösen und in seinem Inneren eine sozial befriedete, an der Basis autonom organisierte »Volksgemeinschaft« bilden sollte. Die ideologischen Konzeptionen von DRP und SRP einerseits, der DG andererseits bilden in der Literatur den Ausgangspunkt einer typologischen Differenzierung zwischen zwei unterschiedlichen Strömungen im deutschen Nachkriegs-Rechtsextremismus: der Alten Rechten (oder dem Alten Nationalismus, also DRP und SRP) und der Neuen Rechten (oder dem Neuen Nationalismus, also der DG)[73]. Während sich die Alte Rechte »primär an autoritären oder faschistischen Herrschaftsmethoden, am Deutschnationalismus also oder am Nationalsozialismus«, ausrichte, bemühe sich die Neue Rechte »um neue, aktuelle und den durch die Ergebnisse des Zweiten Weltkrieges veränderten nationalen und weltpolitischen Bedingungen angepaßte Lösungswege«[74]. Die Alte Rechte knüpfe vielfach an das historische Bündnis zwischen Nationalsozialismus und Deutsch-Nationalismus (»Harzburger Front«) oder auch den »linken« Flügel der NSDAP ideologisch an, zeichne sich »durch ein betont etatistisches und militaristisches Denken« aus und tendiere außenpolitisch zu »pro-westlichen oder Europa-neutralistischen, in jedem Falle

---

70 Zur Person: U. Backes/E. Jesse (Anm. 31).
71 Vgl. R. Stöss, Die Deutsche Gemeinschaft, in: ders. (Anm. 30), S. 877 f.
72 Ebd., S. 878 f.
73 So die Differenzierung bei: Richard Stöss, Väter und Enkel: Alter und Neuer Nationalismus in der Bundesrepublik, in: Ästhetik und Kommunikation, 9 (1978) 32, S. 35–57; Manfred Rowold unterscheidet dagegen zwischen der »nationalistischen«, der »volkssozialistischen« und der »national-neutralistischen« Rechten: ders., Im Schatten der Macht. Zur Oppositionsrolle der nicht-etablierten Parteien in der Bundesrepublik, Düsseldorf 1974, S. 209–294. Siehe zu dieser Arbeit: U. Backes/E. Jesse (Anm. 29), Kap. II.
74 Richard Stöss, Einleitung. Struktur und Entwicklung des Parteiensystems der Bundesrepublik – Eine Theorie, in: ders. (Anm. 30), S. 17–309, 241.

aber anti-bolschewistischen Konzeptionen«[75]. Dagegen fühle sich die Neue Rechte dem Denken »konservativer Revolutionäre« der Weimarer Republik verbunden und versuche, diese Ideen »für die Lösung von politischen Problemen fruchtbar zu machen, die erst *infolge* des Zusammenbruchs des Nationalsozialismus entstanden sind«[76]. Dem »autoritären Etatismus« der Alten Rechten stelle sie das Konzept einer »nationalen Revolution«, eines »dritten Weges« zwischen Ost und West, Kommunismus und Kapitalismus gegenüber. Schon früh habe sie ihre Sympathien für den Befreiungsnationalismus unterdrückter Völker in der Dritten Welt entdeckt, die Zukunft Deutschlands in Neutralismus und Blockfreiheit erblickt und einen plebiszitär oder dezentral organisierten Staat mit »genossenschaftlicher Betriebsorganisation«[77] und partieller Vergesellschaftung des Wirtschaftslebens gefordert.

Typologische Differenzierungen, und um eine solche handelt es sich bei der Unterscheidung zwischen Altem und Neuem Nationalismus, stellen stets Vergröberungen und Vereinfachungen der historisch vorfindbaren Vielfalt von Erscheinungen dar – mit dem Zweck, die schier unübersehbare Fülle sinnvoll zu ordnen und dadurch geschichtliche Prozesse und Strukturen besser verstehbar zu machen. Der Vorwurf, eine Typologie vereinfache, muß daher noch nicht notwendigerweise gegen ihre wissenschaftliche Fruchtbarkeit sprechen. Schwerer wiegt der Einwand, die in Kauf genommene Vergröberung der Wirklichkeit werde durch die erkenntnisstimulierende Wirkung der Typologie nicht aufgewogen; oder umgekehrt: die Vereinfachungen gingen zu weit, als daß sie erkenntnisstimulierende Funktionen erfüllten.

Einige Argumente in dieser Richtung können gegenüber der dichotomischen Unterscheidung von Neuer und Alter Rechter vorgebracht werden. So beruht etwa die Konzeption vom »dritten Weg« zwischen Ost und West, Kapitalismus und Kommunismus auf einer in der deutschen Rechten historisch tief verwurzelten Sonderwegsideologie, die in der Weimarer Republik von Deutschnationalen ebenso gepflogen wurde wie von konservativen Revolutionären und Nationalsozialisten[78]. Die zeitweilige Westorientierung rechtsextremer Organisationen nach 1945 kann nicht über die Tatsache hinwegtäuschen, daß deren ideologisches Grundgerüst mit den Ideen der »westlichen Demokratie« ebenso unvereinbar ist wie mit denen der »Volksdemokratien« des Ostens[79]. Die Lehre vom »dritten Weg« eignet sich daher nicht für eine kategoriale Unterscheidung verschiedener Strömungen der extremen Rechten. Zweifelhaft erscheint auch die Subsumption des Deutschnationalismus und des Nationalsozialismus unter den Begriff der Alten Rechten. Hatten sich die NS-

---

75 Ebd., S. 244.
76 Ebd., S. 244f.
77 Ebd., S. 245.
78 Karl Dietrich Bracher hat zu Recht darauf hingewiesen, daß die These vom »deutschen Sonderweg« in ihrer Pauschalität schwer zu belegen sein dürfte, während es gute Gründe für die Behauptung von einem deutschen »Sonderbewußtsein« in Kaiserreich und Weimarer Republik gebe. Vgl. ders., Die totalitäre Erfahrung, München 1987, S. 91–94. Siehe zur Diskussion die Beiträge folgenden Bandes: Institut für Zeitgeschichte (Hrsg.), Deutscher Sonderweg – Mythos oder Realität?, München 1982. Für Einzelheiten siehe Kap. VI.2.
79 Dies ist der eigentliche Grund dafür, daß ganz unterschiedliche rechtsextreme Organisationen immer wieder dem National-Neutralismus huldigten. Vgl. die Übersicht bei: Rainer Dohse, Der Dritte Weg. Neutralitätsbestrebungen in Westdeutschland zwischen 1945 und 1955, Hamburg 1974, S. 15–17.

Ideologen nicht immer wieder gegen die »Reaktionäre« der DNVP gewandt? Und stammten die rassistischen Ideen der Nationalsozialisten nicht in weit stärkerem Maße aus dem Arsenal der Deutsch-Völkischen?

Angesichts dieser Schwächen der zweidimensionalen Typologie erscheint eine dreidimensionale Unterscheidung sinnvoller, die an die Tendenzen des Rechtsextremismus der Weimarer Republik[80] anknüpft. Zu differenzieren wäre zwischen einem insbesondere auf die »Deutsch-Konservative Partei« des Kaiserreiches zurückgehenden Alten Nationalismus (1), den Völkischen (2) als Erbe der Antisemitenparteien der wilhelminischen Zeit und dem Neuen Nationalismus (3), der aus den »Ideen von 1914« hervorging, dem Fronterlebnis und den Realitäten von 1918/19. Auch diese drei Typen stellen eine Vereinfachung dar, scheinen aber den historischen Realitäten und Entwicklungen besser gerecht zu werden als das zweidimensionale Modell.

Der Typus des Alten Nationalismus wird in der Weimarer Republik durch die DNVP samt ihrer Neben- und Unterorganisationen repräsentiert. Sie hatte das Erbe der Deutsch-Konservativen Partei des Kaiserreiches angetreten, bemühte sich – ihrem Selbstverständnis als »Volkspartei« gemäß – aber auch um die Integration nationalliberaler, »freikonservativer«, »christlichsozialer« und völkischer Wählergruppen. Nicht alle ihre Anhänger blieben überzeugte Monarchisten, aber sie trauerten dem untergegangenen Kaiserreich nach, weil es Deutschland in einem mächtigen, glanzvollen Staat geeint und ihnen dadurch ihre angestammten gesellschaftlichen Positionen samt der damit verbundenen Privilegien gesichert hatte[81]. Kennzeichnend für die Richtung des Alten Nationalismus ist daher zum einen der Etatismus (»starker Staat«), zum anderen die defensive Haltung gegenüber der »sozialen Frage«, die Furcht vor dem Verlust gesellschaftlicher Macht und die tiefe Abneigung gegen sozialrevolutionäre Experimente jeglicher Art[82].

Der Typus des Völkischen steht für jene Tendenzen des Rechtsextremismus, die, ausgehend von den sozialdarwinistischen und antisemitischen Strömungen der zweiten Hälfte des 19. Jahrhunderts[83], ein biologistisches Politikverständnis vertreten, das die Gesetze des Tierreiches auf den humangesellschaftlichen Bereich überträgt. Der Mensch gilt als erblich weitgehend determiniertes Wesen, die Kategorie der »Rasse«

---

80 Siehe dazu insbesonders: K. Sontheimer (Anm. 28).

81 Vgl. Friedrich Frhr. Hiller von Gaertringen, Monarchismus in der deutschen Republik, in: Michael Stürmer (Hrsg.), Die Weimarer Republik. Belagerte Civitas, Königstein/Ts. 1985² (1980), S. 254–271; Werner Liebe, Die Deutschnationale Volkspartei 1918–1924, Düsseldorf 1956; Lewis Hertzman, DNVP. Right-Wing Opposition in the Weimar Republic, 1918–1924, Lincoln/Nebr. 1963; Heidrun Holzbach, Das »System Hugenberg«. Die Organisation bürgerlicher Sammlungspolitik vor dem Aufstieg der NSDAP, Stuttgart 1981.

82 Vgl. zu dieser Charakterisierung: K. Sontheimer (Anm. 28), S. 114–118.

83 Vgl. Fritz Bolle, Darwinismus und Zeitgeist, in: Hans Joachim Schoeps (Hrsg.), Zeitgeist im Wandel, Bd. 1: Das Wilhelminische Zeitalter, Stuttgart 1967, S. 235–287; Hermann Greive, Geschichte des modernen Antisemitismus in Deutschland, Darmstadt 1983; Werner Jochmann, Struktur und Funktion des deutschen Antisemitismus 1878–1914, in: Herbert A. Strauss/Norbert Kampe (Hrsg.), Antisemitismus. Von der Judenfeindschaft zum Holocaust, Bonn 1984, S. 99–142; Armin Pfahl-Traughber, Ein »Ahne« des Nationalsozialismus. Otto Boeckel, der erste Antisemit im Deutschen Reichstag, in: Tribüne, 26 (1987) 101, S. 108–118; Moshe Zimmermann, Wilhelm Marr. The Patriarch of Anti-Semitism, New York-Oxford 1986; Hans-Günther Zmarzlik, Der Sozialdarwinismus in Deutschland als geschichtliches Phänomen, in: VfZ, 11 (1963), S. 246–273.

und des »Blutes« als entscheidendes Kriterium zur Beurteilung der »Qualität« einer Nation. Die rassische Substanz des deutschen Volkes soll daher durch Rassenhygiene, Selektion und Züchtung erhalten und gefördert werden. Der Rassismus der Völkischen nimmt teilweise utopischen Charakter an[84], schließt somit sozialrevolutionäre Konsequenzen nicht aus.

Der Typus des Neuen Nationalismus knüpft an eine zunächst lediglich im intellektuellen Bereich wirkende rechtsextreme Erneuerungsbewegung an, die in der Weimarer Republik auch als »Junger«, weil von einer jungen Generation getragener, Nationalismus bezeichnet wird[85]. Aus dem tiefempfundenen Erlebnis der klassensprengenden Wirkung des totalen Krieges, des stilisierten Heroismus der Frontkämpfer und der vernichtenden Niederlage, für die die Republik als Synonym erscheint, erwächst die Forderung nach einer »1789« rückgängig machenden geistigen, politischen und sozialen Konterrevolution. Bei aller Vielfalt individueller Entwürfe sind sich die Jungen Nationalisten in der Propagierung eines echten »Volksstaates« einig, der von einem alles überwölbenden Ethos erfüllt wird, den »ewigen« Werten des Lebens zu ihrem Recht verhilft und die überkommene Klassengesellschaft mit ihrer ganzen sozialen Problematik beseitigt. Dabei betonen sie im Gegensatz zu den Völkischen weit stärker die Bedeutung kultureller Werte und interpretieren den Begriff der »Rasse« nicht in einem ausschließlich (animalisch-)biologischen Sinne.

Die drei historischen Entwicklungstypen sind in der Realität vielfältig miteinander verwoben. In der rechtsextremen »Szene« der Weimarer Republik gab es keine klare Trennungslinie zwischen Deutsch-Nationalen, Völkischen und Jungkonservativen. Wenige Beispiele können dies verdeutlichen: Die Deutsch-Völkische Freiheitspartei, die 1924 ein Wahlbündnis mit der NSDAP geschlossen hatte, war 1922 durch Abspaltung von der DNVP hervorgegangen[86]. Alfred Hugenberg, Exponent des »alldeutschen« Flügels dieser Partei, hielt enge Kontakte zu vielerlei Organisationen und Initiativen der extremen Rechten. Unter anderem finanzierte er Einrichtungen der

---

84 Vgl. die noch immer lesenswerte Studie von: Hedwig Conrad-Martius, Utopien der Menschenzüchtung. Der Sozialdarwinismus und seine Folgen, München 1955. Ferner: George L. Mosse, Rassismus. Ein Krankheitssymptom in der europäischen Geschichte des 19. und 20. Jahrhunderts, Königstein/Ts. 1978 (Original: Towards the Final Solution. A History of European Racism, New York 1978).

85 Vgl. vor allem: K. Sontheimer (Anm. 28), S. 118–127. Ferner: L. Dupeux (Anm. 6); Klaus Fritzsche, Politische Romantik und Gegenrevolution. Fluchtwege in der Krise der bürgerlichen Gesellschaft: Das Beispiel des 'Tat'-Kreises, Frankfurt/M. 1976; Klaus Hornung, Der Jungdeutsche Orden, Düsseldorf 1958; Yuji Ishida, Jungkonservative in der Weimarer Republik. Der Ring-Kreis 1928–1933, Frankfurt/M. u. a. 1988. Armin Mohler, Die Konservative Revolution in Deutschland 1918–1932. Ein Handbuch, Hauptband, Darmstadt 1989³ (1950); Ergänzungsband, Darmstadt 1989; Otto Ernst Schüddekopf, Nationalbolschewismus in Deutschland 1918–1933, Frankfurt/M.-Berlin-Wien 1972 (Original: Linke Leute von rechts. Die nationalrevolutionären Minderheiten und der Kommunismus in der Weimarer Republik, Stuttgart 1960); Hans-Peter Schwarz, Der Konservative Anarchist. Politik und Zeitkritik Ernst Jüngers, Freiburg im Breisgau 1962; Hans Jürgen Schwierskott, Arthur Moeller van den Bruck und der revolutionäre Nationalismus in der Weimarer Republik, Göttingen 1962.

86 Vgl. die in Anm. 41 angegebene Literatur.

Jungen Nationalisten wie den »Juli-Klub« und das »Politische Kolleg«[87]. Später wurde das Bündnis mit den Nationalsozialisten erprobt: Berühmt geworden ist das Treffen von Deutschnationalen, Nationalsozialisten, »Stahlhelmern« und anderen Vertretern der extremen Rechten in Bad Harzburg (11. Oktober 1931), auf dem die gegenseitige Solidarität im Kampf gegen die Republik beschworen wurde (»Harzburger Front«). Seit dem New Yorker Börsenkrach mit seinen weltwirtschaftlichen Folgen und der Protestwelle gegen den »Young-Plan« (1929) hatte sich die NSDAP zu einer Sammlungsbewegung entwickelt, die das völkische Lager mitriß und auch die DNVP eines Teils ihrer Anhänger- und Wählerschaft beraubte. Daher ist die NSDAP nicht eindeutig einem der drei Typen zuzuordnen. Auch sie profitierte von den Ideen der Jungen Nationalisten (»Volksgemeinschaft«, »Drittes Reich«)[88]. Am stärksten (und folgenreichsten) waren jedoch ihre Affinitäten zum Typus des Völkischen, woraus sich der penetrante Rassismus ebenso erklärt wie der Antisemitismus[89].

Aber wie können nun die drei Typen sinnvoll auf die rechtsextreme Kleinparteienkonstellation zu Anfang der fünfziger Jahre angewendet werden? Die zweidimensionale Unterscheidung zwischen Altem und Neuem Nationalismus ordnet SRP und DRP dem gleichen Typus zu, während die DG beiden Organisationen als ideologisch entgegengesetzt gilt. Die Unterscheidung dreier (typisierter) Traditionslinien führt zu einem differenzierteren Bild: SRP und DRP lassen sich aufgrund ihrer ideologischen Merkmale sinnvoll voneinander scheiden. Offenkundig waren bei der DRP die Affinitäten zum Typus des Deutsch-Nationalen am größten. Demgegenüber wurde die SRP 1952 wegen ihrer Nähe zur historischen NSDAP verboten; konservativ-revolutionäre und besonders völkische Elemente traten bei ihr in den Vordergrund. Bei der DG wiederum dominierten die konservativ-revolutionären Züge der Ideologie, während völkische und deutsch-nationale Tendenzen im Vergleich zu den beiden übrigen Parteien schwächer ausgeprägt waren. Bei diesen Zuordnungen gilt es allerdings zu beachten, daß alle drei Organisationen bei ihrem Werben um Wählerstimmen zu mancherlei Kompromissen und Zugeständnissen gezwungen waren. Sie präsentierten sich daher nicht als ideologisch »geschlossene« Einheiten. Wie bei demokratischen Parteien auch gewannen hier vielfach strategische Kalküle Oberhand über ideologische Grundsatzfragen.

Unter den – aus der Sicht des »nationalen Lagers« – restriktiven Bedingungen der zweiten deutschen Demokratie konnten sich die aus Kaiserreich und Weimarer Repu-

---

87 Vgl. dazu ausführlich: Heidrun Holzbach, Das »System Hugenberg«. Die Organisation bürgerlicher Sammlungspolitik vor dem Aufstieg der NSDAP, Stuttgart 1981, S. 154–165 (»Schwerindustrie und intellektuelle Rechte: Hugenberg und die Ring-Bewegung«).

88 Vgl. Ernst Nolte, Konservativismus und Nationalsozialismus (1964), in: Hans-Gerd Schumann (Hrsg.), Konservativismus, Königstein 1984[2] (1974), S. 244–261.

89 Vgl. Wolfgang Altgeld, Volk, Rasse, Raum. Völkisches Denken und radikaler Nationalismus im Vorfeld des Nationalsozialismus, in: Rudolf Lill/Heinrich Oberreuter (Hrsg.), Machtverfall und Machtergreifung. Aufstieg und Herrschaft des Nationalsozialismus, München 1983, S. 95–119; Martin Broszat, Die völkische Ideologie und der Nationalsozialismus, in: Deutsche Rundschau, 84 (1958), S. 53–68; Jost Hermand, Der alte Traum vom neuen Reich. Völkische Utopie und Nationalsozialismus, Frankfurt/M. 1988; George L. Mosse, Ein Volk – Ein Reich – Ein Führer. Die völkischen Ursprünge des Nationalsozialismus, Königstein/Ts. 1979 (Original: The Crisis of German Ideology, New York 1964); K. Sontheimer (Anm. 28), S. 130–141.

blik hinübergeretteten Traditionselemente des Rechtsextremismus lediglich in der Art eines politischen Mikrokosmos reetablieren. Im Schatten der neuen Ordnung und der sie tragenden Kräfte entstand eine politische Miniaturwelt, in der sich all das an historischer Kontinuität versammelte, was nicht unwiederbringlich im Abgrund der durch den Nationalsozialismus herbeigeführten Katastrophe versunken war. Diese rechtsextreme Subkultur wies nicht nur ganz unterschiedliche ideologische Strömungen auf, sondern trat auch in einer Vielfalt organisatorischer und handlungsstrategischer Wirkformen in Erscheinung. Folgende organisatorische Bestandteile des »rechtsextremen Lagers«[90] sind zu unterscheiden:

1. Parteien;
2. politische Interessengemeinschaften, Gruppen und Bünde;
3. Verlage, Vertriebsgemeinschaften, Lesezirkel;
4. Kulturgemeinschaften.

Alle diese Elemente bilden ein eng verflochtenes kommunikatives »Netzwerk«, das in unterschiedlichem Ausmaß »Identität« erzeugt, selbst wenn es sich dabei nur um ein gemeinsames Bewußtsein von »Verfolgung und Entrechtung« handelt.

Bereits zu Anfang der fünfziger Jahre entfaltete sich eine vielgestaltige Subkultur des organisierten Rechtsextremismus. Sie im einzelnen zu rekonstruieren, würde bei weitem den zur Verfügung stehenden Raum sprengen. Einige Beispiele, die die Breite des ideologischen, organisatorischen und handlungsstrategischen Spektrums verdeutlichen, müssen genügen. So entstanden parallel zu den Parteien als wahlstrategischen Zentren diverse Interessengemeinschaften. DRP, SRP und DG hatten sich frühzeitig um den Aufbau von Jugendorganisationen (»Reichsjugend«, »Junge Deutsche Gemeinschaft«) bemüht. Erfolgreicher als diese Gründungen war jedoch der »Jugendbund Adler«, der 1950[91] vom »Deutschen Block« Karl Meißners ins Leben gerufen worden war und Ende der fünfziger Jahre eine Zahl von 2000 Mitgliedern[92] erreicht haben soll. Die Mitgliederstärke rechtsextremer Jugendverbände wird für Mitte der fünfziger Jahre auf insgesamt 10000 bis 15000 geschätzt[93]. Zusammen mit der 1952 gegründeten, gleichfalls noch heute existierenden »Wiking Jugend« und der »Arbeitsgemeinschaft nationaler Jugendbünde Österreichs« war der »Jugendbund Adler« seit 1954 im »Kameradschaftsring nationaler Jugendverbände« (KNJ) vertreten. Neben diesem Dachverband existierten weitere Jugendorganisationen, die teils in enger Verbindung zu verschiedenen Soldatenverbänden standen, teils an »völkische« und »bündische« Vorbilder der Jugendbewegung anknüpften[94].

Dem trat auch der »Bund Nationaler Studenten« (BNS) bei. Eine erste Gruppe dieser Organisation war 1956 an der Universität Heidelberg gegründet worden, und der BNS hatte sich in der Folgezeit auf andere Universitätsstädte ausgedehnt[95]. In

90 P. Dudek/H.-G. Jaschke (Anm. 29), S. 41 f.
91 Dieses Gründungsdatum nennt: H. W. Schmollinger (Anm. 32), S. 842. Folgende Quelle gibt dagegen das Jahr 1951 an: A. H., Der Jugendbund Adler, in: CrP-Informationsdienst vom 21.10.1958, S. 102.
92 So H. W. Schmollinger (Anm. 32), S. 842.
93 Laut Horst W. Schmollinger, Die Nationaldemokratische Partei Deutschlands, in: R. Stöss (Anm. 30), S. 1979, Anm. 215.
94 Vgl. P. Dudek/H.-G. Jaschke (Anm. 29), S. 134–157, die hierzu zahlreiche neue Quellen erschlossen haben. Die Autoren widmen eine weitere Fallstudie den Soldatenverbänden.
95 Zum BNS vgl. besonders die Fallstudie ebd., S. 389–435.

ihrem Programm forderten die Studenten die »Wiedererrichtung eines unabhängigen Deutschen Reiches« und Unterstützung für »das deutsche Volkstum im Ausland«. Gegen die »Überfremdung unserer Kultur durch wesensfremde Einflüsse« müsse ebenso vorgegangen werden wie gegen »jegliche propagandistische Entstellung der deutschen Geschichte«[96]. Diese Punkte konnten innerhalb des rechtsextremen Spektrums mit breiter Zustimmung rechnen. An einigen Stellen verließen die BNS-Theoretiker jedoch den Boden rechtsextremer Gemeinplätze. So etwa, wenn sie »jede Diskriminierung politisch Andersdenkender oder anderer Völker«[97] zurückwiesen. Vermieden sie einerseits eine Kategorisierung von Völkern in höher- und minderwertige, wurde andererseits im Hinblick auf die Binnenstruktur eines Volkes eine sozialdarwinistisch inspirierte Elitentheorie propagiert, die eine »Mobilisierung der im Erbgut der Nation schlummernden Fähigkeiten und Begabungen«[98] vorsah.

In der Studentenschaft formierte sich Opposition gegen den BNS. Es kam zu harten, teilweise tätlich verlaufenden Auseinandersetzungen. Im angespannten politischen Klima nach den antisemitischen Schmieraktionen an der Jahreswende 1959/60, die auch im Ausland für Furore gesorgt hatten[99], wurde der BNS, obwohl an den Ausschreitungen nicht beteiligt, nach und nach im gesamten Bundesgebiet verboten[100].

Das Anliegen der Aktivisten, nationalistisches Gedankengut zu revitalisieren, wurde von anderen Akteuren der rechtsextremen »Szene« weitergetragen, beispielsweise von der Coburger Monatsschrift »Nation Europa«, die im Januar-Heft 1960 den Hilferuf eines BNS-Mitglieds veröffentlichte[101]. Dieses Periodikum versteht sich seit seiner Gründung als geistiges Forum der nationalen und europäischen Rechten und ist bis in die Gegenwart eines der bedeutendsten theoretischen Organe des bundesdeutschen Rechtsextremismus geblieben. Sein Gründer und geistiger Promotor, Arthur Ehrhardt[102], geb. 1896, von Beruf Volksschullehrer, hatte sich früh der Jugendbewegung angeschlossen, als Freiwilliger am Ersten Weltkrieg teilgenommen,

---

96 Diese programmatischen Forderungen des BNS sind wiedergegeben in: CrP-Informationsdienst vom Februar 1960, S. 22.
97 Ebd.
98 »Stimme im Volk«, Nr. 5/1959, S. 7. Zitiert nach: P. Dudek/H.-G. Jaschke (Anm. 29), S. 395.
99 Die Untersuchungsergebnisse der Behörden wurden von der Bundesregierung eigens in englischer Sprache veröffentlicht: The Anti-Semitic and Nazi Incidents from 25 December 1959 until 28 January 1960. White Paper of the Government of the Federal Republic of Germany, Bonn 1960. Die Ergebnisse lenkten die Aufmerksamkeit einer breiteren Öffentlichkeit auf das Phänomen des Rechtsextremismus in der Bundesrepublik. Von der Fülle der in diesem Zusammenhang erschienenen Publikationen siehe: Thomas Gnielka, Falschspiel mit der Vergangenheit. Rechtsradikale Organisationen in unserer Zeit, Frankfurt/M. 1960; Henry Görschler/Horst Reinhardt, Die Schande von Köln und Bonn. Drahtzieher, Ursachen und Ziele des Antisemitismus in Westdeutschland, Berlin[Ost] 1960 (Propagandaschrift); Erklärung des Deutschen Ausschusses für das Erziehungs- und Bildungswesen aus Anlaß der antisemitischen Ausschreitungen, in: Geschichte, (1960) 34, S. 129–131.
100 Dazu ausführlich: P. Dudek/H.-G. Jaschke (Anm. 29), S. 419–435. Ferner: Volker Berghahn, Rightwing Radicalism in West Germany's Younger Generation, in: Journal of Central European Affairs, 22 (1962), S. 317–336.
101 »Bund Nationaler Studenten«, in: Nation Europa, 10 (1960) 1, S. 11–15.
102 Zur Person: ebd.; Hans Frederik, Die Rechtsradikalen, München-Innig, o. J. Siehe besonders auch den Nachruf von: Werner Hänsler, Laudatio und Gedenken für Arthur Ehrhardt, in: Nation Europa, 21 (1971) 6, S. 9–12. Ferner: U. Backes/E. Jesse (Anm. 31).

sich von 1919 bis 1924 in den Freikorps betätigt, als Berater und Ausbilder der Reichswehr und später der SA fungiert. Nach dem sogenannten Röhm-Putsch war er in das Verlagsgewerbe übergewechselt, nach Kriegsbeginn bei der »Abwehr« eingesetzt und 1944 zur Waffen-SS einberufen worden, wo er zuletzt den Rang eines Sturmbannführers bekleidete.

Ehrhardt, Experte für Partisanenbekämpfung[103], setzte nach dem Zusammenbruch seine besonderen Hoffnungen auf die nachwachsende Generation, deren geistiger Unterrichtung die 1951 gegründete Zeitschrift »Nation Europa« nicht zuletzt dienen sollte. Im Geiste der Waffen-SS, der Einheiten »germanischen Blutes« aus vielen der zeitweilig unter deutscher Besatzung stehenden Länder Europas angehört hatten[104], sollte der Deutsch-Nationalismus zugunsten eines Europa-Nationalismus unter Betonung des gemeinsamen kulturellen und rassischen Erbes des Abendlandes überwunden werden[105]. Ehrhardt unterhielt daher vielfältige Kontakte im In- und Ausland – etwa zu ehemaligen Angehörigen der Waffen-SS, rechtsextremen Intellektuellen und internationalen Bündnisorganisationen wie der seit 1951 bestehenden »Europäischen Sozialen Bewegung« (ESB) des Schweden Per Engdahl und der im gleichen Jahr durch Abspaltung von ihr hervorgegangenen »Europäischen Neu-Ordnung« (ENO) des Lausanner Sprachlehrers Gaston-Armand Amaudruz[106].

Das europäische Ausland war auch im Autorenkreis von »Nation Europa« von Anfang an gut vertreten. So dozierte der ehemalige Führer der britischen »Schwarzhemden«, Sir Oswald Mosley, in der Juni-Ausgabe des ersten Jahrgangs zum Thema »Europäischer Sozialismus«[107]. Im gleichen Heft erschien ein Beitrag Julius Evolas (»Europa und der organische Gedanke«), des italienischen Philosophen und Mystikers, der den Ordensgedanken der deutschen SS bewundert hatte und heute als einer

103 Seine Schrift über den »Kleinkrieg« erreichte mehrere Auflagen: Arthur Ehrhardt, Kleinkrieg. Geschichtliche Erfahrungen und künftige Möglichkeiten, Potsdam 1944³ (1935).

104 Die Kriegsfreiwilligen »nichtdeutschen Volkstums« wurden nach rassischen Gesichtspunkten in »Germanen« und »Nichtgermanen« unterteilt. Erste kämpften in der Waffen-SS (Dänen, Finnen, Flamen, Holländer, Liechtensteiner, Norweger, Schweden, Schweizer sowie »Volksdeutsche« aus dem Elsaß, Kroatien, Lothringen, Luxemburg, Rumänien, Serbien, der Slowakei und Ungarn); letzte wurden im Rahmen der Wehrmacht eingesetzt (Franzosen, Kroaten, Spanier, Wallonen). Vgl. Jürgen Förster, Freiwillige für den »Kreuzzug Europas gegen den Bolschewismus«. 1. Der Aspekt des »Kreuzzuges«, in: Militärgeschichtliches Forschungsamt (Hrsg.), Das Deutsche Reich und der Zweite Weltkrieg, Bd. 4: Der Angriff auf die Sowjetunion, Stuttgart 1983, S. 908–911, 910 f.

105 Siehe zu dieser Konzeption den programmatischen Beitrag von: Heinrich Zillich, Nation Europa, in: Nation Europa, 1 (1951) 1, S. 8–15. Ferner: Oswald Mosley, Europäischer Sozialismus, in: Nation Europa, 1 (1951) 6, S. 3–12; Julius Evola, Europa und der organische Gedanke, in: Nation Europa, 1 (1951) 6, S. 39–43.

106 Vgl. zu diesen internationalen Verbindungen: Europäischer Kongreß der Nationalen Kräfte, in: Deutscher Informationsdienst, 5 (1954) 376 (8.6.1954), S. 2–4; Rechtsextreme Parteien und Organisationen, in: Deutscher Informationsdienst, 5 (1954) 380 (22.6.1954), S. 2–4; Jost Lütkind, Gespenstische Wiederkehr. Versuche zur Errichtung einer Internationale der Nationalisten, in: Rheinischer Merkur vom 30. April 1954.

107 O. Mosley (Anm. 105). Zur Person siehe insbesondere: Robert Skidelsky, Oswald Mosley, London 1975; ders., Great Britain, in: S. J. Woolf (Hrsg.), European Fascism, London 1970² , S. 231–261. Seine politischen Auffassungen faßte Mosley kurz nach dem Zweiten Weltkrieg in folgender Schrift zusammen: ders., Die Alternative, Ramsbury 1949 (1947).

der geistigen Väter der »Nuova Destra« gilt[108]. Einige Nummern später berichtete der französische Literaturwissenschaftler und Gründer der geistesverwandten Zeitschrift »Défense de l'Occident«, Maurice Bardèche, über die »Nationale Bewegung« in seinem Heimatland[109]. – Die Beispiele ließen sich fortsetzen, so daß ein früher Beobachter der Zeitschrift bereits 1952 zu dem – überzogenen – Urteil gelangte, bei »Nation Europa« handele es sich um einen »Braintrust der Faschistischen Internationale«[110].

Aber auch für die Integration heterogener Tendenzen des rechtsextremen »Lagers« gewann die Zeitschrift im Laufe der Jahre an Bedeutung. Sie öffnete ihre Spalten Schriftstellern und Literaten, die während der NS-Zeit in hohen Ehren gestanden hatten und nach 1945 weithin geächtet wurden. Hierzu zählten beispielsweise Bruno Brehm, Hans Grimm, Erwin Guido Kolbenheyer, Gerhard Schumann und Will Vesper. Einige von ihnen traten in der Nachkriegszeit mit rechtfertigenden und apologetischen Schriften[111] hervor – neben Autoren wie Herbert Böhme, Herbert Grabert, Peter Kleist und Helmut Sündermann[112], die zwischen 1933 und 1945 bedeutendere öffentliche Positionen eingenommen hatten und nun ebenfalls in »Nation Europa« zu Wort kamen. Die Forum-Funktion der Zeitschrift zeigte sich aber noch deutlicher in den Beiträgen, die Repräsentanten unterschiedlicher rechts-

108 J. Evola (Anm. 105). Zur Person siehe insbesondere: Franco Ferraresi, Julius Evola: Tradition, Reaction, and the Radical Right, unveröffentlichtes Kapitel einer in Arbeit befindlichen Studie zur »Radical Right in Italy«; Anna Jellamo, J. Evola, il pensatore della tradizione, in: Franco Ferraresi (Hrsg.), La destra radicale, Mailand 1984, S. 215–252. Zum Einfluß Evolas auf »Nouvelle Droite« und »Nuova Destra«: Vorwort des Herausgebers und Übersetzers, in: Julius Evola, Revolte gegen die moderne Welt, Interlaken 1982 (Original: Rivolta contro il mondo moderno, Rom 1969), S. 7–16; Thomas Sheehan, Myth and Violence: The Fascism of Julius Evola and Alain de Benoist, in: Social Research, 46 (1981), S. 45–73.

109 Maurice Bardèche, Die Nationale Bewegung Frankreichs, in: Nation Europa, 2 (1952) 7, S. 11–16. Zur Person siehe insbesondere: Art. »Bardèche (Maurice)«, in: Henry Coston (Hrsg.), Dictionnaire de la Politique Française, Paris 1967, S. 89 f.; Joseph Algazy, La tentation néo-fasciste en France de 1944 à 1965, Paris 1984, S. 199–221. Später bekannte Bardèche offenherzig: »Je suis un écrivain fasciste« – in seiner Schrift: Qu'est-ce que le fascisme, Paris 1970, S. 9.

110 In der Mai/August-Ausgabe des »Wiener Library Bulletin« (1952). Zitiert nach: Michael Billig, Die Rassistische Internationale. Zur Renaissance der Rassenlehre in der modernen Psychologie, Frankfurt/M. 1981, S. 166 (Original: Psychology, Racism and Fascism, Birmingham 1979).

111 Vor allem: Hans Grimm, Warum – woher – aber wohin?, Lippoldsberg 1954. Siehe dazu: Hans Sarkowicz, Zwischen Sympathie und Apologie: Der Schriftsteller Hans Grimm und sein Verhältnis zum Nationalsozialismus, in: Karl Corino (Hrsg.), Intellektuelle im Banne des Nationalsozialismus, Hamburg 1980, S. 120–135.

112 Vgl. etwa: Herbert Böhme, Bekenntnisse eines freien Mannes, München 1960; Helmut Sündermann, Deutsche Notizen 1945/1965. Erlebnis – Widerspruch – Erwartung, Leoni/Starnberger See 1965; ders., Hier stehe ich ... Deutsche Erinnerungen 1914/45, aus dem Nachlaß hrsg. von Gert Sudholt, Leoni 1975; Herbert Grabert, Hochschullehrer klagen an. Von der Demontage deutscher Wissenschaft, Göttingen 1954³ (1952); ders., Sieger und Besiegte. Der deutsche Nationalismus nach 1945, Tübingen 1966; Peter Kleist, Auch Du warst dabei. Ein Buch des Ärgernisses und der Hoffnung, Heidelberg 1952. Siehe zur Auseinandersetzung mit diesen und anderen Schriften: Hans-Helmuth Knütter, Ideologien des Rechtsradikalismus im Nachkriegsdeutschland. Eine Studie über die Nachwirkungen des Nationalsozialismus, Bonn 1961.

extremer Gruppierungen lieferten[113]. Zu ihnen zählten etwa August Haußleiter (DG), der ehemalige SRP-Aktivist Heinz Mahnke, Karl Meißner (DB), Heinrich Kunstmann (DRP, später »Deutsche Freiheitspartei« [DFP]), Adolf von Thadden (DRP, später »Nationaldemokratische Partei Deutschlands« [NPD]) und auch eine der schillerndsten Figuren der rechtsextremen Nachkriegsszene: Otto Straßer[114], Bruder des »linken« Nationalsozialisten Gregor Straßer, der sich die Erlaubnis zur Rückkehr aus dem kanadischen Exil gerichtlich hatte erkämpfen müssen, erst 1955 in die Bundesrepublik zurückgekehrt war und fortan vergeblich versuchte, die seit Kriegsende neu entstandenen Straßer-Freundeskreise als Keimzellen einer politisch wirkmächtigen Sammlungsbewegung (»Deutsch-Soziale Union«) zu aktivieren.

»Nation Europa« konnte all diesen heterogenen rechtsextremen Gruppierungen nur insofern Sprachrohr sein, als die Redaktion die strikte Fixierung auf einen bestimmten politischen Kurs vermied. Sie bekundete daher auch immer wieder, daß die Zeitschrift »nicht im Dienste irgendeiner Partei oder Organisation« stehe, sondern »als Forum einer offenen Aussprache dienen« solle. Dabei werbe sie um die »Mitarbeit berufener Künder des deutschen und europäischen Geistes« und verstehe sich als »Anwalt der berechtigten Forderungen unseres Volkes, als Vorkämpfer einer echten Einigung der Brudervölker«[115]. Neben die »geistige Schrittmacherfunktion«[116] trat also die Absicht, einigend auf die zerstrittenen Gruppierungen der Rechten zu wirken. Ein Gefolgsmann berichtet, Arthur Ehrhardt sei »sehr traurig zu Mute« gewesen angesichts der »vielen, vielen kleinen nationalen Zirkel«, bei denen »sich die jeweiligen ›Führerchen‹ ihre besserwisserischen Fehden lieferten«[117]. Aber gab es für die rechtsextremen Kräfte in der Bundesrepublik überhaupt eine realistische Alternative zum Sektierertum? In Anbetracht des Scheiterns so mancher Sammlungsbemühungen konnte man zu Anfang der sechziger Jahre kaum voraussehen, daß schon bald eine rechtsextreme Partei mit spektakulären Wahlerfolgen für Aufsehen in der Öffentlichkeit sorgen würde.

2.3 Die »fetten Jahre« der NPD

In der Tat deutete eine Reihe von Anzeichen eher auf das Schwinden des politisch ohnehin einflußschwachen Rechtsextremismus hin. So verzeichnete der Bericht des Bundesinnenministeriums über »Erfahrungen aus der Beobachtung und Abwehr rechtsradikaler und antisemitischer Tendenzen im Jahre 1963« einen starken Rück-

---

113 Vgl. K. P. Tauber (Anm. 29), S. 646f.
114 Siehe zur Person: P. Moreau (Anm. 41); Karl O. Paetel, Otto Straßer und die »Schwarze Front« des »wahren Nationalsozialismus«, in: Politische Studien, 8 (1957), S. 269–281; R. Stöss, Die Deutsch-Soziale Union, in: ders. (Anm. 30), S. 1243–1278, 1243–1254; Peter Thoma, Der Fall Otto Strasser, Köln, o. J. (Schrift eines Straßer-Anhängers). Siehe auch folgende Erinnerungsschrift: Otto Straßer, Mein Kampf, Frankfurt/M. 1969. Zur Person ferner: U. Backes/E. Jesse (Anm. 31). Mit zu geringer Distanz: Günter Bartsch, Zwischen drei Stühlen: Otto Strasser. Eine Biographie, Koblenz 1990.
115 Zitiert nach: Peter Dehoust, 25 Jahre Nation Europa, in: Nation Europa, 25 (1975) 2, S. 3–6, 3.
116 Ebd., S. 5.
117 Ernst Dittmar, Dank an Leu, in: Nation Europa, 25 (1975) 2, S. 41f., 42.

76

gang der Mitglieder rechtsextremer Organisationen: von insgesamt 78 000 im Jahre 1954 auf 24 600 im Jahre 1963[118]. Gleichzeitig habe die Zahl der Vereinigungen zugenommen, was als Indiz für ein sich ausbreitendes Sektierertum interpretiert werden konnte. Zwar waren die antisemitischen Schmiereien an der Jahreswende 1959/60 mit den auf sie folgenden öffentlichen Turbulenzen und Protesten des Auslandes noch in frischer Erinnerung[119]; aber die polizeilichen Untersuchungen hatten keine Beweise für die in der (ausländischen) Presse vielfach gemutmaßte planvolle Inszenierung rechtsextremer Kreise erbracht[120]. So waren diese selbst die Leidtragenden der von den beiden Kölner Schmierfinken ausgelösten Welle: Der öffentliche Druck auf das rechtsextreme »Lager« erhöhte sich, und die Exekutive griff, wo es nötig und opportun erschien, zu administrativen Maßnahmen. Die stärkste rechtsextreme Partei, die DRP, die am häufigsten im Zusammenhang mit den Ausschreitungen genannt worden war, bekam das für sie ungünstige Klima bald zu spüren. Ihr rheinland-pfälzischer Landesverband wurde aufgelöst, und die Partei erreichte bei den Bundestagswahlen von 1961 mit 0,8 Prozent einen Tiefstand[121]. Bereits im Mai dieses Jahres waren die Landesregierungen in einer koordinierten Aktion gegen die rassistisch-esoterische Sekte der Mathilde Ludendorff (geb. 1877, gest. 1966)[122] vorgegangen. Das Verbotsverfahren zog sich noch lange hin, da die Führung der zu diesem Zeitpunkt ca. 5 000 Mitglieder zählenden Vereinigung der behördlichen Anordnung mit allen juristisch verfügbaren Mitteln entgegentrat[123].

118 Vgl. Erfahrungen aus der Beobachtung und Abwehr rechtsradikaler und antisemitischer Tendenzen im Jahre 1963, in: APZG, B 26/64, S. 3–21, 5.
119 Vgl. die Angaben in Anm. 99.
120 Von möglichen Verbindungen der beiden in Köln verhafteten Synagogenschänder zu offiziellen Stellen jenseits des Eisernen Vorhangs war im Bericht der Bundesregierung von 1960 (Anm. 99), S. 31–37, die Rede. Diese Vermutungen wurden 1974 von dem KGB-Experten John Barron bestätigt, der sich auf Aussagen übergelaufener Agenten berief: John Barron, KGB. Arbeit und Organisation des sowjetischen Geheimdienstes in Ost und West, mit einer ausführlichen Dokumentation und einem Beitrag von Alexander Solschenizyn, München 1987 (1974), S. 219–222. Die Darstellung Barrons übernahm: A. von Thadden (Anm. 46), S. 123–126. Auch Hans-Peter Schwarz (Die Ära Adenauer. Epochenwechsel: 1957–1963, Stuttgart-Wiesbaden 1983, S. 209 f.) neigte der Hintermännerthese zu: »In verschiedenen Fällen förderten die Ermittlungen Verbindungen der Deliquenten in die DDR zutage. Gestützt auf nachrichtendienstliche Erkenntnisse informierte Bundesverteidigungsminister Strauß die CDU/CSU-Fraktion darüber, daß die SED-Führung im Jahre 1959 die Organisation antisemitischer Aktivitäten in der Bundesrepublik beschlossen habe. Bonn solle weltweit, besonders aber bei den westlichen Verbündeten, diffamiert werden. Er empfahl, die Vorgänge unter der Perspektive der psychologischen Kriegführung zu bewerten.« Das Studium der Akten des Staatssicherheitsdienstes der DDR hat inzwischen handfeste Belege zutage gefördert.
121 Vgl. P. Dudek/H.-G. Jaschke (Anm. 29), S. 266–271, wo die Auswirkungen der Schmieraffäre auf die DRP analysiert werden.
122 Zur Person: Friedrich-Wilhelm Haack, Wotans Wiederkehr. Blut-, Boden- und Rasse-Religion, München 1981, S. 131–156; Winfried Martini, Die Legende vom Hause Ludendorff, Rosenheim 1949. Ferner: U. Backes/E. Jesse (Anm. 31).
123 Siehe zum Verfahren: Presse- und Informationsamt der Bundesregierung, Mitteilung an die Presse, Nr. 549 vom 25.5.1961; Art. »Gotterkenntnis (L)«, in: Der Spiegel vom 17. Februar 1960, S. 22–29; Hendrik van Bergh, Das Ende der Ludendorff-Bewegung, in: Deutsche Zeitung vom 26. Mai 1961; Art. »Schuhgröße neun reicht im allgemeinen«, in: Der Spiegel vom 14. November 1966.

Doch der Eindruck eines dahinsiechenden und früher oder später aussterbenden Rechtsextremismus[124] war trügerisch. Er basierte einerseits auf einer Unterschätzung der rechtsextremen Subkultur, der Ausdauer und Zähigkeit, mit der ihre agilen und opferbereiten Angehörigen auf eine Chance warteten. Andererseits gab es bei der Rechnung eine Unbekannte: der nicht-organisierte Rechtsextremismus. Beide Aspekte, die Binnenstruktur der rechtsextremen »Szene« und das Wahlverhalten der Bevölkerung, sind zu berücksichtigen, will man die überraschend hohen Wahlergebnisse einer neugegründeten rechtsextremen Partei in den Jahren 1966–1969 erklären.

Seit ihrer Niederlage bei der Bundestagswahl 1961 und der Abspaltung der National-Neutralisten (DFP um Heinrich Kunstmann) suchte die DRP unter ihrem neuen Vorsitzenden Adolf von Thadden (geb. 1921)[125] verstärkt nach Bündnispartnern, die sie vom Geruch des Neonazismus befreien und für breitere »bürgerliche« Wählerschichten akzeptierbar machen sollten. Politische Vorgänge im kleinen Bundesland Bremen schienen bald ein Erfolgsmodell für die Zukunft anzudeuten. Hier hatten sich DRP und DP im Vorfeld der Bürgerschaftswahl 1963 (unter dem Landesvorsitzenden Friedrich Thielen) auf eine gemeinsame Liste geeinigt und überwanden mit vereinten Kräften knapp die Fünf-Prozent-Marke (5,2 Prozent)[126]. Das erschien wenig im Vergleich zur vorherigen Bürgerschaftswahl, bei der die DP noch alleine 14,5 Prozent der Stimmen hatte verbuchen können, aber viel in der für die Rechten desolaten Situation des Jahres 1963.

Das Ergebnis in Bremen bestärkte den Parteivorsitzenden von Thadden in seiner Strategie der »national-demokratischen Union«[127] – wie die Verfassungstreue suggerierende Losung lautete. Sie mündete nach Verhandlungen mit verschiedenen Gruppierungen schließlich in die Gründung der »Nationaldemokratischen Partei Deutschlands« (NPD) am 28. November 1964. Die NPD sollte als Sammelbewegung Raum für unterschiedliche Tendenzen des rechten »Lagers« bieten. Ihr schlossen sich national-konservative Gruppierungen aus DP und GB/BHE ebenso an wie ehemalige Mitglieder des DB oder der 1962 erfolglos neugegründeten DNVP. Der Eindruck einer allzu starken Kontinuität zur DRP sollte vermieden werden[128]. Daher wurde auch nicht von Thadden, sondern der in Bremen erfolgreiche Friedrich Thielen (geb. 1916) erster Vorsitzender. Repräsentationsposten besetzte man nach Möglichkeit nicht mit ehemaligen DRP-Aktivisten. Allerdings kamen von den 18 Mitgliedern des Gründungsvorstandes 8 aus der DRP. Noch deutlicher zeigte sich der DRP-Einfluß in

---

124 Vgl. zu dieser Annahme: »Werden die Nazis aussterben?«, in: Der Bund (Bern) vom 10. Mai 1964.

125 Zur Person: Manfred Jenke, Die nationale Rechte. Parteien, Politiker, Publizisten, Frankfurt/M.-Wien-Zürich 1967, S. 203 f.; H. W. Schmollinger (Anm. 67), S. 1115, Anm. 7. Ferner: U. Backes/E. Jesse (Anm. 31).

126 Vgl. M. Jenke (Anm. 125), S. 115.

127 Vgl. die Artikelserie von: Ulrich Planitz, Die Rechtsradikalen blasen zur Sammlung, in: Handelsblatt (Düsseldorf) vom 12., 14. und 18. August 1964. Ferner: »Sammlung der nationalen Rechten«, in: CrP-Informationsdienst vom September 1963, S. 90; H. W. Schmollinger (Anm. 67), S. 1167–1170.

128 Vgl. insbesondere: Lutz Niethammer, Angepaßter Faschismus. Politische Praxis der NPD, Frankfurt/M. 1969, S. 66–76. Aufschlußreich auch folgender Pressebeitrag: »Ersteht in der NPD die DRP neu?, in: SZ vom 19. Mai 1965. Siehe über die kleinen Rechtsparteien folgende Bilanz: Claus Leggewie, Die Zwerge am rechten Rand – Zu den Chancen kleiner neuer Rechtsparteien in der Bundesrepublik Deutschland, in: PVS, 28 (1987), S. 361–383.

organisatorischer Hinsicht, wurde doch der bundesweit vertretene DRP-Apparat weitgehend in die neue Partei übernommen. Die Parteizeitung »Reichsruf« erhielt lediglich einen anderen Namen (»Deutsche Nachrichten«). Ohne diese organisatorischen Voraussetzungen hätte die neugegründete Partei nicht jene Wahlerfolge erzielen können, die bald für öffentliches Aufsehen sorgten.

Die Parteiprogrammatik wurde anfangs lediglich durch ein »Manifest« und vage gefaßte »Grundsätze« repräsentiert. Dabei war das Bemühen spürbar, die Partei vom Odium der NS-Zeit zu befreien. Man vermied verbale Radikalismen, bekannte sich zu »der natürlichen Autorität einer echten Demokratie«[129] und hehren Prinzipien wie »soziale Gerechtigkeit«, »Interessenausgleich« und »Arbeitsfrieden«, »freie und verantwortungsbewußte Publizistik«, »unabhängige Justiz«, »Rechtsstaatlichkeit«. Im Vordergrund stand ein Appell an das Nationalbewußtsein: Die Teilung Deutschlands dürfe ebensowenig hingenommen werden wie die »fortschreitende Einschmelzung Westdeutschlands in den atlantischen Machtblock und die völlige Unterwerfung Mitteldeutschlands unter die sowjetische Diktatur«. Es bestehe ein »Anspruch auf die Gebiete, in denen das deutsche Volk seit Jahrhunderten gewachsen ist«. Die »Lebensrechte des deutschen Volkes« seien entschieden zu vertreten. Friede in Europa könne nur durch die »Wiederherstellung der europäischen Mitte durch Deutschlands Einheit und Freiheit« auf Dauer gesichert werden. Daneben fanden sich bereits in diesen ersten programmatischen Verlautbarungen Forderungen wie die folgenden: Deutsche hätten gegenüber Gastarbeitern einen »vorrangigen Anspruch« auf Arbeitsplatzsicherung; den »zersetzenden Einflüssen einer verderbten Umwelt« auf die Jugend müsse ein Ende bereitet werden; »Frauen und Kinder dürfen nicht länger Freiwild für Gewaltverbrecher sein«; »Schluß mit den einseitigen Prozessen zur Vergangenheitsbewältigung«; »Schluß mit der Lüge von der deutschen Alleinschuld« am Zweiten Weltkrieg – ebenso wie mit dem »Ungeist der Unterwerfung«.

Diese Forderungen wandten sich an den »Mann auf der Straße«, dessen »gesunden Menschenverstand«, knüpften an verbreitete obrigkeitliche Denkmuster an und entsprachen teilweise einer Stimmungslage, die dahin ging, die Westdeutschen zu einem »gesunden Nationalempfinden« zu ermuntern, damit vermieden werde, daß ein Zustand nationaler Selbstvergessenheit in sein gerades Gegenteil, den Chauvinismus, umschlagen könne. Die demokratischen Parteien hatten diesem Bedürfnis nach nationaler Identifikation – teils zögerlich, teils bereitwillig – nachgegeben, indem sie sich in nationaler Rhetorik übten, die Notwendigkeit einer Wiedervereinigung betonten und stärker als zuvor die »deutsche Frage« thematisierten. Auch enttäuschte Hoffnungen im Hinblick auf den Prozeß der europäischen Integration fanden nun hier ihren Niederschlag[130]. Der »Spiegel«-Journalist Peter Brügge ging mit seiner Feststellung in einer Serie über den »neuen Nationalismus in Deutschland« gewiß zu weit: »Immer vernehmlicher wurde in den letzten Jahren hinter der glatten Fassade der zweiten deutschen Demokratie das Rufen nach Ordnung und Einheitlichkeit.

---

129 Dieses und die folgenden Zitate finden sich im »Manifest der NPD« und den »Grundsätze[n] unserer Politik«, beides abgedruckt bei: Hans Maier, Die NPD. Struktur und Ideologie einer »nationalen Rechtspartei«. Vortrag gehalten in der Katholischen Akademie in Bayern am 11. Februar 1967, München 1967, S. 37–43.
130 Vgl. Klaus Hildebrand, Von Erhard zur Großen Koalition 1963–1969, mit einem einleitenden Essay von Karl Dietrich Bracher, Stuttgart-Wiesbaden 1984, S. 187 f.

Eindeutig schwangen dabei wieder autoritäre Töne mit – als wünsche man, die pluralistische Übung in Freiheit demnächst abzublasen.«[131] Aber in der Tat dürfte die Konjunktur des Nationalen auch unerwünschten Kräften Auftrieb verschafft haben.

Die NPD trat erstmals zu den Bundestagswahlen 1965 an und erzielte 2,0 Prozent
der Stimmen[132]. Das war gegenüber dem Ergebnis der DRP 1961 (0,8 Prozent)
immerhin mehr als eine Verdoppelung. Eine weitere Steigerung erzielte die Partei im
März 1966 bei den Wahlen zur Hamburger Bürgerschaft, wo sie auf 3,9 Prozent der
Stimmen kam. Im gleichen Monat sorgte sie auch bei den bayerischen Kommunalwahlen für Aufsehen. Zwar konnte sie im Durchschnitt lediglich 1,6 Prozent verbuchen; in Franken erreichte sie jedoch örtlich bis zu 10 Prozent[133] und stellte insgesamt
103 Mandatsträger[134]. Aufgrund mangelnder organisatorischer Voraussetzungen ging
die NPD das Wagnis einer Kandidatur bei den nordrhein-westfälischen und saarländischen Landtagswahlen nicht ein. Sie konzentrierte ihre Kräfte statt dessen auf die für
den November 1966 angesetzten Landtagswahlen in Hessen und Bayern. Dabei
gelang ihr der Durchbruch. In Hessen überwand sie mit 7,9 Prozent der Stimmen
deutlich die Fünf-Prozent-Marke. In Bayern wurden 7,4 Prozent erreicht, obwohl die
Partei wenige Wochen vor der Wahl durch den Parteiaustritt des bisherigen Landesvorsitzenden Franz Florian Winter in eine schwere Führungskrise geraten war[135].

Die Resignation des katholischen Nationalkonservativen Winter deutete zwar
kommende Auseinandersetzungen zwischen dem gemäßigten Parteiflügel des Bremer
Betonfabrikanten Friedrich Thielen und den DRP-Kadern um von Thadden an. Dennoch hatte die Partei an der Jahreswende 1966/67 allen Anlaß zu einer positiven
Bilanz: Im Parteiorgan »Deutsche Nachrichten« wurde der Mitgliederstand mit 25 419
angegeben (gegenüber 13 145 am 1. Dezember 1965; siehe Tabelle 1)[136]. Ziel für

---

131 Peter Brügge, Rechts ab zum Vaterland, in: Der Spiegel, 21 (1967), S. 17–21. Das Zitat fin-
     det sich in der Ausgabe Nr. 21, S. 86. Siehe auch den Beitrag von: Kurt Sontheimer, Die
     Wiederkehr des Nationalismus in der Bundesrepublik, in: Tribüne, 5 (1966), S. 1916–1934.
132 Die Wahlergebnisse der NPD werden dokumentiert und kommentiert bei: H. W. Schmol-
     linger (Anm. 93), S. 1922–1994, 1953–1960.
133 Vgl. Claus D. Möhrke, Droht Gefahr von der politischen Rechten?, in: Westdeutsche
     Rundschau (Wuppertal) vom 23. März 1966.
134 Vgl. H. W. Schmollinger (Anm. 93), S. 1953.
135 Vgl. zu den Wahlen in Hessen und Bayern: L. Niethammer (Anm. 128), S. 98 f., 114 f. –
     Über die innerparteiliche Entwicklung der NPD informiert aus erster Hand: Franz Flo-
     rian Winter, Ich glaubte an die NPD, Mainz 1968. Als Dokument der innerparteilichen
     Opposition gegen die Thadden-Linie siehe auch: Dietrich Dehnen, Denkschrift zur Lage
     der Nationaldemokratischen Partei Deutschlands, im Oktober 1967 dem amtierenden
     Vorstand der Partei vorgelegt und den Mitgliedern der Partei zugeleitet (achtseitige
     Druckschrift). Eine eingehende Analyse bieten: P. Dudek/H.-G. Jaschke (Anm. 29),
     S. 319–323.
136 »NPD mit großen Hoffnungen ins neue Jahr!«, in: Deutsche Nachrichten vom 6. Januar
     1967. Die genannte Mitgliederzahl wurde auch im VSB für 1966 bestätigt: Erfahrungen
     aus der Beobachtung und Abwehr rechtsradikaler und antisemitischer Tendenzen im
     Jahre 1966, in: APZG, B 24/67, S. 3–38, 7. Diese Zahl wurde jedoch später nicht mehr
     wesentlich überschritten, auch wenn die NPD aus propagandistischen Gründen weit
     höhere Zahlen nannte. Vgl. die auf Verfassungsschutz-Daten beruhende Zusammenstel-
     lung bei: Franz Greß/Hans-Gerd Jaschke, Rechtsextremismus in der Bundesrepublik nach
     1960. Dokumentation und Analyse von Verfassungsschutzberichten, München 1982, S. 20.
     Dort wird der Höchststand für 1969 mit 28 000 angegeben.

80

Tabelle 1: Mitgliederentwicklung der NPD, 1965–1980

1965	13 700
1966	25 000
1967	28 000
1968	27 000
1969	28 000
1970	21 000
1971	18 300
1972	14 500
1973	12 000
1974	11 500
1975	10 800
1976	9 700
1977	9 000
1978	8 500
1979	8 000
1980	7 200

Quelle: Franz Greß/Hans-Gerd Jaschke, Rechtsextremismus in der Bundesrepublik seit 1960. Dokumentation und Analyse von Verfassungsschutzberichten, PDI-Sonderheft 18, München 1982, S. 20.

1967 sei eine nochmalige Verdoppelung der Mitgliederzahl. Das organisatorische Netz der Partei erstrecke sich nunmehr auf das gesamte Bundesgebiet. Sie verfüge »in 11 Landesverbänden über eine funktionsfähige Organisation von 429 Kreisverbänden in den Stadt- und Landkreisen. In rund 600 Städten und Großgemeinden der Bundesrepublik bestehen darüber hinaus NPD-Ortsbereiche«[137]. Auch die finanzielle Situation sei solide, wobei man alle Mittel »aus eigener Kraft« aufgebracht habe:»Haupteinnahmequelle waren hierbei die Mitgliedsbeiträge (3 DM pro Monat), eine Vielzahl an Spenden mit einem Höchstbetrag von 5 000 DM und die Erlöse aus den parteieigenen Publikations- und Werbemitteln.«

In der Tat konnte die Partei ihre Erfolgsserie 1967 fortsetzen. Das Ergebnis der April-Wahlen in Rheinland-Pfalz (6,9 Prozent) fiel zwar weit niedriger aus als erwartet; hier mochte jedoch der Tod des Altbundeskanzlers Konrad Adenauer im Vorfeld der Wahl eine nicht ganz unbedeutende Rolle gespielt haben, was der CDU die Ausschöpfung ihres Potentials erleichterte[138]. Dieser Effekt wirkte sich wohl auch noch in Schleswig-Holstein aus, wo die Landtagswahlen im gleichen Monat stattfanden. Zu dem wider Erwarten mageren Ergebnis von 5,8 Prozent hatte aber mit hoher Wahrscheinlichkeit auch die sich zuspitzende innerparteiliche Auseinandersetzung beigetragen, die im November schließlich zur Ablösung Thielens durch von Thadden führte. Höher fiel das Wahlergebnis in Niedersachsen aus (Juni 1967), wo 7,0 Prozent erreicht wurden. Dennoch stellte sich bei der in Hannover residierenden Parteispitze kein rechtes Gefühl der Zufriedenheit ein, waren in diesem Bundesland doch in der Vergangenheit von national-konservativen und rechtsextremen Gruppierungen

---

137 »NPD mit großen Hoffnungen ins neue Jahr!« (Anm. 136).
138 Vgl. L. Niethammer (Anm. 128), S. 153f.

zumeist Spitzenergebnisse erzielt worden[139]. Dagegen gelang der Partei bei den Wahlen zur Bremer Bürgerschaft im Oktober mit 8,8 Prozent der Stimmen ein spektakuläres Ergebnis. Es wurde aber bei der baden-württembergischen Landtagswahl im April 1968 noch einmal überboten. Hier erzielte die NPD mit 9,8 Prozent ihr bisher höchstes Resultat. Die NPD war damit in sieben Landesparlamenten vertreten.

Angesichts dieser Tatsache schien es nur eine Frage der Zeit zu sein, bis die rechtsextreme Partei auch in den Bundestag einziehen würde. Im In- und Ausland meldeten sich besorgte Stimmen zu Wort. Viele Beobachter beschworen das Ende der Weimarer Republik und ergingen sich in historischen Parallelisierungen zwischen den NPD-Erfolgen und dem Aufstieg der NSDAP[140]. Eine Verbotsdiskussion setzte ein, an der sich führende Politiker beteiligten[141]. Während vor allem von kommunistischer Seite versucht wurde, aus der rechtsextremen Welle propagandistisches Kapital zu schlagen[142], fragten andere mit ernster Besorgnis nach deren Ursachen und Hintergründen.

Hier leistete die empirische Sozialforschung einen wichtigen Beitrag zur Entdramatisierung. Die Analyse der NPD-Hochburgen deutete zunächst auf eine beachtliche Kontinuität rechtsextremen Wahlverhaltens hin. In den meisten dieser Schwerpunktregionen, das nördliche Niedersachsen, Nordhessen, Ober- und Mittelfranken, die Westpfalz und Teile Rheinhessens, hatten auch in früheren Jahren rechtsextreme Gruppierungen reüssiert und in vielen Fällen bereits die Nationalsozialisten überdurchschnittliche Wahlergebnisse erzielt. Es handelte sich dabei auffallenderweise um Gebiete mit ausgeprägt mittelständischer und landwirtschaftlicher Struktur, unterdurchschnittlichem Lohn- und Einkommensniveau und einem hohen protestantischen Bevölkerungsanteil[143]. Weitere Wahlstudien vermochten diese Befunde zu differenzieren. So war die soziale Basis der NPD-Erfolge mit der Formel vom »Extre-

---

139 Hierzu einige Daten: Bei den Bundestagswahlen von 1949 erreichte die Deutsche Rechtspartei 8,1 Prozent; DRP und SRP zusammen erzielten bei den Landtagswahlen von 1951 13,2 Prozent; bei der Landtagswahl von 1955 entfielen auf die DRP allein noch 3,8 Prozent der Stimmen.

140 Vgl. folgende Auswahl besonders drastischer Beiträge: Gerd Diers, Die NPD – Adolfs letzte Hoffnung? Zur Situation des organisierten Unverstandes, in: Mensch, Technik, Gesellschaft, (1967) 11, S. 21–26; Erhard Eppler, Die Gefahr von rechts. Was die NPD von der NSDAP unterscheidet, in: Die Zeit vom 20. Mai 1966, S. 9; Kurt Hirsch, Kommen die Nazis wieder? Gefahren für die Bundesrepublik, München 1967; Reinhard Kühnl, Der Neofaschismus marschiert, in: Blätter für deutsche und internationale Politik, 13 (1968), S. 450–457.

141 Siehe etwa die Beiträge von Ernst Benda, Herbert Wehner, Franz-Josef Strauß, Otto Brenner, Rainer Barzel, Adolf Arndt und Bernhard Tacke (nach der dortigen Reihenfolge), in: Tribüne, 7 (1968) 28, S. 3002–3009. Ferner: Reinhard Kühnl, Das neue Parteiprogramm der NPD. Einladung zum Verbot. Eine kritische Auseinandersetzung, in: Freiheit und Recht, 19 (1968) 7, S. 6–11. Mit Blick auf die grundsätzliche Problematik: Rudolf Schuster, Relegalisierung der KPD oder Illegalisierung der NPD? Zur politischen und rechtlichen Problematik von Parteiverboten, in: ZfP, 15 (1968), S. 413–429.

142 So veröffentlichten im April 1967 renommierte Persönlichkeiten der DDR einen dramatischen »Appell an das Weltgewissen«. Siehe zu dieser Frage auch den Beitrag von: Karl Wilhelm Fricke, Die NPD und die Kommunisten, in: Deutsche Fragen, 13 (1967) 2, S. 21 f.

143 Vgl. H. W. Schmollinger (Anm. 93), S. 1955 f.

mismus der Mitte«[144] – will sagen: des Mittelstandes – nicht adäquat beschrieben, wurden doch alle Schichten der Bevölkerung von der Partei angesprochen – selbst die Arbeiterschaft. Man hat daher von einer »Minivolkspartei«[145] gesprochen, was freilich insofern mißverständlich ist, als der Begriff zumeist die Orientierung an demokratischen Spielregeln impliziert.

Auch der Einfluß des Faktors »Protestantismus« ließ sich differenzieren: Es handelte sich offenkundig nicht um eine besondere Affinität des Protestantismus zum Rechtsextremismus. Vielmehr fielen die NPD-Ergebnisse dort eher mager aus, wo die Bevölkerung in verhältnismäßig intakte soziale Milieus integriert war[146]. Dies zeigte sich besonders in stark katholisch geprägten Wahlkreisen. Die Erfolge in protestantischen Gebieten erklärten sich also teilweise aus der dort geringeren Kirchenbindung. Bis zu einem gewissen Grad ließ sich dieses Element auch für den gewerkschaftlichen Bereich beobachten.

Der überdurchschnittliche Erfolg der NPD in wirtschaftlich zurückgebliebenen Regionen deutete auf einen anderen Erklärungsfaktor hin: wirtschaftliche Schwierigkeiten einiger Berufsgruppen (Winzer, Landwirte, von Selbstbedienungsgeschäften und Discount-Ketten bedrohte kleine Ladenbesitzer etc.), deren Existenzängste aufgrund der Rezession 1966/67 zusätzlich angeheizt wurden. Im engeren Sinne politische Faktoren traten hinzu: Das Ende der Ära Adenauer hatte zu Desintegrationserscheinungen bei der CDU/CSU geführt – zu dieser Zeit noch wenig mehr als ein »Kanzlerwahlverein«. Die Bildung der Großen Koalition erregte Verdruß bei Teilen der CDU/CSU wie vor allem der SPD. Die kleine FDP war allein in der Opposition und konnte deren Funktionen naturgemäß nur unzureichend erfüllen – was die außerparlamentarisch wirkenden Kräfte stärkte, ob auf der Rechten oder auf der Linken. Schließlich mochte sich auch das Heranwachsen der marxistisch und anarchistisch inspirierten Studentenbewegung zugunsten des NPD-Wählerpotentials ausgewirkt haben.

---

144 Dies die Kurzformel für das von Seymour M. Lipset entwickelte Theorem eines von den Mittelschichten bestimmten politischen Extremismus. Vgl. ders., Soziologie der Demokratie, Neuwied-Berlin 1962 (Original: Political Man. The Social Basis of Politics, New York 1960), S. 121–189. Zur Kritik an diesem Konzept: Jürgen W. Falter, Radikalisierung des Mittelstandes oder Mobilisierung der Unpolitischen? Die Theorien von Seymour Martin Lipset und Reinhard Bendix über die Wählerschaft der NSDAP im Lichte neuerer Forschungsergebnisse, in: Peter Steinbach (Hrsg.), Probleme politischer Partizipation im Modernisierungsprozeß, Stuttgart 1982, S. 438–469; ders., Wählerwanderungen vom Liberalismus zu (rechts-)extremen Parteien. Ein Forschungsbericht am Beispiel des NSDAP-Aufstiegs 1928–1933 und der NPD-Erfolge 1966–1970, in: Lothar Albertin (Hrsg.), Politischer Liberalismus in der Bundesrepublik, Göttingen 1980, S. 92–124. Siehe ausführlich ders., Hitlers Wähler, München 1991. Die These vom »Extremismus der Mitte« wurde für die NPD übernommen von: Reinhard Kühnl/Rainer Rilling/Christine Sager, Die NPD. Struktur, Ideologie und Funktion einer neofaschistischen Partei, Frankfurt/M. 1969, S. 349–365. Siehe dazu: U. Backes/E. Jesse (Anm. 29), Kap. III.

145 So Erwin K. Scheuch, unter dessen Leitung am Kölner Institut für vergleichende Sozialforschung eine Reihe bedeutender Untersuchungen zur NPD durchgeführt wurde. Vgl. ders., Politischer Extremismus in der Bundesrepublik, in: Richard Löwenthal/Hans-Peter Schwarz (Hrsg.), Die zweite Republik. 25 Jahre Bundesrepublik Deutschland – eine Bilanz, Stuttgart 1974, S. 433–469, 443.

146 Vgl. Hans D. Klingemann, Politische und soziale Bedingungen der Wählerbewegungen zur NPD. Fallstudie Baden-Württemberg, in: SJP, 2 (1971), S. 563–601.

Die Stimmabgabe für die NPD war – wie Wählerwanderungsanalysen zeigten – nicht automatisch als Bekenntnis zu Programm und Ideologie der Partei zu werten, doch artikulierte sich vielfach ein diffuser Protest gegen die »etablierten« politischen Kräfte. Diese Tatsache wurde auch dadurch unterstrichen, daß keineswegs nur ehemalige CDU/CSU-Wähler zur NPD übergelaufen waren. Auch von seiten ehemaliger SPD- und FDP-Wähler hatte die rechtsextreme Partei Stimmen erhalten[147]. Dies erklärt sich wohl zu einem Gutteil durch eine hochgradige »Autonomie der Wahrnehmung«[148] bei schnell aufsteigenden Sammelbewegungen, d. h. der Wähler sieht in der neuen Partei vor allem das, was er sehen will und weniger, was sie wirklich ist.

Für den kritischen Beobachter deutete von Anfang an vieles auf den rechtsextremen Charakter der NPD hin. Selbst wenn man die politische Herkunft der Mehrzahl der Aktivisten und die Kontinuitäten zu früheren Organisationen – nach dem Motto: in dubio pro reo – außer acht ließ, blieben doch weitere schwerwiegende Indizien: der autoritäre Führungsstil, die undemokratische Struktur der innerparteilichen Willensbildung und Entscheidungsfindung, dubiose Praktiken wie »Sicherungswechsel« zur Erzwingung der Linientreue von NPD-Abgeordneten[149], der im wahrsten Sinne des Wortes »schlagfertige« Ordnerdienst bei Parteiveranstaltungen, mochte dieser auch im wesentlichen wegen des militanten Auftretens mancher »Antifaschisten« gegründet worden sein[150]. Schließlich das weite Feld der politischen Ideologie: Was die lammfrommen, mustergültige »Verfassungstreue« suggerierenden programmatischen Verlautbarungen verschwiegen, konnte schon eine Analyse der Parteipresse mit ihrer Verharmlosung der NS-Vergangenheit, ihrer Verteufelung politischer Kontrahenten und ihrer Demagogie enthüllen[151]. Von antipluralistischem Geist erfüllt waren Publikationen und Redetexte des ehemaligen Professors an der »Reichsuniversität« Straßburg und zeitweiligen Chefideologen Ernst Anrich (geb. 1906)[152]. Die aus der »Konservativen Revolution« bekannte Organismus-Lehre von den Völkern als auf natürlichen Gesetzen basierenden »Schicksalsgemeinschaften« wurde hier aufge-

147 Vgl. zur politischen Herkunft der NPD-Wähler besonders: Klaus Liepelt, Anhänger der neuen Rechtspartei. Ein Beitrag zur Diskussion über das Wählerreservoir der NPD, in: PVS, 8 (1967), S. 237–271.
148 So E. K. Scheuch (Anm. 145), S. 442.
149 Vgl. F. F. Winter (Anm. 135), S. 59 f. – mit weiteren drastischen Beispielen über die innerparteilichen Verhältnisse der NPD (bis 1967).
150 Vgl. dazu die ausgewogene Betrachtungsweise bei P. Dudek/H.-G. Jaschke (Anm. 29), S. 342–344. Siehe auch folgende NPD-Publikation: Dokumente zum verfassungsverräterischen Kampf gegen die NPD. Der »Fall Frankfurter« und andere, hrsg. vom NPD-Parteivorstand/Presse- und Informationsabteilung, Hannover, o. J.
151 Siehe etwa: Friedrich J. Bröder, Ein Sprachrohr des Rechtsradikalismus: Die Deutschen Nachrichten. Eine Studie zur Propagandatechnik und -methode, Mainz 1969; Wulf D. Hund, Zur Sprache der NPD. Eine Analyse des Parteiorgans »Deutsche Nachrichten«, in: Blätter für deutsche und internationale Politik, 13 (1968), S. 183–189; Heribert Kohl, Die Deutschen Nachrichten. Eine politologisch-soziologische Analyse des publizistischen Organs der NPD, in: PVS, 8 (1967), S. 272–292; Hansjörg Mauch, Zur Ideologie der NPD – dargestellt an Hand einer quantitativen systematischen Inhaltsanalyse der Deutschen Nachrichten, in: SJP, 2 (1971), S. 603–627.
152 Zur Person vor allem: L. Niethammer (Anm. 128), S. 79 f. Ferner: U. Backes/E. Jesse (Anm. 31).

frisch[153]. Deutlich äußerte sich auch das für die Mitglieder- und Rednerschulung konzipierte »Politische Lexikon«, ein umfangreiches Loseblattwerk, zu dieser Frage. Unter dem Stichwort »Nationalismus« fand sich die unverblümte Feststellung: »Allgemein breitete sich die Erkenntnis aus, daß die Völker natürliche Lebensgemeinschaften, Organismen und die Nationen die naturgegebene Gliederung, die Elemente der Menschheit darstellen.«[154]

Auch ansonsten erwies sich das »Politische Lexikon« mit seinen verfänglichen Äußerungen über »Demokratie« (sie funktioniere nur dort, »wo die Mitglieder gleiche Interessen haben, dieselbe Verantwortung und dasselbe Risiko tragen und vor allem zur Entscheidung *in gleicher Weise qualifiziert* sind«[155]), den Nationalsozialismus (»menschliche Unzulänglichkeiten in der Parteiführung und ein Mangel an Maß« hätten »zu verhängnisvollen Überspitzungen«[156] geführt) und diktatorische Regime wie das Portugal Salazars (»Durch seine lange und kluge Amtsführung erhielt die Politik Portugals das Gepräge ausgleichender Ruhe und Beständigkeit«[157]) oder das Südafrika der Apartheid (»Eine Vermischung unter verschiedenen Hautfarben wird aus der biologischen Erkenntnis von der begabungsmäßigen und charakterlichen Benachteiligung der Mischlinge und aus jahrhundertelangen entsprechenden Erfahrungen abgelehnt und unter Strafe gestellt«[158]) als eine Fundgrube für NPD-Kritiker[159]. Der Parteiführung wurden die (wohl vor allem taktisch motivierten) Dementis, »Richtigstellungen« und Erläuterungen bald zu bunt, worauf sie sich von dem einst den Mitgliedern ans Herz gelegten Schulungs- und Nachschlagewerk distanzierte[160].

Manche Autoren gingen bei ihren auf das »Politische Lexikon« und andere Parteiverlautbarungen[161] gestützten Interpretationen aber auch zu weit, indem sie die NPD etwa mit der NSDAP auf eine Stufe stellten[162]. Gemeinsamkeiten und Kontinuitätselemente zwischen NPD und NSDAP gerieten in der öffentlichen Auseinandersetzung zu sehr in den Vordergrund, während man besitzbürgerliche und insbesondere

---

153 Vgl. Ernst Anrich, Nationaldemokratie oder »pluralistische Gesellschaft«? Zur Diskussion unserer Zeit, in: Deutsche Nachrichten vom 22. Dezember 1967, S. 11. Auf dem 2. Bundesparteitag der NPD in Karlsruhe hielt Anrich 1966 eine Rede, die deutliche Parallelen zu einer Ansprache aufwies, die er bei der Reichsgründungsfeier am 18. Januar 1934 in der Universität Bonn gehalten hatte (Titel: »Volk und Staat als Grundlage des Reiches«). Vgl. L. Niethammer (Anm. 128), S. 80. Die Karlsruher Rede ist auszugsweise abgedruckt bei: H. Maier (Anm. 129), S. 43–48.

154 Art. »Nationalismus«, in: Politisches Lexikon, hrsg. von der DN-Verlagsgesellschaft, Teil I: Sachworte, 1. Lieferung, Hannover, Okt. 1966 (ohne Numerierung).

155 Art. »Demokratie«, in: ebd.

156 Art. »Nationalsozialismus«, in: ebd.

157 Art. »Salazar«, in: ebd., Teil II: Personen.

158 Art. »Apartheid«, in: ebd., Teil I: Sachworte.

159 Vgl. nur: R. Kühnl u. a. (Anm. 144), S. 80–216; Hans Lamm, Das NPD-Lexikon, in: Tribüne, 7 (1968), S. 3022–3029; Roswin Finkenzeller, »Politisches Lexikon« der NPD, in: SZ vom 17./18. August 1968, S. 7.

160 Vgl. Erwin K. Scheuch, Die NPD als rechtsextreme Partei, in: Hamburger Jahrbuch für Wirtschafts- und Gesellschaftspolitik, 15 (1970), S. 321–333.

161 Vgl. zur Programmatik auch: U. Backes/E. Jesse (Anm. 31), Kap. III. 2.1.3.

162 Hier traf sich der marxistisch argumentierende R. Kühnl (Anm. 144) mit der liberalen Position von Giselher Schmidt, Ideologie und Propaganda der NPD, in: APZG, B 7/68, S. 3–22.

national-konservative Züge in den Hintergrund drängte. Das Bedürfnis zur Ab- und Ausgrenzung der rechtsextremen Partei gewann vielfach die Oberhand. Selbst die weiter gefaßte Formel vom »Postfaschismus«[163] übersah den allenfalls schwach, wenn überhaupt, ausgeprägten antibürgerlichen Impuls, der für einen vergleichenden Faschismusbegriff von großer Bedeutung ist. Man wird der NPD wohl eher gerecht, ordnet man sie der Traditionslinie des Deutsch-Nationalismus zu[164].

2.4 Im Schatten der NPD-Erfolge

Auf dem Höhepunkt ihres politischen Einflusses übte die NPD große Anziehungskraft auf das rechtsextreme Lager aus. Manche Gruppierungen gingen ganz in der NPD auf, andere pflegten eine intensive Zusammenarbeit, wieder andere waren durch Doppelmitgliedschaften eng mit der Partei verbunden. Nach Schätzungen für das Jahr 1967 gehörten zu diesem Zeitpunkt jeweils 20 Prozent der Mitglieder des »Deutschen Kulturwerks Europäischen Geistes«, der »Aktion Oder-Neiße«, der »Notgemeinschaft deutscher Bauern«, der »Deutschen Sozialen Bewegung« und des »Reichsverbandes der Soldaten« zugleich der NPD an[165]. Der DB empfahl seinen Mitgliedern die NPD nachdrücklich als »Wahlpartei«[166]. Rechtsextreme Organe wie der »Deutsche Studentenanzeiger« oder die Zeitschrift »Nation Europa« unterstützten die NPD publizistisch.

Selbst die 1965 als national-neutralistisches Konkurrenzunternehmen zur »national-demokratischen« Sammlung gegründete »Aktionsgemeinschaft Unabhängiger Deutscher« (AUD) verlor einen Großteil ihrer Mitglieder an die NPD[167]. In der Hauptsache drei Gruppierungen hatten 1965 das wahlstrategische Zweckbündnis der AUD formiert: die DG August Haußleiters, die 1962 von der DRP abgespaltene DFP um Heinrich Kunstmann, zu dessen Gefolge auch einige ehemalige SRP-Aktivisten gehörten, und die »Vereinigung Deutsche Nationalversammlung« (VDNV), eine 1961 von Lesezirkeln der in Hamburg erscheinenden Zeitschrift »Neue Politik« und deren Herausgeber Wolf Schenke gegründete Organisation[168]. Vereinendes Band dieser Gruppierungen war ein von imperialistischen Anklängen freier Nationalismus, der vor allem in der Forderung zum Ausdruck kam, die Wiedervereinigung auf der Grundlage einer politischen Neutralisierung Deutschlands zu erwirken. Dabei war jedoch bereits strittig, was mit den ehemaligen deutschen Ostgebieten geschehen solle. Während die Vertreter von VDNV und DG gegebenenfalls zu einem Verzicht auf diese Territorien bereit waren, vertraten die ehemaligen DFP-Aktivisten in die-

---

163 So L. Niethammer (Anm. 128).

164 Diese These wird überzeugend ausgeführt bei P. Dudek/H.-G. Jaschke (Anm. 29), S. 349–355.

165 Vgl. Erfahrungen aus der Beobachtung und Abwehr rechtsradikaler und antisemitischer Tendenzen im Jahre 1967, in: APZG, B 15/68, S. 3–40, 26.

166 Ebd.

167 Vgl. auch zum folgenden: R. Stöss, Die Aktionsgemeinschaft Unabhängiger Deutscher, in: ders. (Anm. 30), S. 331. Zur AUD ders. (Anm. 29).

168 Vgl. R. Stöss, Die Aktionsgemeinschaft Unabhängiger Deutscher, in: ders. (Anm. 30), S. 310–312; siehe auch: Wolf Schenke, Siegerwille und Unterwerfung auf dem Irrweg zur Teilung – Erinnerungen 1945–1955, München 1988.

sem Punkt eine härtere Linie. Ähnliche Divergenzen gab es in der Frage des Verhältnisses zu den kommunistischen Staaten jenseits des Eisernen Vorhangs. Töne eines antimarxistischen Sozialismus konnte man aus dem Umfeld Haußleiters vernehmen. Dieser vermochte seine programmatischen Vorstellungen Ende der sechziger Jahre durchzusetzen, woraufhin die AUD einen betont APO-freundlichen Kurs steuerte. Die ersehnten Wahlerfolge blieben dennoch aus. Auch in den siebziger Jahren suchte die Organisation engen Kontakt zu den »neuen sozialen Bewegungen« und gab 1980 schließlich ihre Auflösung zugunsten der »Grünen« bekannt. Die ideologischen Konturen waren im Laufe der Jahre immer mehr verlaufen, so daß die pauschale Einordnung der AUD als »rechtsextrem« allenfalls für die zweite Hälfte der sechziger Jahre ihre Berechtigung hatte.

Von jenen rechtsextremen Kräften, die auch während der Erfolgsserie Distanz zur NPD hielten, verdient die »Deutsche National-Zeitung« (DNZ) des Münchener Verlegers Gerhard Frey (geb. 1933)[169] besondere Erwähnung. Frey hatte das seit Anfang der fünfziger Jahre (zunächst als »Deutsche Soldaten-Zeitung«) unter wechselnden Bezeichnungen zunächst monatlich, ab 1962 wöchentlich erscheinende Blatt[170] durch eine geschickte Redaktionspolitik auf Erfolgskurs gebracht, so daß die Auflage von circa 40 000 im Jahre 1960 auf 125 000 im Jahre 1966 gesteigert werden konnte[171]. Im Hinblick auf die Themen und den politischen Zuschnitt der Zeitung (Forderung nach Beendigung der Kriegsverbrecherprozesse, Erörterung der Kriegsschuldfrage, »Verbrechen am deutschen Volk«, »Umerziehung«, Israel und die Juden) hätte sich eine enge Kooperation mit der neugegründeten »national-demokratischen« Sammlung eigentlich angeboten. Und anfangs forderte Frey die Leser auch – zögerlich – auf, ihre Zweitstimme der NPD zu geben[172]. Wohl vor allem aus persönlichen Gründen blieb ein enger Schulterschluß zwischen dem auflagenstarken Organ und der NPD jedoch aus. Der verlegerische Erfolg hatte bei dem politisch ehrgeizigen Frey eigene Ambitionen geweckt. Persönliche Rivalitäten und Eifersüchteleien waren auf diese Weise programmiert, zumal er aus dem Unternehmen im wortwörtlichen Sinne Kapital schlug. So harrte Frey einstweilen der Dinge und wartete auf eine politische Chance.

2.5 Steigende Militanz

Bei der Bundestagswahl 1969 wurde die Erfolgsserie der NPD jäh unterbrochen. Mit 4,3 Prozent der Stimmen verfehlte die Partei die Fünf-Prozent-Hürde zwar nur

---

169 Zur Person: U. Backes/E. Jesse (Anm. 31).
170 Vgl. zur DNZ insbesondere: Peter Dudek/Hans-Gerd Jaschke, Die Deutsche National-Zeitung. Inhalte, Geschichte, Aktionen, München 1981. Ferner: Hans-Helmuth Knütter, Die Deutsche National-Zeitung und Soldaten-Zeitung 1965/66, hrsg. vom DGB, o.O., o. J. (1966); Peter Kritzer, Die Wut der Unbelehrten. Wie die »Deutsche Nationalzeitung« mit der Wahrheit umgeht, in: Wolfgang Benz (Hrsg.), Rechtsextremismus in der Bundesrepublik. Voraussetzungen, Zusammenhänge, Wirkungen, Frankfurt/M. 1984, S. 209–223; Heinz-Jochen Krüger, Das Bild der Jugend im Spiegel der rechtsextremen Presse. Deutsche National- und Soldatenzeitung, Deutsche Nachrichten, Nation Europa, Berlin 1968; Günther Paschner, Falsches Gewissen der Nation. Deutsche National-Zeitung und Soldaten-Zeitung, Mainz, o. J.
171 Die Auflagenentwicklung ist dokumentiert bei: F. Greß/H.-G. Jaschke (Anm. 136), S. 40.
172 Vgl. H. W. Schmollinger (Anm. 93), S. 1943.

knapp, und unter anderen Umständen hätte man bei diesem Ergebnis von einem Erfolg der Rechtsextremisten gesprochen, aber in der Situation des Jahres 1969 bedeutete das Resultat für die NPD eine bittere Niederlage. Die voraufgegangenen Landtagswahlen hatte die Parteiführung trotz der triumphalen Attitüde, mit der sie kommentiert worden waren, doch immer auch als Testfälle für den erwünschten Einmarsch in den Bundestag betrachtet. Erst nach Erreichen dieses Zieles konnte man auf eine zumindest mittelfristige Etablierung im Machtgefüge der »Parteienlandschaft« hoffen. Daher wurde das Ergebnis auch innerhalb der NPD als eine vernichtende Niederlage gewertet. Man mußte damit rechnen, daß nun viele enttäuschte Wähler der Partei wieder den Rücken kehren würden, zumal die Union nicht mehr die Regierung stellte. Wie realistisch diese Einschätzung war, zeigten die folgenden Wahlen. Bei den für 1970 angesetzten Landtagswahlen in Bayern, Hamburg, Hessen, Niedersachsen, Nordrhein-Westfalen und im Saarland blieb die NPD überall deutlich unter 5 Prozent. So schnell die Partei nach ihrer Gründung aufgestiegen war, so jäh vollzog sich nun ihr Verfall – bis in die nahezu völlige Bedeutungslosigkeit einer Partei der Zehntelprozent-Ergebnisse[173]. Wahlforscher hatten diese Entwicklung vorausgesagt, waren die aufsehenerregenden Erfolge doch zu einem beachtlichen Teil flüchtigen Protestwähler-Stimmen zu verdanken gewesen[174]. Wenn diese der Partei bald wieder ihre Gunst entzogen, so mochte dabei die – nicht immer fair geführte – Aufklärungs- und wohl auch Stigmatisierungskampagne ihrer Kritiker eine wichtige Rolle gespielt haben[175].

Die Wahlniederlage von 1969 stürzte die NPD in eine tiefe Krise. Die Frage, wie die Partei angesichts der neuen politischen Konstellation vor dem drohenden Niedergang bewahrt werden könne, spaltete die NPD in zwei Lager: Während die Parteiführung für eine noch stärkere Betonung des legalistischen Kurses und der Verfassungstreue plädierte, forderte eine starke oppositionelle Gruppe eine deutlichere Absage an den Status quo in der Bundesrepublik und spektakuläre Aktionen. Die innerpar-

---

173 Die NPD-Wahlergebnisse sind dokumentiert bei: ebd., S. 1954–1957. Dem Niedergang der NPD wurde in Öffentlichkeit und Literatur weit weniger Aufmerksamkeit geschenkt als ihrem Aufstieg. Siehe von den wenigen Darstellungen insbesondere: Stephen L. Fisher, The Minor Parties of the Federal Republic of Germany. Toward a Comparative Theory of Minor Parties, The Hague 1974, S. 141–151; Thomas A. Herz, Soziale Bedingungen für Rechtsextremismus in der Bundesrepublik Deutschland und in den Vereinigten Staaten. Eine vergleichende Analyse der Anhänger der Nationaldemokratischen Partei Deutschlands und der Anhänger von Georg C. Wallace, Meisenheim am Glan 1975; Timothy Alan Tilton, Nazism and the Peasantry, Bloomington-London 1975, insbesondere S. 110–143; Steven Warnecke, The Future of Rightist Extremism in West Germany, in: Martin Kolinsky/William E. Paterson (Hrsg.), Social and Political Movements in Western Europe, London 1976, S. 67–90.
174 Vgl. E. K. Scheuch (Anm. 145), S. 443.
175 Diesen Aspekt arbeiten heraus: P. Dudek/H.-G. Jaschke (Anm. 29), insbesondere S. 344–349. Der von Rechtsextremisten genährte Topos der »Verfolgung und Entrechtung« findet so eine gewisse Bestätigung. Vgl. folgenden Erfahrungsbericht: A. von Thadden (Anm. 46). Oder auch schon: Die große Hetze. Der niedersächsische Ministersturz. Ein Tatsachenbericht zum Fall Schlüter, Göttingen 1958 (der anonyme Verfasser war Leonard Schlüter persönlich, ehemals führendes Mitglied der »Deutschen Rechtspartei« und der DRP). Einen kurzen historischen Abriß zur Geschichte der Nachkriegsrechten, ebenfalls aus rechter Sicht, liefert: Gerhard Opitz, Der Weg ins Abseits. Glanz und Elend der Nationalen Rechten im Nachkriegsdeutschland, in: Junges Forum, (1979) 1–2, S. 3–31.

teilichen Spannungen führten schließlich auf dem Holzmindener Parteitag der NPD 1971 zu Veränderungen an der Parteispitze. Adolf von Thadden erklärte seinen Rücktritt. Den Vorsitz übernahm an seiner Stelle der Rechtsanwalt Martin Mußgnug (geb. 1936), der den Kurs von Thaddens im wesentlichen fortführte. Der radikale Flügel um den bayerischen Landesvorsitzenden Siegfried Pöhlmann trat bald darauf aus der Partei aus und gründete im Januar 1972 die »Aktion Neue Rechte« (ANR)[176].

Dem Parteitag vorausgegangen waren die teilweise militanten Aktivitäten der »Aktion Widerstand«, eines rechtsextremen Bündnisses gegen die sozial-liberale Bundesregierung und deren auch im Lager der Unionsparteien heftig kritisierte Ostpolitik. Obwohl die NPD organisatorisch die Hauptlast trug, beteiligten sich auch andere rechtsextreme Gruppierungen an diesen deutlich an den Betätigungsformen der APO orientierten Aktivitäten. So hatten Herbert Böhme, Vorsitzender des DKEG, Arthur Ehrhardt von »Nation Europa«, der ehemalige Vertriebenenpolitiker Linus Kather, Peter Kleist, Alfred Manke, Vorsitzender des »Arbeitskreises Volkstreuer Verbände« (AVV), Verleger und NPD-Bundesvorstandsmitglied Waldemar Schütz und der Gründer der Monatszeitschrift »MUT«, Bernhard C. Wintzek, den Gründungsaufruf der »Aktion Widerstand« vom Oktober 1970 unterschrieben. Das Bündnis wartete mit schweren Vorwürfen auf. In einem »Aufruf« zur »Gründungskundgebung« in der Würzburger »Frankenhalle« hieß es: »Sollen wir eine rechts- und verfassungswidrige und in der Tendenz probolschewistische Parteienpolitik schweigend hinnehmen? *Deutsche Demokraten sagen nein!* Widerstandswille regt sich überall im Lande. Dieser Widerstandswille muß jetzt zusammengefaßt und aktiviert werden. Nur dann wird auch im Bundestag eine Mehrheit für den Moskauer Unterwerfungsvertrag verhindert!«[177]

War im »Aufruf« von einem »aktiven und legalen Widerstand«[178] die Rede, so wurden die Grenzen der Rechtmäßigkeit in der Praxis bald tangiert und von militanten Gruppierungen im Umkreis der Aktionen überschritten. Am Abend der Würzburger Veranstaltung zogen Gruppen von Demonstranten mit Parolen wie »Brandt an die Wand« und »Deutsches Land wird nicht verschenkt, eher wird der Brandt gehenkt«[179] durch die Stadt. Bei Veranstaltungen der »Aktion Widerstand« kam es immer wieder zu Zusammenstößen mit Gegendemonstranten. Gewalttätige Aktionen von Mitgliedern wurden unter anderem gegen die sowjetische Botschaft in Rolandseck, eine DKP-Redaktion in Hamburg und das DGB-Büro in Krefeld verübt[180]. Hatte auf dem Höhepunkt der NPD-Wahlerfolge die Hoffnung auf Vergrößerung des politischen Einflusses zur Integration und Domestizierung radikaler Gruppierungen beigetragen, gewannen nun diejenigen die Oberhand, denen der Kurs der Partei zu »lasch« gewesen war.

Wenn sich die NPD von illegalen Aktivitäten auch distanzierte, so hatte sie doch auch zu dieser Entwicklung beigetragen. Ihr »Ordnerdienst« war im Laufe der Zeit zu einer Sammelstelle mit Gewaltaktionen liebäugelnder Aktivisten degeneriert. Erste

---

176 Vgl. zu diese Vorgängen: H. W. Schmollinger (Anm. 93), S. 1948f.
177 Der Aufruf war als Anzeige abgedruckt in: Deutsche Nachrichten vom 16. Oktober 1970 (Hervorhebung im Original).
178 Ebd.
179 Zitiert nach: H. W. Schmollinger (Anm. 93), S. 1948.
180 Vgl. Hartmut Herb, Die westdeutsche NS-Szene, in: ders./Jan Peters/Mathias Thesen, Der neue Rechtsextremismus. Fakten und Trends, Lohra-Rodenhausen 1980, S. 45.

militante Gruppierungen rekrutierten sich zum Teil aus ehemaligen NPD-»Ordnern«. Bereits während des Bundestagswahlkampfes 1969 war es zu einem gewalttätigen Vorfall gekommen, als der »Bundesbeauftragte für den Ordnerdienst der NPD«, Klaus Kolley, zwei Demonstranten durch Schüsse verletzte[181]. Im Mai 1970 nahm die Polizei 14 Mitglieder einer »Europäischen Befreiungsfront« fest. Umfangreiche Waffenbestände konnten sichergestellt werden. Die Vereinigung hatte über den »Ordnerdienst« der NPD zusammenfunden. Sie verstand sich als »Kampfgruppe«, war nach militärischen Vorbildern organisiert und nach eigenen Angaben angetreten, um den Kommunismus bei seinem europaweiten Vormarsch zu stoppen[182]. Der Führer der Gruppe sagte in einem Interview, 1969 hätten die Kommunisten in der Bundesregierung die Herrschaft übernommen. Bundeswehr und Polizei seien unterwandert und könnten im Ernstfall ihre Aufgabe nicht erfüllen. Dann sollte die »Europäische Befreiungsfront« in Aktion treten. Zu diesem Zweck hatten die Mitglieder der Gruppe bereits »schwarze Listen« angelegt. Anfang 1971 gerieten das ehemalige NPD-Mitglied Bernd Hengst und der Ex-Vorsitzende des »Nationaldemokratischen Hochschulbundes« Krauss mit ihrem Wagen in eine Polizeikontrolle. Dabei entdeckten die Beamten im Kofferraum eine Maschinenpistole. Bei den daraufhin angeordneten Hausdurchsuchungen wurden weitere Schußwaffen und Munition sichergestellt. Hengst und Krauss gehörten einer Gruppe an, die militante Aktionen plante. Auch in diesem Fall ließen sich Verbindungen zum »Ordnerdienst« der NPD rekonstruieren[183].

Aktionismus, provokatives Auftreten und Gewalttätigkeit waren Kennzeichen vieler der zumeist kleinen rechtsextremen Gruppen, die im Laufe der siebziger Jahre entstanden. Die Zahl der von den Sicherheitskräften registrierten Ausschreitungen (Sachbeschädigungen, Sprengstoff- und Brandanschläge, Drohung mit oder Anwendung von Gewalt gegen Personen) rechtsextremer Täter stieg von 184 im Jahre 1970 auf 1 643 im Jahre 1980[184], darunter zunehmend schwerere Delikte. Diese Entwicklung läßt sich weder mit Veränderungen des politischen Kräftefeldes (sozial-liberale Koalition, Unionsparteien in der Opposition) noch mit dem Niedergang der NPD allein erklären. Wichtig für das Verständnis ist der Generationswechsel in der rechtsextremen »Szene«. Von den 1979 und 1980 registrierten rechtsextremen Straftätern gehörten zum Beispiel gut zwei Drittel der Altersgruppe zwischen 14 und 30 Jahren an. Sie widerlegten die Annahme von einem Aussterben des Rechtsextremismus und Neonazismus in der Bundesrepublik.

Gerade deswegen aber stellt sich die Frage um so dringlicher, weshalb sich Jugendliche, die in einer parlamentarischen Demokratie aufwuchsen, in dieser – wertneutral formuliert – »ungewöhnlichen« Art und Weise politisch engagierten. »Ungewöhnlich« vor allem deshalb, weil innerhalb der jeweiligen Altersgruppen sich nur ein verschwindend geringer Prozentsatz in rechtsextremen und neonazistischen Gruppierungen betätigte. Da es sich folglich um soziale Gruppen mit sehr eigentüm-

---

181 Vgl. ebd., S. 43 f.
182 Vgl. ebd., S. 45–47.
183 Vgl. ebd., S. 47 f.
184 Zahlen nach: F. Greß/H.-G. Jaschke (Anm. 136), S. 47. Freilich scheinen in den Zahlen von 1979 und 1980 auch Schmier-, Plakat- und Klebeaktionen berücksichtigt zu sein. Vgl. VSB 1980, S. 46 f.

lichen Merkmalen handelte, erscheint es zweifelhaft anzunehmen, man könne ihr Verhalten hinreichend mit allgemein-gesellschaftlichen Faktoren erklären[185]. Jugendarbeitslosigkeit, Orientierungsprobleme beim Übergang vom Jugendlichen- zum Erwachsenenalter, Legitimationsdefizite des politischen Systems – um nur einige denkbare Variablen zu nennen – können rechtsextreme »Karrieren« beeinflussen; da jedoch die Mehrzahl der von diesen Problemen Betroffenen keine Tendenz zu politisch abweichendem Verhalten zeigte und die »neuen sozialen Bewegungen« – gemessen an der Zahl der Anhänger – eine weit größere Anziehungskraft auf junge Menschen ausübten, dürfte keines dieser Erklärungsmomente eine ausschlaggebende Rolle spielen. Bei der Analyse politischer Klein- und Kleinstgruppen kommt der Untersuchung biographischer Entwicklungen eine besondere Bedeutung zu, da sich der Faktor Zufall wie auch in hohem Maße individuelle Faktoren hier weit stärker auswirken, als dies für mitgliederstarke politische Vereinigungen gilt. So sind Bekanntschaften und Freundeskreise häufig wichtiger als der Einfluß des Elternhauses. Rechtsextreme Politikinhalte wurden nicht selten von der Großvater- auf die Enkelgeneration weitergegeben. Dabei konnten ganz und gar unpolitische Faktoren als eine Art »Katalysator« wirken: die Suche nach Geborgenheit und Kameradschaft, Abenteuer und Lagerfeuerromantik in Gruppen Gleichgesinnter, das Abreagieren jugendlicher Aggressivität, das Demonstrieren von Mut und Verwegenheit oder schlichter Waffenfetischismus.

Wichtig für die politische Entwicklung rechtsextremer Jugendlicher sind nicht selten sogenannte »Durchlauferhitzer«: Der Einstieg in die rechtsextreme »Szene« erfolgt über vergleichsweise »gemäßigte« Organisationen. Der Prozeß der Identifikation mit der Gruppe kann durch Mechanismen der Ausgrenzung und Stigmatisierung, die die Mehrheitskultur auf die rechtsextreme Subkultur ausübt, unter Umständen intensiviert werden[186]. Je mehr die Verbindungen zur »Außenwelt« verloren gehen, je ungehemmter sich die Gruppendynamik entfalten kann, desto stärker sind Aktionismus und Militanz der Mitglieder.

Die Funktion des 1970 aufgelösten NPD-»Ordnerdienstes« übernahm schon bald die Jugendorganisation »Junge Nationaldemokraten« (JN), in der – und dies gilt in ähnlicher Weise für die bereits Anfang der fünfziger Jahre gegründete »Wiking Jugend« (WJ) – so mancher der später durch aufsehenerregende Aktionen hervorgetretenen jugendlichen Rechtsextremisten erste Erfahrungen sammelte[187]. Dies trifft auch für zwei Organisationen neonationalsozialistischer Ausrichtung zu, die aufgrund ihrer wachsenden Militanz zu Anfang der achtziger Jahre verboten wurden: die »Aktionsfront Nationaler Sozialisten/Nationale Aktivisten« (ANS/NA) einerseits, die »Volkssozialistische Bewegung Deutschlands/Partei der Arbeit« (VSBD/PdA) andererseits.

---

185 Diesen Faktoren mißt Eike Hennig in seinen Analysen zu hohe Bedeutung zu. Vgl. etwa: ders., »Das ist'n ganz kriminelles System, was wir hier haben.« Kultur, Gegenkultur und Rechtsextremismus in der Bundesrepublik, in: Volkmar Gessner/Winfried Hassemer (Hrsg.), Gegenkultur und Recht, Baden-Baden 1985, S. 133–165.

186 Vgl. Hans-Gerd Jaschke, Subkulturelle Aspekte des Rechtsextremismus, in: Dirk Berg-Schlosser/Jakob Schissler (Hrsg.), Politische Kultur in Deutschland. Bilanz und Perspektiven der Forschung, Opladen 1987, S. 322–330.

187 Vgl. die fundierte Analyse bei: Peter Dudek, Jugendliche Rechtsextremisten. Zwischen Hakenkreuz und Odalsrune 1945 bis heute, Köln 1985, S. 150–152.

Zentrale Figur der VSBD/PdA war der aus Bochum stammende gelernte Schriftsetzer Friedhelm Busse[188]. Busse, Jahrgang 1929, trat in der rechtsextremen Nachkriegsszene schon früh »handgreiflich« in Erscheinung. So wurde er am 31. Mai 1952 bei dem Pfingsttreffen des »Bundes Deutscher Jugend« (BDJ) wegen Beihilfe zur Freiheitsberaubung von der Polizei festgenommen[189]. Später engagierte er sich in der DRP, und nach Gründung der NPD war er in Nordrhein-Westfalen für diese Partei häufig als Redner tätig[190]. Busse zählte zu jenen Parteirebellen, denen der politische Kurs der NPD auf Dauer zu »zahm« wurde. Wegen Gesetzesübertretungen im Rahmen der »Aktion Widerstand« aus der NPD ausgeschlossen, gründete er 1971 eine eigene Organisation, die »Partei der Arbeit« (PdA)[191]. Ideologisch orientierte man sich an den Vorstellungen des Straßer-Flügels der NSDAP und betonte die »sozialistische« Ausrichtung. In erster Linie sollte die Arbeiterschaft angesprochen werden. Nachdem auch in Bayern eine Organisationszelle aufgebaut worden war, wurde die PdA 1975 in VSBD/PdA umbenannt. Die Öffentlichkeit nahm lange Zeit keine Notiz von der kleinen Gruppierung. Erst Ende der siebziger, Anfang der achtziger Jahre änderte sich diese Lage, als die VSBD/PdA einen gewissen Zustrom an jungen Aktivisten verzeichnen konnte und einige ihrer Mitglieder durch gewalttätige Aktionen von sich reden machten.

Gegenüber einem holländischen Journalisten bezeichnete Busse das politische System in der Bundesrepublik als »Herrschaft der Minderwertigen«[192]. Die »volkssozialistische Weltanschauung« bedeute »Bekenntnis zur Rassenhygiene, Bekenntnis zu Boden, Staat, Ehre und Arbeit«. Mit diesen Prinzipien knüpfe die VSBD/PdA an den »Ur-Nationalsozialismus, wie er von Gregor Straßer z. B. verstanden wurde«[193], an. Busse verglich sein Verhältnis zum Nationalsozialismus mit demjenigen Lenins zum Marxismus: »Wenn es nach Karl Marx einen Lenin gegeben hat, dann hat es nach dem Nationalsozialismus, nach Adolf Hitler, einen Friedhelm Busse gegeben, der eben den Volkssozialismus weiterentwickelt.«[194] Einen neuralgischen Punkt berührte der Interviewer, als er Busse nach den Methoden befragte, die er anwenden wolle, um an die Macht zu gelangen. Zunächst betonte der VSBD-Chef, daß man über die Parlamente zu politischem Einfluß gelangen und die Grenzen der Legalität beachten wolle. Im weiteren Verlauf des Gespräches wurde jedoch deutlich, daß diese Aussagen lediglich aus strategischen Erwägungen resultierten, also keineswegs einen prinzipiellen Verzicht auf illegale Praktiken beinhalteten. Hieran ließ folgende Bemerkung Busses keinen Zweifel: »Ich halte das für völlig witzlos, Bomben zu werfen. Aber Sie haben mich ja direkt gefragt: Würdest Du, wenn es Erfolg hat. – Ich tu' alles, was Erfolg hat.«[195]

Bald schon beschritt eine Reihe militanter VSBD-Aktivisten den Weg in die Illegalität. Am 24. Dezember 1980 ereignete sich ein schwerer Zwischenfall an der

188 Zur Person: Kap. V. 3.1.
189 Vgl. P. Dudek (Anm. 187), S. 162.
190 Vgl. die Datenzusammenstellung bei: L. Niethammer (Anm. 128), S. 289.
191 Zur PdA vgl. M. Rowold (Anm. 73), S. 262–266.
192 Interview mit Friedhelm Busse, in: Die Volkssozialistische Bewegung Deutschlands. Sammelbecken militanter Rechtsradikaler, PDI-Sonderheft 17, München 1981, S. 60–73, 62.
193 Ebd., S. 62 f.
194 Ebd., S. 63.
195 Ebd., S. 73.

deutsch-schweizerischen Grenze. Bei dem Versuch, Waffen mit einem Schlauchboot von der Schweiz über den Rhein in die Bundesrepublik zu schmuggeln, kam es zu einem Schußwechsel, bei dem zwei Schweizer Beamte getötet und zwei weitere verletzt wurden. Der Täter, Frank Schubert, beging anschließend Selbstmord. Er war 1977 von der DDR in die Bundesrepublik geflohen und hatte sich in Frankfurt der VSBD angeschlossen, wo er durch kompromißlosen Einsatz und die Neigung zu Gewalttätigkeiten aufgefallen war[196].

Im Oktober 1981 erregte ein weiterer Vorfall Aufsehen, bei dem ein VSBD-Mitglied beteiligt war: Bei dem Versuch der Festnahme von fünf rechtsextremen Aktivisten zündete einer von ihnen eine Handgranate. Die Polizisten gaben daraufhin mehrere Schüsse ab, wobei zwei der schwerbewaffneten Täter tödlich getroffen wurden. Es handelte sich um den 24jährigen Klaus-Ludwig Uhl, ein führendes Mitglied der illegalen »NSDAP-Auslands- und Aufbauorganisation«, sowie den 21jährigen Kurt Wolfgram von der Frankfurter VSBD-Gruppe[197]. Wenig später verhaftete die Polizei Friedhelm Busse, in dessen Garage umfangreiche Sprengstoff-Bestände lagerten. Die VSBD/PdA wurde Anfang 1982 verboten, Busse zu einer mehrjährigen Haftstrafe verurteilt[198].

Im Dezember 1983 traf das Verbot eine weitere rechtsextreme Vereinigung: die »Aktionsfront Nationaler Sozialisten/Nationale Aktivisten« (ANS/NA). Sie war Anfang 1983 unter der Regie des kurz zuvor aus der Haft entlassenen Hamburger Neonationalsozialisten Michael Kühnen[199] gegründet worden und hatte eine ähnliche Entwicklung von der neonationalsozialistischen Militanz zu Anfängen eines Rechtsterrorismus durchlaufen wie zuvor die VSBD/PdA. Kühnen (geb. 1955) war bereits als Schüler in der »Szene« aktiv geworden (bei den JN), machte eine Weile bei der ANR des NPD-Abtrünnigen Pöhlmann mit, wechselte kurzzeitig ins gegnerische Lager über (zur maoistischen KPD!) und tummelte sich seit Mitte der siebziger Jahre in neonationalsozialistischen Gruppen, unter anderem auch bei »Lehrmeistern« aus der älteren Generation wie Thies Christophersen, Manfred Roeder, Erwin Schönborn, bis er 1977 zum Hamburger »Freizeitverein Hansa« stieß und bald darauf eine eigene Vereinigung gründete: die ANS[200]. Unter seiner Regie gelang es der ANS durch provokative Aktionen (»Ich Esel glaube noch, daß in deutschen KZs Juden vergast wurden«), immer wieder die Aufmerksamkeit der Medien auf sich zu ziehen und neue Anhänger zu gewinnen. Einige der militanten Aktivisten gingen einen Schritt weiter und verübten Raubüberfälle, bei denen Geld und Waffen erbeutet wurden. Das Oberlandesgericht Celle verurteilte die rechtsextremen Straftäter 1979 zu langjährigen Gefängnisstrafen. Kühnen wurde zwar vom Vorwurf der Rädelsführerschaft in einer terroristischen Vereinigung freigesprochen,

---

196   Vgl. VSB 1980, S. 46. Siehe über die Persönlichkeit Schuberts auch: Eike Hennig, »Wert habe ich nur als Kämpfer«. Rechtsextremistische Militanz und neonazistischer Terror, in: Reiner Steinweg (Hrsg.), Faszination der Gewalt. Politische Strategie und Alltagserfahrung, Frankfurt/M. 1983, S. 89–122, 111–113.

197   Vgl. VSB 1981, S. 26f.

198   Vgl. VSB 1983, S. 159.

199   Zur Person: Kap. V. 3.4.

200   Vgl. das Interview mit Michael Kühnen bei: Karl-Klaus Rabe (Hrsg.), Rechtsextreme Jugendliche. Gespräche mit Verführern und Verführten, Bornheim-Merten 1980, insbes. S. 163f.

erhielt aber dennoch eine Gefängnisstrafe von vier Jahren – unter anderem wegen Volksverhetzung, Aufstachelung zum Rassenhaß und der Verherrlichung von Gewalt[201].

Seine Haft nutzte Kühnen wie weiland Adolf Hitler für die Ausarbeitung einer umfangreichen programmatischen Schrift mit dem Titel: »Die Zweite Revolution. Glaube und Kampf«. Das Buchmanuskript ist dem ehemaligen SA-Stabschef Ernst Röhm gewidmet und mit ihm jenen Gruppen innerhalb der NSDAP, die nach der (politischen) »Machtergreifung« eine sich auf den sozialökonomischen Bereich erstreckende »zweite Revolution« gefordert hatten und von Hitler, gestützt auf die SS, Ende Juni 1934 ausgeschaltet worden waren. Kühnen hatte auch zuvor nie ein Hehl daraus gemacht, daß es ihm um eine zeitgemäße Wiedererweckung des Nationalsozialismus gehe. In der umfangreichen Schrift werden diese Gedanken, was für die neonationalsozialistische »Szene« sehr ungewöhnlich ist, nun aber systematisch entfaltet. Der neue Nationalsozialismus fordere eine »korporativistisch« organisierte, auf dem Prinzip der »Rassereinheit« basierende »Volksgemeinschaft«. Die Synthese von Nationalismus und Sozialismus werde den »Arier in ein neues Jahrtausend seiner geschichtlichen Existenz« führen. »Es liegt an uns allein, ob dieses zum Grabstein oder zum Mahnmal einer neuen Größe wird. *Wir Nationalsozialisten wollen die Ordnung der nächsten Jahrtausende gestalten!* Wir können nicht ahnen, wie diese Neue Ordnung einmal endgültig aussehen wird. Wir stehen mit klopfenden Herzen vor dem Tor in eine unvorstellbar große, schöne und überwältigende Kultur. [...] Und nicht nur diese arische Weltordnung ist unser Ziel. Dahinter steht noch ein geheimer Traum, das letzte, verborgene Ziel: Der Neue Mensch!«[202] Diese völkische Utopie erfordert einen kompromißlosen Einsatz, soll sie unter den widrigen Bedingungen der politischen Gegebenheiten einer Realisierung nähergeführt werden. Kühnen plädiert daher in seiner Schrift für die Aufstellung einer Truppe entschlossener Elitekämpfer, die als Vorhut einer Volksbewegung fungieren solle: »wir brauchen z. Z. eine disziplinierte, geschlossene und eisenharte Kaderbewegung, eine gleichsam ›leninistische‹ Organisation von Revolutionären, die gehorchen wollen, um siegen zu können!«[203] Ende 1982 aus der Haft entlassen, setzte Kühnen seine Aktivitäten unbeirrt fort. Mit der Gründung der ANS/NA gelang ein überregionaler Zusammenschluß dreier Gruppierungen: der Hamburger ANS, der ehemaligen »Wehrsportgruppe Fulda« und der »NS-Initiativgruppe Frankfurt/Main«. Die nach militärischen Prinzipien aufgebaute Organisation übte auf die bundesdeutsche Neonationalsozialisten-»Szene« Anziehungskraft aus, ein Prozeß, der freilich durch das Vereinigungsverbot vom Dezember 1983 vorläufig beendet wurde. Zu diesem Zeitpunkt gehörten der ANS/NA circa 270 Mitglieder an, gegliedert in mehr als 30 örtliche »Kameradschaften«, überwiegend Jugendliche unter 30 Jahren[204]. Kühnen hielt sich 1984 längere Zeit in Frankreich auf, wurde aber aufgrund einer Verfügung des französischen Innenministeriums im Oktober ausgewiesen. Seither in Untersuchungshaft,

---

201 Vgl. VSB 1978, S. 31; VSB 1979, S. 25 f.
202 Zitiert nach: P. Dudek (Anm. 187), S. 174 (Hervorhebung im Original).
203 Michael Kühnen, Die Zweite Revolution. Glaube und Kampf, unveröffentlichtes Manuskript, 1979. Zitiert nach einem Auszug, abgedruckt bei: P. Dudek/H.-G. Jaschke (Anm. 29), Bd. 2, S. 360–363, 361.
204 Vgl. VSB 1983, S. 123–126.

verurteilte ihn das Landgericht Frankfurt Anfang 1985 wiederum zu einer mehrjährigen Gefängnisstrafe[205].

VSBD/PdA und ANS/NA ragten aus der Vielzahl in den siebziger Jahren entstandener neonazistischer Gruppen heraus – wegen ihrer organisatorischen Kapazität, ihres ausgearbeiteten ideologischen »Überbaus«, der Öffentlichkeitswirkung ihrer Aktionen und der Anziehungskraft auf die rechtsextreme Jugendszene. Daneben sorgten aber auch andere Gruppierungen immer wieder für Schlagzeilen: so etwa die »Wehrsportgruppe« des Nürnberger Graphikers Karl Heinz Hoffmann (Jahrgang 1937). Seit 1974 hatte der Waffennarr jugendliche Abenteurer und politische Phantasten um sich geschart, die in militärischer Aufmachung und mit ausrangiertem Bundeswehrgerät ins Gelände ausrückten, um den Guerilla-Kampf zu proben. Der geltungssüchtige »Chef« der Truppe posierte in Uniform und mit stolz gezwirbeltem Schnurrbart vor den Kameras sensationslustiger Reporter. Aus seiner Verachtung gegenüber dem Parlamentarismus machte er kein Hehl, empfahl statt dessen klare Rangunterschiede und Befehlswege auch für den politischen Prozeß[206]. Als die Wehrsportgruppe wegen ihrer Anziehungskraft auf Jugendliche am 30. Januar 1980 verboten wurde, zählte sie nach Schätzung der Sicherheitsbehörden ca. 400 Aktive[207].

Die Wirkung des Verbots war ambivalent: Das Signal gegenüber der Öffentlichkeit hatte den Preis zunehmender Gewalt. Zwar ließen sich beim Anschlag auf das Münchener Oktoberfest (26. September 1980) keine Hintermänner feststellen, wenngleich der selbst ums Leben gekommene Attentäter früher einmal bei der »Wehrsportgruppe« mitgemacht hatte[208]. Aber der Mord an dem jüdischen Verleger Lewin und seiner Lebensgefährtin in Erlangen (19. Dezember 1980) ging auf das Konto eines Hoffmann-Gefolgsmannes, der sich unmittelbar vor der Tat noch im »Hauptquartier« der Truppe in Ermreuth bei Forchheim aufgehalten hatte. Vor Gericht konnte Hoffmann später keine unmittelbare Tatbeteiligung nachgewiesen werden, obwohl das Urteil einen »erheblichen Tatverdacht« konstatierte. Er wurde im Juni 1986 dennoch zu einer neuneinhalbjährigen Gefängnisstrafe verurteilt – unter anderem wegen Geldfälschung, illegalem Waffenbesitz, Freiheitsberaubung und Körperverletzung[209].

Der Täter selbst verschwand unter ungeklärten Umständen im Libanon. Hier hatte Hoffmann nach dem Verbot seiner Gruppe mit palästinensischer Unterstützung

---

205 Vgl. VSB 1984, S. 141 f. Siehe zu den politischen Auffassungen Kühnens auch: U. Backes/ E. Jesse (Anm. 31), Kap. III. 2.1.3.

206 Siehe das Interview mit Karl Heinz Hoffmann bei: Karl-Klaus Rabe (Hrsg.), Rechtsextreme Jugendliche. Gespräche mit Verführern und Verführten, Bornheim-Merten 1980, S. 197–215; Ihnen wäre das Lachen vergangen. Karl Heinz Hoffmann über seine Wehrsportgruppe und die Neonazis in der Bundesrepublik, in: Der Spiegel vom 24. November 1980, S. 76–96.

207 Vgl. VSB 1980, Bonn 1981, S. 26.

208 Der Journalist Ulrich Chaussy hat vergeblich nach handfesten Beweisen für die Beteiligung weiterer Personen gesucht: Ders., Oktoberfest. Ein Attentat, Darmstadt-Neuwied 1985.

209 Vgl. zum Urteil: Roswin Finkenzeller, Für Mord fand man bei Hoffmann kein Tatmotiv, in: FAZ vom 1. Juli 1986, S. 7.

eine »Wehrsportgruppe Ausland« aufzubauen versucht[210]. Das Projekt blieb in den Anfängen stecken, bahnte aber neuer Gewalt den Weg. Zu den Aktivisten im Libanon gehörte auch der aus dem nordbadischen Achern stammende junge Neonationalsozialist Odfried Hepp (Jahrgang 1958), der sich durch seinen Auslandsaufenthalt einer gerichtlichen Verhandlung zuvor begangener Straftaten entzog. Wegen Verstößen gegen das strenge Lagerreglement schweren Mißhandlungen ausgesetzt, floh Hepp mit zwei anderen im Juni 1981 in die Bundesrepublik. Ihre Angaben über die »Wehrsportgruppe Ausland« führten zur Verhaftung Hoffmanns. Hepp selbst verbüßte eine Gefängnisstrafe, setzte aber nach der Entlassung seine rechtsextremen Aktivitäten unbeirrt fort. Zusammen mit dem ehemaligen VSBD/PdA-Mitglied Walther Kexel gründete er eine konspirativ operierende Zelle, die sich als »antiimperialistisch« verstand, die Methoden der RAF übernahm und den nationalen Befreiungskampf gegen die amerikanischen »Besatzer« propagierte[211]. Die Gruppe erbeutete bei mehreren Banküberfällen in Frankfurt, Gießen und im Raum Nürnberg-Erlangen über eine Million DM und verübte eine Reihe von Anschlägen gegen amerikanische Armeeangehörige. Im Februar 1983 konnten die Sicherheitskräfte die Gruppe ausheben, nur Hepp gelang die Flucht. Mit Unterstützung des Ministeriums für Staatssicherheit der DDR[212] setzte er sich nach Syrien ab. Im Mai 1984 wurde er im Zusammenhang mit einer Polizeiaktion gegen die »Palestine Liberation Front« (PLF) in Paris verhaftet. Nach seiner Auslieferung im Januar 1987 verurteilte ihn das Oberlandesgericht Frankfurt wegen versuchten Mordes, der Beteiligung an vier Raubüberfällen und der Mitgliedschaft in einer terroristischen Vereinigung zu einer Haftstrafe von zehneinhalb Jahren.

Ende der siebziger Jahre zeigte die Kurve rechtsextremer Militanz steil nach oben. Waren 1976 und 1977 von den Sicherheitsbehörden keine Schwerstdelikte (Tötungen, Tötungsversuche, Sprengstoff- und Brandanschläge) registriert worden, stieg die rechtsextreme Gewaltkriminalität in den folgenden Jahren rapide an. Verbote und verstärktes Eingreifen der Polizei brachten die Entwicklung zwar unter Kontrolle; aber das (niedrige) Niveau der siebziger Jahre wurde seither nicht mehr erreicht. Nur wenige der neonationalsozialistischen Gruppen überschritten die Grenze zwischen provokativem Auftreten in der Öffentlichkeit und gezielter terroristischer Gewalt. Trotz einer Vielzahl von mehr oder minder gravierenden Gesetzesverstößen war das kontinuierliche, planhafte, strategisch durchdachte, streng konspirative Handeln nicht die Regel, sondern die Ausnahme. Zu diesen Ausnahmen zählten auch die »Deutschen Aktionsgruppen«, deren Aktivisten 1982 im Hochsicherheitsbereich der durch die RAF-Prozesse berühmt gewordenen Justizvollzugsanstalt Stuttgart-Stammheim vor Gericht standen. Nach beruflichem Hintergrund und Alter der Mitglieder handelte es sich um eine ungewöhnliche

210 Siehe dazu Karl Heinz Hoffmann, Verrat und Treue. Ein an Tatsachen orientierter Roman, Neunkirchen 1988. Zur kritischen »Würdigung« siehe Uwe Backes, Literatur aus der »Szene«: Erinnerungen hinter Gefängnismauern, in: ders./Eckhard Jesse (Hrsg.), Jahrbuch Extremismus & Demokratie, Bd. 1, Bonn 1989, S. 266–273.

211 Vgl. dazu ausführlich: Uwe Backes, Bleierne Jahre. Baader-Meinhof und danach, Erlangen u. a. 1991, S. 155–164.

212 Vgl. Pressemitteilung des Generalbundesanwaltes beim Bundesgerichtshof vom 26. März 1991; Du bist jetzt einer von uns. Die Stasi-Karriere des westdeutschen Neonazis Odfried Hepp, in: Der Spiegel vom 18. November 1991, S. 137–143.

Gruppe. Unter anderem gehörten ihr ein bis dato unbescholtener 52jähriger Handwerker, ein von privaten Schwierigkeiten geplagter 52jähriger Hals-Nasen-Ohren-Arzt und eine aus großbürgerlichen Verhältnissen stammende 26jährige Radiologieassistentin an[213]. Zwischen Februar und August 1980 hatten sie fünf Sprengstoff- und zwei Brandanschläge ausgeführt, unter anderem auf das Ausländerlager in Zirndorf, eine Unterkunft für Ausländer in Leinfelden und das Asylantenheim in Lörrach. Zwei Vietnamesen kamen bei einem Brandanschlag auf ein Ausländerwohnheim in Hamburg (August 1980) ums Leben.

Als einziger der Gruppe, der zuvor in der rechtsextremen »Szene« bekannt war, war der ehemalige Rechtsanwalt Manfred Roeder (Jahrgang 1929) als treibende Kraft im Hintergrund. Roeder hatte seinen politischen Lebensweg in den sechziger Jahren als fanatischer Kämpfer für die »Erneuerung der Staats- und Sittenordnung« und gegen Pornographie begonnen und Anfang der siebziger Jahre eine »Deutsche Bürgerinitiative« gegründet, die sich zu einem Treffpunkt für hartgesottene Neonationalsozialisten entwickelte. Seit 1975 diente ein neu erworbenes Anwesen (»Reichshof«) im nordhessischen Schwarzenborn als zentrale Anlaufstelle für gesellige und publizistische Aktivitäten. Nach seiner Verurteilung wegen diverser NS-Propagandadelikte entzog sich Roeder dem Zugriff der Strafverfolgungsbehörden durch Flucht ins Ausland. Hier fiel vermutlich die Entscheidung für den »bewaffneten Kampf«. In einem Rundbrief vom April 1980 schrieb Roeder: »Nach 8 Jahren war der legale Weg erschöpft. Den gibt es jetzt nicht mehr [...]. Entweder mußten wir aufgeben oder in den Untergrund gehen. Aufgeben kam nicht in Frage, denn für uns galt die Verpflichtung: Nie mehr lockerlassen, wenn wir ein Übel einmal erkannt hatten. Der Kampf muß jetzt auf einer anderen Ebene mit noch größerer Entschlossenheit fortgeführt werden, denn wir werden niemals tatenlos zusehen, wenn Deutschland zerstört wird. Entweder wir siegen oder untergehen!«[214] Mehrfach kehrte Roeder heimlich nach Deutschland zurück. Einen Gesinnungsgenossen fand er im württembergischen Kirchheim unter Teck: den Hals-Nasen-Ohrenarzt Dr. Heinz Colditz. Auch der Werkarbeiter Raimund Hörnle, Patient bei Colditz, und die Arzthelferin Sibylle Vorderbrügge gerieten mehr und mehr unter den Einfluß Roeders und seiner Ideen. Der Bruch mit bürgerlichen Normen und die Entscheidung zum kompromißlosen Kampf gegen das »marode« System der Bundesrepublik erschienen ihnen bald gerechtfertigt. Noch im Jahre 1980 gelang der Polizei die Festnahme der Gewalttäter. Der zu einer 13jährigen Freiheitsstrafe verurteilte Roeder setzte aus der Haft heraus seine Propagandatätigkeit fort, wenngleich er von terroristischen Praktiken Abstand nahm.

Zwischen den militanten neonationalsozialistischen Gruppierungen und ihren Nachfolgeorganisationen bestanden dichte kommunikative Beziehungen. Verbote der Behörden führten regelmäßig zu einem Personalaustausch zwischen verschiedenen Organisationen. Eine zentrale Anlaufstelle bildete die »Hilfsorganisation für nationale politische Gefangene und deren Angehörige« (HNG), eine Vereinigung zur Unterstützung inhaftierter politischer Straftäter. Daneben existier(t)en Treffpunkte

---

213 Vgl. zum personellen Hintergrund: Dietrich Strothmann, Der andere Stammheim-Prozeß, die Biederleute und die Brandstifter. Manfred Roeder und seine Kumpane: das erste Mordverfahren gegen Rechtsterroristen, in: Die Zeit vom 22. Januar 1982, S. 2.
214 Zitiert nach: P. Dudek (Anm. 187), S. 188.

wie das Anwesen des Gärtnerehepaars Müller in Mainz-Gonsenheim oder das von dem aus Ludwigshafen stammenden Ernst Tag gegründete »Zentrum und Hauptquartier der Nationalsozialistischen Bewegung« im pfälzischen Weidenthal[215]. »Revisionistische« Journalisten wie Thies Christophersen, Leiter einer »Bürger- und Bauerninitiative«, belieferten die »Szene« mit Druckerzeugnissen, in denen die »Auschwitz-Lüge« propagiert und das NS-Regime weißgewaschen wurde[216]. Christophersen entzog sich 1986 dem Zugriff der deutschen Behörden durch Flucht nach Dänemark. Seit Mitte der siebziger Jahre konnten neonationalsozialistische Gruppen einen erheblichen Mitgliederzuwachs verbuchen (siehe Tabelle 2). Allerdings überstieg die »Szene« bis Ende der achtziger Jahre die Marge von 2 100 Aktivisten nicht – eine winzige Minderheit, die aufgrund ihres provokanten Auftretens in der Öffentlichkeit und sensationslustiger Medien einen überproportionalen Einfluß gewann.

Tabelle 2: Mitgliederentwicklung der neonationalsozialistischen Gruppen, 1975–1989

1975	400
1976	600
1977	900
1978	1 000
1979	1 400
1980	1 200
1981	1 250
1982	1 050
1983	1 130
1984	1 150
1985	1 400
1986	1 500
1987	2 100
1988	1 900
1989	1 500

Quelle: Zusammenstellung nach den Verfassungsschutzberichten.

Im Laufe der achtziger Jahre trat die »Freiheitliche Deutsche Arbeiterpartei« (FAP) des arbeitslosen Kaufmannes und Lehrers Martin Pape in den Vordergrund. Ursprünglich einem diffusen Nationalismus mit volksgemeinschaftlich-egalitären, ökologischen und anti-jesuitischen (das »verschwörerische Treiben« des Jesuitenordens) Elementen huldigend, wurde die 1979 gegründete Organisation von ehemaligen

215 Tag wurde 1988 zu einer viereinhalbjährigen Freiheitsstrafe verurteilt. Vgl. VSB 1989, S. 124.
216 In der »Kritik«-Schriftenreihe erschienen etwa folgende Titel: Ist Rassebewußtsein verwerflich? Das sozialrassistische Manifest kommentiert von G.-A. Amaudruz, Kälberhagen, o. J. (Erstdruck: Courrier du Continent, Lausanne); Die Auschwitz-Lüge. Ein Erlebnisbericht von Thies Christophersen, Mohrkirchen 1978[6] (»Genehmigter Nachdruck: Courrier du Continent, Lausanne«); René Binet, Rassenethik, Kälberhagen 1977 (mit einem Vorwort von Gaston-Armand Amaudruz; Courrier du Continent ist der von ihm geleitete Verlag).

Mitgliedern der Ende 1983 verbotenen ANS/NA erfolgreich unterwandert[217]. In die Vorstände neu gegründeter Gliederungen rückten »bewährte« ANS/NA-Aktivisten ein und übernahmen das Kommando. FAP-Gründer Pape fand zunächst Gefallen an der territorialen Ausdehnung seiner Organisation (neue Landesverbände in Baden-Württemberg, Nordrhein-Westfalen, Niedersachsen), obgleich sein Einfluß unweigerlich schwand. Zu spät wetterte er in seiner Hauspostille »Deutscher Standpunkt« gegen die Übernahme der FAP »mittels eingeschleuster Agenten und NS-Spinnern«[218]. Völlig in die Isolation geraten, gründete er 1990 eine neue Organisation.[219]

Die Parteibeitritte von Neonationalsozialisten ließen die Mitgliederzahl der FAP nach Angaben der Sicherheitsbehörden auf 500 (1987) ansteigen. Doch die Handlungsfähigkeit der Organisation wurde durch gravierende Divergenzen zwischen den Unterwanderern geschwächt. Die sogenannte »Bewegung«, ein lose geknüpftes Verbindungsnetz ehemaliger ANS/NA-Anhänger, spaltete sich vor dem Hintergrund personeller Rivalitäten in einen homosexuellen-feindlichen Flügel um Jürgen Mosler (geb. 1955) und einen – nach dem historischen Vorbild der SA unter Ernst Röhm – homosexuellen-freundlichen um Michael Kühnen[220]. Kühnen trat 1986 zeitweilig aus der »Bewegung« aus, meldete später aber erneut Führungsansprüche an. In der FAP setzte sich nach und nach die Mosler-»Fraktion« gegen die Kühnen-Anhänger durch. Anfang 1988 wählte der Mosler-Flügel den ehemaligen VSBD/PdA-Führer Friedhelm Busse zum neuen Vorsitzenden. Der von Kühnen-Anhängern zum Gegenvorsitzenden gekürte ehemalige Gründer der WJ, Walter Matthaei (geb. 1915), konnte sich in der Folgezeit nicht durchsetzen.

Nach seiner Haftentlassung im März 1988 ging Kühnen eigene Wege. Er gründete im Juli 1988 die Vereinigung »Nationale Sammlung« (N. S.), die an den hessischen Kommunalwahlen im März 1989 teilnehmen sollte. Die Kühnen-Anhänger konzentrierten ihre Aktivitäten auf die Landeshauptstadt Frankfurt und das hessische Städtchen Langen, in dem eine erste »ausländerfreie Zone« ausgerufen wurde[221]. Das Bundesministerium des Innern setzte diesen Bemühungen mit dem Verbot der N. S. im Februar 1989 ein Ende[222].

---

217 Vgl. Anne-Katrin Henkel, Die neonazistische Unterwanderung der FAP, in: Vorgänge, 26 (1987) 90, S. 20–27.

218 Martin Pape, Rechtskampf, in: Deutscher Standpunkt, (1989) 11. Vgl. zur Unterwanderung der FAP auch: Georg Christians, »Die Reihen fest geschlossen«. Die FAP – Zu Anatomie und Umfeld einer militant-neofaschistischen Partei in den 80er Jahren, Marburg 1990.

219 Vgl. VSB Baden-Württemberg 1990, hrsg. vom Innenministerium Baden-Württemberg, Stuttgart 1991, S. 69.

220 Vgl. VSB 1986, S. 161–165; Hitlers Enkel und die FAP. Ein zweiter »Fall Röhm« spaltet die Neonazi-Szene, hrsg. vom Deutschen Informationsdienst, Bonn 1986.

221 Vgl. den Bericht von: Thorsten Brommer, Das Beispiel Langen, in: links. Sozialistische Zeitung, 21 (1989) 227, S. 30.

222 Vgl. Bundesinnenminister Friedrich Zimmermann verbietet rechtsextremistische Vereinigung »Nationale Sammlung«, in: Innere Sicherheit, Nr. 1 vom 28. Februar 1989, S. 1; siehe dazu Armin Pfahl-Traughber, Das Verbot der »Nationalen Sammlung«, in: Uwe Backes/ Eckhard Jesse (Hrsg.), Jahrbuch Extremismus & Demokratie, Bd. 2, Bonn 1990, S. 218–227.

2.6 Intellektuelle Erneuerung

Die steigende Militanz in Teilen der rechtsextremen »Szene« seit den siebziger Jahren war nicht zuletzt die Folge des politischen Scheiterns der »national-demokratischen« Sammlungsbewegung. Dies gilt gleichermaßen für die Ende der sechziger Jahre auftretende »Neue Rechte«[223], auch wenn die Theoriezirkel ganz andere Konsequenzen zogen. Sie propagierten den Primat der Theorie gegenüber der Praxis: Die Vorbilder der »Neuen Linken« und der chinesischen Kulturrevolution[224] vor Augen, betonten sie die Notwendigkeit einer geistigen Umwälzung, aus der die politische als Frucht hervorgehe.

»Von der Linken lernen« hatte einer der Vordenker der »Neuen Rechten« in der Bundesrepublik, Gert Waldmann, einen Beitrag für die Zeitschrift »Nation Europa« überschrieben, in dem es hieß: »Wir müssen von der Neuen Linken lernen. Lernen etwa, daß die Gesellschaft revolutioniert werden muß, daß in der Politik keine Tradition heilig ist, daß Staat niemals von vornherein gut ist, daß das Establishment auch unser Gegner ist. Lernen auch, daß Unruhe die erste Bürgerpflicht ist, daß nur Aktionen Erfolge bringen.«[225] »Rechts« sollte forthin nicht mehr ein Synonym für Traditionalismus, Staatsvergottung, Obrigkeitstreue und Law-and-order-Denken sein. So wie die »Neue Linke« beinahe vergessene marxistische und anarchistische Theoreme mit neuem Leben erfüllt hatte, wollte die »Neue Rechte« das geistige Reservoir der Vorkriegsrechten, insbesondere der »Konservativen Revolution«, anzapfen und den Erfordernissen der Gegenwart anpassen; so wie es der »Neuen Linken« gelungen war, die öffentliche Diskussion mit ihren Begriffen und Konzepten einzufärben, sollte nun die geistige Vorherrschaft für eine mit frischen Ideen aufwartende Rechte errungen werden[226].

---

223 »Neue Rechte« meint hier eine im Kern rechtsextreme geistige Strömung, die trotz gewisser Berührungspunkte keinesfalls mit dem »Neokonservativismus« und dessen Umfeld in einen Topf geworfen werden darf. Daß das eine mit dem anderen wenig zu tun hat, kommt in einschlägigen Sammelbänden, die beide Phänomene nebeneinander behandeln, nicht genügend zum Ausdruck. Siehe etwa: Iring Fetscher (Hrsg.), Neokonservative und »Neue Rechte«. Der Angriff gegen Sozialstaat und liberale Demokratie in den Vereinigten Staaten, Westeuropa und der Bundesrepublik, München 1983; Ruth Levitas (Hrsg.), The Ideology of the New Right, Oxford 1986.

224 Vgl. dazu den programmatischen Beitrag von: Michael Meinrad, Nationalrevolutionäre Aktion?, in: Nation Europa, 20 (1970) 1, S. 23–26.

225 Gert Waldmann, Von der Linken lernen. Respektlose Gedanken eines jungen Nationalisten, in: Nation Europa, 19 (1969) 8, S. 23 f.; Heinz Winterhude (»Von den Linken lernen«, in: Nation Europa, 20 [1970] 1, S. 34 f.) erwiderte, die »Neue Rechte« habe es gar nicht nötig, von den Linken zu lernen und verwies dabei auf eigenständige Beiträge in Zeitschriften wie »Junges Forum«, »Fragmente«, »Deutscher Studenten Anzeiger« oder das französische Organ »Europe Action«.

226 Die Gramsci-Rezeption (das Theorem von der »kulturellen Hegemonie«) setzte – unter dem Einfluß der französischen »Nouvelle Droite« – in der Neuen Rechten erst später ein. Vgl. zu Gramsci: Otto Kallscheuer, Antonio Gramscis intellektuelle und moralische Reform des Marxismus, in: I. Fetscher/H. Münkler (Anm. 14), S. 588–601, insbes. 596–598. Dazu aus neu-rechter Sicht: Alain de Benoist, Antonio Gramsci, in: ders., Aus rechter Sicht. Eine kritische Anthologie zeitgenössischer Ideen, Bd. 2, Tübingen-Buenos Aires-Montevideo 1984, S. 379–389 und die Ausgabe der neu-rechten Zeitschrift »Junges Forum« vom Sommer 1984 (1984, 1/2) mit der Überschrift »Metapolitik – was ist das?«

Erste intellektuelle Zirkel der »Neuen Rechten« hatten sich bereits in den sechziger Jahren gebildet[227]. Aus solchen Diskussionsrunden gingen etwa die Zeitschriften »Junges Forum« (seit 1964) und »Fragmente« (seit 1965) hervor[228]. Obwohl die »Neue Rechte« bestrebt war, sich deutlich von der »alten« – als veraltet geltenden – abzugrenzen, gab es doch diverse Vorläufer und Anknüpfungspunkte auch in der Nachkriegsrechten. Für eine Überwindung der Systeme des Ostens wie des Westens, des Kommunismus wie des Kapitalismus und die Suche nach einem »dritten Weg« war bereits in den fünfziger Jahren die DG August Haußleiters eingetreten – in der Tradition der »konservativen Revolutionäre«[229]. Ihr Programm hatte ebenso »sozialrevolutionäre« Elemente enthalten wie das der 1961 in Nordrhein-Westfalen gegründeten »Unabhängigen Arbeiterpartei« (UAP), die die letzten Überreste des Strasserismus konservierte[230]. Für eine Überwindung des Deutsch-Nationalismus war die Zeitschrift »Nation Europa«, die der »Neuen Rechten« seit Ende der sechziger Jahre bereitwillig ihre Spalten öffnete, seit ihrem Bestehen eingetreten.

Dennoch wäre es falsch zu meinen, die »Neue Rechte« habe dem Ideenvorrat der antidemokratischen Rechten im Grunde nichts Eigenständiges hinzugefügt. So brechen ihre Vertreter mit dem verbreiteten Antiintellektualismus und Irrationalismus der Rechten. Statt dessen kennzeichnet die »Neue Rechte« eine besondere Wertschätzung des theoretischen Diskurses und das Bemühen, ein umfassendes Gedankengebäude zu entwerfen, das wissenschaftliche Ergebnisse der Erkenntnistheorie, Biologie, Sozialanthropologie, Psychologie etc. verarbeitet. Von zentraler Bedeutung für das neu-rechte Weltbild ist das Konzept des »Ethnopluralismus«. Es setzt sich vom »Ethnozentrismus« völkischer Provenienz ab, indem es nicht von vornherein Völker oder Ethnien minderer und höherer Qualität unterscheidet, sondern der »biologisch intakten« Ethnie einen Wert an sich beimißt[231]. In vielen Punkten ergeben

---

(enthält Beiträge von de Benoist über die »Neue Rechte«, Jacques Marlaud über Gramsci und dem Vertreter der belgischen Neuen Rechten, Piet Tommissen, mit einer Würdigung von de Benoists Metapolitik-Konzept).

227 Vgl. zur Entstehung und Entwicklung der »Neuen Rechten« bis Mitte der siebziger Jahre besonders die Pionierstudie von: Günter Bartsch, Revolution von rechts? Ideologie und Organisation der Neuen Rechten, Freiburg i. Br. 1975. Inzwischen liegen weitere Arbeiten zum Thema vor. Siehe vor allem: Karl-Heinz Pröhuber, Die nationalrevolutionäre Bewegung in Westdeutschland, Hamburg 1980; Margret Feit, Die »Neue Rechte« in der Bundesrepublik. Organisation – Ideologie – Strategie, Frankfurt/M.-New York 1987; Klaus Schönekäs, Bundesrepublik Deutschland, in: Franz Greß/Hans-Gerd Jaschke/ders., Neue Rechte und Rechtsextremismus in Europa, Opladen 1990, S. 218–347.

228 Vgl. über die neu-rechten Zeitschriften »Sol« und »Fragmente«: Peter Dudek/Hans-Gerd Jaschke, Revolte von rechts. Anatomie einer neuen Jugendpresse, Frankfurt/M.-New York 1981, S. 96–108.

229 Vgl. zur DG vor allem: R. Stöss (Anm. 29).

230 Vgl. zur UAP: R. Stöss, Die Unabhängige Arbeiter-Partei, in: ders. (Anm. 30), S. 2337–2360; M. Rowold (Anm. 73), S. 252–262.

231 Den Diskussionsstand am Anfang der siebziger Jahre dokumentiert anschaulich folgende neu-rechte Aufsatzsammlung: Nationalismus heute, Junge Kritik (Beiheft des Deutschen Studenten-Anzeigers), Bd. 1, Coburg 1970 (hier vor allem die Beiträge von Henning Eichberg [Pseudonym: Hartwig Singer] über »Totale Nation? Europäischer Nationalismus und die Öffnung nach vorn« und Gert Waldmann mit »Sechs Thesen zum modernen Nationalismus«). Einen fortgeschrittenen Diskussionsstand spiegelt: Henning Eichberg, Nationale

sich zwischen »Ethnopluralismus« und vielgescholtenem »Ethnozentrismus« aber auch Gemeinsamkeiten: Beide Konzepte messen den Erbanlagen eine dominierende Bedeutung zu, beide sehen den Menschen nicht in erster Linie als Individuum, sondern als Angehöriger einer biologisch und kulturell definierten Klasse von Menschen (»Ethnie«). »Identität« kann der einzelne nach dieser Logik nur in seiner »Ethnie« entwickeln, während die »Ethnie« an der »Überfremdung« durch Individuen und Gruppen aus anderen »Ethnien« biologisch und kulturell verkommt. Die Konsequenz: Jede »Ethnie« muß biologisch intakt gehalten werden, was vor allem bedeutet, sie vor der »Überfremdung« zu schützen. Bereits »überfremdete« »Ethnien« bedürfen einer Auffrischung ihrer »Identität«. Wenn neu-rechte Theoretiker von »Antiimperialismus« sprechen, dann meinen sie die Befreiung der »Ethnien« von biologischer und kultureller »Überfremdung« (»Befreiungsnationalismus«).

Die Parallelen zu herkömmlichen Rassetheorien springen ins Auge: Was früher »Volk« oder »Rasse« genannt wurde, firmiert nun unter dem neutral klingenden Begriff »Ethnie«. Von »Überfremdung« läßt sich nur sprechen, wenn ein Ideal der Rassereinheit vorausgesetzt wird: Das penetrante Wort von den »Mischlingen« oder der »Mischrasse« wird nun vornehm durch die Wendung »überfremdete Ethnie« umschrieben. Und der propagierte »Befreiungsnationalismus« fungiert vor diesem Hintergrund als Instrument geistiger und politischer Selbstermächtigung. Von hier aus ist es nur ein kleiner Schritt hin zur Bildung biologischer und kultureller Hierarchien zwischen unterschiedlichen »Ethnien« – eine Konsequenz, die sich in der neu-rechten Betonung »okzidentaler« Werte bereits andeutet. Bei aller Freude an der geistigen Auseinandersetzung ist der neu-rechte Diskurs dennoch durch spezifische Verengungen und Dogmatismen gekennzeichnet. Dies gilt vor allem für die in der Wissenschaft umstrittene, wenn nicht ganz und gar unhaltbare, Annahme von der dominierenden Rolle der menschlichen Erbanlagen für das soziale Verhalten. Der Argumentationsgang der »Neuen Rechten« ist (nicht nur) in diesem Punkt unseriös, da er sich einseitig auf Extrempositionen der wissenschaftlichen Kontroverse stützt, ohne die gewichtigen Argumente anderer Diskutanten überhaupt in Betracht zu ziehen. Es werden also nur solche wissenschaftlichen Ergebnisse und Positionen beachtet, die sich nahtlos in das mehr oder weniger fertige Weltbild einfügen lassen.

Daß die »Neue Rechte« Dogmatismus und geistige Erstarrung der »alten« Rechten keineswegs überwunden hat, zeigt die organisatorische Entwicklung mit wünschenswerter Deutlichkeit. Der Niedergang der NPD hatte auch bei den verstreuten neu-rechten Zirkeln und »Basisgruppen« die Hoffnung genährt, das nun freigewordene politische Potential für die eigenen Zwecke zu nutzen. So beteiligte man sich zeitweilig an der ANR Siegfried Pöhlmanns. Bald schon stellte man jedoch fest, daß sich die national-konservativen und teilweise auch »hitleristischen« Gruppen weder unterwandern noch im »nationalrevolutionären« Sinne überzeugen ließen. Es blieb daher nichts anderes als der Aufbau einer eigenen Organisation übrig. In Würzburg konstituierte sich 1972 eine »Nationalrevolutionäre Aufbauorganisation« (NRAO). Ihr Bestehen war von kurzer Dauer, da sich die Spannungen zwischen dem »sozialisti-

---

Identität. Entfremdung und nationale Frage in der Industriegesellschaft, München-Wien 1978. Siehe ferner: G. Bartsch (Anm. 227), S. 45–51 und K.-H. Pröhuber (Anm. 227), S. 63–68.

schen« und dem »solidaristischen« Flügel, uneins vor allem im Hinblick auf die Struktur des zukünftigen Wirtschaftssystems, nicht überbrücken ließen. 1974 gründeten die »Solidaristen« daher eine eigene Organisation: die »Solidaristische Volksbewegung« (SVB). Wenige Tage später, am 31. August 1974, bildeten die »sozialistischen« Nationalrevolutionäre eine eigene Vereinigung mit der Bezeichnung: »Sache des Volkes/Nationalrevolutionäre Aufbauorganisation« (SdV/NRAO).

Nach einer Phase der Stabilisierung auf niedrigem Niveau wurden beide Gruppierungen von neuen Turbulenzen erfaßt: Die SVB, die in der Ökologiebewegung mitgewirkt hatte, sah sich von dort Abgrenzungsbestrebungen ausgesetzt. Sie nannte sich bald darauf in »Bund deutscher Solidaristen« (BDS) um[232]. In der SdV/NRAO kam es zu Auseinandersetzungen über die Binnenstruktur der Organisation. Während eine Gruppe um Sven Thomas Frank für einen strikten Zentralismus und den Aufbau einer Kaderpartei plädierte, traten die »Föderalisten« um den Cheftheoretiker Henning Eichberg für die Bildung eines Netzes von »Basisgruppen« ein. Eichberg verließ bald darauf die SdV/NRAO und widmete sich fortan ausschließlich publizistischer Tätigkeit[233]. Seit Ende der siebziger, Anfang der achtziger Jahre differenzierte sich die neu-rechte Szene weiter. Eine stattliche Anzahl unterschiedlicher Theorieorgane (»Neue Zeit«, »Laser«, »Wir selbst«, »Aufbruch«) überdeckte die geringen Mitgliederzahlen und nur schwach ausgeprägte organisatorische Strukturen.

Zu Beginn der achtziger Jahre verstärkte sich spürbar der Einfluß der französischen »Nouvelle droite«. Der bereits seit mehr als einem Jahrzehnt bestehende »Groupement de Recherche et d'Etudes pour la Civilisation Européenne« (GRECE) hatte in den französischen Medien für Aufsehen gesorgt, nachdem einer der »maître penseur« der »Neuen Rechten«, Alain de Benoist, 1978 mit einem Literaturpreis der Académie française ausgezeichnet worden war und das renommierte »Figaro Magazine« Vertretern dieser »société de pensée« ihre Spalten geöffnet hatte. Ein Artikel Thierry Pfisters in »Le Monde« schlug im Juni 1979 Alarm, löste eine Pressekampagne aus und beförderte eine bloße Realität zum politischen Phänomen[234]. Auch jenseits des Rheins wurde die französische »Neue Rechte« nun verstärkt zur Kenntnis genommen. Verlage wie »Sinus« und »Grabert« veröffentlichten mehrere Bücher de

---

232 Vgl. dazu vor allem: Günter Bartsch, Die Nationalrevolutionäre – heute, in: Criticón, 14 (1984) 81, S. 32 f.; ferner: ders., Die Nationalrevolutionäre. Zur Situation einer fast unbekannten politischen Bewegung, in: Neue Politik, 22 (1977) 5, S. 22–25; ders., Nationalrevolutionäre auf dem Weg zum Nationalmarxismus, in: Criticón, 16 (1986) 98, S. 278; Arno Klönne, »Linke Leute von rechts« und »rechte Leute von links« damals und heute, in: Blätter für deutsche und internationale Politik, 28 (1983), S. 115–122; Hartmut Reese, Protagonisten der »nationalen Identität«: die Nationalrevolutionäre, in: FH, 39 (1984) 6, S. 13–20.

233 Die Tatsache, daß Eichberg in neu-rechten Organisationen seither keine Funktionen mehr übernommen hat, dürfte auch als Distanzierung zu werten sein. Die Einordnung der von ihm vertretenen Thesen auf der Rechts-Links-Achse fällt – im Gegensatz zu den meisten anderen Vertretern der Neuen Rechten – in der Tat schwer. Vgl. dazu das Interview mit Eichberg: Wir sind eben doch Deutsche. Gespräch über nationalrevolutionäre Perspektiven, in: Ästhetik und Kommunikation, 10 (1979) 36, S. 125–130. Außerdem: Henning Eichberg, Männerphantasien und Schmerzarbeit. Zur deutschen Identitätsfrage, in: Niemandsland, 1 (1987) 2, S. 115–118.

234 So sinngemäß Julien Brun, La Nouvelle Droite. Le dossier du »procès«, Paris 1979, S. 7.

Benoists in deutscher Sprache[235]. In einer Anthologie aus dem Jahre 1981 trug der französische Chefdenker seine Ideen neben deutschen rechtsradikalen Intellektuellen wie Rolf Kosiek, Armin Mohler und Jürgen Rieger vor[236].

Der Herausgeber der im Tübinger Grabert-Verlag erschienenen Sammlung, Pierre Krebs (geb. 1947), hatte seit Ende 1979 in der Zeitschrift »Deutschland in Geschichte und Gegenwart« (aus demselben Verlag) eine Rubrik unter der – bei der deutschen extremen Rechten traditionsreichen – Bezeichnung »Thule-Seminar« eröffnet[237]. Eine Institution gleichen Namens, gewissermaßen eine Dépendance der »Nouvelle droite«, wurde Ende 1980 in Kassel gegründet. Das »Thule-Seminar« sollte als geistiges Zentrum den angestrebten Prozeß kulturrevolutionärer Transformation voranbringen. Notwendig sei eine Rückkehr zu den indogermanischen Quellen und der rücksichtslose Kampf gegen den Egalitarismus in seinen Hauptformen Liberalismus und Bolschewismus. In der 1986 gegründeten Zeitschrift »Elemente« – das deutschsprachige Pendant zum »Nouvelle droite«-Organ »Eléments« – formulierte Krebs die politische Zielsetzung seine Theoriezirkels wie folgt: »Kulturelle Wiedergeburt Europas; Unabhängigkeit seiner Politik, Diplomatie und Wirtschaft; Ausrichtung auf die blockfreien Länder; Kulturkrieg gegen sämtliche Entwurzelungskräfte (der Hauptfeind heißt American way of life); Bündnis mit allen Kräften der Dritten Welt, die gegen die amerikanisch-sowjetische Zange ankämpfen; Festlegung neuer historischer Entwürfe – kurz: Gründung einer dritten Kraft, eines dritten Weges, Gründung des Neuen Europäischen Imperiums«[238].

Doch vorläufig blieben dies nur Worte. »Fünf Jahre eines schonungslosen Kampfes«, die Krebs 1986 bilanzierte, spielten sich auf (geduldigem) Papier und in den Versammlungsräumen von Sympathisantenzirkeln ab. Zwar entstand ein Netz von Zeitschriftenprojekten in verschiedenen europäischen Demokratien; aber in Deutschland florierte das Unternehmen nicht so, wie man es sich erhofft hatte. Darauf deutet jedenfalls das unregelmäßige Erscheinen der professionell aufgemachten Zeitschrift »Elemente« hin, die es bis 1990 lediglich auf vier Ausgaben brachte. Insofern klang der Rückblick von 1986 allzu hoffnungsvoll: Die Erwartungen seien »weit übertroffen« worden, »weil diese weltanschauliche Partei ihre erste bedeutende Schlacht bereits gewonnen hat: nämlich die Verankerung des Grundsteins, auf dem die Neue Kultur in Deutschland entstehen soll«[239].

235 Alain de Benoist, Heide sein. Zu einem neuen Anfang. Die europäische Glaubensalternative, Tübingen 1981; Die entscheidenden Jahre, Tübingen 1982; Aus Rechter Sicht. Eine kritische Anthologie zeitgenössischer Ideen, 2 Bde., Tübingen 1983/84; Kulturrevolution von rechts. Gramsci und die Nouvelle Droite, Krefeld 1985; Demokratie. Das Problem, Tübingen 1986.

236 Vgl. Pierre Krebs (Hrsg.), Das unvergängliche Erbe. Alternativen zum Prinzip der Gleichheit, Tübingen 1981.

237 Vgl. K. Schönekäs (Anm. 227), S. 278–280; Armin Pfahl-Traughber, GRECE – Die Neue Rechte in Frankreich, in: Vorgänge, 30 (1991) 113, S. 15–27.

238 Pierre Krebs, Die erste Partei des Geistes, in: Elemente, (1987) 2, S. 2.

239 Ders., Zu neuen Ufern, in: Elemente, (1986) 1, S. 4.

2.7 Deutsch-nationale Sammlung

Während die »Neue Rechte« in realistischer Einschätzung der Lage parteipolitisches Engagement scheute und der »Metapolitik« den Vorzug gab, stimulierte der Verfallsprozeß der NPD seit den siebziger Jahren neue Versuche zur Sammlung aller nationalistischen Kräfte. Die am 18. Januar 1971 von dem Münchener Verleger Dr. Gerhard Frey ins Leben gerufene »Deutsche Volksunion« (DVU) bemühte sich um eine Kanalisierung der schwindenden NPD-Potentiale und nahm den Kampf gegen die Ostpolitik der sozial-liberalen Koalition auf. Wie die NPD betonte sie ihren »national-freiheitlichen« Charakter und sah ihre Klientel im politischen Raum bis hin zur politischen »Mitte«[240]. Ein klares politisches Profil ließ die sich »überparteilich« gerierende Vereinigung vermissen und wirkte wohl gerade aus diesem Grunde auf national-konservative und deutsch-nationale Gruppen des rechtsextremen »Lagers« anziehend. Die DVU entwickelte sich auch keineswegs zu einer agilen politischen Kraft, sondern blieb im wesentlichen eine Sammelorganisation der (zahlenden) Karteileichen und Leser der von Frey verlegten, mit einigem kommerziellen Erfolg gesegneten Blätter wie der »Deutschen National-Zeitung« (Druckauflage erstes Quartal 1971: 115 092) oder dem anläßlich der DVU-Gründung neu erworbenen »Deutschen Anzeiger«.

Seit Gründung der DVU bemühte sich Frey um den Aufbau eines Netzwerkes auf diverse Bedürfnisse zugeschnittener Organisationen. So wurde 1972 der »Freiheitliche Rat« gegründet, ein Koordinationsgremium der »national-freiheitlichen« Rechten. Ihm gesellten sich unter anderem die Restbestände des DB hinzu, die »Aktion Oder-Neiße« mit ihrem Bundesvorsitzenden Erwin Arlt und die »Wiking-Jugend«[241]. Daneben entstanden sogenannte »Aktionsgemeinschaften«, die in erster Linie der Rekrutierung neuer Mitglieder dienen: »Ehrenbund Rudel/Gemeinschaft zum Schutz der Frontsoldaten«, »Aktion deutsche Einheit« (die Nachfolgerin der »Aktion Oder-Neiße«), »Volksbewegung für Generalamnestie« (sie fordert die Beendigung der Kriegsverbrecherprozesse), »Aktion deutsches Radio und Fernsehen«, »Initiative für Ausländerbegrenzung«, »Deutscher Schutzbund für Volk und Kultur«. Den »national-freiheitlichen« Gruppierungen gelang es im Laufe der siebziger Jahre, einen Teil der schwindenden NPD-Anhängerschaft zu absorbieren und die eigene Mitgliederzahl kräftig auszuweiten. Nach Angaben der Ämter für Verfassungsschutz verfügten die »national-demokratischen« Organisationen 1975 noch über 12 400 Mitglieder, während die »national-freiheitlichen« (vier Jahre nach Gründung der DVU) zu die-

---

240 Vgl. Auszüge der Rede Gerhard Freys vor dem Gründungsausschuß der DVU, abgedruckt in: Deutsche National-Zeitung vom 22. Januar 1971, S. 3 f., 10.

241 Eine »Entschließung des FREIHEITLICHEN RATES« vom 11. August 1972 (siehe Deutsche National-Zeitung vom selben Tag) wurde unterzeichnet vom Vorsitzenden Gerhard Frey, dem Bundesvorsitzenden der Aktion Neue Rechte, Siegfried Pöhlmann, dem Bundesvorsitzenden der Aktion Oder-Neiße, Erwin Arlt, dem Bundesvorsitzenden des Deutschen Blocks und des Jugendbundes Adler, Richard Etzel, dem Mitglied des Max Planck-Instituts für Völkerrecht, Fritz Münch, dem Kuratoriumsmitglied der internationalen Grotius-Stiftung zur Verbreitung des Völkerrechts, Bolko Frhr. von Richthofen, dem stellvertretenden Bundesvorsitzenden der DVU, Fritz von Randow, und dem Bundesvorsitzenden der Wiking-Jugend, Wolfgang Nahrath.

sem Zeitpunkt 3 800 Mitglieder zählten[242]. 1976 hatte sich das Verhältnis bereits verschoben: 11 600 »Nationaldemokraten« standen 4 800 »National-Freiheitliche« gegenüber. Diese Entwicklung setzte sich fort. 1977 war das Verhältnis 10 600 : 5 400, 1978 10 100 : 5 600, 1979 9 500 : 6 400, 1980 kehrte sich das Verhältnis schließlich um: Die »Nationaldemokraten« zählten nur mehr 8 300, während die Mitgliederzahl der »Nationalfreiheitlichen« auf nunmehr 13 500 gestiegen war (siehe Tabelle 3). Seither haben die Organisationen um Gerhard Frey ihre Stellung als mitgliederstärkste »Fraktion« des rechtsextremen »Lagers« behauptet.

Tabelle 3: Mitgliederentwicklung der »national-freiheitlichen« Organisationen, 1975–1989

1975	3 800
1976	4 800
1977	5 400
1978	5 600
1979	6 400
1980	13 500
1981	10 400
1982	10 400
1983	11 400
1984	12 400
1985	12 000
1986	12 100
1987	15 100
1988	18 600
1989	25 000

Quelle: Zusammenstellung nach den Verfassungsschutzberichten.

Begreiflicherweise belastete das Rivalitätsverhältnis zwischen NPD und DVU die beiderseitigen Beziehungen. Während Frey von seiten der NPD vor allem kommerzielle Motive unterstellt wurden, ernteten diese angesichts ihrer Erfolglosigkeit Spott und Hohn. Bei den Bundestagswahlen von 1980 forderte die »Deutsche National-Zeitung« ihre Leser zur Wahl der CDU/CSU auf. Zeitweilig kam es zu Annäherungen: Teile der NPD plädierten Mitte der siebziger Jahre für eine Einbindung der »National-Freiheitlichen«, und Frey bewarb sich um das Amt des stellvertretenden Parteivorsitzenden[243]. Das Vorhaben scheiterte jedoch am Widerstand der Parteimehrheit. In den darauf folgenden Jahren war das Verhältnis zwischen NPD und DVU vorwiegend durch gegenseitige Nichtbeachtung gekennzeichnet.

Der Erfolg der »Nationalfreiheitlichen« ist nicht allein aus dem Niedergang der NPD und der geschickten Organisationspolitik Freys erklärbar. Einen bedeutenden Anteil daran dürfte das publizistische Wirken des Münchener Verlegers haben, der gelegentlich mit dem Pressemagnaten der Weimarer Zeit, Alfred Hugenberg, verglichen worden ist. Mag Frey in der Bundesrepublik auch nur einen Bruchteil des politi-

---

242 Diese und die folgenden Zahlenangaben sind dokumentiert bei: F. Greß/H.-G. Jaschke (Anm. 136), S. 11.
243 Vgl. P. Dudek/H.-G. Jaschke (Anm. 29), S. 296f.

schen Einflusses Hugenbergs ausüben, so zeigt dessen politisches Wirken doch deutliche Züge deutsch-nationaler Kontinuität. Dies gilt etwa für den von der DVU und den Organen Freys vertretenen Reichsmythos. Nicht zufällig wurde die »Deutsche National-Zeitung« nach einem einflußreichen Organ des Kaiserreiches benannt und die DVU am 100. Jahrestag der Reichsgründung ins Leben gerufen[244]. Die »National-Zeitung« versucht unermüdlich, das Bild des »deutschen Soldaten« aufzuhellen, verharmlost den historischen Nationalsozialismus, verbreitet die These von der »Umerziehung« der Deutschen nach dem Zweiten Weltkrieg und der Unterdrückung der politischen Rechten in der Bundesrepublik. Dabei hält sich das wöchentlich erscheinende Periodikum seit Jahren auf hohem Auflage-Niveau, erfüllt somit eine wichtige integrierende Funktion innerhalb der rechtsextremen »Szene«[245].

Die »national-freiheitlichen« Organisationen konnten ihr Potential im Laufe der achtziger Jahre noch weiter ausbauen. Die Verfassungsschutzämter registrierten steigende Mitgliederzahlen. Auch im publizistischen Bereich wurde eine Festigung der eingenommenen Position erreicht: Gerhard Frey erwarb zum 1. Januar 1986 die seit 1959 erscheinende »Deutsche Wochen-Zeitung« von dem Verleger und ehemaligen NPD-Präsidiumsmitglied Waldemar Schütz, der freilich Mitherausgeber blieb[246]. Die drei wöchentlich erscheinenden Organe »Deutsche National-Zeitung«, »Deutscher Anzeiger« und »Deutsche Wochen-Zeitung« erreichten 1989 eine Auflage von insgesamt mehr als 110 000 Exemplaren, was – selbst wenn die verkaufte Auflage niedriger angesetzt wird – beachtlich erscheint, bedenkt man, daß angesehene demokratische Wochenblätter wie der »Rheinische Merkur/Christ und Welt« (1986: 122 000) oder das »Deutsche Allgemeine Sonntagsblatt« (1986: 119 000) diese Auflagenhöhe nur geringfügig überschritten.

1986 kam es zu einer neuerlichen Annäherung zwischen DVU und der auf einem Niveau von circa 6 000 Mitgliedern stagnierenden[247] NPD. Das verbesserte gegenseitige Verhältnis wurde bei der bayerischen Landtagswahl 1986 und der Bundestagswahl vom Januar 1987 offenkundig, als in Freys Blättern entgegen langjähriger Praxis zur Wahl der NPD aufgerufen wurde[248]. Während die »Nationaldemokraten« in Bayern Verluste hinnehmen mußten, konnten sie ihren Stimmenanteil bei der Bundestagswahl deutlich ausweiten (von 0,2 Prozent 1983 auf 0,6 Prozent 1987)[249]. Dies war für die Partei auch schon deshalb von großer Bedeutung, weil sie aufgrund der Übersteigung der 0,5-Prozent-Grenze in den Genuß der Wahlkampfkostenerstattung gelangte. Durch den (bescheidenen) Erfolg ermutigt, einigten sich DVU und NPD auf ein weitergehendes Kooperationskonzept. Das Übereinkommen wurde durch die (graduellen) Unterschiede in den außenpolitischen Orientierungen der beiden Organisationen – die DVU war stärker westorientiert, während die NPD seit Anfang der achtziger Jahre eine »gaullistische« Variante des Nationalneutralismus propagierte – offenbar nicht nennenswert gestört, obwohl etwa der NATO-Doppelbeschluß von

---

244 Vgl. »Rechte APO formiert sich«, in: Berliner Stimme vom 23. Januar 1971.
245 Siehe zur »Deutschen National-Zeitung«: P. Dudek/H.-G. Jaschke (Anm. 170).
246 Vgl. VSB 1986, S. 180.
247 Allerdings verbuchten die Verfassungsschutzämter 1987 erstmals seit einigen Jahren wieder einen leichten Mitgliederzuwachs auf 6 100. Vgl. VSB 1987, S. 132.
248 Vgl. ebd., S. 178.
249 Eine Analyse des Bundestagswahlergebnisses findet sich in: Innere Sicherheit, (1987) 1, S. 6–8.

den »National-Freiheitlichen« befürwortet, von den »Nationaldemokraten« hingegen verworfen wurde. Die DVU rückte von dem früher betonten Prinzip der »Überparteilichkeit« ab und bildete im März 1987 eine als Partei eingeschriebene Wahlorganisation namens »DVU Liste D«, die von der NPD unterstützt wurde[250]. Wo sich die NPD wenig Chancen ausrechnete, sollte in Zukunft die DVU-Liste D kandidieren, während umgekehrt die »Liste D« dort auf eine eigene Kandidatur zugunsten der »Nationaldemokraten« verzichten sollte, wo die NPD zur Wahl antrat[251]. Seine Feuertaufe überstand das unerwartete Bündnis bei der Bürgerschaftswahl in Bremen im September 1987. Dort trat die »Liste D« mit außerordentlichem Propagandaaufwand an und erzielte auf Anhieb 3,4 Prozent der Stimmen. Der Erfolg der Rechtsextremisten wurde in seiner Wirkung noch dadurch verstärkt (freilich auch verzerrt), daß in Bremerhaven die Überwindung der Fünf-Prozent-Marke gelang[252], wodurch (aufgrund einer Bremer Sonderregelung) automatisch ein Abgeordneter der DVU in das Bremer Landesparlament, die Bürgerschaft, entsandt werden konnte. Damit war seit Beginn der siebziger Jahre das erste Mal wieder ein Mitglied einer rechtsextremen Partei in einem Landesparlament vertreten.

Daß sich die »vereint antretenden Patrioten«[253], so der NPD-Bundesvorsitzende Martin Mußgnug auf dem Parteitag im November 1987, im politischen Aufwind befanden, bestätigte sich bei der Landtagswahl in Baden-Württemberg (20. März 1988). Hier war die NPD mit publizistischer Unterstützung der Frey-Presse angetreten und erhielt 2,1 Prozent der Stimmen (Bundestagswahl 1987: 1,0 Prozent)[254]. Neben der NPD waren auch andere rechte Splitterparteien wie die »Republikaner« und die konservative »Ökologisch-Demokratische Partei« verhältnismäßig erfolgreich, vergleicht man die Ergebnisse mit dem Abschneiden rechter Splittergruppen in den vorangegangenen zehn Jahren. Offenkundig profitierten die rechten Splittergruppen von der Tatsache, daß sich seit 1983 die Unionsparteien, noch dazu in einer Koalition mit der FDP, an der Regierung befanden und daher ihre Funktion als Protestventil für mit der Politik enttäuschte Wählergruppen nicht mehr erfüllen konnten. Für Baden-Württemberg kristallisierte sich bei den Wahlanalysen eine Protest- oder Klientelgruppe heraus. Die NPD erzielte überdurchschnittlich hohe Gewinne in ländlichen Wahlkreisen mit hohem Selbständigenanteil[255]. Hierbei dürften mit der Agrarpolitik der Bundesregierung unzufriedene kleine und mittelständische Landwirte eine

---

250 Vgl. dazu den Bericht in: Innere Sicherheit, (1987) 3, S. 6f.

251 Vgl. den Artikel: Wahlabsprachen zwischen NPD und DVU-Liste D, in: Innere Sicherheit, (1988) 2, S. 7.

252 Vgl. den Bericht in: Innere Sicherheit, (1987) 5/6, S. 11. Ferner: »Trotz starker Wählerbewegungen hat sich politisch wenig verändert. Eine Infas-Analyse der Wahlen im Norden«, in: FAZ vom 15. September 1987, S. 4. Siehe ferner die Berichterstattung in: Deutsche National-Zeitung vom 25. September 1987 und Deutsche Wochen-Zeitung vom 25. September 1987.

253 Vgl. den Bericht in: Innere Sicherheit, (1988) 1, S. 8f.

254 Vgl. zur Wahl in Baden-Württemberg: Dieter Oberndörfer/Gerd Mielke, Im Südwesten offenbaren sich vertraute Konturen und neuartige Wandlungsprozesse, in: FAZ vom 26. März 1988, S. 4; Manfred Berger/Wolfgang G. Gibowski/Dieter Roth, Bewegung am rechten Rand. Die kleinen radikalen Parteien sind die großen Gewinner, in: Die Zeit vom 25. März 1988, S. 4. Ferner: NPD setzte Etablierten mächtig zu, in: Deutsche National-Zeitung vom 1. April 1988, S. 8.

255 Vgl. ebd.

zentrale Rolle gespielt haben. Es handelte sich häufig um katholisch geprägte Gebiete, was angesichts der früher feststellbaren Affinitäten zwischen protestantischem Milieu und Stimmabgabe für rechtsextreme Parteien überrascht. Diese Entwicklung war aber wohl größtenteils dadurch zu erklären, daß sich die Kirchenbindung der Katholiken inzwischen gelockert und derjenigen der Protestanten tendenziell angeglichen hat. Resonanz gewannen die Rechtsextremisten auch durch Anti-Ausländer-Kampagnen. Sie profitierten dabei von verbreiteter Angst und Abneigung gegenüber Fremden, die besonders in gewachsenen Kulturnationen verbreitet sind (zumal bei beträchtlicher Arbeitslosigkeit) und durch Aufklärung und Appelle an das Solidaritätsgefühl wohl niemals ganz und nur mühsam überwunden werden können.

DVU und NPD hätten bei Wahlen gewiß noch besser abgeschnitten, wäre ihnen nicht eine starke Konkurrenz in Gestalt der Partei »Die Republikaner« (REP) erwachsen. Vergegenwärtigt man sich die Ursprünge, handelt es sich um ein bayerisches Entwicklungsprodukt[256]. Die Entstehung der Partei geht auf das Frühjahr 1983 zurück, als der damalige bayerische Ministerpräsident und CSU-Vorsitzende Franz Josef Strauß bei der Vermittlung eines Milliardenkredites an die DDR behilflich war. Viele Beobachter kommentierten dies mit Verwunderung, hatte sich die CSU in den Jahren zuvor doch immer wieder als Warnerin vor einer ökonomischen Stabilisierung des SED-Regimes profiliert. Die eigenwillige Kursrevision des mächtigen Parteivorsitzenden stieß bei nicht wenigen CSU-Mitgliedern auf Unverständnis, und es kam in den folgenden Monaten zu einer Reihe von Parteiaustritten. Zu den Austrittswilligen gehörten auch die Bundestagsabgeordneten Franz Handlos und Ekkehard Voigt. Sie gründeten im November 1983 eine neue Partei, die sich gleichsam als die außerhalb der CSU betriebene Realisation des Straußschen Wunschtraums von einer bundesweit verbreiteten vierten Partei ausnahm.

Bei der Gründung der REP war noch ein dritter im Bunde: der ehemalige Fernsehjournalist Schönhuber. Franz Schönhuber (geb. 1923) ist ein Mann mit bewegter politischer Vergangenheit. Nach 1945 verdiente er zunächst mit Gelegenheitsjobs als Schauspieler und Sportreporter bei der prokommunistischen Zeitung »Deutsche Woche« seinen Lebensunterhalt, ehe er sich in den sechziger Jahren als Journalist bei Münchener Stadtzeitungen politischen Themen zuwandte. Der Ausrichtung dieser Blätter entsprechend, profilierte er sich zur damaligen Zeit eher als Linker, unterstützte beispielsweise die Münchener Jungsozialisten in ihrer Opposition gegen Oberbürgermeister Hans-Jochen Vogel. Anfang der siebziger Jahre begann Schönhubers Mitarbeit beim Bayerischen Rundfunk. Hier startete er eine steile journalistische Karriere. 1975 übernahm er die Leitung der Hauptabteilung »Bayern-Information« und wurde als Moderator der Serie »Jetzt red i« bald zu einem der populärsten Fernsehjournalisten in Bayern. Inzwischen hatte er sich auch politisch der CSU genähert und gehörte zeitweilig zur erlesenen Entourage des bayerischen Ministerpräsidenten Strauß.

---

256 Seit dem Berliner Wahlerfolg (Januar 1989) ist eine Fülle an Veröffentlichungen auf den Markt gekommen, von denen viele »mit heißer Nadel gestrickt« sind. Zu den besten Werken gehören: Hans-Gerd Jaschke, Die »Republikaner«. Profile einer Rechtsaußen-Partei, Bonn-Berlin 1990; Claus Leggewie, Die Republikaner. Phantombild der Neuen Rechten, Berlin 1990⁴; ders., Die Republikaner. Ein Phantom nimmt Gestalt an, völlig überarb. und erw. Neuausgabe, Berlin 1990; Michael Stiller, Die Republikaner. Franz Schönhuber und seine rechtsradikale Partei, München 1989.

Anfang der achtziger Jahre fand die journalistische Karriere Schönhubers ein abruptes Ende. Im April 1982 wurde dem damaligen Hauptabteilungsleiter und stellvertretenden Chefredakteur beim Bayerischen Rundfunk fristlos gekündigt. Schönhuber war zu einem Kritiker der neuen ostpolitischen Orientierung des bayerischen Ministerpräsidenten geworden. Anlaß der Kündigung war jedoch das Erscheinen des Erinnerungsbuches »Ich war dabei«, in dem Schönhuber freimütig über seine einstigen Aktivitäten in der Waffen-SS berichtet hatte[257]. Zwar distanzierte sich Schönhuber von seiner Jugendverfehlung; die Art jedoch, wie er dem Nationalsozialismus »positive« Seiten abzuringen versuchte, über die Tapferkeit der ehemaligen »Eliteeinheiten« räsonnierte und die Deutschen zu mehr nationalem Selbstbewußtsein aufrief, erregte vielfach Anstoß, zumal die »National-Zeitung« das Buch groß herausstellte.

Zwischen den Mitgliedern des dreiköpfigen Gründungstriumvirates setzte bald ein innerparteilicher Machtkampf ein, bei dem sich Schönhuber als der Stärkere erwies. Einerseits plädierte er für ein eigenständigeres programmatisches Profil der REP im Verhältnis zur Union (z. B. stärkere Akzentuierung des »Nationalen«), andererseits erwies sich der fernsehbekannte, redegewandte Schönhuber in den Biersälen der bayerischen Provinz als Publikumsattraktion. Handlos verließ 1986 nach heftigen Auseinandersetzungen die Partei, blieb aber mit der neugegründeten »Freiheitlichen Volkspartei« (FVP) erfolglos. Auch Voigt wandte sich 1986 von den REP ab, betätigte sich zeitweilig bei der bayerischen FDP, erhielt aber 1989 nach einem gescheiterten Anlauf wieder ein Mitgliedsbuch der REP und übernahm bald darauf den Vorsitz des nordrhein-westfälischen Landesverbandes.

Das erste Parteiprogramm der REP war am 26. November 1983 von einem »Bundeskongreß« in München verabschiedet worden und trug noch deutlich die Handschrift von Handlos und Voigt. So hob es zwar den Einsatz der REP für die »Identität« der deutschen Nation hervor und plädierte entschieden für eine »Wiedervereinigung Deutschlands«, wandte sich jedoch gleichzeitig gegen »nationalstaatlichen Egoismus« und trat dafür ein, die politische Einigung Europas energisch voranzutreiben. Das nach dem Ausscheiden der beiden Parteigründer 1987 verabschiedete Programm stellte demgegenüber die Interessen der »geteilten Nation und des deutschen Volkes« deutlicher in den Vordergrund und ließ in der Auseinandersetzung mit den bestehenden Verhältnissen eine härtere, kompromißlosere Sprache vernehmen: »Die im internationalen Vergleich volkswirtschaftlich und sozial günstige Lage der Deutschen der Bundesrepublik täuscht darüber hinweg, daß in ganz Deutschland die geistige und politische Kultur zunehmend verwahrlost, die Sitten mißachtet werden und der Wille schwindet, die nationale Einheit wiederherzustellen. Durch eine gegenläufige Umerziehung der Deutschen in den Teilstaaten wächst die Entfremdung.«[258] Die im Programm von 1983 eher knappen Ausführungen über die Notwendigkeit einer »Wiedervereinigung« fielen nun ausführlicher aus und wurden durch die Skizzierung konkreter politischer Schritte auf diesem Weg ergänzt. Das Bekenntnis zur politischen Einigung Europas entfiel hingegen. Daß dies kein Zufall war, wurde in der sogenann-

---

257 Vgl. Franz Schönhuber, Ich war dabei, Frankfurt/M.-Berlin 1988 (1981). Weitere Veröffentlichungen: Freunde in der Not, München-Wien 1983; Trotz allem Deutschland, München-Wien 1987; Die Türken. Geschichte und Gegenwart, München 1989.
258 Programm der Republikaner, 1987, S. 1.

ten »Dinkelsbühler Erklärung zur Europawahl« ersichtlich, wo mit dem Plädoyer für ein »Europa der Vaterländer« eine verklausulierte Absage an die politische Union Europas erfolgte: »Wir Republikaner halten den deutschen Nationalstaat ebenso wenig für überholt wie alle Nationalstaaten in Europa und wollen auf dieser Grundlage das wiedervereinigte Deutschland als starken und ehrlichen Partner in eine gesamteuropäische Konföderation der Vaterländer führen, die jedem Land seine nationale Souveränität, seine kulturelle Eigenart und seine wirtschaftliche Potenz im freien Handel zum gegenseitigen Nutzen bewahrt.«[259] Auf die Frage, wie uneingeschränkte »nationale Souveränität« und »gesamteuropäische Konföderation« miteinander in Einklang zu bringen seien, gab das Programm verständlicherweise keine Antwort.

Enthielt das Programm von 1987 in seiner ursprünglichen Fassung noch ein Bekenntnis zur Nordatlantischen Verteidigungsgemeinschaft, erfolgte bereits 1988 eine nationalneutralistische Wendung: »Das Ziel der Wiedervereinigung Gesamtdeutschlands ist vorrangig und höher zu bewerten als ein Verbleib der Bundesrepublik Deutschland in der Nordatlantischen Verteidigungsgemeinschaft. Deshalb darf die Bündnispartnerschaft auf dem Weg zur Einheit Deutschlands kein unüberwindliches Hindernis darstellen. Jedoch darf der Schritt in eine militärische Bündnisfreiheit nicht einseitig als Vorgabe von der Bundesrepublik Deutschland geleistet werden. Er muß gleichermaßen für alle Teile Deutschlands seine Entsprechung finden.«[260] Mit anderen Worten: Die REP plädierten für den Austritt beider deutscher Staaten aus den jeweiligen Bündnissystemen als Voraussetzung für eine Wiedervereinigung. Als politisches Ziel galt das neutrale, aber bewaffnete Gesamtdeutschland.

Einen ersten Wahlerfolg erzielten die REP 1986 bei der bayerischen Landtagswahl, als sie nach unermüdlichem Wahlkampfeinsatz drei Prozent der Stimmen erhielten. 1,28 Mio. DM an Wahlkampfkostenerstattung bildeten eine wichtige Basis für den weiteren Ausbau der Parteiorganisation. Freilich folgten magere Jahre, in denen die REP bei Kandidaturen in Bremen, Schleswig-Holstein und Baden-Württemberg herbe Wahlniederlagen einstecken mußten. So kam der Westberliner Wahlerfolg vom Januar 1989 völlig überraschend, war doch zuvor ein heftiger, mit Rücktritten verbundener Streit in der örtlichen Parteiführung entbrannt, ob die Partei überhaupt kandidieren sollte.

Das Westberliner Ergebnis (7,5 Prozent) erfuhr bei der Europawahl im Juni 1989 eine Bestätigung. Die REP erzielten 7,1 Prozent der Stimmen. Die ebenfalls kandidierende DVU blieb mit 1,6 Prozent weit abgeschlagen[261]. Das REP-Resultat wurde allerdings dadurch relativiert, daß der Anteil von Protestwählern bei Europawahlen wesentlich höher ist als bei der Wahl zum Deutschen Bundestag. Dennoch waren die Wahlresultate eine politische Sensation. Seit den Erfolgsjahren der NPD hatte keine Partei rechts von der Union mehr die Fünf-Prozent-Hürde überwinden können. Begreiflicherweise erlebten die REP im Laufe des Jahres 1989 eine stürmische Mitgliederentwicklung, wobei sie Zulauf aus der rechtsextremen Subkultur erhielten. Die Zahl der Mitglieder stieg nach Angaben der Parteileitung von 8 500 im Januar auf

259 Deutsche Interessen haben Vorrang. Die Dinkelsbühler Erklärung der REPUBLIKANER zur Europawahl.
260 Programm der Republikaner in der Fassung vom 24. Juni 1988, S. 3.
261 Vgl. Eckhard Jesse, Wahlen 1989, in: U. Backes/ders. (Anm. 222), S. 133–142.

25 000 Ende Dezember (siehe Tabelle 4). Freilich erreichte der Parteiapparat keine auch nur annähernd flächendeckende Organisationsdichte. Schwerpunkte blieben Bayern, Baden-Württemberg und West-Berlin.

Tabelle 4: Mitgliederentwicklung der REP, 1985–1989

Dezember	1985	2 500
Dezember	1986	4 000
Dezember	1987	5 000
Dezember	1988	8 500
März	1989	12 000
September	1989	21 000
Dezember	1989	25 000

Quelle: Angaben der REP.

In vielen Landesverbänden wurde die Handlungsfähigkeit der Partei durch heftige innerparteiliche Auseinandersetzungen in Frage gestellt. Zum einen handelte es sich dabei um karrierebezogene Machtkämpfe. Zum anderen spielten ideologisch-programmatische Divergenzen eine Rolle. Als Rechtsabspaltung von den Unionsparteien entstanden, hatten sich die REP in den folgenden Jahren radikalisiert und Anziehungskraft auf das rechtsextreme Spektrum gewonnen. Die extremismustheoretische Bewertung der REP war daher von Anfang an schwieriger als in den Fällen DVU und NPD. Einerseits beteuerten die REP bei jeder Gelegenheit ihre Loyalität gegenüber zentralen Werten und Spielregeln der Verfassung, grenzten sich verbal und mittels Unvereinbarkeitsbeschlüssen von rechtsextremen Organisationen ab, erschien die Parteipresse im Vergleich zu NPD- oder DVU-Organen moderat. Andererseits aber waren autoritäre Implikationen des auf den Parteiführer zugeschnittenen populistischen Profils unübersehbar, schürte die Ausländerprogrammatik Fremdenfeindlichkeit, konnten die deutschlandpolitischen Forderungen ihre nationalistische Herkunft nicht verbergen, arbeiteten ehemalige NPD- und DVU-Aktivisten in führenden Funktionen[262].

2.8 Der Zusammenbruch des »real existierenden Sozialismus«

Der Kollaps des SED-Regimes im Herbst 1989 führte zu grundlegenden Veränderungen der politischen Szenerie in Deutschland – nicht nur auf der extremen Linken, sondern auch auf der extremen Rechten. Der Niedergang des »real existierenden Sozialismus«, der Machtverlust der SED und ihrer westlichen Satelliten DKP und SEW beraubte die extreme Rechte bis zu einem gewissen Grade ihres ideologischen Gegenpols. Dies würde, so war anzunehmen, die Mobilisationskraft des »Antikommunismus« schwächen. Gleichzeitig ergaben sich jedoch große Chancen für die

---

262 Vgl. Uwe Backes, The West German Republikaner: Profile of a Nationalist, Populist Party of Protest, in: Patterns of Prejudice, 24 (1990) 1, S. 3–18.

extreme Rechte. Ihre Vertreter hatten stets unnachgiebig am Ziel der Wiedervereinigung festgehalten und durften nun hoffen, von der nationalen Renaissance zu profitieren. Das ideologische und politisch-organisatorische Vakuum im Osten mußte ausgefüllt werden und bot ungeahnte Möglichkeiten für Agitation und parteipolitische Einflußerweiterung.

Bald nach Öffnung der innerdeutschen Grenze am 9. November 1989 dehnten NPD und REP ihre Aktivitäten auf das Territorium der Noch-DDR aus. Parteiaktivisten verteilten in Städten wie Dresden, Halle, Leipzig, Plauen, Rostock Flugblätter und Broschüren am Rande der allwöchentlichen Protestdemonstrationen der »Bürgerbewegungen«. Bereits im Januar 1990 vermeldeten die REP regen Zuspruch aus Ost-Berlin und der DDR und forderten die Zulassung der Partei im östlichen Deutschland[263]. Doch die alte Ostberliner Volkskammer entschied anders und erließ im Vorfeld der für den März geplanten Wahl ein Verbot der REP. Die Partei konnte daher nicht an der ersten demokratischen Wahl in der DDR teilnehmen. Erst im Sommer 1990 wurden die Aktivitäten der REP infolge des Vertrags für die künftige gesamtdeutsche Wahl legalisiert. Die NPD versuchte ihrerseits, sich mit einer Kampagne für eine Volksabstimmung zur Wiedervereinigung an die Spitze des unverhofften Einigungsprozesses zu stellen. Seit dem 18. Januar 1990 bestanden in der DDR NPD-Ableger: die in Leipzig gegründete »Mitteldeutsche Nationaldemokratische Partei« (MNP) mit ihrer Jugendorganisation »Junge Nationaldemokraten« (JN)[264]. Aber erst im Vorfeld der gesamtdeutschen Wahlen vom 2. Dezember 1990 verdichteten sich die Aktivitäten der Partei im östlichen Deutschland. Gegen den Widerstand der Erfurter Stadtverordnetenversammlung erstritt sich die NPD Anfang Oktober das Recht, in dieser Stadt ihren Parteitag zu veranstalten.

Doch die Wahlen des Jahres 1990 brachten für die extreme Rechte bittere Niederlagen. Wie durch eine Ironie der Geschichte war es gerade die sich am Horizont abzeichnende Vereinigung der beiden deutschen Staaten, die den Plänen von NPD und REP den Boden entzog. Nicht die Gralshüter nationalistischer Ideen, sondern die Mitglieder der Bundesregierung gaben bei der deutschen Vereinigung den Ton an. Zudem trat die »große Politik« in der epochemachenden Periode seit dem Herbst 1989 in den Vordergrund, überlagerte werbewirksame Themen der extremen Rechten. Das an Wahlen reiche Jahr 1990[265] begann im Januar mit der Landtagswahl im Saarland, wo die REP mit 3,3 Prozent der Stimmen die Fünf-Prozent-Marke deutlich verfehlten. Die NPD schnitt mit 0,2 Prozent noch deutlich schlechter ab als vier Jahre zuvor. Im Mai fanden dann Landtagswahlen in Nordrhein-Westfalen und Niedersachsen statt. Hier konnten die REP mit 1,5 Prozent der Stimmen in Niedersachsen und 1,8 Prozent in Nordrhein-Westfalen ihre Erfolgsserie von 1989 nicht fortsetzen. Noch weiter abgeschlagen verharrte die NPD im Ghetto der Zehntelprozentpunkte. Dies fand seine Fortsetzung bei den Landtagswahlen in den neuen Bundesländern am 14. Oktober. Die REP blieben dort ebenso weit hinter ihren Erwartungen zurück. Einen Erfolg verbuchte die Partei lediglich in Bayern, wo am gleichen Tag Landtags-

---

263 Vgl. REPUBLIKANER in der DDR?, in: Der Republikaner, (1990), 1.
264 Vgl. »Aktivitäten von Rechtsextremisten nach den Veränderungen in der DDR«, in: Innere Sicherheit, Nr. 1 vom 23. März 1990, S. 10–12, 11.
265 Vgl. Eckhard Jesse, Wahlen 1990, in: Uwe Backes/ders. (Hrsg.), Jahrbuch Extremismus & Demokratie, Bd. 3, Bonn 1991, S. 97–112.

wahlen stattfanden. Allerdings verfehlte sie mit 4,9 Prozent der Stimmen knapp den Einzug ins Maximilianeum. Auch bei der ersten gesamtdeutschen Wahl am 2. Dezember blieben aufsehenerregende Erfolge der Rechtsparteien aus: Die REP erreichten gerade 2,1 Prozent der Stimmen, und die NPD halbierte ihr mageres Ergebnis von 1987 auf 0,3 Prozent. Dies hatte gravierende Konsequenzen, erreichte die Partei doch nicht die für die Erstattung der Wahlkampfkosten notwendige Mindeststimmenzahl von 0,5 Prozent. Die nun erforderliche Rückzahlung der bereits erstatteten Wahlkampfkostenpauschale in Höhe von ca. 820 000 DM brachten die Partei an den Rand des Ruins[266]. So war die Bilanz des Wahljahres 1990 für die extreme Rechte ernüchternd: Die Wogen der nationalen Begeisterung waren offenbar an ihr vorbeigerauscht.

Das enttäuschende Abschneiden in einer schicksalsbestimmenden Zeit konnte nicht ohne Konsequenzen für die innerparteilichen Verhältnisse bleiben. Die REP erlebten 1990 eine turbulente Entwicklung. Der angestaute Unmut über den autoritären Führungsstil Schönhubers entlud sich. Die für einen engen Schulterschluß mit DVU und NPD plädierende Partei-»Rechte« meldete sich lautstark zu Wort. Schönhuber kündigte dagegen eine »Säuberung« der Partei von Rechtsextremisten an[267]. Allerdings schien es zeitweilig, als werde Schönhuber unterliegen, erklärte er doch am 25. Mai seinen Rücktritt. Eine Wendung brachte dann der Parteitag am 7./8. Juli im niederbayerischen Ruhstorf, wo sich die Mehrheit der Delegierten für die Wiederwahl Schönhubers entschied. Dieser konnte in den folgenden Monaten seine Hausmacht stärken und geschworene Gegner wie den ehemaligen Generalsekretär Harald Neubauer und die Europaabgeordnete Johanna Grund aus der Partei drängen.

Führende Vertreter der gegen Schönhuber unterlegenen REP-Opposition nahmen in der zweiten Jahreshälfte 1990 Sondierungsgespräche mit Repräsentanten der NPD auf. Teilnehmer waren unter anderen die (ehemaligen) REP-Funktionäre Harald Neubauer und Franz Glasauer auf der einen Seite, NPD-Bundesvorsitzender Martin Mußgnug und NPD-Landesvorsitzender Jürgen Schützinger (Baden-Württemberg) auf der anderen. Einen ersten konkreten Schritt stellte die Gründung der Monatszeitung »Deutsche Rundschau« als publizistisches Forum der einigungswilligen Rechten dar. Das im RVG-Verlag/Landshut seit September 1990 erscheinende Blatt präsentierte sich den Lesern als »parteiunabhängiges Sprachrohr aller derjenigen, die die Zersplitterung am ›rechten Rand‹ des politischen Spektrums leid sind und die Einheit aller deutschen Patrioten wollen«[268]. Gleichzeitig wurde der »Arbeitskreis Vereinigte Rechte« ins Leben gerufen, eine vorläufige Auffangorganisation für abtrünnige REP-Aktivisten.

Vor den gesamtdeutschen Wahlen verhielt sich die NPD-Führung zunächst noch zurückhaltend. Erst nachdem der Stimmenanteil wider Erwarten nicht deutlich zu-, sondern sogar abgenommen hatte und die Partei in eine schwierige finanzielle Situation geraten war, traten Konsequenzen ein. Martin Mußgnug, seit 1971 amtierender

---

266 Vgl. Ernüchterndes Wahlergebnis für die NPD bei der Bundestagswahl am 2. Dezember 1990, in: Innere Sicherheit, Nr. 1 vom 15. Februar 1991, S. 3f.

267 Der Verlauf des innerparteilichen Machtkampfes ist dokumentiert bei: Gabriele Nandlinger, Zur Geschichte der Partei »Die Republikaner«, in: Klaus-Henning Rosen (Hrsg.), Die Republikaner – Aspekte einer rechten Partei. Daten – Fakten – Hintergründe, Bonn 1991, S. 7–18.

268 So die Grußbotschaft von Redaktion und Verlag: Deutsche Rundschau, Nr. 12 vom November 1990, S. 1.

Parteivorsitzender, erklärte angesichts mangelnder Perspektiven am 16. Dezember 1990 seinen Rücktritt. Am 18. Januar 1991, dem 120. Jahrestag der Bismarckschen Reichsgründung, beteiligte er sich gemeinsam mit dem baden-württembergischen NPD-Landesvorsitzenden Schützinger, dem früheren NPD-Generalsekretär Walter Seetzen, dem Rechtsanwalt Johannes Pauli und dem früheren bayerischen Landesvorsitzenden und Generalsekretär der REP, Harald Neubauer, an der Konstituierung des Vereins »Deutsche Allianz – Vereinigte Rechte«. Die Ablehnung des »völkerrechtswidrigen« Verzichts auf die ehemaligen deutschen Ostgebiete bildete den wichtigsten Programmpunkt der Vereinigung, die sich als pressure group für die Formierung einer neuen rechten Sammlungspartei definierte. Die NPD-Vertreter in der »Deutschen Allianz« konnten sich in ihrer Partei nicht mit der Forderung durchsetzen, die NPD-Organisation in die neue Bewegung zu überführen.

Nicht nur strikt legal operierende rechtsextreme Parteien, sondern auch die vielfach militant auftretenden neonationalsozialistischen Vereinigungen sahen in den sich überstürzenden Ereignissen im östlichen Deutschland eine Chance, ihren Einfluß nachhaltig zu stärken. Sie profitierten dabei von zusammenbrechenden Ordnungsstrukturen des alten Regimes, an deren Stelle nur allmählich neue Institutionen traten. Noch unter der SED-Herrschaft waren seit Anfang der achtziger Jahre rechtsextreme Zirkel entstanden, deren Existenz lange Zeit wie ein Staatsgeheimnis gehütet wurde, widerlegten sie doch die offizielle Lesart vom Staat der »Arbeiter und Bauern«, wo dem »Faschismus« das »Wasser abgegraben« worden sei. Die Häufung neonationalsozialistischer Propagandadelikte brachte nach der Öffnung der Mauer ans Tageslicht, was zuvor weitgehend im verborgenen geblieben war[269]. Überdies ließ der Untergang des »realen Sozialismus« mit dem Verlust alter Gewißheiten, den existentiellen Problemen des Zusammenbruchs der politischen, sozialen und ökonomischen Ordnung (Arbeitsplatzverlust, Lehrstellenmangel) eine Atmosphäre entstehen, die sozial abweichendes Verhalten von Jugendlichen begünstigte und eine Minderheit in die Arme radikaler Kräfte trieb.

Die »Szene« der »Skinheads«, die sich in der DDR seit Anfang der achtziger Jahre parallel zur Entwicklung im westlichen Deutschland gebildet hatte, erwies sich als geeignetes Rekrutierungsreservoir neonationalsozialistischer Gruppierungen. Der betroffene Personenkreis wurde für die neuen Bundesländer Anfang 1991 auf ca. 2 000 bis 3 000 Jugendliche im Alter zwischen 18 und 30 Jahren geschätzt[270]. Zu diesem Zeitpunkt veranschlagten die Sicherheitsbehörden die neonationalsozialistisch beeinflußte Skinheadszene im Westen auf ca. 3 000 Personen. Zahlreiche Gewalttaten gingen auf das Konto jugendlicher Skinheads. So überfielen mit Beilen, Totschlägern und Messern bewaffnete Jugendliche am 9. März 1990 ein Ausländerwohnheim in Essen-Freisenburg. In Nordhausen/DDR kam es zu schweren Ausschreitungen beiderseits der innerdeutschen Grenze, als die Volkspolizei am 28. April ein Rockkonzert abbrach. Die in die Bundesrepublik abziehenden Skinheads randalierten daraufhin in benachbarten Ortschaften. Am 3. November 1990 wurden in Leipzig Polizisten von Skinheads angegriffen. Die Beamten machten von der Schußwaffe

---

269 Vgl. Loni Niederländer, Zu den Ursachen rechtsradikaler Tendenzen in der DDR, in: Neue Justiz, 44 (1990) 1, S. 16–18.

270 Vgl. »Das Gewaltpotential der Skinheads«, in: Innere Sicherheit, Nr. 1 vom 15. Februar 1991, S. 4f.

Gebrauch, eine junge Frau wurde dabei getötet. Zahlreiche weitere Beispiele ließen sich anführen.

Besonders die Anhänger des Hamburger Neonationalsozialisten Michael Kühnen entfalteten im östlichen Deutschland rege Aktivitäten. Kühnen, der im April 1991 an AIDS starb, nutzte in bewährter Manier die Sensationslust vieler Medien, um für seine »Bewegung« zu werben. Die 1989 gegründete »Deutsche Alternative« (DA) dehnte sich in die neuen Bundesländer aus. Demonstrativ wurde der 2. Parteitag in Kiekebusch bei Cottbus abgehalten. Unter den Teilnehmern war auch Gary Rex Lauck, Propagandaleiter der NSDAP/AO aus Lincoln/Nebraska. Ca. 200 DA-Anhänger trafen sich am 1. Dezember 1990 im brandenburgischen Guben zu einer Protestkundgebung gegen den deutsch-polnischen Grenzvertrag und den Verzicht auf die ehemals deutschen Ostgebiete[271]. Die Aktivisten waren vor allem aus Dresden, Cottbus und Ostberlin angereist.

Während Kühnen sich zunächst seinen Einfluß auf ostdeutsche DA-Verbände durch Heimkehrer sicherte, die in den Jahren zuvor in den Westen gegangen waren, hielten sich auch ostdeutsche Eigengewächse. Hierzu zählte etwa die Ostberliner »Nationale Alternative« (NA), eine neonationalsozialistische Gruppierung der Berlin-Lichtenberger Skinheadszene[272]. Die Führungsgruppe residierte zeitweilig in einem besetzten Haus in der Weitlingstraße und pochte gegenüber den Vereinnahmungsversuchen der DA-Führung auf ihrer Eigenständigkeit. Eine breite Öffentlichkeit wurde auf die Gruppe erst aufmerksam, nachdem eine Anti-Terror-Einheit der Polizei die besetzten Häuser in der Weitlingstraße gestürmt und eine Reihe rechtsextremer Aktivisten festgenommen hatte. Die gesteigerte Aufmerksamkeit der Medien war in diesem Fall wieder einmal kontraproduktiv: »Auch die Boulevardpresse griff gierig nach dem Köder NA. Hatte der Spiegel-TV mit einem Honorar von 7 000 DM den Ankauf eines Jeeps ermöglicht, bekam die Sendung zum Dank dafür schöne, nach Drehbuch gestellte Bilder, wie sich der Bundesbürger den jungen Neonazi vorzustellen hat: gewalttätig und primitiv. Am Herd die züchtige Hausfrau, an der Tür der Tagesbefehl und vor dem Spiegel der blonde Pimpf, der sich ehrpusselig den Scheitel mit Wasser schnurgerade kämmt.«[273]

2.9 Die gegenwärtige Situation

Wie schon einmal gegen Ende der achtziger Jahre (im westlichen Deutschland) überstieg die Zahl neonationalsozialistischer Aktivisten seit 1991 erneut die Marke 2 000.

---

271 »Aktionen von Rechtsextremisten an der deutsch-polnischen Grenze«, in: Innere Sicherheit, Nr. 1 vom 15. Februar 1991, S. 5.

272 Vgl. Bernd Siegler, Auferstanden aus Ruinen. Rechtsextremismus in der DDR, Berlin 1991, S. 45–60.

273 Laura Benedict, Die Nationale Alternative – Geschichte einer Rechtspartei, in: Rolf Richter (Hrsg.), Rechtsextremismus und Neonazismus unter Jugendlichen Ostberlins. Beiträge zur Analyse und Vorschläge zu Gegenmaßnahmen. Ein Projekt, gefördert vom Bundesministerium für Jugend und Sport der Bundesrepublik Deutschland, Berlin 1991, S. 152–170, 163. Über fragwürdige Praktiken von Journalisten informiert auch: Giovanni di Lorenzo, Wer, bitte, ist Michael Kühnen? Beschreibung eines Phänomens, in: Wolfgang Benz (Hrsg.), Rechtsextremismus in der Bundesrepublik. Voraussetzungen, Zusammenhänge, Wirkungen, Frankfurt/M. 1989, S. 232–247.

Die Zahl bezieht sich auf Gesamtdeutschland, berücksichtigt jedoch nicht die »Szene« der rechtsextremen Skinheads (Ende 1991: 4 200 Personen). Der Zuwachs des harten Kerns neonationalsozialistischer Aktivisten war in erster Linie auf den Ausbau entsprechender Gruppierungen in den neuen Bundesländern zurückzuführen. Einen beachtlichen Anteil (ca. 400 Personen) stellen die Anhänger des 1991 verstorbenen Michael Kühnen, die sich einer schwach strukturierten »Gesinnungsgemeinschaft der Neuen Front« (GdNF) zurechnen. Um Stärke zu suggerieren und Verbotsverfahren zu erschweren, sind auf Landesebene zahlreiche fester gefügte Organisationen entstanden, die seit dem Sommer 1991 an die Stelle der bereits 1989 gegründeten »Deutschen Alternative« (DA) traten. Insofern war deren Verbot durch den Bundesinnenminister im Dezember 1992 ein Signal an die Öffentlichkeit, jedoch keine sonderlich wirkungsvolle Maßnahme zur Unterbindung neonationalsozialistischer Aktivitäten. Zuvor hatte sich der Handlungsschwerpunkt der DA auf die neuen Bundesländer (vor allem Sachsen und Brandenburg) verlagert, war die Parteiführung auf dem Landesparteitag bei Cottbus (Oktober 1991) in die Hände ostdeutscher Aktivisten übergegangen[274]. An die Stelle der DA traten nach und nach bereits bestehende und neu gebildete Landesorganisationen: der »Nationale Block« (NB) in Bayern, die 1989 gegründete »Nationale Liste« (NL) Christian Worchs (Jahrgang 1956) in Hamburg, die Organisation »Deutsches Hessen« (DH) um Heinz Reisz (Jahrgang 1938), »Der Deutsche Weg« (DDW) in Nordrhein-Westfalen, die »Sächsische Nationale Liste« (SNL) in Sachsen.

Die zeitweilig von Kühnen-Anhängern unterwanderte FAP steuerte seit der Übernahme des Bundesvorsitzes durch Friedhelm Busse (1988) einen eigenständigen »volkssozialistischen« Kurs. Die Angehörigen des Mosler-Flügels verließen bis 1991 größtenteils die Partei, was zu sinkenden Mitgliederzahlen führte (1991: 150). Rege Aktivitäten entfaltete der nordrhein-westfälische Landesverband unter Siegfried Borchardt (»SS-Siggi«; Jahrgang 1953). In die Schlagzeilen geriet der Vorsitzende des FAP-Landesverbandes Niedersachsen, der Österreicher Karl Polacek (Jahrgang 1934), der mehrfach mit den Strafgesetzen in Konflikt geriet, zuletzt wegen gefährlicher Körperverletzung an einer »Antifaschistin«. Aufgrund einer Ausweisungsverfügung wurde Polacek im Januar 1992 nach Österreich abgeschoben[275]. Die FAP konnte im Laufe des Jahres 1992 Mitgliedergewinne in den neuen Bundesländern verbuchen. Ehemalige FAP-Anhänger gründeten im Juli 1990 in Bayern die »Nationale Offensive« (NO). Auch ihr gelang eine Ausdehnung in die neuen Bundesländer. Der Bundesvorsitzende der NO, Michael Swierczek (Jahrgang 1961), wurde im FAP-Organ »Neue Nation« mehrfach beschuldigt, ein Verfassungsschutzagent zu sein[276]. Im Dezember 1992 verbot der Bundesinnenminister seine Organisation.

Ebenfalls unabhängig vom organisatorischen Netzwerk der Kühnen-»Gesinnungsgemeinschaft« wurde am 19. April 1992 die »Deutsch Nationale Partei« (DNP) in Wechselburg (Landkreis Rochlitz/Sachsen) gegründet. Im Gegensatz zur Namensbezeichnung trat von Anfang an die neonationalsozialistische Ausrichtung offen zutage.

---

274 Vgl. Burkhard Schröder, »Deutsche Alternative« jetzt unter ostdeutscher Führung, in: blick nach rechts, 8 (1991) 23; ders., Rechte Kerle. Skinheads, Faschos, Hooligans, Reinbek bei Hamburg 1992, S. 62–90.

275 Vgl. VSB 1991, S. 97.

276 Vgl. Michael Sauckel, Ist Michael Swierczek ein VS-Agent?, in: Neue Nation, (1991) 4/5 (Aug./Sept.).

Der Anführer der Vereinigung, Thomas Dienel (Jahrgang 1961), war zu DDR-Zeiten FDJ-Sekretär gewesen und nach dem Zusammenbruch des SED-Regimes der NPD beigetreten, als deren thüringischer Landesvorsitzender er von Oktober 1990 bis Januar 1992 fungierte. Das Kreisgericht Rudolstadt verurteilte ihn im Dezember 1992 unter anderem wegen Volksverhetzung und Verunglimpfung des Andenkens Verstorbener zu einer Freiheitsstrafe von zwei Jahren und acht Monaten. Am 20. Juli 1992 – nach dem Tod des früheren Vorsitzenden des Zentralrats der Juden in Deutschland, Heinz Galinski, – hatte Dienel zusammen mit weiteren drei Personen »Schweinskopfhälften in den Vorgarten der Jüdischen Gemeinde in Erfurt geworfen. Dem Hausmeister sagten die Täter, man feiere den Tod von Heinz. In die Schweinemäuler waren Zettel gesteckt, auf die Dienel geschrieben hatte: ›jedes Schwein stirbt, auch Du Heinz‹.« Vor Gericht sagte Dienel, die Bundesrepublik sei eine »schlimmere Diktatur als es vorher war«. »Wenn es das Bonner Judenregime nicht anders will, dann brennen eben noch mehr Neger und Vietnamesen.«[277] Die Bundesregierung stellte im Dezember 1992 beim Bundesverfassungsgericht den Antrag, Dienel gemäß Art. 18 GG die Grundrechte zu entziehen[278].

Die 1985 gegründete »Nationalistische Front« (NF) wurde – wie DA und NO – Ende 1992 verboten. Die in Bielefeld entstandene, später in der Nähe des westfälischen Detmold ansässige Organisation knüpfte in ihrer Programmatik an die Frühzeit der NSDAP und deren Straßer-Flügel an und übernahm Begriffe und Konzepte, wie sie von der »Neuen Rechten« verbreitet worden waren. Sie forderte den politischen »Zusammenschluß aller Deutschen«, die »schrittweise Ausweisung aller Ausländer«, trat für die »Brechung der Zinsknechtschaft« ein und propagierte eine »solidarische Volksgemeinschaft«[279]. Der Einfluß der Neuen Rechten zeigte sich in der Befürwortung eines »sozialrevolutionären Befreiungsnationalismus«. Der Gegensatz von »rechts« und »links« müsse überwunden und »imperialistischen Mächten« der Kampf angesagt werden. Trotz des Aufbaus von Stützpunkten in Brandenburg, Thüringen und Sachsen kam die NF über 100 Mitglieder nicht weit hinaus. Als sie erstmals seit ihrem Bestehen im September 1991 bei der Bremer Bürgerschaftswahl antrat, erhielt sie 106 Stimmen (0,03 Prozent)[280]. Die Staatsanwaltschaft nahm Ermittlungen gegen die NF auf, nachdem ihr Anführer Meinolf Schönborn (Jahrgang 1955) Ende 1991 den Aufbau eines »Nationalen Einsatzkommandos« (NEK) angekündigt hatte. Der Gründungsaufruf richtete sich an »alle gesunden und sportlichen Kameraden ab 16 Jahre«. Um den »Kampf für ein völkisches Deutschland besser, zielgerichteter, sicherer und noch erfolgreicher durchführen zu können«, sei die »Aufstellung kadermäßig gegliederter hochmobiler Verbände«, die »Ausbildung von sportlichen und gesunden Kameraden für den politischen Kampf auf der Straße« und die »Planung und Durchführung von überraschend durchgeführten zentralen Aktionen«[281] erforderlich. Seit ihrer Gründung hatten die NF Kontakte in die Skinhead-»Szene« aufgebaut und

---

277 Vgl. »Dienel wegen Volksverhetzung verurteilt«; Antrag gegen zwei Rechtsextremisten, in: FAZ vom 10. Dezember 1992, S. 4. Ein gleichlautender Antrag wurde gegen den hessischen Neonationalsozialisten Heinz Reisz gestellt.
278 Vgl. auch Kap. VIII.
279 Vgl. Satzung und Aktionsprogramm der NF (Stand: 30. November 1987).
280 Vgl. VSB 1991, S. 100–102.
281 Zitiert nach Stefan Jacoby, »Nationalistische Front« gründet terroristische Organisation, in: blick nach rechts, 9 (1992) 1.

Jugendliche anzuwerben versucht. Diese Bemühungen blieben nicht ganz erfolglos, wie Sympathiebekenntnisse in Skinhead-»Fanzines« wie »Glorreiche Taten« und »Clockwork Orange« belegen[282].

Auch die FAP zeigte sich gegenüber dem Rekrutierungsreservoir der Skinheads interessiert. Das »Fanzine« »Querschläger« erhielt gar finanzielle Unterstützungsleistungen[283]. DA-Aktivisten organisierten Stammtische mit Beteiligung von Skinheads. Doch die mangelnde Disziplin der rauflustigen, trinkfreudigen und vielfach spontan agierenden Jugendlichen machte die Integration in den meisten Fällen unmöglich. »Partei-Skins« sind daher die Ausnahme geblieben. Dennoch wird in manchen »Fanzines« für neonationalsozialistische Gruppierungen geworben, geben sich Skinheads als Anhänger zu erkennen. Die Subkultur der Skinheads entstand Ende der sechziger Jahre im Londoner Eastend im Sinne eines eher unpolitischen Aufbegehrens sozial benachteiligter Jugendlicher. Anfang der achtziger Jahre existierten erste Gruppen im westlichen und östlichen Deutschland. Die Jugendlichen stammten zumeist aus schwierigen sozialen Verhältnissen, hatten Probleme in der Schule und ungünstige berufliche Perspektiven[284]. Das Gefühl des Ausgestoßenseins war ein wesentliches Motiv für den Zusammenschluß in hierarchisch gegliederten Gruppen, die sich in ihrem äußeren Erscheinungsbild (kurz geschorene Haare oder Glatze; Bomberjakken, Springerstiefel) scharf von der gesellschaftlichen Umgebung abgrenzten. Der Männlichkeitskult (weibliche Gruppenmitglieder sind Ausnahmen), das martialische Auftreten, die Betonung »deutscher Tugenden« wie Ordnung und Sauberkeit (in Abgrenzung zu anderen Jugendgruppen wie den »Punks«), die Neigung zur Gewalttätigkeit begründeten von Anfang an Affinitäten zu rechtsextremen Inhalten. Doch war die »Szene« in ihren Anfängen eher unpolitisch. Die Vorliebe für bestimmte Musikgruppen und harte Klänge (Rap-Musik, »Heavy Metal«) – die Kultbands kamen zunächst aus Großbritannien (z. B. die 1977 gegründete Gruppe »Skrewdriver«) und den Vereinigten Staaten, erst später entstanden deutsche Formationen (»Böhse Onkelz«, »Commando Pernod«, »Noie Werte«, »Störkraft«, »Sturmtrupp«, »Sturmtruppen«, »Radikahl«, »Volkszorn«, »Werwolf«)[285] – war und ist ein zentrales Bindeglied. Gemeinschaftsbildend wirken darüber hinaus die in der »Szene« verbreiteten »Fanzines« (von »Fan-Magazine«), Zeitschriften, die zumeist mit einfachen Mitteln und in unregelmäßiger Folge hergestellt und verbreitet werden.

Seit Mitte der achtziger Jahre versuchten neonationalsozialistische Gruppen im westlichen Deutschland, das Potential der »Skinheads« (und der »Hooligans«, Fußballfan-Rabauken) anzuzapfen. Nicht zuletzt unter diesem Einfluß politisierte sich die »Szene«: Neben den unpolitischen »Oi-Skins« formierten sich die rechtsextremen Ideen aufgeschlossen gegenüberstehenden »Faschos« auf der einen, und die »antifa-

---

282 Vgl. Bayerisches Landesamt für Verfassungsschutz (Hrsg.), Aufhellung des rechtsextremistischen Hintergrundes in der Skinhead-Szene, München o. J. (1992), S. 3.

283 Ebd., S. 3 f.

284 Vgl. Landesamt für Verfassungsschutz Baden-Württemberg (Hrsg.), Skinheads, Stuttgart 1991; Monika Reimitz, Skinheads; Hans-Jürgen Wirth, Sich fühlen wie der letzte Dreck. Zur Sozialpsychologie der Skinheads, beide in: Marlene Bock u. a., Zwischen Resignation und Gewalt. Jugendprotest in den achtziger Jahren, Opladen 1989, S. 183–186, 187–202.

285 Vgl. Bayerisches Landesamt für Verfassungsschutz (Hrsg.), Aufhellung des rechtsextremistischen Hintergrundes in der Skinhead-Szene: Skinhead-Musik und Skinhead-Bands, München 1991.

schistisch« ausgerichteten »Red-« oder »SHARP-Skins« (»Skinheads Against Racial Prejudice«) auf der anderen Seite. In den Mittelpunkt der öffentlichen Aufmerksamkeit rückte die »Szene« erst nach der Vereinigung der beiden deutschen Staaten. Der Zusammenbruch der politischen, sozialen und ökonomischen Ordnung in der Ex-DDR und die Schwierigkeiten beim Neuaufbau schufen ein günstiges Klima für die Entfaltung jugendlicher Subkulturen. Die schon seit langem existierenden Skinhead-Gruppen erhielten besonders in den neuen Bundesländern Zulauf. Rechtsextreme, ausländerfeindliche Orientierungen bestimmten das Erscheinungsbild. Neben dem harten Kern neonationalsozialistischer Gruppen entstand so ein militantes Potential von mehreren tausend Personen, das in einem bislang unbekannten Ausmaß fremdenfeindlicher Gewalt seinen Niederschlag fand.

Die Zahl schwerer Gewalttaten von Rechtsextremisten überstieg 1991 (1 483) erstmals die linksextremer Täter. Das Jahr 1992 brachte mit 2 285 Körperverletzungen, Tötungsdelikten, Brand- und Sprengstoffanschlägen eine weitere Steigerung. Fast täglich meldeten die Zeitungen Übergriffe auf Ausländer und Unterkünfte von Asylbewerbern. Einen Motivationsschub in der militanten rechtsextremen »Szene« lösten die besonders spektakulären Vorgänge in Hoyerswerda (Sachsen; September 1991) und in Rostock (August 1992) aus. In beiden Fällen bildeten Unterkünfte von Asylbewerbern das Angriffsziel, waren die örtlichen Behörden durch die große Zahl der unterzubringenden Menschen überfordert (Notquartiere, Campieren unter freiem Himmel, unzureichende sanitäre Verhältnisse), entlud sich angestauter Unmut der Anwohner in zum Teil offenem Beifall für die Gewalttäter, schienen die Sicherheitsbehörden nicht Herr der Lage. Die durch das Fernsehen in die Wohnstuben der Bundesbürger übertragenen Bilder mußten den Eindruck eines gegenüber rechtsextremen Gewalttätern überforderten Staates erwecken. Sich ermutigt fühlende militante Skinheads und Neonationalsozialisten reisten in Rostock aus allen Himmelsrichtungen an und lieferten sich tagelang Auseinandersetzungen mit örtlichen und herbeigeholten Polizeieinheiten.

1992 wurde mit 17 Opfern die Höchstzahl der seit dem Zweiten Weltkrieg von rechtsextremen Tätern Getöteten erreicht. Festere Organisationsstrukturen waren bei den schweren Gewalttaten der Jahre 1991 und 1992 freilich nicht erkennbar. Viele »Aktionen« erfolgten spontan, ohne detaillierte Planung, nicht selten unter erheblicher Alkoholeinwirkung. Von 1 088 Personen, die von den Sicherheitsbehörden im Zusammenhang mit Gewalttaten im Jahr 1991 ermittelt wurden, waren lediglich vier Prozent als Mitglieder oder Anhänger rechtsextremer Vereinigungen bekannt. 70 Prozent der Täter waren 20 Jahre alt und jünger. Der Anteil der über 30jährigen betrug lediglich 2,7 Prozent[286]. Das Gros der Gewalttaten richtete sich gegen Ausländer, ein kleiner Teil gegen politische Gegner und Juden. Die Rangliste der Bundesländer im Hinblick auf die prozentuale Verteilung der Gewalttaten zeigte für 1992 folgendes Bild: An erster Stelle rangierte Mecklenburg-Vorpommern, gefolgt von Brandenburg. Zwei westliche Bundesländer schließen sich mit einigem Abstand an: Schleswig-Holstein und das Saarland. Unmittelbar darauf kommen die übrigen der neuen Bundesländer. Das Phänomen der rechtsextremen Gewalt war also nicht auf die neuen Bundesländer beschränkt, dort jedoch überdurchschnittlich stark ausge-

---

286 Vgl. VSB 1991, S. 83f.

prägt[287]. Die auf den »wilden Osten« konzentrierte Berichterstattung vieler Medien vermittelte somit ein schiefes Bild. Sensationell aufgemachte Fernsehbilder erweckten nicht selten den Eindruck einer völlig außer Kontrolle geratenen Situation. Daß Feindseligkeiten gegen Ausländer auch in den neuen Bundesländern lediglich von einer winzigen Minderheit ausgingen, während dies eine überwältigende Mehrheit entschieden verurteilte[288], geriet vielfach aus dem Blick.

Die Kette rechtsextremer Gewalttaten in den Jahren nach der Vereinigung lenkte die Aufmerksamkeit zeitweilig von Veränderungen des Parteiensystems ab, die sich für das politische System als gravierender erweisen könnten. Das schlechte Abschneiden der Rechtsaußenparteien im Vereinigungsjahr 1990 erweis sich nämlich als nicht von Dauer. Mit der Normalisierung der politischen Agenda fand die politische Konstellation von 1989 mit gewissen Modifikationen ihre Fortsetzung. Folgende Faktoren sind bei der Beurteilung der Lage in Rechnung zu stellen: Erstens hat die Bindekraft der »etablierten« Parteien nachgelassen, ist das Potential der Wechselwähler gewachsen. Die Abnahme der Parteiidentifikation korrespondiert mit situativen Faktoren wie einer grassierenden Parteienverdrossenheit, aber auch mit langfristigen Entwicklungen wie der Auflösung traditionsreicher sozial-kultureller Milieus und dem Trend zur Individualisierung von Lebensstilen. Der politische Wettbewerb intensiviert sich und die Chancen politischer Neulinge steigen. Zweitens: Die Union vermag als weitgefächerte Volkspartei nach rechts keine volle Bindungskraft zu entfalten, solange sie auf Bundesebene an der Regierung und zudem in eine Koalition eingebunden ist. Die national-konservative Klientel läßt sich von zeitweiligen Profilierungsversuchen nicht beeindrucken, zumal es um deren Überzeugungskraft angesichts lautstarker innerparteilicher Gegenstimmen schlecht bestellt ist. Die CDU/CSU könnte ihre Integrationsfähigkeit nach rechts nur als eine auf Bundesebene aus der Regierungsverantwortung gedrängte, im Stil kompetitiver Opposition agierende Kraft ausschöpfen. Drittens: Mehr als in jedem anderen Land des westlichen Europa war die (extreme) Rechte in der Bundesrepublik nach 1945 stigmatisiert und politisch ausgegrenzt. Mit wachsendem politischem Abstand von der »Epoche des Faschismus« (Ernst Nolte) sinkt die politische Hemmschwelle, verblassen die Schatten der Vergangenheit, treten Einstellungen und Meinungen an die Oberfläche, die in den Jahrzehnten zuvor nicht in dieser Offenheit artikuliert wurden. Viertens: Dies bedeutet eine »Normalisierung« der politischen Landschaft – gleichgültig, wie auch immer man diese Entwicklung beurteilt. Bislang verwaiste oder nur schwach vertretene nationalistische Positionen werden zurückerobert und erweitern das Kräftefeld nach rechts. Deutschland wird auf diese Weise seinen westlichen Nachbarn ähnlicher[289], waren doch beispielsweise in Frankreich oder Italien offen nationalistische Strömungen in den Nachkriegsjahrzehnten stets deutlich vernehmbar und auf der parlamentarischen Bühne präsent[290]. Das politische Gravitationszentrum der Unionsparteien lag beständig links von dem

287 Vgl. Bundesamt für Verfassungsschutz (Hrsg.), Gewalttaten mit erwiesener oder zu vermutender rechtsextremistischer Motivation, Köln 1993.
288 Vgl. Erwin K. Scheuch, Niemand will gern zur Minderheit gehören. Rechtsradikalismus und Fremdenhaß, zwei deutsche Chimären, in: FAZ vom 10. Februar 1993, S. 29.
289 Vgl. zu dieser These: C. Leggewie, Die Republikaner. Ein Phantom nimmt Gestalt an (Anm. 256), S. 54.
290 Vgl. Uwe Backes, Extremismus und Populismus von rechts. Ein Vergleich auf europäischer Ebene, in: APZG, B 46–47/90, S. 3–14. Neuerdings dazu die Beiträge in folgendem

der Gaullisten. Und in Italien markierte eine seit 1948 ununterbrochen im Parlament vertretene neofaschistische Partei den rechten Rand des politischen Spektrums. Fünftens schließlich bewirken außerordentliche Erfolge nationalpopulistischer Protestformationen in den europäischen Nachbarländern (Karel Dillens Vlaams Blok in Belgien, Le Pens Front National in Frankreich, der MSI und die Ligen in Italien, Jörg Haiders FPÖ in Österreich) einen gewissen Motivationsschub. Das Ziel einer Etablierung auf der parlamentarischen Bühne rückt in den Augen zumindest eines der ehemaligen »Zwerge am rechten Rand«[291] in erreichbare Nähe.

Ein Zwerg bleiben wird mit hoher Wahrscheinlichkeit die NPD. Trotz neuer Mitglieder im östlichen Deutschland verzeichnete sie stagnierende bis sinkende Mitgliederzahlen. Unter dem im Juni 1991 neu gewählten Parteivorsitzenden Günter Deckert (Jahrgang 1940) versagte sich die Partei der Initiative der baden-württembergischen Spitzenfunktionäre und Lokalmatadore Martin Mußgnug und Jürgen Schützinger, die sich in der »Deutschen Allianz« engagierten. Ob Deckert gegenüber den Konkurrenzparteien mit der Akzentuierung »nationalrevolutionärer« Ziele und »revisionistischen« Kampagnen verlorenes Terrain wiedergewinnen kann[292], erscheint fraglich. Die »Deutsche Allianz« ihrerseits mußte sich nach einer gerichtlichen Auseinandersetzung mit einem Versicherungsunternehmen ähnlichen Namens, das um seinen guten Ruf fürchtete, in »Deutsche Liga für Volk und Heimat« (DL) umbenennen. Sie konstituierte sich am 3. Oktober 1991 als Partei und kandidierte erstmals bei den baden-württembergischen Landtagswahlen am 5. April 1992 – mit äußerst bescheidenem Erfolg. Sie erreichte 0,5 Prozent der Stimmen und blieb noch hinter der NPD zurück (0,9 Prozent)[293].

Weit erfolgreicher war die DVU, die im September 1991 überraschend ihr Ergebnis bei der Wahl in Bremen gegenüber 1987 noch hatte verbessern können (6,18 Prozent) und wieder in die Bürgerschaft eingezogen war. Ein ähnlicher Coup gelang in Schleswig-Holstein im April 1992, wo sie 6,3 Prozent der Stimmen erreichte und sechs Abgeordnete in den Landtag entsandte. Ca. 650 000 DM flossen ihr im Rahmen der Wahlkampfkostenerstattung zu. Die Partei hatte trotz dürftiger Personaldecke in allen 45 Wahlkreisen Kandidaten gestellt, sich aber im Wahlkampf sehr bedeckt gehalten. In Postwurfsendungen und Fernsehspots verbreitete sie Slogans wie die folgenden: »Anatolien den Türken! Schleswig-Holstein den Deutschen! Unser Land soll deutsch bleiben! Die D-Mark darf nicht geopfert werden, Schluß mit dem EG-Fimmel auf deutsche Kosten!«[294] Die DVU vermochte zahlreiche Protestwähler anzusprechen. Bezeichnenderweise errang die Partei ihre höchsten Ergebnisse vielfach in

Band: Paul Hainsworth (Hrsg.), The Extreme Right in Europe and the USA, London 1992.

291 Vgl. Claus Leggewie, Die Zwerge am rechten Rand. Zu den Chancen kleiner neuer Rechtsparteien in der Bundesrepublik Deutschland, in: PVS, 28 (1987), S. 361–383.

292 Vgl. Peter M. Wagner, Die NPD nach der Spaltung, in: Uwe Backes/Eckhard Jesse (Hrsg.), Jahrbuch Extremismus & Demokratie, Bd. 4, Bonn 1992, S. 157–167; ders., Die NPD in der Kommunalpolitik. Ursachen der Erfolge einer rechtsextremistischen Partei in Villingen-Schwenningen, Freiburg 1992.

293 Vgl. Wahlergebnisse rechtsextremistischer Parteien bei den Landtagswahlen am 5. April in Schleswig-Holstein und Baden-Württemberg, in: Innere Sicherheit, (1992) 2, S. 3–5.

294 Zitiert nach ebd., S. 4.

ausgesprochenen SPD-Hochburgen[295]. Die vor Ort nur mangelhaft präsente »Phantom-Partei« verfügt nominell zwar über eine hohe Zahl an Mitgliedern (1991: 24 000 nach Angaben der Sicherheitsbehörden). Diese setzen sich aber größtenteils aus Lesern der auflagenstarken nationalistischen Frey-Presse (Deutsche National-Zeitung, Deutsche Wochen-Zeitung/Deutscher Anzeiger) zusammen, von denen nur ein kleiner Teil zu parteipolitischem Engagement bereit scheint.

Die in Schleswig-Holstein bereits besser als die DVU eingeführten REP steigerten ihren Stimmenanteil gegenüber der Wahl von 1988 zwar von 0,6 auf 1,2 Prozent, blieben jedoch weit hinter den Erwartungen zurück. Bei der baden-württembergischen Landtagswahl vom gleichen Tag erreichten sie dagegen mit 10,9 Prozent der Stimmen und 15 Mandaten ihr bisheriges Spitzenergebnis. Hierbei spielte die organisatorische Präsenz im zweitstärksten Landesverband (hinter Bayern) eine nicht zu vernachlässigende Rolle. In der Wahlforschung herrscht Uneinigkeit im Hinblick auf die Frage, ob die neuerlichen Wahlerfolge der REP, deren Mitgliederzahl in den neunziger Jahren bei über 20 000 Personen liegt (siehe Tabelle 5), als Ergebnis flüchtiger Protestpotentiale oder als Resultat langfristiger Veränderungsprozesse des Parteiensystems zu interpretieren sind, die »Modernisierungsverlierer« dauerhaft in die Arme (noch) nicht etablierter Parteien treiben könnten[296].

Tabelle 5: Mitgliederentwicklung der REP, 1990–1992

Januar	1990	25 000
August	1990	15 000
Dezember	1990	20 000
Dezember	1991	20 000
Dezember	1992	23 000

Quelle: Angaben der REP.

Mit ihrem Wahlerfolg in Baden-Württemberg haben die REP die alte Weisheit »einmal Verlierer, immer Verlierer« widerlegt. Die Partei muß nach wie vor als diejenige politische Kraft auf der Rechten mit den größten Chancen auf Etablierung gelten. Freilich bleibt abzuwarten, wie sich die Entscheidung des Bundesinnenministeriums vom Dezember 1992 auswirken wird, die REP unter nachrichtendienstliche Beobachtung zu stellen. Dadurch dürfte die Partei geschwächt werden. Eine derartige Stigmatisierung hatte die Parteiführung durch vollmundige Bekenntnisse zur Verfassung, Abgrenzungsbeschlüsse gegenüber NPD und DVU sowie kosmetische

---

295 Vgl. Wilhelm Bürklin/Stephan Layritz, Die schleswig-holsteinische Landtagswahl vom 5. April 1992: Knappe SPD-Mehrheit bei fortdauernder Schwäche der CDU, in: ZParl, 23 (1992), S. 618–620; Reinhold Roth, Die Bremer Bürgerschaftswahl vom 29. September 1991: Ende der SPD-Alleinherrschaft durch eine Ampelkoalition, in: ZParl, 23 (1992), S. 281.

296 Siehe zu dieser Diskussion: Roland Sturm, Die baden-württembergische Landtagswahl vom 5. April 1992, in: ZParl, 23 (1992), S. 622–639; Ursula Feist, Rechtsruck in Baden-Württemberg und Schleswig-Holstein, in: Karl Starzacher u. a. (Hrsg.), Protestwähler und Wahlverweigerer. Krise der Demokratie, Köln 1992, S. 69–76.

Veränderungen der Programmatik«[297] zu verhindern versucht. Die Parteiaustritte der Gruppe um Harald Neubauer und Franz Glasauer wurden als Exodus der Rechtsextremisten gewertet. Die REP hätten einen Läuterungsprozeß durchlaufen und sich zu einer dezidiert rechten Partei mit unzweifelhaft demokratischer Orientierung gewandelt. Freilich verstummten die Meldungen nicht, die in eine andere Richtung wiesen: Einerseits erschien die Partei als ein Sammelbecken von »Halbweltler[n] und Ex-Knackis«[298] andererseits gaben in vielen Orts- und Kreisverbänden Mitglieder unzweideutig rechtsextremer Vereinigungen den Ton an[299].

Zieht man eine aktuelle Bilanz zur Lage des Rechtsextremismus in Deutschland[300], so kommt man um die Feststellung wachsender Potentiale im militanten Spektrum und im Bereich der Wahlbewegungen nicht herum. In Kreisen derer, die die unverhoffte Vereinigung der deutschen Staaten nicht ohne Widerwillen quittierten, sieht man die Gelegenheit gekommen, auf die Triftigkeit früherer Bedenken zu verweisen. Formen des Selbst- und des Fremdenhasses scheinen sich überdies zu ergänzen. Manche lassen kein angemessenes Verhältnis zur eigenen Nation erkennen[301]. Zuweilen scheint das rechtsradikale Treiben auf den Straßen geradezu willkommen, wird doch nachträglich eine Rechtfertigung für die Verachtung und das Mißtrauen gegenüber der eigenen Nation geliefert[302]. Aus dieser Sicht war die DDR zumindest als antifaschistisches Bollwerk unverzichtbar, bedeutet die Vereinigung ein Wiederanknüpfen an überwunden geglaubte nationalistische Traditionen. Doch wer die Vereinigung als zentrale Ursache für das Erstarken der extremen Rechten bestimmt, argumentiert kurzschlüssig: Erstens befanden sich nationalistische Parteien im westlichen Deutschland bereits seit Mitte der achtziger Jahre im Aufwind. Die spektakulären Wahlerfolge der REP in Berlin und bei der Europa-Wahl 1989 ereigneten sich zu einem Zeitpunkt, als noch keiner der professionellen Beobachter die Vereinigung der beiden deutschen Staaten vorherzusagen wagte. 1990 wurden die REP gar vom Zug zur deutschen Einheit überrollt: Die Bundesregierung kanalisierte nationale Emotionen, und diejenigen, die am lautstärksten nach der Wiedervereinigung gerufen hatten, erzielten bei den Landtagswahlen in den neuen Bundesländern eher magere Ergebnisse. Die REP schnitten bei der ersten gesamtdeutschen Wahl besser im Wahlgebiet West (2,3 Prozent) als im Wahlgebiet Ost (1,3 Prozent) ab. Erst nach einer gewissen Normalisierung der politischen Agenda deutete sich 1991 eine Rückkehr zur »Großwetterlage« vor der Vereinigung an. Zweitens gab es rechtsextreme Militanz lange vor der Vereinigung – im westlichen wie im östlichen Deutschland. Nur wer an die These vom unauflösbaren Zusammenhang zwischen Kapitalis-

---

297 Die Parteiführung hatte geschulte Juristen damit beauftragt, die Parteiprogrammatik auf »anstößige« Stellen hin zu durchforsten. Vgl. Johann Mühlberger, REP, Kommentar zu den Satzungen und Programmen der Partei DIE REPUBLIKANER, Kirchseeon 1992².

298 Vgl. Dickes Bündel. Halbweltler und Ex-Knackis haben bei den Republikanern wichtige Parteiämter besetzt, in: Der Spiegel vom 3. August 1992, S. 43–47.

299 Siehe etwa Roland Kirbach, Hetze hinter den Kulissen, in: Die Zeit vom 15. Januar 1993, S. 13.

300 Vgl. Uwe Backes, Gefahren von rechts: Nationalpopulisten, Militante und Intellektuelle, in: liberal, 35 (1993) 2, S. 15–22.

301 Vgl. die treffenden Bemerkungen von Ana Maria Cortes-Kollert, Selbsthaß, Fremdenhaß, Anmerkungen zur deutchen Seelen-Lage, in: FAZ vom 4. Februar 1993, S. 25.

302 Ein Paradebeispiel sind die zynisch-überdrehten Kommentare des konkret-Herausgebers Hermann L. Gremliza.

mus und Faschismus glaubte, mußte die Existenz einer rechtsextremen Jugendszene in der ehemaligen DDR mit ungläubiger Verwunderung zur Kenntnis nehmen. In Wirklichkeit hatte der Antifaschismus des SED-Regimes den Rechtsextremismus nicht ausgerottet, sondern in manchen Fällen – im Sinne eines trotzigen Jetzt-erst-recht – gar stimuliert. Freilich blieben die Ausdehnungsbemühungen westlicher rechtsextremer Vereinigungen nach dem Fall der Mauer nicht ohne Erfolg. Drittens resultierte die Vereinigung aus dem Scheitern des »real existierenden Sozialismus«. Der Niedergang der kommunistischen Regime Mittel- und Osteuropas samt ihrer westlichen Satellitenparteien hat dem Nationalismus weit mehr Auftrieb verschafft als die vielzitierte nationale Hochstimmung im vereinigten Deutschland, die in Wirklichkeit auf kleine Teile der Bevölkerung beschränkt blieb. Das Scheitern des bolschewistischen Jahrhundertexperiments verbreitete Katerstimmung bei der Linken – auch bei denen, die nur wenige Identifikationsmomente in den Staaten jenseits des Eisernen Vorhangs hatten finden können. Die vielfach empfundene Krise der Linken kam indirekt der Rechten zugute, stärkte ihr relatives Gewicht – auch wenn es die liberalen Ideen des Rechtsstaates und der Marktwirtschaft waren, die im Osten triumphierten. Viertens muß man einräumen, daß die Folgelasten des Zusammenbruchs der politischen, sozialen und ökonomischen Ordnung in der (ehemaligen) DDR eine wesentliche Ursache für die Eskalation rechtsextremer Gewalt waren. Die neuen Bundesländer halten in der Statistik xenophober Militanz einen deutlich überproportionalen Anteil. Die Ereignisse in Rostock und Hoyerswerda – samt ihrer breiten Darstellung in den Medien – strahlten auf das ganze Bundesgebiet aus und bewirkten einen Motivationsschub in der militanten rechtsextremen Szene. Aber auch hier kann nicht in erster Linie der Vereinigungsprozeß als Ursache gelten. Die Probleme in den neuen Bundesländern sind das schwere Erbe von 40 Jahren SED-Herrschaft.

3. Linksextremismus

3.1 Voraussetzungen und Anfänge

»Die kommunistische Bewegung in Deutschland entwickelte sich aus einer Strömung der deutschen Sozialdemokratie.«[303] Kreise um Rosa Luxemburg und Karl Liebknecht sonderten sich schon vor dem Ersten Weltkrieg ideologisch ab, wenngleich erst in seinem Verlauf und infolge der dadurch eingetretenen innerparteilichen Spannungen – sowie bedingt auch durch die Oktoberrevolution in Rußland – die organisatorische Trennung herbeigeführt wurde[304]. Im Jahre 1917 spaltete sich die SPD: Der linke Flügel gründete nicht zuletzt aufgrund der Frage der Kriegskredite die Unabhängige Sozialdemokratische Partei Deutschlands (USPD). Aus ihr ging wiederum die Kommunistische Partei Deutschlands hervor, deren Keimzelle die Mitglieder des »Spartakusbundes« sowie die in Hamburg wie insbesondere in Bremen beheimateten »Internationalen Kommunisten Deutschlands« waren. Der Gründungsparteitag der

---

303 So Hermann Weber, Kommunismus in Deutschland 1918–1945, Darmstadt 1983, S. 31.
304 Vgl. etwa Susanne Miller, Burgfrieden und Klassenkampf. Die deutsche Sozialdemokratie im Ersten Weltkrieg, Düsseldorf 1974.

KPD (30. Dezember 1918 bis 1. Januar) sprach sich mehrheitlich – entgegen dem Votum der Führungsspitze um Rosa Luxemburg und Karl Liebknecht, die im »Januaraufstand« von Freikorps 1919 ermordet wurden, – gegen eine Teilnahme an der Wahl zur Nationalversammlung aus. Einig war man sich in der Propagierung und Schaffung der proletarischen Weltrevolution. Die KPD umfaßte zunächst ein schillerndes Spektrum, das von klassenbewußten Proletariern bis zu Putschisten reichte. Sie »wurde zum *organisatorischen* Rahmen differenter und heterogener *inhaltlicher, politischer* Vorstellungen, so daß sie eher eine Sammlungsbewegung als eine Partei darstellte«[305]. Das sollte sich später ändern, obwohl »die ständige Fluktuation in der Partei«[306] ein Kennzeichen blieb.

In Deutschland war der Kommunismus in der Weimarer Republik keine Quantité négligeable. Eine erste Stärkung trat dadurch ein, daß im Jahre 1920 der linke Flügel der USPD zur KPD ging. Schon zu Beginn der Republik gab es Aufstandsversuche, die sich 1920 (»Ruhrkampf«), 1921 (»März-Aktion«) und im Krisenjahr 1923 (»Hamburger Aufstand«)[307] wiederholten. Trotz Abspaltungen[308], heftiger »Fraktionskämpfe« und »Säuberungen« sowie der von ihr praktizierten »Bolschewisierung«[309] – die KPD wurde Mitte der zwanziger Jahre unter ihrem Führer Ernst Thälmann eine von Moskau völlig abhängige Partei – konnte sie ihren Stimmenanteil ausbauen und bei der zweiten Reichstagswahl von 1932 sogar 16,9 Prozent der Stimmen auf sich vereinigen, bald so viel wie die von ihr insbesondere aus innen- und außenpolitischen Erwägungen der Sowjetunion[310] als »sozialfaschistisch« bekämpfte SPD: Die Komintern vollzog eine Linkswendung, der sich auch die KPD willig fügte. Mit ihrer 1929 gegründeten »Revolutionären Gewerkschafts-Opposition« (RGO), die den Freien Gewerkschaften den Kampf angesagt hatte, und dem »Roten Frontkämpferbund« (RFB), der 1924 ins Leben gerufenen außerparlamentarischen Kampfvereinigung[311], versuchten die Kommunisten die Massen weiter zu radikalisieren und von der SPD zu entfremden. »Die« Arbeiterbewegung war damit gespalten, zumal es eine Reihe von linksextremen Splittergruppen gab. Die bekannteste »rechte« Abspaltung von der

---

305 Sigrid Koch-Baumgarten, Aufstand der Avantgarde. Die Märzaktion der KPD 1921, Frankfurt/M.-New York 1986, S. 52 (Hervorhebung im Original).

306 H. Weber (Anm. 303), S. 72.

307 Vgl. George Eliasberg, Der Ruhrkrieg von 1920, Bonn-Bad Godesberg 1974; S. Koch-Baumgarten (Anm. 305); Werner T. Angress, Die Kampfzeit der KPD 1921–1923, Düsseldorf 1973; Hans-Ulrich Ludewig, Arbeiterbewegung und Aufstand. Eine Untersuchung zum Verhalten der Arbeiterparteien in den Aufstandsbewegungen der frühen Weimarer Republik 1920–1923, Husum 1978.

308 Zu den einzelnen Organisationen vgl. Jan Foitzik, Zwischen den Fronten. Zur Politik, Organisation und Funktion linker politischer Kleinorganisationen im Widerstand 1933 bis 1939/40 unter besonderer Berücksichtigung des Exils, Bonn-Bad Godesberg 1986, insbes. S. 23–46.

309 Vgl. Hermann Weber, Die Wandlung des deutschen Kommunismus. Die Stalinisierung der KPD in der Weimarer Republik, 2 Bde., Frankfurt/M. 1969.

310 Vgl. dazu Thomas Weingartner, Stalin und der Aufstieg Hitlers. Die Deutschlandpolitik der Sowjetunion und der Kommunistischen Internationale 1929–1934, Berlin 1970. Siehe auch Hermann Weber, Hauptfeind Sozialdemokratie. Strategie und Taktik der KPD 1929–1933, Düsseldorf 1982.

311 Vgl. Kurt G.P. Schuster, Der Rote Frontkämpferbund 1924–1929. Beiträge zur Geschichte und Organisationsstruktur eines politischen Kampfbundes, Düsseldorf 1975.

KPD stellte die KPO[312] dar, die bekannteste »linke« der »Leninbund«[313]. Auch trotzkistische und anarcho-syndikalistische Strömungen machten von sich reden[314]. Die 1931 gegründete linkssozialistische SAPD[315] unter Kurt Rosenfeld und Max Seydewitz, zwischen SPD und KPD angesiedelt, konnte nicht reüssieren. Die Absplitterung von der SPD war ideologisch selbst zersplittert. Ein Teil der Arbeiterschaft wanderte zur NSDAP ab[316].

Die Kommunisten waren auf die »Machtergreifung« der Nationalsozialisten (und damit auf die Arbeit in der Illegalität) – ungeachtet ihrer revolutionären Rhetorik – nicht vorbereitet. Obwohl gleich nach dem Reichstagsbrand Tausende von Kommunisten verhaftet wurden, konnte die KPD noch an der Reichstagswahl im März 1933 teilnehmen. Erst danach erklärte man die von ihr gewonnenen Mandate für ungültig. Bei einem Verbot der KPD hätten deren Anhänger vermutlich überwiegend für die Sozialdemokratie gestimmt. Das wollte die NSDAP vermeiden. Auf dem VII. Weltkongreß der Komintern im Jahre 1935 wurde der »ultralinke« Kurs zugunsten der Propagierung einer »Volksfront« aufgegeben und an der »Sozialfaschismus«-These Selbstkritik geübt. Der Generalsekretär der Komintern Georgi Dimitroff propagierte eine Politik der »Volksfront«, die jetzt besser in die Generallinie der sich in der Defensive befindlichen kommunistischen Weltbewegung zu passen schien[317]. Auswirkungen auf die kommunistische Widerstandstätigkeit in Deutschland konnte der Beschluß kaum haben. Er zielte wohl auch mehr auf die Exulanten.

Im Dritten Reich mußten die Parteikommunisten einen beträchtlichen Blutzoll entrichten. Dies galt ebenso für die kommunistischen Splittergruppen[318]. Die illegale Tätigkeit der Kommunisten im Dritten Reich, die sich sogar teilweise bis in die Konzentrationslager fortsetzte, darf nicht vernachlässigt werden[319]. Die hohe Zahl der

---

312 Vgl. Karl-Hermann Tjaden, Struktur und Funktion der KPD-Opposition (KPO). Eine organisationssoziologische Untersuchung zur »Rechts«-Opposition im deutschen Kommunismus zur Zeit der Weimarer Republik, Meisenheim am Glan 1964; Theodor Bergmann, »Gegen den Strom«. Die Geschichte der Kommunistischen-Partei-Opposition, Hamburg 1987.
313 Vgl. Rüdiger Zimmermann, Der Leninbund. Linke Kommunisten in der Weimarer Republik, Düsseldorf 1978.
314 Vgl. Siegfried Bahne, Der Trotzkismus in Deutschland 1931–1933. Ein Beitrag zur Geschichte der KPD und der Komintern, Diss. Heidelberg 1958; Hans Manfred Bock, Syndikalismus und Linkskommunismus von 1918 bis 1923. Zur Geschichte und Soziologie der freien Arbeiter-Union Deutschlands (Syndikalisten), der Allgemeinen Arbeiter-Union Deutschlands und der Kommunistischen Arbeiter-Partei Deutschlands, Meisenheim am Glan 1969.
315 Vgl. Hanno Drechsler, Die Sozialistische Arbeiterpartei Deutschlands (SAPD). Ein Beitrag zur Geschichte der deutschen Arbeiterbewegung am Ende der Weimarer Republik, Meisenheim am Glan 1965. Siehe auch Heinz Niemann (Hrsg.), Auf verlorenem Posten? Zur Geschichte der Sozialistischen Arbeiterpartei. Zwei Beiträge zum Linkssozialismus in Deutschland von Helmut Arndt und Heinz Niemann, Berlin 1991.
316 Vgl. Jürgen W. Falter, Hitlers Wähler, München 1991.
317 Siegfried Bahne, Die KPD und das Ende von Weimar. Das Scheitern einer Politik 1932 bis 1935, Frankfurt/M. 1976; Horst Duhnke, Die KPD von 1933 bis 1945, Sonderausgabe, Wien 1974, insbes. S. 163–175.
318 Vgl. J. Foitzik (Anm. 308), S. 47–91.
319 Vgl. etwa Detlev Peukert, Die KPD im Widerstand. Verfolgung und Untergrundarbeit an Rhein und Ruhr 1933 bis 1945, Wuppertal 1980; generell H. Duhnke (Anm. 317).

Opfer war nicht zuletzt auch durch Fehler kommunistischer Widerstandtätigkeit bedingt, sei es durch revolutionären Übermut, sei es durch riskante massenwirksame Aktionen. Beatrix Herlemann weist sarkastisch das seitens kommunistischer Propaganda verbreitete Argument der vielen Opfer als Indiz für eine führende Rolle der KPD im Widerstand zurück: »Es ist im allgemeinen nicht üblich, daß sich Feldherrn noch dank falscher Strategien verlorenen Schlachten nach der Zahl ihrer selbst verschuldeten Toten rühmen.«[320]

Noch vor Kriegsende, am 30. April 1945, betrat die »Gruppe Ulbricht«[321], aus Moskau kommend, deutschen Boden, um Weichen zu stellen und Direktiven an kommunistische Aktivsten zu geben. Die Aussichten für kommunistische Ideen schienen nicht schlecht: Nach der totalen Niederlage des nationalsozialistischen Systems hatte der organisierte Kommunismus gegenüber den »bürgerlichen« Parteien zunächst einen moralischen Vorsprung, wiewohl der Hitler-Stalin-Pakt von 1939 auch eingefleischten Kommunisten ideologische Bauchschmerzen bereitete, zumal die Öffentlichkeit nach 1945 von einem geheimen Zusatzabkommen zwischen den beiden totalitären Staaten erfuhr. Zudem gab es eine andere, von der kommunistischen Forschung noch bis heute weithin tabuisierte Hypothek: Den Säuberungen Stalins fielen viele führende Kommunisten zum Opfer (z.B. Hugo Eberlein, Hermann Remmele, Heinz Neumann).

In allen vier Besatzungszonen wurde die KPD lizenziert und konnte sich an Wahlen beteiligen. Ihr Gründungsaufruf vom 11. Juni 1945[322], gleich nach der Zulassung politischer Parteien durch die SMAD, war noch in Moskau vorbereitet worden und zeichnete sich durch eine extreme Zurückhaltung hinsichtlich genuin kommunistischer Forderungen aus. Man verzichtete auf eine Verstaatlichung der Produktionsmittel und beschränkte sich weitgehend auf damals verbreitete antifaschistische Parolen. »Dieser Verzicht auf Teile der eigenen Terminologie wirkt gelegentlich grotesk wie z.B. in der Forderung nach ›Schutz der Werktätigen gegen Unternehmerwillkür und übermäßige Ausbeutung‹.«[323] Anscheinend wollte man nicht als »Bürgerschreck« wirken, zumal dem Aufruf offenbar eine »antifaschistisch-demokratische« Strategie zugrunde lag[324]. Wolfgang Bergsdorf kommt zu einem harten Urteil: »So enthüllt der KPD-Aufruf, wie wenige Wochen nach dem Zusammenbruch des nationalsozialistischen Totalitarismus auf dessen Trümmern eine sprachliche Camouflage inszeniert wird, die die Voraussetzungen für die Machtübernahme eines totalitären Systems anderen Typs schaffen will.«[325] Ungeachtet der Frage, ob manche Kommunisten wie

---

320 Beatrix Herlemann, Die Emigration als Kampfposten. Die Anleitung des Kommunistischen Widerstandes in Deutschland aus Frankreich, Belgien und den Niederlanden, Königstein/Ts. 1983, S. 10.

321 Siehe jetzt mit neuem Material: Gerhard Keiderling (Hrsg.), »Gruppe Ulbricht« in Berlin April bis Juni 1945. Von den Vorbereitungen im Sommer 1944 bis zur Wiedergründung der KPD im Juni 1945. Eine Dokumentation, Berlin 1992.

322 Er ist abgedruckt bei Ossip K. Flechtheim (Hrsg.), Dokumente zur parteipolitischen Entwicklung in Deutschland, Bd. III: Programmatik der deutschen Parteien, Berlin 1963, S. 313–319.

323 So Wolfgang Bergsdorf, Herrschaft und Sprache. Studie zur politischen Terminologie der Bundesrepublik Deutschland, Pfullingen 1983, S. 76.

324 Vgl. zu diesem Aufruf Werner Müller, Die KPD und die »Einheit der Arbeiterklasse«, Frankfurt/M. 1979, insbes. S. 30–42.

325 W. Bergsdorf (Anm. 323), S. 78f.

Anton Ackermann zunächst eine andere, behutsamere Gangart wünschten – unbestritten ist die massive Privilegierung der KPD in der Sowjetischen Besatzungszone seitens der dortigen Besatzungsmacht. Die Zwangsvereinigung zwischen KPD und SPD zur SED im April 1946 symbolisierte den Prozeß der sich anbahnenden Gleichschaltung, der insofern Auswirkungen auf die westlichen Besatzungszonen hatte, als sie die Glaubwürdigkeit der KPD nicht erleichterte. Der Kommunismus war zugleich der beste »Ernährer« des Antikommunismus.

Trotzdem erreichte die KPD bei den ersten Landtagswahlen 1946/47 noch beachtliche Ergebnisse[326]. Sie schwankten zwischen 4,7 Prozent in Schleswig-Holstein und 14,0 Prozent im bevölkerungsreichsten Land Nordrhein-Westfalen. Auch in Hamburg (10,4), Hessen (10,7) und Württemberg-Baden (10,3) kam sie über zehn Prozent. In Bremen erreichte sie 8,8 Prozent, in Rheinland-Pfalz 8,7, in Baden 7,4, in Württemberg-Hohenzollern 7,3, in Bayern 6,1, in Niedersachsen 5,6. Insgesamt brachte sie es bei den neun Wahlen zu den Landesparlamenten auf 113 Sitze. Heute ist weitgehend vergessen, wenn nicht verdrängt, daß die KPD aufgrund der seinerzeit bevorzugten Allparteienkoalitionen bis auf Schleswig-Holstein und Württemberg-Hohenzollern anfangs allen Landesregierungen angehörte, wenn auch nur für kurze Zeit[327]. In Nordrhein-Westfalen besaß die KPD gar zwei Ministerposten. Heinz Renner fungierte zunächst als Sozial- (August bis Dezember 1946), später als Verkehrsminister (Juni 1947 bis Februar 1948), Hugo Paul als Minister für den Wiederaufbau (August 1946 bis Februar 1948); in Hessen gehörte der dortige Landesvorsitzende Oskar Müller als Minister für Arbeit (Oktober 1945 bis Januar 1947) dem Kabinett an, in Niedersachsen Karl Abel (von Dezember 1946 bis April 1947 als Minister für Gesundheit und Wohlfahrt, von April 1947 bis Februar 1948 als Minister ohne Portefeuille). Mit dem Rücktritt Friedrich Dettmanns vom Amt des Hamburger Senators für Gesundheit am 28. Juli 1948 im Zusammenhang mit der Berlin-Blockade besaß die KPD keinen Ministerposten mehr. Insgesamt stellte sie zwischen 1946 und 1948 sechs Wiederaufbau-, fünf Arbeits-, zwei Sozial- und je einen Innen-, Entnazifizierungs-, Verkehrsminister sowie einen Minister ohne Portefeuille[328]. »Die KPD-Minister mußten aus den Landesregierungen teils aufgrund der Wahlergebnisse ihrer Partei, teils im Gefolge der Auseinandersetzungen über die separat-staatliche Entwicklung der Westzonen ausscheiden.«[329] Der für eine einigermaßen gedeihliche Zusammenarbeit nötige Minimalkonsensus war nicht (mehr) gegeben.

Wie die KPD in der Weimarer Republik (und die SED in der SBZ), so wurde die KPD in den Westzonen gleichgeschaltet, auf die Vorbildfunktion der Sowjetunion und den Kurs der SED verpflichtet. Die Zuspitzung des Ost-West-Gegensatzes – der Kalte Krieg[330] – erleichterte diesen Prozeß. Anton Ackermann mußte 1948 seine frü-

---

326   Vgl. zu diesen und anderen Wahlergebnissen linksextremistischer Gruppierungen das Ende von Kap. III.

327   Vgl. die Belege bei Dietrich Staritz, Kommunistische Partei Deutschlands, in: R. Stöss (Anm. 30), S. 1767.

328   Diese Angaben sind entnommen dem Band von Hans Kluth, Die KPD in der Bundesrepublik. Ihre politische Tätigkeit und Organisation 1945–1956, Köln-Opladen 1959, S. 130. Vgl. zu diesem Werk: U. Backes/E. Jesse (Anm. 29), Kap. IV.

329   So D. Staritz (Anm. 327), S. 1768.

330   Zum Forschungsstand vgl. Wilfried Loth, Der »Kalte Krieg« in der historischen Forschung, in: Gottfried Niedhardt (Hrsg.), Der Westen und die Sowjetunion. Einstellungen

heren Thesen von einem besonderen deutschen Weg zum Sozialismus widerrufen[331].
Ganz ähnlich distanzierte sich die KPD davon und erklärte, unter Anspielung auf
Jugoslawien, das sich der sowjetischen Hegemonie entzogen hatte: »»Das Verhalten
zur Sowjetunion ist der Prüfstein für jeden Sozialisten.‹ Mit dieser Entschließung
identifizierte sich die KPD offen und ohne Vorbehalte mit der Politik der Sowjetunion und der KPdSU. Von dieser Linie sollte in Zukunft keine Abweichung mehr
geduldet werden.«[332] Die Handlungsfähigkeit der KPD wurde also weniger durch die
Politik der Nationalsozialisten geschwächt als vielmehr durch die eigene Haltung, die
sich durch unbedingte Linientreue auszeichnete und durch vorbehaltlose Absage an
jegliches »Sektierertum«.

Im Frühjahr 1948 scheiterte ein heute längst vergessener Umbenennungsversuch
der KPD: Auf einer Delegiertenkonferenz in Herne wurde im April, aufgrund eines
Vorschlages von Max Reimann, die KPD überraschend in die »Sozialistische Volkspartei Deutschlands« umbenannt. Die KPD verkörpere nicht nur die Interessen der
Arbeiterschaft, sondern auch die des gesamten deutschen Volkes. Die Motive eines
solchen Vorgehens, das immerhin die Loslösung von einem traditionsreichen Namen
bedeutet hätte, sind bis heute unklar geblieben[333]. Wollte man eine zuvor fehlgeschla-
gene Verschmelzung mit der SED des Ostens erneut vorbereiten? Lag die Intention
darin begründet, die eigene Basis mittels enttäuschter Anhänger der Sozialdemokratie zu vergrößern? Sah man den Namen der KPD nicht mehr als attraktiv genug an?
Die Initiative schlug fehl, weil sich die westlichen Besatzungsmächte mit der Namens-
änderung nicht einverstanden erklärten. Der neue Name komme einer Irreführung
gleich. Eine Richtungsänderung kommunistischer Politik wäre damit nicht verbunden
gewesen. Auf dieser Delegiertenkonferenz von elf Landesverbänden der KPD in den
drei Westzonen wurden der bisherige Vorsitzende der KPD für die britische Zone
Max Reimann zum ersten Parteivorsitzenden gewählt, Walter Fisch und Kurt Müller
zu seinen Stellvertretern.

Bei der Bundestagswahl 1949 erreichte die KPD für sie nur enttäuschende 5,7 Prozent der Stimmen, also deutlich weniger als bei den vorherigen Landtagswahlen. In

und Politik gegenüber der UdSSR in Europa und in den USA seit 1917, Paderborn 1983,
S. 155–175; ders., Die Teilung der Welt. Geschichte des Kalten Krieges 1941–1955, München 1989[7]. Loth vertritt weder die (»traditionalistische«) These, der Kalte Krieg sei aufgrund des expansionistischen Strebens der Sowjetunion ausgebrochen, noch die (»revisionistische«) Auffassung, die politischen und wirtschaftlichen Interessen der USA hätten die
Sowjetunion in die Defensive gedrängt. Vielmehr habe es sich um eine gegenseitige Fehlperzeption gehandelt. Diese Interpretationsrichtung läuft etwas darauf hinaus, den Kalten
Krieg als eine Art Mißverständnis herunterzuspielen – und damit die Ideologiehaftigkeit
des elementaren Konflikts. Letzten Gesichtspunkt betont Ernst Nolte, Deutschland und
der Kalte Krieg, Stuttgart 1985[2]. Im übrigen ist die Einschätzung des Kalten Krieges
bezeichnenderweise stark politischen Strömungen unterworfen. Siehe hierzu Michael
Wolffsohn, Die Debatte über den Kalten Krieg. Politische Konjunkturen – historisch-poli-
tische Analysen, Opladen 1982. Heutzutage – nach dem Zusammenbruch des Kommunismus – wird vielfach stärker die aggressive Haltung der Sowjetunion nach dem Ende des
Zweiten Weltkrieges betont. Siehe Sven Papcke, Der Kalte Krieg als Problem der Zeitgeschichtsschreibung, in: EA, 45 (1990), S. 623–631.

331 Vgl. Anton Ackermann, Über den einzig möglichen Weg zum Sozialismus, in: Neues
 Deutschland vom 24. September 1948.
332 H. Kluth (Anm. 328), S. 32.
333 Vgl. ebd., S. 27f.; D. Staritz (Anm. 327), S. 1758–1760.

den Bundesländern Schleswig-Holstein (3,1 Prozent), Niedersachsen (3,1 Prozent) und Bayern (4,1 Prozent) konnte sie nicht einmal fünf Prozent der Stimmen auf sich vereinigen. Dieser Umstand benachteiligte die KPD insofern, als die Mandatsvergabe auf der Ebene der Länder erfolgte, eine bundesweite Verrechnung somit nicht vorgesehen war. Eine Partei mußte demnach im jeweiligen Bundesland die Fünfprozenthürde überschritten haben. Die KPD bekam mithin nur 15 Mandate, was einem prozentualen Anteil von 3,7 entsprach[334]. Das magere Abschneiden bedeutete jedoch keinen Anlaß für Selbstkritik, sieht man davon ab, daß zynischerweise auf die nicht genügend sowjetfreundliche Haltung hingewiesen wurde. Die KPD schob ihre eklatante Wahlniederlage vor allem auf die propagandistischen Aktivitäten des Monopolkapitals[335].»Die Gründung der Bundesrepublik 1949 war die zentrale Niederlage der KPD. [...] Die Bundesrepublik Deutschland war die Negation dessen, was die KPD ab 1945 gesellschaftspolitisch und außenpolitisch angestrebt hatte.«[336]

3.2 Niedergang der KPD

Die Stimmenverluste setzten sich kontinuierlich fort, es kam zu einem nahezu stetigen Niedergang. So erzielte die KPD bei den Landtagswahlen zu Anfang der fünfziger Jahre in jedem Land (und zwar ohne Ausnahme!) weniger Stimmen als zuvor, obwohl sich das ungefestigte Parteiensystem seinerzeit aufzusplittern schien. In den meisten Fällen wurde der Anteil der KPD mehr als halbiert, so daß sie vielfach in den Landesparlamenten nicht mehr vertreten war. Besonders drastisch waren die Verluste in Nordrhein-Westfalen, der Hochburg der Kommunisten: Von 14,0 Prozent (1947) sank der Anteil auf 5,5 Prozent (1950). In Hamburg fiel er am geringsten aus (von 10,4 [1946] auf 7,4 Prozent [1949]). Der Niedergang wurde also nicht erst durch den im Oktober 1951 gestellten Verbotsantrag der Bundesregierung hervorgerufen. Ob dieser bei manchen Wählern eine Trotzreaktion ausgelöst hat, ist schwer einzuschätzen. Es mag in der Tat sein, daß dadurch der Auszehrungsprozeß noch beschleunigt worden ist. Bei der Bundestagswahl 1953 erreichte die KPD nur 2,2 Prozent der Stimmen und blieb damit ohne parlamentarische Repräsentanz. In den Landtagswahlen der fünfziger Jahre setzten sich die Verluste der KPD weiter fort – in Schleswig-Holstein von 2,2 (1950) auf 2,1 Prozent (1954), in Hamburg von 7,4 (1949) auf 3,2 Prozent (1953), in Niedersachsen von 1,8 (1951) auf 1,3 Prozent (1955), in Bremen von 6,4 (1951) auf 5,0 Prozent (1955), in Nordrhein-Westfalen von 5,5 (1950) auf 3,8 Prozent (1954), in Hessen von 4,7 (1950) auf 3,4 Prozent (1954), in Rheinland-Pfalz von 4,3 (1951) auf 3,2 Prozent (1955), in Baden-Württemberg von 4,4 (1952) auf 3,2 Prozent (1956). Lediglich in Bayern (1950: 1,9; 1954: 2,1 Prozent) kam es zu einer minimalen Stabilisierung des Wählerpotentials. Das Verbot der KPD vom 17. August

334 Ein weiterer Grund für die Disproportion zwischen Stimmen- und Mandatsanteil lag darin begründet, daß die KPD in kleinen Bundesländern trotz des Überwindens der Fünfprozenthürde aufgrund der wenigen zu vergebenden Mandate leer ausging. So erhielt sie in Bremen 6,8 Prozent der Stimmen, jedoch kein Mandat.
335 Vgl. die Resolution des Parteivorstandes der KPD vom 16. September 1949, in: Wissen und Tat, 4 (1949) 8, S. 52–62.
336 So Georg Fülberth, KPD und DKP. 1945–1990, Heilbronn 1992², S. 41.

1956 durch das Urteil des Bundesverfassungsgerichts[337] besiegelte damit einen nahezu kontinuierlichen Schrumpfungsprozeß auf der Wählerebene. Nur in Bremen (1955: 5,0 Prozent) und im neu geschaffenen Bundesland Saarland (1955: 6,6 Prozent) gelang der KPD der Einzug in die Landesparlamente.

In ähnlichen Bahnen, wenngleich nicht ganz so drastisch, verlief die Mitgliederentwicklung, wobei die folgenden Daten[338] nur als grobe Richtwerte zu verstehen sind. Auch hier läßt sich zeigen, daß weder die Verfolgung durch die Nationalsozialisten noch der Verbotsantrag für den Mitgliederschwund verantwortlich gemacht werden kann. Denn im Herbst 1947 besaß die KPD eigenen Angaben zufolge rund 324 000, im Januar 1951, vor der Antragstellung, lediglich noch 148 000, im August 1956, kurz vor dem Verbot, gar nur 78 000 (siehe Tabelle 6). Auch die Auflagenhöhe der Parteipresse ging rapide zurück. Das Zentralorgan »Freies Volk« hatte im Gründungsjahr 1949 eine Auflage von 80 000, ein halbes Jahrzehnt später nur noch 48 000. Die Gesamtauflage der kommunistischen Tageszeitungen betrug 1955 350 000, während sie Ende der vierziger Jahre weit höher lag[339].

Tabelle 6: Mitgliederentwicklung der KPD, 1945–1956

1945	130 000
1946	205 000
1947	324 000
1948	300 000
1949	216 000
1950	172 843
1951	148 194
1952	120 000
1956	78 000

Quelle: Angaben der Partei. Die Angaben dürften überhöht sein, z. T. beträchtlich. Im Jahre 1967 besaß die verbotene KPD ca. 7 000 Mitglieder.

Obwohl die KPD zunächst die Notwendigkeit einer antifaschistisch-demokratischen Umwälzung hervorgehoben hatte, entwickelte sie sich Ende der vierziger Jahre zu einer »Partei neuen Typs«, die »Titoisten« und anderen »Abweichlern« den Kampf ansagte. Von innerparteilicher Demokratie konnte nicht annähernd die Rede sein, die Einführung des »demokratischen Zentralismus« nach Leninschem Muster stand auf der Tagesordnung. Bekanntlich nahmen Vertreter der KPD bis 1948 an den Sitzungen des Parteivorstandes teil. Im Februar 1947 kam es zur Bildung der Arbeitsgemeinschaft SED/KPD, die später von den westlichen Militärregierungen untersagt wurde. Insofern erfolgte im Januar 1949 die organisatorische Trennung der beiden Parteien, die Abhängigkeit der KPD von der SED blieb gleichwohl erhalten. Es kam zu Säuberungen. So wurde Kurt Müller (geb. 1903), Stellvertreter Max Reimanns, im

---

337 Vgl. dazu auch Kap. VIII. 3.2.
338 Vgl. für Einzelheiten D. Staritz (Anm. 327), S. 1782–1788.
339 Vgl. H. Kluth (Anm. 328), S. 100. Der Autor erörtert das Dilemma der KPD-Presse, einerseits ideologische Linientreue und andererseits Massenwirksamkeit zu fördern. Siehe ebd., S. 96–103.

Mai 1950 nicht nur aus der Partei ausgeschlossen[340], sondern in der DDR als »Trotzkist« wegen Agententätigkeit für den britischen Geheimdienst verhaftet und zu 25 Jahren Zuchthaus verurteilt, von denen er fünf (in der Sowjetunion) abbüßen mußte. 1955 kehrte er in die Bundesrepublik zurück. Weitere KPD-Führer wurden abgehalftert. Wie in der DDR, so kam es auch in der westdeutschen KPD zur Eliminierung von (vermeintlichen) »Trotzkisten« und »Titoisten«. Auf dem Parteitag 1951 gelangten nur zwei der sieben Spitzenfunktionäre in das Politbüro zurück (Max Reimann und Josef Ledwohn, der nordrhein-westfälische Landesvorsitzende).

Reimann (geb. 1898; gest. 1977)[341], in der KPD unumstritten und schon vor dem KPD-Verbot in die DDR übergesiedelt, erwies sich als Apparatschik, der die Abhängigkeit von der SED nach Kräften förderte. Dies zeigte sich nicht nur in seiner Tätigkeit als Mitglied des Parlamentarischen Rates (1948/49) und als Fraktionsvorsitzender der KPD im Deutschen Bundestag (1949–1953). Geprägt durch kommunistische Ideen von Jugend an – bereits im Jahre 1919 erhielt er ein Jahr Festungshaft wegen »spartakistischer Umtriebe« –, sah er in der Bundesrepublik stets nur den Vorposten des amerikanischen Monopolkapitals. Die gesellschaftliche Entwicklung wurde von ihm völlig verzerrt wahrgenommen. Auch andere führende KPD-Funktionäre wie Oskar Müller (geb. 1896; gest. 1953), der Landesvorsitzende der hessischen KPD, Otto Niebergall (geb. 1904; gest. 1977), der Landesvorsitzende der rheinland-pfälzischen KPD, und Fritz Rische (geb. 1914)[342], 1948/49 Vorsitzender der KPD-Fraktion im »Zweiten Wirtschaftsrat« und wie die vorgenannten Mitglied im Deutschen Bundestag, vermochten es nicht, die fehlende Anziehungskraft der KPD mit ihrem Charisma zu überdecken. Am ehesten konnte noch Heinz Renner (geb. 1892; gest. 1964)[343] ein etwas eigenständigeres Profil gewinnen. Er war vor 1945 in der Widerstandsbewegung tätig und 1946 Oberbürgermeister von Essen. Als Mitglied des Parlamentarischen Rates und des Ersten Deutschen Bundestages (1949–1953) wußte er sich durch sein rhetorisch-demagogisches Vermögen Gehör zu verschaffen. In der KPD dominierten eindeutig »Altkommunisten«, die sich bereits vor 1933 für die KPD engagiert hatten.

Gleich Reimann waren viele führende Kommunisten wie Willi Agatz (Mitglied des Parteivorstandes der KPD), Hugo Paul (Mitglied des Parlamentarischen Rates und erster Vorsitzender der nordrhein-westfälischen KPD), Grete Thiele (Mitglied des Parteivorstandes der KPD und Bundestagsabgeordnete) sowie die bereits erwähnten Oskar Müller und Fritz Rische entweder nicht emigriert und in der Widerstandsbewegung gegen den Nationalsozialismus aktiv oder in westlichen Ländern tätig (wie Otto Niebergall oder Hermann Nuding, der 1950 wegen »Opportunismus« aus dem Parteivorstand ausgeschlossen wurde und daraufhin sein Bundestagsmandat niederlegte). Aus diesem Umstand rührte möglicherweise ein gewisses Mißtrauen seitens der SED her, deren führende Funktionäre wie Wilhelm Pieck und Walter Ulbricht viele Jahre in der Sowjetunion verbracht hatten.

Das Grundgesetz, das als Verfassung eines westdeutschen Separatstaates galt, wurde von der KPD abgelehnt. Entschieden wandte sie sich gegen die »Remilitarisie-

---

340 Der Deutsche Bundestag gestattete es der KPD nicht, für den verhafteten Müller einen Nachfolger ins Parlament zu entsenden. Dadurch verlor die KPD ihren Fraktionsstatus.
341 Zur Person vgl. Kap. V. 2.5.
342 Zur Person vgl. U. Backes/E. Jesse (Anm. 31).
343 Zur Person vgl. ebd.

rung« Westdeutschlands und versuchte dagegen – ohne sonderlichen Erfolg – eine Volksbefragungs-Kampagne zu organisieren[344]. In der Programmatik schlug sie zunehmend revolutionäre Töne an. Höhepunkt dieser Tendenzen war das im November 1952 verkündete »Programm der nationalen Wiedervereinigung Deutschlands«[345], das an die »Thesen« des Parteitages von 1951 anknüpfte und das einzige Programm der KPD nach 1945 bildete. Es wurde zum revolutionären Sturz des »Adenauer-Regimes« aufgerufen, eine Forderung, die später im Urteil des Bundesverfassungsgerichts eine tragende Rolle hinsichtlich des Verbots spielte. Die rechten SPD-Führer sollten ebenfalls »zum Teufel gejagt werden«[346]. Das Programm, zur Verhinderung der Westintegration gedacht, blieb Makulatur, wiewohl die KPD daran festhielt – selbst noch nach ihrer vernichtenden Wahlniederlage bei der Bundestagswahl 1953: »Das Programm ist nicht ein Dokument unter vielen anderen Dokumenten. Es ist das Programm der Partei für die gegenwärtige Periode unseres Kampfes bis zur Erreichung unseres gegenwärtigen strategischen Zieles, die Wiedervereinigung Deutschlands. Es bestimmt die gesamte Politik der Partei in der gegenwärtigen Periode des Kampfes. Es gibt im Programm keinen Punkt, der den Interessen aller Schichten des deutschen Volkes – mit Ausnahme der kleinen Gruppe der Monopolkapitalisten und Militaristen – widerspricht. Das Programm entspricht den Interessen der Arbeiter, Bauern, Handwerker und Gewerbetreibenden, der Angestellten und Beamten, der Kultur- und Geistesschaffenden und auch jener Kreise des Bürgertums, die mit der Friedensindustrie und dem friedlichen Handel verbunden sind.«[347] Diese Form des Illusionismus konnte schwerlich auf Resonanz stoßen, und daher nahm man in der Folgezeit gewisse verbale Abschwächungen vor.

Die Haltung der KPD gegenüber der SPD pendelte zwischen kompromißloser Ablehnung und Anbiederung. Das erste bezog sich auf die »rechten SPD-Führer«, das zweite auf die breite Mitgliederschaft (»Einheitsfront« von unten). Insgesamt führte diese Doppelstrategie zu keinen Erfolgen. Das Gros der SPDler war über den Ton gegen ihre Führungsspitze abgeschreckt. Kommunisten gingen davon aus, daß die »Rechtssozialisten« durch »Doppelzüngigkeit und Demagogie die Massen vom Klassenkampf, von einer klaren Frontstellung gegen die Kriegspolitik der Rüstungsmonopolisten abhalten. Nachdem wir die verräterische Rolle der Schumacher, Ollenhauer, Schmid, Reuter erkannt haben, muß es für jeden eine selbstverständliche Aufgabe sein, ihnen ihre Maske vom Gesicht zu reißen.«[348]

Nach dem XX. Parteitag der KPdSU, auf dem Chruschtschow den Personenkult um Stalin angeprangert und die Konzeption der friedlichen Koexistenz propagiert hatte, sah sich die KPD zu einer Änderung ihrer Strategie veranlaßt. Der Parteivorsitzende Max Reimann hielt an der generellen Zielsetzung der eigenen Parolen fest, widerrief also nicht die »gesamte politische Strategie seit 1948«[349], jedoch u.a. die Formulierung im Hinblick auf den revolutionären Sturz des Adenauer-Regimes,

---

344 Vgl. hierzu den folgenden Exkurs (Kap. III.3.10.)
345 Vgl. Parteivorstand der KPD (Hrsg.), Programm der nationalen Wiedervereinigung Deutschlands, o.O. (Nürnberg) o.J. (1952).
346 Ebd.
347 So der KPD-Funktionär Hermann Köther, zitiert nach H. Kluth (Anm. 328), S. 48.
348 Zitiert nach ebd., S. 55.
349 So aber Alexander von Brünneck, Politische Justiz gegen Kommunisten in der Bundesrepublik Deutschland 1949–1968, Frankfurt/M. 1968, S. 41.

wenn auch mit einer taktischen Begründung: »Diese Formulierung ist falsch; denn sie entsprach nicht und entspricht nicht der Lage und den Bedingungen in der Bundesrepublik und hat die Herstellung der Aktionseinheit der Arbeiterklasse und die Sammlung aller demokratischen Kräfte behindert.«[350] Man wollte nun die Sozialdemokratie verstärkt für sich gewinnen und sogar mit deren Spitze verhandeln (»Einheitsfront von oben«). Doch war dieses Unterfangen ebenso vergebens wie der Versuch der Einflußnahme auf die Gewerkschaften. Aus ihnen waren Kommunisten schon zuvor zum Teil ausgeschlossen worden, wenn sie sich geweigert hatten, ein »Revers« zu unterschreiben, daß sie sich von der auf dem KPD-Parteitag von 1951 verabschiedeten These distanzierten, die Führer von Gewerkschaftsorganisationen als Handlanger der »Kriegsvorbereitungen« bezeichnete. Zunächst hatte die KPD die Parole der Weigerung ausgegeben, diese jedoch später modifiziert[351].

Schon vor dem Parteiverbot sah sich die KPD zahlreichen administrativen Maßnahmen ausgesetzt, die nicht immer den Geist der Freiheit atmeten.[352] Die Änderung des politischen Strafrechts von 1951 richtete sich hauptsächlich gegen kommunistische Aktivitäten, und zahlreiche kommunistische Vereinigungen wurden schon vor 1956 durch die Exekutive verboten[353]. Das politische Klima war in den fünfziger Jahren nicht durch Liberalität geprägt[354]. Die Freie Deutsche Jugend, mit circa 70 000 Mitgliedern die größte Nebenorganisation der KPD, wurde bereits 1951 verboten. Ihre Führer wie Josef Angenfort (geb. 1924)[355] und Wolfgang Seiffert (geb. 1926)[356] mußten langjährige Haftstrafen verbüßen bzw. konnten sich in die DDR absetzen.

Außer der KPD gab es seinerzeit so gut wie keine anderen linksextremistischen Gruppierungen, die sich lange halten konnten. Jedenfalls blieben diese eine Quantité négligeable. Gleichwohl mag ein knapper Abriß geboten sein, weil es sich um höchst schillernde und heterogene Richtungen handelt: die Trotzkisten, die Anarchisten sowie drei zwischen der SPD und der KPD angesiedelte Parteien, die einen von diesen beiden Parteigruppierungen unabhängigen Weg einzuschlagen wünschten.

Die Trotzkisten unter ihrem Führer Georg Jungclas (geb. 1902; gest. 1975)[357] spielten in den fünfziger Jahren keine eigenständige Rolle. Jungclas war in der Wei-

---

350 Zitiert nach H. Kluth (Anm. 328), S. 49.
351 Vgl. A. von Brünneck (Anm. 349), S. 33 f.
352 Beispiele finden sich bei Diether Posser, Anwalt im Kalten Krieg. Ein Stück deutscher Geschichte in politischen Prozessen 1951 bis 1968, München 1991.
353 Vgl. A. von Brünneck (Anm. 349), insbes. S. 71–117.
354 Vgl. dazu Kap. VI.3.
355 Angenfort, 1951 bis 1954 Landtagsabgeordneter der KPD in Nordrhein-Westfalen, leitete die FDJ in der Bundesrepublik. Er wurde 1955 vom Bundesgerichtshof zu fünf Jahren Zuchthaus verurteilt. Seit der Gründung der DKP ist er dort führender Funktionär (Mitglied des Parteivorstands und des Präsidiums).
356 Seiffert, stellvertretender Vorsitzender der FDJ, entzog sich der Verhaftung durch Flucht in die DDR und wurde dort Professor an der Akademie für Staats- und Rechtswissenschaften der DDR. Er kehrte 1978 in die Bundesrepublik zurück, weil er die Politik der SED nicht mehr akzeptieren konnte, insbesondere in der »nationalen Frage«. Er ist Professor an der Universität Kiel und engagiert sich in zahllosen Abhandlungen für die Einheit Deutschlands.
357 Zu dieser schillernden Persönlichkeit vgl. die parteiische Biographie: Georg Jungclas 1902–1975. Eine politische Dokumentation. Von der proletarischen Freidenkerjugend im Ersten Weltkrieg zur Linken der siebziger Jahre, Hamburg 1980. Ferner Claus Leggewie,

marer Republik Funktionär der KPD, verließ diese und sympathisierte fortan mit den Ideen Trotzkis, den er 1932 persönlich kennengelernt hatte. Nach der Emigration in Dänemark und Gestapohaft 1944/45 versuchte er in Deutschland eine Sektion der IV. Internationale aufzubauen. Er gehörte zunächst als einer der drei Sekretäre der UAPD an, dann entsprechend der trotzkistischen Taktik der SPD. Die Trotzkisten organisierten sich seinerzeit nicht in einer eigenen Partei. Auf ihrem III. Weltkongreß (1951) hatte die IV. Internationale ihre Mitglieder nämlich zur konspirativen Tätigkeit in den Arbeiterparteien verpflichtet. Allerdings konnten sie dort – jedenfalls in der Bundesrepublik Deutschland – keinerlei Einfluß nehmen.[358] Das gilt für die KPD wie für die SPD. Selbst die Unterwanderung der UAPD mißglückte.

Auch den Anarchisten, die Ende der vierziger Jahre gewisse Aktivitäten entfalteten, aber nicht an die in der Weimarer Republik heranreichten und in der Folgezeit noch weiter abnahmen[359], kommt keinerlei machtpolitische Bedeutung zu. Eine anarchistische »Föderation freiheitlicher Sozialisten Deutschlands« gab neben einigen Werken von Altanarchisten wie Augustin Souchy zwischen 1949 und 1953 ein Periodikum namens »Die freie Gesellschaft« heraus, das aber niemals mehr als eine Abonnentenzahl von 500 erreichte[360]. Anarchistische Kreise konnten nie irgendeinen nennenswerten Einfluß gewinnen, zumal sie in unterschiedlichste sektenähnliche Grüppchen zersplittert waren und die politischen Konstellationen nahezu völlig ignorierten: »Die deutschen Anarchisten schmorten hauptsächlich im eigenen Saft. Ihre Richtungskämpfe setzten sich fort.«[361] Ob man die Partei der Freisozialen Union (FSU)[362], die sich an wirtschaftlichen Lehren Silvio Gesells (1862–1930) orientiert(e) – Gesell strebte u.a. die Beseitigung des Zinses an, – als eine Richtung der anarchistischen Bewegung apostrophiert (»Anarcho-Liberalen«), wie dies etwa Günter Bartsch tut, mag sehr zweifelhaft sein, denn spezifische Charakteristika des Anarchismus wie Organisationsfeindlichkeit fehl(t)en hier. Zu den anderen Spielarten des Anarchismus in Deutschland rechnet er einerseits die Syndikalisten, die Individual-Anarchisten und die Sozial-Anarchisten, andererseits die Anarcho-Kommunisten und die Räte-Anarchisten.

In der Unabhängigen Sozialdemokratischen Partei Deutschlands (USPD) von Berlin (West) fanden sich 1949/50 Kräfte zusammen, die einen »dritten Weg« zwischen KPD und SPD anstrebten[363]. Die linksneutralistisch ausgerichtete USPD wurde

---

Kofferträger. Das Algerien-Projekt der Linken im Adenauer-Deutschland, Berlin 1984, insbes. S. 104–123. Zur Person siehe auch knapp U. Backes/E. Jesse (Anm. 31).

358 Vgl. Wolfgang Alles (Hrsg.), Die kommunistische Alternative. Texte der Linken Opposition und IV. Internationale 1932–1985, Frankfurt/M. 1985.

359 Vgl. für Einzelheiten Günter Bartsch, Anarchismus in Deutschland. Bd. I: 1945–1965, Hannover 1972, insbes. S. 131–263. Bartsch neigt dazu, die Bedeutung der anarchistischen Gruppierungen etwas zu überschätzen. Zum Vorkriegsanarchismus siehe u. a.: Peter Lösche, Anarchismus, Darmstadt 1977.

360 Günter Bartsch, Der deutsche Anarchismus seit dem Ende des Zweiten Weltkriegs, in: PVS, 13 (1972), S. 339.

361 Ebd., S. 131.

362 Vgl. Richard Stöss, Die Freisoziale Union, in: ders. (Anm. 30), Bd. 2, S. 1397–1423; M. Rowold (Anm. 73), S. 360–366. In beiden Bänden wird die FSU zu Recht weder unter die »rechten« noch unter die »linken« Parteien verortet. Das Festhalten an der ökonomischen Lehre Silvio Gesells überlagert derartige Rubrizierungen.

363 Vgl. Siegfried Heimann, Die Unabhängige Sozialdemokratische Partei Deutschlands, in: R. Stöss (Anm. 30), Bd. 2, S. 2361–2380.

insbesondere von einem Personenkreis gegründet, dem die antikommunistische Haltung der Berliner SPD nicht behagte. Sie erreichte bei den Wahlen zum Berliner Abgeordnetenhaus im Jahre 1950 immerhin 0,7 Prozent der Stimmen. Die Versuche, die USPD als einen Landesverband in die Unabhängige Arbeiterpartei Deutschlands zu integrieren, scheiterten insbesondere am Widerstand des USPD-Vorsitzenden Wilhelm Kischkat (geb. 1890; gest. 1975), der eine Unterwanderung durch titoistische Kräfte fürchtete. Nach der Rückgabe der Lizenz durch Kischkat im Januar 1952 kam es unter einem anderen Personenkreis im Herbst 1953 zur Neuzulassung der USPD, die aber nicht mehr an die ohnehin bescheidenen früheren Erfolge anzuknüpfen vermochte. Bei den Wahlen zum Berliner Abgeordnetenhaus 1954 erzielte sie lediglich 0,1 Prozent der Stimmen. Damit war ihr Schicksal besiegelt.

War die USPD finanziell auf sich allein gestellt, so erfuhr die in Worms 1951 gegründete Unabhängige Arbeiterpartei Deutschlands (UAPD)[364], in der stärker revolutionär gesinnte Kreise dominierten, eine Unterstützung durch Jugoslawien. Ihr Vorsitzender Georg Fischer (geb. 1905)[365] war wie andere auch aus der KPD, der er von 1946 bis 1947 als bayerischer Landesvorsitzender angehörte, wegen seiner Kritik am kommunistischen Verhalten gegenüber Jugoslawien im Jahre 1949 ausgeschlossen worden. Zu den Gründern zählte auch Wolfgang Leonhard (geb. 1921), der als jüngstes Mitglied der »Gruppe Ulbricht« den Kommunismus in Deutschland aufbauen sollte, aber 1948 nach Jugoslawien geflüchtet war und zu einem der schärfsten Kritiker des Marxismus-Leninismus werden sollte[366]. Neben ehemaligen KPDlern gab es in der UAPD als zweite einflußreiche Gruppierung Trotzkisten, die hier ihr Betätigungsfeld sahen. Die »gemeinsame Front gegen Linkssozialdemokraten [konnte] den ideologischen Streit zwischen Trotzkisten und Rechtskommunisten [...] nicht überdecken«[367]. Die Hauptdifferenz zwischen diesen Richtungen zeigte sich insbesondere in der Einschätzung der Sowjetunion. Während die Trotzkisten diese trotz ihrer Kritik am »Bürokratismus« eher als Bündnispartner betrachteten, verwarfen die Titoisten eine solch positive Einstellung strikt. Die sich als Sammlungsbewegung verstehende UAPD kam niemals über einen Mitgliederbestand von 400 hinaus und nahm an keiner einzigen Landtagswahl teil. Im September 1952 löste sie sich wegen ihrer unüberbrückbaren internen Differenzen auf. Schon 1951 war der Trotzkist Jungclas ausgeschlossen worden, und Jugoslawien hatte seine finanzielle Unterstützung eingestellt.

Auch die Arbeiter-Partei (AP)[368] wollte sich als dritte Kraft zwischen SPD und KPD profilieren. Diese Partei wurde bereits 1945 in Offenbach gegründet und ent-

364 Vgl. Peter Kulemann, Die Linke in Westdeutschland nach 1945. Die erste Nachkriegszeit zwischen sozialdemokratischer Integration und dem Stalinismus der KPD – das Scheitern der »titoistischen« Unabhängigen Arbeiterpartei UAP 1950, Hannover 1978.

365 Vgl. Georg Fischer, Vom aufrechten Gang eines Sozialisten. Ein Parteiarbeiter erzählt, Bonn-Berlin 1979.

366 Vgl. etwa die ergreifende Schilderung seines Lebens bis Ende der vierziger Jahre: Wolfgang Leonhard, Die Revolution entläßt ihre Kinder, Frankfurt/M. 1972 (1955). Siehe jetzt: ders., Spurensuche. 40 Jahre nach Die Revolution entläßt ihre Kinder, Köln 1992.

367 S. Heimann (Anm. 363), S. 2369.

368 Siehe hierzu die Lokalstudie von Bernd Klemm, Die Arbeiter-Partei (Sozialistische Einheitspartei) Hessen 1945–1954. Entstehungsbedingungen, Geschichte und Programmatik einer dritten deutschen Arbeiterpartei nach dem Zweiten Weltkrieg, Hannover 1980; ferner Siegfried Heimann, Die Arbeiter-Partei, in: R. Stöss (Anm. 30), S. 367–394.

stand 1946/47 an weiteren Orten Hessens. Sie rekrutierte ihre Mitglieder weitgehend aus ehemaligen Mitgliedern der KPO und der SAP, Absplitterungen von der KPD und der SPD am Ende der Weimarer Republik[369]. Im übrigen Bundesgebiet hatte sie nur in Württemberg-Baden und Bremen Mitglieder, jedoch insgesamt niemals mehr als circa 1 000. Die Gründung der AP ging weitgehend auf Heinrich Galm (geb. 1895) zurück, der das Erscheinungsbild der AP wesentlich prägte. Dieser war als Offenbacher USPD-Stadtrat im Jahre 1920 zur KPD gegangen, aus der er, Kandidat des Zentralkomitees, 1928 ausgeschlossen wurde. Anschließend beteiligte er sich an der Gründung der KPD-Opposition (KPO), die er 1932 verließ, um zur Sozialistischen Arbeiterpartei (SAP) zu gehen. Für alle drei Parteien saß er zur Zeit der Weimarer Republik im hessischen Landtag. Nach mehreren Verhaftungen während der Zeit des Dritten Reiches gründete er die AP; danach trat er der SPD bei, für die er zwischen 1954 und 1972 im Offenbacher Stadtrat saß[370]. Galm verfügte bei Teilen der Offenbacher Bevölkerung über ein gewisses Renommee, von dem auch die AP profitierte. Allerdings scheiterte sein Unterfangen, bei der Bundestagswahl 1949 das Direktmandat in Offenbach zu erringen, sehr deutlich. Auf ihn entfiel nicht einmal ein Siebtel der Stimmen des SPD-Kandidaten. Bei der Wahl zur Verfassunggebenden Landesversammlung 1946 bekam die AP nur 0,6 Prozent der Stimmen, bei den Kommunalwahlen in Offenbach 1946 17,5, 1948 19,6 und 1952 6,8 Prozent. Die AP hatte damit entsprechend ihrem Ausgangspunkt den Schwerpunkt in Offenbach, wurde aber auch dort allmählich von der Sozialdemokratie aufgesogen, also von jener Partei, der die Anhänger Galms »jahrelang so vehement die politische Existenzberechtigung abgesprochen hatten«[371]. Im Gegensatz zur USPD und zur UAPD hatte die AP zum Teil paradoxerweise einen mittelständischen Charakter bis hin zu einer partiellen Übernahme der Lehren Gesells durch Galm.

Die Einflußlosigkeit der zwischen SPD und KPD agierenden Gruppierungen war insofern programmiert, als sie angesichts der vorhandenen Polarisierung nahezu zwangsläufig zerrieben werden mußten, zumal in einer Atmosphäre des Kalten Krieges eine Partei zwischen der KPD und SPD ohnehin nur schwer hätte Fuß fassen können. Auch sahen sie sich vom allgemeinen Trend zur Parteienkonzentration erfaßt. Gleichwohl vermieden alle drei Parteien ein klares Bekenntnis zur freiheitlichen Ordnung. Eine ganz andere Frage ist, wie die Entwicklung dieser Parteien bei zunehmendem Wählererfolg verlaufen wäre.

3.3 Isolation des Linksextremismus

Nach dem Verbot im August 1956 wurde die KPD samt ihren Nebenorganisationen illegal, jegliche offene kommunistische Aktivität unnachsichtig verfolgt. Schon vorher war eine Reihe von kommunistischen (Tarn-)Organisationen verboten worden wie die »Gesellschaft für deutsch-sowjetische Freundschaft«, das »Westdeutsche Komitee für Einheit und Freiheit im deutschen Sport«, »Westdeutscher Arbeitsausschuß der

---

369 Vgl. für Einzelheiten K.H. Tjaden (Anm. 312); Hanno Drechsler, Die Sozialistische Arbeiterpartei Deutschlands (SAPD), Meisenheim am Glan 1965.
370 Vgl. den Erinnerungsbericht: Heinrich Galm, Ich war immer ein Rebell, Offenbach 1980.
371 B. Klemm (Anm. 368), S. 160.

Nationalen Front«, »Nationale Front des demokratischen Deutschland«, »Friedenskomitee der Bundesrepublik Deutschland«, »Demokratischer Frauenbund Deutschlands«, »Bewegung für gesamtdeutsche Verständigung«[372]. Zum Teil sind Kommunisten auch wegen ihres politischen Engagements vor dem Verbot verurteilt worden. Straftatbestände waren unter anderem die Zugehörigkeit zu einer kriminellen Vereinigung, Geheimbündelei, Fortführung einer verbotenen Vereinigung, Gründung von Ersatzorganisationen. Von Mitte der fünfziger bis Mitte der sechziger Jahre sanken die eigenständigen und offenen Aktivitäten des Linksextremismus nahezu auf einen Nullpunkt, wiewohl die Kommunisten auch in der Illegalität ihre Arbeit fortzusetzen versuchten, zum Teil nicht ganz erfolglos. Trotz großzügiger materieller und anderer Hilfe seitens des »Ostens« – beispielsweise strahlte der in der Nähe von Magdeburg stationierte »Deutsche Freiheitssender 904« gleich nach dem Verbot sein Agitationsprogramm in die Bundesrepublik aus – gelang die konspirative Tätigkeit allerdings nur in beschränktem Maße[373], etwa in der Gewerkschaftsarbeit. Im Laufe der Jahre schrumpfte die Zahl der Mitglieder auf ungefähr 7000. Die Mitgliederwerbung gestaltete sich angesichts der obwaltenden Umstände extrem schwierig[374]. Die führenden Funktionäre wechselten mehrheitlich in die DDR, wo auch die folgenden Parteitage (1957 und 1963) stattfanden. Unter diesen Bedingungen konnte man erst recht nicht mit einer auch nur ansatzweisen Abkopplung von der SED rechnen.

Eines der Hauptziele der verbotenen KPD, die immer wieder (vergeblich) der Sozialdemokratie Angebote zur Zusammenarbeit unterbreitete, bestand darin, alte Organisationen ihren Zwecken dienstbar zu machen, neue mit ins Leben zu rufen. Für das erste ist der »Bund der Deutschen« (BdD) ein Beispiel, für das zweite die »Deutsche Friedens-Union« (DFU).

Der 1953 vom früheren Reichskanzler Joseph Wirth gemeinsam mit Wilhelm Elfes, dem ehemaligen Oberbürgermeister von Mönchengladbach, gegründete BdD – er war aus der 1952 entstandenen »Deutschen Sammlung für Einheit, Frieden und Freiheit« hervorgegangen – wandte sich entschieden gegen die Westintegration und vermied auch Kontakte zu Kommunisten nicht – und zwar in beiden Teilen Deutschlands. Gleich nach dem KPD-Verbot (aus den Reihen der Kommunisten erhielt der BdD fortan Zulauf) forderte dieser dessen Aufhebung. »Nach dem Verbot der KPD 1956 gewann er zunehmend die Züge einer Kommunistischen Ersatzorganisation, da viele Mitglieder der aufgelösten KPD in ihm weiterarbeiteten.«[375] Bei den Bundes-

---

372 Eine Auflistung der verbotenen Organisationen findet sich in: Gemeinsames Ministerialblatt, 17 (1966), S. 1–26. Siehe auch Kap. VIII. 3.2.

373 Vgl. beispielsweise Johann Georg Reißmüller, Offen und im Untergrund. Die Aktivität der Kommunisten in der Bundesrepublik vor und nach dem 13. August, in: FAZ vom 16. September 1961; ders., Die letzten Stützpunkte der Kommunisten. Betriebsgruppen der KPD in der Bundesrepublik, in: FAZ vom 17. Februar 1962.

374 Vgl. etwa Wolfgang Kuballa, Für neue Genossen läuft die alte Platte. Neben der Mitgliederwerbung gehören illegale Zeitungen und Versammlungsbesuche zum Arbeitsgebiet der verbotenen KPD, in: Süddeutsche Zeitung vom 20. Juli 1967; Heinz Denhausen, Max Reimann auf der Schallplatte. Wie sich das illegale KP-Leben heute in der Bundesrepublik vollzieht, in: Rheinischer Merkur vom 18. August 1967.

375 R. Dohse (Anm. 79), S. 140. Zum BdD insgesamt vgl. ebd., S. 136–141. Nach der »Wende« sind weitere Einzelheiten zur Abhängigkeit des »Bundes der Deutschen« von der SED bekanntgeworden. Siehe Michael Lemke, Von der SED eingespannt, in: Die politische Meinung, 36 (1991) 8, S. 25–30.

tagswahlen 1953 kam es zu einem Wahlbündnis mit der Heinemannschen »Gesamtdeutschen Volkspartei«, nachdem der BdD führende (kommunistische) Kandidaten zurückgezogen hatte und seine finanziellen Verhältnisse offenbart hatte. »Das Wahlabkommen kam fast einer Kapitulation des Bundes gleich, nährte aber gerade deshalb weithin den Verdacht, daß Ostberliner Regisseure am Werke seien, die mit Hilfe des Bundes der Deutschen eine kommunistische Infiltration der GVP zu erreichen hofften.«[376] Mag sein, daß dadurch die GVP nur 1,2 Prozent der Stimmen erzielte. Das Bundestagswahlergebnis von 1957 – die verbotene KPD hatte zur Wahl der SPD aufgerufen – fiel für den BdD niederschmetternd aus (0,2 Prozent). Auch die Wahlen zu den Landesparlamenten zwischen 1954 und 1960 brachten keine Achtungserfolge. Das beste Resultat lag in Bremen mit 1,1 Prozent (1955), das schlechteste in Niedersachsen mit 0,1 Prozent (1959). In allen Ländern, in denen der BdD zweimal kandidierte, ging sein Stimmenanteil zurück – in Baden-Württemberg von 0,6 auf 0,5 Prozent, in Bremen von 1,1 auf 0,3, in Niedersachsen von 0,3 auf 0,1, in Rheinland-Pfalz von 0,7 auf 0,4, in Schleswig-Holstein von 0,8 auf 0,5[377]. Im Jahre 1960 wurde der BdD in die DFU übergeführt, wiewohl er formal als Organisation bestehen geblieben ist. Zwischen den Jahren 1956 und 1963 war der frühere Mitbegründer der CDU (Ausschluß 1951) Wilhelm Elfes (geb. 1884; gest. 1969) alleiniger Vorsitzender des BdD.

Die DFU muß eindeutig als kommunistische Tarnorganisation bezeichnet werden, obgleich bei ihrer Gründung im Jahre 1960 unterschiedliche Gruppierungen Pate gestanden haben – Vertreter des BdD, enttäuschte Sozialdemokraten, Pazifisten sowie Kommunisten, die schon bald die Oberhand gewannen. Die wenigen bürgerlichen und christlichen Kreise gaben lediglich das Aushängeschild für einen breit gefächerten Pluralismus ab, wiewohl national-neutralistische Kreise in der DFU zeitweise durchaus eine gewisse Plattform besaßen. Was die sozialstrukturelle Zusammensetzung angeht, so dominierte freilich keineswegs die Arbeiterschaft. Auf diese Weise hatte die KPD eine legale Möglichkeit gefunden, Teile ihrer politischen Vorstellungen zu propagieren (jedenfalls in verschleierter Form) und auch »bürgerliche« Kreise anzusprechen. Die KPD forderte 1961 (1,9 Prozent) und 1965 (1,3 Prozent) konsequenterweise zur Wahl der DFU auf. Auf ihren Listen kandidierten viele parteilose Kandidaten, darunter auch zahlreiche frühere Mitglieder der KPD. Bei den Landtagswahlen zwischen 1961 und 1967 erreichte die DFU zwischen 0,6 Prozent (in Niedersachsen im Jahre 1963) und 4,2 Prozent (in Bremen 1967)[378]. Die Tendenz der Ergebnisse war nicht einheitlich. Gewann sie in Bremen (1963: 2,7 Prozent; 1967: 4,2 Prozent) und Niedersachsen (1963: 0,6 Prozent; 1967: 0,8 Prozent) hinzu, so verlor sie in Rheinland-Pfalz (1963: 1,3 Prozent; 1967: 1,2 Prozent) und Schleswig-Holstein (1962: 1,2 Prozent; 1967: 0,9 Prozent). Eine gewisse Sonderstellung nahm die 1955 gegründete Deutsche Demokratische Union (DDU) im Saarland ein, die nach dem KPD-Verbot reaktiviert wurde. Im Jahre 1960 erreichte sie 5,0 Prozent der Stimmen und zog mit zwei Abgeordneten in den Landtag ein. Faktisch war sie ein Landesverband der DFU[379]. Erich Walch, der 1946 von Berlin (Ost) an die Saar zog,

---

376 R. Dohse (Anm. 79), S. 158.
377 Die Zahlen nach Richard Stöss, Exkurs: Der Bund der Deutschen, in: ders. (Anm. 30), S. 857.
378 Exakte Angaben bei Rolf Schönfeldt, Die Deutsche Friedens-Union, in: R. Stöss (Anm. 30), S. 868.
379 In diesem Sinne ebd., S. 867.

gehörte von 1952 bis 1965 dem saarländischen Landtag an – zunächst als KPD-Abgeordneter (1952–1957), dann – aufgrund des KPD-Verbots – als »wilder« (1957–1960) und schließlich als DDU-Abgeordneter. Die Kontinuität seiner politischen Haltung blieb davon unberührt. Eine weitere parlamentarische Tätigkeit war ihm versagt, weil die DDU mit 3,1 Prozent der Stimmen im Jahre 1965 an der Fünfprozentklausel scheiterte.

Wer die DFU, gegen die die SPD vor den Bundestagswahlen 1961 übrigens ein Verbot gefordert hatte, als eine »teiloppositionelle Partei«[380] apostrophiert, unterschlägt die eindeutige Lenkung durch den Kommunismus der marxistisch-leninistischen Prägung, mag es mitunter immer wieder auch Konflikte zwischen kommunistischen und nicht-kommunistischen Richtungen gegeben haben. Diese endeten aber in der Regel damit, daß die letzten das Feld räumten. Und noch weniger ist folgende Behauptung auch nur ansatzweise richtig: »Mit der Gründung der DKP verlor die DFU ihren kommunistischen Flügel.«[381] Denn nach wie vor war die DFU bis zur »Wende« in der DDR eine finanziell gut ausgestattete kommunistische Vorfeldorganisation[382]. Bezeichnenderweise kandidierte sie seit der Existenz der DKP nicht mehr – es sei denn in ausgewählten Wahlkreisen, um ihren Parteistatus zu sichern.

Die DFU hielt sich mit genuin kommunistischen Forderungen und revolutionärer Rhetorik zurück. Dies ging so weit, daß sie sich selber verschleiernd als »organisiertes politisches Bündnis von Christen, Sozialisten, Konservativen und Liberalen«[383] charakterisierte, Kommunisten folglich nicht einmal erwähnte. Sie sprach sich für den Austritt der Bundesrepublik aus der NATO, die Anerkennung der Oder-Neiße-Linie, die Anerkennung der DDR, wandte sich gegen den Antikommunismus und die Notstandsgesetze – alles Forderungen, die sich Kommunisten – aber nicht nur sie – zu eigen machten.

Das zunächst dreiköpfige Direktorium bestand aus Renate Riemeck (geb. 1920) – einer Dozentin, die sich in der außerparlamentarischen Bewegung engagierte, den Vorsitz in der deutschen Sektion der »Internationale der Kriegsdienstgegner« übernahm und im übrigen die Pflegemutter Ulrike Meinhofs war –, Karl Graf von Westphalen (geb. 1898; gest. 1975) – der frühere Offizier und Mitbegründer der CDU wandte sich scharf gegen die Westintegration der Bundesrepublik, fungierte 1954/55 als Leiter des »Deutschen Clubs«, aus dem 1956 die prokommunistischen »Blätter für deutsche und internationale Politik« hervorgingen – und Lorenz Knorr (geb. 1921) – er war zunächst Bundessekretär bei den »Falken« und verließ die SPD 1960 wegen des Godesberger Programms. Auch Arno Behrisch, der später ins Direktorium kam, gehörte zu den einflußreichen Funktionären. Bundestagsabgeordneter der SPD von

---

380 So aber ebd. S. 874. Der gesamte Beitrag (S. 848–876) zeichnet sich durch eine massive Apologie der DFU aus. Die im Parteienarchiv des (Berliner) Zentralinstituts 6 lagernden Sammlungen »Bednarski« (der Versuch des niedersächsischen Landesvorsitzenden Gerhard Bednarski, eine stärker mittelstandsorientierte Politik zu machen, endete 1963 mit seinem Ausschluß) und »Colpe« (Carsten Colpe wollte die DFU in eine pazifistische Richtung entwickeln, was aber scheiterte, so daß Colpe die DFU verließ) sprechen eine beredte Sprache. Viel zuverlässiger als Schönfeld: M. Rowold (Anm. 73), S. 136–164. Eine frühe (weitgehend richtige) Diagnose erfolgte bereits von Michael Miller, Pankows neue Friedensengel, in: Politische Studien, 12 (1961) 136, S. 524–530.
381 R. Schönfeldt, (Anm. 378), S. 875.
382 Vgl. Kap. III. 3.6.
383 Zitiert nach R. Schönfeldt (Anm. 378), S. 852.

1949 bis 1961, trat er 1961 aus ihr aus. Für wenige Monate saß somit ein Repräsentant der DFU im Deutschen Bundestag. Führende Funktionäre der verbotenen KPD wie Hermann Gautier, Georg Polikeit, Heinz Dreibroth hatten Schlüsselpositionen in der DFU inne.

Aber den Kommunisten standen nicht nur der BdD und die DFU zur Verfügung; sie bedienten sich vielmehr einer beträchtlichen Anzahl von Tarnorganisationen. Hierzu gehörte etwa der Demokratische Kulturbund Deutschlands[384]. Seine Aktivitäten sind auch in der Phase des Kalten Krieges nicht ohne gewisse Erfolge gewesen. Ihm ist es zeitweise gelungen, hochrangige Repräsentanten des Geisteslebens für die eigenen Initiativen einzuspannen, obgleich er bereits 1950 auf die Liste der kommunistischen Tarnorganisationen gesetzt wurde – die Mitgliedschaft in ihm war nicht mit den Beamtenpflichten unvereinbar. Zum ersten Male kam es in Bayern zu einem Verbot des Kulturbundes (1953), später in Rheinland-Pfalz (1955) und in Nordrhein-Westfalen (1959). Gleichwohl sind diese Verbote in der Praxis nachlässig gehandhabt worden. Auch nach dem Verbot der KPD startete man zahlreiche Unterschriftenaktionen, die auf den ersten Blick so unverfänglich angelegt waren, daß sich auch viele Nichtkommunisten daran beteiligten[385].

Ungeachtet mancher Achtungserfolge konnten marxistisch-leninistische Strömungen nicht reüssieren. Die Isolation galt nicht nur für die an dem Kommunismus der Moskauer Richtung orientierten, sondern auch für andere linksextreme Gruppierungen, und selbst »radikal-demokratische« außerparlamentarische Protestbewegungen gerieten mitunter in den pauschalen Verdacht, Förderer des Marxismus-Leninismus zu sein[386]. Was den Anarchismus betrifft, so muß ein Sympathisant wie Günter Bartsch konstatieren, die Phase zwischen 1960 und 1965 sei eine solche des Niedergangs gewesen[387]. Der »Entrismus« der Trotzkisten führte weiterhin zu keinen Erfolgen[388], sieht man einmal von sporadischen Aktionen wie der Unterstützung der algerischen Befreiungsfront durch Trotzkisten ab[389]. Unter dieser bis weit in die sechziger Jahre praktizierten Taktik wurde gemäß den Anweisungen der IV. Internationale verstanden, der SPD beizutreten und dort unter konspirativen Strategien revolutionäre Praktiken vorzubereiten – mit dem Ziel der Zerschlagung des »bürgerlichen Staatsapparates«.

Um das Jahr 1960 hatten sich einige marxistische Gruppierungen von der SPD abgespalten, nicht zuletzt aufgrund des 1959 mit überwältigender Mehrheit verabschiedeten »Godesberger Programms«[390]. Bereits 1956 und 1958 waren der frühere Chefredakteur des »Vorwärts«, Gerhard Gleißberg, und der Wirtschaftsexperte Vik-

---

384 Zu dieser Vereinigung vgl. die detaillierte Studie von Karl Richter, Die trojanische Herde. Ein dokumentarischer Bericht, Köln 1959; siehe auch Wilhelm Mensing, Maulwürfe im Kulturbeet. DKP-Einfluß in Presse, Literatur und Kunst, Zürich 1983, insbes. S. 99–108.

385 Vgl. K. Richter (Anm. 384), insbes. S. 275–295.

386 Vgl. dazu den Exkurs in Kap. III.3.10.

387 Vgl. G. Bartsch (Anm. 360), S. 297.

388 Vgl. dazu ders., Trotzkismus als eigentlicher Sowjetkommunismus? Die IV. Internationale und ihre Konkurrenzverbände, Berlin-Bonn 1977, insbes. S. 125–132 (»Der deutsche Trotzkismus«).

389 Vgl. den aufschlußreichen Beitrag von C. Leggewie (Anm. 357), S. 104–123 (»Geheime Treffs im Hutgeschäft. Georg Jungclas – Trotzkisten für den FLN«).

390 Vgl. dazu u.a. Siegfried Heimann, Die Sozialdemokratische Partei Deutschlands, in: R. Stöss (Anm. 30), insbes. S. 2110–2119.

tor Agartz aus der SPD ausgeschlossen worden. In der 1955 gegründeten »Anderen Zeitung«, deren Finanzierung dunklen – wohl östlichen – Quellen entsprang, wurde die Entwicklung der SPD zur Volkspartei scharf abgelehnt. Gleißberg und Agartz gründeten mit weiteren Linkssozialisten, die entweder aus der SPD ausgetreten oder ausgeschlossen waren, im Jahre 1960 die »Vereinigung Unabhängiger Sozialisten« (VUS), die aber erfolglos blieb und Ende der sechziger Jahre ihre Arbeit einstellte.

Im Gefolge des Ausschlusses des SDS aus der SPD hatten sich »Sozialistische Förderergemeinschaften« zugunsten des SDS gebildet, deren Mitglieder ebenfalls aus der SPD ausgeschlossen wurden. Aus ihnen ging der 1962 gegründete »Sozialistische Bund« (SB) hervor, dem u.a. die Professoren der Politikwissenschaft Wolfgang Abendroth (Marburg), Ossip K. Flechtheim (Berlin) sowie der Gewerkschafter Fritz Lamm angehörten[391]. Der SB forderte u.a. die Anerkennung des deutschlandpolitischen Status quo und sprach sich gegen ein politisches Strafrecht aus. Immer wieder war von der Gründung einer linkssozialistischen Partei die Rede, doch in der zweiten Hälfte der sechziger Jahre mündete der SB in verschiedene Strömungen der außerparlamentarischen Opposition und löste sich 1970 auf.

Im Gegensatz zum VUS war der SB stärker intellektualistisch ausgerichtet und die Distanz zum real existierenden Sozialismus stärker hervorgehoben[392]. Weder aus der VUS noch aus dem SB ging eine Partei hervor, was u.a. daran lag, daß in den Gruppierungen auch Kommunisten mitarbeiteten. »Sie nutzten, teilweise auch durch verdeckte Mitgliedschaft, das ihnen meist bereitwillig gemachte Angebot zur Mitarbeit auch dazu, alle Bestrebungen zu hintertreiben, da diese ihrer Meinung nach eine Konkurrenz für die illegal arbeitende KPD geworden wäre«[393] – und für die maßgeblich von kommunistischer Ideologie dominierte DFU, bleibt hinzuzufügen.

Von nachhaltigerem Einfluß für die Entwicklung der extremen Linken erwies sich die Radikalisierung des Sozialistischen Deutschen Studentenverbandes (SDS), des sozialdemokratischen Studentenbundes. Dieser war zunächst gänzlich parteiloyal, in der ersten Hälfte der fünfziger Jahre – unter dem Vorsitz von Ulrich Lohmar (1952–1954) – dominierte sogar »eine innenpolitisch zum rechten Flügel tendierende Richtung«[394]. Doch später trat im Zusammenhang mit außerparlamentarischen Protestbewegungen eine Linksentwicklung ein. So wurde im Januar 1959 auf einem maßgeblich vom SDS bestimmten »Berliner Studentenkongreß gegen Atomrüstung« eine

---

391 Diese Persönlichkeiten zeigen, daß der SB recht heterogen zusammengesetzt war und man keineswegs alle Repräsentanten dem politischen Linksextremismus zurechnen darf. Während Ossip K. Flechtheim (geb. 1908) mehr den Typus des pazifistischen Idealisten verkörpert, orientierte sich Wolfgang Abendroth (geb. 1906; gest. 1985) stärker an einer Partei. War dies für ihn zunächst die KPD (in der Weimarer Republik), so ging er später zur SPD, aus der er, der wegen seiner SPD-Mitgliedschaft Ende der vierziger Jahre in den Westen flüchten mußte, 1961 ausgeschlossen wurde. Zunächst sympathisierte er mit einer unabhängigen linkssozialistischen Politik, ehe er sich ab Ende der sechziger Jahre in das Schlepptau der DKP begab, ohne ihr jedoch beizutreten. Vgl. für Einzelheiten: Wolfgang Abendroth, Ein Leben in der Arbeiterbewegung. Gespräche, aufgezeichnet und hrsg. von Barbara Dietrich/Joachim Perels, Frankfurt/M. 1976.
392 Zu weiteren Unterschieden zwischen dem SB und der VUS vgl. Ernst Richert, Die radikale Linke von 1945 bis zur Gegenwart, Berlin 1969, insbes. S. 89–92. Zu diesem Band vgl. U. Backes/E. Jesse (Anm. 29), Kap. IV.
393 S. Heimann (Anm. 363), S. 2119.
394 So Tilman Fichter, SDS und SPD. Parteilichkeit jenseits der Partei, Opladen 1988, S. 18.

damals aufsehenerregende Resolution verabschiedet, die die Bundesrepublik zu Verhandlungen mit der DDR wegen eines Friedensvertrages aufforderte. Im Mai 1959 kam es auf Initiative des SDS-Vorsitzenden Oswald Hüller zu einem Frankfurter »Kongreß für Demokratie – Gegen Restauration und Miltarismus«, auf denen eine Resolution zur Abschaffung der allgemeinen Wehrpflicht, zur Anerkennung der Oder-Neiße-Linie und zu Verhandlungen zwischen beiden deutschen Staaten angenommen wurde. Beide Resolutionen gingen maßgeblich auf Initiativen von Redakteuren und Mitarbeitern der Zeitschrift »Konkret« zurück (Ulrike Meinhof, Reinhard Opitz, Erika Runge, Hans Stern). Mehr als ein Jahrzehnt später offenbarte Chefredakteur Klaus Rainer Röhl, daß »Konkret« zwischen 1955 und 1964 von der DDR finanziert wurde und er sowie Ulrike Meinhof langjährige Mitglieder der verbotenen KPD waren[395]. Obwohl der Bundesvorstand des SDS gegen die »Konkret«-Redakteure ein Ausschlußverfahren einleitete sowie die Mitarbeit in »Konkret« für unvereinbar mit der Mitgliedschaft im SDS erklärte, war der Bruch zur Mutterpartei nicht mehr aufzuhalten[396]. An einzelnen Universitäten bildete sich ein das Godesberger Pogramm bejahender »Sozialdemokratischer Hochschulbund«, der von dem SPD-Parteivorstand im Mai 1960 als offizieller Studentenverband anerkannt wurde.

Die SPD trennte sich damit vom SDS, ihrer nach links driftenden Studentenvereinigung, aus deren Reihen in den sechziger Jahren – begünstigt durch die »Abnabelung« von der Mutterpartei – revolutionäre Konzepte hervorgehen sollten; mag auch die These relativierungsbedürftig sein, »die Trennung war einer der folgenschwersten Vorgänge, wenn nicht der folgenschwerste, in der Geschichte der außerparlamentarischen Linken«[397]. Jedenfalls hat der seitens des SPD-Vorstandes 1988 aufgehobene Unvereinbarkeitsbeschluß vom 6. November 1961[398] maßgeblich die Regierungsbeteiligung der SPD erleichtert.

In den sechziger Jahren mehrten sich die Stimmen auch aus dem »bürgerlichen« Lager nach Aufhebung des KPD-Verbots oder nach einer »Wiederzulassung«[399]. Noch 1964 hatte sich die SPD gegen eine Neuzulassung der KPD gewandt: »Die SPD nahm damit zu einem Brief des Vorsitzenden der in der Bundesrepublik verbotenen KPD, Max Reimann, an den SPD-Vorsitzenden Willy Brandt Stellung, in dem vorgeschlagen worden war, über eine Aufhebung des KPD-Verbotes zu beraten. Der Brief

---

395   Vgl. Klaus Rainer Röhl, Fünf Finger sind keine Faust, Köln 1974, insbes. S. 90–95.
396   Siehe hierzu die interessante, in Teilen freilich etwas tendenziöse Darstellung von Tilman Fichter (Anm. 394), S. 269–368. Ferner: Jürgen Briem, Der SDS. Geschichte des bedeutendsten Studentenverbandes der BRD von 1945–1961, Frankfurt/M. 1976.
397   E. Richert (Anm. 392), S. 88.
398   Vgl. »Aufhebung des SDS-Beschlusses«. Der SPD-Parteivorstand am 31.5. 1988, in: NG, 35 (1988), S. 599. Die hier vertretene Argumentation muß in mancher Hinsicht verwundern: Ideen des SDS seien später von der SPD aufgegriffen worden. Zwar sei man auch jetzt noch der Meinung, »die SPD vor der Diffamierung durch die Konservativen [...] offensiv zu verteidigen«, doch erscheine aus heutiger Sicht »der politische und moralische Preis, den die Partei für die Verfolgung dieser Ziele gezahlt hat, zu hoch«. Diese Position ist legitim, allerdings wird der Eindruck erweckt, als sei seinerzeit der SDS aus taktischen Erwägungen verboten worden. Davon kann keine Rede sein.
399   Die Fronten zwischen »links« und »rechts« gerieten dabei häufig durcheinander. Vgl. etwa wfm., Strauß befürwortet Zulassung der KP, in: Die Welt vom 23. November 1966. Für Einzelheiten siehe Wilhelm Mensing, Nehmen oder Annehmen. Die verbotene KPD auf der Suche nach politischer Teilhabe, Zürich-Osnabrück 1989.

Reimanns werde selbstverständlich nicht beantwortet, teilten die Sozialdemokraten mit.«[400] Inzwischen war jedoch eine Klimaveränderung eingetreten. Kommunisten machten sich diese Bestrebungen zunutze[401]. Aber erst nachdem sich das innen- und außenpolitische Klima weiter liberalisiert hatte, konnte es zu einer neuen kommunistischen Partei kommen. Verantwortlich dafür war jedoch nicht der Druck der Kommunisten, die nach wie vor an ihrer – auch immanent gesehen – verfehlten Politik festhielten[402], mochten sie auch von revolutionären Phrasen abrücken und sich zu dem Grundgesetz bekennen, gegen dessen Annahme sie 1949 gestimmt hatten: »Die Kommunistische Partei Deutschlands steht fest auf dem Boden des Grundgesetzes und verteidigt die Verfassung zusammen mit den Gewerkschaften, zusammen mit den sozialdemokratischen Arbeitern und dem demokratischen Bürgertum gegen die Diktaturpläne der Bundesregierung und der Generale.«[403]

3.4 »Achsenzeit«

Die Konstellation Ende der sechziger Jahre ist in mannigfacher Hinsicht für die weitere Entwicklung des Linksextremismus aufschlußreich. Viele Veränderungen, die sich nachhaltig auf die Ausformung linksextremistischer Gruppierungen auswirkten, kamen zusammen: Die weltpolitische Lage begann sich Mitte der sechziger Jahre zu entspannen. Dies konnte nicht ohne Auswirkungen auf die an der Grenze zwischen West und Ost liegende Bundesrepublik Deutschland bleiben – der einzigen westlichen Demokratie, in der eine kommunistische Partei verboten war. Außerdem erstarkte das erste Mal in der Geschichte der Bundesrepublik auf dem rechten Spektrum eine Bewegung und zog in mehrere Landtage ein. Gewiß gab es »Überdruß an der Demokratie«[404], ebenso aber ein Unbehagen an der als satt empfundenen Wohlstandsgesellschaft. Wie in anderen Ländern auch (wenngleich mit charakteristischen Unterschieden) kam eine studentisch geprägte Protestbewegung auf, die insbesondere im kulturellen Milieu gravierende Veränderungen bewirkte und linke Theorien verkündete bzw. wiederentdeckte. Deren Maßstäbe waren in der Regel nicht systemimmanenter Natur[405].

---

400 Vgl. den Bericht »SPD gegen die Neuzulassung der KPD«, in: Die Welt vom 6. April 1964.
401 Vgl. etwa das Kapitel »Der Widerstand gegen das KPD-Verbot«, in: Max Reimann/Ludwig Landwehr/Willi Mohn/Otto Niebergall (Hrsg.), KPD-Verbot. Ursachen und Folgen 1956–71, Frankfurt/M. 1971, S. 43–55.
402 Vgl. dazu die Sammlung einschlägiger Verlautbarungen; Günter Judick/Josef Schleifstein/Kurt Steinhaus (Hrsg.), KPD 1945–1968. Dokumente, 2 Bde., Neuss 1989.
403 So Max Reimann, KPD – 10 Jahre Kampf in der Illegalität, in: Probleme des Friedens und des Sozialismus, 9 (1966), S. 518. Ähnlich das – die Wahl der DFU empfehlende – »Wahlprogramm« der KPD zur Bundestagswahlen 1965, in dem angeregt wird, den Kandidaten u.a. folgende Frage zu stellen: »Sind Sie für den Schutz des Grundgesetzes, für den Ausbau der parlamentarischen Demokratie und darum gegen alle Notstandsgesetze?« Zitiert nach Max Schäfer, in: Probleme des Friedens und des Sozialismus, 8 (1965), S. 686.
404 Vgl. hierzu den Band von Kurt Sontheimer u.a., Der Überdruß an der Demokratie. Neue Linke und alte Rechte – Unterschiede und Gemeinsamkeiten, Köln 1970.
405 Vgl. etwa die scharfe Kritik von Kurt Sontheimer, Das Elend unserer Intellektuellen. Linke Theorie in der Bundesrepublik Deutschland, Hamburg 1976.

In der studentischen Bewegung fiel dem von der SPD verstoßenen SDS eine besondere Bedeutung zu. Er war eine treibende Kraft der Bewegung, die sich durch ihn radikalisierte[406]. Systematisch war hier Theoriearbeit betrieben worden. Zudem bildete sich im Jahre 1963 eine anarchistisch-revolutionär eingestellte »Subversive Aktion«, zu der etwa Rudi Dutschke, Dieter Kunzelmann und Bernd Rabehl gehörten. Sie trat 1964 in den SDS ein, mit dem Ziel, ihn zu unterwandern und ihm die eigenen Aktionsformen aufzuzwingen. Nach dem Tode Benno Ohnesorgs am 2. Juni 1967 – ein Polizist hatte den Berliner Studenten während einer Anti-Schah-Demonstration tödlich getroffen – nahm der SDS eine dominierende Rolle in der studentischen Protestbewegung ein. Ausgesprochen antiautoritär eingestellt, sympathisierte er mit unterschiedlichsten Revolutionstheorien und -bewegungen der »dritten Welt« und organisierte im Februar 1968 den berühmten Vietnam-Kongreß in Berlin mit über 5000 Teilnehmern[407]. Die Arbeiterschaft sei aufgrund der manipulativen Kraft des Kapitalismus nicht länger mehr das revolutionäre Subjekt. Diese Rolle falle außerhalb des Produktionsprozesses stehenden (Rand-) Gruppen zu. Als Alternative zum Parlamentarismus empfahl man die allenfalls vage umschriebene Konzeption der Rätedemokratie[408], die nur kurzfristig in Übergangsperioden eine gewisse Rolle gespielt hatte. Obwohl im SDS die anti-autoritäre Richtung dominierte, gab es gleichwohl eine »traditionalistische« Strömung, die sich dem »real-existierenden Sozialismus« verbunden wußte und mit den erwähnten Zielen weniger sympathisierte.

Es kann kein Zweifel daran bestehen, daß der SDS in seiner überwältigenden Mehrheit »das System« in toto ablehnte, auch wenn man sich für gezielte Aktionen bestimmte Themen mit einem hohen Mobilisierungsgrad aussuchte. Man bekannte sich zu einer Art »Doppelstrategie«. Der Kampf für Reformen innerhalb des »Apparates« (»Marsch durch die Institutionen«) diente nur als Mittel zum Zweck, die Macht der »Herrschenden« zu destabilisieren. Gewalt an sich wurde nicht prinzipiell abgelehnt, sondern nur aus taktischen Gründen. Es kam sogar zur Rechtfertigung von »Gewalt gegen Sachen«, die weit über die vom SDS allgemein befürwortete »begrenzte Regelverletzung« hinausführte.

Rudi Dutschke (geb. 1940; gest. 1979)[409] wurde führender Ideologe des SDS und galt gleichsam als Repräsentant der Bewegung. Er stammte aus der DDR, blieb nach dem Mauerbau im Westen, da er in der DDR wegen Kriegsdienstverweigerung nicht studieren konnte. Seine rhetorischen Fähigkeiten prädestinierten ihn ebenso zum führenden Kopf der antiautoritären Bewegung wie sein Charisma, das auch Andersdenkende zu ungewöhnlichen Protesten mitriß. Als Jürgen Habermas, führender

---

406 Vgl. Tilman Fichter/Siegward Lönnendonker, Kleine Geschichte des SDS. Der Sozialistische Deutsche Studentenbund von 1946 bis zur Selbstauflösung, Berlin 1977; Frank Wolff/Eberhard Windaus, Studentenbewegung 1967 bis 1969, Frankfurt/M. 1977.

407 Vgl. SDS Westberlin/Internationales Nachrichten- und Forschungsinstitut (Hrsg.), Internationaler Vietnam-Kongreß Februar 1968/Westberlin, Berlin 1968 (Nachdruck: Hamburg 1987).

408 Vgl. etwa Wilfried Gottschalch, Rätedemokratie und Parlamentarismus. Ein historisches Lesebuch, Berlin 1968.

409 Zur Person vgl. Kap. V.2.2. Ausführlich Ulrich Chaussy, Die drei Leben des Rudi Dutschke. Eine Biographie, Darmstadt-Neuwied 1983; siehe auch ders., Dutschke, Rudi, in: Edmund Jacoby (Hrsg.), Lexikon linker Leitfiguren, Frankfurt/M. 1988, S. 96–98.

Repräsentant der »kritischen Theorie«, seinem Aktionismus und Voluntarismus »linken Faschismus« attestierte – ein Vorwurf, den Habermas später zurückzog –, verteidigten ihn zahlreiche Repräsentanten des SDS[410]. Das auf ihn verübte Attentat am 11. April 1968 durch Josef Bachmann – Dutschke starb an den Spätfolgen elf Jahre später – schaltete den führenden Ideologen des SDS aus, der freilich auch in den eigenen Reihen mannigfache Kritik auf sich gezogen hatte. Im Anschluß an das Attentat kam es zu »Osterunruhen«, die mit schweren Ausschreitungen verbunden waren. Zwei Demonstranten wurden getötet. Die Proteste richteten sich insbesondere gegen den »Springer«-Konzern, dem aufgrund seiner Berichterstattung eine indirekte Mitverantwortung an dem Attentat zugeschrieben wurde. Nach den Protesten gegen die Verabschiedung der Notstandsgesetzgebung im Frühsommer 1968 zerbröselte der SDS immer mehr – sei es, weil die Arbeiterschaft offenkundig dem revolutionären Pathos distanziert gegenüberstand; sei es, weil die zunehmende Radikalisierung der Ziele und der Mittel die eigene Basis schwächte; sei es, weil sich das verfemte »System« in hohem Maße als reformfähig erwies und damit dem Radikalismus den Boden entzog[411]. Im März 1970 löste sich der SDS schließlich formell auf.

Wie der SDS, so fächerte sich die Protestbewegung[412] insgesamt auf. Einige Aktivisten zogen sich aus dem politischen Leben ganz zurück, andere traten demokratischen Parteien bei, insbesondere der SPD und der FDP, ebenso den »Grünen«[413]. Aus der Studentenbewegung gingen freilich nicht nur reformerische Impulse hervor, sondern auch die parlamentarische Demokratie negierende Aktionen und Initiativen. Zu ihnen gehörten die K-Gruppen, die sich zumeist an der Volksrepublik China orientierten, spontaneistische Organisationen, die revolutionäre Gewalt ebenfalls nicht verabscheuten sowie sogar terroristische Gruppen[414]. Auch der Trotzkismus und der zersplitterte Anarchismus konnten von der politischen »Öffnung« profitieren und erhielten zeitweise Zulauf. Im April 1969 entstand der »Sozialistische Bund«, der sich einerseits von antiautoritären Aktionsformen distanzierte und andererseits nicht mit dem Marxismus-Leninismus Moskauer Couleur liebäugelte. Natürlich mußte sich der Wandel ebenfalls auf diese Richtung auswirken.

Die »Neukonstituierung« einer kommunistischen Partei im Sinne der KPD erfolgte 1968. Sie fußte, wie schon angedeutet, auf innen- und außenpolitischen Ursachen. Der Justizminister Gustav W. Heinemann hatte 1967 in einem Artikel aus rechtlichen Erwägungen die Aufhebung des KPD-Verbots verneint, jedoch die Gründung einer neuen (kommunistischen) Partei als Alternative angeführt[415]. Wenn der Kommunismus sich gewandelt habe, stehe dem nichts entgegen. Ähnliche Verlaut-

---

410 Die Diskussion spiegelt sich in folgendem Band: Bernward Vesper (Hrsg.), Bedingungen und Organisation des Widerstandes. Der Kongreß in Hannover, Berlin 1967.
411 Zu den Gründen für den Zerfallsprozeß des SDS siehe u.a. Gerd Langguth, Protestbewegung. Entwicklung-Niedergang-Renaissance, Köln 1983, S. 44–46. Vgl. zu diesem umfassend angelegten Werk: U. Backes/E.Jesse (Anm. 29), Kap. IV.
412 Etwas ausführlicher im Zusammenhang zu anderen Protestbewegungen Kap. III.3.10.
413 Vgl. die Hinweise bei Helmut Fogt, Die Karrieren der APO. Politische und berufliche Entwicklungen studentischer Aktivisten, in: Materialien zur Politischen Bildung, 16 (1988) 1, S. 17–34.
414 Siehe dazu Kap. III.5.
415 Vgl. Gustav W. Heinemann, Wiederzulassung der KPD?, in: JZ, 22 (1967), S. 425 f.

barungen des Bundesinnenministers Lücke folgten[416]. Der »Wink mit dem Zaunpfahl«[417] wurde von den Kommunisten zunächst ignoriert. Der im März 1967 von ehemaligen Mitgliedern der KPD gegründete »Initiativausschuß für die Wiederzulassung der KPD« – ihm gehörten Franz Ahrens, Kurt Erlebach, Manfred Kapluck, Karl Schabrod und der legendenumwobene Richard Scheringer (geb. 1904, gest. 1986) an[418], der 1930 wegen Kollaboration mit den Nationalsozialisten im Ulmer Reichswehrprozeß verurteilt wurde, dann zu den Kommunisten übergelaufen war und in den fünfziger Jahren im Parteivorstand der KPD saß, – legte nach einer Reihe von öffentlichen Aktivitäten im Februar 1968 einen Programmentwurf vor – mit der Folge, daß dieser beschlagnahmt wurde. Schließlich beschritten die Kommunisten den seitens der Großen Koalition nahegelegten, zunächst geheimgehaltenen Weg. Sie gründeten im Herbst 1968 – selbst für die eigenen Reihen überraschend schnell – eine neue Partei, nachdem durch das achte Strafrechtsänderungsgesetz vom Mai 1968 eine wichtige Voraussetzung geschaffen war: Die Betätigung für kommunistische Ersatzorganisationen ist erst dann strafbar, wenn die Legislative zuvor einen Antrag auf Verfolgung gestellt hat. Die »Erklärung des Bundesausschusses zur Neukonstituierung einer kommunistischen Partei in Westdeutschland« vom 22. September 1968[419] war zurückhaltend formuliert, ließ allerdings keinen Zweifel an der sowjetfreundlichen Haltung der Gründer aufkommen.

Schon vorher und kurz danach war es jeweils zu einem spektakulären Wahlbündnis[420] mit an der Moskauer Richtung orientierten Kommunisten gekommen, von dem im folgenden die Rede sein soll: Unter der maßgeblichen Beteiligung des Altkommunisten Eugen Eberle wurde im November 1967 in Baden-Württemberg ein Wahlbündnis »Demokratische Linke« (DL) gegründet, dem auch die DFU angehörte. Die Kandidaten rekrutierten sich zu einem beträchtlichen Teil aus den Reihen der verbotenen KPD, die damit in gewisser Weise ihre Erfolglosigkeit überwinden konnte, zumal die öffentliche Meinung die Gründung des Wahlbündnisses als Reaktion auf die Große Koalition ansah. Die DL erzielte – kurz nach den »Osterunruhen« 1968 – 2,3 Prozent der Stimmen und blieb dadurch deutlich unter der Fünfprozentklausel, während etwa die NPD 9,8 erreichte. In anderer Weise setzte sich das Wahlbündnis – nach der Gründung der DKP – für die Bundestagswahlen 1969 fort. Im Dezember 1968 entstand die »Aktion Demokratischer Fortschritt« (ADF), die sich aus Mitgliedern der DKP, der DFU, des BdD und anderen Linkskräften wie dem Marburger Soziologen Werner Hofmann und dem Gießener Juristen Helmut Ridder zusammensetzte. Die Intervention der Staaten des Warschauer Paktes stellte das Bündnis vor eine Zerreißprobe. Unabhängige Linke waren nicht bereit, die Intervention zu unterstützen, so daß in der ADF überwiegend nur die moskauorientierte Richtung zusammenfand, wiewohl das Programm betont vage gehalten war und andere Interessen

416 Vgl. für Einzelheiten Wilhelm Mensing, Wir wollen unsere Kommunisten wieder haben... Demokratische Starthilfen für die Gründung der DKP, Zürich–Osnabrück 1989.
417 So zutreffend S. Heimann, Die Deutsche Kommunistische Partei, in: R. Stöss (Anm. 30), Bd. 1, S. 904.
418 Zur Person vgl. U. Backes/E. Jesse (Anm. 31)
419 Sie ist u.a. abgedruckt in: Die Wahrheit vom 4. Oktober 1968, S. 4.
420 Vgl. dazu u.a. S. Heimann (Anm. 417), S. 944–952.

ansprechen sollte. Das magere Ergebnis (0,6 Prozent) besiegelte das Ende des Bündnisses. Fortan trat die DKP unter ihrem Namen an.

Im politischen Umgang mit kommunistischen Organisationen gewann nun das Opportunitätsprinzip gegenüber dem Legalitätsprinzip die Oberhand. Die Gründung einer neuen kommunistischen Partei – die DKP hebt den Charakter der »Neukonstituierung« hervor, weil eine »Wiederzulassung« nicht zu erreichen und eine »Neugründung« mit dem Ruch einer Abkehr von der KPD bedacht war – bedeutete demnach nicht, daß diese die Spielregeln der repräsentativen Demokratie einzuhalten brauchte. Freilich tauchten anrüchige Formulierungen wie »Diktatur des Proletariats« nicht mehr im Programm auf.

Die Bundesregierung, und das wird oft übersehen, hatte mindestens ebensoviel Interesse an der Gründung wie Kommunisten der Moskauer Couleur, die den Protest der außerparlamentarischen Bewegung zu kanalisieren suchten. Was waren nun die Gründe für die Regierung, den Kommunisten bei ihrem Neuanfang keinen Stein in den Weg zu legen? Erstens wollte man der mißlichen Lage entgehen, immer wieder mit Diktaturen wie Spanien und Portugal, in denen die dortige Kommunistische Partei verboten war, verglichen zu werden; zweitens schien die Existenz einer kommunistischen Partei aus Gründen der Equilibristrik opportun, zumal nicht nur das östliche Ausland die Erfolge der NPD argwöhnisch betrachtete; drittens war das Verbot der KPD im Zuge der einsetzenden Entspannung ein propagandistisch leicht auszuschlachtendes Manko; viertens machte sich zunehmend der Gedanke breit, daß eine Demokratie wie die Bundesrepublik auch eine an der DDR ausgerichtete Partei verkraften und integrieren könne. Das einst vorherrschende Stabilitätstrauma hatte an Bedeutung verloren.

Diese Zeit des Umbruchs ist damit Ausgangspunkt für mehrere Entwicklungen im äußersten linken Spektrum gewesen – bis hin zum Terrorismus. Der Linksextremismus, der vorher weithin ganz überwiegend mit dem Marxismus-Leninismus sowjetischer Prägung zu identifizieren war, begann sich in mannigfacher Form aufzufächern.

3.5 Aufstieg und Niedergang der K-Gruppen

Aufstieg und weitgehende Auflösung der K-Gruppen vollzogen sich binnen eines Jahrzehnts. Noch 1977 hatte der CDU-Bundesvorstand aufgrund des rabiaten Auftretens dieser Gruppierungen den Beschluß gefaßt, über den Bundesrat einen Verbotsantrag gegen sie einzuleiten. (Die Realisierung unterblieb dann, obwohl die Union seinerzeit im Bundesrat über die Mehrheit verfügte)[421]. Die Anfänge der K-Gruppen

---

[421]   Vgl. etwa Helmut Herles, Die Union will die K-Gruppen verbieten lassen, in: FAZ vom 27. September 1977; ders., Der Verbotsantrag gegen die K-Gruppen bleibt umstritten, in: FAZ vom 28. September 1977. Siehe dagegen (freilich in erster Linie mit einer taktischen Begründung) Werner Stark, Hände weg vom Verbot der K-Gruppen. Unions-Anträge lösen keine Probleme, sondern würden neue Schwierigkeiten schaffen, in: Sozialdemokratischer Pressedienst, 32 (1977) 198 vom 14. Oktober, S. 1f. – Die Ablehnung der öffentlichen Meinung gegenüber der Initiative der CDU war nahezu einhellig: Vgl. etwa Gerhard Ziegler, Strategie der Unvernunft, in: FR vom 11. Oktober 1977; Hans Schueler, Eselei als Politik. Verlegenes Verbot der K-Gruppen, in: Die Zeit vom 30. September 1977.

gehen, wie erwähnt, auf die Studentenbewegung zurück. Die betont antiautoritäre Phase schlug in bestimmten Kreisen in eine extrem autoritäre um. Mittels rigider Bestimmungen und Verhaltensweisen wollte man studentisches »Sektierertum« überwinden. Tatsächlich jedoch symbolisierte nichts so das Sektierertum wie die geradezu sklavische Nachahmung alter Organisationen. Kennzeichnend war der Kampf gegen den »Revisionismus«. So charakterisierte man insbesondere die sowjetische Position, die Frieden mit dem Kapitalismus geschlossen und auf eine revolutionäre Veränderung verzichtet habe. Wie auch die trotzkistischen Organisationen, denen freilich eine noch viel schwächere Bedeutung zukam, befehdeten sich die K-Gruppen, (anfangs) allesamt Spielarten des Maoismus, so andauernd wie heftig. Aus der Vielzahl der K-Gruppen dürften insbesondere drei erwähnenswert sein, die heute nicht mehr bestehen – die KPD/ML, die KPD und der KBW[422]. Alle Parteien sind vor ihrem Ende von Abspaltungen nicht verschont geblieben. Häufig brach ein Kampf um die »reine Lehre« aus. Keine konnte auch nur ansatzweise aus dem sektiererischen Ghetto ausbrechen und eine Perspektive für eine »Massenbasis« schaffen.

Die Kommunistische Partei Deutschlands/Marxisten Leninisten (KPD/ML)[423], auf den Tag genau fünfzig Jahre nach der KPD gegründet (31. Dezember 1968), in deren Tradition man zu stehen wähnte, hatte auch die engsten Berührungspunkte zur 1956 verbotenen KPD. Von allen K-Gruppen besteht hier die loseste Verbindung zur Studentenbewegung, wenngleich sie auch aus deren Reihen Zulauf erhielt. Der Gründer, Ernst Aust (geb. 1923; gest. 1985)[424], kam aus der KPD, die ihm wie die DKP als verbürgerlicht erschien. Bis 1983 bestimmte er unangefochten den Kurs der Partei. Die KPD/ML attackierte die Entartung in der DDR – die hier gegründete Sektion der KPD/ML vermochte nicht zu reüssieren[425] – und orientierte sich zunächst an der chinesischen Politik, von der sie sich später lossagte (selbst von den Ideen Mao Tse-tungs). Hinfort war nur noch die Vorbildfunktion Albaniens gegeben, und Aust pilgerte zu den Parteitagen der albanischen Kommunisten. In dem Zentralorgan »Roter Morgen« konnte man den dogmatischen Kurs verfolgen (einschließlich der jeweiligen Richtungsänderung). Wie die anderen K-Gruppen geriet die KPD/ML zunehmend in eine Krise, wenngleich sie 1980 das erste (und einzige) Mal an einer Bundestagswahl teilnahm (0,1 Prozent; 9 319 Stimmen), nachdem sie bei den Bundestagswahlen zuvor Boykottaufrufe initiiert oder ein Bündnisabkommen zu keinen Ergebnissen geführt hatte. Die (erfolglose) Beteiligung an Landtagswahlen beschränkte sich auf Hamburg (1974 und 1978) sowie auf Nordrhein-Westfalen (1975). Unter ihrem Parteivorsitzenden Horst-Dieter Koch vereinigte sich im Jahre

---

422 Die Literaturlage zu den K-Gruppen ist nicht sonderlich gut. Vgl. U. Backes/E. Jesse (Anm. 29), Kap. IV. Am besten ist die Entwicklung dargestellt bei G. Langguth (Anm. 411), S. 61–131. Erwähnenswert sind natürlich auch die im folgenden aufgeführten Einzeldarstellungen aus dem Parteien-Handbuch von R. Stöss (Anm. 30). Siehe ferner zu den genannten drei K-Gruppen die auf Primärmaterial basierende knappe Abhandlung von Frank D. Karl, Kommunistischer Bund Westdeutschland – Kommunistische Partei Deutschlands – Kommunistische Partei Deutschlands/Marxisten-Leninisten. Die K-Gruppen. Entwicklung-Ideologie-Programme, Bonn 1976, insbes. S. 97–103.

423 Vgl. Jürgen Bacia, Die Kommunistische Partei Deutschlands/Marxisten-Leninisten, in: R. Stöss (Anm. 30), S. 1831–1851.

424 Zur Person vgl. U. Backes/E. Jesse (Anm. 31).

425 Vgl. Karl Wilhelm Fricke, Opposition und Widerstand in der DDR. Ein politischer Report, Köln 1984, S. 186–188.

1986 die mittlerweile gespaltene KPD/ML, inzwischen unter den Insignien der »KPD« kämpfend, mit der trotzkistischen »Gruppe Internationale Marxisten« (GIM) zur »Vereinigten Sozialistischen Partei« (VSP). Damit ist der traditionsreiche Name der KPD einige Zeit lang vakant gewesen, ehe 1990 in der DDR eine revolutionäre Partei diesen Namen annahm.

Die Kommunistische Partei Deutschlands (KPD)[426], gegründet im Februar 1970 und aufgelöst im März 1980, ist ein genuines Produkt der Studentenbewegung. Der Name provozierte insbesondere die Anhänger der DKP, die wegen des andauernden KPD-Verbots nicht auf ihn zurückgreifen konnten. Ihre Führer, Jürgen Horlemann (geb. 1941) und Christian Semler (geb. 1938)[427], gehörten zu den SDS-Aktivisten, die die Lehren aus dem Zerfall der Studentenbewegung ziehen wollten und eine Avantgardepartei für das Gelingen der proletarischen Revolution als conditio sine qua non ansahen. In ihrem Zentralorgan »Rote Fahne« wurde die »antirevisionistische« Linie der Partei dargelegt. Auch sie zählte Marx, Engels, Lenin, Stalin und (zeitweilig) Mao zu ihren ideologischen Leitbildern. Wie die KPD/ML wollte man eine eigenständige Gewerkschaftsopposition aufbauen, doch blieb ein solcher Schritt mangels »Masse« schon im Vorstadium stecken. Die KPD nahm lediglich an der Bundestagswahl 1976 teil (0,1 Prozent, 22 714 Stimmen) und – zwischen 1974 bis 1976 – an wenigen Landtagswahlen (weitaus bestes Ergebnis in Berlin: 0,7 Prozent). Führende Mitglieder der KPD erkannten relativ frühzeitig den illusionären Charakter ihrer Programmatik[428], und es ist daher kein Wunder, daß sie die ersten »grünen«, »bunten« und alternativen Bewegungen nachhaltig unterstützten. Nach der Auflösung der KPD gingen dann auch einige ihrer Repräsentanten zu den Grünen über, obwohl deren Programm in so mancher Hinsicht das exakte Gegenteil dessen verkörpert, was die KPD anstrebte.

Der Kommunistische Bund Westdeutschland (KBW) entstand als Zusammenschluß verschiedener maoistischer Zirkel erst 1973, obwohl auch er eindeutig ein Produkt der zerfallenden Studentenbewegung ist[429]. Im Vergleich zur KPD/ML und KPD ließ er eine etwas weniger dogmatische Haltung erkennen, die Verehrung von Stalin fiel längst nicht so panegyrisch aus, und konspirative Machenschaften wie bei der KPD/ML und der KPD unterblieben weitgehend. Der KBW, dem bis zur Auflösung Hans-Gerhart (»Joscha«) Schmierer[430] vorstand – er gehörte 1968 dem Bundesvorstand des SDS an –, hielt seine Mitglieder zur Mitarbeit in den Gewerkschaften an, lehnte also die Gründung einer eigenständigen Gewerkschaftsopposition ab. Wie bei den anderen K-Gruppen auch wurde das Verhältnis zur Gewaltanwendung allein von taktischen Gegebenheiten abhängig gemacht. Die Wandlungen in der Volksrepublik China Mitte der siebziger Jahre vollzog der KBW nach, wie man dem Zentralorgan »Kommunistische Volkszeitung« entnehmen konnte. Richtete sich die KPD/ML gleichermaßen gegen die beiden »Supermächte« USA und UdSSR und wandte sich die

426   Vgl. Jürgen Bacia, Die Kommunistische Partei Deutschlands [Maoisten], in: R. Stöss (Anm. 30), S. 1810–1830.
427   Zur Person vgl. U. Backes/E. Jesse (Anm. 31).
428   Vgl. auch die Selbstkritik von Parteifunktionären nach der Parteiauflösung: Karl Schlögel/ Willi Jasper/Bernd Ziesemer, Das Scheitern der KPD und die Krise der Linken, Berlin 1980.
429   Vgl. Jürgen Bacia, Der Kommunistische Bund Westdeutschland, in: R. Stöss (Anm. 30), S. 1648–1662.
430   Zur Person vgl. Kap. V.2.6.

KPD mehr noch gegen den »Sozialimperialismus« der Sowjetunion (sprach sich etwa für eine Stärkung der Bundeswehr aus), so betrachtete der KBW die westdeutsche Bourgeoisie als den Hauptfeind. Er beteiligte sich im Vergleich zu den anderen K-Gruppen des öfteren an Wahlen, wiewohl er sein Augenmerk auf einen solch »formalen« Mechanismus nicht konzentrierte. Bei den Bundestagswahlen 1976 erreichte er 0,1 Prozent (20 018 Stimmen), vier Jahre später 0,0 (8 174). Bis auf das Saarland kandidierte er in den anderen Bundesländern zumindest einmal. Das beste Ergebnis erzielte er 1975 in Bremen mit 0,6 Prozent, ansonsten lag die Marge nie höher als 0,1 Prozent. Immerhin errang der KBW als einzige K-Gruppe ein Mandat in einem Kommunalparlament (1975 in Heidelberg). Die wegen der »versöhnlerischen« Haltung vollzogene Abspaltung eines beträchtlichen Teils der Mitgliedschaft um das ZK-Mitglied Martin Fochler im Jahre 1980, die die Gründung eines noch heute bestehenden »Bund Westdeutscher Kommunisten« (BWK) nach sich zog, symbolisierte das Ende des finanzkräftigen KBW, der zunächst den Parteistatus aufgab (1983), ehe er sich Anfang 1985 auflöste.

Die genannten drei K-Gruppen, die selbst in ihrer Hochzeit Mitte der siebziger Jahre kaum über 1 000 Mitglieder verfügten (sieht man einmal vom KBW ab, der zeitweilig über 2 000 hatte), fanden sich lediglich zu wenigen gemeinsamen Aktionen zusammen – beispielsweise gegen einen Plan, der ihre Existenz zunichte gemacht hätte. Im Herbst 1977 demonstrierten über 10 000 ihrer Anhänger gegen einen von der Union halbherzig in Erwägung gezogenen Verbotsantrag. Jede dieser drei Parteien, die in den siebziger Jahren im Bereich der K-Gruppen über den größten Einfluß verfügten (zu den weiteren K-Gruppen zähl[t]en u.a. der Kommunistische Arbeiterbund Deutschlands [KABD], aus dem 1982 die Marxistisch-Leninistische Partei Deutschlands hervorgegangen ist, und der Kommunistische Bund [KB], der noch existiert), erhob einen Monopolanspruch auf die Richtigkeit der von ihr vertretenen Politik. Der propagierte proletarische Internationalismus stand in einem diametralen Gegensatz zu den provinziellen Fehden des Alltags. Einig war man sich in der Ablehnung der DKP, überschlug sich geradezu in verbalen Attacken: »Weil wir die Agenten Breschnews, die DKP-Führer, entlarven, werden sie wütend und heimtückisch, wie Ratten. Kein Mittel ist ihnen zu dreckig, um zu fälschen, zu provozieren oder zu verleumden [...] Bewaffnet mit Gummiknüppeln und Totschlägern haben DKP-Schläger im Stil von SA-Kolonnen einzelne Parteigenossen überfallen und schwer verletzt. Solche Vorfälle beleuchten den Charakter dieser Vasallenpartei Moskaus besser als ihre lügenhaften Phrasen. Wer heute noch als Arbeiter in der DKP organisiert ist, muß ihr den Rücken zuwenden. Die DKP ist keine ›linke‹ Partei; sie steht auf der äußersten Rechten.«[431] Der Marxismus-Leninismus sowjetischer Prägung, der mehrfach ein Verbot dieser Parteien gefordert hatte, prangerte deren »Linksopportunismus« an[432].

Offenbar besteht ein enger Zusammenhang zwischen dem Dogmatismus dieser Parteien und deren Tendenz zur Abspaltung. Die Geschichte der K-Gruppen ist mithin eine Geschichte der (Ab-)Spaltungen und Neugründungen. Heftige innerpartei-

---

431 DKP-Führer: Fälscher, Provokateure und Agenten, in: Rote Fahne, 7 (1976) 39 vom 29. September, S. 2.

432 Vgl. beispielsweise Klaus Dieter Herrmann, »Links«opportunismus und Gewerkschaften, in: IPW-Berichte, 3 (1974) 10, S. 21–29.

liche Rankünen beherrschten die Szenerie. Die notorische Erfolglosigkeit dieser Parteien – ungeachtet der Tatsache, daß heute noch immer oder schon wieder entsprechende Parteien um die »reine Lehre« kämpfen – hat unterschiedliche Gründe, die aber mit dem Argument in Verbindung stehen, daß in einer offenen Gesellschaft konspirativ agi(ti)erende Parteien ohne Resonanz bleiben müssen. Deren faktische Einflußlosigkeit war somit programmiert. Darüber konnten auch spektakuläre Ereignisse wie der Sturm auf das Bonner Rathaus im Jahre 1973 seitens der KPD anläßlich des Breschnew-Besuchs nicht hinwegtäuschen.

Die einschlägigen Parteiprogramme, die davon ausgehen, eine kleine parasitäre Kapitalistenklasse beute die überwältigende Mehrheit aus und treibe die Faschisierung der Gesellschaft voran, sind durch die politische Wirklichkeit ad absurdum geführt worden. Das Grundgesetz wurde explizit abgelehnt – es sei Ausdruck der kapitalistischen Herrschaftsverhältnisse – und, im Gegensatz zur DKP, ein (Lippen-) Bekenntnis zur Verfassung nicht als nötig erachtet. Die konkrete Erfahrungswelt der als manipuliert erachteten und in Unmündigkeit gehaltenen »Arbeiterklasse« glaubte man ignorieren zu können. Groteske Thesen machten die Runde: So behauptete die an der »Sozialfaschismustheorie« ausgerichtete KPD, die SPD und die Gewerkschaftsführung förderten die Faschisierung; der KBW machte sich viele Jahre für die Diktatur Idi Amins stark; und die KPD/ML apostrophierte in der zweiten Hälfte der siebziger Jahre Mao Tse-tung als »bürgerlichen Liberalen«. Manche Parolen der KPD und der KPD/ML fielen teilweise so nationalistisch aus, daß es schwer war, sie von rechtsextremen Äußerungen zu unterscheiden.

Die Wendung, nichts ist so erfolgreich wie der Erfolg, gilt auch umgekehrt: Die dauernde Erfolglosigkeit dieser Parteien – das beste Ergebnis für eine Partei waren bei Bundestagswahlen ganze 0,1 Prozent – trug maßgeblich zur Entmutigung und Auszehrung bei. »Fraktionskämpfe« waren u.a. für die niederschmetternden Wahlergebnisse verantwortlich; diese wiederum setzten solche in Gang. Insofern handelte es sich um einen circulus vitiosus. Die heute noch andauernden Auseinandersetzungen zwischen den Resten von alten K-Gruppen und neuen Zusammenschlüssen dürften auf ideologischen, machtpolitischen wie auch auf personell bedingten Rivalitäten beruhen, welche Gewichtung man im einzelnen auch immer vorzunehmen gewillt ist.

Als Ursachen für den Zerfall der K-Gruppen mag noch je ein außen- und ein innenpolitischer Grund genannt werden: Die Volksrepublik China verlor in der zweiten Hälfte der siebziger Jahre ihre Rolle als Vorbild und galt jetzt ebenfalls zum Teil als »revisionistisch«, weil sich dort pragmatische Tendenzen abzuzeichnen begannen. Aber dieser Grund dürfte nicht entscheidend für den Niedergang der K-Gruppen gewesen sein. Als gravierender kann die Herausbildung der Partei der »Grünen« gelten, die in gewisser Weise, wenn auch über Umwege, ebenfalls ein indirektes Produkt der Studentenbewegung ist. Ehemalige Mitglieder von K-Gruppen wanderten zu den »Grünen« ab, deren Politik sie allerdings nicht sonderlich nachhaltig zu beeinflussen vermochten, sieht man einmal von Hamburg und Berlin ab, wo sich die »Grünen« bezeichnenderweise (in Hamburg zeitweilig) auch als »Alternative« konstituiert haben.

Der Dogmatismus, durch den sich die K-Gruppen auszeichne(te)n, stieß selbst in den eigenen Reihen zum Teil auf Ablehnung, nicht nur deshalb, weil darunter die Ausstrahlungskraft litt, sondern auch wegen der psychisch belastenden Auswirkungen auf die Mitglieder in ihrem Alltagsleben. Zum Teil haben sich ehemalige Anhänger von K-Gruppen zu Wort gemeldet und Selbstkritik geübt, wenn auch nicht immer solche grundsätzlicher Art[433]. Ob der Niedergang dieser sektiererischen Strömungen »als Teilaspekt einer generellen *Krise unter der bundesrepublikanischen Linken* gesehen werden«[434] kann, ist fragwürdig, denn erstens repräsentier(t)en die K-Gruppen gewiß nicht »die« Linke, und zweitens vermochte zur gleichen Zeit eine (linke, wenn auch nicht linksextreme) Bewegung wie die der »Grünen« zu reüssieren.

Der Trotzkismus, der im Gefolge des russischen Revolutionärs die »permanente Revolution« auf seine Fahnen geschrieben hat und der Sowjetunion eine »bürokratische« Entartung vorwirft, gab Ende der sechziger Jahre seine für die ersten zwei Jahrzehnte charakteristische geheimbündlerische Politik weitgehend auf (»Entrismus«) und gründete eigene Organisationen, wobei die »Gruppe Internationale Marxisten« (GIM) die größte Bedeutung erlangte[435]. Hier spielte der Alttrotzkist Georg Jungclas bis zu seinem Tode 1975 eine führende Rolle. Auch und gerade der Trotzkismus blieb vom Spaltpilz nicht verschont. Zum Teil ist diese Entwicklung eine Reaktion auf die Zersplitterung des internationalen Trotzkismus, der in verschiedene Richtungen aufgefächert ist. Der Verfassungsschutzbericht von 1980 schätzte die Stärke auf 600 Personen, die sich auf zehn Organisationen verteilten[436]. Es lohnt nicht, diese einzelnen Gruppierungen, deren Relevanz unter jener der K-Gruppen lag und liegt, in extenso zu charakterisieren[437]. Ähnlich wie bei den K-Gruppen ist der Monopolanspruch auf die richtige »Linie« verbreitet. Die Trotzkisten konnten im Gefolge der studentischen Protestbewegung nicht reüssieren, obwohl gerade sie so entschieden die »Rätedemokratie« favorisierten, die seinerzeit auf große Sympathien stieß. Im Gegensatz zur DKP und ihren Organisationen einer- sowie den K-Gruppen andererseits stützte sich der Trotzkismus nicht auf einen »real existierenden Sozialismus« sowjetischer, chinesischer oder albanischer Prägung (dafür aber auf das eine »permanente Revolution« befürwortende Gedankengebäude Leo Trotzkis). Diesen Vorteil – ein trotzkistisches System ist nirgendwo an der Macht, vermag mithin auch keine Kritik auf sich zu ziehen – konnten sich die Trotzkisten nicht nutzbar machen, da sie sich ebenfalls als Avantgarde verstehen und dem Dogmatismus verfallen sind. Die Kritik am »Stalinismus« dürfte nicht prinzipieller Natur sein. So haben die meisten trotzkistischen Gruppierungen den Einmarsch der Sowjetunion in Afghanistan gutgeheißen wie die 1969 gegründete GIM. Sie, als bedeutendste trotzkistische Organisation (bis zu ihrem Zusammenschluß mit der KPD/ML zur VSP im Jahre 1986) die deutsche Sektion der IV. Internationale, verfügte 1980 nur noch über circa 300 Mitglieder, während sie in der ersten Hälfte der siebziger Jahre ungefähr doppelt so stark war und damit einflußreicher als die ebenfalls im Jahre 1969 entstandenen und aus der Spaltung der deutschen Sektion der IV. Internationale hervorgegangenen »Internationalen Kommuni-

433 Vgl. Wir warn die stärkste der Partein ... Erfahrungsberichte aus der Welt der K-Gruppen, Berlin 1978² (1977); K. Schlögel/W. Jasper/B. Ziesemer (Anm. 378). Siehe zur Einordnung dieser Literatur U. Backes/E. Jesse (Anm. 29), Kap IV.1.4. und IV.2.4.
434 So R.M. (= Reinhard Meier), Deutschlands desorientierte Linke. Auflösung traditioneller Leitbilder, in: NZZ vom 4./5. Mai 1980 (Hervorhebung im Original).
435 Vgl. zur bedeutendsten Gruppierung der Trotzkisten: Peter Brandt/Rudolf Steinke, Die Gruppe Internationale Marxisten, in: R. Stöss (Anm. 30), Bd. 2, S. 1599–1647.
436 Vgl. VSB 1980, S. 98.
437 Vgl. für Einzelheiten P. Brandt/R. Steinke (Anm. 435), insbes. S. 1627–1638; G. Langguth (Anm. 411), insbes. S. 132–151.

sten Deutschlands« (IKD), die bei Wahlen zur Unterstützung der DKP bzw. der SED aufriefen. Die GIM hingegen befürwortete bei der Bundestagswahl 1972 Wahlenthaltung, sprach sich bei den folgenden Landtagswahlen gelegentlich für die Wahl der K-Gruppen aus und stellte bei der Bundestagswahl 1976 in drei Bundesländern Landeslisten auf (0,0 Prozent, 4 759 Stimmen). 1980 rief sie zur Wahl der SPD auf. Die GIM gehörte dem »Vereinigten Sekretariat« in Brüssel an, das von Ernest Mandel (geb. 1923) geleitet wird, wohl dem führenden trotzkistischen Theoretiker, der von 1972 bis 1978 Einreiseverbot in die Bundesrepublik hatte. Es kann keine Rede davon sein, daß der Trotzkismus im allgemeinen oder die GIM im besonderen in der Bundesrepublik »partiell eine Verklammerungsfunktion innerhalb der sich revolutionär zu verstehenden Linken wahrzunehmen«[438] vermochte.

Die Studentenbewegung hatte den Boden für anarchistische Bewegungen bereitet[439], wobei es freilich kaum Anknüpfungspunkte zwischen dem alten Anarchismus eines Augustin Souchy (geb. 1892; gest. 1984)[440] – wesentliche Stationen seines abenteuerlichen Lebens hat er in einer zum Teil fesselnden Biographie[441] festgehalten – und den neuen anarchistischen Bestrebungen gab. Souchy stand der parlamentarischen Demokratie viel positiver gegenüber. Immerhin betont Bartsch, daß die Merkmale der alten Anarchisten (»organisationsscheu, funktionärsfeindlich, apparatfeindlich, autonomistisch, föderalistisch, antiparteilich, antinational, gegen jede Verstaatlichung der Produktionsmittel, mißtrauisch gegen die moderne Technik, strikt gegen die Eroberung der politischen Macht, aber für eine geistige Revolution als Voraussetzung oder Begleiterscheinung der sozialen, die in der Abschaffung des Staates sowie in der Begründung einer herrschaftslosen Ordnung bestehen soll, und Anhänger der direkten Aktion als dem methodischen Modell der Herrschaftsüberwindung«[442]) auch auf die »neuen« zutreffen. Einmal abgesehen davon, daß diese Prinzipien in der Praxis von Anarchisten nicht immer eingehalten worden sind, haben anarchistische Strömungen unterschiedlichster Couleur[443] – jedenfalls bei Teilen der jungen Generation – in den siebziger Jahren eine Art Renaissance erlebt, ohne daß sie freilich auf andere Bevölkerungskreise übergreifen konnten.

Die ideologische Spannweite von Gruppierungen linksaußen ist mithin beträchtlich gewesen – von straff organisierten K-Gruppen bis zu libertären anarchistischen Zirkeln, die den Individualismus auf die Spitze treiben (z.B. durch die Bejahung des Drogenkonsums). Dabei wurde noch nicht einmal die stärkste Kraft des Linksextre-

---

438 So aber P. Brandt/R. Steinke (Anm. 435), S. 1646.
439 Die einschlägige Literatur schwoll seinerzeit an. Vgl. etwa Achim von Borries (Hrsg.), Anarchismus: Theorie/Kritik/Utopie, Frankfurt/M. 1970; Erwin Oberländer (Hrsg.), Der Anarchismus, Olten-Freiburg 1972.
440 Siehe das Kurzporträt von Hans Manfred Bock, Souchy, Augustin, in: E. Jacoby (Anm. 409), S. 344–346.
441 Vgl. Augustin Souchy, »Vorsicht: Anarchist!« Ein Leben für die Freiheit. Politische Erinnerungen, Darmstadt-Neuwied 1977. Mehrere seiner Werke sind in dieser Zeit nachgedruckt oder übersetzt worden. Beispielsweise: Anarcho-Syndikalisten über Bürgerkrieg und Revolution in Spanien. Ein Bericht, Darmstadt 1969 (1952); Die soziale Revolution in Spanien. Kollektivierung der Industrie und Landwirtschaft in Spanien 1936–1939. Dokumente und Selbstdarstellungen der Arbeiter und Bauern (mit Erich Gerlach), Berlin 1974; Reise nach Rußland 1920, Berlin 1979 (1920).
442 G. Bartsch (Anm. 360), Bd. II/III, Hannover 1973, S. 14f.; vgl. ebd., S. 220f.
443 Vgl. zusammenfassend G. Langguth (Anm. 411), insbes. S. 230–233.

mismus berücksichtigt: der Sowjetmarxismus[444]. Geht man von den Zahlen des Verfassungsschutzes aus, so war der organisierte Linksextremismus 1977 am stärksten. Den kommunistischen Kernorganisationen gehörten 100 300 Mitglieder an (nach Abzug von Doppelmitgliedschaften: 75 200), den kommunistisch beeinflußten 56 500 (nach Abzug von Doppelmitgliedschaften: 42 400)[445].

3.6 DKP als stärkste Kraft

Die Erfolge, die der »grünen Bewegung« binnen weniger Jahre gelungen sind, blieben für die DKP aus[446]. Niemals vermochte sie an die Erfolge der KPD in der Weimarer Republik anzuknüpfen, wie ein Blick auf die Wahlergebnisse beleuchtet. Nachdem sie noch 1969 mit dem weitgehend von ihr beherrschten Wahlbündnis ADF wenigstens 0,6 Prozent der Stimmen erzielt hatte, erreichte sie 1972 und 1976 jeweils 0,3 Prozent der Stimmen, 1980 und 1983 gar nur je 0,2, also nicht einmal die für die Wahlkampfkostenerstattung nötige Grenze von 0,5 Prozent der Stimmen. (Die Ergebnisse in den Landtagswahlen lagen im allgemeinen nicht wesentlich höher). Bei der Bundestagswahl 1987 figurierte die DKP in realistischer Einschätzung ihrer Wählerbasis (zusammen mit befreundeten Gruppierungen wie der DFU) als »Friedensliste«, die sich lediglich auf die Aufstellung von Direktkandidaten beschränkte, Landeslisten also nicht einreichte. Dieses Wahlbündnis war faktisch auf dieselben Kreise angewiesen wie das der ADF 1969.

Setzt man den Stimmen- und Wähleranteil der DKP bei der Bundestagswahl 1983 in ein Verhältnis, so kommen auf zwei Mitglieder drei Wähler! Schon dieses Beispiel widerlegt nachdrücklich die Behauptung, daß in der Bundesrepublik wegen grassierender Gesinnungsschnüffelei Duckmäusertum vorherrsche, welches zur Anpassung zwinge. Ideologisch fest auf die SED eingeschworen, hat die DKP in den mehr als zwei Jahrzehnten ihrer Existenz also keinen Einbruch in der von ihr als revolutionäre Kraft gerühmten Arbeiterschaft erzielen können. Allerdings wäre es auch verkehrt, die Mißerfolge als alleinigen Maßstab der Wirkung anzusehen. Schließlich verfügte die DKP zeitweilig über einen effektiven organisatorischen Apparat, der ihr Einflußnahmen auf den verschiedensten Feldern ermöglichte.[447] Insofern stellte sie lange die bei weitem stärkste Kraft des Linksextremismus in der Bundesrepublik dar.

Nach der »Neukonstituierung« war die DKP mitsamt ihrer wirksamen Nebenorganisationen »Sozialistische Deutsche Arbeiterjugend« (SDAJ), »Junge Pioniere« (JP) und »Marxistischer Studentenbund (MSB) Spartakus« darauf bedacht, sich als eigenständige Kraft zu profilieren. Die SDAJ, übrigens bereits vor der DKP gegründet (im Mai 1968), will die politisch aufmüpfige Jugend an die DKP-Richtung binden, teil-

---

444 Interessant ist die am Vorabend des Zusammenbruchs der DDR erschienene Studie von Marxisten–Leninisten über den »Linksradikalismus«. Vgl. Akademie für Gesellschaftswissenschaften beim ZK der SED (Hrsg.), Linksradikalismus. Linksradikale Kräfte in den gesellschaftlichen Auseinandersetzungen, Berlin (Ost) 1989.

445 Vgl. VSB 1977 S. 62.

446 Vgl. hierzu S. Heimann (Anm. 417), S. 901–981. Zur Literatur über die DKP siehe im einzelnen U. Backes/E. Jesse (Anm. 29), Kap. IV.

447 Vgl. für Einzelheiten Manfred Wilke/Hans-Peter Müller/Marion Brabant, Die Deutsche Kommunistische Partei (DKP). Geschichte – Organisation – Politik, Köln 1990.

weise mit beträchtlichem Erfolg. Wie aus zahlreichen Beiträgen des monatlich in einer Auflagenhöhe von 20 000 erscheinenden Magazins »Elan« hervorgeht, preist man die Entwicklung in den Ländern des »real-existierenden Sozialismus«. Dies gilt ebenfalls für den MSB Spartakus, der beträchtliches Terrain an den Universitäten verbuchen konnte, nicht zuletzt aufgrund seiner Bündnispolitik. Auch wenn nicht jedes Mitglied der DKP angehören muß, ist kein Zweifel an der Linientreue des Studentenbundes möglich, wie ein Blick in das Monatsperiodikum »Rote Blätter« belegt. Zwar vollzog sich die Gründung erst 1971, doch war er aus den »traditionalistischen« Gruppierungen des SDS hervorgegangen, die während der antiautoritären Phase des SDS in die Minderheit geraten und zum Teil sogar ausgeschlossen waren. Die Aktivitäten des MSB Spartakus blieben auch deshalb nicht ohne Einfluß, weil der »Sozialdemokratische Hochschulbund« (SHB) immer mehr die eigene Position übernahm, so daß er sich nach gerichtlichen Auseinandersetzungen auf sozialdemokratischen Druck hin zu einer Umbenennung gezwungen sah: Von Ende 1983 nannte er sich »Sozialistischer Hochschulbund« und unterstützte so gut wie vorbehaltlos die Konzeption des MSB Spartakus. Die dritte Nebenorganisation, die JP, hatte nicht den Einfluß der SDAJ oder des MSB Spartakus. Gegründet im Jahre 1974, sorgte die von DKP-Funktionären geleitete Kinderorganisation – z.B. durch die Organisation von Ferienlagern in der DDR – für eine rechtzeitige Rekrutierung zur SDAJ.

Die von der DKP auf ihrem ersten Parteitag im April 1969 verabschiedete »Grundsatzerklärung« deutete schon an, daß sie sich nicht aus der Umklammerung durch die sowjetische Politik werde lösen können, obwohl revolutionäres Gedankengut nahezu völlig fehlte und zu jenem Zeitpunkt sich die SED und die KPdSU im Hinblick auf die Anerkennung als der kommunistischen Partei in der Bundesrepublik noch zurückhielten. Das änderte sich 1971, als die DKP auf ihrem Düsseldorfer Parteitag ihre »Thesen« unter dem programmatischen Titel »DKP kontra Großkapital – Für Frieden, demokratischen Fortschritt und Sozialismus« verabschiedete. »Mit diesem Strategiedokument wurden die im Hauptdokument der Beratungen der kommunistischen und Arbeiterpartei vom Juni 1969 in Moskau getroffenen Festlegungen der orthodox-kommunistischen Weltbewegung anerkannt, d.h. eines Dokumentes, das noch von der KPD mitberaten worden war. Die DKP war auf dieser Konferenz, obschon sie ihren ersten Parteitag bereits abgehalten hatte, lediglich durch Beobachter vertreten.«[448] Der langjährige Parteivorsitzende der KPD, der Ende 1968 in die Bundesrepublik zurückkehrte und 1971 in die DKP eingetretene Max Reimann, wurde auf dem Düsseldorfer Parteitag zum Ehrenvorsitzenden der DKP gewählt; der auf dem Boden der DDR stationierte »Deutsche Freiheitssender 904« stellte ungefähr zur selben Zeit seine Sendungen ein. Die DKP war von der SED und der KPdSU »angenommen«.

Der erste Vorsitzende der DKP Kurt Bachmann (geb. 1909)[449] – 1969–1973 – wurde von Herbert Mies (geb. 1929)[450] abgelöst, der die DKP bis 1990 führte. War Bachmann, der bereits in der Weimarer Republik nach Abschluß einer kaufmännisch-technischen Lehre in der Lederbranche der KPD angehörte, im Dritten Reich

---

448 Hartmut Weyer, Die DKP. Programm – Strategie – Taktik, Bonn 1979, S. 13.
449 Zur Person vgl. Patrick Moreau, Biographisches Porträt: Kurt Bachmann, in: U. Backes/ E. Jesse (Anm. 265), S. 175–182.
450 Zur Person vgl. Kap. V.2.4.

in mehreren Konzentrationslagern saß und nach 1945 die »Vereinigung der Verfolgten des Naziregimes« mitbegründete, kein Apparatschik im engeren Sinne und eher ein »Übergangsvorsitzender« – »Altkommunisten« hielten sich bei der Gründung der DKP bekanntlich zurück –, so war Mies, von Beruf Schriftsetzer, alles andere als eine Galionsfigur. Der KPD trat er schon 1945 bei, und in der FDJ nahm er schnell führende Funktionen ein. Erst 25jährig, wurde er 1954 in den Parteivorstand der KPD gewählt. Nach dem KPD-Verbot verließ er die Bundesrepublik, in der mehrere Verfahren gegen ihn anhängig waren, absolvierte ein Studium der Volkswirtschaft in Moskau und engagierte sich in zahlreichen Publikationen und Veranstaltungen als Sekretär des Zentralkomitees der KPD für die Aufhebung des Verbots im Ausland. Als die KPD im Februar 1968 in Bonn – vergeblich – einen neuen »Programmentwurf« zwecks Wiederzulassung der KPD vorlegte, gehörte er zu den drei aus Ostberlin angereisten KPD-Funktionären. Mies wurde im April 1969 zum stellvertretenden Parteivorsitzenden der DKP gewählt, und die Vermutung liegt nahe, daß er schon seinerzeit für den Vorsitz als prädestiniert galt, die von Bachmann genannten gesundheitlichen Gründe für den Verzicht auf eine erneute Kandidatur im Jahre 1973 sich mithin nicht sonderlich glaubwürdig ausnehmen. Trotz manngifacher Bemühungen ist es Mies und den anderen führenden Repräsentanten der DKP nicht gelungen, einen spürbaren Einbruch in die Arbeiterschaft zu erzielen, obwohl im ideologischen Sektor keine Anstrengung gescheut wurde, wie dies beispielsweise die Gründung des von Josef (»Jupp«) Schleifstein (1915–1991)[451], dem »Chefideologen« der Partei, in den Jahren 1968 bis 1981 geleiteten »Instituts für Marxistische Studien und Forschungen« verdeutlicht, das den Einfluß des Marxismus-Leninismus zu mehren suchte. Schleifstein war bereits 1932 Mitglied der KPD geworden, im »Dritten Reich« in die Tschechoslowakei sowie nach Großbritannien emigriert und bis zum KPD-Verbot Sekretär des Parteivorstandes. Danach studierte er in der DDR, übernahm dort eine Professur und kehrte 1968 in die Bundesrepublik zurück, wo er Mitglied des Parteivorstandes der DKP seit ihrer Konstituierung war[452].

Unter der Ägide von Mies kam ein neues Parteiprogramm heraus, das der Mannheimer Parteitag 1978 einstimmig verabschiedete[453]. In dem Mannheimer Programm erklärt sich die DKP als »die revolutionäre Partei der Arbeiterklasse der Bundesrepublik Deutschland«[454]. Politischer Kompaß für die eigene Programmatik sei die Lehre von Marx, Engels und Lenin. Die Sowjetunion gilt als »die Hauptkraft der sozialistischen Staatengemeinschaft und zugleich des revolutionären Weltprozesses insgesamt«[455]. Eurokommunistische Anwandlungen finden sich im Programm nicht. Die friedliche Koexistenz bedeutet keineswegs einen Verzicht der Arbeiterklasse auf Befreiung, ist vielmehr »eine Form des internationalen Klassenkampfes auf wirtschaftlicher, politischer und ideologischer Ebene«[456].

451 Zur Person vgl. U. Backes/E. Jesse (Anm. 31).
452 Schleifstein erhielt eine Festschrift, die u.a eine Bibliographie seiner zahlreichen Publikationen umfaßt. Vgl. Frank Deppe/Willi Gerns/Heinz Jung (Hrsg.), Marxismus und Arbeiterbewegung. Josef Schleifstein zum 65. Geburtstag, Frankfurt/M. 1980.
453 Vgl. Parteivorstand der Deutschen Kommunistischen Partei (Hrsg.), Programm der Deutschen Kommunistischen Partei, Düsseldorf o.J. (1978).
454 Ebd., S. 5.
455 Ebd., S. 11.
456 Ebd., S. 14.

In der Bundesrepublik Deutschland herrsche das System des staatsmonopolistischen Kapitalismus. Nach DKP-Sicht bestimmen die großkapitalistischen Profitinteressen und Verwertungsbedingungen die Politik des kapitalistischen Staates. Eine »Wende zu demokratischem und sozialem Fortschritt«[457] sei eine unerläßliche Notwendigkeit. Das Programm ist mehrfach authentisch kommentiert worden, etwa von den Mitgliedern des Parteivorstands der DKP Willi Gerns (geb. 1931) und Robert Steigerwald (geb. 1925)[458], die bereits in der KPD aktiv waren. Die Autoren verstehen ihren Band »als einen Beitrag zur Erläuterung des Parteiprogramms der DKP, als eine Hilfe für die Parteimitglieder der DKP, tiefer in die Probleme der Strategie und Taktik der Partei einzudringen, für die neuen Mitstreiter, sich mit dieser Strategie und Taktik vertraut zu machen, für die Freunde der DKP, sie besser kennenzulernen«[459]. Auch für andere als die angegebenen Richtungen ist diese Schrift aufschlußreich. Die Polarisierung zwischen dem Monopolkapital und der überwältigenden Mehrheit des Volkes werde immer größer, insofern eröffnet sich die Möglichkeit für das Zustandekommen eines »antimonopolistischen« Bündnisses. »Allerdings besteht zwischen der objektiven gesellschaftlichen Lage der vom Monopolkapital ausgebeuteten und bedrängten Klassen und Schichten einerseits und ihrer Erkenntnis durch die Betroffenen andererseits noch eine tiefe Kluft.«[460] Da der Arbeiterklasse die entscheidende Rolle beim Kampf gegen das Monopolkapital zufalle, befürwortet die DKP die Aktionseinheit der Arbeiterklasse, spricht sich also für die Zusammenarbeit mit der Sozialdemokratie aus, unterstützt die Stärkung der Gewerkschaften, wie sie überhaupt darauf bedacht ist, Bündnispartner aus allen Lagern zu gewinnen. Damit die Aktionseinheit der Arbeiterklasse zustandekomme, müsse sich die DKP zu einer Massenpartei entwickeln. Was das innerparteiliche Leben angeht, lassen sich Kommunisten von dem Grundsatz leiten, »daß nur ein einheitliches, von der ganzen Partei getragenes Handeln das Unterpfand ihrer Aktionsfähigkeit und Stärke ist«[461].

Im Hinblick auf Veränderungen zu vorherigen programmatischen Vorstellungen werden »langfristige Zielvorstellungen und weltanschauliche Grundlagen«[462] weniger verschleiert. An der ideologischen Ausrichtung der DKP läßt dieses Programm keinen Zweifel: »Die DKP sieht – getreu dem Vermächtnis Ernst Thälmanns – die Haltung zur Sowjetunion als entscheidenden Prüfstein für jeden Kommunisten, für seine Treue zur Sache der revolutionären Arbeiterbewegung.«[463] Aber es ist ferner charakteristisch, daß der Hinweis auf die »Wende zu demokratischem und sozialem Fortschritt« als einer Vorstufe zu einem »antimonopolistischen Bündnis« gut erhellt, wie realistisch die DKP ihre Chancen für ihre Position betrachtet, überschreiten doch »die in der Wende zu demokratischem und sozialem Fortschritt angegangenen Aufgaben den Rahmen des Kapitalismus noch nicht«[464]. Freilich betont das Programm die

---

457 Ebd., S. 33–58.
458 Vgl. hierzu ausführlich den Band von Willi Gerns/Robert Steigerwald, Antimonopolistischer Kampf heute, Frankfurt/M. 1983[5] (1973), insbes. S. 97–153.
459 Ebd., S. 8.
460 Parteivorstand der Deutschen Kommunistischen Partei (Anm. 453), S. 71.
461 Ebd., S. 87.
462 So S. Heimann (Anm. 417), S. 925.
463 Parteivorstand der Deutschen Kommunistischen Partei (Anm. 453), S. 88.
464 W. Gerns/R. Steigerwald (Anm. 458), S. 152.

fließenden Grenzen zur antimonopolistischen Demokratie, die wiederum in Verbindung zu dem angestrebten Sozialismus stehe.

Kurz nach der Verabschiedung des Mannheimer Programms erschien ein von führenden Funktionären verfaßtes Buch, welches das Mannheimer Programm erläuterte und Argumentationshilfen gab[465]. Einerseits wolle man Andersdenkende gewinnen, andererseits die eigene Anhängerschaft bestärken und mit argumentativer Munition ausrüsten. Diesem Zweck dienten u.a. die scheinbar kritischen Fragen an den Parteivorsitzenden Mies – und natürlich erst recht die Antworten (etwa zum Eurokommunismus). Nicht immer fügen sich die Grundsatzpositionen der DKP ohne Widersprüchlichkeiten zusammen. Einerseits: »Nationale Politik erfordert, die einseitige Bindung der Bundesrepublik an den amerikanischen Imperialismus und die Nato zu lösen«. Andererseits: »Wer sich nicht mit den Realitäten im Herzen Europas abfinden will, der muß sich darüber im klaren sein, daß damit der Frieden gefährdet wird. Das aber wäre eine Politik, die die Existenz unseres Volkes unmittelbar bedroht.«[466] Kann man daraus die Schlußfolgerung ziehen, daß derjenige, der die Bundesrepublik aus der NATO lösen will und damit die Realitäten ändert, den Frieden gefährdet? Sicher nicht, denn in dem einen Fall ist die Veränderung der Verhältnisse in Europa ein Werk des Friedens, in dem anderen ein potentiell kriegerischer Akt. Es kommt eben auf die Perspektive an.

Auf dem achten Parteitag der DKP im Mai 1986 wurde das Mannheimer Programm ergänzt – und zwar durch 44 Thesen über »Neue Fragen des Kampfes für Frieden und Arbeit«[467]. Entsprechend der von Gorbatschow propagierten These, daß angesichts der atomaren Bedrohung alles dem Friedenskampf unterzuordnen sei, machte sich die DKP »für eine Koalition des Friedens und der Vernunft«[468] stark. Anerkannt wurde, daß es nicht nur bei Kommunisten friedensliebende Kräfte gibt. »Über alles Trennende hinweg zeichnen sich für diese außerordentlich unterschiedlichen Kräfte einer Koalition des Friedens und der Vernunft gemeinsame oder ähnliche Auffassungen für eine realistische Sicherheitspolitik ab. Verbindend ist die Erkenntnis, daß die Verhinderung eines Atomkrieges heute die für das Überleben der Menschheit entscheidende Aufgabe ist.«[469] Freilich bedeutet das Herausstellen der Friedensbemühungen keineswegs eine prinzipielle Absage an Klassenkampfkonzepte. Selbst der Ausdruck »angepaßter Klassenkampf«[470] ist mißverständlich, weil suggeriert wird, als überlagere »Anpassung« »Klassenkampf«. Tatsächlich läßt sich »Anpassung« als eine Form des Klassenkampfes begreifen.

Wie konnte die DKP ihre programmatischen Aussagen in die Tat umsetzen? Für sie fallen Antimarxismus und Antisowjetismus zusammen – und zwar gilt dies durchgängig von 1968 bis zur Gegenwart. Dem Programm entsprechend gilt jeder, der Kri-

465 Vgl. Herbert Mies/Willi Gerns, Weg und Ziel der DKP. Fragen und Antworten zum Programm der Deutschen Kommunistischen Partei, Frankfurt/M. 1979.
466 Ebd., S. 23, S. 26f.
467 Vgl. Parteivorstand der DKP (Hrsg.), Thesen des 8. Parteitags der DKP. Neue Fragen des Kampfes für Frieden und Arbeit – für eine demokratische Wende. Beschlossen vom 8. Parteitag der DKP, Hamburg, 2.–4.5. 1986, Neuss 1986.
468 Ebd., S. 11.
469 Ebd., S. 13.
470 Vgl. Rolf Ebbighausen/Peter Kirchhoff, Der angepaßte Klassenkampf: Organisation und Politik der DKP zwei Jahre nach ihrer Neukonstituierung, in: PVS, 11 (1970), S. 556–578.

tik an der Sowjetunion übt, als Antikommunist. In diesem Punkt setzt die DKP konsequent ihr Programm in die Praxis um, nimmt auch in Kauf, daß sie dadurch in der intellektuellen Linken[471] an Attraktivität einbüßt und/oder Mitglieder verliert. Jeder Maßnahme des real existierenden Sozialismus spendet man Beifall, auch wenn sie (wie etwa die Ausbürgerung von Wolf Biermann) in weiten Teilen der politischen Linken Empörung hervorruft. Diese Identifikation mit den Staaten des Warschauer Paktes ist der entscheidende Grund für die notorische Erfolglosigkeit bei Wahlen, obwohl die DKP stets großen Wert darauf legt, auf dem Boden des Grundgesetzes zu stehen. So hat sie die Politik der K-Gruppen ebenso unnachsichtig bekämpft wie die Strategie der Terroristen, freilich mit einer Argumentation, die mehr taktischer als prinzipieller Natur ist – diese Aktionen kämen der »Reaktion« zugute. Der Parteivorsitzende Herbert Mies gar stellte folgende Suggestivfragen: »Kann nicht hinter den jüngsten Terroranschlägen in unserem Lande auch eine Verschwörung der am weitesten rechts angesiedelten Kräfte stehen, die sich Abenteurer bedienen? Kann nicht die Unfähigkeit einer so perfektionierten Staatsmaschinerie, einiger abenteuerlicher Terroristen habhaft zu werden [...] auch darin zu suchen sein, daß sich hinter den Attentätern in Wirklichkeit der Sympathisantensumpf einer rechtsextremen Mafia verbirgt?«[472] Verschwörungstheorien wohnen also nicht nur rechtsextremen Ideologien inne. Abgesehen davon: Individueller Terror wurde und wird – wie schon bei Lenin – allein aus taktischen Notwendigkeiten negiert.

Was den Einfluß der DKP etwa im Bereich der Gewerkschafts- oder der Bündnispolitik anging, so vermochte sie Achtungserfolge zu verzeichnen[473], wenn auch auf diesen Gebieten längst nicht alle Vorstellungen, von denen Kommunisten der marxistisch-leninistischen Richtung träumten, in Erfüllung gegangen sind. In den Gewerkschaften konnten die Kommunisten der DKP in den siebziger und achtziger Jahren beträchtliches Terrain besetzen, wobei der Grad kommunistischer Beeinflussung natürlich von Einzelgewerkschaft zu Einzelgewerkschaft schwankt. Diese Infiltrationsversuche sind von intimen Kennern der Gewerkschaften mehrfach nachgewiesen worden[474]. Im Jahre 1971 wurde in der neuen Satzung des DGB nicht mehr die Bestimmung aufgenommen, daß es zu seinen Aufgaben gehöre, faschistische, kommunistische, nationalistische, militaristische und alle sonstigen antidemokratischen Einflüsse zu bekämpfen. Die Neufassung spricht vergleichsweise vage von der

---

471 Vgl. beispielsweise Rudi Dutschke/Manfred Wilke, unter Mitarbeit von Reinhard Crusius (Hrsg.), Die Sowjetunion, Solschenizyn und die westliche Linke, Reinbek bei Hamburg 1975.

472 Herbert Mies, Terroranschläge – Hintergründe und Konsequenzen, in: ders./Hermann Gautier, Wir Kommunisten und das Grundgesetz. Aus Reden, Aufsätzen, Stellungnahmen, Frankfurt/M. 1977, S. 63.

473 Mit zahlreichen Beispielen wartet folgende aufschlußreiche Studie auf: Wolfgang Rudzio, Die Erosion der Abgrenzung. Zum Verhältnis zwischen der demokratischen Linken und Kommunisten in der Bundesrepublik Deutschland, Opladen 1988.

474 Vgl. beispielsweise Ernst N. Ehrenberg, Die Bündnispolitik der Deutschen Kommunistischen Partei mit dem Deutschen Gewerkschaftsbund, Gerbrunn bei Würzburg 1977; Ossip K. Flechtheim/Wolfgang Rudzio/Fritz Vilmar/Manfred Wilke, Der Marsch der DKP durch die Institutionen, Frankfurt/M. 1980; Manfred Wilke, Einheitsgewerkschaft zwischen Demokratie und antifaschistischem Bündnis. Die Diskussion über die Einheitsgewerkschaften im DGB seit 1971, Melle 1985. Zu dieser und anderer Literatur vgl. die Einschätzung bei U. Backes/E. Jesse (Anm. 29), Kap. IV.

Verteidigung der freiheitlich-demokratischen Grundordnung[475]. In einem Grundsatz-beschluß von 1973 erklärte der DGB-Bundesvorstand die Unvereinbarkeit einer Mitgliedschaft im DGB mit der in einer K-Gruppe und bestätigte gleichzeitig die Beschlüsse im Hinblick auf die Unvereinbarkeit der Mitgliedschaft in der NPD. Im Gegensatz zu den K-Gruppen erkennen Kommunisten der DKP-Richtung das Prinzip der Einheitsgewerkschaft an, sehen sich insofern keiner Stigmatisierung ausgesetzt.

Hinsichtlich der Bündnispolitik ist der DKP besonders an einer Zusammenarbeit mit der SPD gelegen gewesen (»Einheitsfront«). Diese verhielt sich grundsätzlich ablehnend – auch in ihrer Rolle als Opposition seit 1982 – und war für derartige Bündnisangebote, nicht zu gewinnen[476], wenngleich sich aus ihren Reihen auch manche an Aktionen der DKP beteiligten und diese damit aufwerteten[477]. Damit kann die DKP wenigstens ihr Konzept der »Aktionseinheit von unten« partiell als bestätigt ansehen. Die unerbetene Schützenhilfe seitens der DKP war für die Sozialdemokratie nur kontraproduktiv. Nicht einleuchtend ist daher folgende Feststellung: »Für eine weiterhin, wenn auch modifiziert betriebene Ostpolitik aber ist die Existenz einer legalen DKP von Nutzen.«[478] Denn eine Politik, die Unterstützung von einer extremistischen Gruppierung erfährt, gerät ohne Not ins Zwielicht, zumal die DKP-Hilfe keineswegs selbstloser Natur ist. Die DKP hoffte nämlich darauf, daß die Entspannungspolitik mit dem Osten auch zu einer Aufwertung der kommunistischen Opposition im Inland führe. Doch angesichts der Fixierung auf die DDR blieben dies leere Hoffnungen.

Die DKP hatte es insbesondere dank ihrer Finanz- und Organisationskraft zum Teil gut verstanden, ihren Einfluß auf andere Vereinigungen auszudehnen. In zahlreichen Organisationen dominierten so stark Kommunisten der DKP-Richtung, daß Beschlüsse gegen sie nicht durchsetzbar zu sein schienen. Manchmal konnte die DKP ihr Ghetto (einschließlich das ihrer Vorfeldorganisationen) durchbrechen, sofern sie sich gegen (vermeintliche oder tatsächliche) Mißstände wandte. Diese Strategie der »Volksfront« wollte breit angelegt sein. Das galt etwa für die zahlreichen Komitees gegen »Berufsverbote«[479] und die vielfältigen Versuche, in der Friedensbewegung Fuß zu fassen[480]. Sie war in der Tat häufig Initiator und Verstärker außerparlamentarischer Protestbewegungen in den letzten zwanzig Jahren; dieser Umstand rechtfertigt es allerdings nicht, einschlägige Aktionen generell als kommunistisch unterwandert zu bezichtigen[481], so sehr auch die kommunistische Bündnispolitik ihre Spuren verwischen wollte und will.

In Berlin (West) agierte die Sozialistische Einheitspartei Westberlin, die wohl organisatorisch eigenständig war, aber ganz auf der Linie der SED lag. Seit der

475 Vgl. dazu M. Wilke (Anm. 474), S. 86–95.
476 Vgl. etwa Peter Glotz, Marginalien über Kommunismus, Marxismus und soziale Demokratie; Rainer Diehl, Auf dem kurzen Marsch in die Selbstisolation. Die Deutsche Kommunistische Partei und die real existierende Sozialdemokratie, jeweils in: NG, 33 (1986), S. 349–353, S. 354–359. Siehe dazu das Gespräch mit dem »Chefideologen« der DKP, Josef Schleifstein: Das »politische Nichts« – Peter Glotz und die DKP, in: MB, 24 (1986) 4, S. 120–125.
477 Vgl. hierzu W. Rudzio (Anm. 473), passim.
478 S. Heimann (Anm. 417), S. 980.
479 Für Einzelheiten vgl. Kap. VIII.3.3.
480 Hierzu siehe wiederum die zahlreichen Beispiele von W. Rudzio (Anm. 473), insbes. S. 143–204.
481 Vgl. nachfolgenden Exkurs in Kap. III.3.10.

Zwangsvereinigung 1946 von KPD und SPD zur SED gab es in Westberlin – damals entschied der Alliierte Kontrollrat, SPD und SED in allen vier Sektoren von Berlin zuzulassen – die SED, die bei den Wahlen zur Stadtverordnetenversammlung 1948 und zum Abgeordnetenhaus 1950 zum Wahlboykott aufrief, während sie 1954 2,7 und 1958 2,0 Prozent der Stimmen erreichte. Entsprechend der sowjetischen Berlin-Politik[482] – Chruschtschow hatte in seinem »Berlin-Ultimatum« vom November 1958 die Umwandlung von Westberlin in eine »selbständige politische Einheit« gefordert – kam es 1959 zur Bildung einer Westberliner Leitung der SED. Im Jahre 1962 vollzog sich – formell gesehen – die Trennung (unter dem Namen SED-Westberlin), und seit 1969 heißt die von Ostberlin gesteuerte Partei SEW.

Unter Gerhard Danelius (geb. 1913; gest. 1978)[483] – er war bereits 1930 Mitglied der KPD geworden und nach 1945 in der DDR als »Instrukteur« für die KPD-Landesleitungen im Bundesgebiet tätig, ehe er 1959 die »Westberliner Leitung« der SED übernahm und 1962 1. Sekretär des Vorstands der SED-Westberlin wurde – erreichte die SEW 1963 1,3, 1967 2,1, 1971 2,3 und 1975 1,8 Prozent der Stimmen. Sie hatte somit kurzfristig von der in Teilen der Studentenschaft bestehenden Protestbewegung profitieren können, wenngleich die antiautoritäre Revolte wenig mit der SEW anzufangen wußte. Ihr Scheitern ist also wesentlich zurückzuführen auf »die Orientierung an einem Sozialismus-Modell, dessen Demokratieverständnis und außenpolitischen Konsequenzen nicht mit den Inhalten linker Oppositionen in West-Berlin in Einklang zu bringen sind«[484]. Die SEW war in ihrer Programmatik und in ihrer politischen Tätigkeit voll auf das Vorbild der DDR fixiert[485]. Unter dem farblosen Horst Schmitt (1925–1991)[486] – dem Nachfolger von Danelius – sank der Stimmenanteil der SEW in den nachfolgenden Wahlen weiter: 1979 auf 1,1, 1981 und 1985 auf jeweils 0,6 Prozent, so sehr auch die SED mit ihren Neben- (z.B. ihrem »Sozialistischen Jugendverband Karl Liebknecht«) oder ihren Vorfeldorganisationen (z.B. der »Vereinigung der Verfolgten des Naziregimes Westberlin – Verband der Antifaschisten«) für einzelne Aktionen Anhänger zu mobilisieren verstand.

Innerhalb der Studentenschaft hatte die DKP mit ihrem Studentenbund MSB Spartakus und dem ihm nahestehenden SHB dank organisatorisch reger Tätigkeit einen beträchtlichen Einfluß erreicht. Im Vorstand des »Verbandes Deutscher Studentenschaften« (VDS) verfügte diese Richtung über einen beherrschenden Einfluß, der überproportional zum Anteil war, den die DKP-Richtungen bei den Wahlen zu den Studentenparlamenten erzielen (circa 20 Prozent). Das Urteil, zwanzig Prozent der Studenten seien kommunistisch orientiert, ist allerdings gänzlich abwegig. Zum einen liegt die Wahlbeteiligung im Schnitt nur bei etwa 25 Prozent, zum andern treten die kommunistisch ausgerichteten Organisationen häufig unter unverfänglichen Namen wie »Wehrt Euch« oder »Tu Was« an. Gemäß einer empirischen Studie

---

482 Vgl. Eric Waldmann, SEW und die sowjetische Berlinpolitik, Boppard 1972.
483 Zur Person vgl. U. Backes/E. Jesse (Anm. 31).
484 Peter Müller, Die Sozialistische Einheitspartei Westberlins, in: R. Stöss (Anm. 30), S. 2273.
485 Vgl. beispielsweise Senator für Inneres (Hrsg.), Untersuchung zur Frage der Übereinstimmung der politischen Ziele und Tätigkeiten der Sozialistischen Einheitspartei Westberlins (SEW) mit der freiheitlichen demokratischen Grundordnung im Sinne des Grundgesetzes und der Verfassung von Berlin, Berlin 1980[3].
486 Zur Person vgl. U. Backes/E. Jesse (Anm. 31).

votierten Ende der siebziger Jahre lediglich zwei Prozent der Studenten für die DKP[487]. Damit war der Anteil zwar zehnmal höher als in der gesamten Bevölkerung, aber immerhin auch zehnmal niedriger im Vergleich zu den Wahlen für die Studentenparlamente.

Die DKP war um so erfolgreicher, je »unverfänglicher« sich eine Aktion ausnahm, Dies darf nicht nur als Erfolg kommunistischer Subversion gelten. Der Tatbestand ist vielmehr auch ein Indiz dafür gewesen, in welchem Maße der an der DDR orientierte Marxismus-Leninismus Abstriche von den ureigensten Interessen machen mußte, um überhaupt etwas »bewegen« zu können. Zum Teil gewannen von der DKP inszenierte Aktionen eine Eigendynamik, die sich dann auch gegen entsprechende Mißstände im »sozialistischen Lager« richtete. Insofern war nicht jede Bündnispolitik für sie risikolos.

Das Wunschdenken der DKP deckte sich häufig mit den Ängsten ihrer erbittertsten Gegner. Beide überschätzten den Einfluß der Kommunisten, wenngleich man die frühere Außensteuerung der westdeutschen Kommunisten nicht gering veranschlagen sollte[488]. Daß die DKP auf deutschem Boden ein Pendant besaß, das Macht ausübte, war ihre Stärke und Schwäche zugleich. In welchem Zustand befand sich die DKP in der zweiten Hälfte der achtziger Jahre – vor dem Zusammenbruch des Kommunismus?

Die von der DDR materiell und ideologisch abhängige DKP hatte zu Anfang des Jahres 1988 circa 38 000 Mitglieder (nach eigenen Angaben, die allerdings bezeichnenderweise bereits aus dem Jahre 1985 stammen, über 57 000), mithin weniger als in den Jahren zuvor (siehe Tabelle 7). Damit war sie eindeutig die größte Organisation im linksextremen Bereich, wenngleich sie angesichts des zu erwartenden wahlpolitischen Desasters – selbst die Kandidaten der »Friedensliste« erreichten nur 0,5 Prozent der Erststimmen – wohlweislich auf eine eigenständige Kandidatur bei den Bundestagswahlen 1987 verzichtet hatte – eine Entscheidung, der ein »längerer Diskussionsprozeß vorausgegangen«[489] war. Ihr zur Seite stand die circa 4 500 Mitglieder starke Sozialistische Einheitspartei Westberlins (SEW), die entsprechend der kommunistischen, inzwischen abgeschwächten »Dreistaatentheorie« ausschließlich in Berlin (West) kandidierte, während die DKP hier nicht existierte[490]. Die SEW versuchte durch Bündnispolitik gegenüber der SPD und den »Alternativen«, die rigider als die »Grünen« auftraten und einen radikalen Abbau der Stellen bei der Polizei ebenso forderten, wie sie für die Abschaffung des Verfassungsschutzes eintraten, ihr

---

487 Vgl. Christian Krause/Detlef Lehnert/Klaus-Jürgen Scherer, Zwischen Revolution und Resignation? Alternativkultur, politische Grundströmungen und Hochschulaktivitäten in der Studentenschaft. Eine empirische Untersuchung über die politische Einstellung von Studenten, Bonn 1981, S. 243–252.

488 Vgl. Bundesministerium des Innern (Hrsg.), Kommunistische Frontorganisationen im ideologischen Klassenkampf. Über die Tätigkeit internationaler sowjetkommunistischer Propagandaorganisationen und ihrer Partner in der Bundesrepublik Deutschland, Bonn 1985.

489 Rolf Priemer, Überlegungen der DKP zur Bundestagswahl, in: MB, 24 (1986) 5, S. 51. Der Autor erörtert etwas verlegen die verschiedenen Varianten im Hinblick auf den Wahlkampf 1987. Siehe auch Herbert Mies, Die DKP vor der Bundestagswahl 1987, in: MB, 24 (1986) 6, S. 73–79. Mies spricht sich dafür aus, mit der Zweitstimme entweder die SPD oder die Partei der »Grünen« zu wählen.

490 Vgl. u.a. P. Müller (Anm. 484), S. 2241–2273.

Tabelle 7: Mitgliederentwicklung der DKP, 1968–1987

1968:	rund	9 000
1969:	rund	23 000
1970:	rund	30 000
1971:	rund	33 000
1972:	rund	36 000
1973:	rund	39 000
1974:	unter	40 000
1975:	unter	40 000
1976:	rund	40 000
1977:	rund	42 000
1978:	rund	42 000
1979:	rund	40 000
1980:	über	40 000
1981:	rund	40 000
1982:	unter	40 000
1983:	unter	40 000
1984:	rund	40 000
1985:	rund	40 000
1986:	über	40 000
1987:	rund	38 000

Quelle: Verfassungsschutzberichte des Bundes.

Ghetto zu durchbrechen, war jedoch weitgehend isoliert, auch wenn sie bei außerparlamentarischen Aktionen wie »Antifaschismus«-Kampagnen eine beträchtliche Anzahl von Bündnisgenossen zu mobilisieren wußte.

Die DKP verfügte über mehrere Nebenorganisationen: Die »Sozialistische Deutsche Arbeiterjugend«, der 15000 Mitglieder umfassende Jugendverband[491]; der »Marxistische Studentenbund Spartakus«[492], dessen circa 6000 Mitglieder beträchtlichen Einfluß in den studentischen Gremien ausübten, sowie die »Jungen Pioniere – Sozialistische Kinderorganisation« mit einer Mitgliederzahl von 4000 Personen. Sie galten als Rekrutierungsfeld für eine spätere DKP-Tätigkeit. Alle DKP-Organisationen unterstanden der Kontrolle durch die SED[493].

Zu den bekanntesten kommunistisch beeinflußten Organisationen zählten die »Vereinigung der Verfolgten des Naziregimes – Bund der Antifaschisten« (VVN-BdA)[494] mit einer Mitgliederzahl von 14000 – sie versucht(e) mit ihren »Antifaschis-

---

491 Siehe dazu Manfred Wilke/Marion Brabant, Totalitäre Träumer. Die Politik der SDAJ und die Wirklichkeit des realen Sozialismus, München 1988.

492 Vgl. etwa Hartmut Weyer, MSB Spartakus. Von der studentischen Protestbewegung zum Klassenkampf, Stuttgart 1973.

493 Vgl. beispielsweise den Beitrag »Verhältnis der ›Deutschen Kommunistischen Partei‹ (DKP) zur ›Sozialistischen Einheitspartei‹ (SED)«, in: Innere Sicherheit, Nr. 65 vom 21. Januar 1983, S. 2f.

494 Vgl. die für das Selbstverständnis auch heute noch charakteristische Darstellung von Max Oppenheimer (Hrsg.), Antifaschismus. Tradition-Politik-Perspektive. Geschichte und Ziele der VVN -Bund der Antifaschisten, Frankfurt/M. 1978.

mus«-Kampagnen immer wieder Parallelen zwischen dem Nationalsozialismus und der Bundesrepublik herzustellen –, die schon erwähnte »Deutsche Friedensunion«, die den »Krefelder Appell« initiiert hatte und einflußreicher war, als es die geringe Mitgliederstärke von 1 000 nahelegt, das »Komitee für Frieden, Abrüstung und Zusammenarbeit« (KFAZ), das dem von Kommunisten dominierten »Weltfriedensrat«[495] angehörte und das schon aufgrund seiner Organisationsstruktur nicht ohne Erfolge die Aktionen der Friedensbewegung zu lenken suchte, die »Deutsche Friedensgesellschaft – Vereinigte Kriegsdienstgegner« (DFG-VK) mit circa 11 000 Mitgliedern[496], in der der DKP-Einfluß nicht so groß war wie bei den vorgenannten Organisationen, wenngleich Entscheidungen gegen Kommunisten nicht möglich erschienen[497]. Insgesamt gehörten nach Angaben des Verfassungsschutzes in der zweiten Hälfte der achtziger Jahre circa 50 Organisationen mit über 60 000 Mitgliedern der von der DKP beeinflußten Szenerie an[498]. Im Vordergrund stand – natürlich – häufig der Kampf gegen den Antikommunismus sowie das Engagement für den »Antifaschismus«, im Zeichen des Friedenskampfes[499]. Wollte man die eigene Anhängerschaft vergrößern, war eine Option für den Antifaschismus nun einmal leichter als ein Bekenntnis zum Kommunismus[500]. Diese Vorfeldorganisationen waren für die DKP deshalb nützlich, weil sich bei ihnen auch zunehmend Andersdenkende einfanden, denen überhaupt nicht klar war, worauf sie sich einließen. Die Gefahr, die Wolfgang Rudzio ausmachte, lag auf der Hand:»Eine Erosion der Abgrenzung droht den einstigen innenpolitischen cordon sanitaire gegenüber den Sowjetkommunisten und mit ihm ein wichtiges Element der politischen Kultur der Bundesrepublik aufzulösen.«[501] Allerdings drohte die Entwicklung in der Sowjetunion unter Gorbatschow die Geschlossenheit des DKP-Umfelds aufzulösen.

Ausgesprochen gut organisiert war das Verlagswesen und Vertriebssystem der DKP[502]. Schon aus diesem Grund hatte sie sich im Kulturbetrieb eine einflußreiche Rolle geschaffen. Keine wissenschaftlich-politische Monatszeitschrift besaß etwa eine so hohe Auflage wie die »Blätter für deutsche und internationale Politik«, die im DKP-nahen Pahl-Rugenstein Verlag erschien und es immer wieder verstand, auch renommierte Andersdenkende zu Worte kommen zu lassen (freilich nicht zum real-existierenden Sozialismus), wodurch ein linker Pluralismus vorgegaukelt wurde, der so nicht existierte.

---

495 Vgl. Bundesminister des Innern (Hrsg.), Kommunistische Frontorganisationen im ideologischen Klassenkampf. Über die Tätigkeit internationaler sowjetkommunistischer Propagandaorganisationen und ihrer Partner in der Bundesrepublik Deutschland, Bonn 1984, S. 6–19.

496 Vgl. dazu Marie Luise Mayer, Die Deutsche Friedensgesellschaft – Vereinigte Kriegsdienstgegner. Eine kritische Studie zum Programm, Bonn 1980.

497 Vgl. etwa den Artikel »Kritik innerhalb der DFG-VK am kommunistischen Einfluß«, in: Innere Sicherheit, Nr. 4 vom 11. September 1987, S. 6.

498 Siehe auch die Auflistung bei U. Backes/E. Jesse (Anm. 31), Kap. III. Die Tendenz der Mitgliederzahlen zeigte angesichts der sich abzeichnenden Krise nach unten.

499 Vgl. dazu etwa Axel Minrath, Friedenskampf. Die DKP und ihre Bündnispolitik in der Anti-Nachrüstungsbewegung, Köln 1986.

500 Vgl. auch Kap. VII.5.

501 So W. Rudzio (Anm. 473), S. 252.

502 Vgl. dazu die informative Studie von W. Mensing (Anm. 384).

Das »neue Denken« Gorbatschows hatte der DKP nichts genützt, so sehr diese sich sichtlich darum bemühte, dessen Prestige in die Waagschale zu werfen, obwohl die »Glasnost«- und »Perestroika«-Thematik als heikel galt und eine kontraproduktive Wirkung entfalten konnte. Auch in ihrem 1988 verabschiedeten Entwurf »Bundesrepublik 2000. Vorschläge der DKP zu einer friedensorientierten und demokratischen Reformalternative für die 90er Jahre«, das jegliche scharfen Töne gegenüber der Sozialdemokratie, auch gegenüber deren Führung, bewußt mied, wurde die Entwicklung in der Sowjetunion nur gestreift[503]. Er verstand sich – arg bescheiden – als Reformkonzept für eine kapitalistische Klassengesellschaft. »Gleichzeitig wird mit solchen Reformen der Boden für das weitere Ringen um den Sozialismus geschaffen.«[504] Eine vorsichtige Andeutung der Reformnotwendigkeit des »realen Sozialismus«, die auch zunehmend manche DKP-Mitglieder angemahnt hatten, wenn sie sich etwa gegen das Verbot der sowjetischen Zeitschrift »Sputnik« 1988 in der DDR aussprachen.

Schlagartig und zugleich schlaglichtartig wurden Differenzen durch ein Papier des Hamburger DKP-Bezirkssekretariats vom 13. August(!) 1987 deutlich, das an die Öffentlichkeit gelangte[505]. Hier war von einem »krisenhaften Zustand« der Partei ebenso die Rede wie deren »Demokratisierung« als »zentrale Aufgabe« firmierte. Die Haltung der Parteiführung, die kraß negativ ausfiel, ließ nicht lange auf sich warten: »Entschieden zurückgewiesen werden muß der verantwortungslose Umgang mit politischen Begriffen im Diskussionsbeitrag des Hamburger Sekretariats. Mit politischen Begriffen muß man sorgfältig umgehen. Sie dürfen gerade von Kommunisten nicht beliebig verwandt werden. Das trifft auch auf die Begriffe ›krisenhafter Zustand der Partei‹ und ›Demokratisierung der Partei‹ zu.«[506] Aus den »Schlußfolgerungen« des Parteivorstands ging indirekt der große Wirbel des »Hamburger Papiers« hervor. Die Hamburger Parteiführung übte »Selbstkritik« und nahm die Vorwürfe zurück: Weder liege ein »krisenhafter Zustand« vor, noch stelle sich die »Demokratisierung der Partei« als »zentrale Aufgabe«[507].

Sah sich die DKP 1976 und 1980/81 aufgrund der Biermann-Ausbürgerung, der Intervention der Sowjetunion in Afghanistan und der dramatischen Situation in Polen vor besondere Schwierigkeiten gestellt, weil der »real-existierende Sozialismus« zu

503 Aus DKP-Sicht vgl. Robert Steigerwald, BRD 2000: Erste Gedanken zu einem Dokument; Heinz Jung, Zu Grundlagen der Reformalternative – einige theoretische Momente, jeweils in: MB, 26 (1988) 8/9, S. 16–19; 10, S. 59–66. Siehe dagegen Ulrich Rosenbaum, DKP und Perestrojka, in: NG, 35 (1988), S. 933–936.

504 So Jupp Angenfort/Willi Gerns, Kommunistische Reformpolitik heute, in: MB, 26 (1988) 7, S. 64.

505 Vgl. den Artikel: DKP. Ein abweisender eiszeitlicher Findling, in: Der Spiegel vom 7. September 1987, S. 138f.; dazu aus DKP-Sicht Ellen Weber, Die DKP im Zerr-»Spiegel« – wieder einmal. Ein »Spiegel«-Artikel mit der Handschrift des Verfassungsschutzes, in: UZ vom 11. September 1987, S. 4.

506 Parteivorstand der DKP (Hrsg.), Stellungnahme des Präsidiums des Parteivorstand zum Diskussionsbeitrag des Hamburger Bezirkssekretariats, in: DKP-Informationen Nr. 2/1987, S. 2. Hier ist auch das kritisierte »Hamburger Papier« abgedruckt.

507 Vgl. ders. (Hrsg.), Stellungnahme des Präsidiums und des Sekretariats des Parteivorstands: Schlußfolgerungen aus der Auseinandersetzung um den Diskussionsbeitrag des Hamburger Bezirkssekretariats/Erklärung des Bezirkssekretariats Hamburg zur Stellungnahme des Präsidiums vom 22. 9. 1987, in: DKP-Informationen Nr. 7/1987.

Methoden griff, die in der breiten Öffentlichkeit auf Ablehnung stießen, so rührte paradoxerweise die Krise in der zweiten Hälfte der achtziger Jahre nicht zuletzt von einer »Auflockerung« in der Sowjetunion her, in der dort offener als früher über Fehler gesprochen wurde: »Im übrigen muß man sich gegen jede schematische Übertragung der Entwicklungen in der Sowjetunion und der KPdSU auf unsere Partei wenden. Das heißt nicht, daß wir nicht aus den Entwicklungen in der Sowjetunion und der KPdSU lernen sollen. Ganz im Gegenteil. Aber wir müssen als Marxisten auf marxistische Weise daraus lernen, das heißt, die Entwicklungen für unsere konkreten Bedingungen aufarbeiten. Die einfache Übernahme von Begriffen aus der dortigen Entwicklung hilft uns dabei nicht weiter.«[508] So dialektisch diese Argumentation auch war, so wurden doch die Schwierigkeiten deutlich, die sich für die DKP aus dem Wandel in der Sowjetunion ergaben[509]. Aber eine flexibel agierende DKP hätte vom Image Gorbatschows profitieren können, die Attraktivität für kommunistisches Gedankengut sich damit steigern lassen, die »bisher größte innerparteiliche Krise«[510] vielleicht eine Voraussetzung für eine gewisse Konsolidierung geboten.

Auf dem neunten Parteitag der DKP Anfang Januar 1989 in Frankfurt, der infolge heftiger Personaldebatten nicht die vorgesehene Tagesordnung erfüllen konnte und eine Fortsetzung im Februar (Wuppertal) fand, hatte es die erwarteten Auseinandersetzungen gegeben[511]. Zwar konnte sich die »orthodoxe« Strömung um den Parteivorsitzenden Herbert Mies (159 Gegenstimmen!) und seine Stellvertreterin Ellen Weber (192 Gegenstimmen!) bei den 651 Delegierten durchsetzen, doch entfielen auf die Gruppe der »Erneuerer« u. a. um den Hamburger Wolfgang Gehrcke, der allerdings in den Vorstand kam, dem Kölner Steffen Lehndorff und dem Bremer Dieter Gautier etwa dreißig Prozent der Stimmen. Ein weiterer Mitgliederschwund setzte ein. (Die DKP hatte Mitte 1989 – zwanzig Jahre nach ihrer Gründung – keine 30 000 Mitglieder mehr. Bei den Wahlen zum Europäischen Parlament 1989 erreichte sie 0,2 Prozent). Gleichwohl bestand kein triftiger Anlaß, den innerparteilichen Konflikt zwischen den »beiden Linien« im Sinne von demokratischen und undemokratischen Richtungen zu deuten, wie zuweilen geschehen. Auch wenn die »Erneuerer« die »stalinistischen Deformationen«[512] stärker zur Sprache bringen wollten als die »Traditionalisten« und »Glasnost« für die eigene Partei einforderten, waren sie von einem eurokommunistischen Kurs etwa der italienischen Kommunisten noch weit entfernt. Das sollten auch die zunächst halbherzigen Reaktionen auf den Umbruch in der DDR zeigen.

---

508 Ders. (Anm. 507), S. 3.
509 Nicht nur der führende DKP-Funktionär Willi Gerns hatte diese und andere Probleme angesprochen, wenn auch in verschleiernder Form. Vgl. ders., Organisationsfrage und ideologische Arbeit, in: MB, 26 (1988) 2, S. 48–51.
510 VSB 1987, S. 24. – Die Parteikrise 1988/89 wird gut dargestellt bei M. Wilke/H.-P. Müller/ M. Brabant (Anm. 447), S. 195–246.
511 Vgl. Thomas Ammer, Zum 9. Parteitag der DKP, in: DA, 22 (1989), S. 135–139.
512 Vgl. etwa in typisch apologetischer DKP-Manier (ob nun aus Sicht der »Erneuerer« oder aus Sicht der »Traditionalisten«) Günter Judick/Kurt Steinhaus (Hrsg.), Stalin bewältigen. Dokumente und Aufsätze, Düsseldorf 1989.

3.7 Das sonstige linksextremistische Geflecht

Gewiß war die DKP am Vorabend der »Wende« in der DDR, die zu ihrem Ende führte, im linksextremen Umfeld klar dominierend. Gleichwohl erscheint es reizvoll, den sonstigen linksextremistischen Mikrokosmos Ende der achtziger Jahre einzufangen, weil sich hier seit der Abdankung des Kommunismus nicht nur auf deutschem Boden ein tiefer Einschnitt und Einbruch zugleich vollzogen hat. Auch wenn der Einfluß der seinerzeit von Moskau unabhängigen Linksextremisten – insbesondere Trotzkisten, K-Gruppen, Sozialistisches Büro, »Autonome« sowie die z. T. geheimbündlerisch organisierte »Marxistische Gruppe« – längst nicht an den Sowjetkommunismus heranreichte, machten diese doch häufig durch spektakuläre Aktionen von sich reden. Es ist höchst fragwürdig gewesen, daß sie die Verfassungsschutzberichte seinerzeit alle unter das Signum »Neue Linke« rubrizierten, obwohl die Verschiedenheiten der Positionen auf der Hand lagen.

Zu den »revolutionär-marxistischen Gruppen« gehörten die gänzlich einflußlosen, nach dem Verfassungsschutzbericht von 1987 in 15 (!) Grüppchen[513] aufgesplitterten Trotzkisten (insgesamt 500). Die bedeutendste trotzkistische Gruppe war trotz ihrer nur rund 150 Mitglieder der »Bund Sozialistischer Arbeiter« (BSA), die deutsche Sektion des »Internationalen Komitees der Vierten Internationale«[514]. Sie wendet sich gleichzeitig gegen den Stalinismus und Maoismus der K-Gruppen[515], gegen die Gorbatschow-Richtung[516], gegen die »Grünen«, gegen die Sozialdemokratie sowie gegen zahlreiche andere trotzkistische Richtungen.

Auch die K-Gruppen firmieren unter dem Rubrum »Neue Linke«. Sie waren in den siebziger Jahren viel stärker, spielten Ende der achtziger Jahre nur eine marginale Rolle. Allesamt sprachen sie sich – ganz explizit oder doch zumindest indirekt – für die Diktatur des Proletariats aus und lehnten den »Revisionismus« der DKP-Richtung entschieden ab[517]. Die größte K-Gruppe (ca. 1 300 Mitglieder) war die 1982 aus dem KABD hervorgegangene »Marxistisch-Leninistische Partei Deutschlands« (MLPD)[518], dem Selbstverständnis nach die einzige marxistisch-leninistische Partei in der Bundesrepublik. Rief sie bei der Bundestagswahl 1983 zum »aktiven Wahlboykott« auf, so erreichte sie 1987 nicht einmal 0,1 Prozent der Stimmen (13 422). Wie aus ihrem Grundsatzprogramm[519] hervorgeht, beruft sie sich auf die Lehren von

---

513 Vgl. VSB 1987, S. 56.
514 Zur Geschichte der Vierten Internationale aus der Sicht des 1953 gegründeten »Internationalen Komitees«: David North, Das Erbe, das wir verteidigen. Ein Beitrag zur Geschichte der Vierten Internationale, Essen 1988.
515 Vgl. Peter Schwarz, Marxismus gegen Maoismus. Die Politik der MLPD, Essen 1988.
516 Vgl. die Broschüre: Was geht in der Sowjetunion vor sich? Gorbatschow und die Krise des Stalinismus. Erklärung des Internationalen Komitees der Vierten Internationale vom 23. März 1987, Essen 1987.
517 Programme einzelner K-Gruppen sind in stark gekürzter Form abgedruckt bei U. Bakkes/E. Jesse (Anm. 31), Kap. III.
518 Zur komplizierten Entwicklung vgl. die für das Selbstverständnis interessanten Bände: Zentralkomitee der Marxistisch-Leninistischen Partei Deutschlands (Hrsg.), Geschichte der Marxistisch-Leninistischen Partei Deutschlands. I. Teil: Entstehung, Entwicklung und Ende der »marxistisch-leninistischen Bewegung«, II. Teil: Parteiaufbau vom KABD zur MLPD, Düsseldorf 1986.
519 Es ist auszugsweise abgedruckt bei U. Backes/E. Jesse (Anm. 31), Kap. III.

Marx, Engels, Lenin, Stalin und Mao Tse-tung. Der Sowjetunion wird »Verrat am Sozialismus« vorgeworfen[520], die Partei der »Grünen« als »kleinbürgerliche Bewegung« tituliert, die »Hilfsdienste [...] für den verfaulenden Kapitalismus«[521] verrichtet. Die MLPD sieht sich – so ist ihrem Zentralorgan »Rote Fahne« immer wieder zu entnehmen – nur bedingt als Produkt der Ende der sechziger Jahre entstandenen Protestbewegung. Bezeichnenderweise war ihr »Chefideologe« Willi Dickhut (1904–1992)[522] bereits 1926 in die KPD eingetreten, aus der er vierzig Jahre später wegen maoistischer Tendenzen ausgeschlossen wurde. Bereits im KABD führend aktiv, hatte er als langjähriger Leiter des theoretischen Organs »Revolutionärer Weg« eine Reihe von programmatischen Schriften verfaßt. Der Parteivorsitzende seit 1982 – Andreas Engel (geb. 1954) – stammt ebenfalls aus der Arbeiterschaft. Im Vergleich zu anderen K-Gruppen erscheinen viele theoretische Ableitungen besonders grobschlächtig.

Der »Bund Westdeutscher Kommunisten« (BWK) eine Abspaltung vom KBW, umfaßte nur circa 300 Mitglieder. Der »Kommunistische Bund« (KB), schon 1971 gegründet und etwas stärker als der BWK, versuchte insbesondere auf die »Grünen« sowie die Friedensbewegung Einfluß zu nehmen. Noch sektiererischer mutete der »Arbeiterbund für den Wiederaufbau der KPD« (AB) an. Die im Herbst 1986 aus einem Zusammenschluß der trotzkistischen »Gruppe Internationaler Marxisten« (GIM) mit der »Kommunistischen Partei Deutschlands/Marxisten-Leninisten« (KPD) entstandene »Vereinigte Sozialistische Partei« (VSP) konnte nicht zum Auffangbecken für andere K-Gruppen werden – ganz abgesehen davon, daß sie angesichts ihres sektiererischen Charakters auch auf undogmatische linke Strömungen keine Anziehungskraft auszuüben vermochte.

Trotz des desolaten Zustands der meisten »revolutionär-marxistischen Gruppen« lassen sie sich nicht vollständig vernachlässigen, übersähe man dabei doch den Einfluß, den diese in der zweiten Hälfte der achtziger Jahre auf die »Grünen« zum Teil ausübten[523]. Es ist unbestritten, daß die »Grünen« zahlreiche ehemalige Mitglieder von K-Gruppen aufgenommen hatten, auch in höhere Ränge. Bei den »alternativen Listen« 1977/78 spielten Mitglieder von K-Gruppen eine beträchtliche Rolle. Und später sind Mitglieder von K-Gruppen zu den »Grünen« übergewechselt, wie die sogenannte »Z-Fraktion« des KB. »Den Linksextremisten ist es gelungen, klassische Bestandteile der marxistischen Kerndogmatik hinüber zu retten.«[524] Man mochte dies

---

520 Vgl. Marxistisch-Leninistische Partei Deutschlands (Hrsg.), Angeklagt: 30 Jahre Verrat am Sozialismus. Dokumentation des Internationalen Tribunals der Marxistisch-Leninistischen Partei Deutschlands gegen den sowjetischen Sozialimperialismus und modernen Revisionismus am 15. März 1986 in Hamburg, Düsseldorf 1986.

521 So Peter Borgwardt, Abschied von den Grünen, hrsg. vom Zentralkomitee der Marxistisch-Leninistischen Partei Deutschlands, Düsseldorf 1988, S. 157.

522 Zur Person vgl. Kap. V.2.1. Siehe Dickhuts autobiographische Schilderung: So war's damals ... Tatsachenbericht eines Solinger Arbeiters 1926–1948, Stuttgart 1979.

523 Vgl. Helmut Fogt, Die GRÜNEN und die Neue Linke. Zum innerparteilichen Einfluß des organisierten Linksextremismus, in: Manfred Langner (Hrsg.), Die Grünen auf dem Prüfstand. Analyse einer Partei, Bergisch Gladbach 1987, S. 129–208; siehe auch die eindrucksvolle Studie von Rudolf van Hüllen, Ideologie und Machtkampf bei den Grünen. Untersuchung zur programmatischen und innerorganisatorischen Entwicklung einer deutschen »Bewegungspartei«, Bonn 1990.

524 H. Fogt (Anm. 523) S. 151.

für übertrieben halten, aber offenkundig wollten ehemalige Mitglieder von K-Gruppen wie Jürgen Reents (geb. 1949) und Rainer Trampert (geb. 1949), die beide vom KB kamen, den »ökosozialistischen« Flügel stärken. Von den Mitgliedern des Bundesvorstandes der »Grünen«, den »grünen« Abgeordneten im Bundestag und in den Landtagen sowie im Europaparlament in den Jahren 1979 bis 1987 gehört(e) mindestens ein Drittel linksextremen Organisationen an[525]. Nun muß man ehemaligen Extremisten den Wandel zubilligen – »Joschka« Fischer ist ein augenfälliges Beispiel, doch bei manchen Repräsentanten der »Grünen« wie Thomas Ebermann (geb. 1951)[526] – von 1975 bis 1979 teilweise in führender Funktion (im »Leitenden Gremium«) im KB tätig, 1982 als Fraktionsvorsitzender der »Grün-Alternativen Liste« im Hamburger Landesparlament und 1987/88 im dreiköpfigen Vorstand der Bundestagsfraktion der »Grünen« – war ein solcher Läuterungsprozeß kaum erkennbar, der Umweltschutz lediglich ein Mittel zum Zweck. Gerade aus den Reihen der »Grünen« – u.a. von »Joschka« Fischer und Otto Schily, der später die Partei allerdings verließ, – ist vor diesen Umtrieben nachhaltig gewarnt worden.

Eine gewisse Sonderstellung nahm das »Sozialistische Büro« (SB) ein. Hervorgegangen im Jahre 1969 aus dem »Sozialistischen Bund«, unternahm es immer wieder Versuche zur Gründung einer linkssozialistischen Partei, die aber durch das Aufkommen der »Grünen« als erledigt galten. Seit Ende der siebziger Jahre geriet es durch die neue Partei der »Grünen« in Schwierigkeiten. Das SB unter seinem langjährigen Sekretär Klaus Vack (geb. 1935)[527] verfügte nur noch über wenige hundert Mitglieder. Gleichwohl ist es wegen seiner Kongresse und der Zugehörigkeit zahlreicher Intellektueller wie Elmar Altvater, Wolf-Dieter Narr, Oskar Negt und Ursula Schmiederer nicht einflußlos gewesen. Es distanzierte sich sowohl vom »realexistierenden Sozialismus« als auch vom »Sektierertum« der K-Gruppen. Wurde früher eher die Wahl der SPD als des »kleineren Übels« empfohlen, so neigte man seit dem Aufkommen der »Grünen« mehrheitlich stärker diesen zu. Das SB war intellektuell weit anspruchsvoller und politisch erheblich gemäßigter als andere Richtungen, so daß man es nicht generell als »linksextrem« einstufen konnte, wiewohl eine prinzipielle Absage an Gewalt als Mittel politischer Auseinandersetzung ausblieb.

Ein ähnliches Urteil mußte für die Partei der »Demokratischen Sozialisten« (DS) gelten[528]. Gegründet von den aus der SPD ausgeschlossenen bzw. ausgetretenen Bundestagsabgeordneten Karl-Heinz Hansen (geb. 1927) und Manfred Coppik (geb. 1943) im Jahre 1982 – sie repräsentierten die äußerste Linke innerhalb der Sozialdemokratie und trugen sich schon länger mit dem Gedanken einer neuen linkssozialistischen Partei –, konnte sie niemals reüssieren. Bei der Landtagswahl 1983 in Hessen erreichten die DS, in der sich vorwiegend ehemalige SPD-Mitglieder zusammenfanden, lediglich 0,1 Prozent der Stimmen; später kandidierte die Partei nur innerhalb der von der DKP dominierten »Friedensliste« (Europawahl 1984: 1,3 Prozent; Landtagswahl Nordrhein-Westfalen 1985: 0,7 Prozent). Nach 1985 vegetierte sie dahin – Coppik und

---

525 Vgl. ebd., S. 161 f.
526 Zur Person: vgl. Kap. V.2.3.
527 Zur Person vgl. Arno Klönne, Vack, Klaus, in: E. Jacoby (Anm. 409), S. 371–373.
528 Vgl. hierzu die von ehemaligen Mitgliedern der DS verfaßte Darstellung: Uwe Arndt/Werner Mackenbach/Willi Pohl/Bertold Scheller, Die Demokratischen Sozialisten. Von der Schwierigkeit der Bildung einer linkssozialistischen Partei, Frankfurt/M. 1990.

Hansen waren mittlerweile ausgetreten. Zwischen der DKP, den »Grünen« und der SPD hatte sie keinen Platz gefunden. Ihr Schicksal erinnert an das von linkssozialistischen Gruppierungen in den fünfziger Jahren.

Bisher ist noch nicht von einem anderen Teil der Linksextremisten die Rede gewesen, die im Verfassungsschutz ebenfalls unter der Rubrik »Neue Linke« firmierten, und zwar – sehr mißverständlich – als »Anarchisten«. Abgesehen von anarcho-syndikalistischen und anarcho-kommunistischen Gruppen, geht es um die sogenannten »Autonomen«. Ihnen fehlt(e) die straffe Organisationsbildung der K-Gruppen. Im Gegensatz zu diesen halten sie die Anwendung von Gewalt nicht nur für legitim, sondern üben sie auch aus. Irgendwelche staatlichen Vorbilder (wie die Sowjetunion bei der DKP und die Volksrepublik China bei manchen K-Gruppen) existieren für sie nicht. Der Verfassungsschutz zählte zu ihnen Ende der achtziger Jahre 2000–3000 Mitglieder, wobei nur Gruppen mit festeren Strukturen erfaßt werden konnten. »Den losen, statistisch nicht erfaßbaren Zusammenschlüssen dieser Szene sind schätzungsweise 6000 Personen zuzurechnen.«[529] Über diese nicht überregional organisierten Gruppierungen wußte man lange relativ wenig[530]. Allerdings deckte der Begriff »Spontibewegung« nicht exakt das ab, was im folgenden unter den »Autonomen« verstanden wird, da reine Militanz häufig Ideologie[531] überlagert.

In einem Papier der Sicherheitsbehörden vom August 1987[532] gelangten diese aufgrund der Auswertung von sogenannten »Strategiepapieren« zur Erkenntnis, daß bei den »Autonomen« zunehmend blinder Aktionismus ohne Perspektiven als kritikwürdig gelte. Sie beklagten auch die Zersplitterungstendenzen und die Kurzlebigkeit vieler Gruppierungen. Angestrebt wurde, »nicht nur ›punktuell‹ auf ›Schweineprojekte‹ zu reagieren, sondern den Kampf bereits im ›Alltag‹ planmäßig zu führen und eine soziale ›Gegenmacht‹ zu errichten«[533]. Man wollte nicht nur auf die von außen gesetzten Bedingungen reagieren. Die Sicherheitsbehörden resümierten: »Die aufgelebte Diskussion beweist: die Gewaltbereitschaft der Autonomen ist ungebrochen: Offen bleibt, wie sich diese Militanz künftig entlädt. Einiges spricht dafür, daß in nächster Zeit verdeckte Aktionen, Anschläge bevorzugt werden. Nicht zu erwarten sind festere ›Strukturen‹ und planmäßiges, beständiges Vorgehen von Autonomen. Denn Organisationsfeindlichkeit, Spontaneität und Unstetigkeit formen die ›autonome Szene‹.«[534]

Die Felder für die Aktionen der »Autonomen« sind variabel. In der zweiten Hälfte der achtziger Jahre waren es besonders militante Proteste gegen den Bau und den Betrieb von Kernenergieanlagen, die Besetzungen von leerstehenden Häusern, Demonstrationen und Ausschreitungen gegen Rechtsextremisten, aber auch Anschläge auf Hochspannungsleitungen. Die Spannweite dieser zum Teil koordiniert, zum Teil unkoordiniert agierenden Gruppierungen, die Gewalt gegen Personen

---

529 VSB 1986, S. 25.
530 Vgl. für die Zeit bis Ende der siebziger Jahre: Johannes Schütte, Revolte und Verweigerung. Zur Politik und Sozialpsychologie der Spontibewegung, Gießen 1980.
531 Deren Bedeutung wird überschätzt bei Ulrich Rödel, Der neue Linksradikalismus, in: I. Fetscher/H. Münkler (Anm. 14), S. 479–487.
532 Vgl. »Anfang oder Ende einer Eskalation? Wie geht es weiter?«, in: Informationsdienst Junges Wort vom 10. November 1987, S. 1–4 (9/0154).
533 Ebd., S. 4.
534 Ebd., S. 2.

allenfalls aus taktischen Gründen ablehnen, war und ist beträchtlich. Man denke nur an zwei Vorfälle aus dem November 1987[535]: Bei einer Demonstration gegen die Frankfurter Startbahn West wurden zwei Polizisten aus dem Hinterhalt erschossen, und zwar aus einer Gruppe Vermummter (»Schwarzer Block«), wodurch eine neue Dimension der gewalttätigen Auseinandersetzung erreicht war. Bisher hatte man Polizisten mit Pflastersteinen, Molotow-Cocktails, Stahlgeschossen und Zwillen traktiert.

Anders ging die verbissen geführte Auseinandersetzung um die »Hamburger Hafenstraße« aus. Dem seinerzeitigen Regierenden Bürgermeister von Hamburg, Klaus von Dohnanyi, gelang in »letzter Minute« die Abwendung einer Eskalation. Nachdem die Befestigungsanlagen von den Hausbesetzern »abgerüstet« worden waren, konnte zwischen der Stadt und einem Bevollmächtigten der Besetzer der »Hafenstraße« ein Vertrag geschlossen und damit dieser seit Beginn der achtziger Jahre andauernde Spannungszustand nachhaltig entschärft, wenn auch keineswegs beseitigt werden. Dohnanyi trat 1988 aus persönlichen Gründen zurück; auch wenn er einen Zusammenhang zum Konflikt mit der »Hafenstraße« bestritt, lag eine entsprechende Vermutung nahe. Sein Nachfolger Henning Voscherau hatte sich, wie nachträglich bekannt wurde, gegen die gewählte Lösung gewandt, weil sie rechtsstaatlich nicht einwandfrei erscheine. Sowohl die tödliche Zuspitzung im Bereich der Startbahn West als auch die (zumindest vorübergehende) Einigung im Hinblick auf die Hamburger »Hafenstraße« kam völlig überraschend, womit sich die Einschätzung der Sicherheitsbehörden über die Schwierigkeit von Vorhersagen in diesem Bereich bestätigte.

Der Linksextremismus wies Ende der achtziger Jahre zahlreiche Schattierungen auf. Der am Marxismus-Leninismus der DDR-Richtung orientierte ist mit ihrem »Marsch durch die Institutionen« eine die gesellschaftliche Entwicklung viel stärker beeinflussende Strömung gewesen als andere linksextremistische Gruppierungen, mochten diese gelegentlich auch – wie nach den Schüssen auf die Frankfurter Polizisten – die Schlagzeilen beherrschen. Aber in der Konsequenz war folgende Paradoxie nicht unplausibel: Mit zunehmender Stärke der »Autonomen« würde eine Entwicklung eintreten, die sich von den Zielen, die diese anstreben, erst recht weit entfernt. Für die DKP galt hingegen folgende dialektische Paradoxie: Je mehr Einfluß sie zu erlangen suchte, um so stärker mußte sie das eigene Programm konterkarieren. Und für sie traf auch zu, daß sie durch ihre Ausrichtung an der DDR die eigene Schwäche perpetuierte – ungeachtet der organisatorischen Schlagkraft.

3.8 Der Zusammenbruch des »real existierenden Sozialismus«

Die Krise der DKP in der zweiten Hälfte der achtziger Jahre wurde nicht durch die starke Anbindung an die Sowjetunion ausgelöst, sondern gerade umgekehrt durch eine gewisse Abwendung von ihr. Denn Gorbatschows im Namen von »Glasnost« und »Perestroika« eingeleitete Reformpolitik fand nicht die volle Unterstützung der

---

535 Der »Spiegel« berichtete jeweils in »Titelgeschichten« darüber: Der Spiegel vom 9. November 1987, S. 17–28; Der Spiegel vom 23. November 1987, S. 24–32.

DKP- und der SED-Spitze, wie sich auch die sonstige extreme Linke zum Teil irritiert zeigte[536]. Als das SED-Regime im »deutschen Herbst« in eine Krise geriet, vergrößerte sich auch die der DKP. Ihre vielfältige Abhängigkeit von der SED wurde nun jedermann öffenbar.

Was der Verfassungsschutz immer wieder gesagt hatte, erwies sich als korrekt: Die DKP war finanziell von der SED vollkommen abhängig. Gleiches galt für Organisationen wie die DFU oder die VVN-BdA, die nach außen hin den Eindruck der Eigenständigkeit zu erwecken suchten[537]. Auf die Nebenorganisationen und die von der DKP beeinflußten Organisationen wirkte sich die Entwicklung verheerend aus[538]. Die »Sozialistische Deutsche Arbeiterjugend« (SDAJ) schrumpfte zu einer winzigen Gruppe, und der »Marxistische Studentinnen- und Studentenbund Spartakus« (MSB) löste sich im Juni 1990 gar auf. Vorfeldorganisationen wie die DFU und die VVN-BdA sind in ihrer bündnispolitischen Rolle stark beeinträchtigt. Auch Gutgläubigen wurden nun die Mechanismen der DKP vor Augen geführt. Jahrelang war es ihr gelungen, im intellektuellen Milieu gewissen Anklang zu finden[539]. Bei Verlagen sah die Entwicklung ähnlich desolat aus. »Das plötzliche Versiegen ihrer Geldquellen hat die DKP-Finanzbuchhalter sicher überrascht. Drei Tage vor seinem Rücktritt hatte Erich Honecker noch den ›Finanzplan der DKP für das Jahr 1990‹ abgesegnet, der 67,9 Millionen Westmark für die Bruderpartei vorsah. Doch der Gang der Ereignisse machte der Bruderhilfe einen Strich durch die Rechnung. [...] Ab Anfang Dezember waren die Kassen der DKP leer, und es folgte ein Zusammenbruch auf der ganzen Linie.«[540] Der Organisationsapparat fiel geradezu schlagartig auseinander[541]. Allerdings kam es nicht zu der von vielen erwarteten Spaltung, weil der Flügel der »Erneuerer« die Partei zum Teil schon verlassen hatte.

Die von vielen als stabil angesehene DDR fiel nach der Flucht- und der Demonstrationsbewegung wie ein Kartenhaus in sich zusammen. Die Versuche der SED, später der SED/PDS, schließlich der PDS, unter dem nicht demokratisch legitimierten Ministerpräsidenten Hans Modrow das Steuer wieder in die Hand zu bekommen,

536 Vgl. Detlev Albers/Frank Deppe/Michael Stamm (Hrsg.), Glasnost und die bundesdeutsche Linke, Köln 1989.
537 Vgl. den Artikel: Entwicklung der kommunistischen Bündnisorganisationen, in: Innere Sicherheit vom 20. November 1990, S. 2f.
538 Vgl. Uwe Backes, Organisationen 1990, in: ders./E. Jesse (Anm. 265), S. 113–132; ders., Organisationen 1991, in: ders./E. Jesse (Anm. 292), S. 101–113.
539 Zu den Techniken und Mechanismen vgl. u. a. die interessante Sicht eines einst führenden kommunistischen Protagonisten, der nun mit seiner ehemaligen Partei abrechnet: Peter Schütt, Mein letztes Gefecht. Abschied und Beichte eines Genossen, Böblingen 1992.
540 Ders., Die Musik bestimmt, wer bezahlt. Wie die SED die westdeutsche »Bruderpartei« DKP finanziell gesteuert hat, in: DA, 22 (1990), S. 1724. Siehe auch Christian Wernicke, Alte Spenden aus dem Osten. Wie die SED die westdeutsche DKP finanzierte, in: Die Zeit vom 20. April 1990.
541 Vgl. sehr detailliert Patrick Moreau, Der westdeutsche Kommunismus in der Krise – ideologische Auseinandersetzungen und Etappen des organisatorischen Verfalls, in: U. Backes/E. Jesse (Anm. 222), S. 170–206; ders., Krisen und Anpassungsstrategien der kommunistischen Parteien in der Bundesrepublik Deutschland und der ehemaligen DDR, in: APZG, B 46–47/90, S. 38–53.

schlugen fehl. Der Sturz der SED mündete in der Vereinigung Deutschlands[542], eine Entwicklung, die Modrow nach eigener Aussage beeinflußt haben will[543]. Diese überraschende Entwicklung bedeutete bei allen politischen Kräften eine Zäsur, zumal für die extreme Linke. Sie kam deshalb – und so schnell – zustande, weil bei der ersten und einzigen demokratischen Volkskammerwahl am 18. März 1990 jene Parteien einen Wahlerfolg errangen, die für eine sofortige Vereinigung standen.

Von den 2,3 Millionen Mitgliedern der SED im Sommer 1989 und den 1,8 Millionen im Oktober desselben Jahres hat die PDS lediglich einen Bruchteil halten können. Als die Umbenennung in PDS im Januar 1990 abgeschlossen war, umfaßte sie nur 700 000 Mitglieder. Gehörten ihr wenige Monate vor der deutschen Vereinigung noch etwa 325 000 an, so war im Sommer 1991 der Mitgliederanteil auf rund 250 000 gesunken. Diese Entwicklung setzte sich weiter fort, wenngleich in abgeschwächtem Maße. Den vielen Austritten standen kaum Eintritte gegenüber. Fast 99 Prozent der PDS-Mitglieder gehörten auch der SED an.

Die PDS löste sich bald in vielen Vorstellungen von der SED, ohne aber deren Auflösung zu vollziehen – ein Schritt, der ihr u. a. das Parteivermögen entzogen hätte. Sie war schon kurz nach ihrer Umbenennung keine ausschließlich kommunistische Partei mehr und rechnete mit dem »Stalinismus« heftig ab[544], ohne deswegen aber nicht mehr extremistisch zu sein[545]. Auf dem Wahlparteitag im Februar 1990 berief man sich im neuen Programm auf unterschiedliche, ja gegensätzliche Gewährsleute: »Wir schöpfen aus der Geschichte des humanistischen Denkens, insbesondere aus den dialektischen und materialistischen Auffassungen von Karl Marx und Friedrich Engels, Wilhelm Liebknecht und August Bebel, Eduard Bernstein und Karl Kautsky, Rosa Luxemburg und Karl Liebknecht, W. I. Lenin und Antonio Gramsci und ihrer nachfolgenden vielfältigen Weiterentwicklung. Die Partei nimmt all diese Ideen kritisch auf.«[546] Damit wurde die Quadratur des Kreises angestrebt, verhalten sich doch – beispielsweise – die Positionen von Kautsky und Lenin wie Feuer und Wasser zueinander, lassen sich jedenfalls nicht zur Deckung bringen[547]. Unter dem charismatischen Gregor Gysi sprach sich die PDS für einen »dritten Weg« aus[548], der zuvor von der SED als eine besonders perfide Ideologie des Klassengegners verworfen wurde. Sie erhielt immerhin 16,3 Prozent der Stimmen.

Damit gab jeder sechste DDR-Bürger ihr die Stimme. Die »Vereinigte Linke« (VL) vermochte nicht zu reüssieren. Gemeinsam mit der marxistischen Partei »Die

---

542 Vgl. Kap. VI.2.
543 Vgl. Hans Modrow, Aufbruch und Ende, Hamburg 1990.
544 Vgl. beispielsweise: Historische Kommission beim Parteivorstand der PDS (Hrsg.), Der Stalinismus in der KPD und SED – Wurzeln, Wirkungen, Folgen. Materialien der Konferenz der Historischen Kommission beim Parteivorstand der PDS am 17./18. November 1990, Berlin 1991; Andreas Malycha/Wladislaw Hedeler, Die Stalinisierung der SED, Mainz 1991.
545 Zur Einordnung der PDS vgl. die beiden umfassenden Studien (mit unterschiedlicher Akzentsetzung): Patrick Moreau, PDS. Anatomie einer postkommunistischen Partei, Bonn 1992; Heinrich Bortfeld, Von der SED zur PDS. Wandlung zur Demokratie?, Bonn 1992.
546 Programm der Partei des Demokratischen Sozialismus, Berlin 1990, S. 90.
547 Vgl. Karl Kautsky, Demokratie oder Diktatur, Berlin 1918.
548 Vgl. Gregor Gysi (Hrsg.), Wir brauchen einen dritten Weg, Selbstverständnis und Programm der PDS, Hamburg 1990.

Nelken«[549] kam es bei der ersten und einzigen demokratischen Volkskammerwahl zu einem »Aktionsbündnis Vereinigte Linke«: 20 342 Wähler (0,18 Prozent) brachten ein Mandat. Zum Teil kandidierten Mitglieder der VL auf Listen anderer Parteien, der PDS oder des Bündnis 90. Der ostdeutschen KPD blieb sogar ein einziges Mandat versagt.

Die ersten Landtagswahlen in den neuen Bundesländern fanden erst statt (am 14. Oktober 1990), als die DDR bereits der Bundesrepublik Deutschland beigetreten war. Die PDS verlor gegenüber den Volkskammerwahlen (und auch gegenüber den Kommunalwahlen vom Mai 1990) an Stimmen, zog jedoch in jedes Landesparlament ein[550] – in vier von fünf Ländern mit einem zweistelligen Ergebnis (Mecklenburg-Vorpommern: 15,7 Prozent; Brandenburg 13,4 Prozent; Sachsen-Anhalt: 12,0 Prozent; Sachsen: 10,2 Prozent; Thüringen 9,7 Prozent). Bei den Landtagswahlen 1990 in den alten Bundesländern (Saarland; Nordrhein-Westfalen; Niedersachsen; Bayern; Berlin) trat einmal die DKP (Saarland: 0,1 Prozent) und einmal die PDS an (Berlin: 9,2 Prozent). Zum ersten Mal seit 1946 hatte es wieder gesamtdeutsche Wahlen in Berlin gegeben. Dabei erreichte die PDS im Osten der Stadt, ihrer Hochburg, 23,6 Prozent der Stimmen (1946 kam die SED insgesamt auf 19,8 Prozent, im Ostteil auf 29,9 Prozent).

Das Desaster des »real existierenden Sozialismus« zog ein Desaster für die gesamte extreme Linke in der »alten« Bundesrepublik nach sich, auch wenn viele Gruppierungen sich gar nicht hinter den Sozialismusbegriff der DDR gestellt hatten. Bei der Bundestagswahl 1990 kandidierte auf dem Spektrum linksaußen nur die von der DKP unterstützte PDS, die aufgrund der für die Wahlgebiete Ost und West gesondert geltenden Sperrklauselregelung mit 2,4 Prozent in den Deutschen Bundestag einzog (Ost: 11,1 Prozent; West: 0,3 Prozent), sieht man einmal von Splittergruppen wie der »Spartakist-Arbeiterpartei Deutschlands« oder der in Ostdeutschland beheimateten KPD ab. Bei dem Wahlbündnis Linke Liste/PDS wurden sechs Mitglieder der DKP aufgestellt sowie auch solche aus den K-Gruppen (wie beispielsweise aus dem Kommunistischen Bund oder der Vereinigten Sozialistischen Partei – einem Zusammenschluß einer trotzkistischen Gruppierung mit der früheren KPD/ML).

Andere linksextreme Gruppierungen forderten zum Wahlboykott auf. An der Spitze dieser Initiative stand die 1989 ins Leben gerufene Sammlungsbewegung »Radikale Linke«, die frühere Repräsentanten aus den Reihen der »K-Gruppen«, der DKP, der Trotzkisten sowie der Grünen (etwa Thomas Ebermann und Rainer Trampert) umfaßte und sich auf plakative Forderungen wie »Nie Wieder Deutschland« zu einigen wußte[551]. Ein organisatorisches Dach ist für die »Radikale Linke« bisher nicht

---

549 Die »Vereinigte Linke«, »Die Nelken« und die »Vereinigte Sozialistische Partei« verfaßten vor der Bundestagswahl 1990 unter dem Titel »Nein zum DM-Anschluß« eine »gemeinsame Erklärung«.

550 Vgl. E. Jesse (Anm. 265), S. 97–112.

551 Vgl. Kongreßvorbereitungsgruppe (Hrsg.), Die Radikale Linke. Reader zum Kongreß vom 1.–3. Juni 1990 in Köln, Hamburg 1990; Kongreß der Radikalen Linken. Reden und Diskussionsbeiträge zum Kongreß an Pfingsten 1990 und auf der Demo »Nie wieder Deutschland« am 12. 5. 1990 in Frankfurt am Main, Frankfurt/M. 1990. Siehe besonders drastisch: Jutta Ditfurth, Deutschland zum Kotzen, in: Neues Deutschland vom 12./13. Oktober 1991.

geschaffen worden. Anders bei der »Ökologischen Linken«, die sich unter der Ägide von Jutta Ditfurth im Dezember 1991 als Partei konstituierte. Sie versteht sich als »radikal-ökologisch, antifaschistisch, feministisch, antiklerikal, antimilitaristisch und basisdemokratisch«[552]. Beide Zusammenschlüsse blieben in der Folge von ganz marginaler Bedeutung.

Durch den Zusammenbruch des kommunistischen Systems in der DDR beschleunigte sich der Zerfallsprozeß der DKP weiter, der stärksten Kraft im Bereich des organisierten Linksextremismus. Zu Beginn des Jahres 1990 wartete der »Spiegel« mit einer sensationellen Enthüllung über eine geheime Militärorganisation (MO) der DKP auf, die in der DDR vom Ministerium für Staatssicherheit geschult wurde[553]. Das Dementi von Herbert Mies stimmte nicht[554], wie sich später herausstellen sollte, auch wenn bis jetzt noch manche Einzelheiten der militärischen Ausbildung unklar erscheinen. Jedenfalls wirkten sich solche und andere Nachrichten für die DKP verheerend aus. Von ihren einst 40 000 Mitgliedern Mitte der achtziger Jahre waren ihr, wie ausgeführt, lange vor der »Wende« in der DDR tausende davongelaufen. Später nahm die Austrittswelle epidemische Züge an. Manche zogen sich ganz aus der Politik zurück, einige schlossen sich anderen kommunistischen Gruppierungen an, wenige gingen zu den »Grünen« oder zur PDS.

Auf dem 10. Parteitag im März 1990 – diesmal bescheiden in einer Dortmunder Gesamtschule – löste ein vierköpfiger Sprecherrat (Anne Frohnweiler, Rolf Priemer, Helga Rosenberg, Heinz Stehr) den langjährigen Vorsitzenden Herbert Mies und seine Stellvertreterin Ellen Weber ab, die erneut in den Parteivorstand kam. Der Vorstand leistete – wenn auch verklausuliert – eine Art Offenbarungseid: »Das seit 1945 entstandene sozialistische Weltsystem, das wir als entscheidenden Faktor für die Veränderung des weltpolitischen Kräfteverhältnisses zugunsten der Kräfte des Friedens und des gesellschaftlichen Fortschritts, für die Einschränkung der Wirkungsmöglichkeiten des Imperialismus betrachtet hatten, existiert als geschlossenes und gemeinsame Ziele verfolgendes, abgestimmt handelndes Kraftzentrum praktisch nicht mehr.«[555] Das »Ende des SED-Interventionsapparates«[556] war nicht mehr zu verbergen. Der 11. Parteitag der DKP im Mai 1991 bestätigte die Wahl des Sprecherrates. Rolf Priemer analysierte dort die Veränderungen in Deutschland: »Der Niedergang in der früheren DDR sei nicht Folge von Anpassungsschwierigkeiten und auch nicht allein der sogenannten SED-Mißwirtschaft anzulasten. Er sei zuallererst das Ergebnis des kapitalistischen Charakters dieser Anpassung, der imperialistischen Art der Vereinnahmung der neuen Ostprovinzen durch das bundesdeutsche Finanzkapital.«[557] Und Helga Rosenberg zeigte nach dem gescheiterten Putschversuch in der Sowjetunion auf einer Parteivorstands-Tagung Flagge. Sie warf der eigenen Partei eine unkritische Haltung gegenüber der »Liquidationspolitik« Gorbatschows vor: »[...] Gorbatschow hat die DDR nicht nur für ein paar Mrd. DM verkauft, vorher

552 Zitiert nach FAZ vom 9. Dezember 1991.
553 Vgl. den Artikel: Schüsse am Scharmützelsee, in: Der Spiegel vom 1. Januar 1990, S. 65–70.
554 Vgl. Herbert Mies, Geheime ›Militärorganisation‹ der DKP gab und gibt es nicht, in: UZ vom 29. Dezember 1989.
555 Zitiert nach G. Fülberth (Anm. 336), S. 178.
556 So zutreffend M. Wilke/H.-P. Müller/M. Brabant (Anm. 447), S. 247.
557 Günter Labudda/Werner Finkemeier, DKP-Parteitag in Bonn: Weitere Schritte auf dem Weg der Erneuerung, in: UZ vom 17. Mai 1991.

wurde die SED – bei sowieso schon vorhandenen Schwierigkeiten – nach der Art Gorbatschows von innen heraus liquidiert. [...] Ich bin davon überzeugt, daß es für die Gesundung unserer Partei notwendig sein muß, das Liquidatorentum radikal zu kritisieren und zu überwinden.«[558]

In den Strudel des Absturzes wurde ebenfalls die SEW gezogen[559]. Die sich dort andeutende Krise in der zweiten Hälfte der achtziger Jahre kam nach der »Wende« in der DDR offen zum Ausbruch. Aufgrund der fehlenden Finanzspritzen von der Bruderpartei im anderen Teil Deutschlands schlug der Parteivorstand bereits am 6. Dezember 1989 die Auflösung der Partei vor. Auf dem außerordentlichen Parteitag im Februar kam jedoch bei »tumultuarischen Begleiterscheinungen«[560] die nötige Zweidrittelmehrheit nicht zustande. Im April 1990 wurde die SEW in »Sozialistische Initiative« (SI) umbenannt. Auch das konnte den Mitgliederschwund nicht stoppen. So stand einer Auflösung der SI, die die PDS bei den Bundestagswahlen und bei den Wahlen zum Berliner Abgeordnetenhaus vom gleichen Tage unterstützt hatte, nichts mehr im Wege, ohne daß es aber zu einer Empfehlung seitens des Parteivorstandes an die noch verbliebenen Mitglieder kam, in welche Partei einzutreten sei[561]. In aller Stille teilte das langjährige Organ der SED, das »Neue Deutschland«, seinen Lesern die Auflösung der SI mit: »Ein Jahr nach der Währungsunion hat sich am Sonntag in aller Stille die Sozialistische Initiative (SI), die einstige SED-Westberlin und spätere SEW aufgelöst.«[562]

Nicht nur die DKP samt der mit ihr ideologisch verbundenen Gruppen, sondern das gesamte linksextreme Spektrum wurde vom Zusammenbruch des »realen Sozialismus« in Mitleidenschaft gezogen. Scheinen mit der »Radikalen Linken« und der »Ökologischen Linken« Gruppen neu zu entstehen, so verschwinden andere. Das gilt etwa für die ideologisch schwer einzuschätzende »Marxistische Gruppe« (MG) – ein sektiererischer Geheimbund mit über 10 000 Anhängern insbesondere an süddeutschen Universitäten[563]. Dieser aktive und zynisch argumentierende Verschwörerkonventikel, der Gift und Galle gegen die »Annexion« der DDR gespuckt hatte[564], ohne doch mit ihr zu sympathisieren, löste sich im Frühjahr 1991 überraschend auf – offensichtlich deshalb, weil die konspirativen Bemühungen in Kreisen der Wirtschaft ruchbar wurden und zu Entlassungen von MG-Mitgliedern führten[565]. Noch die Auflö-

---

558 Helga Rosenberg, Die Perestroika und wir, in: UZ vom 20. September 1991.

559 Vgl. – auch für die folgenden Ausführungen – die höchst instruktive Darstellung bei Gerd Friedrich Nüske, »Mehr Niederlagen als Siege«. Das Ende der SEW, einer deutschen kommunistischen Partei, in: U. Backes/E. Jesse (Anm. 292), S. 123–145.

560 Ebd., S. 134.

561 Auf dem letzten Parteitag im März 1991 erhielten Funktionäre der PDS, der DKP, der ostdeutschen KPD sowie einer trotzkistischen Organisation Gelegenheit, für ihre Partei zu werben.

562 Zitiert nach F. Nüske (Anm. 559), S. 145.

563 Vgl. Bundesministerium des Innern (Hrsg.), Die »Marxistische Gruppe« (MG). Ideologie, Ziele und Arbeitsmethoden eines kommunistischen Geheimbundes, Bonn 1991.

564 Vgl. Peter Decker/Karl Held, DDR kaputt – Deutschland ganz. Eine Abrechnung mit dem »Realen Sozialismus« und dem Imperialismus deutscher Nation, München 1989; dies., DDR kaputt – Deutschland ganz. Der Anschluß – Eine Abrechnung mit der neuen Nation und ihrem Nationalismus, Bd. 2, München 1990.

565 Vgl. für Einzelheiten: Eckhard Jesse, Dokumentation 1991, in: U. Backes/E. Jesse (Anm. 292), S. 114–122.

sungserklärung ist von besonderer Form der Unbelehrbarkeit inspiriert: »Wir geben nicht auf, weil wir wegen mangelnder Nachfrage nach kommunistischer Kritik an unseren Ansichten Zweifel bekommen hätten. Wir geben auch nicht auf, weil die Welt den Kommunismus für tot erklärt. Wir lösen uns auf, weil uns der freiheitliche demokratische Rechtsstaat mit seinem Verfolgungswahn keine Wahl läßt. Und der staatlichen Fahndung Märtyrer anzubieten, ist uns zu blöd.«[566] Skepsis ist angebracht, ob die Auflösung tatsächlich befolgt wird, gibt es doch seit dem Jahre 1992 eine professionell aufgemachte »Politische Vierteljahresschrift« namens »Gegenstandpunkt« mit fast 200 Seiten. Die drei bisherigen Herausgeber des MG-Periodikums »Marxistische Streit- und Zeitschrift« Theo Ebel, Herbert Ludwig Fertl und Karl Held zeichnen auch im Impressum des neuen Organs (neben anderen) verantwortlich. Dieser Umstand bietet eine Gewähr dafür, daß das bisherige gedankliche Strickmuster an der Kritik des Kapitalismus fortbesteht: »Der freiheitliche Rechtsstaat läßt auf den höheren Zweck seiner Gewalt und auf die Marktwirtschaft, der er damit dient, nichts kommen. Sein Argument gegen Kritik ist der Verfassungsschutz, der stets von neuem festlegt, ab wann die Verbreitung abweichender Meinungen zu weit geht. Dann geht er gegen diejenigen, die so etwas vertreten, vor; mit Berufsverboten z.B., offiziellen und solchen, die bei seinem realsozialistischen Bruder, der Stasi, ›Zersetzungskampagne‹ geheißen hätten.« Mit rhetorischen Fragen beenden die Redakteure ihr Editorial: »Aber sollen deswegen die Kritiker des Kapitalismus, der bürgerlichen Staatsgewalt und ihrer imperialistischen Umtriebe gleich von selber vollends den Mund halten? Und nur noch leicht verständlichen Unsinn lesen?«[567]

Auch der lange in sich zerstrittene, 1971 gegründete Kommunistische Bund – die eine Richtung stand der PDS nahe, die andere gruppierte sich um die »Radikale Linke« – löste sich im Juni 1991 auf[568]. Der KB vollzog damit das nach, was die meisten anderen »K-Gruppen« lange hinter sich hatten. Die von einer Minderheit des KB im August 1991 ins Leben gerufene »Gruppe K« ist von vornherein zum Scheitern verurteilt[569].

Die »autonome Szene« nahm die Ereignisse um den Zusammenbruch der DDR und die Vereinigung Deutschlands, die als »Annexion« firmierte, zum Anlaß einer Kette von Anschlägen und zu zahlreichen Demonstrationen auch gewalttätiger Art[570]. So kam es am 3. Oktober 1990, dem Tag der deutschen Einheit, zu teils schweren Ausschreitungen – z.B. anläßlich einer Demonstration in Berlin unter dem Motto »Deutschland halt's Maul – es reicht«. »Die Organisationsfrage ist für die Autonome Linke nach wie vor ungelöst.«[571] Dieses Bekenntnis eines »Autonomen« erhellt Stärke und Schwäche jener Bewegung, für die die Kampagne gegen die Vereinigung nur ein Aktionsfeld unter anderen darstellte.

---

566 Erklärung, in: Marxistische Streit- und Zeitschrift Gegen die Kosten der Freiheit, 4/91, S. 20. (Diese Nummer ist ausschließlich der Schrift des Bundesinnenministeriums gewidmet).
567 Die Redaktion, Editorial, in: Gegenstandpunkt, 1/92 (Umschlagseite).
568 Vgl. Ulli K., ... vom Ende, in: Konkret, (1991) 6; das Ende bereits vorwegnehmend Georg Fülberth, Der Tod der linken Trüffelschweins, in: Konkret, (1991) 1.
569 Vgl. folgenden Artikel: Ein Blick in den Verfallsprozeß der Linken? K-Gruppe wird Gruppe K, in: Neues Deutschland vom 19. August 1991.
570 Vgl. VSB 1990, S. 42–48.
571 Geronimo, Feuer und Flamme. Zur Geschichte und Gegenwart der Autonomen, Berlin 1990.

3.9 Die gegenwärtige Situation

Die Aussage, vieles sei im Fluß, trifft besonders auf die gegenwärtige Entwicklung im Bereich des Linksextremismus zu. Noch halten hier die Nachwirkungen »nach dem Sieg des Westens«[572] in vielfältiger Hinsicht an. Außerdem läßt die Informationsbasis zu wünschen übrig. Angesichts der Tatsache, daß der Verfassungsschutz in den neuen Bundesländern kaum richtig etabliert ist, verzeichnet der Jahresbericht des Bundes – jedenfalls bis 1992 – nur dortige rechtsextremistische Bestrebungen, keine linksextremistischen (von Ostberlin abgesehen). Über die »autonome Szene« fehlen wissenschaftliche Analysen, wohl aber gibt es eine Reihe von Selbstdarstellungen[573]. Bisher ist trotz verschiedener Bemühungen die Verschmelzung der linksextremistischen Organisationen in den alten und den neuen Bundesländern wenig vorangeschritten.

Der PDS ist die Ausdehnung auf die alten Bundesländer nicht gelungen. Sie hat hier nicht mehr als 600 Mitglieder. Gleiches gilt für die DKP in den neuen Bundesländern, die dort über sage und schreibe 63 Mitglieder verfügt[574]. Sowohl die DKP als auch die PDS sieht die Existenz ihrer Organisation in Ost und West als notwendig an[575]. Die »Kommunistische Plattform« innerhalb der PDS hat vor einer Ausdehnung der DKP in den neuen Bundesländern gewarnt. »Solidarisch verbunden fühlen sich die KommunistInnen in der PDS mit den Mitgliedern der DKP, aber nur ›in den alten Bundesländern‹. Von der Ausdehnung der DKP halten die Versammelten nicht viel, mehr dagegen von der Mitarbeit aller Kommunisten der Ex-DDR in der PDS, von einer ›breiten linken Aktionsfront gegen den antisozialen Crashkurs der herrschenden Klasse‹.«[576] Mittlerweile gründete sich die erste »marxistische Plattform« innerhalb der PDS/Linken Liste Nordrhein-Westfalen[577].

Die bisher für die Bundesrepublik charakteristische Trennung in moskau- und chinaorientierte Gruppierungen hat sich durch die Entwicklung verwischt. Eine Annäherung zwischen den ehemals sowjetmarxistisch-orientierten und den nicht an der Sowjetunion ausgerichteten Strömungen ist zum Teil erfolgt[578]. Beispielsweise versucht die DKP Kontakte zur ostdeutschen KPD zu knüpfen. »Es herrschte Einmütigkeit darüber, daß die Kommunistinnen und Kommunisten gefordert sind, einen aktiven Beitrag zu einem möglichst engen Zusammenwirken aller linken Kräfte zu leisten, daß zugleich jedoch eine eigenständige kommunistische Partei für ganz Deutschland unverzichtbar ist.«[579] Und die PDS hat in der alten Bundesrepublik Deutschland Fäden zu den K-Gruppen gesponnen und gewisse Erfolge erzielt. Manfred Coppik, in den siebziger Jahren Aushängeschild der Linken innerhalb der SPD, 1982 Gründer

---

572 So Peter Glotz, Die Linke nach dem Sieg des Westens, Stuttgart 1992.

573 Geronimo (Anm. 571); ders., Feuer und Flamme. Ein unendlicher Fortsetzungsroman. Kritiken, Reflexionen und Anmerkungen zur Lage der Autonomen, Berlin 1992; Tomas Lecorte, Wir tanzen bis zum Ende. Die Geschichte eines Autonomen, Hamburg 1992.

574 Diese Zahl wurde auf dem 12. Parteitag der DKP im Januar 1993 genannt.

575 Vgl. etwa Manfred Wilke, DKP und PDS nach dem Ende des deutschen Kommunismus, in: U. Backes/E. Jesse (Anm. 265), S. 147–158.

576 Ulrich Sander, Plattform ist keine Fraktion, in: Neues Deutschland vom 6. Juni 1991.

577 Vgl. Arno Brendel, Marxistische Plattform in Nordrhein-Westfalen. Kein Unterfangen unbelehrbarer Nostalgiker, in: Neues Deutschland vom 23. November 1991.

578 Vgl. VSB 1990, S. 25.

579 Willi Gerns, Meinungsaustausch KPD-DKP, in: UZ vom 11. Januar 1991.

der inzwischen verschiedenen »Demokratischen Sozialisten« und seit Januar 1991 Mitglied des Parteivorstandes der PDS, prangert diesen Umstand selbstkritisch an: »Der Versuch der PDS-Führung, in diesem Bereich [bei den K-Gruppen] tragende Bündnispartner zu finden und auf diese Weise den Aufbau der PDS in Westdeutschland voranzutreiben, war eine Fehleinschätzung.«[580]

Auch wenn Rolf Priemer, einer der führenden Köpfe der DKP, seine Partei, die jetzt nur noch über knapp 7000 Mitglieder verfügt (siehe Tabelle 8), »auf dem Wege zur Konsolidierung« sieht und »die schlimme Situation Ende 1989 bis 1991«[581] für überwunden hält, kann davon keine Rede sein. Der 12. Mannheimer Parteitag im Januar 1993, auf dem Rolf Priemer (Jahrgang 1941), ein Schriftsetzer, und Heinz

Tabelle 8: Mitgliederentwicklung der DKP, 1988–1992

1988	unter	35 000
1989	rund	22 000
1990	rund	11 000
1991	unter	8 000
1992	unter	7 000

Quelle: Verfassungsschutzberichte des Bundes.

Stehr (Jahrgang 1946), ein Diplomingenieur, als Sprecher wieder gewählt wurden[582], hat dies bestätigt[583]. Über eine Kooperation mit der PDS war man sich ebensowenig einig wie über die zukünftige Rolle der Arbeiterklasse. Das neue Statut läßt eine Mitgliedschaft in anderen Parteien zu. Ein »anti-monopolistisches Bündnis« wird von der »Hauptfraktion« nach wie vor angestrebt, während eine bayerische Gruppe um die nicht mehr im Bundesvorstand tätige Helga Rosenberg stärker auf eine offen revolutionäre Konzeption setzt.

Selbst das »Neue Deutschland« kam angesichts dieser Gegensätze um folgende Überschrift nicht herum: »Mannheimer Parteitag verschärft Richtungsstreit«[584]. Ihr fünfundzwanzigjähriges Gründungsjubiläum kann die DKP, die in Gorbatschow den Totengräber des »real existierenden Sozialismus« sieht[585] und nur partielle »Entartungserscheinungen« oder »subjektive Fehler« in der Sowjetunion einräumt, im Jahre 1993 in keiner guten Verfassung begehen. Die Zahl der hauptamtlichen Funktionäre

---

580 Manfred Coppik, Sieben Gedanken zur Situation der PDS, in: Neues Deutschland vom 14. Juni 1991.
581 Rolf Priemer, Schritte auf dem Weg zur Konsolidierung, in: UZ vom 4. Dezember 1992.
582 Die Namen des gewählten Vorstandes einschließlich der auf die Personen entfallenden Zustimmungen, Gegenstimmen und Enthaltungen finden sich in: UZ vom 22. Januar 1993.
583 Zu den Beschlüssen auf diesem Parteitag vgl. Handlungsorientierung für die DKP, in: UZ vom 22. Januar 1993.
584 Vgl. Holger Elias, Mannheimer Parteitag verschärft Richtungsstreit, in: Neues Deutschland vom 18. Januar 1993.
585 Insofern war die Unterstützung des Putsches in der Sowjetunion im August 1991 seitens der DKP nur konsequent.

mußte man innerhalb weniger Jahre aus finanziellen Engpässen heraus von über 500 »bis auf fast null«[586] abbauen.

Was für die DKP, ironisch charakterisiert als eine »neue politische Interessenvertretung der Rentner«[587], gilt, trifft ebenso für ihr einst weitverzweigtes Umfeld zu. Die SDAJ hat noch etwa 300 Mitglieder, die wenig von sich reden machen. Charakteristisch für die Passivität dieses Verbandes (und dessen Ignorierung durch die Parteizeitung) ist der Bericht eines DKP-Mitgliedes, er sei auf einer Bezirkskonferenz der DKP gefragt worden, ob die SDAJ noch existiere. »Eigentlich, dachte ich, müßte jedem UZ-Lesenden völlig bekannt sein, daß es noch einen revolutionären Jugendverband gibt. Aber jetzt ist mir doch aufgefallen, daß es sehr leicht möglich ist, unsere Existenz zu vergessen, weil uns die UZ auch ganz schön verdrängt hat.«[588] Die stärkste Bündnisorganisation ist die VVN-BdA mit immerhin über 10 000 Mitgliedern, die nicht alle DKP-orientiert sind. Sie versuchen sich an »antifaschistischen« Aktionen ebenso zu beteiligen wie an Kundgebungen gegen Fremdenfeindlichkeit. Die DFU mit ihren heute nur etwa 500 Mitgliedern spielt als Vorfeldorganisation der DKP kaum noch eine Rolle, von den Aktivitäten im Rahmen der traditionellen Ostermärsche abgesehen.

Gewiß ist die PDS heute überwiegend keine kommunistische Partei mehr[589]. Aber wer daraus die Schlußfolgerung zu ziehen geneigt ist, sie sei auch keine extremistische Partei mehr, dürfte einem Irrtum unterliegen. Nach wie vor beruft sich die PDS auch auf Lenin als einen ihrer ideologischen Gewährsmänner. Heute liegt die Zahl ihrer Mitglieder lediglich bei 155 000 (damit immerhin die mitgliederstärkste Partei in den neuen Bundesländern), ohne daß es zu einer wesentlichen »Blutzufuhr« von außen gekommen ist. Muß die Annahme wirklich aus der Luft gegriffen sein, daß es sich dabei um den »harten Kern« Überzeugter handelt? Schließlich haben nur ganz wenige der »Stalinisten« wie Karl-Eduard von Schnitzler[590], der drei Jahrzehnte als Kommentator des hetzerischen »Schwarzen Kanal« fungierte, ihr Parteibuch wegen reformerischer Aktivitäten der PDS weggegeben. Und ist die nachfolgende These tatsächlich bloß konstruiert? Je mehr Personen die PDS verlassen, wie das seit 1990 der Fall ist (siehe Tabelle 9), um so stärker kommt der extremistische Charakter zum Vorschein. Nur wenige Überläufer aus den Reihen der Grünen sind zur PDS gestoßen (Ulla Jelpke, Jürgen Reents, Dirk Schneider, Michael Stamm). Der ehemalige Vorsitzende Gregor Gysi mit seinen Warnungen vor einer DDR-Nostalgie dürfte nicht das Gros der Mitglieder repräsentieren. Die PDS verficht einen »dritten Weg« zwischen Kapitalismus und »real existierendem Sozialismus«[591]. Im Wahlprogramm der Linken Liste/PDS für die Bundestagswahl 1990 wurde das folgendermaßen zum Ausdruck gebracht: »Die LINKE LISTE/PDS arbeitet an Bausteinen für eine Alter-

---

586 Peter Henkel, DKP erkennt Schlappe für den Sozialismus, in: FR vom 18. Januar 1993.
587 So Klaus-Peter Klingelschmitt, Fehler aus sauberer Gesinnung heraus, in: taz vom 18. Januar 1993.
588 Michael Post, Die SDAJ gibt es noch, in: UZ vom 22. Januar 1993.
589 In diesem Sinne Manfred Wilke, Ist die »Partei des demokratischen Sozialismus« (PDS) noch eine kommunistische Partei?, in: Politische Studien, 41 (1990), S. 695–705.
590 Vgl. dessen heutige Position, die in vielem die damalige ist: Karl-Eduard Schnitzler, Der rote Kanal. Armes Deutschland, Hamburg 1992.
591 Vgl. Gregor Gysi (Hrsg.), Wir brauchen einen dritten Weg. Selbstverständnis und Programm der PDS, Hamburg 1990.

native zum bisher gekannten ›realen Sozialismus‹ im Osten und zu den kapitalistischen Gesellschaften im Westen. Denn beide haben sich auf unterschiedliche Art als unfähig erwiesen, dem bedrohten Zustand der Welt zu begegnen und den Ansprüchen der Menschen auf Selbstbestimmung und Selbstverwirklichung zu entsprechen.«[592]

Tabelle 9: Mitgliederentwicklung der SED, SED-PDS, PDS, 1989–1992

8/1989	2 300 000
10/1989	1 800 000
1/1990	700 000
7/1990	325 000
12/1990	284 000
6/1991	242 000
12/1991	180 000
12/1992	155 000

Quelle: Angaben der Partei (nach verschiedenen Quellen).

Wenn der Verfassungsschutz die PDS, die etwa 150 hauptamtliche Mitarbeiter hat, bisher nicht als extremistisch einstuft (vom Freistaat Bayern abgesehen), so kann das nur mit politischer Rücksichtnahme erklärt werden. Der frühere Bundesinnenminister Wolfgang Schäuble hatte sich – wie auch sein Nachfolger Rudolf Seiters – mit einer Begründung gegen eine Beobachtung gewandt, die in sich nicht stimmig ist: Eine politische Bekämpfung tue not. »Unsere Demokratie ist stark genug, um mit einer solchen Partei fertig zu werden.«[593] Beide Argumente leuchten ein: Selbstverständlich muß die PDS politisch – ein Verbotsantrag steht nicht zur Debatte – bekämpft werden. Und in der Tat ist die Demokratie in der Bundesrepublik stark genug, sich der PDS und ihrer überalterten Anhängerschaft zu erwehren. Aber gleichwohl überzeugt die Position nicht. Die Frage, ob eine Partei (wie die PDS) demokratisch ist oder nicht, berührt nicht die Frage des Bedrohungspotentials. Ansonsten dürfte eine Partei wie die NPD oder gar die der REP nicht als extremistisch bezeichnet und mit nachrichtendienstlichen Mitteln observiert werden. Offenkundig wollte und will die politische Führung die PDS nicht beobachten lassen – vielleicht deshalb, weil der in den neuen Bundesländern noch kaum etablierte und zum Teil mißtrauisch beäugte Verfassungsschutz sich gar nicht in der Lage sähe, einem Beobachtungsauftrag nachzukommen. Diese Frage nach der extremistischen Orientierung einer Organisation darf aber nicht – wie etwa die Frage nach einem Verbotsantrag – von Gesichtspunkten politischer Opportunität bei der einen Seite des politischen Spektrums abhängen. Ein antiextremistisches Demokratieverständnis leidet Schaden.

---

592 Wahlprogramm der LINKEN LISTE/PDS. Für eine starke linke Opposition, in: Neues Deutschland vom 27. September 1990.

593 Schäuble gegen Beobachtung der PDS, in: FAZ vom 8. Mai 1991; ähnlich auch Rudolf Seiters, PDS nicht im Visier des Verfassungsschutzes, in: Bild am Sonntag vom 15. Dezember 1991.

Nicht unbedingt triftig ist auch die folgende Begründung des Verfassungsschutzberichtes. Nach der Auflistung einer Reihe von Indizien für die Verfassungsfeindlichkeit der PDS heißt es: »Ein endgültiges Urteil, ob die PDS als eine Organisation mit verfassungsfeindlicher Zielsetzung anzusehen ist, kann aber noch nicht getroffen werden: Die PDS ist noch eine Partei im Umbruch.«[594] Ein »endgültiges Urteil« läßt sich über keine Partei abgeben, muß man doch einen möglichen Wandel immer in Rechnung stellen. Auch für »Parteien im Umbruch« ist die aktuelle Situation zugrunde zu legen.

Die PDS erweist sich aufgrund ihrer immer noch großen Mitgliederstruktur außerparlamentarisch aktiv. Hierzu gehören auch die »Komitees für Gerechtigkeit«. Am 12. Juli präsentierte sich ein »Komitee für Gerechtigkeit« mit Gregor Gysi von der PDS und Peter-Michael Diestel von der CDU, DDR-Innenminister unter Lothar de Maizière, der Öffentlichkeit. Die Interessen der neuen Bundesländer sollten stärkere Berücksichtigung finden. In einem Appell wandten sich die Unterzeichner aus Ost und West an die Ostdeutschen, »ihre Interessen selber aus[zu]sprechen und wahr[zu]-nehmen. Dazu rufen wir auf, in den Gemeinden, Dörfern, Stadtbezirken und Städten ›Komitees für Gerechtigkeit‹ zu bilden, die überparteilich sind und zu denen jede und jeder Zutritt hat. Diese Komitees vertreten die Interessen der Bürgerinnen und Bürger und üben Druck auf die Parlamentarier aus.«[595] Zu den 69 Unterzeichnern gehörten als Aushängeschild u. a. der ehemalige Regierende Bürgermeister von Berlin Heinrich Albertz, der damalige PDS-Landesvorsitzende von Brandenburg Lothar Bisky, der Liedermacher Franz-Josef Degenhardt, der ehemalige Rektor der Humboldt-Universität zu Berlin Heinrich Fink, der Rechtsanwalt Heinrich Hannover, der Schriftsteller Stephan Hermlin, der Schriftsteller Walter Janka, der Schriftsteller Heiner Müller und die Theologin Dorothee Sölle[596]. Andere Mitglieder der PDS außer Gysi und Bisky traten hier wohl bewußt nicht in Erscheinung. Den Initiatoren war es trotz manch klingenden Namens nicht gelungen, bekannte Persönlichkeiten der ostdeutschen Bürgerbewegung für sich zu gewinnen.

In einer später publizierten »Diskussionsplattform« präzisierte man das gemeinsame Anliegen der Unterzeichner des Appells: Die Geschichte der DDR werde »auf ihren repressiven Charakter reduziert«. Politische Ausgrenzung erfolge »in der Regel ohne Nachweis individueller Schuld«. Die neuen Bundesländer könne man nicht als Anschlußgebiet der Bundesrepublik betrachten. »Ein Vereinigungsprozeß hätte erfordert, gegenseitig genau hinzusehen und nicht den neuen Bundesländern ein ihnen fremdes System einfach überzustülpen, hätte verlangt, zum Teil neue Lösungen für beide Seiten zu finden.« Die Westorientierung der Organisationen erschwere die Artikulation ostdeutscher Interessen. Es sei zu überlegen, ob den Bürgern in den neuen Bundesländern eine Interessenvertretung in einer gesonderten Körperschaft gewährt werde[597]. Damit machte sich ausgerechnet jene Richtung so für die Einheit Deutschlands stark, die für die »Befreiung vom repressiven Charakter der ehemali-

---

594 VSB 1991, S. 53.
595 Der Appell des Komitees für Gerechtigkeit ist abgedruckt in: Deutschland Archiv, 25 (1992), S. 890f. (Zitat: S. 890).
596 Die Namen finden sich ebd., S. 891f.
597 Der vollständige Text der von Peter-Michael Diestel, Gregor Gysi, Stephan Hermlin, Walter Janka, Heiner Müller, Manfred Müller und Claus-Jürgen Warnick unterzeichneten »Diskussionsplattform« findet sich ebd., S. 892–895.

gen DDR im Herbst 1989« nicht auf die Straße gegangen und für das »Zusammen-
wachsen in Ost und West«[598] nicht zu gewinnen war.

Die insbesondere von der PDS ins Leben gerufenen und weitgehend auch
beherrschten »Komitees für Gerechtigkeit« – Diestel fungierte mehr als eine Galionsfigur – konnten die Hoffnungen ihrer Initiatoren nicht erfüllen. Trotz der schwierigen
ökonomischen Situation in den neuen Bundesländern und der gestiegenen Vorbehalte gegen Parteien blieb eine nennenswerte Unterstützung der sich betont überparteilich gebenden Komitees aus. Offenbar war vielen bewußt, daß die PDS damit eine
neue Bündnispolitik zu forcieren sucht und daß auf diese Weise die Spaltung
Deutschlands vertieft und nicht verringert wird. Ende 1992 gab es 64 Komitees mit
5000 Mitgliedern in den neuen und drei Komitees in den alten Bundesländern (Bremen, Frankfurt, Hamburg), in denen sich Linksextremisten unterschiedlicher Couleur tummeln[599]. Mag sein, daß die Führung der PDS glaubte, mit Hilfe der »Gerech-
tigkeitskomitees« bei der Bundestagswahl 1994 die Fünfprozenthürde überspringen
zu können.

Nach Auffassung des Verfassungsschutzes gehören zwei Bundestagsabgeordnete
der PDS dem (inzwischen aufgelösten) »Kommunistischen Bund« an[600]. Mit der
»Kommunistischen Plattform« besitzt die PDS eine von kommunistischen Ideen
bestimmte Gruppierung. Offenkundig ist sie in sich nicht sonderlich homogen. Die
Reaktionen auf den Putschversuch in der Sowjetunion fielen innerhalb der Partei
zunächst höchst unterschiedlich aus[601]. Selbst PDS-Mitglieder haben des öfteren von
einer unzureichenden Erneuerung gesprochen. Der rhetorisch gewandte und äußerst
umtriebige[602] Parteivorsitzende Gysi hatte mehrfach mit seinem Rücktritt gedroht[603],
um die unterschiedlichen Gruppen in der eigenen Partei zu integrieren. Auf dem
3. Parteitag der PDS Ende Januar 1993 vollzog er diesen Schritt – er wolle sich stärker
in den westlichen Bundesländern engagieren[604]. Anlaß (wenn auch wohl nicht Ursache) dafür war, daß er von der geheimen Mitarbeit seines Stellvertreters Michael Brie
– dieser gilt als der theoretische Kopf der Partei[605] – bei der Staatssicherheit gewußt

---

598 Ebd., S. 894 f.
599 Vgl. die scharfe Kritik bei Patrick Moreau, Postkommunistische Parteien in Westeuropa.
     Anpassungsstrategien zum Überleben, in: Eckhard Jesse (Hrsg.), Politischer Extremismus
     in Deutschland und Europa, München 1993, insbes. S. 57–76.
600 Vgl. VSB 1990, S. 33.
601 Vgl. Karin Dörre, PDS-Vorstandstagung: Kontroverse Debatten über die Entwicklung in
     der Sowjetunion. Was wird aus der Vision vom demokratischen Sozialismus?, in: Neues
     Deutschland vom 27. August 1991; Andreas Mihm, Der PDS bleibt nur noch die Hoffnung
     auf sich selbst. Im Vorstand flogen die Fetzen, in: Bonner Generalanzeiger vom
     27. August 1991.
602 Vgl. den folgenden Band: Gregor Gysi, Einspruch. Gespräche – Briefe – Reden, hrsg. von
     Hanno Harnisch/Hannelore Heider, Berlin 1992.
603 Vgl. Uwe Stemmler, Gysis Rücktrittsdrohung – was nun, PDS? Die Partei und die Selbst-
     mörder-Mentalität, in: Neues Deutschland vom 13. Juni 1991.
604 Vgl. Axel Vornbäumen, Bisky statt Gysi: Die PDS spielt mit verteilten Rollen, in: FR vom
     1. Februar 1993; zum Verlauf des Parteitages: Heinrich Bartfeldt, 3. Parteitag der PDS:
     Eine Trendwende?, in: DA, 26 (1993), S. 279–282.
605 Vgl. etwa: André Brie, Befreiung der Visionen. Für eine sozialistische Erneuerung, Ham-
     burg 1992. Zu den nachrichtendienstlichen Kontakten: Wolfgang Gast, André Bries unbe-
     kannte Stasi-Dienste, in: taz vom 27. Januar 1993.

hatte, ohne die Partei darüber zu informieren. Gysi machte in einem Brief an die Mitglieder zu seinem Rücktritt vier unterschiedliche Denkansätze repräsentierende Gruppierungen in der PDS aus – die Reformer, die Stalinisten, die Nostalgiker und die Vermittler zwischen den Richtungen, zu denen er sich rechnete[606].

Nachfolger wurde mit 92 Prozent der Delegiertenstimmen Lothar Bisky, bisher Landesvorsitzender der brandenburgischen PDS, des größten Landesverbandes, und in der DDR (Mitglied der SED seit 1963) als habilitierter Kulturwissenschaftler Rektor der Hochschule für Film und Fernsehen »Konrad Wolf« in Potsdam-Babelsberg (1986–1990), zuvor Professor für Kulturtheorie an der Akademie für Gesellschaftswissenschaften beim ZK der SED; die beiden neuen stellvertretenden Vorsitzenden sind der bisherige Geschäftsführer Wolfgang Gehrcke aus Hamburg, »Erneuerer« aus der DKP, und die Dresdenerin Christine Ostrowski, ein unbeschriebenes Blatt.

Der Parteitag präzisierte einen früheren Beschluß zur Offenlegung der Tätigkeit einer Inoffiziellen Mitarbeit für das Ministerium für Staatssicherheit: Mandatsträger sollen ihre politische Vergangenheit (etwa als Mitarbeiter beim Ministerium für Staatssicherheit) aufdecken. Wer sie ganz oder teilweise verschweigt, muß bei Entlarvung vor dem Gremium, das ihn gewählt hat, die Vertrauensfrage stellen. Bisher war die Entbindung von der jeweiligen Funktion die Konsequenz. Der größte Teil der Mitglieder lehnte gleichwohl die »rückwirkende Vernichtung der DDR als Unrechtsstaat«[607] ab.

Zwar konnte sich beim neuen Parteiprogramm nicht die Position der »Kommunistischen Plattform« durchsetzen, doch wirkt diese weiter in der Partei mit. Auf dem Parteitag war es zu einem Eklat wegen eines Artikels eines Vorstandsmitglieds gekommen, das folgende These vertreten hatte: »Nicht der ›Stalinismus‹, der ›Opportunismus‹ erweist sich als tödlich für die sozialistische Gesellschaftsordnung.«[608] Auch wenn diese Position nicht mehrheitsfähig war, zeigte sie schlaglichtartig die Positionen in dieser Partei, die das Prädikat »demokratisch« nicht verdient. Der neue Parteivorsitzende Bisky erklärte in einem Interview anläßlich des Parteitages unzweideutig: »Ich bin froh, daß es die kommunistische Plattform gibt. Sie ist, scheint mir, eine aktive und wichtige Kraft. Ich bin auch ständig im Gespräch mit ihr. Ich selber gehöre ihr nicht an. Aber daß es sie gibt, ist ungeheuer wichtig für die PDS. In der Programmdiskussion – so ist mein Eindruck – hat sie uns zu einer Reihe von Gedanken verholfen. Ich habe überhaupt keine Lust, mich von der kommunistischen Plattform in der PDS in irgendeiner Weise abzugrenzen.«[609] Selbst einstige »Reformer« wie Rainer Land[610] räumten die Widersprüchlichkeit der PDS-Vorstellungen ein: »Man kann nicht alles und noch das Unvereinbare wollen: die PDS als Einheit verschiedener Strömungen *und* die Weiterentwicklung der eigenen Ideen zu einem

---

606 Vgl. Gregor Gysi, Brief an die Mitglieder, in: Pressedienst der PDS vom 4. Dezember 1992, S. 2–5.

607 Marina Achenbach, Verlierer oder Gewinner der Einheit, in: Freitag vom 5. Februar 1993.

608 Zitiert nach Uwe Stemmler, PDS am Ende über Wurzeln gestolpert, in: Neues Deutschland vom 2. Februar 1993.

609 Gespräch von Lothar Bisky mit Günter Labudda, Was sich die Linke selbst schuldig ist ..., in: UZ vom 5. Februar 1993.

610 Vgl. Rainer Land (Hrsg.), Das Umbaupapier (DDR). Argumente gegen die Wiedervereinigung, Berlin 1990.

modernen Sozialismus: die PDS als Vertretung ostdeutscher Interessen *und* den Zusammenschluß mit der Westlinken; die PDS als linke Partei *und* eine übergreifende Ostpartei; die PDS als Raum zur Bewahrung der eigenen Identität früherer SED-Reformer *und* Einfluß auf den öffentlichen Diskurs mit Bundestagsmandat.«[611]

Die desolate Situation der extremen Linken wurde auch durch die jüngsten Wahlergebnisse verdeutlicht: Bei den Landtagswahlen in den Jahren 1991 (Hessen, Rheinland-Pfalz, Hamburg, Bremen) und 1992 (Baden-Württemberg, Schleswig-Holstein) nahmen keine Parteien aus dem linksextremen Umfeld teil – mit einer Ausnahme. Zur Bürgerschaftswahl in Hamburg traten gleich drei einschlägige Gruppierungen an[612] – die PDS/Linke Liste (0,5 Prozent), die DKP (0,1 Prozent) und die Alternative Liste Hamburg (0,5 Prozent), eine im Kern linksextreme Abspaltung von der Partei der Grünen in Hamburg auch unter dem Namen »Grüne Alternative Liste« bekannt. Zum ersten Mal – und bisher auch zum letzten Mal – traten damit PDS und DKP gegeneinander an – eine Entscheidung, die bei beiden Parteien nicht unumstritten war. Zumindest wurde der Konkurrenzcharakter der Kandidatur tunlichst heruntergespielt. So hieß es bei der DKP: »Unsere Kandidatur richtet sich nicht gegen andere ebenfalls kandidierende Linkskräfte, bei denen wir viel Gemeinsames mit unserer Situation sehen. Wir wollen einen Wahlkampf mit klaren inhaltlichen Vorstellungen gegen rechts führen und eine prinzipielle Systemkritik zur Grundlage unserer Aussagen machen. Wir wollen in unserem Wahlkampf einen Beitrag zur Verschiebung des politischen Klimas nach links leisten, was nicht nur uns selbst zugute kommen wird, sondern auch allen anderen Linkskräften in Hamburg.«[613] Wenn mit der »Verschiebung des politischen Klimas nach links« ein erfolgreiches Abschneiden für DKP und PDS gemeint war, so trat ein solches in Hamburg, wo die SPD alleine eine Regierung bilden konnte, durchaus nicht ein.

Die PDS dürfte bei der Bundestagswahl im Jahre 1994 mit einem offenen Personen- und Listenbündnis antreten (zwecks Steigerung der Chancen), die DKP dagegen vermutlich überhaupt nicht (in realistischer Einschätzung der eigenen Bedeutung). Die Aussichten, wieder in den Deutschen Bundestag einzuziehen, sind für die PDS nicht gut. Es ist nahezu ausgeschlossen, fünf Prozent der Zweitstimmen zu erreichen, und die Chancen auf den Erwerb von drei Direktmandaten (gelingt dies, so läßt sich die Hürde umgehen) erscheinen auch nicht groß. Hingegen kann die PDS bei den Landtagswahlen in den neuen Bundesländern wieder – zum Teil sogar leicht – in die Parlamente einziehen. Ob sie sich aber als Regionalpartei mittelfristig einigermaßen zu halten vermag, ist sehr fraglich.

PDS und DKP sind nicht die einzigen linksextremistischen Organisationen, wenngleich die bedeutendsten. Unzweifelhaft ist das linksextremistische Organisationsgefüge geschrumpft[614]. Zu ihm gehört etwa die MLPD, die in letzter Zeit einige organisatorische Umstrukturierungen vornahm. Sie hat sich mit ihren rund 1 500 Mitgliedern noch vergleichsweise gut durch die tektonischen Erschütterungen behaupten können, ohne aber von ihrer heftigen Ablehnung der DKP wie der PDS profitieren zu

---

611 Ders., Im Labyrinth, in: Freitag vom 29. Januar 1993 (Hervorhebung im Original).
612 Vgl. E. Jesse, Wahlen 1991, in: U. Backes/ders. (Anm. 292), S. 89–100.
613 Brief der DKP an die Bündnispartner vom 8. April 1992.
614 Vgl. für die folgenden Überlegungen u. a. VSB 1991, S. 53–62; siehe auch U. Backes (Anm. 538), S. 101–113.

können. Was in der Sowjetunion scheiterte, war nach Meinung der MLPD »Revisionismus«, nicht »Sozialismus«. Die MLPD strebt »die Führung des Klassenkampfes im wiedervereinigten Deutschland«[615] an. Die Arbeiterklasse verfüge im wiedervereinigten Deutschland über »ausgezeichnete Voraussetzungen«, um »erneut in die Offensive [zu] gehen«[616]. Der BWK, nur wenige hundert Mitglieder stark, versucht sich mit dem von ihm beherrschten Bündnis »Volksfront gegen Reaktion, Faschismus und Krieg« an außerparlamentarische Protestaktionen zu hängen. Das gilt auch für die VSP und den »Arbeiterbund für den Wiederaufbau der KPD«, in denen teils trotzkistische, teils PDS-nahe Positionen dominieren. Auch trotzkistische Gruppierungen – zerstritten wie eh und je – konnten mit ihren etwas über 1 000 Mitgliedern nicht sonderlich reüssieren, obwohl sie sich mit ihrer Kritik an der anpaßlerischen Sozialdemokratie und der bürokratischen Entartung des »real existierenden Sozialismus« bestätigt wähnen[617] und in den neuen Bundesländern stärker als andere linksextreme Gruppierungen aus den alten Bundesländern vertreten sind.

Es gibt weitere linksextreme Organisationen in den neuen Bundesländern: Die aus den Bürgerbewegungen hervorgegangene »Vereinigte Linke«[618] hat sich weder im östlichen noch gar im westlichen Deutschland etablieren können. Sie war am zentralen »Runden Tisch« vom Dezember 1989 bis März 1990 vertreten. Im Gegensatz zu anderen Bürgerbewegungen trat sie nicht in Modrows »Regierung der nationalen Verantwortung« ein, weil sie sich nicht mit der sich abzeichnenden Einheit Deutschlands anfreunden konnte, und sie schloß sich aufgrund ideologischer Differenzen auch nicht dem Bündnis 90 an[619]. Aus der VL war Jutta Braband (geb. 1948) hervorgegangen, in der DDR zu einer Haftstrafe wegen oppositioneller Tätigkeit verurteilt, dann aber auf der offenen Liste der PDS Bundestagsabgeordnete, ehe sie ihr Mandat wegen früherer, zunächst verschwiegener Mitarbeit beim Ministerium für Staatssicherheit 1992 zurückgab[620]. Im Herbst 1991 konstituierte sich die VL wegen Erfolglosigkeit, wie auch der zum Teil PDS-orientierte Unabhängige Frauenverband, als eingetragener Verein[621]. Seither ist von ihr kaum etwas zu hören. Das gilt auch für die kleine im Osten Deutschlands beheimatete KPD, der Erich Honecker wenige Wochen vor seiner Abreise nach Chile beigetreten war. Es gab und gibt Bestrebungen, verschiedene Gruppierungen der extremen Linken locker

615 Zentralkomitee der Marxistisch-Leninistischen Partei Deutschlands (Hrsg.), Sozialismus am Ende?, Essen 1992, S. 143.
616 Ebd., S. 150.
617 Vgl. beispielsweise Bund Sozialistischer Arbeiter, Das Ende der DDR. Eine politische Autopsie, Essen 1992.
618 Vgl. (freilich etwas unkritisch) Jan Wielgohs, Die Vereinigte Linke. Zwischen Tradition und Experiment, in: Helmut Müller-Enbergs/Marianne Schulz/ders. (Hrsg.), Von der Illegalität ins Parlament. Werdegang und Konzept der neuen Bürgerbewegungen, Berlin 1991, S. 283–306.
619 Der folgende Band wird von Autoren aus dem Umkreis der VL bestimmt: Thomas Klein/ Vera Vordenbäumen/Carsten Wiegrefe/Udo Wolf (Hrsg.), Keine Opposition. Nirgends? Linke in Deutschland nach dem Sturz des Realsozialismus, Berlin 1991.
620 Vgl. Jutta Braband, Eine DDR-Biographie, in: PIZZA (Hrsg.), Odranoel. Die Linke – zwischen den Welten, Hamburg 1992, S. 141–156.
621 Vgl. Volker Michael, Das Linkssein verbindet noch in der VL. Die »Vereinigte Linke« versucht als eingetragener Verein außerhalb der Parlamente weiter Politik zu machen – doch Jutta Ditfurth lockt, in: Junge Welt vom 15. Oktober 1991.

zusammenzufassen. So ist auf Initiative von Repräsentanten der »Kommunistischen Plattform« ein »Ständiger Rat Marxistischer Parteien« gebildet worden, in den u. a. Splittergruppen wie die KPD, die »Nelken«, die USPD, der AB, der BWK Vertreter delegieren oder Beobachter senden[622]. Ob sich daraus eine größere Gruppierung entwickeln kann, ist angesichts der sektiererisch anmutenden Strömungen eher unwahrscheinlich.

Die Szene der »Autonomen« umfaßt in den alten Bundesländern (einschließlich ganz Berlin) gegenwärtig fast 3 000 Personen, bevorzugt in Ballungszentren. Obwohl sie organisatorische und ideologische Einheitlichkeit verwerfen (also von Stadt zu Stadt höchst unterschiedlich auftreten), sind sie bei militanten Demonstrationen schon äußerlich vielfach erkennbar – z. B. als »Schwarzer Block«, der sich vermummt. Gewalt wird grundsätzlich bejaht, manchmal aus taktischen Überlegungen nicht eingesetzt. Symptomatisch hierfür erscheinen etwa die folgenden Äußerungen: »Wir können uns nur durchsetzen, wenn wir eine breite Palette von Widerstand haben, die in der Tat Gewalt gegen Sachen einschließt, und die sich auch gegen die Bullen wehrt, wenn sie ankommen und irgendwo wegknüppeln.«[623] Info-Läden, Info-Telefone und Szene-Blätter erleichtern die teils konspirative Kommunikation. In einschlägigen Untergrundzeitschriften wie »INTERIM« oder »radikal« finden sich zum Teil Anregungen zu Gesetzesverstößen, z. B. zur Herstellung von Molotowcocktails.

In der »autonomen Szene« ist die Gewalttätigkeit weiter gestiegen[624] – nicht zuletzt auch als Reaktion auf fremdenfeindliche Ausschreitungen von rechts, die einen willkommenen Anlaß liefern. Allerdings ist die Zahl der Angriffsfelder vielfältig. Es dominieren »Antirassismus«, »Antifaschismus«, »Antiimperialismus« und »Kampf gegen Umstrukturierung«[625]. Mit dem letzten Schlagwort soll gegen die Maßnahmen zur Stadtsanierung protestiert werden, die – angeblich – billigen Wohnraum vernichten. In Berlin wollen »Autonome« die Vergabe der Olympischen Sommerspiele im Jahre 2000 an die deutsche Hauptstadt verhindern (Motto: »Volksport statt Olympia«)[626]. Einschlägige Selbstbezichtigungsschreiben zeichnen sich durch Verniedlichung der Aktionen, sarkastische Töne und einen deftigen Sprachjargon aus. Allein im Jahre 1991 ist in Berlin durch Zerstörung von »Nobelkarossen« ein Schaden von über einer Million Mark entstanden. Im Originalton der Aktivisten heißt es: »Spekulanten, Verkehrsplaner, Olympiastrategen und das ganze Kapitalistenpack sollen schwitzen, wenn sie sich hier rumtreiben. Sie sollen ständig Schiß haben, daß ihren Nobelkarossen oder ihnen selbst was passiert.«[627]

---

622 Vgl. VSB 1991, S. 46.

623 Andreas, Wie ist dieser Staat zu ändern?, in: Junge Welt vom 12. Dezember 1992. (Das Zitat entstammt einem Streitgespräch zwischen »Autonomen« und dem Bundestagsabgeordneten Konrad Weiß vom Bündnis 90).

624 Vgl. Bundesamt für Verfassungsschutz (Hrsg.), Militante Autonome, Bonn 1993 (Stand: 10. November 1992).

625 VSB 1991, S. 38–44.

626 Vgl. beispielsweise Max Radlast, Kriegserklärung mit Stinkbomben, in: Focus vom 1. Februar 1993.

627 Zitiert nach: Terrorismus-Extremismus-Organisierte Kriminalität, Informationsdienst Nr. 2/1993, S. 8. Der Text des Schreibens begann mit folgendem Reim: »Ein Kübel voll mit Scheiße – ach wie fein Kippten wir in den Bonzenschlitten rein. Der feiste Bonze saß och drin Jetzt ist wohl auch sein Anzug hin.«

Im Vergleich zur Szene der militanten »Autonomen« ist die Entwicklung anarchistischer Zirkel – anarcho-syndikalistischer und anarcho-kommunistischer Zusammenschlüsse – rückläufig, zumal anhaltende Flügelkämpfe ein einheitliches Auftreten erschweren. Allerdings wird dieses durch eine festere Organisationsstruktur erleichtert. Die Grenzen zu den »Autonomen« sind fließend, zumal bei den »gewaltfreien Aktionsgruppen« aus der sogenannten »Graswurzelbewegung«.

Wer ein Fazit zieht, muß die Uneinheitlichkeit der jüngsten Entwicklung betonen. Dem Rückgang des organisierten Linksextremismus welcher Couleur auch immer steht ein Anstieg schillernder »autonomer« Gruppierungen gegenüber. Auffallend ist, daß sich durch den Zusammenbruch des »realen Sozialismus« die Trennung zwischen den »Revisionisten« und den »Nicht-Revisionisten« zum Teil eingeebnet hat. So scheinen die Reste der DKP und der K-Gruppen zusammenzurücken – jedenfalls einige von ihnen. Die gemäßigtere Variante des Linksextremismus, die aus der SED hervorgegangene PDS, verliert trotz der schwierigen Probleme des Zusammenwachsens nahezu kontinuierlich an Mitgliedern. Ihre Chance sieht sie darin, »bewußter Brücken [zu] bauen«[628], und zwar nach verschiedenen Seiten hin. Im linksdemokratischen Umfeld ist sie allerdings isolierter, als es die DKP Mitte der achtziger Jahre war.

3.10 Exkurs: Protestbewegungen

Es hat in der Bundesrepublik Deutschland zahlreiche außerparlamentarische Protestbewegungen gegeben. Zum Beispiel ist die Friedensbewegung der achtziger Jahre in einer Traditionslinie angesiedelt, die bis in die frühen fünfziger Jahre zurückreicht. Meist wird in der Literatur[629] der Gesichtspunkt vernachlässigt, inwiefern zu ihren Trägern Richtungen extremistischer Couleur gehörten. Das ist zwar nur ein Aspekt unter anderen, aber gleichwohl wichtig genug, ihn an dieser Stelle aufzugreifen, wobei es sich von selbst versteht, daß die jeweiligen Protestbewegungen nicht a priori und in toto als extremistisch angesehen werden. Kennzeichnend für den außerparlamentarischen Protest in der Bundesrepublik dürfte der Sachverhalt sein, daß er sich immer an Fragen von Krieg und Frieden entzündete.

In den ersten Nachkriegsjahren herrschte angesichts der leidvollen Kriegserfahrungen eine betont pazifistische Grundstimmung vor. Als erste Gerüchte über mögliche Wiederbewaffnungspläne durchsickerten, bildete sich 1950 eine »Ohne Mich«-Bewegung, die aber keine rechte organisatorische Festigkeit annahm und angesichts des Zögerns der auf Neuwahlen drängenden Sozialdemokratie erlahmte. Sehr schnell jedoch versuchten Kommunisten die verbreitete »Ohne Mich«-Stimmung für eine von der KPD gesteuerte Volksbefragungsaktion auszunutzen. Der Bevölkerung wurde von einem »Hauptausschuß für Volksbefragung gegen Remilitarisierung«, in den die

---

628 Gespräch von Lothar Bisky mit Günter Labudda (Anm. 609).
629 Vgl. die Auseinandersetzung mit der Literatur bei U. Backes/E. Jesse (Anm. 29), Kap. IV.

KPD ganz bewußt nicht nur Kommunisten entsandt hatte, im März 1951 folgende Frage vorgelegt: »Sind Sie gegen die Remilitarisierung Deutschlands und für den Abschluß eines Friedensvertrages mit Deutschland im Jahre 1951?«[630] Trotz des wenig später verkündeten Verbots der Volksbefragungsaktion seitens des Bundesinnenministeriums ging die Sammlung von Unterschriften weiter. Sie fand nicht die Unterstützung der Sozialdemokratie und der Gewerkschaften.

In der DDR wurde dieselbe Frage der Bevölkerung im Juni 1951 vorgelegt, nachdem sich die dortige Regierung eine entsprechende Anregung des »Hauptausschusses« zu eigen gemacht hatte, wobei das Ergebnis nicht überraschen darf: Fast 96 Prozent stimmten der Frage zu[631]. Nach Angaben der Initiatoren sollen im Westen knapp sechs Millionen ihre Unterschrift für den Aufruf gegeben haben[632]. Die Unterschriftenaktion war eindeutig von kommunistischen Kräften getragen, trotz aller nach außen inszenierten Vorkehrungen der Überparteilichkeit. Diese Feststellung impliziert jedoch nicht, daß man Polizeieinsätze und andere administrative Maßnahmen gegen die Initiatoren gutheißen muß. Unabhängig davon, ob die Zahl von sechs Millionen glaubwürdig ist: Den Kommunisten gelang es, auf diese Weise mehr Bürger zu mobilisieren, als ihnen nahestanden.

Anders verhält es sich mit der »Paulskirchenbewegung« (1955) und der »Anti-Atomwaffenbewegung« (1958/59). Vor der Ratifizierung der »Pariser Verträge« fand im Januar 1955 in der Frankfurter Paulskirche unter dem Motto »Rettet Einheit, Frieden und Freiheit! Gegen Kommunismus und Nationalismus« eine Kundgebung gegen die Wiederbewaffnung statt, initiiert von der SPD und den Gewerkschaften. In der Versammlung wurde ein sogenanntes »Deutsches Manifest« verabschiedet, das sich wegen der Gefahr einer Verfestigung der Teilung Deutschlands gegen eine Wiederbewaffnung aussprach. Nach der Ratifizierung der Verträge im Bundestag ebbten die von der Gewerkschaftsseite und der Sozialdemokratie organisierten Kundgebungen ab. Ein Generalstreik der Gewerkschaften stand nicht zur Debatte. Es mag dahinstehen, ob die verbreitete Meinung, daß sich die SPD mit den Gewerkschaften an die Spitze der Bewegung setzte, um sie in ein parlamentarisches Fahrwasser zu überführen[633], den Tatsachen entspricht. Jedenfalls war die Paulskirchenbewegung nicht zur Entfachung einer außerparlamentarischen Kampagne gedacht.

Die wenige Jahre später entstandene Kampagne gegen die Atombewaffnung, ebenfalls maßgeblich von den Gewerkschaften und der Sozialdemokratie getragen, ließ Parallelen erkennen. Als Pläne im Hinblick auf eine atomare Bewaffnung der Bundeswehr durchsickerten, warnten im Frühjahr 1957 18 namhafte Atomwissenschaftler in einer Erklärung vor den Atombewaffnungsplänen der Bundesregierung

---

630 Zitiert nach Fritz Krause, Antimilitaristische Opposition in der BRD 1949–55, Frankfurt/ M. 1971, S. 44.

631 Vgl. ebd., S. 73.

632 Vgl. Hans Karl Rupp, Außerparlamentarische Opposition in der Ära Adenauer. Der Kampf gegen die Atombewaffnung in den fünfziger Jahren, Köln 1970, S. 53.

633 In diesem Sinne etwa Theo Pirker, Die SPD nach Hitler. Die Geschichte der Sozialdemokratischen Partei Deutschlands 1954–64, München 1965, S. 205; Karl A. Otto, Vom Ostermarsch zur APO. Geschichte der außerparlamentarischen Opposition in der Bundesrepublik 1960–70, Frankfurt/M. 1977, S. 55 f.; A. Minrath (Anm. 499), S. 17.

(»Göttinger Erklärung«)[634]. Diese Erklärung[635] sorgte in der Folge für Furore. Es gab Kundgebungen, Demonstrationen und Aufrufe. Die SPD wandte sich ebenso wie die Gewerkschaften gegen eine Stationierung von Atomwaffen, stand dem zentralen Arbeitsausschuß »Kampf dem Atomtod« (KdA) vor, der weitere Orts- und Kreisausschüsse ins Leben rief, und wünschte eine »Volksbefragung«, die das Bundesverfassungsgericht im Juli 1958 verbot. Dies war für die SPD eine Art Alibi, die Kampagne versanden zu lassen – »unter dem zunehmenden Druck von Verdächtigungen, die KdA-Kampagne kollaboriere mit dem ›kommunistischen Feind‹ und gefährde die Sicherheit der Bundesrepublik«[636]. Tatsächlich überwog in der Bewegung, ungeachtet mancher Unterstellungen ihrer Gegner, die demokratische Richtung, wiewohl es zu Radikalisierungstendenzen kam, die sich Repräsentanten der extremen Linken zunutze zu machen versuchten. Nicht nur angesichts der antikommunistischen Atmosphäre schadeten solche Aktivitäten der demokratischen Linken. Im Februar 1959 entstand ein von Rainer Barzel geleitetes antikommunistisches Komitee »Rettet die Freiheit!«, dem verschiedene Bundesminister angehörten. Es präsentierte ein Jahr später unter dem Titel »Verschwörung gegen die Freiheit« ein »Rotbuch II«, in dem vor kommunistischer Unterwanderung, z. B. anhand der Kampagne »Kampf dem Atomtod«, gewarnt wurde, und zwar unter Veröffentlichung einer stattlichen Namensliste – ein Indiz dafür, »welche Blüten der Antikommunismus der fünfziger Jahre zu treiben imstande war«[637], wenngleich hinzuzufügen wäre, daß die Sorge um den Bestand der ungefestigten Demokratie die Urheber zu solchen Maßnahmen veranlaßt hatte.

Gingen die Proteste gegen die Wiederbewaffnung und gegen die atomare Rüstung unter maßgeblicher Beteiligung der SPD und der Gewerkschaften vor sich, fanden sich in der ab 1960 einsetzenden »Ostermarsch«-Bewegung, die ihren Ursprung in Großbritannien hatte, vereinzelte Gruppierungen mit unterschiedlichen Motivationen zusammen. Die SPD, inzwischen weitgehend auf den außen- und militärpolitischen Kurs der Bundesregierung eingeschwenkt, hielt sich zurück. Die Mitglieder waren teils christlich-pazifistisch, teils, wenn auch noch nicht anfangs, kommunistisch ausgerichtet. Mit der Gründung der DFU im Jahre 1960 hatten Kommunisten wieder ein legales Betätigungsfeld gefunden. SPD und Gewerkschaften warnten ihre Mitglieder vor einer Teilnahme an den Ostermärschen[638]. Im Jahre 1963 benannte sich die Ostermarschbewegung in »Kampagne für Abrüstung« (KfA) um, zu Anfang 1968 gar in »Kampagne für Demokratie und Abrüstung« (KfDA): »Der Übergang bei den Ostermärschen von moralischem Gesinnungsprotest zu politischen Forderungen wurde durch die Umbenennung unterstrichen.«[639] Der Forderungskatalog erweiterte sich, beschränkte sich also nicht mehr auf Probleme der Abrüstung, sondern bezog etwa auch die Notstandsgesetzgebung und die Anerkennung der DDR ein. Seit 1964

---

634 Sie ist abgedruckt bei H.K. Rupp (Anm. 632), S. 74f.
635 Vgl. dazu die Stellungnahme eines Unterzeichners aus dem Abstand von drei Jahrzehnten: Heinz Maier-Leibnitz, Erinnerung an die Erklärung der 18 Atomphysiker, in: Elisabeth Noelle-Neumann/Heinz Maier-Leibnitz, Zweifel am Verstand. Das Irrationale als die neue Moral, Zürich 1987, S. 51–56.
636 K.A. Otto (Anm. 633), S. 62.
637 H.K. Rupp (Anm. 632), S. 226. Die Namensliste ist aufgeführt ebd., S. 297–301.
638 Vgl. beispielsweise Georg Haasken/Michael Wigbers, Protest in der Klemme. Soziale Bewegungen in der Bundesrepublik, Frankfurt/M. 1986, S. 40f.
639 A. Minrath (Anm. 499), S. 21.

nahmen jährlich mehr als 100 000 an den Ostermärschen teil. Doch die Ostermarsch-bewegung kam faktisch in dem Jahr (1968) zu Ende, in dem sie 300 000 Teilnehmer – so viel wie noch nie – mobilisieren konnte. Denn die Konflikte zwischen der größten-teils antiautoritär eingestellten Studentenbewegung und der »konventionellen« Ostermarschbewegung waren nicht zu kitten. Die Auseinandersetzungen entzünde-ten sich an den Aktionsformen ebenso wie an den Inhalten des Protestes.

Die insbesondere von Berlin ausgehende Studentenbewegung hat in der Bundesre-publik für geradezu kulturrevolutionäre Umbrüche gesorgt. Neue Aktionsformen wie »sit ins« und »go ins« beherrschten die Szene. Durch diese Bewegung, die im übrigen weltweiter Natur war, erfolgte ein nachhaltiger Wandel der politischen Kultur. Das Ergebnis ist ambivalent: Einerseits wurden obrigkeitliche Elemente abgebaut, ande-rerseits Regelverletzungen salonfähig gemacht und perpetuiert[640]. Zum Teil war diese Form der antiautoritären Protestbewegung so stark, daß man seinerzeit schlicht von der »Außerparlamentarischen Opposition« (abgekürzt: APO) sprach[641]. Einem brei-ten Kreis der Bevölkerung ist damals erst bewußt geworden, daß auch unkonventio-nelle Beteiligungsformen nicht den Prinzipien der Demokratie widerstreiten.

Von der Studentenbewegung aus entwickelten sich die unterschiedlichsten außer-parlamentarischen Protestbewegungen, vom Terrorismus ganz zu schweigen: Die Ökologie-, die Frauen- und die Alternativbewegung, die man allesamt zu den neuen sozialen Bewegungen[642] rechnen könnte. Auch die »grüne Bewegung« steht in deren Kontinuität. Das läßt sich etwa an der Person Daniel Cohn-Bendits (geb. 1945)[643] zei-gen. Als Sprecher der »Bewegung des 22. März« war er, dessen Eltern 1933 wegen ihrer jüdischen Abstammung nach Frankreich emigrierten, maßgeblich an der Auslö-sung der Studentenunruhen in Frankreich und – nach seiner Ausweisung – an der Schürung des Studentenprotestes in der Bundesrepublik beteiligt. Engagierte er sich in den siebziger Jahren in zahlreichen spontaneistischen Gruppierungen (z.B. bei Hausbesetzungen), beteiligte er sich von Beginn an bei den »Grünen«, deren »realpo-litischen« Kurs er in seiner Eigenschaft als Redakteur des Szeneblattes »Pflaster-strand« zu stärken suchte. Cohn-Bendit, heute Dezernent für Multikulturelle Angele-genheiten in Frankfurt[644], ist damit aber auch ein Beispiel für Diskontinuität. Waren seine von anarchistischem Temperament getragenen Aktionen in der zweiten Hälfte

---

640 Vgl. etwa Franz Schneider (Hrsg.), Dienstjubiläum einer Revolte. »1968« und 25 Jahre, Mainz 1993.

641 Charakteristisch dafür sind etwa zwei folgende Buchtitel: Hellmuth G. Bütow, Radikale Demokratie oder Demokratie der Radikalen. Außerparlamentarische Opposition heute, Berlin 1969; Hans-Joachim Winkler in Zusammenarbeit mit Helmut Bilstein (Hrsg.), Das Establishment antwortet der APO. Eine Dokumentation, Opladen 1968. Siehe auch Kurt L. Shell, Extraparliamentary Opposition in Postwar Germany, in: Comparative Politics, 2 (1970), S. 653–680.

642 Vgl. dazu Karl-Werner Brand/Detlef Büsser/Dieter Rucht, Aufbruch in eine andere Gesellschaft. Neue soziale Bewegungen in der Bundesrepublik, Frankfurt/M. 1984² (1983); Lorenz Knorr, Geschichte der Friedensbewegung in der Bundesrepublik, Köln 1984² (1983); Lothar Rolke, Protestbewegungen in der Bundesrepublik. Eine analytische Sozialgeschichte des politischen Widerspruchs, Opladen 1987. Siehe dazu auch die Einord-nung dieser Literatur bei U. Backes/E. Jesse (Anm. 29), Kapitel IV.

643 Zur Person Wolfgang Kraushaar, Cohn-Bendit, Dany, in: E. Jacoby (Anm. 409), S. 82–84.

644 Vgl. Daniel Cohn-Bendit/Thomas Schmid, Heimat Babylon. Das Wagnis der multikultu-rellen Demokratie, Hamburg 1992.

der sechziger und der ersten Hälfte der siebziger Jahre deutlich im extremistischen Bereich angesiedelt[645], so hat er sich allmählich von dieser Position entfernt.[646]

Die genannten Bewegungen eint »ein linkes Selbstverständnis, verbunden mit Aversionen zumindest gegen die Verfassungswirklichkeit. Alle mobilisierenden Themen, von der ›Wohnungsnot‹ bis zum Datenschutz, von der Kernenergie bis zum Frieden, wirken demgegenüber lediglich wie tagespolitische Aufhänger.«[647] So umstritten dieser Punkt sein mag, so unbezweifelbar ist folgender Sachverhalt: »Die Protestbewegungen sind zu einem festen Bestandteil des politischen und sozio-kulturellen Kräftefeldes in der Bundesrepublik Deutschland geworden.«[648] Zum Teil haben die Bewegungen eine richtiggehende »Subkultur« entwickelt und sich von Teilen der übrigen Gesellschaft weitgehend abgekapselt[649].

An dieser Stelle interessiert besonders die Friedensbewegung, die für die einen als die »größte Massenbewegung der BRD«[650], für die anderen als »Paradefeld der Zusammenarbeit«[651] zwischen Extremisten und Nichtextremisten firmiert. Sie bildete sich insbesondere nach dem NATO-Doppelbeschluß von 1979, wobei sich der Protest zwar an der Aufstellung von Mittelstreckenraketen entzündete, jedoch weit darüber hinausging, denkt man nur an das von Teilen der Friedensbewegung propagierte Modell der »sozialen Verteidigung«. Im Oktober 1981 etwa demonstrierten in Bonn nahezu 300 000 Menschen. »Die« Friedensbewegung gab es nicht, war doch ihre Heterogenität offenkundig. Neben idealistischen Friedensinitiativen mit häufig unausgegorenen Vorstellungen spielte auch die DKP mit ihren Organisationen wie dem KFAZ eine gewichtige Rolle. Sie hatte es verstanden, die Friedenssehnsucht gerade stark gesinnungsethisch orientierter Kreise für die eigenen Ziele einzuspannen und ihr Gewicht dadurch zu steigern[652].

Im Jahre 1980 kam es zur Gründung der »Krefelder Initiative«, die sich in ihrem gleichnamigen »Appell« gegen die »Nachrüstung« aussprach (nichts hingegen über die »Vorrüstung« der Sowjetunion oder deren Einmarsch in Afghanistan verlauten ließ) und eine Vielzahl von Menschen zu mobilisieren wußte – sei es zur Unterschriftenkampagne, sei es zu Demonstrationen. Jahr für Jahr fand ein öffentlichkeitswirksames »Forum« statt[653]. Bald erweiterte sich der Forderungskatalog. Geschäftsführer

---

645 Vgl. beispielsweise: Daniel und Gabriel Cohn-Bendit, Linksradikalismus. Gewaltkur gegen die Alterskrankheit des Kommunismus, Reinbek bei Hamburg 1968.

646 Vgl. Daniel Cohn-Bendit (Hrsg.), Wir haben sie so geliebt, die Revolution, Frankfurt/M. 1987; ders./Reinhard Mohr, 1968. Die letzte Revolution, die noch nichts vom Ozonloch wußte, Berlin 1989.

647 Wolfgang Rudzio, Das politische System der Bundesrepublik Deutschland. Eine Einführung, Opladen 1991[3] (1983), S. 492.

648 Roland Roth/Dieter Rucht, Einleitung, in: dies. (Hrsg.), Neue soziale Bewegungen in der Bundesrepublik Deutschland, Frankfurt/M. 1987, S. 11.

649 Auf dieses Phänomen wird an dieser Stelle nicht eingegangen, obwohl es – langfristig gesehen – Konsequenzen für die (In-)Stabilität der Demokratie mit sich bringt.

650 So L. Knorr (Anm. 642), S. 188.

651 So W. Rudzio (Anm. 473), S. 143.

652 Vgl. etwa A. Minrath (Anm. 499), insbes. S. 41–138; siehe auch das Kapitel von Uwe Backes/Eckhard Jesse, Friedensbewegung und politischer Extremismus, in: dies., Totalitarismus-Extremismus-Terrorismus. Ein Literaturführer und Wegweiser im Lichte deutscher Erfahrung, Opladen 1985[2] (1984), S. 40–46.

653 Für Einzelheiten vgl. W. Rudzio (Anm. 473), S. 148–171.

dieser Initiative wurde Josef Weber (geb. 1908; gest. 1985)[654], der bereits in den fünfziger Jahren – damals Generalsekretär des kommunistisch beeinflußten BdD – bei ähnlichen Aktionen fungierte, ehe er den Bund von 1963 bis zu seinem Tode leitete. Als Gründungsmitglied der DFU und Mitglied ihrer fünfköpfigen Direktoriums-Spitze (seit 1968) hatte es der »alterfahrene Bündnisfuchs« und »Kampagnestratege«[655] immer wieder verstanden, auch Andersdenkende für die eigene Position zu gewinnen, zumal seine betont bürgerliche Herkunft – Weber war Berufsoffizier – aufkeimendes Mißtrauen bei Gutgläubigen leicht zerstreuen konnte. Immerhin verließen Gert Bastian und Petra Kelly, die aus dem Kreis der Initiatoren stammten, im Jahre 1984 wegen zunehmender Einseitigkeit die Initiative. Insgesamt jedenfalls muß sie zu einem der größten propagandistischen Erfolge von Kommunisten gerechnet werden. Von einer Friedensbewegung bis zu einer sogenannten »Friedensbewegung« ist es manchmal kein großer Schritt. Kommunisten nahmen weit größere Gruppierungen ins Schlepptau.

Die Friedenbewegung wurde zum Teil durch Kommunisten der DDR-Richtung instrumentalisiert[656]. Wer von einer »Unterordnung unter die Friedensbewegung«[657] spricht, spielt den Einfluß der DKP gewollt oder ungewollt herunter – in organisatorischer, finanzieller und ideologischer Hinsicht. Manche Nichtkommunisten glaubten, angesichts des »atomaren Zäsurbewußtseins«[658] schwinde die Bedeutung des Systemkonflikts[659] und Formen des »zivilen Ungehorsams« erschienen notwendiger denn je. Zum einen wurde damit das Problem der »Zeitenwende« überschätzt und zum andern die Legitimität des staatlichen Gewaltmonopols in Frage gestellt.

Bei einem Vergleich der Protestbewegungen der fünfziger mit denen der siebziger und achtziger Jahre fallen verschiedene gravierende Unterschiede auf: Damals wurden diese weitgehend von der SPD und den Gewerkschaften bestimmt, während später ein hohes Maß an Autonomie herrschte, obwohl die extremistischen Aktivitäten einer gut organisierten Partei wie die der DKP nicht zu übersehen waren. Aus der Ökologiebewegung ist eine Partei entstanden, die sogar dem Bundestag angehörte, gleichwohl aber ihre außerparlamentarischen Aktivitäten nicht bremst. Im Gegensatz zu den fünfziger Jahren beschränkt sich der Extremismus übrigens nicht im wesentlichen auf den Marxismus-Leninismus, sondern er ist auch bei anderen Gruppen beheimatet (z.B. den »Autonomen«). Eine weitere entscheidende Differenz zu früher liegt darin, daß nicht mehr der einstige Fortschrittsoptimismus vorherrscht, sondern Kulturpessimismus dominiert.

Was die neunziger Jahre angeht, so könnten sich Änderungen abzeichnen. Bei den Protesten gegen den Golfkrieg zum Beginn des Jahres 1991 zeigte sich »die

654 Zur Person: U. Backes/E. Jesse (Anm. 31).
655 So W. Rudzio (Anm. 473), S. 149.
656 Exakte Nachweise finden sich in dem Kapitel »Wahlbündnispolitik der DKP: ›Die Friedensliste‹« des Bandes von M. Wilke/H.-P. Müller/M. Brabant (Anm. 447), S. 151–194.
657 So G. Fülberth (Anm. 336), S. 161.
658 In diesem Sinne immer wieder Bernd Guggenberger, Die Grenzen des Gehorsams. Widerstandsrecht und atomares Zäsurbewußtsein, in: R. Roth/D. Rucht (Anm. 648), S. 327–343.
659 So argumentierte auch ein des Kommunismus gänzlich unverdächtiger Autor wie Franz Alt in seinem Bestseller: Frieden ist möglich. Die Politik der Bergpredigt, München-Zürich 1983, S. 99.

Linke« uneins. Und die Demonstration gegen Fremdenfeindlichkeit (»Lichterketten«) erscheinen so breit gefächert, daß linksextremistische Gruppen nicht tonangebend sind. Die DKP kann ihre Infrastruktur nicht mehr zur Verfügung stellen. Sie ist heute isolierter denn je. Allerdings konnten im Gegenzug »Rechte« keineswegs die kulturelle Hegemonie der »Linken« durchbrechen – trotz des Desasters in der DDR.

Alle bisherigen Protestbewegungen weisen in mancher Hinsicht ähnliche Merkmale auf. Dieser Tour d'horizon durch die wichtigsten Bewegungen in der Bundesrepublik Deutschland im Hinblick auf die Infiltration seitens politischer Extremisten erlaubt folgende Schlußfolgerungen:

1. Bei (fast) allen Protestbewegungen haben Extremisten versucht, ihren Einfluß geltend zu machen. Entweder wurden die Bewegungen ins Leben gerufen, oder Extremisten machten sich deren Bestrebungen zu eigen. Es ist klar: Extremisten brauchen zur Mobilisierung von Protestgruppen konkrete Themen.

2. Immer war es der linke Extremismus, der entsprechenden Einfluß zu gewinnen vermochte, während Rechtsextremisten bisher niemals eine Protestbewegung von einigem Gewicht initiieren oder für sich einspannen konnten. Das dürfte wesentlich damit zusammenhängen, daß die extreme Linke sich von Teilen der Gesellschaft »getragen« wähnt, während die extreme Rechte weithin stigmatisiert ist.

3. Differenziert man nach Richtungen, fällt der Sachverhalt auf, daß der Marxismus-Leninismus der DKP-Richtung viel erfolgreicher gewesen ist als jegliche andere Strömung von linksaußen. Er verfügt(e) über eine beträchtliche organisatorische Schlagkraft und entsprechende materielle Ressourcen.

4. Der hohe Anteil von Extremisten in der jeweiligen Bewegung kann deren Erfolg schaden und eine kontraproduktive Wirkung entfalten, wobei sich freilich der Antikommunismus in der Bevölkerung gegenüber den fünfziger Jahren abgeschwächt hatte, teilweise sogar einer unkritischen Friedenssehnsucht gewichen war.

5. Die Felder des Protestes bezogen sich überwiegend auf die Friedensthematik. Offenbar ist diese für viele von solcher Priorität und existentieller Betroffenheit, daß der Mobilisierungsgrad für Proteste höher als bei anderen Themen liegt. Freilich haben sich in letzter Zeit die neuen sozialen Bewegungen zunehmend aufgefächert.

6. Die demokratische Richtung innerhalb einer Protestbewegung läßt es häufig aufgrund der Verabsolutierung bestimmter Zielvorstellungen an einem ausreichenden Abgrenzungsbedürfnis gegenüber jener Position missen, die die jeweilige Protestthematik nur zum Anlaß für die Schwächung der parlamentarischen Demokratie ansieht. Auf diese Weise verwischen sich die Grenzen zwischen dem Extremismus und dem Nicht-Extremismus.

Gleichwohl gilt: Außerparlamentarische Protestbewegungen sind nicht nur ein legitimer, sondern sogar auch ein unerläßlicher Bestandteil des demokratischen Verfassungsstaates, dessen Raison d'être sich nicht im Wahlakt der Bürger erschöpft. Aber das Protestpotential wird für die parlamentarische Demokratie in der Bundesrepublik dysfunktional, wenn es nicht die demokratischen Spielregeln einzuhalten gewillt ist und das Gewaltmonopol des Staates in Frage stellt, wie es zahlreiche außerparlamentarische Bewegungen propagierten und auch praktizierten. Mag sein, daß durch den Zusammenbruch der DDR die dortige Bürgerbewegung auf manche Protestaktionen mäßigend einwirkt.

4. Terrorismus

4.1 Voraussetzungen und Anfänge

Am Anfang war die Studentenbewegung. Die Entstehung erster terroristischer Gruppen in der Bundesrepublik ist ohne sie nicht zu erklären. Dies wird heute nicht nur von scharfen Kritikern der APO behauptet, sondern auch von ehemals führenden Aktivisten bereitwillig konzediert. So spricht Daniel Cohn-Bendit von der »historische[n] Verantwortung meiner Generation, der Achtundsechziger« und führt dazu aus: »Die antiautoritäre Bewegung, die 1968 ihren Höhepunkt hatte, besaß einen sehr undifferenzierten Begriff von Widerstand und Widerstandsrecht. Sie hat versucht, sämtliches mögliche politische Handeln mit den Mißständen in aller Welt zu legitimieren. Der Vietnamkrieg, die Diktaturen in Persien und Griechenland oder auch die Notstandsgesetze mußten herhalten, um ein genuines Widerstandsrecht gegen den westdeutschen Staat zu formulieren. Das war ein Ambiente, in dem sich alles entwickeln konnte. Einerseits eine radikaldemokratische Bewegung, die dem zivilen Ungehorsam verpflichtet war, andererseits radikale Gruppen, die die antiimperialistische Widerstandsphraseologie für bare Münze nahmen und diese nach persönlichen Erfahrungen von Repression in konkreten bewaffneten Widerstand umgesetzt hat. Wir haben nicht auseinandergehalten – was heißt Widerstand in einem faschistischen Staat, was ist Widerstand in einer Diktatur? Mit dem Begriff des autoritären Staates suggerierten wir den kontinuierlichen Übergang vom Kapitalismus zum Faschismus.«[660]

Eine Renaissance marxistischer und anarchistischer Ideen bildete den geistigen Hintergrund der Protestwelle. Eine in den Nachkriegsjahren aufgewachsene junge Generation, der die persönliche Erfahrung von Diktatur und Krieg fehlte und viele politische, soziale und ökonomische Errungenschaften als selbstverständlich galten, konfrontierte die im westlichen Deutschland entstandene, vielfach als »autoritär« empfundene Kanzlerdemokratie mit nicht selten utopischen Vorstellungen im Hinblick auf eine umfassende Teilhabe aller an den politischen Angelegenheiten. Die Totalanklage des Bestehenden kam in Mode[661]. Ideologische Formeln traten an die Stelle differenzierter Auseinandersetzung mit der Wirklichkeit. Die zweite deutsche Demokratie galt als »kapitalistisch«, tendenziell »faschistisch« und Kollaborateur des »US-Imperialismus«. Vernichtende Urteile dieser Art, einem gläubigen Publikum als Produkt »wissenschaftlicher« Analysen verkündet, bildeten die Grundlage von

---

660 »Ihr wollt Menschen schützen. Wir auch.« Ein Gespräch zwischen Dany Cohn-Bendit und Hans-Jochen Vogel, in: Michael Sontheimer/Otto Kallscheuer (Hrsg.), Einschüsse. Besichtigung eines Frontverlaufs. Zehn Jahre nach dem Deutschen Herbst, Berlin 1987, S. 153–170, 153.
661 Zur Ideologiekritik der APO und »Neuen Linken« siehe besonders: Ulrich Matz, Das Gewaltproblem im Neomarxismus, in: Eduard J. M. Kroker (Hrsg.), Die Gewalt in Politik, Religion und Gesellschaft, Stuttgart u.a. 1976, S. 59–79; Erwin K. Scheuch (Hrsg.), Die Wiedertäufer der Wohlstandsgesellschaft. Eine kritische Untersuchung der »Neuen Linken« und ihrer Dogmen, Köln 1968; Kurt Sontheimer, Das Elend unserer Intellektuellen. Linke Theorie in der Bundesrepublik Deutschland, Hamburg 1976; Hildegard Weiss, Die Ideologieentwicklung in der deutschen Studentenbewegung, München-Wien 1985. Siehe auch Kap. III.3.

Erörterungen über Legitimität und Praxis des »Widerstandes« und der Gewalt. Auch wenn diese Theorien in der APO und ihren Organisationen kontrovers diskutiert und keineswegs überall bitterernst genommen wurden, die meisten Protestler zudem mit dem ideologischen Sprengstoff hantierten, ohne viele Gedanken an die praktischen Konsequenzen zu verschwenden, so war doch ein geistiger Nährboden entstanden, auf den sich kompromißlose Verfechter linker Heilslehren bei ihrer Kampfansage an den demokratischen Staat würden berufen können.

Wenn es am Rande von APO-Kundgebungen häufig zu Gewalttätigkeiten kam[662], war dies nicht in erster Linie oder jedenfalls nicht allein auf das unangemessene Vorgehen der Sicherheitskräfte zurückzuführen; vielmehr nutzten radikale Minderheiten den in der Theorie geschaffenen Spielraum, um angestauten Aggressionen und ihrem Betätigungsdrang freien Lauf zu lassen. »Bommi« Baumann[663], später Mitglied der »Bewegung 2. Juni«, hat diese Entwicklung in seinen Erinnerungen beschrieben: »Für mich war das sowieso klar, Revolution is 'ne Gewaltgeschichte, und irgendwann fängst du damit sowieso an, und dann bereitest du dich so früh wie möglich darauf vor. Für mich war die Tendenz dahin, wenn du so 'ne Sache machst, dann machst se gleich richtig, dann fängst du auch an, irgendwie Schritte in die Wege zu leiten, daß du eines Tages diese Gewalt auch wirkungsvoll einsetzen kannst gegen den Apparat.«[664] Wie für manch anderen begann auch für Baumann der Einstieg mit vergleichsweise harmlosen Delikten, etwa dem Einwerfen von Scheiben und dem Zerstechen von Autoreifen. Nach und nach aber sammelten sich militante Gruppen, die bereit waren, die politisch verstandene Gewaltanwendung zu forcieren und zu systematisieren.

Noch in einem weiteren Aspekt bildete die Studentenbewegung eine Voraussetzung: Vor allem in den großen Universitätsstädten, so etwa in Berlin, Frankfurt, Heidelberg und München, entstanden subkulturelle Milieus, deren (überwiegend studentische) Mitglieder den Rückzug aus der bürgerlichen Konsumwelt propagierten, neue Lebensformen erprobten und in der Fundamentalkritik am politischen System der Bundesrepublik übereinstimmten[665]. Diese »Szene« wies zahlreiche Verbindungslinien zur Mehrheitskultur auf. Schließlich konnten manche Kritikpunkte der Studenten auf breitere Zustimmung hoffen: Der Ruf nach Reformen erscholl Ende der sechziger Jahre selbst aus den Reihen der »etablierten« Parteien, besonders der SPD und der FDP, aber auch bei Teilen der Unionsparteien. Der Krieg der Amerikaner in Vietnam, der die Zivilbevölkerung zunehmend in Mitleidenschaft zog, wurde von der Öffentlichkeit mit wachsender Skepsis wahrgenommen, gingen auch die wenigsten so

---

662 Vgl. VSB 1968, S. 92–97;
663 Zur Person: Uwe Backes, Biographisches Porträt: Michael »Bommi« Baumann, in: ders./ Eckhard Jesse (Hrsg.), Jahrbuch Extremismus & Demokratie, Bd. 1, Bonn 1989, S. 196–204.
664 Bommi Baumann, Wie alles anfing, München 1982 (1975), S. 25.
665 Die Westberliner »Szene« wird eingehend beschrieben bei: Dieter Claessens/Karen de Ahna, Das Milieu der Westberliner »scene« und die »Bewegung 2. Juni«, in: W. von Baeyer-Katte/D. Claessens/H. Feger/F. Neidhardt (Anm. 208), S. 20–181. Siehe ferner: Walter Hollstein, Der Untergrund. Zur Soziologie jugendlicher Protestbewegungen, Neuwied-Berlin 1970². Zur Theorie der »Subkultur« siehe: Mike Brake, Soziologie der jugendlichen Subkulturen. Eine Einführung, Frankfurt/M.-New York 1981 (Original: The Sociology of Youth Culture and Youth Subcultures, London 1980). Vgl. zum Verhältnis von Studentenbewegung und Terrorismus auch: Hermann Lübbe, Endstation Terror. Rückblick auf lange Märsche, Stuttgart 1978.

weit wie die rebellischen Studenten und ihre Anführer, die den Vietkong hochjubeln ließen (unter dem rhythmischen Schlachtgesang »Ho Ho Ho Chi Minh«) und die Amerikaner verteufelten. Aber längst nicht alle sahen in den demonstrierenden Studenten in erster Linie Störenfriede, die Ruhe und Ordnung im Lande gefährdeten. Viele erkannten in dem außerparlamentarischen politischen Engagement gewisse Chancen für eine Vitalisierung des politischen Systems.

Mancherlei Sympathien bei Intellektuellen und Teilen des Bürgertums wurden allerdings wiederum durch den Fundamentalismus mancher Protestler getrübt. Diese stellten das politische System in der Bundesrepublik in eine Kontinuitätslinie zum NS-Regime, erklärten es als unreformierbar. Ungeachtet der Vagheit und Zweifelhaftigkeit der propagierten Alternativkonzepte[666], forderten sie eine radikale Veränderung der bestehenden Verhältnisse. Obwohl sich die meisten nach der von Dutschke ausgegebenen Parole auf einen »langen Marsch durch die Institutionen« vorbereiteten und der Weckung revolutionären Bewußtseins in der Bevölkerung ein hohes Gewicht beimaßen[667], kündigte man auch denen die linke Solidarität nicht auf, die den Terror als probates Mittel zur Systemveränderung erklärten. Besonders in der Anfangsphase, als die Aktionen der Terroristen noch Menschenleben schonten, sympathisierten viele mit den Militanten, und nicht wenige leisteten ihnen Unterstützerdienste. Die linke »Szene« diente den entstehenden terroristischen Gruppierungen in mannigfacher Weise: als Unterschlupf und Operationsbasis, zur Kommunikation, als Kontaktfeld zu (vermeintlichen) Klientelgruppen, zur Rekrutierung neuer Mitglieder.

4.2 Die erste Terroristen-»Generation«

Mit dem Attentat (April 1968) auf Rudi Dutschke war die Studentenbewegung eines ihrer führenden Köpfe beraubt worden. In der Folgezeit schwanden die Hoffnungen auf eine tiefgreifende Systemveränderung, die Dynamik der Protestbewegung verflachte, und bei vielen Aktiven breitete sich ein Gefühl der Ernüchterung aus. Das Ende der Großen Koalition und die Regierungsübernahme des sozial-liberalen Bündnisses im darauffolgenden Jahr nahm den außerparlamentarischen Kräften zusätzlich Wind aus den Segeln[668]. Während ein Teil der Bewegung resignierte, den Rückzug ins Private antrat oder sich nach und nach in das politische System mit seinen Institutio-

---

666 Vor allem diverse Modelle der Rätedemokratie wurden lebhaft erörtert. Siehe dazu den Band von W. Gottschalch (Anm. 409). Ferner die Stellungnahmen von: Udo Bermbach, Rätegedanke versus Parlamentarismus? Überlegungen zur aktuellen Diskussion der Neuen Linken, in: Winfried Steffani (Hrsg.), Parlamentarismus ohne Transparenz, Opladen 1970, S. 245–265 und Klaus von Beyme, Parlamentarismus und Rätesystem – eine Scheinalternative, in: ZfP, 17 (1970), S. 27–39.

667 Siehe dazu das Interview, das Günter Gaus im Dezember 1967 mit Rudi Dutschke führte, abgedruckt in: Die Mythen knacken. Materialien wider ein Tabu. Neue Linke – RAF – Deutscher Herbst, hrsg. von der Linken Liste an der Universität Frankfurt, Frankfurt/M. 1987, S. 11–14 (das Gespräch wurde am 3. Dezember 1967 im Ersten Deutschen Fernsehen ausgestrahlt). Vgl. dazu auch: Rudi Dutschke, Mein langer Marsch. Reden, Schriften und Tagebücher aus zwanzig Jahren, hrsg. von Gretchen Dutschke-Klotz, Helmut Gollwitzer und Jürgen Miermeister, Reinbek bei Hamburg 1980.

668 Vgl. zur Geschichte der Studentenbewegung die materialreiche Studie (aus marxistisch-leninistischer Sicht) von: Gerhard Bauß, Die Studentenbewegung der sechziger Jahre in

nen eingliederte, reagierte eine dem System wie der Realität entfremdete Minderheit auf das Schwinden ihrer Revolutionserwartungen mit einer denkbar radikalen Konsequenz: Sie erklärte der Gesellschaft den Krieg. Es schlug die Stunde des Terrorismus.

Die Idee einer »Stadtguerilla« nach lateinamerikanischem Vorbild war in der APO weit verbreitet: »Sie schwamm von Anfang an mit im Gedanken und Gefühlsstrom der 68er Generation und wurde mit einer heute unvorstellbaren Offenheit auf teach-ins diskutiert, an denen Tausende teilnahmen. Allerdings wurden diese Diskussionen mit einer gewissen Unschuld geführt: sie hatten sich noch nicht zu einer Strategie des bewaffneten Kampfes gefestigt und mußten sich an der entsprechenden Praxis nicht messen lassen.«[669] Auch in den ideologischen Zentren der Bewegung spielt man mit Gedanken dieser Art. Der Studentenführer Rudi Dutschke selbst plädierte im September 1967, auf der 22. Delegiertenkonferenz des SDS, für eine »Urbanisierung ruraler Guerilla-Tätigkeit«. Herbert Marcuses Schreckensbild vom »eindimensionalen Menschen« bot ihm hierfür den geeigneten Anknüpfungspunkt. Um die »passiven und leidenden Massen« aus ihrer Lethargie aufzurütteln, müsse die »›Propaganda der Schüsse‹ (Che) in der ›Dritten Welt‹ [...] durch die ›Propaganda der Tat‹ in den Metropolen vervollständigt werden«.[670]

War es am Rande von Demonstrationen, besonders nach dem tödlichen Schuß auf Benno Ohnesorg (2. Juni 1967), immer wieder zu Gewalttätigkeiten zwischen Protestlern und anfangs überfordert scheinenden Sicherheitskräften gekommen, erhielt die politisch motivierte Gewaltsamkeit nun eine neue Qualität. Seit dem Sommer 1967 waren in verschiedenen deutschen Städten Brand- und Sprengstoffanschläge verübt worden. Teils konnten keine Täter ermittelt werden, teils übernahmen örtlich operierende »Tupamaros« die Verantwortung[671]. Als bedeutsamer für die kommende Entwicklung terroristischer Gewaltsamkeit sollte sich jedoch eine Brandstiftung in einem Frankfurter Kaufhaus erweisen, die Anfang April 1968 Aufsehen erregte. Es war erheblicher materieller Schaden entstanden[672]. Unter den wenig später Verhafteten befanden sich der aus München stammende Andreas Baader[673] und die schwäbi-

der Bundesrepublik und Westberlin. Handbuch, Köln 1977. Siehe zur Literaturlage: U. Backes/E. Jesse (Anm. 29), Kap. IV.

669 So Peter Schneider in: Peter-Jürgen Boock/ders., Ratte – tot . . . Ein Briefwechsel, Darmstadt–Neuwied 1985, S. 9.

670 Rudi Dutschke/Hans-Jürgen Krahl, Organisationsreferat. Gehalten von Rudi Dutschke auf der 22. Delegiertenkonferenz des SDS, 1967, in: Linke Liste an der Universität Frankfurt (Hrsg.), Die Mythen Knacken. Materialien wider ein Tabu, Frankfurt/M. 1987, S. 137–139, 139. Siehe dazu auch Uwe Backes, Bleierne Jahre. Baader-Meinhof und danach, Erlangen 1991; Gerhard Hertel, Das Proben der Gewalt, in: F. Schneider (Anm. 640), S. 161–211.

671 Genaue Daten enthält: Amtlicher Ereigniskalender des Terrorismus 1967–1980, in: Axel Jeschke/Wolfgang Malanowski (Hrsg.), Der Minister und der Terrorist. Gespräche zwischen Gerhard Baum und Horst Mahler, Reinbek bei Hamburg 1980, S. 155–222.

672 Ablauf der Ereignisse, Zusammenhänge und personeller Hintergrund werden bis in Einzelheiten rekonstruiert bei: Stefan Aust, Der Baader-Meinhof-Komplex, Hamburg 1985; Butz Peters, RAF, Terrorismus in Deutschland, Stuttgart 1991. Wichtig für die Biographien der Hauptakteure auch: Jillian Becker, Hitlers Kinder? Der Baader-Meinhof-Terrorismus, Frankfurt/M. 1978 (Original: Hitler's Children. The Story of the Baader-Meinhof Gang, London-Toronto-Sidney-New York 1977). Siehe dazu: U. Backes/E. Jesse (Anm. 29), Kap. V.

673 Zur Person: U. Backes/E. Jesse (Anm. 31).

sche Pfarrerstochter und Studentin an der Freien Universität Berlin, Gudrun Ensslin[674]. Vor Gericht bezeichneten sie die Brandstiftung als eine politische Aktion und erklärten: »Wir taten es aus Protest gegen die Gleichgültigkeit, mit der die Menschen dem Völkermord in Vietnam zusehen.«[675]

Gudrun Ensslin (geb. 1940) war im Sommer 1965 zusammen mit ihrem Verlobten Bernward Vesper, einem Sohn des Nazi-Dichters Will Vesper, nach Westberlin gekommen, wo sie sich an der Freien Universität in den Fächern Germanistik und Anglistik immatrikulierte. Hatte sie im Bundestagswahlkampf 1965 noch die SPD unterstützt, verließ sie bald darauf aus Protest gegen die Bildung der Großen Koalition die Partei und trat dem SDS bei. Dieser entwickelte sich in den kommenden Jahren zu einem geistigen und strategischen Zentrum der Studentenbewegung. Gudrun Ensslin nahm an zahlreichen Demonstrationen der APO teil. Das aktive politische Engagement intensivierte noch ihre politischen Vorstellungen, die vom protestantischen Elternhaus geprägt und von Moralismus durchtränkt waren. Im Jahre 1967 veränderten sich auch ihre persönlichen Umstände: Sie ging eine neue Beziehung ein, trennte sich von Vesper und dem gemeinsamen Sohn und zog Anfang 1968 nach Frankfurt um.

Ihr neuer Begleiter, Andreas Baader (geb. 1943), war Anfang der sechziger Jahre von München nach Westberlin gekommen – vor allem um dem Wehrdienst zu entgehen. Kurzzeitig hatte er bei der »Bild«-Zeitung gearbeitet, war jedoch zumeist ohne feste Anstellung und verkehrte in Kreisen der Berliner Bohème. Durch Gudrun Ensslin wurde er mit revolutionären politischen Theorien konfrontiert, die seinem rebellischen und aktionistischen Temperament entgegenkamen. So leichtfertig, wie er sich zuvor über die Normen der bürgerlichen Gesellschaft hinweggesetzt hatte, sagte er nun dem demokratischen Staat den Kampf an.

Die Brandstiftung, die beide am Frankfurter »Kaufhaus Schneider« im April 1968 begingen, sollte erst der Anfang sein. Freilich wurde ihr Betätigungsdrang zunächst unterbrochen: Kurz nach der Tat verhaftete die Polizei die Brandstifter. Mitte Oktober begann der Prozeß. Verteidiger Andreas Baaders war Horst Mahler, Mitglied eines »sozialistischen Anwaltskollektivs«, gegen das zu dieser Zeit selbst bereits ein Strafverfahren lief – wegen Beteiligung an der mit Gewalttätigkeiten verbundenen Demonstration gegen den Springer-Verlag, die nach dem Attentat auf Rudi Dutschke stattgefunden hatte. Baader und Ensslin wurden zu einer Freiheitsstrafe von drei Jahren verurteilt und verbrachten die folgende Zeit erst einmal in Haft. Aufgrund eines Revisionsantrags im Juni 1969 entlassen, kehrten beide nach Ablehnung des Begehrens nicht in das Gefängnis zurück. Einige Zeit setzten sie sich ins Ausland ab, reisten jedoch bald wieder heimlich in die Bundesrepublik und nach Westberlin ein. Im April 1970 nahm die Polizei Andreas Baader bei einer Verkehrskontrolle fest.

Inzwischen war der Entschluß gefallen, endgültig in den Untergrund zu gehen und das »kapitalistische« System in der Bundesrepublik mit Gewalt zu bekämpfen. Dazu aber sollte Baader aus der Haft befreit werden. Die linke Journalistin Ulrike Meinhof[676], die Baader und Ensslin in Berlin kennengelernt hatte, nachdem sie in einer

---

674 Zur Person: Kap. V.4.2.
675 Zitiert nach: St. Aust (Anm. 672), S. 69.
676 Zur Person: Kap. V.4.5. Idealisierend: Mario Krebs, Ulrike Meinhof. Ein Leben im Widerspruch, Reinbek bei Hamburg 1988.

Kolumne für die Zeitschrift »Konkret« bereits zuvor verständnisvolle Worte für die Kaufhausbrandstiftung gefunden hatte[677], erklärte sich zur Mithilfe bei dem Unternehmen bereit. Im Mai 1970 wurde Baader gewaltsam aus der Bibliothek des Instituts für Soziale Fragen in Berlin-Dahlem befreit. Ein Institutsangestellter erlitt eine schwere Schußverletzung. Neben Ensslin und Baader hatte nun auch die in linken Kreisen gefeierte Journalistin Ulrike Meinhof den Weg in die Illegalität beschritten. Rechtsanwalt Horst Mahler[678], im März wegen Land- und Hausfriedensbruchs verurteilt, schloß sich der Gruppe an, die bald als »Baader-Meinhof-Bande« für Schlagzeilen sorgte und den programmatischen Namen »Rote Armee Fraktion« (RAF) annahm.

In der Folgezeit gingen die in den Untergrund Abgetauchten an den Aufbau einer terroristischen Organisation. Andreas Baader, Gudrun Ensslin, Horst Mahler, Ulrike Meinhof und einige andere Mitstreiter absolvierten eine paramilitärische Ausbildung in einem palästinensischen Camp in Jordanien. In die Bundesrepublik zurückgekehrt, führte die Gruppe bewaffnete Banküberfälle durch. Bei Schußwechseln zwischen Polizei und Terroristen kamen auf beiden Seiten Menschen ums Leben. Im Mai 1972 gingen auf das Konto der RAF mehrere Attentate, die Tote und Verletzte forderten: auf das Hauptquartier des fünften US-Army-Korps in Frankfurt, das Hochhaus des Springer-Verlags in Hamburg und das Heidelberger Hauptquartier der US-Streitkräfte. Bei der Explosion einer Autobombe erlitt die Frau des Bundesrichters Buddenberg schwere Verletzungen[679]. Durch die Anschlagserie wurde die Öffentlichkeit mobilisiert. Breite Bevölkerungskreise beobachteten mit einer Mischung aus Entsetzen und Zorn, wie eine Gruppe politisch motivierter Straftäter sich erdreistete, dem auf breiter Konsensgrundlage ruhenden demokratischen Staat mit Waffengewalt entgegenzutreten. Die in der Geschichte der Bundesrepublik neuartigen Vorgänge versetzten die Sicherheitskräfte in höchste Alarmbereitschaft und lösten einen Großeinsatz der Polizei aus.

Im April 1971 war eine Flugschrift (»Das Konzept Stadtguerilla«) in Umlauf gekommen, die, wie sich später herausstellte, von Ulrike Meinhof stammte und den

---

677 Allerdings konnte sie der dahinter stehenden Methode noch wenig abgewinnen: »Warenhausbrandstiftung« wirke »systemerhaltend, konterrevolutionär«, da die Kapitalisten, die den Schaden von der Versicherung zurückerstattet bekämen, davon eher profitierten. Das »progressive Element« liege dagegen »in der Kriminalität der Tat, im Gesetzesbruch«, da das Gesetz, »das da gebrochen wird durch Brandstiftung [...] nicht die Menschen, sondern das Eigentum« schütze. Die Autorin schließt ihre Argumentation: »So bleibt, daß das, worum in Frankfurt prozessiert wird, eine Sache ist, für die Nachahmung – abgesehen noch von der ungeheuren Gefährdung für die Täter, wegen der Drohung schwerer Strafen – nicht empfohlen werden kann. Es bleibt aber auch, was Fritz Teufel auf der Delegiertenkonferenz des SDS gesagt hat: ›Es ist immer noch besser, ein Warenhaus anzuzünden, als ein Warenhaus zu betreiben.‹ Fritz Teufel kann manchmal wirklich sehr gut formulieren.« Vgl. Ulrike Meinhof, Warenhausbrandstiftung (1968), in: dies., Die Würde des Menschen ist antastbar. Aufsätze und Polemiken, Berlin 1980, S. 153–156.

678 Zur Person: Kap. V.4.4.

679 Einen unmittelbaren Eindruck – wenn in den Einzelheiten auch mit Vorsicht zu genießen – vermitteln zwei Dokumentationen aus den Jahren 1972/73: Der Baader-Meinhof-Report. Dokumente – Analysen – Zusammenhänge. Aus den Akten des Bundeskriminalamtes, der »Sonderkommission, Bonn« und dem Bundesamt für Verfassungsschutz, Mainz 1972; Reinhard Rauball, Die Baader-Meinhof-Gruppe, Berlin-New York 1972.

Versuch einer Rechtfertigung des »bewaffneten Kampfes« in der Bundesrepublik enthielt[680]. In längeren Ausführungen versuchte die Verfasserin zunächst, das nach ihrer Auffassung falsche Bild zu korrigieren, das in der Öffentlichkeit von der Gruppe entstanden sei. Dann jedoch kam sie zum entscheidenden Punkt: »Wir behaupten, daß die Organisierung von bewaffneten Widerstandsgruppen zu diesem Zeitpunkt in der Bundesrepublik und Westberlin richtig ist, möglich ist, gerechtfertigt ist. Daß es richtig, möglich und gerechtfertigt ist, hier und jetzt Stadtguerilla zu machen.« Die Mitglieder der RAF seien weder »Blanquisten« noch »Anarchisten«, womit wohl gemeint war, daß weder ein Staatsstreich noch Bewußtseinsveränderungen allein Bestandteile der revolutionären Strategie sein sollten: »Wir sagen nicht, daß die Organisierung illegaler bewaffneter Widerstandsgruppen legale proletarische Organisationen ersetzen könnten und Einzelaktionen Klassenkämpfe und nicht, daß der bewaffnete Kampf die politische Arbeit im Betrieb und im Stadtteil ersetzen könnte.« Beides gehöre vielmehr untrennbar zusammen.

Warb die Verfasserin der Schrift um die Unterstützung und Solidarität der revolutionären »Linken«, so wurde aus später verteilten Schriften deutlich, daß sich die Mitglieder der RAF selbst jene Funktion zugedachten, die Lenin für die von ihm geforderte Kaderpartei vorgesehen hatte: die einer revolutionären Vorhut (»Avantgarde«). Die terroristische Gruppe sollte mit ihren Aktionen das revolutionäre Feuer in den »Metropolen« des »Kapitalismus« entfachen und die »Massen« mobilisieren. Daneben war den Attentaten ein weiterer Effekt zugedacht: die existentielle Verunsicherung des Klassenfeindes. Die Gesellschaftsanalyse der RAF wurde von marxistisch-leninistischen Deutungsmustern bestimmt, während ihre strategischen Konzeptionen den Einfluß jener Theoretiker des Guerillakrieges verrieten, die zur Pflichtlektüre studentischer Revolutionsromantiker gehört hatten: Debray, Fanon, Guevara, Mao, Marighella[681]. Der sich über die Widrigkeiten der Realität erhaben hinwegsetzende theoretische »Überbau« lenkte allerdings von zwei für das Verständnis der Gruppe bedeutsamen Sachverhalten ab: Die terroristische Praxis war viel weniger das Produkt theoretischer Analyse als die Konsequenz revolutionärer Ungeduld und einer Flucht aus der Wirklichkeit in die vermeintlich »befreiende Tat«. Zudem verselbständigten sich die Gruppenaktivitäten unter den Bedingungen des Untergrundes, so daß die RAF weit von der Verwirklichung ihrer Programmatik entfernt blieb. Bereits im Oktober 1970 war die terroristische »Karriere« Horst Mahlers und seiner Begleiterinnen von den Sicherheitskräften beendet worden. Im Juni 1972, gut zwei Jahre nach der Befreiungsaktion in Berlin-Dahlem, konnte die Polizei auch Andreas Baader, Gudrun Ensslin und Ulrike Meinhof verhaften. Das Projekt der »Roten Armee Fraktion« war unvollendet geblieben, ein Mobilisierungseffekt nicht eingetreten, der Sicherheitsapparat des Staates im Zuge der Verfolgungsmaßnahmen eher gestärkt als geschwächt worden.

Die einmal begonnene terroristische Praxis entwickelte jedoch Eigendynamik. Der Untergrund übte eine gewisse Faszinationskraft aus, die terroristischen Kämpfer

---

680 Im folgenden wird aus einem Abdruck zitiert, der am 21. April 1971 im »Berliner Extra Dienst« erschien. Die Flugschrift ist abgedruckt bei: U. Backes/E. Jesse (Anm. 31), Kap. III.2.3.

681 Zur Ideologie der RAF siehe vor allem: Iring Fetscher/Herfried Münkler, Ideologien und Strategien, Analysen zum Terrorismus 1, Opladen 1981.

fanden gläubige Anbeter und nach Taten drängende Nachahmer. Zudem setzten die inhaftierten RAF-Aktivisten ihren Kampf aus der Haft heraus fort. Dies gelang ihnen in erster Linie über die mancherorts gebildeten Gefangenen-Hilfskomitees. Aus ihnen rekrutierte sich eine zweite RAF-»Generation«, die ihre Vorgänger an Härte, Brutalität und Risikobereitschaft noch übertraf. Im April 1975 überfiel ein »Kommando Holger Meins« die deutsche Botschaft in Stockholm (das RAF-Mitglied Holger Meins war im November 1974 an den Folgen eines Hungerstreiks in der Haftanstalt Wittlich/Eifel gestorben), um die Freilassung »politischer Gefangener« zu erpressen. Als sich die Bundesregierung weigerte, den Forderungen der Terroristen nachzukommen, wurden der Militärattaché Andreas von Mirbach und der Botschaftsrat Heinz Hillegaart erschossen. Bei der Erstürmung des Gebäudes durch die Polizei erlitten sieben Botschaftsangehörige zum Teil schwere Verletzungen. Von den Terroristen kam einer ums Leben, ein anderer erlag später seinen Verletzungen, vier weitere wurden festgenommen.

Zwar erregte die RAF in den siebziger Jahren mit spektakulären Aktionen bei weitem das größte Aufsehen in der Öffentlichkeit. Doch waren aus dem Milieu des studentischen Protestes auch andere terroristische Gruppierungen hervorgegangen. Anfang der siebziger Jahre entstand als eigentümliches Produkt der Berliner Militanten-»Szene« (»Blues«, »Haschrebellen«) die »Bewegung 2. Juni« – benannt nach dem Tag der Erschießung Benno Ohnesorgs (1967)[682]. Ihre Aktivitäten blieben im wesentlichen auf das Territorium West-Berlins beschränkt. In der Anfangsphase erfüllte die RAF eine wichtige Vorbildfunktion für die Gruppe; zeitweilig erhielt der Kreis um Georg von Rauch und Michael (genannt »Bommi«) Baumann auch finanzielle und logistische Unterstützung durch die RAF. Der Aufbau einer fester gefügten Organisation begann nach dem Tod des bisherigen Anführers der Gruppe, Georg von Rauch, der im Dezember 1971 bei einem Feuergefecht mit der Polizei ums Leben kam. Die Gemäßigteren verließen die Gruppe (unter ihnen Michael »Bommi« Baumann), während die verbliebenen Aktivisten an die Planung systematischer Gewaltaktionen gingen. Ein erstes Opfer fand diese radikalisierte Strategie im Februar 1972, als der Bootsbauer Erwin Beelitz durch die Explosion eines von Mitgliedern der »Bewegung 2. Juni« gefertigten Sprengsatzes getötet wurde.

Im Gegensatz zur RAF, die sich als hierarchisch strukturierte Kaderorganisation mit marxistisch-leninistischer Ausrichtung organisiert hatte, blieb die »Bewegung 2. Juni« lange Zeit ein locker gefügter Verband kleiner, weitgehend autonomer Gruppen mit egalitärem Aufbau. Die anarchoide Ausrichtung, eine ungeregelte Lebensweise der Aktivisten, mangelnde Disziplin und Koordination machten eine langfristige Planung nahezu unmöglich und erschwerten die Durchführung größerer Operationen. Zudem sollte jede Aktion nach dem Selbstverständnis eine Signalwirkung für die »Massen« beinhalten, für den einzelnen in seiner alltäglichen Lebenssituation unmittelbar »verstehbar« sein.

Wegen der großen Zahl inhaftierter »Genossen« (einschließlich der RAF) konzentrierten sich die Aktivitäten auf deren Befreiung. In diesem Zusammenhang wurden von Anfang an Erpressungsaktionen durch Geiselnahme erwogen[683]. Im Novem-

---

682   Vgl. zur »Bewegung 2. Juni« vor allem: D. Claessens/K. de Ahna (Anm. 665).
683   Vgl. zu den Operationen der Gruppe: Werner Kahl, Vorsicht Schußwaffen! Von kommunistischem Extremismus, Terror und revolutionärer Gewalt, München 1986, S. 81–100.

ber 1974 versuchte ein Kommando, den Kammergerichtspräsidenten Günter von Drenkmann zu entführen. Als dieser sich zur Wehr setzte, wurde er erschossen. An der Aktion maßgeblich beteiligt waren Ralf Reinders und Juliane Plambeck. Wenige Monate später, während des Wahlkampfes zur Berliner Abgeordnetenkammer, kidnappten Aktivisten des »2. Juni« den CDU-Spitzenkandidaten Peter Lorenz. Dieser kam wieder frei, nachdem die Behörden auf die Forderung der Geiselnehmer nach Freilassung »politischer Häftlinge« eingegangen waren.

Gabriele Kröcher-Tiedemann[684], eine der fünf Terroristen, die sich in Begleitung des Pfarrers und ehemaligen Berliner Oberbürgermeisters Heinrich Albertz in den Südjemen abgesetzt hatten, soll wenige Monate später an dem Überfall auf die OPEC-Konferenz in Wien teilgenommen haben. In einem späteren Prozeß wurde sie in diesem Punkt allerdings mangels Beweisen freigesprochen. Das Kommando wurde von dem legendären Terroristenchef Carlos (der richtige Name des 1949 geborenen Venezolaners lautet: Iljitsch Ramirez Sanchez) angeführt[685]. Ihm gehörte auch das Mitglied der »Revolutionären Zellen« (RZ) Hans-Joachim Klein[686] an, der eine schwere Verletzung erlitt und sich bald darauf vom Terrorismus lossagte. Kröcher-Tiedemann wurde 1977 in der Schweiz verhaftet und wegen zweifachen Mordversuchs zu einer Freiheitsstrafe von 15 Jahren verurteilt. Ihr Fall erregte im November 1983 noch einmal Aufsehen, als der international gesuchte Terrorist Carlos Bundesinnenminister Friedrich Zimmermann zu ermorden drohte, falls (die inzwischen geschiedene) Gabriele Tiedemann vor ein deutsches Gericht käme[687]. Der Komplex verdeutlicht sowohl die internationalen Verbindungen des Terrorismus als auch die Kooperation verschiedener terroristischer Gruppierungen.

Eine (punktuelle) Zusammenarbeit zwischen »Bewegung 2. Juni« und den RZ erscheint insofern nicht sehr ungewöhnlich, als beide Organisationen über ihr Bekenntnis zur politisch verstandenen Gewaltpraxis hinaus mancherlei Berührungspunkte aufwiesen. Auch die RZ kristallisierten sich Anfang der siebziger Jahre aus der militanten linken »Szene« heraus[688]. Wie beim »2. Juni« fand in ihren Reihen eine Auseinandersetzung mit Strategie und Taktik der RAF statt. Daß bei einigen RAF-Aktionen auch Mitglieder der »Arbeiterklasse« zu Schaden gekommen waren, hatte selbst in sympathisierenden Kreisen heftige Kritik ausgelöst. Derartiges mußte unter allen Umständen vermieden werden, um einen Mobilisierungseffekt nicht von vornherein zu unterbinden. Zudem sollten die Aktionen direkt an konkreten gesellschaftlichen Problemfeldern anknüpfen. Auf diese Weise würde ein unmittelbarer Kontakt zu entsprechenden Protestgruppen eintreten, wobei legale und illegale Betätigungsformen einander ergänzen könnten.

---

684 Zur Person: U. Backes/E. Jesse (Anm. 31).
685 Die abenteuerliche Figur des Topterroristen Carlos hat viele Autoren in ihren Bann geschlagen. Siehe etwa: Michael Müller/Andreas Kanonenberg, Die RAF-Stasi-Connection, Berlin 1992.
686 Zur Person: Hans-Joachim Klein, Rückkehr in die Menschlichkeit. Appell eines ausgestiegenen Terroristen, Reinbek bei Hamburg 1979. Zur Biographie ferner das Gespräch mit Daniel Cohn-Bendit: Irgendwo Januar 1985, in: Daniel Cohn-Bendit (Hrsg.), Wir haben sie so geliebt, die Revolution, Frankfurt/M. 1987. Siehe auch: U. Backes/E. Jesse (Anm. 31).
687 Vgl. »Eine Drohung von ›Carlos‹ vor dem Tiedemann-Prozeß«, in: FAZ vom 19. November 1983, S. 5.
688 Vgl. insbesondere: W. Kahl (Anm. 683), S. 101–111.

Ende 1973 verübten Mitglieder einer »Revolutionären Zelle« Sprengstoffanschläge auf Tochtergesellschaften von ITT in Nürnberg und Berlin. Weitere Attentate auf Sachobjekte folgten 1974 und 1975. Unter anderem wurde das Bundesverfassungsgericht in Karlsruhe Ziel eines Anschlags, für den Mitglieder von RZ die Verantwortung übernahmen. Die Täter begründeten ihr Vorgehen in einem Rechtfertigungsschreiben mit der Entscheidung des Gerichts anläßlich der Neufassung des § 218 StGB[689]. 1976 waren das Oberlandesgericht in Hamm und ein Offiziersclub der US-Army in Frankfurt, 1977 die Firma MAN und die Bundesärztekammer in Köln Ziele von Anschlägen der RZ.

Aktionen der RZ richteten sich in aller Regel gegen Sachobjekte mit Symbolfunktion wie staatliche Einrichtungen, industrielle und militärische Anlagen. Die Aufklärung derartiger Aktionen bereitete den Sicherheitsbehörden größte Schwierigkeiten, da die Attentäter das Risiko einer Entdeckung offenkundig so gering wie möglich zu halten gedachten. Die vergleichsweise »bedeckte« Terrorstrategie der RZ sollte es den Mitgliedern ermöglichen, aus einer anscheinend »normalen« bürgerlichen Existenz heraus zu agieren (»Feierabendterrorismus«). Auch die organisatorische Struktur trug dieser Konzeption Rechnung: Es handelt sich um ein Netz locker verbundener, weitgehend selbständiger, regional operierender Zellen mit jeweils nur wenigen Mitgliedern. Zwar konnten auf diese Weise keine aufwendigen Operationen (wie zum Beispiel Geiselnahme) vorgenommen werden; die Gefahr einer Aufdeckung des Zellennetzes durch die Sicherheitskräfte ließ sich jedoch auf diese Weise minimieren.

4.3 Der »deutsche Herbst« 1977

Im Jahre 1977 erreichten die Aktionen der RAF einen blutigen Höhepunkt. Im April verübten die Terroristen ein Attentat auf den Generalbundesanwalt Siegfried Buback, bei dem dieser und seine Begleiter Wolfgang Göbel und Georg Wurster getötet wurden. Wenige Monate darauf ermordeten sie den Vorstandsvorsitzenden der Dresdner Bank, Jürgen Ponto, in seinem Haus. Im August schlug ein geplanter Anschlag auf die Bundesanwaltschaft in Karlsruhe, der mit hoher Wahrscheinlichkeit zahlreichen Menschen das Leben gekostet hätte, aufgrund des technischen Versagens der von Terroristen installierten Flächenschußvorrichtung fehl.

Anfang September schließlich entführten Mitglieder des RAF-»Kommando Siegfried Hausner« den Arbeitgeberpräsidenten Hanns Martin Schleyer und erschossen seine Begleiter. Die Entführer forderten die Freilassung der RAF-Häftlinge Andreas Baader, Gudrun Ensslin, Jan Carl Raspe, Verena Becker, Werner Hoppe, Karl-Heinz Dellwo, Hanna Krabbe, Bernd Rössner, Ingrid Schubert und Irmgard Möller. Der Bundeskanzler berief einen Krisenstab ein, der in den folgenden Wochen regelmäßig zusammentrat. Darüber hinaus wurden die Partei- und Fraktionsvorsitzenden der im Bundestag vertretenen Parteien informiert und konsultiert. Als die Bundesregierung, die im Gegensatz zum Entführungsfall Lorenz von Anfang an nicht an eine Freilassung der RAF-Häftlinge dachte, gegenüber den Entführern auf Zeitgewinn

---

689 Vgl. zu diesem Komplex: Hans Josef Horchem, Die verlorene Revolution. Terrorismus in Deutschland, Herford 1988, S. 82–96.

setzte, kaperte ein palästinensisches Terroristen-Kommando die Lufthansamaschine »Landshut«, um den Forderungen der RAF Nachdruck zu verleihen. Eine Spezialeinheit (GSG 9) stürmte das Flugzeug und befreite die Geiseln. Daraufhin begingen die in Stammheim inhaftierten RAF-Häftlinge Andreas Baader, Gudrun Ensslin und Jan-Carl Raspe Selbstmord (Ulrike Meinhof war bereits im Jahr zuvor freiwillig aus dem Leben geschieden)[690]. Trotz der über sie verhängten »Kontaktsperre« hatten sie den Ablauf der Ereignisse dank eines mit primitiven Mitteln installierten Kommunikationssystems verfolgen können. Tags darauf fand die Polizei im Elsaß die Leiche des entführten Hanns Martin Schleyer.

Die außerparlamentarischen Protestformen der Studentenbewegung, vor allem aber die von häufig intellektuellen Akteuren raffiniert verübten terroristischen Gewalttaten waren ein Novum in der Geschichte der Bundesrepublik. Sicherheitskräfte und Strafverfolgungsbehörden schienen anfangs überfordert. Aus dieser mangelnden Erfahrung erklären sich manche Über- und Fehlreaktionen. Im Laufe der siebziger Jahre wurde der Sicherheitsapparat erheblich ausgebaut und modernisiert. Um der Herausforderung durch den Terrorismus begegnen zu können, kam es zu einer Erweiterung bestehender gesetzlicher Regelungen – insbesondere auf dem Gebiet des Strafverfahrensrechtes (z. B. Möglichkeit des Ausschlusses von Verteidigern, Überwachung des schriftlichen Verteidigerverkehrs, »Kontaktsperre«, »Trennscheibe« zwischen den Angeklagten und ihren Verteidigern)[691].

Diese Maßnahmen riefen vor allem bei linken Kritikern heftige Reaktionen hervor. Manche sahen den Rechtsstaat in akuter Gefahr[692]. Das Wort vom »deutschen Herbst« (für die inzwischen schon zum Mythos gewordenen Wochen der Schleyer-Entführung, in denen das »Kontaktsperregesetz« im Eilverfahren beraten und verabschiedet und eine »Nachrichtensperre« durch die Bundesregierung verhängt worden war) soll an die Tradition des deutschen Obrigkeitsstaates erinnern, die in der Bundesrepublik ihre Fortsetzung gefunden habe[693]. »Ein deutscher Herbst« lautete die Überschrift einer Textsammlung aus dem Jahre 1978, eingeleitet von Auszügen aus Heinrich Heines »Wintermärchen«. Erläuternd hieß es dort: »*Herbst* und *deutsch*, mit beiden Wörtern haben viele versucht, Mord und Totschlag der jeweiligen Himmel-

---

690 Daß es sich um Selbstmord gehandelt habe, wurde in der linken »Szene« von Anfang an (wohl auch im Interesse einer Legendenbildung) in Zweifel gezogen, obwohl in allen Fällen mehrmalige Untersuchungen durchgeführt worden waren. Stefan Aust, der die Argumentation pro und contra bis in die Einzelheiten durchleuchtet, kann zwar keine schwerwiegenden Indizien für die Ermordung der Häftlinge nennen, läßt aber die Todesursache merkwürdigerweise trotzdem offen. Auch so kann man an Mythen stricken. Vgl. ders. (Anm. 672), S. 573–592.

691 Vgl. die Ausführungen des damaligen Bundesministers der Justiz: Hans-Jochen Vogel, Strafverfahrensrecht und Terrorismus – eine Bilanz, in: NJW, 31 (1978), S. 1217–1228. Vogel begründet eingehend die These, daß der Rechtsstaat durch die strafverfahrensrechtlichen Änderungen nicht geschwächt, sondern gestärkt worden sei.

692 Vgl. etwa: Werner Holtfort, Plädoyer für die Abschaffung der Anti-Terror-Gesetze. Entwurf eines Briefes an die Bundesregierung und die Fraktionen des Bundestags, in: Vorgänge, 18 (1979) 6, S. 9–18. Im Zusammenhang mit der terroristischen Gewaltkriminalität werden die gesetzlichen Regelungen erörtert bei: Werner Klughardt, Die Gesetzgebung zur Bekämpfung des Terrorismus aus strafrechtlich-soziologischer Sicht, München 1984.

693 Tatjana Botzat/Elisabeth Kiderlen/Frank Wolff, Ein deutscher Herbst. Zustände, Dokumente, Berichte, Kommentare, Frankfurt/M. 1978.

fahrtskommandos im Herbst 1977 politisch, atmosphärisch zu bannen.«[694] Einen Abschnitt später erklärten die Autoren, was in diesem Zusammenhang mit dem Attribut »deutsch« gemeint sei: »Mit Deutschland verbinden wir ohne viel Umstand Faschismus und die Nachbarn, die noch mehr Grund dazu haben, auch. Der Streit, ob mehr neuer oder mehr alter Faschismus, scheint eine willkommene Ablenkung von der lästigen Erkenntnis zu sein, daß die herrschende Politik ganz moderner, flexibler Techniken der Krisenbewältigung und aktueller politischer Lösungen mächtig ist und in hohem Maße evident für Millionen, also nicht einfach repressiv. Die Entführung Schleyers war freilich, so sehr Notlösung (?) zur Befreiung der Gefangenen in der Logik der RAF, ein besonderes Geschenk des Himmels oder des Teufels für die Herren von Dingsda. Sogar der ›Bericht aus Bonn‹ wurde plötzlich spannend, und Dankbarkeit empfand die Fernsehgemeinde beim Absingen des Deutschlandliedes anläßlich der Rückkehr der lässigen Fighter aus Mogadischu; die erste Strophe war deutlich zu hören. Faschismus ist das nicht, sondern Reminiszenz an Deutschlands Machtrausch, live übertragen im TV und ebenso irreal wie dieses.«[695]

Die Schärfe dieser mit zynischen Tönen unterlegten Kritik lebt einerseits von einer Horrifizierung der staatlichen Maßnahmen (nicht nur) während der Schleyer-Entführung (wobei gar von einer »kommissarischen Diktatur« im Sinne Carl Schmitts gesprochen worden ist[696]), und andererseits aus einer Verniedlichung der durch den Terrorismus geschaffenen Situation. Der sich darin spiegelnde Realitätsverlust erreicht seinen Höhepunkt, wenn die Autoren das Ausmaß grundsätzlicher Loyalität, die in der Bundesrepublik eine überwältigende Mehrheit den politischen Repräsentanten in Parlament und Regierung entgegenbringt und die bewirkt, daß ein Erpressungsversuch gegenüber der Staatsführung als ein feindlicher Akt gegen jeden einzelnen Staatsbürger empfunden wird, als Beweis für die Verbreitung obrigkeitsstaatlicher Gesinnungen ins Feld führen. Das Zitat läßt im übrigen eine geistige Affinität zu den Verkündern des Terrors erkennen, deren Konzept in erster Linie aus strategisch-taktischen Überlegungen verworfen wird. Man mag übereifrige Maßnahmen und mangelnde Gelassenheit bei politisch Verantwortlichen beklagen; die Schleyer-Entführung taugt dennoch weit weniger als Lehrstück für die Unterhöhlung des Rechtsstaates als für die Breite der von den Terroristen in Frage gestellten Legitimationsbasis des politischen Systems.

4.4 Terrorismus von rechts und links

In den Jahren nach den Exzessen von 1977 konnten die deutschen Sicherheitskräfte – auch in Zusammenarbeit mit den europäischen Nachbarstaaten – wichtige Fahn-

---

694 Ebd., S. 9 (Hervorhebung im Original).
695 Ebd., S. 10 (Hervorhebung im Original).
696 So bei O. Kallscheuer/M. Sontheimer (Anm. 660), S. 23. Siehe auch die unter der Überschrift »Rückschau – ein Deutscher Herbst« versammelten Beiträge (aus den Jahren 1977/ 78) von Karl Heinz Roth, Peter Brückner, Erich Fried, Stefan Aust, Rudi Dutschke, Herbert Marcuse und anderen in folgender Dokumentation: Die Mythen knacken (Anm. 667), S. 38–221. Wenig weiterführend ist die prätentiöse Darstellung von Benno Wagner, Im Dickicht der politischen Kultur. Parlamentarismus, Alternativen und Mediensymbolik vom »Deutschen Herbst« bis zur »Wende«, München 1992.

dungserfolge gegen die RAF erzielen. Eine beträchtliche Zahl von Aktivisten wurde verhaftet (unter anderem Rolf Heissler, Christine Kuby, Gert Richard Schneider, Angelika Speitel, Christof Wackernagel, Rolf Clemens Wagner, Stefan Wisniewski) oder beim Versuch der Festnahme erschossen (so etwa Willi Peter Stoll 1978 in Düsseldorf, Elisabeth van Dyck 1979 in Nürnberg); zudem vermochte die Polizei eine Reihe von Stützpunkten und »konspirativen Wohnungen« ausfindig zu machen und auszuheben, so daß die Logistik der Organisation nach Einschätzung von Experten weitgehend zerstört wurde. Im Jahre 1982 gelang der Polizei auch die Festnahme der beiden RAF-Kader, die seit 1977 den »Kopf« der Organisation gebildet hatten: Christian Klar[697] und Brigitte Mohnhaupt[698].

Christian Klar (geb. 1952), Student der Philosophie und Geschichte an der Universität Heidelberg, war 1976 zur RAF gestoßen und hatte – teilweise auf Anweisung der in Stammheim inhaftierten RAF-Führer – am Neuaufbau der Organisation mitgewirkt. An den Aktionen gegen Buback, Ponto und Schleyer war Klar beteiligt. Im Jahre 1981 wirkte er bei dem Anschlag auf den amerikanischen General Kroesen mit. Brigitte Mohnhaupt hatte im Gegensatz zu Klar bereits der ersten Terroristen-»Generation« der RAF angehört. Auch sie war unter den Festgenommenen vom Sommer 1972 gewesen und hatte die Zeit bis Februar 1977 in Untersuchungs- und Strafhaft verbracht. Kurz nach ihrer Entlassung aus dem Gefängnis ging sie erneut in den Untergrund und beteiligte sich maßgeblich bei der Reorganisation der RAF. Brigitte Mohnhaupt galt als führende Aktivistin, die sich auch um eine Aufarbeitung der theoretischen Hinterlassenschaft ihrer Vorgänger bemühte[699].

Nach der Verhaftung von Mohnhaupt und Klar entstand zeitweilig der Eindruck, als ob der RAF-Terrorismus seinem Ende entgegengehe. Derlei Hoffnungen erwiesen sich jedoch bald als trügerisch. Auch in den achtziger Jahren fanden die Gründer der RAF, denen in der militanten »Szene« längst die Rolle von Märtyrern und Helden des »bewaffneten Kampfes« zugewachsen ist, zum Letzten entschlossene Nachfolger. Einige Aktivisten der auseinandergefallenen »Bewegung 2. Juni« gesellten sich 1980 dem »harten Kern« hinzu. Mit einer Reihe schwerer Gewaltverbrechen stellte die RAF ihre Handlungsfähigkeit erneut unter Beweis. Die Aktionen konzentrierten sich auf den sogenannten »militärisch-industriellen Komplex«. Im Juni 1979 mißlang ein Attentat auf Alexander Haig, den NATO-Oberbefehlshaber in Europa. Im August 1981 verübte ein »Kommando Sigurd Debus« einen Anschlag auf das Hauptquartier der US-Luftwaffe in Ramstein/Pfalz, bei dem zwanzig Personen Verletzungen erlitten. Im September 1981 kam der Oberbefehlshaber der US-Streitkräfte in Europa, General Frederick Kroesen, nur durch Zufall mit dem Leben davon, als sein Wagen mit einer Panzerabwehrwaffe beschossen wurde.

Dennoch schätzten die Sicherheitsbehörden die Bedrohung der inneren Sicherheit durch die RZ zeitweilig als höher ein. Während die RAF etwa im Jahre 1982 »nur« einen Raubüberfall unternahm, der zugleich ihre angegriffene Logistik unterstrich, bekannten sich die RZ im gleichen Zeitraum zu 25 Sprengstoff- und 13 (teilweise fehlgeschlagenen) Brandanschlägen[700]. Die stärkere Aufmerksamkeit, die man nun den

---

697 Zur Person: U. Backes/E. Jesse (Anm. 31).
698 Zur Person: Kap. V.4.6.
699 Siehe dazu: U. Backes/E. Jesse (Anm. 31), Kap. III. 2.3.
700 Vgl. VSB 1982, S. 100–104.

RZ zuwandte, erklärte sich aber auch daraus, daß die RAF mit weit geringerem Erfolg als die RZ Anschluß an die Protestszene und ihre unterschiedlichen Agitationsschwerpunkte suchte. Dies galt für die Kampagne gegen den Bau der »Startbahn West« in Frankfurt wie auch für die Anti-AKW-Bewegung. Als »autonome Frauengruppe in den RZ« bezeichnete sich in der Januar-Ausgabe 1981 der Zeitschrift »Revolutionärer Zorn« eine Gruppe »Rote Zora«, die seither für eine Reihe von Anschlägen die Verantwortung übernahm.

Neben terroristischen Aktionen mit linksgerichteter Ideologie kam es seit Ende der siebziger Jahre auch in verstärktem Maße zu schweren Gewaltakten mit rechtsextremem Hintergrund[701]. Trotz der entgegengesetzten ideologischen Orientierung wirkten linksterroristische Gruppierungen als Vorbilder. Dies zeigte sich besonders deutlich bei der Terrorgruppe um Walther Kexel und Odfried Hepp, die sich im Jahre 1982 aus ehemaligen Mitgliedern der »Wehrsportgruppe Hoffmann« und der VSBD/PdA gebildet hatte. Hepp war Mitglied der von Karl-Heinz Hoffmann organisierten Libanon-Abteilung, die 1980/81 in einem Palästinenser-Lager den Umgang mit Waffen und Sprengstoff geprobt hatte[702]. Ähnlich wie linksterroristische Gruppierungen definierte sich auch die Hepp-Kexel-Gruppe als »antiimperialistisch«. Bevorzugtes Objekt ihrer kriminellen Aktivitäten waren die in der Bundesrepublik stationierten und als »Besatzer« geltenden US-Streitkräfte. Fünf Mitglieder der Gruppe wurden im März 1985 zu langjährigen Haftstrafen verurteilt. Das Gericht sah es als erwiesen an, daß sie im Jahre 1982 Sprengsätze in drei Fahrzeugen amerikanischer Armeeangehöriger deponiert und bei fünf Banküberfällen eine Summe von 630 000,– DM erbeutet hatten. Parallelen zu linksterroristischen Gruppen zeigten sich auch in organisatorischer Hinsicht: Nach dem Vorbild der RAF hatte die Gruppe Erddepots angelegt und sich konspirativer Techniken bedient[703].

Die Aktionen der Hepp-Kexel-Gruppe bildeten keine Ausnahme. Jugendliche Neonazigruppen konnten in den siebziger Jahren steigende Mitgliederzahlen verbuchen; zugleich zeichnete sich eine Tendenz zu wachsender Militanz ab. Einige der rechtsextremen Aktivisten beließen es nicht mit provokativen Auftritten in der Öffentlichkeit, den üblichen Schmieraktionen oder paramilitärischen Geländeübungen. Sie beschritten den Weg zur systematischen Anwendung massiver Gewaltakte. Allein die »Deutschen Aktionsgruppen« um den ehemaligen Rechtsanwalt Manfred Roeder verübten im Jahre 1980 nicht weniger als sieben Brand- und Sprengstoffanschläge[704]. Aufsehen erregte im gleichen Jahr der Bombenanschlag auf dem Münchener Oktoberfest, bei dem 13 Personen getötet und 219 zum Teil schwer verletzt wurden. Die Sprengladung war von dem 21jährigen Geologiestudenten Gundolf Köhler aus Donaueschingen gelegt worden – nach den Ermittlungen der Sicherheitsbehörden aller Wahrscheinlichkeit nach ohne Mittäter oder Hintermänner[705]. Köhler hatte persönliche Schwierigkeiten und zeitweilig an Übungen der »Wehrsportgruppe Hoffmann« teilgenommen. 1981 kamen die jungen Rechtsextremisten Klaus-Ludwig Uhl und Kurt Wolfgram beim Ver-

---

701 Siehe zu diesem Komplex auch Kap. III.2.5.
702 Über das Lagerleben im Libanon informiert: Karl-Heinz Hoffmann, Verrat und Treue. Ein an Tatsachen orientierter Roman, Neunkirchen o. J. (1988).
703 Vgl. VSB 1983, S. 185; VSB 1985, S. 183.
704 Vgl. VSB 1982, S. 126f.
705 Gewisse Indizien, die auf Hintermänner oder Mittäter hindeuteten, ging der Münchener Journalist Ulrich Chaussy nach, freilich ohne konkrete Ergebnisse. Siehe ders. (Anm. 208).

such der Festnahme durch die Polizei ums Leben[706]. Beide hatten der VSBD/PdA Friedhelm Busses angehört. Wenige Monate darauf wurden der jüdische Verleger Shlomo Lewin und dessen Lebensgefährtin in Erlangen ermordet. Täter war in diesem Falle ein Mitglied der inzwischen verbotenen »Wehrsportgruppe Hoffmann«.

Militante Gruppen, besonders aber terroristische Untergrundorganisationen üben einen erheblichen Konformitätsdruck auf ihre Mitglieder aus[707]. Ein Ausstieg wird für den einzelnen nicht nur deshalb nahezu unmöglich, weil er sich dem in der Abschottung verstärkt wirkenden Freund-Feind-Schema nicht entziehen kann, sondern vor allem auch mit erheblichen Sanktionen rechnen muß. Hans-Joachim Klein beispielsweise, ehemals Mitglied der RZ mit internationalen Verbindungen, lebt noch Jahre nach seinem Ausstieg aus der Terror-»Szene« unter falschem Namen an unbekanntem Ort. Dabei dürfte seine Furcht vor der Entdeckung durch die Strafverfolger ebenso groß sein wie diejenige vor ehemaligen Kampfgenossen[708]. 1974 wurde der Ethnologiestudent Ulrich Schmücker, zeitweilig Mitglied der »Bewegung 2. Juni«, im Berliner Grunewald ermordet. Aus gut unterrichteter Quelle heißt es dazu: »Sein Verhängnis wurde nicht, daß er beim Verfassungsschutz nach seiner Festnahme in Bad Kreuznach ein Geständnis ablegte, sondern nach dem Aussteigen aus der Terror-Szene den früheren Gesinnungsgenossen erneut seine Unterstützung anbot und vorschlug, den Berliner Terroristenfahnder Michael Grünhagen alias Peter Rühl, dem er sich anvertraut hatte, in eine Falle zu locken: Ein Wendemanöver als Preis für den Wiedereinstieg. Das hielten die Terroristen für eine Täuschung. Inge Viett gab Weisung, Schmücker als Verräter zu töten.«[709]

Mit welcher Brutalität auch in rechtsextremen Gruppierungen gegen Unbotmäßige vorgegangen wird, zeigen einige Vorfälle aus den siebziger und achtziger Jahren. So wurde der ehemalige »Wehrsportgruppen«-Führer Hoffmann im Jahre 1986 unter anderem auch wegen Mißhandlungen und Folterungen von Mitgliedern der »Libanon-Gruppe« verurteilt[710]. 1981 starb das ANS-Mitglied Johannes Bügner infolge zahlreicher Messerstiche, die ihm von einem Gesinnungsgenossen in bestialischer Weise beigebracht worden waren. Dem Opfer hatte man vorgeworfen, homosexuell zu sein und »Verrat« geübt zu haben[711]. Zu einem ähnlichen Vorgang kam es 1983 in der inzwischen zur ANS/NA erweiterten Organisation: Andreas S., der eine Konkurrenzorganisation zu gründen versucht hatte, wurde vor ein »Femegericht« gestellt, anschließend schwer mißhandelt und gefesselt in einem Waldgebiet ausgesetzt[712].

---

706 Vgl. VSB 1981, S. 26–28.
707 Siehe hierzu: Karen de Ahna, Wege zum Ausstieg. Fördernde und hemmende Bedingungen, in: Wanda von Baeyer-Katte/Dieter Claessens/Hubert Feger/Friedhelm Neidhardt, Gruppenprozesse, = Analyse zum Terrorismus 3, Opladen 1982, S. 477–525; Klaus Wasmund, Zur Sozialisation in terroristischen Gruppen, in: APZG, B 34/80, S. 29–46.
708 Siehe sein Interview mit Daniel Cohn-Bendit (Anm. 686).
709 So W. Kahl (Anm. 683), S. 90. Das Gerichtsverfahren um den Schmücker-Mord ging durch mehrere Instanzen und zog sich über Jahre hin. Die Hintergründe werden aus linker Sicht analysiert bei: Bernd Häusler, Der unendliche Kronzeuge. Szenen aus dem Schmükker-Prozeß, Berlin 1987. Siehe auch Wolfram Bortfeldt, Deckname »Kette«. Der Verfassungsschutz und der Mord an Ulrich Schmücker, Hamburg-Zürich 1992.
710 Vgl. Roswin Finkenzeller, Für Mord fand man bei Hoffmann kein Tatmotiv, in: FAZ vom 1. Juli 1986, S. 7.
711 Vgl. VSB 1981, S. 27.
712 Vgl. VSB 1984, S. 171.

Trotz mancher Gemeinsamkeiten links- und rechtsterroristischer Gruppierungen ließen sich doch auch signifikante – über die gegensätzliche ideologische Orientierung hinausgehende – Unterschiede feststellen. In einer ersten empirisch vergleichenden Untersuchung ermittelte der Soziologe Friedhelm Neidhardt[713] folgende Merkmale: Während linksterroristischen Gruppen vorwiegend junge Leute einer Altersgruppe angehörten, wiesen rechtsterroristische Formationen häufig eine »Mehr-Generationen-Zusammensetzung« auf. Das Zusammenwirken von Personen mit großen Altersunterschieden biete für ein erfolgreiches Operieren im Untergrund die schlechteren Voraussetzungen. In diesem Sinne wertete Neidhardt auch die Tatsache, daß in linksterroristischen Gruppen Aktivisten beiderlei Geschlechts gleichrangig agierten, wohingegen rechtsterroristische Vereinigungen Frauen allenfalls in untergeordneten Funktionen zuließen. Das »Ausleben erotischer und sexueller Bedürfnisse in der Gruppe«[714] sei daher in rechtsterroristischen Vereinigungen nicht gewährleistet, was ihre subversiven Handlungsbedingungen weiter einschränke. Peter Dudek hat auf die ausgleichend wirkende Bedeutung homoerotischer Bindungen in rechtsextremen Männerbünden hingewiesen[715]. Allerdings führten derartige Beziehungen – wie bereits am Mordfall Bügner gezeigt wurde – häufig erst recht zu Konflikten im Innern der Gruppen.

Wichtig ist der Befund Neidhardts im Hinblick auf den unterschiedlichen Bildungs- und Berufshintergrund rechts- und linksterroristischer Gruppierungen. Der Anteil der Akademiker (vor allem aus geisteswissenschaftlichen Disziplinen) war bei der RAF am höchsten, bei den Rechtsterroristen am niedrigsten. Hier dominierte die Berufsgruppe der Arbeiter, während bei den Linksterroristen die meisten zur Rubrik »Angestellte/Beamte« gehörten. Diese Tatsachen hatten entscheidende Konsequenzen für die intellektuellen Bemühungen zur Rechtfertigung und Zieldefinition: Programmatische Verlautbarungen rechtsterroristischer Gruppierungen wiesen in aller Regel ein geringes Maß analytischer Schärfe und Folgerichtigkeit auf. Freilich sollte das nicht dazu verführen, die geistige Wirkkraft der häufig »schlichteren« rechtsextremen Parolen zu unterschätzen, könnten diese doch vielleicht gerade wegen ihrer relativen Simplizität besonders gut »an den Mann« gebracht werden.

Der geringere »Erfolg« rechtsterroristischer Vereinigungen im Vergleich zum Linksterrorismus erklärte sich daher wohl zum geringsten Teil aus dem intellektuellen Gefälle zwischen den beiden extremen Kontrahenten. Entscheidend war der fehlende soziale Wurzelgrund rechtsterroristischer Gruppierungen. Sie fanden weder in der rechtsextremen »Szene« noch im Protestmilieu sozialer Bewegungen ausreichenden Anklang. Die Zahl ihrer Sympathisanten war offenkundig weit niedriger als diejenige linksterroristischer Gruppierungen wie der RAF oder der RZ. Es existierte keine genügend stark entwickelte Unterstützer-»Szene«. Wichtige Voraussetzungen für das Operieren im Untergrund waren daher im Falle des Rechtsterrorismus ungünstiger

---

713 Die Untersuchung steht freilich hinsichtlich rechtsterroristischer Aktivitäten auf schwacher Grundlage. Berücksichtigung fanden die »Kühnen-Schulte-Wegener-Gruppe«, die »Otte-Gruppe« und die »Deutschen Aktionsgruppen«. Vgl. Friedhelm Neidhardt, Linker und rechter Terrorismus. Erscheinungsformen und Handlungspotentiale im Gruppenvergleich, in: W. von Baeyer-Katte/D. Claessens/H. Feger/F. Neidhardt (Anm. 707), S. 434–476.

714 Ebd., S. 450.

715 Vgl. P. Dudek (Anm. 187), S. 195.

ausgebildet: Die Rekrutierung zuverlässiger Nachwuchskräfte wurde ebenso erschwert wie die Materialbeschaffung oder der Rückzug in verhältnismäßig geschützte Ruheräume. Militante Rechtsextremisten waren daher in den achtziger Jahren dem Zugriff der Sicherheitsbehörden weit hilfloser ausgesetzt als linksterroristische Gruppen.

Für das Jahr 1986 ermittelten die Sicherheitsbehörden drei Morde, eine gefährliche Körperverletzung und 315 Sprengstoff- und Brandanschläge mit linksextremem Hintergrund. Dies bedeutete einen erneuten deutlichen Anstieg gegenüber den voraufgegangenen Jahren. Freilich fiel die Zahl der im Jahre 1987 ermittelten Anschläge deutlich geringer aus. Während 1986 und 1987 nur eine verhältnismäßig kleine Zahl krimineller Delikte auf das Konto der beiden Terrororganisationen RAF und RZ ging, entfiel das Gros der Terrorakte im Verfassungsschutzbericht unter die Rubrik »sonstige Gruppen/Einzeltäter« (244/132 Brand- und 38/23 Sprengstoffanschläge)[716]. Offenkundig entstand im Laufe der Jahre im Umfeld der Protestbewegungen mit ihren legal tätigen Organisationen eine zur Gewalttätigkeit neigende »Szene«, deren Aktive sich nicht mehr mit dem Abschuß von Stahlkugel-Schleudern am Rande von Demonstrationen begnügten, sondern auch zu massiven Terrorakten übergingen. Die Grenzen vom vermummten Steinewerfer zum terroristischen Bombenleger sind fließender Natur. Dies zeigte sich im November 1987 bei einer Demonstration an der Frankfurter »Startbahn West«, als zwei Polizisten aus dem Hinterhalt erschossen, zwei weitere schwer verletzt wurden[717]. Die Tat wurde von seiten der Sicherheitsbehörden den sogenannten »Autonomen« zugerechnet, in sich heterogenen linken Gruppen, die teils anarchistische, teils nihilistische Orientierungen an den Tag legen und wohl nur durch ihre teilweise militante Feindschaft gegen jede Staatsautorität auf einen Nenner zu bringen sind[718].

Trotz der weit geringeren Zahl der verübten Delikte, ging von den beiden Terrororganisationen RAF und RZ nach wie vor eine erhebliche Gefahr für die innere Sicherheit in der Bundesrepublik aus. Die beiden Attentate, die 1986 in der Öffentlichkeit das größte Aufsehen erregten, wurden von Mitgliedern des »harten Kerns« der RAF begangen: die Morde an dem Siemens-Vorstandsmitglied Karlheinz Beckurts (Juli 1986) und dem Ministerialdirektor im Auswärtigen Amt, Gerold von Braunmühl (Oktober 1986). Diese Taten zeigten, daß die RAF ihre Opfer nicht mehr nur aus den »Symbolfiguren des politischen und gesellschaftlichen Systems« auswählte, sondern nun auch auf »Funktionsträger« abzielte, die bei der »Formierung westeuropäischer Politik im imperialistischen Gesamtsystem«[719] eine hervorstechende Rolle spielten.

Unter der Überschrift »Antiimperialistischer und antikapitalistischer Widerstand in Westeuropa« fand mit Duldung der Behörden Ende Januar, Anfang Februar 1986 ein »Internationaler Kongreß« terroristischer Gruppierungen statt, vom engeren

---

716 Vgl. VSB 1986, S. 128f.; VSB 1987, S. 72–74.
717 Vgl. Robert Leicht, Schüsse an der Startbahn-West, in: Die Zeit vom 6. November 1987, S. 1; VSB 1987, S. 62.
718 Vgl. VSB 1986, S. 98f.; VSB 1987, S. 57–62; Haide Manns/Wolf-Sören Treusch, Feuer und Flamme für diesen Staat, in: FR vom 28. Februar 1987, S. 10; Günter Bannas, Autonomer Anspruch auf Gewalt, in: FAZ vom 23. Dezember 1987, S. 10. Siehe zu diesem Komplex auch Kap. III.3.7.
719 Zitiert nach: VSB 1986, S. 130.

Umfeld der RAF organisiert[720]. Eines der Ziele der Veranstaltung, an der zeitweilig bis zu 1000 Personen teilnahmen[721], bestand darin, die Gruppen des »autonomen« Spektrums auf den gemeinsamen Kampf gegen den »Imperialismus« einzuschwören. Dieser Plan mißlang, da Vertreter »autonomer« Gruppen auf dem Kongreß deutlich ihrer Ablehnung des Terrorkonzepts der RAF Ausdruck verliehen, das die gezielte Tötung Unbeteiligter in Kauf nahm. Besonders die Ermordung des US-Soldaten Pimental im Sommer 1985 stieß auf Kritik. Pimental war erschossen worden, weil die Mörder in den Besitz seines Truppenausweises gelangen wollten.

Ein weiteres Ziel des Frankfurter Kongresses bestand in der Koordination des Vorgehens der »Antiimperialisten« auf internationaler Ebene. Die RAF unterhielt seit langem kommunikative Beziehungen zu verschiedenen terroristischen Gruppierungen im Ausland (zu den italienischen »Roten Brigaden«, der französischen »Action directe«, den belgischen »Cellules Communistes Combattantes«, palästinensischen Organisationen im Libanon etc.)[722]. Die Kontakte zu anderen europäischen Terrorgruppen sollten zu einer auch operativen Zusammenarbeit ausgebaut werden. Pläne dieser Art waren erstmals bekannt geworden, als RAF und »Action directe« sich im Januar 1985 mit einer gemeinsamen Erklärung an die Öffentlichkeit wandten und die Schaffung einer »westeuropäischen Guerilla« ankündigten[723]. Eine Koordination zwischen beiden Gruppen ließ sich 1985 feststellen: In den ersten beiden Monaten des Jahres wurden der französische General René Audran und der MTU-Vorsitzende Ernst Zimmermann erschossen. Im Falle des Generals Audran meldete sich ein »Kommando Elisabeth van Dyck« – benannt nach einem RAF-Mitglied, das 1978 von der Polizei erschossen worden war; im zweiten Fall übernahm ein »Kommando Patsy O'Hara« die Verantwortung – nach einem 1981 infolge eines Hungerstreiks gestorbenen Mitglied der IRA[724]. Mit dieser Namensgebung versuchten die beiden Terrororganisationen, einen europäischen Handlungszusammenhang aufzuzeigen. Dieser gelangte jedoch über Ansätze nicht hinaus. Zwar gab es Belege für eine gegenseitige Unterstützung mit Waffen und Propagandamaterial; auch gewährten sich die Gruppen gegenseitig Ruheräume; jedoch wurden offenbar keine Aktionen gemeinsam oder unter gemeinsamer Regie durchgeführt. Diese Pläne stießen auch auf praktische Schwierigkeiten (Koordination, Geheimhaltung, Kommunikation). Zudem waren zwei der Gruppierungen, zu denen die RAF Beziehungen unterhalten hatte, die französische »Action directe« und die belgischen »Cellules Communistes Combattantes«[725], in den Jahren zuvor von den Sicherheitskräften stark dezimiert, wenn nicht gar aufgelöst worden. Dennoch setzte die RAF ihre Bemühungen zur Schaffung einer

---

720 Vgl. Bericht über den Internationalen Kongreß »Antiimperialistischer und antikapitalistischer Widerstand in Westeuropa« vom 31. Januar bis 4. Februar 1986 in Frankfurt/M., in: Exclusiv-Bericht, hrsg. von Armin H. Neliba, 273, vom 20. April 1986.
721 Vgl. VSB 1986, S. 133 f.
722 Vgl. VSB 1986, S. 137–139.
723 Vgl. FAZ vom 16. Januar 1985, S. 5.
724 Vgl. Hans Josef Horchem, Terror in Europa. Akteure und Hintergründe – Gegenstrategien, in: BzK, 16 (1986) 4, S. 31–54, 33.
725 Vgl. über »Action directe«: Alain Hamon/Jean-Charles Marchand, Action Directe. Du terrorisme français à l'euroterrorisme, Paris 1986. Über die »Cellules Communistes Combattantes«: Bernard Francq, Les Cellules communistes combattantes: les deux figures d'une inversion, in: Sociologie du Travail, (1986) 4, S. 458–483.

»antiimperialistischen Front in Westeuropa« fort. Im Jahre 1987 blieben RAF-Anschläge aus. Doch dokumentierte die Gruppe im folgenden Jahr ihre ungebrochene Handlungsfähigkeit durch einen Anschlag auf den Staatssekretär im Bundesfinanzministerium, Tietmeyer. Aufgrund einer technischen »Panne« bei den mit Schrotflinte und Maschinenpistole bewaffneten Tätern, kamen Tietmeyer und sein Fahrer mit dem Leben davon. Im November des folgenden Jahres wurde der Vorstandssprecher der Deutschen Bank, Alfred Herrhausen, Opfer eines mit technischer Raffinesse durchgeführten Attentats der RAF.

Die Sicherheitsbehörden unterschieden Ende der achtziger Jahre mehrere Aktionsebenen der RAF (siehe Schaubild 2). Während bis in die achtziger Jahre hinein die »politischen Gefangenen« aus der Haft heraus eine wichtige Bedeutung für die »politischen Kämpfer« hatten, trat deren Bedeutung später in den Hintergrund. Dies mochte auch aus der Erfahrung resultieren, daß Geiselnahmen zur Befreiung der Gefangenen mit zu hohem Risiko verbunden waren[726]. Dem »harten Kern«, auch »Kommandoebene« genannt, kam eine Vorrangstellung zu. Deren Mitglieder agierten im Untergrund, waren mit falschen Pässen ausgestattet und lebten unter falschem

Schaubild 2 : Organisationsebenen der RAF

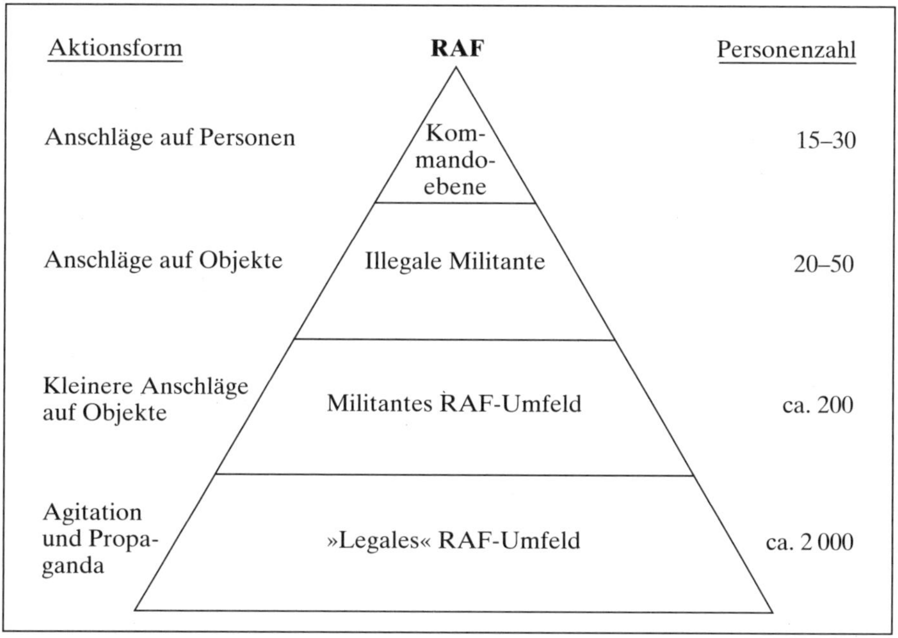

Aktionsform	RAF	Personenzahl
Anschläge auf Personen	Kommando-ebene	15–30
Anschläge auf Objekte	Illegale Militante	20–50
Kleinere Anschläge auf Objekte	Militantes RAF-Umfeld	ca. 200
Agitation und Propaganda	»Legales« RAF-Umfeld	ca. 2 000

Quelle: Bundeskriminalamt TE 23.

---

726 Vgl. H. J. Horchem (Anm. 689), 152 f.; ders., Fünfzehn Jahre Terrorismus in der Bundesrepublik Deutschland, in: APZG, B 5/87, S. 3–15, 15.

Namen. Dieser engste Kreis wurde auf circa 20 Personen beziffert. Der »Kommandoebene« vorgelagert war eine Gruppe von circa 200 Personen, die in erster Linie logistische Unterstützerdienste leisteten. Einige von ihnen (»illegale Militante«) führten jedoch auch Anschläge mit vermindertem Risiko eigenständig durch. Schließlich wurden dem »weiteren Umfeld« (auch »legaler Arm« genannt) annähernd 2000 Personen zugerechnet. Sie warben für die Ziele der RAF, betreuten »politische Gefangene«, hielten den Kontakt zwischen Untergrundkämpfern und Häftlingen aufrecht und übernahmen gelegentlich Aufträge des engeren Aktivistenkreises[727]. Von hier gingen auch Bemühungen aus, die auf eine stärkere Anbindung an gesellschaftliche Protestgruppen zielten. Das weitere und engere RAF-Umfeld diente zudem als Rekrutierungspotential für den Kommandobereich.

Neben der RAF traten die RZ seit Anfang 1985 wieder stärker in Erscheinung, nachdem sie zuvor eine »Phase operativer Abstinenz«[728] eingelegt hatten. Im April 1985 führten die RZ mehrere Anschläge gegen öffentliche Gebäude und Firmenniederlassungen durch. In den Monaten danach folgten weitere Anschläge. Für das Jahr 1986 verbuchten die Verfassungsschutzämter insgesamt 14 Attentate der RZ. Die Mehrzahl davon zielte in Richtung auf das Asylantenproblem. Unter anderem wurde im Oktober 1986 der Leiter des Berliner Ausländeramtes, Harald Hollenberg, durch gezielte Schüsse in die Beine verletzt. Diese »Kampagne« fand im folgenden Jahr eine Fortsetzung: Am 1. September 1987 streckten Täter aus den RZ den Vorsitzenden Richter des für Asylangelegenheiten zuständigen Senats am Berliner Bundesverwaltungsgericht mit Schüssen in die Beine nieder[729]. Darüber hinaus begingen die RZ insgesamt fünf Sprengstoff- und 17 Brandanschläge. Die innerhalb der RZ agierende Frauengruppe »Rote Zora« übernahm für zehn Anschläge die Verantwortung. RZ und »Rote Zora« setzten ihre Strategie fort, durch Anknüpfung an bestimmte Protestthemen (Asylrecht, Frauenfrage) in die neuen sozialen Bewegungen hineinzuwirken und auf diese Weise ihre Anhängerbasis zu erweitern[730]. In einer kritischen Auseinandersetzung mit dem Mordanschlag der RAF auf den Diplomaten Gerold von Braunmühl, erklärten die RZ, daß Anschläge auf Menschenleben nicht vermittelbar seien, eher kontraproduktiv wirkten und daher nicht Bestandteil der RZ-Strategie seien[731].

Im Bereich des Rechtsterrorismus trat – wohl insbesondere aufgrund des starken Eingreifens der Sicherheitskräfte – im Verlaufe der achtziger Jahre eine gewisse Beruhigung ein. Die Zahl der Gewaltakte (Sprengstoff- und Brandanschläge, Körperverletzungen und Sachbeschädigungen mit erheblicher Gewaltanwendung) betrug im Jahre 1988 73 (1983: 81, 1984: 74, 1985: 77; 1986: 71 1987: 76)[732]. Eine große Zahl rechtsextremer Aktivisten wurde zu hohen Freiheitsstrafen verurteilt. Freilich war zu befürchten, daß Märtyrer entstehen könnten und nach der Entlassung aus der Haft mit neuen, vielleicht noch gravierenderen Delikten zu rechnen sein würde.

---

727 Vgl. VSB 1986, S. 129–134; Klaus Brill, Die dritte Generation der Terroristen, in: SZ vom 20. März 1987, S. 11.
728 Vgl. H. J. Horchem (Anm. 726), S. 10.
729 Vgl. VSB 1987, S. 76–79.
730 Siehe zur Programmatik der RZ auch: U. Backes/E. Jesse (Anm. 31), Kap. III. 2.3.
731 Vgl. VSB 1987, S. 77.
732 Vgl. VSB 1986, S. 196; VSB 1984, S. 171; VSB 1987, S. 128; VSB 1989, S. 138.

Die Diskussion Ende der achtziger Jahre drehte sich zum einen um die Frage, wie dem terroristischen Untergrund »Nahrung« entzogen, die Rekrutierung neuer Mitglieder unterbunden werden könne; zum anderen ging es um das Problem der Reintegration politisch motivierter Straftäter, die zu langen Freiheitsstrafen verurteilt worden waren, sich inzwischen jedoch von der terroristischen Strategie abgewandt hatten. Betraf die erste Frage vor allem den Aspekt der inneren Sicherheit (dies galt etwa für die von den Parteien kontrovers beurteilte »Kronzeugenregelung«, die auf eine Zerstörung der terroristischen Untergrundstrukturen zielt), so war mit dem zweiten Problem in stärkerem Maße auch der Aspekt der Humanität und Freiheitlichkeit des demokratischen Rechtsstaates angesprochen. Soll die Bestrafung eines Täters in erster Linie auf dessen Resozialisierung zielen, so entfällt im Falle eines politisch Motivierten der Strafgrund weitgehend, wenn er eine politische Konversion erkennen läßt. In diesem Zusammenhang wurde dafür plädiert, daß Ministerpräsidenten (wie im Fall Jünschke) und Bundespräsident in stärkerem Maße von der Möglichkeit einer Begnadigung Gebrauch machen. Freilich mußte eine Reihe von Fragen zuvor erörtert werden: War die Abkehr vom Terrorismus ernstzunehmen, oder konnten die Äußerungen des Inhaftierten opportunistisch begründet sein? Eben dies wurde von Kritikern einer möglichen Begnadigung ehemaliger Terroristen ins Feld geführt. Bestand die Gefahr eines Rückfalls, beispielsweise wenn die Abkehr von der terroristischen Strategie nicht mit einer Hinwendung zu den Werten des demokratischen Verfassungsstaates einherging? War eine mögliche Entscheidung gegenüber den Angehörigen der Opfer zu vertreten? Ließ sich die Begnadigung im Hinblick auf andere, auch aus nicht-politischen Gründen Inhaftierte, begründen? All diese Fragen erfordern eine sorgfältige Prüfung jedes Einzelfalles. Der Aspekt der Resozialisierung ist auch im Hinblick auf die Terrorismus-Problematik von großer Bedeutung, muß die konstitutionelle Demokratie hier doch ihre Orientierung an humanen und freiheitlichen Prinzipien unter Beweis stellen. Der demokratische Verfassungsstaat darf die Erfordernisse von Sicherheit und Rechtsstaatlichkeit nicht mißachten, kann jedoch auch nicht in der Rolle des Rächerstaates auftreten, will er seinem sittlichen Anspruch gerecht werden.

4.5 Der Zusammenbruch des »real existierenden Sozialismus«

Das Ende des SED-Regimes markierte auch eine Zäsur für den Terrorismus in Deutschland. Von den ideologischen Verwerfungen der politischen Landschaft konnte auch der Untergrund nicht unberührt bleiben. Die linksterroristischen Vereinigungen hatten sich stets als ein Teil der (radikalen) Linken verstanden. Ihre Rechtfertigungsschreiben waren vor allem auch für eine Klientel bestimmt gewesen, ohne deren Unterstützung revolutionäre Projekte ohne Chance bleiben mußten. Die Identitätskrise der Linken nach dem Fall der Mauer ging daher nicht spurlos am Untergrund vorbei, der zudem um seine Rekrutierungsbasis fürchtete. Die intellektuelle Anziehungskraft marxistischer und anarchistischer Doktrinen auf die jüngere Generation verminderte sich beträchtlich. Und die Kritik aus militanten linken Milieus am Vorgehen der bewaffneten »Kommandos« nahm zu.

Die Moral des RAF-Untergrundes wurde überdies durch die Verhaftung ehemaliger Aktivisten geschwächt, die zwischen Herbst 1980 und Herbst 1982 in der DDR

Zuflucht gefunden hatten. Die Sicherheitsbehörden konnten im Sommer 1990 eine Anzahl von Ex-Terroristen festnehmen, die man zum Teil noch unter den Aktiven vermutet hatte: Susanne Albrecht, Henning Beer, Christine Dümlein, Ralf Baptist Friedrich, Monika Helbing, Werner Lotze, Silke Maier-Witt, Ekkehard von Seckendorff-Gudent, Sigrid Sternebeck und Inge Viett. Einige von ihnen taten, was bis dahin nur wenige Kronzeugen getan hatten: Sie legten eine Art Lebensbeichte ab, gaben umfassend Auskunft über ihre früheren Aktivitäten. Auf diese Weise kam Licht in bislang unbekannte Zusammenhänge in der Geschichte der RAF. Für die »Szene« bedeuteten die Geständnisse neue Aufschlüsse über die nüchterne Realität des Untergrundlebens und der endgültige Abschied von liebgewonnenen Mythen – wie dem von der Ermordung der »politischen Gefangenen« in Stammheim 1977.

1980 hatte sich nach dem fehlgeschlagenen Attentat gegen den NATO-General Alexander Haig und unter dem Fahndungsdruck Resignation bei einem Teil der RAF-Aktivisten ausgebreitet. Manche wurden für die unverändert Kampfentschlossenen zu einer Belastung, so daß man gemeinsam über eine Lösung beriet. Nachgedacht wurde über sichere Aufenthaltsorte im Ausland. Einige Gruppenmitglieder, darunter Susanne Albrecht, begannen, portugiesisch zu lernen, da die prokommunistischen Staaten Angola und Mozambique aufnahmebereit schienen[733]. Schließlich tat sich ein anderer Ausweg auf. Inge Viett hatte im Jahre 1978, damals noch Mitglied der »Bewegung 2. Juni«, Kontakte zur Hauptabteilung XXII (u. a. zuständig für die Überwachung militanter und terroristischer Gruppierungen) des MfS geknüpft, als sie die Grenze von der Bundesrepublik in die DDR passieren wollte. Nach einer Unterredung mit einem Offizier der »Staatssicherheit« durfte sie »unter Mitführung ihrer Waffe«[734] weiterreisen. Im September 1980 verhandelte sie – neben Christian Klar, Adelheid Schulz, Helmut Pohl und Henning Beer – mit dem MfS über die Lieferung von Sprengstoff und Waffen. In diesem Zusammenhang kam der Vorschlag des MfS zur Einbürgerung aussteigewilliger RAF-Kader. Für das MfS hatte die Kooperation mit der RAF mehrere Vorteile: Auf diese Weise ließ sich eine gewisse Kontrolle ausüben und das Risiko vermindern, selbst zur Zielscheibe terroristischer Aktivitäten zu werden. Man kam möglicherweise an nützliche Informationen heran und konnte deren Aktivitäten bis zu einem gewissen Grad lenken. Prinzipiell bestand das Interesse, alles zu unterstützen, was den Westen destabilisierte. Diesem Ziel diente die Zusammenarbeit mit der RAF allemal, auch wenn man deren Strategie letztlich als verfehlt betrachtete.

Das MfS verhalf den RAF-Aussteigern zu einer neuen (kleinbürgerlichen) Existenz im Arbeiter- und Bauernstaat. Aktenfunde und Zeugenaussagen belegen aber auch eine regelmäßige paramilitärische Ausbildung von »Kommando«-Mitgliedern durch Spezialisten des MfS bis Mitte der achtziger Jahre. Zumindest Christa Eckes (bis zur Übersiedlung von Viett in die DDR), Ingrid Jakobsmeier (seit der Verhaftung von Klar und Schulz), Christian Klar (bis zur Verhaftung 1982), Adelheid Schulz

733 Vgl. B. Peters (Anm. 672), S. 298–334; Tobias Wunschik, Die RAF und der »Deutsche Herbst«. Handlungsbedingungen, Vorgehensweise und Binnenstrukturen der RAF am Beispiel der Entführung Hanns Martin Schleyers, unveröffentl. Manuskript, München 1992, S. 259–266. Aufgrund zahlreicher Fehler und seines teilweise spekulativen Charakters nur mit Vorsicht zu genießen: M. Müller/A. Kanonenberg (Anm. 685).
734 Pressemitteilung der Generalbundesanwaltschaft vom 26. März 1991.

(bis zur Verhaftung 1982) und Inge Viett (bis zur Übersiedlung in die DDR im Herbst 1982) nahmen an derartigen Lehrgängen teil. Beispielsweise wurden RAF-Aktivisten im Frühjahr 1981[735] mehrere Wochen lang in einem Ausbildungslager am Rande des märkischen Ortes Briesen im Umgang mit Sprengstoff und Waffen unterrichtet. Zum Übungsprogramm gehörte auch die Betätigung der sowjetischen Panzerfaust »RPG 7«. Da eben diese Waffe beim Attentat gegen den US-General Kroesen in Heidelberg zum Einsatz kam, liegt der Verdacht nahe, der Staatssicherheitsdienst habe bei der Vorbereitung entscheidende Hilfestellung geleistet.

Der Niedergang des »realen Sozialismus«, die Krise der Linken, die Verhaftung von Aussteigern, deren Aussagebereitschaft und Appelle, die ernüchternden Informationen über das Untergrundleben – all dies zusammengenommen ging nicht spurlos an der RAF vorbei. Im Frühsommer 1991 gelangten Informationen über Meinungsverschiedenheiten zwischen den RAF-Ebenen an die Öffentlichkeit. Gestritten werde über die künftige Strategie an der revolutionären »Front«[736]. Nachdem Bundesjustizminister Kinkel eine »Versöhnungsinitiative« gestartet und eine großzügige Überprüfung von Entlassungsmöglichkeiten haftunfähiger und langjährig inhaftierter RAF-Aktivisten angekündigt hatte, wurde schließlich ein auf den 10. April 1992 datiertes Schreiben der RAF veröffentlicht, dessen Autoren ungewohnte Selbstkritik übten und die Strategie gezielter Tötungsaktionen gegen Systemrepräsentanten in Frage stellten[737]. Das Papier war vom Willen getragen, die Isolation zu durchbrechen, in die die RAF durch ihren einsamen »bewaffneten Kampf« auch gegenüber weiten Teilen der revolutionären Linken geraten war. Zwar fand die Verlautbarung im RAF-Umfeld keineswegs einhellige Zustimmung[738]; aber sein Inhalt erfuhr im August die von seiten der RAF-Kommandoebene bereits angekündigte Präzisierung. In einer umfangreichen Erklärung wurde die strategische Kurskorrektur bestätigt[739]. Ein »Diskussionsprozeß seit 89/90 in der Gruppe« habe zu der Einsicht geführt, »daß wir Starrheiten, alte Rangehensweisen und Orientierungen aufbrechen und umwälzen müssen«. Man habe einseitig »die Eskalation« in der Auseinandersetzung mit dem Staat »zurückgenommen«. Nun müsse der Staat eine Gegenleistung erbringen und das »Vernichtungsinteresse« gegenüber dem »Widerstand« aufgeben. Ändere sich nichts am Verhalten des Staates (z. B. im Hinblick auf die RAF-»Gefangenen«), trage dieser selbst die Verantwortung dafür, »daß sich das Konfrontationsverhältnis wieder verschärfen wird«. Die RAF wolle künftig »Gegenmacht von unten« organisieren, gesellschaftliche Prozesse zur Entwicklung konkreter Alternativen in Gang setzen und sich der »repressiven Walze« entgegenstellen. Wenn der Staat dafür keinen Raum lasse, werde die RAF auch künftig eine »bewaffnete Intervention« in Erwägung ziehen, allerdings nicht mehr im Rahmen einer eigenständigen Strategie des Terrors, sondern lediglich »als ein Moment des Zurückdrängens«. Im übrigen

---

735 Zum Termin machten verschiedene RAF-Aussteiger allerdings unterschiedliche Angaben, möglicherweise um die Kooperation im Fall Kroesen zu verschleiern.
736 Vgl. etwa »RAF streitet über Vorgehensweise«, in: FAZ vom 8. Juli 1991, S. 5.
737 An Alle, die auf der Suche nach Wegen sind, wie menschenwürdiges Leben hier und weltweit an ganz konkreten Fragen organisiert und durchgesetzt werden kann, Rote Armee Fraktion, 10. April 1992.
738 Vgl. Wolfgang Gast, Fraktionierung im RAF-Untergrund, in: taz vom 25. April 1992.
739 Die Erklärung wurde vollständig als »konkret«-Sonderdruck Ende August 1992 veröffentlicht.

rechtfertigten die Autoren die 22jährige Praxis der RAF; dadurch seien der »staatlichen Walze Grenzen gesetzt« worden. Das von Selbstüberschätzung geprägte Papier entsprach in seinem Tenor den öffentlichen Äußerungen, die RAF-Häftlinge wie Irmgard Möller bereits in den Monaten zuvor abgegeben hatten[740]. Eine Gruppe von Inhaftierten, der sich allerdings nicht alle RAF-Häftlinge anschlossen, gab Anfang November 1992 eine Erklärung ab, man werde nach der Freilassung nicht mehr »zum bewaffneten Kampf zurückkehren«[741].

Auch aus dem Lager der RZ mehrten sich seit 1991 selbstkritische Stimmen. In einem der Berliner »taz« zugespielten Papier vom Dezember 1991 hieß es: »Gerade weil revolutionäre Politik in einem Land wie der BRD so isoliert ist, muß sie sich immer wieder eines sozialen Orts versichern, will sie mehr sein als der bloße Ausdruck der subjektiven Befindlichkeit ihrer Akteure oder der schwache Abglanz ideologischer Konstrukte«[742]. Im Februar 1992 erklärte eine Revolutionäre Zelle aus dem Raum Düsseldorf ihre Selbstauflösung[743]. Im Laufe des Jahres 1992 wurden Spaltungstendenzen im Lager der RZ sichtbar. Während die einen für den Rückzug aus dem »bewaffneten Kampf« plädierten oder zumindest Kurskorrekturen ankündigten, sprachen sich andere für eine Fortsetzung der bisherigen Praxis aus[744].

4.6 Die gegenwärtige Situation

Der von Teilen des RZ- und RAF-Lagers erklärte »Waffenstillstand« hatte keineswegs bereits mit dem politischen Umbruch in Deutschland eingesetzt. Ende November 1989 war der Vorstandssprecher der Deutschen Bank, Alfred Herrhausen, von einem RAF-»Kommando« durch ein technisch raffiniert verübtes Sprengstoffattentat ermordet worden. Im Juli 1990 entrann der Staatssekretär im Bundesministerium des Innern, Hans Neusel, nur knapp dem Tode. Sein Fahrzeug wurde durch die Detonation einer mittels Lichtschranke gezündeten Sprengladung stark beschädigt[745]. Im Februar 1991 feuerte ein »Kommando Vincenzo Spano« mehrere Maschinengewehrsalven in Bonn über den Rhein auf das Gebäude der US-Botschaft. Im Selbstbezichtigungsschreiben wurden der Golfkrieg, der amerikanische Imperialismus und der deutsche Nationalismus als Angriffsziele genannt. Auf die neue Situation im »Großdeutschland« und in der Ex-DDR zugeschnitten war der Mord an dem Präsidenten der Berliner Treuhandanstalt, Detlev Karsten Rohwedder, am 1. April 1991 in Düsseldorf-Oberkassel. Die Aktion war – wie zuvor schon in Bonn – auf geringstmögliches Risiko kalkuliert. Die Sicherheitsbehörden tappten bei der Frage nach den Tätern im Dunkeln.

---

740 Vgl. das »Spiegel«-Interview: Ich will nicht anders leben, in: Der Spiegel vom 18. Mai 1992, S. 129–135.

741 Ein Abdruck findet sich in: »Kein bewaffneter Kampf«, in: FR vom 6. November 1992.

742 »Selektion entlang völkischer Linien«, in: taz vom 21. Dezember 1991.

743 »Das Ende unserer Politik«, in: konkret, (1992) 3, S. 32–36.

744 Vgl. Jürgen Gottschlich, Nächster Irrtum macht Mühe, in: taz vom 11. Juni 1992.

745 Vgl. »Anschlag auf Staatssekretär Hans Neusel, in: Innere Sicherheit, Nr. 3 vom 31. August 1990, S. 1. Siehe dazu auch die Lageeinschätzung von: Hans Josef Horchem, Die »Rote Armee Fraktion« zu Beginn der neunziger Jahre, in: U. Backes/E. Jesse (Anm. 265), S. 159–165.

Bereits im Januar 1991 hatte eine »Revolutionäre Zelle« einen Anschlag auf die Berliner Siegessäule verübt. Er war als Protest gegen den Golfkrieg und als Warnschuß in Richtung auf den neuen »deutschen Nationalismus« gedacht. Deutschland strebe die Errichtung einer Vorherrschaft in Europa an. Den gleichen agitatorischen Zweck erfüllte ein Brandstiftungsversuch im Berliner Reichstagsgebäude. Der Anschlag ereignete sich am 12. Juni, wenige Tage vor der Entscheidung des Deutschen Bundestages über die Frage des künftigen Regierungssitzes. Doch sowohl die Anschläge der RZ als auch diejenigen der RAF stießen in der »Szene« nur auf geringe positive Resonanz. Ihnen blieb ein Mobilisationserfolg versagt. Die kritischen Stimmen mehrten sich und führten zu einer zeitweiligen Einstellung terroristischer Aktivitäten. Zumindest bis Anfang 1993 blieben Anschläge von RZ und RAF aus. Die ungewohnte Ruhe im RAF-Umfeld, und die Tatsache, daß die Personen im Untergrund selbst den Sicherheitsbehörden weitgehend unbekannt sind, hat die Phantasie einiger Journalisten beflügelt. Die RAF existiere schon seit langem nicht mehr. Ihre Aktivitäten seien fingiert, verlöre doch der Sicherheitsstaat seine Existenzberechtigung, wenn es den Linksterrorismus nicht mehr gäbe[746]. Allerdings können derartige Konstruktionen sich weder auf Fakten stützen, noch erscheinen die Argumente auch nur halbwegs plausibel. Schließlich war und ist die RAF lediglich eine von mehreren Terrorgruppen.

Die Attentate von RAF und RZ stellten in den letzten Jahren stets nur einen kleinen Teil der insgesamt von linksextremen Tätern verübten Anschläge dar. 1991 gingen ca. 90 Prozent der von den Sicherheitsbehörden registrierten Straftaten (mit »linken« Vorzeichen) auf das Konto »autonomer« und anarchistischer Täter[747]. Militante »autonome« Gruppen entstanden im Laufe der achtziger Jahre in einer Reihe bundesdeutscher Großstädte. Ende 1991 wurden ihnen ca. 2 700 Personen zugerechnet[748]. Sie rekrutieren sich vor allem aus der Altersgruppe zwischen 18 und 28 Jahren, favorisieren »basisnahe« Organisationsstrukturen und sind bei aller ideologischen Verschiedenheit und Diffusität durch eine anarchistische Betonung der eigenen Lebensansprüche gekennzeichnet, die zur Ablehnung jeglicher Form staatlicher Herrschaft führt[749]. Der Haß gegen den Staat bildet den Mittelpunkt ihres Selbstverständnisses. Ihr Idealbild ist der »Streetfighter«, der sich von den Diskussionen im Theoriezirkel verabschiedet hat und auf der Straße die direkte, körpernahe Konfrontation mit der »Staatsgewalt« sucht. Jugendliches Rebellentum und die hitzige Ablehnung des Status quo treiben zur militanten Aktion. Die Tat soll die innere Leere überwinden helfen, Befreiung schaffen – wenn auch nur für den kurzen Augenblick, »wo der Pflasterstein in die Hand genommen wird bis zum Zeitpunkt, wo er auftritt«[750].

---

746   So sinngemäß Gerhard Wisnewski/Wolfgang Landgraeber/Ekkehard Sieker, Das RAF-Phantom. Wozu Politik und Wirtschaft Terroristen brauchen, München 1992.
747   Vgl. VSB 1991, S. 33.
748   Vgl. ebd., S. 38.
749   Aufschlußreich in diesem Zusammenhang erscheint folgende Schrift: Autonome Studis (Bolschewiki), Mit den überlieferten Vorstellungen radikal brechen. Ein Blick über den Tellerrand autonomer Basisbanalitäten, Freiburg 1990². Zur Geschichte der »Autonomen«: Geronimo (Anm. 571).
750   Zitiert nach Bundesamt für Verfassungsschutz. Autonome Gruppen und ihr Verhältnis zur Gewalt, in: Aktuelle Fragen des Extremismus, hrsg. vom Bundesminister des Innern, Bonn 1989, S. 80. Siehe auch U. Backes (Anm. 670), S. 91–96.

Der Vereinigungsprozeß in Deutschland war von gewaltsamen Ausschreitungen »autonomer« Gruppen begleitet. In der Woche vor dem Tag der deutschen Einheit verübten »autonome« Aktivisten in Berlin, »dem« Zentrum der »Bewegung«, eine Kette von Anschlägen, Sprengsätze explodierten im Kaufhaus des Westens (KaDeWe), im Centrum-Warenhaus am Alexanderplatz und in einer Bank in Kreuzberg. Am Rande einer angemeldeten Demonstration, die am 3. Oktober 1990 unter der Parole »Deutschland halt's Maul« stattfand, kam es zu schweren Ausschreitungen. Die Polizei ging mit Wasserwerfern und Tränengas gegen Randalierer aus der Kreuzberger »Szene« vor, die Bierzelte einrissen, Pflastersteine als Wurfgeschosse verwendeten und zahlreiche Schaufensterscheiben einwarfen[751]. Im Zuge des Ansteigens rechtsextremer Gewaltakte gegen Ausländer und Asylanten nahm der »Antifaschismus« noch stärker den Charakter einer Integrationsideologie an. Die Zahl gewaltsamer Übergriffe von »Antifa«-Gruppen gegen Rechtsextremisten stieg erheblich[752]. Täter aus der »autonomen Szene« verübten im Juni 1991 ein Briefbomben-Attentat gegen einen leitenden Mitarbeiter der Berliner Senatsverwaltung für Bau- und Wohnungswesen. In einem Rechtfertigungsschreiben wurde der Anschlag mit der »Umstrukturierung« des künftigen Regierungssitzes Berlin begründet. Dies bedeute einen »gewalttätigen Angriff der HERRschenden auf die proletarischen Bevölkerungsschichten, insbesondere Frauen und ImmigrantInnen«[753]. Im November 1992 nutzten die Berliner »Autonomen« eine Großveranstaltung gegen Rassismus und Ausländerfeindlichkeit, an der sich die Bonner Politprominenz beteiligte, zu einer Machtdemonstration. Nach eigenen Angaben mischten sich 3 000 bis 4 000 Anhänger der »Szene« unter die friedlich demonstrierenden Bürger und bewarfen den Bundespräsidenten bei seiner Ansprache mit Farbeiern und Steinen[754].

Doch die Gewalttaten »autonomer« Gruppen standen in den letzten Jahren nicht im Mittelpunkt der Medienaufmerksamkeit. Ihnen wurde von militanten Rechtsextremisten der Rang abgelaufen. 1991 wurde die Zahl linksextremer Gewaltakte erstmals von der rechtsextremer Delikte übertroffen. Bis einschließlich 1990 war das Ausmaß rechtsextremer Gewaltakte deutlich hinter der linksextremen Militanz zurückgeblieben. Das Jahr 1991 brachte einen steilen Anstieg rechtsextremer Gewaltakte. Die Zahl von 1 483 Delikten, die von seiten der Sicherheitsbehörden ermittelt wurden, markierte nur eine Zwischenstation angesichts des Höhepunktes von 1992 mit 2 285 schweren Gewalttaten (siehe Schaubild 3). Allein in diesem Jahr wurden 17 Menschen von Tätern des rechtsextremen Spektrums getötet. Die meisten der Opfer waren Ausländer. In einigen Fällen richteten sich die Angriffe gegen politische Gegner oder andere »mißliebige« Personen wie z. B. Stadtstreicher. Die in aller Regel jugendlichen Täter gingen nicht selten mit unglaublicher Brutalität vor. So schlugen Skinheads in der Nacht zum 13. November in Wuppertal nach einem politischen Streit einen 53jährigen Mann zusammen, übergossen ihn mit einer alkoholischen Flüssigkeit und zündeten ihn an. Mit Entsetzen reagierte die Öffentlichkeit auf einen Brandan-

---

751 Vgl. Ralf Georg Reuth, 302 Festnahmen nach den Krawallen in Berlin, in: FAZ vom 5. Oktober 1990, S. 4.

752 Vgl. »Militanter ›Antifaschismus‹ im Aufwind«, in: Innere Sicherheit, Nr. 1 vom 28. Februar 1992, S. 2; Bundesamt für Verfassungsschutz (Anm. 624).

753 Zitiert nach VSB Berlin 1991, hrsg. vom Landesamt für Verfassungsschutz Berlin, Berlin 1992, S. 33.

754 »Autonome freuen sich über ihren ›vollen Erfolg‹«, in: taz vom 10. November 1992.

Schaubild 3: Gewalttaten von Extremisten, 1980–1992

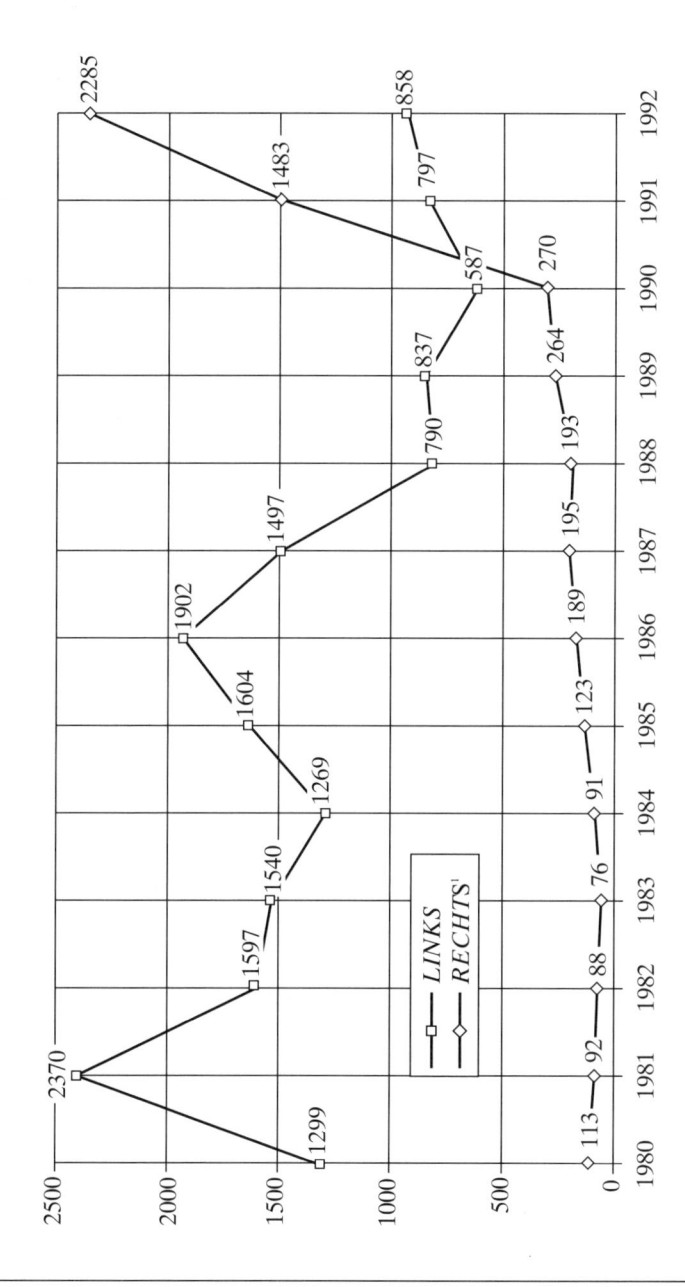

[1] Gewalttaten mit erwiesener oder zu vermutender rechtsextremistischer Motivation. In den Verfassungsschutzberichten bis 1990 wurden nur die Gewalttaten mit erwiesener oder wahrscheinlicher rechtsextremistischer Motivation dargestellt.

Quelle: Bundesamt für Verfassungsschutz (Hrsg.), Gewalttaten mit erwiesener oder zu vermutender rechtsextremistischer Motivation, Köln 1993.

schlag in Mölln (Schleswig-Holstein), bei dem am 23. November 1992 drei Türkinnen getötet wurden[755].

Der soziale und politische Hintergrund der Anschläge wurde bereits im Kapitel »Rechtsextremismus« genauer beleuchtet. Nach den bisherigen Erkenntnissen gehen sie in der Regel nicht von fest organisierten Vereinigungen, sondern von jugendlichen Cliquen der Skinhead-»Szene« aus. Ähnlich wie bei den »Autonomen« erfaßt das Etikett »Terrorismus« zwar die Intensität, nicht aber die Art der Durchführung der meisten Anschläge. Weder verfügen die Täter über ein durchdachtes ideologisches Konzept noch über eine auch nur halbwegs schlüssige Strategie. Bei den meisten der bisher bekannt gewordenen Fälle lag den »Aktionen« in der Regel keine längerfristige Planung zugrunde. Die Überfälle von Skinheads ähneln eher dem Treiben marodierender Räuberbanden als den nüchtern kalkulierten, sorgfältig geplanten und zum Teil mit chirurgischer Präzision durchgeführten Anschlägen der RAF. Charakteristischerweise haben in den letzten Jahren keine Banküberfälle mit rechtsextremem Hintergrund stattgefunden. Dies wäre ein Indiz für im Aufbau befindliche Untergrundstrukturen (wie zu Beginn der achtziger Jahre). Der Aufruf der »Nationalistischen Front« (NF) zur Gründung eines »Nationalen Einsatzkommandos« ist nach dem Verbot der Organisation im November 1992 offenbar nicht weiterverfolgt worden. Eine sich als Subkultur etablierende Skinhead-»Szene« könnte jedoch eine geeignete Rekrutierungsbasis für fest organisierte rechte Terrorgruppen darstellen. Ein sich herausbildender Rechtsterrorismus würde möglicherweise an die Stelle eines an Boden verlierenden Linksterrorismus treten. An Agitationsthemen bestünde kein Mangel, und der »bewaffnete Kampf« läßt sich durch den Rückgriff auf hermetische Doktrinen auch im »Schlaraffenland« begründen. Die Fortdauer der angespannten sozialen und ökonomischen Lage in den neuen Bundesländern wäre also keine conditio sine qua non. Demokratische Verfassungsstaaten bieten mit ihren Freiheitsrechten auch extremen politischen Erscheinungsformen eine Entfaltungschance, denn längst nicht jedes Mittel zur Gewährleistung von Sicherheit und Ordnung ist erlaubt oder auch nur opportun.

5. Vergleichende Betrachtungen

Der Begriff des politischen Extremismus umspannt ein breites Spektrum politischer Phänomene, die prima vista zahlreiche Unterschiede aufweisen. Man denke nur an die starken ideologischen Gegensätze zwischen kommunistischen und rechtsextremen Doktrinen, die strukturellen Differenzen zwischen extremistischen Sammlungsbewegungen und straff organisierten, auf »Linientreue« achtenden Kaderparteien oder die tiefe Kluft zwischen streng legalitätsorientierten Organisationen und politischen Terrorgruppen. Ist es angesichts offenkundiger Unterschiede überhaupt angemessen, derart disparate Erscheinungsformen des politischen Lebens unter einen gemeinsamen Begriff zu spannen? Oder ist der Terminus eine gedankliche Konstruktion, die zwar von politisch-pädagogischer Bedeutung sein mag, für wissenschaftliche Zwecke

---

755 Vgl. Bundesamt für Verfassungsschutz (Anm. 287). Siehe zu diesem Komplex auch Kap. III.2.

jedoch im Grunde untauglich erscheint? Vorwürfe dieser Art sind gegenüber dem Begriff des politischen Extremismus nicht selten erhoben worden – und zwar nicht nur von den Repräsentanten antidemokratischer Gruppierungen, die ihn aus begreiflichen Gründen zurückweisen. Die Behauptung, es handele sich beim Begriff des politischen Extremismus um ein künstliches, fiktives Gebilde, dem keine Realität korrespondiere, ließe sich dann widerlegen, wenn es gelänge, eine Reihe von Gemeinsamkeiten im Denken und Handeln extremistischer Kräfte herauszudestillieren, die den erwähnten Unterschieden hinsichtlich ihrer politischen Konsequenzen mindestens ebenbürtig sind. Es liegt auf der Hand, daß zu einem ausgewogenen Urteil in dieser Frage nur gelangen kann, wer Unterschiede und Gemeinsamkeiten der zu untersuchenden politischen Phänomene gleichermaßen in Betracht zieht. Eben dies soll in den folgenden Abschnitten geschehen. Die Analyse setzt bei den politischen Doktrinen ein, nimmt sodann Organisationen und Aktivisten in Augenschein und wendet sich abschließend verschiedenartigen politischen Strategien zu.

5.1 Doktrinen

Die eingangs gestellte Frage nach Unterschieden und Gemeinsamkeiten antidemokratischer Bestrebungen läßt sich auf das engere Feld der Ideen oder – wenn sie als System mit lehrhaftem Anspruch auftreten – Doktrinen übertragen. In den Abschnitten über Rechts- und Linksextremismus sowie Terrorismus wurde eine Vielzahl politischer Konzeptionen sichtbar. Das Spektrum reicht von anarchistischen, spontaneistischen und kommunistischen Visionen über autoritär-konservative, monarchistische, traditionalistische und deutsch-nationale Orientierungen bis hin zu revolutionär-konservativen, (neo-)faschistischen, rassistischen und (neo-)nationalsozialistischen Lehren. Ihnen allen ist die Frontstellung gegenüber den demokratischen Verfassungsstaaten der Gegenwart gemeinsam. Doch erwächst diese Frontstellung aus ganz verschiedenartigen Ansatzpunkten und ideengeschichtlichen Traditionen. Während der Anarchist den Verfassungsstaat bekämpft, weil er mit jeder Form von Staatlichkeit die Ausübung ihm illegitim erscheinender Herrschaftsbefugnisse verbindet, hat der Kommunist vor allem die Wirtschaftsordnung im Auge, die den Charakter des ihr übergestülpten politischen Regimes determiniere; verbindet der Autoritär-Konservative mit freiheitlicher Demokratie den Verfall der Sitten, die Aushöhlung staatlicher Autorität, das Ende nationaler »Größe« und das allmähliche Absinken in Anarchie und Chaos, richtet sich eine rassistische Kritik gegen den demokratischen Grundwert menschlicher Fundamentalgleichheit, der für Menschen unterschiedlicher Hautfarbe, unterschiedlichen Geschlechts, unterschiedlicher Nationalität, unterschiedlicher Weltanschauung und Religion gleiche politische Rechte fordert.

Angesichts dieser Heterogenität der Ansatzpunkte stellt sich die Frage nach den Gemeinsamkeiten dieser Strömungen. Erste Hinweise zu ihrer Beantwortung ergibt eine Reihe typischer Einwände, die rechte wie linke Kritiker gegen die konstitutionelle Demokratie erheben. So erfreut sich ein Verständnis von Demokratie weiter Verbreitung, das diese im Sinne Rousseaus als Identität zwischen Regierenden und Regierten definiert. Zum Beispiel wurde im »Politischen Lexikon« der NPD unter dem Stichwort »Parlamentarismus« die Befürchtung geäußert, daß »der Wille des

Volkes und der Wille seiner Repräsentanten in wesentlichen politischen Fragen auseinandergehen«[756]. Im Düsseldorfer Programm (von 1973) hieß es ferner: »Die Staatsgewalt im demokratischen Staat hat weder von den angemaßten Ansprüchen der sogenannten Massenmedien, noch der Interessengruppen der sogenannten pluralistischen Gesellschaft, sondern allein vom Volk auszugehen, das mündig ist und persönliche und soziale Verantwortung zu tragen weiß. Eine unverfälschte Demokratie trägt einen starken Staat, der der Wahrer des Ganzen ist.«[757] Obwohl sich die Verfasser um eine am Text des Grundgesetzes orientierte Diktion bemühten, verraten diese Äußerungen dennoch ein zumindest zwiespältiges Verhältnis zur repräsentativen Demokratie. Die Wendung vom »Willen des Volkes« unterstellt eine Homogenität der Meinungen, Interessen und Bedürfnisse, von der in modernen Gesellschaften keine Rede sein kann. Diese sind vielmehr durch das Mit-, Neben- und Gegeneinander einer Vielfalt heterogener Gruppen gekennzeichnet. Der demokratische Verfassungsstaat hat als Produkt historischer Erfahrungen ein verwickeltes Regelwerk zur friedlichen Bewältigung der dabei notgedrungen auftretenden Konflikte kultiviert. Wer von der »sogenannten pluralistischen Gesellschaft« spricht, Massenmedien, Interessengruppen und gewählte Abgeordnete der Verfälschung des Volkswillens zeiht, mißdeutet die Konstitutionsbedingungen hochtechnisierter Industriegesellschaften und läuft Gefahr, sich über die Köpfe der Menschen hinwegzusetzen. Seitdem das ganze Volk im Zuge der neuzeitlichen Entwicklung von den tragenden politischen Kräften als »Souverän« anerkannt wurde, degenerierte nämlich die Anrufung des Volkswillens von seiten elitärer Gruppen zu einer verbreiteten Technik der Selbstermächtigung. Nach Ernst Fraenkel ist »die Theorie eines jeden Anti-Pluralismus [...] auf das engste mit der Vorstellung verknüpft, daß: 1. der konkrete Inhalt dessen, was als bonum commune anzusprechen ist, vorgegeben sei; 2. daß der begnadete Staatsmann es auf mysteriöse Weise zu entdecken vermag; 3. daß er allein dazu ausersehen ist, es zu verwirklichen.«[758] Ein Modell hierfür lieferten die Bolschewiki im Rußland von 1917 ebenso wie die Nationalsozialisten im Deutschland von 1933, wenngleich Adolf Hitler im Unterschied zu Lenin zunächst legal mit der Regierung betraut wurde und zu diesem Zeitpunkt längst der Position eines Minderheiten-Anführers entwachsen war[759].

Antipluralistische und antiparlamentarische Äußerungen lassen sich – zumeist gekoppelt mit einem Antiparteienaffekt – nicht nur bei rechts-, sondern ebenso bei linksextremen Gruppierungen auffinden. Allerdings treten sie hier häufig nicht so offen zu Tage und werden in einem anderen Begründungszusammenhang vorgetragen. Wenn sich etwa im Mannheimer Programm der DKP (aus dem Jahre 1978) – wie dies auch für die sogenannten K-Gruppen mit einigen Variationen gilt – die Unterscheidung zwischen dem »arbeitenden Volk« und dem »herrschenden Monopolkapi-

756 Stichwort »Parlamentarismus«, in: Politisches Lexikon (Anm. 154), I. Sachworte, 1. Lieferung/1966.
757 Programm der NPD. Düsseldorfer Programm 1973, hrsg. vom Parteivorstand der NPD, o. O. o. J., S. 3.
758 Vgl. dazu besonders: Ernst Fraenkel, Der Pluralismus als Strukturelement der freiheitlich-rechtsstaatlichen Demokratie (1964), in: ders., Deutschland und die westlichen Demokratien, Stuttgart-Berlin-Köln-Mainz 1979[7] (1964), S. 197–221, 220.
759 Zur Frage von Legalität und Pseudolegalität bei der nationalsozialistischen Machteroberung vgl. die noch immer unverzichtbare Studie von K. D. Bracher (Anm. 26).

tal« findet, das »nur einen winzigen Bruchteil der Bevölkerung«[760] ausmache, und die DKP zugleich als »die revolutionäre Partei der Arbeiterklasse der Bundesrepublik Deutschland« vorgestellt wird, folgt aus dieser Argumentation, daß die DKP Sprachrohr der breiten Masse des Volkes ist, wobei allenfalls die verschwindende Minderheit parasitärer »Großkapitalisten« ohne politische Vertretung bleibt. Die Behauptung, das »Großkapital« könne aufgrund seines ökonomischen Einflusses maßgeblichen Einfluß auf die Politik des Staates nehmen, prägt die kommunistische Lesart pluralistischer und parlamentarischer Demokratie: »Das Großkapital kauft und korrumpiert Politiker, entsendet seine Vertreter in Regierungsämter, finanziert Parteien. Die das kapitalistische System verteidigenden Parteien bilden eine wichtige Stütze des staatsmonopolistischen Herrschaftsmechanismus.«[761] Der Vorwurf der Kollaboration mit dem »Großkapital« trifft auch die Sozialdemokratie und nimmt letztlich nur die kommunistische Partei selbst aus, die auf diese Weise ihren Vorrang, wenn nicht gar einen Monopolanspruch auf die Vertretung »der« Interessen des »arbeitenden Volkes« anmeldet. Ob nun die kommunistische Partei sich zur »Avantgarde der Arbeiterklasse« erklärt oder der national-populistische »Führer« oder »Caudillo« sich als höchster Interpret des »wahren« Volkswillens wähnt, das Resultat bliebe – einmal unterstellt, eine Machtübernahme gelänge – das gleiche: eine Diktatur mit pseudodemokratischer Fassade.

Politischen Doktrinen kommt für das Handeln extremistischer Kräfte eine zentrale Bedeutung zu, und zwar nicht etwa nur deshalb, weil es eine der Grundeigenschaften des Menschen ist, über die eigene Rolle in der Welt nachzusinnen, Vergangenheit und Gegenwart zu deuten und Pläne für die Zukunft zu entwerfen. Dies würde für demokratische Parteien in gleicher Weise gelten. Vielmehr bedürfen extremistische Kräfte einer Doktrin in besonderem Maße, weil der Anspruch geistigen und politischen Vorrangs weit dringlicher der Begründung bedarf, als dies für politische Gruppierungen gilt, die neben sich andere und gegensätzliche Auffassungen zu tolerieren bereit sind. Der Begriff der »Doktrin« (lat. doctrina = die Lehre) bringt ein zentrales Merkmal extremistischer Ideologien zum Ausdruck: Sie beanspruchen Verbindlichkeit, geben vor, in ihren zentralen Aussagen die Wirklichkeit selbst zu erfassen, »ewige« Wahrheiten zu enthalten, vor allem einen Schlüssel für die Interpretation des Geschichtsverlaufes sowie die Deutung von Gegenwart und Zukunft zu präsentieren.

Der Absolutheitsanspruch extremistischer Doktrinen findet seine wohl eindrucksvollste Ausprägung im Marxismus-Leninismus Moskauer Couleur, der sich selbstbewußt als »wissenschaftlicher Kommunismus« definiert, seine Aussagen »wissenschaftlich« abzustützen versucht, alle Bereiche menschlichen Daseins zu erfassen und zu durchdringen bestrebt ist und ein hohes Maß an Geschlossenheit und Systematik erreicht. Hannah Arendt hat die Strukturen dieser »totalitären Ideologie« in einer wenige Jahre nach dem Zusammenbruch des »Dritten Reiches«, der Ausdehnung des sowjetischen Imperiums und der Spaltung Europas durch den Eisernen Vorhang erschienenen Analyse auf eine Weise charakterisiert, die noch heute in vielen Punkten ihre Gültigkeit besitzt. Drei Hauptmerkmale hob die Philosophin hervor: erstens

760 Programm der Deutschen Kommunistischen Partei, beschlossen am 21. Oktober 1978 vom Mannheimer Parteitag, hrsg. vom Parteivorstand der DKP, Köln o. J., S. 18.
761 Ebd.

ihr »Anspruch auf totale Welterklärung«[762], zweitens die »Emanzipation des Denkens von erfahrener und erfahrbarer Wirklichkeit«[763] und drittens die »Tyrannei des zwangsläufigen Schlußfolgerns«[764]. Alle drei Elemente sind eng miteinander verwoben. Indem extremistische Doktrinen nämlich vorgeben zu enträtseln, was »die Welt im Innersten zusammenhält«[765], und vermeintliche Patentlösungen für drängende politische Probleme anbieten, immunisieren[766] sie sich gegenüber einer in ständigem Wandel begriffenen Wirklichkeit. Das System von Prämissen und Schlußfolgerungen ruht in sich selbst, da es das Prinzip des Zweifelns und damit die Möglichkeit der Fehlerkorrektur zumindest für seine zentralen Aussagen nicht zuläßt.

Diese Charakterzüge lassen sich nicht nur für den Marxismus-Leninismus aufzeigen. In modifizierten Formen treffen sie auch auf andere extremistische Doktrinen zu. Wenn es im »Politischen Lexikon« der NPD heißt: »Allgemein breitete sich die *Erkenntnis* aus, daß die Völker natürliche Lebensgemeinschaften, Organismen und die Nationen die naturgegebene Gliederung, die Elemente der Menschheit darstellen«[767], dann ist die axiomatische, pseudowissenschaftlich begründete Basis des Nationalismus in einer Weise formuliert, die der bekannten Marx-Engels-Definition im »Manifest der Kommunistischen Partei«, wonach die »Geschichte aller bisherigen Gesellschaft [...] die Geschichte von Klassenkämpfen«[768] sei, an Apodiktik kaum nachsteht.

---

762 Hannah Arendt, Ideologie und Terror: Eine neue Staatsform (1953), in: Bruno Seidel/ Siegfried Jenkner (Hrsg.), Wege der Totalitarismus-Forschung, Darmstadt 1974³ (1968), S. 133–167, 152. Siehe auch das gleichnamige Kapitel in: dies., Elemente und Ursprünge totalitärer Herrschaft. I. Antisemitismus, II. Imperialismus, III. Totale Herrschaft, München 1986 (Original: The Origins of Totalitarianism, New York 1951), S. 703–730.

763 H. Arendt in: B. Seidel/S. Jenkner (Anm. 762), S. 153.

764 Ebd., S. 158.

765 So die Formulierung von Goethes Faust, der zuvor mitteilt, er habe sich nunmehr »der Magie ergeben,
Ob mir durch Geistes Kraft und Mund
Nicht manch Geheimnis würde kund;
Daß ich nicht mehr mit sauerm Schweiß
Zu sagen brauche, was ich nicht weiß«. Faust. Der Tragödie erster Teil, Nacht, 377–383.

766 Vgl. zum Begriff der Immunisierung: Ernst Topitsch, Mythos, Philosophie, Politik, Freiburg im Breisgau 1969; Ernst Topitsch/Kurt Salamun, Ideologie – Herrschaft des Vor-Urteils, München-Wien 1972, S. 70–87.

767 Stichwort »Nationalismus«, in: Politisches Lexikon (Anm. 154), I. Sachworte, 1. Lieferung/1966 (Hervorhebung nicht im Original).

768 Zitiert nach dem Abdruck in: Karl Marx/Friedrich Engels, Ausgewählte Werke in sechs Bänden, Bd. 1, Berlin [Ost] 1981⁹, S. 416. Die Entdeckung der Klassen und des Klassenkampfes sah Marx als sein wissenschaftliches Verdienst an. Aufschlußreich für den hochtrabenden Anspruch, mit dem Marx seine Lehre der Welt verkündete, ist folgende Äußerung von Engels: »Wie Darwin das Gesetz der Entwicklung der organischen Natur, so entdeckte Marx das Entwicklungsgesetz der menschlichen Geschichte. [...] Damit nicht genug, Marx entdeckte auch das spezielle Bewegungsgesetz des heutigen kapitalistischen Produktionsweise und der von ihr erzeugten bürgerlichen Gesellschaft. [...] Zwei solche Entdeckungen sollten für ein Leben genügen«. Diese und andere einschlägige Zitate finden sich ausgebreitet und kommentiert in dem der Mythen-Zertrümmerung dienenden Werk von: Konrad Löw, Marxismus. Quellen-Lexikon, Köln 1985, insbes. S. 160–162 (»Klassen«) und 335–338 (»Wissenschaft, Wissenschaftler«).

Damit sind zugleich zwei Prämissen benannt, die für zahlreiche Gruppierungen des extremistischen Spektrums Bedeutung besitzen: Die Geschichte ist eine Abfolge von Klassenauseinandersetzungen; Klassenkämpfe kennzeichnen alle vor-sozialistischen Gesellschaften; erst Sozialismus und Kommunismus werden den gordischen Knoten durchschlagen und die klassenlose Gesellschaft schaffen – hier handelt es sich um bis zum heutigen Tage gemeinsame Grundüberzeugungen kommunistischer Gruppierungen. Die »Völker«, »Nationen«, »Ethnien« oder auch »Rassen« stellen »organisch« und/oder biologisch gewachsene Glieder der Menschheit dar; der einzelne vermag nur innerhalb »seiner« Gemeinschaft »Identität« zu entfalten; das »Volk«, die »Nation«, die »Ethnie«, die »Rassegemeinschaft« sinkt in Dekadenz und kulturelle Bedeutungslosigkeit hinab, wenn ihr »organisches« Gefüge, etwa durch »fremde« Einflüsse, gestört oder gar zersetzt wird – dies wiederum sind Kernsätze, die in weitesten Teilen des rechtsextremen Spektrums auf Konsens stoßen dürften. Daß die starren Klassenbarrieren des 19. Jahrhunderts in den hochtechnisierten Industriegesellschaften etwa Westeuropas abgebaut und durch hohe soziale Mobilität und vielfältige Schichtungen gekennzeichnete Strukturen abgelöst wurden, nehmen die meisten Anhänger linksextremer Gruppierungen ebensowenig zur Kenntnis, wie Rechtsextremisten der großen Bedeutung sozialer Einflüsse und Milieus für die charakterliche Prägung der Menschen Rechnung tragen.

Statt neuen Erkenntnissen aufgeschlossen gegenüberzustehen und gegenläufige Annahmen ernsthaft zu prüfen, wird an einmal für richtig erachteten »Einsichten« mit unbelehrbarer Starrheit festgehalten. Der Dogmatismus extremistischer Gruppierungen führt zu jener bereits von Hannah Arendt beschriebenen Abschottung von der Wirklichkeit, die zu immer neuen Ausflüchten treibt. Wer sich selbst im Besitze unumstößlicher Wahrheiten wähnt, kann dem Andersdenkenden nicht mit Toleranz begegnen. Dessen Anschauungen gelten daher – wie die marxistische Sprachregelung lautet – schlicht als »falsches Bewußtsein«[769]. Die Argumente desjenigen, dessen Bewußtsein falsch, also getrübt ist, können die Stimmigkeit der eigenen Überzeugungen nicht anfechten. Allerdings geht von ihnen eine politische Gefahr aus. Sie müssen daher bekämpft, notfalls von der Diskussion ausgeschlossen werden.

Es ließe sich kritisch einwenden, diese Form der Intoleranz sei kein Spezifikum extremistischer Doktrinen, vielmehr hapere es auch in demokratischen Gesellschaften und bei demokratischen Organisationen immer wieder mit der Duldsamkeit. Wenn sich dieses Argument gegen konkrete Erscheinungen wie etwa die Diffamierung des politischen Gegners richtet, so treten derartige Mißstände auch in Verfassungsstaaten häufig auf. Sie sind jedoch keineswegs erwünscht, widersprechen deren Selbstverständnis und müssen daher bekämpft werden. Dagegen handelt es sich im Falle extremistischer Organisationen um eine aus dem eigenen Absolutheitsanspruch folgerichtig abgeleitete, somit wohlbegründete und als notwendig geltende Intoleranz. Aber auch der prinzipielle Einwand, die Toleranz habe schließlich in freiheitlichen Demokratien ebenfalls ihre Grenzen, nämlich dort, wo sie zum Kampf gegen das System und zur Abschaffung der Toleranz mißbraucht werde, geht in die Irre. Er übersieht, daß derjenige die Beweispflicht trägt, der im Besitz »letzter Wahrheiten« zu sein behauptet. Der demokratische Verfassungsstaat erhebt einen derartigen

---

769 Vgl. Art. Ideologie, in: Georg Klaus/Manfred Buhr (Hrsg.), Marxistisch-leninistisches Wörterbuch der Philosophie, Bd. 2, Reinbek bei Hamburg 1972 (1964), S. 546–548.

Anspruch nicht, erkennt vielmehr einer Vielfalt politischer Überzeugungen ihre Existenzberechtigung zu, weil er in der Einsicht in die Begrenztheit menschlichen Erkenntnisvermögens und die Unauslotbarkeit des Seienden wurzelt.

Die Fixierung extremistischer Doktrinen auf als unumstößlich geltende »Erkenntnisse« bildet die Grundlage einer Zweiteilung der Welt in Gute und Böse, Erleuchtete und Irrgläubige, Freunde und Feinde. Wer nicht anerkennt, daß der einzelne sich nur in seiner »Nation« oder »Ethnie« voll entfalten kann (Nationalismus), die Demokratie der Natur des Menschen widerstrebt und zwangsläufig in Chaos und Anarchie entartet (autoritärer Konservatismus), der Privatbesitz an Produktionsmitteln zur Ausbeutung des Menschen durch den Menschen führt (Kommunismus), jede Form staatlicher Ordnung Knechtschaft bedeutet (Anarchismus), verliert seine politische Handlungsberechtigung und muß notfalls unter Einsatz von Gewalt bekämpft werden. In politischen Regimen, die von extremistischen Konzeptionen getragen sind (autoritäre und totalitäre Diktaturen), gilt Opposition als Häresie. Auch in demokratischen Verfassungsstaaten stehen Mittel zur Verfügung, die verhindern sollen, daß die auf Menschenrechte und Toleranz gegründete Ordnung von den Verfechtern der Intoleranz beseitigt wird. Doch setzt der Rechtsstaat enge Grenzen: Eingriffe in die politischen Rechte der Bürger dürfen nur in exakt definierten, schwerwiegenden Fällen vorgenommen werden, wobei den Betroffenen die Anrufung der Gerichte offensteht[770].

Der Absolutheitsanspruch extremistischer Doktrinen führt nicht nur zu einem Freund-Feind-Denken, sondern verbindet sich auch vielfach mit Verschwörungstheorien. Diese dienen nämlich als ein unverzichtbares Mittel, um die Kluft zwischen den hochgesteckten Prätentionen einer sich im Besitze der Wahrheit wähnenden Ideologie und der durch Fehlschläge und Mißerfolge gekennzeichneten Wirklichkeit zu überbrücken. Warum, so lautet die allzu berechtigte Frage, wenden sich die Menschen nicht in Scharen den extremistischen Organisationen zu, wo doch die Fundiertheit und Dringlichkeit der programmatischen Forderungen jedem ins Auge springen müßte? Weshalb sind alle Versuche extremistischer Kräfte bislang gescheitert, nach der Übernahme der Macht eine in jeglicher Hinsicht vorbildliche und attraktive Gesellschaft zu schaffen? Die Antwort lautet im ersten Fall zumeist: aufgrund der Manipulation der Massen durch die Medien; im zweiten Fall häufig: durch die weltweite Macht bestimmter Gruppen, die sich gegen das großartige Zukunftsprojekt aus Angst vor dem Verlust ihrer Privilegien verschworen haben.

Konspirationstheorien begleiten die Geschichte extremistischer Gruppierungen. Verschwörer am Werk sahen schon die Verteidiger der Ständegesellschaft, die sich gegen aufklärerische und demokratische Ideen zur Wehr setzten[771]. Dabei enthielten diese Konzeptionen häufig einen wahren Kern, denkt man etwa an die Organisationsweise der Freimaurerlogen des 18. Jahrhunderts[772]. Mit der Ausbreitung sozialdarwi-

---

770 Vgl. zu dieser Problematik Kap. VI.1.

771 Vgl. Fritz Valjavec, Die Entstehung des europäischen Konservativismus (1954), in: Hans-Gerd Schumann (Hrsg.), Konservativismus, Königstein/Ts. 1984² (1974), S. 138–155, 149; Thomas Molnar, Kampf und Untergang der Intellektuellen, München 1966, S. 209.

772 Vgl. Johannes Rogalla von Bieberstein, Plutosophen, Freimaurer, Juden, Liberale und Sozialisten als Verschwörer gegen die Sozialordnung, Bern 1976; Eugen Lennhoff, Politische Geheimbünde, neu bearb. und ergänzt von Harry Wilde, Wien-München-Zürich 1966 (1931), S. 17–102 (»Die Illuminaten«).

nistischer und rassistischer Argumentationsformen im Verlaufe des 19. Jahrhunderts[773] gewannen jene Verschwörungstheorien an Boden, die »den Juden« als Ursprung allen Übels in die Verantwortung nahmen. Das bekannteste Traktat in diesem Zusammenhang sind die »Protokolle der Weisen von Zion«, ein Weltkonspirationsplan, der von Agenten der zaristischen Geheimpolizei gefälscht worden war, um ihn zur Rechtfertigung von Pogromen gegen die jüdische Bevölkerung zu Beginn des 20. Jahrhunderts einzusetzen[774]. Für größtes Aufsehen in ganz Europa sorgten die »Protokolle« jedoch erst nach dem Ersten Weltkrieg, als sie in die Öffentlichkeit lanciert wurden und die von antisemitischen Emotionen erfüllte Atmosphäre zusätzlich anheizten. Für den Antisemitismus der Nationalsozialisten war typisch, daß sie »den Juden« als Zielscheibe sowohl ihrer antibolschewistischen (die »jüdisch-bolschewistische« Verschwörung in Rußland) als auch ihrer antikapitalistischen (das NSDAP-Parteiprogramm von 1920 sagte dem »jüdisch-materialistischen Geist« [Punkt 24] den Kampf an[775]) Aggressionen gebrauchten.

An dieser – vielfach unbewußten – Sündenbock-Bestimmung beteiligte sich zeitweilig auch eine politische Kraft, die aufgrund ihrer internationalistischen, menschheitsumspannenden Ziele vor derartigen Versuchungen eigentlich hätte gefeit sein müssen: die KPD. »Nieder mit der Judenrepublik« wurde auf Flugblättern der Partei aus dem Jahre 1924 gefordert, und Ruth Fischer vertrat die These: »Wer gegen das Judenkapital aufruft, ist schon Klassenkämpfer.«[776] Resultierten derlei Äußerungen wohl in erster Linie aus dem Bestreben, politisches Potential von der extremen Rechten herüberzuziehen, so klingt hier doch auch die Neigung zur Konstruktion von Verschwörungstheorien an. Jedenfalls besteht im Hinblick auf die Argumentationsstruktur kein Unterschied, ob man nun »die Juden« oder »das Großkapital« mit ihrem Einfluß hinter allen Widrigkeiten des politischen Lebens wittert.

Auch in der extremistischen »Szene« der Gegenwart lassen sich derartige Tendenzen leicht nachweisen. Von Autoren der äußersten Linken gibt es eine Fülle an Pamphleten, in denen die Macht der politischen Rechten und des mit ihr angeblich verbündeten »Monopolkapitals« beschworen wird[777]. Lockere personelle Kontakte geraten durch die Phantasie des Verfassers zu engen, intensiven Beziehungen; von Verbindungen einzelner wird auf das Verhältnis ganzer Organisationen geschlossen; Veröffentlichungen in entlegenen Blättchen müssen für den Nachweis maßgeblicher Tendenzen in der politischen Kultur des Landes herhalten. Die Feststellung erscheint nicht übertrieben, daß der Rechtsextremismus durch die Sensationsmache linker

773 Vgl. Heinz Georg Marten, Rassismus, Sozialdarwinismus und Antisemitismus, in: I. Fetscher/H. Münkler (Anm. 14), S. 55–81.
774 Vgl. dazu eingehend: Norman Cohn, Die Protokolle der Weisen von Zion. Der Mythos von der jüdischen Weltverschwörung, Köln–Berlin 1969.
775 Vgl. den Abdruck bei: Gerhard Grimm, Der Nationalsozialismus, Programm und Verwirklichung, München–Wien 1981, S. 219.
776 Zitiert nach: Hermann Greive, Geschichte des modernen Antisemitismus in Deutschland, Darmstadt 1983, S. 114. Vgl. dazu vor allem: Hans-Helmuth Knütter, Die Juden und die deutsche Linke in der Weimarer Republik, Düsseldorf 1971.
777 Vgl. für viele: Reinhard Opitz, Faschismus und Neofaschismus, Frankfurt/M. 1984; Wer mit wem? Braunzonen zwischen CDU/CSU und Neonazis. Ein Nachschlagewerk für Antifaschisten, hrsg. von der Antifa-Kommission des KB, Hamburg 1981; Ute Scheub, Alte Bekannte. Den neuen Nazis und ihren geheimen Freunden auf der Spur, Reinbek bei Hamburg 1985.

Medien eine erhebliche Aufwertung erfahren hat[778]. Umgekehrt lassen rechtsextreme Gruppierungen selten eine Gelegenheit verstreichen, ohne auf die Macht der Linken zu verweisen[779]. Gegen diese empfehlen sie sich als antikommunistisches Bollwerk.

In der Bundesrepublik agitiert seit Jahren eine Organisation, deren Einordnung nicht zuletzt deshalb gewisse Schwierigkeiten aufweist, weil ihre ideologisch-programmatischen Verlautbarungen in erster Linie durch eine gigantische Verschwörungstheorie geprägt sind: die »Europäische Arbeiterpartei« (EAP)[780]. Der Absolutheitsanspruch ihrer Doktrin manifestiert sich im Statut der EAP (Stand: September 1984) in geradezu »klassischer« Weise[781]. Die EAP sei »eine Vereinigung, die auf dem höchsten Stand der modernen Wissenschaft die Kontinuität der platonisch-humanistischen Tradition Europas fortsetzt«. Der Mensch verfüge über die Fähigkeit, »die gesetzmäßige Ordnung des Universums aufzuspüren und die Welt sich mehr und mehr untertan zu machen«. Wissenschaft und Technologie mißt die EAP dabei eine herausragende Rolle zu: »Nur diejenigen Gesellschaftsformen und diejenige nationale Politik, die in jeder Hinsicht größtes praktisches Augenmerk auf technologischen Fortschritt legt, ist für die menschliche Existenz geeignet«. Mit anderen Worten: Alle Probleme der Menschheit, auch die politischen, können nach dieser Auffassung mit den Mitteln der Wissenschaft und Technologie gelöst werden. Die Utopie einer Gemeinschaft innerer Harmonie klingt an.

Wenn es der EAP bislang nicht gelungen ist, auf dem Weg zur Menschheitsbeglückung entscheidend voranzukommen, wird dies von dem geistigen Ziehvater der Organisation, dem amerikanischen Finanzberater und Computerfachmann Lyndon H. LaRouche, vor allem auf das verschwörerische Wirken finsterer Mächte zurückgeführt. Die Hauptanstrengung der Organisation besteht daher in der Bekämpfung und Vernichtung des »Kartells«, das den Durchbruch zum Guten verhindert. Das Netzwerk der EAP-Feinde setzt sich insbesondere aus folgenden Kräften zusammen: »1. Als Neuplatoniker sehen die EAP-Mitglieder den ›Feind der Menschheit‹ in der ›Fortsetzung des Delphi- und Isis-Kultes in der Aristoteles-Tradition‹. Diese wird wissenschaftlich durch Hume, Locke, Newton, Russell u. a. und politisch insbesondere seit dem Ende des 19. Jahrhunderts durch die ›Fabian Society‹ in England repräsentiert. 2. Nach dem Ersten Weltkrieg übernahm die Rockefeller-Familie die Führung der internationalen Verschwörung des Finanzkapitals einschließlich der Kontrolle über die britischen Geheimdienstprojekte ›Frankfurter-Schule‹, ›Adolf Hitler als Verwirklichung des Frankensteinprinzips in der Politik‹ und ›Austerität durch die Wirtschaftspolitik Hjalmar Schachts‹. 3. Nach dem Zweiten Weltkrieg weiteten die

---

778 Vgl. beispielsweise Friedrich Karl Fromme, Gewalttätig, ohne Ideologie, knapp bei Kasse. Der Rechtsextremismus bedarf der Aufmerksamkeit, aber zuviel davon hilft ihm, in: Gewalt von rechts. Beiträge aus Wissenschaft und Publizistik, hrsg. vom Bundesmisterium des Innern, Bonn 1982, S. 29–42.

779 Vgl. dazu ausführlich Kap. VII.

780 Helmut Lorscheid und Leo A. Müller ordnen die sich früher eher linksextrem gebärdende Organisation heute auf der politischen Rechten ein: dies., Deckname: Schiller. Die Deutschen Patrioten des Lyndon LaRouche, Reinbek bei Hamburg 1986. Freilich ist die EAP keineswegs in das rechtsextreme »Netzwerk« eingeflochten. Das ideologische Profil der Partei erscheint im Hinblick auf die Links-Rechts-Achse unklar und wird völlig von der alles überwölbenden Verschwörungstheorie bestimmt.

781 »Humanistische Prinzipien der EAP«, in: EAP-Statut, Fassung vom 26. September 1984.

Rockefellers ihre Macht aus, seit den sechziger Jahren insbesondere durch die ›Trilaterale Kommission‹, den Geheimdienst CIA und durch Henry Kissinger. 4. Mit dem Bankrott New Yorks (1975) verlor Rockefeller etwas an Einfluß, das Hauptzentrum der Verschwörung verlagerte sich nach London in die Hände der Königlichen Familie nach Windsor und der Londoner Banken. Hauptagenten seit 1978 sind der britische Geheimdienst, der israelische Geheimdienst, der Johanniter- und der Malteser-Orden sowie die ›Jerusalem-Stiftung‹. 5. Die heutige Bundesrepublik stellt einen einzigen Agentensumpf für die Verschwörung dar. In ihrem Dienst stehen bzw. standen Gewerkschafter wie Vetter, Loderer und Hauenschild, Politiker wie Brandt und Eppler (SPD), Strauß und Erhard (CSU/CDU), Habsburg (Paneuropa Union) und Steigerwald (DKP) sowie die Studentenbewegung der sechziger Jahre, die Anti-Atomkraftbewegung, das Sozialistische Büro usw.«[782] Difficile est satiram non scribere ...

Das verschwörungstheoretische Wahngemälde der EAP markiert auch innerhalb des extremistischen Spektrums eine Extremposition. Bis zu einem gewissen Grad gehören derartige Konstruktionen jedoch zu den extremismustypischen Argumentationsstrategien. Denn sie dienen der Bewältigung jenes Wirklichkeitsverlustes, den alle dogmatischen Lehren zur Folge haben. Ähnliche Bandbreiten gelten auch für andere Merkmale extremistischer Doktrinen[783]. So kann der Absolutheitsanspruch eher defensiv oder auch offensiv verfochten werden – erstes trifft vor allem für rechtsextreme Sammlungsbewegungen (wie etwa die NPD) zu, die ihre Klientel nur erreichen, wenn sie ein gewisses Maß an »Pragmatismus« und Kompromißbereitschaft an den Tag legen. Auch der Grad an »Geschlossenheit« und dogmatischer Starrheit schwankt von Fall zu Fall, was sich vor allem daran zeigt, wie neue gesellschaftliche Problemlagen aufgegriffen werden (müssen). Der für die totalitären Ideologien nachgewiesene Hang zum Utopismus und zu chiliastischen Visionen[784] schließlich ist für die konkreten politischen Strategien und das Bewußtsein extremistischer Gruppierungen von ganz unterschiedlicher Bedeutung. Er kann aber auch – was häufig übersehen wird – völlig fehlen, ja geradezu durch einen kategorischen Utopieverzicht ersetzt werden. Die auf Thomas Hobbes' »Leviathan« und den Hegelianismus zurückgehende Staatsvergottung[785] hat besonders im autoritär-konservativen Denken deutliche Spuren hinterlassen. Zum »starken Staat« gibt es demnach keine Alternative, da nur er die menschliche Bestie zu zähmen vermag. Für die kommunistischen und anarchistischen Visionen von der klassen- und herrschaftslosen Zukunftsgesellschaft der Freien und Gleichen ist in diesem Entwurf ebensowenig Platz wie für »Uto-

---

782 So die beeindruckende Charakteristik von: Michael Fichter, Die Europäische Arbeiterpartei, in: R. Stöss (Anm. 30), S. 1279–1295, 1288 f.

783 Vgl. dazu ausführlich: Uwe Backes, Politischer Extremismus in demokratischen Verfassungsstaaten. Elemente einer normativen Rahmentheorie, Opladen 1989.

784 Vgl. Norman Cohn, Das Ringen um das Tausendjährige Reich. Revolutionärer Messianismus im Mittelalter und sein Fortleben in den modernen totalitären Bewegungen, Bern-München 1961 (Original: The Pursuit of the Millenium, London 1957); Wilhelm E. Mühlmann, Chiliasmus und Nativismus. Studien zur Psychologie, Soziologie und historischen Kasuistik der Umsturzbewegungen, Berlin 1964² (1961).

785 Vgl. Karl R. Popper, Die offene Gesellschaft und ihre Feinde, Bd. 2: Falsche Propheten. Hegel, Marx und die Folgen, München 1980⁶ (Original: The Open Society and Its Enemies, London 1944).

pien der Menschenzüchtung«[786], die von völkisch-rassistischen Gruppierungen propagiert worden sind.

5.2 Organisationen und Anhänger

Trotz vielerlei Unterschiede und gradueller Abstufungen lassen sich im Hinblick auf die Doktrinen extremistischer Gruppierungen einige bedeutende Gemeinsamkeiten feststellen, die sie von demokratischen Kräften unterscheiden. Herausgearbeitet wurden insbesondere folgende Merkmale: ideologische Absolutheitsansprüche, Dogmatismus, Freund-Feind-Stereotype, Verschwörungstheorien[787]. Angesichts dessen drängt sich die Frage auf, ob derartige geistige Dispositionen ihren Niederschlag in bestimmten organisatorischen Strukturen finden. Die Antwort erscheint auf den ersten Blick nicht leicht, besteht die extremistische »Szene« in der Bundesrepublik doch aus einem Mikrokosmos verschiedenster Organisationsformen, die häufig Entsprechungen in der demokratischen Mehrheitskultur aufweisen. Eine Sammelbewegung vom Schlage der NPD, denkt man insbesondere an die Erfolgsphase der Partei in der zweiten Hälfte der sechziger Jahre, erfüllt(e) innerhalb der rechtsextremen Subkultur eine ähnliche Funktion wie die großen Volksparteien im Gesamtsystem der parlamentarischen Demokratie. Und Theoriezirkel, die vor allem auf geistige Wirkung bedacht sind, finden sich nicht nur im Bereich des organisierten Extremismus.

Aber diese Parallelen lassen sich nicht beliebig weit verlängern, und sie gelten auch vor allem für vergleichsweise »gemäßigte« Formationen. National-konservative Organisationen wie die NPD oder die DVU des Gerhard Frey gewinnen ihren etwas behäbigeren Habitus vor allem dadurch, daß sie zu einem beträchtlichen Ausmaß Interessenvertretungen bestimmter Protestgruppen einer älteren Generation sind (z. B. ehemalige Wehrmachtsangehörige, SS-Veteranen, Heimatvertriebene), die sich heute politisch nur mehr mit gedämpftem Temperament artikuliert. Nimmt man – im Hinblick auf das Aktionsspektrum – das andere Extrem, nämlich terroristische Gruppen, so wird deutlich, daß es hierzu innerhalb des demokratischen Kräftefeldes keine Entsprechung geben kann: Terroristische Praktiken wären selbst in totalitären Diktaturen mit den Grundwerten konstitutioneller Demokratie unvereinbar.

Ungeachtet aller Unterschiede und Differenzierungen gibt es doch eine Reihe von Merkmalen, die extremistischen Organisationen eigen sind und sie zugleich von demokratischen Kräften abgrenzen. An erster Stelle wäre der politische Aktivismus der Mitglieder zu nennen. Im Vergleich zu demokratischen Organisationen zeichnen sie sich durch größeres Engagement und eine leidenschaftlichere, häufig die Grenze zum Fanatismus überschreitende Hingabe an die Sache aus[788]. Man könnte dies mit der Tatsache erklären, daß extremistische Organisationen Sammelstätten Unzufriedener sind, die grundlegende Veränderungen anstreben, während die saturierte

---

786 Vgl. Hedwig Conrad-Martius, Utopien der Menschenzüchtung. Der Sozialdarwinismus und seine Folgen, München 1955.
787 Vgl. dazu ausführlich: U. Backes (Anm. 783).
788 Vgl. Eric Hoffer, Der Fanatiker, Reinbek bei Hamburg 1965 (Original: The True Believer, New York 1951).

demokratische Mehrheit das System in seinen Grundlagen bejaht. Auffallenderweise gehen jedoch auch in diktatorischen Regimen oppositionelle Aktivitäten am ehesten – oder doch häufig – von extremistischen Gruppen aus, während sich demokratische Kräfte schon aus Rücksicht auf Leib und Leben der eigenen Leute größere Zurückhaltung auferlegen. Nicht zufällig waren es die Kommunisten, die während des »Dritten Reiches« die höchsten Verluste an Menschenleben zu verzeichnen hatten[789]. Unter demokratischen Verhältnissen mit ihren Freiheiten verlieren auch extremistische Kräfte an Potential. Wer dennoch Anschluß an eine Gruppierung sucht, die den Sturz des herrschenden Systems anstrebt, und dafür gegebenenfalls auch Nachteile (z. B. bei der Einstellung in den öffentlichen Dienst) in Kauf nimmt, den treibt nach aller Wahrscheinlichkeit nicht nur eine diffuse Unzufriedenheit, sondern zugleich eine Vision, wie deren Ursachen ein für allemal beseitigt werden könnten.

Auch – oder vielleicht gerade – in der säkularisierten, weltanschaulich »entzauberten« Welt der modernen Industriegesellschaften sind viele Menschen von einer tiefen Sehnsucht nach einer grundsätzlich besseren Welt, nach der Lösung aller Probleme und Konflikte, nach vollkommener Harmonie erfüllt. Der demokratische Verfassungsstaat vermag das Bedürfnis nach Sinnstiftung nur in sehr begrenztem Maße zu befriedigen. Zwar basiert er auf fundamentalen Werten (Menschenrechte, Freiheit, Frieden, Gerechtigkeit, Solidarität), für die einzutreten es sich lohnt; diese werden jedoch als »regulative Ideen« im Sinne Kants verstanden, sollen also politischem Handeln lediglich eine grundsätzliche Richtung anzeigen[790]. Dem Glauben an eine endgültige, vollkommene Erfüllung der mit diesen Werten verknüpften Erwartungen erteilt die konstitutionelle Demokratie eine klare Absage. Ihr institutionelles Gefüge trägt vielmehr der Einsicht in die Heterogenität menschlicher Interessen, Bedürfnisse, Meinungen und Überzeugungen Rechnung. Eine konfliktfreie Gesellschaft gilt weder als möglich noch überhaupt für erstrebenswert. Auch die Einsicht in die Begrenztheit menschlichen Erkenntnisvermögens und die Fehlbarkeit allen Tuns zählt zu den Grundprämissen des konstitutionell-demokratischen Politikverständnisses.

Aber viele Menschen tun sich schwer mit derart nüchternen, geradezu »farblosen« und wenig dramatischen Lehren. Sie erliegen statt dessen der Versuchung, die Welt in einem großen, genialischen Wurf zu »erklären«. Eine in sich geschlossene »Weltanschauung«, die für alle Probleme Lösungen verspricht, entwickelt eine beträchtliche Faszinationskraft. Technokratisches Denken und Pragmatismus, wie sie in den großen demokratischen Parteien verbreitet sind, sehen sich angesichts existentieller Gefährdungen (der Umwelt, des Friedens) häufig mit dem Vorwurf des Zynismus konfrontiert. In den Reihen der »neuen sozialen Bewegungen« herrscht die Neigung zur Totalkritik[791] alles Bestehenden vor. Die Wirklichkeit wird mit den Maßstäben einer unerbittlichen Moral konfrontiert. Gesinnungsethik triumphiert über Verant-

---

789 Die Zahl der von den Nationalsozialisten getöteten Kommunisten schätzt Horst Duhnke in seiner grundlegenden Studie auf 20 000: ders. (Anm. 317), S. 525. Siehe auch die Ausführungen in Kap. III.3.1.

790 Vgl. Immanuel Kant, Kritik der reinen Vernunft (1781), ehemalige Kehrbachsche Ausgabe, hrsg. von Raymund Schmidt, Wiesbaden 1924, S. 690–711 (»Von dem regulativen Gebrauche der Ideen der reinen Vernunft«).

791 So der Terminus von Kurt Sontheimer, Zeitenwende? Die Bundesrepublik Deutschland zwischen alter und alternativer Politik, Hamburg 1983, S. 51–58.

wortungsethik[792]. Es überrascht nicht, daß die von Katastrophenstimmungen und chiliastischen Endzeiterwartungen[793], von Moralismus und Rigorismus geprägten sozialen Bewegungen an ihren Rändern fließende Übergänge zum politischen Extremismus aufweisen. Hier werden diese oft noch diffusen Stimmungen kanalisiert und in bestehende und sich wandelnde politische Ideologien eingewoben.

Die politische Agilität der Anhänger extremistischer Gruppierungen erklärt sich zu einem Gutteil aus jenem missionarischen Eifer, der aus dem Glauben an den Besitz »letzter« Wahrheiten resultiert. Indem diese sich den politischen Zielen ihrer Organisation verschreiben, wird die in die engen Bahnen des grauen, bürgerlichen Alltags eingezwängte Existenz scheinbar auf eine höhere Ebene emporgehoben. Die politische Aktivität in der extremistischen Organisation ist nicht wie vielfach in demokratischen Parteien eine Freizeit- und Feierabendbeschäftigung; sie wird vielmehr von den Mitgliedern als eine Lebensaufgabe verstanden, der man sich mit ganzer Kraft widmet, auch wenn man nebenher noch einem »bürgerlichen« Beruf nachgeht. Zugleich bietet die Organisation Schutz vor der »feindlichen« Umwelt. Der Umgang mit Gleichgesinnten stärkt das Selbstbewußtsein und bietet Ersatz für Kontakte mit der »Außenwelt«, die abgebrochen wurden, weil man eine »Infizierung« mit fremden Gedanken fürchtet oder auch jede Bereitschaft fehlt, sich mit gegenläufigen Anschauungen auseinanderzusetzen. Die sogenannten K-Gruppen bildeten in dieser Hinsicht selbst innerhalb des antidemokratischen Spektrums ein extremes Beispiel: »Der Gegensatz von Anspruch und Wirklichkeit – Partei der Arbeiterklasse sein zu wollen, faktisch aber von der Arbeiterklasse ignoriert zu werden – führt dazu, daß man ungeheuer stark nach innen, innerhalb der Organisation denkt und lebt und in ihr den Ersatz für die fehlende Außenwirkung sucht. Die Welt, in der man lebt, schrumpft auf innerorganisatorische Termine und das vorgegebene politische Weltbild. Die sogenannte Massenarbeit, Verkaufen, Flugblätter verteilen und Studenten agitieren, korrigiert das innerorganisatorische Weltbild überhaupt nicht, weil man vor anderen immer nur als Aufklärer, als Standpunktprediger auftritt, der den Massen erst das richtige Bewußtsein beibringen muß.«[794]

Die Organisation unterstützt somit zusätzlich die Abschottung von der Wirklichkeit. Extremistische Organisationen sind häufig Lebensmittelpunkt der Mitglieder. Die Zahl der »Karteileichen« ist weit geringer als bei demokratischen Organisationen. Eine gut funktionierende extremistische Organisation will möglichst viele Bedürfnisse ihrer Mitglieder abdecken. Dies gilt in besonderem Maße für Kadergruppen, trifft aber bis zu einem gewissen Grad auch auf lockerer gefügte Sammelorganisationen zu. Betrachtet man etwa das Netzwerk der »national-freiheitlichen« Organisationen des Münchener Verlegers Frey, so läßt sich zeigen, wie auch in dieser immer noch stark von der älteren Generation (ehemalige Wehrmachtangehörige, NSDAP- und SS-Mitglieder, Teile des ehemaligen NPD-Potentials) geprägten Vereinigung auf

---

792 Vgl. zu dieser Unterscheidung: Max Weber, Der Beruf zur Politik (1919), in: ders., Soziologie – Universalgeschichtliche Analysen – Politik, Stuttgart 1973⁵, S. 167–185. Siehe zum Problem des politischen Moralismus ferner: Hermann Lübbe, Politischer Moralismus. Der Triumph der Gesinnung über die Urteilskraft, Berlin 1987.
793 Vgl. Heinz Theisen, Katastrophenstimmung und freiheitliche Demokratie. Gefährdungen, Grenzen und Möglichkeiten freiheitlicher Politik in den prognostizierten Bedrohungsfeldern unserer Zukunft, Köln 1985.
794 Wir warn die stärkste der Partein (Anm. 433), S. 76.

vielfältige Interessen und Bedürfnisse der Mitglieder eingegangen wird. Das Informationsbedürfnis: Wochenzeitungen (»Deutsche National-Zeitung«, »Deutsche Wochen-Zeitung«), die nahezu an jedem Kiosk im Bundesgebiet zu erwerben sind, interpretieren aktuelle Ereignisse, setzen sich aggressiv mit politischen Gegnern auseinander, versuchen, das Bild des Nationalsozialismus aufzuhellen, preisen die Taten der deutschen »Landser« im Zweiten Weltkrieg, warnen vor AIDS und den Ausländern, werben für die Mitgliedschaft in »national-freiheitlichen« Vereinigungen, weisen auf Veranstaltungen hin, bringen Anzeigen, die Kontakte zu »national denkenden« Menschen vermitteln, und bieten einen eigenen Buchservice an, der das Publikationsangebot für den Leser nach politischen Gesichtspunkten vorsortiert. Das Bedürfnis nach politischer Aktivierung: Im Rahmen der DVU finden regelmäßig Veranstaltungen zu politischen Themen statt, auf denen vor allem Frey und andere Prominenz mit mehr oder minder großem rhetorischen Talent für Stimmung sorgen; dabei werden zumeist Broschüren und politisches Schulungsmaterial zur Verfügung gestellt; als »DVU Liste D« treten die »National-Freiheitlichen« seit 1987 auch als Wahlorganisation auf, was eine wirksame Mobilisation der Mitglieder erfordert. Schließlich das Bedürfnis nach Geselligkeit, Meinungsaustausch und Kontaktaufnahme mit Seinesgleichen: Dies wird bei regelmäßigen Zusammenkünften der Mitglieder, der Vorbereitung und Durchführung von Veranstaltungen, durch die gemeinsame Lektüre der »national-freiheitlichen« Periodika und Publikationen und vielfältigen persönlichen Kontakten zwischen Aktiven in den jeweiligen Wohnorten und auf regionaler Ebene befriedigt. In diesen vielfältigen Aufgabenstellungen findet der von jeder extremistischen Gruppe implizit oder explizit erhobene Anspruch seinen Ausdruck, eine Gegengemeinschaft zu bilden, aus der sich die neue, bessere Gesellschaft entwickeln kann.

Das Bedürfnis, Teil einer Organisation zu sein, die sich dem Kampf für eine »gute Sache« verschrieben hat, dafür Opfer zu bringen, gegen »das Böse« in der Welt anzugehen, Schutz vor einer als feindlich erlebten Umwelt zu finden, Gemeinschaft und Geborgenheit in der Gruppe zu erleben, ist bei Jugendlichen besonders stark ausgeprägt. In der Entwicklungsphase von der Rolle des Kindes zu der des Erwachsenen treten verstärkt Konflikte (mit Eltern oder sonstigen Autoritätspersonen) auf (»Adoleszenzkrise«), vor denen Heranwachsende häufig in Gleichaltrigengruppen (»peer groups«) ausweichen[795]. Auf der Suche nach Lebensorientierung und »sinnvoller« Betätigung sind junge Menschen für die Versuchungen des politischen Extremismus anfällig. Mangelnde Lebenserfahrung, idealistischer Überschwang, Moralismus und Kompromißlosigkeit, »Weltschmerz«, die verbreitete Neigung, pragmatisches Handeln als zynisch zu empfinden, verleihen extremistischen Doktrinen besondere Attraktivität.

Es ist daher kein Zufall, daß außerparlamentarische Bewegungen überwiegend von jungen Menschen getragen werden. Extremistische Organisationen – in der Bundesrepublik vor allem PDS und DKP – betrachten diese als ein natürliches Rekrutierungsreservoir und bemühen sich dort intensiv um neue Mitglieder. Für die rechtsex-

---

795   Vgl. dazu die Beiträge in folgenden Sammelbänden: Claus Richter (Hrsg.), Die überflüssige Generation. Jugend zwischen Apathie und Aggression, Königstein/Ts. 1979; Hans-Georg Wehling (Red.), Jugend – Jugendprobleme – Jugendprotest, Stuttgart-Berlin-Köln-Mainz 1982.

treme »Szene« spielen die »neuen sozialen Bewegungen« eine weit geringere Rolle. Kontakte nationalrevolutionärer Gruppen zur Umweltschutzbewegung und den »Grünen« sind vielfach aufgebauscht worden[796]. Immerhin geschieht der Einstieg in rechtsextreme Organisationen auch häufig über sogenannte »Durchlauferhitzer«, also vergleichsweise »gemäßigte« Gruppierungen, die einen Prozeß der Radikalisierung einleiten. So fand eine Reihe von Mitgliedern der NPD-Jugendorganisation »Junge Nationaldemokraten« den Weg in »härtere« Aktionsgruppen mit neonazistischer Ausrichtung. Gleiches läßt sich von der »Wiking Jugend« sagen, die ursprünglich im »Freiheitlichen Rat« zusammen mit der DVU vertreten war. In den letzten Jahren hat sich vor allem die »Szene« der Skinheads als attraktives Rekrutierungsreservoir »harter« neonationalsozialistischer Gruppierungen erwiesen.

In der bisherigen Darstellung wurden zahlreiche Indizien für die Eigentümlichkeiten extremistischer Doktrinen auch auf der organisatorischen Ebene ausgebreitet: Aktivismus und Fanatismus der Anhänger, die Bedeutung des jugendlichen Radikalismus, extremistische Organisationen als Gegengemeinschaften, Lebensmittelpunkt, Stätten missionarischen Wirkens. Dabei ist ein Bereich bisher noch unbeleuchtet geblieben: die Binnenstruktur. Auch hier erhebt sich nämlich die Frage, inwieweit Merkmale der Ideologie auf die organisatorische Gestaltung abfärben. Finden undemokratische Denkstrukturen eine Parallele im Umgang der Extremisten untereinander und im Innern extremistischer Vereinigungen?

Zunächst ist vor eilfertigen Analogieschlüssen zu warnen. »Demokratisch« im Hinblick auf extremistische Organisationen kann nicht bedeuten, daß ein weltanschaulicher Pluralismus herrschen müßte. Dies trifft auch auf demokratische Parteien in den meisten Fällen nicht zu, die ja eben nicht das »Ganze«, sondern lediglich »pars«, Teil vom Ganzen, sein wollen. Dennoch wird es selbst in Organisationen, die über einen breiten Konsens ihrer Mitglieder im Hinblick auf zentrale politische Fragen verfügen, häufig Meinungsverschiedenheiten in vielen konkreten Punkten geben. Wenn die betreffende Vereinigung den Anspruch eines demokratischen Aufbaus erhebt, müßte zumindest die Möglichkeit der Willensbildung von unten nach oben, von der »Basis« zur Führungsspitze, erkennbar sein. Bei der Prüfung der Frage, inwieweit extremistische Organisationen diesen Erfordernissen entsprechen, dürfen keine Idealmaßstäbe angelegt werden – schließlich weisen auch demokratische Parteien häufig gravierende Defizite im Hinblick auf ihre innerorganisatorische Struktur auf[797].

---

796 So etwa in dem Sammelband von: Jan Peters, Nationaler »Sozialismus« von rechts, Berlin 1980, in dem »Dokumente und Programme der grünbraunen Reaktionäre« präsentiert werden. Weit über das Ziel hinaus schießen auch manche Beiträge in folgendem Bändchen: Wolf Schäfer (Hrsg.), Neue Soziale Bewegungen: Konservativer Aufbruch in buntem Gewand?, Frankfurt/M. 1983. Dabei finden sich in der Programmatik der Ökologiebewegung tatsächlich manche Gedanken (z. B. Naturbewahrung, Zivilisationskritik, Skepsis im Hinblick auf naturwissenschaftlichen und technologischen Fortschritt), die ehemals zum Ideengut des Konservatismus gezählt wurden. Siehe etwa: Arno Klönne, Zurück zur Nation? Kontroversen zu deutschen Fragen, Köln 1984.

797 Robert Michels hat in diesem Zusammenhang pessimistisch vom »ehernen Gesetz der Oligarchie« gesprochen: ders., Soziologie des Parteiwesens. Untersuchungen über die oligarchischen Tendenzen des Gruppenlebens, Stuttgart 1925² (1911). Siehe dazu: Rolf Ebbighausen, Die Krise der Parteiendemokratie und die Parteiensoziologie. Eine Studie über Moisei Ostrogorski, Robert Michels und die neuere Entwicklung der Parteienforschung,

Vorab sei noch eine theoretische Überlegung gewagt: Einerseits ist mit einem bestimmten Maß an ideologischer »Geschlossenheit« bei extremistischen Organisationen zu rechnen, und dieser Sachverhalt allein wäre – wie der Blick auf demokratische Vereinigungen zeigt – noch kein hinreichender Grund zur Feststellung mangelnder innerorganisatorischer Demokratie. Andererseits muß die Willensbildung (auch) von unten nach oben »strömen« können. Beide Gesichtspunkte stehen jedoch wohl auch in einem inneren Zusammenhang. Je größer das Maß ideologischer »Geschlossenheit« sein wird, desto weniger Raum verbleibt nach aller Wahrscheinlichkeit für eine Zirkulation der Willensbildung von unten nach oben. Denn der Grad an »Geschlossenheit« bestimmt maßgeblich über Art und Zahl der legitimerweise »offenen« Fragen. Umgekehrt wird eine weniger dogmatische, weniger systematisch durchbildete Doktrin der innerorganisatorischen Willensbildung größere Entfaltungsmöglichkeiten bieten. Dies bedeutet, daß auch eine extremistische Doktrin, vorausgesetzt, sie verfügt über ein verhältnismäßig geringes Maß an »Geschlossenheit«, eine »demokratische« Binnenstruktur nicht von vornherein verhindert.

Diese theoretischen Vorüberlegungen lassen sich anhand konkreter Beispiele im Hinblick auf ihre praktische Relevanz überprüfen. Der angenommene Zusammenhang zwischen ideologischer Struktur und Intensität der Willensbildungsprozesse wird deutlich, betrachtet man anarchistische Gruppierungen. Der Anarchismus strebt eine herrschaftsfreie Ordnung an. Anarchisten betonen das Recht des einzelnen auf vollkommene Freiheit und Unabhängigkeit. Sie mißtrauen daher allem, was Herrschaft hervorbringen könnte: staatlichen Institutionen ebenso wie Organisationen und Theorien. Die Theoriefeindlichkeit des Anarchismus zeigt sich darin, daß sich seine Doktrin auf einen dogmatischen Kern reduziert, der in verschiedener Richtung ergänzungsfähig und -bedürftig ist. Einigkeit besteht in der Forderung nach absoluter Herrschaftsfreiheit, aber keineswegs darin, wie dieses Ziel erreicht werden kann und welche Möglichkeiten der (revolutionären) Umgestaltung verschiedene Gesellschaftsformen einräumen. Vor allem in diesen Punkten entsteht somit ein Freiraum für politische Auseinandersetzungen, ein Freiraum, der durch die Abneigung gegenüber durchorganisierten Strukturen und die Betonung der Individualität zusätzlich gesichert erscheint.

In der Bundesrepublik spielen anarchistische Gruppierungen kaum eine Rolle. Noch eine der bedeutenderen Vereinigungen ist die »Föderation Gewaltfreier Aktionsgruppen« (FöGA), ein lockerer Zusammenschluß von circa 80 kleinen Kollektiven mit mehreren hundert Mitgliedern, die sich vor allem innerhalb der »Friedens-« und »Anti-AKW-Bewegung« – nach eigenem Verständnis an den »Graswurzeln« der Gesellschaft – betätigen[798]. Die kleinen Gruppen weisen keine weitere organisatorische Differenzierung auf und sichern sich gegenüber dem Dachverband ein hohes Maß an Autonomie. Das Ausmaß der Meinungsdifferenzen wird schon darin deutlich, daß manche Gruppen das Prinzip der Gewaltfreiheit strikt einhalten, während andere sich durchaus für Sabotageaktionen wie etwa das Zerstören von Hochspannungsmasten begeistern. Die »offenere« ideologische Struktur schafft somit Spielraum für innerorganisatorische Diskussionen.

Berlin 1969. Zur Binnenstruktur demokratischer Parteien ausführlich: Klaus von Beyme, Parteien in westlichen Demokratien, München 1982, S. 192–299.
798 Vgl. VSB 1991, S. 45.

Ein extremes Beispiel, das in die andere Richtung weist, bilden kommunistische Kaderparteien. Eine hermetische, festgefügte ideologische Struktur und der elitäre Anspruch der Parteiführungen bewirken, daß die Mitglieder in aller Regel klare Direktiven erhalten, während sie auf die Prozesse der Willensbildung und Entscheidungsfindung nur einen geringen oder überhaupt keinen Einfluß ausüben können. Die leninistische Kaderpartei versteht sich als eine gleichsam nach militärischen Prinzipien von oben nach unten hierarchisch aufgegliederte Kampforganisation. So betont die DKP zwar offiziell die Verankerung einer »breite[n] innerparteiliche[n] Demokratie«[799] in den Parteistatuten. Die Praxis wird jedoch vom sogenannten »demokratischen Zentralismus« geprägt, wobei die Betonung auf dem zweiten Wort liegen muß. Da Beschlüsse der führenden Parteigremien für die Mitglieder verbindlichen Charakter besitzen, kann innerparteiliche Kritik leicht mit dem Hinweis auf »parteischädigende« Aktivitäten oder verbotene »Fraktionsbildung« unterbunden werden. Was ein Kenner der innerparteilichen Verhältnisse Mitte der achtziger Jahre konstatierte, gilt nach der »Erneuerer«-krise und dem Zusammenbruch des SED-Regimes unverändert: »Die Praxis der Partei im Umgang mit innerparteilicher Kritik, die über Kleinigkeiten hinausgeht, zeigt von 1968 bis heute, daß die Parteiführung die Statuten der Partei als Instrument der innerparteilichen Disziplinierung auch zu nutzen weiß.«[800]

Rechtsextreme Organisationen tun sich aufgrund ihrer ideologischen Dispositionen naturgemäß leichter, die Notwendigkeit einer autoritären innerparteilichen Führung zu rechtfertigen. Zudem stoßen sie dabei zumeist auf geringeren Widerstand bei ihren Anhängern. Dies gilt nicht nur für straff nach dem Führerprinzip organisierte neonazistischen Vereinigungen, sondern auch für Wahlorganisationen, die sich nach außen hin – schon aufgrund des Damoklesschwertes »Parteiverbot« – einer demokratischen Mimikry bedienen. Die Erfolgsjahre der NPD etwa waren durch permanente Konflikte zwischen den verschiedenen Parteitendenzen und ihren jeweiligen Führungsfiguren gekennzeichnet. Wie die starken Richtungskämpfe zeigen, läßt sich die NPD im Hinblick auf ihre innerparteiliche Struktur keineswegs mit einer kommunistischen Kaderpartei auf eine Stufe stellen. Jedoch darf dies auch nicht als Resultat größerer innerparteilicher Demokratie interpretiert werden. Die Willensbildung vollzog sich in weit stärkerem Maße von oben nach unten als umgekehrt. Die innerparteilichen Auseinandersetzungen nahmen daher vor allem den Charakter von Führungskämpfen an. Obwohl der erste Bundesvorsitzende Friedrich Thielen hieß, besaßen doch Adolf von Thadden und die DRP-Clique von Anfang an bestimmenden Einfluß auf die Geschicke der neugegründeten Partei. Thielen und seine national-liberalen Anhänger wurden schließlich ausgebootet, so daß von Thadden 1967 den Parteivorsitz übernahm. Von Thadden praktizierte einen straffen Führungsstil; von Disziplinierungsmaßnahmen gegen unbotmäßige (teilweise allerdings auch neonazistisch »profilierte«) Mitglieder wurde ausgiebig Gebrauch gemacht[801]. Die Position von Thaddens geriet erst nach der Wahlniederlage von 1969 in das Kreuzfeuer der Kritik, als vor allem der aktionistische Parteiflügel um den bayerischen Landesvorsitzenden Siegfried Pöhlmann heftige Kritik am politischen Kurs des Parteivorsitzenden

---

799 Zitiert nach S. Heimann (Anm. 363), S. 901–981, 967.
800 Ebd., S. 968.
801 Vgl. hierzu mit zahlreichen Hinweisen: F. F. Winter (Anm. 135).

äußerte. Von Thadden gab 1971 dieses Amt ab, erreichte jedoch, daß einer seiner engeren Gefolgsleute, der Rechtsanwalt Martin Mußgnug, die Nachfolge antrat. In den siebziger Jahren degenerierte die NPD zur Zehntelprozentpartei. Zudem wandten sich aktionistisch gesonnene Mitglieder von der Partei ab, so daß die Führungsrivalitäten an Intensität einbüßten.

5.3 Strategien

Bei allen Unterschieden und Nuancierungen in ideologischer und organisatorischer Hinsicht ist rechten wie linken Extremismen der Kampf gegen jegliche Form des demokratischen Verfassungsstaates per definitionem gemeinsam. Abgelehnt wird somit ein politisches System, das den Wandel institutionalisiert hat und das gegenüber Veränderungen offen ist, sofern sie im Rahmen der geltenden Spielregeln ablaufen und nicht gegen fundamentale Werte verstoßen. Das Regelwerk des friedlichen Konfliktaustrags und die zahlreichen Gestaltungsmöglichkeiten, die konstitutionelle Demokratien denen einräumen, die eine ausreichende Zahl von Anhängern zu mobilisieren verstehen, kollidieren mit dem Alleinvertretungsanspruch extremistischer Doktrinen im Hinblick auf das »Wahre« und »Gute«. Sie gelten daher nicht als Errungenschaften, sondern als Entartungserscheinungen und Symbole kulturellen Niedergangs. Parteienpluralismus und Interessenkonflikte können weder den Beschwörern nationaler Einheit und »Größe« noch den Theoretikern von der Führungsrolle der Kommunisten behaglich sein; parlamentarische Institutionen verfälschen den Anhängern der bei rechten und linken Extremismen verbreiteten demokratischen Identitätstheorie zufolge den »wahren Volkswillen«; demokratische Repräsentanten und Massenmedien werden einer Manipulation der öffentlichen Meinung geziehen. Rechte und linke Extremisten wissen sich – trotz unterschiedlicher Gegenwartsanalysen und Zielsetzungen – in der Ablehnung und Verachtung des konstitutionell-demokratischen Kanons an Werten und Spielregeln einig.

Extremistische Kräfte wollen den demokratischen Verfassungsstaat zugunsten eines anderen Regimes beseitigen, eines Regimes, das aufgrund der typischen Strukturmerkmale extremistischer Doktrinen notwendigerweise diktatorischen Charakter trägt. Die Kompromißstruktur des demokratischen Systems soll aufgelöst, der mühsam gebändigte Bürgerkrieg erneut entfesselt werden, damit aus einem reinigenden Prozeß revolutionärer Umgestaltung die bessere Gesellschaft hervorgehe. Wie man dieses Ziel erreichen kann, darin sind sich die verschiedenen extremistischen Gruppierungen uneinig. Ihnen ist allerdings wiederum gemeinsam, daß sie jedes geeignete Mittel prinzipiell einzusetzen bereit sind. In diesem Sinne liefert das Motto »Der Zweck heiligt die Mittel« eine exakte Beschreibung der Logik extremistischer Machteroberungsstrategien. Die Maxime bedeutet freilich nicht, jedes Mittel sei zu jedem Zeitpunkt und unter allen Umständen das richtige, sofern es gegen das demokratische Regime gerichtet sei. Jedes taktische und strategische Mittel wird von extremistischen Gruppen (ob in einer gründlichen und rational nachvollziehbaren Analyse, steht auf einem anderen Blatt) vielmehr danach beurteilt, ob es erstens in Einklang mit der Beurteilung der politischen Gesamtlage und der darin sich bietenden Möglichkeiten zu bringen ist, zweitens eine ausreichend hohe Erfolgschance bietet, drittens im jeweiligen situativen Kontext von Nutzen ist und viertens mit den Grundprinzipien der gruppenspezifischen »Ethik« in Übereinstimmung gebracht werden kann. Das erste Kriterium beinhaltet insbesondere die Einschätzung der Stabilität des politischen Systems; das zweite Überlegungen darüber, welche Methoden auf dieser Grundlage am ehesten einen (kurz-, mittel-, langfristigen) Erfolg versprechen; das dritte eine Kalkulation der unmittelbaren Folgewirkungen konkreter Maßnahmen; das vierte schließlich theoretische Grundsatzerörterungen auf der Basis der jeweiligen Doktrin über die als legitim oder illegitim geltenden Handlungsformen.

Die vier Kriterien lassen sich hinsichtlich ihrer praktischen Relevanz anhand konkreter strategischer Entscheidungen illustrieren. In der Bundesrepublik befleißigen sich viele extremistische Gruppierungen einer Legalitätstaktik. Angesichts der verhältnismäßig hohen Stabilität des politischen Systems und verfassungsrechtlich verankerter Mechanismen eines präventiven Demokratieschutzes (z. B. Parteien- und Vereinigungsverbot, Verfassungstreuepflicht für Beamte) halten es die meisten Gruppen derzeit nicht für erfolgversprechend, die Grenzen der Legalität vorsätzlich zu überschreiten. Sie versuchen daher, das System mit den eigenen Mitteln zu bekämpfen. Eine mögliche Strategie im Rahmen dieser Überlegungen ist der sogenannte »Elektoralismus«: Extremistische Kräfte organisieren sich als Partei und kämpfen mit ihren Konkurrenten um Wählerstimmen. Die Attraktivität dieses Vorgehens wird – abgesehen von möglichen Vorteilen für die Motivation der Aktivisten, die Werbung neuer Anhänger und das Selbstbewußsein – in der Bundesrepublik vor allem dadurch erheblich gesteigert, daß auch Kleinparteien, die einen bestimmten Mindestsatz an Stimmen überschreiten (0,5 Prozent), in den Genuß der staatlichen Wahlkampfkostenerstattung gelangen. In den letzten Jahren konnte die NPD nach einer langen Phase kontinuierlichen Niedergangs diese »Hürde« wiederum überwinden, so daß sich ihre finanzielle Situation zeitweilig stabilisierte. Eine Reihe anderer rechts- und linksextremer Gruppierungen erreicht freilich nicht die für die Erstattung der Wahlkampfkosten notwendige Stimmenzahl. Zu ihnen gehört nach wie vor die DKP, die nach dem Ende der DDR zu einer ultra-orthodoxen Sekte degeneriert ist.

Die halbwegs erfolgreiche Anwendung einer elektoralistischen Strategie setzt freilich voraus, daß die betreffende Organisation über ein flächendeckendes Netz von Kontaktpersonen und Stützpunkten verfügt. Ist diese Voraussetzung gegeben, läßt sich die Strategie leicht auch mit anderen Methoden kombinieren – legalen oder illegalen. Kommunistische Parteien sind für ihre Unterwanderungs- und Beeinflussungsversuche bekannt. Sie wollen Anschluß an die »Massen« gewinnen und versuchen daher geeignet erscheinende Organisationen zu infiltrieren (z. B. Gewerkschaften, Hochschulen oder Vereinigungen, die erfolgreich im Rahmen der »neuen sozialen Bewegungen« wirken). Wie eingehende Untersuchungen gezeigt haben, blieben im Falle der DKP derartige Bemühungen nicht ohne Erfolg[802]. Die Renaissance des Marxismus seit Mitte der sechziger Jahre schuf mancherorts hierfür günstige Voraussetzungen. Ähnliche Erfolge blieben rechtsextremen Gruppierungen bisher versagt. Die Bundeswehr, die etwa als Zielobjekt rechtsextremer Einflußstrategien in Frage

---

802 Vgl. dazu vor allem: O. K. Flechtheim/W. Rudzio/F. Vilmar/M. Wilke (Anm. 474). Siehe ferner: W. Mensing (Anm. 384); Gottfried Linn, Politischer Extremismus an den Hochschulen. Die Gruppierungen und ihre Aussagen, Bonn 1987.

käme[803], wirft aufgrund ihrer Struktur und ihres öffentlich-rechtlichen Status erheblich größere Probleme auf, als dies für die genannten Unterwanderungsbereiche der DKP gilt, zumal die Kommunisten über mehr Sympathisanten verfügen.

Seit der Zwischenkriegszeit sind rechtsextreme Organisationen des faschistischen Typs für die Verbindung von Wahl- und »Straßenpolitik« bekannt: Einerseits bewirbt man sich neben anderen Parteien bei Wahlen und beschreitet somit den institutionellen Weg, andererseits sucht man durch Aufmärsche paramilitärischer Verbände, gewalttätige Auseinandersetzungen mit politischen Gegnern und provokative Aktionen Druck auszuüben. Die Nationalsozialisten praktizierten diese Doppelstrategie erfolgreich während der Phase der »Machtergreifung«, als die »Gleichschaltung« der Länder mit den Mitteln des Notstandsrechts wie auch der politischen Erpressung durch Machtdemonstrationen der SA durchgeführt wurde. Nun ist die politische Lage in der Bundesrepublik heute weit von jener des Jahres 1933 entfernt. Dies hält jedoch neonazistische Gruppen nicht davon ab, dem Vorbild des Nationalsozialismus nachzueifern und den Ernstfall zu erproben. Die 1983 verbotene ANS/NA um den ehemaligen Bundeswehrleutnant Michael Kühnen etwa bewarb sich mit der »Aktion Ausländerrückführung« einerseits um Wählerstimmen, andererseits absolvierten die Aktivisten für den »Fall der Fälle« aber auch ein militärisches Training. Einige Mitglieder der Gruppe gingen zu terroristischen Aktionen über.

Wenn sich im Gegensatz zu militanten Gruppierungen die Mehrzahl extremistischer Organisationen in der Bundesrepublik derzeit an die Grenzen der Legalität hält, liegt der Hauptgrund darin, daß illegale Praktiken keinen Erfolg versprechen. Würden sich die Rahmenbedingungen ändern, scheuten dieselben Gruppen den Weg der Konfrontation mit dem Staat nicht und hießen gegebenenfalls auch terroristische Aktionen gut. Mit wünschenswerter Deutlichkeit hat diesen Sachverhalt Wladimir Iljitsch Lenin zum Ausdruck gebracht: »Selbstverständlich lehnten wir den individuellen Terror nur aus Gründen der Zweckmäßigkeit ab; Leute aber, die es fertigbrächten, den Terror der großen französischen Revolution oder überhaupt den Terror einer siegreichen und von der Bougeoisie der ganzen Welt bedrängten revolutionären Partei ›prinzipiell‹ zu verurteilen, solche Leute hat bereits Plechanow in den Jahren 1900–1903, als er Marxist und Revolutionär war, dem Spott und der Verachtung preisgegeben.«[804] Wenn sich also kommunistische Parteien von terroristischen Gruppen distanzieren, darf das nicht mit einer prinzipiellen Absage an Gewaltstrategien verwechselt werden. Dies gilt in gleicher Weise für legalistisch operierende rechtsextreme Organisationen, die vor allem aus Gründen der politischen Opportunität zu militanten Gruppen Abstand wahren.

---

803 Vgl. die empirische Untersuchung über rechtsextreme Einstellungen bei der Bundeswehr von: Wolfgang Gessenharter/Helmut Fröchling/Burkhard Krupp, Rechtsextremismus als normativ-praktisches Forschungsproblem. Eine empirische Analyse der Einstellungen von studierenden Offizieren der Hochschule der Bundeswehr Hamburg sowie von militärischen und zivilen Vergleichsgruppen, Weinheim-Basel 1978. Gelegentliche Skandale bei der Bundeswehr zeigen gleichfalls, daß auch das Militär vor rechtsextremen Einflüssen nicht gefeit ist. Vgl. etwa: Michael Hereth, Der Fall Rudel oder Die Hoffähigkeit der Nazi-Diktatur. Protokoll einer Bundestagsdebatte, Reinbek bei Hamburg 1977. Gleiches gilt für linksextreme Unterwanderungsbemühungen: Dieter Portner, Bundeswehr und Linksextremismus, München-Wien 1976.

804 Wladimir Iljitsch Lenin, Der »linke Radikalismus«, die Kinderkrankheit im Kommunismus, Nachdruck, Moskau 1970 (1920), S. 20f.

Terroristische Strategien haben in demokratisch und sozialstaatlich orientierten Verfassungsstaaten allenfalls eine sehr geringe Erfolgschance. Wer sie dennoch anwendet, dokumentiert einen erschreckenden Verlust an Wirklichkeitssinn. Dennoch sind terroristische Praktiken weder als Ausdruck puren Sadismus noch als Wahnsinnstaten zu verstehen, obgleich beide Elemente eine Rolle spielen können. Terroristen bauen ihre Strategie auf den systematischen, gezielten Einsatz als Überraschungsschläge geplanter massiver Gewalttaten. Damit sollen insbesondere zwei Ziele erreicht werden: Sie wollen erstens mit drastischen Mitteln ihrem Protest Ausdruck verleihen, die Öffentlichkeit mobilisieren, die Aufmerksamkeit breiter Bevölkerungskreise auf bestimmte Probleme hinlenken, bei ihnen ein revolutionäres Bewußtseins erzeugen und sie schließlich gegen das »System« mobilisieren. Zweitens will man den als »repressiv« definierten Staat an empfindlichen Stellen treffen, seine Schwäche und Verwundbarkeit offenlegen und bei seinen Funktionsträgern Unsicherheit und Angst verbreiten. In funktionierenden Demokratien ist diese Strategie schon deshalb zum Scheitern verurteilt, weil eine breite Legitimationsbasis existiert und Schläge gegen staatliche Institutionen und deren Repräsentanten von der Bevölkerung als gegen sich selbst gerichtet interpretiert werden. Die erhoffte Fanalwirkung muß daher ausbleiben. In der Bundesrepublik operierende Terrorgruppen wie die RAF konnten keinen Massenanhang gewinnen. Der engere Sympathisantenkreis blieb auf eine relativ kleine Gruppe beschränkt. Im Umkreis der »neuen sozialen Bewegungen« wurden zwar Kontakte geknüpft und neue Anhänger gewonnen; die große Mehrheit der in diesem Bereich politisch Aktiven erteilte jedoch dem Terrorismus eine Absage, mochte das Bekenntnis zum »zivilen Ungehorsam« und »gewaltfreien Widerstand« auch verbreitet sein.

Einige Formen politischer Strategie, die in zurückliegenden historischen Perioden oder anderen Ländern von Bedeutung waren, haben in der Bundesrepublik bislang keine Rolle gespielt. So etwa der Putschismus, der im 19. Jahrhundert von einigen kommunistischen Gruppen propagiert wurde und jahrzehntelang die vorherrschende Methode des Regimewechsels in südamerikanischen Militärregimen bildete. In funktionierenden Demokratien ist der Staatsstreich ein untaugliches Mittel, da es unter den Bedingungen von Elitenkonkurrenz, Gewaltenteilung, pluralistischer Interessen- und Medienstruktur und in den demokratischen Grundkonsens integriertem Militär einer oligarchischen Clique nahezu unmöglich ist, in einem Überraschungscoup alle machtstrategisch entscheidenden Punkte zu besetzen und für eine längere Zeit unter Beschlag zu halten. Ähnliches gilt für »Generalstreiks« und »direkte Aktionen«, wie sie in den Krisenjahren nach dem Ersten Weltkrieg von revolutionären Syndikalisten als Mittel des politischen Umsturzes empfohlen wurden[805]. Eine kommunistische Gewerkschaft wie etwa in Frankreich (CGT) konnte sich nach 1945 in der Bundesrepublik nicht entwickeln. An Unterwanderungsversuchen fehlte es zwar nicht, diese haben jedoch die feste Verankerung der Gewerkschaften im demokratischen Grundkonsens bislang nicht gefährdet.

Wohl auch aus Einsicht in die Fragwürdigkeit der Anwendung von Brachialmethoden in einer Wohlstandsdemokratie wird demgegenüber für eine »sanfte« Revolu-

---

805 Vgl. Wilfried Röhrich, Revolutionärer Syndikalismus. Ein Beitrag zur Sozialgeschichte der Arbeiterbewegung, Darmstadt 1977.

tionsstrategie plädiert. Sie kommt nicht mit »Gift, Dolch, Schlinge«[806] daher, will Köpfe nicht abschlagen, sondern zum Umdenken bringen. Der Revolutionierung der politischen Verhältnisse soll eine Revolutionierung des Bewußtseins vorausgehen. Gestützt auf Antonio Gramscis Konzept der »kulturellen Hegemonie«[807] propagiert eine um die Revitalisierung rechtsextremer Ideen bemühte »Neue Rechte« den Kampf um die intellektuelle Vorherrschaft. Pierre Krebs, Mitarbeiter des neu-rechten »Thule-Seminars« formulierte das große Ziel wie folgt: »Von Paris bis Wien und von London bis Madrid arbeiten wir bereits an folgenden Zielsetzungen: Kulturelle Wiedergeburt Europas; Unabhängigkeit seiner Politik, Diplomatie und Wirtschaft; Ausrichtung auf die blockfreien Länder; Kulturkrieg gegen sämtliche Entwurzelungskräfte (der Hauptfeind heißt American way of life); Bündnis mit allen Kräften der Dritten Welt, die gegen die amerikanisch-sowjetische Zange ankämpfen; Festlegung neuer historischer Entwürfe – kurz: Gründung einer dritten Kraft, eines dritten Weges, Gründung des Neuen Europäischen Imperiums. Damit kann man die Hampelmänner des letzten Schreies erledigen, Michael Jackson und die melting-pot-Kosmopoliten in den Mülleimer schleudern, die Dallas-Halunken und Ronald Reagan auf ihre Kuhweiden zurückschicken.«[808] Wenngleich die Neue Rechte über das Stadium vollmundiger Proklamationen in der Bundesrepublik noch nicht hinausgekommen ist, sollte man – auch mit Blick auf die erfolgreichere »Nouvelle Droite« in Frankreich – den Versuch einer Neuformulierung rechtsextremer Inhalte nicht leichtfertig abtun. Die Strategie der »Metapolitik« fordert eine Auseinandersetzung mit den Waffen des Geistes heraus.

6. Resümee

In den chronologisch aufgebauten Abschnitten über rechte und linke Extremismen wurde die Geschichte des politischen Extremismus in der Bundesrepublik Deutschland nachzuzeichnen versucht, wobei es zweifelhaft ist, ob es diese Geschichte als gemeinsame Geschichte überhaupt gibt. Viel eher lief die Entwicklung rechter und linker Gruppierungen nebeneinander her. Während in der rechten und linken »Szene« enge Handlungszusammenhänge bestanden und bestehen, lassen sich Belege für das organisierte Zusammenwirken von Rechts- und Linksextremisten gegen den demokratischen Verfassungsstaat – nach dem Schema des vielzitierten Berliner Verkehrsarbeiterstreiks vom November 1932, als Nationalsozialisten und Kommunisten Seite an Seite agierten – nicht erbringen. Auch nationalrevolutionäre Gruppen, die in ihrem Selbstverständnis für eine Überwindung des Rechts-Links-Gegensatzes zugunsten eines »dritten Weges« plädier(t)en, scheu(t)en eine direkte Zusammenarbeit mit den politischen Kontrahenten von links. Anstelle von Kooperation dominiert Konfrontation. Linksextreme Gruppierungen setzten sich so intensiv wie aggressiv mit

---

806 So aber die Aufforderung des russischen Revolutionärs: Michail Bakunin, Die Aufstellung der Revolutionsfrage (1869), in: Walter Laqueur (Hrsg.), Zeugnisse politischer Gewalt. Dokumente zur Geschichte des Terrorismus, Kronberg 1978, S. 53–56, 55.

807 Vgl. O. Kallscheuer (Anm. 226).

808 Pierre Krebs, Die erste Partei des Geistes, in: Elemente, Januar/März 1987, S. 2.

rechtsextremen Kräften auseinander – und umgekehrt. Dieser Aspekt ist für das Verständnis des politischen Extremismus weit bedeutsamer als vereinzelte Durchbrechungen gegenseitiger Gegnerschaft und Feindseligkeit[809].

Auch das Überwechseln einzelner Personen von links- zu rechts- und von rechts- zu linksextremen Organisationen stellt eher eine Seltenheit dar, kann jedenfalls schwerlich als überzeugender Beleg für die Einheit des politischen Extremismus gelten. Vielmehr wurde im Verlaufe der Darstellung versucht, die Vielfalt und Eigenständigkeit extremistischer Phänomene herauszuarbeiten. Überraschende politische Frontwechsel (Beispiel: die zeitweilige Mitwirkung des späteren ANS-Gründers Michael Kühnen in der maoistischen KPD) sind jedoch ein wichtiges Indiz für einen geistigen Habitus, eine Denkstruktur, eine politische Mentalität, die ansonsten sehr verschiedenen politischen Extremismen gemeinsam sind. Sie alle nämlich kennzeichnet ein Absolutheitsanspruch, mit dem sie ihre politische Doktrin vertreten, die neben sich keine wesentlich anderen Anschauungen zuläßt. Gestützt auf axiomatische Behauptungen, die als unanfechtbar gelten, obgleich sich dagegen sehr wohl vernünftige Argumente formulieren lassen, halten Extremisten jeglicher Couleur unbeirrbar an den einmal als »richtig« erkannten »Wahrheiten« fest. Der hohe Anspruch auf Welterklärung und finale Problemlösung steht jedoch in einem eklatanten Mißverhältnis zu den tatsächlichen Leistungen bei der Erkundung der politischen Wirklichkeit. Die Kluft zwischen hochtrabenden Prätentionen und niederschmetternden Ergebnissen wird nicht selten mit Hilfe verwegen konstruierter Verschwörungstheorien überbrückt. Freilich ist auch das kein Ausweg aus der Sackgasse des Wirklichkeitsverlustes.

Extremistische Denkstrukturen bringen den Typus des fanatischen Parteianhängers hervor. Die Organisation ist nicht Zweckverband, sondern Lebensinhalt und Mittelpunkt rastloser Tätigkeit für die revolutionären Ziele. Viele Mitglieder verschreiben sich der einmal als richtig erkannten Sache bis zur Selbstpreisgabe. Der Glaube an die Erkennbarkeit des »Wahren« und »Guten« bringt eine dualistische Weltsicht hervor, in der nur Gut und Böse, Wahrheit und Lüge, Freund und Feind ihren Platz haben. Aber auch hier gibt es Unterschiede und Nuancierungen: Der Grad des Dogmatismus variiert ebenso wie die Fähigkeit zur Fehlerkorrektur. Der Absolutheitsanspruch kann aggressiv oder defensiv und zurückhaltend artikuliert werden. Und keineswegs alle Extremismen verschreiben sich utopistischen Visionen. Vielmehr gehört auch das machiavellistische, wertindifferente Machtkalkül jenseits politischer Heilserwartung zur Familie antidemokratischer Konzeptionen.

Extremistische Strategien haben eine Gemeinsamkeit: Sie basieren auf der Verachtung demokratischer Kompromißkultur und zielen auf deren Beseitigung. Freilich weist das Arsenal des extremistischen Kampfes gegen die Demokratie eine beeindruckende Zahl unterschiedlicher Methoden auf. Die Palette reicht von strikter Legalitätswahrung bis hin zum systematischen Einsatz massiver Gewalt (Terrorismus). Das extremismustypische Motto, wonach der Zweck die Mittel heilige, ist allerdings nicht so zu verstehen, als seien die Strategen des antidemokratischen Kampfes keinerlei Beschränkungen unterworfen. Vielmehr müssen sie die Regeln der gruppenspezifischen »Ethik« ebenso beachten wie die Aspekte der Zwecktauglichkeit und Risikominimierung.

---

809 Siehe dazu ausführlich Kap. VII.

In der Bundesrepublik sind alle Formen des Extremismus – der Terrorismus, der nicht-terroristische Linksextremismus und der nicht-terroristische Rechtsextremismus – bisher nicht über gewisse Achtungserfolge hinausgekommen. Dies hat verschiedene Ursachen: Diskreditierung der rechts- und linksextremistischen Bewegungen aufgrund der leidvollen historischen Erfahrungen; beachtliche wirtschaftliche Prosperität; feste außenpolitische Verankerung der Bundesrepublik im Westen. Ein Grund dürfte auch darin zu sehen sein, daß der demokratische Verfassungsstaat in der Bundesrepublik weit besser funktioniert, als das bei seiner Gründung vor vierzig Jahren abzusehen war. Auf diese Weise wird dem Extremismus weitgehend das Wasser abgegraben.

7. Anhang: Zahl/Mitglieder und Wahlergebnisse links- und rechtsextremer Organisationen

Tabelle 10: Zahl/Mitglieder linksextremer Organisationen, 1971–1973

Organisation	1971		1972		1973	
	Zahl	Mit-glieder	Zahl	Mit-glieder	Zahl	Mit-glieder
orthodox-kommunistische und prokommunistische	130	83 000	115	88 500	110	98 000
maoistische	35	2 000	90	6 300	61	12 000
trotzkistische	7	700	10	1 000	10	1 000
anarchistische	10	250	15	300	32	500
sonstige Org. der »Neuen Linken«	210	2 600	135	7 000	104	5 000
	392	88 550	365	103 100	317	116 500
Nach Abzug von Mehr-fachmitgliedschaften		67 000		78 000		87 000

Quelle: VSB 1973, S. 41.

Tabelle 11: Zahl/Mitglieder linksextremer Organisationen, 1974–1976

Organisation	1974		1975		1976	
	Zahl	Mit-glieder	Zahl	Mit-glieder	Zahl	Mit-glieder
Orthodox-kommunistische						
– Kernorganisationen	113	117 000	105	119 000	2	47 500
– Nebenorganisationen					10	24 100
– beeinflußte Organisationen					72	53 900[1]
Maoistische Organisationen						
– Kernorganisationen	65	13 000	64	15 000	12	6 000
– Nebenorganisationen					28	7 000
– beeinflußte Organisationen					7	3 000[1]
Trotzkistische Organisationen	10	1 200	10	1 200	10	1 200
Sonstige Organisationen der »Neuen Linken«	90	4 500	74	4 500	79	4 700
Anarchistische Organisationen	24	500	26	500	23	400
Summe	302	136 200	279	140 200	243	90 900 56 900[1]
Nach Abzug von Mehr-fachmitgliedschaften		102 000		105 000		68 000 42 000[1]

1) darunter auch Nichtkommunisten

Quelle: VSB 1976, S. 57.

Tabelle 12: Zahl/Mitglieder linksextremer Organisationen, 1977–1979

Organisation	1977 Zahl	1977 Mitglieder	1978 Zahl	1978 Mitglieder	1979 Zahl	1979 Mitglieder
orthodox-kommunistische						
– Kernorganisationen	2	49 000	2	49 000	2	47 000
– Nebenorganisation	11	28 400	11	29 100	12	29 500
Beeinflußte Organisationen	58	52 600	50	50 400	46	51 900
dogmatische »Neue Linke«						
– Kernorganisationen	15	6 600	11	5 500	12	5 300
– Nebenorganisation	28	9 700	27	6 800	19	3 900
Beeinflußte Organisationen	12	3 900	15	2 780	27	1 100
Trotzkistische Organisationen	12	900	11	880	8	800
Sonstige Organisationen der »Neuen Linken« einschl. anarchistischer Organisationen	87	5 700	81	4 750	74	3 800
Summe	225	100 300 56 500	208	96 030 53 180	200	90 300 53 000
nach Abzug von Mehrfachmitgliedschaften		75 200 42 200		72 000 39 900		67 700 39 700

Quelle: VSB 1979, S. 54.

Tabelle 13: Zahl/Mitglieder linksextremer Organisationen, 1980–1982

Organisation	1980 Zahl	1980 Mitglieder	1981 Zahl	1981 Mitglieder	1982 Zahl	1982 Mitglieder
»Orthodoxer« Kommunismus						
– Kernorganisationen	2	45 000	2	44 500	2	44 500
– Nebenorganisationen	14	29 300	14	29 000	13	27 000
Beeinflußte Organisationen[1]	44	54 500	48	61 000	50	70 000
Dogmatische »Neue Linke«						
– Kernorganisationen	24	5 700	26	5 300	23	3 900
– Nebenorganisationen	13	1 700	13	800	11	1 100
Beeinflußte Organisationen[1])	20	3 100	19	4 500	18	4 300
Undogmatische »Neue Linke«[2])	74	3 200	54	3 200	55	3 700
Summe	191	84 900 57 600	176	82 800 65 500	172	80 200 74 300
nach Abzug von Mehrfachmitgliedschaften		63 700 43 200		62 000 49 000		60 150 55 700

1) Da den beeinflußten Organisationen auch Mitglieder angehören, die keine Kommunisten sind, wurden die Mitgliederzahlen ausgedrückt.
2) Erfaßt sind nur Gruppen, die festere Strukturen aufweisen und über einen längeren Zeitraum aktiv waren. Den losen, statistisch nicht berücksichtigten Zusammenschlüssen der undogmatischen extremistischen »Szene« sind schätzungsweise 7000 Personen zuzurechnen.

Quelle: VSB 1982, S. 21.

Quelle: VSB 1985, S. 20.

Tabelle 14: Zahl/Mitglieder linksextremer Organisationen, 1983–1985

Organisation	1983 Zahl	1983 Mitglieder	1984 Zahl	1984 Mitglieder	1985 Zahl	1985 Mitglieder
»Orthodoxer« Kommunismus						
Kernorganisationen	2	44 500	2	44 500	2	44 500
Nebenorganisationen	13	27 600	13	28 000	13	28 000
Beeinflußte Organisationen[1])	52	70 000	50	71 000	51	66 500
»Neue Linke« K-Gruppen und Trotzkisten						
Kernorganisationen	20	3 400	19	3 100	19	3 300
Nebenorganisationen	12	1 100	12	900	11	700
Beeinflußte Organisationen[1])	17	4 500	13	2 700	13	2 000
sonstige revolutionäre Marxisten	4	2 300	4	2 400	3	2 400
Anarchisten und sonstige Sozialrevolutionäre[2])	55	2 600	49	2 700	58	2 800
Summe	175	81 500 74 500	162	81 600 73 700	170	81 700 68 500
nach Abzug von Mehrfachmitgliedschaften		61 000 56 200		61 000 55 300		61 300 51 500

1) Da den beeinflußten Organisationen auch Mitglieder angehören, die keine Kommunisten sind, wurden die Mitgliederzahlen in einer eigenen Spalte aufgeführt. Gruppen mit durchgehend ausländischem Mitgliederbestand sind nicht erfaßt.
2) Erfaßt sind nur Gruppen, die festere Strukturen aufweisen und über einen längeren Zeitraum aktiv waren. Den losen, statistisch nicht berücksichtigten Zusammenschlüssen dieser Szene sind schätzungsweise 6 000 Personen zuzurechnen.

Quelle: VSB 1985, S. 20.

Tabelle 15: Zahl/Mitglieder linksextremer Organisationen, 1986–1988

Organisation	1986 Zahl	1986 Mitglieder	1987 Zahl	1987 Mitglieder	1988 Zahl	1988 Mitglieder
Orthodoxe Kommunisten						
Kernorganisationen	2	46 000	2	42 500	2	39 500
Nebenorganisationen	13	28 000	13	28 000	14	15 900
Beeinflußte Organisationen[1])	53	64 000	54	60 500	55	60 000
»Neue Linke« Revolutionäre Marxisten						
Kernorganisationen	24	6 100	27	6 100	29	7 100
Nebenorganisationen	9	600	10	500	10	500
Beeinflußte Organisationen[1])	11	1 100	11	1 200	10	1 400
Anarchisten und sonstige Sozialrevolutionäre[2])	63	3 000	65	4 300	67	4 000
Summe	175	83 700 65 100	182	81 400 61 700	187	67 000 61 400
nach Abzug von Mehrfachmitgliedschaften und Kinderorganisationen	ca.	ca. 63 000 49 000	ca.	ca. 62 000 46 000	ca.	56 000 46 000

1) Da den beeinflußten Organisationen auch Mitglieder angehören, die keine Kommunisten sind, wurden die Mitgliederzahlen in einer eigenen Spalte Aufgeführt.
2) Erfaßt sind nur Gruppen, die festere Strukturen aufweisen und über einen längeren Zeitraum aktiv waren. Den losen, statistisch nicht berücksichtigten Zusammenschlüssen dieser Szene sind zusätzlich mehrere tausend Personen zuzurechnen.

Quelle: VSB 1988, S. 20.

Tabelle 16: Zahl/Mitglieder linksextremer Organisationen, 1989–1991

Organisation	1989 Zahl	1989 Mitglieder	1990[1]) Zahl	1990[1]) Mitglieder	1991[1]) Zahl	1991[1]) Mitglieder
Marxisten, Leninisten und andere revolutionäre Marxisten						
Kernorganisationen	33	34 200	30	25 200	30	21 800
Nebenorganisationen	21	7 200	14	900	10	700
Beeinflußte Organisationen[2])	64	54 600	35	26 500	34	20 000
Anarchisten und sonstige Sozialrevolutionäre[3])	69	4 000	61	4 100[4])	57	4 300[4])
Summe	187	45 900 54 600	140	30 700 26 500	131	27 300 20 000
nach Abzug von Mehrfachmitgliedschaften und Kinderorganisationen		ca. 41 000 ca. 40 000		ca. 29 500 ca. 20 000		ca. 26 500 ca. 15 000

1) Ohne die neuen Bundesländer.
2) Da den beeinflußten Organisationen auch Mitglieder angehören, die keine Kommunisten sind, wurden die Mitgliederzahlen in einer eigenen Spalte aufgeführt.
3) Erfaßt sind nur Gruppen, die festere Strukturen aufweisen und über einen längeren Zeitraum aktiv waren. Das Mobilisierungspotential der »Szene« umfaßt zusätzlich mehrere tausend Personen.
4) Einschließlich der Autonomen aus dem ehemaligen Bereich Berlin (Ost).
Quelle: VSB 1991, S. 20.

Tabelle 17: Ergebnisse linksextremer Parteien bei den Bundestagswahlen von 1949 bis 1990 (in Prozent)[1])

	1949	1953	1957	1961	1965	1969	1972	1976	1980	1983	1987	1990
ADF	–	–	–	–	–	0,6	–	–	–	–	–	–
BdD	–	–	0,2	–	–	–	–	–	–	–	–	–
BWK	–	–	–	–	–	–	–	–	–	0,0	–	–
DFU	–	–	–	1,9	1,3	–	–	–	–	–	–	–
DKP	–	–	–	–	–	–	0,3	0,3	0,2	0,2	–	–
GIM	–	–	–	–	–	–	–	0,0	–	–	–	–
KBW	–	–	–	–	–	–	–	0,1	0,0	–	–	–
KPD	5,7	2,2	–	–	–	–	–	–	–	–	–	–
KPD	–	–	–	–	–	–	–	0,1	–	–	–	–
KPD	–	–	–	–	–	–	–	–	–	0,0	–	–
MLPD	–	–	–	–	–	–	–	–	–	–	0,0	–
PDS	–	–	–	–	–	–	–	–	–	–	–	2,4
V	–	–	–	–	–	–	–	–	0,0	–	–	–
VL	–	–	–	–	–	–	–	0,0	–	–	–	–

1) Unter dem Namen KPD kandidierten drei verschiedene Parteien: Im Jahre 1953 die an der DDR orientierte KPD, im Jahre 1976 die maoistische KPD und 1983 die frühere KPD/ML, die nach der Auflösung der maoistischen KPD diesen Namen angenommen hatte.
Quelle: Zusammenstellung nach den amtlichen Wahlstatistiken.

Tabelle 18: Ergebnisse linksextremer Parteien bei den Wahlen zu den Landesparlamenten von 1946 bis 1992 (in Prozent)

Baden-Württemberg:		Württemberg-Baden:		Bayern:		Berlin-West Berlin (seit 1990):	
1952	4,4 (KPD)	1946	10,3 (KPD)	1946	6,1 (KPD)	1946	13,7 (SED)
1956	3,2 (KPD)	1950	4,9 (KPD)	1950	1,9 (KPD)	1948	–
1956	0,6 (BdD)			1954	2,1 (KPD)	1950	–
1960	0,5 (BdD)	Württemberg-		1954	0,4 (BdD)	1954	2,7 (SED)
1960	0,5 (VFS)	Hohenzollern:		1958	–	1958	2,0 (SED)
1964	1,4 (DFU)	1947	7,3 (KPD)	1962	0,9 (DFU)	1963	1,3 (SED-W)
1968	2,3 (DL)			1966	–	1967	2,1 (SED-W)
1972	0,5 (DKP)	Baden:		1970	0,4 (DKP)	1971	2,3 (SEW)
1976	0,5 (DKP)	1947	7,4 (KPD)	1974	0,4 (DKP)	1975	1,8 (SEW)
1976	0,0 (KPD			1974	0,1 (KPD	1975	0,7 (KPD
	[Maoisten])				[Maoisten])		[Maoisten])
1976	0,1 (KBW)			1978	0,3 (DKP)	1975	0,1 (KBW)
1980	0,3 (DKP)			1978	0,0 (KBW)	1979	1,1 (SEW)
1984	0,3 (DKP)			1982	0,2 (DKP)	1979	0,1 (KBW)
1988	–			1986	–	1981	0,6 (SEW)
1992	0,0 (DKP)			1990	–	1985	0,6 (SEW)
						1989	0,6 (SEW)
						1990	9,2 (PDS)

Bremen:		Hamburg:		Hessen:		Niedersachsen:	
1946	11,5 (KPD)	1946	10,4 (KPD)	1946	10,7 (KPD)	1947	5,6 (KPD)
1947	8,8 (KPD)	1949	7,4 (KPD)	1950	4,7 (KPD)	1951	1,8 (KPD)
1951	6,4 (KPD)	1953	3,2 (KPD)	1954	3,4 (KPD)	1955	1,3 (KPD)
1955	5,0 (KPD)	1957	0,3 (BdD)	1954	0,5 (BdB)	1955	0,3 (BdB)
1955	1,1 (KPD)	1961	2,9 (DFU)	1958	–	1959	0,1 (BdD)
1959	0,3 (BdD)	1966	–	1962	2,5 (DFU)	1963	0,6 (DFU)
1963	2,7 (DFU)	1970	1,7 (DKP)	1966	–	1967	0,8 (DFU)
1967	4,2 (DFU)	1974	2,2 (DKP)	1970	1,2 (DKP)	1970	0,4 (DKP)
1971	3,1 (DKP)	1974	0,3 (KPD/ML)	1974	0,9 (DKP)	1974	0,4 (DKP)
1975	2,1 (DKP)	1978	1,0 (DKP)	1974	0,1 (KPD	1978	0,3 (DKP)
1975	0,6 (KBW)	1978	0,1 (KPD/ML)		[Maoisten])	1978	0,1 (KBW)
1975	0,3 (KPD	1978	0,1 (KBW)	1974	0,1 (KBW)	1982	0,3 (DKP)
	[Maoisten])	1982	0,6 (DKP)	1978	0,4 (DKP)	1986	0,1 (DKP)
1979	0,8 (DKP)	1982	0,1 (KPD/ML)	1978	0,1 (KBW)	1990	–
1979	0,1 (KBW)	1982	0,4 (DKP)	1982	0,4 (DKP)		
1983	1,4 (BAL)	1986	0,2 (DKP)	1983	0,3 (DKP)		
1987	0,6 (DKP)	1987	0,3 (Friedens-	1987	0,3 (DKP)		
1991	–		liste)	1991	–		
		1991	0,5 (PDS)				
		1991	0,5 (AL)				
		1991	0,1 (DKP)				

Nordrhein-Westfalen:		Rheinland-Pfalz:		Saarland:		Schleswig-Holstein:	
1947	14,0 (KPD)	1974	8,7 (KPD)	1955	6,6 (KPS)	1947	4,7 (KPD)
1950	5,5 (KPD)	1951	4,3 (KPD)	1955	0,9 (DDU)	1950	2,2 (KPD)
1954	3,8 (KPD)	1955	3,2 (KPD)	1960	5,0 (DDU)	1954	2,1 (KPD)
1954	0,3 (BdD)	1955	0,7 (BdD)	1965	3,1 (DDU)	1954	0,8 (BdD)
1958	0,0 (BdD)	1959	0,4 (BdD)	1970	2,7 (DKP)	1958	0,5 (BdD)
1962	2,0 (DFU)	1963	1,3 (DFU)	1975	1,0 (DKP)	1962	1,2 (DFU)
1966	–	1967	1,2 (DFU)	1980	0,5 (DKP)	1967	0,9 (DFU)
1970	0,9 (DKP)	1971	0,9 (DKP)	1985	0,3 (DKP)	1971	0,4 (DKP)
1975	0,5 (DKP)	1975	0,5 (DKP)	1990	0,1 (DKP)	1975	0,4 (DKP)
1975	0,1 (KPD [Maoisten])	1975	0,1 (KPD [Maoisten])			1975	0,0 (KPD [Maoisten])
1980	0,3 (DKP)	1979	0,4 (DKP)			1979	0,2 (DKP)
1980	0,0 (KBW)	1979	0,1 (KBW)			1979	0,1 (KBW)
1985	0,7 (Friedens- liste)	1983	0,2 (DKP)			1983	0,1 (DKP)
1985	0,0 (KPD [Marxisten- Leninisten])	1987	0,1 (DKP)			1987	0,2 (DKP)
		1991	–			1992	–

Brandenburg:		Mecklenburg- Vorpommern:		Sachsen:		Sachsen-Anhalt:	
1990	13,4 (PDS)	1990	15,7 (PDS)	1990	10,2 (PDS)	1990	12,0 (PDS)
				1990	0,1 (Reine Arbeiter- partei)	1990	0,0 (USPD)

Thüringen:	
1990	9,7 (PDS)

Quelle: Zusammenstellung nach den amtlichen Wahlstatistiken.

Tabelle 19: Zahl/Mitglieder rechtsextremer Organisationen, 1971–1973

	1971		1972		1973	
	Org. Zahl	Mitgl. rd.	Org. Zahl	Mitgl. rd.	Org. Zahl	Mitgl. rd.
Parteien	4	18 000	3	14 700	3	12 200
Jugendorganisationen	9	2 200	9	1 800	8	2 000
Gruppen der »Neuen Rechten«	12	400	15	1 000	10	900
Sonstige Organisationen	42	10 300	49	11 000	41	10 600
Verlage, Buchdienste	56	200	53	200	45	200
	123	31 900	129	28 700	107	25 900
Abzug für Mehrfachmitgliedschaften		4 000		4 000		4 200
		27 900		24 700		21 700

Quelle: VSB 1973, S. 13.

Tabelle 20: Zahl/Mitglieder rechtsextremer Organisationen, 1974–1976

	1974		1975		1976	
	Org.	Mitgl.	Org.	Mitgl.	Org.	Mitgl.
Parteien	2	11 600	2	10 900	2	9 900
Neonazistische Gruppen	–	–	13	400	15	600
Jugendorganisationen	10	2 200	14	2 200	13	2 700
Gruppe der »Neuen Rechten«	14	800	11	700	12	400
Sonstige Organisationen	55	10 800	51	10 200	43	9 100
Verlage, Vertriebsdienste	38	200	57	300	57	300
	119	25 600	148	24 700	142	23 000
Abzug für Mehrfachmitgliedschaften		4 200		4 300		4 700
		21 400		20 400		18 300

Quelle: VSB 1976, S. 17.

Tabelle 21: Zahl/Mitglieder rechtsextremer Organisationen, 1977–1979

	1977 Anzahl der		1978 Anzahl der		1979 Anzahl der	
	Org.	Mitgl.-schaften	Org.	Mitgl.-schaften	Org.	Mitgl.-schaften
»Nationaldemokratische« Organisationen	5	10 600	5	10 100	6	9 500
Neonazistische Gruppen	17	900	24	1 000	23	1 400
»National-freiheitliche« Organisationen	7	5 400	7	5 600	6	6 400
Sonstige Vereinigungen	54	5 400	40	5 400	34	4 000
Summe	83	22 300	76	22 100	69	21 300
Zahl der Mitglieder nach Abzug der Mehrfachmitgliedschaften		17 800		17 600		17 300

Quelle: VSB 1979, S. 15.

Tabelle 22: Zahl/Mitglieder rechtsextremer Organisationen, 1980–1982

	1980 Zahl der		1981 Zahl der		1982 Zahl der	
	Org.	Mit-glieder	Org.	Mit-glieder	Org.	Mit-glieder
Neonazistische Gruppen	22	1 200	18	1 250	21	1 050[1])
»Nationaldemokratische« Organisationen	8	8 300	7	7 350	7	6 500
»National-freiheitliche« Organisationen	6	13 500	4	10 400	3	10 400
Sonstige Vereinigungen	39	3 300	44	3 300	43	2 800
Summe	75	26 300	73	22 300	74	20 750
Zahl der Mitglieder nach Abzug der Mehrfachmitgliedschaften		19 800		20 300		19 000

1) Hiervon sind 850 in den 21 erkannten neonazistischen Gruppen tätig, 200 unterstützen diese Gruppen durch finanzielle Zuwendungen in Hunderterbeträgen.

Quelle: VSB 1982, S. 113.

Tabelle 23: Zahl/Mitglieder rechtsextremer Organisationen, 1983–1985

	Ende 1983 Anzahl der		Ende 1984 Anzahl der		Ende 1985 Anzahl der	
	Org.	Mitglieder/ Mitglied-schaften	Org.	Mitglieder/ Mitglied-schaften	Org.	Mitglied-schaften
Neonazistische Gruppen	16	1 130	34	1 150	29	1 400*
»Nationaldemokratische« Organisationen	8	6 700	7	6 700	8	6 700
»National-freiheitliche« Organisationen	3	11 400	3	12 400	2	12 000
Sonstige Vereinigungen	41	2 600	45	3 200	39	3 400
Summe	68	21 830	89	23 450	78	23 500
Zahl der Mitglieder nach Abzug der Mehrfachmitgliedschaften		20 300		22 100		22 100

Quelle: VSB 1985, S. 142.

Tabelle 24: Zahl/Mitglieder rechtsextremer Organisationen, 1986–1988

	1986 Anzahl der		1987 Anzahl der		1988 Anzahl der	
	Org.	Mitglied-schaften	Org	Mitglied-schaften	Org	Mitglied schaften
Neonazistische Gruppen	23	1 500	20	2 100	23	1 900
»Nationaldemokratische« Organisationen	6	6 800	5	7 000	5	7 250
»National-freiheitliche« Organisationen	2	12 100	3	15 100	3	18 600
Sonstige Vereinigungen	42	3 150	41	3 100	40	3 200
Summe	73	23 550	69	27 300	71	30 950
Zahl der Mitglieder nach Abzug der Mehrfachmitgliedschaften		22 100		25 200		28 300

Quelle: VSB 1988, S. 114.

Tabelle 25: Zahl/Mitglieder rechtsextremer Organisationen, 1989–1991

	1989 Anzahl der		1990[1]) Anzahl der		1991 Anzahl der	
	Gruppen	Org. Mitglied-schaften	Gruppen	Org. Mitglied-schaften	Gruppen	Org. Mitglied-schaften
Zusammenschlüsse neonazistischer Skinheads	–	–	–	–	–	4 200
Sonstige neonational-sozialistische Gruppen	23	1 500	27	1 400	30	2 100
»National-« freiheitliche Organisationen	3	25 000	3	22 000	3	24 000
»Nationaldemokratische« Organisationen	5	8 000	5	7 300	5	6 700
Sonstige Vereinigungen	39	3 200	34	2 900	38	3 950
Summe	70	37 700	69	33 600	76	40 950
Zahl der Mitglieder nach Abzug der Mehrfachmitgliedschaften		35 900		32 200		39 800

1) Ohne die neuen Bundesländer.
Quelle: VSB 1991, S. 72.

Tabelle 26: Ergebnisse rechtsextremer Parteien bei den Bundestagswahlen von 1949 bis 1990 (in Prozent)

	1949	1953	1957	1961	1965	1969	1972	1976	1980	1983	1987	1990
AUD	–	–	–	–	0,2	–	–	0,1	–	–	–	–
DG	–	–	0,1	0,1	–	–	–	–	–	–	–	–
DKP/DRP	1,8	–	–	–	–	–	–	–	–	–	–	–
DNS	–	0,3	–	–	–	–	–	–	–	–	–	–
DRP	–	1,1	1,0	0,8	–	–	–	–	–	–	–	–
NPD	–	–	–	–	2,0	4,3	0,6	0,3	0,2	0,2	0,6	0,3
REP	–	–	–	–	–	–	–	–	–	–	–	2,1
UAP	–	–	–	–	0,0	0,1	–	0,0	0,0	–	–	–
WAV	2,9	–	–	–	–	–	–	–	–	–	–	–

Quelle: Zusammenstellung nach den amtlichen Wahlstatistiken.

Tabelle 27: Ergebnisse rechtsextremer Parteien bei den Wahlen zu den Landesparlamenten von 1946 bis 1992 (in Prozent)[1])

Baden-Württemberg:	Württemberg-Baden:	Bayern:	Berlin-West/(seit 1990) Berlin
1952 3,1 (DG-BHE)		1946 7,4 (WAV)	1946 –
1952 0,2 (DG)	1946 –	1950 2,8 (WAV)	1948 –
1952 2,4 (SRP)	1950 14,7 (DG-BHE)	1950 12,3 (BHE-DG)	1950 –
1956 0,4 (DG)	Württemberg-	1950 0,9 (DB)	1954 –
1960 0,4 (DG)	Hohenzollern:	1954 0,6 (BR)	1958 –
1964 0,3 (DG)	1947 –	1958 0,3 (DG)	1963 –
1968 9,8 (NPD)	Baden:	1958 0,6 (DRP)	1967 1,1 (AUD)
1968 0,3 (AUD)	1947 –	1962 0,3 (DG)	1971 0,6 (AUD)
1972 –		1966 7,4 (NPD)	1975 –
1976 0,9 (NPD)		1970 2,9 (NPD)	1979 –
1980 0,1 (NPD)		1974 1,1 (NPD)	1981 –
1984 –		1978 0,6 (NPD)	1985 –
1988 2,1 (NPD)		1982 0,6 (NPD)	1989 7,5 (REP)
1988 1,0 (REP)		1986 0,5 (NPD)	
1992 10,9 (REP)		1986 3,0 (REP)	
1992 0,9 (NPD)		1990 4,9 (REP)	
1992 0,5 (DL)			

Bremen:		Hamburg:		Hessen:		Niedersachsen:	
1946	–	1946	0,3 (DKP)	1946	–	1947	0,3 (DKP-DRP)
1947	–	1949	–	1950	0,1 (NPD-DRP)		
1951	7,7 (SRP)	1953	0,7 (DRP)	1954	–	1951	2,2 (DRP)
1955	–	1957	0,0 (DG)	1958	0,0 (DG)	1951	11,0 (SRP)
1959	3,8 (DRP)	1957	0,4 (DRP)	1958	0,6 (DRP)	1955	3,8 (DRP)
1963	–	1961	0,1 (DG)	1962	0,1 (DG)	1959	3,6 (DRP)
1967	8,8 (NPD)	1961	0,4 (DRP)	1966	7,9 (NPD)	1959	0,1 (DG)
1971	2,8 (NPD)	1966	3,9 (NPD)	1970	3,0 (NPD)	1963	1,5 (DRP)
1975	1,1 (NPD)	1970	2,7 (NPD)	1974	1,0 (NPD)	1963	0,1 (DG)
1979	0,4 (NPD)	1974	0,8 (NPD)	1978	0,4 (NPD)	1967	7,0 (NPD)
1983	–	1974	0,0 (AUD)	1982	–	1970	3,2 (NPD)
1987	3,4 (DVU-ListeD)	1978	0,3 (NPD)	1983	–	1974	0,6 (NPD)
		1978	0,1 (AUD)	1987	–	1978	0,4 (NPD)
1987	1,2 (REP)	1982	(Juni) 0,7 (HLA)	1991	1,7 (REP)	1978	0,0 (AUD)
1991	6,2 (DVU)	1982	(Dez.) 0,3 (HLA)			1982	–
1991	1,5 (REP)	1986	–			1986	–
1991	0,0 (NF)	1987	0,4 (HLA)			1990	1,5 (REP)
		1991	1,2 (REP)			1990	0,2 (NPD)
		1991	0,1 (NL)				
		1991	0,7 (HLA)				

Nordrhein-Westfalen:		Rheinland-Pfalz:		Saarland:		Schleswig-Holstein:	
1974	0,5 (DKP-DRP)	1974	–	1955	–	1947	3,1 (DKP)
1950	1,7 (DRP)	1951	0,5 (DRP)	1960	0,6 (DRP)	1950	2,8 (DRP)
1950	0,2 (SRP)	1951	0,3 (DNS)	1965	–	1950	1,6 (SRP)
1954	–	1955	–	1970	3,4 (NPD)	1954	1,5 (DRP)
1958	0,0 (DG)	1959	5,1 (DRP)	1975	0,7 (NPD)	1958	1,1 (NPD)
1958	0,5 (DRP)	1959	0,1 (DG)	1980	–	1962	0,1 (DG)
1962	0,1 (DG)	1963	3,2 (DRP)	1985	0,7 (NPD)	1967	5,8 (NPD)
1966	–	1963	0,2 (DG)	1990	3,3 (REP)	1971	1,3 (NPD)
1970	1,1 (NPD)	1967	6,9 (NPD)	1990	0,2 (NPD)	1975	0,5 (NPD)
1975	0,4 (NPD)	1971	2,7 (NPD)			1979	0,2 (NPD)
1980	–	1975	1,1 (NPD)			1983	–
1985	–	1979	0,7 (NPD)			1987	–
1990	1,8 (REP)	1983	0,1 (NPD)			1988	1,2 (NPD)
1990	0,2 (NPD)	1987	0,8 (NPD)			1988	0,6 (REP)
		1991	2,0 (REP)			1992	1,2 (REP)
		1991	0,2 (DA)			1992	6,3 (DVU)

Brandenburg		Mecklenburg-Vorpommern		Sachsen-Anhalt		Sachsen	
1990	1,1 (REP)	1990	0,9 (REP)	1990	0,6 (REP)	1990	0,7 (NPD)
1990	0,1 (NPD)	1990	0,2 (NPD)	1990	0,1 (NPD)		

Thüringen:	
1990	0,8 (REP)
1990	0,2 (NPD)

1) Parteien, die nicht mindestens bei *einer* Wahl 0,1 Prozent der Stimmen verzeichnet haben, bleiben unberücksichtigt. Wenn bei einer bestimmten Wahl keine Angaben erscheinen, so haben entweder extremistische Parteien nicht kandidiert oder diese erreichten nicht das Quorum von 0,1 Prozent.

Quelle: Zusammenstellung nach den amtlichen Wahlstatistiken.

IV. Ätiologie:
Ansätze zur Erklärung des politischen Extremismus

In funktionierenden demokratischen Verfassungsstaaten müssen extremistische Gesinnungen und Bestrebungen keinen Seltenheitswert haben, aber sie sind doch eher die Ausnahme als die Regel. Während eine große Mehrheit der Bevölkerung das politische System in seinen Grundprinzipien als legitim erachtet, bei Wahlen demokratischen Parteien bei weitem den Vorzug gibt und die politischen Freiheiten zur Artikulation unterschiedlicher Interessen, Bedürfnisse, Meinungen und Überzeugungen nutzt, erkennt eine Minderheit fundamentale Werte und Spielregeln nicht an, betreibt den Sturz des konstitutionell-demokratischen Systems. In der Bundesrepublik sind die extremistischen Gruppierungen weitgehend isoliert und sehen sich vielfach massiven Abgrenzungsbemühungen von seiten der »Mehrheitskultur« gegenüber. Eine politische Betätigung für extremistische Gruppierungen ist daher vielfach mit Einbußen an gesellschaftlichem Ansehen und Einfluß verbunden. Die Frage, weshalb sich Individuen und Gruppen in der pluralistischen Gesellschaft politisch »anders« verhalten als die Mehrheit, stellt sich vor diesem Hintergrund um so dringlicher. Sie ist für die Existenz demokratischer Verfassungsstaaten zugleich von großer praktischer Bedeutung. Erst die Kenntnis der Ursachen ermöglicht es, angemessen auf extremistische Phänomene zu reagieren. Gefährliche Entwicklungen können frühzeitig erkannt und mit geeigneten Mitteln bekämpft werden.

In diesem Zusammenhang geht es im folgenden zunächst darum, einige methodische und methodologische Probleme der »Erklärung« politisch-extremer Anschauungen und Verhaltensweisen zu erörtern, bevor sich die Betrachtung einer Reihe von Ansätzen zur Ursachenbestimmung zuwendet. Mit der biographischen Methode wird abschließend ein Konzept vorgestellt, das verschiedene Erklärungsfaktoren zu integrieren vermag. Vielfach beziehen sich die Ansätze nicht ausschließlich auf extremistische Phänomene oder ihnen kommt nur für Teilbereiche Erklärungskraft zu. Daher läßt sich eine Unterscheidung nach Linksextremismus, Rechtsextremismus und Terrorismus keineswegs in jedem Fall treffen. Wo immer dies möglich und sinnvoll erscheint, werden jedoch die verschiedenen Erklärungskonzepte nach ihrer spezifischen Reichweite differenziert. Es versteht sich, daß die Plausibilität bestimmter Ansätze nur beispielhaft erörtert werden kann. Sie mögen sich in dem einen Fall als aufschlußreich erweisen, im anderen Fall hingegen versagen.

1. Methodische und methodologische Probleme

Die Suche nach Erklärungen, Gründen, Ursachen für die Entstehung extremistischer Phänomene wirft eine Reihe von Schwierigkeiten methodischer und methodologischer Art auf. Zunächst ist die normative Ausrichtung des Extremismusbegriffs zu bedenken. Die Klasse der durch ihn erfaßten Gegenstände wird mittels normativer Kriterien (Minimalkonsens im Hinblick auf Werte und Spielregeln demokratischer Verfassungsstaaten) begrenzt. Die Definition betrifft also den Bereich des Sollens. Erklärungen von Entstehungszusammenhängen dagegen setzen auf der Ebene des Seienden an, sie fragen nach realen Merkmalen und Faktoren. Zwei unterschiedliche Typen von »Theorien« treffen dabei aufeinander: normative und explanative[1]. Normative (Rahmen-)Theorien[2] dienen der sinnhaft ordnenden Erfassung eines weiten Interpretationsfeldes; explanative Theorien dagegen formulieren Bedingungen, unter denen ein Ereignis eintritt oder ein bestimmtes Phänomen entsteht (»wenn... dann...«). Da explanative Hypothesen sich ausschließlich auf Erscheinungen der Seinswelt beziehen und Sollenskategorien nicht direkt ansprechen, können sie stets nur Ausschnitte eines normativ eingegrenzten Definitionsbereiches erfassen. Beispielsweise ließe sich die Entstehung extremistischer Verhaltensweisen mit dem jugendlichen Alter der Akteure erklären. Dann bezöge sich die Erklärung lediglich auf die Klasse derjenigen Personen mit extremistischen Einstellungen, die Jugendliche sind. Zugleich müßte gefragt werden, weshalb die Mehrzahl der Jugendlichen keine extremistische Einstellung an den Tag legt.

Aus dem Verhältnis von normativen und explanativen Theorien folgt, daß sich mit hoher Wahrscheinlichkeit keine (explanative) Hypothese oder Theorie formulieren läßt, die für den gesamten (normativ eingegrenzten) Bereich des politischen Extremismus Geltung besitzt. Erklärungen über die Ursachen oder Entstehensgründe extremistischer Phänomene müssen sich daher vor unzulässiger Generalisierung hüten und notfalls zwischen Subphänomenen differenzieren. Ein Pluralismus der Ansätze und Methoden ist insofern gerade bei der Befassung mit dem hochkomplexen Erscheinungsbild des Extremismus gefordert.

Explanative Forschungsstrategien stoßen darüber hinaus in humangesellschaftlichen Phänomenbereichen an ihre Grenzen. Ob sie überhaupt zu gleichsam gesetzesförmigen Aussagen nach dem Vorbild der Naturwissenschaften gelangen können, dürfte äußerst umstritten sein[3]. Wenn die saubere Herauspräparierung einzelner Faktoren aus einem komplexen Beziehungsgeflecht gelingt, stellt sich gleichwohl die Frage, ob diesen möglicherweise eine nur situative oder gar zufällige Relevanz zukommt. Ein gutes Beispiel hierfür sind Versuche, den hohen Anteil weiblicher

---

1 Vgl. zu den verschiedenen Arten von Theorien in den Humanwissenschaften: Karl Acham, Philosophie der Sozialwissenschaften, Freiburg-München 1983, S. 145–158.
2 Vgl. dazu ausführlich: Uwe Backes, Politischer Extremismus in demokratischen Verfassungsstaaten. Elemente einer normativen Rahmentheorie, Opladen 1989.
3 Vgl. die wichtigen methodologischen Bemerkungen zu dieser Frage bei Ulrich Matz, Über gesellschaftliche und politische Bedingungen des deutschen Terrorismus, in: ders./Gerhard Schmidtchen, Gewalt und Legitimität. Analysen zum Terrorismus 4/1, Opladen 1983, S. 15–103, insbes. S. 17–19. Siehe zu dieser Problematik für die Politikwissenschaft: Erwin Faul, Politikwissenschaft im westlichen Deutschland. Bemerkungen zu Entwicklungstendenzen und Entwicklungsanalysen, in: PVS, 20 (1979), S. 71–103

Akteure bei Aktionen linksterroristischer Gruppen zu erklären. Die große Zahl der Terroristinnen wurde von verschiedenen Autoren als Resultat eines auf die Spitze getriebenen Emanzipationsbestrebens interpretiert. Dem widersprachen jedoch bald die Ergebnisse empirischer Untersuchungen, erstellt auf der Grundlage eines umfangreichen statistischen Materials: So wich der auf den ersten Blick erstaunlich hohe Frauenanteil nicht wesentlich von der Geschlechterverteilung in der betreffenden studentischen Altersgruppe ab[4]. Gelingt die Isolation eines Faktors, der in einer sinnvollen Beziehung zu extremistischen Einstellungen und Verhaltensformen steht, so liegt immer nur eine Teilerklärung vor, die der Ergänzung durch andere Hypothesen und Deutungen bedarf[5]. Nur sehr vielschichtige analytische Modelle werden in der Regel den Entstehungsbedingungen hochkomplexer Konstellationen gerecht.

Bei verwickelten Erklärungsbemühungen mag es sinnvoll sein, verschiedene Ebenen von »Gründen« oder »Ursachen« zu benennen. Solche, die lediglich Hintergrundbedingungen für bestimmte Ereignisse betreffen, müssen von spezifischeren Gründen unterschieden werden. Im Hinblick auf spezifischere Bedingungen empfiehlt sich wiederum eine gesonderte Betrachtung unmittelbar auslösender Faktoren. Auf diese Weise gelangt man – in mehr oder weniger engem Zusammenhang zum Erklärungsobjekt – zu einer Hierarchie von Entstehensgründen. Dennoch wird das Ergebnis bei hochkomplexen Phänomenen ein hohes Maß an Unsicherheit im Hinblick auf die Benennung und Gewichtung der Faktoren enthalten. Der Humanwissenschaftler tut daher gut daran, Worte wie »in der Regel«, »nicht selten«, »vielleicht«, »wohl«, »mit hoher Wahrscheinlichkeit«, »unter den angenommenen Bedingungen« häufig zu benutzen, statt ein Maß an Erkenntnissicherheit zu suggerieren, welches sich bei der Behandlung hochkomplexer humangesellschaftlicher Probleme wohl nicht erreichen läßt[6].

2. Ansätze zur Erklärung extremistischer Einstellungen und Verhaltensweisen

2.1 Persönlichkeit

Die Annahme, daß Persönlichkeit, Charakter, psychische Prädispositionen prägenden Einfluß auf die Entwicklung politischer Vorstellungen und Verhaltensformen haben, steht ganz am Anfang der Ursachenforschung zum politischen Extremismus: »Die Untersuchungen, über die hier berichtet wird, waren an der Hypothese orientiert, daß die politischen, wirtschaftlichen und gesellschaftlichen Überzeugungen eines Individuums häufig ein umfassendes und kohärentes, gleichsam durch eine

---

4 Vgl. insbes. Lieselotte Süllwold, Stationen in der Entwicklung von Terroristen. Psychologische Aspekte biographischer Daten, in: Herbert Jäger/Gerhard Schmidtchen/Lieselotte Süllwold, Lebenslaufanalysen, Analysen zum Terrorismus 2, Opladen 1981, S. 79–116, 106f.

5 Vgl. U. Matz (Anm. 3), S. 17f.

6 Für den Terrorismus hat eine materialreiche Studie die einzelnen Ansätze kritisch beleuchtet: Gerhard Hertel, Terrorismus und Politikwissenschaft in der Bundesrepublik, München 1986.

›Mentalität‹ oder einen ›Geist‹ zusammengehaltenes Denkmuster bilden und daß dieses Denkmuster Ausdruck verborgener Züge der individuellen Charakterstruktur ist.«[7] Diese programmatischen Sätze leiten die berühmte Studie zur »Authoritarian Personality« ein, die in den vierziger Jahren unter der Regie des in die Vereinigten Staaten emigrierten Frankfurter Sozialwissenschaftlers Theodor W. Adorno entstand (Berkeley-Gruppe). Die leitende Fragestellung des Werkes war vom Erleben (und Erleiden) der faschistischen Bewegungen und insbesondere der Machtübernahme der Nationalsozialisten in Deutschland mit ihren weltpolitischen Konsequenzen durchdrungen. Es sollte eine Erklärung gefunden werden, weshalb die NSDAP in einer so bedeutenden Kulturnation Massenanhang hatte gewinnen können. Von Marxismus und Psycholanalyse gleichermaßen inspiriert, begab sich das Forscherteam auf die Suche nach Merkmalen der Persönlichkeitsstruktur, die als Produkt gesellschaftlicher Verhältnisse die Anfälligkeit gegenüber faschistischen Parolen erklären könnten.

Nicht nur der Frageansatz, sondern auch die Methode, derer die Autoren sich bedienten, sollte wegweisende Bedeutung erlangen: In einer Befragung repräsentativer Gruppen der Bevölkerung mittels skalierter Fragebögen wurden Einstellungen im Hinblick auf bestimmte Inhalte ermittelt. Aus Tests mit verschiedenen Skalen (»Antisemitismus«, »Ethnozentrismus«) ging schließlich die »Faschismus-Skala« (»F-Skala«) hervor, die sich an folgenden Merkmalen orientierte: »a) *Konventionalismus.* Starre Bindung an die konventionellen Werte des Mittelstandes. b) *Autoritäre Unterwürfigkeit.* Unkritische Unterwerfung unter idealisierte Autoritäten der Eigengruppe. c) *Autoritäre Aggression.* Tendenz, nach Menschen Ausschau zu halten, die konventionelle Werte mißachten, um sie verurteilen, ablehnen und bestrafen zu können. d) *Anti-Intrazeption.* Abwehr des Subjektiven, des Phantasievollen, Sensiblen. e) *Aberglaube und Stereotypie.* Glaube an die mystische Bestimmung des eigenen Schicksals; die Disposition, in rigiden Kategorien zu denken. f) *Machtdenken und ›Kraftmeierei‹.* Denken in Dimensionen wie Herrschaft – Unterwerfung, stark – schwach, Führer – Gefolgschaft; Identifizierung mit Machtgestalten; Überbetonung der konventionalisierten Attribute des Ich; übertriebene Zurschaustellung von Stärke und Robustheit. g) *Destruktivität und Zynismus.* Allgemeine Feindseligkeit, Diffamierung des Menschlichen. h) *Projektivität.* Disposition, an wüste und gefährliche Vorgänge in der Welt zu glauben; die Projektion unbewußter Triebimpulse auf die Außenwelt. i) *Sexualität.* Übertriebene Beschäftigung mit sexuellen ›Vorgängen‹.«[8] Diese Merkmale bildeten nach Auffassung des Adorno-Teams ein zusammenhängendes Ganzes, ein »Syndrom« relativ festgefügter Charaktereigenschaften (»autoritäre Persönlichkeit«) und ihnen korrespondierender Einstellungen, die das Individuum für faschistische Ideen und Parolen empfänglich machen.

Die Studie zur »Authoritarian Personality« wurde in der Forschung breit rezipiert und massiver Kritik unterzogen. Man konstatierte erhebliche methodische und theoretische Mängel. Einer der gravierendsten Einwände betrifft die Tatsache, daß sich das Autoritarismus-Konzept lediglich auf rechtsextreme Einstellungen bezog, wäh-

---

7 Theodor W. Adorno, Studien zum autoritären Charakter, Frankfurt/M. 1982[4] (Original: The Authoritarian Personality, New York 1950), S. 1. Siehe dazu auch: Uwe Backes/Eckhard Jesse, Politischer Extremismus in der Bundesrepublik Deutschland, Bd. III: Dokumentation, Köln 1989, Kap. IV.

8 Th. W. Adorno (Anm. 7), S. 45 (Hervorhebungen im Original).

rend »autoritäre« Dispositionen auf der Linken gar nicht in den Blick gerieten. Demgegenüber wiesen Edward A. Shils, Hans Jürgen Eysenck und Milton Rokeach nach, daß »Autoritarismus« oder »Dogmatismus« nicht nur auf der politischen Rechten, sondern ebenso auf der Linken vorzufinden ist[9]. Während Adorno in späteren Arbeiten an der Fixierung seines Ansatzes auf rechtsextreme Inhalte festhielt[10], wurde das Konzept von anderen Autoren für die Untersuchung »autoritärer« Dispositionen generell, unabhängig von deren Verortung auf der Rechts-Links-Achse, fruchtbar gemacht[11]. Zu den neueren Arbeiten dieser Art zählt etwa die Analyse von Siegfried Schumann, in der auf empirischer Grundlage ein »linke« und »rechtsextreme« Einstellungen gleichermaßen erfassendes Persönlichkeitsmodell entwickelt wird. Beide Gruppen glichen sich dann, daß sie sich »der Welt grundsätzlich unsicher und ängstlich«[12] näherten. Während jedoch Personen mit extrem linken Einstellungen »ihre Ängste und ihre Unsicherheit« intellektuell verarbeiteten, reagierten Personen mit rechtsextremen Einstellungen darauf mit »Angstabwehr- und Vermeidungsstrategien«[13].

Was bereits für die wegweisende Studie der Berkeley-Gruppe galt, läßt sich auch gegenüber der Arbeit Schumanns einwenden: Das Messen von Einstellungen mittels zuvor hypothetisch gewonnener, abstrakter Indikatoren entfernt sich zu weit von der Realität extremistischer Organisationen. Man hat daher den Versuch unternommen, die Inhalte der Skalen näher an konkreten ideologischen Aussagen extremistischer Gruppierungen zu orientieren[14]. Als Test zur Überprüfung der Trennschärfe bieten sich dabei Befragungen von Angehörigen der extremistischen »Szene« an. Freilich

---

9 Vgl. Edward A. Shils, Authoritarianism: »Right« and »left«, in: Richard Christie/Marie Jahoda (Hrsg.), Studies in the Scope and Method of »The Authoritarian Personality«, Glencoe 1954, S. 24–49; Hans Jürgen Eysenck, The Psychology of Politics, Londen 1968[5] (1954); Milton Rokeach, The open and the closed mind, New York 1960. Zur Kritik ferner wichtig: Klaus Roghmann, Dogmatismus und Autoritarismus, Meisenheim am Glan 1966.

10 Vgl. dazu die Arbeit der Adorno-Schülerin: Michaela von Freyhold, Autoritarismus und politische Apathie. Analyse einer Skala zur Ermittlung autoritätsgebundener Verhaltensweisen, Frankfurt/M. 1971. Ferner die Ausführungen bei: Wolfgang Gessenharter, Art. Autoritarismus, in: Ekkehard Lippert/Roland Wakenhut (Hrsg.), Handwörterbuch der Politischen Psychologie, Opladen 1983, S. 39–47; ders., Art. Autoritarismus, in: Axel Görlitz/Rainer Prätorius (Hrsg.), Handbuch Politikwissenschaft. Grundlagen – Forschungsstand – Perspektiven, Reinbek bei Hamburg 1987, S. 23–29; Gerda Lederer, Jugend und Autorität. Über den Einstellungswandel zum Autoritarismus in der Bundesrepublik Deutschland und den USA, Opladen 1983. Die Umkehrung der Fragestellung findet sich bei: James G. Martin, The Tolerant Personality, Detroit 1964.

11 Vgl. den Überblick bei: Herbert McClosky/Dennis Chong, Similarities and Differences Between Left-Wing and Right-Wing Radicals, in: BJPS, 15 (1985), S. 329–363.

12 Siegfried Schumann, Politische Einstellungen und Persönlichkeit. Ein Bericht über empirische Forschungsergebnisse, Frankfurt/M. u. a. 1986, S. 121. Siehe auch schon ders., Persönlichkeit und undemokratische Einstellungen – untersucht an 1 822 Studenten der HSBW-München sowie Analysen zur Sozialisation der Studenten an der HSBW-München, Neubiberg 1982; ders., Wahlverhalten und Persönlichkeit, Opladen 1990.

13 S. Schumann, Politische Einstellungen (Anm. 12), S. 121.

14 Etwa in der SINUS-Studie: 5 Millionen Deutsche: »Wir sollten wieder einen Führer haben . . .«. Die SINUS-Studie über rechtsextremistische Einstellungen bei den Deutschen, Reinbek bei Hamburg 1981. Siehe zur Kritik dieser Arbeit: U. Backes/E. Jesse, Politischer Extremismus in der Bundesrepublik Deutschland, Bd. I: Literatur, Köln 1989, Kap. III.

wirft eine solche Untersuchung erhebliche Schwierigkeiten auf, bedenkt man, daß Mitglieder extremistischer Organisationen ihre Auffassungen häufig verschleiern.

Wenn der Zusammenhang zwischen konkreten extremistischen Verhaltensweisen und den angenommenen Persönlichkeitsmerkmalen auch sehr locker sein mag, haben psychologische Untersuchungen doch einen wichtigen Beitrag zur Aufdeckung charakterlicher Dispositionen geleistet, die gemeinsam mit einer Anzahl weiterer Faktoren zur Erklärung des politischen Extremismus herangezogen werden können. Die Arbeit der Berkeley-Gruppe legte den Schwerpunkt hierbei auf die frühkindliche und familiäre Sozialisation. Diesem Ansatz sind andere Forscher gefolgt. Christa Meves etwa betont die Bedeutung von »Kernneurosen«, die bis zum fünften Lebensjahr entstünden. Ihre Existenz bliebe zunächst verborgen und manifestiere sich zumeist erst im Erwachsenenalter. Alle Neurotiker seien »durch eine die konstruktive Lebensgestaltung behindernde hartnäckige generelle Opposition gekennzeichnet«[15]. Eine »Kernneurose« äußere sich darin, daß »schon geringfügigster Anlaß als Lebensbedrohung erlebt«[16] und mit äußerster Aggressivität beantwortet werde.

Meves hat das Konzept der »Kernneurose« zur Erklärung des Linksterrorismus der siebziger Jahre herangezogen: »Die Kindergeneration des Kriegsendes, der Nachkriegszeit, aber noch viel mehr die in die Aufbauzeit und die Wirtschaftswunderphase hinein geboren wurden, wurden in immer größer werdender Zahl zu Neurotikern.« Die mangelnde Befriedigung »biologische(r) Grundbedürfnisse nach Nahrung, Bindung, Geborgenheit, Sexualität und Selbstbehauptung«[17] habe diese Entwicklung hervorgebracht. Die Psychoanalytikerin hat freilich nicht den Versuch unternommen, ihre Thesen empirisch zu verifizieren. Dies konnte etwa durch die Untersuchung terroristischer Biographien geschehen. Allerdings dürfte ein solches Unternehmen rasch an seine Grenzen stoßen, da es nach aller Wahrscheinlichkeit in den weitaus meisten Fällen unmöglich sein wird, ausreichend tragfähige Informationen über den Verlauf der frühkindlichen Sozialisation zu erhalten.

Die Versuchung, extremistische und terroristische Erscheinungsformen auf einen einzigen Faktor zurückzuführen, ist verführerisch groß. Schon der italienische Kriminologe Cesare Lombroso glaubte, anarchistische Bombenwerfer litten an erblicher Epilepsie oder an der Vitaminmangel-Krankheit Pellagra[18]. Der Psychologe Wolfgang de Boor hat das Konzept der »Monoperceptose« entwickelt und sieht in »überwertigen Ideen«, die das Denken der Menschen vollkommen beherrschen[19], einen Schlüssel für die Erklärung des Terrorismus. Ronald Grossarth-Maticek schließlich, um ein letztes Beispiel anzuführen, brachte die Studentenbewegung Ende der sechziger Jahre auf die Formel von der »Revolution der Gestörten«[20]. Der amerikanische

---

15 Christa Meves, Psychologische Voraussetzungen des Terrorismus, in: Hans-Dieter Schwind (Hrsg.), Ursachen des Terrorismus in der Bundesrepublik Deutschland, Berlin-New York 1978, S. 69–78, 70.

16 Ebd., S. 71.

17 Ebd., S. 70.

18 Vgl. Peter Lösche, Anarchismus, Darmstadt 1977, S. 8.

19 Vgl. Wolfgang de Boor, Terrorismus: Der »Wahn« der Gesunden, in: H.-D. Schwind (Anm. 15), S. 122–153. Siehe zur Kritik ausführlich: U. Backes/E. Jesse (Anm. 14), Kap. V.

20 Ronald Grossarth-Maticek, Revolution der Gestörten? Motivationsstrukturen, Ideologien und Konflikte bei politisch engagierten Studenten, Heidelberg 1975.

Psychologe Jerrold M. .Post betont dagegen die »Normalität« terroristischer Straftäter. Sie besäßen lediglich besondere Persönlichkeitsmerkmale, die als wesentliche Antriebskräfte terroristischen Verhaltens gelten könnten. Post nennt in diesem Zusammenhang: Aggressivität, Aktionsorientierung und »splitting«, d. h. Selbstvergottung bei gleichzeitiger Neigung zur kompromißlosen Ablehnung der »Außenwelt«[21].

Die moderne Sozialisationsforschung geht überwiegend davon aus, daß die Persönlichkeitsstruktur des Menschen zwar in der Kindheit wichtige Weichenstellungen erfährt, jedoch lebenslang Einflüssen unterworfen ist und sich im Laufe der Zeit – in der Jugend stärker als mit fortgeschrittenem Alter – verändert. In einem beträchtlichen Spannungsverhältnis zur Annahme von der prägenden Bedeutung der frühkindlichen Sozialisation steht die Hervorhebung der »formativen Jahre«[22] der Spätadoleszenz bzw. des frühen Erwachsenenalters. Wenn nun aber nicht die Festigkeit der Persönlichkeitsstruktur, sondern deren relative Offenheit in den Vordergrund tritt, wird die Aufmerksamkeit stärker auf Einflüsse der sozialen Umwelt gelenkt.

Vor diesem Hintergrund muß die Erklärung extremistischer Verhaltensformen durch relativ statische Charaktereigenschaften allein fragwürdig erscheinen. Wenn sich Persönlichkeitsstrukturen verändern, dann sind auch die ihnen korrespondierenden Einstellungen im Fluß. Einstellungsanalysen liefern somit lediglich eine Momentaufnahme. Diese Momentaufnahme wird in ihrer Bedeutung zusätzlich relativiert, bedenkt man, daß bestimmte Meinungen, Auffassungen, Anschauungen keineswegs unmittelbar in entsprechende Handlungen einmünden müssen. Den Beweis für diese Behauptung erbringen zahlreiche Untersuchungen über »antidemokratische« Einstellungen, die regelmäßig weit über das organisatorisch verfestigte Spektrum hinausreichende Potentiale erfassen[23]. Daher stellt sich nicht nur die Frage, wie Persönlichkeitsstrukturen Einstellungen hervorbringen, sondern auch die, unter welchen Bedingungen Personen mit bestimmten Anschauungen politische Aktivität entfalten. All dies lenkt die Aufmerksamkeit auf prägende soziale Bedingungen und ihre Verarbeitung durch Individuen und Gruppen.

2.2 Soziale und ökonomische Strukturen

Wenn Persönlichkeitsstrukturen Veränderungen im Laufe der Sozialisation unterworfen sind, liegt es nahe, politische Einstellungen als Produkt dieses Entwicklungsprozesses anzusehen. Vielfältige Faktoren können dabei auf das Individuum einwirken: die Erfahrungen in der Familie, mit dem Erziehungsstil der Eltern und den durch sie vermittelten Wertvorstellungen, erste außerfamiliäre Kontakte in der Schule oder in weltanschaulichen Gemeinschaften, später in Gruppen Gleichaltriger,

---

21 Vgl. Jerrold M. Post, Terrorist psycho-logic: Terrorist behavior as a product of psychological forces, in: Walter Reich (Hrsg.), Origins of terrorism. Psychologies, ideologies, theologies, states of mind, Cambridge u. a. 1990, S. 25–40.
22 Vgl. Michael Zängle, Einführung in die politische Sozialisationsforschung, Paderborn 1978, S. 71.
23 Dies gilt für die SINUS-Studie (Anm. 14) ebenso wie für eine Untersuchung von Elisabeth Noelle-Neumann/Erp Ring, Das Extremismus-Potential unter jungen Leuten in der Bundesrepublik Deutschland 1984, Bonn 1984.

beim Einstieg in das Berufsleben, der Partnerschaft, gegebenenfalls ersten politischen Aktivitäten. Dabei sind jeweils zwei Dimensionen zu berücksichtigen: Die (objektive) Beschaffenheit der sozialen und ökonomischen Verhältnisse wie auch deren (subjektive) Wahrnehmung durch das Individuum. Der gleiche Tatbestand kann in ganz verschiedener Weise erfahren und empfunden worden.

Die ökonomischen Grundlagen der Gesellschaft standen und stehen im Zentrum marxistischer Faschismustheorien. In besonders simpler Form fanden sie Eingang in den theoretischen Kanon marxistisch-leninistischer Orthodoxie, wo der »Faschismus an der Macht« schlicht als »die offene terroristische Diktatur der reaktionärsten, am meisten chauvinistischen, am meisten imperialistischen Elemente des Finanzkapitals«[24] (so der Komintern-Funktionär Georgi Dimitroff) galt. Obwohl die historische Forschung längst die Propagandaversion von den durch das »Großkapital« zur Macht gebrachten Nationalsozialisten widerlegt hatte[25], verbreiteten einzelne Autoren wie der Marburger Politikwissenschaftler Reinhard Kühnl unverzagt die (nur geringfügig modifizierte) Lesart ostdeutscher und sowjetischer Kommunisten[26]. In verfeinerter Form fand die Annahme, es gäbe einen ursächlichen Zusammenhang zwischen der »kapitalistischen« Wirtschaftsordnung und der Entstehung faschistischer bzw. rechtsextremistischer Bestrebungen, Eingang in die Analysen zahlreicher Sozialwissenschaftler. So hat vor allem Wilhelm Heitmeyer in seinen breit angelegten empirischen Studien die Aufmerksamkeit auf Folgeerscheinungen des »Spätkapitalismus« und der damit verbundenen »Individualisierung von Lebensstilen« gelenkt: Konkurrenzkampf am Arbeitsplatz, Urbanisierung, Zerstörung traditioneller Milieus, steigende horizontale und vertikale Mobilität mit der Folge von sozialer Isolierung, Vereinzelung, Schwund von Gemeinschaftsgefühl und Solidarität – all dies fördere die Entstehung rechtsextremer Einstellungen und Verhaltensweisen. Allerdings konnte Heitmeyer keinen direkten Zusammenhang zwischen Arbeitslosigkeit und Rechtsextremismus bei Jugendlichen feststellen. Gerade in den Arbeitsprozeß eingegliederte Jugendliche seien anfällig, wenn sie ihren Beruf lediglich instrumentell als Mittel zur Existenzsicherung erlebten und sich nicht zumindest ein Stück selbst verwirklichen könnten[27]. Wenn dies zutrifft, muß nicht der »Spätkapitalismus«, sondern die moderne Industriegesellschaft als solche ins Zentrum der Betrachtung treten, ansonsten erwiese sich auch die Frage nach der Entstehung rechtsextremer Orientierungen bei Jugendlichen im SED-Regime als unlösbar. Die Existenz derartiger Gruppen war bis 1989 beinahe wie ein Staatsgeheimnis gehütet worden, widerlegten sie doch die offizielle Lesart vom siegreichen Sozialismus, der durch die Abschaffung des »kapitalistischen Systems« dem »Faschismus« das »Wasser abgegraben« habe. Offenkundig

---

24 Zitiert nach Arno Winkler, Neofaschismus in der BRD. Erscheinungen, Hintergründe, Gefahren, Berlin (Ost) 1980, S. 24.
25 Siehe vor allem Henry A. Turner, Faschismus und Kapitalismus in Deutschland. Studien zum Verhältnis zwischen Nationalsozialismus und Wirtschaft, Göttingen 1980[2].
26 Vgl. besonders Reinhard Kühnl, Formen bürgerlicher Herrschaft. Liberalismus – Faschismus, Reinbek bei Hamburg 1971.
27 Vgl. Wilhelm Heitmeyer u. a., Die Bielefelder Rechtsextremismus-Studie. Erste Langzeituntersuchung zur politischen Sozialisation männlicher Jugendlicher, Weinheim-München 1992. Siehe auch ders., Rechtsextremistische Orientierungen bei Jugendlichen. Empirische Ergebnisse und Erklärungsmuster einer Untersuchung zur politischen Sozialisation, Weinheim-München 1987.

verengte die Fixierung auf die Wirtschaftsordnung ebenso den Blick wie die Beschränkung auf rechte Varianten des politischen Extremismus.

Bei der Erklärung politisch »abweichenden Verhaltens«, angefangen von »unkonventionellen«, jedoch gewaltfreien Betätigungsformen (z. B. »ziviler Ungehorsam«) bis hin zum systematischen Kampf gegen das »System« und seine Fundamente, kommt in den Sozialwissenschaften dem Konzept der »relativen Deprivation« eine herausragende Bedeutung zu. »Deprivation« meint einen Zustand der Enttäuschung und Unzufriedenheit, der Aufgrund der Nicht-Erfüllung bestimmter Erwartungen und Bedürfnisse eintritt. Die entstehende Frustration sucht der Betreffende mit aggressivem Verhalten zu beantworten[28]. Unzufriedenheit muß nicht durch das völlige Fehlen bestimmter Güter erzeugt sein; vielmehr handelt es sich in der Regel um eine »relative« Deprivation[29], das heißt, bestimmte Bedürfnisse werden nicht in dem erwarteten Maße erfüllt, sei es, daß die Chancen einer Gruppe hinter denen anderer Organisationen zurückbleiben, sei es, daß die Realisierung erwarteter Bedürfnisse hinter derjenigen anderer Ansprüche zurückbleibt (z. B. wirtschaftliche Potenz bei politischer Impotenz), sei es, daß der aufgrund von Erfahrungen erhoffte Zuwachs an Chancen zur Bedürfnisbefriedigung nicht eintritt[30].

Relative Deprivation kann aufgrund unerfüllter Bedürfnisse nach materiellen wie auch nach immateriellen Gütern aufkommen. Das Fehlen oder der relative Mangel materieller Güter stand lange Zeit im Mittelpunkt von Erklärungsversuchen zur Entstehung extremistischer Bewegungen. So wurde ein enger Zusammenhang zwischen der Weltwirtschaftskrise und den Erfolgen der Nationalsozialisten hergestellt[31]. Die Entwicklung des politischen Extremismus in der Bundesrepublik hat demgegenüber gezeigt, daß ökonomische Faktoren nicht immer ausschlaggebend sind. So lassen sich Erfolge der NPD in den sechziger Jahren (und deren Mißerfolge in den Siebzigern) nur zu einem Teil aus ökonomischen Faktoren ableiten; schließlich gaben die wirtschaftlichen Einbrüche nach den beiden Ölpreisschocks in den siebziger Jahren extremistischen Bewegungen keinen erkennbaren Auftrieb, wobei ein gewisser Gewöhnungseffekt hinzugekommen sein mag. Auch die Entstehung des Terrorismus ist nicht im Zusammenhang mit einer Wirtschaftskrise zu erklären.

Die direkte Fixierung auf ökonomische Faktoren vermeidet das Konzept der »Statusinkonsistenz«. Es geht davon aus, daß Unzufriedenheit entsteht, wenn eine Person

---

28 John Dollard/Leonhard W. Doob/Neal E. Miller/O. H. Mowrer/Robert S. Sears, Frustration und Aggression, Weinheim-Basel 1973[5] (Original: Frustration and Aggression, New Haven 1939).

29 Vgl. zu diesem Konzept ausführlich: Tedd R. Gurr, Rebellion. Eine Motivationsanalyse von Aufruhr, Konspiration und innerem Krieg, Düsseldorf-Wien 1972 (Original: Why Men Rebel, Princeton 1970), insbes. S. 323–369. Siehe dazu: Infratest Wirtschaftsforschung GmbH, Politischer Protest in der Sozialwissenschaftlichen Literatur, Stuttgart-Berlin-Köln-Mainz 1978, S. 15–32.

30 Vgl. Infratest Wirtschaftsforschung GmbH, Politischer Protest in der Bundesrepublik Deutschland. Beiträge zur sozialempirischen Untersuchung des Extremismus, Stuttgart-Berlin-Köln-Mainz 1980, S. 32.

31 Vgl. beispielsweise Heinrich Bennecke, Wirtschaftliche Depression und politischer Radikalismus 1918–1938, München 1970. Eine Modifikation dieser Richtung ist die Auffassung, daß es weniger auf die objektive wirtschaftliche Situation ankommt als auf die Einschätzung der Bevölkerung. Siehe dazu Werner Kaltefleiter, Wirtschaft und Politik in Deutschland. Konjunktur als Bestimmungsfaktor des Parteiensystems, Köln-Opladen 1968[2] (1966).

eine gesellschaftliche Position einnimmt, die niedriger ist als die über lange Jahre gewohnte oder die gewünschte und für einen bestimmten Zeitpunkt erwartete. Der »Status« wird dabei nicht allein durch das (relative) Einkommen bestimmt, sondern auch durch das mit der jeweiligen Position verbundene Sozialprestige. Erwin K. Scheuch und Hans D. Klingemann haben in einem bedeutenden theoretischen Beitrag den Rechtsextremismus (und wohl auch Extremismus generell) als eine »normale Pathologie«[32] bezeichnet, da moderne Industriegesellschaften ein außergewöhnlich hohes Maß an sozialer Mobilität kennzeichne, so daß »Statusinkonsistenzen« infolge des Auf- oder Abstiegs im Rahmen der sozialen Prestige-Skala an der Tagesordnung sind.

Unzufriedenheit kann durch weitere Faktoren erzeugt werden wie etwa die Zugehörigkeit zu sozialen Minderheiten oder Randgruppen – gleichgültig ob diese sich nun aufgrund ethnischer, sprachlich-kultureller oder weltanschaulicher Zugehörigkeit von der Mehrheitsgesellschaft abheben. Dabei mögen ökonomische Faktoren eine Rolle spielen, jedoch nicht notwendigerweise. Häufig stehen immaterielle Bedürfnisse im Vordergrund: das Empfinden bestimmter sozialer oder politischer Zustände als ungerecht oder das Gefühl, benachteiligt zu sein, nicht ernst genommen zu werden, nicht das gebührende Maß an Ansehen zu genießen. Wenn Einstellungen in Verhalten münden sollen, müssen aber weitere Voraussetzungen erfüllt sein. Nach Max Kaase kann man nicht ohne weiteres von politischen Handlungsweisen auf unpolitische Motive schließen. Die Unzufriedenheit muß sich »auf einen Bereich richten, für dessen Regulierung dem Staat die Verantwortung zugeschrieben wird«[33]. Zudem muß das betreffende Anliegen von zentraler Bedeutung sein und von einer größeren Bevölkerungsgruppe geteilt werden. Erst unter diesen Bedingungen formiert sich politischer Protest. Hier wird deutlich, daß das Konzept der relativen (oder politischen) Deprivation aufgrund seines empirisch-analytischen Zuschnitts das normativ eingegrenzte Definitionsfeld des politischen Extremismus nicht abdeckt, sondern lediglich »schneidet«. Politischer Protest kann nämlich einerseits auf Veränderungen innerhalb des bestehenden Regimes zielen; andererseits müssen die genannten Bedingungen bei kleinen extremistischen Zirkeln und Sekten gar nicht zutreffen. Weder erregen ihre Ideen immer das Interesse breiterer gesellschaftlicher Gruppen noch gelten die von ihnen artikulierten Bedürfnisse allgemein und notwendigerweise als relevant. Wie der persönlichkeitsorientierte Ansatz ist daher auch das Konzept der relativen Deprivation ergänzungsbedürftig.

Politisch motivierte Unzufriedenheit eines einzelnen allein reicht für die Entstehung »unkonventioneller« Verhaltensweisen nicht aus. Die individuellen Bedürfnisse und Enttäuschungen müssen vielmehr von einer größeren Zahl von Menschen geteilt werden. Häufig sehen diese Personen ihr Engagement als zeitlich begrenzt an. Sie vertrauen auf die Veränderbarkeit des bestehenden Regimes. Wenn das Engagement

---

32 Vgl. Erwin K. Scheuch/Hans D. Klingemann, Theorie des Rechtsradikalismus in westlichen Industriegesellschaften, in: Hamburger Jahrbuch für Wirtschafts- und Gesellschaftspolitik, 12 (1967), S. 11–29, 15.

33 Vgl. Max Kaase, Bedingungen unkonventionellen politischen Verhaltens in der Bundesrepublik Deutschland, in: PVS, 17 (1976), S. 179–216, 182. Siehe dazu auch die wegweisende Studie von: Samuel H. Barnes/Max Kaase (Hrsg.), Political Action. Mass Participation in Five Western Democracies, Beverly Hills 1979.

sich jedoch über eine längere Zeit hinzieht und keine Besserung eintritt, wenn die Hoffnung auf Reformen schwindet, der Umfang des revolutionären Potentials aber auch nicht auf einen unmittelbar bevorstehenden Umsturz hindeutet, entstehen sogenannte »Subkulturen«, Gegengesellschaften zur »Mehrheitskultur« und ihren normativen Strukturen[34].

Extremistische Subkulturen verstehen sich als alternative Kulturen und erheben den Anspruch, die Gesellschaft der Zukunft zu repräsentieren. Sie schotten sich bis zu einem gewissen Grad von der Mehrheitskultur ab, sei es, um neue Lebensformen ungestört zu erproben, sei es, um ihre Verachtung gegenüber der Mehrheitskultur auszudrücken und sich den Einflüssen der »Dekadenz« zu verschließen. Innerhalb der Subkultur bilden sich eigenständige Kommunikations- und Interaktionsstrukturen: alternative Medien, autonome gesellschaftliche Organisationen, von der Mehrheitskultur unabhängige Wirtschaftsformen. Allerdings gelingt es einer Subkultur in der Regel nicht, alle Verbindungen zur »Außenwelt« zu kappen. Die Übergänge zwischen Mehrheitskultur und Subkultur sind daher fließender Natur.

Wendet man den Ansatz der »politischen Deprivation« auf den Bereich subkultureller Milieus an, so könnte man die Entstehung militanter oder gar terroristischer Formen politischer Aktivierung als die Folge tiefer Unzufriedenheit mit Strategien deuten, die bislang ohne Erfolg geblieben sind. Das Scheitern der NPD an der Fünf-Prozent-Klausel bei der Bundestagswahl von 1969 führte beispielsweise bei einer Parteiminderheit zu dem Entschluß, künftig militantere Formen des politischen Engagements zu erproben. Dies gilt in ähnlicher Weise für die Entstehung des Linksterrorismus Ende der sechziger, Anfang der siebziger Jahre: Eine radikale Minorität trat den unübersehbaren Auflösungserscheinungen der Studentenbewegung und dem Schwinden revolutionärer Aspirationen mit einer Strategie systematischer Gewaltanwendung entgegen.

Subkulturen können Phasen politischer Erfolglosigkeit überdauern, bis sie eines Tages bei günstigeren Bedingungen die Grundstruktur einer sozialen Bewegung bilden. Infolge der Abschottung von der Mehrheitskultur bilden sich bestimmte Anschauungen innerhalb der Subkultur verstärkt heraus. Der Mangel an konkurrierenden Entwürfen vermag die Tendenz zum Wirklichkeitsverlust zu verstärken. Dies wird in um so stärkerem Maße der Fall sein, je geschlossener und hermetischer die betreffenden Gruppen strukturiert sind. Ähnlich wie dies für kleine terroristische Gruppen nachgewiesen worden ist[35], kann so auch das Wertsystem einer Subkultur als Ganzes eine gewisse Eigendynamik gewinnen. Dies bedeutet gegebenenfalls, daß innerhalb der Subkultur das (subjektive) Empfinden von »Ungerechtigkeit« noch verstärkt wird, die Negativ-Perzeption des »etablierten« Systems an Unversöhnlichkeit zunimmt und die Fähigkeit zu Ausgleich und Kompromiß weiter schwindet.

Die Bedeutung des Subkultur-Konzeptes für die Erklärung extremistischer Verhaltensformen wird dadurch unterstrichen, daß es in der Bundesrepublik für ganz verschiedene Formen des politischen Protestes und des Extremismus Anwendung gefun-

---

34 Vgl. zum Konzept der Subkultur: Mike Brake, Soziologie der jugendlichen Subkulturen. Eine Einführung, Frankfurt/M.–New York 1981 (Original: The Sociology of Youth Culture and Youth Subcultures, London 1980).
35 Vgl. Klaus Wasmund, Zur Politischen Sozialisation in terroristischen Gruppen, in: APZG, B 34/80, S. 86–94.

den hat – so etwa auf die Studentenbewegung[36], die rechtsextreme »Szene«[37] und linke, für terroristische Strategien anfällige Milieus[38]. Schotten sich gesellschaftliche Gruppen mit politischer Zielrichtung von der Mehrheitskultur auf längere Zeit ab, dürften sie nach aller Wahrscheinlichkeit eine extremistische Ideologie kultivieren. Diffuse politische Protestbewegungen in konstitutionellen Demokratien sind zumeist an den Nahtstellen von Mehrheitskultur und Subkulturen angesiedelt. Dies bedeutet auch eine Gratwanderung zwischen prinzipieller Systemloyalität und Systemgegnerschaft, zwischen Demokratie und Extremismus. Freilich muß die Minderheitskultur nicht in toto undemokratisch geprägt sein. Mehrheitskultur und Minderheitskultur sind also keineswegs notwendigerweise Synonyme für demokratische und extremistische Verhaltensweisen.

2.3 Politische Strukturen

Was liegt näher, politischen Protest und Extremismus als die Folge eines Vertrauensverlustes in die Funktionsfähigkeit und Problemlösungskapazität des bestehenden politischen Systems zu deuten? »Legitimationsprobleme im Spätkapitalismus«[39] waren Gegenstand einer Schrift von Jürgen Habermas aus dem Jahre 1973. Da der Sozialphilosoph die Diagnose einer »Legitimitätskrise« darin im wesentlichen von den abstrakten Entwicklungsbedingungen der von ihm als »spätkapitalistisch« eingestuften Gesellschaft ableitete, wurde ihm zu Recht vorgeworfen, den vieldeutigen Begriff der »Krise« nicht an eindeutigen Indikatoren festgemacht zu haben[40]. Versteht man unter »Legitimitätskrise« einen Zustand, bei dem ein Teil der Bürger die Anerkennungswürdigkeit des Staates in Zweifel zieht oder gar bestreitet, befindet sich der demokratische Verfassungsstaat gleichsam in einer permanenten »Legitimationskrise« – nicht zuletzt deshalb, weil er auch denjenigen politischen Kräften fundamentale Rechte prinzipiell nicht versagt, die seine grundlegenden Werte und Spielregeln negieren. Allerdings wird man einer so definierten »Legitimationskrise« um so größeres Gewicht beimessen, je mehr Menschen ihm ihre Loyalität aufkündigen.

Wenn wie in der Bundesrepublik in der ersten Hälfte der achtziger Jahre Tausende an Demonstrationen im Rahmen der Friedens- und Ökologiebewegung teilnehmen, muß dieses Faktum auch ein Fragezeichen hinter die Problemlösungsfähigkeit von Institutionen und gewählten Repräsentanten setzen, selbst eingedenk der Tatsa-

---

36 Vgl. etwa: Walter Hollstein, Der Untergrund. Zur Soziologie jugendlicher Protestbewegungen, Neuwied-Berlin 1970[2] (1969).

37 Vgl. vor allem: Peter Dudek/Hans-Gerd Jaschke, Entstehung und Entwicklung des Rechtsextremismus in der Bundesrepublik. Zur Tradition einer besonderen politischen Kultur, 2 Bde., Opladen 1984.

38 So bei Dieter Claessens/Karen de Ahna, Das Milieu der Westberliner »scene« und die »Bewegung 2. Juni«, in: Wanda von Baeyer-Katte/Dieter Claessens/Hubert Feger/Friedhelm Neidhardt, Gruppenprozesse, Analysen zum Terrorismus 3, Opladen 1982.

39 Jürgen Habermas, Legitimationsprobleme im Spätkapitalismus, Frankfurt/M. 1975[3] (1973).

40 So einer der Einwände von Wilhelm Hennis, Legitimität. Zu einer Kategorie der bürgerlichen Gesellschaft, in: Peter Graf Kielmansegg (Hrsg.), Legitimationsprobleme politischer Systeme, PVS-Sonderheft 7, Opladen 1976, S. 33.

che, daß die Mehrheit mit derartigen Aktionen nur einem demokratischen Partizipationsrecht Ausdruck verleiht, die Anerkennungswürdigkeit des politischen Systems nicht grundsätzlich bestreitet. Daß die »etablierten« Strukturen zu wenig Einwirkungsmöglichkeiten der Bürger auf den Prozeß der politischen Willensbildung und Entscheidungsfindung böten, ist ein immer wiederkehrender Kritikpunkt. Die »alten« Parteien gelten als »verknöchert«, ihre Programme als »verstaubt«. Die Politiker in Bonn seien – wie in einem »Raumschiff« – gleichsam »abgehoben« von den Bedürfnissen und Interessen »der« Bevölkerung. Die parlamentarische Mehrheit gehe über existentielle Probleme mit betriebsblinder Routine hinweg, es fehle am nötigen Bewußtsein für den Ernst der Lage. Manche dieser Einwände mögen überzogen sein, andere aus vor- und antidemokratischen Denktraditionen schöpfen. Dennoch braucht jedes demokratische Regime immer wieder neue Anstöße und Impulse, damit es den eigenen Anspruch, Veränderungen auf gewaltfreiem Wege zu ermöglichen, einlösen kann. Die »Offenheit« und Wandlungsfähigkeit darf nicht verlorengehen.

Politische Systeme mit längerer Bestandsdauer neigen zu strukturellen Verfestigungen und Verkrustungen – demokratische Regime sind davon nicht ausgenommen. Was die Bundesrepublik betrifft, ist einiges davon in den Skandalen und Affären der letzten Jahre sichtbar geworden[41]. Einen Höhepunkt bildeten die Vorgänge um den schleswig-holsteinischen Ministerpräsidenten Barschel, die über Wochen die Republik in Atem hielten. Sie ließen die Gefahren einer zu langen Parteiherrschaft in einem Land deutlich vor Augen treten. Regierungsstabilität ist einerseits im Interesse politischer Kontinuität und Effizienz wünschenswert; andererseits fördert die jahrzehntelange Herrschaft einer Partei die Gefahr der Parteibuchwirtschaft, des Pfründenwesens, der politischen Erstarrung und »Verfilzung«. Die Demokratie lebt nämlich ebenso von der Stabilität wie vom politischen Wechsel. Auch die Schattenseiten des mittlerweile in der Bundesrepublik erreichten Ausmaßes politischer Professionalisierung wurden schlaglichtartig beleuchtet: Der Kandidatenauswahl innerhalb der politischen Parteien kommt daher eine zentrale Bedeutung zu. Die »Ochsentour« allein genügt nicht für die Selektion qualifizierten politischen Führungspersonals. Die Bewährung im »bürgerlichen« Leben besitzt heute einen zu geringen Stellenwert. Wohlgemerkt: Es sind dies Probleme, die nicht auf *eine* Partei oder *ein* Bundesland beschränkt sind, sondern für die Demokratie in der Bundesrepublik insgesamt gelten.

Das Ausmaß politischen Protestes wird aber nicht nur durch den Grad der Kritikwürdigkeit des betreffenden Systems bestimmt. Vielmehr kommt es entscheidend auch auf die Form an, mit der die »etablierten« Kräfte auf die Herausforderung reagieren. In den ersten fünfzehn Jahren der neugegründeten Bundesrepublik traten die außerparlamentarisch wirkenden oppositionellen Kräfte nur ganz am Rande der politischen »Bühne« in Erscheinung[42]. Zudem hatten die Aufbaujahre der Adenauer-Zeit die Herausbildung einer Mentalität gefördert, die in bürgerlicher »Ruhe und Ordnung« ihre Kardinaltugenden erblickte. Als sich Mitte bis Ende der sechziger Jahre eine studentisch geprägte Protestbewegung formierte, standen staatliche Repräsentanten diesem Phänomen unerfahren und vielfach unwillig gegenüber. Dies zeigte sich nicht nur bei politischen Demonstrationen und neuartigen Aktionsformen, auf

---

41 Vgl. dazu Kap. VI.4.
42 Vgl. den Exkurs in Kap. III.3.10.

die die psychologisch ungeschulten Sicherheitskräfte mitunter hilflos und mit übertriebener Härte reagierten. Auch die Gerichte hatten anfangs große Mühe, mit dem Phänomen einer politisch motivierten Delinquenz angemessen umzugehen. Auf den Linksterrorismus der siebziger Jahre reagierte ein Teil der Öffentlichkeit, angeheizt durch eine sensationslüsterne Boulevardpresse, vielfach hysterisch, und den politisch Verantwortlichen fehlte es zuweilen an der nötigen Besonnenheit und Souveränität[43].

Offenkundig besteht zwischen Protestszene und staatlichen Akteuren ein Handlungszusammenhang. Auf Herausforderungen außerinstitutioneller Akteure reagieren die staatlichen Instanzen (Sicherheitskräfte, Parteien, Parlament, Regierung, Gerichte). Die Art der Reaktion hat wiederum Konsequenzen für das Handeln der Protestler – und umgekehrt. Zwischen beiden Seiten – man könnte sie wiederum auf die Formel »Mehrheitskultur« – »Subkultur« bringen – entsteht ein enges Interaktionsgefüge (»Interaktionismus«)[44]. Daß den staatlichen Akteuren hierbei eine besondere Verantwortung zukommt, liegt auf der Hand. Es hängt auch von ihren Reaktionen ab, ob eine Eskalation vermieden oder geradezu gefördert wird, ob Mitglieder der Protestbewegung eine Radikalisierung durchlaufen oder nicht. Der Tod Benno Ohnesorgs durch eine Polizeikugel (2. Juni 1967) löste bei manchen der Protestler traumatische Prozesse aus und bildete bei einigen Vertretern der ersten Terroristen-»Generation« einen Markstein auf dem Weg in die Illegalität[45]. Freilich haben die Repräsentanten des Staates auch die Aufgabe, die Rechte der Bürger zu schützen und für Sicherheit im Inneren (wie nach außen) zu sorgen. Störungen des Rechtsfriedens müssen die staatlichen Instanzen daher zwar dosiert und behutsam, aber zugleich mit der notwendigen Entschiedenheit und Konsequenz begegnen.

Unzufriedenheit und Protest haben zumeist vielschichtige Ursachen. Sie können aus berechtigter Kritik am »etablierten« Institutionengefüge erwachsen, ebensogut aber auch aus fragwürdigen, emotionalen und irrationalen Gründen hervorgehen. So wird Protest häufig aus einer überzogenen Erwartungshaltung heraus artikuliert. Wenn etwa das Prinzip der Selbstverantwortung gegenüber dem der kollektiven Verantwortung ganz in den Hintergrund gerät, mag bei vielen Bürgern der Eindruck entstehen, als sei das staatliche Gemeinwesen für das Wohl und Wehe aller seiner Mitglieder zuständig. Aus dieser Haltung heraus ist es nur konsequent, alle Probleme den politischen Entscheidungsträgern anzulasten. In eine ähnliche Richtung wirken

---

43 Die Reaktionen auf den Terrorismus werden (hyper-)kritisch beleuchtet bei Fritz Sack/
Heinz Steinert, Protest und Reaktion, Analysen zum Terrorismus 4/2, Opladen 1984; Henner Hess, Erinnerung an den »linken Terrorismus«, in: ders. u. a., Angriff auf das Herz des Staates, Soziale Entwicklung und Terrorismus, 1. Bd., Frankfurt/M. 1988, S. 55–74. Dazu kritisch: Gerhard Hertel, Der linke Terrorismus in Wissenschaft, Publizistik und Belletristik – Mehr Quantität als Qualität, in: Uwe Backes/Eckhard Jesse (Hrsg.), Jahrbuch Extremismus und Demokratie, Bd. 1, Bonn 1989, S. 207–231.

44 Vgl. zu diesem Ansatz besonders: Susanne Karstedt-Henke, Theorien zur Erklärung terroristischer Bewegungen, in: Erhard Blankenburg (Hrsg.), Politik der inneren Sicherheit, Frankfurt/M. 1980, S. 169–237. Siehe dazu: U. Backes/E. Jesse (Anm. 7), Kap. IV.

45 Stefan Aust berichtet: »Eine junge Frau, schlank, mit langen blonden Haaren weinte hemmungslos und schrie: ›Dieser faschistische Staat ist darauf aus, uns alle zu töten. Wir müssen Widerstand organisieren. Gewalt kann nur mit Gewalt beantwortet werden. Dies ist die Generation von Auschwitz – mit denen kann man nicht argumentieren!‹ Gudrun Ensslin traf damit etwas, was viele fühlten und dachten«. Ders., Der Baader-Meinhof-Komplex, Hamburg 1985, S. 54.

utopische Entwürfe von der vollständigen Überwindung irdischer Mühsal und Bedrängnis, die im Umkreis politischer Protestbewegungen immer eine Rolle gespielt haben. Es kommt eben nicht allein auf die objektiven Verhältnisse an, sondern auch auf deren subjektive Wahrnehmung – eine Einsicht, die auf die Bedeutung politischer Werthaltungen und Doktrinen verweist.

2.4 Ideen und Werthaltungen

Das Konzept der »relativen Deprivation« betont die Relativität von Bedürfnisbefriedigung: Unzufriedenheit entsteht demnach nicht erst infolge eines völligen Fehlens bestimmter Güter, sondern bereits dann, wenn die Realität lang gehegte Erwartungen nicht erfüllt. Diese wiederum werden wesentlich davon abhängen, was das Individuum für erstrebenswert und »wertvoll« erachtet. Mit anderen Worten: Je nachdem, an welchen Werten sich der einzelne orientiert, gibt er sich mit einer bestimmten Situation eher zufrieden oder entwickelt Unzufriedenheit. Die subjektive Wahrnehmung gewisser Zustände, die Anstoß von Unzufriedenheit sind, ist daher ebenso wichtig wie deren objektive Beschaffenheit. Unzufriedenheit kann gemäß diesen Überlegungen nicht nur durch eine Veränderung objektiver Gegebenheiten entstehen, sondern auch durch Wandlungen in deren Perzeption.

An dieser Stelle wird der Zusammenhang zwischen dem Konzept der relativen Deprivation und der These vom »Wertewandel« in westlichen Demokratien deutlich. Ronald Inglehart hat in einer vielbeachteten Untersuchung die These aufgestellt, wonach sich seit den sechziger Jahren eine »leise Revolution« in Europa vollziehe, ein Wandel von »materiellen« zu »postmateriellen« Werten[46]. Dieser »Wertwandel« ist nicht in dem simplen Sinne zu verstehen, daß bestimmte Werte hinfällig und andere neu entdeckt werden. Vielmehr handelt es sich um eine Verschiebung der Wertprioritäten. Mit anderen Worten: Die Hierarchie der Werte hat sich nach Inglehart verändert.

Nun ist stärker noch als die These vom »Wertewandel« selbst die Unterscheidung zwischen »materiellen« und »postmateriellen« Werten in die Kritik geraten[47]. Geeignet zur Beschreibung der Veränderung von Wertorientierungen, die sich in der Bundesrepublik seit den sechziger Jahren vollzogen, erscheint demgegenüber die von Helmut Klages vorgeschlagene Differenzierung zwischen Pflicht- und Akzeptanzwerten auf der einen, Selbstentfaltungswerten auf der anderen Seite. Die erste Wertegruppe enthält Tugenden wie »Disziplin«, »Gehorsam«, »Leistung«, »Ordnung«, »Pflichterfüllung«, »Treue«, »Unterordnung«, »Fleiß«, »Bescheidenheit«, »Selbstbeherrschung«, »Pünktlichkeit«, »Anpassungsbereitschaft«, »Fügsamkeit«, »Enthalt-

---

46 Vgl. Ronald Inglehart, The Silent Revolution in Europe. Intergenerational Change in Post-Industrial Societies, in: APSR, 65 (1971), S. 991–1071; ders., Wertwandel in den westlichen Gesellschaften: Politische Konsequenzen von materialistischen und postmaterialistischen Prioritäten, in: Helmut Klages/Peter Kmieciak (Hrsg.), Wertwandel und gesellschaftlicher Wandel, Frankfurt/M.–New York 1979, S. 279–316; ders., Kultureller Umbruch. Wertwandel in der westlichen Welt, Frankfurt/M.–New York 1989.
47 Statt vieler Franz Lehner, Die »Stille Revolution«: Zur Theorie des Wertwandels in hochindustrialisierten Gesellschaften, in: ebd., S. 317–327.

samkeit«; die zweite betont Individualität (»Kreativität«, »Spontaneität«, »Selbstverwirklichung«, »Ungebundenheit«, »Eigenständigkeit«), Lebensfreude (»Genuß«, »Abenteuer«, »Spannung«, »Abwechslung«, »Ausleben emotionaler Bedürfnisse«) und politische Ansprüche (»Emanzipation«, »Gleichbehandlung«, »Gleichheit«, »Demokratie«, »Partizipation«, »Autonomie«)[48]. Klages geht in seiner Analyse davon aus, daß die in den sechziger Jahren einsetzende Veränderung der Wertprioritäten von Pflicht- und Akzeptanzwerten hin zu Selbstentfaltungswerten etwa Mitte der siebziger Jahre zum Abschluß gekommen ist. »Materielle« Besitzwerte, von einer im Wohlstand aufgewachsenen Generation vielfach als selbstverständlich hingenommen, traten in der subjektiven Wahrnehmung zurück, während »immaterielle« Bedürfnisse und Ansprüche an Bedeutung gewannen.

Im Gegensatz zu Inglehart, der in seinen Analysen vor allem das stärkere politische Partizipationsbedürfnis in den Vordergrund gestellt hatte, erfaßt das Konzept von Klages den Wandel von Werten auf einer breiteren Ebene. Nicht nur die politischen Verhaltensweisen werden demnach vom Wertewandel betroffen, sondern auch alle anderen Lebensbereiche: Familie, Freizeitverhalten, Berufsleben, Bildungswege etc. Heiner Meulemann hat diesen Prozeß als eine »Art zweiter Säkularisierung«[49] gedeutet. Demnach ließ sich das Schwinden sozial integrierender Mechanismen, das mit dem Bedeutungsverlust religiöser Bindungen insbesondere in den gebildeten Schichten verbunden war, in einer ersten Phase durch die Betonung des beruflichen Engagements auffangen. In einer zweiten Phase, die die breite Bevölkerung erfaßt habe, sei die Bedeutung des Berufes zur Vermittlung von Lebenssinn deutlich zurückgegangen, während nun das Leben in der Familie und politische Betätigungen eine Aufwertung erfahren hätten.

Diese Deutungen können hier nicht erörtert werden. Vielmehr ist die Frage zu stellen, welche Konsequenzen aus dem Konzept des Wertewandels für die Erklärung extremistischer Verhaltensweisen zu ziehen sind. Wie dies bereits für die anderen explanativen Konzepte galt, handelt es sich auch beim Ansatz des Wertwandels nicht um eine Theorie, deren Aussagen unmittelbar auf extremistische Phänomene zielen. Dies bedeutet jedoch nicht, das Konzept wäre für diesen Bereich ganz ohne Bedeutung. Schließlich wurde das von Inglehart entwickelte Theorem gerade vor dem Hintergrund der Formierung studentischer Protestbewegungen in westlichen Demokratien entwickelt. Hierbei hatte es sich gezeigt, daß die ausschließliche Berücksichtigung politischer, sozialer und ökonomischer Faktoren nicht zu befriedigenden Resultaten führte. Mit ihnen allein konnte das fast zeitgleiche Auftauchen radikaler Protestbewegungen im internationalen Maßstab nicht hinreichend erklärt werden. Inglehart konzentrierte seine Aufmerksamkeit daher auf kulturelle Veränderungen, also solche im Bereich von Anschauungen, Orientierungen, Einstellungen und Werthaltungen[50]. Bestand nicht die Möglichkeit, daß bei relativer Konstanz politischer, sozialer und ökonomischer Faktoren eine bedeutsame Veränderung von Wertpriori-

48 So die von Klages definierten Wertegruppen: Helmut Klages, Wertorientierungen im Wandel. Rückblick, Gegenwartsanalyse, Prognosen, Frankfurt/M. 1984, S. 18.

49 Heiner Meulemann, Säkularisierung und Politik. Wertwandel und Wertstruktur in der Bundesrepublik Deutschland, in: PVS, 26 (1985), S. 29–51, 31.

50 Siehe hierzu auch: Ronald Inglehart, Politische Kultur und stabile Demokratie, in: PVS, 29 (1988), S. 369–387.

täten den entscheidenden Anstoß für den Wandel politischer Verhaltensweisen gegeben hatte?

Nun machte man es sich zu einfach, interpretierte man die Entstehung außerparlamentarischer Bewegungen als alleiniges Resultat veränderter Werte und Erwartungshaltungen. Kulturelle, soziale, politische und ökonomische Faktoren sind in der Realität bekanntlich miteinander eng verschlungen, und es lassen sich leicht politische Ereignisse nennen, die entscheidende Bedeutung für die Entwicklung des außerparlamentarischen Protestes hatten, ohne daß Verschiebungen von Wertprioritäten dabei eine Rolle spielten. Dennoch wiesen kritische Beobachter bereits auf die Bedeutung bestimmter Denkmuster hin, lange bevor das Konzept des Wertewandels der wissenschaftlichen Öffentlichkeit präsentiert wurde[51]. So erklärte sich die Massivität, mit der die Neue Linke das politische System in der Bundesrepublik attackierte, nicht zuletzt aus einem utopischen Denkansatz. Höchste moralische Maßstäbe und politische Idealvorstellungen werden mit der Wirklichkeit konfrontiert, ohne historischen Erfahrungen ausreichend Rechnung zu tragen. Daß die Wirklichkeit dabei den kürzeren ziehen muß, liegt auf der Hand. Moralismus, Utopismus und mangelnder Realismus sind auch in den Nachfolgebewegungen des studentischen Protestes verbreitet. Das Konzept des Wertewandels hat in diesem Zusammenhang insofern Erklärungskraft, als die von Inglehart beschriebene »leise Revolution« die Bedingungen für die Ausbreitung der beschriebenen Denkmuster geschaffen haben könnte.

Die Veränderung der politischen »Mentalität«[52] dürfte eine wichtige Voraussetzung der Renaissance älterer fundamentalistischer Doktrinen (Anarchismus, Marxismus, Nationalismus) sein, die seit den sechziger Jahren zu beobachten war. Mit ihren Absolutheitsansprüchen und politischen Visionen fügten sie sich in den umgruppierten Kosmos politischer Wertvorstellungen ein. Extremistische Organisationen, besonders auf der äußersten Linken des politischen Spektrums, profitierten von diesen geistigen Strömungen, konnten sie in der Bundesrepublik hierdurch auch keine bedeutende und dauerhafte Stärkung ihres politischen Einflusses erzielen. Jedoch setzten intensive Bemühungen zur innovatorischen Reformulierung älterer Doktrinen ein. Auf die intellektuelle Offensive der »Neuen Linken« reagierte bald eine »Neue Rechte«, die allerdings weit von dem selbstgesteckten Ziel einer »kulturellen Hegemonie« entfernt blieb. Offenkundig konnte sie aber bislang auch nicht an langfristige Wandlungstendenzen in den Mentalitäten breiter Bevölkerungsschichten anknüpfen.

Das Konzept des »Wertwandels« ist, wie gezeigt, nicht spezifisch auf die Erklärung extremistischer Verhaltensformen zugeschnitten. Es betrifft Veränderungen der Orientierungssysteme, die gesamtgesellschaftlich wirken. Welche Konsequenzen sich daraus für die extremistische »Szene« ergeben, ist bisher nicht untersucht worden. Interessant wäre etwa die Frage, ob Mehrheitskultur und Subkulturen vom Wertwandel gleichermaßen betroffen sind. Hat die Betonung der Selbstentfaltungswerte

---

51 Vgl. etwa die Beiträge folgenden Bandes: Erwin K. Scheuch (Hrsg.), Die Wiedertäufer der Wohlstandsgesellschaft. Eine kritische Untersuchung der »Neuen Linken« und ihrer Dogmen, Köln 1968.

52 Vgl. zu diesem Begriff: Andreas von Weiss, Weltanschauungen der linken politischen Gruppierungen, in: Anton Peisl/Armin Mohler (Hrsg.), Kursbuch der Weltanschauungen, Berlin-Frankfurt/M.–Wien 1981, S. 83–145.

Wahlentscheidungen oder Mitgliederbewegungen zugunsten extremistischer Organisationen beeinflußt? Wie haben diese ideologisch auf die Veränderung von Wertorientierungen in der Gesamtgesellschaft reagiert? Diese Fragen sind keineswegs leicht zu beantworten, da einige extremistische Doktrinen aus einer Mischung von Zukunftsvisionen und asketischen Auflagen für die Gegenwart bestehen.

Nicht außer acht bleiben darf bei alledem die Wirkung der Vermittler von Meinungen, Einstellungen und Werthaltungen. Sie transportieren keineswegs nur Informationen von den Produzenten zu den Konsumenten, sondern verarbeiten diese in spezifischer Weise. Durch Selektion und Bewertung können Medien geistige Einflüsse abschwächen oder verstärken, ja im Extremfall die Wirklichkeit völlig verzerrt wiedergeben. Da vor allem der Nachrichtenwert negativer Erscheinungen geschätzt wird, fördern Medien bis zu einem gewissen Grad Politikverdrossenheit und tragen möglicherweise zur Entfremdung des Bürgers von den politischen Repräsentanten bei. Massenmedien wirken auf die Entstehung von Gewalt gar in doppelter Weise ein: Zum einen ruft die ständige Berieselung mit gewalttätigen Szenen bei Jugendlichen die Vorstellung von einer gewalttätigen Gesellschaft hervor, in der man sich der Gewalt auch selbst nicht entziehen kann. Zum anderen wird durch extensive Berichterstattung über gewalttätige Ausschreitungen ein gewisser Werbeeffekt im Sinne militanter Gruppierungen erzielt. Der Publizistikwissenschaftler Hans Mathias Kepplinger fordert daher die Schaffung eines »Medienrates«, der die Auswirkungen der Berichterstattung transparent macht und als kritische Instanz über den Parteien Mißbräuche anprangert[53].

3. Die biographische Methode als Integrationskonzept

Nach dem Tour d'horizon durch die verschiedenen Ansätze zur Erklärung des politischen Protests und extremistischer Bestrebungen bleibt ein gewisses Unbehagen zurück. Diese Ansätze erfassen jeweils Facetten und Ausschnitte derselben Sache, ohne daß sie sich auf einen Nenner bringen ließen. Mehrere Disziplinen behandeln ganz ähnliche oder auch gleichartige Gegenstände, ohne immer – aufgrund verbreiteter Abschottungstendenzen – aufeinander Bezug zu nehmen. Gelegentlich scheinen sich die Ansätze fast auf »natürliche« Weise zu ergänzen (z. B. »relative Deprivation« und »Wertewandel«); dann gibt es aber auch Spannungen (etwa zwischen individual- und sozialpsychologischen Deutungen) oder gar Widersprüche (so zwischen der These, Protest gehe auf Systemdefizite zurück, und der Behauptung, Protest sei eine Folge des »Wertewandels«). Trotz mancher Unvereinbarkeiten könnte – auch in Anbetracht der Notwendigkeit eines Methodenpluralismus und interdisziplinärer Zusammenarbeit – die Erarbeitung eines Konzeptes heuristisch sinnvoll sein, das möglichst viele miteinander vereinbare Ansätze kombiniert und integriert. Der Vorwurf des Eklektizismus wird dabei angesichts verbreiteter Partikularisierungstenden-

---

53 Vgl. Hans Mathias Kepplinger, Medieninhalte und Gewaltanwendung, in: Hans-Dieter Schwind u. a. (Hrsg.), Ursachen, Prävention und Kontrolle von Gewalt. Analysen und Vorschläge der Unabhängigen Regierungskommission zur Verhinderung und Bekämpfung von Gewalt (Gewaltkommission), Bd. III: Sondergutachten, Berlin 1990, S. 381–396.

zen sozialwissenschaftlicher Teildisziplinen billigend in Kauf genommen. Eine »pragmatische« Vorgehensweise ist auch schon deshalb notwendig, weil das Angebot an explanativen Hypothesen – wie gezeigt – keineswegs auf den normativ eingegrenzten Objektbereich des politischen Extremismus zugeschnitten ist und man daher von Fall zu Fall auf verschiedene Ansätze zurückgreifen muß.

Eine biographische Vorgehensweise scheint am ehesten geeignet, die verschiedenen Konzepte zu integrieren. Zum einen machen einige Ansätze unterschiedliche Lebensphasen zum Gegenstand der Erörterung; zum anderen läßt sich die Relevanz oder Irrelevanz von Erklärungsmodellen anhand einer einzelnen Person besser überprüfen als bei der Anwendung auf ganze Kollektive. Überdies stehen dem Extremismusforscher zahlreiche Biographien, autobiographische Äußerungen, Gerichtsurteile usw. als Quellenmaterial zur Verfügung. Aus einer Anzahl biographischer Fallstudien lassen sich wiederum typische Entwicklungsverläufe und Bedingungskonstellationen im Hinblick auf bestimmte extremistische Strömungen und Gruppierungen rekonstruieren. Für die biographische Methode als Integrationskonzept sprechen also arbeitstechnische, methodische, methodologische wie theoretische Gründe.

Biographische Studien bieten nicht zuletzt die Möglichkeit, den Ablauf, von Ereignissen ex post zu betrachten. Über die Fähigkeit der Sozialwissenschaften zur Prognose gehen die Auffassungen ohnehin auseinander. Wenn sich aber eine Hypothese bei der Ex-post-Betrachtung als fruchtbar erweist, mag man sie auch bei der Skizzierung möglicher und wahrscheinlicher Entwicklungen zugrunde legen.

Biographischen Studien zum politischen Extremismus stehen zunächst psychologische Ansätze für die Rekonstruktion und Einschätzung der frühkindlichen Entwicklung zur Verfügung. Ein Materialproblem ergibt sich freilich meist insofern, als nur in den wenigsten Fällen ausreichend exakte Angaben über diesen ersten Lebensabschnitt vorliegen dürften. Immerhin lassen sich häufig genaue Angaben über familiäre Umstände zusammentragen. Der ehemalige RZ-Terrorist Hans-Joachim Klein etwa hat in seiner biographischen Schrift die schlimmen Erfahrungen im Elternhaus eingehend geschildert, wobei sich freilich fragen läßt, inwiefern die Perzeption verzerrt ist – sei es bewußt, sei es unbewußt[54]. Wie systematische Lebenslaufanalysen zeigen, weisen die Biographien linksterroristischer Straftäter in der Kindheit häufig besondere Belastungen auf. Eine 1981 erschienene Untersuchung ergab, daß 24 Prozent der untersuchten Personen nach dem 14. Lebensjahr nur mit einem Elternteil aufwuchsen. Ein hoher Prozentsatz hatte starke Konflikte im Elternhaus und/oder erhielt eine Vorstrafe[55].

Besondere Belastungen in der frühen Kindheit können durch ungünstige Bedingungen in späteren Phasen der Sozialisation in ihren Auswirkungen verstärkt werden. Die Rekonstruktion des Bildungs- und Berufsweges ist dabei unerläßlich, einschließlich der Kontakte zu Individuen und Gruppen. Die sogenannten »formativen Jahre« vom Ende der Kindheit bis zum Hineinwachsen in die Rolle des Erwachsenen bedürfen einer genauen Untersuchung. In dieser Zeit bilden sich zumeist erste politische

---

54 Vgl. Hans-Joachim Klein, Rückkehr in die Menschlichkeit. Appell eines ausgestiegenen Terroristen, Reinbek bei Hamburg 1979.
55 Vgl. Gerhard Schmidtchen, Terroristische Karrieren. Soziologische Analyse anhand von Fahndungsunterlagen und Prozeßakten, in: H. Jäger/G. Schmidtchen/L. Süllwold (Anm. 4), S. 9–77.

Anschauungen heraus. Diese lassen sich anhand des vorhandenen Materials in vielen Fällen rekonstruieren. Gab es Personen, die einen starken Einfluß auf den Probanden ausübten? Welche Lektüre spielte in diesen Jahren eine Rolle? Wurden Kontakte zu Organisationen und Gruppen aufgebaut? Wenn ja, welchen Einfluß übten diese auf den Probanden aus? Nicht nur die Milieus, in denen die betreffenden Personen verkehrten, bedürfen der Untersuchung, sondern auch politische Hintergrundereignisse und deren eventuelle Rezeption.

Mario Krebs etwa hat in einer einfühlsamen Biographie über Ulrike Meinhof deren Bildungs- und Berufsweg sowie ihre politische Sozialisation im einzelnen nachgezeichnet[56]. Der Autor führte hierzu zahlreiche Gespräche mit Verwandten, ehemaligen Freunden und Bekannten der späteren RAF-Gründerin. Eingehend hat er die schriftliche Hinterlassenschaft ausgewertet. Mag der Autor auch über weite Strecken mit zu viel Sympathie und zu wenig kritischer Distanz an seine Aufgabe herangegangen sein, so wird dem Leser doch wichtiges Hintergrundwissen vermittelt, das den Weg Ulrike Meinhofs in die Illegalität besser verstehbar macht. Ihr zuweilen unerbittlicher Moralismus und der die analytischen Fähigkeiten wohl übersteigende Tatendrang treten in der Darstellung immer wieder deutlich hervor.

Biographien bieten die Möglichkeit, die Herausbildung von Orientierungsmustern und Wertvorstellungen zu verfolgen. Wie wirken bestimmte Doktrinen auf den Probanden ein? Welches Verhältnis zum bestehenden politischen System kristallisierte sich heraus? Was waren die Hauptpunkte der Kritik am Status quo? Welche Faktoren traten neben politischen Gesichtspunkten hervor? Fragen dieser Art lassen sich mit dem Problem der politischen Unzufriedenheit und ihren Ursprüngen verbinden. An welchen konkreten Problemen entzündete sich die Unzufriedenheit? Basierte sie stärker auf materiellen Faktoren, oder traten immaterielle Elemente in den Vordergrund? Mit welchen Erwartungen begegnete der Proband Institutionen und Organisationen des »etablierten« Systems? Welche Kenntnis hatte er davon? Informierte er sich genau darüber, oder entsprang seine Abgrenzung stärker emotionalen Bedürfnissen?

Wichtig ist schließlich das Wirken innerhalb der extremistischen »Szene«. Gab es besonders auslösende Ereignisse, die den »Einstieg« zur Folge hatten? Durch welche Faktoren wurde der Übergang von der Mehrheits- zur Subkultur beschleunigt? Spielten dabei personelle Kontakte eine Rolle? Welche Verbindungen wurden neu geknüpft? Wie verlief die »Karriere« innerhalb der extremistischen Organisation? Verstärkten sich zuvor angelegte Einstellungen, oder schwächten sie sich ab? Gab es auch innerhalb der extremistischen Organisation personelle Konflikte? Wie äußerten sich die im Lebensweg angelegten Spannungen und Belastungen im Verlaufe der Tätigkeit in extremistischen Organisationen? Autobiographische Darstellungen können bei der Beantwortung dieser Fragen sehr hilfreich sein. Man denke an die Erinnerungsschrift von »Bommi« Baumann, in der sehr anschaulich die linke »Szene« in West-Berlin Ende der sechziger, Anfang der siebziger Jahre beschrieben wird[57]. Der 1986 zu einer Freiheitsstrafe verurteilte ehemalige Anführer einer »Wehrsportgruppe«, Karl Heinz Hoffmann, hat im Gefängnis ebenfalls eine autobiographische

---

56 Vgl. Mario Krebs, Ulrike Meinhof. Ein Leben im Widerspruch, Reinbek bei Hamburg 1988.
57 Vgl. Bommi Baumann, Wie alles anfing. Neuausgabe, München 1982 (1975).

Schrift verfaßt[58], die einen guten Einblick in die Gedanken- und Erfahrungswelt rechtsextremer Gruppierungen vermittelt. Sie stellt eine wichtige Quelle für tiefer-schürfende biographische Studien dar.

Persönlichkeitsstruktur, soziale Hintergrundfaktoren, politische Verhältnisse, deren Wahrnehmung und Bewertung, mögliche Auseinandersetzungen mit staatli-chen Instanzen, der Einfluß politischer Doktrinen: All dies kann im Rahmen einer Lebenslaufanalyse zu einem Gesamtporträt zusammengetragen werden. Unter-schiedliche Ansätze und Erklärungsmuster lassen sich dabei integrieren. Biographien ermöglichen gleichzeitig eine angemessene Überprüfung der Reichweite und Tragfä-higkeit bestimmter Hypothesen. Die Gefahr allzu abstrakter und »wolkiger« Kon-struktionen kann durch die Nähe zu den Lebensdaten und -zeugnissen gebannt wer-den. Im folgenden Kapitel sei ein Versuch in diese Richtung unternommen.

4. Resümee

Am Anfang der Analyse standen Erörterungen zu methodischen und methodologi-schen Problemen der Ursachenforschung. Gegenüber Forschungsstrategien, die sich am Vorbild der Naturwissenschaften orientieren, wurde einige Skepsis geäußert, jedoch gleichzeitig eingeräumt, daß die Isolierung von Faktoren zur Rekonstruktion von Kausalitäten durchaus sinnvoll erscheint, sofern man sich der Grenzen dieses Verfahrens bewußt bleibt. Der Frage nach dem Seinsollenden wird sich das nach Erkenntnis suchende Subjekt nicht ganz entziehen können. Selbst wenn sich die Ana-lyse strikt auf die Sphäre des Seienden beschränkt, Werturteile und unterschwellige Wertungen entfallen, liegt der jeweiligen Fragestellung doch ein normativer Horizont zugrunde.

Dieser Wertbezug ist im Rahmen der Extremismusforschung nicht nur unvermeid-lich, sondern ein genuiner Bestandteil des Forschungskonzeptes, orientiert sich der Begriff des politischen Extremismus doch an historisch gewachsenen Minimalanfor-derungen konstitutioneller Demokratie. Es handelt sich somit um einen normativen Begriff, der das Untersuchungsfeld in einer ganz bestimmten Art und Weise vorstruk-turiert. Aufgrund des normativ eingegrenzten Definitionsbereiches erfassen explana-tive Theoreme (der »wenn..., dann...«-Form) in der Regel nur Ausschnitte des Forschungsfeldes. Dies dürfte einer der Gründe sein, weshalb sich die Extremismus-forschung nicht mit einem einzigen Ansatz zur Ermittlung von Bedingungsfaktoren begnügen kann. Darüber hinaus ist es aber auch wünschenswert, daß die Sichtweisen verschiedener Ansätze und Disziplinen für die Deutung extremistischer Phänomene fruchtbar gemacht werden können. Immerhin ist der Gegenstandsbereich alles andere als homogen, wenn man an Terrorismus und nicht-terroristischen Extremis-mus einerseits, an Links- und an Rechtsextremismus andererseits denkt. Schon aus diesem Grunde sind monokausale Erklärungen fehl am Platze.

Die Reihe der präsentierten verschiedenartigen Ansätze und Forschungskonzepte setzt ein mit persönlichkeitsorientierten Erklärungsversuchen, die in der Extremis-

---

58 Vgl. Karl Heinz Hoffmann, Verrat und Treue. Ein an Tatsachen orientierter Roman, Neunkirchen 1988.

musforschung schon frühzeitig eine wichtige Rolle gespielt haben. Die Studie der Berkeley-Gruppe zur »Autoritären Persönlichkeit« wirkte schulbildend. Ihr folgten zahlreiche Einstellungsuntersuchungen auf Fragebogen-Basis, ohne daß der Bezug zu organisierten Formen des politischen Extremismus zunächst klar umrissen wurde. Erst spätere Analysen berücksichtigten stärker konkrete ideologische Aussagen extremistischer Gruppierungen. Manche Forscher pflichteten der Berkeley-Gruppe darin bei, den Schwerpunkt der Persönlichkeitsbildung in der frühen Kindheit zu sehen. Freilich bleibt offen, welche Bedeutung derartigen charakterlichen Dispositionen für die politische Sozialisation zukommt. Werden sie in späteren Lebensphasen von anderen Faktoren überspielt? Oder haben sie eine gleichsam präformierende Wirkung im Hinblick auf politische »Karrieren«?

Neuere Forschungsansätze sehen die Sozialisation des Menschen als einen lebenslangen Prozeß an. Zwar gilt die Kindheit vielfach als prägend; großes Gewicht wird aber auch den sogenannten »formativen Jahren« beigemessen, der Übergangsphase von der Rolle des Kindes zu der des Erwachsenen. Es ist dies zugleich ein Lebensabschnitt, in dem sich zumeist erste politische Anschauungen entwickeln. Ihm kommt daher besondere Beachtung zu.

Je stärker sich die Aufmerksamkeit von der frühen Kindheit verlagert und sich auf spätere Entwicklungsphasen richtet, desto deutlicher treten die Wechselfälle des Lebens in das Blickfeld. Erfolg oder Mißerfolg, Zufriedenheit oder Unzufriedenheit können entscheidende Bedeutung für die politische Sozialisation gewinnen. Das Konzept der »relativen Deprivation« stellt hierbei nicht das absolute Fehlen bestimmter Güter, sondern deren relative Knappheit in den Vordergrund. Der Zustand der Deprivation kann also bereits eintreten, sofern bestimmte Erwartungen im Hinblick auf die Befriedigung materieller wie auch immaterieller Bedürfnisse nicht erfüllt sind. Freilich muß das Individuum die eigenen Probleme als »politisch« empfinden, das heißt, dem Staat die Verantwortung für erlittene Enttäuschungen zuschreiben, soll eine politische Protesthaltung entstehen.

Es liegt auf der Hand, daß die Frage der Definition bestimmter Probleme als »politisch« eng mit den Werthaltungen der betreffenden Person zusammenhängt. Eine Ethik, die den Wert der Selbstverantwortlichkeit ganz in den Vordergrund stellt, dürfte weniger zur Anklage des Staates motivieren als ein Wertsystem, das in stärkerem Maße Ansprüche an die soziale Gemeinschaft stellt. In diesem Zusammenhang ist das Konzept des »Wertewandels« von Interesse. Demnach hat sich in hochentwickelten Industrienationen eine Veränderung der Wertprioritäten von Pflicht- und Akzeptanzwerten hin zu Selbstentfaltungswerten vollzogen. Infolgedessen sind die Anforderungen des einzelnen an den Staat gewachsen. Mobilisationserfolge neuer sozialer Bewegungen lassen sich mit Hilfe dieses Konzepts teilweise erklären.

Demgegenüber steht die Annahme, daß neue soziale Bewegungen aus Funktionsdefiziten des politischen Systems resultieren, zum Konzept des Wertewandels in einem Spannungsverhältnis. Freilich sind beide Hypothesen auch nicht unvereinbar: Neue soziale Bewegungen können ihr Anwachsen sowohl gestiegenen Erwartungen als auch einem Vertrauensverlust gegenüber dem politischen System verdanken. Unabhängig von der Frage, ob und in welchem Maße Mängel und Funktionsstörungen der Institutionen des demokratischen Verfassungsstaates außerparlamentarische Opposition hervorrufen, herrscht Einigkeit darüber, daß die staatlichen Instanzen und die Protestakteure, handelt es sich nun um extremistische Gruppierungen oder

nicht, in eine Interaktion treten. Dabei kommt den Institutionen eine besondere Verantwortung zu, können ihre Reaktionen doch sowohl mäßigend als auch eskalations-
fördernd wirken.

Das Verhältnis von staatlichen Instanzen und Protestbewegungen läßt sich auch
als ein Verhältnis von »Mehrheitskultur« und »Subkultur« beschreiben. Die Subkultur versteht sich als »bessere« Kultur; sie schottet sich von der übrigen Gesellschaft
bis zu einem gewissen Grad ab, sei es zur experimentellen Erprobung neuer Lebensformen, sei es zur Isolierung von störenden Einflüssen. Aus den Strukturen der Subkultur soll die neue Gesellschaft herauswachsen. Protestbewegungen, charakteristischerweise an den Nahtstellen von Mehrheits- und Subkultur angesiedelt, stehen
somit in einem inneren Konflikt zwischen Systemloyalität und prinzipieller Systemgegnerschaft, letztlich zwischen Demokratie und Extremismus.

Für den engeren Bereich des politischen Extremismus ist das Wirken relativ
geschlossener Doktrinen kennzeichnend. Charakterliche Prädispositionen können
die Aufnahmebereitschaft für politische Heilslehren mit Absolutheitsanspruch
beträchtlich erhöhen. Aber auch persönliche Mißerfolge und Unzufriedenheit wirken
vielfach in diese Richtung. Dabei erfüllen wiederum die Wertorientierungen der
Menschen eine wichtige vermittelnde Funktion.

Die biographische Methode sei schließlich als ein sinnvolles Integrationskonzept
empfohlen. Anhand von Lebenslaufanalysen läßt sich das Zusammenwirken der verschiedenen Erklärungsfaktoren am konkreten Fall erhellen. Reichweite und Relevanz der Aussagen können aufgrund zur Verfügung stehenden Quellenmaterials
überprüft werden. Aus einer Anzahl biographischer Fallstudien schließlich sind typische Merkmale und Merkmalkombinationen zu gewinnen. Biographische Studien
dürften auf diese Weise auch zur Überwindung des in den Sozialwissenschaften vielfach anzutreffenden Partikularismus von Fächern und Spezialdisziplinen beitragen.
Ob sie allerdings auch eine realistische Einschätzung des extremistischen Potentials
oder gar dessen Minimierung fördern, steht auf einem anderen Blatt.

V. Biographien:
Karriereverläufe im Vergleich

Die Vielfalt der im vorhergehenden Kapitel ausgebreiteten Erklärungsansätze kann verwirrend wirken und den Eindruck einer gewissen Beliebigkeit vermitteln, wenn das weite Feld des politischen Extremismus nur aus einer Vogelperspektive betrachtet wird. Die Plausibilität und heuristische Fruchtbarkeit ätiologischer Konzepte erweist sich erst aus der Froschperspektive: bei der Rekonstruktion individueller Lebensläufe. Insofern verstehen sich die folgenden biographischen Skizzen als ein Schritt in die Richtung der gewünschten Synthese (teil-)komplementärer Ansätze. Sie sind aber zugleich als Ergänzung der Phänomenologie gedacht. Die dort nachgezeichneten historischen Zusammenhänge erscheinen aus der Sicht handelnder Personen zum Teil in einem anderen Licht. Bislang unbeachtet gebliebene Hintergründe und Ereignisketten kommen zum Vorschein.

1. Auswahl und Anlage

Die biographischen Skizzen vereinen, soweit dies die verfügbaren Quellen zulassen, eine objektive, eine subjektive und eine extremismustheoretische Komponente. Die objektive Dimension besteht im Skelett »harter« Lebensdaten. Hauptquelle sind aktenkundliche Vorgänge, wie sie etwa von Behörden festgehalten werden. Sind derartige Dokumente unzugänglich, bleibt im wesentlichen nur der Rückgriff auf biographische Nachschlagewerke[1] und sonstige Veröffentlichungen. Die subjektive Dimension kann zweierlei bedeuten: zum einen das Empfinden und Wollen der porträtierten Person zum Tatzeitpunkt; zum anderen die Verarbeitung des eigenen Lebensweges im Rückblick. Die Existenz geeigneter Quellen wie politische Kommentare, Lebenserinnerungen, Gesprächsprotokolle der betreffenden Personen ist hierfür die unerläßliche Voraussetzung. Schließlich die extremismustheoretische Dimension: Sie konterkariert insbesondere die subjektive Sicht, die häufig einen »falschen Eindruck« vermittelt, sei es, daß eigene Leistungen in einem allzu hellen Licht erstrahlen, sei es,

---

1 Wichtige biographische Informationen zur Extremismusforschung enthalten u. a.: Uwe Backes/Eckhard Jesse (Hrsg.), Jahrbuch Extremismus & Demokratie, Bonn 1989 ff.; Wolfgang Benz/Hermann Graml (Hrsg.), Biographisches Lexikon zur Weimarer Republik, München 1988; Internationales Biographisches Archiv/Munzinger-Archiv, Ravensburg 1967 ff.; Edmund Jacoby (Hrsg.), Lexikon Linker Leitfiguren, Frankfurt a. M. 1988; Manfred Jenke, Die nationale Rechte. Parteien – Politiker – Publizisten, Frankfurt/M.-Wien-Zürich 1967; Richard Stöss (Hrsg.), Parteien-Handbuch. Die Parteien der Bundesrepublik Deutschland 1945–1980, 2 Bde., Opladen 1983/84. Die Porträts stützen sich zum Teil auf folgende biographische Sammlung: Uwe Backes/Eckhard Jesse, Politischer Extremismus in der Bundesrepublik Deutschland, Bd. III, Köln 1989, S. 273–324.

daß Gegenspieler nur in düsteren Farben gezeichnet werden, sei es, daß ein Zerrbild von den politischen Verhältnissen entsteht. Die extremismustheoretische Einordnung und Bewertung soll allerdings die subjektive Sicht möglichst nicht überdecken. Die Kommentierung fällt daher sehr zurückhaltend aus.

Die Auswahl der Kurzporträts läßt sich eher von den Erfordernissen der Phänomenologie als von denen der Ätiologie leiten. Aus der Sicht der Ursachenforschung wäre es wünschenswert, eine möglichst große Zahl von Personen aus einem bestimmten Kontext (z. B. neonationalsozialistische Aktivisten) vorzustellen, um auf diese Weise repräsentative Vergleichsdaten zu gewinnen. Im Rahmen einer historischen Gesamtdarstellung zum Nachkriegsextremismus erschien ein solches Vorgehen nicht sinnvoll. Möglichst alle Entwicklungsperioden und Hauptströmungen sollten berücksichtigt sein. Dies erzwang eine strenge Auswahl, die sich in zweiter Linie auch an praktischen Erfordernissen (Materialfrage) orientiert. So ist ein kleines Prominentenlexikon des politischen Extremismus in der Bundesrepublik entstanden. Aufgenommen wurden ausschließlich herausragende Gestalten der »Szenen«[2]. Das »normale« Parteimitglied, der Typus des Mitläufers und Hinterbänklers, ist kaum vertreten. Bei den vergleichenden Betrachtungen muß daher häufig auf anderweitige Untersuchungsergebnisse ergänzend zurückgegriffen werden. Außerdem sind zahlreiche Aktivisten berücksichtigt, deren biographische Rahmendaten allenfalls im Rahmen der »Phänomenologie« kurze Erwähnung finden: Ernst Aust, Kurt Bachmann, Gerhard Danelius, Georg (»Schorsch«) Jungclas, Heinz Renner, Friedrich (»Fritz«) Rische, Richard Scheringer, Josef (»Jupp«) Schleifstein, Horst Schmitt, Christian Semler, Josef Weber bei den Linksextremisten; Ernst Anrich, Thies Christophersen, Friedrich Theodor (»Fritz«) Dorls, Arthur Ehrhardt, August Haußleiter, Karl Heinz Hoffmann, Frank Hübner, Alfred Loritz, Mathilde Ludendorff, Martin Mußgnug, Otto Ernst Remer, Otto Straßer bei den Rechtsextremisten; Susanne Albrecht, Andreas Baader, Michael (»Bommi«) Baumann, Christian Klar, Hans-Joachim Klein, Manfred Roeder bei den Terroristen. Eine ausführliche Behandlung all dieser Personen in biographischen Porträts hätte bei weitem den hier zur Verfügung stehenden Raum überschritten.

Das Vorhaben einer Sammlung biographischer Skizzen zum politischen Extremismus hinterläßt, dies sei offen eingestanden, ein gewisses Unbehagen. Es kann leicht im Sinne einer Steckbriefkartei der politisch Geächteten mißverstanden werden. Eine denunziatorische Absicht liegt den Lebensläufen jedoch nicht zugrunde. Die Einstufung als »Extremist« beinhaltet kein persönliches Unwerturteil, sondern lediglich eine Bewertung politischer Handlungsweisen, Ziele und Anschauungen. Auf diesen Sachverhalt muß man mit allem Nachdruck hinweisen, ist doch das Genre antifaschistischer Bekenntnisliteratur beliebt, wo die Aktivisten der rechtsextremen »Szene« den Bösewichtern von Groschenromanen gleichen[3]. Wer sich dagegen intensiv und unvoreingenommen mit den Lebensläufen extremistischer Akteure beschäftigt, wird selten so eindeutige Farben wie Schwarz und Weiß verwenden und statt dessen unterschied-

---

2 Da sich die Darstellung auf den politischen Extremismus im demokratischen Verfassungsstaat beschränkt, sind DDR-»Größen« wie Honecker, Pieck oder Ulbricht nicht berücksichtigt.

3 Ein Paradebeispiel bietet: Kurt Hirsch, Rechts von der Union. Personen, Organisationen, Parteien seit 1945. Ein Lexikon, München 1989.

liche Grautöne bevorzugen. Der Kampf gegen den demokratischen Verfassungsstaat wird oft mit glühendem Idealismus, fester Überzeugung und lauteren Absichten geführt. Der politische Extremismus zieht daraus einen Gutteil seiner Faszinationskraft.

2. Linksextremisten

2.1 Willi Dickhut

Willi Dickhut wurde am 29. April 1904 im sauerländischen Schalksmühle geboren. Als er gerade vier Jahre alt war, kam der Vater, ein Fuhrunternehmer, durch einen Unfall ums Leben. Nach der Volksschule absolvierte Dickhut seit 1918 eine Schlosser- und Dreherlehre in seinem Heimatort. Bereits 1921 schloß er sich dem Deutschen Metallarbeiterverband an. Wegen seiner Teilnahme an einem Streik für den Achtstundentag verlor er 1924 den Arbeitsplatz. 1926 trat Dickhut der KPD bei und hielt sich 1928/29 längere Zeit in der Sowjetunion auf, wo er in Slatoust Mitglied der KPdSU wurde. Nach der Machtübernahme durch die Nationalsozialisten blieb Dickhut der illegalen KPD treu. Mehrmals wurde er in Gefängnisse und Konzentrationslager eingeliefert. Bereits unmittelbar nach dem Zusammenbruch engagierte er sich erneut in der KPD. Von 1949 bis 1951 fungierte Dickhut als Leiter der Kaderabteilung der Landesleitung Nordrhein-Westfalen. Anschließend übernahm er die gleiche Funktion beim KPD-Parteivorstand. Nach dem Verbot der Partei 1956 setzte Dickhut seine politischen Aktivitäten illegal fort (1961 Verurteilung zu acht Monaten Gefängnis mit Bewährung), geriet jedoch mit der Linie der Parteiführungen in Moskau und Ostberlin zunehmend in Konflikt. Der »real existierende Sozialismus« galt ihm als entartet. Wachsende Sympathien mit dem Kurs der chinesischen Partei unter Mao Tse-tung führten 1966 zum Parteiausschluß. 1969 war Dickhut eines der führenden Mitglieder der neugegründeten KPD/ML. Von 1970 an leitete er rund zwanzig Jahre lang das theoretische Organ »Revolutionärer Weg«. Seine Warnungen vor Intellektuellen (er sprach sich in der KPD/ML für einen Aufnahmestop aus) zeigen, daß er der überwiegend antiautoritär eingestellten Studentenbewegung äußerst skeptisch gegenüberstand. Bald wechselte er zur Absplitterung KPD/ML (Rote Fahne), die er jedoch ebenfalls wieder verließ.

Ab 1972 betätigte sich Dickhut im »Kommunistischen Arbeiterbund Deutschland« (KABD). Das erklärte Ziel hieß, eine revolutionäre Kaderpartei ins Leben zu rufen. Dickhut war nach einer Aufbauperiode maßgeblich an der Gründung der »Marxistisch-Leninistischen Partei Deutschlands« (MLPD) beteiligt (1982)[4], die sich in der Folgezeit im Gegensatz zu den übrigen K-Gruppen – bis heute – auf einem bescheidenen organisatorischen Niveau stabilisieren konnte. Bis zu seinem Tod am 8. Mai 1992 galt Dickhut als Chefideologe der MLPD, dem »einzig erfolgreiche[n] Beispiel in der Bundesrepublik, daß sich aus den aus der zerfallenden Studentenbe-

---

4 Vgl. folgende Selbstdarstellung: Zentralkomitee der Marxistisch-Leninistischen Partei Deutschlands (Hrsg.), Geschichte der Marxistisch-Leninistischen Partei Deutschlands, I. Teil: Entstehung, Entwicklung und Ende der »marxistisch-leninistischen Bewegung«, II. Teil: Parteiaufbau vom KABD zur MLPD, Essen 1986.

wegung heraus entstandenen ›marxistisch-leninistischen Gruppen‹ eine wirkliche marxistisch-leninistische Partei entwickelte«[5]. Als wesentlicher theoretischer Beitrag Dickhuts entstand in den Jahren 1971/72 eine Artikelfolge im »Revolutionären Weg«: »Die Restauration des Kapitalismus in der Sowjetunion«. Sie bildete die Grundlage eines 1974 erstmals erschienenen Buches, das 1988 in erweiterter und aktualisierter Form auf den Markt kam. In ihm wird die These vertreten, die Sowjetunion habe nicht erst seit Gorbatschow die Prinzipien des Sozialismus verraten, sondern bereits mit Chruschtschow, dessen Stalin-Kritik eine Verunglimpfung gewesen sei, einen gefährlichen Irrweg eingeschlagen[6]. Von programmatischer Bedeutung ist auch Dickhuts »Staatsmonopolistischer Kapitalismus in der BRD«, ebenfalls ursprünglich im »Revolutionären Weg« herausgekommen[7]. Dickhut schwor auf die Lehren Stalins und Maos, deren Millionen Opfer er verschwieg. Von Dickhut (oder unter seiner Ägide) erschien ferner eine Reihe weiterer Bände[8], die sich vehement gegen den »Revisionismus« wenden und recht »grobkörnig« gehalten sind. Nach seinem Tode kam eine Sondernummer der »Roten Fahne« heraus (»Zum Gedenken an Willi Dickhut«), die dem Personenkult um Dickhut huldigte: »Die Stellung zum Vermächtnis Willi Dickhuts ist der Prüfstein für den Kampf zwischen proletarischer und kleinbürgerlicher Denkweise.«[9]

2.2 Rudolf (»Rudi«) Dutschke

Rudi Dutschke wurde am 7. März 1940 in märkischen Schönfeld bei Luckenwalde als Sohn eines Postbeamten geboren[10]. Wie die meisten Altersgenossen war er Mitglied der FDJ, aber auch christlich engagiert. Nach dem Abitur 1958 wollte Dutschke Sportjournalist werden, erhielt jedoch keine Zulassung zum Studium, weil er den Dienst in der Kasernierten Volkspolizei verweigerte. Daraufhin absolvierte er zunächst eine Lehre als Industriekaufmann, ging dann jedoch nach West-Berlin, wo er noch einmal das Abitur machen mußte. Nach dem Mauerbau blieb er im Westen und nahm ein Studium der Soziologie an der Freien Universität auf. Dutschke trat 1963 der »Subversiven Aktion« bei, einer mit »bürgerlichen« Verhaltensformen brechenden Organisation. Seit 1964 war er Mitglied im SDS, der sich nicht zuletzt durch

---

5 So Willi Dickhut, Was geschah danach? Zweiter Tatsachenbericht eines Solinger Arbeiters ab 1949, Essen 1990, S. 501. Zuvor war erschienen: ders., »So war's damals . . .«. Tatsachenbericht eines Solinger Arbeiters 1926–1948, Stuttgart 1979.

6 Vgl. ders., Die Restauration des Kapitalismus in der Sowjetunion, überarb. und erw. Neuaufl., Düsseldorf 1988.

7 Vgl. ders., Der staatsmonopolistische Kapitalismus in der BRD, 2 Bde., Stuttgart 1979.

8 Vgl. ders., Die Dialektische Einheit von Theorie und Praxis; ders., Gewerkschaften und Klassenkampf; ders., Materialistische Dialektik und bürgerliche Naturwissenschaft; kurz vor seinem Tode kam heraus: Sozialismus am Ende?, Essen 1992.

9 So die Erklärung des Zentralkomitees der Marxistisch-Leninistischen Partei Deutschlands zum Tode von Willi Dickhut, in: Rote Fahne vom 16. Mai 1992.

10 Vgl. zur Person: Ulrich Chaussy, Die drei Leben des Rudi Dutschke. Eine Biographie, Darmstadt-Neuwied 1983; Jürgen Miermeister, Rudi Dutschke, Reinbek bei Hamburg 1986.

Dutschkes und Bernd Rabehls Aktivitäten radikalisierte[11]. Nach dem Tod Benno Ohnesorgs auf einer Demonstration gegen den Schah von Persien am 2. Juni 1967 geriet Dutschke als charismatischer »Studentenführer« und bestimmender Kopf der antiautoritären Bewegung in die Schlagzeilen der Presse. Titelgeschichten über Dutschke erschienen im »Spiegel« und in der Zeitschrift »Capital«. Gewaltanwendung schloß Dutschke als Mittel des »revolutionären Kampfes« nicht aus. Auf einem Kongreß in Hannover – am Rande der Trauerfeier für Benno Ohnesorg – hatte er ein Szenario entwickelt, das den anwesenden Professor Jürgen Habermas zum (später widerrufenen) Vorwurf des »Linksfaschismus« provozierte. Im Dezember 1967 machte der Fernsehreporter Günter Gaus ein vielbeachtetes Interview mit ihm. Unter maßgeblicher Beteiligung Dutschkes wurde im Februar 1968 ein Vietnam-Kongreß veranstaltet, um die »Verbrechen« der USA anzuprangern. Innerhalb der Studentenbewegung mehrten sich die Stimmen, die Kritik an der herausgehobenen Rolle Dutschkes übten.

Diese Lage änderte sich schlagartig durch das Attentat eines jungen rechtsextremen Münchener Arbeiters namens Josef Bachmann im April 1968. Die bislang größten Proteste und Demonstrationen (insbesondere gegen den Springer-Konzern) in der Geschichte der Bundesrepublik waren die Folge. Die »Osterunruhen« forderten zwei Todesopfer. Dutschke überlebte das Attentat schwer verletzt. Der Genesungsprozeß verlief schleppend, da Dutschke sein Sprechvermögen verloren hatte und mühsam wiederherstellen mußte. Im Herbst 1968 ging er nach Großbritannien, wo er im Winter 1971 wegen »subversiver Tätigkeit« das Land verlassen mußte. Seither wohnte er im dänischen Aarhus und übernahm an der dortigen Universität einen Lehrauftrag. Seine 1974 abgeschlossene Dissertation übte Kritik an der Entwicklung des sowjetischen Marxismus als einer Folge ökonomischer Rückständigkeit[12]. Obwohl Dutschke in Berlin Mitarbeiter an einem Forschungsprojekt wurde, behielt er seinen Wohnsitz in Dänemark bei. Er kommentierte die politische Entwicklung in der Presse und setzte sich an die Spitze von Initiativen zur Gründung einer linkssozialistischen Partei zwischen SPD und DKP. Den K-Gruppen stand er reserviert gegenüber, lehnte auch die terroristischen Aktionen für die Vorantreibung des Klassenkampfes als ungeeignet ab, wenngleich der provokative Ausspruch »Holger, der Kampf geht weiter« am Grab des RAF-Terroristen Holger Meins zumindest mißverständlich war. In der zweiten Hälfte der siebziger Jahre entwickelte Dutschke wachsende Sympathien für die entstehenden grünen Listen. Seine Pläne zur Gründung einer sozialistischen Partei wurden dadurch einerseits zunichte gemacht, andererseits auch eingelöst. Der im Dezember 1979 zum Bremer Delegierten des Parteigrün-

---

11   Vgl. Bernd Rabehl, Am Ende der Utopie. Die politische Geschichte der Freien Universität Berlin, Berlin 1988.

12   Vgl. Rudi Dutschke, Versuch, Lenin auf die Füße zu stellen. Über den halbasiatischen und den westeuropäischen Weg zum Sozialismus, Berlin 1974. Posthum erschienen zahlreiche Schriften von und über Rudi Dutschke: ders., Mein langer Marsch, Reden, Schriften und Tagebücher aus zwanzig Jahren, hrsg. von Gretchen Dutschke-Klotz, Helmut Gollwitzer und Jürgen Miermeister, Reinbek bei Hamburg 1980; ders., Geschichte ist machbar. Texte über das herrschende Falsche und die Radikalität des Friedens, hrsg. von Jürgen Miermeister, Berlin 1980; ders., Aufrecht Gehen. Eine fragmentarische Autobiographie, Berlin 1981; ders., Die Revolte. Wurzeln und Spuren eines Aufbruchs, hrsg. von Gretchen Dutschke-Klotz/Jürgen Miermeister/Jürgen Treulieb, Reinbek bei Hamburg 1983.

dungskongresses der »Grünen« (Januar 1980) Gewählte starb aufgrund eines epileptischen Anfalls an den Spätfolgen des Attentats Heiligabend 1979 in Aarhus.

Dutschkes organisatorisches und rhetorisches Talent war stärker als die Fähigkeit zur theoretischen Analyse. Seine Versuche in dieser Richtung muten einigermaßen eklektisch an: Karl Marx, Georg Lukács, Herbert Marcuse und Frantz Fanon zählten zu seinen Ideengebern. Die revolutionäre Entwicklung könne nur von der Dritten Welt ausgehen. In den siebziger Jahren wurde Dutschke skeptischer gegenüber den eigenen Ideen wie der von ihm propagierten Selbsttätigkeit der »Massen«. Er war einer der ersten, der auf seiten der Linken die nationale Frage als »ungelöst« thematisierte. Um seine Person ist ein nicht nur durch seinen frühen Tod begründeter Mythos entstanden. Auch politische Gegner stellten seine moralische Integrität nicht in Frage.

2.3 Thomas Ebermann

Thomas Ebermann wurde 1951 in Hamburg geboren. Der Vater war Schweißer, die Mutter Näherin. Nach dem Besuch der Realschule arbeitete Ebermann zunächst als Erziehungshelfer in einem Jugendheim. Darauf folgten mehrere Jahre als Arbeiter in einer Gummifabrik. Nach dem Wehrdienst schloß er sich 1975 dem vorwiegend in Hamburg beheimateten »Kommunistischen Bund« (KB) an, einer marxistisch-leninistischen Kaderorganisation, die das Bekenntnis zum Grundgesetz entschieden ablehnte. Dort war er im »Leitenden Gremium« tätig. Seit 1976 öffnete sich der KB verstärkt gegenüber den »neuen sozialen Bewegungen«. Sie sollten die Massenbasis für eine »Zerschlagung des bürgerlichen Staates« liefern[13]. Im März 1978 zählte Ebermann zu den Gründern der Hamburger »Bunten Liste – Wehrt Euch«, die bei den Bürgerschaftswahlen 1978 3,5 Prozent erreichte. Ende 1979 spaltete sich eine »Zentrumsfraktion« (»Gruppe Z«) vom KB ab. Dem lag eine Doppelstrategie zugrunde: Die Kaderpartei sollte nach wie vor leninistischen Prinzipien folgen und die grüne und alternative Bewegung zugleich ideologisch infiltrieren[14]. Nach dem Zerfall der »Gruppe Z« engagierte sich Ebermann von 1981 bis 1984 in einer »Initiative Sozialistische Politik« und war Redakteur ihres Organs »Moderne Zeiten«. Gleichzeitig stieg er in die vordersten Ränge der Hamburger »Grün-Alternativen Liste« (GAL) auf, die bei der Bürgerschaftswahl 1982 7,7 Prozent der Stimmen erreichte. Der über beachtliche rhetorische Fähigkeiten verfügende Ebermann wurde Fraktionsvorsitzender. »Tolerierungsgespräche« mit der SPD, die über keine absolute Mehrheit verfügte, scheiterten. Bei den Neuwahlen im gleichen Jahr zog Ebermann wieder als Abgeordneter in die Bürgerschaft ein (bis Ende 1984). Die Bundestagswahl 1987 sah ihn als Spitzenkandidat der Hamburger »Grünen«, auf deren Liste er in den Bundestag gelangte. Mit 21:20 Stimmen (gegen Otto Schily) wurde er zu einem der drei Sprecher der Bundestagsfraktion gewählt (bis Anfang 1988).

Bei den »Grünen« war Ebermann einer der Wortführer des »fundamentalistischen« Flügels (»Fundis«), dem es vor allem um die Durchsetzung marxistischer Posi-

---

13 Vgl. Rudolf van Hüllen, Ideologie und Machtkampf bei den Grünen. Untersuchung zur programmatischen und innerorganisatorischen Entwicklung einer deutschen »Bewegungspartei«, Bonn 1990, S. 109–122.

14 Vgl. ebd., S. 222f.

tionen ging[15]. Mit der zunehmenden Einbindung in die praktische Politik schwächten sich ideologische Rigorismen bei der Partei ab, gewannen die »Realos« an innerparteilichem Gewicht. Thomas Ebermann und dessen ehemaliger Mitarbeiter und KB-Genosse Rainer Trampert mißbilligten offen die zunehmende Integration ihrer Partei in das parlamentarische System. Anfang 1989 erklärten sie ihren Austritt. Im April 1989 gehörte Ebermann zu den Initiatoren einer »Radikalen Linken«, die sich als intellektuelle Plattform verstand, vorläufig kein parteipolitisches Engagement anstrebte, sich vielmehr auf die Suche nach einer neuen Basis im politischen Raum links von SPD, den »Grünen« und der DKP begaben. In einem 1990 erschienenen Band, Diskussionsgrundlage für einen Kongreß im Juni 1990, prangerten Thomas Ebermann und Rainer Trampert die »systemstabilisierende« Funktion des Kapitalismus an und stellten mit Bedauern fest: »Die staatsfeindliche oder auch nur systemkritische Linke der BRD ist in den letzten Jahren schwächer geworden.«[16] Seither ist es recht still um die »Radikale Linke« geworden, jedoch nicht um Ebermann. Beiträge von ihm sind in dem Hamburger Monatsperiodikum »konkret« seit einigen Jahren regelmäßig zu lesen. Besonders aufschlußreich ist sein dort abgedrucktes Gespräch mit den Inhaftierten aus der RAF[17]. Er sieht sich angesichts der repressiven Strukturen in der Gesellschaft als ganz isoliert an. Die PDS gilt ihm als verbürgerlicht. Deren finanzielle Unregelmäßigkeiten dagegen waren und sind für Ebermann kein Problem: »Eine linke, radikale Partei beweist ihre moralische Integrität in dem Bemühen, dem Staat, den sie nicht schätzt, sondern bekämpft, Finanzmittel vorzuenthalten.«[18]

2.4 Herbert Mies

Herbert Mies wurde am 23. Februar 1929 als Sproß einer kinderreichen Arbeiterfamilie in Mannheim geboren. Nach der Volksschule besuchte er eine Lehrerbildungsanstalt und war später als Schriftsetzer tätig. Unmittelbar nach dem Zweiten Weltkrieg schloß er sich der KPD-Ortsgruppe Mannheim an. Er wurde einer der führenden Funktionäre der »Freien Deutschen Jugend« (FDJ), deren westdeutsches Zentralbüro er von 1953 bis 1956 leitete. Bereits 1951 war die FDJ verboten worden, weswegen die Staatsanwaltschaft gegen ihn mehrere Ermittlungsverfahren eröffnete, die jedoch allesamt ergebnislos endeten. Von 1954 bis 1956 Mitglied des Parteivorstandes der KPD, ging Mies nach dem Verbot ins Ausland. Innerhalb der verbotenen KPD bekleidete Mies leitende Funktionen, z. B. als Sekretär des Vorsitzenden der KPD, Max Reimann, als Kandidat des Politbüros und Sekretär des Zentralkomitees (1965–1968). Auf internationalen Konferenzen trat er als offizieller Vertreter der

---

15 Vgl. Thomas Ebermann/Rainer Trampert, Die Zukunft der Grünen. Ein realistisches Konzept für eine radikale Partei, Hamburg 1984.

16 Kongreßvorbereitungsgruppe (Hrsg.), Die Radikale Linke. Reader zum Kongreß vom 1.–3. Juni in Köln, Hamburg 1990, S. 21. Siehe auch: Kongreß der Radikalen Linken. Reden und Diskussionsbeiträge zum Kongreß an Pfingsten 1990 und auf der Demo »Nie wieder Deutschland« am 12. 5. 1990 in Frankfurt am Main, Frankfurt/M. 1990.

17 Vgl. das Gespräch mit Karl-Heinz Dellwo/Knut Folkerts/Lutz Taufer, Sie wollten uns auslöschen, in: konkret, (1992) 6, S. 10–19.

18 Zitiert nach taz vom 1. November 1990.

KPD auf und agitierte für die Aufhebung des Verbots. In Moskau absolvierte Mies von 1956 bis 1959 ein Studium der Volkswirtschaftsplanung (Dipl.-Volkswirt). Im Vorfeld der DKP-Gründung kehrte er Anfang 1968 in die Bundesrepublik zurück und wurde kurzzeitig verhaftet, als er mit Max Schäfer und Grete Thiele der internationalen Öffentlichkeit den Programmaufruf der verbotenen KPD übergab. 1969 zählte er zu den Mitbegründern der DKP und fungierte bis 1973 als stellvertretender Vorsitzender. Nachdem Mies bereits zuvor die Partei faktisch geleitet hatte, übernahm er auf dem Hamburger Parteitag von 1973 auch die Position des Parteivorsitzenden. 1979 wurde er mit dem Karl-Marx-Orden und dem Lenin-Orden ausgezeichnet, 1987 mit dem Lenin-Friedenspreis.

Mies konnte die DKP als Partei konsolidieren, verstand es jedoch nicht, sie für einen größeren Teil der Arbeiterschaft attraktiv zu machen. Bei der Bundestagswahl 1987 verzichtete die DKP angesichts ihrer Aussichtslosigkeit auf eine Teilnahme und kandidierte in der »Friedensliste« nur in den Wahlkreisen. Als typischer Apparatschik unterstützte Mies den Kurs der SED bedingungslos, duldete mithin keine »Abweichler«. Nachdem seine Wiederwahl auf den Parteitagen in Bonn (1976), Mannheim (1978), Hannover (1981), Nürnberg (1984) und Hamburg (1986) problemlos über die Bühne gegangen war, mußte er bei seiner Wahl in Frankfurt am Main (1989) 159 Gegenstimmen und 24 Enthaltungen in Kauf nehmen. Die Strömung der »Erneuerer« stellte die DKP vor eine Zerreißprobe. Während die Parteiführung treu den Weisungen der SED-Führung folgte, orientierten sich Teile der Basis an der KPdSU unter Michail Gorbatschow. Alle Bemühungen um Wiederherstellung innerparteilicher Geschlossenheit schienen vergebens. Anfang September 1988 mußte Mies die »Existenz zweier Linien in der DKP«[19] öffentlich eingestehen. Im Oktober 1988 zitierte Erich Honecker eine Delegation des Parteipräsidiums nach Ostberlin und forderte sie zum harten Durchgreifen auf. Doch die Zahl der »Erneuerer« stieg weiter an. Nach dem Frankfurter Parteitag vom Januar 1989 (ein Folgetreffen fand im Februar statt), auf dem die divergierenden Positionen offen aufeinandergeprallt waren, zog sich der innerparteiliche Machtkampf zwischen »Traditionalisten« und »Erneuerern« hin. Da sich die Parteiführung um Herbert Mies und Ellen Weber durchzusetzen schien, verließen viele »Erneuerer« im Laufe des Jahres 1989 die Partei[20].

Nicht nur für Herbert Mies brach mit der Agonie des Sowjetkommunismus eine Welt zusammen. Der Parteivorsitzende erlitt im Januar 1990 eine Herzattacke. Originalton Mies in einem Schreiben an den 10. Parteitag der DKP im März 1990: »Was ist ein Herzinfarkt gegen den politischen Infarkt des Sozialismus und gegen den Infarkt von dem, was ich bisher als unveränderbare Grundsätze ansah?«[21] Obwohl sich die traditionalistische Parteiführung behaupten konnte, wurde auf diesem Parteitag ein Personalrevirement an der Spitze eingeleitet: Herbert Mies und Ellen Weber schieden unter Beifall aus ihrem Amt. Mies gehörte dem neugebildeten vierköpfigen »Sprecherrat« nicht mehr an. Seiner zur ultraorthodoxen Sekte mutierten Partei hält

---

19 Zitiert nach: Richtungsstreit in der ›Deutschen Kommunistischen Partei‹ (DKP), in: Innere Sicherheit, Nr. 4 vom 22. November 1988, S. 4–7, 4f.
20 Vgl. Patrick Moreau, Der westdeutsche Kommunismus in der Krise – ideologische Auseinandersetzungen und Etappen des organisatorischen Verfalls, in: Uwe Backes/Eckhard Jesse (Hrsg.), Jahrbuch Extremismus & Demokratie, Bd. 2, Bonn 1990, S. 170–206.
21 Zitat nach Innere Sicherheit, Nr. 2 vom 6. Juni 1990, S. 1.

er jedoch weiter die Treue. Er betreibt »DKP-Basisarbeit in einem Arbeiterstadtteil von Mannheim«[22] und hat 1992 einen »Mannheimer Gesprächskreis Geschichte und Politik«[23] ins Leben gerufen. Während der ersten Gesprächsrunde erklärte Mies, der gewisse »Fehlentwicklungen« und »Entartungen« in der DDR einräumt: »Ich bemühe mich um eine kritische und selbstkritische Aufarbeitung meiner eigenen Vergangenheit. Memoiren wird es nicht geben.« Mies war nie ein theoretischer Kopf, zeichnete sich vielmehr durch organisatorisches Geschick und personelle Führungsqualitäten aus.

2.5 Max Reimann

Max Reimann wurde 1898 im ostpreußischen Elbing als Sohn eines Arbeiters geboren. Nach der Volksschule war er zunächst als Nieter tätig, später als Werftarbeiter und Bergmann. Wegen »spartakistischer Umtriebe« wurde er im Jahre 1919 zu einem Jahr Festungshaft verurteilt. Als Bergarbeiter im Ruhrgebiet trat er der KPD bei und wurde Parteisekretär. 1929 stieg er zum Leiter des Unterbezirks Hamm auf. Nach der Machtübernahme der Nationalsozialisten hielt Reimann der KPD die Treue und war im Widerstand tätig. 1939 verhaftet, verbrachte er die Jahre bis Kriegsende im Gefängnis und im Konzentrationslager Sachsenhausen. 1947 wurde Reimann zunächst KPD-Vorsitzender für die britische Zone, 1948 schließlich Vorsitzender der Gesamtpartei in den westlichen Zonen. Reimann trug seinen Teil zur Abhängigkeit der KPD von der SED bei. Er duldete keine innerparteilichen »Häresien« und erwies sich als Befehlsempfänger des »real existierenden Sozialismus«. Insofern war der Niedergang der KPD programmiert. Reimann war KPD-Parteivorsitzender bis zum Verbot 1956, Mitglied des ersten Landtags in Nordrhein-Westfalen und des Parlamentarischen Rates (neben Heinz Renner). Nachdem die KPD 1949 in den Deutschen Bundestag eingezogen war, übernahm er den Fraktionsvorsitz. Zwar verfügte Reimann über mehr Charisma als die späteren Führer der DKP, war aber gleichwohl eher Apparatschik als Intellektueller. Die Parallelen zu Ernst Thälmann sind augenfällig.

Bereits seit 1954 lebte Reimann in der DDR, wo er sich nach 1956 beständig für die »Wiederzulassung« der KPD einsetzte. Diese Pläne wurden fallengelassen, nachdem man sich in Ostberlin – aus juristischen Gründen und durch offizielle Stellen in Bonn ermutigt – für die Neukonstituierung einer kommunistischen Partei entschieden hatte. Max Reimann kehrte im November 1968 nach 14jährigem DDR-Aufenthalt in die Bundesrepublik zurück. Wenige Tage darauf fiel im DKP-Bundesausschuß der Beschluß zur Kooptierung bewährter Genossen wie »Manfred Kapluck, Herbert Mies, Max Schäfer, Josef Schleifstein [. . .] und Grete Thiele«[24]. 1971 wurde Reimann zum Ehrenpräsidenten der DKP ernannt. In der Partei spielte er – nur noch eine Galionsfigur – jedoch keine Rolle mehr. Er verstarb 1977.

---

22 Herbert Mies zitiert nach Walter Jakobs, Herbert Mies: Sozialismus ist sein Leben, in: taz vom 17. Juni 1992.

23 Vgl. Mannheimer Gesprächskreis Geschichte und Politik, o.O. o.J.

24 Wilhelm Mensing, Wir wollen unsere Kommunisten wieder haben . . . Demokratische Starthilfen für die Gründung der DKP, Zürich-Osnabrück 1989, S. 56. Siehe auch Manfred Wilke/Hans-Peter Müller/Marion Brabant, Die Deutsche Kommunistische Partei (DKP). Geschichte – Organisation – Politik, Köln 1990, S. 73.

2.6 Hans Gerhart (»Joscha«) Schmierer

Hans Gerhart Schmierer wurde 1942 in Stuttgart als Sohn eines höheren Beamten geboren. Der Vater fiel im Krieg, Schmierer wuchs in Kirchheim/Teck auf und wurde liberal und protestantisch erzogen. Nach dem Besuch des Gymnasiums nahm Schmierer 1961 ein Studium an der Universität Tübingen auf. Weitere Studienorte waren Heidelberg, Berlin und wieder Heidelberg. Er studierte Literaturwissenschaft, Geschichte, Philosophie und Soziologie. Eine in Angriff genommene Dissertation über den »Politischen Expressionismus« blieb aufgrund zunehmender politischer Aktivitäten unvollendet. Schmierer war SDS-Mitglied geworden und gehörte seit 1968 dem Bundesvorstand an. Angesichts des Zerfalls der Studentenbewegung – der Heidelberger SDS wurde 1970 verboten – propagierte Schmierer die Bildung einer kommunistischen Kaderpartei. Von 1971 bis 1973 war er Leiter einer kommunistischen Gruppe in Mannheim/Heidelberg (»Neues Rotes Forum«), die sich vom SDS abgespalten hatte. Als 1973 aus dem Zusammenschluß mehrerer kommunistischer Zirkel und Bünde in Bremen der KBW entstand, wurde Schmierer zum Vorsitzenden gewählt (»Sekretär des Zentralen Komitees«). Aus der Kaderorganisation sollte eine handlungsfähige kommunistische Partei hervorgehen. Wegen Landfriedensbruchs wurde Schmierer 1975 zu einer mehrmonatigen Gefängnisstrafe verurteilt.

Als Vorsitzender des KBW war Schmierer nicht unumstritten. Seine Versuche, die Basis des KBW zu verbreitern, schlugen fehl. Weder konnte der KBW einen Einbruch in der Arbeiterschaft erzielen noch auch nur alle nennenswerten maoistischen Gruppierungen zu sich herüberziehen, zumal es zahlreiche Absplitterungen gab. Auch wenn der KBW seinen Anspruch vorsichtiger formulierte als die maoistische KPD, sollte ihm doch eine Avantgarde-Rolle zukommen. Immerhin lehnte man eine »Revolutionäre Gewerkschafts-Opposition« ab. Die Gewerkschaften sollten von innen unterwandert werden. Als Repräsentant des KBW reiste Schmierer 1977, 1978 und 1980 zu offiziellen Besuchen in die Volksrepublik China. 1979 folgte er einer Einladung nach Zimbabwe (Angola), die wegen der großzügigen ideellen und materiellen Unterstützung des KBW für die dortige Befreiungsbewegung unter Robert Mugabe (ZANU) ausgesprochen worden war. 1980 fand ein Treffen mit Pol Pot in Kambodscha statt. Der KBW geriet in eine Krise, nachdem sich 1980 eine »Fraktion« um Martin Fochler abgespalten hatte, die sich später als »Bund Westdeutscher Kommunisten« (BKW) konstituierte. Die Gruppe um Fochler hatte besonders an Schmierers »versöhnlicher« Strategie Anstoß genommen. 1983 wurde der KBW in einen Verein überführt, wobei Schmierer den »Parteibildungsprozeß« der »Grünen« zu unterstützen gedachte. 1985 löste sich der KBW vollends auf. Seit Anfang 1983 gibt Schmierer die Zeitschrift »Kommune – Forum für Politik, Ökonomie, Kultur« heraus, die sich zunehmend von früheren KBW-Positionen gelöst, einen Prozeß politischer Öffnung durchlaufen hat und den »Grünen« nahesteht[25]. Sympathien für die DDR waren bei aller Kritik an der Bundesrepublik niemals zu erkennen. Heute unterstützt Schmierer die »Grünen« und ist als politischer Publizist tätig.

---

25 Vgl. Michael Jäger, Zehn Jahre »Kommune«, in: Freitag vom 5. Februar 1992.

3. Rechtsextremisten

3.1 Friedhelm Busse

Friedhelm Busse wurde 1929 in Bochum geboren[26]. Der Vater war zunächst Berufs-
soldat, später Beamter und gehörte von Beginn der zwanziger Jahre bis zu seinem
Tod 1938 der NSDAP und der SA an. Auch der Stiefvater habe der Partei nahegestanden, ohne Mitglied zu sein. Der Sohn wurde durch die Mitgliedschaft in der HJ
geprägt. Er habe freudigen Herzens gesungen »Und die Fahne ist mehr als der Tod«.
Busse absolvierte eine Lehre als Schriftsetzer, arbeitete zeitweilig als Bergmann und
Omnibusschaffner und unterhielt später eine kleine Druckerei. Als wesentlichen
Anstoß für sein politisches Engagement bezeichnet er die Nürnberger Prozesse, die
den Anstoß gegeben hätten, die Art der Auseinandersetzung mit dem Nationalsozia-
lismus kritisch zu beleuchten. Bald engagierte er sich für die Amnestierung von
Kriegsverbrechern. Auf dem Pfingsttreffen des rechtsradikalen »Bundes Deutscher
Jugend« (BDJ) in Frankfurt am Main kam es zu Auseinandersetzungen mit aus der
DDR angereisten FDJ-Funktionären. Er wurde kurze Zeit festgenommen und 1953
zu sechs Wochen Gefängnis wegen Amtsanmaßung und Beihilfe zur Freiheitsberau-
bung verurteilt. Nach seiner Entlassung aus der Haft stieß er durch die Vermittlung
Wilhelm Meinbergs und Rudi Krügers zur »Deutschen Reichspartei« (DRP), in der
er diverse Funktionärsposten (u. a. Kreisvorsitzender in Wattenscheid) übernahm.
Noch als Mitglied der DRP wurde Busse 1963 wegen eines Sprengstoffdelikts im
Zusammenhang mit seinem Engagement für den »Freiheitskampf der Südtiroler« verurteilt. Nach seiner Entlassung aus der Haft trat er 1965 der NPD bei, in der die DRP-
Organisation faktisch aufgegangen war. Busse war Exponent des sozialrevolutionären
Flügels und zählte zu den gefragten Rednern der Partei.
Nachdem bei der Bundestagswahl von 1969 die Fünf-Prozent-Marke knapp verfehlt worden war, gehörte Busse zu denen, die für die Bildung einer Kaderpartei und
die Abkehr vom parlamentarischen Legalismus plädierten. Anfang 1971 wegen
gewalttätiger Ausschreitungen am Rande einer nicht von der Parteileitung gebilligten
Protestveranstaltung aus der NPD ausgeschlossen, gründete er im Juni 1971 die »Partei der Arbeit – Deutsche Sozialisten« (PdA) in Krefeld zusammen mit anderen Ehemaligen der NPD. Die Vereinigung kooperierte mit straßeristischen und nationalrevolutionären Gruppierungen und machte gegen die Ostpolitik der sozial-liberalen
Regierung Front. 1972 wechselte er seinen Wohnsitz, zog von Bochum nach Neubiberg bei München und schloß sich der von dem ehemaligen bayerischen NPD-Landesvorsitzenden Siegfried Pöhlmann gegründeten »Aktion Neue Rechte« (ANR) an,
als deren nordrhein-westfälischer »Landesbeauftragter« er fungierte. Er gehörte 1973
dem Bundesvorstand der ANR an und leitete dort das »Referat Strategie«. 1975
wurde die PdA, die weiterhin bestanden hatte, in »Volkssozialistische Bewegung
Deutschlands/Partei der Arbeit« (VSBD/PdA) umbenannt und Busse zum Vorsitzenden gewählt. Wegen apologetischer Äußerungen über den Nationalsozialismus
wurde er 1980 zu einer auf Bewährung ausgesetzten Freiheitsstrafe verurteilt (»Volksverhetzung«, Beleidigung). Seine Organisation unterhielt unter anderem Kontakte

---

26 Die folgenden Informationen gehen zum Teil auf ein Interview mit Friedhelm Busse am
    4. Dezember 1992 in München zurück.

zur militanten französischen »Fédération d'Action Nationale et Européenne« (F.A.N.E.). Der Zustrom junger Mitglieder seit Ende der siebziger Jahre verstärkte den politischen Aktionismus. Zahlreiche Aktivisten waren in schwere Gewaltverbrechen verstrickt. Auf der Beerdigung des von eigener Hand aus dem Leben geschiedenen VSBD-Mitglieds und Rechtsterroristen Frank Schubert in Frankfurt am Main hielt Busse die Gedenkrede. Nach einer Auseinandersetzung der Polizei mit fünf der Vorbereitung schwerer Straftaten verdächtiger VSBD/PdA-Mitglieder wurde Busse im Oktober 1981 festgenommen. Die VSBD/PdA ist im Januar 1982 durch den Bundesinnenminister verboten, Busse 1983 zu drei Jahren und neun Monaten Haft wegen Hehlerei, Strafvereitelung, Begünstigung und Vergehen gegen das Waffen- und Sprengstoffgesetz verurteilt worden.

Nach der Entlassung setzte er sein Engagement in militanten rechtsextremen Kreisen fort. Im November 1988 wurde er zum neuen Bundesvorsitzenden der »Freiheitlichen Deutschen Arbeiterpartei« (FAP) gewählt. Dabei genoß er die Unterstützung der Mosler-Fraktion, deren Einfluß Busse jedoch in den folgenden Jahren zurückdrängte. Zumindest verbal lehnt Busse heute militante Aktionen ab und verurteilt die Überfälle auf Asylbewerberunterkünfte. Dies entspreche nicht den langfristigen politischen Interessen seiner FAP, die als Avantgarde einer nationalen und sozialen Revolution den Boden für künftige Wahlerfolge bereiten soll. Busse, der Adolf Hitler als den »größten Staatsmann des Jahrtausends« bezeichnet hat, leugnet dessen volle Mitwisserschaft an der Judenvernichtung und bezweifelt deren historische Faktizität. Er betont dennoch seine kritische Haltung gegenüber dem Nationalsozialismus und nennt Vertreter der NSDAP-»Linken« wie Gregor Straßer und Robert Ley als Vordenker seiner »Bewegung«.

3.2 Günter Deckert

Günter Deckert wurde am 9. Januar 1940 in Heidelberg als Sohn des Schuhmachermeisters Albert Deckert geboren. Er studierte Anglistik und Romanistik in Heidelberg und Montpellier. 1966 schloß er sich der NPD an. Inzwischen frischgebackener Studienassessor an einem Mannheimer Gymnasium, wurde er 1969 Kreisvorsitzender in Mannheim und stand bei der Bundestagswahl von 1969 auf der Landesliste Baden-Württemberg. Seit 1972 gehörte er dem Landesvorstand in Baden-Württemberg an und fungierte gleichzeitig (bis 1975) als Landes- und Bundesvorsitzender (1973 bis 1975) der JN, wo er sich als Befürworter einer stärker nationalrevolutionären Orientierung profilierte. In seinem Wohnort Weinheim bewarb sich Deckert 1974 um das Amt des Bürgermeisters und erhielt 25,3 Prozent der Stimmen. 1975 setzte sich Deckert auf dem NPD-Parteitag in Ketsch gegen den Herausgeber der »Deutschen National-Zeitung«, Gerhard Frey, durch und wurde zum stellvertretenden Bundesvorsitzenden gewählt[27]. Deckert, der ausgezeichnet französisch spricht, übersetzte für den Tübinger Grabert-Verlag eine Reihe von Büchern ins Deutsche, darunter auch eine Schrift des »Nouvelle droite«-Ideologen Alain de Benoist. In einem Anfang der

---

27 Vgl. Peter Dudek/Hans-Gerd Jaschke, Entstehung und Entwicklung des Rechtsextremismus in der Bundesrepublik. Zur Tradition einer besonderen politischen Kultur, Bd. 1, Opladen 1984, S. 296.

achtziger Jahre erschienenen »Handbuch gegen Überfremdung« forderte er zur Gründung von Bürgerinitiativen auf, um einen »Ausländerstop« zu erreichen[28]. Mehrmals versuchte Deckert vergeblich, den amtierenden NPD-Vorsitzenden Mußgnug abzulösen. Aus Protest gegen dessen als zu »weich« empfundene Linie verließ er 1982 die Partei.

Seit Mitte der siebziger Jahre bemühte sich das Kultusministerium und das zuständige Oberschulamt um eine Entlassung des Lehrers – inzwischen Oberstudienrat – aus dem Schuldienst. Diese Anstrengungen hatten erst 1988 nach langwierigen Prozessen Erfolg. Als die NPD aufgrund des mageren Wahlergebnisses bei der Bundestagswahl von 1990 in eine finanzielle Krise geriet und die baden-württembergischen Spitzenfunktionäre Mußgnug und Schützinger sich bei der »Deutschen Allianz« (später: »Deutsche Liga«) engagierten, erwarb Deckert im Januar 1991 wieder eine Mitgliedschaft und wurde auf dem Parteitag in Herzogenaurach (7./8. Juni 1991) zum neuen Bundesvorsitzenden gewählt. Im November 1991 bewarb er sich erfolglos um das Amt des Oberbürgermeisters in Ulm. Deckert sieht in der »Bedrohung der völkischen Substanz unseres Volkes« »eine echte politische Marktnische«[29], die der NPD künftig größere Resonanz verschaffen solle. Überdies hat er den zeitgeschichtlichen »Revisionismus« zu einem weiteren programmatischen Schwerpunkt der NPD gemacht[30]. Wegen der Übersetzung eines Vortrags von Fred Leuchter (»Gaskammer«-Experte aus den Vereinigten Staaten) und Verbreitung eines entsprechenden Videos wurde Deckert am 13. November 1992 zu einer Freiheitsstrafe von einem Jahr auf Bewährung und einer Geldstrafe von 10000 DM verurteilt.

3.3 Gerhard Frey

Gerhard Frey wurde 1933 im oberpfälzischen Cham als Sproß einer alteingesessenen national-konservativen Kaufmannsfamilie geboren[31]. Er studierte Rechts- und Staatswissenschaften und promovierte nach einem Referendariat bei der Regierung von Oberbayern zum Dr. rer. pol. In den fünfziger Jahren arbeitete er an der von Heinrich Damerau 1951 gegründeten »Deutschen Soldatenzeitung« mit. Der von Hause aus vermögende Frey erwarb 1958 eine 50-Prozent-Beteiligung an der von finanziellen Schwierigkeiten geplagten Zeitung und gründete die »Deutsche Soldaten-Zeitung Verlags-GmbH«. Seither fungiert er als Herausgeber und Chefredakteur des Blattes, das in den folgenden Jahren redaktionell umgestaltet wurde. Nachdem Frey 1960 auch die restlichen Anteile erworben hatte, erschien die Zeitung unter dem Titel »Deutsche Soldaten-Zeitung und National-Zeitung«, seit 1963 als »Deutsche National-Zeitung und Soldaten-Zeitung«. Inzwischen war sie von einer monatlichen auf eine wöchentliche Erscheinungsweise umgestellt worden und hatte eine Erweiterung des Themenkataloges erfahren. Reißerische Artikel und regelmäßige Interviews mit

---

28 Vgl. Günter Deckert, Ausländerstop. Handbuch gegen Überfremdung, Kiel 1981.
29 Zitiert nach Peter M. Wagner, Die NPD nach der Spaltung, in: Uwe Backes/Eckhard Jesse (Hrsg.), Jahrbuch Extremismus & Demokratie, Bd. 4, Bonn 1992, S. 157–167, 165. Das Zitat stammt aus einem Interview mit Deckert in: Deutsche Stimme, (1991) 7/8, S. 9.
30 Vgl. ebd., S. 164.
31 Vgl. Art. »Gerhard Frey«, in: Munzinger-Archiv/Internationales Biographisches Archiv vom 15. Februar 1975 – Lieferung 7/75 – P – 11159, Lieferung 47/87 – P – 011159-5.

Prominenten trugen zur finanziellen Konsolidierung bei. Bis Ende der sechziger Jahre konnte die Auflage auf nominell 100 000 Exemplare gesteigert werden. Die Zeitung klagte die »Verfolgung und Entrechtung« der politischen Rechten nach 1945 an, hellte das Bild des »deutschen Soldaten« auf, spielte die Bedeutung der NS-Verbrecher herunter, vermittelte ein geschöntes Bild von der Herrschaft des Nationalsozialismus und entwickelte sich auf diese Weise zu einem einflußreichen Sprachrohr des »nationalen Lagers«. Frey erwarb Anteile von Vertriebenenblättern (sie erschienen seit 1964 als »Kopfblätter« der »National-Zeitung«) und bei »Nation Europa«, vergrößerte so sein Presse-Reich Stück für Stück. Wegen des in seinen Blättern vorherrschenden, mit antisemitischen Tönen unterlegten Radau-Nationalismus sah sich Frey im Laufe der Jahre einer Vielzahl staatsanwaltlicher Ermittlungsverfahren ausgesetzt, die jedoch in keinem einzigen Fall mit einer rechtskräftigen Verurteilung endeten[32].

Aufgrund eines Artikels mit dem Titel »Verbrecherstaat Israel will uns Moral lehren« stellte die Bundesregierung beim Bundesverfassungsgericht einen Antrag, Frey die Grundrechte der freien Meinungsäußerung und der Pressefreiheit gemäß Art. 18 GG zu entziehen. Das Gericht ließ sich viel Zeit und reagierte 1974 ablehnend mit dem Hinweis auf die geringe Resonanz der »National-Zeitung«. Vor dem Hintergrund der Ostpolitik der sozial-liberalen Regierung gründete am Reichsgründungstag 1971 die »Deutsche Volksunion« (DVU), eine nationalistische Sammelorganisation, der im folgenden Jahr der »Freiheitliche Rat« an die Seite trat, ein Koordinationsgremium für die diversen Gruppierungen der »national-freiheitlichen« Rechten. Hinzu kamen in den siebziger Jahren sogenannte »Aktionsgemeinschaften«, die einen Teil des schwindenden NPD-Mitgliederpotentials absorbierten. Das Presse-»Imperium« wurde 1971 um den »Deutschen Anzeiger« und 1986 um die »Deutsche Wochen-Zeitung« erweitert, die mit der »Deutschen National-Zeitung« allerdings teilweise inhaltsgleich erscheinen (seit 1991 nur mehr in einem Blatt: Deutsche Wochen-Zeitung/Deutscher Anzeiger).

Zur NPD hat Frey ein schwieriges Verhältnis. Ihm wurde und wird vorgeworfen, mit dem »nationalen Empfinden« lediglich Geschäftemacherei zu betreiben. 1975 scheiterte eine Vereinbarung des NPD-Bundesvorsitzenden Mußgnug mit Frey am Widerstand der NPD-»Basis«: Frey war der Partei beigetreten, wurde jedoch auf den Parteitag in Ketsch nicht, wie vorgesehen, zum stellvertretenden Bundesvorsitzenden gewählt. Frey verließ daraufhin wieder die Partei. Bei den Bundestagswahlen forderte er seine Leser meist dazu auf, die Stimme dem »kleineren Übel« CDU/CSU zu geben. Hatte sich die 1971 gegründete DVU bis dahin eines wahlpolitischen Engagements enthalten, gründete Frey 1987 die Partei DVU-Liste D und schloß ein Unterstützungsabkommen mit der NPD. Wo die NPD antrat, kandidierte forthin die DVU nicht – und umgekehrt. Mit der Ausnahme der Länder Bremen und Schleswig-Holstein, – der DVU gelang überraschend der Einzug in das Parlament –, war die Kooperation aufgrund der Konkurrenz durch die REP nicht sonderlich erfolgreich. Unter dem neuen NPD-Bundesvorsitzenden Deckert wurde die lockere Zusammenarbeit mit Frey nicht fortgesetzt. Frey verkörpert mit seinem besitzbürgerlichen Habitus weit eher den Typus des Deutschnationalen als den des Nationalrevolutionärs. Mit dem Verkauf seiner nationalistischen Presseprodukte, einem Buchdienst und dem Handel mit NS-Devotionalien (Medaillen, Münzen etc.) hat er ein beachtliches Ver-

---

32 Vgl. Neues Verfahren gegen Dr. Frey, in: DNZ vom 3. August 1990, S. 8.

mögen angehäuft, das es der DVU ermöglichte, ihre Wahlkämpfe mit hohem finanziellem Aufwand zu betreiben (u. a. massenhafte Postwurfsendungen). Im Mai 1992 gelangten Meldungen in die Presse, wonach Frey in seinen zahlreichen Eigentumswohnungen und Häusern in Berlin die Mieten »explodieren« lasse und »Billigsanierung« betreibe[33].

3.4 Michael Kühnen

Michael Kühnen wurde am 21. Juni 1955 in Bonn-Beuel geboren. Er wuchs in einem gutbürgerlichen katholischen Elternhaus mit – nach eigenen Angaben – liberaler, gegenüber dem Nationalsozialismus überaus kritischer Orientierung auf[34]. In Bonn bestand er 1974 an einem katholischen Gymnasium das Abitur. Danach meldete er sich als Zeitoffizier zur Bundeswehr und erfuhr zunächst gute Beurteilungen durch seine Vorgesetzten. Erst auf der Bundeswehrhochschule in Hamburg wendete sich das Blatt, nachdem Kühnens rechtsextreme Aktivitäten publik geworden waren: Ende August 1977 wurde er unehrenhaft aus der Bundeswehr entlassen.

Bereits als Schüler hatte Kühnen auf dem Bonner Marktplatz für die NPD Flugblätter verteilt. Anfang der siebziger Jahre war er in der »Aktion Widerstand« und der »Aktion Neue Rechte« aktiv. Zu den politischen Durchlaufstationen zählten daneben sowohl die »Junge Union« als auch die maoistische KPD. Doch keine dieser Vereinigungen war ihm radikal und kompromißlos genug. Erst die Bekanntschaft mit dem überzeugten Neonationalsozialisten Wolf-Dieter Eckart, der schon Ende der sechziger Jahre eine NS-Kampfgruppe aufgebaut hatte, wies den Weg. Unter seinem Einfluß gründete er im Mai 1977 in Hamburg den »Freizeitverein Hansa« (auch: »SA-Sturm 8. Mai«), aus dem noch im gleichen Jahr die »Aktionsfront Nationaler Sozialisten« (ANS) hervorging. Kühnen und seine »Kameraden« provozierten in der Öffentlichkeit mit SA-ähnlichen Uniformen und offenem Werben für den Nationalsozialismus. Kühnen wurde zum bekanntesten »Neonazi« der Bundesrepublik, auf den sich die Aufmerksamkeit der Sicherheitsbehörden konzentrierte. Im September 1979 wurde er wegen Volksverhetzung und Aufstachelung zum Rassenhaß zu einer vierjährigen Freiheitsstrafe verurteilt. In der Haft verfaßte er die Schrift »Die zweite Revolution. Glaube und Kampf«, in der er programmatisch an das historische Vorbild der 1934 entmachteten SA unter Ernst Röhm anknüpfte. Als politisches Ziel forderte er die Herstellung der Rassenreinheit in einer neuen »Volksgemeinschaft« mit korporativistischer Struktur. Das »vierte Reich« werde aus den Rassenkämpfen der Zukunft zwangsläufig hervorgehen. Die Schrift weist ihren Verfasser als politischen Fanatiker mit analytischen und strategischen Fähigkeiten aus.

Im April 1982 verurteilte das Landgericht Flensburg den noch inhaftierten Kühnen erneut zu acht Monaten Haft, weil er dem Agrarjournalisten Thies Christophersen sein Manuskript »Die Zweite Revolution« zur Veröffentlichung übersandt hatte.

---

33 Vgl. Inge Günther, Von der Wohnungsnot profitiert Frey doppelt, in: Frankfurter Rundschau vom 23. Mai 1992; Mieten hochtreiben und Angststimmen sammeln, in: taz vom 11. Mai 1992.

34 Vgl. Zur Person: Hans-Gerd Jaschke, Biographisches Porträt: Michael Kühnen, in: U. Backes/E. Jesse (Anm. 29), S. 168–180.

Im November 1982 kam Kühnen wieder auf freien Fuß und setzte seine Aktivitäten unbeirrbar fort. 1983 wurde die ANS mit der »Wehrsportgruppe Fulda« und der »NS-Initiativgruppe Frankfurt/Main« zur ANS/NA zusammengeschlossen. Wegen uneidlicher Falschaussage wurde Kühnen im November 1983 zu einer achtmonatigen Haftstrafe (zur Bewährung ausgesetzt) verurteilt. Im Monat darauf erließ der Bundesinnenminister das Verbot der ANS/NA. Im März 1984 floh Kühnen vor den Strafverfolgungsbehörden über die Schweiz und Italien nach Frankreich. Nach seiner Auslieferung wurde er im Januar 1985 erneut zu einer Freiheitsstrafe von drei Jahren und vier Monaten verurteilt – wegen Verbreitens von NS-Propagandamitteln und Verwendens von Kennzeichen verfassungsfeindlicher Organisationen.

Während seiner Haftzeit spaltete sich die neonationalsozialistische »Szene«. Kühnen wurde der Homosexualität beschuldigt, und eine Gruppe um Jürgen Mosler ging seither eigene Wege. Nachdem Kühnen im März 1988 wieder aus der Haft entlassen worden war, gründete er unentwegt neue Organisationen, die Stärke suggerieren und Verbotsverfahren erschweren sollten. Die »Nationale Sammlung«, die im hessischen Langen die erste »ausländerfreie Zone« proklamierte, wurde 1989 verboten. Nach dem Fall der Mauer konzentrierte der an AIDS erkrankte Kühnen seine Aktivitäten auf das östliche Deutschland, wo Stützpunkte der von ihm 1989 ins Leben gerufenen »Deutschen Alternative« (DA) entstanden. Sein Tod am 25. April 1991 machte diesem Wirken ein Ende. Erst nach monatelangen Auseinandersetzungen konnte die Urne im Sterbeort Kassel beigesetzt werden, nachdem sich die Städte Bonn und Langen/Hessen geweigert hatten, die sterblichen Reste eines künftigen »Helden der nationalen Bewegung« auf ihren Friedhöfen zu bestatten.

3.5 Harald Neubauer

Harald Neubauer wurde am 3. Dezember 1951 in Hamburg geboren. Er absolvierte eine kaufmännische Lehre[35]. Politisch begann er bei der sozialistischen Jugendorganisation »Die Falken«, wechselte aber Ende 1969 zur NPD, der er bis 1972 angehörte. Danach schloß er sich den Abtrünnigen der ANR Siegfried Pöhlmanns an. Bald engagierte sich Neubauer für die »National-Freiheitlichen« des Münchner Verlegers Frey. Nach seiner Übersiedlung nach Bayern trat er im August 1975 wieder in die NPD ein und avancierte zum stellvertretenden Bezirksvorsitzenden von Oberbayern. Nachdem er der Redaktion der »Deutschen National-Zeitung« beigetreten war, legte er im Juni 1980 sein NPD-Amt nieder und verließ die Partei zum Jahresende. Als Begründung nannte Neubauer den nationalneutralistischen Kurswechsel und die programmatische Öffnung gegenüber ökologischen Themen. In einer Buchbesprechung für die »Deutsche National-Zeitung« lobte er das 1981 erschienene Schönhuber-Buch »Ich war dabei« in den höchsten Tönen. Bald darauf lernte er den Autor, der ihn »aus Dank«[36] zum Essen einlud, auch persönlich kennen. Schönhuber sei damals noch

---

35 Vgl. Zur Person: Michael Stiller, Die Republikaner. Franz Schönhuber und seine rechtsradikale Partei, München 1989, S. 90–102.
36 An der Seite eines Egomanen. Karl Richter im Gespräch mit Harald Neubauer, in: Karl Richter (Hrsg.), Franz Schönhuber. Wer ist dieser Mann? Weggefährten berichten, Landshut 1992, S. 14–18, 14.

beim Bayerischen Rundfunk gebunden gewesen und habe sich nicht politisch betätigen können. Dies änderte sich nach dessen Entlassung. Neubauer versuchte, »ihn als Zugpferd für eine ökologische Sammlung zu gewinnen. Er ließ sich nicht lange bitten.«[37]

1984 kündigte Neubauer bei Frey. Er schrieb an ihn: »Die berechtigte und zum Ausgleich zwischen den Völkern bereite Wahrnehmung nationaler Interessen, jedem Chauvinismus fern, verträgt sich vor dem düsteren Hintergrund der Zeitgeschichte nur mit einem verantwortungsbereiten Journalismus, der sich vor radikaler Zuspitzung hütet und Eindrücke vermeidet, die geläuterten Patriotismus in das Zwielicht der NS-Apologetik bringen.«[38] Als enger Vertrauter Schönhubers wurde er 1984 Pressereferent und im Mai 1985 Generalsekretär der REP – trotz der Bedenken des REP-Gründers Franz Handlos, für den Neubauers Vergangenheit Anlaß zur Skepsis bot. Nach dessen Entmachtung übernahm er im Mai 1988 die Ämter des bayerischen Landesvorsitzenden und des Bundespressesprechers der REP. Nach der Europawahl vom Juli 1989 zog Neubauer als Abgeordneter in das Europäische Parlament ein. Zusammen mit dem Front National Jean-Marie Le Pens und dem Vlaams Blok Karel Dillens bildeten die REP die »Technische Fraktion der europäischen Rechten«. Ende 1990 verließ Schönhuber die Fraktionsgemeinschaft, nachdem er sich in einem innerparteilichen Machtkampf gegen die Gruppe um Harald Neubauer, Franz Glasauer und Johanna Grund durchgesetzt hatte. Neubauer führte in der zweiten Jahreshälfte 1990 Sondierungsgespräche mit führenden NPD-Funktionären. Im RVG-Verlag, Landshut (Geschäftsführer: Glasauer und Neubauer) erschien zur Vorbereitung einer Organisationsgründung seit September 1990 die »Deutsche Rundschau«. Am Reichsgründungstag 1991 (18. Januar) wurde der Verein »Deutsche Allianz – Vereinigte Rechte« ins Leben gerufen, der sich im Oktober 1991 als Partei konstituierte – unter dem Namen »Deutsche Liga für Volk und Heimat«. Dort fungiert Neubauer – bisher wenig erfolgreich – als einer von drei Vorsitzenden.

3.6 Adolf von Thadden

Adolf von Thadden wurde am 7. Juli 1921 in Trieglaff als Sproß einer angesehenen pommerschen Gutsherrnfamilie geboren[39]. Der Vater war von 1898 bis 1923 Landrat des Kreises Greifenburg in Pommern. Aus erster Ehe gingen u. a. die Kinder Elisabeth und Reinold hervor. Elisabeth wurde Leiterin einer evangelischen Landeserziehungsschule für Mädchen und im Dritten Reich wegen »defätistischen Hochverrats« hingerichtet. Reinold war nach 1945 Präsident des Deutschen Evangelischen Kirchentages. Adolf, aus zweiter Ehe stammend, wurde vom Leben auf dem elterlichen Gut geprägt. Er bestand im Februar 1939 das Abitur auf dem »Balteninternat« in Misdroy auf der Ostseeinsel Wollin. Wenige Wochen darauf wurde er zum Reichsarbeitsdienst eingezogen. Als Soldat nahm er am Polen-, Frankreich-, Griechenland- und Rußland-Feldzug teil, zuletzt als Oberleutnant und Brigade-Adjutant. Nach der Entlassung aus

---

37 Ebd., S. 15.
38 Zitiert nach M. Stiller (Anm. 35), S. 97.
39 Vgl. zur Person: Eckhard Jesse, Biographisches Porträt: Adolf von Thadden, in: U. Backes/E. Jesse (Anm. 20), S. 228–238.

amerikanischer Gefangenschaft im Juni 1945 wurde er bei dem Versuch, die Mutter von Pommern in den Westen zu holen, vom polnischen Sicherheitsdienst festgenommen, mißhandelt und inhaftiert. Erst im Dezember 1946 gelang die Flucht nach Göttingen, wo die Familie Zuflucht gefunden hatte.

Der Lebensplan, eines Tages das Gut Vahnerow zu bewirtschaften, war infolge des Krieges zunichte. Adolf von Thadden nahm kein Studium auf, sondern fand Anschluß an die rechte Subkultur, wo er eine steile politische »Karriere« machte. Im Februar 1947 schloß sich der rhetorisch begabte junge Mann der national-konservativen »Deutschen Rechtspartei« an und kandidierte im April erfolglos für den Niedersächsischen Landtag. Erst in den fünfziger Jahren wurde er mit der »Deutschen Reichspartei« (DRP) Abgeordneter im niedersächsischen Landesparlament. Außerdem gehörte er lange Jahre dem Rat der Stadt Göttingen an, 1952/53 gar als stellvertretender Oberbürgermeister. Der größte politische Erfolg war jedoch 1949 der Einzug in den Deutschen Bundestag auf der Liste der »Deutschen Konservativen Partei – Deutschen Rechtspartei«. Als jüngster Abgeordneter (Spitzname »Bubi«) gehörte von Thadden nun einer Fraktion an, die bald auseinanderfiel. Eine Gruppe um Fritz Dorls gründete die »Sozialistische Reichspartei« (SRP), während von Thadden sich im Januar 1950 an der Formierung der DRP beteiligte. Die Delegierten wählten den nicht einmal dreißigjährigen von Thadden im Juni 1951 zum stellvertretenden Parteivorsitzenden. Zehn Jahre später wurde er Bundesvorsitzender der DRP, nachdem er sich in einer Kampfabstimmung gegen die Nationalneutralisten um Prof. Heinrich Kunstmann durchgesetzt hatte.

Im Vorfeld der Bundestagswahl 1965 betrieb von Thadden die Formierung einer neuen Sammlungspartei. Die im November 1964 ins Leben gerufene »Nationaldemokratische Partei Deutschlands« (NPD) nahm Mitgliederstamm und organisatorischen Apparat der DRP in sich auf. Unter der Führung von Thaddens (seit 1967 als Parteivorsitzender) zog die Partei seit 1966 in die meisten Landesparlamente ein, verfehlte jedoch bei der Bundestagswahl von 1969 knapp die Fünf-Prozent-Hürde. Zwar wurde von Thadden auf dem Parteitag in Wertheim im Februar 1970 als Bundesvorsitzender bestätigt, auf dem folgenden Parteitag (November 1971 in Holzminden) erklärte er jedoch seinen Rücktritt. Die Partei sei nicht mehr »führbar«. 1975 folgte der Parteiaustritt, nachdem der Münchener Verleger Frey in den NPD-Parteivorstand gewählt worden war. Adolf von Thadden zog sich nun aus der aktiven Politik zurück, nahm seinen Wohnsitz auf der Insel Teneriffa, konnte aber beruflich als Immobilienmakler nicht Fuß fassen. Er widmete sich publizistischer Tätigkeit[40], gab weiterhin mit Waldemar Schütz die 1959 gegründete »Deutsche Wochen-Zeitung« heraus, wo er seine Tätigkeit 1988 einstellte, nachdem das Organ 1986 von Gerhard Frey aufgekauft worden war.

---

40 Von ihm stammen u. a. folgende Bücher: Richter und Antisemiten, Hannover 1959; Die Erbschaft der Giganten. Adolf Hitler und Josef Stalin. Weltbeweger – Partner – Antagonisten, Leoni 1976; Die Schreibtischtäter. Das geistige Umfeld des Terrorismus, Hannover 1977; Frank von Blank (Pseud.), Rote Werwölfe. Volksfront gegen die Völker Europas, Rosenheim 1979; Guernica. Greuelpropaganda oder »Kriegsverbrechen«? Ein Bombenschwindel, Leoni 1982; Die verfemte Rechte. Deutschland-, Europa- und Weltpolitik in Vergangenheit, Gegenwart und Zukunft aus der Sicht von rechts, Preußisch-Oldendorf 1984; Adolf Hitler. Verwandler der Welt, Rosenheim 1991; Josef Stalin. Verwandler der Welt, Rosenheim 1991; Georg Franz-Willing/ders., Roosevelt. Er wollte den großen Krieg; Churchill. Verteidiger und Zerstörer des Empires, Rosenheim 1991.

4. Terroristen

3.1 Peter-Jürgen Boock

Peter-Jürgen Boock wurde am 3. September 1951 in Garding/Nordfriesland geboren. Der Vater war ursprünglich Berufssoldat, betrieb nach dem Krieg eine Gastwirtschaft und wechselte später – ebenso wie die Mutter – in den Postdienst. 1960 übersiedelte die Familie nach Hamburg-Bielstedt, wo Boock bis zum März 1968 die Volks- und Mittelschule besuchte. Eine im Frühjahr 1968 begonnene Maschinenschlosserlehre brach Boock wenige Wochen später ab. Er riß von zu Hause aus und schloß sich in Holland einer Kommune an. Nach seiner Rückkehr nach Hamburg beantragten die Eltern Erziehungshilfe. Jeweils mehrere Monate verbrachte Boock in Erziehungsheimen in Glückstadt und Rengshausen. Studenten des pädagogischen Seminars der Universität Frankfurt waren zeitweilig als Betreuer tätig. Zu ihnen stießen die »Kaufhausbrandstifter« Andreas Baader, Gudrun Ensslin und Thorwald Proll, die die Minderjährigen zum Widerstand gegen ihre Erzieher und die Heimleitung anstachelten. Boock brach bald mit anderen Insassen aus. Angehörige der APO brachten sie in Wohngemeinschaften und »Lehrlingskollektiven« in Frankfurt am Main unter.

In den ersten Monaten seines Frankfurter Aufenthaltes kam Boock mehrmals mit Andreas Baader und Gudrun Ensslin zusammen. Sie hinterließen einen tiefen Eindruck: »Ich wollte mit Andreas, Gudrun und den anderen zusammenbleiben, denn ich hatte noch nie Menschen getroffen, die sich rund um die Uhr, mit solcher Intensität und Aufrichtigkeit für andere eingesetzt haben. Das war für mich ungeheuer beeindruckend. Ohne sie hätte es diese Alternative zur Heimerziehung, wie sie heute etwa als Jugendwohngemeinschaften selbstverständlich sind, nicht so schnell gegeben.«[41] Doch Boock wurde von den selbst noch unreifen »Pädagogen« nicht auf eine solide Lebensbahn gebracht. Von 1969 bis 1973 lebte er in Frankfurter Wohngemeinschaften, deren Mitglieder linksrevolutionären Theorien anhingen und zum Teil einen gewaltsamen Umsturz in der Bundesrepublik befürworteten. In diesem Milieu lernte er auch seine spätere Ehefrau Waltraud Liewald kennen (die Ehe wurde 1982 geschieden).

Mit ihr tauchte er spätestens 1976 in den terroristischen Untergrund ab. In den Mittelpunkt ihres Wirkens rückte die Befreiung der RAF-Häftlinge. Bereits im Dezember 1976 wurde Waltraud Boock in Wien bei einem Banküberfall verhaftet. Ihr Ehemann war nach einem Aufenthalt in einem palästinensischen Ausbildungslager nahe der südjemenitischen Hauptstadt Aden an Aktionen der »Offensive '77« der RAF beteiligt: dem Entführungsversuch an dem Bankier Jürgen Ponto in Oberursel/Taunus (Juli 1977), dem Granatwerferanschlag auf die Bundesanwaltschaft in Karlsruhe (August 1977) und der Entführung und Ermordung des Industriellen Hanns-Martin Schleyer (September/Oktober 1977). Boock fungierte als Techniker der Gruppe, der Waffen präparierte und Explosionskörper herstellte. Bei der Ermordung Pontos fuhr er das Fluchtfahrzeug. Er konstruierte und installierte die Tötungsanlage für den geplanten Anschlag auf die Karlsruher Bundesanwaltschaft. Vor Gericht erklärte Boock, er habe die Granatwerfervorrichtung in letzter Minute nicht scharf

---

41 Peter-Jürgen Boock im ZEIT-Gespräch mit Michael Sontheimer, in: Die Zeit vom 24. Juni 1988, S. 11.

gemacht, weil ihm Bedenken an der wahllosen Tötung von Menschen gekommen seien. Bei der Schleyer-Entführung gehörte er zu denen, die das Feuer auf das Begleitpersonal des Arbeitgeberpräsidenten eröffneten. Später bewachte er ihn. Nach der Ermordung Schleyers wich die Gruppe unter dem Druck der Fahndung zeitweilig nach Bagdad und Paris aus. Boocks Drogen- und Medikamentenabhängigkeit verstärkte sich, so daß er zu einer Belastung wurde[42]. Im Mai 1978 nahm ihn die jugoslawische Polizei – zusammen mit drei Begleitern – fest. Ein Auslieferungsersuchen der Bundesrepublik wurde abschlägig beschieden und die Gruppe im November 1978 wieder auf freien Fuß gesetzt. Danach hielt sich Boock eine zeitlang im Südjemen auf. Im November 1979 war er an einem Banküberfall in Zürich beteiligt.

Anfang 1980 trennte sich Boock von der RAF und tauchte inkognito in einer Hamburger Wohngemeinschaft unter. Nach seiner Verhaftung im Januar 1981 verurteilte ihn das Oberlandesgericht Stuttgart im Mai 1984 und November 1986 zu einer mehrfach lebenslänglichen Freiheitsstrafe. Vor Gericht und gegenüber der Öffentlichkeit leugnete Boock lange Zeit die Schwere seiner Verstrickung in den Terrorismus. Der in der Haft schriftstellerisch tätige ehemalige RAF-Aktivist – u. a. verfaßte er den autobiographischen Roman »Abgang«[43] – verstand es, die Sympathien von Linksintellektuellen auf sich zu ziehen. Teile der Medien stilisierten ihn zu einer »Ikone der Gnadenwürdigkeit«[44]. Aufgrund der Aussagen der im Sommer 1990 in der Noch-DDR festgenommenen ehemaligen RAF-Terroristen erhob der Generalbundesanwalt im Juli 1991 erneut Anklage gegen Boock. Im März 1992 entschuldigte er sich in einem Brief an den Bundespräsidenten, der ein Gnadenersuchen 1989 abgelehnt, jedoch eine erneute Prüfung in Aussicht gestellt hatte, für sein »unredliches Verhalten«[45] und gestand im Mai 1992 gegenüber der Öffentlichkeit, bislang das Ausmaß seiner Tatbeteiligung bei der Schleyer-Entführung verschwiegen zu haben.

4.2 Gudrun Ensslin

Gudrun Ensslin wurde am 15. August 1940 in dem kleinen Ort Bartholomä am Nordrand der Schwäbischen Alb als Tochter eines protestantischen Pfarrers geboren. Das geistige Klima in der Familie war von Pietismus, Zivilisationskritik und moralischem Rigorismus geprägt. Sie besuchte das Gymnasium in Tuttlingen und verbrachte seit Juni 1958 im Rahmen des Internationalen Christlichen Jugendaustausches ein Jahr in den Vereinigten Staaten. 1959 kehrte sie nach Stuttgart-Bad Cannstatt zurück, wohin der Vater versetzt worden war. Am Gymnasium des Königin-Katharina-Stifts bestand sie im März 1960 das Abitur. An der Universität Tübingen, wo sie ein Studium der Philosophie, Anglistik und Germanistik aufgenommen hatte, lernte sie den Germanistikstudenten Bernward Vesper kennen, den Sohn des von den Nationalsozialisten hochgeschätzten Dichters Will Vesper. Sie gründeten einen kleinen Verlag

42 Vgl. Tobias Wunschik, Die RAF und der »Deutsche Herbst«. Handlungsbedingungen, Vorgehensweise und Binnenstrukturen der RAF am Beispiel der Entführung Hanns Martin Schleyers, unveröff. Magisterarbeit, München 1992, S. 244 f.
43 Peter-Jürgen Boock, Abgang. Roman, Bornheim-Merten 1988. Siehe auch: ders./Peter Schneider, Ratte – tot . . . Ein Briefwechsel, Darmstadt-Neuwied 1985.
44 So Gerhard Mauz, Ein moralisch leerer Mensch?, in: Der Spiegel vom 18. Mai 1992, S. 99.
45 Abdruck des Briefes in: Ebd., S. 97.

(»Studio Neue Literatur«) und gaben eine Anthologie mit »Stimmen gegen die Atombombe« (1964) heraus. 1963 war Ensslin an die Pädagogische Hochschule in Schwäbisch Gmünd gewechselt und hatte dort im Frühjahr 1964 die erste Staatsprüfung für Volksschullehrer abgelegt. Sie bewarb sich erfolgreich um ein Stipendium bei der Studienstiftung des deutschen Volkes, begann ein Promotionsvorhaben über den Dichter Hans Henny Jahnn und verlobte sich 1965 mit Bernward Vesper. Beide zogen im Sommer nach West-Berlin um, wo sich Ensslin an der Freien Universität (Germanistik, Anglistik) immatrikulierte.

Bei der Zeitschrift »konkret« eingereichte Gedichte lehnten die Redakteure Klaus Rainer Röhl und Ulrike Meinhof als »hysterisch« ab. Im Bundestagswahlkampf 1965 engagierte sich Ensslin für die SPD. Nach Bildung der Großen Koalition kehrte sie der Partei den Rücken und schloß sich dem SDS an. Im Mai 1967 wurde der Sohn Felix Robert geboren. Vesper und Ensslin beteiligten sich an Demonstrationen der APO. Ensslin begann, sich aus dem moralischen Korsett des protestantischen Elternhauses zu lösen, übernahm eine Hauptrolle in einem Sex-Kurzfilm und kleidete sich im lässig-zerschlissenen Stil der rebellierenden Studenten. Bald ging das Verhältnis zu Vesper in die Brüche, und sie lernte einen neuen Lebensgefährten kennen: Andreas Baader.

Baader wurde 1943 in München geboren[46]. Da der Vater, ein Historiker und Archivar, aus sowjetischer Kriegsgefangenschaft nicht mehr zurückgekehrt war, wuchs er in einem Frauenhaushalt auf. Noch während der nicht bis zum Abitur durchgehaltenen Gymnasialzeit wurde er – und später weitere Male – wegen eines Verkehrsdelikts verurteilt. Baader verkehrte in der Münchener Halb- und Unterwelt und übersiedelte Anfang der sechziger Jahre nach West-Berlin, um dem Wehrdienst zu entgehen. Kurze Zeit arbeitete er bei der »Bild«-Zeitung. Aus einer Verbindung mit der erfolgreichen Malerin Ellinor Michel ging 1965 die Tochter Suse hervor. Das Verhältnis endete, nachdem er 1967 Gudrun Ensslin kennengelernt hatte. Ensslin ließ ihr Kind beim Vater zurück (Bernward Vesper beging 1971 in einer psychiatrischen Klinik Selbstmord[47]) und zog Anfang 1968 mit Baader nach Fankfurt am Main. Beide nahmen an Veranstaltungen des SDS teil. Am 2. April 1968 setzten sie in der Frankfurter »Zeil« das Kaufhaus Schneider in Brand. Vor Gericht erklärte Ensslin, die Brandstiftung sei »aus Protest gegen die Gleichgültigkeit, mit der die Menschen dem Völkermord in Vietnam zusehen«[48] geschehen. Beide Brandstifter wurden zu drei Jahren Haft verurteilt. Aufgrund eines Revisionsantrages im Juni 1969 vorzeitig aus der Haft entlassen, widmeten sie sich jugendlichen Heiminsassen, die sie zum Widerstand gegen Erzieher und Gesellschaft anzustacheln suchten. Als das Revisionsbegehren im November abschlägig beschieden wurde und die Kaufhausbrandstifter ihre Reststrafe abbüßen sollten, flohen Gudrun Ensslin, Andreas Baader und Thorwald Proll ins Ausland. 1970 kehrten sie heimlich in die Bundesrepublik und nach West-Berlin zurück. Nach der Verhaftung Baaders organisierte Ensslin – mit Unterstützung

---

46 Vgl. zur Biographie Stefan Aust, Der Baader-Meinhof-Komplex, Hamburg 1985, S. 38–40; Jillian Becker, Hitlers Kinder? Der Baader-Meinhof-Terrorismus, Frankfurt/M. 1978, S. 55–92.

47 Posthum veröffentlicht wurde ein – schwer leserliches – Romanfragment: Bernward Vesper, Die Reise. Romanessay, Reinbek bei Hamburg 1983.

48 Zitiert nach St. Aust (Anm. 46), S. 69.

des linken Rechtsanwalts Horst Mahler und der »konkret«-Kolumnistin Ulrike Meinhof eine Befreiungsaktion. Sie hatte Erfolg und bedeutete für die Beteiligten das Abtauchen in den Untergrund. Nach dem Aufenthalt in einem palästinensischen Ausbildungslager in Jordanien begann der Aufbau einer terroristischen Vereinigung. Baader und Ensslin waren – neben Horst Mahler und Ulrike Meinhof – die treibenden Kräfte im Untergrund. Zum politischen Moralismus Ensslins gesellte sich die Skrupellosigkeit und der Aktionismus Baaders. Die Gruppe verübte eine Reihe von Banküberfällen und Sprengstoffanschlägen. Nach Ensslins Festnahme durch die Polizei am 7. Juni 1972 begann eine lange Untersuchungshaft, während der die Gruppe Hungerstreiks inszenierte, um eine Erleichterung der Haftbedingungen zu erreichen und die Öffentlichkeit für sich zu mobilisieren. Mittels eines »Info«-Systems wurde der Kontakt mit den Anhängern in der Freiheit aufrechterhalten. Seit April 1974 war Ensslin im Hochsicherheitstrakt der Justizvollzugsanstalt Stuttgart-Stammheim untergebracht und stand in regelmäßigem Kontakt zu den dort ebenfalls inhaftierten RAF-Häftlingen Andreas Baader und Irmgard Möller. Nach langem Prozeß wurde Gudrun Ensslin am 28. April 1977 zu lebenslänglicher Freiheitsstrafe verurteilt. Das Scheitern der Entführung des Arbeitgeberpräsidenten Schleyer und der Lufthansa-Maschine »Landshut« bedeutete das Ende der Hoffnung auf eine Befreiung durch die in Freiheit wirkenden RAF-Genossen. Am 18. Oktober 1977 beging Gudrun Ensslin in ihrer Zelle Selbstmord.

4.3 Odfried Hepp

Odfried Hepp wurde am 18. April 1958 im nordbadischen Achern als Sohn des Bauingenieurs Armin Ernst Hepp geboren[49]. Unter dem Einfluß des Vaters, der sich einer »Deutschgläubigen Gemeinschaft« angeschlossen hatte, stieß er schon als Zwölfjähriger zum »Bund Heimattreuer Jugend« (BHJ), einer pfadfinderähnlichen Vereinigung mit rechtsextremen Tendenzen. Durch häufige Besuche bei den Verwandten in der DDR rückte das Problem der deutschen Teilung in den Mittelpunkt, und der Vater bestärkte den Sohn in der Ansicht, daß beide deutsche Staaten gleichermaßen »besetzt« und die Menschen »umerzogen« und ihrer nationalen Identität beraubt worden seien: Die nach 1945 verbreitete Behauptung von der deutschen Schuld am Zweiten Weltkrieg war eine »Propagandalüge«, und die Nationalsozialisten hatten – zumindest bis 1938 – lediglich den heldenhaften Versuch unternommen, das »Versailler Schanddiktat« zu revidieren. Hepps Mitgliedschaft im BHJ war mit einem Prozeß politischer Radikalisierung verbunden – bis hin zu einer nahezu völligen Identifikation mit Theorie und Praxis des Nationalsozialismus.

Im Mai 1977 bestand Hepp in Achern das Abitur und ging danach zur Bundeswehr. Während der Grundausbildung in Nagold verweigerte er die Ableistung des Gelöbnisses mit der Begründung, die Bundesrepublik sei lediglich eine Marionette der Westalliierten. Noch während des Wehrdienstes wechselte Hepp vom BHJ zur radikaleren »Wiking Jugend« (WJ) über und knüpfte Kontakte in der »Szene« des organisierten Neonationalsozialismus. Er lernte den Rechtsanwalt Roeder und den Mainzer Gärtnermeister Müller kennen und gründete in Achern eine »Wehrsport-

---

49 Vgl. Uwe Backes, Bleierne Jahre. Baader-Meinhof und danach, Erlangen 1991, S. 155–164.

gruppe« nach dem Vorbild des in der Presse für Wirbel sorgenden Nürnberger Graphikers Karl Heinz Hoffmann. Auch nachdem Hepp zum Wintersemester 1978/79 in Karlsruhe ein Studium (Bauingenieurswesen) begonnen hatte, fanden weiterhin Treffen der nach Albert Leo Schlageter benannten Gruppe statt. Provokative neonationalsozialistische Aktivitäten in der Öffentlichkeit – in Offenburg waren Hepp und seine Freunde mit Eselsmasken und Schildern mit der Aufschrift: »Ich Esel glaube, was in der Hetzserie Holocaust gezeigt wurde« erschienen – hatten strafrechtliche Konsequenzen. Im September 1979 wurde Hepp verhaftet, aber bereits im Februar 1980 vorläufig entlassen, weil sich der Verdacht auf »Bildung einer kriminellen Vereinigung« nicht erhärtet hatte.

Der für Herbst 1980 in Aussicht gestellten Hauptverhandlung entzog sich Hepp durch Flucht ins Ausland. Mit Aktivisten der im Januar verbotenen »Wehrsportgruppe Hoffmann« reiste er im Juli in ein Lager im Libanon, wo mit palästinensischer Unterstützung eine paramilitärische Auslandsorganisation aufgebaut werden sollte. Hepp versuchte, die »Kameraden« im neonationalsozialistischen Sinne zu indoktrinieren, hatte aber bei den Abenteurern und Landsknechtsnaturen wenig Erfolg, woraufhin er mit drei Begleitern heimlich nach Deutschland zurückzukehren versuchte. Die Flucht mißlang. Hepp und seine Begleiter wurden von den übrigen Gruppenmitgliedern gefangengehalten, schwer mißhandelt und zu Zwangsarbeiten herangezogen. Erst im Juni 1981 glückte ein erneuter Fluchtversuch. Hepp wurde bei der Landung auf dem Frankfurter Flughafen festgenommen und aufgrund der Propagandadelikte aus dem Jahr 1979 zu 16 Monaten Gefängnis verurteilt. Die Aussagen der Gruppe führten zur Verhaftung Hoffmanns.

Im Dezember 1981 kam Hepp wieder auf freien Fuß. Er hatte aufgrund seiner Erfahrungen im Libanon Sympathien für die Sache der Palästinenser entwickelt, deren Lage manche Parallelen zu der der Deutschen aufzuweisen schien. Er begann an der Universität Mainz ein Studium der russischen und arabischen Sprache und nahm zusammen mit dem ehemaligen Aktivisten der »Volkssozialistischen Bewegung Deutschlands/Partei der Arbeit« (VSBD/PdA) Walther Kexel den Aufbau einer politischen Kaderorganisation in Angriff. Im Sommer 1982 erklärten sie in einem in der »Szene« zirkulierenden Traktat ihren »Abschied vom Hitlerismus« und plädierten für einen »undogmatischen Befreiungskampf« in Deutschland. Nach dem Vorbild der RAF beging die von Hepp und Kexel gegründete Gruppe in der Folgezeit eine Serie von Banküberfällen. Im Laufe des Jahres 1982 verübten sie Sprengstoffanschläge gegen amerikanische Armeeangehörige. Am 14. Dezember 1982 erlitt der amerikanische Soldat Ricky Lee Seuis bei der Explosion einer unter dem Fahrersitz seines Wagens angebrachten Bombe schwerste Verletzungen. Im Februar 1983 kam es zu einer Festnahmeaktion der Polizei. Nur Hepp konnte fliehen. Er nutzte bereits zuvor geknüpfte Kontakte zum »Ministerium für Staatssicherheit« der DDR, das ihm zur Ausreise in den Nahen Osten verhalf, wo er über palästinensische Organisationen berichten sollte[50]. Nach eigenen Angaben hielt sich Hepp zunächst in Syrien und später in Tunesien auf. Dort knüpfte er Kontakt zu dem an der Politik Arafats orientierten »Arm« der »Palestine Liberation Front« (PLF). Als deren Verbindungsmann rei-

---

50 Vgl. Pressemitteilung des Generalbundesanwalts beim Bundesgerichtshof vom 26. März 1991; Du bist jetzt einer von uns. Die Stasi-Karriere des westdeutschen Neonazis Odfried Hepp, in: Der Spiegel vom 18. November 1991, S. 137–143.

ste er im Mai 1984 nach Frankreich ein und wurde dort im April 1985 festgenommen. Im Januar 1987 an die Bundesrepublik Deutschland ausgeliefert, verurteilte ihn das Oberlandesgericht Frankfurt am 27. Oktober 1987 wegen versuchten Mordes, der Beteiligung an vier Raubüberfällen und der Mitgliedschaft in einer terroristischen Vereinigung zu zehneinhalb Jahren Gefängnis. In der Haft hat Hepp eine Lehre als Maschinenbauer begonnen, die nach seiner Entlassung den Weg in eine bürgerliche Existenz bahnen soll.

4.4 Horst Mahler

Horst Mahler wurde am 23. Januar 1936 in dem schlesischen Städtchen Haynau als Sohn eines Zahnarztes geboren[51]. Anfang 1945 floh die Mutter mit ihren drei Kindern vor der heranrückenden Roten Armee nach Naumburg an der Saale. Dorthin kam auch der Vater nach seiner Entlassung aus amerikanischer Kriegsgefangenschaft. Bald zog die Familie nach Roßlau bei Dessau um, wo der Vater 1949 verstarb. Mahler erklärte später, er sei durch den frühen Tod des Vaters um eine persönliche Auseinandersetzung mit der NS-Vergangenheit betrogen worden. Nach dem Abitur studierte er Rechtswissenschaften an der Freien Universität Berlin. Nur kurze Zeit gehörte er der schlagenden Verbindung »Thuringia« an, bevor er 1956 Mitglied der SPD wurde. 1958/59 betreute er eine Arbeitsgemeinschaft der »Jungsozialisten« im Berliner Stadtteil Charlottenburg und engagierte sich gleichzeitig im SDS. Als der Parteivorstand die Unvereinbarkeit einer SPD-Mitgliedschaft mit der Zugehörigkeit zum SDS erklärte, blieb Mahler im SDS. Nach dem Assessor-Examen praktizierte Mahler in einer angesehenen Berliner Kanzlei, bis er die Zulassung als Rechtsanwalt erhielt. Bald machte er sich als erfolgreicher Verteidiger von Wirtschaftsunternehmen einen Namen.

Das politische Engagement gewann jedoch bald die Oberhand. Mahler gehörte 1967 zu den Gründern des »Republikanischen Clubs« in Berlin, der sich neben dem SDS zu einem ideologischen Zentrum der APO entwickelte. 1968 gründete er gemeinsam mit den Rechtsanwälten Hans Christian Ströbele und Klaus Eschen ein »sozialistisches Anwaltskollektiv«. Strafverfahren mit politischem Hintergrund entwickelten sich zu einem neuen beruflichen Schwerpunkt. Zum Kreis der Mandanten gehörten die Berliner Kommunarden Fritz Teufel und Rainer Langhans, die deutsch-französische Journalistin Beate Klarsfeld und Peter Brandt, der Sohn des späteren Bundeskanzlers. Rechtsanwalt Mahler teilte viele der politischen Motive seiner Mandanten, der moralische Rigorismus der Protestbewegung sei »entstanden aus dem Entsetzen und der Scham darüber, was in den Jahren 1933 und 1945 in Deutschland geschehen ist«[52]. Im Frankfurter Prozeß gegen die Kaufhausbrandstifter verteidigte

---

51 Vgl. zur Person: Art. »Horst Mahler«, in: Munzinger-Archiv/Internationales Biographisches Archiv vom 21. 10. 1978 – Lieferung 42/78 – P – 13471 und vom 13. 12. 1980 – Lieferung 50/80 – P.

52 So Horst Mahler in: Axel Jeschke/Wolfgang Malanowski (Hrsg.), Der Minister und der Terrorist. Gespräche zwischen Gerhart Baum und Horst Mahler, Reinbek bei Hamburg 1980, S. 14.

Mahler den Angeklagten Andreas Baader. Vor Gericht sagte der Rechtsanwalt, der Protest gegen Vietnam verbinde sich mit der Verachtung gegenüber einer Generation, die Mitschuld an den millionenfachen Verbrechen der NS-Zeit auf sich geladen habe. Angesichts dessen habe man sich verpflichtet gefühlt, gegen Ausbeutung und Unterdrückung Widerstand zu leisten. Die Richter, so Mahler, könnten die Beweggründe der Brandstifter nicht nachvollziehen, »sonst müßten Sie Ihre Roben ausziehen und sich an die Spitze der Protestbewegung setzen«[53].

Mahler beteiligte sich an Protestaktionen, auch wenn sie mit Rechtsbrüchen verbunden waren. Standes-, zivil- und strafrechtliche Verfahren waren die Folge. Bald fiel die Entscheidung zum Aufbau einer Untergrundorganisation. Ohne die Intervention Mahlers, der sich bei der Anstaltsleitung für das Recht seines Mandanten zum Besuch einer öffentlichen Bibliothek stark gemacht hatte, wäre die Befreiung Baaders am 14. Mai 1970 wohl kaum möglich gewesen. Nach mehreren Wochen im Untergrund begab sich die Gruppe um Mahler in ein palästinensisches Ausbildungslager in Jordanien. Nach sechs Wochen kehrten sie in die Bundesrepublik zurück und begannen mit der Vorbereitung bewaffneter Aktionen. Um die nötigen finanziellen Mittel für den Aufbau einer terroristischen Vereinigung zu beschaffen, überfielen sie am 29. September 1970 drei Berliner Banken gleichzeitig. Der »Dreierschlag« löste eine Großfahndung der Polizei aus, die Mahler bereits am 8. Oktober in einer Wohnung in der Knesebeckstraße verhaften konnte. Zunächst setzte er aus der Haft heraus den ideologischen Feldzug gegen »Kapitalismus« und »Imperialismus« fort. Aus seiner Feder stammte eine im Juni 1971 verbreitete Schrift »Über den bewaffneten Kampf in Westeuropa« (Tarnbezeichnung: »Die neue Straßenverkehrsordnung«), der bis dahin umfassendste Versuch, die Notwendigkeit einer »Stadtguerilla« in der Bundesrepublik zu begründen. Bald führten ideologische Divergenzen zur wachsenden Entfremdung Mahlers von der Gruppe. Er beteiligte sich nicht an Hungerstreiks, wies die Forderung nach Anerkennung als »politische Gefangene« zurück und wurde im Juni 1974 aus der RAF ausgeschlossen. Als er im Zuge der Lorenz-Entführung freigepreßt werden sollte, lehnte er dies ab. In der Haft vollzog sich ein Prozeß des Umdenkens: Nachdem er zeitweilig die maoistische KPD unterstützt hatte, näherte er sich reformistischen Positionen und mußte sich bald einen »Bauchredner der Reaktion«[54] schimpfen lassen.

Zunächst mangels Beweisen vom Vorwurf der Beteiligung an der Befreiung Baaders freigesprochen, erhielt Mahler im Februar 1973 eine zwölfjährige Freiheitsstrafe wegen Gründung einer kriminellen Vereinigung und Beteiligung an einem Bankraub. Das Urteil von 1972 wurde revidiert, eine Teilnahme an der Baader-Entführung nunmehr bejaht. Das Strafkonto erhöhte sich auf 14 Jahre. Wegen eines Antrags auf Gewährung von Hafturlaub kam es 1978 zu einem monatelangen Tauziehen im Berliner Senat. Doch wurde dem Ersuchen schließlich entsprochen. Nach Verbüßung von zwei Dritteln der Haftstrafe kam er im August 1980 frei. Inzwischen wieder als Geschäftsführer eines juristischen Dienstleistungsunternehmens tätig, beantragte er 1986 die Wiederzulassung als Rechtsanwalt. Eine zunächst abschlägige Entscheidung

---

53 Zitiert nach St. Aust (Anm. 46), S. 71.
54 Zitiert nach Kenda Willey, Ein Anwalt in Waffen: Horst Mahler, in: Herfried Münkler (Hrsg.), Der Partisan. Theorie, Strategie, Gestalt, Opladen 1990, S. 370–380, 378.

des Berliner Justizsenators mußte aufgrund eines Urteils des Bundesgerichtshofs vom November 1987 zugunsten Mahlers revidiert werden[55].

4.5 Ulrike Meinhof

Ulrike Meinhof wurde am 14. Mai 1934 in Oldenburg als Tochter des Kunsthistorikers Werner Meinhof geboren[56]. Nach dem Tod des Vaters 1940 nahm die Mutter, Ingeborg, das nach der Heirat abgebrochene Studium der Kunstgeschichte wieder auf. Renate Riemeck, eine befreundete Kommilitonin, zog bald zu ihr als Untermieterin und wurde für Ulrike und ihre ältere Schwester zu einer zweiten Mutter. Wenige Jahre nach Kriegsende starb auch Ingeborg Meinhof an Krebs, so daß Renate Riemeck die Verantwortung für die beiden Mädchen übernahm. 1952 erfolgte der Umzug von Oldenburg nach Weilburg an der Lahn, wo Riemeck eine Professur am Pädagogischen Institut erhalten hatte. Ulrike Meinhof bestand 1955 die Reifeprüfung. Die Pflegemutter, eine starke, energische, intelligente Frau, die sich im pazifistischen und sozialistischen Sinne engagierte, war in diesen Jahren ein prägendes Vorbild. Die Professorin war 1955 aus der SPD ausgetreten, beteiligte sich in der zweiten Hälfte der fünfziger Jahre aktiv an den Kampagnen gegen die »Atombewaffnung« und gehörte 1960 zu den Gründern der prokommunistischen »Deutschen Friedens-Union« (DFU). Auch Ulrike Meinhof schloß sich bald außerparlamentarischen Protestinitiativen an. Nachdem sie von ihrem ersten Studienort Marburg an die Universität Münster gewechselt war (Studienfächer: Pädagogik, Psychologie, Soziologie, Germanistik), wurde die selbstbewußte Studentin noch im Wintersemester 1957 zur Sprecherin im »Anti-Atomtod-Ausschuß« gewählt. 1958 trat sie dem »Sozialistischen Deutschen Studentenbund« (SDS) bei, der nach der Loslösung von der SPD seine marxistische Ausrichtung noch stärker hervorkehrte.

Bei den Auseinandersetzungen, die zur Trennung der SPD vom SDS führten, stand Meinhof auf der Seite der »konkret«-Fraktion. An einer Reihe von Universitäten hatten sich Unterstützergruppen des seit 1957 unter diesem Namen erscheinenden linken politischen Magazins gebildet. Die Mitglieder warben für die Zeitschrift und finanzierten ihre Arbeit mit dem Verkaufserlös[57]. Bereits 1958 hatte Meinhof am Rand einer Pressekonferenz den Chefredakteur der Zeitschrift, Klaus Rainer Röhl, kennengelernt. Seit September 1959 feste Mitarbeiterin von »konkret«, zog sie im folgenden Jahr zum Sitz der Redaktion nach Hamburg um. Das Ceterum censeo von »konkret« war die Kampfansage an die »bürgerliche« Ordnung der Bundesrepublik. Themen der Studentenbewegung wurden vorweggenommen: dezidierter Antifaschismus und Ablehnung des als »primitiv« geltenden Antikommunismus, Kapitalismuskritik und Entlarvung der parlamentarisch-demokratisch verkappten »Klassenherrschaft«, Zurückweisung der Westintegration und Befürwortung einer stärkeren

---

55 Vgl. Wiederzulassung eines früher der terroristischen Szene zugehörigen Rechtsanwalts – Mahler, in: NJW, 41 (1988), S. 1793f.

56 Vgl. zur Person: Mario Krebs, Ulrike Meinhof. Ein Leben im Widerspruch, Reinbek bei Hamburg 1988; J. Becker (Anm. 46), S. 93–105.

57 Vgl. Tilman Fichter, SDS und SPD. Parteilichkeit jenseits der Partei, Opladen 1988, S. 300.

Anlehnung an den Osten. Meinhof fand im Umkreis der Zeitschrift Auffassungen vor, wie sie ihr von der Pflegemutter vermittelt worden waren, deren emotionaler Antifaschismus engen Kontakt zu Kommunisten als unproblematisch erscheinen ließ. Die aus verschiedenen politischen Lagern kommenden Unterstützer der Anti-Atom-Kampagne waren ein lohnendes Objekt kommunistischer Unterwanderungsversuche. Jahre später offenbarte Röhl, daß »konkret« zwischen 1955 und 1964 erhebliche finanzielle Zuwendungen aus der DDR erhielt, Meinhof und er selbst jahrelang der 1956 verbotenen KPD angehörten[58].

Seit Ende der fünfziger Jahre verfaßte Meinhof regelmäßig Beiträge für »konkret« und löste Röhl schon bald vom Posten des Chefredakteurs ab. Ein 1961 erschienener Leitartikel mit dem Titel »Hitler in euch« machte sie einer größeren Öffentlichkeit bekannt. Darin wurde Bundesverteidigungsminister Strauß mit Hitler verglichen. Strauß klagte, verlor aber den Prozeß. Eine pauschale Anklagehaltung gegen die »etablierte« Politik, ein oft mit schrillen Tönen unterlegter Moralismus und ein ausgeprägter Mangel an praktisch-politischer Urteilskraft kennzeichneten die »konkret«-Artikel Meinhofs. Ende 1961 hatte die Journalistin den »konkret«-Herausgeber Röhl geheiratet. Nach der Geburt der Zwillinge Bettina und Regine trat die publizistische Tätigkeit zeitweilig hinter häuslichen Aufgaben zurück. Eine schwere Gehirnoperation erzwang zudem einen längeren Krankenhausaufenthalt. Nachdem sich der Gesundheitszustand gebessert hatte, drohte der jungen Familie eine materielle Krise. Die von Unterstützungsleistungen aus Ostberlin abhängige Zeitschrift wurde durch die Einstellung der Zahlungen in ihrer Existenz gefährdet. Hilferufe an die Leser, Zuwendungen von Freunden und die Idee, das politische Magazin mit einem Schuß Sex zu »würzen«, halfen schließlich aus der Krise. Finanzieller Erfolg stellte sich ein und das Ehepaar Röhl/Meinhof fand Aufnahme in das linke »Establishment« der Hafenmetropole.

Doch Ulrike Meinhof konnte das Hin-und-her-gerissen-Sein zwischen Arriviertheit und heftiger Anklage des Status quo in ihrem Bedürfnis nach Konsequenz und innerer »Reinheit« nicht lange ertragen. Bald geriet sie in den Sog der studentischen Protestszene. Die Ehe mit Röhl wurde 1968 geschieden. Immer häufiger fuhr sie ins Zentrum der Bewegung, nach Berlin, und nahm dort bald ganz ihren Wohnsitz. Unter dem Einfluß der Berliner »Szene« und neuer Bekanntschaften vollzog sich ein Radikalisierungsprozeß. Meinhof beteiligte sich an Demonstrationen der APO, und der Ton ihrer »konkret«-Kolumnen wurde noch schärfer. »Je mehr sie sich eingeigelt, je mehr sie sich zurückgeworfen fühlte auf sich selbst, um so heftiger und extensiver machte sich in ihrem Kopf ein Denken breit, das immer wieder um die Transformation von sozialistischer Theorie zu linker Praxis, von Papier zu Taten und von Drucksachen zu Tatsachen kreiste.«[59] Ihr Kommentar zum Frankfurter Kaufhausbrandstifter-Prozeß fiel ambivalent aus. Zwar sprach sie der Tat den »antikapitalistischen« Charakter ab, da sie faktisch eher »systemerhaltend« wirke, betonte jedoch das »progressive Element« des Gesetzesbruchs, gelte es doch einem Recht, das Eigentum, nicht aber die Menschen schütze. Nach der Trennung von der »dekadent« geworde-

---

58 Vgl. Klaus Rainer Röhl, Fünf Finger sind keine Faust, Köln 1974, S. 90–95.
59 So Peter Rühmkorf, Vom Überbau zum Untergrund. Ulrike Marie Meinhofs Auszug aus der Hamburger Party-Republik, in: Frankfurter Rundschau vom 12. Februar 1972, S. VII.

nen Zeitschrift »konkret« geriet sie menschlich mehr und mehr in die Isolierung. Die Beschäftigung mit der Lage sozialer Randgruppen vertiefte die Überzeugung von der Illegitimität der bestehenden Ordnung.

Meinhof nahm die geflüchteten Kaufhausbrandstifter Ensslin und Baader zeitweilig bei sich auf und spielte bei der Befreiung Baaders im Mai 1970 als angebliche Coautorin eine Schlüsselrolle. Danach begann das Leben im Untergrund: einige Wochen im palästinensischen Camp in Jordanien, Beteiligung an Banküberfällen und Sprengstoffanschlägen. Für die terroristische Praxis erwies sie sich als wenig geeignet, dafür leistete sie wesentliche theoretische Beiträge zur Rechtfertigung einer »Stadtguerilla« in der westdeutschen Wohlstandswelt (vor allem »Das Konzept Stadtguerilla«, April 1971). Sie litt unter dem Verfolgungsdruck nach der »Frühjahrsoffensive« 1972, bis sie im Juni dieses Jahres in Begleitung des RAF-Mitglieds Gerhard Müller in Hannover festgenommen wurde. Aus der Untersuchungshaft (zunächst in Köln-Ossendorf) setzte sie ihren ideologischen Kampf fort, billigte ausdrücklich das Massaker des palästinensischen »Schwarzen September« an der israelischen Olympia-Mannschaft in München (September 1972). Die bereits im Untergrund bestehende Rivalität zwischen dem Paar Ensslin/Baader und Meinhof kam in der Haft in haßerfüllten Sticheleien zum Ausdruck[60]. Anfang Februar 1974 wurde Ensslin in die Nachbarzelle Meinhofs verlegt, die strenge Einzelhaft gelockert. Im April zog die RAF-Führung in den neuen Hochsicherheitstrakt der Justizvollzugsanstalt Stuttgart-Stammheim um, wo im Mai 1975 der Prozeß begann. Ensslin distanzierte sich Anfang Mai 1976 vor Gericht von dem Attentat gegen das Springer-Hochhaus in West-Berlin, bei dem zahlreiche Arbeiter und Angestellte verletzt worden waren. Dies mag zu dem Entschluß der für die Tat mitverantwortlichen Ulrike Meinhof beigetragen haben, dem Leben ein Ende zu setzen. Wenige Tage danach, am 8. Mai 1976, wurde sie in ihrer Zelle erhängt aufgefunden. Obgleich Obduktion und Nachuntersuchung keine Anhaltspunkte für eine »Fremdeinwirkung« erbrachten, konstruierte eine »Internationale Untersuchungskommission« mit fadenscheinigen Argumenten einen Mord an der Inhaftierten. Auf diese Weise wurde sie zu einer Märtyrerin des »bewaffneten Kampfes«. Die sich um ihre Person rankenden Mythen entwickelten jene mobilisierende Kraft, die der im Untergrund wirkenden Gruppe immer wieder neue opferbereite Aktivisten zuführte.

4.6 Brigitte Mohnhaupt

Brigitte Margret Ida Mohnhaupt wurde am 24. Juni 1949 in dem niederrheinischen Städtchen Rheinberg als Tochter des Kaufmanns Curt Mohnhaupt und seiner Ehefrau Margarete geboren. Die Eltern ließen sich 1960 scheiden, und die Tochter blieb bei der Mutter. Nach einigen Jahren in Offenbach am Main (Februar 1950 bis September 1954) verbrachte Brigitte Mohnhaupt ihre Kindheit überwiegend in Bruchsal, wo sie das Gymnasium besuchte. Als sie im November 1965 mit ihrer Mutter in die nahegelegene Stadt Karlsruhe übersiedelte, blieb sie auf der Schule in Bruchsal. Dort bestand sie im Juni 1967 das Abitur ohne besondere Schwierigkeiten. Für das Winter-

---

60 Nachzulesen bei Pieter Bakker Schut (Hrsg.), Das info. Briefe der Gefangenen aus der RAF 1973–1977, Kiel 1987, z. B. S. 24.

semester 1967/68 immatrikulierte sie sich an der Philosophischen Fakultät I der Universität München. Als Studienziel nannte sie: »Journalistin«. Obwohl Brigitte Mohnhaupt bis zum Sommersemester 1971 in München eingeschrieben blieb, geriet der frühere Berufswunsch aus den Augen. In dem ideologisch aufgeheizten Universitätsklima Ende der sechziger Jahre verhärtete sich eine gleichsam natürliche Oppositionshaltung gegen die Erwachsenenwelt bis hin zur Kriegserklärung an die bestehende Ordnung. Brigitte Mohnhaupt fand Kontakt zu der Gruppe um Baader, Ensslin, Mahler und Meinhof. Im Frühjahr 1971 brach sie mit ihrer legalen Existenz und ging in den Untergrund.

Nicht München, sondern Berlin wurde der Ort ihres »Kampfes« gegen das »kapitalistische System«. Ihre Haupttätigkeit in dieser Zeit galt dem Aufbau einer geeigneten Logistik: Anmietung »konspirativer« Wohnungen unter falschem Namen; Fälschung von Autokennzeichen; Beschaffung von Waffen und Sprengmaterial etc. Die RAF bestand zu dieser Zeit aus mehreren kleinen Gruppen in Westdeutschland und Berlin, die ständig untereinander Kontakt hielten. Mohnhaupt galt bei den tonangebenden »Kadern« als zuverlässig und übernahm bald die Führung der Berliner Gruppe. Sie erwarb sich den Ruf einer »knallharten Frau«. Als die 27jährige Edelgard G., Mutter eines fünfjährigen Sohnes, ihre Hilfstätigkeit für die »Stadtguerilla« einstellte und, von der Polizei verhaftet, Informationen über die Gruppe preisgab, wurde sie von RAF-Mitgliedern überfallen und mit Teer übergossen. Später kommentierte Mohnhaupt den Vorfall wie folgt: »Edelgard G., die hat ein halbes Dutzend Leute hochgehen lassen. Also, sie hat Leute verraten, Wohnungen verraten. Passiert ist, gemacht worden ist: sie hat einen Eimer Teer über die Fresse gekriegt und ein Schild um den Hals.«[61]

Mehr als ein Jahr lang konnte sich die Terroristin dem Zugriff der Polizei entziehen. Die Sicherheitskräfte verstärkten ihre Fahndungstätigkeit, nachdem die RAF im Mai 1972 eine Serie von Sprengstoffanschlägen gegen amerikanische Militäreinrichtungen eröffnet hatte. Am 9. Juni 1972 fand das Untergrundleben Brigitte Mohnhaupts ein vorläufiges Ende: Zusammen mit Bernhard Braun wurde sie im Berliner Stadtteil Tiergarten verhaftet. Das Landgericht Berlin verurteilte die frühere Studentin zu einer Haftstrafe von vier Jahren und acht Monaten – unter anderem wegen Beteiligung an einer kriminellen Vereinigung, gemeinschaftlicher Urkundenfälschung und unerlaubtem Waffenbesitz. In der Haft gehörte Mohnhaupt (»Hilde«) zum engsten Empfängerkreis des »info«-Systems und nahm auf diese Weise am Willensbildungsprozeß der Gruppe teil[62]. Bald intensivierten sich die Kontakte zu Baader und Ensslin. Die Zeit vom 3. Juni 1976 bis zum 27. Januar 1977 verbrachte sie im 7. Stock der Vollzugsanstalt Stuttgart-Stammheim. Die dort inhaftierten RAF-»Genossen« konnten sich bis zu vier Stunden täglich in einer Zelle zusammenschließen lassen (»Umschluß«). Große Unzufriedenheit herrschte bei den RAF-Gründern über die Untätigkeit der Genossen »draußen«. Da im Falle Mohnhaupts die Entlassung in greifbare Nähe rückte, wurde sie für den Tag X eingehend instruiert. Geplant war eine gründliche Reorganisation der Gruppe im Untergrund, um künftig wirksamer handeln zu können.

61 Brigitte Mohnhaupt im Stammheimer Prozeß. Zitiert nach: St. Aust (Anm. 46), S. 192f.
62 Vgl. P. Bakker Schut (Anm. 60). Ausführlich beschrieben wird das »info«-System bei: Butz Peters, RAF. Terrorismus in Deutschland, Stuttgart 1991, S. 144–153.

Nach einigen Tagen in der Haftanstalt Bühl/Baden wurde Brigitte Mohnhaupt am 8. Februar 1977 entlassen. Die RAF-»Genossen« Elisabeth van Dyck und Volker Speitel brachten sie gleich darauf in die Stuttgarter Kanzlei der Rechtsanwälte Croissant, Müller und Newerla. Das Büro hatte sich zu einer Schaltzentrale für die Betreuung der RAF-Häftlinge und deren propagandistische Unterstützung entwickelt. Der Anhängerkreis war bereits darüber infomiert worden, daß »die Mohnhaupt jetzt 'ne Art ›Befehlsgewalt‹ ausübt und daß sie ›einiges‹ neu organisieren würde«. In der Tat ließ die neue »Chefin« von Anfang an keinen Zweifel daran aufkommen, daß sie kraft ihres Auftrags das Ruder in die Hand nehmen werde: »Wir hatten einzeln ›anzutreten‹, um dann nach entsprechender Durchleuchtung einem ›Job‹ zugewiesen zu werden. Unklare Personen wurden rausgeschmissen. Die meisten Büromitgieder und vor allem Croissant waren sichtlich genervt und verstört von dieser Reorganisation, deren Ziele wir anfangs noch überhaupt nicht mitbekamen.«[63] Zwischen den Inhaftierten und den im Untergrund tätigen RAF-Kadern sollte eine enge Zusammenarbeit ermöglicht werden. Die Koordination war Sache des »Büros« und seiner Mitarbeiter. »Kuriere« hatten den Nachrichtenfluß zwischen »Illegalen« und Inhaftierten zu gewährleisten.

Ende Februar 1977 stieß Mohnhaupt zu den »Illegalen« im Untergrund. Dort gewann sie in der Folgezeit bestimmenden Einfluß. Dem »harten Kern« gehörten Peter-Jürgen Boock, Knut Folkerts, Christian Klar und Stefan Wisniewski an. Das Ziel einer Befreiung der »politischen Gefangenen« wurde nun energisch verfolgt. In für die Öffentlichkeit bestimmten Verlautbarungen behauptete man, die Häftlinge seien unmenschlichen Haftbedingungen (»Isolationsfolter«) unterworfen. Der »Staatsschutz« habe Holger Meins, Siegfried Hausner und Ulrike Meinhof »ermordet« und trachte auch den übrigen RAF-Häftlingen nach dem Leben. Im April 1977 begann die »Offensive 77«, an der sich Mohnhaupt maßgeblich beteiligte (Morde an Buback, Ponto und Schleyer; fehlgeschlagenes Attentat auf die Bundesanwaltschaft).

Unter dem Fahndungsdruck nach der »Schleyer-Krise« wich der harte Kern der RAF zeitweilig nach Bagdad und Paris aus. Mitte Mai 1978 nahmen die jugoslawischen Behörden Brigitte Mohnhaupt, Sieglinde Hofmann, Rolf-Clemens Wagner und Peter-Jürgen Boock fest. Ein Auslieferungsantrag der Bundesregierung scheiterte. Im November 1978 wurden Mohnhaupt und ihre Begleiter in die südjemenitische Hauptstadt Aden ausgeflogen. Mohnhaupt setzte ihren zähen Kampf gegen »Kapitalismus« und »Imperialismus« unbeirrt fort. Zuletzt war sie maßgeblich an dem Attentat gegen den US-General Frederick Kroesen am 15. September 1981 in Heidelberg beteiligt. Gut ein Jahr darauf, am 11. November 1982, konnte sie an einem Erddepot auf der Gemarkung Heusenstamm bei Offenbach am Main festgenommen werden. Nach langem Prozeß wurde sie am 2. April 1985 unter anderem wegen mehrfachen Mordes, Geiselnahme, erpresserischem Menschenraub und Herbeiführung einer Sprengstoffexplosion zu »fünfmal lebenslanger Freiheitsstrafe« zuzüglich 15 Jahren Haft verurteilt. Vor Gericht zeigte sie keinerlei Anzeichen von Reue. In einer »erklärung zu 77« hatte sie im Dezember 1984 ihre ideologische Grundsatztreue unter Beweis gestellt. Mit der Feststellung: »der schlüssel ist krieg«, zitierte sie darin als Autorität den verstorbenen RAF-Gründer Andreas Baader. Krieg sei »der schlüssel, um zur praktischen vorstellung zu kommen, wie jetzt – ja wirklich historisch im höch-

---

63 Volker Speitel, Wir wollten alles und gleichzeitig nichts, in: Der Spiegel vom 32/1980, S. 34.

sten stadium des imperialismus – der weg zur sozialen revolution laufen kann und wird. also wie er gegen die bedingungen, die uns gegenüberstehen, durchgekämpft werden kann.«[64] Die Äußerungen über die »Offensive 77« zeugten von Dogmatismus, Wirklichkeitsverlust und grotesker Selbstüberschätzung: Die Entscheidung gegen den Austausch Schleyer/RAF-Häftlinge sei vor dem Hintergrund des weltweiten »imperialistischen gesamtprojekt(s)« zu sehen. die »erste stufe« – »polizeiliche integration und zentralisierung der counterinsurgency« – habe verteidigt werden müssen, um die Grundlage für die zweite zu bewahren: »aufrüstung und formierung der westeuropäischen staaten zum kriegszentrum. ein sieg der guerilla in der brd, dem land, das diesen prozeß geführt und vorangetrieben hat, hätte das grundsätzlich in frage gestellt, er hätte das kräfteverhältnis hier und insgesamt verändert.«[65] Auf die »Dialoginitiative« der grünen Bundestagsabgeordneten Antje Vollmer, die den RAF-Häftlingen einen Weg aus der ideologischen und sozialen Sackgasse bahnen wollte, antwortete Brigitte Mohnhaupt im Juli 1988 barsch und abweisend[66]. In mehreren Hungerstreik-Kampagnen setzte sie sich für das Ziel einer Zusammenlegung der inhaftierten »politischen Gefangenen« in »interaktionsfähigen Gruppen« ein. Bei der Begründung ihrer Forderung ließ Mohnhaupt nie einen Zweifel daran, daß auf diese Weise Gruppenzusammenhalt und ideologische Identität bewahrt werden sollen.

5. Vergleichende Betrachtungen

Die biographischen Skizzen erfassen den gesamten Zeitraum der (west-)deutschen Nachkriegsentwicklung. Bezieht man die im Rahmen der »Phänomenologie« gewürdigten Aktivisten in die Betrachtung ein, so wurde der jüngste der Porträtierten, Jahrgang 1966 (Frank Hübner), eben in dem Jahre geboren, als die älteste, Jahrgang 1877 (Mathilde Ludendorff), starb. Zufällig gehören beide zur Rubrik »Rechtsextremismus«, doch hätte zum Altersunterschied auch noch ein diametraler Gegensatz in der weltanschaulichen Orientierung hinzukommen können, umspannen die Skizzen doch zugleich ganz unterschiedliche ideologische Strömungen – vom Parteikommunismus Moskauer Couleur über diverse marxistisch-leninistische Sekten bis hin zu »undogmatischen« Gruppierungen auf der Linken, vom Neonationalsozialismus über nationalrevolutionäre Vereinigungen bis hin zu deutsch-nationalen und national-populistischen Sammlungsbewegungen auf der Rechten. Es versteht sich, daß Vergleiche über Generationen und ideologische Gräben hinweg nur mit großer Vorsicht gezogen werden können. Dabei ist es sinnvoll, zunächst innerhalb der verschiedenen »Lager« zu vergleichen, bevor Unterschiede und Gemeinsamkeiten auch zwischen diametral entgegengesetzten ideologischen Strömungen gesucht werden.

---

64 »erklärung zu 77 der gefangenen aus der raf in stammheim«, in: Linke Liste an der Universität Frankfurt (Hrsg.), Die Mythen knacken. Materialien wider ein Tabu, Frankfurt/M. 1987, S. 121–127, 121.
65 Ebd., S. 126.
66 Vgl. Brigitte Mohnhaupt in: DIE GRÜNEN im Bundestag, Arbeitskreis Recht und Gesellschaft (Hrsg.), Ende der bleiernen Zeit? Versuch eines Dialogs zwischen Gesellschaft und RAF, Bonn 1989, S. 52–54, 54 (Erstabdruck in: taz vom 8. August 1988).

Beginnen wir bei der extremen Linken. Die ältesten Vertreter sind noch im vorigen Jahrhundert geboren: Heinz Renner 1892, Max Reimann 1898. Beide späteren Mitglieder des Parlamentarischen Rates stießen früh zur neugegründeten KPD. Der Trotzkist Georg Jungclas, obwohl etwas jünger (1902), war gar seit der Gründung KPD-Mitglied. Wie Max Reimann stammte er aus dem Arbeitermilieu. Familiäre Verwurzelung in der Arbeiterbewegung und frühe KPD-Mitgliedschaft sind Merkmale, die auch auf die folgenden Jahrgänge zutreffen. Willi Dickhut, Jahrgang 1904, kam als 22jähriger zur Partei. Kurt Bachmann, geboren 1909, schloß sich der KPD zwar erst 1932 an, war zuvor aber bereits in der RGO aktiv gewesen. Der fünf Jahre jüngere Fritz Rische stieß im gleichen Jahr wie Bachmann zur KPD. Gerhard Danelius, ein Jahr älter als Rische, war KPD-Mitglied seit 1930 und Josef Schleifstein, Jahrgang 1915, seit 1931. Keiner absolvierte einen typischen »akademischen« Bildungsweg. Selbst der spätere Professor Schleifstein promovierte sehr spät in der DDR und avancierte erst nach Gründung der DKP zum »Chefideologen«. Doch finden sich in dieser ersten Gruppe neben typischen Apparatschiks wie Reimann, Danelius und Rische auch eher intellektuelle Persönlichkeiten wie Renner und Dickhut. Dickhut und Jungclas scherten aus der Phalanx des moskauhörigen Parteikommunismus aus, Jungclas schon Ende der zwanziger Jahre, Dickhut beinahe vier Jahrzehnte später. In beiden Fällen war ein ideologisches Schisma die Ursache des Bruchs mit der Partei: das zwischen Leninismus und Trotzkismus im ersten, das zwischen Moskau und Peking im zweiten Fall. Die »Militärs« Scheringer und Weber sind Außenseiter, fügen sich nicht in das biographische Schema der alten kommunistischen Parteifunktionäre ein. Beide stammten nicht aus »proletarischen« Verhältnissen; Scheringer stieß auf ungewöhnlichen nationalistischen (Ab-)Wegen zur Partei, und der DFU-Aktivist Weber blieb stets im »Vorfeld« des Parteikommunismus.

Zu den prägenden Erlebnissen der ersten Generation von Kommunisten zählen ärmliche Verhältnisse im Arbeitermilieu, die politische Polarisierung und die Straßenkämpfe der Weimarer Republik, die »Bolschewisierung« und »Stalinisierung« und schließlich die politische Kriminalisierung und Verfolgung unter dem Nationalsozialismus. Die zweite Generation erfährt ihre politische Sozialisation erst nach dem Zweiten Weltkrieg. Ernst Aust, Jahrgang 1923, wird 1948 KPD-Mitglied, der 1929 geborene Herbert Mies bereits unmittelbar nach Kriegsende, Horst Schmitt (Jahrgang 1925) 1946 (SED). Aust, der in der zweiten Hälfte der sechziger Jahre eigene Wege geht, entspricht mit seiner »kleinbürgerlichen« Herkunft und beruflichen Orientierung (Banklehre) nicht dem Idealbild des kommunistischen Parteifunktionärs. Mies und Schmitt dagegen fügen sich mit der »proletarischen« Herkunft und ihrem frühen Engagement trefflich ein. Im Unterschied zu den vielfach »farbigen« und »kantigen« Gestalten der ersten Generation verkörpern sie zugleich den Typus des effizienten, aber profillosen Apparatschiks, der sich als stets zuverlässiger und »linientreuer« Statthalter der kommunistischen Bruderparteien im Osten bewährt.

Es ist kein Zufall, daß Vertreter einer dritten Generation von moskauorientierten Parteikommunisten in der Porträtsammlung fehlen. In Frage kämen die späten dreißiger und vierziger Jahrgänge, aus denen sich die rebellischen »68er« rekrutieren. Sie sind innerhalb der DKP zwar auch vertreten, stoßen jedoch nicht in die obersten Ränge vor. Dort sitzen altgediente und bewährte »Genossen« mit den typischen sozialen Merkmalen. Erst die »Erneuerer«-Krise, die nicht zuletzt »aus der Ablehnung gegenüber den Führungsmethoden der seit den fünfziger Jahren dominierenden

KPD-FDJ-Generation entstanden«[67] war, läßt »68er« in das Rampenlicht treten (wie Dieter Gautier, Wolfgang Gehrcke, Steffen Lehndorff, Birgit Radow allesamt langjährig in DDR und UdSSR geschulte Funktionäre), und viele von ihnen verlassen bald resignierend die Partei. Die profilierten Vertreter der »68er«-Generation finden sich nicht innerhalb, sondern außerhalb der DKP. Sie stammen in der Regel aus bürgerlichen Verhältnissen, haben wenig Tuchfühlung zum (inzwischen arg geschrumpften) Arbeitermilieu und sind schon vom Bildungsweg her (Gymnasium, Universität) nicht zur reibungslosen Einordnung in die kommunistische Orthodoxie mit ihren ideologischen Formeln und Ritualen prädestiniert.

Keiner der porträtierten »68er« hat den Weg in die DKP gefunden. Der 1940 geborene Rudi Dutschke stammte aus der DDR und war wohl schon deswegen vor einer romantischen Verklärung des »Arbeiter- und Bauernstaates« gefeit. Der »reale Sozialismus« kam als Modell für die geforderte Befreiung des Menschen von gesellschaftlichen Zwängen nicht in Frage. Durch das Attentat aus der aktiven politischen Betätigung gerissen, schloß er sich gegen Ende seines kurzen Lebens den »Grünen« an. Hans Gerhart Schmierer (Jahrgang 1942) und Christian Semler (Jahrgang 1938) betätigten sich nach einer »antiautoritären« Phase als Gründer kommunistischer Kaderparteien, die als politisches Vorbild jedoch gerade nicht die Regime hinter dem Eisernen Vorhang erkoren, sondern das – weit entfernte und daher auch weniger bekannte – China oder gar Albanien. Beide haben sich inzwischen von rigiden politischen Organisationsformen losgesagt. Dagegen hält der deutlich jüngere Thomas Ebermann (Jahrgang 1951) trotz der mehrjährigen Tätigkeit bei den »Grünen« an seiner marxistisch-leninistischen Gesinnung fest. Ebermann war noch zu jung, um die »antiautoritäre« Phase der Studentenbewegung aktiv mitzuerleben. Die Hauptperiode seiner politischen Sozialisation fiel mit der Entstehungszeit der K-Gruppen zusammen. Anders als die »68er« stammte er aus einer Arbeiterfamilie und hätte ein Wunschkandidat der moskautreuen Orthodoxie werden können. Doch auch er versagte sich dem mit finanziellen Mitteln aus dem Osten reich gesegneten politischen Apparat der DKP.

Ebenso bedeutsam wie das Verhältnis zum »revolutionären Weltzentrum« Moskau auf der extremen Linken ist die Beziehung zum Nationalsozialismus auf der extremen Rechten. Die ältesten der Porträtierten sind vor dem Ersten Weltkrieg geboren, berücksichtigt man wiederum Personen, die schon im Rahmen der »Phänomenologie« Erwähnung gefunden haben: Mathilde Ludendorff war zu Beginn des Krieges bereits Inhaberin einer psychiatrischen Praxis in München. Mit einigem Altersabstand folgt Arthur Ehrhardt, der bei Ausbruch des Krieges immerhin bereits alt genug war, sich als Freiwilliger zu melden. Auch der ein Jahr jüngere Otto Straßer eilte – wie sein Bruder Gregor – nach Kriegsbeginn »zu den Fahnen«. Alle drei hätten nach Alter, Erfahrungshintergrund und politischer Orientierung eine herausgehobene Rolle in der NS-Bewegung spielen können. In diesem Fall wären sie jedoch nach 1945 aller Wahrscheinlichkeit nach nicht mehr durch politische Aktivitäten im »nationalen Lager« hervorgetreten. Ihr Außenseitertum (Ludendorff, Straßer) oder ihre untergeordnete Funktion (im Falle Ehrhardts auch gesundheitsbedingt) bildeten eine wichtige Voraussetzung für das Wirken nach dem Zweiten Weltkrieg. Die »braune

---

67 So Patrick Moreau, Die PDS. Anatomie einer postkommunistischen Partei, Bonn 1992, S. 192.

Elite«, sofern sie das Kriegsende und die Kriegsverbrecherprozesse überlebte, rückte verständlicherweise auch auf der extremen Rechten nach 1945 nicht mehr in führende Positionen, um so häufiger die mittlere und untere Funktionärsebene der NSDAP[68].

Dies gilt vor allem für die bedeutendsten Aktivisten der SRP. Friedrich Dorls (Jahrgang 1910), Sohn eines begüterten Arztes und einer der Gründer der 1956 verbotenen Partei, war Kreisleiter der NSDAP und Leiter einer DAF-Schulungsburg und Fritz Rößler (Jahrgang 1912) zuletzt in der Gauhauptstellenleitung von Sachsen tätig. Otto Ernst Remer, der Propagandaredner der SRP, paßt allerdings nicht in dieses Bild, war er doch die Karriereleiter in der Reichswehr/Wehrmacht emporgestiegen und nur durch seine (zufällige) Schlüsselrolle am 20. Juli 1944 zum NS-Helden avanciert. Schwieriger sind die übrigen Personen aus den Geburtsjahrgängen vor dem Ersten Weltkrieg einzuordnen. Der Professorensohn Ernst Anrich (Jahrgang 1906) war der nationalsozialistischen Bewegung seit den späten zwanziger Jahren eng verbunden, wurde aber in seiner Karriere dadurch entscheidend behindert, daß er sich noch in der NS-Studentenbundszeit die persönliche Feindschaft des späteren Reichsjugendführers Baldur von Schirach zugezogen hatte[69]. Nach 1945 trat er erst Mitte der sechziger Jahre zeitweilig als politischer Theoretiker der NPD in Erscheinung. Auch August Haußleiter (Jahrgang 1905) hatte sich mit einer der NS-Größen angelegt (Julius Streicher), aber im übrigen mit der NSDAP nie so eingelassen wie Anrich. Von den Vorstellungen der Konservativen Revolution geprägt, fügte er sich nach dem Zweiten Weltkrieg weder in das christlich-konservative noch in das deutschnationalistische Lager richtig ein. Alfred Loritz (Jahrgang 1902) mußte aufgrund seiner Emigration gar als geschworener NS-Gegner gelten, obwohl seine politischen Vorstellungen nicht wenige Berührungspunkte zu denen des Nationalsozialismus aufwiesen. Mit ihm als Entnazifizierungsminister wurde gewissermaßen – die etwas respektlose Bemerkung sei gestattet – der Bock zum Gärtner gemacht.

Vergleicht man die erste Generation der späteren extremen Rechten mit der ersten Generation von Parteikommunisten, so springen zwei Punkte besonders ins Auge: Erstens könnten die Porträtierten im Hinblick auf ihren sozialen Hintergrund geradezu einem Lehrbuch entnommen sein. Ist bei den einen die »proletarische« Herkunft die Regel, stammen die anderen, soweit bekannt, aus bürgerlichen Schichten. Die formale Bildung der ersten ist infolgedessen gemeinhin niedriger als diejenige der letzten – gerade umgekehrt wie heutzutage, wo junge rechtsextreme Aktivisten ihren linksextremen Kontrahenten gemeinhin an Schulbildung deutlich unterlegen sind. Zweitens springt der kategoriale Unterschied im politischen Werdegang ins Auge. Wer dem moskauorientierten Parteikommunismus die Treue hielt, konnte nach einem langen politischen Leben auf eine erstaunliche Kontinuität des Wirkens zurückblicken, unterbrochen freilich von den Wechselfällen der historischen Entwicklung im eigenen Lande und den Kursveränderungen infolge von Führungswech-

68 Dies wird ausführlich belegt bei: Otto Büsch/Peter Furth, Rechtsradikalismus im Nachkriegsdeutschland. Studien über die »Sozialistische Reichspartei« (SRP), Berlin-Frankfurt/ M. 1957; Lutz Niethammer, Angepaßter Faschismus. Politische Praxis der NPD, Frankfurt/ M. 1969.

69 Vgl. vor allem Helmut Heiber, Universität unterm Hakenkreuz, Teil 1: Der Professor im Dritten Reich. Bilder aus der akademischen Provinz, München u.a. 1991, S. 417–421; Anselm Faust, Der Nationalsozialistische Studentenbund. Studenten und Nationalsozialismus in der Weimarer Republik, Bd. 1, Düsseldorf 1973, S. 153–179.

seln bei SED und KPdSU. Nur wer den Niedergang des Sowjetkommunismus seit Ende der achtziger Jahre noch miterlebte, mußte in seiner politischen Karriere einen ähnlichen Bruch hinnehmen wie viele Vertreter der extremen Rechten, für die der Kollaps des Dritten Reiches einem Weltuntergang gleichkam. Die Geschichte des Rechtsextremismus nach 1945 dürfte für die Entwicklung des Linksextremismus nach 1989/91 insofern von paradigmatischer Bedeutung sein.

Als zweite Generation der extremen Rechten können diejenigen gelten, die schon aufgrund ihres Alters keine hervorgehobene Rolle im Dritten Reich mehr spielten. Thies Christophersen (Jahrgang 1918) erscheint trotz seines Wirkens als SS-Sonderführer in Rußland und im Generalgouvernement während des Krieges bereits als Vertreter einer Gruppe von Nachkriegsrechtsextremisten, denen ihre Jugend im Dritten Reich im idealisierenden Rückblick als glücklich und erfüllt erschien. Um so weniger sie sich als »Nationalgesinnte« in das neue »System« im westlichen Deutschland einfügen konnten, desto mehr identifizierten sie sich mit dem – trotz mancher eingestandener Mängel – als überlegen geltenden NS-Regime. Ein gutes Beispiel für die Gruppe der »wiedererweckten Hitlerjungen« bietet der heutige FAP-Vorsitzende Friedhelm Busse (Jahrgang 1929), der aus einem nationalsozialistischen Elternhaus stammt und nicht ohne eine gewisse Begeisterung von der Kindheit und Jugend unter dem Nationalsozialismus berichtet. Diese geistige Vorprägung dürfte eine entscheidende Triebkraft für das politische Engagement nach 1945 sein. Ganz anders stellt sich der Lebensweg Adolf von Thaddens (Jahrgang 1921) dar, der aus einer deutsch-nationalen pommerschen Gutsherrnfamilie stammt und nach eigenen Angaben nie der NSDAP angehörte. Der Verlust der deutschen Ostgebiete und die Zerstörung des Lebensplans, eines der väterlichen Güter zu bewirtschaften, waren ein entscheidender Impuls für sein Engagement im »nationalen Lager«. Hinzu kamen die inneren Verletzungen des jungen Mannes, der es nach langjährigem Kriegseinsatz »für Deutschland« nicht verwinden konnte, daß alle Entbehrungen und Todesgefahren vergeblich und überdies moralisch zutiefst verwerflich gewesen sein sollten. Gerhard Frey (Jahrgang 1933) war zu jung, um so gravierende Prägungen durch das Erleben der NS-Zeit und des Krieges erfahren zu haben, aber er nutzte wie kein zweiter die Gefühlswelt des sich nach 1945 als »entrechtet« und »verfolgt« empfindenden »nationalen Lagers«[70] für seine politischen und geschäftlichen Interessen. Was von Thadden und Frey rechts von der Union an politischer Infrastruktur schufen, begründete erst das Wirkungsfeld für eine jüngere Generation von Aktivisten, die sich weit eher der Tradition des Deutsch-Nationalismus als der des Nationalsozialismus zuordnen lassen.

Dies gilt für den 1936 geborenen Professorensohn Martin Mußgnug ebenso wie für Günter Deckert. Die beiden NPD-Vorsitzenden stießen während ihrer Studienzeit zum »nationalen Lager«, noch bevor die »68er« Bewegung eine nachhaltige Linksverschiebung der politischen Kultur bewirkte. Eben dies könnte für den deutlich jüngeren Harald Neubauer der Anlaß gewesen sein, einen Kontrapunkt zu setzen. Deckert, Mußgnug und Neubauer fanden Zugang zu einer politischen Subkultur, die bei allen apologetischen Tendenzen gegenüber dem NS-Regime ein geistiger Graben von denen trennt, die in provokativer Offenheit an Formen und Formeln der »Epoche des Faschismus« (Ernst Nolte) anknüpfen. Während Karl Heinz Hoffmann den

---

70   Vgl. dazu vor allem P. Dudek/H.-G. Jaschke (Anm. 27).

Stil paramilitärischer Verbände der Zwischenkriegszeit kopierte, (sahen) sehen sich Kühnen und Hübner als Statthalter des »wahren« Nationalsozialismus. Ihre Nachahmungssucht böte Stoff für eine Schmierenkomödie, verbände sich mit ihnen und ihren Aktivitäten nicht ein politisches Aggressionspotential, das zu einer akuten Bedrohung für schwache Minderheiten der Gesellschaft geworden ist. Es erscheint nicht leicht, die Motive für solch abweichendes Verhalten zu ergründen. Handelt es sich um blanke Provokation, trotziges Aufbegehren, krampfhaftes Anderssein? Oder sind Äußerungen ernstzunehmen, die den Blick auf die »deutsche Frage« lenken? Hoffmann ist in der DDR groß geworden. Sein Antikommunismus hat eine biographische Wurzel. Gleiches gilt für Hübner, der zusammen mit seinem Bruder Peter schon Anfang der achtziger Jahre als Anhänger einer sich aggressiv gegen die herrschende FDJ-Kultur abgrenzenden Gruppierung in Erscheinung getreten war.

Unter der Rubrik »Terrorismus« findet sich lediglich ein Rechtsterrorist: Odfried Hepp (Jahrgang 1958). Nimmt man noch den bereits im Rahmen der »Phänomenologie« ausführlich gewürdigten Juristen Manfred Roeder (Jahrgang 1929) hinzu, so stehen beide für die relativ kleine Gruppe der Rechtsextremisten, die massive Gewaltakte als Strategie entwickelten und festere Untergrundstrukturen aufbauten. Das Gewaltpotential der neonationalsozialistischen »Szene« oder gar der rechtsextremen »Skinheads« ist demgegenüber durch mangelnde Handlungskontinuität, schwache Planungsintensität und niedriges Organisationsniveau gekennzeichnet. Sie ähneln in ihrer Spontaneität teilweise den Gruppierungen der »Autonomen«, die bei den biographischen Skizzen im übrigen nicht vertreten sind, da sie bislang keine »prominenten« Personen hervorgebracht haben. Alle Linksterroristen entstammen der »68er«-Bewegung samt ihrer historischen Ausläufer. Hierbei ist wiederum die RAF stark vertreten, da sie besonders spektakulär agierte und ihre Kernmannschaft somit in den Mittelpunkt öffentlichen Interesses rückte. Dagegen sind die »Bewegung 2. Juni« (mit Michael Baumann und Inge Viett) und die RZ (Hans-Joachim Klein) unterrepräsentiert. Die Porträts spiegeln auch lediglich die erste und zweite »Generation« von Linksterroristen; die in den achtziger Jahren Aktiven blieben selbst den Sicherheitsbehörden in den meisten Fällen unbekannt.

Die Terroristen sind eine biographisch besonders gut erforschte Gruppe, weswegen für diesen Bereich Vergleichsdaten zur Verfügung stehen, die für die Gruppe der legal operierenden Links- und Rechtsextremisten fehlen. Besonders aufschlußreich ist der Kontrast zwischen Links- und Rechtsterroristen. Ein erster Befund betrifft das Lebensalter. Ist Radikalität generell ein in der jungen Generation stärker als bei älteren Menschen verbreitetes Phänomen, findet sich der massive Einsatz von Gewalt zur Verfolgung politischer Ziele – mit einigen bedeutenden Ausnahmen – fast nur bei jungen Leuten. Dies gilt für links- ebenso wie für rechtsterroristische Gruppierungen. Aufgrund der herausragenden Rolle von Führerpersönlichkeiten in der rechtsextremen »Szene« (z. B. Roeder) weisen gewaltorientierte Vereinigungen hier nicht selten eine ungleichmäßige Altersverteilung auf. Dagegen waren RAF, »Bewegung 2. Juni« und RZ in hohem Maße altershomogene Gruppen[71]. Auffallend hoch fiel der

---

71 Vgl. auch zum folgenden Friedhelm Neidhardt, Linker und rechter Terrorismus. Erscheinungsformen und Handlungspotentiale im Gruppenvergleich, in: Wanda von Baeyer-Katte/Dieter Claessens/Hubert Feger/Friedhelm Neidhardt, Gruppenprozesse, = Analysen zum Terrorismus 3, Opladen 1983, S. 433–476, S. 447f.

Frauenanteil bei den Linksterroristen aus, so daß manche Autoren zu spekulativen Betrachtungen über den Zusammenhang zwischen Emanzipation und Terrorismus verführt wurden. Doch entspricht der weibliche Anteil in linksterroristischen Vereinigungen weitgehend dem in den betreffenden Studentenjahrgängen. Frauen in führenden Funktionen sind in der linksextremen »Szene« heute generell häufiger anzutreffen als in der rechtsextremen. Hierbei dürften verschiedene Faktoren eine Rolle spielen: Die stärkere Orientierung der Rechten an traditionellen Lebensformen (und somit patriarchalischen Strukturen); der ausgeprägte Männlichkeitskult und »machismo«; schließlich der männerbündische Charakter jugendlicher militanter Gruppierungen. In der RAF hatten Frauen nicht selten »das Sagen«: Gudrun Ensslin in der Gründungsgruppe, Brigitte Mohnhaupt während der »Offensive '77«. Erotische Bedürfnisse konnten unter den Bedingungen des Untergrundes gruppenintern befriedigt werden – ein entscheidender Vorteil gegenüber geschlechtshomogenen rechtsterroristischen Zirkeln. In Teilen der neonationalsozialistischen militanten »Szene« sind aber homoerotische Beziehungen als Bindemittel unverkennbar.

Leuchtet man den sozialen Hintergrund aus, tritt ein beachtliches Spannungsverhältnis zwischen Theorie und Praxis zu Tage: Diejenigen, die den größten Wert auf ihre Verbundenheit mit dem »Proletariat« legen, stammen zumeist aus bürgerlichen Familien. Und für die Rechtsterroristen gilt das Umgekehrte: Sie weisen einen hohen Anteil von Mitgliedern aus einfachen sozialen Verhältnissen auf und geraten unter Begründungszwang, wenn die Frage beantwortet werden soll, wie sich aus diesem »Menschenmaterial« die propagierte neue Elite herausbilden soll. Dieser Faktor tritt noch stärker in den Vordergrund, vergegenwärtigt man sich das unterschiedliche Bildungsniveau: Waren Studenten bei den Linksterroristen die Regel, bildeten sie bei den Rechtsterroristen die Ausnahme. Das intellektuelle Gefälle zwischen dem »Führer« und seinem »Gefolge« ist zumeist beträchtlich (Odfried Hepp war den meisten der übrigen Gruppenmitglieder intellektuell weit überlegen), so daß gleichberechtigte Diskussionen nicht an der Tagesordnung sein können. Dagegen wurde aus den inneren Zirkeln der RAF von häufig aufflammenden Auseinandersetzungen berichtet. In der »Bewegung 2. Juni« dominierten zumeist Führungsmangel und anarchistisches Durcheinander.

Was für die meisten Rechts- und Linksextremisten fehlt, liegt für die Gruppe der Terroristen vor: Informationen über die familiären Verhältnisse. Auffallend sind überdurchschnittlich häufige Störungen in der Kindheit. Zu denken ist an den Tod der Eltern oder eines Elternteils ebenso wie an gravierende eheliche Konflikte und Scheidungen. Die Lebensbilder der porträtierten Links- und Rechtsterroristen bestätigen diesen Befund in den meisten Fällen. Der frühzeitige Tod eines Elternteils ist etwa bei Ulrike Meinhof, Andreas Baader, Hans-Joachim Klein und Horst Mahler zu konstatieren. Die Ehescheidung spielte bei Brigitte Mohnhaupt und besonders Odfried Hepp eine wesentliche Rolle für die persönliche Entwicklung. Schwere Störungen des familiären Friedens können die soziale Integration behindern und die Herausbildung abweichender Verhaltensweisen und Orientierungsmuster fördern. Allerdings handelt es sich nicht um eine notwendige Bedingung auf dem Weg in die politische Gewalt.

Bei den Linksterroristen wurde auf den Zusammenhang zwischen der weltanschaulichen Prägung des Elternhauses und den Anschauungen des Kindes hingewiesen. Auffallend hoch war bei den Linksterroristen der Anteil von protestantischen und konfessionslosen Familien. Der Züricher Soziologe Gerhard Schmidtchen sieht in der »mystischen Komponente des deutschen Protestantismus« eine geistige Brücke zu politischem Radikalismus und Aktionismus. Im Unterschied zu Kalvinismus und Puritanismus, die eine pragmatische Haltung begünstigten, betone das Lutheranertum die »Autonomie der eigenen Überzeugungen«, verleihe »dem Handeln letzte Evidenz und Legitimation«[72]. So entwickle sich die Tendenz zur Infragestellung jeglicher politischer Ordnung. Mit der in ihrer Kindheit sehr religiösen Ulrike Meinhof und der schwäbischen Pfarrerstochter Gudrun Ensslin lassen sich zumindest in der ersten »Generation« der RAF Belege für diese These erbringen. Die Überlegungen Schmidtchens können noch weitergeführt werden, vergegenwärtigt man sich die diesseitsreligiöse Seite des Marxismus. Der Lossagung von der religiösen Norm der Kindheit kann die Hinwendung zu einer geistig verwandten Diesseitslehre folgen. Der moralische Rigorismus und die dogmatische Unbekehrbarkeit vieler Linksterroristen wurzeln letztlich in der Gefühlswelt religiöser Heilsgewißheit. Gelten ähnliche Zusammenhänge aber auch bei den Rechtsterroristen? Die weltanschauliche Vorprägung des Sohnes durch den Vater läßt sich bei Odfried Hepp nachweisen. In anderen Fällen – wie z. B. Kühnen – mußte der Sohn erst mit den Normen des Elternhauses brechen. Ein einheitliches Bild ergibt sich nicht. Jedoch kann in rechtsextremen Jugendbünden das Ethos des »politischen Soldaten«, des einsamen Streiters für die gerechte Sache, eine ähnliche Funktion erfüllen wie die Beschwörung humanistischer Ideale bei linksterroristischen Gruppen[73].

Die zweite »Generation« von Linksterroristen konnte sich in ausgeprägten linksalternativen Protestmilieus deutscher Universitäts- und Großstädte bewegen. Ein Anstoß ging nicht selten von den Studienfächern aus (Soziologie, Pädagogik, Psychologie), die in besonderem Maße gesellschaftskritisches Bewußtsein vermittelten. Rechtsterroristen waren und sind daher stärker sozial isoliert, haben es schwerer, gesellschaftliche Unterstützung zu mobilisieren. Allerdings könnten sich insbesondere in den Großstädten der neuen Bundesländer rechtsalternative Protestmilieus ausprägen, die dann eine Rekrutierungsbasis für neue rechtsterroristische Zirkel bildeten. Rechts- und Linksterroristen bewegen sich vor dem »Abtauchen« in den Untergrund nicht selten in einem sozialen Schwebezustand zwischen Bildungsabschluß und beruflicher Tätigkeit. Abgebrochene Lehre, abgebrochenes Studium, Gelegenheitsjobs, Arbeitslosigkeit sind häufig vertreten. Wer im Beruf fest Fuß gefaßt hat, wird in der Regel nicht mehr zum Terroristen. Ausnahmen bestätigen die Regel: die Rechtsanwälte Horst Mahler und Manfred Roeder ebenso wie die bewunderte Journalistin Ulrike Meinhof. Vielen gelingt die Überwindung der Hürde zwischen Ausbildungsabschluß und Beruf nicht. Sie treten ein in ein »hilfloses Stadium, in dem alternative Organisationsversuche eine besondere Chance haben, und wo die Phantasie der jungen Leute solche Möglichkeiten als Anpassungsoptionen sondiert.

72 Gerhard Schmidtchen, Terroristische Karrieren. Soziologische Analyse anhand von Fahndungsunterlagen und Prozeßakten, in: Herbert Jäger/Gerhard Schmidtchen/Lieselotte Süllwold, Lebenslaufanalysen, = Analysen zum Terrorismus 2, Opladen 1981, S. 13–77, 31f.

73 Vgl. besonders Eike Hennig, Wert habe ich nur als Kämpfer. Rechtsextremistische Militanz und neonazistischer Terror, in: Reiner Steinweg (Red.), Faszination der Gewalt. Politische Strategie und Alltagserfahrung, Frankfurt/M. 1983, S. 89–122.

Der Anschluß an eine Gruppe, die gesellschaftliche Strukturen ändern will, erlaubt es, das Selbstbewußtsein angesichts negativer Erfahrungen aufzuwerten.«[74]

Auffallend ist der geringe Anteil von Linksterroristen, die im Laufe ihrer politischen Sozialisation Anschluß an linksextreme Formationen gefunden hatten. Das Engagement in der DKP und in »K-Gruppen« war mit den Aktivitäten in militanten Gruppierungen in der Regel unvereinbar. Ungewollt leistete der Parteikommunismus einen Beitrag zur sozialen (wenn auch nicht politischen) Integration. Bei den Rechtsterroristen war und ist dies anders. Legal operierende Organisationen fungier(t)en häufig als »Durchlauferhitzer« für den Einstieg in »härtere« Gruppierungen. Zeitweilige NPD-, DVU- oder – neuerdings – REP-Mitgliedschaft ist bei den Aktivisten militanter Vereinigungen eher die Regel als die Ausnahme. Überdies sind die Grenzen zwischen neonationalsozialistischen Gruppierungen und dem systematischen Einsatz von Gewalt fließend – ähnlich den Verhältnissen in der »autonomen Szene«.

Manche der Charakteristika, die beim Vergleich extremistischer Doktrinen herausgearbeitet worden sind[75], treten bei der Betrachtung von Lebensläufen in unterschiedlichen Variationen und Ausprägungen zu Tage. Sie seien abschließend nur mehr kurz in Erinnerung gerufen. Viele Mitglieder links- und rechtsextremer Gruppierungen leiden in besonderem Maße an der Vieldeutigkeit und Orientierungslosigkeit der modernen säkularisierten Welt. Sie suchen nach definitiven Lösungen für die großen politischen Zeitfragen, geben sich nicht zufrieden mit dem mühsamen Experimentieren, das die Politik in demokratischen Verfassungsstaaten kennzeichnet. Kompromisse gelten vielfach als »faule« Zugeständnisse an die niederen Instinkte und Bedürfnisse des Alltags. Wie alle Menschen leiden auch Extremisten an der Konflikthaftigkeit der modernen Gesellschaft. Im Unterschied zu vielen anderen glauben sie aber, Harmonie entspreche dem Naturzustand. Seiner Wiederherstellung gilt ihr Streben. Von ihrer Mission und der Stimmigkeit der eigenen Auffassungen sind sie überzeugt, neigen dazu, ihnen notfalls auch mit – mehr oder weniger sanftem – Druck zum Durchbruch zu verhelfen. Auf diese Weise entsteht leicht eine Spirale der Gewalt, in der schließlich jedes Mittel als legitim erscheint, das einmal als richtig erkannte Ziel zu erreichen. Die Folgen sind bekannt: Verfolgung und Entrechtung Andersdenkender; Beseitigung politischer Grundfreiheiten; Machtusurpation mit Berufung auf Volkes Stimme, Diktatur. So wird entfesselt, was der demokratische Verfassungsstaat in einem jahrhundertelangen Ringen mit gleichsam naturwüchsigen Formen von Unterdrückung und Willkürherrschaft mühsam zu bändigen gelernt hat.

6. Resümee

In drei Blöcken – Linksextremisten, Rechtsextremisten, Terroristen – wurde eine Auswahl »prominenter« Personen, die seit dem Zweiten Weltkrieg im westlichen Deutschland an vorderer Stelle in Erscheinung getreten sind, biographisch porträtiert. Die Auswahl trägt nicht dem Gesichtspunkt der Aktualität Rechnung, sondern zielt auf eine einigermaßen gleichgewichtige Berücksichtigung der wesentlichen Ent-

---

74 G. Schmidtchen (Anm. 72), S. 25 f.
75 Siehe Kap. III.5.1.

wicklungsphasen. Ein »Who's Who« des politischen Extremismus ist aufgrund des begrenzten Raumes nicht entstanden. Nur wenige Lebensläufe konnten eingehender nachgezeichnet werden. Doch treten bei den (wenigen) biographischen Porträts manche Hintergründe und Zusammenhänge deutlicher hervor, als dies in der »Phänomenologie« möglich war. Für einen systematischen Vergleich ist die Basis von lediglich 18 Porträtierten zu schmal. Daher lag es nahe, biographische Daten heranzuziehen, die sich verstreut über die Betrachtungen der »Phänomenologie« hinweg finden. Als wesentliche Ergänzung konnten empirisch-quantifizierende Daten dienen, die im Rahmen der Terrorismusforschung in Lebenslaufstudien auf breiterer statistischer Grundlage gewonnen wurden.

Das Ergebnis der phänomenologischen Betrachtungen ergibt sich auch aus dem biographischen Vergleich: Der politische Extremismus bietet kein geschlossenes Bild. Das Verhältnis zwischen der extremen Rechten und der extremen Linken erscheint antagonistisch. Die Rechts-Links-Dimension prägt das strukturelle Erscheinungsbild der meisten Lebensläufe. Mit ihrer direkten oder indirekten Ausrichtung auf den »realen Sozialismus« weist die Entwicklung von Biographien der extremen Linken andere Phasen und Umbrüche auf als die der extremen Rechten, die nach 1945 von ihrem Verhältnis zum Nationalsozialismus bestimmt wurde, ob es sich nun um »distanzlose Apologie« oder um »kritische Affinität« handelte. Linksextremisten erlebten erst Ende der achtziger Jahre mit dem Zusammenbruch des kommunistischen Weltzentrums Moskau einen ähnlich tiefen historischen Einschnitt, wie er auf der extremen Rechten durch den Untergang des Dritten Reiches markiert worden war. Eine gewisse Eigenständigkeit des Terrorismus wird durch die biographischen Skizzen unterstrichen: Das Abdriften in den Untergrund nach vorheriger Einbindung in eine kommunistische Kaderorganisation war die Ausnahme, nicht die Regel. Bei den (wenigen) Rechtsterroristen, deren Biographien bislang en détail rekonstruierbar sind, wird demgegenüber die Integration in eine militante neonationalsozialistische »Szene« sichtbar. Neo-NS-Gruppen dienen mit ihrer deutlichen Gewaltneigung vielfach als »Durchlauferhitzer« für noch »härtere« Formen des politischen Aktionismus.

Wenn die links- und rechtsextremen Biographien auch wenige Querverbindungen aufweisen – Michael Kühnens kurzes »Gastspiel« bei der maoistischen KPD ist dafür ein Beispiel –, sind ideelle und mentale Übereinstimmungen doch unverkennbar. Der Drang nach dem Absoluten, fanatische Hingabe an die einmal als richtig erkannten Ziele, die Ablehnung »fauler« Kompromisse, die Totalkritik am Status quo, die Forderung nach der Tabula rasa, die Orientierung an utopischen Visionen, die Heiligung der Mittel durch die Zwecke, das Denken in verschwörungstheoretischen Kategorien, politischer Messianismus, verbunden mit apokalyptischen Zukunftsbeschwörungen – all dies gehört zum geistigen Standardrepertoire extremistischer Gruppierungen, ob sie nun »rechts« oder »links« zu verorten sind. Hieraus erwächst zugleich die allen gemeinsame unversöhnliche Frontstellung gegen das komplizierte Regelwerk des demokratischen Verfassungsstaates, der nicht einem einzigen schlüssigen Gedankengang gehorcht, sondern als Erfahrungsprodukt aus den jahrhundertelangen Auseinandersetzungen der Menschen mit mannigfachen Formen von Fremdbestimmung und Willkürherrschaft hervorgegangen ist.

322

VI. Demokratischer Verfassungsstaat: Antipode des politischen Extremismus

Ging es im zweiten Kapitel um demokratietheoretische Überlegungen zu Demokratie und Extremismus einschließlich der Abgrenzungsproblematik, im dritten um die Phänomenologie des Extremismus, im nächsten um die Ursachenforschung für extremistisches Verhalten und im fünften – gleichsam als Anwendung der biographischen Methode als Integrationskonzept – um biographische Karriereverläufe im Vergleich, so wird in diesem Kapitel zum besseren Verständnis des Extremismus dessen Antipode – der demokratische Verfassungsstaat – näher beschrieben. Das geschieht nicht in einer abstrakten Form, sondern am Beispiel der zweiten deutschen Demokratie, gegen die der hiesige Extremismus von rechts und links sich richtet, sei es expressis verbis, sei es mehr indirekt. Allerdings soll die Problematik in die historische Perspektive eingebettet werden. Zunächst geht es darum, einige wesentliche Merkmale des demokratischen Verfassungsstaates in der Bundesrepublik (wie die Staatsstrukturprinzipien) aufzuzeigen; dann folgt ein kurzgefaßter Überblick zur deutschen Vereinigung, die die Überlegenheit des politischen Systems in der Bundesrepublik Deutschland eindrucksvoll unter Beweis gestellt hat; schließlich wird der nicht übersehbare Wandel der politischen Kultur erfaßt, ehe gravierende Systemschwächen zur Sprache kommen. Eine realistische Betrachtungsweise, die weder Kritik noch notwendige Differenzierung meidet, unterminiert antidemokratische Ressentiments. Wer hingegen ein Schulbuchidyll von der Demokratie entwirft, liefert unfreiwillig jenen Argumente, die aus der Diskrepanz oder auch lediglich aus dem Spannungsverhältnis zwischen Verfassungstext und Verfassungswirklichkeit hämische Kritik ableiten. Alle drei Aspekte – die deutsche Vereinigung, die politische Kultur, die Systemschwächen – haben direkt oder indirekt Auswirkungen auf die abschließend zu untersuchende Frage nach der Stärke des extremistischen Gefahrenpotentials für die Demokratie.

1. Merkmale des demokratischen Verfassungsstaates

Nach dem Ersten Weltkrieg setzten sich in vielen, insbesondere europäischen Staaten Demokratien durch. Mit einer gewissen Vereinfachung gilt: Wo die Parlamentarisierung der Regierung (wie in Großbritannien) schon bestand, wurde auch das allgemeine Wahlrecht eingeführt. Und in jenen Staaten, die wie Deutschland das allgemeine Wahlrecht bereits besaßen, vollzog sich die »Parlamentarisierung«: Die Regierung war fortan von den parlamentarischen Mehrheitsverhältnissen abhängig. In einer parlamentarischen Demokratie muß die Regierung vom Parlament abhängig sein. Dieses wiederum hat aus demokratischen Wahlen hervorzugehen.

In den zwanziger und dreißiger Jahren traten massive Rückschläge auf[1]. Demokratische Systeme mußten sich antidemokratischen Kräften beugen. Autoritäre und totalitäre Ideologien, Bewegungen und Herrschaftsformen beherrschten im zwanzigsten Jahrhundert zum Teil die Szenerie[2]. Auch in Deutschland ging die Demokratie zugrunde. Die Mitte war aufgrund mannigfacher historischer Belastungen zu schwach, zumal der Liberalismus in der Weltwirtschaftskrise völlig aufgerieben wurde und am linken Rande eine starke antidemokratische Gruppierung die junge, ungefestigte Demokratie zusätzlich schwächte. Im Jahre 1933 übernahmen die Nationalsozialisten nicht zuletzt dank der Unterstützung seitens der Kamarilla um den greisen Reichspräsidenten Paul von Hindenburg die Macht und verstanden es, diese innerhalb kurzer Zeit zu festigen: Der legalen »Machtergreifung« vom 30. Januar 1933 folgten Verhaftungswellen nach dem Reichstagsbrand vom 27. Februar 1933, der auf die Einzeltäterschaft des holländischen Rätekommunisten Marinus van der Lubbe zurückging. Die Wahl vom 5. März 1933 brachte den Nationalsozialisten gemeinsam mit den Deutschnationalen eine absolute Mehrheit. Am 23. März 1933 stimmten alle Parteien bis auf die SPD und die bereits ausgeschaltete KPD dem Ermächtigungsgesetz zu: Fortan konnte die Regierung Reichsgesetze erlassen. Am 14. Juli 1933 wurde der Einparteienstaat institutionalisiert, am 1. Dezember das »Gesetz zur Sicherung der Einheit von Partei und Staat« erlassen. Die nationalsozialistische Diktatur sowie ihre Folgen stellen für die deutsche Geschichte eine tiefgreifende Zäsur dar. Daß die Auffassungen über die Ursachen und die Folgen des Nationalsozialismus weit auseinander gehen, muß nicht verwundern. Erbittert wird über die Einordnung des Nationalsozialismus gestritten, wie dies auch die Auseinandersetzung über die, sei es übertriebene, sei es halbherzige, »Vergangenheitsbewältigung« verdeutlicht[3]. Auch heute noch lastet der Schatten Hitlers über vielen aktuellen politischen Vorgängen[4]. Das gilt nicht nur für die Haltung der Bundesrepublik gegenüber dem Staat Israel, sondern ebenso für die Asyl- oder für die Sicherheitspolitik. Das Wort vom »atomaren Holocaust« kam bezeichnenderweise in Deutschland auf.

Aus eigener Kraft konnten die Deutschen die Demokratie nicht wiederherstellen. Die Aktivitäten der – zudem häufig nicht von demokratischem Gedankengut getragenen – Widerstandsgruppen hielten sich in Grenzen[5]. »Der Widerstand war, bei aller

1 Vgl. Karl J. Newman, Zerstörung und Selbstzerstörung der Demokratie. Europa 1918–1938, Stuttgart 1984[2] (1965).
2 Vgl. Karl Dietrich Bracher, Zeit der Ideologien. Eine Geschichte politischen Denkens im 20. Jahrhundert, Stuttgart 1982; ders., Das 20. Jahrhundert als Zeitalter der ideologischen Auseinandersetzung zwischen demokratischen und totalitären Systemen, in: Klaus W. Hempfer/Alexander Schwan (Hrsg.), Grundlagen der politischen Kultur des Westens, Berlin 1987, S. 211–235.
3 Der sogenannte »Historikerstreit« um die Historisierung des Dritten Reiches hat sicherlich viele Dimensionen. Eine hängt auch mit der leidvollen deutschen Vergangenheit zusammen. Vgl. beispielsweise Eckhard Jesse, »Vergangenheitsbewältigung« in der Bundesrepublik Deutschland, in: Der Staat, 26 (1987), S. 539–565.
4 Vgl. beispielsweise Peter Graf Kielmansegg, Lange Schatten. Vom Umgang der Deutschen mit der nationalsozialistischen Vergangenheit, Berlin 1989.
5 Längst ist der Widerstand entmythologisiert worden. Vgl. zur Forschung u. a.: Günter Plum, Widerstand und Resistenz, in: Martin Broszat/Horst Möller (Hrsg.), Das Dritte Reich. Herrschaftsstruktur und Geschichte. Vorträge aus dem Institut für Zeitgeschichte. München 1983, S. 248–273; die Akzente etwas anders setzt Wolfgang Altgeld, Zur Geschichte der Widerstandsforschung. Überblick und Auswahlbibliographie, in: Rudolf Lill/Heinrich Ober-

Vielfältigkeit der Ebenen und der sozialen Träger, ein Widerstand ohne Volk.«[6] Erst der Zusammenbruch im Jahre 1945 nach dem von Deutschland angezettelten und verlorenen Krieg schuf die Voraussetzung dafür, daß in seinem westlichen Teil eine demokratische Regierungsform wieder Fuß fassen konnte, während in der DDR dank der sowjetischen Besatzungsmacht eine kommunistische Diktatur entstand, die vier Jahrzehnte dauern sollte.

Die Bundesrepublik Deutschland gehört zu den wenigen Verfassungsstaaten der Welt. Seit Ende des Zweiten Weltkrieges können nur 21 Staaten das Verdienst für sich in Anspruch nehmen, ununterbrochen eine demokratische Regierungsform beibehalten zu haben[7]. Dies gilt für zahlreiche europäische Länder (Belgien, Dänemark, Finnland, Frankreich, Großbritannien, Irland, Island, Italien, Luxemburg, Niederlande, Norwegen, Österreich, Schweden, Schweiz) sowie für die Vereinigten Staaten von Amerika, Australien, Israel, Japan, Kanada und Neuseeland. Lange war der Fortschrittsoptimismus des 19. Jahrhunderts verstummt, als viele an einen unaufhaltsamen Siegeszug der Demokratie glaubten. Nicht nur der Rückfall in den zwanziger und dreißiger Jahren gab zu Skepsis Anlaß. Auch nach dem Zweiten Weltkrieg gerieten viele der neuen Staaten unter ein diktatorisches Joch. Kommunistische Regime breiteten sich aus, und die meisten Länder der Dritten Welt entwickelten sich zu Diktaturen unterschiedlichster Richtungen. Doch seit dem Ende der achtziger Jahre ist eine Art Epochenzäsur eingetreten. Der nahezu weltweite Kollaps der kommunistischen Systeme war von kaum einem wissenschaftlichen Analytiker vorhergesagt worden[8]. Der Sturz dieser Diktaturen löste indirekt auch einschneidende Wandlungen in anderen Ländern aus, insbesondere in Afrika[9]. Schon vorher hatten die meisten Länder Südamerikas zu leidlich demokratischen Lebensformen zurückgefunden. Die weitere Entwicklung im Hinblick auf die demokratische oder diktatorische Ausgestaltung hängt von mannigfachen Faktoren ab. Wer sich dem antihistoristischen Gedankengebäude eines Karl R. Popper verpflichtet weiß, wonach es keine Gesetzmäßigkeiten gibt, muß die Geschichte der Menschheit als offen ansehen und kann nicht an das »Ende der Geschichte«[10] glauben.

»It would be difficult to argue that the world was more or less democratic in 1984 than it had been in 1954.«[11] Samuel P. Huntington, von dem dieses Zitat stammt,

reuter (Hrsg.), 20. Juli. Porträt des Widerstandes, München 1984, S. 377–391. Vgl. zum Widerstand insgesamt folgendes beeindruckende Sammelwerk: Jürgen Schmädeke/Peter Steinbach (Hrsg.), Der Widerstand gegen den Nationalsozialismus. Die deutsche Gesellschaft und der Widerstand gegen Hitler, München 1985.

6 So zutreffend Hans Mommsen, Die Opposition gegen Hitler und die deutsche Gesellschaft 1933–1945, in: Klaus-Jürgen Müller (Hrsg.), Der deutsche Widerstand 1933–1945, Paderborn 1986, S. 26.

7 Vgl. Arend Lijphart, Democracies. Patterns of Majoritarian and Consensus Government in Twenty-One Countries, New Haven-London 1984, S. 37.

8 Zu den wenigen Ausnahmen gehört Zbigniew Brzezinski, Das gescheiterte Experiment. Der Untergang des kommunistischen Systems, Wien 1989.

9 Vgl. für Einzelheiten Eckhard Jesse, Typologie politischer Systeme der Gegenwart, in: Theo Stammen u.a., Grundwissen Politik, Bonn 1993[2], S. 165–227, 211–214.

10 So der amerikanische Politikwissenschaftler Francis Fukayama, Das Ende der Geschichte, München 1992.

11 So Samuel P. Huntington, Will more Countries become democratic?, in: PSQ, 29 (1984), S. 197.

lehnte sich an den »Index politischer Rechte« und an den »Index bürgerlicher Freiheiten« an, der von der amerikanischen Menschenrechtsorganisation »Freedom House« entwickelt worden ist und seit den frühen siebziger Jahren jährlich für alle Staaten ermittelt wird. Die Indices weisen eine Skala von 1 bis 7 auf. Je niedriger die Zahl ausfällt, um so geringer ist der Freiheitsgrad[12]. Als »frei« gilt ein Staat, der auf den Skalen 1 oder 2 eingeordnet ist, als »unfrei« jener, der 6 oder 7 zugeteilt bekommen hat. Die Bundesrepublik rangiert im Hinblick auf die politischen Rechte unter 1, im Hinblick auf die bürgerlichen Freiheiten meistens unter 2. Im Jahre 1984 lebten 42 Prozent der Bürger in »freien« Staaten, 36 in »unfreien« und 22 in »halbfreien« Staaten[13]. Die Frage der Staatsform (Monarchie oder Republik) steht in keinem engen Zusammenhang zur Frage der Regierungsform (Demokratie oder Diktatur), wiewohl die meisten Monarchien heutzutage zu den Demokratien gehören. Heute dagegen fällt die Tendenz eindeutig zugunsten der demokratischen Herrschaftssysteme aus. So leben ungefähr drei Milliarden in pluralistischen Demokratien, circa 1,3 Milliarden in kommunistischen Diktaturen und knapp eine Milliarde in nationalen Diktaturen/autoritären Monarchien[14]. Natürlich sind das nur grobe Schätzungen – abgesehen davon, daß die Entwicklung im Fluß ist.

Was sind nun die Kriterien für die Klassifizierung von Staaten als demokratisch oder als nicht demokratisch? Der »Index politischer Rechte« orientiert sich daran, in welchem Maße die Bürger Einfluß auf die Wahl des Parlaments nehmen können, der »Index bürgerlicher Freiheiten« wird an den Rechten gemessen, die dem Bürger gegenüber dem Staat zustehen. Für den ersten Bereich sind Antworten auf folgende Fragen wichtig: »Have the leaders of the country been recently elected? Are there multiple political parties that can organize different points of view for the voters? Have there been recent shifts in power through elections? Do elections show a significant, or any, opposite vote? Are the candidates self-elected, or in other ways essentially free of government selection? When elections occur does there appear to be fair polling and tabulation? Does the military play an important or overwhelming role in the political process? Is there significant or overwhelming foreign influence in the political process? Is there a decentralization of political control, such that democratic decision making occurs at several levels throughout the political system? Is there an informal consensus underlying the political system such that even those important segments of society formally out of power still have an important input into the political process?«[15] Die Fragen lassen sich für die Bundesrepublik eindeutig beantworten.

---

12 Vgl. für Einzelheiten Raymond Duncan Gastil, The Past, Present and Future of Democracy, in: Journal of International Affairs, 38 (1985), S. 161–179.

13 Vgl. ebd., S. 165.

14 Vgl. die Auflistung bei Karl Dietrich Bracher, Die Krise Europas, Neuausgabe, Berlin 1992, S. 480 (»Politische Systeme und Weltbevölkerung«).

15 R. D. Gastil (Anm. 12), S. 162. Die Übersetzung dieser Passage lautet sinngemäß: »Sind die Regierenden des Landes kürzlich gewählt worden? Gibt es verschiedene politische Parteien, die den Wählern unterschiedliche Programme präsentieren? Fand unlängst ein ›Machtwechsel‹ aufgrund von Wahlen statt? Lassen die Wahlen ein Votum für die Opposition erkennen? Sind die Kandidaten gewählt oder auf andere Weise im wesentlichen unabhängig von der Regierung aufgestellt? Verläuft die Wahlbeteiligung und die Stimmenauszählung in korrekten Bahnen? Spielt das Militär eine wichtige oder gar dominierende Rolle im politischen Prozeß? Gibt es eine bedeutende oder überwältigende ausländische Einfluß-

Ähnliches gilt für die bürgerlichen Freiheiten, ohne deren Existenz die politischen Rechte nicht ausreichend zur Geltung kommen können: »Are the communications media free of political censorship? Are the press and broadcasting media independent of the government?«[16]

Wie aus diesen Fragen hervorgeht, gehören Wahlen zu einem wesentlichen Bestandteil einer demokratischen Ordnung. Nun finden Wahlen heutzutage in fast jedem Staat der Erde statt. Während in den demokratischen Verfassungsstaaten der Wähler tatsächlich Einfluß auf den Ausgang der Wahlen nehmen kann, ist dies in Diktaturen autoritärer oder gar totalitärer Ordnung nicht der Fall[17], der politische Wettbewerb mithin ausgeschaltet. Haben Wahlen in westlichen Demokratien wie der Bundesrepublik insbesondere Legitimations-, Partizipations- und Kontrollfunktionen, dienen sie in Diktaturen im wesentlichen der Identifikation, Integration und der Akklamation, wobei sich die Funktionen naturgemäß überschneiden. Denn auch in Demokratien trägt die Wahl maßgeblich zur Integration bei, und in Diktaturen kann der Wahlakt der Legitimation der Staatsführung zugute kommen. Entscheidend ist der gravierende Unterschied, daß bei einer demokratischen Wahl eine Auswahl besteht und Konkurrenz gewährleistet ist, wie dies für die Bundesrepublik zutrifft.

Die Unterschiede zwischen Demokratien und Diktaturen sind fundamentaler Natur. Häufig neigten auch und gerade entschiedene Demokraten dazu, die gravierenden Divergenzen zwischen den Systemen zu übergehen – sei es aus Gründen der Entspannungspolitik, sei es, weil angesichts weltweiter, existentieller Probleme (z.B. Hungerkatastrophen; Gefahr des Atomkrieges) der politische Konflikt zwischen Ost und West längst zu einem Anachronismus ausgeartet sei.[18] So sehr auch bestimmte Probleme auf der Hand liegen, ist doch der »Systemkonflikt« zwischen den Verfassungsstaaten und den Diktaturen offenkundig gewesen. »Ein Systemkonflikt entsteht erst durch den universalen Geltungsanspruch einer Ordnungsidee, durch das ›Nein‹ zum Geltungsanspruch anderer, konkurrierender Ordnungsideen. Ein Systemkonflikt ist, anders ausgedrückt, zwischenstaatlicher Machtkonflikt und zwischenstaatlicher Legitimitätskonflikt zugleich – ein Konflikt zwischen Prinzipien in der Gestalt eines Konfliktes zwischen Staaten.«[19] Die Bundesrepublik stand mit den anderen westlichen Demokratien in einem Systemkonflikt zur Sowjetunion, zum kommunistischen Staatensystem. Ob man mit Jean François Revel – wegen der totalitären Versu-

---

nahme im Hinblick auf den politischen Prozeß? Findet eine Dezentralisierung der politischen Kontrolle dergestalt statt, daß sich die politische Entscheidungsbildung auf verschiedenen Ebenen erstreckt? Existiert ein informeller Konsens, der dem politischen System so zugrunde liegt, daß selbst jene gesellschaftlichen ›Segmente‹, die sich außerhalb der politischen Macht befinden, doch noch einen wichtigen Anteil am politischen Prozeß haben?«

16 Ebd., S. 164.
17 Vgl. für Einzelheiten zu den Wahlen in diesen Ländern: Dieter Nohlen, Wahlsysteme der Welt. Daten und Analysen. Ein Handbuch, München 1978; Guy Hermet/Richard Rose/Alain Rouquié (Hrsg.), Elections without Choice, London-Basingstoke 1978.
18 In diesem Sinne etwa der Bestseller von Franz Alt, Frieden ist möglich. Die Politik der Bergpredigt, München 1983.
19 Peter Graf Kielmansegg, Der demokratische Verfassungsstaat im Wettbewerb der Systeme, in: Manfred Funke/Hans-Adolf Jacobsen/Hans-Helmuth Knütter/Hans-Peter Schwarz (Hrsg.), Demokratie und Diktatur. Geist und Gestalt politischer Herrschaft in Deutschland und Europa. Festschrift für Karl Dietrich Bracher, Düsseldorf 1987, S. 582.

chung – die Aussichten für den Westen als niedrig einschätzte, mit Martin Kriele den Erfolg der Demokratien – aufgrund des Freiheitsstrebens der Menschen – als unaufhaltsam erachtete, oder schließlich Peter Graf Kielmanseggs Position teilte, der bei aller Warnung vor der »Selbsttäuschung« im Westen nicht an einen entscheidenden Sieg einer Seite glaubte[70]: Der gegensätzliche Charakter dieser Systeme konnte nicht, die Aufhebbarkeit des Konflikts dagegen mußte geleugnet werden. Die Prinzipien von freiheitlicher Demokratie und kommunistischer Diktatur ließen sich nicht – auch durch noch so vage Formelkompromisse – miteinander in Einklang bringen.

Die Bundesrepublik, die zum Typus der parlamentarischen Regierungssysteme gehört, bei dem eine enge Verbindung zwischen der parlamentarischen Mehrheit und der Regierung vorliegt (der Gegentypus ist das präsidentielle Regierungssystem wie in den USA, wo der vom Volk gewählte Präsident weder vom Parlament ins Amt gehoben noch von ihm gestürzt werden kann: als Gegenspieler agieren Parlament und Präsident), ist in mannigfacher Hinsicht geprägt durch die Erfahrungen der Weimarer Republik und des Dritten Reiches. Die Wiederkehr jedweder Diktatur sollte unter allen Umständen vermieden werden. Diesem Leitmotiv folgte auch die Arbeit des Parlamentarischen Rates, der das Grundgesetz ausarbeitete und verabschiedete. Die Begriffe »Parlamentarischer Rat« und »Grundgesetz« sollten den Provisoriumscharakter der neuen Demokratie verdeutlichen. Schließlich war nur in einem Teil Deutschlands die Errichtung eines konstitutionell-demokratischen Gebildes möglich. Faktisch aber stellte der Parlamentarische Rat ebenso eine verfassunggebende Versammlung dar, wie das Grundgesetz alle Funktionen einer Verfassung erfüllt(e). Mit dem Provisoriumscharakter der neuen Verfassung hing auch der Verzicht auf eine plebiszitäre »Absegnung« durch das Volk zusammen.

Charakteristisch für das Denken der »Verfassungsväter« war die Negativorientierung gegenüber der Vergangenheit. »Der PR [Parlamentarische Rat] stand im Bann der mahnenden Erinnerung an die funktionsgestörte, ihren Gegnern gegenüber abwehrschwache Weimarer Demokratie und an ihre Wandlung zur Diktatur.«[21] Zu den wichtigsten verfassungsrechtlichen Lehren aus der Vergangenheit gehören die Schwächung des Präsidenten, die Stärkung des Kanzlers (»Kanzlerdemokratie«), die Schaffung einer zugleich abwehrbereiten und werterfüllten Demokratie, die Betonung eines föderalistischen Gepräges, wenngleich im Laufe der mehr als vierzig Jahre die föderalistischen Prinzipien zwar nicht ausgezehrt, aber doch abgeschwächt worden sind – nicht zuletzt auch im Gefolge des deutschen Vereinigungsprozesses[22].

Auch die betont repräsentative und damit anti-plebiszitäre Ausgestaltung des Grundgesetzes ist eine Reaktion auf die Weimarer Republik und das Dritte Reich,

---

20 Vgl. Jean François Revel, So enden die Demokratien, München 1984; Martin Kriele, Die demokratische Weltrevolution. Warum sich die Freiheit durchsetzen wird, München 1987.

21 So Friedrich Karl Fromme, Von der Weimarer Verfassung zum Bonner Grundgesetz. Die verfassungspolitischen Folgerungen des Parlamentarischen Rates aus Weimarer Republik und nationalsozialistischer Diktatur, Tübingen 1962[2] (1960), S. 210, siehe auch (mit unterschiedlicher Interpretation): Karlheinz Niclauß, Der Parlamentarische Rat und die plebiszitären Elemente; Otmar Jung, Kein Volksentscheid im Kalten Krieg. Zum Konzept einer plebiszitären Quarantäne für die junge Bundesrepublik 1948/1949, jeweils in: APZG, B 45/92, S. 3–15, 16–30.

22 Vgl. neuerdings Heidrun Abromeit, Der verkappte Einheitsstaat, Opladen 1992.

wobei dahingestellt sein mag, ob es sich hier um eine Fehlperzeption handelt.[23] Man muß sich nämlich fragen, inwiefern die Volksabstimmungen im Dritten Reich wirklich ein Argument gegen die Legitimität plebiszitärer Elemente sein können. Und haben Volksabstimmungen sowie die Direktwahl des Reichspräsidenten in der Weimarer Republik tatsächlich so viel Unheil gestiftet, wie gemeinhin angenommen? Im Jahre 1925 und im Jahre 1932 wurde Paul von Hindenburg zum Reichspräsidenten gewählt, zunächst als Kandidat der »Rechten«, später als Kandidat der »Linken«. Von den verschiedenen Volksbegehren führten lediglich zwei zu einer Volksabstimmung. Voraussetzung dafür war, daß sich mindestens zehn Prozent der Wahlberechtigten in Listen eintragen mußten. Aber auch die beiden einzigen Volksabstimmungen (im Jahre 1926 für die entschädigungslose Fürstenenteignung und im Jahre 1929 gegen den Young-Plan) erreichten nicht ihr Ziel, wenngleich dadurch eine der parlamentarischen Willensbildung nicht förderliche Agitation in das ohnehin schon aufgewühlte politische Leben einzog. Dies gilt auch für andere Initiativen, die bereits im Vorfeld scheiterten[24]. Insofern darf man die indirekten Wirkungen nicht gering veranschlagen, zumal es jedenfalls in der Spätphase der Weimarer Republik gerade die extreme Linke und Rechte war, die auch mit Hilfe des Plebiszits und aufgrund demagogischer Parolen das demokratische System aus den Angeln zu heben versuchte.

In der Bundesrepublik wird immer wieder aus unterschiedlichen Richtungen für eine Übernahme plebiszitärer Elemente plädiert[25]. Hatte die vom Deutschen Bundestag eingesetzte Enquete-Kommission »Verfassungsreform« alle Formen unmittelbarer Beteiligung des Volkes wie Volksbefragungen, Volksbegehren und Volksentscheide verworfen – die historischen Erfahrungen sprächen dagegen, es käme zu einer Desintegration des politischen Systems, eine Emotionalisierung der Politik könnte Platz greifen, die Konfrontation unterschiedlicher Auffassungen verschärfte sich, es entstünde eine »Dauerunruhe durch politische Rand- und Splittergruppen«[26] –, so ist die Forderung in den letzten Jahren im Zuge der Friedensbewegung und der Anti-Kernkraftbewegung verstärkt aufgekommen. Aber aus dieser Perspektive nimmt sich die Begründung einigermaßen merkwürdig aus. Wer Frieden oder Umweltschutz als obersten Wert ansieht, kann letztlich das Ergebnis einer Abstimmung nicht akzeptieren, wenn es den eigenen Erwartungen widerstreitet. Sollte die Forderung nach einem Plebiszit nicht vielmehr auch eine taktische Funktion haben? Man kann nicht

---

23 In diesem Sinne, allerdings überzogen: Otmar Jung, Direkte Demokratie in der Weimarer Republik. Die Fälle »Aufwertung«, »Fürstenenteignung«, »Panzerkreuzerverbot« und »Youngplan«, Frankfurt/M. 1989.

24 Vgl. für Einzelheiten Reinhard Schiffers, Elemente direkter Demokratie im Weimarer Regierungssystem, Düsseldorf 1971.

25 Vgl. Claus-Henning Obst, Chancen direkter Demokratie in der Bundesrepublik, Köln 1986; Michael Strübel, Mehr direkte Demokratie?, in: APZG, B 42/87, S. 17–30; Tilman Evers, Volkssouveränität im Verfahren. Zur Verfassungsdiskussion über direkte Demokratie, in: APZG, B 23/91, S. 3–15; siehe auch den Überblick bei Otmar Jung, Direkte Demokratie: Forschungsstand und -aufgaben, in: ZParl, 21 (1990), S. 491–504. Eher skeptisch Karsten Bugiel, Volkswille und repräsentative Entscheidung. Zulässigkeit und Zweckmäßigkeit von Volksabstimmungen nach dem Grundgesetz, Baden-Baden 1991.

26 Presse- und Informationszentrum des Deutschen Bundestages (Hrsg.), Beratungen und Empfehlungen zur Verfassungsreform, Teil I, Bonn 1976, S. 53f.

einerseits entschieden für die Grenzen der Mehrheitsdemokratie plädieren[27] und andererseits für deren Ausweitung. Interessanterweise werden aber beide Forderungen zum Teil von der gleichen Richtung erhoben. Der Verdacht muß sich einstellen, daß eine Schwächung des repräsentativen Systems beabsichtigt ist. Durch eine plebiszitäre Öffnung dürfte die Konfrontation steigen, nicht jedoch der Konsens[28]. Eine plebiszitäre Entscheidungsfindung fördert vielfach nämlich nicht den Kompromiß, macht ihn durch die Art der Fragestellung geradezu unmöglich. Die Erfahrungen im Ausland dürften bei aller Unterschiedlichkeit der Interpretationsmöglichkeiten zu keinem großen Optimismus Anlaß geben[29]. Extremistische Parteien wie die DKP oder die NPD machen sich bekanntlich für die Einführung plebiszitärer Elemente stark. Daraus kann freilich keineswegs notwendigerweise gefolgert werden, diese taugten nicht für die Weiterentwicklung der Demokratie. Aber es ist sehr die Frage, ob in einer hochindustrialisierten Gesellschaft eine plebiszitäre Entscheidungsfindung rationalen Kriterien Rechnung trägt. Gerade wer ein Höchstmaß an Liberalität sichern will, muß Skepsis gegen plebiszitäre Anregungen anmelden (auch der fakultativen Volksbefragung, deren Ergebnis letztlich bindende Wirkung entfaltet[30]) und den Gedanken ertragen, daß ihm der Vorwurf einer elitären, letztlich »volksfeindlichen« Gesinnung entgegenhallt.

Die Frage der Einführung von Volksabstimmungen ist in jüngster Zeit sowohl durch die wachsende Parteienverdrossenheit[31] als auch durch den Vereinigungsprozeß aktuell geworden[32]. In Art. 5 des Einigungsvertrages heißt es, den gesetzgeben-

---

27 Vgl. Bernd Guggenberger/Claus Offe (Hrsg.), An den Grenzen der Mehrheitsdemokratie. Politik und Soziologie der Mehrheitsregel, Opladen 1984; kritisch dazu die meisten Beiträgen in folgendem Sammelband: Heinrich Oberreuter (Hrsg.), Wahrheit statt Mehrheit? An den Grenzen der parlamentarischen Demokratie, München 1986.

28 So aber Jürgen Fijalkowski, Neuer Konsens durch plebiszitäre Öffnung?, in: Albrecht Randelzhofer/Werner Süß (Hrsg.), Konsens und Konflikt. 35 Jahre Grundgesetz. Vorträge und Diskussionen einer Veranstaltung der Freien Universität Berlin vom 6. bis 8. Dezember 1984, Berlin 1986, S. 236–266.

29 Vgl. David Butler/Austin Ranney (Hrsg.), Referendums. A Comparative Study of Practice and Theory, Washington 1978. Jürgen Gebhardt, Direkt-demokratische Institutionen und repräsentative Demokratie im Verfassungsstaat. Silvano Möckli, Direkte Demokratie im Vergleich, jeweils in: APZG, B 23/91, S. 16–30, S. 31–43; Karsten Bugiel, Das Institut der Volksabstimmung im modernen Verfassungsstaat. Zur Verfassungslage und Rechtspraxis bürgerlicher Sachentscheidungsrechte, in: ZParl, 18 (1987), S. 394–419. In der Schweiz, dem klassischen Beispiel einer plebiszitären Demokratie, ist die Beteiligungsquote seit den sechziger Jahren ziemlich kontinuierlich gesunken. Vgl. Alois Riklin/Roland Kley, Stimmabstinenz und direkte Demokratie. Ursachen-Bewertungen-Konsequenzen. Daten zur direkten Demokratie in der Schweiz, im Kanton St. Gallen, im Bezirk St. Gallen und in der Stadt St. Gallen, sowie in weiteren 19 Ländern, Bern-Stuttgart 1981. Hanspeter Kriesi, Direkte Demokratie in der Schweiz, in: APZG, B 23/91, S. 44–54. Hingegen sind die unkonventionellen Beteiligungsformen aufgrund von »Enttäuschung über das politische System« gestiegen. So Hanspeter Kriesi/René Levy/Gilbert Ganguillet/Heinz Zwicky (Hrsg.), Politische Aktivierung in der Schweiz 1945–1978, Diessenhofen 1981, S. 608.

30 Vgl. dazu Ulrich Rommelfanger, Das konsultative Referendum. Eine verfassungstheoretische, -rechtliche und -vergleichende Untersuchung, Berlin 1988.

31 Mitunter spielt dabei ein gewisser Antiparteienaffekt eine Rolle. Vgl. etwa Klaus Kunze, Plebiszite als Weg aus dem Parteienstaat, in: Junge Freiheit, (1992) 10, S. 23.

32 Vgl. beispielsweise: Bernd Guggenberger/Tine Stein (Hrsg.), Die Verfassungsdiskussion im Jahr der deutschen Einheit, München 1991.

den Körperschaften des vereinten Deutschland werde empfohlen, »sich innerhalb von zwei Jahren mit den im Zusammenhang mit der deutschen Einheit aufgeworfenen Fragen zur Änderung oder Ergänzung des Grundgesetzes zu befassen«. Bundestag und Bundesrat haben im November 1991 die Einsetzung einer »Gemeinsamen Verfassungskommission« beschlossen, die jeweils aus 32 Mitgliedern des Bundestages und des Bundesrates besteht (jeweils zwei aus einem Bundesland). Diese Kommission befaßt sich neben den vom Einigungsvertrag angeregten Punkten (z. B. Verhältnis zwischen Bund und Ländern; Verankerung von Staatszielbestimmungen in das Grundgesetz) auch mit der Frage, ob Volksbegehren und Volksabstimmungen in das Grundgesetz aufzunehmen seien. Für die SPD ist die Einführung plebiszitärer Elemente auf Bundesebene »ein Kernstück der Verfassungsreform«[33]. Die Begründung irritiert: »Die Erfahrungen der friedlichen Revolution von 1989, in der das Volk in der damaligen DDR sein Schicksal selbst in die Hände nahm, müssen so zum Tragen kommen«[34] – als ließen sich Aktionen von Bürgern in einer Diktatur auf die parlamentarische Demokratie übertragen. Schließlich konnten die Bürger zunächst nicht das SED-Regime abwählen. Der »Runde Tisch« hatte in der DDR beim Übergang von der Diktatur zur Demokratie eine wichtige Bedeutung, wäre jedoch in einer repräsentativen Parteiendemokratie fehl am Platz. Angesichts der Mehrheitsverhältnisse dürfte die Entscheidung der »Gemeinsamen Verfassungskommission«, deren Arbeit bisher kaum öffentliche Resonanz gefunden hat, zuungunsten der Einführung von plebiszitären Elementen ausgehen[35].

Schwieriger zu prognostizieren ist ein anderes Votum: Laut Art. 5 des Einigungsvertrages soll weiterhin geprüft werden, ob das Grundgesetz einer Volksabstimmung zu unterziehen sei. Für die Gegner ist das überflüssig, da das Grundgesetz längst Legitimität besitze; für die Befürworter wird erst auf diese Weise dem Willen des Grundgesetzgebers Rechnung getragen. Hingegen hat im Sommer 1991 ein gesamtdeutsches »Kuratorium für einen demokratisch verfaßten Bund deutscher Länder« in der Frankfurter Paulskirche einen Verfassungsentwurf vorgelegt[36]. Die Initiative zu diesem Kuratorium ging noch auf den »Runden Tisch« in der DDR zurück. Auch hier wird auf die Elemente der plebiszitären Demokratie positiv Bezug genommen.

In Art. 20 GG, der gemäß Art. 79 Abs. 3 nicht zur Disposition des Gesetzgebers steht, sind – neben dem Grundsatz der Republik[37] – die vier wesentlichen Staatsstrukturprinzipien verankert: Demokratie – Rechtsstaat – Sozialstaat – Bundesstaat. Von diesen Grundsätzen, die das politische System maßgeblich konstituieren[38], soll im folgenden die Rede sein:

---

33 So Hans-Jochen Vogel, Wider das Gefühl der Ohnmacht, in: Die Zeit vom 2. Oktober 1992.

34 Ebd.

35 Vgl. Peter Römer, Chancen der Verfassunggebung oder Gefahr für die Souveränität des Volkes? Der Stand der Arbeit an der Verfassungsgesetzgebung, in: DuR, 20 (1992), S. 160–175.

36 Vgl. Bernd Guggenberger/Ulrich K. Preuß/Wolfgang Ullmann (Hrsg.), Eine Verfassung für Deutschland. Manifest-Text-Plädoyers, München 1991.

37 Dieses Prinzip, das sich – formal verstanden – gegen die Monarchie ausspricht, bedarf keiner großen Erörterung. Bestrebungen zur Einführung der (parlamentarischen) Monarchie gibt es nicht.

38 In der Literatur sind diese vier Grundsätze immer wieder ausführlich erläutert worden. Vgl. statt vieler die einschlägigen Beiträge in folgenden Standardwerken: Ernst Benda/Werner Maihofer/Hans-Jochen Vogel (Hrsg.), Handbuch des Verfassungsrechts der Bundesrepu-

Mit »Demokratie« ist gemeint, alle Herrschaft habe vom Volke auszugehen. Das Grundgesetz erteilt der Identitätstheorie der Demokratie eine klare Absage und bekennt sich implizit zur Konkurrenztheorie der Demokratie. Geht die Identitätstheorie der Demokratie von einer Identität zwischen Regierenden und Regierten aus, besagt die Konkurrenztheorie der Demokratie, daß nicht Herrschaft des Volkes, sondern Herrschaft mit Zustimmung des Volkes intendiert ist[39]. Insofern darf die Volkssouveränität nicht verabsolutiert werden[40]. Es gibt Prinzipien wie das der Unantastbarkeit der Menschenwürde, die auch durch eine noch so große Mehrheit des Volkes nicht zur Disposition des Volkes (oder des Gesetzgebers) stehen. Für die Identitätstheorie, zu der sich etwa kommunistische Staaten bekennen, liegt schon dann eine demokratische Legitimität vor, wenn der Staat den Anspruch erhebt, den (wahren) Volkswillen in die Wirklichkeit umzusetzen – unabhängig davon, ob dieser sich auf den empirisch feststellbaren Willen der Bevölkerung stützt und inwieweit er bestimmte Grund- und Menschenrechte tangiert. Für die Konkurrenztheorie gibt es kein »eindeutig bestimmtes Gemeinwohl, über das sich das ganze Volk kraft rationaler Argumente einig wäre oder zur Einigkeit gebracht werden könnte«[41]. Die politische Willensbildung soll durch einen offenen Prozeß der Auseinandersetzung zwischen den heterogenen Gruppeninteressen vonstatten gehen. Die Bundesrepublik versteht sich also als eine pluralistische Demokratie, in der Konflikte nicht notwendigerweise das Gemeinwohl gefährden. Die Demokratie basiert vielmehr auf der wechselseitigen Wahrnehmung der Interessen seitens der Parteien und Verbände.

Eine ganz andere Frage liegt in dem Problem begründet, ob und inwiefern bestimmte Interessen andere, ebenso wichtige, majorisieren, zum Beispiel dadurch, daß sich für sie wegen ihrer nicht ausreichenden Organisations- und Konfliktfähigkeit kaum jemand einsetzt[42]. Man kann auch Zweifel anmelden, ob die Demokratie auf allen Ebenen ausreichend entwickelt ist. Kritiker vermissen eine Demokratisierung gesellschaftlicher Teilbereiche (wie etwa der Wirtschaft und des Militärs), während andere von forcierter Demokratisierung eine Politisierung erwarten, die die Sachkompetenz zurückdrängt[43].

blik Deutschland, Berlin-New York 1983; Josef Isensee/Paul Kirchhof (Hrsg.), Handbuch des Staatsrechts der Bundesrepublik Deutschland, Bd. I, Heidelberg 1987.

39 Vgl. etwa Joseph A. Schumpeter, Kapitalismus, Sozialismus und Demokratie, München 1972³ (1942); Ernst Fraenkel, Deutschland und die westlichen Demokratien, erweiterte Ausgabe, Frankfurt/M. 1991.

40 Vgl. beispielsweise Peter Graf Kielmansegg, Das Verfassungsparadox. Bemerkungen zum Spannungsverhältnis zwischen Demokratieprinzip und Verfassungsprinzip, in: Hans Maier/ Ulrich Matz/Kurt Sontheimer/Paul-Ludwig Weinacht (Hrsg.), Politik, Philosophie, Praxis. Festschrift für Wilhelm Hennis zum 65. Geburtstag, Stuttgart 1988, S. 397–411; ders., Volkssouveränität. Eine Untersuchung der Bedingungen demokratischer Legitimität, Stuttgart 1971.

41 J. A. Schumpeter (Anm. 39), S. 399.

42 Als einer der ersten – jedenfalls in der Bundesrepublik – hat auf dieses Phänomen hingewiesen: Claus Offe, Politische Herrschaft und Klassenstrukturen. Zur Analyse spätkapitalistischer Gesellschaften, in: Gisela Kress/Dieter Senghaas (Hrsg.), Politikwissenschaft. Eine Einführung in ihre Probleme, Frankfurt/M. 1972, S. 135–164.

43 Für die erste Position vgl. etwa Fritz Vilmar, Strategien der Demokratisierung, 2 Bde., Darmstadt 1973; für die zweite Helmut Schelsky, Systemüberwindung, Demokratisierung und Gewaltenteilung. Grundsatzkonflikte der Bundesrepublik, München 1973.

Das Prinzip des »Rechtsstaats« will den Bürger vor jedweder Willkürherrschaft schützen. Das Grundgesetz hat es aufgrund der Erfahrungen der Vergangenheit besonders ausgestaltet: Die Grundrechte (Art. 1 bis Art. 19 GG), die in ihrem Wesensgehalt nicht angetastet werden dürfen, binden die Gesetzgebung, die vollziehende Gewalt und die Rechtsprechung; Verwaltungsgerichtsbarkeit (jedermann steht der Rechtsweg offen, wenn er sich durch die öffentliche Gewalt in seinen Rechten verletzt sieht, Art. 19 Abs. 4 GG) und Verfassungsgerichtsbarkeit (das Bundesverfassungsgericht als eine Art »Hüter der Verfassung« kann jedermann, der glaubt, durch die öffentliche Gewalt in seinen Grundrechten verletzt zu sein, anrufen, Art. 93 GG) sind ausgeprägt; das Recht auf Widerstand gegenüber denjenigen, die die verfassungsmäßige Ordnung zu beseitigen suchen, ist eigens in der Verfassung verankert (Art. 20 Abs. 4 GG); vor Gericht hat jedermann Anspruch auf rechtliches Gehör, und die rückwirkende Strafgesetzgebung ist ebenso verboten wie die Doppelbestrafung (Art. 103 GG); als Kern des Rechtsstaatsprinzips gilt vielfach die Gewaltenteilung, wobei in einem parlamentarischen System wie der Bundesrepublik sich Legislative und Exekutive verschränken. Der Grundsatz der Gewaltenteilung meint Machtkontrolle, bezieht sich heutzutage angesichts der unerläßlichen Verflechtung zwischen den parlamentarischen Mehrheitsfraktionen und der Regierung daher insbesondere auf die richterliche Unabhängigkeit (Art. 97 GG), wiewohl das parlamentarische Kontrollprinzip, das weitgehend den Oppositionsparteien zufällt und insofern nur von begrenzter Wirkung ist, gleichwohl erhalten bleibt. Das Rechtsstaatsprinzip im Sinne des Grundgesetzes geht nicht in der ordnungsgemäßen Einhaltung der Gesetze auf. Diese müssen vielmehr der Idee der Gerechtigkeit Rechnung tragen. Nur so akzeptieren die Bürger Gesetze. Das Prinzip der Rechtssicherheit bedarf daher der Ergänzung durch materielle Gerechtigkeit, wobei die Festlegung nicht einfach ist. Ob der zivile Ungehorsam, der in jedem Fall das Übertreten von Gesetzen betrifft, »Anzeichen der Reife der politischen Kultur«[44] ist, mag bezweifelt werden, denn auf diese Weise lebt der unheilvolle, etwa von Carl Schmitt geschürte Gegensatz zwischen Legalität und Legitimität wieder auf.

Naturgemäß gehen die Meinungen darüber weit auseinander, inwiefern die politische Wirklichkeit in der Bundesrepublik in allen Belangen voll dem Rechtsstaatsgebot entspricht. Die Kritik richtet sich weniger gegen die Handhabung der Rechtssicherheit als vielmehr gegen die Ausuferung des Parteienstaates: »Der Parteienstaat kann den Rechtsstaat [. . .] bedrohen. Das allerdings setzt die schrankenlose Macht einer Partei und die Denaturierung der Justiz voraus, Voraussetzungen, die in der Bundesrepublik nicht gegeben sind und nach den Erfahrungen sowohl im nationalsozialistischen Deutschland wie in der DDR wohl künftig auch als ausgeschlossen gelten dürfen.«[45] Außerdem wird heftige Kritik an den Vorkehrungen zum Schutz der Demokratie im Hinblick auf den öffentlichen Dienst geübt[46], ebenso an der Rolle des

---

44 So Jürgen Habermas, Ziviler Ungehorsam – Testfall für den demokratischen Rechtsstaat. Wider den autoritären Legalismus, in: ders., Die Neue Unübersichtlichkeit. Kleine Politische Schriften V, Frankfurt/M. 1985, S. 96. Allerdings kann der zivile Ungehorsam nach Habermas immerhin »nur unter Bedingungen eines im ganzen intakten Rechtssystems eintreten«. Ebd., S. 87.

45 Thomas Ellwein/Joachim Jens Hesse, Das Regierungssystem der Bundesrepublik Deutschland, Opladen 1992[7] (1963), S. 384f.

46 Vgl. Kap. VIII.3.3.

Datenschutzes, die den einen zu weit geht, den anderen nicht ausgebaut genug ist. Insgesamt aber steht das Rechtsstaatsprinzip nicht so sehr in der Kritik wie das Sozialstaatsprinzip, wenngleich sich in den letzten Jahren durch die Infragestellung des staatlichen Gewaltmonopols einiges geändert hat.

Der Begriff des »Sozialstaates« umfaßt die Verpflichtung des Staates zu sozialer Gerechtigkeit. Allerdings sind so gut wie keine »sozialen Grundrechte« im Grundgesetz verankert worden, vor allem deshalb, weil ihre Festschreibung kontraproduktiv wäre. Denn was ist für Arbeitslose gewonnen, wenn sie sich auf ein »Recht auf Arbeit« berufen und die Wirklichkeit ein solches Prinzip desavouiert! »Soziale« Grundrechte lassen sich nun einmal nicht einklagen, und der Widerspruch zwischen Theorie und Praxis kann entsprechend »ausgeschlachtet« werden. Trotzdem ist das Sozialstaatspostulat, verstanden als regulative Idee, ein unverbrüchlich geltender Bestandteil des Grundgesetzes.

So sehr auch prinzipieller Konsens über die Notwendigkeit des Sozialstaatsprinzips besteht, so stark differieren die Auffassungen über den Sozialstaat in der Bundesrepublik[47]. Den einen ist er unter Hinweis auf massive soziale Ungerechtigkeiten nicht weit genug entwickelt (Sparmaßnahmen träfen die schwächsten Glieder der Gesellschaft), die anderen halten seine Grenzen für längst erreicht: Die Eigenverantwortung der Bürger verkümmere infolge zahlreicher Regelungen zur Daseinsvorsorge immer mehr. Rechtsstaat und Sozialstaat stehen nach dem Willen des Grundgesetzgebers in keinem Widerspruch, wie die Begriffsbildung »sozialer Rechtsstaat« anzeigt. Das mehr bewahrende Element (Rechtsstaat) ist mit dem eher dynamischen (Sozialstaat) verklammert. Folgende Paradoxie springt ins Auge: Diejenigen, die im Bereich des Rechtsstaates möglichst viel Freiheit vom Staat fordern, rufen im sozialstaatlichen Sektor nach dem Staat. Vice versa gilt der Sachverhalt ebenso.

Das Prinzip des »Bundesstaates« geht davon aus, daß die Bundesländer an der politischen Willensbildung entscheidend beteiligt und die staatlichen Aufgaben zwischen dem Bund und den Ländern geteilt sind. Es setzt sich sowohl vom Einheitsstaat, bei dem der Zentralgewalt alle Kompetenzen obliegen, als auch vom Staatenbund ab (hier wird die Souveränität der Gliedstaaten nicht angetastet). Der Bundesstaat in der Bundesrepublik Deutschland geht sowohl auf deutsche Traditionen als auch auf Wünsche der Alliierten zurück. Was den Bundesstaat betrifft, so ist ebenfalls eine gewisse Paradoxie auffallend. Mit der Zahl der Befürworter des Bundesstaatsprinzips nimmt gleichzeitig auch die der Kritiker am Bundesstaat zu, hat sich doch die Machtbalance seit den sechziger Jahren zuungunsten der Länder verschoben: Immer mehr Kompetenzen sind auf den Zentralstaat übergegangen. Keines der vier Staatsstrukturprinzipien ist in der Bundesrepublik so umstritten wie das des Bundesstaates. Zwar wird die Einrichtung von Bundesländern bejaht (die lange vorgesehene Neugliederung der Länder ist ad acta gelegt und auch im Zuge der Wiedervereinigung trotz vorübergehender Überlegungen nicht aufgegriffen worden), gleich-

---

47 Vgl. zu den verschiedenen Sozialstaatsmodellen Hans-Hermann Hartwich, Sozialstaatspostulat und gesellschaftlicher Status quo, Opladen 1978[3] (1970); siehe auch Volker Schokkenhoff, Wirtschaftsverfassung und Grundgesetz. Die Auseinandersetzung in den Verfassungsberatungen 1945–1949, Frankfurt/M. 1986.

wohl gibt es unterschiedlich motivierte Kritik am Föderalismus[48]. Den einen geht er zu weit, die anderen wollen ihn ganz zurückdrängen. Denn nicht jede Demokratie muß ein Bundesstaat sein, wie etwa das Beispiel Frankreichs zeigt. Allerdings ist jeder Bundesstaat eine Demokratie. Im Zusammenhang mit der deutschen Einigung plädieren viele dafür, föderale Strukturprinzipien auszubauen[49].

Zu einer Demokratie, wie sie in der Bundesrepublik besteht, gehört als ganz entscheidendes Element das Mehrparteienprinzip und damit das Recht auf Opposition. Das Bundesverfassungsgericht hat dies in einer bekannten Definition zum Kernbegriff der freiheitlichen demokratischen Grundordnung eigens festgehalten[50]. Während in einer Diktatur andersgeartete Positionen als häretisch gelten, ist Opposition für eine parlamentarische Demokratie ein konstitutives Merkmal. Sie kann die unterschiedlichsten Formen annehmen, denkt man nur an die parlamentarische und die außerparlamentarische Opposition. In der Bundesrepublik hat es immer wieder außerparlamentarische Oppositionsbewegungen gegeben, die sich – wie in anderen Ländern auch[51] – zu den verschiedensten Anlässen zusammengefunden haben. Ist der außerparlamentarische Bürgerprotest eine ganz legitime Spielart der Partizipation, verhält es sich, wie bereits angedeutet, mit dem »zivilen Ungehorsam« anders. Wer gesetzwidrige Handlungen rechtfertigt, setzt sich auch dann ins Unrecht, wenn er für seine spektakuläre Aktionsweise hehre Motive anführt sowie das Argument, auf andere Weise ließe sich dem Protest nicht angemessen Ausdruck verleihen[52]. Zumindest ist der Bürger verpflichtet, die mit dem Gesetzesverstoß verbundenen Sanktionen zu tragen[53]. Andernfalls würde das staatliche Gewaltmonopol außer Kraft gesetzt. Noch weniger Anspruch auf Verständnis kann – zwecks Rechtfertigung gewaltsamer Aktionen – die Berufung auf das Widerstandsrecht finden. Schließlich sind in einer Demokratie zahlreiche Möglichkeiten gegeben, um Mißstände aufzudecken und abzustellen. Die Bezugnahme auf Art. 20 Abs. 4 GG (»Gegen jeden, der es unternimmt, diese Ordnung zu beseitigen, haben alle Deutschen das Recht zum Widerstand, wenn andere Abhilfe nicht möglich ist«) führt daher in die Irre[54]. Diese

---

48 Zusammenfassend: Heinz Laufer, Das föderative System der Bundesrepublik Deutschland, München 1991[6]. Hartmut Klatt, Reform und Perspektiven des Föderalismus in der Bundesrepublik Deutschland. Stärkung der Länder als Modernisierungskonzept, in: APZG, B 28/86, S. 3–21. Grundlegend: Fritz W. Scharpf, Die Politikverflechtungsfalle: Europäische Integration und deutscher Föderalismus im Vergleich, in: PVS, 26 (1985), S. 323–356.

49 Vgl. mit unterschiedlichen Argumenten Heinz Laufer/Ursula Münch, Die Neugestaltung der bundesstaatlichen Ordnung, in: Eckhard Jesse/Armin Mitter (Hrsg.), Die Gestaltung der deutschen Einheit. Geschichte – Politik – Gesellschaft, Bonn 1992; S. 215–245; Roland Sturm, Die Zukunft des deutschen Föderalismus, in: Ulrike Liebert/Wolfgang Merkel (Hrsg.), Die Politik zur deutschen Einheit. Probleme – Strategien – Kontroversen, Opladen 1991, S. 161–182.

50 Vgl. Kap. VIII.2.

51 Vgl. dazu u. a. Eva Kolinsky (Hrsg.), Opposition in Western Europe, London 1987.

52 Vgl. insbes. Thomas Laker, Ziviler Ungehorsam. Geschichte – Begriff – Rechtfertigung, Baden-Baden 1986; ferner Peter Glotz (Hrsg.), Ziviler Ungehorsam im Rechtsstaat, Frankfurt/M. 1983.

53 »Locus classicus« für die Rechtfertigung des zivilen Ungehorsams ist die Schrift von John Rawls, Eine Theorie der Gerechtigkeit (1971), Frankfurt/M. 1979.

54 Vgl. auch Josef Isensee, Das legalisierte Widerstandsrecht. Eine staatsrechtliche Analyse des Art. 20 Abs. 4 Grundgesetz, Bad Homburg u. a. 1969. Ferner Kap. VIII.2.

im Rahmen der Notstandsverfassung von 1968 ins Grundgesetz eingefügte Bestimmung ist ein Reflex auf die Legalitätstaktik der Nationalsozialisten.

»Bonn ist nicht Weimar« – so lautet der vielzitierte Titel eines Buches des Schweizer Publizisten Fritz René Allemann[55]. Hinter dieser forsch anmutenden Formel aus den fünfziger Jahren schwang einerseits der Wille mit, Bonn dürfe unter keinen Umständen, andererseits die Ängstlichkeit, Bonn könne doch Weimar werden. Viel Unsicherheit sprach aus dem griffigen Slogan, der längst in den »Büchmann« Eingang gefunden hat. Ist die Bundesrepublik nun eine »Schönwetterdemokratie«, die Belastungen nicht hinreichend sicher standhält?

Diese in den fünfziger und sechziger Jahren häufig gestellte Frage spielt heute wieder eine Rolle, da mit der Vereinigung neue Probleme auftauchen, die unterschiedlich motivierte Verunsicherung hervorrufen. Bonn ist aber nicht nur nicht Weimar, sondern auch nicht Berlin. Das Gerede von der »Berliner Republik«[56] (oder von der »dritten Republik«[57]) spielt die Kontinuität zwischen der Bundesrepublik vor der Einigung und der erweiterten Bundesrepublik herunter. Der gesamte Vereinigungsprozeß belegt die Dominanz der Bundesrepublik.

2. Die deutsche Vereinigung

Bis 1989/90 ist die Deutsche Demokratische Republik eine kommunistische Diktatur gewesen. Die eben erwähnten Strukturmerkmale waren für sie nicht bestimmend. Die Sozialistische Einheitspartei Deutschlands (SED) prägte das gesamte politische Leben. Die DDR schien ein stabiler Staat, der aufgrund seiner Abschottungsmaßnahmen nicht so schnell ins Wanken zu geraten schien. Die deutsch-deutschen Beziehungen hatten sich gebessert, wenngleich sie häufig die politische Großwetterlage im Ost-West-Konflikt widerspiegelten. Was der Deutschland-Experte Wilhelm Bruns im Jahre 1989 zur deutschen Frage zu Papier brachte, war weitgehender – politischer, publizistischer und wissenschaftlicher – Konsens in der Bundesrepublik Deutschland: »Die politische Konstellation in Europa läßt nur einen Ansatz zu, der von der Existenz zweier deutscher Staaten ausgeht und mit den beiden deutschen Staaten eine Europäische Friedensordnung anstrebt. Zur politischen Konstellation gehört, daß kein Staat in Europa die Bundesrepublik bei einer Politik unterstützte, die den status quo verändern wollte.«[58] Noch im Frühjahr 1989 erschien in großer Auflage ein »Deutschland-Handbuch«, dessen Autoren die verschiedenen Bereiche in der Bundesrepublik und der DDR vergleichend gegenüberstellten[59] – wohl das letzte große

55   Vgl. Fritz René Allemann, Bonn ist nicht Weimar, Köln 1956.
56   So statt vieler Claus Leggewie/Horst Meier, Die Berliner Republik als Streitbare Demokratie? Vorgezogener Nachruf auf die freiheitliche demokratische Grundordnung, in: Blätter für deutsche und internationale Politik, 27 (1992), S. 598–604.
57   In diesem Sinne exemplarisch Wolfgang Herles, Geteilte Freude. Das erste Jahr der dritten Republik. Eine Streitschrift, München 1992.
58   Wilhelm Bruns, Von der Deutschland-Politik zur DDR-Politik? Prämissen – Probleme – Perspektiven, Opladen 1989, S. 219 f.
59   Vgl. Werner Weidenfeld/Hartmut Zimmermann (Hrsg.), Deutschland-Handbuch. Eine doppelte Bilanz 1949–1989, München 1989.

Werk, das Stärken und Schwächen der politischen, gesellschaftlichen und wirtschaftlichen Ordnung in beiden deutschen Staaten analysierte. Noch deutete nichts auf den Zerfall des kommunistischen Systems in der DDR hin.

In der Bundesrepublik Deutschland hatte man sich weithin mit der Teilung Deutschlands abgefunden, nachdem in den ersten zwanzig Jahren eine Anerkennung der DDR unterblieben war. Deutsch-deutsche Beziehungen existierten in den ersten zwanzig Jahren nach Gründung der beiden deutschen Staaten aufgrund der Nichtanerkennungspolitik seitens des Westens so gut wie nicht[60]. Als in der zweiten Hälfte der sechziger Jahre eine nicht nur atmosphärische Entspannung zwischen den beiden Großmächten eintrat[61], bestand die Gefahr eines »Sonderkonflikts«[62] zwischen der Bundesrepublik Deutschland einer- und der DDR andererseits – mit der Gefahr einer Isolierung der Bundesrepublik im Westbündnis. Insofern war die neue, von der sozial-liberalen Regierung eingeleitete Deutschland- und Ostpolitik im Kern unumgänglich. Auch viele Politiker aus den Reihen der Union, die ihrerseits als Oppositionspartei dagegen war, sehen das heute so. Nach dem Abschluß des 1972 unterzeichneten und 1973 ratifizierten Grundlagenvertrages wurde der Weg für die Aufnahme der beiden deutschen Staaten in die UNO frei. Dem Grundlagenvertrag folgten zahlreiche Vereinbarungen, die die Grenze zum Teil durchlässiger machten, zum Teil aber auch die DDR indirekt stabilisierten. Gleiches gilt – in einem umfassenderen Maßstab – für die Schlußakte der »Konferenz über Sicherheit und Zusammenarbeit in Europa« (KSZE) aus dem Jahre 1975 mit ihren drei »Körben« (Fragen der Sicherheit in Europa; Zusammenarbeit zwischen den Staaten; Achtung der Menschenrechte) und die Folgekonferenzen. Der Ostblock wurde gefestigt – der territoriale Status galt als akzeptiert – und destabilisiert gleichermaßen: Oppositionelle Bewegungen in den osteuropäischen Staaten konnten sich auf den »Korb 3« berufen.

Die heute zum Teil aus ganz unterschiedlichen Richtungen an der Deutschlandpolitik der sozial-liberalen und der christlich-liberalen Regierungen geübte Kritik verkennt daher die politische »Großwetterlage« und bestimmte Sachzwänge, wiewohl sich in der Tat über manche Nachgiebigkeiten gegenüber der SED-Führung streiten läßt. Tendenzen, das Leben in der DDR zu beschönigen, sind in Teilen der Publizistik und der DDR-Forschung anzutreffen gewesen[63]. Für Günter Gaus, von 1974 bis 1981 der erste Leiter der Ständigen Vertretung der Bundesrepublik Deutschland bei der DDR, etwa hatte sich die DDR zu einer »Nischengesellschaft« entwickelt[64].

---

60 Vgl. Brigitte Seebacher-Brandt, Die deutsch-deutschen Beziehungen: Eine Geschichte von Verlegenheiten, in: E. Jesse/A. Mitter (Anm. 49), S. 15–40.

61 Vgl. für den Gesamtzusammenhang: Manfred Görtemaker, Die unheilige Allianz. Die Geschichte der Entspannungspolitik 1943–1979, München 1979; zur Rolle Deutschlands: Christian Hacke, Weltmacht wider Willen. Die Außenpolitik der Bundesrepublik Deutschland, Stuttgart 1988.

62 So treffend Richard Löwenthal, Vom Kalten Krieg zur Ostpolitik, in: ders./Hans-Peter Schwarz (Hrsg.), Die zweite Republik. 25 Jahre Bundesrepublik Deutschland – eine Bilanz, Stuttgart 1974, S. 604–699.

63 Eine Einordnung der DDR-Forschung findet sich bei Eckhard Jesse, Die politikwissenschaftliche DDR-Forschung in der Bundesrepublik Deutschland, in: Peter Eisenmann/Gerhard Hirscher (Hrsg.), Dem Zeitgeist geopfert. Die DDR in Wissenschaft, Publizistik und politischer Bildung, Mainz-München 1992, S. 13–58.

64 Vgl. Günther Gaus, Wo Deutschland liegt. Eine Ortsbestimmung, Hamburg 1983, S. 156–233.

Aber das System zeichnete sich nicht gerade durch Nischen aus. Kritikwürdiger als die Deutschlandpolitik ist jener Teil der wissenschaftlichen DDR-Forschung, der die totalitären oder auch nur diktatorischen Elemente des ostdeutschen Systems eher heruntergespielt hat[65]. Immanentes Vorgehen[66] herrschte vor: Der Vergleich zwischen den in der DDR vorgegebenen Maximen und der DDR-Realität führte jedoch vielfach nicht weiter. Die DDR an freiheitlichen Prinzipien zu messen, kam ebenso zu kurz wie die Behandlung heikler Fragen. Der systematische Auf- und Ausbau des Sicherheitsapparates zur Unterdrückung der eigenen Bevölkerung ist nur selten zur Sprache gebracht worden. Wenn vom Ministerium für Staatssicherheit die Rede war, so geschah das meistens in deskriptiver Form, mehr vernebelnd als erhellend. Das folgende Zitat aus der Feder eines der bekanntesten DDR-Forscher, der über das Ausmaß der Staatssicherheit kein Wort verliert und in puncto »politische und militärische Sicherungsaufgaben« auf »vergleichbare Geheimdienste in westlichen Ländern« rekurriert, ist keineswegs gesucht: »Der Staatssicherheitsdienst stellt aufgrund seiner umfassenden Aufgaben, seiner Möglichkeiten der Informationsbeschaffung durch Informanten, eigene Analysen, wissenschaftliche Zuarbeit verschiedener Institutionen und die Nutzung von Ergebnissen der Meinungsforschung die Bürokratiefraktion dar, die über die genaueste und detaillierteste Kenntnis aller Bereiche der Gesellschaft verfügt. Angesichts fehlender Möglichkeiten organisierter Artikulation gesellschaftlicher Interessen ist es für die regierende Partei ein unverzichtbares ›Frühwarnsystem‹ für gesellschaftliche Konflikt- und Krisensituationen«[67] – und für die Opfer? Ihre Perspektive blieb ausgeblendet – nicht nur bei Gert-Joachim Glaeßner. Die »Vergangenheitsbewältigung West« kann daher hinfort nicht ausgeklammert werden. So hat Jens Hacker zahlreiche Fehleinschätzungen in der politischen, öffentlichen und wissenschaftlichen Diskussion aufgespießt[68].

Allerdings ist durch die Einheit Deutschlands der »Verfassungspatriotismus«[69] nicht überholt. Denn wichtiger als die Einheit der Deutschen mußte stets die Freiheit sein. Hätte die DDR-Bevölkerung ein eigenes freiheitliches System befürwortet, so wäre das für alle akzeptabel gewesen. Das in erster Linie Kritikwürdige der Entwicklung nach 1945 war weniger die Teilung Deutschlands als die Unfreiheit im kommunistischen System der DDR. Der Grundsatz Konrad Adenauers, Freiheit habe vor Einheit zu rangieren, war nicht verkehrt, eine Neutralisierung Deutschlands mit zu vielen Risiken behaftet[70].

Der Systemwandel in der DDR von einer Diktatur der SED zu einer Parteiendemokratie westlichen Musters hat sich in atemberaubender Geschwindigkeit vollzo-

65 Das gilt über weite Strecken auch für folgendes Standardwerk: DDR-Handbuch, 2 Bde., Wissenschaftliche Leitung: Hartmut Zimmermann, Köln 1985³.

66 Vgl. dazu – wenn auch in vielem nicht unproblematisch – Heinz Peter Hamacher, DDR-Forschung und Politikberatung 1949–1990. Ein Wissenschaftszweig zwischen Selbstbehauptung und Anpassungszwang, Köln 1991.

67 Gert-Joachim Glaeßner, Die andere deutsche Republik. Gesellschaft und Politik in der DDR, Opladen 1989, S. 169f.

68 Vgl. Jens Hacker, Deutsche Irrtümer. Schönfärber und Helfershelfer der SED-Diktatur im Westen, Berlin-Frankfurt/M. 1992.

69 Vgl. dazu Dolf Sternberger, Verfassungspatriotismus, hrsg. von Peter Haungs/Klaus Landfried/Elsbet Orth/Bernhard Vogel, Frankfurt/M. 1992.

70 Vgl. hierzu die Interpretationen von Hans-Peter Schwarz, Adenauer. Der Aufstieg: 1876–1952, Stuttgart 1976; Adenauer. Der Staatsmann: 1952–1967, Stuttgart 1991.

gen. Damit wurde zugleich der Weg für die deutsche Einheit frei – weitaus schneller, als Befürworter es jemals erhofft und Pessimisten befürchtet hatten. Der »Gezeitenwechsel« (Hans-Dietrich Genscher) war durch eine Verquickung mehrerer Umstände herbeigeführt worden. Eine monokausale Interpretation übersieht die Vielfalt der Faktoren – außen- und innenpolitische, nicht zuletzt auch ökonomische. Wer die Geschichte der DDR Revue passieren läßt[71], kann kaum glauben, daß – und wie schnell – das kommunistische Herrschaftssystem zusammengebrochen ist.

Die sowjetische Besatzungszone entwickelte sich nach 1945 anders als die amerikanische, britische und französische. Die sowjetische Besatzungsmacht ließ keinen Zweifel daran aufkommen, daß sie ein pluralistisches politisches System nicht aufzubauen gewillt war. Die Vorherrschaft der Kommunisten wurde schnell deutlich. Schon frühzeitig ließ die Sowjetische Militäradministration in ihrem Befehl Nr. 2 vom 10. Juni 1945 die Bildung von Parteien zu (die KPD, die SPD, die CDU und die LDPD), um die Richtung der Parteien von vornherein steuern zu können. In gewisser Weise muß die Spaltung Deutschlands angesichts der tiefen ideen- und machtpolitischen Interessengegensätze als unvermeidlich gelten, aber sie war eine Reaktion auf den Kalten Krieg, nicht auf den von Deutschland begonnenen und verlorenen Zweiten Weltkrieg. Ein Unterschied, der später von Bedeutung werden sollte, als sich nicht nur der Kalte Krieg, sondern auch der Ost-West-Konflikt aufzulösen begann.

Der Gleichschaltungsprozeß in der SBZ schritt mit der Zwangsvereinigung von KPD und SPD im April 1946 schnell voran[72]. Die neue »Sozialistische Einheitspartei Deutschlands« (SED) errang dank der sowjetischen Besatzungsmacht ein faktisches Machtmonopol. Die beiden anderen Parteien – die CDU und die LDPD – verloren ihre Eigenständigkeit. Der abgesetzte Vorsitzende der CDU, Jakob Kaiser, ging in den Westen; der konzessionsbereite Vorsitzende der LDPD, Wilhelm Külz, verstarb 1948. In jenem Jahr wurden von der SED zwei weitere Parteien ins Leben gerufen: die Demokratische Bauernpartei Deutschlands (DBD) und die Nationaldemokratische Partei Deutschlands (NDPD). Die erste sollte die Bauernschaft in das neue politische System integrieren, die zweite nationale und ehemals nationalsozialistische Kräfte. Eine Eigenständigkeit kam diesen beiden Parteien nicht zu, mögen auch »bürgerliche« Kräfte hier zeitweilig eine Heimstatt gefunden haben. Die Bedeutung der Blockparteien, die die Führungsrolle der Kommunisten anerkannten, erwies sich für die SED als ambivalent. Einerseits schirmten sie deren Herrschaft ab, andererseits hatten sie auch eine Nischenfunktion, die sich diejenigen zunutze zu machen suchten, die sich der aufdringlichen Haltung der SED erwehren wollten[73]. Innerhalb weniger Jahre, noch vor Gründung der DDR, war die SBZ faktisch gleichgeschaltet.

---

71 Vgl. etwa die zahlreichen Publikationen von Hermann Weber, Geschichte der DDR, München 1985; Die DDR 1945–1986, München 1988; DDR. Grundriß der Geschichte 1945–1990, Neuauflage, Hannover 1991; Aufbau und Fall einer Diktatur. Kritische Beiträge zur Geschichte der DDR, Köln 1991.

72 Vgl. das umfassende, zahlreiche Bereiche einbeziehende Werk von Martin Broszat/Hermann Weber (Hrsg.), SBZ-Handbuch. Staatliche Verwaltungen, Parteien, gesellschaftliche Organisationen und ihre Führungskräfte in der Sowjetischen Besatzungszone Deutschlands 1945–1949, München 1990.

73 Vgl. Peter Joachim Lapp, Die ›befreundeten Parteien‹ der SED. DDR-Blockparteien heute, Köln 1988.

In der »Nationalen Front der Deutschen Demokratischen Republik«, die jeweils eine Einheitsliste für die Wahlen aufstellte, waren die Parteien (SED, CDU, LDPD, DBD, NDPD) zusammen mit den Massenorganisationen vereinigt. Zu ihnen gehörten der Freie Deutsche Gewerkschaftsbund (FDGB), die Freie Deutsche Jugend (FDJ), der Demokratische Frauenbund Deutschlands, der Kulturbund der DDR (KB) sowie die Vereinigung der gegenseitigen Bauernhilfe (VdgB). Diese Massenorganisationen sollten die Bürger der DDR ideologisch erfassen, für die Ziele der SED gewinnen und letztlich auch kontrollieren. Sie bildeten also keine unabhängigen Interessenverbände, dienten gleichwohl in engen Grenzen als Foren der auf Einzelfragen beschränkten Kritik.

Die Mandate in der Volkskammer, der obersten Volksvertretung der DDR, wurden nach einem vorher festgelegten Schlüssel vergeben[74]. Die SED erhielt 25,4 Prozent der 500 Mandate, die vier Blockparteien bekamen je 10,4 Prozent. Dem FDGB standen 12,2 Prozent zu, der FDJ 7,4, dem DFD 6,4, dem Kulturbund der DDR 4,2 und der VdgB 2,8 Prozent. Die meisten Repräsentanten der Massenorganisationen gehörten zugleich der SED an, so daß diese auch formal eine absolute Mehrheit in der Volkskammer hatte. Aber auch solche Vorkehrungen konnten den revolutionären Umbruch, wie sich zeigen sollte, nicht verhindern. Lediglich ein einziges Mal wurde in der Geschichte der nicht frei gewählten Volkskammer das Prinzip der Einmütigkeit durchbrochen. Im März 1972 gab es im »Ja-Sager«-Parlament bei dem Gesetz zur Schwangerschaftsunterbrechung aus den Reihen der CDU 14 Gegenstimmen und acht Enthaltungen.

Die Wahlen in der DDR bezeichneten ihre Bürger wegen des fehlenden Parteienpluralismus sarkastisch als »Zettel falten«. Dem Wahlakt war bereits durch das Werfen des Stimmzettels in die Wahlurne Genüge getan. Der Bürger hatte keine Entscheidung, faktisch auch nicht in der Vorphase[75]. Obwohl die Verfassung geheime Wahl vorschrieb, stellte offene Wahl die Regel dar. Die wenigsten Bürger suchten die Wahlkabinen auf. Man wollte sich nicht verdächtig machen. Offene Wahl galt als ein Zeichen des Vertrauensbeweises für die Kandidaten der »Nationalen Front«. Wer nichts zu verbergen habe, könne sein Vertrauen offen bekunden[76].

Die Wahlbeteiligung lag bei allen Wahlen über 98 Prozent, die Zahl der Ja-Stimmen betrug jedes Mal deutlich über 99 Prozent. Nichts erhellte offenkundiger den Versuch der SED, gesellschaftliche Harmonie vorzutäuschen. Die letzte, unter den Bedingungen der »Einheitsliste« durchgeführte Wahl im Jahre 1986 brachte ein Rekordergebnis. Nie war der Wahleifer so groß (99,74 Prozent), und die Zustimmungsquote für die Kandidaten (99,94 Prozent) lag nur 1963 um 0,01 Prozentpunkte höher. Lediglich 7 512 Wähler hatten somit dem Wahlvorschlag ihre Zustimmung versagt und offenkundig mehr DDR-Bürger einen Antrag aus der Entlassung der DDR-Staatsbürgerschaft gestellt, als es Nein-Stimmen gab. Dieser auf den ersten Blick

---

74 Vgl. Eckhard Jesse, Die Volkskammer der DDR: Befugnisse und Verfahren nach Verfassung und politischer Praxis, in: Hans-Peter Schneider/Wolfgang Zeh (Hrsg.), Parlamentsrecht und Parlamentspraxis in der Bundesrepublik Deutschland, Berlin 1989, S. 1821–1844.
75 Vgl. dazu Hans-Jürgen Brandt, Die Kandidatenaufstellung zu den Volkskammerwahlen der DDR. Entscheidungsprozesse und Auswahlkriterien, Baden-Baden 1983.
76 Vgl. Herbert Graf/Günther Seiler, Wahl und Wahlrecht im Klassenkampf, Berlin (Ost) 1971.

merkwürdige Umstand erklärt sich wohl damit, daß ein demonstrativer Akt wie die Ablehnung der Einheitsliste lediglich Ärger verursachte, ohne daß angesichts der ausgeklügelten Wahlprozedur eine Änderung eintrat. Hingegen konnte ein hartnäckig betriebenes Ersuchen auf Ausreise zum Erfolg führen.

Die erste Verfassung aus dem Jahre 1949 war noch überwiegend eine bürgerlich-demokratische Verfassung, verankerte etwa die Unabhängigkeit der Gerichte. Die Praxis sah jedoch ganz anders aus. Im Jahre 1968 wurde die Diskrepanz zwischen Verfassungstheorie und Verfassungswirklichkeit beseitigt. Die neue DDR-Verfassung war die Verfassung eines marxistisch-leninistischen Staates[77]. Die Unabhängigkeit der Justiz etwa blieb auch auf dem Papier nicht mehr erhalten. Die Totalrevision der DDR-Verfassung aus dem Jahre 1974, die keine Änderungen zu den Kompetenzen der Volkskammer betraf, tilgte alle Anklänge an die Einheit der deutschen Nation. Aber die normative Kraft des Faktischen sollte sich als stärker erweisen. In einem gewissen Sinn hielt die SED an der *einen* Nation fest, wenn auch in einem ganz anderen Verständnis: Die linientreue Ausrichtung der KPD bis zu ihrem Verbot 1956 (und auch in der Illegalität) sowie der DKP bis zum Kollaps des Kommunismus an der SED ist ein Indiz für die Geschlossenheit des Handelns[78]. Die SED propagierte die These von zwei deutschen Nationen und war gleichwohl interessiert daran, in der Bundesrepublik eine Kraft nach allen Mitteln zu fördern, die sich als ihr verlängerter Arm verstand.

Wenn das System der DDR auch – formal betrachtet – in den ersten vierzig Jahren seines Bestehens nicht auf einer Einparteienherrschaft basierte, so war faktisch das Herrschaftsmonopol der SED[79] ungebrochen und durch vielfältige Mechanismen gestützt, nicht zuletzt durch ein weitverzweigtes System der Staatssicherheit[80]. Der Streit, ob die DDR auf einem Ein- oder einem Mehrparteiensystem fußte, muß daher als müßig gelten. In der DDR gab es keine Parteien mit unterschiedlichen oder gar gegensätzlichen Zielen. Aus kommunistischer Warte wurde dies damit begründet, daß nach der Überführung der Produktionsmittel in Staatseigentum die wirklichen Interessen des einzelnen Bürgers mit denen des Staates zusammenfielen. Damit sei die Macht der »alten Ausbeuterklasse« abgeschafft worden. Das Gemeinwohl dürfe nun nicht durch abweichende Auffassungen gefährdet werden. Pluralismus galt für den real existierenden Sozialismus als gefährlich und verdammenswert – eine »bürgerliche politische und ideologische Konzeption zur Verschleierung der unversöhnlichen Klassengegensätze zwischen Bourgeoisie und Proletariat und Konzeption der ideologischen Diversion des Imperialismus gegen den realen Sozialis-

---

77 Vgl. Siegfried Mampel, Die sozialistische Verfassung der Deutschen Demokratischen Republik. Kommentar, Frankfurt/M. 1982[2].

78 An einem Teilbereich wird dies in der folgenden Studie gezeigt: Manfred Wilke/Hans-Peter Müller, SED-Politik gegen die Realitäten. Verlauf und Funktion der Diskussion über die westdeutschen Gewerkschaften in SED und KPD/DKP 1961 bis 1972, Köln 1990.

79 Vgl. beispielsweise Gero Neugebauer, Partei- und Staatsapparat. Aspekte der Instrumentalisierung des Staatsapparates durch die SED, Opladen 1978; Eberhard Schneider, Die SED der 80er Jahre. Das neue Programm und Statut der Partei, Köln 1977.

80 Vgl. (vor der »Wende«) Karl Wilhelm Fricke, Die DDR-Staatssicherheit. Entwicklung, Strukturen, Aktionsfelder, Köln 1989[3] (1982); nach der »Wende« ders., MfS intern. Macht, Strukturen, Auflösung der DDR-Staatssicherheit. Analyse und Dokumentation, Köln 1991.

mus«[81]. Eine exponierte Kampfansage galt der »Totalitarismusdoktrin«[82]. Selbst das »neue politische Denken«, das eine Folgerung aus der Gefahr eines Krieges aus dem Nuklearzeitalter sein soll[83], hat nicht das Herrschaftsmonopol der SED in Frage gestellt[84].

Weder die strikte Ablehnung der Parteienvielfalt noch der von Lenin übernommene »demokratische Zentralismus« – er zeichnete sich durch die Wählbarkeit aller leitenden Parteiorgane von unten nach oben aus – auch bei der Kandidatennominierung; strikte Weisungsbefugnis von oben nach unten; Verbot innerer Gruppenbildung; unbedingte Verbindlichkeit der Beschlüsse übergeordneter Instanzen – verlieh dem SED-Regime Stabilität. Jede selbst innerparteiliche Demokratie wurde abgeschnürt und eine mögliche innerparteiliche Opposition im Keim erstickt. Wer im Verdacht stand, gegen die Führung der SED zu opponieren, verlor seine Funktionen. Von innerparteilichen »Säuberungen« waren sogar Vertreter des Politbüros betroffen[85].

Durch die Kommunalwahlen des Jahres 1989 schien sich insofern etwas geändert zu haben, als die Wahlbeteiligungs- wie die Zustimmungsquote unter 99 Prozent lag. Dieses Wahlergebnis war zudem nur durch massive Wahlfälschungen zustande gekommen, wie das unabhängige Gruppierungen bereits seinerzeit behauptet hatten. Die Proteste von Friedensgruppen und Vertretern der Kirchen gegen die Manipulationen anläßlich der Kommunalwahlen signalisierten bereits erste Ansätze einer oppositionellen Bewegung. Allerdings bestand in der DDR keine polnische »Solidarität« und keine tschechische »Charta 77«. Eine Opposition hatte sich aus vielerlei Gründen nicht herausbilden können. Die DDR-Staatsführung wachte angesichts des »Klassenfeindes« im Westen argwöhnisch über jede Form der Dissidenz, und wer antikommunistisch eingestellt war, versuchte mittels eines Ausreiseantrages, in den Westen zu kommen. So erwies sich die Existenz der Bundesrepublik für die Herausbildung einer schlagkräftigen oppositionellen Bewegung als ambivalent. Die wenigen oppositionellen Kräfte in der DDR, die vor allem innerhalb der protestantischen Kirche in Erscheinung traten, unterschieden sich aber noch in einem anderen Punkt von der Opposition in Osteuropa: Diese war im Kern antikommunistisch, während in der DDR praktisch alle Kritiker sich auf den Boden des Sozialismus stellten und nur seine Pervertierung durch die Staatspartei anprangerten.

81 Kleines Politisches Wörterbuch, Berlin (Ost) 1983[4], S. 736.
82 Vgl. Autorenkollektiv unter Leitung von Gerhard Lozek, Die Totalitarismus-Doktrin im Antikommunismus. Kritik einer Grundkomponente bürgerlicher Ideologie, Berlin (Ost) 1985.
83 Vgl. als einen der ersten wegweisenden Beiträge: Georgi Ch. Schachnasarow, Die politische Logik des Nuklearzeitalters, in: Sowjetwissenschaft. Gesellschaftswissenschaftliche Beiträge, 37 (1984), S. 451–462; aus DDR-Sicht beispielsweise: Wolfgang Scheler, Neues Denken über Krieg und Frieden, in: Deutsche Zeitschrift für Philosophie, 35 (1987), S. 12–20; zur Kritik: Wilhelm Bruns, Was ist neu am »neuen Denken« in der DDR? Die Friedens- und Sicherheitspolitik steht im Zentrum, in: APZG, B 13/87, S. 3–14.
84 Vgl. etwa die in einem ost- und einem westdeutschen Verlag am Vorabend der »Wende« erschienene Studie von Uwe-Jens Heuer, Marxismus und Demokratie, Baden-Baden 1989. Heuer ist heute Bundestagsabgeordneter in den Reihen der PDS.
85 Vgl. Karl Wilhelm Fricke, Opposition und Widerstand in der DDR. Ein politischer Report, Köln 1984.

Der alle überraschende revolutionäre Umbruch in der DDR im Herbst 1989 wäre ohne die Reformen in der Sowjetunion unter Michail Gorbatschow nicht möglich gewesen, wobei dieser keineswegs den Zerfall des »sozialistischen Weltsystems« heraufbeschwören wollte. Einige osteuropäische Staaten, mit Ungarn und Polen an der Spitze, begannen das Machtmonopol der entkräfteten kommunistischen Partei allmählich abzustreifen. Die Sowjetunion intervenierte in diesen Staaten nicht – im Gegensatz zu früher. Der Kollaps des Kommunismus in der DDR ist daher in engem Zusammenhang zur gesamten Entwicklung in Osteuropa zu sehen. Eine Zeitenwende kündigte sich an[86].

Die Massenflucht von DDR-Bürgern im Sommer und Herbst 1989 nach Ungarn, Polen und in die ČSSR ermutigte die im Lande Lebenden zu friedlichen Demonstrationen (»Wir sind das Volk«). Erschütternde Bilder von Flüchtlingen, die sich in den Botschaften der Bundesrepublik aufhielten, gingen um die Welt. Das alte System erwies sich als zu entkräftet, als daß es die »Wende« zu verhindern gewußt hätte, zumal sich die oppositionelle Bewegung schnell verbreitete. Der Sturz Honeckers kurz nach dem in gespannter Atmosphäre begangenen vierzigsten Jahrestag der DDR im Oktober 1989 konnte den Zerfall des kommunistischen Herrschaftssystems nicht aufhalten. Sein Nachfolger Egon Krenz ergriff nur halbherzige Maßnahmen[87]. Immerhin kam es unter ihm am 9. November 1989 zur Öffnung der Grenzen. Die sich in den folgenden Tagen abspielenden Freudenszenen werden immer im Gedächtnis vieler Bürger in beiden Teilen Deutschlands haften bleiben. Insgesamt siedelten 1989 fast 350 000 Menschen aus der DDR in die Bundesrepublik über.

Obwohl die SED sich von ihrer Vergangenheit lossagte, führende Repräsentanten ausschloß (den langjährigen Generalsekretär Erich Honecker ebenso wie seinen Nachfolger Egon Krenz) und sich in »Partei des Demokratischen Sozialismus« (PDS) umtaufte (zunächst noch in SED/PDS)[88], wurde sie von ihren Mitgliedern scharenweise verlassen[89]. Auch die bisherigen Blockparteien änderten innerhalb weniger Monate ihr Gesicht. Mancher Politiker der DDR – und nicht nur der – mußte sich den Vorwurf des »Wendehalses« gefallen lassen. Andere Beobachter fanden die Wandlung glaubwürdig. Die CDU und die Liberalen lehnten sich dabei an die Westparteien an. Für die DBD und die NDPD war der Umorientierungsprozeß wegen fehlender Partner im Westen schwieriger. Sie gingen später in der CDU bzw. der FDP auf. Die seit 1946 nicht mehr existierende Sozialdemokratie wurde – noch in der Endphase des Honecker-Regimes – neu ins Leben gerufen (zunächst als SDP). Allmählich begann sich ein gesellschaftspolitischer Pluralismus herauszubilden.

Als »starker Mann« in der Übergangsphase erwies sich Hans Modrow, Ministerpräsident seit Mitte November 1989 und zuvor Bezirkssekretär der SED in Dresden. Die Arbeit wurde ihm, der weniger diskreditiert schien als andere »Parteigrößen«,

---

86 Sie hat wohl kaum einer besser eingefangen als der britische Publizist Timothy Garton Ash, Ein Jahrhundert wird abgewählt. Aus den Zentren Mitteleuropas 1980–1990, München 1990.

87 Siehe die folgende Rechtfertigungsschrift von Egon Krenz, Wenn Mauern fallen. Die friedliche Revolution: Vorgeschichte – Ablauf – Auswirkungen, Wien 1990.

88 Vgl. die offiziöse Sammlung einschlägiger Verlautbarungen: Manfred Behrend/Helmut Meier (Hrsg.), Der schwere Weg der Erneuerung. Von der SED zur PDS. Eine Dokumentation, Berlin 1991.

89 Für Einzelheiten vgl. Kap. III. 3.8.

allerdings erleichtert, weil allen gesellschaftlichen Kräften an einem friedlichen Übergang zur Demokratie gelegen war. Am Anfang Dezember 1989 gebildeten »Runden Tisch« versuchten die oppositionellen Bewegungen, einen Konsens mit den traditionellen Riegen zu erzielen und diese zu kontrollieren[90]. Die Gegensätze zwischen »alten« und »neuen« Kräften verwischten sich freilich bald. Ende Januar 1990 entsandten die oppositionellen Gruppierungen sogar je einen Minister ohne Geschäftsbereich in die Modrow-Regierung. Auf diese Weise wurde der Übergang von einem diktatorischen zu einem demokratischen System erleichtert, freilich auch die Verantwortung abgeschwächt.

Im Laufe der Monate veränderten die Demonstrationen ihren Charakter. Ursprünglich wollten die neuen Oppositionsbewegungen (z. B. das »Neue Forum«) die DDR erneuern und einen »dritten Weg« zwischen Sozialismus und Kapitalismus anstreben. Aus der Losung »Wir sind das Volk« wurde »Wir sind ein Volk«. Obwohl die fünf Länder im Jahre 1952 aufgelöst wurden, war in der Bevölkerung das »Landesbewußtsein« nicht verschwunden. Gleich nach dem Umbruch ließ es sich revitalisieren und kam der Ruf nach Bildung der alten Länder auf. Viele Bürger fühlen sich als »Sachsen« oder »Thüringer«[91]. Besondere Empörung lösten in der Bevölkerung Meldungen über die Machenschaften der Staatssicherheit in der Vergangenheit aus. Was viele ahnten, erwies sich als Realität: Die DDR war mit einem Netz von Spitzeln überzogen worden. Allerdings lenkte (und lenkt) die Fixierung auf das Ministerium für Staatssicherheit von der Rolle der mächtigen SED ab. Die Staatssicherheit war, wie die Forschung gezeigt hat, kein »Staat im Staate«.

Der Druck der Bevölkerung nach der deutschen Einheit wurde in dem Maße stärker, in dem die Hegemonie der SED schwand. Das »Ende eines Experiments«[92] war nicht mehr aufzuhalten. Bundeskanzler Kohl zollte der Stimmung Rechnung. Zwar warnte er in seinem wegweisenden Zehn-Punkte-Plan vom 28. November 1989[93] vor übereilten Vorstellungen, benannte gleichwohl einige Stationen (ohne Terminierung) auf dem Weg zur deutschen Einheit. Allmählich bekannten sich – im Januar, spätestens Februar 1990 – fast alle politischen Gruppierungen in der DDR zur sich wie auch immer zu vollziehenden Einheit Deutschlands. Zur Debatte stand nicht mehr das »Ob« einer Vereinigung, sondern nur das »Wie«. Der »Traum der Intellektuellen«[94] von einer besseren DDR wie in dem berühmten Aufruf »Für unser Land«[95] war schnell ausgeträumt. Die ersten demokratischen Volkskammerwahlen vom 18. März 1990 sollten das zeigen.

90 Vgl. Uwe Thaysen, Der Runde Tisch. Oder: Wo blieb das Volk? Der Weg der DDR in die Demokratie, Opladen 1990.
91 Vgl. Karlheiz Blaschke, Alte Länder – Neue Länder. Zur territorialen Neugliederung der DDR, in: APZG, B 27/90, S. 39–54.
92 So Rolf Reißig/Gert-Joachim Glaeßner (Hrsg.), Das Ende eines Experiments. Umbruch in der DDR und deutsche Einheit, Berlin 1991.
93 Abgedruckt u. a. bei Volker Gransow/Konrad Jarausch (Hrsg.), Dokumente zu Bürgerbewegung, Annäherung und Beitritt, Köln 1991.
94 So Lothar Fritze, Innenansicht eines Ruins. Gedanken zum Untergang der DDR, München 1993, S. 84.
95 Der Text des von SED-Reformern wie von Repräsentanten der Bürgerbewegungen unterschriebenen Aufrufes ist u. a. abgedruckt bei Charles Schüddekopf (Hrsg.), »Wir sind das Volk«. Flugschriften, Aufrufe und Texte einer deutschen Revolution, Hamburg 1990, S. 240 f.

Der Wahlkampf war stark geprägt durch die Parteien in der Bundesrepublik[96]. Wer ohne Partner im Westen auskommen mußte, hatte es angesichts der mehrheitlichen Westorientierung der Bevölkerung schwer. Eine DDR-Identität war in den vierzig Jahren offenkundig nicht entstanden. Die Wahlen, nach einem reinen Verhältniswahlsystem durchgeführt, endeten mit einem deutlichen Sieg jener Gruppierungen, die sich an der Union in der Bundesrepublik Deutschland ausrichteten, obwohl die Prognosen einen Sieg der SPD signalisiert hatten[97]. Allein die CDU vermochte über 40 Prozent der Stimmen auf sich zu vereinigen. Gemeinsam mit der neuen, der CSU nahestehenden Partei DSU und dem »Demokratischen Aufbruch«, der sich an die Union anlehnenden Bürgerbewegung, errang sie fast 50 Prozent der Stimmen. Die organisatorisch ungefestigte Sozialdemokratie erreichte angesichts einer noch recht starken PDS nur gut die Hälfte des Anteils der CDU, zumal sie zum Teil mit dem verhaßten Sozialismusverständnis der SED in Verbindung gebracht wurde.

Diejenigen oppositionellen Gruppierungen, die als erste auf die Straße gegangen waren, schnitten schlecht ab[98]. Unter dem Namen »Bündnis 90« erreichten »Demokratie Jetzt«, »Neues Forum« sowie die »Initiative Frieden und Menschenrechte«, die sich bei aller Heterogenität[99] durch ein utopisches Politikverständnis auszeichneten, lediglich 2,9 Prozent der Stimmen, die »Grünen« mit dem »Unabhängigen Frauenverband« gerade 2,0 Prozent. Ihrem Ziel einer eigenständigen DDR ist von den Bürgern eine Absage erteilt worden. Jede Partei hatte vor der Wahl klargemacht, daß eine Koalition mit der PDS, die 16,3 Prozent der Stimmen erhielt, nicht in Frage komme.

Die weiteren Stationen auf dem Weg zur deutschen Einheit vollzogen sich schnell[100], zumal auch die außenpolitischen Rahmenbedingungen günstig standen[101], wenngleich insbesondere die britische, die französische und israelische Regierung unterschiedliche Bedenken gegenüber der deutschen Einheit – direkt oder indirekt – geltend machte, weniger die dortige Bevölkerung[102]. Nach der Volkskammerwahl bildete sich eine – später wieder beendete – Große Koalition aus der »Demokratischen Allianz«, der SPD und dem »Bund Freier Demokraten«, einem Zusammenschluß verschiedener liberaler Gruppierungen, unter Führung des CDU-Ministerpräsiden-

96 Zu den Parteien und den Wahlen vgl. Thomas Ammer, Die Parteien in der DDR und in den neuen Bundesländern, in: Alf Mintzel/Heinrich Oberreuter (Hrsg.), Parteien in der Bundesrepublik Deutschland, Opladen 1992², S. 421–481; Jürgen W. Falter, Wahlen 1990. Die demokratische Legitimation für die deutsche Einheit mit großen Überraschungen, in: E. Jesse/A. Mitter (Anm. 49), S. 163–188.

97 Vgl. Peter Förster/Günter Roski, DDR zwischen Wende und Wahl. Meinungsforscher analysieren den Umbruch, Berlin 1990.

98 Zu den Bürgerbewegungen vgl. Helmut Müller-Enbergs/Marianne Schulz/Jan Wielgohs (Hrsg.), Von der Illegalität ins Parlament. Werdegang und Konzept der neuen Bürgerbewegung, Berlin 1991.

99 Dies wird deutlich in dem folgenden, authentisch geschriebenen Band: Wolfgang Rüddenklau, Störenfried. ddr-opposition 1986–1989. Mit Texten aus den »Umweltblättern«, Berlin 1992.

100 Vgl. beispielsweise Eckhard Jesse, Der innenpolitische Weg zur deutschen Einheit. Zäsuren einer atemberaubenden Entwicklung, in: ders./A. Mitter (Anm. 49), S. 111–141.

101 Vgl. dazu: Horst Teltschik, 329 Tage. Innenansichten der Einigung, Berlin 1991.

102 Vgl. Günther Trautmann (Hrsg.), Die häßlichen Deutschen? Deutschland im Spiegel der westlichen und östlichen Nachbarn, Darmstadt 1991; Michael Wolffsohn, Der außenpolitische Weg zur deutschen Einheit. Das Ausland und die vollendeten Tatsachen, in: E. Jesse/A. Mitter (Anm. 49), S. 142–162.

ten Lothar de Maizière, der sich – nach der Vereinigung – wegen seiner Verbindung zum Staatssicherheitsdienst aus der Politik zurückzog. Gemeinsam sprach man sich für den »Staatsvertrag« aus, den »Vertrag über die Schaffung einer Währungs-, Wirtschafts- und Sozialunion zwischen der Bundesrepublik Deutschland und der Deutschen Demokratischen Republik«, Mit dem 1. Juli 1990 wurde die DM in der DDR eingeführt. Damit war einer der entscheidenden Schritte auf dem Weg der Vereinigung zurückgelegt.

Der »Einigungsvertrag« folgte am 31. August 1990. Der »Vertrag zwischen der Bundesrepublik Deutschland und der Deutschen Demokratischen Republik über die Herstellung der Einheit Deutschlands«, nach komplizierten und hektischen Verhandlungen zustande gekommen[103], bildete die Rechtsgrundlage für die deutsche Einheit. Zuvor war der »Wahlvertrag« (am 3. August 1990) – das Bundesverfassungsgericht erklärte die auf das gesamte Bundesgebiet bezogene Sperrklausel für verfassungswidrig – und der Beschluß der Volkskammer, der Bundesrepublik beizutreten (am 23. August 1990) – die Abgeordneten der PDS stimmten ebenso dagegen wie diejenigen der Volkskammer –, über die Bühne gegangen. Die »Abwicklung der DDR« – ein unschöner Ausdruck – vollzog sich in Windeseile. Aber zu dem schnellen Tempo gab es keine angemessene Alternative. Vom außenpolitischen Aspekt einmal abgesehen: Der Zustrom der Menschen aus der DDR wäre sonst nicht abgerissen. Die staatsrechtliche Vereinigung Deutschlands verlief ohne nationalistisches Getöse, ohne »Nationalrausch«[104]. Wer Deutschland auf dem Weg in das »vierte Reich«[105] sah, mußte schon einer argen Blickverengung huldigen oder auf winzige Splittergruppen, die ihr Süppchen zu kochen suchten, fixiert sein[106]. Die gegenteilige Kritik erhob den Vorwurf, daß vielen Bürgern der alten Bundesländer in einer Art Dornröschenschlaf die Tragweite der auf sie zukommenden Probleme nicht klar sei. Es könne keineswegs alles beim alten bleiben[107]. Einsparungen würden hier unumgänglich werden, damit die neuen Bundesländer nicht auf längere Zeit das »Armenhaus Deutschlands« seien. Die Überwindung der Teilung bedeute teilen.

Die erste gesamtdeutsche Wahl fand am 2. Dezember 1990 statt, jenem Tag, an dem die Bundestagswahl ohnehin abgehalten werden sollte. Sie bestätigte die christlich-liberale Regierung Kohl/Genscher, die das Gesetz des Handelns für sich auszunutzen verstand. Die Wahlergebnisse in den beiden Teilen unterschieden sich für die Union kaum. Die FDP schnitt in den neuen Bundesländern besser ab, die SPD in den alten. Sie hatte – zumal durch ihren Kanzlerkandidaten Oskar Lafontaine – vor den immensen Lasten einer Einigung gewarnt und damit den Eindruck aufkommen lassen, die Vereinigung sei ihr nicht so recht – jedenfalls nicht in dieser Schnelligkeit. Für Willy Brandt, der den historischen Augenblick erfaßte, galt das nicht. Die Partei

---

103 Vgl. dazu die Sicht eines Beteiligten: Wolfgang Schäuble, Der Vertrag. Wie ich über die deutsche Einheit verhandelte, Stuttgart 1991.
104 So aber Wolfgang Herles, Nationalrausch. Szenen aus dem gesamtdeutschen Machtkampf, München 1990.
105 So Heleno Saña, Das vierte Reich. Deutschlands später Sieg, Hamburg 1990.
106 Die unterschiedlichen Positionen gehen schon aus den Titeln der folgenden Bücher hervor: Michael Wolffsohn, Keine Angst vor Deutschland!, Erlangen 1990; Ulrich Wickert (Hrsg.), Angst vor Deutschland, Hamburg 1990.
107 In diesem Sinne Arnulf Baring, Deutschland, was nun? Ein Gespräch mit Dirk Rumberg und Wolf Jobst Siedler, Berlin 1991.

der »Grünen« in den alten Bundesländern scheiterte sogar an der Fünfprozentklausel, während das Bündnis 90/Grüne in den neuen Bundesländern diese Hürde überwand.

Überhaupt geriet die intellektuelle Linke in der Frage der deutschen Einheit in die Defensive[108]. Ein Protagonist wie Günther Grass etwa vertrat vehement die Auffassung, nach Auschwitz dürfe es nie wieder einen deutschen Nationalstaat geben[109]. Andere witterten neues Großmachtstreben, zeigten wenig Verständnis für den Wunsch von DDR-Bürgern nach wirtschaftlichem Wohlstand oder/und plädierten für einen »dritten Weg« der DDR[110]. Aber die deutsche Einheit war ebenso nicht die Stunde der (extremen) Rechten. Sie sprach von Teilvereinigung und spielte damit auf die früheren deutschen Ostgebiete an, die durch die Vereinigung auch in rechtlicher Hinsicht an Polen und die Sowjetunion fielen.

Die Annahme, mit dem 3. Oktober 1990 sei die Einheit vollzogen und die Spaltung zu Ende, stimmt so nicht. Die Integration schreitet nicht in allen Bereichen gut voran[111]. Ein Keim dafür steckt bereits in der Vorgeschichte der deutschen Einheit: »Die Opposition sperrte sich bis zuletzt gegen eine rasche Vereinigung und verwies – objektiv völlig zurecht, aber taktisch und moralisch überaus unklug – auf die hohen materiellen Kosten des Vereinigungsprozesses; sie erweckte somit in der westdeutschen Bevölkerung überhaupt erst die Angst vor dem Verlust an sozialen Besitzständen, und sie übersah gleichzeitig, daß die notwendigen Transferleistungen nicht Folge der Vereinigung, sondern des desolaten Zustandes der DDR sind. Die Regierungspolitik versuchte und versucht, dieses Dilemma durch Verdrängen und zeitliches Verschieben der Probleme zu lösen. So versprachen die einen (für alle) schnellen Wohlstand bei geringfügigen Kosten, die anderen malten Horrorszenarien und verwiesen auf die hohen Kosten, die der (westlichen) Bevölkerung nicht zuzumuten seien.«[112] Die deutsche Einheit geriet – unvermeidlich in einer Parteiendemokratie – in das Räderwerk politischer Strategien und Taktiken; der »Aufschwung Ost« blieb in dem erhofften und von vielen auch erwarteten Maße aus.

Auf beiden Seiten – sie gibt es noch! – macht sich ein gewisser Katzenjammer bemerkbar – eine für den politischen Extremismus nicht abträgliche Situation. Der Prozeß der deutschen Einheit hat den politischen Extremismus rechts und links

---

108 Zur Kritik siehe Brigitte Seebacher-Brandt, Die Linke und die Einheit, Berlin 1991.

109 Vgl. Günther Grass, Schreiben nach Auschwitz. Frankfurter Poetik-Vorlesung, Frankfurt/M. 1990; ders., Deutscher Lastenausgleich. Wider das dumpfe Einheitsgebot. Reden und Gespräche, Frankfurt/M. 1990; ders., Gegen die verstreichende Zeit. Reden, Aufsätze und Gespräche 1989–1991, Hamburg 1991.

110 Vgl. beispielsweise: Axel Lochner (Hrsg.), Linke Politik in Deutschland. Beiträge aus DDR und BRD, Hamburg 1990; Martin Gorholt/Norbert W. Kunz (Hrsg.), Deutsche Einheit – Deutsche Linke. Reflexionen des politischen und gesellschaftlichen Entwicklung, Köln 1990.

111 Erste Analysen der Einigungsprozesse bei E. Jesse/A. Mitter (Anm. 49); U. Liebert/W. Merkel (Anm. 49); Bernhard Muszynski (Hrsg.), Deutsche Vereinigung. Probleme der Integration und der Identifikation, Opladen 1991. Siehe auch: Werner Weidenfeld/Karl-Rudolf Korte (Hrsg.), Handwörterbuch zur deutschen Einheit, Frankfurt/M. 1992; ferner: Uwe Andersen/Wichard Woyke (Hrsg.), Handwörterbuch des politischen Systems der Bundesrepublik Deutschland, Opladen 1993.

112 Klaus Schroeder, Die blockierte Vereinigung. Gemeinsamkeiten und Unterschiede der Deutschen in Ost und West, in: Gegenwartskunde, 41 (1992), S. 300.

gestoppt, seine Folgen könnten ihn wieder stärken. Die ökonomische Angleichung dauert weitaus länger als erwartet. Besitzstandsdenken auf der einen, alte Mentalitätsbestände auf der anderen Seite erschweren die »innere Einheit«. Auch das Beispiel der politischen Kultur belegt diesen Sachverhalt – haben sich doch in vier Jahrzehnten zum Teil unterschiedliche Verhaltensweisen herausgebildet –, wenngleich wohl weniger als vielfach behauptet.

3. Politische Kultur im Wandel

Der Begriff der »politischen Kultur« ist einfacher zu verwenden als zu erklären. Er umfaßt die Grundüberzeugungen und Einstellungen sowie Handlungen der Bürger, also die »subjektive« Seite der Politik. Die Literatur zum Begriff und zum Konzept ist in den letzten Jahren stark angeschwollen[113]. Zu Beginn der sechziger Jahre aufgekommen[114], hat das Konzept der politischen Kultur längst »Eingang in das gängige Vokabular der Politikwissenschaft gefunden«[115]. Auffallenderweise kommt dem Begriff im deutschen alltäglichen Sprachgebrauch weitgehend eine normative Note zu. Wenn Kritiker etwa bestimmte Defizite der politischen Kultur beklagen, meinen sie damit einen Mangel an politischer Kultiviertheit. Im folgenden wird politische Kultur – »ein Schlüsselbegriff in der Analyse von demokratischen politischen Systemen«[116] – nicht in dieser normativen Bedeutung verstanden, sondern als analytisches Instrumentarium.

Deutschland gilt als »verspätete Nation«[117]. Die »Verspätung« bezieht sich insbesondere auf die Nationsbildung, die Entwicklung des Bürgertums, die Industrialisierung und auf die Demokratisierung. Damit hängt auch das Problem des »deutschen Sonderweges« zusammen. Hat es einen solchen gegeben? War er eine Voraussetzung für den Nationalsozialismus? Wann ist Deutschland ein Land des »Westens« geworden? Oder lebt gar ein neuer deutscher Sonderweg wieder auf? Hat die deutsche Vereinigung eine Wende der Wende eingeleitet?

Die Sonderwegsideologie war in Deutschland lange verbreitet. Insbesondere nach dem verlorenen Ersten Weltkrieg setzte sie sich fort, auch in der Perspektive eines beträchtlichen Teils der damaligen Geschichtswissenschaft: »Die aus dieser Sicht erwachsene deutsche Identitätskrise suchte man durch eine nicht selten verkrampfte Rückbesinnung auf die in der Geschichte erfahrbare deutsche Identität zu kompensieren. Im Sonderwegssyndrom amalgierten sich Minderwertigkeitskomplex und

113 Vgl. dazu Wolf Michael Iwand, Paradigma Politische Kultur. Konzepte, Methoden, Ergebnisse der Political Culture-Forschung in der Bundesrepublik, Opladen 1985. Siehe auch den wegweisenden Sammelband von Dirk Berg-Schlosser/Jakob Schissler (Hrsg.), Politische Kultur in Deutschland. Bilanz und Perspektiven der Forschung, Opladen 1987.

114 Vgl. Gabriel A. Almond/Sidney Verba, The Civic Culture. Political Attitudes and Democracy in five Nations, Princeton 1963.

115 So der Nestor der Politischen Kultur-Forschung: Gabriel Almond, Politische Kultur-Forschung – Rückblick und Ausblick, in: D. Berg-Schlosser/J. Schissler (Anm. 113), S. 28.

116 Ronald Inglehart, Politische Kultur und stabile Demokratie, in: PVS, 29 (1988), S. 372.

117 Vgl. Helmuth Plessner, Die verspätete Nation. Über die Verführbarkeit bürgerlichen Geistes, Stuttgart 1969[5] (1959).

Hybris, die Tendenz zur Selbstbespiegelung und der Wunsch nach Selbstbehauptung.«[118] Wurde die Kategorie des »deutschen Weges« früher positiv gesehen, galt dieser nach 1945 als fundamentale Fehlentwicklung. Der frühere Verlauf wurde in eine Kontinuität zu dem nationalsozialistischen Deutschland gerückt, das Ausmaß an Parallelen unterschiedlich differenziert entfaltet. Weitgehender Konsens war jedenfalls die Behauptung, der Nationalsozialismus sei kein »Betriebsunfall« der deutschen Geschichte, habe vielmehr in bestimmten Versäumnissen eine wesentliche Grundlage. Beispielsweise: Vordemokratische Mächte wie der ostelbische Großgrundbesitz hatten zu lange einen unheilvollen Einfluß auf die politische Willensbildung ausgeübt. Diese Position, prononciert vertreten etwa von Ralf Dahrendorf, Hans Mommsen und Hans-Ulrich Wehler, war, mit gewissen Abschwächungen en détail, so gut wie Allgemeingut der Forschung. Die Geschichte Deutschlands wurde maßgeblich vom Jahre 1933 aus interpretiert. Es war in der Tat nicht schwierig, »Stellen« führender Zeitgenossen zu finden, die in einer Absage an die westliche Demokratie und an die Ideen von 1789 kulminierten. Selbst Thomas Mann war zeitweise davon nicht frei, wie sein bekanntes »anti-politisches« Diktum besagt: »Ich bekenne mich tief überzeugt, daß das deutsche Volk die politische Demokratie niemals wird lieben können aus dem einfachen Grund, weil es die Politik selbst nicht lieben kann, und daß der vielverschriene ›Obrigkeitsstaat‹ die dem deutschen Volk angemessene, zukömmliche und von ihm im Grunde gewollte Staatsform ist und bleibt. – Der Unterschied von Geist und Politik enthält den von Kultur und Zivilisation, von Seele und Gesellschaft, von Freiheit und Stimmrecht, von Kunst und Literatur; und Deutschtum, das ist Kultur, Seele, Freiheit, Kunst und nicht Zivilisation, Gesellschaft, Stimmrecht, Literatur.«[119]

Insofern erregte ein provokativer, gegenläufig angelegter Band zweier britischer Autoren großes Aufsehen: David Blackbourn und Geoff Eley wandten sich in ihrem 1980 erschienenen Buch[120] gegen die »Sonderwegs«-These. Zum einen werde die frühere Entwicklung im Westen idealisiert, zum anderen habe es auch in Deutschland eine erfolgreiche Revolution gegeben. Das Kaiserreich dürfe nicht einfach als Übergangszeit zur Weimarer Republik oder zum Dritten Reich, müsse vielmehr »als eine wichtige Gründerzeit mit eigener Signatur«[121] gelten. Von einer Feudalisierung des Bürgertums könne keine Rede sein, wohl aber von einer »Hegemonie der Bourgeoisie«[122]. Ebenfalls aus dem Jahre 1980 stammt die deutsche Übersetzung eines Bandes des amerikanischen Historikers David Calleo[123], der auch, wenngleich mit anderen Argumenten, den »deutschen Sonderweg« bestritt. Er machte für den Weg zum Nationalsozialismus wesentlich die Mittellage Deutschlands verantwortlich. Während Blackbourn/Eley marxistische Topoi benutzen, geht Calleo von der internationalen

---

118 So Bernd Faulenbach, Ideologie des deutschen Weges. Die deutsche Geschichte in der Historiographie zwischen Kaiserreich und Nationalsozialismus, München 1980, S. 309.

119 Zitiert nach Christian Graf von Krockow, Die Bundesrepublik im Spiegel des Wilhelminismus, in: Vorgänge, 18 (1979) 37, S. 40.

120 Vgl. David Blackbourn/Geoff Eley, Mythen deutscher Geschichtsschreibung. Die gescheiterte bürgerliche Revolution von 1848, Frankfurt/M. u.a. 1980.

121 Ebd., S. 57.

122 Ebd., S. 98.

123 Vgl. David Calleo, Legende und Wirklichkeit der deutschen Gefahr. Neue Aspekte zur Rolle Deutschlands in der Weltgeschichte von Bismarck bis heute, Bonn 1980.

Kräftekonstellation aus, vernachlässigt die wirtschaftliche Entwicklung Deutschlands weitgehend.

Dieser Fundamentalangriff auf ein verbreitetes Paradigma der Geschichtsauffassung ist nicht ohne – scharfe – Kritik geblieben. Insbesondere führende westdeutsche Vertreter der historischen Sozialwissenschaft reagierten auf die Attacken der anglo-amerikanischen Historiker heftig, zum Teil gereizt: Hans-Ulrich Wehler, Heinrich August Winkler, Hans-Jürgen Puhle und Jürgen Kocka warfen den genannten Historikern vor, die deutschen Eigentümlichkeiten nicht ausreichend zur Kenntnis zu nehmen[124]. Die Frage, warum in Deutschland mit dem Nationalsozialismus eine derartige menschheitsfeindliche Diktatur zum Durchbruch gekommen ist, gehe auf »einen gemeinsamen Nenner« zurück: »Deutschland war zu spät eine Demokratie geworden. Ohne die Weltwirtschaftskrise hätte Weimar vermutlich noch lange überleben können, aber ohne das fortwirkende Erbe der obrigkeitsstaatlichen Vergangenheit hätte die erste deutsche Demokratie wohl auch die Weltwirtschaftskrise überstanden. Daß Deutschland vor 1918 nicht parlamentarisch, sondern autoritär regiert wurde, hat seine politische Entwicklung nach 1918 entscheidend bestimmt. Wer wie die neueren revisionistischen Autoren hinter diese Einsicht zurückfällt, hat bei aller Gelehrsamkeit im Detail von der deutschen Geschichte nicht viel begriffen.«[125]

Das Münchener Institut für Zeitgeschichte veranstaltete 1981 zur Frage des deutschen Sonderweges ein öffentliches Kolloquium, auf dem die Auffassungen der Kontrahenten (Horst Möller, Thomas Nipperdey, Kurt Sontheimer, Ernst Nolte, Michael Stürmer, Karl Dietrich Bracher) zum Teil scharf aufeinanderprallten[126]. Ein gewisser Konsens zeichnet sich darin ab, daß dem Ausdruck »Sonderweg« eine Vereinfachung innewohnt. Einen »normalen« Weg dürfte es im Geschichtsverlauf nicht geben. Diese Auseinandersetzung um den »Sonderweg« hat ein großes Echo gefunden und ist breit rezipiert worden[127]. Wie immer man den Streit bewertet: Er ist nicht nur, vielleicht

---

124 Vgl. Hans-Ulrich Wehler, »Deutscher Sonderweg« oder allgemeine Probleme des westlichen Kapitalismus? Zur Kritik an einigen »Mythen deutscher Geschichtsschreibung«, in: Merkur, 35 (1981), S. 478–487; Heinrich August Winkler, Der deutsche Sonderweg: Eine Nachlese, in: Merkur, 35 (1981), S. 793–804; Hans-Jürgen Puhle, Deutscher Sonderweg. Kontroverse um eine vermeintliche Legende, in: Journal für Geschichte, 3 (1981) 4, S. 44 f.; Jürgen Kocka, Der »deutsche Sonderweg« in der Diskussion, in: German Studies Review, 5 (1983), S. 365–379; ders., German History before Hitler. The Debate about the German »Sonderweg«, in: Journal of Contemporary History, 23 (1988), S. 3–16. Zur Gegenkritik siehe: Geoff Eley, Antwort an Hans-Ulrich Wehler, in: Merkur, 35 (1981), S. 757–759; (dazu: Hans-Ulrich Wehler, Rückantwort an Geoff Eley, ebd., S. 760). Eine erweiterte Fassung der »Mythen deutscher Geschichtsschreibung« ist inzwischen auf englisch erschienen: David Blackbourn/Geoff Eley, The Peculiarities of German History, Bourgeois Society and Politics in Nineteenth-Century Germany, Oxford 1985. Siehe auch die Aufsatzsammlung von Geoff Eley, From Unification to Nazism. Reinterpreting the German Past, London 1986.

125 H. A. Winkler (Anm. 124), S. 802.

126 Vgl. Institut für Zeitgeschichte (Hrsg.), Deutscher Sonderweg – Mythos oder Realität, München 1982.

127 Vgl. etwa Bernd Faulenbach, »Deutscher Sonderweg«. Zur Geschichte und Problematik einer zentralen Kategorie des deutschen geschichtlichen Bewußtseins, in: APZG, B 33/81, S. 3–21; Irmline Veit-Brause, Zur Kritik an der ›Kritischen Geschichtswissenschaft‹: Tendenzwende oder Paradigmenwechsel?, in: GWU, 35 (1984), S. 1–24; Wolfgang H. Lorig »Sonderweg« oder »Sonderbewußtsein der Deutschen«? – Zu einer Kategorie des deut-

nicht einmal in erster Linie ein wissenschaftlicher, sondern betrifft vornehmlich das politische Selbstverständnis der Bundesrepublik. Kurt Sontheimer hielt es sogar »aus politischen Gründen für unverzichtbar, daß wir an der Theorie vom deutschen historischen Sonderweg festhalten, weil wir nur dann die moralische Kraft aufbringen, den Weg der Umkehr und Erneuerung fortzusetzen, den wir allen Ernstes begonnen haben, als der deutsche Sonderweg 1945 in einer ausweglosen Sackgasse geendet hatte.«[128] Die Parallelen zum sogenannten »Historikerstreit« liegen offen zutage, und es ist auch kein Wunder, daß sich die damalige Frontenstellung nahezu getreulich widerspiegelt[129].

Hat sich in der zweiten deutschen Demokratie noch etwas von den früher dominierenden Faktoren gehalten, oder leben diese gar wieder auf? Man war lange geneigt, bestimmte Traditionen der Vergangenheit in der politischen Kultur der Bundesrepublik verankert zu sehen. Nach Ralf Dahrendorfs Analyse von Mitte der sechziger Jahre über »Gesellschaft und Demokratie in Deutschland«[130] zeichnete sich die westdeutsche Gesellschaft durch ein hohes Maß an Konfliktfeindlichkeit und Illiberalität aus. Kurt Sontheimer fügt diesem Befund folgende Merkmale hinzu, die nach wie vor die politische Kultur der Bundesrepublik prägen: die etatistische Tradition, die unpolitische Tradition, die Tradition des »deutschen Idealismus«, die Tradition der Konfliktscheu, die Tradition des Formalismus[131]. Die beiden Greiffenhagens hatten Ende der siebziger Jahre illiberale Tendenzen in der politischen Kultur der Bundesrepublik ausgemacht, wenngleich sie auch »empirische Befunde über wachsendes Demokratiepostulat und eine allgemeine Abkehr von traditionellen deutschen politischen Mustern«[132] hervorzuheben wußten.

Noch im Jahre 1981 stellte Peter Reichel charakteristische Eigenheiten in der politischen Kultur zwischen dem Kaiserreich und der Bundesrepublik heraus[133], wie dies auch zeitweise Christian Graf von Krockow unter Hinweis auf den nicht überwundenen Wilhelminismus getan hat[134]. Jedenfalls wurde sehr stark der Kontinuitätsgesichtspunkt betont. Reichel verweist auf den Nationalismus, die obrigkeitsstaatliche Orientierung, die protektionistische Erwartungshaltung, den tief verwurzelten Militarismus, antiaufklärerisches, antimodernistisches Denken, Antisemitismus und Antimarxismus. »So unbestritten es ist, daß der Nationalsozialismus an diese Orientierungsmuster und Verhaltensdispositionen appellieren und die Masse über sie mobilisieren konnte, so fraglich ist andererseits, ob er diese Traditionen zugleich zerbrochen hat. [...] Jedenfalls sind die skizzierten politischen Kulturmerkmale nach 1945

---

schen Geschichtsbewußtseins, in: Politische Bildung, 20 (1987) 1, S. 13–29; Helga Grebing, unter Mitarbeit von Doris von der Brelie-Lewien und Hans-Joachim Franzen, Der »deutsche Sonderweg« in Europa 1806–1945. Eine Kritik, Stuttgart 1986.

128 Kurt Sontheimer, in: Institut für Zeitgeschichte (Anm. 126), S. 32.
129 Vgl. dazu Eckhard Jesse, Der sogenannte »Historikerstreit« – ein *deutscher* Streit, in: Thomas M. Gauly (Hrsg.), Die Last der Geschichte. Kontroversen zur deutschen Identität, Köln 1988, S. 9–54.
130 Vgl. Ralf Dahrendorf, Gesellschaft und Demokratie in Deutschland, München 1965.
131 Vgl. Kurt Sontheimer, Grundzüge des politischen Systems der Bundesrepublik Deutschland, München 1985[9] (1971), S. 103–111.
132 Martin und Sylvia Greiffenhagen, Ein schwieriges Vaterland. Zur Politischen Kultur Deutschlands, München 1979, S. 318.
133 Vgl. Peter Reichel, Politische Kultur der Bundesrepublik, Opladen 1981.
134 Vgl. Ch. Graf von Krockow (Anm. 119), S. 38.

nicht einer umfassenden Erneuerung, d. h. Demokratisierung der politischen Kultur, die von der gesellschaftlichen Basis hätte ausgehen müssen, ausgesetzt gewesen, sondern bestenfalls im Zuge der Verdrängung bzw. Verleugnung des Nationalsozialismus und seiner Vorgeschichte und des gleichzeitigen ökonomischen Wiederaufstiegs abgeschwächt worden und haben einem apolitischen, formal distanzierten Verhältnis zur Demokratie Platz gemacht.«[135] Das Ausbleiben einer umfassenden Demokratisierung führt Reichel auf den wirtschaftlichen Wiederaufstieg und den Antikommunismus zurück:»Denn die Ideologien des Antikommunismus und einer allein auf materiellen Werten begründeten Wohlstandsgesellschaft waren vorzüglich geeignet, den mit dem Zusammenbruch des Dritten Reiches erlittenen Identitätsverlust zu kompensieren bzw. zu kaschieren [. . .].«[136]

Hätte die Mischung von ökonomischer Entbehrung und kommunistischer bzw. anti-antikommunistischer Gesinnung denn eine »umfassende Demokratisierung« zur Folge gehabt? Reichel kann auch in der jüngeren Entwicklung keinen grundsätzlichen Wandel der politischen Kultur ausmachen. Widerspruch und politischer Dissens würden als Gefahr für das politische System mißverstanden, »diskriminiert oder auch kriminalisiert«. »Die Hypothek des Kaiserreichs haben wir im Grunde bis heute noch nicht abgetragen.«[137] Noch simpler argumentiert Wilfried Röhrich, der mit seiner »verspäteten Demokratie«[138] in der Begriffsbildung bei Plessner anknüpft: Obrigkeitliche Denkmuster überwögen in der Bundesrepublik, demokratische Normen hätten sich nicht durchgesetzt: »Es läßt sich sicherlich nicht leugnen, daß heute in allen anderen westlichen Staaten eine politische Bürgerkultur ausgeprägt ist, welche die obrigkeitliche Vergangenheit seit langem abgestreift hat und auf partizipatorische Elemente nicht verzichtet. Die Bundesrepublik wird sich diesen Staaten anpassen müssen, um bei gemeinsamer Willensbildung eine gemeinsame politische Sprache sprechen zu können.«[139]

Ist dieses von der Bundesrepublik Deutschland gezeichnete Bild annähernd richtig? Hat es keinen gravierenden Wandel in der politischen Kultur der Bundesrepublik gegeben? Überwiegen wirklich obrigkeitliche Denkmuster? Die bekannte Fünfländerstudie von Almond/Verba zur politischen Kultur in den fünfziger Jahren[140] kam zum Ergebnis, die politische Kultur in der Bundesrepublik sei, nicht zuletzt aufgrund der traumatischen politischen Erfahrung, durch ein geringes Maß an politischer Unterstützung seitens ihrer Bürger geprägt. Der Stolz auf den wirtschaftlichen Aufbau überwog. Politische Partizipation kam ebenso zu kurz wie das Verständnis für Konfliktbereitschaft und Opposition. Formaldemokratisches Denken kennzeichnete das Bewußtsein der Westdeutschen. »Awareness of politics and political activity, though substantial, tend to be passive and formal. Voting is frequent, but more informal means of political involvement, particularly political discussion and the forming of political groups, are more limited. Germans are often members of voluntary asso-

135 P. Reichel (Anm. 133), S. 106f.
136 Ebd., S. 225f.
137 Ebd., S. 228f.
138 Vgl. Wilfried Röhrich, Die verspätete Demokratie. Zur politischen Kultur der Bundesrepublik Deutschland, Köln 1983.
139 Ebd., S. 10f.; siehe auch – mit ähnlichem Tenor – ders., Die Demokratie der Westdeutschen. Geschichte und politisches Klima einer Republik, München 1988.
140 Vgl. G. A. Almond/S. Verba (Anm. 114).

ciations, but rarely active within them. And norm favoring active political participation are not well developed. Many Germans assume that the act of voting is all that is required of a citizen. [...] the orientation to the political system is still relatively passive – the orientation of the subject rather than of the participant.«[141]

Es war der amerikanische Politikwissenschaftler David P. Conradt, der wohl als erster entschieden und in systematischer Form auf den Wandel hingewiesen hat[142]. In der Nachfolgestudie zur politischen Kultur von Almond/Verba sind von Conradt detailliert die Unterschiede gegenüber früher herausgearbeitet worden[143]. Die Unterstützung für das politische System habe massiv zugenommen, ebenso die politische Partizipation und das politische Interesse der Bürger. Conradt untermauert seine Daten mit empirischen Befunden. Die jüngere Generation habe daran den größten Anteil. Die Bundesrepublik müsse inzwischen als gefestigte Demokratie gelten. Auch beim Vergleich mit anderen Ländern schneide sie gut ab[144]. Die Probleme, die die Bundesrepublik aufweise, seien nicht spezifisch deutscher Natur. Es ist in der Tat eine Paradoxie, daß die Bundesrepublik in dem Moment, in dem sie sich in eine stabile Demokratie entwickelt hat, unter wachsende Kritik jener geriet, die eine Legitimationskrise auszumachen meinten. »But the Bonn Republic, unlike its predecessor has built up a reserve of cultural support which should enable it to deal with these future issues of the quality and extent of democracy at least as effectively as other ›late capitalist‹, Western democracies.«[145]

In der Tat ist der Wandel der politischen Kultur in der Bundesrepublik Deutschland unübersehbar[146], so relativ kurzfristig er sich auch vollzog. »The postwar German experience illustrates that a nation can ›overcome‹ or change its political culture

---

141 Ebd., S. 429. Sinngemäß lautet die Passage folgendermaßen: »Obwohl die Kenntnis der Politik und politische Aktivitäten ausreichend zu sein scheinen, gibt es eine beträchtliche Neigung zu Passivität und Formalität. Die Wahlbeteiligung ist rege, aber sie ist eher ein informelles Mittel der politischen Beteiligung; besonders der politischen Diskussion und der Bildung politischer Gruppen sind Grenzen gesetzt. Die Deutschen sind oft freiwillige Mitglieder von Vereinigungen, aber selten aktiv in ihnen. Und Normen, die die aktive politische Teilnahme begünstigen, sind nicht sehr gut entwickelt. Viele Deutsche nehmen an, daß der Wahlakt alles ist, was von einem Staatsbürger verlangt wird. [...] Die Orientierung am politischen System ist relativ passiv – es überwiegt die Rolle als Untertan gegenüber derjenigen des politisch Aktiven.«

142 Vgl. bereits: David P. Conradt, West Germany: A Remade Political Culture. Some Evidence from Survey Archives, in: CPS, 7 (1974), S. 222–238.

143 Vgl. ders., Changing German Political Culture, in: Gabriel A. Almond/Sidney Verba (Hrsg.), The Civic Culture revisited, Boston-Toronto 1980, S. 212–272.

144 Vgl. hierzu auch den ausgezeichneten Sammelband von Peter Reichel (Hrsg.), Politische Kultur in Westeuropa. Bürger und Staaten in der Europäischen Gemeinschaft, Frankfurt/ M. 1984.

145 D. P. Conradt (Anm. 143), S. 265. Übersetzt lautet der Abschnitt folgendermaßen: »Aber die Bonner Republik hat im Gegensatz zu ihren Vorgängern eine Reserve an kultureller Unterstützung aufgebaut, die es ihr ermöglichen sollte, mit diesen zukünftigen Fragen in der Qualität und in dem Augenmaß der Demokratie wenigstens so effektiv umzugehen wie andere ›spätkapitalistische‹ westliche Demokratien.«

146 Die Position von David P. Conradt hat sich immer mehr durchgesetzt. Als einer der ersten hat sie positiv rezipiert Heinz Rausch, Politische Kultur in der Bundesrepublik Deutschland, Berlin 1980. Siehe auch Kendall L. Baker/Russell J. Dalton/Kai Hildebrandt, Germany Transformed. Political Culture and the New Politics, Cambridge 1981.

within a relatively short period of time. [...] the German political experience, which once brought Germans the score and contempt of civilized mankind, can also give us reason for optimism and faith in the ability of people to use democratic politics to better their lives and those of their neighbors.«[147] Auch Martin Greiffenhagen beurteilt inzwischen die politische Kultur weit positiver als vorher, wenngleich er nach wie vor Schwachstellen sieht. Er steht sogar nicht an, die Entwicklung als »dramatisch« zu charakterisieren: »Auf allen Feldern hat die westdeutsche Bevölkerung von Jahr zu Jahr höhere Werte zugunsten einer demokratischen Einstellung geliefert.«[148] Man muß nur die Meinungsforschungsergebnisse aus den fünfziger mit denen aus den siebziger und achtziger Jahren vergleichen, um die Stichhaltigkeit einer solchen Bekundung zu erkennen[149]. Unterhielten sich im Jahre 1953 61 Prozent der Bundesbürger nicht über Politik, waren es 1979 nur 31 Prozent; auf die Frage, ob es besser sei, wenn es in einem Staat eine Partei oder mehrere gibt, votierten 1953 immerhin 21 Prozent der Bürger für die Rubrik »eine Partei«, während es 1979 nur sechs Prozent waren[150]. Man mag die Aussagekraft dieser und anderer Daten im Hinblick auf allzu weitgehende Schlüsse einschränken[151], aber der Wandel an sich, was immer die Ursachen dafür sein mögen, ist offenkundig[152]. Und die Behauptung von einer »bahnbrechenden Entwicklung«[153] dürfte nicht übertrieben sein, hält man sich beispielsweise vor Augen, daß auf die Frage, ob Emigranten, die während des Krieges gegen Hitler gearbeitet haben, ein hohes Regierungsamt einnehmen sollten, im Jahre 1954 ledig-

---

147 David P. Conradt, The German Polity, New York-London 1986³ (1978), S. 245. Übersetzung: »Die deutsche Nachkriegserfahrung zeigt, daß eine Nation ihre politische Kultur innerhalb einer relativ kurzen Zeitspanne ›überwinden‹ oder verändern kann [...] Die deutsche politische Erfahrung, die einst den Deutschen den Zorn und die Verachtung der zivilisierten Menschheit eingebracht hat, kann für uns auch Anlaß zu Optimismus und zum Glauben in die Fähigkeit der Menschen sein, demokratische Politik anzuwenden, damit ihr Leben und das der Nachbarn verbessert wird.«

148 Martin Greiffenhagen, Von Potsdam nach Bonn. Zehn Kapitel zur politischen Kultur Deutschlands, München 1986, S. 197 f.

149 Hier sind insbesondere die Datenbände des Instituts für Demoskopie Allensbach heranzuziehen. Vgl. Elisabeth Noelle/Erich Peter Neumann (Hrsg.), Jahrbuch der öffentlichen Meinung 1947–1955, Allensbach 1975³ (1956); dies. (Hrsg.), Jahrbuch der öffentlichen Meinung 1957, Allensbach 1957; dies. (Hrsg.), Jahrbuch der öffentlichen Meinung 1958–1964, Allensbach-Bonn 1965; dies. (Hrsg.), Jahrbuch der öffentlichen Meinung 1965–1967, Allensbach-Bonn 1967; dies. (Hrsg.), Jahrbuch der öffentlichen Meinung 1968–1973, Allensbach-Bonn 1974; Elisabeth Noelle-Neumann (Hrsg.), Allensbacher Jahrbuch der Demoskopie 1974–1976, Wien u. a. 1976; dies. (Hrsg.), Allensbacher Jahrbuch der Demoskopie 1976–1977, Wien u. a. 1977; dies./Edgar Piel (Hrsg.), Allensbacher Jahrbuch der Demoskopie 1978–1983, München 1983; dies./Renate Köcher (Hrsg.), Allensbacher Jahrbuch der Demoskopie 1984–1992, München-Allensbach 1993.

150 Die Angaben sind folgendem Band entnommen: Elisabeth Noelle-Neumann/Edgar Piel (Hrsg.), Eine Generation später. Bundesrepublik Deutschland 1953–1979, München u. a. 1983, S. 199, S. 201.

151 Vgl. in diesem Sinne Wilhelm Hennis, Politischer Wandel – Stichworte der Demoskopie, in: ebd., S. 45–50.

152 Vgl., anhand zahlreicher Belege das Standardwerk von D. Berg-Schlosser/J. Schissler (Anm. 113).

153 Harro Honolka, Schwarzrotgrün. Die Bundesrepublik auf der Suche nach ihrer Identität, München 1987, S. 112.

lich 13 Prozent mit Ja antworteten, und bloß 25 Prozent sprachen sich für die mögliche Besetzung eines hohen Regierungsamtes mit Widerstandskämpfern aus[154].

Heutzutage wird in ganz anderer Form über die nationalsozialistische Vergangenheit, die Vergangenheitsbewältigung und ihre – tatsächlichen oder auch nur vermeintlichen – Versäumnisse gedacht. Es hat sich außerdem eine »Öffnung« des Systems vollzogen, die in den fünfziger Jahren nicht abzusehen war: Bürgerinitiativen gehören zum politischen Alltag; soziale Konflikte werden längst nicht mehr so tabuisiert, wie dies in der Vergangenheit zum Teil der Fall war; der leidige Konfessionsproporz ist längst eingedämmt, wenn nicht gar ganz geschwunden; Minderheiten (z. B. Behinderte und Homosexuelle) sehen sich nicht einer solchen Diskriminierung ausgesetzt wie in den fünfziger und sechziger Jahren; es hat – ähnlich in anderen westlichen Demokratien auch – ein Wertewandel in Richtung »Postmaterialismus« eingesetzt[155], über dessen Stärke die Meinungen freilich weit differieren. Vor allem ist die Liberalität gestiegen. Konflikte gelten als selbstverständlicher, Andersdenkende haben es einfacher, der Konformismus steht nicht so hoch im Kurs wie in den fünfziger Jahren. Gleichzeitig wird jedoch die politische Wirklichkeit viel heftiger kritisiert als früher, ob man an das Thema »Berufsverbote« denkt, an die »Volkszählung«, an Übergriffe der Polizei oder des Verfassungsschutzes, an Defizite im Bereich des Umweltschutzes, obwohl seinerzeit die Mißstände in besagten Bereichen eher größer als kleiner waren. Dies ist vor allem ein Ausdruck geschärfter Sensibilität, kein Symptom für die Zunahme der Illiberalität, wie manche Kritiker dies gerne hinzustellen suchen[156].

In den fünfziger Jahren war das geistige Klima vielfach durch »eine gewisse Dumpfheit und konfessionelle Enge, Provinzialität und Kleinbürgertum«[157] gekennzeichnet. Man könnte zahlreiche Beispiele nennen[158]. So war zu jener Zeit (freilich nicht zuletzt auch aufgrund des Verhaltens der Kommunisten) der Antikommunismus besonders undifferenziert; jene Richtung, die nicht in toto mit der Position des »Westens« konform ging, geriet schnell in den Ruch prokommunistischer Observanz.

Es ist eine Banalität, daß sich auch und gerade Demokratien wandeln. Aber die Veränderung der Demokratie in der Bundesrepublik ist im Laufe der jetzt vierzigjährigen Entwicklung besonders stark. Fragt man nach den Gründen, so muß man insbesondere an die autoritären Traditionen erinnern, die in den fünfziger Jahren im Vergleich zu anderen westlichen Demokratien relativ fest verwurzelt schienen. Insofern war die Studentenbewegung in der Bundesrepublik auch deshalb besonders schroff und nahm zuweilen Formen an, die nicht nur hierarchische Strukturen zu beseitigen

---

154 Vgl. E. Noelle/E. P. Neumann, Jahrbuch der öffentlichen Meinung 1947–1955 (Anm. 149), S. 139.

155 Vgl. Helmut Klages, Wertorientierungen im Wandel. Rückblick, Gegenwartsanalyse, Prognosen, Frankfurt/M. 1984; Oscar W. Gabriel, Politische Kultur, Postmaterialismus und Materialismus in der Bundesrepublik Deutschland, Opladen 1986.

156 Vgl. Eckhard Jesse, Wider die Behauptung von der wachsenden Illiberalität. Zur Kritik an der mangelnden historischen Perspektive, in: Peter Steinbach (Hrsg.), Geschichte der Bundesrepublik. Geschichte und Aspekte der Verfassungsordnung, Berlin 1982, S. 259–270.

157 So Anselm Doering-Manteuffel, Die Bundesrepublik Deutschland in der Ära Adenauer. Außenpolitik und innere Entwicklung 1949–1963, Darmstadt 1983, S. 206.

158 Vgl. hierzu den instruktiven Sammelband von Dieter Bänsch (Hrsg.), Die fünfziger Jahre. Beiträge zu Politik und Kultur, Tübingen 1985.

suchten, sondern auch ausgesprochen demokratische Spielregeln, die in Deutschland schon wieder in Frage gestellt wurden, obwohl sie noch gar nicht Fuß gefaßt hatten. Mag sein, daß wieder einmal die »teutonische Unrast« grassierte, aber wer behauptet, die Bundesrepublik sei seinerzeit in eine »Grundlagenkrise«[159] geraten, betont lediglich das eine Element, verkennt jedoch die vielen positiven Züge der Studentenrebellion für das geistige Leben.

Insofern war die Studentenbewegung ambivalent. Einerseits wurden längst überfällige Entwicklungen und Reformen vorangetrieben, andererseits erfolgte auch ein »romantischer Rückfall«[160], z. B. durch die Perhorreszierung der modernen Industriegesellschaft oder durch die Absage an pragmatisches Denken. Zum Teil bekam marxistisches Gedankengut eine ungeahnte Renaissance, wiewohl die »Neue Linke« für den »real existierenden Sozialismus« wenig Sympathien erkennen ließ. Auch wenn die Bewegung der »Neuen Linken« das »System« zu erschüttern suchte, hat sie zugleich doch insgesamt dessen Erneuerungsfähigkeit bewiesen. Die Zäsur der Jahre 1967/68 ist unübersehbar. Die Gesellschaft ist offener und freier geworden. Im Hinblick auf den Extremismus bedeutet dies eine Gefahr und Chance zugleich. Eine Gefahr insofern, als vielleicht der Extremismus, zumal der von links, auf die leichte Schulter genommen wird, eine Chance hingegen, als man sich mit den Positionen stärker inhaltlich auseinandersetzt und diese nicht von vornherein stigmatisiert, wie dies bis in die sechziger Jahre hinein kennzeichnend für die politische Kultur der Bundesrepublik gewesen ist.

Ist also die Bundesrepublik im Übergang von den sechziger zu den siebziger Jahren eine »westliche Demokratie« geworden, die Bewährungsproben gut trotzen kann? Oder gab es in den letzten Jahren neue Entwicklungen, die die These als gerechtfertigt erscheinen lassen, in der Bundesrepublik lebe ein Sonderweg wieder auf? Wer die letzte Frage bejahte, bezog sich auf Tendenzen unterschiedlichster Couleur, die eine verschiedenartig motivierte Absage an die Westbindung vornehmen. Diese konnte sich in einem übersteigerten Pazifismus ebenso äußern wie in einem Nationalismus.

Worum ging es? Ende der siebziger, Anfang der achziger Jahre war ein Thema wieder en vogue geworden, von dem man nicht geglaubt hatte, es könne in absehbarer Zeit Sprengkraft entwickeln: das brisante Problem der deutschen Frage. »Das deutsche Problem ist wieder da«[161] – so begann der renommierte französische Politologe Pierre Hassner einen Beitrag, in dem er vor bestimmten Gefahren warnen zu müssen glaubte. Die Argumentation von Hassner (und anderen ausländischen Beobachtern) ging in die Richtung, daß von Deutschland Unruhe für die internationale Lage ausgehe und sich eine Art Aufbruchstimmung breit mache, eine Abwendung vom »Westen« eintrete, der alte Gegensatz zwischen »deutscher Kultur« und »westlicher Zivilisation« wieder aufbreche. Hassner etwa behauptete, daß in der Bundesrepublik Deutschland der »Umwelt-Protest der siebziger, der antiamerikanische Protest

---

159 So Klaus Hildebrand, Von Erhard zur Großen Koalition 1963–1969, Stuttgart-Wiesbaden 1984, S. 417, S. 425.
160 Vgl. Richard Löwenthal, Der romantische Rückfall, Stuttgart 1970.
161 Pierre Hassner, Was geht in Deutschland vor? Wiederbelebung der deutschen Frage durch Friedensbewegung und alternative Gruppen, in: EA, 27 (1982), S. 517.

der sechziger und der Atom- und Aufrüstungsprotest der fünfziger Jahre«[162] zusammenkommen. Angesichts der »unsicheren nationalen Traditionen«[163] befürchte(te)n viele, von links und rechts könnten sich Bewegungen zusammenfinden, die die Bundesrepublik aus ihrer westlichen Verankerung lösen wollen. In der Tat mochten manche Entwicklungen in der ersten Hälfte der achziger Jahre – mehr im intellektuellen Milieu als in der praktischen Politik – zu gewissen Besorgnissen in dieser Richtung Anlaß geben. Angesichts der atomaren Bedrohung betrachteten nicht nur randständige Positionen Deutschland – den westlichen Teil wie den östlichen – als »Schlachtfeld«. Allein ein Abkoppeln der beiden Staaten aus ihren Bündnissystemen könne den Frieden retten. Dieser Topos erfreute sich großer Beliebtheit. Dies galt auch für die Behauptung, Deutschland sei ein »besetztes Land«: Die Souveränität der Bundesrepublik stehe ebenso nur auf dem Papier wie die der DDR. Und die grüne Bewegung hatte dem Nationalismus – teils bewußt, teils unwillentlich – Vorschub geleistet, sei es durch die Kritik am »Coca-Cola«-Imperialismus der USA, sei es durch die Beschwörung oder gar Glorifizierung des einfachen Lebens, das sich von der »verwestlichten«, ja dekadenten Zivilisation Amerikas wohltuend abhebe. Das Wort von der Äquidistanz zwischen Ost und West fand sich bei »Linken« wie bei »Rechten«.

In der Tat gab es Verbindungslinien zwischen dem neuen »linken« Patriotismus und dem alten »rechten« Nationalismus. Diese Tendenzen waren höchst problematisch. Wer die Bundesrepublik gleichweit von den USA wie von der UdSSR angesiedelt sah, machte sich eine fundamentale Vereinfachung zu eigen. Der Unterschied zwischen einer Demokratie, für die der Begriff »Freiheit« bei allen Unzulänglichkeiten im einzelnen keine bloße Phrase ist, und einer Diktatur, die Verfechter von Menschenrechten festsetzt und diffamiert, wurde nahezu eingeebnet, zumindest aber relativiert. Die Bundesrepublik könnte schon aufgrund der geographischen Mittellage keine »Schaukelpolitik« zwischen Ost und West betreiben. Ein gefährliches Machtvakuum wäre die Folge gewesen.

Die Kritiker hatten in einem ganz wesentlichen Punkt unrecht. Wer etwa behauptete, für die Zuspitzung der Kriegsgefahr sei die Teilung Deutschlands maßgeblich und ein Abzug der Besatzungstruppen ein Gebot der Stunde, verwechselte Ursache und Folge miteinander. Die Teilung Deutschlands war schließlich ein Ergebnis der ideologischen und machtpolitischen Konfrontation zwischen Ost und West. Und wer suggerierte, die Lösung der »nationalen Frage« führe zu einer Vermeidung des Atomkrieges und – umgekehrt – die Existenz zweier deutscher Staaten in unterschiedlichen Bündnissen ermögliche einen solchen, hätte erst recht Spannung erzeugt, statt sie abzubauen. Wußten diejenigen, die die Bundesrepublik als »besetztes Land« apostrophierten, denn nicht, daß erst die sogenannten Besatzer, die Alliierten nämlich, die nationalsozialistische Diktatur 1945 beseitigt hatten? War ihnen unbekannt, daß die Westmächte die Freiheit und Sicherheit der Bundesrepublik und

162 Ebd., S. 522.
163 Vgl. Wolfgang Venohr (Hrsg.), Die deutsche Einheit kommt bestimmt, Bergisch Gladbach 1982; ders. (Hrsg.), Ohne Deutschland geht es nicht. 7 Autoren zur Lage der deutschen Nation, Krefeld 1985; Rolf Stolz (Hrsg.), Ein anderes Deutschland. Grün-alternative Bewegung und neue Antworten auf die Deutsche Frage, Berlin 1985; Hans-Jürgen Degen (Hrsg.), Was soll bloß aus Deutschland werden? Deutsche über die Zukunft ihres Landes, Berlin 1982.

von Berlin (West) verbürgten? Erinnerte man sich nicht mehr an die Zeit von Deutschlands Kondominium 1945–1949?

Das war aber nur die eine Seite der Medaille: Diese Tendenzen durften nicht überschätzt werden. Ihnen war eine Breitenwirkung versagt geblieben, wie die empirische Sozialforschung belegte[164]. Es hatte sich insgesamt um Außenseiterpositionen gehandelt[165]. Insofern war die Angst in Teilen des westlichen Auslands, speziell in Frankreich, vor einem rechts-links gewirkten Nationalismus und einem wie immer verstandenen »dritten Weg«[166] wohl übertrieben, angesichts der historischen Erfahrungen freilich durchaus verständlich. So sehr etwa Brigitte Sauzay in ihrem Furore machenden Band über die »rätselhaften Deutschen«[167] zu Recht vor den Versuchungen des Neutralismus warnte, so überschätzte sie doch bei weitem den existierenden Irrationalismus, mochte auch manches Diktum, z.B. über »die protestantischen Eiferer«[168], recht treffend sein. Selbst ein so besonnener ausländischer Beobachter wie Walter Laqueur[169] machte sich Sorgen über irrationale Strömungen, die Neigung zum Absoluten, die Endzeitstimmung und die Krisenrhetorik mancher Intellektueller.

Man durfte nicht in den Fehler verfallen, jegliches Nachdenken über nationale Identität[170] zu verteufeln und diese mit dem Stigma des Unzulässigen zu belegen. Nicht alles war ein Rückfall in den Nationalismus, und die Forderung nach der Wiedervereinigung – in welcher Form immer – mußte ganz legitim sein, wie unrealistisch sie seinerzeit auch erscheinen mochte. Tatsächlich jedoch war die Selbstanerkennung der Bundesrepublik Deutschland[171] weit fortgeschritten, und es sprach wenig dafür, daß ein dumpfer Nationalismus in der politischen Kultur der Bundesrepublik heimisch werden könnte. Daran hat sich auch durch die Wiedervereinigung Deutschlands nichts geändert.

Elisabeth Noelle-Neumann und ihre Mitarbeiterin Renate Köcher wähnten gar eine umgekehrte Gefahr: Sie sahen aufgrund einer international vergleichend angelegten Studie gerade eine Bedrohung für »westliche« Auffassungen in dem in der

---

164 Vgl. beispielsweise Gerhard Herdegen, Demoskopische Anmerkungen zum Geschichtsbewußtsein der Deutschen (West) im Kontext der deutschen Frage, in: Werner Weidenfeld (Hrsg.), Geschichtsbewußtsein der Deutschen. Materialien zur Spurensuche einer Nation, Köln 1987, S. 187–202; ders., Einstellungen der Deutschen (West) zur nationalen Identität, in: D. Berg-Schlosser/J. Schissler (Anm. 113), S. 205–221; H. Honolka (Anm. 153), insbes. S. 190–235 (Tabellenanhang).

165 Dieser Aspekt kam viel zu kurz in dem Werk von Arno Klönne, Zurück zur Nation? Kontroversen zu deutschen Fragen, Köln 1984.

166 Vgl. Eckhard Jesse, Der »dritte Weg« in der deutschen Frage. Über die Aktualität, Problematik und Randständigkeit einer deutschland-politischen Position, in: DA, 22 (1989), S. 543–559.

167 Vgl. Brigitte Sauzay, Die rätselhaften Deutschen. Die Bundesrepublik von außen gesehen, Stuttgart 1986. Der Orginaltitel »Le vertige allemand« erhellt noch krasser die (Fehl-)Perzeption.

168 Ebd., S. 161.

169 Vgl. Walter Laqueur, Was ist los mit den Deutschen?, Frankfurt/M.–Berlin 1985. Der aufgeregte Titel der Übersetzung (Orginaltitel: »Germany today«) trifft den Inhalt allerdings nicht angemessen.

170 Vgl. etwa den aufschlußreichen Sammelband von Werner Weidenfeld (Hrsg.), Die Identität der Deutschen, München 1983.

171 Vgl. dazu auch Wilfried von Bredow, Deutschland – ein Provisorium?, Berlin 1985.

Bundesrepublik unterentwickelten Nationalgefühl. Die Bundesrepublik sei daher eine »verletzte Nation«, gefährdet gegenüber Anwandlungen[172]. Die Studie gelangte zu einem Befund, der in einem diametralen Gegensatz zur These vom Rückfall der Bundesrepublik in alter Tradition stand. »Die Bundesrepublik ist wie kein anderes Land offen für neue Werte und Einflüsse. Der weitaus geringere weltanschauliche Konsens zwischen den Generationen, die radikale Verabschiedung religiöser, moralischer und politischer Überzeugungen in der kurzen Spanne zwischen dem Ende der sechziger und dem Anfang der siebziger Jahre sind nur vor diesem Hintergrund verständlich.«[173] Diese These lief darauf hinaus, daß sich der Wandel in der Bundesrepublik zu schnell vollzogen und daher zu einer Destabilisierung des Systems geführt hat. Für die Autoren fallen die Deutschen von einem Extrem ins andere. Beklagt wurde also nicht das Übermaß an Pflichtgefühl und Disziplin, sondern gerade umgekehrt dessen Mangel. Die Fundamente der Freiheit könnten durch ein unreflektiertes Freiheitsverständnis, wie es in der Bundesrepublik im Vordringen begriffen sei, unterspült werden. »In keinem anderen Land begegnet Autorität einem so prinzipiellen, sich über alle Lebensbereiche erstreckenden Mißtrauen.«[174] Damit stellen die Autorinnen gängige Stereotype auf den Kopf. Gewiß ließ sich darüber streiten, ob der Wandel so negativ zu bewerten sei.

Was aber nicht geleugnet werden konnte, das war das enorme Ausmaß des Wandels. Ekkehart Krippendorff etwa diagnostizierte, aus einer ganz anderen Richtung kommend, ebenfalls die krassen Veränderungen und führte sie zu Recht auch auf die Folgen der Studentenbewegung zurück: »Dieser Wandel markiert einen Bruch mit tradierten politisch-gesellschaftlichen Verhaltensweisen, mit jahrhundertealten stabilen Mustern der Akzeptanz von Obrigkeit und Regierung, von Staat und hierarchischer Ordnung. ›Die Deutschen‹ sind nicht mehr das, was sie einmal und scheinbar für immer waren: arbeitsam, pflichtbewußt, obrigkeitstreu, autoritär, gehorsam, diszipliniert, und auch nicht mehr nationalbewußt, militaristisch und kulturüberheblich.«[175] Man mochte vielleicht die eine oder andere Wendung als etwas überzogen ansehen, aber im Kern waren die Wandlungen treffend eingefangen, jedenfalls weit angemessener als dies Ralf Dahrendorf tut, der vor einem Wandel der politischen Kultur warnte und zu befürchten schien, daß sich »Bitburg zur Geschäftsgrundlage der politischen Kultur der Bundesrepublik«[176] entwickeln würde. Die deutsche Wiedervereinigung mit ihren Folgen hat Dahrendorf nicht Recht gegeben.

172 Vgl. Elisabeth Noelle-Neumann/Renate Köcher, Die verletzte Nation. Über den Versuch der Deutschen, ihren Charakter zu ändern, Stuttgart 1987.
173 Ebd., S. 100.
174 Ebd., S. 291; vgl. ebd., S. 290 f.: »Die deutsche Bevölkerung hat das Mißtrauen gegenüber jeglicher Form von Autorität verinnerlicht. Abweichend von den europäischen Nachbarn, abweichend besonders von den Vereinigten Staaten hat Autorität für die deutsche Bevölkerung die Aura des Unbekömmlichen, des Verdächtigen. Eine Stärkung von Autorität gilt 84 Prozent der amerikanischen, 61 Prozent der europäischen Bevölkerung als wünschenswertes Ziel, aber nur 44 Prozent der deutschen Bevölkerung. [...] Die außerordentliche Distanz der deutschen Bevölkerung gegenüber jeder (potentiellen) Autorität durchzieht alle Lebensbereiche, macht auch vor der Familie, vor den Beziehungen zwischen den Generationen nicht halt.« Siehe die Tabellen ebd., S. 321–333.
175 So Ekkehart Krippendorff, Die Deutschen sind nicht mehr, was sie waren, in: Der Spiegel vom 1. Juni 1987, S. 39.
176 Ralf Dahrendorf, Zur politischen Kultur der Bundesrepublik, in: Merkur, 41 (1987), S. 72.

Ist durch den Zusammenbruch der DDR jedoch nicht auch ein Wandel der politischen Kultur zu erwarten oder gar schon eingetreten? Kommen angesichts wirtschaftlicher Engpässe jetzt nicht in der »alten« Bundesrepublik längst für überwunden geglaubte Verhaltensweisen zum Vorschein? War die DDR nicht der »deutschere« deutsche Staat mit seinem Untertanengeist und den verinnerlichten Sekundärtugenden seiner Bürger? »Vereint und doch gespalten«[177]? »Eine Nation. Zwei politische Kulturen«[178]?

Was haben fast sechs Jahrzehnte Diktatur – zunächst einer nationalsozialistischen, dann einer kommunistischen – bei den Menschen hinterlassen? In der DDR könnten sich verschiedene politische Kulturen gekreuzt und gegenseitig überlagert haben. Die offiziellen Vorstellungen im Sinne des Marxismus-Leninismus dürften nur zum Teil verinnerlicht worden sein. Stattdessen gab es private Innerlichkeit, die bereit war, die Obrigkeit zu respektieren, sofern man in Ruhe gelassen wurde. Es gab zugleich eine Fixierung auf den Westen, auf das dortige Fernsehen. Liberal-demokratische Werte wurden nicht verdrängt bzw. lebten wieder auf. Die politische Kultur in der DDR war also durch eine Gemengelage verschiedener, teilweise gegenläufiger Einflüsse gekennzeichnet. Hat der »vormundschaftliche Staat«[179] zur Entmündigung beigetragen, deren Folgen sich über das Ende des Staates fortsetzen?

Wer die Befunde der Meinungsforschung sichtet, kommt teils zu ähnlichen, teils zu – weniger als erwartet – tendenziell gegenläufigen Antworten in Ost und West. Insgesamt gesehen gibt es vielfach erstaunliche Übereinstimmungen. Die Daten lassen jedenfalls keine klare Aussage darüber zu, ob sich bei den Bürgern in den neuen Bundesländern Autoritarismus stärker herausgebildet hat. Auch die Wahlergebnisse unterscheiden sich bisher nicht kraß voneinander. Gewiß war die Volkskammerwahl 1990 stark von situativen Elementen geprägt, doch wußte die Bevölkerung der DDR angesichts des nahezu ständigen westlichen Medienkonsums recht gut über das Parteiensystem in der Bundesrepublik Bescheid, zumal sich in den siebziger und achtziger Jahren die Besuchssituation verbesserte. Insofern erscheint dieser Sachverhalt als ein stabilisierender Faktor für die politische Kultur – im Vergleich etwa zu den iberischen Ländern in den siebziger und den osteuropäischen Ländern in den neunziger Jahren.

Der Angleichungsprozeß der politischen Kulturen dürfte sich mehr oder weniger bloß in eine Richtung vollziehen. Wer etwa die Daten der 11. (Jugend-)Shell-Studie heranzieht, der ersten gesamtdeutschen, sieht erstaunliche Parallelen in Ost und West – bei den politisch-gesellschaftlichen Orientierungen und Lebensstilen. Optimismus überwiegt jeweils. Die Autoren der Shell-Studie bringen ihre Überraschung über die Ergebnisse mit der folgenden Überschrift zum Ausdruck: »Wo bleiben die Unterschiede zwischen Ost und West?«[180]

---

177 So Ursula Feist. Zur politischen Akkulturation der vereinten Deutschen. Eine Analyse aus Anlaß der ersten gesamtdeutschen Bundestagswahl, in: APZG, B 11–12/91, S. 21.

178 Vgl. Martin und Sylvia Greiffenhagen, Eine Nation: zwei politische Kulturen, in: Werner Weidenfeld (Hrsg.), Deutschland. Eine Nation – doppelte Geschichte. Materialien zum deutschen Selbstverständnis, Köln 1993, S. 29–45.

179 So Rolf Henrich, Der vormundschaftliche Staat. Vom Versagen des real existierenden Sozialismus, Reinbek bei Hamburg 1989.

180 Jürgen Zinnecker, Deutsche Jugend heute. Eine Porträtskizze, in: Jugendwerk der deutschen Shell (Hrsg.), Jugend '92. Lebenslagen, Orientierungen und Entwicklungsperspektiven im vereinten Deutschland, Bd. 1, Opladen 1992, S. 26.

Skepsis ist gegenüber rechten und linken intellektuellen Positionen angebracht. Die eine Richtung, stärker außenpolitisch orientiert, will auf die »nationale Karte« setzen: Deutschland solle den Kurs der Westintegration aufkündigen und als Land der Mittellage eine eigenständige Politik betreiben. Die andere Position, mehr innenpolitisch orientiert, versucht nachträglich im Zuge einer Verfassungsdiskussion, das zu erreichen, was ihr bisher auf politischem Wege nicht gelungen ist. Die Motive und Ziele sind höchst unterschiedlich. Im Kern können oder sollen die Veränderungen tendenziell auf eine »andere Republik« hinauslaufen, auch wenn manche derer, die für eine »neue Republik« plädieren, keinesfalls eine Delegitimierung des »Systems« beabsichtigen.

Die politische Kultur in den alten und in den neuen Bundesländern weist zur Zeit noch beträchtliche Unterschiede auf, bedingt u. a. dadurch, daß postmaterialistische Werthaltungen in den neuen Bundesländern weniger ausgeprägt sind als in den alten. Ostdeutsche Bürger dürften in mancherlei Hinsicht Vorstellungen teilen (im Hinblick auf das staatsbürgerliche Bewußtsein etwa), die in der Bundesrepublik der fünfziger Jahre vorherrschend waren. Allerdings läßt sich dieser Unterschied, wie die Befunde zeigen, keineswegs verabsolutieren. Im Kern wird die politische Kultur der Bundesrepublik Deutschland die der vergangenen bleiben. Diese These versteht sich vor dem Hintergrund, daß keine katastrophale wirtschaftliche Situation eintritt, die unvorhergesehene Entwicklungen in Gang setzen kann. Eine besonders negative Beurteilung der Wirtschaftslage kommt vermutlich der Partei der PDS (vor allem bei den besser Gebildeten) und der der REP zugute (insbesondere bei den Unterschichten). Von der politischen Kultur der DDR hat sich im vereinten Deutschland nicht viel erhalten[181]. Dieser Sachverhalt wird nicht nur wertfrei konstatiert, sondern eigens gutgeheißen. Die bisher Berechenbarkeit, Liberalität und Sicherheit verbürgende »Bonner Republik« mit ihrer gefestigten politischen Kultur bedarf der Bewahrung.

Offenkundig zeigt der Wandel der politischen Kultur auch Auswirkungen auf den politischen Extremismus. Einiges ist schon beim Namen genannt worden – die Stigmatisierung hat nachgelassen, damit allerdings auch die Bereitschaft, Extremisten entschieden abzulehnen. In vielen Protestbewegungen hegte man lange keine Skrupel gegen die Zusammenarbeit mit Linksextremisten. Die gemeinsamen Ziele rechtfertigten dies. Antifaschistische Denkmuster hatten in den siebziger und achtziger Jahren in intellektuellen Zirkeln wie in Protestbewegungen beträchtlichen Einfluß gewonnen[182].

4. Systemschwächen

Gewiß ist der politische Extremismus in der Bundesrepublik zahlenmäßig nur sehr schwach, doch kann dies im Umkehrschluß nicht notwendigerweise heißen, daß die Demokratie auf soliden Fundamenten ruht. Abwegig wäre ebenfalls die Feststellung,

---

181 In diesem Sinne auch Kurt Sontheimer, Deutschlands politische Kultur, München 1991[2].
182 Vgl. beispielsweise Wolfgang Rudzio, Die Erosion der Abgrenzung. Zum Verhältnis zwischen der demokratischen Linken und Kommunisten in der Bundesrepublik Deutschland, Opladen 1988.

notorische Kritik untergrabe die Demokratie. Auch wenn es sich bei des Bundesrepublik um einen demokratischen Verfassungsstaat handelt und die politische Kultur sich zum Positiven hin gewandelt hat, lassen sich Defizite keineswegs übersehen – zumal nach der Vereinigung Deutschlands. Im folgenden kann es nur darum gehen, einige wenige und besonders typische, die in einem direkten oder doch zumindest indirekten Zusammenhang zum politischen Extremismus stehen, beim Namen zu nennen· Sie sollen insofern charakteristisch sein, als sie beispielhaft erhellen, daß die freiheitliche Ordnung sowohl durch den Bürger als auch den Staat geschwächt werden kann, von »oben« ebenso wie von »unten«. Die Beispiele beziehen sich auf die Komplexe Affären und Skandale sowie auf Protestbewegungen. Während beim ersten Thema die Gefahr vom Staat und seinen Repräsentanten ausgeht, trifft dies beim zweiten ebenso für die Seite der Bürger zu.

Die Glaubwürdigkeit der parlamentarischen Demokratie steht zum Teil auf tönernen Füßen, denkt man etwa an Affären und Skandale[183], die die Bundesrepublik in den letzten Jahren heimgesucht haben. Der Verlust an Glaubwürdigkeit führt auch zu einem Vertrauensschwund bei den Bürgern. Es ist klar, daß Extremisten versuchen, Wasser auf ihre Mühlen zu leiten. Ihnen ist jede Affäre zur Delegitimierung des »Systems« recht. Aber nicht nur deshalb muß Sorge für eine rückhaltlose Aufklärung von Affären, die nun einmal zum politischen Alltag auch in einer Demokratie gehören, getragen werden. Man hat nicht immer das Gefühl, daß alle sich diesem hehren Grundsatz verpflichtet wissen.

In der ersten Hälfte der achtziger Jahre suchten mannigfache Parteifinanzierungsskandale die Bundesrepublik heim. Prominente Politiker waren in den Verdacht der Steuerhinterziehung geraten, ebenso zahlreiche Unternehmer, die Spenden geleistet hatten. Den spektakulärsten Fall stellte der Skandal um den Flick-Konzern dar, der großzügig die Parteien mit Spenden bedient hatte. Die vielfältigen Finanz-Skandale haben den Parteien geschadet und damit auch das Vertrauen in die Demokratie erschüttert. Zwar spielte persönliche Bereicherung keine Rolle, doch läßt sich nicht rechtfertigen, wie prominente Politiker gesetzliche Bestimmungen einfach übergangen haben. Auch mußten Zweifel daran aufkommen, ob industrielle Großspender mit ihren finanziellen Leistungen nicht mehr im Sinne hatten, als bestimmten Parteien lediglich eine grundsätzliche Unterstützung angedeihen zu lassen. Vielleicht haben die in den Medien immer wieder zitierten Notizen des Flick-Managers von Brauchitsch (»wg. . . .«) mehr zur Schwächung der Legitimationsbasis der Demokratie beigetragen als manche Aktionen extremistischer Kräfte. Anti-Parteienaffekte lebten nach solchen Vorgängen wieder verstärkt auf. Immerhin deckten öffentliche Meinung und Justiz Manipulationen auf. Der Gesetzgeber seinerseits sah sich aufgrund der Arbeit einer Experten-Kommission[184] mit Wirkung vom 1. Januar 1984 zu einer Neuregelung der Parteienfinanzierung veranlaßt. Diese Neuregelung betraf

---

183 Zum Versuch der Systematisierung von Skandalen: Dirk Käsler, Der politische Skandal. Zur symbolischen und dramaturgischen Qualität von Politik, Opladen 1991. Sensationsheischend und oberflächlich: Georg M. Hafner/Edmund Jacoby (Hrsg.), Die Skandale der Republik, Reinbek bei Hamburg 1992.
184 Vgl. den Bericht zur Neuordnung der Parteienfinanzierung. Vorschläge der vom Bundespräsidenten berufenen Sachverständigenkommission, Köln 1983, insbes. S. 169–228.

u. a. die steuerliche Abzugsfähigkeit von Spenden an die Parteien, einen »Spendenausgleich« für Parteien, die nach Mitgliederbeiträgen und Spenden unterdurchschnittlich abschneiden, und die Pflicht der Parteien zur öffentlichen Rechenschaftslegung nicht nur der Einnahmen, sondern auch der Ausgaben. Als bedeutsam muß die Regelung gelten, wonach Großspenden über 20 000 DM sich nur dann steuerlich absetzen lassen, wenn der Name des Spenders samt Betrag öffentlich gemacht wird. Es ist so schwieriger geworden, das Veröffentlichungsgebot mittels anonymer »Förderergesellschaften« oder »Strohmänner« zu umgehen. Die Klage der »Grünen« gegen das neue Gesetz verwarf das Bundesverfassungsgericht 1986 zunächst weitgehend: Zwar verstoße die Abzugsfähigkeit für Parteispenden in Höhe von fünf Prozent des Einkommens gegen das Recht der Bürger auf gleiche Teilnahme an der politischen Willensbildung, doch gelten Spenden bis zu 100 000 DM als steuerlich voll abzugsfähig. Ob mit dem neuen Gesetz zur Parteifinanzierung tatsächlich die nötigen Konsequenzen gezogen oder lediglich eher kosmetische Korrekturen vorgenommen wurden, darüber gingen die Meinungen naturgemäß weit auseinander. So ist zu Recht gefordert worden (und auch von einer Parteienfinanzierungskommission vorgeschlagen), daß die staatliche Wahlkampfkostenerstattung nicht mehr pro Wahlberechtigten zählt, sondern pro Wählerstimme. Auf diese Weise schlägt die zunehmende Wahlenthaltung für die Parteien negativ zu Buche, zumal die Mitgliederentwicklung seit Jahren rückläufig ist (SPD: weniger als 900 000; CDU: 714 000; CSU: unter 180 000; FDP: 110 000; Die »Grünen«: 38 000 – Stand jeweils Ende 1992). Wer sich freilich über die im Vergleich zum Ausland in der Tat hohe staatliche Subventionierung der Parteien empört[185], kann konsequenterweise nicht gleichzeitig Spenden seitens der Privatwirtschaft moralisierend monieren.

Daß der Finanzhunger der Parteien geradezu unersättlich ist, zeigt das von CDU/CSU, SPD und FDP im Jahre 1988 verabschiedete Gesetz zur Änderung der Parteienfinanzierung. Neben der Wahlkampfkostenerstattung ist zusätzlich ein nicht mit der Pauschale zu verrechnender »Sockelbetrag« vorgesehen (für Parteien mit mehr als 2,0 Prozent der Stimmen). Die Namen von Spendern mußten nicht mehr genannt werden, wenn die Zuwendung unter 40 000 DM liegt (bisher: 20 000). Die steuerliche Abzugsfähigkeit der Spenden wurde von 100 000 DM auf 60 000 DM gesenkt, für die Ermittlung des »Chancenausgleiches« eine neue Berechnungsgrundlage angewandt. Die Einführung des Sockelbetrages läuft faktisch auf eine »klammheimliche« Erhöhung der Wahlkampfkostenerstattung hinaus, die Modifizierung des »Chancenausgleiches« kostet den Steuerzahler erneut Geld, und die Wahrung der Anonymität von Spendern bis zu einer Höhe von 40 000 DM ließ sich nach den verschiedenen Finanzskandalen nur sarkastisch kommentieren[186]. Obwohl die öffentliche Meinung nahezu geschlossen Bedenken gegen diese »Selbstbedienung« anmeldete, passierte das Gesetz die parlamentarischen Hürden, da sich nur die »Grünen« dagegen ausgesprochen hatten. Die »Solidarität der Demokraten« sollte sich nicht in erster Linie bei der Finanzierung der Parteien zeigen. Hier funktionierte sie jedenfalls: Die Öffentlichkeit

---

185 Vgl. Karl-Heinz Naßmacher, Parteienfinanzierung im internationalen Vergleich, in: APZG, B 8/84, S. 27–45; ders., Öffentliche Parteienfinanzierung in Westeuropa. Informationsstrategien und Problemstand, in: PVS, 28 (1987), S. 101–125.

186 Vgl. etwa: Rudolf Augstein, Die Knete muß geschluckt werden, in: Der Spiegel vom 20. Juni 1988, S. 29.

erfuhr nichts von den Besprechungen der Schatzmeister vor Einleitung der Gesetzesprozedur. Geheimniskrämerei war Trumpf[187]. Das von den »Grünen« erneut angerufene Bundesverfassungsgericht verwarf im Jahre 1992 diese Neuregelung wegen der Verletzung der Chancengleichheit als verfassungswidrig. Sockelbeträge seien ebensowenig rechtmäßig wie die Steuerabzugsfähigkeit hoher Spenden. Diese war noch 1986 gutgeheißen worden. Das Gericht ließ wohl – erstmals – eine staatliche Parteienfinanzierung zu (also nicht nur eine bloße Wahlkampfkostenerstattung), knüpfte diese jedoch an bestimmte Bedingungen, um die »gesellschaftliche Verwurzelung« der Parteien zu fördern und nicht zu gefährden: Die Staatszuschüsse dürfen weder über den Eigeneinnahmen der Parteien (relative Obergrenze) noch – unter Berücksichtigung des Inflationsausgleichs – über den Zuwendungen der letzten Jahre liegen (absolute Obergrenze). Daraufhin wurde vom Bundespräsidenten eine Expertenkommission eingesetzt, die zu Beginn des Jahres 1993 folgende Empfehlungen aussprach: Für jede Wählerstimme bekommt die Partei (auf Bundes-, Landes- und Kommunalebene) pro Jahr 0,90 DM; für jede DM, die die Parteien über Mitgliedsbeiträge oder Spenden einnehmen, erhalten sie 0,20 DM; die Spenden sind nur bis zu einer Höhe von 2 000 DM (bei Ledigen) bzw. 4 000 (bei Verheirateten) absetzbar; der Name des Spenders ist ab einer Höhe von 20 000 DM bekanntzugeben; Kredite dürfen nicht über 40 Prozent der Einnahmen (Mitgliedsbeiträge und Spenden) aus dem Vorjahr betragen; die Staatszuschüsse an Stiftungen und Fraktionen erfahren eine gesetzliche Regelung. Bis zum Ende des Jahres 1993 haben Bundestag und Bundesrat eine entsprechende Regelung zustandezubringen. Auch wenn sie sich an den bürgerfreundlichen Vorschlägen der Kommission orientieren: Das Thema der Parteienfinanzierung bliebt ein »Dauerbrenner« und wird nicht von der politischen Agenda verschwinden.

Das Beispiel der überbordenden Parteienfinanzierung läßt die Anspruchshaltung und Eigenmächtigkeiten der Parteien in eklatanter Art und Weise erkennen[188]. Sie nehmen offenbar nur wenig Rücksicht auf ihre Glaubwürdigkeit, wenn es um die Finanzen geht. Daher müssen sie sich fragen lassen, ob sie mit der dauernden »Selbstbedienung« ihren Einfluß wirklich stärken oder ob sie dadurch nicht eher einem kräftigen Antiparteienaffekt Vorschub leisten. Unbestritten ist: Es fehlt ihnen an Selbstbescheidung, auch und gerade in monetärer Hinsicht. Wer den Umgang der Parteien mit dem Geld erstaunlich findet, will vor einem Mißbrauch der Macht warnen. Die berechtigte Kritik im Hinblick auf die Finanzierung wird nicht nur von Extremisten in dem Sinne ausgeschlachtet, als sei der »Parteienbetrieb« korrumpiert. Gerade wer diese Auffassung nicht teilt, muß einschlägige Defizite beim Namen nennen und darf sich nicht an der Vertuschung von Gepflogenheiten beteiligen, die offenbar als »normal« gelten. Aufgrund einer Reihe unterschiedlicher Gründe – die Parteienfinanzie-

---

187 Das gilt auch für großzügige Versorgungsregelungen an Politiker und für die Erhöhung der Diäten, obwohl in diesem Fall zwischen dem Bundestag und den Landesparlamenten differenziert werden muß. Vgl. zu dieser Thematik die scharfe, auch öffentlichkeitswirksame Kritik von Hans Herbert von Armin, Die Partei, der Abgeordnete und das Geld, Mainz 1991; ders., Macht macht erfinderisch. Der Diätenfall: ein politisches Lehrstück, Osnabrück-Zürich 1988.
188 Hierzu vgl. auch Karl-Heinz Naßmacher, Parteienfinazierung als verfassungspolitisches Problem, in: APZG, B 11/89, S. 27–38; Christine Landfried, Parteifinanzen und politische Macht, Baden-Baden 1990.

rung gehört dazu – steht die Parteiendemokratie zu Beginn der neunziger Jahre schlechter da denn je zuvor. Nicht jede Kritik ist berechtigt[189]. Die Überlegung von Wolfgang Ullmann, »die Fata morgana der Volksparteien zu verabschieden und endlich wieder redliche Interessenparteien zu werden, die CDU als die der Arbeitgeber, die FDP als die des Mittelstandes und die SPD als die der Arbeitnehmer«[190], riefe erst die Krise hervor, die der Autor jetzt beschwört. Wer die großen Parteien als »Altparteien« tituliert, auf »Bewegungen« setzt und gar »Komitees für Gerechtigkeit«[191] ins Leben ruft, leistet dem demokratischen Verfassungsstaat einen Bärendienst.

Noch spektakulärer war ein anderer Skandal: Es besteht kein Zweifel daran, daß die mit dem Namen des früheren schleswig-holsteinischen Ministerpräsidenten Uwe Barschel verbundene Affäre der Demokratie schweren Schaden zugefügt hat. Dieser wollte mit Hilfe unlauterer und teilweise ungesetzlicher Methoden das Ansehen der SPD diskreditieren, sei es durch Bespitzelung des dortigen Spitzenkandidaten Björn Engholm, sei es durch dessen Denunziation beim Finanzamt mittels anonymer Anzeige, sei es wegen anderer Maßnahmen außerhalb der Legalität. Als die Machenschaften Barschels und seines Medienreferenten Rainer Pfeiffer ans Tageslicht kamen, verübte er Selbstmord, sich seiner Verantwortung entziehend, nachdem er zuvor mit seinem »Ehrenwort« die Vorwürfe als »erstunken und erlogen« zurückgewiesen hatte[192]. Der Skandal ist offenkundig gewesen, ob nun Barschel alle kriminellen Aktivitäten initiiert hat oder nicht. Es geht nicht um den Fall Barschel[193] als solchen, sondern vielmehr darum, daß in einer parlamentarischen Demokratie derartige Machenschaften möglich sind und Kontrollmechanismen offenbar versagt haben. Der

---

189 Vgl. besonders pronociert Erwin K. Scheuch/Ute Scheuch, Cliquen, Klüngel und Karrieren. Über den Verfall der politischen Parteien – eine Studie, Reinbek bei Hamburg 1992; auch der Bundespräsident hat Parteienschelte geübt: Richard von Weizsäcker im Gespräch mit Gunther Hofmann und Werner A. Perger, Frankfurt/M. 1992 – siehe dazu: Gunther Hofmann/Werner A. Perger (Hrsg.), Weizsäckers Parteienkritik in der Diskussion, Frankfurt/M. 1992.

190 So Wolfgang Ullmann, Von der Programmkrise zur Politkrise. Die Partei am Ende ihrer Weisheit, in: Freitag vom 10. April 1992.

191 Vgl. dazu Kap. III. 3.9.

192 Die These, er sei ermordet worden, entbehrt der stimmigen empirischen Grundlage und basiert auf einer Verschwörungstheorie. Sie wird verfochten von Werner Kalinka, Der Fall B. Der Tod, der kein Mord sein darf, Frankfurt/M.–Berlin 1993.

193 Manche der Studien sind verständlicherweise in der Regel kurzatmig gewesen und vermochten die vielfältigen Hintergründe, wie man inzwischen weiß, nicht immer ausreichend aufzuhellen. Vgl. Norbert F. Pötzl, Der Fall Barschel. Anatomie einer deutschen Karriere, Reinbek bei Hamburg 1988; Cordt Schnibben/Volker Skierka, Macht und Machenschaften. Die Wahrheitsfindung in der Barschel-Affäre. Ein Lehrstück, Hamburg 1988; Herbert Wessels, Ein politischer Fall. Uwe Barschel – die Hintergründe der Affäre, Weinheim 1988; Jochen Bölsche (Hrsg.), Waterkantgate. Die Kieler Affäre oder Wie viele Skandale verträgt die Demokratie?, Göttingen 1987; Heinz Ludwig Arnold (Hrsg.), Vom Verlust der Scham und dem allmählichen Verschwinden der Demokratie, Göttingen 1987; aufschlußreich sind die beiden folgenden, jeweils vom schleswig-holsteinischen Landtag hrsg. Dokumentationsbände: Der Kieler Untersuchungsausschuß sowie: Der Kieler Untersuchungsausschuß. Die Debatten, jeweils Kiel 1988. Allerdings hat der Untersuchungsausschuß nicht nach allen Seiten hin mit gleicher Akkuratesse ermittelt. Siehe dazu – freilich sehr einseitig – Sylvia Green-Meschke, Gegendarstellung zum Fall Barschel. Die Beschreibung eines verdeckten Skandals, Böblingen 1993.

Skandal warf ein trübes Licht auf die Arbeitsweise an höchster Stelle in einem Bundesland, wobei die Verquickung von Parteitätigkeit mit dem Regierungsapparat noch das kleinste Übel war. Im Bestreben, um jeden Preis an der Macht zu bleiben, hatte Barschel zu Mitteln Zuflucht genommen, die eindeutig jenseits der Legalität lagen. Daß ein Ministerpräsident, der Regierungschef eines Landes, derart eklatant und vorsätzlich gegen die Gesetze verstoßen könnte, hatte man bislang in der Bundesrepublik – bei allen Versuchungen, die Macht mit sich bringt – nicht für möglich gehalten. Diese Affäre entfaltete nachteilige Wirkungen auf die hiesige politische Kultur. Das in Deutschland seit je verbreitete Vorurteil, Politik sei ein schmutziges Geschäft, hat dadurch ebenso neue Nahrung erhalten wie die Auffassung, Politik und Moral gehörten unterschiedlichen Kategorien an. Barschel und seine Getreuen haben somit nicht nur der eigenen Partei geschadet (die Neuwahl im Frühjahr 1988 endete mit einem klaren Sieg der SPD), sondern auch der bundesdeutschen Demokratie insgesamt. Diejenigen, die an höchster Stelle mit größerem Verantwortungsbewußtsein ihrer Tätigkeit nachgingen, mußten sich durch die Machenschaften Barschels in ihrem Ethos zutiefst gekränkt fühlen.

Im Jahre 1993 erfuhr die Affäre eine überraschende Fortsetzung: Wie sich durch Indiskretionen herausstellte, erhielt der Medienreferent Pfeiffer von dem früheren Landesvorsitzenden der SPD Günther Jansen später Geldbeträge in Höhe von 40 000 bis 50 000 DM, die Jansen in seiner »Schublade« angesammelt haben will. Dieser mußte sein Amt als Sozialminister des Landes Schleswig-Holstein daraufhin aufgeben. Auch der Parteivorsitzende der SPD und Ministerpräsident des Landes Schleswig-Holstein, Björn Engholm, trat von all seinen Ämtern zurück, als sich herausstellte, daß er schon vor der öffentlichen Aufdeckung der Affäre etwas von den Machenschaften wußte, obwohl er dies jahrelang bestritten hatte. Die Ungereimtheiten (möglicherweise gar Tricks) im Umkreis der SPD dürfen aber nicht die Aktivitäten Barschels vergessen machen. Wie diese vielschichtige Affäre, deren sämtliche Hintergründe sich wohl auch in einem zweiten Untersuchungsausschuß niemals werden ganz aufklären lassen, eindrucksvoll erhellt, erweist sich eine parteipolitische Instrumentalisierung der Machenschaften der Gegenseite als kontraproduktiv.

Die Meinungen über den Stellenwert der Affären differieren beträchtlich: Handelt es sich um das Versagen eines einzigen Politikers, oder deuten die Begleitumstände auf typische Schwächen einer Parteiendemokratie wie der Bundesrepublik hin? Bei allen ganz spezifischen Momenten (etwa dem Ehrgeiz, dem Geltungsstreben und der Machtbesessenheit Barschels) ist die zweite Annahme in der obigen Frage nicht von der Hand zu weisen. Barschel konnte nur deshalb seine Machenschaften in diesem Umfang treiben, weil ihn andere deckten, und sei es auch nur indirekt. Die Affäre machte schlagartig ganz charakteristische Mängel deutlich: In Schleswig-Holstein war durch die jahrzehntelange Regierungszeit der CDU die »Filzokratie« weit fortgeschritten, so daß sich manche Verstöße allein vor diesem Hintergrund lancieren ließen; die innerparteiliche Demokratie konnte nicht besonders weit entwickelt sein, wenn Kritiker Barschels aus den eigenen Reihen abgehalftert wurden; die Verflechtung zwischen Wirtschaft, Medien und Politik ist durch diesen Skandal kraß erhellt worden. Selbst die Medien, die ihn aufgedeckt haben, sind nicht »blütenweiß« aus der Affäre herausgegangen: So war es vom »Spiegel« zumindest leichtfertig, sich zunächst lediglich auf die eidesstattlichen Versicherungen des offenkundig mehr als dubiosen Medienreferenten Pfeiffer zu verlassen, und die Handlungsweise des »Stern«, dessen

Reporter in Genf das Hotelzimmer Barschels aus eigenem Antrieb betrat und, ohne zunächst die Polizei zu informieren, Unterlagen durchwühlte sowie den leblosen Politiker in der Badewanne fotografierte, hatten mehr mit »Sensationsmache« (»Scheckbuchjournalismus«), weniger mit seriöser Unterrichtung der Öffentlichkeit zu tun. Und auch die Oppositionspartei, gegen deren Spitzenpolitiker sich die Aktivitäten richteten, hat allen Anlaß zu Selbstkritik.

Affären um Machtmißbrauch, Korruption, Ämterpatronage kommen im politischen Leben überall vor, auch in Demokratien, weil die menschliche Natur, von Grund auf eben keineswegs edel und selbstlos, gegen Verstrickungen von Politikern nicht stets gefeit ist. Der demokratische Verfassungsstaat jedoch bietet im Gegensatz zu Diktaturen die Möglichkeit, Affären wie Skandale aufzudecken und daraus Konsequenzen zu ziehen. In der Bundesrepublik, wo die politische Wirklichkeit mitunter an recht idealistischen Maßstäben gemessen wird, kam dieser Gesichtspunkt etwas zu kurz.

Der zweite Problembereich ist ganz anders gelagert: Außerparlamentarische Protestbewegungen sind in der Geschichte der Bundesrepublik keine Seltenheit[194]. Zu den wichtigsten gehör(t)en die Bewegungen gegen die Wiederbewaffnung (1951–1955), der Kampf gegen die atomare Bewaffnung der Bundeswehr (1957/58)[195], die Ostermarsch-Bewegung in der ersten Hälfte der sechziger Jahre[196], die studentische Protestbewegung, die zum Teil sogar zeitweilig als »außerparlamentarische Opposition« figurierte[197], Bürgerinitiativbewegungen der siebziger Jahre[198], die Friedensbewegung der achtziger Jahre sowie verschiedene andere neue soziale Bewegungen[199]. Nun müssen außerparlamentarische Protestbewegungen prinzipiell ein legitimer Bestandteil einer lebendigen Demokratie und offenen Gesellschaft sein. Der Staat und die ihn tragenden Parteien neigen mitunter dazu, diese Form der politischen Willensbildung nicht als legitim anzuerkennen. Tatsächlich jedoch sind außerparlamentarische Protestbewegungen Promotor und Produkt des Wandels in Richtung Liberalität gleichermaßen. Protestbewegungen können mithin nicht nur als legitim, sondern sogar als unerläßlich gelten. In der Bundesrepublik hat sich diese Erkenntnis nur allmählich durchgesetzt. In den fünfziger und auch noch sechziger Jahren bestand die Gefahr, daß außerparlamentarische Aktivität per se in die Nähe extremistischer Agitation gerückt wurde. Die Wandlungen, die die außerparlamenta-

---

194 Vgl. beispielsweise die Übersicht bei Lothar Rolke, Protestbewegungen in der Bundesrepublik. Eine analytische Sozialgeschichte des politischen Widerspruchs, Opladen 1987.
195 Vgl. Hans Karl Rupp, Außerparlamentarische Opposition in der Ära Adenauer. Der Kampf gegen die Atombewaffnung in den fünfziger Jahren, Köln 1970.
196 Vgl. hierzu Karl A. Otto, Vom Ostermarsch zur APO. Geschichte der außerparlamentarischen Opposition in der Bundesrepublik 1960–70, Frankfurt/M. 1977.
197 Die Literatur hierzu ist mittlerweile nahezu unübersehbar. Ein Teil der wichtigsten Literatur zu diesem Thema und zu anderen Protestbewegungen wird kommentiert bei Uwe Backes/Eckhard Jesse, Politischer Extremismus in der Bundesrepublik Deutschland. Bd. I: Literatur, Köln 1989, Kap. IV.1.5. und IV.2.5.
198 Vgl. Bernd Guggenberger/Udo Kempf (Hrsg.), Bürgerinitiativen und repräsentatives System, Opladen 1984² (1978).
199 Vgl. beispielsweise Karl-Werner Brand/Detlef Büsser/Dieter Rucht, Aufbruch in eine andere Gesellschaft. Neue soziale Bewegungen in der Bundesrepublik, Frankfurt/M. 1984² (1983).

rischen Protestbewegungen bewirkt haben, sind freilich nicht unbedingt von ihren Intitiatoren beabsichtigt gewesen. Insofern scheiterten viele Ziele der Protestbewegungen, wenn man etwa an das Feld der Militärpolitik denkt, von dem bekanntlich viele Protestinitiativen ihren Ausgang genommen haben[200].

Hat der Staat auch nicht immer angemessen auf Protestbewegungen reagiert, zumal in den fünfziger und sechziger Jahren, muß gleichwohl herausgestellt werden, daß die Aktivität in außerparlamentarischen Protestbewegungen nicht die »eigentliche« Form des politischen Engagements darstellt, wie zuweilen suggeriert. Zudem waren und sind viele Repräsentanten von Protestbewegungen von einem moralischen Rigorismus erfüllt, der nicht den komplizierten Rahmenbedingungen der politischen Wirklichkeit Rechnung trägt. Ein Gesinnungsmoralismus geht mitunter auf Kosten der Verantwortungsethik, die auch die Folgen der jeweiligen Entscheidung bedenkt[201]. Das jeweilige Ziel wird verabsolutiert, mitunter jedes Mittel zur Erreichung desselben gerechtfertigt. Viel zu wenig tragen die Akteure von Protestbewegungen dem Gesichtspunkt Rechnung, daß staatliches Handeln an dem Erhalt und dem Ausbau der parlamentarischen Demokratie, zu der es keine echten und erprobten Alternativen gibt, orientiert sein muß. Zahlreichen Boykotteuren gegen die Volkszählung im Jahre 1987 ging es beispielsweise eher um einen Machtkampf mit dem »Staat« als gegen die Zählung an sich: Eine Boykottrate von circa zehn Prozent hätte nämlich den Sinn des gesamten Unternehmens in Frage gestellt und damit dem »Staat« eine empfindliche Niederlage zugefügt.

Außerparlamentarisches Handeln darf niemals antiparlamentarisch ausgerichtet sein. Wer die außerparlamentarischen Aktivitäten mit dem Argument rechtfertigt, sie stellten eine »höhere Form« der Demokratie dar, übersieht den Sachverhalt, daß ausschließlich die gewählten Vertreter des Volkes, die letztlich die Verantwortung tragen und bei der Wahl zur Rechenschaft gezogen werden können, zu Entscheidungen legitimiert sind. Außerparlamentarische Initiativen erweisen sich dann am wirkungsvollsten, wenn sie die Beratungen der Parlamentarier zu beeinflussen suchen. In den achtziger Jahren bestand ein beträchtliches Protestpotential, welches sich für den unterschiedlichsten Themen mobilisieren ließ (von der Agitation gegen »Berufsverbote« über den Kampf gegen die Kernenergie bis zum Protest gegen leerstehende Häuser). Zum Teil war der Anlaß für die Proteste geradezu beliebig geworden[202]. Nicht zuletzt durch die Wiedervereinigung und die damit verbundenen Konsequenzen ist eine Verschiebung des politischen Koordinatensystems eingetreten. Wie sie sich auf außerparlamentarische Aktivitäten auswirken wird, dürfte noch weitgehend im Ungewissen liegen. Kann die »Straße«, provoziert durch den »deutschen Herbst« in der DDR, wirklich ein effektives und sinnvolles »Medium der Veränderung«[203] sein?

Gewiß liegen Finanzierungsskandale und politische Affären weit von den Problemen entfernt, die die Existenz außerparlamentarischer Protestbewegungen für die

---

200 Vgl. auch Kap. III.3.10.
201 Vgl. Kurt Sontheimer, Zeitenwende? Die Bundesrepublik Deutschland zwischen alter und alternativer Politik, Hamburg 1983, insbes. S. 241–243.
202 Vgl. auch Wolfgang Rudzio, Systemaversionen bei linksorientierten Jugendlichen. Sozialisationsschwächen der deutschen Demokratie, in: APZG, B 50/84, S. 27–34.
203 So Bernd Lindner, Die politische Kultur der Straße als Medium der Veränderung, in: APZG, B 27/90, S. 16–28.

Weiterentwicklung der Demokratie aufwirft. Aber sowohl Affären als auch radikale Bewegungen können die Demokratie gefährden wie erneuern. Sie sieht sich von ihnen herausgefordert und muß reagieren, zumal die öffentliche Meinung Affären aufdeckt und Protestbewegungen Gehör verschafft. Sind Unmutsäußerungen der Bürger über Skandale oder das Aufbegehren Protestierender ein Indiz dafür, daß ein Teil der Bürger nicht angemessen in das demokratische System integriert ist? Geht für die Demokratie in der Bundesrepublik gar eine Gefahr vom aufkommenden Extremismus aus? Die nachfolgenden Überlegungen sollen darauf eine hinreichend abgesicherte Antwort geben.

5. Gefahrenpotential des politischen Extremismus

In den mehr als vier Jahrzehnten ihres Bestehens sah sich die Demokratie in der Bundesrepublik Deutschland durch Extremisten niemals ernsthaft in dem Sinne bedroht, daß sie in eine Art Existenzkrise geriet. Damit vollzog sich eine Entwicklung, die in- und ausländische Beobachter der jungen deutschen Demokratie Anfang der fünfziger Jahre nicht für möglich gehalten hätten. Bei den letzten freien Wahlen vor der nationalsozialistischen Diktatur im Jahre 1932 vereinigten die extremen Parteien rechts- und linksaußen bekanntlich mehr als die Hälfte der Stimmen auf sich, besaßen also eine negative Mehrheit[204]. Insofern kann das Mißtrauen der Verfassungsväter in den Souverän nicht als unbegründet gelten. Doch die Sorge, die damals viele Politiker plagte, erwies sich bislang als nicht berechtigt.

Nach 1945 war die extreme Rechte durch die Erfahrungen des Nationalsozialismus so diskreditiert, daß sie ins moralische Abseits geriet, in dem sie sich noch heute befindet. Selbst überwiegend Rechtsextremisten deutsch-national orientierter Gruppierungen, die sich vom System des Nationalsozialismus weitgehend distanzieren – wie etwa die NPD oder die DVU – sind abgestempelt und können sich bis heute nicht vom Stigma des Rechtsextremismus der nationalsozialistischen Couleur befreien. Die Wahlergebnisse für die rechtsextremen Parteien lagen meistens unter einem Prozent. Nur ganz gelegentlich gelang der extremen Rechten der Ausbruch aus ihrem Ghetto – der neonationalsozialistisch angehauchten SRP in einigen Bundesländern Anfang der fünfziger Jahre, der NPD in der zweiten Hälfte der sechziger[205], der im Grenzbereich zwischen Demokratie und Rechtsextremismus angesiedelten Partei der REP Ende der achtziger, Anfang der neunziger Jahre. Die NPD stellt(e) in mancher Hinsicht eine rechtsextreme Sammlungsbewegung dar, die zeitweise (freilich auch von Protestwählern) beträchtlichen Zulauf erhielt.

Auf dem linken politischen Spektrum gibt es Parallelen wie massive Unterschiede. Der Linksextremismus war nach 1945 durch die Verfolgung der Nationalsozialisten zunächst in einer besseren Position. Doch wurde dieser Bonus schnell verspielt – durch die aggressive Politik der Sowjetunion, durch die Orientierung der SED an der Sowjetunion sowie die bedingungslose Linientreue der westdeutschen KPD an der

---

204 Auch bei der Wahl am 5. März 1933, die noch als weitgehend frei bezeichnet werden muß, erreichte die NSDAP 43,9, die KPD 12,3 Prozent der Stimmen.

205 Vgl. für Einzelheiten Kap. III.2.

SED. Die KPD verlor immer mehr an Stimmen und war schon vor ihrem Verbot eine quantité négligeable. Auch die DKP blieb, was die Teilnahme an Bundestags- und Landtagswahlen betrifft, gänzlich erfolglos[206]. Für andere Strömungen des Linksextremismus gilt das gleichermaßen, sieht man einmal davon ab, daß unter der Führung des SDS während der Studentenbewegung 1967/68 und in der Folge »systemkritische«, Gewalt befürwortende Stimmen besonders im kulturellen Milieu einflußreich gewesen sind.

Nun wäre der Rückschluß von den mageren Wahlergebnissen und die Aussichtslosigkeit des politischen Extremismus per se ebenso oberflächlich und grob fahrlässig wie ein Vergleich zwischen der Weimarer Republik und der Bundesrepublik im Hinblick auf das extremistische Potential, der eindeutig zugunsten der zweiten deutschen Demokratie ausfällt. Man würde dabei zahlreiche andere Einflußfaktoren nicht berücksichtigen. Von ihnen soll im folgenden die Rede sein[207]. Erstens darf man Wahlergebnisse nicht isoliert sehen, kommt es doch ebenso auf die organisatorische Stärke des extremistischen Potentials an. Das Resultat ist nicht völlig vernachlässigenswert. So gehörten beispielsweise 1987 rund 62000 Personen linksextremistischen und 46000 linksextremistisch beeinflußten sowie rund 25000 rechtsextremistischen Organisationen an (jeweils nach Abzug von Mehrfachmitgliedschaften)[208]. Inzwischen haben sich die Proportionen verschoben. Die Gesamtauflage des linksextremistischen Schrifttums im Jahre 1987 betrug über 40 Millionen Exemplare, die des rechtsextremistischen etwas unter zehn Millionen[209]. Diese Zahlen sagen vielleicht nicht sonderlich viel über die Gefährlichkeit des Extremismus aus, verdeutlichen jedoch das unermüdliche Bestreben von Extremisten, für die eigene Position zu werben. Im Vergleich zu den demokratischen Parteien ist der Organisationsgrad – das zahlenmäßige Verhältnis zwischen Mitglieder- und Wählerschaft bei extremistischen Parteien wie der DKP weit höher. Im Jahre 1983 belief sich der Organisationsgrad bei der DKP – ein zugegebenermaßen extremes Beispiel – auf 61 Prozent (40000 Mitglieder, 65000 Wähler) und bei der NPD immerhin noch auf 6,7 Prozent (6000 Mitglieder, 91000 Wähler), während er bei den »Grünen« hingegen nur bei 1,4 Prozent lag (rund 2,2 Millionen Wähler, circa 30000 Mitglieder).

Zweitens gibt es bei extremistischen Organisationen so gut wie keine »Karteileichen«. Die Mitglieder und Anhänger sind meistens hochmotiviert. Das politische Interesse ist im Vergleich zur übrigen Bevölkerung überentwickelt, und es besteht – neben der »Billigung gewalttätiger Handlungen«, – »eine missionarische Anlage, die sicher im Zusammenhang mit den extremistischen Überzeugungen Aufmerksamkeit verdient«[210]. Insofern ist eine Demokratie nicht erst dann gefährdet, wenn die Hälfte der Bevölkerung Sympathien für den politischen Extremismus empfindet. Der »tur-

---

206 Vgl. für Einzelheiten Kap. III.3.
207 Vgl. in systematischem Zusammenhang Uwe Backes/Eckhard Jesse, Extremistische Gefahrenpotentiale im demokratischen Verfassungsstaat. Am Beispiel der ersten und der zweiten deutschen Demokratie, in: dies. (Hrsg.), Jahrbuch Extremismus & Demokratie, Bd. 3, Köln 1991, S. 7–32.
208 Vgl. VSB 1987, S. 20, 98. Siehe auch die Angaben für die Zeit von Anfang der siebziger bis Anfang der neunziger Jahre im Anhang von Kap. III.
209 Vgl. VSB 1987, S. 21, 98.
210 Elisabeth Noelle-Neumann/Erp Ring, Das Extremismus-Potential unter jungen Leuten in der Bundesrepublik Deutschland 1984, Bonn 1984, S. 79, 57.

ning point« ist weit vorher erreicht, zumal in der Bundesrepublik das Linksextremismuspotential in den achtziger Jahren »durch Jugendlichkeit und höhere Bildung«[211] charakterisiert war, durch Faktoren also, die dem Extremismus Dynamik und Brisanz verleihen.

Drittens reicht das extremistische Potential weit über die Mitglieder, aber auch über die Wähler von extremistischen Parteien hinaus. So kam im Jahre 1984 das Institut für Demoskopie in Allensbach zum Ergebnis, 12,4 Prozent der 16- bis 25jährigen seien Linksextremisten, 6,2 Prozent – also exakt die Hälfte – Rechtsextremisten[212]. Nun läßt sich über solche und andere Angaben – beispielsweise sollen nach einer umstrittenen SINUS-Studie gar 13 Prozent der Wähler über ein »geschlossenes rechtsextremes Weltbild«[213] verfügen – trefflich streiten, doch unbestritten ist die weitere Verbreitung extremistischer Auffassungen und Verhaltensweisen, die unter bestimmten Voraussetzungen in Wählerstimmen umgesetzt werden können.

Viertens stellt sich die Frage, in welchem Maße Extremisten in der Gesellschaft verankert sind und Unterstützung erfahren. Dabei gab es einen ziemlichen Unterschied zwischen Rechts- und Linksextremisten. Sieht man einmal davon ab, daß hinter der stärksten Kraft des Linksextremismus in der Bundesrepublik Deutschland der andere deutsche Staat stand, so werden »rechtsextremistische Orientierungen in der Umwelt überwiegend abgelehnt«[214], während sich Linksextremisten von einem beträchtlichen Teil der Gesellschaft (zumal im intellektuellen Milieu) akzeptiert wähnten. Das erklärt, weswegen Rechtsextremisten keinerlei Einfluß in Protestbewegungen auszuüben vermochten – obwohl ein großer Teil von ihnen sich auch gegen die »Nachrüstung« ausgesprochen hatte, war er in der Friedensbewegung nicht repräsentiert – und Linksextremisten sich toleriert fühlten. Allerdings haben sich in diesem Bereich Wandlungen ergeben: Der Rechtsextremismus ist stärker geworden. Das gilt sowohl für die Wählerebene als auch für die subkulturelle Szene. Populistisches Gerede etwa über Ausländer stieß zum Teil auf Beifall. Ein Eindringen in die Mehrheitskultur ist ihm bisher jedoch versagt geblieben.

Wer ausschließlich von »dem« Extremismus redet, liefert keine angemessene Einschätzung über dessen Gefahrenpotential. Nicht nur die Differenzierung zwischen links und rechts ist wichtig. Man muß mindestens vier Ebenen – bezogen auf die Ablehnung des demokratischen Verfassungsstaates – voneinander unterscheiden. Um das am Beispiel des Rechtsextremismus zu verdeutlichen: Erstens gewaltbereite Gruppierungen, wie sie sich etwa in der subkulturellen Szene tummeln; zweitens Vereinigungen, die ganz offen den demokratischen Verfassungsstaat ablehnen, aber keine Gewalt praktizieren (wie die meisten neonationalsozialistischen Zusammenschlüsse); drittens Gruppierungen, die ein Lippenbekenntnis für die Demokratie abgeben, jedoch in ihrer politischen Ausrichtung keinen Zweifel an ihrer antidemo-

211 W. Rudzio (Anm. 182), S. 234.
212 Vgl. E. Noelle-Neumann/E. Ring (Anm. 210), S. 42 und öfter. Innerhalb jeder Kategorie wurde weiterhin zwischen aktiven und passiven Extremisten unterschieden. Zu den aktiven Linksextremisten rechnen 9,4 Prozent (zu den passiven: 3,0), zu den aktiven Rechtsextremisten 3,7 Prozent (zu den passiven: 2,5).
213 Fünf Millionen Deutsche, »Wir sollten wieder einen Führer haben...«. SINUS-Studie über rechtsextremistische Einstellungen bei den Deutschen, Reinbek bei Hamburg 1981, S. 78.
214 E. Noelle-Neumann/E. Ring (Anm. 210), S. 86.

kratischen Ausrichtung erkennen lassen (wie die NPD oder die DVU); viertens schließlich Organisationen, die extremismustheoretisch schwer einzuordnen sind (wie etwa die Partei der REP, die nicht eindeutig als demokratisch oder als extremistisch gelten kann). Die Annahme, es sei für die Demokratie besonders günstig, wenn insbesondere die Zahl der Gewaltbereiten sehr klein ist, muß so nicht stimmen. Für den demokratischen Verfassungsstaat sind insbesondere auch die Verfechter mit verfassungsfeindlichen Zielen (und legalen Mitteln) gefährlich. Ihnen gelingt es am ehesten, in die Mehrheitskultur vorzudringen.

Eine Analyse all dieser Faktoren führt zu dem Ergebnis, daß der Extremismus nicht das Mauerblümchendasein fristet, das die Wahlergebnisse nahelegen. Insofern ist es nicht angängig, den Extremismus zu ignorieren. Er bedarf nicht nur der Beobachtung, sondern auch der entschiedenen Bekämpfung. »Gelassenheit«, die leicht in Passivität mündet, allein ist nicht ausreichend. Und wer auf die »Selbstheilungskraft der Demokratie«[215] setzt, fördert wider Willen einen Anstieg des politischen Extremismus, weil dieser sich dadurch bestätigt sieht. Aber im Gegenzug sind Entwicklungen zu bedenken, die manche der genannten Einflußfaktoren wenn nicht kompensieren, so doch relativieren. Auch hier mag eine Zusammenstellung der Argumente für die Abwägung der Problematik hilfreich sein:

Erstens versteht sich die Demokratie in der Bundesrepublik als eine streitbare Demokratie[216]. Im Gegensatz zur Weimarer Republik will sie sich ihrer Gegner erwehren, selbst wenn sie »nur« eine Legalitätstaktik einschlagen. Auch wem die Wehrhaftigkeit des Staates gegenüber manchen Erscheinungen im extremistischen Bereich nicht immer genügend konsequent erscheint, kann diesen grundlegenden Unterschied zur ersten deutschen Demokratie nicht übersehen. Der Spruch »Wehret den Anfängen« ist entgegen manchen Kassandrarufen keine Makulatur geworden.

Zweitens ist durch den erwähnten Wandel der politischen Kultur eine gewisse Resistenz gegenüber extremistischem Verhalten geschaffen worden. Der Rückgang obrigkeitlicher Denkmuster schwächt die Anziehungskraft extremistischer »Bauernfängerei«. Andererseits begünstigen Formen des Wertewandels den Extremismus. Denn heutzutage sieht sich eine Position, die wider den Extremismus streitet, zum Teil in eine argumentative Defensive gedrängt, wie das in den fünfziger Jahren nicht der Fall war. Auch die gestiegene Erwartungshaltung mag Frustration hervorrufen und damit ursachenbildend für ein Protestpotential sein, das wiederum in extremistisches Fahrwasser abgleiten kann. Insofern muß der Wandel der politischen Kultur gegenüber dem Extremismus als ambivalent beurteilt werden.

Drittens halten sich die »Systemschwächen« – ein »Einfallstor« für politischen Extremismus – in der Bundesrepublik, alles in allem gesehen, in Grenzen, so daß von daher dem Extremismus bisher wenig Angriffsflächen geboten worden sind. Der Anstieg des politischen Extremismus hängt nicht in erster Linie von Argumenten seitens der Extremisten ab; die Delegitimierung des politischen Systems fördern ebenso »systemkonforme« Meinungen und Personen. Auch die bisherige wirtschaftliche Sicherheit, die nach internationalen Untersuchungen dazu beiträgt, »das vorherr-

---

215 So Horst Zilleßen, Was heißt hier eigentlich kommunistische Unterwanderung? Ein Beitrag über selektive Wahrnehmungen und objektive Tatbestände an der Universität Oldenburg in: APZG, B 6/82, S. 23.

216 Vgl. Kap. VIII.

schende Gefühl von Lebenszufriedenheit in einer Gesellschaft zu erhöhen«[217], hat ihren Anteil an dem niedrigen Extremismuspotential in der Bundesrepublik. Freiheit beinhaltet immer das Risiko des Mißbrauchs. Freiheit ohne Gefährdung der Freiheit ist keine Freiheit. Kann man die weitere Entwicklung des politischen Extremismus prognostizieren? Angesichts mannigfacher Imponderabilien läßt sich keine präzise Aussage treffen, schon gar nicht in apodiktischer Form[218].

Gerade der antifaschistische Eifer, wie er sich etwa bei Protesten und Demonstrationen gegenüber Treffen und Parteitagen rechtsextremistischer Gruppierungen zeigt, dürfte – in einer Gesellschaft, die zunehmend Abweichungen duldet – langfristig gesehen eher eine kontraproduktive Wirkung entfalten. Der gutgemeinte Versuch, linksextremistische Positionen »einzubinden« und deren antidemokratischen Charakter damit »abzufedern«, könnte sich ebenfalls als untauglich erweisen, weil so die Grenzlinien zwischen demokratischen und antidemokratischen Kräften bis zur Unkenntlichkeit verwischt werden. Unter Umständen erfolgt sowohl auf die eine als auch die andere Weise eine Aufwertung des extremistischen Potentials, ohne daß dies beabsichtigt ist. Gleiches gilt natürlich für den Populismus von rechtsaußen.

Der demokratische Verfassungsstaat in der Bundesrepublik minimisiert die Gefahr des politischen Extremismus am ehesten dadurch, daß in der Vorgehensweise prinzipiell kein Unterschied gegenüber rechts- und linksextremistischen Bestrebungen gemacht wird (was nicht bedeutet, die elementaren Verschiedenartigkeiten zwischen dem Rechts- und dem Linksextremismus einzuebnen). Die Auseinandersetzung muß in einer Weise geschehen, die gleichweit von Stigmatisierung wie Integrierung entfernt ist. Wer extremistisches Gedankengut zur Kenntnis nimmt, trägt zur Immunisierung ebenso bei wie derjenige, der die Camouflage von Extremisten beim Namen nennt. Gutgläubige sind dann von Extremisten schwerer zu gewinnen.

6. Resümee

Wer ein Fazit zieht, darf sich auf keine Momentaufnahme beschränken, sondern muß in seine Analyse die historische Entwicklung einbeziehen. Die politische Entwicklung in der Bundesrepublik ist insgesamt gesehen erfolgreich verlaufen. Vielleicht ist der Terminus »success story« etwas idealisierend, aber man sollte sich vor Augen halten, wie der Beginn im Jahre 1949 – vier Jahre nach dem Zweiten Weltkrieg, der mit einer bedingungslosen Kapitulation endete – ausgesehen hat. Schwerlich vorherzusehen war die geradezu atemberaubende ökonomische Aufwärtsentwicklung, die mit dem mehr verdeckenden als erhellenden Schlagwort »Wirtschaftswunder« in die Annalen eingegangen ist; die politische Stabilität (Parteienkonzentration; hoher Konsens; Isolation des politischen Extremismus), die andere Länder dazu bewogen hat, teils respektvoll, teils neidisch von einem »Modell Deutschland« zu sprechen; der Wandel der obrigkeitlich geprägten politischen Kultur zu einem gefestigten Gemeinwesen.

Die Bundesrepublik steht heute – fast ein halbes Jahrhundert nach dem Ende des Zweiten Weltkrieges – als geachteter Staat da. Sie hatte sich bemüht, das Los der

---

217 So R. Inglehart (Anm. 116), S. 382.
218 Vgl. dazu die knappen Überlegungen in Kap. IX.1.

Menschen in der DDR zu verbessern und deswegen die Kontakte zur Staatsführung der DDR ständig zu intensivieren versucht. An eine Wiedervereinigung in Frieden und Freiheit dachte dabei in den letzten zwanzig Jahren kaum jemand. Die sich überschlagende Entwicklung 1989 im Osten Deutschlands wurde besonnen gemeistert, die Gunst der Stunde genutzt. Gleichwohl stellt die Vereinigung Deutschlands nach innen und nach außen eine Herausforderung dar. Nach innen deshalb, weil es ein Gebot der Solidarität sein muß, den Bürgern der früheren DDR, denen die »Gnade des richtigen Wohnortes« fehlte, möglichst schnell die Angleichung in jeder Hinsicht zu ermöglichen. Allerdings bedarf es dazu auch der Geduld der Menschen in den neuen Bundesländern. Eine wirtschaftliche Überforderung muß vermieden werden. Nach außen deshalb, weil das Mißtrauen in Teilen der Welt nach wie vor groß ist. Die Wiedervereinigung, obwohl nationalistische Auswüchse ausgeblieben sind, hat Ängste wiederbelebt oder zumindest die Möglichkeit geschaffen, sie neu zu schüren. Auch insofern erweist sich der europafreundliche Kurs Deutschlands als ein angemessener Weg. Von der einstigen deutschen Großmannssucht ist so gut wie nichts mehr zu spüren. Angesichts der Last der Vergangenheit kam es in der Vergangenheit immer wieder zu irritierenden Äußerungen im Ausland. Man denke nur an manche Reaktion auf »Bitburg« oder an die spektakuläre Warnung des früheren italienischen Ministerpräsidenten Andreotti vor einem »Pangermanismus«. Solche Unterstellungen werden auch nach der Wiedervereinigung nicht ausbleiben.

»Verfassungspatriotismus«[219] steht nicht im Gegensatz zu Nationalgefühl und Nationalbewußtsein. Wer das eine Element gegen das andere auszuspielen sucht[220], konstruiert einen Gegensatz, der sich eines Tages als verhängnisvoll auswirken könnte. Der Weg »in die Normalität westlicher Demokratien«[221] gehört zu den kennzeichnendsten Etappen der politischen Kultur in der Bundesrepublik. Dazu gehört vielleicht auch, daß sich eines Tages eine Gruppierung rechts von der Union in den Parlamenten findet[222] (wie sich links von der SPD eine Partei augenscheinlich durchgesetzt hat), ohne daß deswegen Grund besteht, am common sense der Deutschen zu zweifeln.

Was die eingangs aufgeworfene Frage nach der Schönwetterdemokratie betrifft, fällt die Antwort leicht. Die Bundesrepublik ist längst »wetterfest« geworden und nicht mehr der sich labil wähnende Staat der fünfziger Jahre, der einer Stabilisierung mittels institutioneller Mechanismen bedarf. Die zweite deutsche Demokratie hat sich dank günstiger Voraussetzungen und Konstellationen in eine ganz bestimmte Richtung entwickelt: Die Demokratiezufriedenheit ist insgesamt hoch, das System

219 Der Begriff ist von Dolf Sternberger in die Diskussion eingebracht worden. Vgl. ders., Verfassungspatriotismus, in: 25 Jahre Akademie für Politische Bildung, Tutzing 1982, S. 76–87; siehe im Zusammenhang ders., Verfassungspatriotismus, hrsg. von Peter Haungs/Klaus Landfried/Elsbet Orth/Bernhard Vogel, Frankfurt/M. 1990.

220 Das klingt an bei Jürgen Habermas, Die nachholende Revolution. Kleine Politische Schriften VII, Frankfurt/M. 1990.

221 Wolfgang Rudzio, Das politische System der Bundesrepublik Deutschland. Eine Einführung, Opladen 1991³ (1983), S. 473.

222 Vgl. hierzu Claus Leggewie, Die Zwerge am rechten Rand. Zu den Chancen kleiner neuer Rechtsparteien in der Bundesrepublik Deutschland, in: PVS, 28 (1983), S. 361–383.

gilt weithin als akzeptiert, und von einer Krise kann nicht die Rede sein[223], auch wenn die Parteienverdrossenheit und der Unmut über die »Etablierten« wächst.

Bei allen Schwächen einer parlamentarischen Demokratie wie der Bundesrepublik darf ein fundamentaler Sachverhalt nicht übersehen werden. Im Vergleich zu Diktaturen jedweder Couleur sind diese Defizite notwendigerweise nicht systemimmanent. Sie können – jedenfalls in bestimmten Grenzen – behoben werden. Vor allem besteht die Möglichkeit effektiver Kritik. Schon angesichts der Macht der Medien müssen die politisch Verantwortlichen entsprechend der Regel der antizipierenden Reaktion zurückhaltend agieren, mag es freilich auch immer wieder Entgleisungen und Machenschaften geben. Schließlich wollen sie wiedergewählt werden. So schlimm die Barschel-Affäre gewesen ist: Medien deckten die Vertuschungen weitgehend auf und stellten deren Urheber bloß. Insofern können Skandale und Affären in der Demokratie vielfach eine reinigende Wirkung entfalten und müssen eine Legitimitätskrise nicht heraufbeschwören. Die Stimmigkeit des Winston Churchill zugeschriebenen Diktums – die Demokratie sei die schlechteste Staatsform, mit Ausnahme aller anderen – liegt auf der Hand.

Auch ein demokratischer Verfassungsstaat wie die Bundesrepublik ist gegen extremistische Anwandlungen nicht gefeit, obwohl die Ausgangsbedingungen durch die Diskreditierung der beiden Varianten des Extremismus – die Erfahrungen mit den Nationalsozialisten haben den Rechtsextremismus nachhaltig geächtet, die Nachkriegserfahrungen mit dem Kommunismus den Linksextremismus – wesentlich besser als nach dem Ersten Weltkrieg waren. Aber angesichts der Tatsache, daß diese Erfahrungen allmählich verblassen, muß die Demokratie genügend Stabilität besitzen, um Anfechtungen von rechts- und linksaußen gewachsen sein zu können. In der Bundesrepublik ist dies bis jetzt der Fall. Das optimistische Fazit scheint vor dem Hintergrund der Entwicklung seit 1945 angebracht, so wenig es darum geht, negative Tendenzen – wie die partielle Zusammenarbeit zwischen Extremisten und Demokraten – herunterzuspielen oder gar zu ignorieren.

Den demokratischen Prinzipien kommt ein Eigenwert zu. Sie müssen unverbrüchlich gelten. Wer sie nur unter salvatorischen Klauseln akzeptiert, sie lediglich als Voraussetzung für die Kampfbedingungen um eine »wahre Demokratie« befürwortet, schwächt den Verfassungsstaat, arbeitet jenen in die Hände, denen es um dessen Abschaffung geht. Und wer »klammheimliche Freude« (oder mehr) empfindet, wenn Haß geschürt wird (sei es gegen Deutsche, sei es gegen Fremde), hat nicht begriffen, daß der demokratische Verfassungsstaat Engagement benötigt, keine Ressentiments.

---

223 In diesem Sinne nach wie vor – wenn auch in etwas abgeschwächter Weise – zutreffend der empirische Beitrag von Dieter Fuchs, Trends politischer Unterstützung in der Bundesrepublik, in: D. Berg-Schlosser/J. Schissler (Anm. 113), S. 357–377.

VII. Interaktion:
Demokraten und Extremisten

Es ist oft beobachtet worden (z. B. beim Phänomen des Terrorismus), daß ein Zusammenhang zwischen dem Verhalten der Terroristen und der (Über-)Reaktion der demokratischen Gesellschaft besteht. Die folgenden Überlegungen zielen auf die Interaktion zwischen Extremisten und Demokraten. Wie verhalten sich die Demokraten im Hinblick auf den Extremismus untereinander? Auf welche Weise gehen sie gegen den Extremismus vor? Ziehen sie an einem Strang? Zeichnen sich bestimmte Eigentümlichkeiten ab? Diese Fragen müssen natürlich auch für den politischen Extremismus gelten: Wie präsentiert sich der Extremismus gegenüber der Demokratie, wie verhält er sich gegenüber dem anderen »Lager« des Extremismus? Welche Differenzierungen liegen zwischen extremistischen Phänomenen vor? Sind diese Abschnitte im wesentlichen empirisch-deskriptiv orientiert, wird abschließend versucht, anhand der plakativen Leitbegriffe »Antifaschismus« und »Antikommunismus« einige wesentliche normative Dimensionen anzusprechen. Denn die ubiquitäre Verwendungsweise dieser problematischen Termini ist auffallend und höchst kritikwürdig.

1. Verhalten der Demokraten unter sich

Der politische Extremismus ist in der Bundesrepublik bislang eine Randerscheinung geblieben. Zugleich besteht hinsichtlich der Abwehr extremistischer Bestrebungen in demokratisch gesinnten Kreisen ein breiter Konsens, wenn auch nicht immer eine Einigkeit in der Art des Vorgehens. Damit erscheint der Unterschied zur Weimarer Republik unübersehbar: Erstens waren seinerzeit die demokratischen Kräfte längst nicht so stark wie heutzutage (bei den beiden Reichstagswahlen von 1932 – am Vorabend der »Machtergreifung« – erhielten die Prototypen des Extremismus, die NSDAP und die KPD, eine negative Mehrheit), und zweitens wurden immer wieder seitens demokratischer Parteien in beträchtlichem Umfang Bündnisse mit Kräften gesucht und eingegangen, die dem antidemokratischen »Lager« nahestanden.

Die »Solidarität der Demokraten« in der Bundesrepublik zeigt(e) sich besonders in Krisensituationen. So wurde nach der Entführung von Hanns Martin Schleyer im Herbst 1977 ein großer Politischer Beratungskreis geschaffen, dem die Partei- und

Fraktionsvorsitzenden aller Bundestagsparteien angehörten, außerdem die Regierungschefs verschiedener Bundesländer. Die Entscheidungen fielen einvernehmlich und drangen nicht nach außen[1].

Aber das ist nur die eine Seite der Medaille. Denn die Behandlung des politischen Extremismus wird zum Teil instrumentalisiert, um dem parteipolitischen Gegner zu schaden. Dies geschieht in verschiedener Form. Das beliebteste Mittel ist die Verteufelung des demokratischen Kontrahenten. Dieser wird in die direkte oder indirekte Nähe von Extremisten gerückt. In der Bundesrepublik erfreut sich der Einwand einer besonderen Beliebtheit, das Argument des Gegners entspringe »faschistischem« Gedankengut, worauf die angegriffene Seite zum Teil damit kontert, diese Ausdrucksweise sei selber »faschistisch«. Der Begriff »Faschist« oder »Nazi« ist, verständlicherweise angesichts der historischen Erfahrungen, zum Schlagetot-Begriff herabgesunken. In den fünfziger Jahren hatte der Kommunismusvorwurf eine ähnliche Funktion. Wer in die Nähe von Kommunisten gerückt wurde, geriet von vornherein in die argumentative Defensive. In abgeschwächter Form gilt dies heutzutage nach dem Zusammenbruch des Kommunismus wieder.

In der Bundesrepublik Deutschland feiert die Bloßstellung, wenn nicht gar Verteufelung des demokratischen Gegners besonders im Wahlkampf Triumphe. Offenbar handelt es sich um eine Art Ritual. So mißlich der Umstand auch ist, weil man auf diese Weise dem Wort vom mündigen Bürger Hohn spricht, so beruhigend mag es sein, daß der Extremismusvorwurf im politischen Alltag nicht mit derselben Selbstverständlichkeit figuriert. Allerdings können auch rhetorische Übersteigerungen langfristig negative Wirkungen hervorrufen, zum Beispiel dadurch, daß viele die Parolen für bare Münze nehmen und die Polarisierung sich nicht mehr hinreichend abbauen läßt, zumal vor dem Hintergrund eines gestiegenen Problemhaushaltes. Insofern könnte auf Dauer bei Anhängern der Parteien, die sich im Wahlkampf für vordergründige Parolen engagieren, diese haften bleiben und nicht oder nur zum Teil schwinden. So tritt eine Vergiftung des politischen Klimas ein, unnötige Gegensätze brechen auf. Gewiß ist eine Entmythologisierung des in der politischen Bildung mitunter idealisierten Wahlkampfs insbesondere gegenüber moralinsaurer Kritik nötig[2], aber sie darf nicht zu stillschweigender Hinnahme aller Defizite führen. In Ländern wie in Frankreich oder Großbritannien, in denen die substantiellen Differenzen zwischen den tragenden gesellschaftlichen Gruppen größer erscheinen, ist der Grad an Fairness gegenüber dem politischen Gegner im Wahlkampf nicht geringer. Dieser Umstand kann kein Kompliment gegenüber den politisch Verantwortlichen in der Bundesrepublik sein, deren Strategie wiederum auch ein Reflex auf die Haltung großer Teile der Wählerschaft ist, die Polarisierung ebenso wünscht wie vereinfachte Alternativen. »Freiheit statt Sozialismus« – so simpel lautete der Hauptwahlkampfslogan der Union im Jahre 1976, gemünzt auf die Sozialdemokratie[3].

---

1 Vgl. Presse- und Informationsamt der Bundesregierung (Hrsg.), Dokumentation zu den Ereignissen und Entscheidungen im Zusammenhang mit der Entführung von Hanns Martin Schleyer und der Lufthansa-Maschine »Landshut«, Bonn 1977. Siehe zum Funktionieren verschiedener Krisengremien: Thomas Wittke, Terrorismusbekämpfung als rationale politische Entscheidung. Die Fallstudie Bundesrepublik, Frankfurt/M.–Bern 1983.
2 In diesem Sinne Werner Wolf, Wahlkampf und Demokratie, Köln 1985.
3 Vgl. dazu Hans Kremendahl, Die Freiheit-Sozialismus-Diskussion im Bundestagswahlkampf 1976 und das Verhältnis von Konsens und Konflikt im Parteiensystem der Bundesrepublik

Kennzeichnend war und ist in weiten Bereichen »eine Polarisierung ohne Substanz, die oft marginale Differenzen so dramatisiert, als ob die Existenz des demokratischen Staates in Gefahr wäre, und den Umgang der Parteien miteinander durch emotionale Hektik und persönliche Verunglimpfung verbittert«[4]. Richard Löwenthals Feststellung gilt nicht nur für den Wahlkampf, der sich durch das Ritual von Überzeichnungen und Polemiken auszeichnet. Dies ist ein Zeichen dafür, daß die Polarisierung zwischen den Parteien oft rhetorischer Natur ist und jedenfalls bisher keineswegs in der politischen Praxis Oberhand gewonnen hat. Aber das Schüren von Polarisierung kann – wie bereits erwähnt – in einer bestimmten Konstellation eine Eigendynamik entfalten.

Wird der demokratische Gegner verteufelt, besteht die Gefahr der Verabsolutierung der eigenen Position. In der Bundesrepublik ist die »jeweilige *Begründung von Monopol- und Exklusivitätsansprüchen* auf die Interpretationsherrschaft der ›Solidarität der Demokraten‹«[5] unverkennbar, wie dies auch in der berühmten »Verfassungsdebatte« des Deutschen Bundestages im Jahre 1974 zum Ausdruck gekommen ist[6]. Die großen Parteien CDU/CSU und SPD bezichtigten einander, den Konsens im Hinblick auf die Verfassung aufgekündigt zu haben. Die »Besonderheit deutschen Verfassungsdenkens«[7] zeigt sich nicht nur in der Instrumentalisierung der Verfassung. Das Ausspielen von Verfassungsnorm und Verfassungswirklichkeit hat in Deutschland ebenso Tradition wie die Juridifizierung der Politik, der Formalismus und die Berufung auf den »Verfassungsauftrag«. Der Bekenntnishaftigkeit zum Grundgesetz wohnt etwas eigentümlich Unpolitisches inne. Geht es doch weniger um den legitimen Interessenkampf als um die Berufung auf die Verfassung, die zu einer »säkularisierten Heilsordnung«[8] stilisiert wird. Der Eigenwert politischer Interessenkonflikte kommt zu kurz, wenn die Orientierung an der Verfassung vorgegeben ist. Man mag folgendes Paradoxon konstatieren: Gerade wer den Wert der Verfassung zu schätzen weiß, muß skeptisch gegenüber der Vorstellung sein, deren ständige Beschwörung stärke das demokratische Bewußtsein: Politische Konflikte können sich nicht angemessen entfalten.

Das gilt auch für das Problem, das in mancher Hinsicht für die politische Kultur der Bundesrepublik charakteristisch zu sein scheint. Wenn Extremisten in einer Auseinandersetzung zwischen Demokraten sich für eine Seite aussprechen, so hängt das dieser geradezu wie ein Mühlstein an. Die andere Seite verweist häufig und gerne darauf, daß auch Extremisten die Gegenmeinung unterstützen, als sei das schon ein

Deutschland, in: Gerhard Göhler (Hrsg.), Politische Theorie. Begründungszusammenhänge in der Politikwissenschaft, Stuttgart 1978, S. 109–135.

4 So Richard Löwenthal, Stabilität und Sicherheit. Vom Selbstverständnis der Bundesrepublik Deutschland, in: Der Monat, 30 (1978) 271, S. 77.

5 Hans Vorländer, Verfassung und Konsens. Der Streit um die Verfassung in der Grundlagen- und Grundgesetz-Diskussion der Bundesrepublik Deutschland. Untersuchungen zu Konsensfunktion und Konsenschance der Verfassung in der pluralistischen und sozialstaatlichen Demokratie, Berlin 1981, S. 11 (Hervorhebung im Original).

6 Vgl. Stenographische Berichte der Plenarsitzungen des Deutschen Bundestages, 7. Wahlperiode, 79. Sitzung vom 14. Februar 1974 und 80. Sitzung vom 15. Februar 1974, S. 5002–5109, S. 5139–5205.

7 H. Vorländer (Anm. 5), S. 25.

8 So die immer wieder zitierte Wendung von Robert Leicht, Grundgesetz und politische Praxis. Parlamentarismus in der Bundesrepublik, München 1974, S. 131.

Manko an sich. Tatsächlich darf es nur um die Triftigkeit der Argumente gehen. Eine Position ist nicht schon deshalb falsch, weil sie sich auch Extremisten zu eigen machen. Gegen »Beifall von der falschen Seite« ist niemand gefeit. Die Gewerkschaften besorgen nicht deshalb das Geschäft von Kommunisten, weil sie die »35-Stunden-Woche mit vollem Lohnausgleich« fordern, und wer ein restriktives Vorgehen in der Asylpolitik befürwortet, ist nicht schon deswegen rechtsextrem. Demokraten sollten die Argumente ihrer Gegner nicht mit dem Einwand zu entkräften suchen, auch Extremisten stünden hinter dieser Position.

Es ist schwer, eine begründete Entscheidung darüber zu treffen, ob in der Bundesrepublik Konsens und Konflikt zwischen den demokratischen Gruppierungen in einem angemessenen Verhältnis zueinander stehen. Geht der Konsens auf Kosten des Konflikts oder der Konflikt auf Kosten des Konsensus? Diejenigen, die die Gefahr darin sehen, daß der Konsens viel zu breit ist, verweisen auf die Grenzen des Pluralismus[9], erwähnen autoritäre Tendenzen in Parteien und Verbänden, die sich an einer Politik der »Mitte« um jeden Preis ausrichten. Die »etablierten« Parteien betrieben eine Politik der »Ausgrenzung«. Als Musterbeispiel für diese These firmiert immer wieder das Konzept der »streitbaren Demokratie«, das im Ruch steht, die Bandbreite für politische Aktivitäten zu limitieren[10]. Wer hingegen die Offenheit des politischen Prozesses in der Bundesrepublik durch das Schwinden des Basiskonsensus gefährdet wähnt, kann auf zahlreiche Anfechtungen verweisen: die verbreitete Kritik an der Mehrheitsregel, die Infragestellung des staatlichen Gewaltmonopols, die politische Polarisierung etwa[11].

Die Frage im Hinblick auf Konflikt und Konsens bedarf auch einer zeitlichen Differenzierung. In den fünfziger Jahren und noch weit in die sechziger Jahre hinein überwog unter den »etablierten« Kräften eine Art Harmonisierungsideologie. Selbst die aufsehenerregende Kritik Karl Jaspers' in den sechziger Jahren an den Parteien und den Interessenverbänden[12] war zum Teil noch Ausfluß eines sich überparteilich wähnenden Obrigkeitsdenkens, auch wenn dabei radikal-demokratisches Gedankengut einfloß. Hingegen gewann mit der »Studentenbewegung« eine Konfliktorientierung derart die Oberhand, daß der Konsens zeitweilig in Mitleidenschaft geriet.

Allerdings gilt: Im Vergleich zu den meisten westlichen Demokratien lassen die demokratischen Gruppierungen – bei allen (tatsächlichen oder fiktiven) Meinungsverschiedenheiten – immer ihre Gemeinsamkeiten gegenüber dem politischen Extremismus erkennen. Insofern kann man mit Fug und Recht sagen, daß das oft tönern klingende Wort von der »Solidarität der Demokraten« keine Makulatur ist, mag es auch Versuche geben, aus Krisensituationen Munition für die eigene Richtung zu gewinnen.

---

9 Vgl. beispielsweise Klaus von Beyme, Der Neo-Korporatismus und die Politik des begrenzten Pluralismus in der Bundesrepublik, in: Jürgen Habermas (Hrsg.), Stichworte zur ›Geistigen Situation der Zeit‹, Bd. 1, Frankfurt/M. 1979, S. 229–262.

10 Vgl. dazu Kap. VIII.1.

11 Dies ist der Tenor der Arbeit von Stephan Eisel, Minimalkonsens und freiheitliche Demokratie. Eine Studie zur Akzeptanz der Grundlagen demokratischer Ordnung in der Bundesrepublik Deutschland, Paderborn 1986.

12 Vgl. Karl Jaspers, Wohin treibt die Bundesrepublik?, München 1966. Siehe auch ders., Antwort. Zur Kritik meiner Schrift »Wohin treibt die Bundesrepublik?«, München 1967. Eine der besten Kritiken an Jaspers stammt von Joachim Wiesner, Jaspers und die deutsche Verfassungswirklichkeit, in: VuV, Jahrbuch 1966, S. 298–317.

Die demokratische Mitte muß mehr sein als eine »Chiffre für allzu geschmeidige Anpassung, für die Saturiertheit des Status quo, für die phantasieträge Hartnäckigkeit der Unbeirrbaren und Verblüffungsfesten«[13], ohne gleich wieder neue Utopien in die Welt zu setzen[14]. Diese demokratische Mitte darf sich nicht nur negativ als kleinster gemeinsamer Nenner durch Abgrenzung vom politischen Extremismus definieren, sondern hat auch positiv durch eine Klammer verbunden zu sein: Das Plädoyer für die politische Mitte ist ein Plädoyer für Mäßigung, für maßvolle Politik[15], die nicht in die Mediokrität eines »juste milieu« mündet. Angesichts des Befundes, daß heutzutage die Links-Rechts-Topographie an Bedeutung zu verlieren scheint (die einst starren »Fronten« verwischen sich beispielsweise bei der Umweltpolitik, der Frage des militärischen Engagements in Krisengebieten, der Vergangenheitsbewältigung), dürfte eine bessere Voraussetzung für demokratischen Konsens gegeben sein.

2. Verhalten der Demokraten gegenüber Extremisten

Die demokratischen Gruppierungen in der Öffentlichkeit und in der Politik lehnen alle Varianten des politischen Extremismus entschieden ab. Allerdings nimmt die Auseinandersetzung mit dem politischen Extremismus nur eher eine marginale Rolle ein, was sich damit rechtfertigen läßt, daß dieser in der Bundesrepublik bisher nicht zu reüssieren vermochte. Sie hat selten eine prinzipielle Bedeutung und wird häufig von dem Konflikt mit dem demokratischen Gegner überlagert, dient folglich ebenso dazu, parteipolitisches Kapital aus der Auseinandersetzung zu schlagen. Ist die Distanzierung vom politischen Extremismus auch allgemeiner Natur, fallen doch gewisse Unterschiede auf, geht man in die Details. Zwei Hauptcharakteristika schälen sich heraus: Erstens betrifft es die unterschiedliche Intensität der Bekämpfung des Extremismus, zweitens geht es um die verschiedenartig geprägte Kritik am politischen Extremismus.

Was den ersten Punkt angeht, läßt sich cum grano salis die Feststellung treffen, daß die Union stärker vor dem Extremismus warnt als die SPD. Unabhängig davon, ob die FDP mit der Union oder SPD eine Koalition bildet, läßt sie sich in dieser Hinsicht an die Seite der SPD stellen. Einige Beispiele mögen diese These unterstreichen: Der Entschließungsantrag der Union in der erwähnten »Verfassungsdebatte« von 1974 umfaßte u.a. folgende Punkte: »1. Zur freiheitlich-demokratisch-rechtsstaatlichen Ordnung des Grundgesetzes gibt es keine Alternative. 2. Wer gegen den demokratischen Staat arbeitet, kann nicht in seinem Dienst stehen. 3. Demokratische Parteien und Verbände dürfen keine gemeinsame Sache mit Verfassungsfeinden

---

13 So Bernd Guggenberger/Klaus Hansen, Jenseits von Mittelmaß und Anmaß. Für die Wiedergewinnung einer achtbaren Mitte, in: dies. (Hrsg.), Die Mitte. Vermessungen in Politik und Kultur, Opladen 1993.

14 Vgl. Joachim Fest, Der zerstörte Traum. Vom Ende des utopischen Zeitalters, Berlin 1991; zur Diskussion Richard Saage (Hrsg.), Hat die politische Utopie eine Zukunft?, Darmstadt 1992.

15 Vgl. Martin Gralher, Mitte – Mischung – Mäßigung. Strukturen, Figuren, Bilder und Metaphern in der Politik und im politischen Denken, in: Peter Haungs (Hrsg.), Res Publica. Studien zum Verfassungswesen. Dolf Sternberger zum 70. Geburtstag, München 1977, S. 82–114.

machen. 4. Versuche, gewählte Abgeordnete an Partei- oder Verbandsbeschlüsse zu binden (imperatives Mandat), sind verfassungswidrig. 5. Unsere Schulden dürfen nicht von Systemveränderern mißbraucht werden. Erziehung und Ausbildung sind am Elternrecht und an der freiheitlichen Ordnung der Bundesrepublik Deutschland zu orientieren. Sie zu bejahen und zu verteidigen gehört zum Erziehungsauftrag der Schule.«[16] Schroffer konnte die Distanzierung vom Extremismus nicht ausfallen. SPD und FDP hingegen argumentierten in ihrem Entschließungsantrag nicht nur gegen den Extremismus, sondern stellten zugleich auch die Möglichkeit des Wandels der Demokratie heraus: »Der Gesetzgeber hat die sich ständig erneuernde Aufgabe, die Wert- und Zielvorstellungen des Grundgesetzes zu verwirklichen und dadurch Rechtsstaatlichkeit, soziale Gerechtigkeit und Chancengleichheit zu schaffen. Das von der Verfassungsordnung gewollte Gleichgewicht der staatlichen und gesellschaftlichen Kräfte ist zu erhalten und zu entwickeln, damit sich nicht Machtkonzentrationen bilden, die die freiheitliche Ordnung gefährden. Alle demokratischen Kräfte sind aufgerufen, den vom Grundgesetz gesteckten Zielen durch Ausbau des demokratischen und sozialen Rechtsstaates näherzukommen. Die freiheitlich-demokratische Grundordnung unserer Verfassung ist mit allen Kräften gegen jeden Versuch zu verteidigen, diese Grundordnung zu beeinträchtigen oder gar zu beseitigen.«[17]

Es bedarf nicht der Erörterung der Frage, ob es sich bei der ersten Verlautbarung um ein »statisches«, bei der zweiten um ein »dynamisches« Verfassungsverständnis handelt, wie es vielfach heißt[18]. Offenkundig ist jedenfalls, daß die Auseinandersetzung mit dem politischen Extremismus auch instrumentalisiert wird und als Vehikel dient. Tatsächlich geht es häufig mehr um den demokratischen Gegner als um den politischen Extremismus, wobei der Konflikt auf der taktischen Ebene verlaufen kann, ebenso aber auch auf einer prinzipiellen. So war der Kern des in den siebziger Jahren tobenden Streits um die »Berufsverbote« »keineswegs die Befürchtung, demnächst werde der öffentliche Dienst von Radikalen okkupiert; das war bestenfalls ein Versatzstück auf dem Kampfplatz. Es war der Argwohn, die jeweils andere Seite dulde oder fördere, daß sich der politische Umriß der Bundesrepublik verforme: in Richtung auf eine Aufweichung unter dem Druck politischer Radikalität oder aber auf eine Verhärtung hin, die zu Lasten der Liberalität gehe. [...] Es war diese stillschweigende Verschiebung des Themas, die diese Auseinandersetzung so ärgerlich und vergiftend machte: geredet wurde [...] von Grenzen und Zulässigkeiten der Verfassungsauslegung, gemeint war stets der Zweifel an der Verläßlichkeit des jeweils anderen.«[19]

Wenn diese These treffend ist, ging es beim Komplex Extremismus und öffentlicher Dienst gar nicht (oder jedenfalls nicht in erster Linie) um eine Auseinandersetzung mit Extremisten, sondern darum, daß die SPD die Illiberalität der Union demonstrieren wollte, diese hingegen die mangelnde Abwehrbereitschaft der SPD gegenüber dem Extremismus zu untermauern suchte. Wiederum eine andere Frage ist, ob in der Praxis die SPD sich tatsächlich gegenüber dem politischen Extremismus

---

16 Bundestags-Drucksache 7/1481 vom 21. Dezember 1973.
17 Bundestags-Drucksache 7/1670 vom 13. Februar 1974.
18 So H. Vorländer (Anm. 5), S. 111–126.
19 Hermann Rudolph, Die Herausforderung der Politik. Innenansichten der Bundesrepublik, Stuttgart 1985.

durchweg großzügiger verhält und die Union rigider[20]. Rhetorik ist schließlich noch keine Politik, wobei man allerdings auch eine Art »self-fulfilling prophecy« nicht auszuschließen vermag.

Man könnte den unterschiedlichen Stellenwert der großen Parteien gegenüber extremistischen Bestrebungen auch an den Vorworten der jeweiligen Innenminister zu den Verfassungsschutzberichten aufzeigen. Zumindest lassen sich mehr als Nuancen in dem hier beschriebenen Sinne feststellen, wiewohl die Notwendigkeit des Verfassungsschutzes stets betont wurde. Während der Zeit der sozial-liberalen Regierung hieß es in den Vorworten meistens folgendermaßen: »Der Rechtsstaat muß sich selbst treu bleiben. Die Bundesregierung setzt daher auch gegenüber den Gegnern der freiheitlichen demokratischen Grundordnung in erster Linie auf die Überzeugungskraft politischer Auseinandersetzung. Diese Grundentscheidung erfordert es, extremistische Bestrebungen solange nicht zu verbieten, wie sie nicht die freiheitliche Ordnung selbst gefährden. Eine solche Toleranz verlangt aber, daß diese Bestrebungen beobachtet werden, um festzustellen, wann die Grenze überschritten ist, von der ab sie zu einer ernsten Gefahr werden.«[21] Im Verfassungsschutzbericht von 1982 heißt die entsprechende Passage bei Bundesinnenminister Zimmermann hingegen folgendermaßen: »Die Bundesregierung setzt auch gegenüber Gegnern der freiheitlichen demokratischen Grundordnung in erster Linie auf die Überzeugungskraft politischer Auseinandersetzung. Dies ändert jedoch nichts daran, daß die freiheitliche demokratische Grundordnung des Grundgesetzes – basierend auf den Erfahrungen aus der Zeit des Nationalsozialismus wie denen von Weimar – eine streitbare und abwehrbereite Demokratie ist und nach dem Willen der Verfassung sein soll. Die Bundesregierung wird daher nicht zögern, wo sich dies als erforderlich erweisen sollte, von dem Instrumentarium Gebrauch zu machen, das das Grundgesetz gegen die Gegner der Demokratie zur Verfügung stellt.«[22] Stand also für die sozial-liberale Regierung die politische Bekämpfung des Extremismus eindeutig im Vordergrund, nimmt für die christlich-liberale Regierung der Einsatz staatlicher Zwangsmittel eine gleichgewichtige Stellung ein. Auch hier muß man freilich fragen, ob die Praxis der Rhetorik tatsächlich entspricht. Denn bekanntlich hat die sozial-liberale Regierung die »Wehrsportgruppe Hoffmann« (1980) sowie Friedhelm Busses »Volkssozialistische Bewegung Deutschlands/Partei der Arbeit« (1982) verboten, während der im Ruch der »law and order«-Mentalität stehende Innenminister Friedrich Zimmermann keineswegs gegen jede verfassungsfeindliche Organisation administrativ vorging, wenngleich allein im Jahre 1983 drei Vereinsverbote erfolgten[23].

Ein Beispiel, das freilich in einem gewissen Spannungsverhältnis zur These steht, die Union sei im Bereich der Sicherheit und Ordnung rigider, die SPD hingegen laxer, ist der leidige Streit über das im Jahr 1985 nach mehrjährigen Verwicklungen und Auseinandersetzungen in Kraft getretene Gesetz gegen die »Auschwitz-Lüge«. Wer bestreitet, im Dritten Reich habe es Judenmorde gegeben, wird seither von Amts wegen strafrechtlich verfolgt. Die Leugnung dieser Verbrechen ist damit ein Offizialdelikt geworden. Auch die Leugnung von Verbrechen anderer Gewalt- und

---

20 Vgl. Kap. VIII.2.3.
21 VSB 1980, S. 5 f.
22 VSB 1982, S. 7.
23 Vgl. für weitere Einzelheiten Kap. VIII.3.2.

Willkürregime (gedacht ist an die Vertreibung der Deutschen) gilt auf Intervention der Union künftig als ein strafrechtlich zu verfolgendes Delikt. Nicht nur diese Verbindung – die SPD und die »Grünen« stimmten deshalb dem Vorhaben nicht zu[24] – gibt dem Gesetz etwas Bizarres, und man muß sich fragen, ob so tatsächlich eine Bekämpfung extremistischer Bestrebungen erfolgt. Mag sein, daß durch dieses »Auschwitz-Gesetz« just das Gegenteil dessen erreicht wird, was beabsichtigt ist[25].

Die Frage von Wolfgang Benz insinuiert einen Sachverhalt, der so nicht stimmt: »Wer anders muß sich gegen ein solches Rechtsinstrument, verabschiedet vom Deutschen Bundestag und ausgefertigt vom Bundespräsidenten Weizsäcker, Bundeskanzler Kohl und Bundesjustizminister Engelhard, aufbäumen, als jemand, der die Beleidigung und Verunglimpfung der vom Nationalsozialismus Verfolgten im Schilde führt?«[26] Es muß doch möglich sein, dieses Strafrechtsänderungsgesetz, das die Beleidigung als Offizialdelikt festschreibt, einer Kritik zu unterziehen, ohne daß man in die Gefahr gerät, ein indirekter Apologet des Neonationalsozialismus zu sein[27].

Ebenfalls nicht unproblematisch ist die Absicht der Bundesregierung, die Gesetzgebung gegen das Verwenden neonationalsozialistischer Symbole zu verschärfen. Die §§ 86 und 86a verbieten das Tragen von »Kennzeichen verfassungswidriger Organisationen«. Daraufhin sind diese Kennzeichen wie das Hakenkreuz in abgewandelter Form benutzt worden. Werden diese nun ebenfalls verboten, so ist damit zu rechnen, daß Varianten der Varianten auf den Markt kommen, die dann ebenfalls verboten werden müßten. Ein Kreislauf ohne Ende! Diese Auseinandersetzung mit dem (Rechts-)Extremismus begibt sich auf eine schiefe Ebene und ist wohl nicht geeignet, extremistischen Positionen das Wasser abzugraben[28].

In der Tat muß die Intention nicht immer die gewünschte Wirkung hervorrufen. Beispielsweise nahm beim leidigen Streit um die Frage der Beschäftigung von Extremisten im öffentlichen Dienst die Union bekanntlich den Standpunkt ein, die Mitgliedschaft in einer verfassungsfeindlichen Partei reiche in der Regel für eine Ablehnung aus, während die SPD auf den »Einzelfall« abgestellt wissen wollte. Tatsächlich aber ist die letzte Position offenkundig nicht liberaler, einmal ganz abgesehen von Zweckmäßigkeitserwägungen. Schließlich hat die Bezugnahme auf den Einzelfall notwendigerweise zur Konsequenz, daß Dossiers des Verfassungsschutzes ausgebreitet werden müssen. Ein gewisses Maß an »Schnüffelei« dürfte so unvermeidlich sein.

Mit dem zweiten Punkt ist gemeint, daß die demokratischen Parteien extremistische Bestrebungen einerseits hoch- und andererseits herunterspielen. Die Parteien

---

24 Vgl. die Abschlußdebatte: Stenographische Berichte der Plenarsitzungen des Deutschen Bundestages, 10. Wahlperiode, 135. Sitzung vom 25. April 1985, S. 10075–10087.

25 Vgl. etwa Sebastian Cobler, Das Gesetz gegen die »Auschwitz-Lüge«. Anmerkungen zu einem rechtspolitischen Ablaßhandel, in: KJ, 18 (1985), S. 159–183.

26 So Wolfgang Benz, Die Abwehr der Vergangenheit. Ein Problem nur für Historiker und Moralisten?, in: Dan Diner (Hrsg.), Ist der Nationalsozialismus Geschichte? Zu Historisierung und Historikerstreit, Frankfurt/M. 1987, S. 23.

27 Vgl. kritisch zu diesem Gesetz: Eckhard Jesse, Streitbare Demokratie und »Vergangenheitsbewältigung«, in: Bundesamt für Verfassungsschutz (Hrsg.), Verfassungsschutz in der Demokratie. Beiträge aus Wissenschaft und Praxis, Köln 1990, S. 257–305, inbes. S. 289–301.

28 Dies ist der treffende Tenor in dem folgenden Artikel: Das Kreuz mit den Haken, in: Der Spiegel vom 21. Dezember 1992, S. 41–50.

links von der Mitte bagatellisieren eher die linksextremistische Variante des Extremismus, während sie die von rechts dramatisieren. Es ließen sich zahlreiche Belege für dieses Phänomen anführen. So darf es nicht wundern, daß der Sozialdemokratische Pressedienst seit 1983 ein Periodikum »Blick nach rechts« herausgibt, das sich ausschließlich antidemokratischer Aktivitäten von rechts annimmt[29]. Wenn es um Demonstrationen gegen Afghanistan und Polen ging, sammelten sich Repräsentanten und Sympathisanten der Union; betrafen die Anlässe jedoch, beispielsweise, Chile und Südafrika, handelte es sich bei den Initiatoren um Linksgerichtete. Diese nahezu schon doppelbödige Moral ist kennzeichnend für weite Teile der Gesellschaft. Die zahlreichen Aktionen und Demonstrationen gegen Veranstaltungen von NPD und DVU sind mittlerweile längst ein Ritual geworden. Man wertet übrigens diejenigen auf, gegen die man sich so vehement wendet. Häufig sind die Demonstranten weit in der Überzahl. Im übrigen müssen Versammlungsverbote insbesondere gegen rechtsextremistische Organisationen als kontraproduktiv gelten: Aus prinzipiellen Gründen sollte man extremistische Organisationen entsprechend den Geboten der Liberalität nicht am Auftreten hindern. Außerdem sprechen die Gerichte in der Regel den Rechtsextremisten den Saal zu und erlauben die Kundgebung; diese schlachten das anschließend in der Presse aus[30], auch wenn sie auf diese Weise indirekt den rechtsstaatlichen Charakter des politischen Systems einräumen.

Was für die Politik gezeigt worden ist, läßt sich anhand vieler Medien bestätigen[31], gilt sogar für beträchtliche Teile der Wissenschaft. Offenkundig befassen sich insbesondere Autoren, die eher konservativ eingestellt sind, mit dem Linksextremismus, während »Progressive« vor dem Einfluß der Rechtsextremisten warnen[32]. Auffallenderweise bestand dieses Phänomen in den fünfziger Jahren nicht. Die Sozialdemokratie setzte sich mit kommunistischen Bestrebungen sogar entschiedener auseinander als etwa die Union. Diese wiederum war erpicht darauf, sich radikal von rechtsextremistischen Strömungen abzusetzen.

Was mögen dafür die Gründe gewesen sein? Man könnte eher taktische und stärker prinzipielle ausmachen. Zu den taktischen gehörte der Sachverhalt, daß seinerzeit für die SPD eine Notwendigkeit bestand, die KPD entschieden zu bekämpfen, weil beide Parteien sich das gleiche Wählerpotential streitig machten. Zudem hielt sich die

---

29 Vgl. Hans-Ulrich Jörges, Ein Informationsdienst blickt wieder nach rechts, in: FR vom 12. September 1984. Dieser neue Informationsdienst ist eine Fortsetzung des Ende 1983 eingestellten, vom »Pressedienst Demokratischer Initiative« (PDI) herausgegebenen Blattes. Kritikwürdig an »Blick nach rechts« erscheint besonders der Sachverhalt, daß nicht nur rechtsextremistische Tendenzen angeprangert werden, sondern auch konservative Politiker und Aktionen. Von einem antitotalitären Verständnis kann nicht die Rede sein.

30 Statt vieler vgl. folgende Berichte: 65 000 Mark Schadenersatz an DVU. Heilbronn muß für rechtswidriges Versammlungsverbot büßen, in: DNZ vom 2. Mai 1980; Erneuter Prozeßsieg der DVU. Verbot einer Rudel-Kundgebung war Rechtsbruch, in: DNZ vom 3. Januar 1980; Dr. Frey siegt über die Stadt München. Gerichtsurteil: Versammlungsverbot 1981 war eine Rechtsbruch!, in: Deutscher Anzeiger vom 7. Januar 1983.

31 Eine Auswertung der »Frankfurter Rundschau« und der »Süddeutschen Zeitung« einerseits, der »Frankfurter Allgemeinen« und der »Welt« andererseits im Hinblick auf die Berichterstattung vom Rechts- und Linksextremismus wäre sinnvoll und würde erstaunliche Unterschiede zu Tage fördern.

32 Dies ist eines der wichtigsten Ergebnisse in dem Band von Uwe Backes/Eckhard Jesse, Politischer Extremismus in der Bundesrepublik Deutschland, Bd. I: Literatur, Köln 1989.

Sozialdemokratie von jedem »Pakt« mit Kommunisten fern, und sei es auch nur bei punktuellen Aktionen. Die Union hingegen mußte sich scharf gegen »rechts« abgrenzen, wollte sie dort keine Stimmen verlieren, da das Parteiensystem noch in flüssigem Zustand war. Und natürlich hatte sie kein Interesse daran, in Verbindung zu Strömungen zu geraten, die Sympathie für das »Dritte Reich« erkennen ließen. Seinerzeit waren Links- und Rechtsextremismus stärker. Entscheidender dürfte aber wohl der prinzipielle Grund sein: Der antitotalitäre Konsens galt früher unangefochten, überlagerte alle Links-Rechts-Auseinandersetzungen. Die Demokratie, von vielen ihrer Verteidiger noch nicht als genügend gefestigt angesehen, wollte den Anfängen wehren, von wo auch immer Gefahr zu lauern schien[33]. Die Grenzlinien zwischen Demokraten und Nichtdemokraten überlappten sich nicht in dem Ausmaße wie heutzutage. Allerdings gab es in den fünfziger Jahren beim rechten Flügel der DP und der FDP zum Teil Verbindungslinien zur extremen Rechten.

Es ist klar, daß keinerlei Berührungspunkte zwischen der linken SPD und jenen linksextremistischen Kräften vorlagen, die ganz offen die freiheitliche demokratische Grundordnung ablehnten (wie etwa die K-Gruppen). Gleiches galt selbstredend für das Verhältnis der Union zu den Neonazionalsozialisten. Aber wie verhielt es sich mit dem Verhältnis der SPD zur DKP und dem der Union zur NPD bzw. DVU – den sogenannten »gemäßigten« Varianten[34] des politischen Extremismus? Hier gab es durchaus Überlappungen, wenngleich eine Differenzierung zwischen der SPD und der Union angebracht sein dürfte: Die SPD tat sich viel schwerer mit der DKP als die Union mit der NPD/DVU.

Offenkundig pflegten Angehörige des linken Flügels der SPD Kontakte zu Linksextremisten und empfinden keine Scheu, gemeinsame Aktionen zu initiieren. Wolfgang Rudzio hat in einer Studie zahlreiche Beispiele für die »Erosion der Abgrenzung«[35] aufgelistet. Das weit gespannte Spektrum reicht von der Studenten- über die Gewerkschafts- und die Entspannungspolitik. Bei Aktionen gegen die »Berufsverbote«, die »Nachrüstung« und den wieder aufkeimenden »Faschismus« vermischen sich demokratische und extremistische Aktivitäten. Jedenfalls empfand ein Teil der SPD-Linken keine moralischen Skrupel gegen eine »antifaschistische« Bündnisstrategie, sei es, weil man die Auseinandersetzung mit dem Marxismus-Leninismus nicht als prinzipiellen Wertekonflikt ansah, sei es, weil der Friede um jeden Preis (auch auf Kosten der Freiheit) verabsolutiert wurde. Rudzio sieht für den »bündnispolitische[n] Durchbruch der Kommunisten«[36] zwei Schübe: Zum einen die durch die mit einer Delegitimierung verbundene »Studentenbewegung« bedingte Entwicklung Anfang der siebziger Jahre im Jugendbereich, zum anderen die Ausweitung auf (auch höhere) Funktionsträger 1982/83, hervorgerufen durch ein prononciertes »Entspan-

---

33 Vgl. hierzu folgenden interessanten Artikel: Wie steht es mit dem Rechts- und Linksradikalismus? Interview eines norwegischen Journalisten mit Bundeskanzler Dr. Adenauer, in: Bulletin des Presse- und Informationsamtes der Bundesregierung vom 27. November 1951, S. 86.

34 Das Epitheton »gemäßigt« muß deshalb in Anführungszeichen stehen, weil die relativ großen Gruppierungen wie DKP und NPD sich zwar »ziviler« gebärden, gleichwohl keineswegs weniger »radikal« sind. Man darf die taktische Ebene nicht absolut setzen.

35 Vgl. Wolfgang Rudzio, Die Erosion der Abgrenzung. Zum Verhältnis der demokratischen Linken und Kommunisten in der Bundesrepublik Deutschland, Opladen 1988.

36 Ebd., S. 226.

nungsdenken« und, müßte man ergänzen, begünstigt durch die Oppositionsrolle der Sozialdemokratie. Bezeichnenderweise entstammt ein beträchtlicher Teil derjenigen, die für ein Zusammengehen mit Extremisten offen sind, der – zum Teil »post-materialistisch« geprägten – jüngeren Generation. Sozialisiert in einer Phase der Entspannung, wurde ihr Weltbild nicht durch den Ost-West-Konflikt geprägt.

Wie das Institut für Demoskopie Allensbach in einer empirischen Studie festgestellt hat, sahen in der ersten Hälfte der achtziger Jahre zwei Drittel der Linksextremisten die »Grünen« als ihre Heimat an und immerhin noch knapp ein Viertel die SPD[37]. Das Institut hat ebenfalls herausgefunden, daß sich die Situation der Rechtsextremisten von jener der Linksextremisten in einem Punkt nachhaltig voneinander unterscheidet: »Die Rechtsextremisten spüren ihre Isolation, die Ablehnung der Gesellschaft. Die Linksextremisten empfinden sich als getragen von der Sympathie eines großen Teils der Gesellschaft, wobei sie verständlicherweise diesem Teil der Gesellschaft die größere moralische Integrität zusprechen. Sie bewegen sich darum mit größerer Freiheit in der Öffentlichkeit, wählen Wohnformen (Wohngemeinschaft), Geselligkeitsformen und Protestformen, die weithin sichtbar sind (Demonstrationen, Bürgerinitiativen, Friedensbewegung), während sich die Rechtsextremisten gerade umgekehrt eher geheimbündlerisch verstecken.«[38]

Wenn diese Diagnose wohl auch etwas überzogen erscheinen mag, erklärt sie gleichwohl manche Schwierigkeit etwa für die SPD. Bis weit in die sechziger Jahre hinein schloß sie Gruppierungen aus, die mit kommunistischen Organisationen paktierten, und sei es auch nur punktuell (wie etwa den SDS oder Gruppierungen um Agartz und Gleißberg)[39]. Am 14. November 1970 nahm der Parteirat der SPD eine Beschlußvorlage gegenüber Kommunisten an. Diese wurde als notwendig erachtet, um einerseits die neue Ostpolitik nicht irgendwelchen Mißverständnissen auszusetzen, andererseits der insbesondere durch die Jungsozialisten hervorgerufenen Linkswendung entgegenzutreten. »Zwischen Sozialdemokraten und Kommunisten gibt es keine Aktionsgemeinschaft. Der Parteirat fordert deshalb alle Organisationsgliederungen auf, in Fällen, in denen Mitglieder der SPD zusammen mit Mitgliedern der DKP, SEW, SDAJ und der FDJ (Berlin) gemeinsame Veranstaltungen durchführen, gemeinsame Publikationen herausgeben, gemeinsame Aufrufe, Flugblätter, Einladungen usw. unterzeichnen, sowie in Fällen, in denen Sozialdemokraten an von DKP und SDAJ gesteuerten Publikationen mitarbeiten, diese Mitglieder mit Nachdruck auf den parteischädigenden Charakter ihres Verhaltens hinzuweisen und notfalls Parteiordnungsverfahren einzuleiten.«[40] Und am 26. Februar 1971 kam es zu einem auf die Vorlage zurückgehenden Grundsatzbeschluß des SPD-Parteivorstands »Zum

---

37 Vgl. Elisabeth Noelle-Neumann/Erp Ring, Das Extremismus-Potential unter jungen Leuten in der Bundesrepublik Deutschland 1984, Bonn 1984, S. 102. Zur Kritik dieser (umstrittenen) Studie siehe U. Backes/E. Jesse (Anm. 32), Kap. II.

38 E. Noelle-Neumann/E. Ring ebd., S. 102.

39 Vgl. dazu Kap. III.3.3.

40 Zitiert nach: SPD begründet Haltung gegenüber Kommunismus und Verträge mit kommunistischen Staaten und lehnt Aktionsgemeinschaft mit Kommunisten ab, in: Archiv der Gegenwart vom 6. Dezember 1970, S. 1594. Der Entwurf zu dieser Vorlage ging von Richard Löwenthal aus. Vgl. ders., Sind wir Antikommunisten?, in: Vorwärts vom 24. Dezember 1970, S. 5 f.

Verhältnis von Sozialdemokraten und Kommunismus«[41], der die Haltung der SPD verdeutlichte: »Der entscheidende Gegensatz zwischen sozialdemokratischer und kommunistischer Politik liegt nicht in der verschiedenen Haltung zum Privateigentum, so wichtig diese ist, sondern in dem Gegensatz von Rechtsstaatlichkeit und Willkür, von freiheitlicher Demokratie und Parteidiktatur, von Selbstbestimmung und Fremdbestimmung [...] Auch die Kommunisten berufen sich auf das Ziel der Befreiung aller Menschen von Ausbeutung und Unterdrückung, der Abschaffung aller Klassenprivilegien, der gleichberechtigten Zusammenarbeit aller Völker. Doch sie verstehen dieses utopische Ziel im Sinne einer vorgegebenen, angeblich wissenschaftlichen, in Wirklichkeit utopischen Endvorstellung einer klassen- und herrschaftslosen Weltgesellschaft. Nach der Lehre von Lenin, die auch heute noch in der Sowjetunion und in China als verbindlich gilt, kann dieses irdische Paradies nur durch eine Kette von Revolutionen, Bürgerkriegen und Befreiungsaktionen errichtet werden; nach der Praxis von Stalin und Mao Tse-tung erfordert es die wiederholte gewaltsame Vernichtung ganzer ›feindlicher‹ Klassen.«[42] Im Jahre 1972 sprach, wie bereits an anderer Stelle erörtert, die SPD dem »Sozialdemokratischen Hochschulbund« (SHB) das Recht ab, sich weiter mit dem Namen »sozialdemokratisch« zu schmücken. Auch sonst wurde gelegentlich ein Exempel statuiert, im Jahre 1977 gegen den damaligen Juso-Vorsitzenden Uwe Benneter und Anhänger der Stamokap-Theorie mit einem Ausschlußverfahren. Aber dieser Abgrenzungsbeschluß ist keineswegs konsequent praktiziert worden. Immer wieder hatte es vereinzelte Aktionen und Vereinbarungen zwischen linken Sozialdemokraten und Kommunisten gegeben – z.B. in Gewerkschaften oder an den Universitäten[43], wo der SPD nahestehende Gruppen – zum Wohlgefallen insbesondere des MSB Spartakus – häufig lieber mit Linksextremisten paktierten als mit dem RCDS[44]. Der SPD nutzten solche punktuellen Bündnisse nichts[45]. Erstens werteten sie die Minipartei DKP auf, zweitens lieferten sie der Union Propaganda, drittens – und vor allem – verwischten sie die Grenze zwischen Demokratie und Extremismus. Insgesamt jedoch wollte die SPD diesem Eindruck entgegenwirken: »Die DKP in der Bundesrepublik ist für uns ohne Belang. Ihr Versuch, unter dem Stichwort ›Kampf gegen rechts‹ immer wieder offen oder verdeckt

---

41 Er ist abgedruckt bei Uwe Backes/Eckhard Jesse. Politischer Extremismus in der Bundesrepublik Deutschland. Bd. III: Dokumentation, Köln 1989, Kap. V.

42 Zitiert nach ebd.

43 Zur Kritik aus sozialdemokratischer Position vgl. Ossip K. Flechtheim/Wolfgang Rudzio/ Fritz Vilmar/Manfred Wilke, Der Marsch der DKP durch die Institutionen, Frankfurt/M. 1981² (1980). Zahlreiche Beispiele für Infiltrationsversuche der DKP liefert: Wilhelm Mensing, Maulwürfe im Kulturbeet. DKP-Einfluß in Presse, Literatur und Kunst, Zürich 1983.

44 Vgl. für Einzelheiten Gottfried Linn, Politischer Extremismus an den Hochschulen. Die Gruppierungen und ihre Aussagen, Bonn 1987.

45 Anders zu beurteilen waren die Kontakte der SPD zur SED, der »Staatspartei« in der DDR, wenngleich man über das 1987 gemeinsam verfaßte Papier »Der Streit der Ideologien und die gemeinsame Sicherheit« unterschiedlicher Meinung sein konnte (und in der SPD auch war). Vgl. dazu Wolfgang Brinkel/Jo Rodejohann (Hrsg), Das SPD:SED Papier. Der Streit der Ideologien und die gemeinsame Sicherheit, Freiburg 1988. Nach dem Zusammenbruch der DDR wird über dieses Papier kontrovers diskutiert. Die einen machen geltend, daß die Vereinbarung für viele Menschen ein Berufungstitel für Veränderungen darstellte; für die anderen ist die SED durch die SPD aufgewertet und quasi als gleichberechtigt angesehen worden.

Bündnisse zu schmieden, wird von uns abgelehnt. Wir bleiben bei unserer bewährten Haltung: Sozialdemokraten laufen aus Betriebsräten, aus der Friedensbewegung oder Bürgerinitiativen für Umweltschutz nicht deswegen davon, weil dort auch ein paar Kommunisten beteiligt sind. Aber wir empfehlen den Organisationsgliederungen der SPD, sich nur an Aktionen zu beteiligen, bei denen die Auffassungen der Sozialdemokraten zur Geltung kommen; kein Sozialdemokrat sollte sich für DKP-Aktionen einspannen lassen.«[46] Aber nicht alle Sozialdemokraten waren davon überzeugt, daß die Praxis diesen Worten des damaligen Parteivorsitzenden Brandt voll Rechnung trug. Sie vermißten eine offensive Auseinandersetzung mit dem Marxismus-Leninismus seitens der SPD[47]. Etwas unklar war auch, ob die DKP für die SPD deshalb »ohne Belang« erschien, weil es sich um eine winzige Partei handelt oder weil sich ihre Prinzipien zu denen der SPD wie Feuer und Wasser verhalten.

Noch weniger Berührungsängste als manche Sozialdemokraten zeigen die »Grünen«. Dabei geht es freilich weniger um pro-sowjetische Tendenzen als vielmehr um die teils orthodoxe, teils undogmatische »Neue Linke«. Hier ist die Situation auch insofern anders, als ein Teil der K-Gruppen sich dort organisierte[48]. In einigen Landesverbänden (wie etwa in Hamburg) hatten (frühere) Kommunisten Schlüsselstellungen errungen, in anderen spielten sie so gut wie keine Rolle (z. B. in Baden-Württemberg). Eine schwierig zu beantwortende Frage ist freilich, inwiefern manche (ehemaligen) Kommunisten Lernprozesse durchgemacht haben. Jedenfalls geht der auf die erste Hälfte der achtziger Jahre bezogene Vorwurf zu weit, die »Grünen« seien in toto eine »Anti-System-Partei«[49], wenngleich seitens des sogenannten »fundamentalistisch« orientierten Flügels wesentliche Prinzipien des Rechtsstaates in Frage gestellt wurden. Das gilt für das staatliche Gewaltmonopol ebenso wie für die Unverbrüchlichkeit des Mehrheitsprinzips. Mittlerweile ist bei den »Grünen« durch den Austritt radikaler Strömungen eine Änderung eingetreten.

Gewiß gibt es auch vereinzelte Überschneidungen zwischen dem rechten Flügel der Union und rechtsextremen Organisationen[50], aber ein Teil der einschlägigen, prononciert links ausgerichteten Literatur überschätzt die Intensität der Verbindungslinien und der Kontakte offenkundig, z. T. deshalb, weil man einer Art Verschwörungsideologie huldigt[51]. Nichtsdestotrotz darf man keineswegs mit zweierlei Maß

---

46 So Willy Brandt, Sechs Thesen zum Verhältnis von Kommunisten und Sozialdemokraten Ende der 80er Jahre, in: NG, 33 (1986), S. 348.

47 Vgl. etwa folgende Veröffentlichung, in der vor allem der rechte Flügel der SPD zu Wort kommt: Friedrich-Ebert-Stiftung (Hrsg.), Einheit oder Freiheit? Zum 40. Jahrestag der Gründung der SED, Bonn o. J. (1985).

48 Vgl. für Einzelheiten Helmut Fogt, Die GRÜNEN und die Neue Linke. Zum innerparteilichen Einfluß des organisierten Linksextremismus, in: Manfred Langner (Hrsg.), Die Grünen auf dem Prüfstand. Analyse einer Partei, Bergisch Gladbach 1987, S. 129–208. Rudolf von Hüllen, Ideologie und Machtkampf bei den Grünen. Untersuchung zur programmatischen und innerorganisatorischen Entwicklung einer deutschen »Bewegungspartei«, Bonn 1990.

49 So Hans-Peter Schwarz, Vorwort, in: M. Langner (Anm. 48), S. 28.

50 Vgl. etwa – wenn auch wohl übertrieben – den Artikel von Gode Japs, Helfer aus dem rechten Sumpf. Im Wahlkampf gibt es für die Union keine Abgrenzung zu Rechtsradikalen, in: Vorwärts vom 4. September 1980.

51 Dies gilt besonders für Reinhard Opitz, Faschismus und Neofaschismus, Frankfurt/M. 1984; aber auch für Margret Feit, Die »Neue Rechte« in der Bundesrepublik. Organisation

messen und muß ebenso deutlich Verwischungen anprangern, wiewohl die extreme Rechte – bisher jedenfalls – nicht über den intellektuellen Einfluß der extremen Linken verfügt. Beispielsweise sind die Grenzen zwischen der CSU und den REP auf der einen Seite ebenso fließend wie die zwischen den REP und der NPD sowie der DVU auf der anderen Seite. Insgesamt hatte es die Union im Hinblick auf »Ausfransungen« am Rande jedoch einfacher als die SPD. Allerdings kann sich die Situation – durch die Schwächung des Linksextremismus einerseits und die Stärkung des Rechtsextremismus andererseits – schnell ändern, zumal Wahlerfolge der Parteien rechts von der Union diese unter Druck setzen.

Wie ist es mit den staatlichen Reaktionen auf den Extremismus bestellt? Ist die Demokratie in der Bundesrepublik wirklich auf dem rechten Auge blind, wie der Vorwurf zumal nach den fremdenfeindlichen Ausschreitungen einer rechtsextremistischen Subkultur im Herbst 1992 lautet? Hans-Gerd Jaschke faßt seinen Befund folgendermaßen zusammen: »Politische Justiz gegen rechts bewirkt überwiegend regulative Eingriffe in die Strukturen freier Meinungsbildung und symbolische Distanzierungen von der nationalsozialistischen Vergangenheit. Gegen links bewirkt sie jedoch restriktive Veränderungen der rechtsstaatlichen Balance im Strafverfahren zugunsten des Staates, Verschärfungen der Haftbedingungen und den personellen und materiellen Ausbau des Sicherheitsapparates. [...] Gegen rechts bleibt es bei der präventiven symbolischen Festschreibung von Regeln des politischen Anstands, nach links erfolgt die Aufweichung des Verhältnisses von individuellen Freiheitsrechten und Staatsschutz zugunsten des letzteren.«[52] Jaschke kann zu diesem Ergebnis nur kommen, weil er unterschlägt, daß der demokratische Staat sich durch die extreme Linke lange Zeit ganz anders herausgefordert gesehen hat als durch die extreme Rechte. Zudem ist eine Reihe von extremistischen Vereinigungen von rechts, aber keine von links in den letzten fünfundzwanzig Jahren verboten worden. Die strafrechtlich zu ahndende, »symbolische Festschreibung von Regeln des politischen Anstands« fehlt gegenüber links – erfreulicherweise. Die These, »die Ausschlußmechanismen gegen links [sind] sehr viel weiter gefaßt«[53], erscheint daher wenig plausibel. Eher gilt das Gegenteil[54].

Nicht in den gängigen Kategorien – sondern beträchtlich komplizierter – stellt sich die Frage den Initiatoren für die Anträge auf Verbot einer Organisation dar. Bekanntlich forderte die Union 1977 ein Verbot der K-Gruppen, und es sind vor allem SPD-Politiker, die sich seit einigen Jahren für ein Verbot der rechtsextremen FAP aussprechen. Im ersten Fall machte sich hingegen die SPD für eine politische Bekämpfung der extremistischen Gruppierung stark, im zweiten Fall eher die Union. Anders verhielt sich die Auseinandersetzung in den Jahren 1967 bis 1969 um ein Verbot der NPD. Damals konnten die Pro- und Contra-Stimmen sich nicht eindeutig zuordnen lassen. Hätten die Politiker der SPD geschlossen für einen Verbotsantrag

— Ideologie – Strategie, Frankfurt/M. 1987. Siehe etwa die dortige Synopse »Das ›Netzwerk‹ der ›Neuen Rechten‹« (ebd., S. 243). Differenzierter Arno Klönne, Zurück zur Nation? Kontroversen zu deutschen Fragen, Köln 1984.

52 Hans-Gerd Jaschke, Politische Richtungsbegriffe im Wandel: Neue Linke, Neue Rechte – Gibt es auch eine Neue Mitte?, in: B. Guggenberger/K. Hansen (Anm. 13), S. 62f.

53 Ebd., S. 68. Vgl. ausführlicher ders., Streitbare Demokratie und innere Sicherheit. Grundlagen, Praxis und Kritik, Opladen 1991.

54 Vgl. auch Kap. VIII.4.

votiert, wäre wohl kaum die »Neukonstituierung« der DKP so leicht möglich gewesen. Die demokratische Linke hielt sich zudem auch deshalb zurück, weil einem Verbotsantrag gegen die NPD unter Umständen die Konsequenz innewohnte, bisherige Wähler der NPD würden überwiegend für die Union votieren. Beide Gründe wiederum machen erklärbar, wieso die Union insgesamt einem Verbotsantrag nicht völlig ablehnend gegenüberstand. Hinzu kamen bei den großen Parteien auch prinzipielle Argumente: Die Befürworter eines Verbotsantrags verwiesen u.a. auf den Ansehensverlust im Ausland und auf die Notwendigkeit, den Anfängen zu wehren; die Gegner wünschten insbesondere eine politische Bekämpfung der NPD, zumal der Ausgang der Entscheidung des Bundesverfassungsgerichts keineswegs feststand. Die damalige Konstellation entzog sich also simplen Links-Rechts-Zuschreibungen. Die seinerzeitigen Anträge gegen die SRP und KPD Anfang der fünfziger Jahre waren unter den tragenden gesellschaftlichen Kräften unumstritten. Der antitotalitäre Konsens manifestierte sich in geradezu kämpferischer Form.

Auch beim Antisemitismus entspricht die gängige Kategorisierung im Hinblick auf Über- und Unterschätzung nicht den Tatsachen. Zwar besteht bei den tragenden Kräften der Gesellschaft in der Ablehnung des Antisemitismus Konsens, doch trifft das Ritual, daß die demokratische Linke stärker gegen den Antisemitismus zu Felde zieht als die demokratische Rechte, keineswegs im gleichen Ausmaße zu. Der Antisemitismus ist so tabuisiert, daß keine gesellschaftliche Kraft es versäumt, sich von ihm abzugrenzen – mögen diese Distanzierungsversuche auch in noch so ritualisierter Form ablaufen. Die Befangenheit ist groß, was angesichts der Erfahrungen verständlich sein mag, aber ein unverkrampftes Verhältnis zu Angehörigen der jüdischen Kulturgemeinschaft erschwert[55]. Auffallenderweise sind es häufig eher Linksstehende, die wider den Stachel löcken und dabei angesichts verbreitetem Philosemitismus[56] Mißverständnisse provozieren, zum Teil sogar den Vorwurf antisemitischer Gesinnung riskieren. Beispielsweise prangert Yohanan Meroz, der frühere israelische Botschafter in Bonn, die Partei der »Grünen« unnachsichtig an: »Antisemitismus – mit oder ohne das begriffliche Alibi des ›Antizionismus‹ – ist bei vielen ihrer Aktiven zu einer zentralen Komponente geworden.« Meroz sieht die Gefahr, »daß der immer selbstgefälliger und doktrinärer vorgetragene Anti-Israelismus der Partei der Grünen zu einem Kristallisationspunkt vieler antidemokratischer Tendenzen in der Bundesrepublik wird«[57]. Umgekehrt streicht er in geradezu panegyrischer Weise die Verdienste konservativer Zeitungen aus dem Springer-Konzern um die deutsch-israelische

---

55 Vgl. dazu die aufschlußreiche, in mancher Hinsicht provokative Studie von Michael Wolffsohn, Ewige Schuld? 40 Jahre deutsch-jüdisch-israelische Beziehungen, München 1988; zum Antisemitismus im Zeitverlauf siehe die materialreichen Beiträge von Werner Bergmann/Rainer Erb, Antisemitismus in der Bundesrepublik Deutschland. Ergebnisse der empirischen Forschung von 1946–1989, Opladen 1991; dies., Extreme Antisemiten in der Bundesrepublik Deutschland, in: Uwe Backes/Eckhard Jesse (Hrsg.), Jahrbuch Extremismus & Demokratie, Bd. 3, Bonn 1991, S. 70–93.
56 Vgl. Eckhard Jesse, Philosemitismus, Antisemitismus und Anti-Antisemitismus. Vergangenheitsbewältigung und Tabus, in: Uwe Backes/Eckhard Jesse/Rainer Zitelmann (Hrsg.), Die Schatten der Vergangenheit. Impulse zur Historisierung des Nationalsozialismus, Berlin 1992², S. 543–567.
57 Yohanan Meroz, In schwieriger Mission. Als Botschafter Israels in Bonn, Berlin-Frankfurt/M. 1986, S. 220, 223.

Versöhnung heraus: »Der gute Wind aus der Kochstraße in Berlin und ihren vielen Außenstellen in der Bundesrepublik ist Israel Wohltat; er reichert den Stickstoff, der uns so oft umgibt, mit Sauerstoff zum freien Atmen an.«[58] Unabhängig davon, ob diese Einschätzung tatsächlich stimmt (sie dürfte in beiden Richtungen nicht frei von Verzerrungen sein): Die gängige Einordnung gilt in diesem Fall nicht: Man könnte viele Beispiele nennen. Auch die Auseinandersetzung um die Aufführung des umstrittenen Theaterstücks von Rainer Werner Faßbinder »Der Müll, die Stadt und der Tod« gehört hierher. Die »Frankfurter Rundschau« etwa machte sich für die Uraufführung des im Ruch des Antisemitismus stehenden Stücks stark, die »Frankfurter Allgemeine« votierte heftig dagegen. Die Fronten waren vertauscht[59].

Gewiß herrscht in der Bundesrepublik über die Notwendigkeit, den politischen Extremismus zu bekämpfen, ein breiter Konsens, wenngleich gewisse Einäugigkeiten unübersehbar sind. Wer den Extremismus herunterspielt, unterschätzt seine Gefährlichkeit, wer aber dauernd dessen Gefahr an die Wand malt, ruft exakt das hervor, was dieser wünscht. Insofern ist dem demokratischen Verfassungsstaat mit einer realistischen Einschätzung extremistischer Gefahren mehr gedient als mit Dramatisierung oder Bagatellisierung. Daran hapert es zuweilen. Verfemung wie Dämonisierung können keine argumentative Auseinandersetzung ersetzen, behindern diese vielmehr.

3. Verhalten der Extremisten gegenüber Demokraten

Die Haltung von Extremisten in der Bundesrepublik gegenüber der Demokratie und deren Repräsentanten läßt sich nicht auf einen Nenner bringen. Es kommt auf vielerlei Umstände an, z.B. auf die Reaktion des Verfassungsstaates, auf die jeweilige Variante des Extremismus oder auch auf die Zeitumstände. Das Spektrum reicht von fanatischer Bekämpfung über abgrundtiefen Haß bis zu Lippenbekenntnissen für den demokratischen Verfassungsstaat. Diese Verhaltensweisen müssen sich nicht in jedem Fall ausschließen.

Was letzten Punkt angeht, so gibt es beträchtliche Parallelen zwischen der NPD auf der einen und der DKP auf der anderen Seite. Beide sind interessiert daran, eine demokratische Fassade aufzurichten. Die NPD streicht sogar in der Präambel ihres Ende 1987 verabschiedeten Programms heraus, daß sie sich »für die freiheitlich-demokratische Grundordnung im Sinne des Grundgesetzes«[60] einsetzt. Und für Gerhard Frey, Vorsitzender der DVU und Herausgeber der »Deutschen National-Zeitung«, ist »das A und O unseres Blattes [...] die Loyalität zu unserem Staat, die freilich widerspruchslos sich vereint mit unserer Treue zum deutschen Volk«[61]. So weit

---

58 Ebd., S. 202.
59 Vgl. etwa die Dokumentation von Heiner Lichtenstein (Hrsg.), Die Fassbinder-Kontroverse oder Das Ende der Schonzeit, Königstein 1986.
60 NPD-Parteivorstand (Hrsg.), Nationaldemokratische Gedanken für eine lebenswerte Zukunft, Stuttgart o.J. (1987), S. 6.
61 Gerhard Frey, Gefahr von rechts? Die wahren Bedrohungen für Deutschland, in: DNZ vom 17. April 1971, Frey macht es sich insofern sehr einfach, als er erklärt, daß derjenige, der »das Gesetz bricht, nicht zur Rechten gehören kann« (ebd.). Dies ist ein verräterischer

geht die DKP nicht. Zwar versucht sie, allzu verfängliche Formulierungen zu vermeiden, bezeichnet sich gleichwohl im ersten Satz ihres Parteiprogramms als »die revolutionäre Partei der Arbeiterklasse der Bundesrepublik«[62] und legt kein Bekenntnis zur freiheitlichen demokratischen Grundordnung ab, wiewohl sie diese Prinzipien nicht explizit verwirft. Die vollmundige Beschwörung der »demokratischen Errungenschaften« ist ebenso zur Genüge bekannt wie der DKP-Hinweis auf »das Ringen um demokratische Reformen«[63].

Das (Lippen-)Bekenntnis zur Demokratie ist seitens extremistischer Kräfte häufig mit einer gewissen Anbiederungsstrategie verbunden. Man sucht sich beim Kampf gegen den »Kommunismus« oder gegen den »Faschismus« anzudienen. Beispielsweise bemühte sich die DKP besonders um die Sozialdemokratie. »Das Ringen um die Herstellung der Aktionseinheit der Arbeiterklasse ist ein Kernstück der Politik der DKP [...] Im Ringen um die Aktionseinheit mißt die DKP dem gemeinsamen Handeln von Kommunisten und Sozialdemokraten entscheidende Bedeutung zu. Sie repräsentieren die beiden Hauptströmungen der Arbeiterbewegung in der Bundesrepublik. Die DKP erstrebt ein vertrauensvolles, kameradschaftliches Verhältnis zu den Mitgliedern, Anhängern und Organisationen der Sozialdemokratie. Sie tritt, geleitet von den Interessen der Arbeiterklasse, für die Zusammenarbeit mit der SPD ein.«[64] Gescholten wird hingegen die Politik und Ideologie der »rechtssozialdemokratischen Führer, die das kapitalistische System verteidigen, die Interessen des arbeitenden Volkes denen des Großkapitals unterordnen, mit ihrem Antikommunismus die Spaltung der Arbeiterklasse vertiefen und mit administrativen Mitteln Sozialdemokraten am gemeinsamen Handeln mit Kommunisten hindern«[65]. Insbesondere in den Gewerkschaften will sie mit dieser Taktik und Strategie Fuß fassen, in der Vergangenheit nicht immer mit Erfolg[66].

Hingegen profiliert sich die NPD – gleiches gilt auch für die DVU – als Verteidiger von »Law and Order«, die Kommunisten und hilfswillige Sozialdemokraten gefährdeten. Zum Teil gelang es Extremisten mittels dieser Taktik, insbesondere Kommunisten der Moskauer Richtung, auf Demokraten erfolgreich Einfluß zu nehmen. Die Kampagnen gegen die »Berufsverbote« sind vielleicht das bekannteste Beispiel[67]. Und der Rechtsextremismus kann im Hinblick auf die Ausländerfeindlichkeit gewisse Erfolge verzeichnen, in den neunziger Jahren sogar verstärkt.

Auf den ersten Blick erstaunliche Gemeinsamkeiten zwischen Links- und Rechtsextremisten bestehen hinsichtlich der Bewertung der Vergangenheit von Politikern demokratischer Parteien. Gefallen Repräsentanten der linken Variante des politi-

---

Satz, weil er auf den Sachverhalt hinausläuft, daß es per definitionem keinen Rechtsextremismus gibt.

62 Parteivorstand der Deutschen Kommunistischen Partei (Hrsg.), Programm der Deutschen Kommunistischen Partei, Düsseldorf 1978, S. 5.

63 Ebd., S. 33, 36.

64 Ebd., S. 72 f.

65 Ebd., S. 73.

66 Vgl. Manfred Wilke, Einheitsgewerkschaft zwischen Demokratie und antifaschistischem Bündnis, Melle 1985. Siehe aus der Sicht eines »rechten« Gewerkschaftlers: Horst Niggemeier, Die offenen Arme der Kommunisten. Taktik der »Bündnisse« mit Sozialdemokraten und Gewerkschaften, in: FAZ vom 27. Juni 1985, S. 10.

67 Vgl. Kap. VIII.

schen Extremismus sich darin, die »braune« Vergangenheit von Politikern des demokratischen Lagers »aufzuspießen«, so bedient sich auch die extreme Rechte dieser
Strategie. In vielen Ausgaben der »Deutschen National-Zeitung« ist von der (tatsächlichen oder angeblichen) NS-Vergangenheit bekannter Bonner Politiker die Rede,
und zwar aus allen Lagern. In dem von Gerhard Frey herausgegebenen zweibändigen
Lexikon »Prominente ohne Maske« wird an zahlreichen Stellen die NS-Vergangenheit von Politikern an den Pranger gestellt, auch wenn nicht mehr als die bloße
NSDAP-Mitgliedschaft vorliegt[68]. Die Motive sind freilich unterschiedlicher Natur:
Während Kommunisten damit die Kontinuität rechter Politik zu demonstrieren
suchen, will die extreme Rechte die »Vergangenheitsbewältigung« und die »Umerziehung« demokratischer Politiker, gegen die sie sich vehement wendet, ad absurdum
führen. Handelt es sich um eine (tatsächliche oder angebliche) linksextreme Vergangenheit, differieren Links- und Rechtsextreme hingegen kraß. Lassen die ersten diese
ganz unter den Tisch fallen, haben sie doch kein Interesse daran, daß die von ihnen so
heftig befehdeten Politiker einst ihrer Richtung angehörten, schlachtet der Rechtsextremismus die Vergangenheit weidlich aus, um zu suggerieren, die frühere (kommunistische) Position schlage auch heute noch durch.

Wenngleich DKP und NPD nicht frontal gegen den demokratischen Verfassungsstaat angehen, gibt es doch genügend Indizien dafür, daß sie nicht an seiner Weiterentwicklung und Stabilisierung interessiert sind. Immer wieder pries die DKP den
»real existierenden Sozialismus«. Sie sah sich als festen Teil der kommunistischen
Weltbewegung. Im Gegensatz zur DKP hat die NPD kein politisches System, an dem
sie sich gläubig orientieren kann. Die autoritären Regime in Spanien unter Franco
und in Portugal unter Salazar wurden zwar nicht direkt in allen Einzelheiten gerechtfertigt, jedoch sehr wohlwollend behandelt. Ähnliches galt für Chile und Südafrika
etwa in der Berichterstattung der »Deutschen National-Zeitung«. Gleichwohl hielt
man zu diesen diskreditierten Regimen Abstand, prangerte mehr die an ihnen geübte
Kritik an. Hingegen wird die freiheitliche Ordnung der Bundesrepublik bisweilen diffamiert, das Dritte Reich zwar nicht direkt verteidigt, aber doch entlastet. Das
Hauptagitationsthema ist seit einigen Jahren die (vermeintliche) »Überfremdung«
durch Ausländer im allgemeinen und Asylanten im besonderen.

Auf dem rechten und dem linken Spektrum gibt es jedoch auch Gruppierungen,
die sich nicht dieser Art Zurückhaltung befleißigen wie DKP und NPD/DVU. So
nehmen die (mittlerweile fast von der politischen Bildfläche verschwundenen)
K-Gruppen und die »Autonomen« kein Blatt vor den Mund. Aus ihrer Sicht dient die
freiheitliche demokratische Grundordnung lediglich zur Aufrechterhaltung der kapitalistischen Ausbeuterordnung. In der unverhohlen-aggressiven Ablehnung der
Demokratie stehen die Neonationalsozialisten den eben genannten Gruppierungen
nicht nach[69]. Sie sind nicht im gleichen Maße auf den Wahlerfolg fixiert wie ihre mit-
gliederstarken Pendants, wenn sie sich denn überhaupt an Wahlen beteiligen.

---

68 Vgl. Gerhard Frey (Hrsg.), Prominente ohne Maske, 2 Bde., München 1984/86.
69 Belege für die Agitation linker und rechter Extremisten, die sich nicht tarnen, finden sich in
    den Verfassungsschutzberichten. Vgl. etwa VSB 1986, insbes. S. 99–124 (»Neue Linke«)
    und S. 159–170 (»Neuer Nationalsozialismus/Neonazismus«).

4. Verhalten der Extremisten unter sich

Vergleicht man das wechselseitige Einwirken der Extremisten, so ist der Unterschied zur Weimarer Republik besonders groß. Folgende Diskontinuitäten sprangen bisher geradezu ins Auge: Erstens gibt es keine gemeinsamen Aktionen wie in der Weimarer Republik, die allerdings auch damals eher eine Ausnahme darstellten (z. B. der Berliner Verkehrsarbeiterstreik 1932)[70], zur Schwächung des »Systems«. Zwar lehnte die NPD den Nachrüstungsdoppelbeschluß ebenso wie die DKP ab, doch hatte sie als gesellschaftlich völlig isolierte Organisation niemals eine Möglichkeit, von der Friedensbewegung akzeptiert zu werden, ungeachtet ihrer anti-amerikanischen Haltung seit Beginn der achtziger Jahre. Zweitens sind die Fluktuationen im Gegensatz zu früher zwischen links- und rechtsaußen ganz unerheblich. Zu den wenigen Ausnahmen gehörte Michael Kühnen, der vom Mitglied einer K-Gruppe, der er allerdings nur kurz angehörte, zu einem führenden Neonazi avancierte. Drittens besteht gegenwärtig angesichts des marginalen Einflusses nicht die Gefahr, daß die Aktionen der einen Seite die der anderen nach sich ziehen und die Gruppierungen sich so gegenseitig »hochschaukeln«. Viertens liefern sich Rechts- und Linksextremisten keine erbitterten Gefechte, wie dies in der ersten deutschen Demokratie geradezu zur Tagesordnung gehörte. Die Auseinandersetzungen bezogen sich in der Vergangenheit vornehmlich auf die Störung von rechtsextremistischen Veranstaltungen durch Linksextremisten.

Mittlerweile hat sich in diesem Bereich etwas geändert, begünstigt nicht zuletzt durch die deutsche Einheit, so daß man die Punkte drei und vier zwar nicht revidieren, aber doch relativieren muß: Die gestärkte rechtsextremistische Subkultur geht – zumal in den neuen Bundesländern – zum Teil gewalttätig gegen die extreme Linke vor. Und diese haben im Kampf gegen »Faschos« ein neues Betätigungsfeld entdeckt. Für die Vorhersage, daß sich künftig Kräfte von rechts und links im wahrsten Sinne des Wortes einen Schlagabtausch liefern, gehört nicht allzu viel Phantasie. Allein im Jahre 1992 verzeichnet die Statistik 320 Gewaltakte der extremen Linken gegenüber der extremen Rechten (125 im Vorjahr) und 89 der extremen Rechten (91 im Vorjahr) gegenüber der extremen Linken[71]. Auch wenn damit nicht annähernd die Ausmaße der Endzeit der Weimarer Republik erreicht sind[72], ist doch eine neue Qualität der Auseinandersetzungen zu verzeichnen. So wurde ein Repräsentant der »Deutschen Liga für Volk und Heimat«, Gerhard Kaindl, von Berliner »Autonomen« tot-

---

70 Man muß sich allerdings darüber im klaren sein, daß solche Aktionen seinerzeit auch eher eine Ausnahme waren. Selbst bei diesem Paradebeispiel hatte es sich nicht um eine koordinierte Aktion gehandelt. Anders verhielt es sich mit dem Hitler-Stalin-Pakt von 1939. Vgl. dazu Andreas Hillgruber/Klaus Hildebrand, Kalkül zwischen Macht und Ideologie. Der Hitler-Stalin-Pakt: Parallelen bis heute?, Zürich 1980.

71 Vgl. u. a. folgenden Bericht: Bundesamt für Verfassungsschutz meldet für 1992: Viel mehr Gewalttaten von rechts, in: SZ vom 13. Januar 1993.

72 Vgl. Eve Rosenhaft, Beating the Fascists? The German Communists and Political Violence 1929–1933, Cambridge 1983; Conan Fischer, The German Communists and the Rise of Nazism, London 1991; Jochen von Lang, Und willst du nicht mein Bruder sein . . . Der Terror in der Weimarer Republik, Wien-Darmstadt 1989; demnächst Christian Striefler, Im Haß vereint. Nationalsozialisten und Kommunisten im Kampf um die Macht 1929–1933, Berlin 1993 (i. E.).

geschlagen; etwa 60 Vermummte überfielen das Haus des österreichischen Rechtsextremisten Karl Polacek, Landesvorsitzender der FAP; der Neonationalsozialist Oliver Schweigert, Vorsitzender der »Nationalen Alternative« in Berlin wurde bei einem Interview für das französische Fernsehen erwischt und verprügelt. In einem »autonomen« Szeneblatt namens »Interim« hieß es: »Wir hoffen, daß die Verletzungen so schwer sind, daß dieses Oberschwein da lange Probleme mit hat.«[73] Die Gewalt geht jedoch nicht nur von einer Seite aus: Am 9. Mai 1992 wurde bei einem Überfall von 50 Rechtsextremisten auf eine von »Linken« besuchte Kneipe in Magdeburg ein Gast getötet[74]. Der Kampf von »Antifa« gegen »Anti-Antifa« und umgekehrt dürfte in den neunziger Jahren zur Tagesordnung gehören. Vereinzelt ist es in letzter Zeit auch zu Ausschreitungen gekommen, bei denen Gewalt von rechts und links gleichermaßen ausging[75], ohne daß sich von einer regelrechten Kooperation zwischen rechts und links sprechen ließe. Was mithin so gut wie nicht vorhanden ist, das ist die gegenseitige Unterstützung im Kampf gegen dem gemeinsamen Feind, mag es auch ideologische Überlappungen z. B. beim Kampf gegen den Amerikanismus geben oder im Hinblick auf die Befürwortung des Nationalneutralismus[76]. Zuweilen lobt die rechtsextreme Presse den »nationalen« Flügel der politischen Linken[77], während die extreme Linke bestimmten Topoi von rechtsaußen nichts abzugewinnen weiß.

Das Charakteristische für das Verhalten der extremistischen Kräfte untereinander ist darin zu sehen, daß sie ganz entschieden gegen die andere Variante des politischen Extremismus protestieren und massiv ein Verbot fordern. Bezeichnenderweise sprechen Rechtsextremisten in der Regel nicht von Linksextremisten (sondern von Kommunisten), diese hingegen nicht von Rechtsextremisten (sondern von »[Neo-]

73 Angaben und Zitat nach dem folgenden Artikel: Militanter »Antifaschismus« im Aufwind, in: Innere Sicherheit, 1/92 vom 28. Februar 1992, S. 2.

74 Vgl. den Artikel: Gewalttaten von Rechtsextremisten gegen politische Gegner fordern erste Todesopfer, in: Innere Sicherheit, 4/92 vom 30. Oktober 1992, S. 3.

75 Vgl. Bernd Wagner, Skinheads-Faschos-Autonome. »Autonomer« Extremismus in Deutschland, in: Eckhard Jesse (Hrsg.), Politischer Extremismus in Deutschland und Europa, München 1993, S. 77–96.

76 Kraß verzeichnet den Sachverhalt folgender Artikel, der mehr spekuliert als erhellt und gemeinsame Aktionen von Extremisten unterschiedlicher Richtungen am Werke sieht: Reihen geschlossen, in: Der Spiegel, Nr. 51/1981, S. 61 f.; siehe hingegen Rainer E. Tenfelde, Schwierige Recherche. Wie in einem »Spiegel«-Artikel die Fakten verzerrt wurden, in: Die Zeit vom 21. Mai 1982. Ähnlich schief für die neueste Entwicklung Peter Schütt, Lechts und rinks sind zu velwechsern. Orientierungslose DKP-Mitglieder und Anhänger auf dem Schleichweg von links nach rechts, in: FAZ vom 17. Dezember 1992. Der Schriftsteller, Mitglied des DKP-Parteivorstandes von 1971 bis 1988, behauptet allen Ernstes, Teile der DKP hätten sich in die »offenbar komfortablere und erfolgversprechende rechte Ecke des politischen Spektrums« begeben. Die These, die »Berührungspunkte zwischen den Republikanern auf der einen und den orthodoxen Kommunisten auf der anderen Seite sind bei näherer Betrachtung unübersehbar« stimmt so keineswegs. Die Ablehnung des Maastrichter Vertrages von rechts und links und der notorische Antiamerikanismus sind kein Beleg dafür, daß sich die Weltbilder der extremen Linken und Rechten »aufeinander zuzubewegen« scheinen. Solche Parallelen bestanden doch schon immer. Zitate ebd.

77 Vgl. etwa die (anonyme) Rezension des Buches von Wolfgang Venohr (Hrsg.), Die deutsche Einheit kommt bestimmt, Bergisch Gladbach 1982, in: DNZ vom 4. Juni 1982, S. 4. Der Sammelband ist insofern ein Unikum, als er Autoren von ganz links bis ganz rechts umfaßt. Der gemeinsame Nenner war die Befürwortung der Wiedervereinigung unter neutralen Vorzeichen.

Faschisten«). Verwendete man einen solchen Sprachgebrauch, gäbe man indirekt zu, auf der eigenen Seite des politischen Spektrums befänden sich auch Extremisten. Die DKP fordert ein Verbot der NPD, und diese dreht den Spieß um. Auch im Hinblick auf den Komplex »Extremismus und öffentlicher Dienst« besteht keine Solidarität bei Rechts- und Linksextremisten. Für Rechtsextremisten ist die Zahl der »Linken«, die in den öffentlichen Dienst gelangen, viel zu hoch; und nach Meinung von Linksextremisten haben Rechtsextremisten nichts im öffentlichen Dienst zu suchen.

Was ein Verbot »neofaschistischer« Organisationen betrifft, berufen sich Linksextremisten weniger auf den Art. 21 Abs. 2 GG als vielmehr auf Art. 139 GG, wonach die Rechtsvorschriften zur Befreiung des deutschen Volkes vom Nationalsozialismus nicht berührt werden[78]. Man greift auf diese (obsolete) Vorschrift zurück, weil sie rechtsextreme Aktivitäten betraf. Die Inanspruchnahme von Art. 21 Abs. 2 GG paßt nicht ins Konzept, könnte sie doch eine kontraproduktive Wirkung entfalten. Abgesehen davon: »Man würde sich in die Position eines Verteidigers der Wertordnung begeben.«[79] Rechtsextremisten wenden sich vehement dagegen, daß es im Jahre 1968 überhaupt zu einer »Neukonstituierung« einer an der Sowjetunion ausgerichteten Partei gekommen ist – entgegen »eindeutige[n] Rechtsvorschriften«. »Doch für Kommunisten«, so heißt es, »gelten in der Bundesrepublik offenbar wieder rechtswidrige Sonderregelungen.«[80] Ebenso wird ein Verbot der K-Gruppen gefordert[81]. Und auch die Aktivitäten der »Autonomen« weiß man entsprechend reißerisch auszuschlachten[82].

Linksextremisten zeigen sich keineswegs solidarisch, wird Kritik von »bürgerlicher« Seite an einer bestimmten linksextremistischen Richtung geübt. So hat sich die DKP stets und scharf gegen die K-Gruppen gewandt, weil sie die Prinzipien des Marxismus-Leninismus verraten würden. Und umgekehrt schallte dem Sowjetmarxismus von dort der Vorwurf der »Verbürgerlichung« entgegen. Jede Seite macht geltend, daß die andere Richtung die Position der »Reaktion« stärke. Die Kritik ist mithin nicht prinzipieller, sondern taktischer Natur. Selbst die Distanzierung gegenüber dem Terrorismus wird unter diesem Gesichtspunkt gesehen. Man zeigt allenfalls Verständnis für die Motive der Täter, rechtfertigt jedoch nicht deren Aktionen. Weder die einstmals Moskau-orientierten noch die maoistischen Gruppierungen haben sich als »Durchlauferhitzer« für den Terrorismus erwiesen. Im Vordergrund steht die Anprangerung der Gesetzgebung gegenüber dem Terrorismus, da sie eine ganz andere Zielrichtung habe: »Denn unter dem Vorwand des Kampfes gegen den Terrorismus werden Gesetze gegen die Linke gemacht. Das ist Volksbetrug; denn die

---

78 Vgl. dazu auch Kap. VIII.
79 Volksfront gegen Reaktion, Faschismus und Krieg (Hrsg.), Verbot der NPD und aller faschistischen Organisationen. Rechtsgutachten, Freiburg 1986[4], S. 3. Siehe auch: Verbot faschistischer Organisationen. Mit dem Staatsapparat gegen den Faschismus?, in: Politische Berichte, (1985) 10, S. 34f.
80 Norbert Bartel/Udo Walendy, Selbstmord einer Demokratie. Identität von KPD + DKP, Preußisch Oldendorf 1974, S. 20.
81 Vgl. beispielsweise den Artikel: Und wann werden die K-Banden verboten?, in: DNZ vom 8. Februar 1980.
82 Vgl. etwa: Andreas Behrens, Straßenterror in Berlin-Kreuzberg, und Christian Kaiser, Staatlich konzessionierte Anarchie. Hamburgs Hafenstraße und der Rechtsstaat, jeweils in: DNZ vom 13. Mai 1988.

Faschisten, gedeckt von den in den Diensten Hitlers bewährten Kräften im Verfassungschutz, können völlig ungehindert die Anarchistenszene unterwandern und die Anlässe der Law-and-order-Kampagnen von Strauß und Dregger provozieren.«[83] Moralische Maßstäbe spielen offenbar keine Rolle.

Ganz ähnlich verhält es sich mit dem Rechtsextremismus. Die NPD oder die DVU ergreift keineswegs die Partei der Neonationalsozialisten; es ist vielmehr ihr Kalkül, diese einfach für nicht-existent zu erklären oder so zu tun, als ob es sich um Verrückte und Geisteskranke handelt. Nach Gerhard Frey spielen bei den Neonationalsozialisten folgende drei Kreise die Schlüsselrolle: »Agenten, Irre und Rauschtäter.«[84] Hinweise auf den Neonationalsozialismus firmieren zuweilen als »Desinformationskampagnen zum Schutz der wahren Täter«[85], womit die Suggestion verbunden ist, hinter den Aktionen stünden Kreise aus dem extremistischen Lager von links. Dies gilt auch für rechtsterroristische Umtriebe. So ist, beispielsweise, beim deutsch-nationalen Rechtsextremismus die Distanzierung von der »Busse-Bewegung«[86] ebenso uneingeschränkt wie die von Manfred Roeder, freilich mit einer charakteristischen Begründung: »Mit rechten politischen Vorstellungen und Zielsetzungen hatte Roeder wenig bis nichts gemein; er pflegte einen an sich unpolitischen Radaunationalismus und entsprach in vielem der Karikatur, die Linke von der Rechten gerne malen. Seine Aufforderung an Idi Amin, bei der Wiederherstellung des Deutschen Reiches behilflich zu sein, konnte weniger als ›Rechtsextremismus‹ denn als Ausfluß eines kranken Hirns gewertet werden.«[87] Hinweise auf die Rolle der Geheimdienste dürfen natürlich nicht fehlen, mit den entsprechenden Insinuationen: »So geht derzeit in Europa das Gespenst des ›Neonazismus‹ um – zum Schrecken von Desinformierten, NS-Neurotikern und Einfaltspinseln. Die wahren Schuldigen der jüngsten Terrorakte, ob nun irrsinnige Einzeltäter ohne politische Motive oder aber Agenten auswärtiger Mächte, können sich feixend die Hände reiben: Ihre Ablenkungsmanöver sind geglückt.«[88] Auf den Gedanken, daß die eigene Agitation in den Gazetten eine Auslöserfunktion gehabt haben könnte, verfällt man nicht. Dabei ist beispielsweise bekannt, daß Josef Bachmann, der rechtsextreme Dutschke-Attentäter, sich einen provozierenden

---

83 Christoph Strawe, Jugend im Visier des Faschismus, in: Max Oppenheimer (Hrsg.) Antifaschismus. Tradition-Politik-Perspektive. Geschichte und Ziele der VVN-Bund der Antifaschisten, Frankfurt/M. 1978, S. 145.

84 G. Frey (Anm. 61).

85 So in folgendem Bericht: Das Kartell der Desinformanten. Verlogene Hetzkampagne gegen die politische Rechte, in: DNZ vom 24. Oktober 1980. Ferner: »Neonazismus« – ein Trugbild und sein Zweck. Die antideutsche Giftküche brodelt und schäumt, in: DNZ vom 26. Mai 1978.

86 Vgl. etwa folgende Artikel: Wer ist Friedhelm Busse? Die Hintergründe der Münchner Schießerei, in: DNZ vom 30. Oktober 1981; Jagd auf braune Gespenster. Was ist von Baum-Aktion gegen die Busse-Gruppe zu halten?, in: DNZ vm 5. Februar 1982.

87 Vgl. folgenden Bericht: Die Wahrheit über den »Rechtsterror«. die Anschläge auf Ausländer und was dahintersteckt, in: DNZ vom 12. September 1980; siehe auch: Der »Reichsverweser« vor Gericht. Manfred Roeder – ein skrupelloser Egozentriker, in: DNZ vom 26. Februar 1982.

88 So Harald Neubauer, Das Gespenst des »Neonazismus«. Wie die Bürger belogen werden, in: DNZ vom 17. Oktober 1980.

Artikel aus der »Deutschen National-Zeitung« ausgeschnitten hatte, bevor er den studentischen »Aufwiegler« mit einer Kugel niederstreckte[89].

Eine lange Zeit war auch das Verhältnis zwischen der NPD und der DVU gespannt – die »Deutsche National-Zeitung« hat nur selten zur Wahl der NPD aufgerufen –, wobei die Ursachen weniger in inhaltlichen Differenzen begründet liegen (sieht man einmal davon ab, daß die NPD in den achtziger Jahren eine Zeitlang im Gegensatz zur DVU einen nationalneutralistischen Kurs verfocht), als vielmehr in persönlichen Animositäten zwischen Frey und den NPD-Führern. Die rechtsextreme Presse berichtet – schon aus Konkurrenzneid – auch keineswegs einhellig positiv über die Partei Franz Schönhubers.[90]

Charakteristisch ist die mangelnde Differenzierung im extremen Spektrum: Die DKP hält sich nicht dabei auf, zwischen den unterschiedlichen Gruppierungen bei den Rechtsextremen zu differenzieren, spricht häufig einfach von »Neofaschisten«. Dieser Ausdruck wird ganz bewußt gewählt – der Faschismus verkörpere eben die Herrschaft der reaktionärsten Kräfte des Monopolkapitals. Auch auf der extremen Rechten weiß man nicht ausreichend zu differenzieren: So ist in einschlägigen Periodika oft bloß vom Reizwort der »Kommunisten« die Rede, ohne daß man die einzelnen Richtungen, die ja ganz verschiedenartige Ziele verfolgen, korrekt auseinanderhält.

Es ist die Taktik von Kommunisten, den Einfluß und den Gefährdungsgrad von Rechtsextremisten ins Gigantische zu überhöhen. Auf diese Weise können sie ihre Existenzberechtigung nachweisen. Mit Protesten gegen »Neofaschisten« wollen sie ihre Reputation bei demokratischen Kreisen verbessern. Aber der stereotype Hinweis auf »Faschisten« dient auch der internen Selbstverständigung: So läßt sich der Zusammenhalt der eigenen Organisation festigen, »der Feind« steht fest.

Bei Rechtsextremisten ist dies nicht anders. Mit Vorliebe greifen sie Aktivitäten des Linksextremismus gegen sich auf[91]. So versuchen sie sich als Ordnungskraft zu etablieren. Zur Bekämpfung des Kommunismus »bedarf es auch einer intakten politischen Rechten, die zusammen mit der Mitte den freiheitlich verfaßten Staat vor seinen Gegnern schützt. Wenn die Linke zur ›Volksfront‹-Bildung schreitet, dann müssen alle antimarxistisch-demokratischen Kräfte einen gemeinsamen Nenner finden, um nicht einzeln dem kommunistischen ›Divide et impera‹ zum Opfer zu fallen.«[92] Gerhard Frey gefällt sich in seiner Märtyrerrolle »als der meistverfolgte Bundesbürger mit 500 Strafverfahren«, während »Kriminelle der Linken täglich, ja stündlich

---

89 Vgl. Stefan Aust, Der Baader-Meinhof-Komplex, Hamburg 1985, S. 63. Die Schlagzeile auf S. 1 in der Ausgabe der DNZ vom 22. März 1968 lautete: »Stoppt Dutschke jetzt! Sonst gibt es Bürgerkrieg. Nazis jagen – Kommunisten hofieren?« (Unter der Schlagzeile befanden sich fünf steckbriefartige Dutschke-Fotos: Profil von links, Profil von rechts usw.). Hier handelt es sich um keine Ausnahme, warteten doch zahlreiche Ausgaben der DNZ 1967/68 mit sensationsheischend-hetzerischer Aufmachung gegenüber »der Studentenbewegung« auf.

90 Vgl. beispielsweise folgenden Artikel: »Wer ist Schönhuber wirklich?« Neue Vorhaltungen von Rechtsanwalt Mußgnug, in: DNZ vom 21. November 1986.

91 Vgl. beispielsweise H. J. R., »Der Spiegel« blies wieder zur Attacke. Brutaler kommunistischer Terror gegen NPD-Kongreß in Hamburg/Und »Monitor« war auch dabei, in: Deutsche Wochenzeitung vom 13. August 1976.

92 Die Wahrheit über den »Rechtsterror« (Anm. 87).

furchtbare Rechtsverletzungen, Schwerverbrechen eingeschlossen [begehen]. Und die Verbrecher, die u. a. Polizisten zu ermorden trachten, bleiben zumeist straffrei. Berlin, wo die Revolution am weitesten fortgeschritten ist, wird zur anarchistischen Hölle, in der todesmutige Staatsanwälte mit den Mitteln des Rechts die Wende herbeiführen wollen«.[93]

Es gibt eine merkwürdige Paradoxie, die gleich in doppelter Form auftritt: Kommunisten rechnen es sich als ihr Verdienst an, daß in den siebziger Jahren eine Politik erfolgreich war, die sie schon in den fünfziger Jahren propagiert hatten (z. B. Anerkennung der DDR und der Oder-Neiße-Linie). Man sucht den Eindruck zu erwecken, als ob die Politik der DKP maßgeblich die sozial-liberale Regierung begünstigt habe. »Diese Erfolge wären letztlich nicht möglich gewesen ohne die politische Unterstützung durch Massendemonstrationen der Bevölkerung.«[94] Rechtsextremisten akzeptieren just diese Diagnose – freilich mit dem Unterschied, daß sie der Entwicklung nichts Positives abgewinnen können. Dabei wird von dem jeweiligen politisch-historischen Kontext abstrahiert und der Sachverhalt ignoriert, daß etwa die Anerkennung der DDR für Kommunisten marxistisch-leninistischer Observanz durchaus ambivalent ist, denkt man nur an die Probleme für die DDR, die sich für sie aus den vermehrten Westkontakten ihrer Bürger ergaben. »Die Zeichen der Zeit stehen in der Bundesrepublik überall günstig für die Sache der Weltrevolution. Und beim Gedanken an die CDU/CSU-Opposition muß es dem alten KP-Mann eigentlich meschenfreundlich warm ums Herz werden. Wenn es nur nicht die böse NPD gäbe, sie stört das schöne Bild. Also muß man die staatstragenden Kräfte gegen die NPD mobilisieren. Die KP leitet die Aufsicht.«[95] Offenbar wittert man eine Art Verschwörung.

Aber auch die umgekehrte Vorstellung – Linksextremisten als Pessimisten und Rechtsextremisten als Optimisten – ist verbreitet. So prangern Kommunisten immer wieder die nahezu unaufhaltsame Rechtsentwicklung der Gesellschaft an, und die extreme Rechte sieht sich auf dem Vormarsch. Bei Adolf von Thadden etwa heißt es: »Es war ein zweifelhaftes Privileg der Rechten im Westen des geteilten Deutschlands, schon vor Jahrzehnten ganz allein und scheinbar auf verlorener Flur Einsichten und Ansichten zu vertreten, die heute weit verbreitet sind.«[96] Wunschvorstellungen und Kassandrarufe vereinigen sich bei diesen formalen Gemeinsamkeiten der Links- und Rechtsextremisten zu einem seltsamen Gemisch, das mit der Realität wenig gemein hat.

Rechts und Linksextremisten brauchen mithin einander. Letztlich sind sie gar nicht daran interessiert, daß die andere Variante des Extremismus, die sie zu

---

93   G. Frey (Anm. 61).
94   Vgl. Thomas Doerry, Antifaschismus in der Bundesrepublik. Vom antifaschistischen Konsens 1945 bis zur Gegenwart, Frankfurt/M. 1980, S. 22.
95   Die KP – als »staatstragende Partei«, in: Deutsche Nachrichten vom 1. Oktober 1971, S. 3. Siehe in diesem Sinne auch: Felix M. Preuss, Freie Bahn den Verfassungsfeinden. Breschnew zuliebe dürfen DKP, SDAJ and SPARTAKUS ungestraft den Umsturz vorbereiten, in: DNZ vom 8. Oktober 1971. Ferner: -en., Die Bonner Türöffner der DKP. Das Parteiprogramm der DKP und dessen wundersame Erfüllung. Die Arbeit tun die anderen, in: Deutsche Wochenzeitung vom 4. Juni 1976.
96   Adolf von Thadden, Die verfemte Rechte. Deutschland-, Europa- und Weltpolitik in Vergangenheit, Gegenwart und Zukunft aus der Sicht von rechts, Preußisch Oldendorf 1984, S. 297.

bekämpfen vorgeben, gänzlich von der Bildfläche verschwindet. Sie wollen vielmehr das hervorrufen, was sie so heftig attackieren. Denn je stärker der extremistische Antipode ist, umso mehr Resonanz versprechen sie sich für die eigene Richtung. In der Tat mag – beispielsweise – eine antifaschistische Aktion gegen eine Versammlung von Rechtsextremisten diese zusammenschweißen und ihr unter Umständen neue Mitglieder zuführen, wie umgekehrt ein provokatives Auftreten von Rechtsextremisten die Zahl von »Antifaschisten« vergrößern könnte. Insofern besteht also eine merkwürdige Dialektik im Auftreten von Rechts- und Linksextremisten, die in gewisser Weise »Bundesgenossen« und – wenn auch unfreiwillig – »Bündnispartner« sind.

5. Antikommunismus und Antifaschismus als Parolen

Antifaschismus und Antikommunismus sind Schlagworte, die die politische Diskussion in der Bundesrepublik bestimmen, wobei es auffallend ist, daß sich nicht nur Extremisten dieser Begriffe bedienen. Aber natürlich sind sie es ganz besonders, die sich diese Termini zu eigen machen. So behauptet etwa die DKP-Position, daß eine Kundgebung am 10. Mai 1975 zum dreißigsten Jahrestag des Kriegsendes mit 40 000 Demonstranten »als eine Art Geburtsstunde einer neuen antifaschistischen Bewegung in der Bundesrepublik« gelten kann. »Der Antifaschismus hatte sich damit als geeignete qualifizierte Basis der Einheit erwiesen – freilich ohne sie damit schon wirklich hergestellt zu haben.«[97] Was für die Linksextremisten der Begriff des »Antifaschismus« ist, das stellt für die Rechtsextremisten mit gewissen Abstrichen der des »Antikommunismus« spiegelbildlich dar. Sie kommen ohne ihn nicht aus. Immer wieder beschwört man die Notwendigkeit einer strikt antikommunistischen Haltung. Allerdings ist bei rechtsextremistischen Positionen die Ablehnung des Liberalismus, die sich in einem strikten Anti-Amerikanismus zeigt[98], von fundamentaler Bedeutung.

Die Frage, warum sich Links- und Rechtsextremisten dieser Schlagworte bis zum Überdruß bedienen, ist schnell beantwortet: Es ist nun einmal viel leichter, Anhänger zu mobilisieren, wenn man sich als Antifaschist geriert, statt als Kommunist um die Gunst von anderen zu werben. Schließlich begreifen sich auch viele Nichtkommunisten als Gegner des Faschismus, sind mithin bestimmten antifaschistischen Bündnissen nicht abhold. Gleiches gilt – in abgeschwächtem Maße – auch für den Antikommunismus. Jeder Rechtsextremist versteht sich als ein Antikommunist. Aber nicht jeder Antikommunist ist ein Rechtsextremist. Auf diese Weise sehen Kommunisten und Rechtsextremisten die Chance, ihren Einfluß zu vergrößern.

Aber es gibt auf dem linken und rechten Spektrum noch mehr Gemeinsamkeiten. Denn die Begriffe »Antifaschismus« und »Antikommunismus« werden in einem weiteren Sinne propagandistisch ausgeschlachtet, diesmal in Form einer negativen Wendung. Ziehen Kommunisten gegen einen »primitiven Antikommunismus« zu Felde,

---

97 Th. Doerry (Anm. 94), S. 26.
98 Vgl. beispielsweise: Gustav Sichelschmidt, Amerikanismus. Der Weltfeind Nr. 1, Berg am See 1990.

so Rechtsextremisten gegen einen »primitiven Antifaschismus«, wobei hinzuzufügen bleibt, daß beide Charakterisierungen auch von vielen Demokraten bejaht werden. Eben das ist wesentlich der Grund, weswegen Extremisten sich ihrer bedienen. Die Verwendung der Begriffe »primitiver Antikommunismus« und »primitiver Antifaschismus« läßt eine doppelte Auslegung zu. Entweder ist jeder Antikommunismus bzw. Antifaschismus »primitiv« – oder nur eine bestimmte Variante. Es liegt auf der Hand, daß Extremisten die erste Version bevorzugen.

Schwieriger nimmt sich die Antwort auf die Frage aus, wieso auch demokratische Gruppierungen mit solch suspekten »Anti«-Begriffen hantieren, insbesondere mit der »Antifaschismus«-Parole. Offenbar gibt es das Bedürfnis zu signalisieren, in welche Richtung man tendiert. Aber damit begibt man sich in die Gefahr der Vereinnahmung und schwächt das für die parlamentarische Demokratie konstitutive antiextremistische Denken. Die Praxis des Kommunismus kann noch so mit Blut befleckt sein: Viele sehen in der kommunistischen Idee Humanität angelegt[99], nicht jedoch in dieser oder jener rechtsextremistischen Ideologie. Die Verwendung des Totalitarismusbegriffs war lange Zeit wenn nicht verfemt[100], so doch stark rückläufig. Seit einiger Zeit macht sich eine Renaissance bemerkbar[101] – insbesondere seitdem die Hinterlassenschaft des »real existierenden Sozialismus« offen zutage getreten ist[102].

Die Attraktivität antifaschistischer Maximen ist insbesondere bei Intellektuellen in der Bundesrepublik nach wie vor verbreitet, möglicherweise als Reaktion auf die Vergangenheit[103]. Man riskiert es dabei, Probleme der Gegenwart aus dem Auge zu verlieren. Sarkastisch, aber nicht unzutreffend hat Jürgen Busche die »antifaschistischen« Aktivitäten folgendermaßen umschrieben: »Vielleicht will hier die Jeunesse dorée des akademischen Mittelstandes, die in der Bundesrepublik das Erbe des proletarischen Sozialismus verwaltet, der älteren Generation vorführen, ›wie man Ausch-

---

99 Vgl. Werner Hofmann, Stalinismus und Antikommunismus. Zur Soziologie des Ost-West-Konflikts, Frankfurt/M. 1970^4.

100 Dagegen hat sich mit Verve gewandt: Karl Dietrich Bracher, Zeitgeschichtliche Kontroversen. Um Faschismus, Totalitarismus, Demokratie, München 1984^5 (1976); ders., Die totalitäre Erfahrung, München 1987.

101 Vgl. Uwe Backes/Eckhard Jesse, Totalitarismus und Totalitarismusforschung. Zur Renaissance einer lange tabuisierten Konzeption, in: dies. (Hrsg.), Jahrbuch Extremismus & Demokratie, Bd. 4, Bonn 1992, S. 7–27.

102 Allerdings ist der Kommunismus nicht erst seit seinem Zusammenbruch diskreditiert. Schließlich war die inhumane Praxis für den, der sehen wollte, ganz offenkundig. Man mußte dafür nicht einmal die autobiographischen Schriften von Ex-Kommunisten zur Kenntnis nehmen. Vgl. dazu Hermann Kuhn, Bruch mit dem Kommunismus. Über autobiographische Schriften von Exkommunisten im geteilten Deutschland, Münster 1990; siehe auch Peter Boris, Die sich lossagten. Stichworte zu Leben und Werk von 461 Exkommunisten und Dissidenten, Köln 1983.

103 Nach 1945 waren bei den Parteien in den Gründungsaufrufen »antifaschistische« Bekenntnisse die Regel. Daß der »Antifaschismus«-Begriff bei der KPD etwas anderes besagte als bei der CDU, liegt auf der Hand. Vgl. Wolfgang Bergsdorf, Herrschaft und Sprache. Studie zur politischen Terminologie der Bundesrepublik Deutschland, Pfullingen 1983, insbes. S. 63–124.

witz verhindert‹.«[104] Wenn Linksintellektuelle sich zum »Antikommunismus« bekennen, begehen sie gleichsam einen Tabubruch[105].

Linksextremisten verstehen es, sich die vergleichsweise positive Konnotation des Antifaschismus-Begriffs zu eigen zu machen. Auf ihrem Bundeskongreß im Jahre 1971 hat die VVN eine charakteristische Umbenennung vorgenommen. Sie erhielt den Zusatz »Bund der Antifaschisten«[106]. Der Grund liegt auf der Hand: Auf diese Weise kann jedermann Mitglied werden, unabhängig davon, ob er zu den Verfolgten des Naziregimes gehörte. Diese »Blutauffrischung« war aus der Sicht von Kommunisten längst eine Notwendigkeit geworden, zumal sich die Vereinigung in ihrer Agitation bereits in diesem Sinne betätigt hatte.

»Antifaschismus und Antikommunismus sind jeweils Ausdruck der in Deutschland verbreiteten Neigung, Politik als Weltanschauungskampf zu betreiben. Die traditional bedingte Werte- und Maßstabsunsicherheit hat einen Manichäismus zur Folge, der nur das absolut Gute und das absolut Böse kennt.«[107] In der Tat mag dieser Manichäismus nicht untypisch für Deutschland sein, wo Pragmatismus und Kompromißbereitschaft lange Zeit nicht heimisch wurden.

Hand in Hand mit dem Vordringen antifaschistischer Gesinnung hat sich in den letzten Jahren ein modischer Anti-Antikommunismus herauskristallisiert. Man wendet sich, in Anlehnung an Thomas Manns vielzitiertes Wort vom Antikommunismus als »Grundtorheit unserer Epoche«[108], gegen einen »primitiven Antikommunismus«. Ist es notwendig, der politischen Entwicklung in diesem Sinne Rechnung zu tragen?[109] Tatsächlich kann es als ein Zeichen für politischen Primitivismus gelten, wenn der Antikommunismus geradezu den Fluchtpunkt aller Überlegungen bildet. Der demokratische Verfassungsstaat erschöpft sich nämlich nicht in einer Anti-Haltung, sondern weist den Weg in eine offene Gesellschaft. Andererseits aber gilt, daß eine demokratische Entwicklung in einem gewissen Sinne »antikommunistisch« sein muß. Allerdings gehören »Antikommunismus« und »Antifaschismus« zusammen, freilich nicht in »primitiver« Form. Eine demokratische Entwicklung ist nur dort möglich, wo »antifaschistische« Motivationen vorhanden sind. Wer unter den Feldzeichen des »Antikommunismus« und »Antifaschismus« Sympathien zu verbuchen sucht, sollte Hellhörigkeit provozieren. Verdächtig macht sich nämlich, wer die beiden Begriffe gegeneinander auszuspielen sucht.

---

104 Jürgen Busche, Radikalismus von rechts, in: FAZ vom 19. Juni 1979.

105 Vgl. etwa Hans Christoph Buch, Klärung eines Sachverhalts. Gedanken über die Dissidenz, in: L'80, (1987) 42, S. 122–139.

106 Vgl. aus der Perspektive von »Antifaschisten«: M. Oppenheimer (Anm. 83), insbes. S. 56–58. Generell zum Antifaschismus aus kommunistischer Sicht: Th. Doerry (Anm. 94).

107 Hans-Helmuth Knütter, Antifaschismus und politische Kultur in der Bundesrepublik Deutschland, in: Manfred Funke/Hans-Adolf Jacobsen/Hans-Helmuth Knütter/Hans-Peter Schwarz (Hrsg.), Demokratie und Diktatur. Geist und Gestalt politischer Herrschaft in Deutschland und Europa, Düsseldorf 1987, S. 379.

108 Thomas Mann, Schicksal und Aufgabe (1944), in: ders., Politische Reden und Schriften Bd. 2, Frankfurt/M. 1974, S. 258. In den Zusammenhang gestellt ist Thomas Manns Diktum von kommunistischer Seite nicht so leicht verwendbar.

109 Vgl. hierzu die interessanten Überlegungen in folgender Schrift: Akademie für politische Bildung (Hrsg.), Ist der »Antikommunismus« überholt?, Tutzing 1983 (Beiträge von Richard Löwenthal, Karl Dietrich Bracher, Karl-Heinz Ruffmann).

In der Phase des Umbruchs in der DDR 1989/90 versuchte die nachrückende Riege unter dem Ministerpräsidenten Hans Modrow, den Antifaschismus als Integrationsideologie neu zu beleben – vergeblich. Die propagierte »Einheitsfront gegen rechts« scheiterte. Durch den Zusammenbruch des Kommunismus im anderen Teil Deutschlands ist der Mißbrauch des Antifaschismus-Begriffs noch einmal verdeutlicht worden. Die verbreitete These, der Antifaschismus sei dort bloß »verordnet«[110] und »ritualisiert« gewesen, ist nicht ganz unproblematisch, suggeriert sie doch, ein nicht aufgesetzter Antifaschismus, der keineswegs äußerlich geblieben wäre, sei vorzuziehen. Sie kreist damit immer noch in den alten Argumentationsbahnen. Die Auseinandersetzung mit der antidemokratischen Ideologie des Antifaschismus[111] bleibt damit im Grunde an der Oberfläche. Die Kritik richtet sich offenkundig mehr gegen die »Ritualisierung« des Antifaschismus als gegen diesen selbst. Richtig ist, daß eine tatsächliche Auseinandersetzung mit dem Dritten Reich wegen der offenkundigen Parallelen in den politischen Strukturen zum eigenen System auf vielen Gebieten unterblieb. Wie die gegenwärtige Entwicklung in den neuen Bundesländern zeigt, war die DDR keineswegs, so aber die stereotype Behauptung, der Hort des Antifaschismus[112].

Die eigentliche Funktion des Antifaschismus kommt mit der Fixierung auf seine Ritualisierung nicht zum Ausdruck: Der Mythos des Antifaschismus[113] sollte alle nicht-kommunistischen Positionen ausgrenzen und das politische Monopol der SED als legitim ansehen. Insofern ist die folgende, zunächst vielleicht Verwunderung hervorrufende These nicht zu weit hergeholt: Wer der DDR ihren Antifaschismus zugute hält, muß auch dem Nationalsozialismus seinen Antikommunismus positiv anrechnen. Aber weder das eine noch das andere ist angebracht.

Vieles spricht dafür, Schlagworte wie »Antifaschismus« und »Antikommunismus« im politischen Tageskampf den Extremisten zu überlassen. Allenfalls könnten die demokratischen Parteien sich als antifaschistisch und antikommunistisch gleichermaßen bezeichnen. Aber da die Termini »besetzt« sind, ist damit nicht viel gewonnen. Der Begriff des »Antiextremismus«, will man die »Anti«-Position betonen, erscheint weitaus exakter – und weniger mißdeutbar.

---

110 Vgl. statt vieler Wilfried Schubarth/Ronald Pschierer/Thomas Schmidt, Verordneter Antifaschismus und die Folgen. Das Dilemma antifaschistischer Erziehung am Ende der DDR, in: APZG, B 9/91, S. 3–16.

111 Vgl. hierzu die vielfältigen Bemühungen des Bonner Politikwissenschaftlers Hans-Helmuth Knütter, Antifaschismus und politische Kultur in Deutschland nach der Wiedervereinigung, in: APZG, B 9/91, S. 17–28; ders. (Hrsg.), Kritik des Antifaschismus, Bornheim 1990. Siehe auch: Bundesminister des Innern (Hrsg.), Bedeutung und Funktion des Antifaschismus, Bonn 1990.

112 Statt vieler Karl-Heinz Heinemann/Wilfried Schubarth (Hrsg.), Der antifaschistische Staat entläßt seine Kinder. Jugend und Rechtsextremismus in Ostdeutschland, Köln 1992.

113 Vgl. Antonia Grunenberg, Antifaschismus – ein deutscher Mythos, in: Die Zeit vom 3. Mai 1991.

6. Resümee

Ernst Nolte hat in seinem aufsehenerregenden »Europäischen Bürgerkrieg« die Wechselbeziehungen zwischen dem Bolschewismus in der Sowjetunion und dem Nationalsozialismus in Deutschland aufzuzeigen versucht[114]. Der Zusammenhang zwischen den Extremismen, den Nolte für die Zeit zwischen den beiden Weltkriegen nachzuweisen sich bemüht hat, ist in der Bundesrepublik insbesondere mangels ausreichender Stärke der Extremisten so gut wie nicht vorhanden. Sie können die gesellschaftlichen Kräfte keineswegs polarisieren und ausrichten. Eine magnetische Wirkung geht von ihnen nicht aus, wenngleich die äußerste Rechte und die äußerste Linke aus der Ablehnung, z.T. auch gewalttätigen Bekämpfung ihres politischen Pendants ein gutes Stück ihrer Dynamik her beziehen[115].

Gleichwohl versuchen demokratische Kräfte bei hitzigen Auseinandersetzungen den politischen Gegner zuweilen in die extremistische Ecke zu bannen, so sehr auch prinzipieller Konsens über die Notwendigkeit der »Solidarität aller Demokraten« besteht. Aber Rhetorik und Praxis können auseinanderklaffen. Es versteht sich von selbst, daß die »rechte Mitte« sich dem Vorwurf ausgesetzt sieht, mangelnde Distanz gegenüber dem Rechtsextremismus an den Tag zu legen, und für die »linke Mitte« gilt dies spiegelbildlich ebenso. Die politische Einäugigkeit von Demokraten ist unübersehbar: Linke sehen nun einmal eher in tatsächlichen oder vermeintlichen Rechtsextremisten eine Gefahr für die Demokratie, Rechte hingegen in tatsächlichen oder vermeintlichen Linksextremisten. Diese Einstellung gereicht dem demokratischen Lager nicht unbedingt zur Ehre. Die stereotypen Argumentationen kreisen in denselben Bahnen.

Die demokratischen Gruppierungen befassen sich mit dem politischen Extremismus nicht übertrieben viel (von spektakulären Einzelfällen abgesehen). Ein wesentlicher Grund dürfte in seiner weitgehenden Bedeutungslosigkeit in der Bundesrepublik liegen und wohl auch in dem Wandel der politischen Kultur zu suchen sein. Umgekehrt ist dies verständlicherweise ganz anders. Extremisten sind in einer Minderheitenposition und müssen schon von daher auf die Äußerungen und Verhaltensweisen des Staates reagieren. Dabei ist die gewählte Strategie unterschiedlich, je nach der Art des politischen Extremismus: Das Spektrum reicht von verbaler Anbiederung bis zu schroffster Ablehnung, Extremisten wollen mittels mannigfacher Aktivitäten den Einfluß erreichen, der ihnen aufgrund der für sie mageren Wahlergebnisse versagt geblieben ist.

Ein besonderes Kapitel stellt das intra-extremistische Verhalten dar. Eine Zusammenarbeit zwischen der linken und rechten Variante zwecks Schwächung des Verfas-

---

114 Vgl. Ernst Nolte, Der europäische Bürgerkrieg 1917–1945. Nationalsozialismus und Bolschewismus, Frankfurt/M.-Berlin 1987.

115 Man könnte auch untersuchen, ob eine indirekte Wechselbeziehung besteht – z.B. zwischen der außerparlamentarischen Protestbewegung Ende der sechziger Jahre mit ihrer Verletzung von Spielregeln und dem Gewalttätigkeiten einer Subkultur von rechtsaußen Anfang der neunziger Jahre. Ist diese These sehr weit hergeholt und arg spekulativ, so ist das Argument plausibler, daß eine linke Pädagogen-Generation eine eher rechte Schüler-Generation hervorbringt (freilich nicht in monokausaler Deutung). Zu diesen Aspekten siehe Gunter Hofmann, Kulturkampf gegen die Kulturrevolutionäre, in: Die Zeit vom 1. Januar 1993.

sungsstaates gibt es nicht. Nicht einmal die Linksextremisten und die Rechtsextremisten sind eine Einheit. Es liegt auf der Hand, daß Linksextremisten den Einfluß von Rechtsextremisten ebenso aufbauschen, wie dies umgekehrt gilt. Auf diese Weise glaubt man, sich bei Demokraten unentbehrlich machen zu können. Hier spiegelt sich in verschärfter Form das wider, was schon bei der linken und rechten Mitte zu beobachten war. Die jeweils andere Variante des Extremismus wird aus taktischen Erwägungen hochgespielt. Zum Teil sitzt man wohl auch der eigenen Propaganden auf.

Es ist ein gewisses Manko der politischen Kultur in der Bundesrepublik, daß einseitig antifaschistische und antikommunistische Maximen zum Teil reüssieren konnten, auch bei gesellschaftlichen Gruppierungen, die dem Extremismus fernstehen. Dadurch macht man wider Willen extremistisches Gedankengut salonfähig und unterhöhlt den für jede Demokratie konstitutiven Minimalkonsens. Einer Harmonisierungsideologie wird mit dieser Feststellung keinesfalls das Wort geredet. Der Zusammenbruch des Kommunismus mag sich auf die weitere Schwächung von Propagandaformeln wie »Antikommunismus« und »Antifaschismus« positiv auswirken. Das Ende des Ost-West-Konflikts entzieht ihnen ihre mobilisierende Kraft. Und das ist gut so.

VIII. Therapien:
Wege der Extremismusbekämpfung

Gewiß ist die Existenz politischer Extremismen in einer Demokratie eine Normalität. Die demokratische Gesellschaft muß daher mit ihren Extremisten zu leben lernen. Aber die Frage harrt der Beantwortung, wie man erreichen kann, daß die Stärke des politischen Extremismus sich in Grenzen hält, um eine Gefährdung des demokratischen Verfassungsstaates zu vermeiden. Wie vermag dieser sich gegenüber der rechten oder linken Variante des Extremismus zu schützen? Hier spielt naturgemäß das speziell in der Bundesrepublik als Reaktion auf den Wertrelativismus der Weimarer Zeit verbreitete Konzept der streitbaren Demokratie eine beträchtliche Rolle. Nach einigen eher theoretischen Ausführungen zu dieser Konzeption und Hinweisen auf die Schutzbestimmungen im Grundgesetz wird die Praxis der streitbaren Demokratie überprüft. Neben dem Parteien- und Vereinsverbot steht insbesondere eine Thematik im Vordergrund, die in den siebziger Jahren viel Furore und Verwirrung gestiftet hat – der Komplex der sogenannten »Berufsverbote« im öffentlichen Dienst –, und zwar nicht zuletzt deshalb, weil sich an diesem Beispiel zu gut zeigen läßt, wie aufgrund mangelnder Sachkenntnis bis weit in demokratische Kreise hinein eine erhebliche Unsicherheit eingekehrt ist. Das Beispiel ist jedoch auch typisch für den Wandel der streitbaren Demokratie, der sich nach der Vereinigung fortgesetzt hat. Wer der »lebenden Verfassung« (Dolf Sternberger) gerecht zu werden versucht, darf diesen Aspekt daher nicht vernachlässigen. Abschließend seien einige Überlegungen zur »Ethik demokratischen Handelns« angestellt. Immerhin muß der demokratische Verfassungsstaat, will er den an ihn gestellten Erwartungen genügen, bestimmte Maximen beherzigen.

1. Dilemma der streitbaren Demokratie

Über die Ursprünge und die Wurzeln der streitbaren Demokratie kann man streiten. Ist sie schon bei politischen Theoretikern der Antike in Grundzügen angelegt? Handelt es sich gar etwa bei Platon und Aristoteles um »Wegbereiter eines Staatsschutzdenkens, welches für die demokratische Staatsform von nicht zu unterschätzender Bedeutung ist«[1]? Im Hinblick auf Platon, der bekanntlich nicht nur von Karl R. Pop-

---

1 So Thomas Ordnung, Zur Praxis und Theorie des präventiven Demokratieschutzes. Darlegungen zum Problem der »streitbaren Demokratie« und seinem verfassungsrechtlichen, poli-

per als Vorläufer totalitären Denkens angesehen wird[2], muß dies verwundern, weniger im Hinblick auf dessen Schüler Aristoteles, der für eine »gemischte Verfassung« plädierte, damit für Mäßigung, und sich Gedanken um den Bestand der Verfassung gemacht hat. Dolf Sternberger, einer der Nestoren der deutschen Politikwissenschaft, sieht in Aristoteles' Verfassungsdenken eine der drei Wurzeln der Politik (»Politologik«) und theoretische Ursprünge des demokratischen Verfassungsstaates angelegt – neben der »Dämonologik« bei Machiavelli und der »Eschatalogik« bei Augustinus. »Die Gemischte Verfassung ist die Verfassung, die Politie, die Politeia schlechthin, wiederhergestellt durch Mischung und als Mischung. Die Mischung, das heißt der Kompromiß, die Synkrisis, die ausgleichende Verknüpfung der Institutionen und Prozeduren, macht das Wesen der bürgerlichen Verfassung aus, sofern sie nämlich Herrschaft hindern kann und soll, die Tyrannis sowohl des Einzelnen wie der Geschlechter wie der Menge, die Klassenherrschaft wie die Parteiherrschaft. Und nur die bürgerliche Verfassung kann Herrschaft hindern, ein andres Mittel gegen Herrschaft gibt es nicht. Das ist die Lehre, die Aristoteles uns exemplarisch überliefert, seine ›Politologie‹.«[3] Oder kamen Grundmuster der streitbaren Demokratie erst im 18. und 19. Jahrhundert auf? Man denke an John Locke, Immanuel Kant oder an Alexis de Tocquevilles und John Stuart Mills Warnung vor der »Tyrannei der Mehrheitsherrschaft«[4]. Über diese Fragen soll nicht entschieden werden.

Der demokratische Verfassungsstaat ist das Produkt eines historischen Ringens um die beste Regierungsform – mit dem vorrangigen Ziel, tyrannische Herrschaft zu vermeiden. Das Erfahrungswissen, das in seine Konzeption Eingang gefunden hat, ist von dieser historischen Auseinandersetzung zutiefst geprägt. Prinzipiell können Verfechter einer streitbaren Demokratie im strengen Wortsinn eigentlich erst diejenigen sein, die die Regierungsform des demokratischen Verfassungsstaates vor Augen hatten. Ohne damit ideengeschichtliche Vorläufer zu leugnen, soll an dieser Stelle lediglich von der modernen Konzeption der streitbaren Demokratie die Rede sein. Sie ist wiederum eine Reaktion auf weitreichende Vorgänge, die den liberalen Glauben in Frage stellten, Volkssouveränität – das freie Spiel der Kräfte – gewährleiste automatisch den Erhalt der Demokratie.

In diesem Sinne löste die Entwicklung zwischen den beiden Weltkriegen Überlegungen zum Schutz der Demokratie gegen deren Feinde aus. Denn in jener Zeit entwickelten sich ungefestigte Demokratien zu autoritären Staaten oder wurden gar von totalitären Bewegungen überrannt. Musterfall für letztes Beispiel ist der Nationalso-

---

tischen und historischen Umfeld am Beispiel des Parteiverbots, Diss. Berlin 1985, Bd. II, S. 741.

2 Vgl. Karl R. Popper, Die offene Gesellschaft und ihre Feinde. Bd. 1: Der Zauber Platons, Bern 1970[2] (1945), insbes. S. 126–168. Gegen Popper kann freilich auch das eingewandt werden, was sich gegen diejenigen anführen läßt, die Rousseau, wie etwa Ernst Fraenkel oder Jacob L. Talmon, als den Urvater des Totalitarismus ansehen: Der Ge- und Mißbrauch, den man von bestimmten theoretischen Elementen gemacht hat, muß nicht notwendigerweise von dem jeweiligen Autor beabsichtigt gewesen sein. Jede Theorie ist gegen »Vereinnahmung« machtlos. Siehe jetzt zu dieser Frage: Julia Annas, Platon, in: Iring Fetscher/Herfried Münkler (Hrsg.), Pipers Handbuch der politischen Ideen, Bd. 1: Frühe Hochkulturen und europäische Antike, München 1988, S. 369–395, 374.

3 So Dolf Sternberger, Drei Wurzeln der Politik, Frankfurt/M. 1978, S. 156.

4 Vgl. etwa Alexis de Tocqueville, Über die Demokratie in Amerika (1839/40), München 1976; John Stuart Mill, Über die Freiheit (1859), Stuttgart 1974.

zialismus, der auf legale Weise – jedenfalls was die Kanzlerschaft Hitlers angeht – an die Macht kam, schon bald eine politische Gleichschaltung vollzog und dann eine in den Krieg mündende Diktatur totalitären Charakters errichtete. Die Weimarer Demokratie war weder wertgebunden noch streitbar – ungeachtet einiger Schutzvorkehrungen[5]. Wertrelativistisches Denken überwog – auch und gerade bei jenen Verfassungsrechtlern wie Gerhard Anschütz und Hans Kelsen[6], die sich demokratischen Prinzipien verpflichtet fühlten[7]. Insofern konnten Schutzmaßnahmen nicht recht »greifen«. Denn ein Staat, der die Bindung an Werte verwirft, vermag auch nicht in angemessener Weise »Abwehrbereitschaft« an den Tag zu legen. Erst wenn Extremisten gegen Strafgesetze verstießen, bestand die Möglichkeit eines Eingriffs. Insofern braucht es auch nicht zu verwundern, daß die Nationalsozialisten ebenso wie die Kommunisten kein Hehl aus ihrer Meinung machten, die Demokratie sei zu vernichten: . . . esse delendam. Freilich befleißigten sich die Nationalsozialisten einer Legalitätstaktik, die Hitler im Ulmer Reichswehrprozeß vor dem Leipziger Reichsgericht im Jahre 1930 folgendermaßen denkwürdig charakterisierte: »Die Verfassung schreibt nur den Boden des Kampfes vor, nicht aber das Ziel. Wir treten in die gesetzlichen Körperschaften ein und werden auf diese Weise unsere Partei zum ausschlaggebenden Faktor machen. Wir werden dann allerdings, wenn wir die verfassungsmäßigen Rechte besitzen, den Staat in die Form gießen, die wir als die richtige ansehen«[8] – wovon in der Tat später so nachdrücklich wie unnachsichtig Gebrauch gemacht worden ist.

Es waren die deutschen Emigranten Karl Loewenstein und Karl Mannheim, die den Begriff und ansatzweise die Konzeption prägten, wenngleich sie bei ihnen in

---

5 Vgl. Gotthard Jasper, Der Schutz der Republik. Studien zur staatlichen Sicherung der Demokratie in der Weimarer Republik 1922–1930, Tübingen 1963; Ernst Rudolf Huber, Deutsche Verfassungsgeschichte seit 1789. Bd. VI: Die Weimarer Reichsverfassung, Stuttgart 1981, S. 647–687. In einer neueren Studie versucht Christoph Gusy die Abwehrschwäche Weimars zu relativieren. Ders., Weimar – die wehrlose Republik? Verfassungsschutzrecht und Verfassungsschutz in der Weimarer Republik, Tübingen 1991.

6 Vgl. die mittlerweile geradezu »klassischen« Sätze Kelsens: »Schließlich muß noch eines Einwandes gedacht werden, den man als Demokrat gegen die Demokratie machen kann. Sie ist diejenige Staatsform, die sich am wenigsten gegen ihre Gegner wehrt. Es scheint ihr tragisches Schicksal zu sein, daß sie auch ihren ärgsten Feind an ihrer eigenen Brust nähren muß. Bleibt sie sich selbst treu, muß sie auch eine auf Vernichtung der Demokratie gerichtete Bewegung dulden, muß sie ihr wie jeder anderen politischen Überzeugung die gleiche Entwicklungsmöglichkeit gewähren [. . .] Eine Demokratie, die sich gegen den Willen der Mehrheit zu behaupten, gar mit Gewalt zu behaupten versucht, hat aufgehört, Demokratie zu sein. Eine Volksherrschaft kann nicht gegen das Volk bestehen bleiben. Und soll sie auch gar nicht versuchen, das heißt, wer für die Demokratie ist, darf sich nicht in den verhängnisvollen Widerspruch verstricken lassen und zur Diktatur greifen, um die Demokratie zu retten. Man muß seiner Fahne treu bleiben, auch wenn das Schiff sinkt [. . .].« So Hans Kelsen, Verteidigung der Demokratie (1932), in: ders., Demokratie und Sozialismus. Ausgewählte Aufsätze, Wien 1967, S. 68.

7 Vgl. beispielsweise Wolfram Bauer, Wertrelativismus und Wertbestimmtheit im Kampf um die Weimarer Demokratie. Zum Methodenstreit der Staatsrechtslehrer und seiner Bedeutung für die Politologie; in: VfZ, 16 (1968), S. 209–229; ausführlicher ders., Wertrelativismus und Wertbestimmtheit im Kampf um die Weimarer Demokratie. Zur Politologie des Methodenstreits der Staatsrechtslehre, Berlin 1968.

8 Zitiert nach Walter Tormin, Die Weimarer Republik, Hannover 1973[7] (1968), S. 202. Für Einzelheiten zu Hitlers Auftreten vgl. Peter Bucher, Der Reichswehrprozeß, Boppard 1967.

einer etwas modifizierten Form auftauchte[9]. Sie galt insbesondere als eine Art »Krisenkonzept«, um mit den aktuellen Problemen fertig zu werden, denen sich die Demokratien ausgesetzt sahen[10]. Karl Loewenstein war auch einer der ersten, der das seither immer wieder betonte Dilemma der streitbaren Demokratie scharfsinnig formulierte: »Bei dem Versuch, der totalitären Bedrohung ihrer eigenen Werte und ihrer Existenz schlechthin zu begegnen, sieht sich der konstitutionell-demokratische Staat vor das größte Dilemma seit seiner Entstehung gestellt. Entschließt er sich, Feuer mit Feuer zu bekämpfen und den totalitären Angreifern den Gebrauch der demokratischen Freiheiten zur letztlichen Zerstörung aller Freiheiten zu verwehren, handelt er gerade den Grundsätzen der Freiheit und Gleichheit zuwider, auf denen er selbst beruht. Hält er aber an den demokratischen Grundwahrheiten auch zugunsten ihrer geschworenen Feinde fest, setzt er seine eigene Existenz aufs Spiel.«[11] In der Tat ist dieses Problem nicht gering zu achten. Es besteht die Gefahr, daß eine Demokratie im Bestreben, sich zu schützen, ihre Fundamente unterminiert. Leszek Kolakowski bringt das Dilemma mit folgenden Worten auf den Begriff: »Die ewige und nie eindeutig in allgemeiner Form lösbare Antinomie der pluralistischen Ordnung besteht bekanntlich in folgender Frage: Wie kann sich diese Ordnung gegen ihre Feinde verteidigen, ohne die Mittel zu gebrauchen, die ihr eigenes Wesen aushöhlen? Das Dilemma ist bedrängend und weit davon entfernt, für rein theoretische Zwecke erdichtet zu sein. Eine Verfassung, die sowohl Bürgerrechte als auch politische Freiheiten gewährleistet, wirkt gegen sich selbst, wenn sie die totalitären Bewegungen und Ideen für vogelfrei erklärt; sie wirkt aber auch dann gegen sich selbst, wenn sie ihnen den rechtlichen Schutz zusichert. Sowohl Toleranz als auch Intoleranz für die Feinde der Toleranz widersprechen dem Grundprinzip des Pluralismus, und man kann kaum im voraus wissen, wie weit sich diese Toleranz unter bestimmten Umständen erstrecken kann, ohne den Zusammenbruch einer Demokratie zu verursachen.«[12] Allerdings ist der Begriff des Dilemmas nicht gleichsam im Sinne eines Automatismus zwischen Scylla und Charybdis zu begreifen.

Die Konzeption der streitbaren Demokratie, so vielfältig ihre Varianten auch sind, zeichnet sich in der deutschen Ausprägung durch drei Wesensmerkmale aus: 1. Wertgebundenheit; 2. Abwehrbereitschaft; 3. Vorverlagerung des Verfassungsschutzes. Fehlt eines dieser Kennzeichen, läßt sich nicht von einer streitbaren Demokratie sprechen.

1. Mit Wertgebundenheit ist gemeint, daß der demokratische Verfassungsstaat sich zu Werten bekennt, denen er eine besondere Bedeutung einräumt und die er nicht zur Disposition gestellt wissen will. Die Frage, was zum unabdingbaren Minimalkonsensus gehört, bedarf freilich vielschichtiger Erörterung. Ist dieser wandelbar, oder

9   Vgl. Karl Loewenstein, Militant Democracy and fundamental rights, in: APSR, 31 (1937), S. 417–433, S. 638–658; Karl Mannheim, Diagnose unserer Zeit. Gedanken eines Soziologen (1941), Zürich u. a. 1951, insbes. S. 9–23.
10 Vgl. dazu etwa Gregor Paul Boventer, Grenzen politischer Freiheit im demokratischen Staat. Das Konzept der streitbaren Demokratie in einem internationalen Vergleich, Berlin 1985, insbes. S. 76–82.
11 Karl Loewenstein, Verfassungslehre, Tübingen 1975[3] (1957), S. 348f.
12 So Leszek Kolakowski, Selbstgefährdung der offenen Gesellschaft, in: Willy Linder/Hanno Helbling/Hugo Bütler (Hrsg.), Liberalismus – nach wie vor. Grundgedanken und Zukunftsfragen, Zürich 1979, S. 167.

umfaßt er Prinzipien, die von universeller und zeitloser Bedeutung sind?[13] Wer der ersten Position zuneigt, sieht sich in der Gefahr eines demokratietheoretischen Relativismus; wer sich die zweite zu eigen macht, muß sich unter Umständen den Vorwurf eines Apologeten des Status quo oder des »Kulturimperialismus« gefallen lassen.

2. Streitbar besagt, daß der Verfassungsstaat gewillt ist, sich gegenüber extremistischen Positionen zu verteidigen. Demokratie wird also nicht nur im Sinne der Volkssouveränität verstanden. Der demokratische Verfassungsstaat müsse sich seiner Gegner erwehren[14]. Einerseits ist dies ein konsequenter Ausfluß der Bejahung der Wertgebundenheit, andererseits besteht die Gefahr eines Überreagierens seitens des demokratischen Staates: Möglicherweise würden Prinzipien, die zum Wesen einer freiheitlichen Gesellschaft gehören, über Gebühr angetastet.

3. Mit der Vorverlagerung des Demokratieschutzes ist der Sachverhalt umschrieben, daß der demokratische Verfassungsstaat es sich vorbehält, nicht erst dann zu reagieren, wenn etwa der politische Extremismus gegen Gesetzesbestimmungen verstößt. Dieser soll vielmehr bereits im Vorfeld seiner Aktivitäten gestört werden. Auch eine solche Vorgehensweise mag ambivalent sein: Denn höhlt man dadurch nicht die Legalität der Verfassungsordnung aus?[15] Andererseits muß der demokratische Verfassungsstaat so reagieren, wird er doch ansonsten Extremisten, die sich seiner Legalitätaktik bedienen, nicht Herr.

Wie eng diese Merkmale zusammenhängen, läßt sich an der Verklammerung zwischen Wertgebundenheit und Abwehrbereitschaft erhellen. Das eine ist ohne das andere nicht sinnvoll denkbar. Eine Demokratie, die sich ausschließlich auf die Hervorhebung fundamentaler und für unantastbar geltender Werte stützt, wird unglaubwürdig, trägt sie nicht dafür Sorge, daß diese Prinzipien gegenüber jenen, die sie für abschaffenswert erachten, verteidigt werden. Und ebensowenig plausibel ist der umgekehrte Fall: Wer Streitbarkeit akzeptiert, vermag das nur vor dem Hintergrund zu rechtfertigen, daß er bestimmte Prinzipien zu schützen wünscht. Die Streitbarkeit läßt sich lediglich insoweit vertreten, als es ihr um den Schutz unverzichtbar geltender Werte geht. Wehr- und Werthaftigkeit bilden somit eine untrennbare Einheit.

2. Schutzbestimmungen im Grundgesetz

Der Schutz der Verfassung gilt gelegentlich als »ein sehr deutsches Problem«[16]. So firmiert das Grundgesetz vielfach als der beispiellose Prototyp einer Verfassung, die auf dem Demokratieschutz basiert. Das ist nicht unrichtig, aber es muß zum einen daran

---

13 Vgl. dazu Stephan Eisel, Minimalkonsens und freiheitliche Demokratie. Eine Studie zur Akzeptanz der Grundlagen demokratischer Ordnung in der Bundesrepublik Deutschland, Paderborn 1986; Ludger Kühnhardt, Die Universalität der Menschenrechte. Studie zur ideengeschichtlichen Bestimmung eines politischen Schlüsselbegriffs, München 1990[2].

14 Vgl. beispielsweise Eckhard Jesse, Streitbare Demokratie. Theorie. Praxis und Herausforderungen in der Bundesrepublik Deutschland, Berlin 1981[2] (1980).

15 Vgl. in diesem Sinne etwa Ulrich K. Preuß, Legalität und Pluralismus. Beiträge zum Verfassungsrecht der Bundesrepublik Deutschland, Frankfurt/M. 1973, insbes. S. 7–113.

16 G. P. Boventer (Anm. 10), S. 14.

erinnert werden, daß auch die vor dem Grundgesetz verabschiedeten Länderverfassungen Schutzbestimmungen verankert haben[17]. Jedenfalls war man sich nach 1945 einig, daß die Demokratie des Schutzes bedarf. Und zum andern stellt zwar die verfassungsrechtliche Ausgestaltung ein »Novum«[18] dar, andere Staaten kennen jedoch auch mannigfache Mechanismen zum Schutz ihrer Verfassungsordnung und wenden sie an[19], freilich in einer »geräuschloseren« Manier, die weniger Aufsehen erregt. Dies gilt auch und nicht zuletzt im Hinblick auf den Bereich des öffentlichen Dienstes[20].

Der Gedanke der streitbaren, wehrhaften, abwehrbereiten, wachsamen, militanten Demokratie – bei »wachsam« ist der Charakter des Kämpferischen am abgeschwächtesten, bei »militant« am stärksten – fand bei den tragenden gesellschaftlichen Kräften in Deutschland schnell und umfassende Unterstützung[21]. Zu tief saß der Schock des »Dritten Reichs« samt seiner verheerenden Folgen. Es herrschte Einigkeit darin, den Wertrelativismus der Weimarer Demokratie zu überwinden, galt er doch vielfach als eine der entscheidenden Voraussetzungen für den Triumph des Nationalsozialismus.

Das Bundesverfassungsgericht hat im Jahre 1952 das erste Mal die im Grundgesetz erwähnte, aber nicht präzisierte Bestimmung der freiheitlichen demokratischen Grundordnung im Rahmen der Entscheidung zum SRP-Verbot definiert: »So läßt sich die freiheitliche demokratische Grundordnung als eine Ordnung bestimmen, die unter Ausschluß jeglicher Gewalt- und Willkürherrschaft eine rechtsstaatliche Herrschaftsordnung auf der Grundlage der Selbstbestimmung des Volkes nach dem Willen der jeweiligen Mehrheit und der Freiheit und Gleichheit darstellt. Zu den grundlegenden Prinzipien dieser Ordnung sind mindestens zu rechnen: die Achtung vor den im Grundgesetz konkretisierten Menschenrechten, vor allem vor dem Recht der Persönlichkeit auf Leben und freie Entfaltung, die Volkssouveränität, die Gewaltenteilung, die Verantwortlichkeit der Regierung, die Gesetzmäßigkeit der Verwaltung, die Unabhängigkeit der Gerichte, das Mehrparteienprinzip und die Chancengleichheit für alle politischen Parteien mit dem Recht auf verfassungsmäßige Bildung und Aus-

---

17 Vgl. hierzu detailliert Armin Scherb, Präventiver Demokratieschutz als Problem der Verfassungsgebung nach 1945, Frankfurt/M. u. a. 1987; siehe auch Frank R. Pfetsch, Verfassungspolitik der Nachkriegszeit. Theorie und Praxis des bundesdeutschen Konstitutionalismus, Darmstadt 1985, S. 83–88.

18 So Helmut Steinberger, Konzeption und Grenzen freiheitlicher Demokratie. Dargestellt am Beispiel des Verfassungsrechtsdenkens in den Vereinigten Staaten von Amerika und dem amerikanischen Antisubversionsrecht, Berlin 1974, S. 4.

19 Vgl. generell G. P. Boventer (Anm. 10); ferner H. Steinberger (Anm. 18); Erich Edwin Brunner, Die Problematik der verfassungsrechtlichen Behandlung extremistischer Parteien in den westeuropäischen Verfassungsstaaten (unter vergleichender Berücksichtigung Westdeutschlands, Österreichs, Frankreichs und der Schweiz), Zürich 1965.

20 Vgl. dazu das Kap. VII. 3.3.

21 In den ersten zwei Jahrzehnten der Geschichte der Bundesrepublik blieb der Verfassungsgrundsatz der streitbaren Demokratie nahezu völlig unerörtert, was wesentlich damit zusammenhängen dürfte, daß er ganz und gar als selbstverständlich galt. Zur historischen und rechtlichen Dimension der Installierung der streitbaren Demokratie vgl. Reinhard Schiffers, Zwischen Bürgerfreiheit und Staatsschutz. Wiederherstellung und Neufassung des politischen Strafrechts der Bundesrepublik Deutschland, Düsseldorf 1989.

übung einer Opposition.«[22] Das Bundesverfassungsgericht knüpft nicht nur im KPD-Urteil von 1956 an den obigen Definitionsversuch an[23]. Auch andere nahmen auf ihn immer wieder Bezug.

Das Bundesverfassungsgericht hat diesen Kernbegriff recht treffend interpretiert, wenn auch manche Prinzipien sich überlappen und in einem gewissen Spannungsverhältnis zueinander stehen, ja teilweise einer Relativierung bedürfen (Volkssouveränität, Gewaltenteilung). Der Rahmen ist für alternative Konzepte weit genug (wer die Vergesellschaftung der Produktionsmittel proklamiert, verstößt keineswegs gegen demokratische Prinzipien), gleichwohl bleibt die Definition ausreichend präzise, so daß sich Bestrebungen gegen die freiheitliche Ordnung leicht ausmachen lassen. Die verbreitete Kritik an der »generalklauselartigen Kampfformel«[24] ist ihrerseits selbst Ausdruck einer politischen Frontstellung.

Das Grundgesetz hat in mannigfacher Hinsicht Vorkehrungen im Hinblick auf den Schutz der Verfassung getroffen. Ob man deswegen davon sprechen kann, die Streitbarkeit der Verfassung sei »eine das Grundgesetz insgesamt prägende Grundentscheidung, die die Auslegung der einzelnen Verfassungsnormen, einschließlich der Grundrechte, nicht unbeeinflußt läßt«[25], oder ob man eher zu einer restriktiven Interpretation des Prinzips der streitbaren Demokratie neigt[26] – die Entscheidung der Grundgesetzväter und des Bundesverfassungsgerichts für die streitbare Demokratie steht jedenfalls außer Frage[27]. Im Jahre 1956, anläßlich des KPD-Verbots, hat das Bundesverfassungsgericht erstmals den Begriff der »streitbaren Demokratie« explizit verwendet, indem es den »Versuch einer Synthese zwischen dem Prinzip der Toleranz gegenüber allen politischen Auffassungen und dem Bekenntnis zu gewissen unantastbaren Grundwerten der Staatsordnung«[28] zu begründen unternimmt. Art. 21 Abs. 2 stünde nicht im Widerspruch zu einem Grundprinzip der Verfassung, ist vielmehr »Ausdruck des bewußten verfassungspolitischen Willens zur Löschung eines Grenzproblemes der freiheitlichen demokratischen Staatsordnung, Niederschlag der Erfahrungen eines Verfassungsgebers, der in einer bestimmten historischen Situation das Prinzip der Neutralität des Staates gegenüber den politischen Parteien nicht mehr rein verwirklichen zu dürfen glaubte, Bekenntnis zu einer – in diesem Sinne – ›streitbaren Demokratie‹. Diese verfassungsrechtliche Entscheidung ist für das Bundesverfassungsgericht bindend.«[29] In den sechziger und siebziger Jahren hat das Bundesverfassungsgericht in mehreren Entscheidungen auf das Prinzip der streitbaren Demokratie

22 BVerfGE 2, 12f.
23 Vgl. hierzu Christoph Gusy, Die »freiheitliche demokratische Grundordnung« in der Rechtsprechung des Bundesverfassungsgerichts, in: AöR, 105 (1980), S. 279–310.
24 So Jürgen Seifert, Rechtsstaat mit Grauzonen. Zur verfassungsrechtlichen Entwicklung der Bundesrepublik, in: Vorgänge, 16 (1977) 26, S. 5.
25 So Hans Hugo Klein, Verfassungstreue und Schutz der Verfassung, in: VVDStRL, 37 (1985), S. 111 (ähnlich ebd., S. 63–70).
26 In diesem Sinne etwa: Erhard Denninger, Der Schutz der Verfassung, in: Ernst Benda/Werner Maihofer/Hans-Jochen Vogel (Hrsg.), Handbuch des Verfassungsrechts der Bundesrepublik, Berlin 1983, S. 1293–1327.
27 Vgl. hierzu Andreas Sattler, Die rechtliche Bedeutung der Entscheidung für die streitbare Demokratie. Untersucht unter besonderer Berücksichtigung der Rechtsprechung des Bundesverfassungsgerichts, Baden-Baden 1982, insbes. S. 66–91.
28 BVerfGE 5, 139.
29 Ebd., 5, 139.

Bezug genommen[30]. Am bekanntesten dürfte wohl das sogenannte »Radikalenurteil« von 1975 sein, in welchem das Gericht den Zusammenhang zwischen der politischen Treuepflicht und der wehrhaften Demokratie hervorgehoben hat[31].

Die Meinungen gehen darüber etwas auseinander, welche Bestimmungen die streitbare Demokratie nach dem Grundgesetz konstituieren. Manifestiert sich in einem »dissenting vote« des Bundesverfassungsgerichts aus dem Jahre 1970, übrigens dem allerersten, die streitbare Demokratie im Art. 9, Abs. 2, 18, 21, Abs. 2 sowie Art. 79 Abs. 3[32], so firmieren im »Radikalenurteil« als Bestandteil der streitbaren Demokratie zusätzlich noch Art. 2 Abs. 1, Art. 20 Abs. 4, Art. 91, Art. 98, Abs. 2[33]. Im folgenden seien die wichtigsten Schutzbestimmungen[34] umschrieben:

1. Art. 9 Abs. 2 regelt das Verbot von Vereinigungen. Diejenigen, die sich gegen Strafgesetze richten oder gegen die verfassungsmäßige Ordnung oder gegen den Gedanken der Völkerverständigung, sind verboten. Das Verbot spricht die Exekutive aus.

2. Gemäß Art. 18 verwirkt derjenige bestimmte Grundrechte (wie etwa die Freiheit der Meinungsäußerung, die Versammlungsfreiheit, das Briefgeheimnis), der sie zum Kampfe gegen die freiheitliche demokratische Grundordnung mißbraucht. Über Verwirkung und das Ausmaß entscheidet allein das Bundesverfassungsgericht.

3. Diejenigen Parteien, die aufgrund ihrer Ziele oder wegen des Verhaltens ihrer Mitglieder darauf ausgehen, die freiheitliche demokratische Grundordnung zu beeinträchtigen oder zu beseitigen, sind laut Art. 21 Abs. 2 verfassungswidrig. Nur das Bundesverfassungsgericht darf über die Verfassungswidrigkeit entscheiden (»Parteienprivileg«)[35].

4. Nach Art. 79 Abs. 3 ist eine Änderung des Grundgesetzes insoweit unzulässig, als sie die Gliederung des Bundes in Länder, die grundsätzliche Mitwirkung der Länder bei der Gesetzgebung oder die in den Artikeln 1 und 20 niedergelegten Grundsätze betrifft.

Man könnte auch noch folgende Bestimmungen erwähnen: Gemäß Art. 5 Abs. 3 entbindet die Freiheit der Lehre nicht von der Verfassungstreue; laut Art. 20 Abs. 4, der im Rahmen der Notstandsverfassung 1968 ins Grundgesetz eingefügt worden ist, haben alle Deutschen das Recht zum Widerstand gegen jedermann, der die demokratische Ordnung zu beseitigen trachtet, sofern andere Abhilfe nicht möglich ist; nach Art. 91 Abs. 1 kann ein Land zur Abwehr einer drohenden Gefahr für die freiheitliche Grundordnung Polizeikräfte anderer Bundesländer anfordern.

---

30 Vgl. die Belege bei Johannes Lameyer, Streitbare Demokratie. Eine verfassungshermeneutische Untersuchung, Berlin 1978, S. 28–67. Der Autor vertritt allerdings nicht immer überzeugend die Auffassung, das Gericht habe die freiheitliche Ordnung zunehmend restriktiv ausgelegt.

31 Vgl. BVerfGE 39, 334–375. Auszüge bei Uwe Backes/Eckhard Jesse, Politischer Extremismus in der Bundesrepublik Deutschland. Bd. III: Dokumentation, Köln 1989, Kap. VI.

32 Vgl. BVerfGE 30, 45.

33 Vgl. BVerfGE 39, 349.

34 Vgl. dazu beispielweise Gerhard von Loewenich, Das Instrumentarium einer streitbaren Demokratie, in: Bundesministerium des Innern (Hrsg.), Die Gefährdung des Rechtsstaats durch Extremismus, Köln u. a. 1982, S. 53–70.

35 Vgl. hierzu beispielsweise Dieter Lorenz, Verfassungswidrige Parteien und Entscheidungsmonopol des Bundesverfassungsgerichts, in: AöR, 101 (1976), S. 1–24.

Nicht zum Konzept der streitbaren Demokratie zählt der aus marxistisch-leninistischer Sichtweise[36] angeführte Art. 139 GG. Gemäß diesem Artikel sind die zur »Befreiung des deutschen Volkes vom Nationalsozialismus und Militarismus« erlassenen Rechtsvorschriften von den Bestimmungen des Grundgesetzes nicht berührt. Diese Vorschriften betreffen das Entnazifizierungsrecht, u. a. von den Besatzungsmächten zwischen 1945 und 1949 erlassene Gesetze, wonach jegliche nationalsozialistische Aktivitäten untersagt seien. Der Art. 139 GG ist jedoch, so die Meinung fast aller Grundgesetzkommentare, längst obsolet geworden[37]. Die Bestimmungen des Grundgesetzes hinsichtlich des Partei- und Vereinsverbots dürfen nicht umgangen werden. Ein »Sonderrecht« gegen »rechts« läßt sich mittels der Verfassung nicht konstruieren. Wer dies allerdings befürwortet, kann zum Ergebnis kommen, das Grundgesetz zeichne sich durch eine »antifaschistische Stoßrichtung«[38] aus. Tatsächlich jedoch ist das Grundgesetz eindeutig antitotalitär[39] angelegt, wie die Entstehungsgeschichte belegt. Insofern ist es auch nur konsequent, daß sich die Praxis des demokratischen Verfassungsstaates in der Bundesrepublik gegen den Extremismus von rechts und links gleichermaßen gerichtet hat. Bei den meisten Kritikern an der streitbaren Demokratie wird nicht so recht deutlich, ob sie das Konzept generell in Frage stellen oder »nur« die Praxis attackieren[40]. Diese lavierende Haltung ist häufig Ausdruck einer antifaschistischen Interpretation des Grundgesetzes.

---

36 Vgl. dazu beispielsweise Martin Kutscha, Verfassung und »streitbare Demokratie«. Historische und rechtliche Aspekte der Berufsverbote im öffentlichen Dienst, Köln 1979, insbes. S. 110 f.

37 Vgl. beispielsweise Hellmuth Hecker, Art. 139 (Entnazifizierungsvorschriften), in: Ingo von Münch (Hrsg.), Grundgesetz-Kommentar, Bd. 3, München 1978, S. 1085–1092. Freilich muß man sich fragen, inwiefern diese Bestimmungen nicht längst außer Kraft gesetzt worden ist. Hier handelt es sich um ein offenkundiges Versäumnis.

38 So Gerhard Stuby, Das Berufsverbot als Waffe gegen die verfassungsrechtlichen Grundlagen der Demokratie, in: Udo Mayer/Gerhard Stuby (Hrsg.), Das lädierte Grundgesetz. Beiträge und Dokumente zur Verfassungsgeschichte 1949–1976, Köln 1977, S. 248. Vgl. ferner ders., Bemerkungen zum verfassungsrechtlichen Begriff der »freiheitlich demokratischen Grundordnung«, in: DuR, 4 (1976), S. 143–154. Im Tenor ebenso M. Kutscha (Anm. 36), S. 101–106.

39 Das ist nahezu communis opinio der Forschung. Im Interesse einer präzisen Wortwahl müßte man wohl von »anti-extremistisch« sprechen. Extremismus kann als Oberbegriff für Autoritarismus und Totalitarismus sowie für antidemokratische Bestrebungen in Demokratien verstanden werden.

40 Vgl. etwa Werner Süß, Friedensstiftung durch präventive Staatsgewalt. Eine Untersuchung zu Theorie und Praxis staatlicher Gewalt in der Bundesrepublik Deutschland, Opladen 1984; Enno Brand, Staats-Gewalt. Politische Unterdrückung und Innere Sicherheit in der Bundesrepublik. Göttingen 1988; Helmut Ridder, Zur Ideologie der »streitbaren Demokratie«, Berlin 1979; ders., Schutz der verfassungsmäßigen Ordnung, in: Rudolf Wassermann (Hrsg.), Alternativkommentar zum Grundgesetz, Neuwied 1984, S. 1408–1494. Siehe beispielsweise ebd., S. 1427: »Im GG steckt zwar ein anti-demokratischer Wurm, *aber das GG ist nicht die normative Behausung, Rüstkammer und Zitadelle des Antidemokratismus*« (Hervorhebung im Original).

3. Praxis der streitbaren Demokratie

3.1 Überblick

Von den in der Verfassung verankerten Schutzvorkehrungen ist bisher in höchst unterschiedlicher Form Gebrauch gemacht worden. Man muß außerdem die zeitliche Dimension hervorheben, denn in den fünfziger Jahren wurden die Instrumentarien rigider gehandhabt als etwa in den siebziger oder achtziger Jahren[41]. Einige Schutzbestimmungen hatten in der Praxis bisher keinerlei Bedeutung. Dies gilt etwa für Art. 91 Abs. 1 oder auch für Art. 20 Abs. 4 GG, der ohnehin höchst prekär erscheint, da er im Grunde dem Mißbrauch des Rechts auf Widerstand Vorschub leistet[42]. Kann man ein Recht auf Widerstand in der Verfassung mit Aussicht auf Erfolg überhaupt festschreiben? Was die Verwirkung von Grundrechten angeht, so sind bisher nur wenige Anträge gestellt worden: Im Jahre 1952 gegen den rechtsextremen Generalmajor Otto-Ernst Remer und 1969 gegen Gerhard Frey, den Herausgeber der »Deutschen Nationalzeitung«. Beide Anträge der Bundesregierung wurden vom Bundesverfassungsgericht nach zeitraubendem Verfahren abschlägig beschieden – mit dem Argument, die beiden stellten keine Gefahr für die Demokratie dar[43]. Später ist lange jeder Versuch ausgeblieben, Einzelpersonen bestimmte Grundrechte zu entziehen. Im Dezember 1992 kam es aufgrund der fremdenfeindlichen Militanz zu zwei weiteren Anträgen der Bundesregierung beim Bundesverfassungsgericht – gegen den Thüringer Thomas Dienel, den Chef einer »Deutsch-Nationalen Partei«, und den Hessen Heinz Reisz, den Landesvorsitzenden der »Gesinnungsgemeinschaft der Neuen Front«. Obwohl beide Personen in der Wolle gefärbte Neonationalsozialisten sind, muß ein solches symbolhaftes Vorgehen als problematisch gelten. Dienel und Reisz sehen sich nun als Märtyrer ihres »nationalen Anliegens«.

Die administrativen Vorkehrungen der streitbaren Demokratie sind seit Mitte der sechziger Jahre viel weniger praktiziert worden als vorher. Läßt sich das so deuten, als habe die Demokratie nicht genügend Entschlossenheit gegenüber dem Extremismus an den Tag gelegt? Ist das Prinzip der streitbaren Demokratie damit wirkungslos und faktisch beerdigt?[44] Wer diese Position vertritt, hält offenkundig nicht genügend den Unterschied zwischen dem Legalitäts- und dem Opportunitätsprinzip auseinander. In den fünfziger Jahren war die Auffassung verbreitet, daß die Bestimmungen zur streitbaren Demokratie angewandt werden müßten, wie dies wohl auch der Intention des Verfassungsgebers entsprach. Zunehmend setzt sich jedoch die Meinung durch, es sei aus politischen Gründen opportuner, gegen den Extremismus nicht alle rechtlich möglichen Vorkehrungen zu treffen. Damit wurde nicht nur dem Gebot der

---

41 Vgl. dazu die Ausführungen zur politischen Kultur im Kap. VI.2.
42 Vgl. Josef Isensee, Das legalisierte Widerstandsrecht. Eine staatsrechtliche Analyse des Art. 20 Abs. 4 Grundgesetz, Bad Homburg v. d. H. u. a. 1969.
43 Vgl. BVerfGE 11, 282f.; BVerfGE 38, 23–25. Siehe auch den Abdruck bei U. Backes/E. Jesse (Anm. 31), Kap. VI.
44 In diese Richtung geht die Argumentation von Günther Willms, die dieser nicht erst in den letzten Jahren vorgetragen hat. Vgl. etwa bereits ders., Staatsschutz in der Krise. Wider die Aushöhlung des Legalitätsprinzips, in: Die politische Meinung, 6 (1961) 64, S. 27–42. Siehe vor allem ders., Das Staatsschutzkonzept des Grundgesetzes und seine Bewährung, Karlsruhe 1974.

Verhältnismäßigkeit der Mittel entsprochen, sondern auch dem der Liberalität Rechnung getragen.

Aus der Tatsache, daß gegenwärtig von bestimmten Vorkehrungen kein Gebrauch gemacht wird, läßt sich prinzipiell nicht der Schluß ziehen, es habe eine »Abkehr von dem Gedanken der streitbaren Demokratie«[45] eingesetzt, wenngleich der Hinweis auf eine politische Bekämpfung der Extremisten zugegebenermaßen mitunter in einer Form geschieht, die an der Abwehrbereitschaft mancher Demokraten gegenüber extremistischen Bestrebungen zweifeln läßt. Wer aufgrund bestimmter Konstellationen nicht das scharfe Schwert des Verbots einzusetzen gewillt ist, liefert Extremisten jedenfalls keinen Freibrief. Auf das »Verdorren des Satzes von der streitbaren Demokratie«[46] mögen diese hoffen, doch besteht in der Bundesrepublik nach wie vor ein genügend großer Konsens unter den tragenden gesellschaftlichen Kräften, wenngleich der Grundsatz der streitbaren Demokratie heute nicht mehr die Selbstverständlichkeit genießt wie etwa in den fünfziger Jahren und engagierte Verfechter dieses Konzepts zuweilen als »McCarthyisten« gelten.

Bei genauerem Hinsehen ist übrigens der Sachverhalt offenkundig, daß praktisch alle Kritiker nicht das *Prinzip* der streitbaren Demokratie *an sich* in Frage stellen, sondern sich lediglich dagegen wenden, daß es in der »verkehrten« Richtung praktiziert wird. »Rechte« empören sich über eine zu große Nachlässigkeit gegenüber Bestrebungen von linksaußen, und »Linke« protestieren immer wieder dagegen, die Vorkehrungen gegenüber »rechts« seien allzu lasch. Es ist ein Manko der politischen Kultur in der Bundesrepublik, daß antifaschistisches und antikommunistisches Denken weit verbreitet ist, eine anti-extremistische Haltung jedoch auf zahlreiche Vorbehalte stößt[47].

Wichtig ist mithin der Schutz der Wertgebundenheit der Verfassung, wie sie Art. 79 Abs. 3 verankert. Gewiß hat es bisher keine Bestrebungen gegeben, den Kerngehalt der Verfassung zur Disposition zu stellen, aber es mehren sich die Stimmen, die Einwände gegenüber dieser Form der Wertbestimmtheit der Verfassung vorbringen[48]. Die einen machen geltend, durch die Festschreibung bestimmter Werte werde einer gewissen Starrheit Vorschub geleistet und die Volkssouveränität eingeschränkt. Die anderen halten die Festschreibung von »Ewigkeitswerten« für eine Farce. Eine antidemokratische Bewegung, die erst einmal die Macht an sich gerissen hat, setzte sich mit Leichtigkeit darüber hinweg. Insofern stünde die Wertgebundenheit nur auf dem »Papier«.

Tatsächlich können beide Einwände, die übrigens in einem Spannungsverhältnis zueinander stehen, wenn sie sich nicht gar ausschließen, letztlich wenig überzeugen. Erstens wird das demokratische System doch keineswegs dadurch unflexibel, daß etwa Werte wie Menschenwürde und Rechtsstaat als unantastbar gelten; zweitens dient die Wertbestimmtheit der Verfassung dem Zweck, einen Legalitätskurs einer extremistischen Bewegung zu vereiteln. Offener Verfassungsbruch aber könnte die

---

45 So aber Friedrich Karl Fromme, Die Streitbare Demokratie im Bonner Grundgesetz. Ein Verfassungsbegriff im Wandel, in: Bundesministerium des Innern (Hrsg.), Sicherheit in der Demokratie. Die Gefährdung des Rechtsstaats durch Extremismus, Köln u. a. 1981, S. 48.

46 Ebd., S. 49.

47 Vgl. hierzu bereits Kap. VI.5.

48 Vgl. beispielsweise die Studie von Bruno-Otto Bryde, Verfassungsentwicklung, Berlin 1982.

Illusionen bei manchen ihrer Anhänger zerstreuen. Es besteht also kein Grund, die Wertgebundenheit der Verfassung in Frage stellen zu lassen.

Interessanterweise gibt es seit einigen Tagen Tendenzen aus ganz anderer Richtung, die sich gegen eine Verabsolutierung des Mehrheitsprinzips aussprechen. Angesichts von Entscheidungen, die um Leben und Tod gingen (Kernenergie, »Nachrüstung«), habe die Mehrheitsregel ihre Legitimationskraft eingebüßt[49]. In existentiellen Fragen könne man sich nicht überstimmen lassen. Dagegen wenden Kritiker ein, auf diese Weise versuchten Gegner die repräsentative Demokratie lahmzulegen. Das Mehrheitsprinzip solle sich einem angemaßten Wahrheitsprinzip unterordnen[50]. Die »Frontenstellung« ist insofern aufschlußreich, als gerade engagierte Kritiker der streitbaren Demokratie wie Ulrich K. Preuß nun als Anwälte der Grenzen der »Mehrheitsdemokratie« figurieren[51].

Wer sich entschieden für die Wertgebundenheit der Verfassung und damit auch das Prinzip der streitbaren Demokratie ausspricht, muß keineswegs jede Maßnahme verteidigen, die im Namen dieses Prinzips getroffen wurde. Vor allem ist es ein Mißverständnis, Befürworter der streitbaren Demokratie seien notwendigerweise autoritär eingestellt. Diesem Urteil wird dadurch Vorschub geleistet, daß speziell Konservative das Prinzip der streitbaren Demokratie als einen Berufungstitel begreifen, während demgegenüber eher »Linke« auf Distanz zu diesem Grundsatz gehen. Hier entsteht eine Asymmetrie, die von der Sache her gar nicht hinreichend schlüssig begründbar ist. Schließlich bildet die streitbare Demokratie nicht nur einen Schutz gegen Angriffe von »unten«, sondern ebenso gegen Übergriffe von »oben«[52]. Gerade zwecks Erhalt und Weiterentwicklung der demokratischen Offenheit in der Bundesrepublik kann es geboten sein, an die Werte zu erinnern, die Extremisten als abschaffenswert erachten und damit preisgeben möchten.

Insgesamt hat also der Verfassungsstaat in der Bundesrepublik sehr maßvoll von den Instrumentarien der streitbaren Demokratie Gebrauch gemacht, wenngleich mitunter ein anderes Bild gezeichnet wird. Das gilt alles in allem auch für die Partei- und Vereinsverbote, denen bei der Bekämpfung des politischen Extremismus besonderes Gewicht zukommt.

---

49 In diesem Sinne die meisten Beiträge von Bernd Guggenberger/Claus Offe (Hrsg.). An den Grenzen der Mehrheitsdemokratie. Politik und Soziologie der Mehrheitsregel, Opladen 1984.

50 Dieser Tenor überwiegt in dem Band von Heinrich Oberreuter (Hrsg.), Wahrheit statt Mehrheit? An den Grenzen der parlamentarischen Demokratie, München 1986. Ferner: Reinhold Zippelius, Zur Rechtfertigung des Mehrheitsprinzips in der Demokratie, in: APZG, B 42/87, S. 3–9.

51 Vgl. Ulrich K. Preuß, Politische Verantwortung und Bürgerloyalität. Von den Grenzen der Verfassung und des Gehorsams in der Demokratie, Frankfurt/M. 1984.

52 Diese Janusköpfigkeit der streitbaren Demokratie hat als einer der ersten herausgearbeitet: Eckart Bulla, Die Lehre von der streitbaren Demokratie. Versuch einer kritischen Analyse unter besonderer Berücksichtigung der Rechtsprechung des Bundesverfassungsgerichts, in: AöR, 98 (1973), S. 340–360; ähnlich J. Lameyer (Anm. 30), S. 89 f.

3.2 Parteien- und Vereinsverbote

Bisher hat es erst zwei Parteiverbote und insgesamt 377 Vereinsverbote gegeben. Allerdings bedürfen diese Zahlen einer Differenzierung insofern, als auch hier die zeitliche Dimension Berücksichtigung verdient. Denn seit Mitte der sechziger Jahre spielen Vereinsverbote nur mehr eine untergeordnete Rolle.

Am 19. November 1951 stellte die Bundesregierung einen Verbotsantrag gegen die Sozialistische Reichspartei, die in Bremen und Niedersachsen beachtliche Erfolge erzielt hatte. Ein Jahr später, am 23. Oktober 1952, erklärte das Bundesverfassungsgericht die SRP für verfassungswidrig[53]. Die SRP, die in mancher Hinsicht als ein Nachfolgeorganisation der NSDAP gelten konnte[54], wenngleich sie in ihren Programmen ein gewisses Maß an Tarnung an den Tag legte, wollte dem zu erwartenden Parteiverbot zuvorkommen und löste sich daher im September 1952 von »oben« auf – eine Entscheidung, die das Bundesverfassungsgericht wegen ihrer Rechtswidrigkeit nicht anerkannte.

Am 22. November 1951, also drei Tage nach dem Antrag gegen die SRP, reichte die Bundesregierung ihren Verbotsantrag gegen die Kommunistische Partei Deutschlands ein, die in der DDR ihr Vorbild sah[55]. Es dauerte fast fünf Jahre, ehe das Bundesverfassungsgericht das Verbot aussprach[56]. Die Bundesregierung wurde vom Bundesverfassungsgericht im Jahre 1954 gefragt, ob sie an dem Verbotsantrag festzuhalten gedenke. Erst danach begann die mündliche Verhandlung, die sich von November 1954 bis Juli 1955 hinzog. Bis zur Urteilsverkündung verging noch einmal mehr als ein Jahr. Die KPD wurde sowohl wegen ihrer Programmatik als auch wegen ihrer praktischen Politik verboten. Strittig war weder die Richtigkeit der Entscheidung noch die Stimmigkeit der umfassenden Begründung des Bundesverfassungsgerichts, sondern die Frage, ob es notwendig war, überhaupt einen Antrag zu stellen[57], zumal die KPD sich in einem Niedergangsprozeß befand. Dies dürfte auch der Grund dafür gewesen sein, wieso sich das Gericht mit seiner Entscheidung derart lange Zeit ließ. Erst viel später setzte prinzipielle Kritik an dem KPD-Urteil ein, wobei bestimmte Parallelen sich sehr vordergründig ausnehmen, wenn es etwa heißt, »fünf Jahre vor der Errichtung des ›antifaschistischen Schutzwalls‹ hat sich die Bundesrepublik am 17. August 1956 mit der Zelebrierung des KPD-Urteils eine ideologische Mauer quer durch das eigene Land gebaut.«[58] Es kann keine Rede davon sein, daß das Gericht in seiner Entscheidung »in Sachen Opposition äußerst enge Grenzmarken abgesteckt«[59] hat.

Weitere Anträge blieben aus, obwohl gelegentlich einschlägige Erwägungen angestellt worden sind. Diese betrafen weniger das Problem, ob das Bundesverfassungsgericht einem solchen Antrag zustimmt, sondern die Überlegung, daß ein Parteienver-

---

53 Vgl. BVerfGE 2, 1–78, Auszüge bei U. Backes/E. Jesse (Anm. 31), Kap. VI.
54 Vgl. auch Kap. III.2.
55 Vgl. auch Kap. III.3.
56 Vgl. BVerfGE 5, 85–593. Auszüge bei U. Backes/E. Jesse (Anm. 31), Kap. VI.
57 Vgl. etwa Christian Bockemühl, 25 Jahre nach dem KPD-Urteil. Historische und aktuelle Überlegungen, in: APZG, B 46/81, S. 3–12.
58 So Horst Meier, Als die Demokratie streiten lernte. Zur Argumentationsstruktur des KPD-Urteils von 1956, in: KJ, 20 (1987), S. 460.
59 Ebd., S. 471.

bot in einer offenen Gesellschaft kontraproduktiv sein kann, zumal die jeweiligen Parteien über keinen großen Einfluß verfügten. Längst hat sich die Ausrichtung am Opportunitätsprinzip durchgesetzt. Aus der Tatsache, daß nur zwei Parteien verboten worden sind, läßt sich nicht folgern, es habe lediglich zwei undemokratische Parteien gegeben. Beispielsweise ist ja die »Neukonstituierung« der Deutschen Kommunistischen Partei mit größter Duldung der damaligen Bundesregierung erfolgt[60], obwohl niemals ein Zweifel an ihrer mangelnden demokratischen Zuverlässigkeit bestand.

Was die Vereinsverbote angeht, so erließen die Behörden allein bis zum Inkrafttreten des Vereinsgesetzes im Jahre 1964 328 Verbotsverfügungen[61]. Die Gründe für die hohe Zahl sind doppelter Natur: Zum einen wurden vorher dieselben Vereinigungen auf Landesebene oder sogar auf der Ebene der Regierungspräsidien verboten – mit der Konsequenz, daß ein und dieselbe Organisation mehrfach davon betroffen war. Es gab insgesamt also »nur« 119 verbotene Vereinigungen, überwiegend Tarn-, Nachfolge- oder Ersatzorganisationen der KPD oder anderer kommunistischer Vereinigungen, aber auch solche rechtsextremistischer Couleur. Zum andern richtete sich die Exekutive in den fünfziger Jahren strikt am Legalitätsprinzip aus: Vereinigungen, die die Voraussetzungen von Art. 9 Abs. 2 erfüllten, wurden verboten. Einen Spielraum ließ die jeweilige Exekutive nicht gelten. Es erfolgte also Orientierung am Prinzip der Verhältnismäßigkeit. Man muß es deutlich sagen: Die Vielzahl der administrativen Vorkehrungen gegen zum Teil kleine Vereinigungen machte der Liberalität der Bundesrepublik keine Ehre, wenngleich die seinerzeitige engherzige Zeitströmung in Rechnung zu stellen ist. Dies gilt auch für das politische Strafrecht und die damalige Politische Justiz insbesondere gegen Kommunisten[62]. Aber in der Zeit des Kalten Krieges war manches möglich, was später in den Ruch des Anachronismus geriet. Ungeachtet dessen: Nur in ganz wenigen Fällen bekamen die gegen die Exekutive klagenden Vereinigungen vor der Judikative Recht.

Von den drei in Art. 9 Abs. 2 genannten Verbotsgründen[63] (Verstoß gegen die Strafgesetze; Verstoß gegen die verfassungsmäßige Ordnung; Verstoß gegen die Völkerverständigung) kamen meistens mehrere zusammen. Der Verstoß gegen die verfassungsmäßige Ordnung wurde alleine häufiger aufgeführt, der Verstoß gegen die Strafgesetze nur selten und der Verstoß gegen die Völkerverständigung überhaupt nicht.

Seit 1964, mit dem Inkrafttreten des Vereinsgesetzes, können Vereine, die »länderübergreifend« agieren[64], was für die meisten zutrifft, durch das Bundesinnenmini-

---

60 Vgl. dazu Kap. III.3.

61 Vgl. »Bekanntmachung der vor dem Inkrafttreten des Vereinsgesetzes ergangenen Vereinsverbote« in: Gemeinsames Ministerialblatt, 17 (1966), S. 1–26. Eine Auflistung der verbotenen Vereinigungen findet sich bei U. Backes/E. Jesse (Anm. 31), Kap. VI.

62 Vgl. ausführlich, wenn auch etwas überzogen Alexander von Brünneck, Politische Justiz gegen Kommunisten in der Bundesrepublik Deutschland 1949–1968, Frankfurt/M. 1978, insbes. S. 71–90, 109–116, 141–166.

63 Ausländische Vereine können gemäß § 14 des Vereinsgesetzes auch verboten werden, sofern sie aufgrund ihrer politischen Aktivitäten die Sicherheit der Bundesrepublik oder eines ihrer Länder bedrohen.

64 Ein Verein, der nur in einem Land wirkt, wird von dem zuständigen Innenministerium verboten. Seit dem Jahr 1964 sind insgesamt 33 Vereine von den Ländern verboten worden,

sterium verboten werden. Dies ist bisher lediglich in sechzehn Fällen geschehen[65] –
und zwar gegen sieben ausländische und gegen acht rechtsextremistische deutsche
Organisationen sowie gegen die kriminelle Vereinigung »Hell's Angels Motor-Club«
(1983). Bei der ersten Kategorie handelt es sich um vier (rechtsextremistische) exil-
kroatische Gruppierungen (Kroatischer Demokratischer Ausschuß [1967], Kroatische Revolutionäre Bruderschaft [1968], Kroatischer Nationaler Widerstand [1976],
Kroatischer Verein Drina [1976]), zwei (linksextremistische) palästinensische (Generalunion Palästinensischer Studenten [1972], Generalunion Palästinensischer
Arbeiter [1973]) und eine (linksextremistische) türkische (»Revolutionäre Linke«).
Bei der zweiten Kategorie ging es um den »Bund deutscher Nationalsozialisten«
(1969), die nach ihrem Führer genannte »Wehrsportgruppe Hoffmann« (1980), die
»Volkssozialistische Bewegung/Partei der Arbeit« Friedhelm Busses (1982) sowie um
zwei von Michael Kühnen geleitete Organisationen – die »Aktionsfront Nationaler
Sozialisten/Nationale Aktivisten« (1983) und die »Nationale Sammlung« (1989). Am
Ende des Jahres 1992 sind im Zuge der Abwehr fremdenfeindlicher Ausschreitungen
drei weitere neonationalsozialistische Vereinigungen verboten worden – die »Nationalistische Front« unter der Ägide des Ostwestfalen Meinolf Schönborn, die »Deutsche Alternative« mit ihrem Cottbusser Anführer Frank Hübner sowie die »Nationale
Offensive« des Bayern Michael Swierczek. Sofern gegen die Entscheidung der Exekutive das Bundesverwaltungsgericht angerufen wurde, unterlag in allen Fällen die
klagende Vereinigung. Ob das auch für die Ende 1982 verbotenen Organisationen
gilt, ist keineswegs sicher. Nicht, daß an der extremistischen, ja neonationalsozialistischen Ausrichtung dieser Vereinigungen irgendein leiser Zweifel besteht. Das Problem ist vielmehr, ob die Vereinigungen, wie sie behaupten, als Parteien zu gelten
haben. Für diesen Fall könnte entsprechend dem »Parteienprivileg« nur das Bundesverfassungsgericht ein Verbot aussprechen, das längere Zeit in Anspruch nähme.
Eine für verboten erklärte Organisation verliert das Vereinsvermögen. Es wird
beschlagnahmt.

Wie dem Parteienverbot so wohnen auch dem Vereinsverbot beträchtliche Probleme inne. In jedem Fall stellt ein Verbotsantrag und das darauf folgende Verbot

---

nur selten politische Vereinigungen (wie 1970 die Heidelberger Hochschulgruppe des Sozialistischen Deutschen Studentenbundes oder 1984 der »Unabhängige Wählerkreis Würzburg« – Arbeitskreis für Wiedervereinigung und Volksgesundheit). Zur »Abwicklung« von
Vereinsverboten vgl. Michael Deres, Die Praxis des Vereinsverbotes. Eine Darstellung der
materiellen Voraussetzungen, in: Verwaltungsrundschau, 38 (1992), S. 424–431. Die
Namen der von den Ländern verbotenen Vereine findet sich ebd., S. 431. Siehe auch Thomas Schmidt, Die Freiheit verfassungswidriger Parteien und Vereinigungen. Zur Schran-
kenlehre im Rahmen von Art. 21 Abs. 2 und 9 Abs. 2 GG, Berlin 1983.

65 Insofern muß die seinerzeitige Befürchtung, die Ausschaltung der Länderkompetenz führe
zu einem schnellen und reibungslosen Vorgehen gegen verbotene Vereine, als widerlegt
angesehen werden. Vgl. Wolfgang Piepenstock, Das Verbot politischer Vereinigungen und
die freiheitliche Demokratie. Anmerkungen zum Gesetz zur Regelung des öffentlichen
Vereinsrechts (Vereinsgesetz) vom 5. August 1964, in: Blätter für deutsche und internationale Politik, 10 (1965), S. 149. Dies gilt auch für die These, das neue Vereinsgesetz präsen-
tiere sich als ein Versuch, »gemeinschaftliches staatsbürgerliches Wirken erneut (mit Hilfe
von Staatsschutzgesetzen) zu gängeln und zu hemmen. Dieses Experiment ist indessen
unerlaubt, wie die im Grundgesetz enthaltenen Gebote der freiheitlichen Demokratie
offenbar machen« (ebd., S. 151).

einen schwerwiegenden Eingriff in das freie Spiel der Kräfte dar. Der Exekutive bleibt ein Ermessensspielraum. Ansonsten würde sich ein Verbotsverfahren an das andere reihen, womit niemandem gedient wäre. Es kann Situationen geben, in denen ein Verbotsantrag (gegenüber einer Partei) oder ein Verbot (gegenüber einer Vereinigung) sinnvoll ist, sei es aus Gründen der Selbstachtung der Demokratie, sei es, daß das Vorgehen einem demonstrativen Charakter dient, sei es, daß auf diese Weise dem Extremismus das Überschreiten der Toleranzgrenze angezeigt wird. In aller Regel sollte eine auf sicheren Fundamenten ruhende Demokratie – und das ist die Bundesrepublik! – nur sparsam von diesen Instrumenten Gebrauch machen – aus Gründen der Liberalität und aus Gründen der Effektivität. Was die Liberalität angeht, werfen administrative Vorkehrungen in aller Regel kein gutes Bild auf den Verfassungsstaat, der in den Ruch eines autoritären Regimes gerät. Anders liegt der Sachverhalt bei Verstößen gegen Strafvorschriften. Aber dies fällt nicht mehr in den Bereich der streitbaren Demokratie. In jedem Fall muß in der Öffentlichkeit deutlich herausgestellt werden, daß nicht-verbotene Parteien und Vereinigungen nicht per se demokratisch sind. Unter Umständen führt ein administratives Vorgehen zu gegenteiligen Konsequenzen – die »Kader« werden in den Untergrund getrieben, begehen dort kriminelle Aktivitäten, und die betreffende Vereinigung rekrutiert aufgrund einer häufig kultivierten Märtyrergesinnung neue Anhänger.

3.3 Der Streit um die »Berufsverbote«

Bisher ist noch nicht von einer Thematik im Umkreis der streitbaren Demokratie die Rede gewesen, die die meisten öffentlichkeitswirksamen Kontroversen hervorgerufen hat: dem Komplex der sogenannten »Berufsverbote«. Wenn auch mittlerweile der Grad der Emotionalität abgeflaut ist, erhellt dieses Beispiel doch nachdrücklich, in welchem Ausmaße Unkenntnis und Gutgläubigkeit ausgenutzt worden sind. Worum ging und geht es?

Als am 28. Januar 1972 die Ministerpräsidenten der Länder in einem Beschluß erklärten, Bewerber dürften nur dann in den öffentlichen Dienst eingestellt werden, wenn sie die Gewähr dafür böten, jederzeit für die freiheitliche demokratische Grundordnung einzutreten, konnte man kaum erahnen, welche Erregung dieser Beschluß hinfort auslösen würde. Am gleichen Tage erfuhr die Vereinbarung durch eine »Gemeinsame Erklärung« des Bundeskanzlers – es war Willy Brandt – und der Ministerpräsident der Länder eine Bestätigung[66]. Dieser u.a. als Reaktion auf die Folgen der »Studentenbewegung«, zum Teil auch, zumindest aus Sicht der Sozialdemokratie, auf die neue »Ostpolitik« zu verstehende Beschluß schuf, das wird vielfach

---

66 Der »Extremistenbeschluß« ist öfters abgedruckt. Beispielsweise bei Erhard Denninger, Freiheitliche demokratische Grundordnung. Materialien zum Staatsverständnis und zur Verfassungswirklichkeit in der Bundesrepublik, Frankfurt/M. 1977, zweiter Teil, S. 518f.; die ganz ähnlich lautende »Gemeinsame Erklärung« findet sich nur selten. Vgl. Bulletin des Presse- und Informationsamtes der Bundesregierung, Nr. 15 vom 3. Februar 1972, S. 142. Siehe auch U. Backes/E. Jesse (Anm. 31), Kap. VII. – Eine ausführliche Auseinandersetzung mit den Folgen dieses Beschlusses auf der Basis einer empirischen Überprüfung der kursierenden Behauptungen findet sich bei Eckhard Jesse, »Berufsverbote« und streitbare Demokratie, Bonn 1993 (i. E.).

übersehen, keineswegs ein neues Recht, sondern sollte lediglich an die schon lange bestehenden Regelungen erinnern und ein einheitliches Verfahren gewährleisten. Was sich änderte, war lediglich die Verfahrensweise: Bei Einstellungen in den öffentlichen Dienst wurde automatisch beim Verfassungsschutz angefragt, ob gegen die Bewerber gerichtsverwertbare »Erkenntnisse« vorlägen. Besonders diese sogenannte »Regelanfrage« hat heftige, zum Teil geradezu irrationale Kritik hervorgerufen. Sie ist von den SPD/FDP-regierten Bundesländern Anfang 1970 abgeschafft und von den unionsregierten, in unterschiedlichem Ausmaße, eingeschränkt worden. Die christlich-liberale Bundesregierung hat für den Bund nach dem Regierungswechsel die Regelanfrage nicht wieder eingeführt. Später ist diese auch von den unionsregierten Ländern abgeschafft worden, zuletzt in Bayern (zum 31. Dezember 1991). Die Geschichte des Extremistenbeschlusses ist damit die Geschichte seiner beständigen Rücknahme.

Es wurden in den siebziger Jahren verschiedene Anläufe zu einer einheitlichen Regelung unternommen, doch scheiterten diese an der unterschiedlichen Haltung der Parteien: Während für die Union stärker die Mitgliedschaft in einer verfassungsfeindlichen Partei als Ablehnungsgrund zählte, bestanden SPD und FDP auf dem Nachweis, daß im konkreten Einzelfall Verstöße gegen die Prinzipien der freiheitlichen demokratischen Grundordnung vorliegen müßten. Tatsächlich spielte bei diesen Scharmützeln viel Rhetorik eine Rolle. Denn die demokratischen Parteien waren mit ihren Positionen im Prinzip nicht weit voneinander entfernt: Auch für die SPD war die Mitgliedschaft in einer verfassungsfeindlichen Partei eine nicht zu vernachlässigende Tatsache und für die Union keineswegs ein automatischer Ablehnungsgrund.

Kaum ein Thema hat die innenpolitische Diskussion in den siebziger Jahren so bestimmt wie die Kontroverse[67] um diesen Beschluß, der verschiedene Nachfolgeregelungen gefunden hat. Im Jahre 1978 fand sogar ein sogenanntes »Internationales Russell-Tribunal« statt, auf dem die Bundesrepublik nicht zuletzt wegen der Schutzvorkehrungen im öffentlichen Dienst angegriffen und verurteilt wurde[68]. Die Emotionalität der Auseinandersetzung zeigte schon der gängige Sprachgebrauch »Radikalenerlaß« und »Berufsverbot«. Zum einen stellt die besagte Ministerpräsidentenvereinbarung keinen »Erlaß« dar, der neues Recht schafft. Zum andern richtete sich der Beschluß nicht gegen »Radikale« per se. Schließlich muß nicht jeder »Radikaler« ein Gegner der freiheitlichen demokratischen Grundordnung sein. Der Begriff »Radika-

---

67 Vgl. aus unterschiedlichen Richtungen: Peter Frisch, Extremistenbeschluß, Leverkusen 1977[4] (1974); Hans Koschnick (Hrsg.), Der Abschied vom Extremistenbeschluß, Bonn 1979; Wulf Schönbohm (Hrsg.), Verfassungsfeinde als Beamte? Die Kontroverse um die streitbare Demokratie, München 1979; Hagen Weiler, Verfassungstreue im öffentlichen Dienst, Königstein 1979; Horst Bethge, Die Zerstörung der Demokratie durch Berufsverbote, Köln 1976; Komitee für Grundrechte und Demokratie (Hrsg.), Ohne Zweifel für den Staat. Die Praxis zehn Jahre nach dem Radikalenerlaß, Reinbek bei Hamburg 1982. Siehe auch die beiden amerikanischen Studien: Gregg O. Kvistad, Radicals and the German State; ders., Hegel, Marx and the Political Demands on German Servants, Berkely 1984 (leichter zugänglich: Ders., Radicals and the State. The Political Demands on West German Civil Servants, in: CPS, 21 [1988], S. 95–125); Gerard Braunthal, Politische Loyalität und Öffentlicher Dienst. Der »Radikalenerlaß« von 1972 und die Folgen, Marburg 1992.

68 Vgl. Deutscher Beirat und Sekretariat des 3. Internationalen Russell-Tribunals (Hrsg.), Zur Situation der Menschenrechte in der Bundesrepublik Deutschland, 4 Bde., Berlin 1978/79.

ler« taucht überdies weder in dem Beschluß vom Januar noch in den späteren Regelungen auf[69]. Das verbreitete Schlagwort »Berufsverbot« verzeichnet kraß die Wirklichkeit. Die Tätigkeit im Staatsdienst erfordert bestimmte Voraussetzungen, zu denen auch die Bejahung der freiheitlichen demokratischen Grundordnung gehört. Fehlt dem Bewerber die von der Verfassung geforderte Eignung, hat der demokratische Verfassungsstaat nicht nur das Recht, sondern geradezu die Pflicht, ihn im öffentlichen Dienst nicht zu beschäftigen, auch wenn er andere Voraussetzungen erfüllt (z. B. gute Examina). Andere Schlagworte bezogen sich u. a. auf die »Gesinnungsschnüffelei« (der Staat forsche nach der »richtigen« Gesinnung), das »Duckmäusertum« (»kritisches« Denken werde aus Angst vor der Obrigkeit zurückgedrängt) und die »Kontinuität des Obrigkeitsstaates« (auch im Kaiserreich seien »Untertanen« gezüchtet worden)[70].

Wie nimmt sich demgegenüber die Praxis aus? Die umstrittene »Regelanfrage« sah vor, daß die Einstellungsbehörde beim Verfassungsschutz nachfragte, ob gerichtsverwertbare Erkenntnisse im Sinne mangelnder Verfassungstreue vorlägen. Es kann keine Rede davon sein, daß der Verfassungsschutz aufgrund der Anfrage von sich aus Aktivitäten entfaltete. Gerichtsverwertbare Erkenntnisse rufen nicht in jedem Fall Ablehnungen hervor. Sofern sie so schwerwiegend erscheinen, findet ein Anhörungsverfahren statt, bei dem der Bewerber die gegen ihn erhobenen Anschuldigungen entkräften kann. Nach den offiziellen Angaben, die aufgrund der Dunkelziffern an der unteren Grenze liegen, befanden sich Ende 1987 2 338 Extremisten im öffentlichen Dienst auf Bundes-, Länder- und Kommunalebene, Ende 1990 1 713 (1 500 Links-, 213 Rechtsextremisten)[71]. Ende 1972 waren es 2 720[72]. Der Hauptunterschied liegt darin, daß jetzt – paradoxerweise – circa 1 000 Rechtsextremisten weniger dem öffentlichen Dienst angehören, dafür aber circa 1 000 Linksextremisten mehr[73]. Was die Zahl der in den siebziger und achtziger Jahren wegen mangelnder Verfassungstreue abgelehnten Bewerber angeht, dürfte sie unter 1 500 liegen[74]. Das entspricht

---

69 Freilich hieß es in der »Grundsätzlichen Entscheidung« des sozialdemokratisch regierten Hamburger Senats vom November 1971, einem Vorläufer des Extremistenbeschlusses, »die Ernennung zum Beamten auf Lebenszeit bei politischen Aktivitäten des Bewerbers in rechts- oder linksradikalen Gruppen« sei unzulässig. Siehe Erich Frister/Uwe Jochimsen (Hrsg.), Wie links dürfen Lehrer sein? Unsere Gesellschaft vor einer Grundsatzentscheidung, Reinbek bei Hamburg 1972, S. 12.

70 Auf Belege zu diesen Topoi wird verzichtet, weil sie sich geradezu leitmotivartig durch einen beträchtlichen Teil der Literatur ziehen.

71 Vgl. VSB 1987, S. 91 und S. 99; VSB 1990, S. 24 und S. 90. Im Verfassungsschutzbericht von 1991 finden sich keine Informationen mehr zum Komplex »Extremisten im öffentlichen Dienst«. Der Grund dürfte in den noch unklaren Verhältnissen in den neuen Bundesländern zu suchen sein.

72 Vgl. VSB 1972, S. 14 und S. 56.

73 Der Verfassungsschutzbericht 1983 traf weiterhin folgende Aussage: »Es liegen Anhaltspunkte vor, daß etwa 4 000 Angehörige des öffentlichen Dienstes allein in linksextremistischen Kernorganisationen organisiert sind. Vgl. VSB 1983, S. 21. Später war von »Anhaltspunkten« die Rede, »daß bisher nur etwa die Hälfte der im öffentlichen Dienst tätigen Linksextremisten erkannt worden ist«. So VSB 1986, S. 28.

74 Nach unvollständigen, offiziellen Angaben sind zwischen 1973 und 1980 1 102 Bewerber wegen mangelnder Verfassungstreue abgelehnt worden. Vgl. Komitee für Grundrechte und Demokratie (Anm. 67), S. 127. Zur weiteren Entwicklung siehe auch Klaus-Henning Rosen, Anmerkungen zur Treuepflicht des öffentlichen Dienstes der Bundesrepublik

einer Quote von deutlich weniger als 0,1 Prozent der Bewerber. Die übertriebenen Reaktionen breiter Kreise der Öffentlichkeit stehen mithin in einem beträchtlichen Gegensatz zu den – alles in allem gesehen – behutsamen Vorkehrungen. Die Zahlen belegen aber auch die mangelnde Seriosität von Kassandrarufen im Hinblick auf eine Unterwanderung des öffentlichen Dienstes. Vor allem erhellen sie einen für manchen überraschenden Sachverhalt: Die SPD-Länder schnitten im Schnitt keineswegs »liberaler« ab als die unionsregierten, versteht man unter »Liberalität« eine möglichst niedrige Ablehnungsquote[75]. Parteipolitische Polarisierung überdeckte einen in der Sache bestehenden Konsens[76]. Was Wolfgang Jäger im allgemeinen über die Rechtspolitik zur Zeit der sozial-liberalen Regierung feststellt, gilt im besonderen – jedenfalls für die siebziger Jahre – auch für den Extremistenbeschluß, so sehr man die Unterschiede aufbauschte: »Der rechtspolitische Streit in der sozial-liberalen Ära betraf häufiger die gesellschaftstheoretischen und ideologischen Voraussetzungen und Begründungen als die konkreten Reformen selbst.«[77]

Ein besonderer Punkt der Empörung war die Tatsache, daß man mit dem Begriff »verfassungsfeindlich« Parteien ins antidemokratische Abseits stelle, ohne sie verboten zu haben. Kritiker wandten sich gegen diese Umgehung des bundesverfassungsgerichtlichen Entscheidungsmonopols. Tatsächlich jedoch hat die Orientierung am Opportunitätsprinzip notwendigerweise die Konsequenz, daß eine solche Kennzeichnung eingeführt wird. Denn sonst gäbe es nur die Möglichkeit, einen Verbotsantrag zu stellen oder die jeweilige Organisation als demokratisch anzusehen. Die Beamtengesetze schreiben aber mit gutem Grund vor, daß der Beamte sich zur freiheitlichen demokratischen Grundordnung zu bekennen habe. Seit Ende der achtziger Jahre ist es faktisch zu keinen Ablehnungen wegen mangelnder Verfassungstreue mehr gekommen – jedenfalls in den alten Bundesländern. Kritiker sehen darin eine gewisse Aushöhlung des Konzepts der streitbaren Demokratie.

Nun war die Praxis keineswegs makellos und durchaus für Verbesserungen offen: Die Überlegung, ob für jede Position im öffentlichen Dienst die Pflicht zur Verfassungstreue zur unabdingbaren Einstellungsvoraussetzung gemacht werden sollte, muß keineswegs weltfremder Natur sein. Damit würde nicht die Büchse der Pandora geöffnet. Auf diese Weise ließe sich auch die Diskrepanz zwischen Verfassungstheorie und Verfassungswirklichkeit vermeiden und damit die Erosion des Rechtsstaatsbewußtseins. Die Kritik an den Bestimmungen wirkte am ehesten dann einleuchtend, wenn man Ablehnungen von Bewerbern für niedrige Dienstränge präsentieren konnte. Der Perfektionismus, so sehr er auch Vorteile aufweist (z. B. durch die starke Formalisierung und durch den ausgebauten Rechtsschutz), bedingt eben einen Büro-

---

Deutschland. Die Geschichte des Extremistenbeschlusses, in: Tel Aviver Jahrbuch für deutsche Geschichte, 19 (1990), S. 411–427.

75 Vgl. ebd., S. 85–143.

76 Allerdings ist auch die – umgekehrte – These abwegig, die SPD habe sich durch ein besonders rigoroses Vorgehen ausgezeichnet. Vgl. in diesem Sinne die zwar unübertreffbar polemische, gleichwohl materialreiche Studie aus einer linksextremistischen Sicht: Manfred Histor, Willy Brandts vergessene Opfer. Geschichte und Statistik der politisch motivierten Berufsverbote in Westdeutschland 1971–1988, Freiburg 1989.

77 Wolfgang Jäger, Die Innenpolitik der sozial-liberalen Koalition 1969–1974, in: Karl Dietrich Bracher/Wolfgang Jäger/Werner Link, Republik im Wandel. 1969–1974. Die Ära Brandt, Stuttgart-Mannheim 1986, S. 147.

kratismus, über den sich ausländische Beobachter zuweilen wundern[78]. Und gewiß hat es einzelne Fehlentscheidungen aufgrund der Engherzigkeit der Behörden gegeben. Aber in aller Regel, und das muß ganz deutlich gesagt werden, fielen die Gerichtsentscheidungen, sofern die Bewerber überhaupt von ihrem Klagerecht Gebrauch gemacht haben, zugunsten der Einstellungsbehörden aus. Das gilt zumal für die höheren Instanzen. Tendenziell anders sieht die Situation bei den Arbeitsgerichten aus[79]. Zu überlegen ist auch, ob das als liberaler geltende Einzelfallprinzip tatsächlich den eigenen hohen Ansprüchen entspricht. Wer auf das Organisationsprinzip rekurriert, gerät weniger in Beweisnot und sieht sich auch nicht dem Vorwurf der Schnüffelei ausgesetzt. Selbstverständlich müssen die inkriminierten Organisationen die Möglichkeit der richterlichen Klage haben[80].

Auch dieses Beispiel zeigt das schon mehrfach erwähnte Phänomen, daß sich in der politischen Kultur der Bundesrepublik Deutschland ein beträchtlicher Wandel vollzogen hat. In den fünfziger Jahren bestimmte die Bundesregierung bekanntlich, daß alle im Bundesdienst stehenden Personen sich durch ihr gesamtes Verhalten zur demokratischen Staatsordnung zu bekennen haben. Es wurden drei rechts- und zehn linksextreme Organisationen aufgezählt, deren Unterstützung mit den Dienstpflichten unvereinbar sei. Der Erlaß von Innenminister Heinemann präzisierte den Beschluß und stellte fest, jede Teilnahme, Betätigung oder Unterstützung für diese Organisationen sei untersagt[81]. Allein die Mitgliedschaft in einer dieser Organisationen galt als nicht mehr tolerabel. In der Folge erließen die Landesregierungen entsprechende Regelungen, die in der öffentlichen Meinung so gut wie keine Proteste auslösten. Damals sah man diese insgesamt viel rigideren Maßnahmen geradezu als selbstverständlich an. In den siebziger Jahren gab es hingegen heftige Proteste, obwohl die Regelungen und die Praxis im Vergleich zu früher weit »lockerer« waren. Diese Paradoxie hat wesentlich damit zu tun, daß Kritiker die Vergangenheit verdrängt haben.

Seit den achtziger Jahren ist es weit ruhiger um den Komplex »Extremismus und öffentlicher Dienst« geworden. Diese »Ruhe« dürfte auf verschiedene Gründe

---

78 Zu den Regelungen im Ausland vgl. die beiden gründlichen Sammelbände, die sich freilich in der Tendenz etwas voneinander unterscheiden: Karl Doehring u. a., Verfassungstreue im öffentlichen Dienst. Rechtslage und Praxis des Zugangs zum und der Entlassung aus dem öffentlichen Dienst in Westeuropa, USA, Jugoslawien und der EG, Baden-Baden 1981: Ernst-Wolfgang Böckenförde/Christian Tomuschat/Dieter C. Umbach (Hrsg.), Extremisten und öffentlicher Dienst. Rechtslage und Praxis des Zugangs zum und der Entlassung aus dem öffentlichen Dienst in Westeuropa, USA, Jugoslawien und der EG, Baden-Baden 1981. Während im ersten Band die deutsche Praxis gegenüber der ausländischen positiv hervorgehoben wird, ist dies im zweiten eher umgekehrt. Zu den möglichen Gründen siehe Eckhard Jesse, Verfassungsschutz in der Bundesrepublik Deutschland im Vergleich zu anderen westlichen Demokratien, in: Politische Bildung, 17 (1984) 1, insbes. S. 52–54.

79 Es kann hier nicht möglich sein, den »Irrgarten der Urteile« Revue passieren zu lassen. Für einige Beispiele vgl. Komitee für Grundrechte und Demokratie (Anm. 67), S. 144–174. Das vorgenannte Zitat ebd., S. 8. Ferner: Dieter Sterzel, Entradikalisierung der Radikalen-Indikatur, in: KJ, 22 (1989), S. 457–466.

80 Zu einem Reformvorschlag vgl. Martin Kriele, Verfassungsfeinde im öffentlichen Dienst – ein unlösbares Problem?, in: ders., Legitimitätsprobleme der Bundesrepublik, München 1977, insbes. S. 151–161; E. Jesse (Anm. 14), insbes. S. 90–94.

81 Beschluß und Erlaß sind vielfach abgedruckt, u. a. bei E. Denninger (Anm. 66), zweiter Teil, S. 507–510. Siehe auch U. Backes/E. Jesse (Anm. 31), Kap. VI.

zurückzuführen sein. Erstens wurden weit weniger in den öffentlichen Dienst einge-stellt (dies gilt zumal für den Lehrerberuf). Zweitens sah das in der Bundesrepublik »vagabundierende Protestpotential«[82] andere Themen inzwischen als beträchtlich »werbewirksamer« an. Die »Berufsverbote« haben als Mobilisierungsthema weitge-hend an Bedeutung verloren. Selbst als ein Bericht eines Untersuchungsausschusses der Internationalen Arbeitsorganisation (ILO) im Februar 1987 mehrheitlich mit 2:1 feststellte, die in der Bundesrepublik praktizierten Abwehrmaßnahmen im Hinblick auf den öffentlichen Dienst verstießen gegen Bestimmungen dieser Organisation über die Diskriminierung in Beschäftigung und Beruf, blieb die Empörung eher gedämpft[83]. Drittens erwiesen sich die Proteste zu einem beträchtlichen Teil als erfolgreich – vielleicht auch deshalb, weil die Radikalisierung der akademischen Jugend zurückgegangen war.

Es ist beinahe eine Paradoxie: Der Extremistenbeschluß sollte der Bekämpfung antidemokratischer Bestrebungen dienen; aber exakt das Gegenteil trat ein: Er war ein geradezu klassisches Beispiel für die keineswegs erfolglose Agitation von (Links-) Extremisten zwecks »Delegitimierung der Verfassungswirklichkeit«[84]. Sie haben es zum Teil verstanden, aus dem demokratischen Lager Unterstützung zu gewinnen. Die bundesweite Initiative »Weg mit den Berufsverboten«, geleitet von Horst Bethge, dem Direktoriumsmitglied der DFU und beherrscht von der DKP-Richtung, hat zahlreiche 74 Rundbriefe mit Dokumentationen und Resolutionen produziert. Sie koordinierte mehrere hundert von einschlägigen Gruppen. Zeitweilig arbeiteten hier Repräsentanten der Sozialdemokratie mit[85]. Die umtriebige Tätigkeit der DKP in diesem Bereich ist nicht ohne Wirkung geblieben. Für das Verhältnis von (linken) Sozialdemokraten und Kommunisten spielte die leidige Kontroverse geradezu eine »psychopolitische Schlüsselrolle«[86]. Der Katzenjammer für die Initiative »Weg mit den Berufsverboten« war groß, als der »reale Sozialismus«, dessen tatsächliche Berufsverbote man niemals für kritikwürdig erachtet hatte, im anderen Teil Deutsch-lands kollabierte. Der Rundbrief vom Dezember 1989 bestand aus einem einzigen Blatt mit verlegenen Mitteilungen (der vorherige hatte noch stattliche 38 Seiten umfaßt). Sibyllinisch hieß er nun: »Organisatorische Veränderungen und Umgruppie-rungen bei demokratischen Organisationen und Parteien führen dazu, daß manche Organisationshilfe, manche Büro- und Versandarbeit nicht mehr wie bisher abgewik-kelt werden können.«[87] Die aufgrund des Ausbleibens der Spenden von kommunisti-scher Seite abrupten Auflösungserscheinungen in kommunistisch beeinflußten Orga-

---

82 Kurt Sontheimer, Zeitenwende? Die Bundesrepublik Deutschland zwischen alter und alter-nativer Politik, Hamburg 1983, S. 76–80.
83 Vgl. Klaus Dammann/Erwin Siemantel (Hrsg.), Berufsverbote und Menschenrechte in der Bundesrepublik, Köln 1987. Siehe folgende Dokumentation: Bericht des gemäß Artikel 26 der Verfassung der Internationalen Arbeitsorganisation eingesetzten Ausschusses zur Prü-fung der Einhaltung des Übereinkommens (Nr. 111) über die Diskriminierung (Beschäfti-gung und Beruf), 1958, durch die Bundesrepublik, ebd., S. 75–376. Dieser Bericht enthält mannigfaches Material zu dem Komplex, das an dieser Stelle nicht erörtert werden kann.
84 So Wolfgang Rudzio, Die Erosion der Abgrenzung. Zum Verhältnis zwischen den demo-kratischen Linken und Kommunisten, Opladen 1988, S. 87.
85 Vgl. ebd., S. 108f. (Tabelle: Mitarbeit bei der Initiative »Weg mit den Berufsverboten«).
86 Ebd., S. 87. Siehe auch Kap. VI.2. und Kap. VI.3.
87 Rundbrief (Dezember 1989) der Initiative »Weg mit den Berufsverboten«.

nisationen galten also auch für die Initiative »Weg mit den Berufsverboten«, die eine pro-kommunistische Dominanz strikt bestritten hatte.

Durch den Zusammenbruch des »realen Sozialismus« hat das Thema »Extremismus im öffentlichen Dienst« wieder Aktualität gewonnen. Wie soll man mit jenen verfahren, die dem Staatsdienst in der DDR angehört haben? Es ist richtig (und Merkmal eines liberalen Staates), daß mehr auf das jetzige Verhalten – wie nach 1945 – als auf das frühere geachtet wird. In diese Richtung geht die Entwicklung, auch wenn das Ausfüllen von Fragebögen bei vielen Bürgern in den neuen Bundesländern Verdruß verursacht (und die Initiative »Weg mit den Berufsverboten« gegen die »Repression« Emotionen zu schüren sucht). Natürlich versteht sich der Ausschluß einstiger Protagonisten vom öffentlichen Dienst von selbst. Von den Richtern wurden im Schnitt weniger als 50 Prozent übernommen. Die Entscheidung, den meisten Mitarbeitern des Ministeriums für Staatssicherheit – den festangestellten wie den »Inoffiziellen« – den Weg in den öffentlichen Dienst zu verbauen, muß nicht unbedingt weise sein, so moralisch verachtenswert eine solche Tätigkeit auch gewesen sein mag. Schließlich fungierte die Staatssicherheit nur als ein Werkzeug der allmächtigen Partei.

Speziell an den Universitäten konnten gravierende Eingriffe aus zwei Gründen nicht ausbleiben. Erstens waren sie mit Personal aufgebläht, so daß eine Entschlackung schon aus finanziellen Gründen unumgänglich erscheint; zweitens muß eine personelle Erneuerung deshalb vonnöten sein, weil sich die Universitäten in vielen Bereichen nicht nur angesichts der zahlreichen Marxismus/Leninismus-Sektionen als Hochburgen der SED erwiesen und eine Art Selbstreinigungsprozeß ausgeblieben ist. Was mit dem unschönen Wort der »Abwicklung« umschrieben wird, ist unausweichlich[88].

4. Streitbare Demokratie im krisenhaften Wandel?

In der zweiten deutschen Demokratie hat sich gegenüber ihren Anfängen auf manchen Gebieten ein gewisser Bewußtseinswandel vollzogen. So ist die »Lehre aus Weimar« oder – will man sie pejorativ deuten – das »Weimarer Trauma« in ihrer Prägekraft zurückgegangen[89]. Die präventive Vorgehensweise des Verfassungsschutzes stößt heutzutage auf mannigfache Kritik und gilt als wenig »zeitgemäß«. Vielen leuchtet die Vereinbarkeit mit demokratischen Grundsätzen nicht ein. Freilich gilt das mehr für das intellektuelle Milieu als für die praktische Politik. An einem Beispiel mag das verdeutlicht werden[90].

88 Zu den ersten Ergebnissen der Überprüfungen: Thilo Weichert, Überprüfung der öffentlichen Bediensteten in Ostdeutschland, in: KJ, 24 (1991), S. 457–474; statt vieler zwei Beispiele für die Kritik an der »Abwicklung« der ostdeutschen Universitäten: Ulf Kalkreuth, »Hochschulen sind immer konservativ...«, in: Freitag vom 16. November 1990; Anja Baum, Was jetzt passiert, geht an die Substanz. Tabula rasa an den Hochschulen der Ex-DDR, in: Freitag vom 4. Januar 1991.
89 Vgl. Klaus Günther, Politisch-soziale Analyse im Schatten von Weimar, Frankfurt/M. u. a. 1985.
90 Weitere Beispiele finden sich bei Eckhard Jesse, Die streitbare Demokratie im Wandel, in: RuP, 28 (1992), S. 20–28.

So erfährt der zivile Ungehorsam, der in manchem das exakte Gegenteil der streitbaren Demokratie darstellt, eine entschiedene Verteidigung. Ziviler Ungehorsam wird damit gerechtfertigt, daß ein Verstoß gegen die *Legalität* unter bestimmten Voraussetzungen als *legitim* erscheint, während bei der streitbaren Demokratie Eingriffe gegen Gruppierungen als *legitim* gelten können, auch wenn diese – noch – nicht gegen die *Legalität* verstoßen haben. Das Verhältnis von Legalität und Legitimität kehrt sich geradezu um. In beiden Fällen liegt ein Spannungsverhältnis von Legalität und Legitimität vor. Gelten beim zivilen Ungehorsam Maßnahmen als legitim, die sich gegen die Legalität richten, firmieren bei der streitbaren Demokratie bereits Vorgehensweisen als illegitim, die sich innerhalb der Legalität vollziehen. Es ist offenkundig, daß in einer Zeit, in der der Ruf nach zivilem Ungehorsam auf fruchtbaren Boden fällt[91], streitbares Demokratieverständnis in die Defensive gerät, zumal heutzutage eine Verletzung der Strafgesetze nicht immer geahndet wird, wenn man an »rechtsfreie Räume« denkt.

Der Wandel der politischen Kultur konnte nicht ohne Auswirkungen auf den Bereich der streitbaren Demokratie bleiben. Die Grundgesetzväter und -mütter standen unter dem Schock des nationalsozialistischen Terrorregimes und der heraufziehenden kommunistischen Diktatur im anderen Teil Deutschlands. Die Erinnerungen sind in mancher Hinsicht verblaßt. Das gilt allerdings nicht – jedenfalls weit weniger – für die rechte Spielart des politischen Extremismus. Equilibristische Gedankengänge zum linken und rechten Extremismus erfreuen sich keiner sonderlichen Verbreitung.

Gewiß gibt es beträchtliche Unterschiede im Argumentationshaushalt von Rechts- und Linksextremisten[92]. Gleichwohl darf diese fundamentale Differenz nicht vergessen machen, daß beide Strömungen den demokratischen Verfassungsstaat ablehnen. Insofern ist es nicht angängig, unter dem Gesichtspunkt der Abwehrbereitschaft eine Differenzierung vorzunehmen. Der Topos vom Anti-Antikommunismus spielt seit den siebziger Jahren in intellektuellen Kreisen der Bundesrepublik eine viel größere Rolle als etwa der Antikommunismus. Antifaschismus ist – *vice versa* – weiter verbreitet als ein Anti-Antifaschismussyndrom[93]. Der Antifaschismusbegriff[94] reicht bis ins liberale Lager hinein, während der Antikommunismusbegriff schnell unter Ideologieverdacht gerät. Man kommt nicht um die Feststellung herum, daß sich antiextremistisches Denken partiell aufgelöst hat. Äquidistanz gegenüber dem Links- und Rechtsextremismus besteht in bestimmten Kreisen der meinungsbildenden Gesellschaft nicht mehr. Auch durch den weltweiten Zusammenbruch des Kommunismus hat sich daran bisher nur wenig geändert, wenngleich eine balanciertere Einschätzung auf dem Vormarsch ist.

---

91 Vgl. etwa Peter Glotz (Hrsg.), Ziviler Ungehorsam im Rechtsstaat, Frankfurt/M. 1983; Hans-Jürgen Benedict, Ziviler Ungehorsam als christliche Tugend, Frankfurt/M. 1989; zusammenfassend Thomas Laker, Ziviler Ungehorsam. Geschichte – Begriff – Rechtfertigung, Baden-Baden 1986.

92 Vgl. dazu eingehend Uwe Backes, Politischer Extremismus in demokratischen Verfassungsstaaten. Elemente einer normativen Rahmentheorie, Opladen 1989.

93 Ausführlicher Kapitel VI.5.

94 Vgl. etwa die Hinweise in folgendem Band: Bundesministerium des Innern (Hrsg.), Bedeutung und Funktion des Antifaschismus, Bonn 1990; Hans-Helmuth Knütter, Antifaschismus und Intellektuelle, in: Uwe Backes/Eckhard Jesse (Hrsg.), Jahrbuch Extremismus & Demokratie, Bd. 4, Bonn 1992, S. 53–66.

Der Wandel, dem sich die streitbare Demokratie ausgesetzt sieht, ist doppelter Natur. Gegenüber dem politischen Extremismus von links legt man vielfach nur halbherzige Abwehrbereitschaft an den Tag, gegenüber dem von rechts hingegen eine militante. Es handelt sich mithin um ein relativistisches Demokratieverständnis nach links, um ein gleichsam absolutistisches nach rechts. Solche Orientierungen, die sich insbesondere auf Intellektuelle beziehen, verstoßen im Grunde gegen die Prinzipien einer antiextremistisch verstandenen streitbaren Demokratie, die einerseits eine freiheitliche Demokratie nicht aufs Spiel setzt und die andererseits die Streitbarkeit nicht als Attrappe ansieht.

Für beide Denkmuster springen zahlreiche Beispiele ins Auge. Beim bereits erörterten Komplex »Extremismus und öffentlicher Dienst« etwa ist der Eindruck erweckt worden, »kritische Demokraten« seien mit einem »Berufsverbot« belegt worden, wenn es sich um Repräsentanten von links handelte. Im gleichen Atemzug jedoch hielten es »Komitees gegen Berufsverbote« für angemessen, tatsächlichen oder auch nur vermeintlichen Rechtsextremisten den Zugang zum öffentlichen Dienst zu verwehren. Maßnahme gegen die extreme Linke gelten als »Ausgrenzung« unbequemer Richtungen; ist die extreme Rechte davon betroffen, spricht dieselbe Position von unumgänglicher »Abgrenzung«. Maßstab der Beurteilung ist mithin nicht die Liberalität der Verfassungsordnung.

Ein besonders verbreiteter Topos ist, wie nicht nur die Diskussion um die Verfassungstreue zeigt, die Berufung auf das Ausland. Zum Teil wird mit (vermeintlicher) Rücksicht auf das Ausland die linke Variante des politischen Extremismus milder bewertet. Häufig hört man das Argument, in den westlichen Nachbarstaaten wundere man sich über die Kleinmütigkeit deutscher Behörden bei der Einstellung von Kommunisten im öffentlichen Dienst. Ebenso taucht der Einwand auf, Teile des Auslands seien über neonationalsozialistische Anwandlungen empört, und es bedürfe administrativer Maßnahmen. Offenkundig messen Teile »des« Auslandes – als Reaktion auf die verheerende Hinterlassenschaft des Nationalsozialismus – mit zweierlei Maß. Allerdings wohnt dem Hinweis auf das Ausland mitunter eine instrumentelle Funktion inne. Man bedient sich des Arguments allzu gerne; ein Teil der ausländischen Aufregung ist auch »hausgemacht«. Daß dieser Topos sich als ein Druckmittel eignet, läßt ein beträchtliches Maß an Identitätsschwäche der zweiten deutschen Demokratie erkennen.

Die Konzeption der streitbaren Demokratie eignet sich nicht für eine Strategie politischer Vereinnahmung. Allerdings hat der weltweite Zusammenbruch des kommunistischen Systems, der sich nicht zuletzt in Deutschland manifestierte – das Ende der ostdeutschen Diktatur war faktisch auch das Ende der Teilung –, auf der demokratischen Linken zu gewissen Umorientierungen geführt. Was die Zukunft angeht, so sind für die Haltung zur streitbaren Demokratie drei Varianten denkbar – eine antiextremistische, eine antifaschistische und eine wertrelativistische. Alle drei Denkmuster dürften miteinander konkurrieren. Welches in der öffentlichen Meinung die meiste Geltungskraft erlangt, ist schwer vorhersehbar.

Zur antiextremistischen Variante: Sollte sich das Mauerblümchendasein der extremen Rechten ändern – und manche Anzeichen deuten aufgrund eines unvermeidlichen »Normalisierungsprozesses« darauf hin –, könnte man dem Konzept der streitbaren Demokratie wieder mehr Aufmerksamkeit entgegenbringen, zumal aufgrund der desaströsen Hinterlassenschaft des »real existierenden Sozialismus« in Deutschland. Heute sehen sich offenkundig mehr als früher verpflichtet, entschieden gegen Strömungen von rechts und links gleichermaßen entschieden vorzugehen[95], auch durch Einschaltung des Verfassungsschutzes. Eine solche Strategie, die gegenüber beiden Seiten des politischen Spektrums Wachsamkeit an den Tag zu legen gewillt ist, erscheint glaubwürdig. So ließe sich die Konzeption der streitbaren Demokratie wieder revitalisieren.

Zur antifaschistischen Variante: Angesichts rechtsextremistischer Umtriebe, die sich vor allem in fremdenfeindlichen Aktivitäten niederschlagen, ist eine Renaissance des Antifaschismus nicht ausgeschlossen. Es mag sein, daß unter dem Banner des »Antifaschismus« ein breites Bündnis unterschiedlicher Kräfte entsteht, die sich in der Ablehnung rechter Affekte gegenüber dem demokratischen Verfassungsstaat einig wissen. So ließen sich die notwendigen Lehren aus dem Zusammenbruch des Kommunismus und seiner partiellen Verharmlosung verdrängen. Der streitbaren Demokratie in ihrer antiextremistischen Ausrichtung wäre damit nicht gedient.

Zur wertrelativistischen Variante: Es könnte auch diejenige Richtung an Boden gewinnen, die der streitbaren Demokratie in welcher Ausformung auch immer eine Absage erteilt: Die streitbare Demokratie sei ein Kind des Kalten Krieges gewesen. Das Ende des Ost-West-Konflikts erlaube den Verzicht auf Schutzvorkehrungen. Für Claus Leggewie und Horst Meier darf erst die Gewaltsamkeit der Methoden ein Einschreiten der Behörden ermöglichen[96]. Sicherungsvorkehrungen, die sich auf die Vorverlagerung des Demokratieschutzes beziehen, gelten nicht nur als überflüssig sondern auch als illiberal. Ein relativistisches Demokratieverständnis ist für diese Position kennzeichnend. Wer so argumentiert, muß zum Ergebnis kommen, der Verfassungsschutz sei abzuschaffen[97]. Die Leugnung der Verfassungsfeindlichkeit von Zielen gibt das Konzept der streitbaren Demokratie auf. Das Weimarer Verfassungsverständnis ist damit ante portas. Soll dies wirklich die angemessene Lehre aus den historischen Erfahrungen sein? Immerhin erscheint diese Position, die eine doppelbödige Argumentation vermeidet, in sich stimmig.

Die streitbare Demokratie, wie sie in der Bundesrepublik beheimatet ist, sieht sich also einer mehrfachen Zangenbewegung ausgesetzt. Die einen verwerfen sie deshalb, weil sie nicht antifaschistisch fundiert sei und sich auch gegen »fortschrittliche« Positionen richte. Die anderen schließlich halten sie für nicht reformierbar, weil sie auch Ideen als verfassungsfeindlich ansehe. Die dritten schließlich bemängeln, daß sie nicht mehr (oder kaum noch) administrative Vorkehrungen trifft. Gerade deshalb,

---

95 Vgl. beispielsweise: Werner Billing, Wehrhafte Demokratie und offene Gesellschaft, in: RuP, 27 (1991), S. 122–129; ferner verschiedene Beiträge in der folgenden Broschüre: Bundesministerium des Innern (Hrsg.), Streitbare Demokratie. Neue Herausforderungen – Neue Antworten?, Bonn 1991.

96 Vgl. etwa den aufschlußreichen Beitrag von Claus Leggewie/Horst Meier, Die Berliner Republik als Streitbare Demokratie? Vorgezogener Nachruf auf die freiheitliche demokratische Grundordnung, in: Blätter für deutsche und internationale Politik, 27 (1992), S. 598–604.

97 Vgl. Horst Meier, Verfassungsschutz auf republikanisch, in: Claus Leggewie, Die Republikaner. Ein Phantom nimmt Gestalt an, völlig überarbeitete und erweiterte Neuausgabe, Berlin 1990, S. 170–181. Siehe auch ders., Parteiverbot und demokratische Republik. Verfassungspolitische Perspektiven eines radikalen Pluralismus, in: Merkur, 43 (1989), S. 719–723.

weil man sich der streitbaren Demokratieversion der fünfziger Jahre gelöst hat – ihr wohnten bisweilen autoritäre Elemente inne –, konnte sie sich halten. Daher ist es eine verkürzte Sichtweise gerade vieler Anhänger der streitbaren Demokratie, wenn sie demokratische Streitbarkeit vor allem mit Partei- oder Vereinigungsverboten identifizieren. Tatsächlich ist dem präventiven Demokratieschutz auch durch die argumentative Bekämpfung und systematische Beobachtung von extremistischen Bewegungen Rechnung getragen. Scharfe Kritik an bestimmten Instrumentarien der streitbaren Demokratie wie dem Parteien- und Vereinigungsverbot stellt nicht von vornherein dieses Demokratieprinzip in Frage, wenn damit gleichzeitig keine Absage an Wertgebundenheit und Abwehrbereitschaft, die sich nicht auf Verbote reduzieren muß, verbunden ist.

Man kann nämlich zu einem Verständnis von streitbarer Demokratie kommen, das auf administrative Maßnahmen (Sanktionen gegen Individuen und Gruppen) gegen extremistische Kräfte weitgehend verzichtet (nicht aber auf die Verankerung bestimmter Schutzmechanismen). Insofern gibt es durchaus Berührungspunkte zu der eben kritisierten Position. Von Anhängern wie von Gegnern streitbarer Demokratiekonzeptionen werden administrative Mittel in ihrer Wirkung weit über-, vielfältige Formen der geitig-politischen Auseinandersetzung hingegen sträflich unterschätzt. Die streitbare Demokratie basiert auf einer Reihe abgestufter Maßnahmen. An dem einen Ende der Skala sind die Parteiverbote angesiedelt, am anderen stehen vage gehaltene, praktisch folgenlose Aufrufe zur Verteidigung des demokratischen Verfassungsstaates. Im Gegensatz zum Wertrelativismus von Weimar eröffnet das sich zu einem Wertkodex bekennende Grundgesetz die Möglichkeit, Grenzen der Verfassungstreue zu definieren, die Feinde des demokratischen Verfassungsstaates beim Namen zu nennen, über sie Informationen zu sammeln, diese an die Öffentlichkeit zu bringen, den Bürger über die Gefahren zu unterrichten und sich mit extremistischen Bestrebungen argumentativ auseinanderzusetzen. Die geistig-politische Auseinandersetzung (um eine solche freilich muß es sich handeln) mag vielleicht bereits genügen, um der Legalitätstaktik von Extremisten einen Riegel vorzuschieben.

Funktioniert der innere Kompaß einer Gesellschaft nicht mehr, so ist fraglich, ob durch Verbote das Pendel wieder in die Ausgangslage zurückschwingt. Im Gegenteil können sie die Nadel weiter ausschlagen lassen. Dadurch entsteht eine Hypothek, die nicht mehr zu den vor dem Verbot bestehenden Bedingungen abzutragen ist: Entweder wächst aufgrund von Solidarisierung politischer Extremismus, oder der Verfassungsstaat gibt einen Teil seiner Liberalität preis. Die freiheitliche Substanz könnte in jedem Fall Schaden nehmen. Wie die Entwicklung in der Bundesrepublik gezeigt hat, ist die zweite Gefahr größer gewesen als die erste. Für alle Instrumente des Demokratieschutzes gilt, daß ihre Anwendung einen Verfassungsstaat wie die Bundesrepublik in Schwierigkeiten bringt. Insofern sind sie weder ein Kern- noch gar ein Herzstück der streitbaren Demokratie, freilich auch kein Fremdkörper. Allein ihre Existenz hat eine für die Demokratie förderliche Eigenschaft: Repräsentanten des politischen Extremismus (müssen) wissen, daß einer Legalitätstaktik Schranken gesetzt sind. Auch das ist heute anders als in Weimar.

Nun ist die streitbare Demokratie in der Bundesrepublik Deutschland häufig mit dem Argument gerechtfertigt worden, die zweite deutsche Demokratie bedürfe im Gegensatz zu anderen westlichen Demokratien dieses Schutzmechanismus, da sie über keine stabile demokratische Tradition verfüge. Wie jedoch erwähnt, ist die Bundesrepublik längst ein gefestigter Staat geworden – keine Schönwetterdemokratie, die um jeden Preis »wetterfest« gemacht werden muß[98]. Folgt man diesem Gedankengang, wäre die Absage an die streitbare Demokratie nur konsequent, zumal mit dem Niedergang des Kommunismus keine Gefahr mehr von dort droht. Allerdings ist sie mehr als ein Krisenkonzept, auch wenn ein Teil ihrer Begründer sie so aufgefaßt hat[99]. Die Werte der freiheitlichen Demokratie verdienen vielmehr eine offensive Verteidigung.

Für die Funktionsweise eines demokratischen Gemeinwesens ist demokratischer Konsens unerläßlich. Der präventive Demokratieschutz kann ihn – in Grenzen – fördern, jedoch nicht etablieren. Wer streitbare Demokratie verficht, hat auch Sorge dafür zu tragen, daß die Demokratie nicht von Demokraten gefährdet wird. Dieser Gedankengang ist lange vernachlässigt worden. Anhänger eines streitbaren Demokratiekonzepts sollten die ersten sein, die auf »Pathologien der Politik«[100] wie Korruption hinweisen. Auch dieses Beispiel zeigt: Streitbare Demokratie läuft entgegen einem verbreiteten Denken nicht notwendigerweise auf ein reduktionistisches Demokratieverständnis hinaus.

Anläßlich der dreißigsten Wiederkehr des Gründungsjahres der Bundesrepublik Deutschland im Jahre 1979 fragte Peter Graf Kielmansegg, ob streitbare Demokratie – noch – möglich sei[101]. Diese keineswegs rhetorisch gemeinte Frage ist heute aktueller denn je. Der Wandel, den die streitbare Demokratie erfahren hat, erscheint offenkundig. Manche Tendenzen sind begrüßenswert, manche weniger. Dabei hängt das eine mit dem anderen eng zusammen. Zur ersten Kategorie gehört die Zunahme der Liberalität in der Gesellschaft, die den repressiven Verfassungsschutz in vielen Fällen überflüssig gemacht hat. Zur zweiten Kategorie hingegen zählt der Rückgang antiextremistischen Denkens. Vielleicht könnte sich das entweder durch die Renaissance rechtsextremistischen Gedankenguts oder durch die Diskreditierung kommunistischer Vorstellungen bei Intellektuellen ändern.

Gleichwohl läßt sich der Umstand nicht leugnen, daß sie sich heute in der Defensive befindet. Der Hinweis auf die Notwendigkeit der argumentativen Auseinandersetzung erweist sich vielfach als eine façon de parler. Die Gefahr, daß die geistig-politische Auseinandersetzung auf der Strecke bleibt, liegt auf der Hand. Die teilweise timiden Reaktionen auf Angriffe gegenüber der Institutionen des Verfassungsschutzes[102] zeigen die defensive Haltung von Befürwortern der streitbaren Demokratie.

---

98 Vgl. Kapitel VI.2.
99 Vgl. etwa K. Loewenstein (Anm. 9).
100 So Carl Joachim Friedrich, Pathologien der Politik. Die Funktion der Mißstände: Gewalt, Verrat, Korruption, Geheimhaltung, Propaganda, Frankfurt/M.–New York 1973.
101 Vgl. Peter Graf Kielmansegg, Von der Notwendigkeit und den Schwierigkeiten streitbarer Demokratie, in: Wulf Schönbohm (Hrsg.), Verfassungsfeinde als Beamte? Die Kontroverse um die streitbare Demokratie, München 1979, S. 39–68, 65.
102 Vgl. Gero Gemballa, Geheimgefährlich. Verfassungsschutz. Dienste in Deutschland, Köln 1990; Helmut Jansen/Michael Schubert (Hrsg.), Staatssicherheit. Die Bekämpfung des politischen Feindes im Innern, Bielefeld 1990; siehe dagegen Hermann Borgs-Maciejewski, Was jeder vom Verfassungsschutz wissen sollte. Aufgaben – Methoden – Organisation, Heidelberg 1988; Falko Ritter, Die geheimen Nachrichtendienste der Bundesrepublik Deutschland. Rechtsgrundlagen – Aufgaben – Arbeitsweise – Koordinierung – Kontrolle, Heidelberg 1989. Eine Mittelposition nimmt ein: H. Joachim Schwagerl, Verfassungsschutz zwischen Fragwürdigkeit und Notwendigkeit, in: ZRP, 21 (1988), S. 167–172.

Trotz des atemberaubend schnellen Zusammenbruchs des Kommunismus in Osteuropa im allgemeinen und in der DDR im besonderen ist bisher eine antiextremistisch verstandene Demokratiekonzeption unzureichend verankert. Im Gegenteil: Dieses Demokratieverständnis scheint – paradoxerweise – weiter geschwächt worden zu sein. Es wird zum Teil als überflüssig erachtet, zum Teil gar als schädlich[103].

Die streitbare Demokratie hat einen Umwandlungsprozeß von einem Krisenkonzept zu einem für den Alltag einer offenen Gesellschaft tauglichen Modell erfahren. Eine derartige Arrondierung ist begrüßenswert. Minderheiten müssen nicht notwendigerweise die Grundlagen des demokratischen Verfassungsstaat gefährden, auch wenn sie sich in heftiger Kritik gefallen[104]. Allerdings hinkt das Bewußtsein vieler Anhänger der streitbaren Demokratie diesem Wandel hinterher. Man muß also Sorge dafür tragen, daß weder die administrativen Vorkehrungen Überhand nehmen noch die argumentativen Argumentationsmuster gegenüber dem politischen Extremismus verblassen[105].

Augenscheinlich spielen bei dem Komplex der streitbaren Demokratie Elemente der politischen Opportunität eine große Rolle[106]. Die prinzipielle Perspektive, die sich von Augenblickserwägungen lossagt, kommt zu kurz. Nur so kann man erklären, daß die Partei der PDS – trotz eindeutiger Indizien[107] – bisher nicht für extremistisch angesehen wird. Und die Entscheidung der Innenminister der Länder, die Partei der REP in dem Moment als extremistisch zu deklarieren (und damit als »überwachungswürdig«), in dem die Öffentlichkeit von den politischen Verantwortlichkeiten nach den Ausschreitungen einer rechtsextremistischen Subkultur Taten sehen wollte, wirft kein gutes Licht auf die Glaubwürdigkeit von Politikern. Zuvor hatte es geheißen, das Prüfverfahren dauere an[108]. Entweder war die Observation schon lange überfällig, oder sie ist eine Überreaktion auf Hoyerswerda, Rostock und Mölln. Neue Erkenntnisse lagen nämlich nicht vor. Diesem staatlichen Signal des Alarmismus liegt offenkundig ein taktisches Kalkül zugrunde. Das Verdikt »verfassungsfeindlich« ist für die jeweilige Partei ein alarmierendes Signal, weil so eine Art Stigmatisierung der inkriminierten Organisation eintritt. Jede von ihnen muß angesichts der Tragweite einer derartigen öffentlichen Einschätzung das Recht haben, beim Bundesverfassungsgericht überprüfen zu lassen, ob eine solche Einstufung zu Recht erfolgt. Nur auf diese Weise bleibt Liberalität gewährleistet.

Siehe auch dessen umfassende Bestandsaufnahme: Verfassungsschutz in der Bundesrepublik Deutschland, Heidelberg 1985. Ausführlich auch: Bundesamt für Verfassungsschutz (Hrsg.), Verfassungsschutz in der Demokratie. Beiträge aus Wissenschaft und Praxis, Köln u. a. 1990.

103 Vgl. Uwe Backes/Eckhard Jesse, Extremismus und streitbare Demokratie in der Bundesrepublik Deutschland. Von der Gründung bis zur Vereinigung, in: dies. (Hrsg.), Jahrbuch Extremismus & Demokratie, Bd. 2, Bonn 1990, S. 7–36.

104 Vgl. Wolfgang Gessenharter/Helmut Fröchling (Hrsg.), Minderheiten. Störpotential oder Chance für eine friedliche Gesellschaft?, Baden-Baden 1991.

105 Vgl. Eckhard Jesse, Streitbare Demokratie und Rechtsextremismus, in: Frankfurter Rundschau vom 30. Januar 1993, S. 10.

106 Hierfür finden sich zahlreiche Beispiele bei Hans-Gerd Jaschke, Streitbare Demokratie und innere Sicherheit. Grundlagen, Praxis und Kritik, Opladen 1991.

107 Vgl. Kapitel II.3.8.

108 Vgl. Albrecht Funk, Verfassungswidrige, extremistische, radikale und verfassungstreue Parteien. Zur Überprüfung der »Republikaner« durch die Ämter für Verfassungsschutz, in: KJ, 22 (1989), S. 467–474.

5. Zur Ethik demokratischen Handelns

Das politische System der Bundesrepublik scheint aufgrund der im Grundgesetz verankerten Bestimmungen für die Auseinandersetzung mit Extremisten von links und rechts gut gerüstet. Was aber, wenn die Hauptgefahr gar nicht von »außen«, sondern von »innen« kommt, wenn also die Demokraten selbst die Substanz des Verfassungsstaates aushöhlen? Immerhin wirken die Strukturprinzipien des demokratischen Staates auch einem Machtmißbrauch der »etablierten« Kräfte entgegen: Mehrparteienprinzip, Recht auf Opposition, Rechtsstaatlichkeit, Gewaltenteilung schaffen wichtige Kontrollmechanismen. Gleichwohl bildeten auch diese Prinzipien keinen unüberwindbaren Schutzwall, handelten die staatlichen Funktionsträger und Repräsentanten systematisch wider den »Geist« des demokratischen Verfassungsstaates. Eine »geistig-politische Auseinandersetzung« mit dem politischen Extremismus wird vielfach gefordert. Sie setzt allerdings voraus, daß Klarheit über die grundlegenden Werte und Spielregeln konstitutioneller Demokratie besteht und die politisch Handelnden sich nach ihnen ausrichten. »Geistig-politische Auseinandersetzung« verliert demgegenüber dann an Glaubwürdigkeit, wenn das Verhalten führender Akteure des politischen Systems sich von demjenigen extremistischer Kräfte allenfalls graduell, nicht aber prinzipiell unterscheidet.

Welche Maximen aber sind es, denen die politisch Handelnden in der Demokratie auch im Umgang mit Extremisten folgen sollten? Gefragt ist somit nach den Richtlinien demokratischen Handelns, wenn man so will: einer Ethik konstitutioneller Demokratie. Freilich kann es sich hierbei nicht um eine Ethik handeln, die in einem bestimmten weltanschaulichen Kontext wurzelt, bietet der demokratische Verfassungsstaat doch einer Vielfalt an Überzeugungen Raum. Allerdings ist die so begründete »weltanschauliche Neutralität« nicht mit Wertfreiheit zu verwechseln. Denn die Befürwortung einer legitimen Pluralität von Interessen, Bedürfnissen, Meinungen und Bekenntnissen kommt nicht ohne den Rückgriff auf grundlegende Werte aus[109].

»Die Würde des Menschen ist unantastbar. Sie zu achten und zu schützen ist Verpflichtung aller staatlichen Gewalt«. Diese beiden Sätze finden sich nicht zufällig in Artikel 1 Abs. 1 des Grundgesetzes. Die Verfassungsväter haben sie an den Anfang gestellt, weil alle folgenden Bestimmungen auf diese Wertbasis hin ausgerichtet sind. Der Begriff der »Menschenwürde« mag vage gefaßt sein. Der Mensch – und somit für den Bereich des Staates: der Bürger – soll Ausgangspunkt und »letzter« Zweck des demokratischen Staates sein. Religiösen Lehren bleibt es anheimgestellt, einen »letzten« Zweck jenseits des Menschen zu definieren. Die Ethik des demokratischen Verfassungsstaates dagegen, die als Minimalethik oder »Metaethik« Handlungsnormen für das Nebeneinander verschiedener Überzeugungen und Bekenntnisse festlegt, muß auf den Menschen selbst als Letztwert fixiert bleiben. »Der Mensch« steht dabei für »alle Menschen«, was die gleiche Würde für jedermann impliziert. Gleiche Würde bedeutet wiederum gleiche politische Rechte. Das Wort von der »Menschenwürde« enthält somit den Grundsatz der Gleichberechtigung. »Der Mensch« soll aber auch heißen: der Mensch so wie er ist, also nicht etwa der zu schaffende »neue Mensch«. Der demokratische Verfassungsstaat will dem Menschen nichts Unrealistisches abverlangen. Rousseaus Ausspruch: »Gäbe es ein Volk von Göttern, so würde es sich

---

109 Vgl. Günter Gorschenek (Hrsg.), Grundwerte in Staat und Gesellschaft, München 1977.

demokratisch regieren. Eine so vollkommene Regierung paßt für Menschen nicht«[110], trifft zu, legt man dessen Demokratieverständnis zugrunde, daß die Identität von Regierenden und Regierten postulierte. Die Konzeption der pluralistischen, rechtsstaatlichen, gewaltenteilenden, konstitutionellen, repräsentativen Demokratie berücksichtigt demgegenüber, daß der Mensch ein sterbliches, vernunftbegabtes, aber dennoch fehlbares, zu uneigennützigem wie egoistischem Handeln fähiges Wesen mit begrenztem Erkenntnisvermögen ist. Eine funktionsfähige Demokratie muß folglich Mechanismen zur Verhinderung von Machtmißbrauch bereitstellen und vielfältigen Meinungen und Überzeugungen Raum belassen.

Das Bild vom Menschen als einer mit unveräußerlichen Rechten ausgestatteten Persönlichkeit wurde in der Neuzeit unter dem Einfluß des Humanismus, des Christentums und der Philosophie der Aufklärung geprägt und als politisches Programm gegen Absolutismus, Fürstenwillkür und hierarchische Ständegesellschaft entworfen, lange bevor es seinen Niederschlag in ersten Verfassungsurkunden fand. Der Mensch als »autonomes Subjekt«[111] – dies bedingte auch die Forderung nach religiöser und weltanschaulicher Toleranz, die in Europa insbesondere durch die Erfahrung der Religionskriege an Boden gewann. Sie bedeutet zugleich eine Absage an den Absolutheitsanspruch religiöser und religionsähnlicher Heilslehren. Denn nur derjenige wird bereit sein, abweichende oder konträre Auffassungen neben der eigenen zu dulden, der selber die Möglichkeit des Irrtums konzediert.

Damit ist die Kardinaltugend des demokratischen Verfassungsstaates genannt: Toleranz, die Voraussetzung friedlichen Zusammenlebens in einer durch weltanschaulichen Pluralismus geprägten Gesellschaft. Sie basiert auf der gegenseitigen Anerkennung des Rechts auf Meinungs- und Bekenntnisfreiheit. Allein diese gegenseitige Anerkennung, die zugleich bedeutet, daß der eine den anderen als Persönlichkeit respektiert, bildet jenes in der englischen Verfassungsgeschichte oftmals zitierte und weitergehend interpretierte »agreement on fundamentals«, ohne das eine legitme Vielfalt von Überzeugungen nicht organisiert werden kann[112]. Angewandt auf die politische »Arena« heißt dies: Auch in grundsätzlichen Auseinandersetzungen muß der gegenseitige Respekt der Kontrahenten immer erkennbar sein. Feindbilder haben daher im Umgang zwischen Demokraten unterschiedlicher Ausrichtung keinen Platz. Als Feind kann allenfalls derjenige gelten, der die in der konstitutionellen Demokratie herrschende Toleranz mißbraucht, um für die Durchsetzung der Intoleranz zu kämpfen. Es ist kein »Paradoxon der Demokratie«[113], wenn sie der Freiheit der Feinde der Freiheit Schranken auferlegt, da Pluralismus und Toleranz selbst werterfüllte Kategorien sind, deren Mißachtung nicht beliebig toleriert werden kann.

---

110 Jean-Jacques Rousseau, Der Gesellschaftsvertrag oder Die Grundsätze des Staatsrechtes (1762), Leipzig o. J. (1927), S. 103.

111 Vgl. Werner Becker, Die Freiheit, die wir meinen. Entscheidung für die liberale Demokratie, München-Zürich 1984² (1982), S. 27–44; Ludger Kühnhardt, Die Universalität der Menschenrechte, München 1987, S. 48–85.

112 Vgl. dazu: Carl Joachim Friedrich, Demokratie als Herrschafts- und Lebensform, Heidelberg 1966² (1953), S. 66–76.

113 So aber K. R. Popper (Anm. 2), Bd. 1. Dazu macht bedenkenswerte Einwände geltend: W. Becker (Anm. 111), S. 199–207.

Wenn also Toleranz auch nicht grenzenlos gelten kann, ohne in das Gegenteil umzuschlagen, so wird doch durch die gegenseitige Anerkennung des Rechts auf personale Autonomie ein weites Feld geöffnet, innerhalb dessen naturgemäß auftretende Konflikte unter Beachtung gewisser Spielregeln verlaufen. Toleranz deckt sich folglich nicht mit Konfliktscheu. Vielmehr soll sie den offenen Austrag von Konflikten gerade ermöglichen. Dies ist in einer Demokratie von elementarer Bedeutung, da nur auf diese Weise Verkrustung und Erstarrung verhindert sowie die Fähigkeit zur gewaltlosen, schrittweisen Veränderung bewahrt wird. Die Furcht vor Interessenkonflikten und Meinungsstreit kennzeichnet den Obrigkeitsstaat, dessen Relikte in der politischen Kultur der Bundesrepublik trotz vielfacher Liberalisierungen noch deutlich spürbar sind. Insbesondere das Konfliktverständnis[114] läßt zu wünschen übrig: »Obwohl – oder weil – die sozialen Fronten weniger verhärtet und zum Beispiel Arbeitskämpfe weitaus seltener sind als in vielen anderen westlichen Industriestaaten, erregen Streiks nicht bloß Aufsehen, sondern Angst, manchmal bis an die Grenzen der Hysterie. Parteien gelten für stark, wenn sie Einmütigkeit demonstrieren, für schwach dagegen, wenn es ›Flügel‹ gibt und etwa auf Parteitagen kritisch und kontrovers diskutiert wird. Politische Bildung wurde, nicht bloß dem Namen nach, in der Bundesrepublk lange als ›Gemeinschaftskunde‹ verstanden; als dann in den sechziger Jahren eine ›Konfliktpädagogik‹ sich entwickelte, geriet sie alsbald ins Kreuzfeuer der Verdächtigungen, so als betreibe sie schlechthin das Geschäft der ›Systemveränderer‹ und eines gewaltsüchtigen Radikalismus«[115]. Auch von einer an sich wünschenswerten »Streitkultur« kann bislang in der Bundesrepublik nicht die Rede sein, bedenkt man, wie häufig in öffentlichen Kontroversen – der sogenannte »Historikerstreit«[116] liefert hierzu ein abschreckendes Beispiel – mit Diffamierungen oder schwach begründeten Verdächtigungen gearbeitet wird. Als die Kandidaten der Parteien nach der Barschel-Affäre in Schleswig-Holstein einen betont sachbezogenen und von gegenseitigem Respekt getragenen Wahlkampf führten, wurde dies in der Presse kaum gewürdigt, sondern vielfach ins Lächerliche gezogen (»Schmusewahlkampf«). Mag der offene Konfliktaustrag in der Demokratie auch notwendig sein, so setzt dieser doch die Einhaltung elementarer Regeln eine »fair play« voraus.

Neben der Konfliktfähigkeit bedarf die konstitutionelle Demokratie jedoch auch der Tugend der Kompromißbereitschaft. Denn in der Politik geht es selten um reine Sachfragen, meistens um Auseinandersetzungen zwischen unterschiedlichen Interessen und Auffassungen. Keine Partei kann daher von vornherein beanspruchen, ihre Forderungen ohne Einschränkung durchzusetzen. Beständige, auf Dauer angelegte Lösungen werden vielmehr nur dann erreicht, wenn die verschiedenen Standpunkte

---

114 Vgl. etwa Eckhard Jesse, Anmerkungen zum mangelnden Konfliktverständnis, in: ders. (Hrsg.), Bundesrepublik Deutschland und Deutsche Demokratische Republik. Die beiden deutschen Staaten im Vergleich, Berlin 1985[4] (1980), S. 107–113.

115 Christian Graf von Krockow, Ethik und Demokratie, in: APZG, B 49/79, S. 3–22, 11.

116 Vgl. beispielsweise Eckhard Jesse, Der sogenannte »Historikerstreit«: Ein *deutscher* Streit, in: Thomas M. Gauly (Hrsg.), Die Last der Geschichte. Kontroversen zur deutschen Identität, Köln 1988, S. 9–54; Imanuel Geiss, Der Hysterikerstreit. Ein unpolemischer Essay, Berlin-Bonn 1992; dieses Buch stellt in weiten Teilen eine »undiplomatische« Antwort auf das folgende dar: Hans-Ulrich Wehler, Entsorgung der deutschen Vergangenheit? Ein polemischer Essay zum »Historikerstreit«, München 1988.

angemessen Berücksichtigung finden. Politische Gegner müssen somit über die Vertretung eigener Interessen abweichenden oder gegensätzlichen Positionen ihre Existenzberechtigung zuerkennen.

Achtung vor der Person des anderen, Toleranz, Konfliktfähigkeit, Kompromißbereitschaft: Diese für das Funktionieren einer pluralistischen Demokratie unverzichtbaren Tugenden setzen zugleich die Respektierung der Spielregeln voraus. Damit sind elementare institutionelle Sicherungen und Verfahrensvorschriften gemeint, die Voraussetzung für friedliche, gewaltlose Strukturveränderungen sind: Rechtsstaatlichkeit, das staatliche Gewaltmonopol, Mehrheitsregel und Minderheitenschutz. Ohne sie ist friedlicher Interessenaustrag nicht möglich, und ohne sie kann es keinen gewaltfreien Wandel geben. Erst die peinliche Einhaltung der Verfahrensregeln schafft genügend Vertrauen für schrittweise Veränderungen. Wenn die eine Seite von der anderen erwartet, diese werde im Falle einer Machtübernahme die Spielregeln einseitig zu ihren Gunsten verändern, droht der Bürgerkrieg. Der logische Zusammenhang zwischen der legitimen Vielfalt von Interessen und Überzeugungen und dem Grundkonsens im Hinblick auf fundamentale Werte und Spielregeln[117] wird häufig übersehen. Es ist Aufgabe der öffentlichen Meinung, auf entsprechende Mißstände hinzuweisen. Leider gibt es in der Bundesrepublik zu wenig moralische Instanzen über den »Lagern« mit der entsprechenden Ausstrahlung[118].

Die Geringschätzung scheinbar bloß »formaler« Regeln ist ein typisches Kennzeichen extremistischer Bewegungen, die in der Wahl der Mittel zur Realisierung der glorreichen Endziele nicht zimperlich sind. Gewisse Tendenzen in diese Richtung finden sich heute auch bei den »neuen sozialen Bewegungen«, für die in den achtziger Jahren eine »Zeitenwende« angebrochen zu sein schien[119]. Eine demokratietheoretische Beurteilung fällt ambivalent aus: Einerseits tragen sie mit ihrem Engagement und Idealismus zu einer Vitalisierung des politischen Lebens bei; andererseits muß die Berufung auf ein angemaßtes »Recht auf Widerstand« und die Mißachtung des staatlichen Gewaltmonopols bedenklich stimmen[120]. Rudolf Wassermann hat in diesem Zusammenhang zu Recht von einer »Erosion des Rechtsbewußtseins« gesprochen, die zur »Delegitimierung des Rechtsstaates«[121] beitrage. Pluralismus und

---

117 Vgl. Ernst Fraenkel, Der Pluralismus als Strukturelement der freiheitlich-rechtsstaatlichen Demokratie (1964), in: ders., Deutschland und die westlichen Demokratien, Stuttgart u. a. 1979⁷ (1964), S. 197–221; S. Eisel (Anm. 13), S. 51–90.

118 Vgl. beispielsweise die Beiträge von Theodor Eschenburg, Zur politischen Praxis in der Bundesrepublik, 3 Bde., München 1964/1966/1972; ders., Spielregeln der Politik. Beiträge und Kommentare zur Verfassung der Republik, Stuttgart 1987.

119 Vgl. dazu kritisch K. Sontheimer (Anm. 82).

120 Vgl. die aufschlußreichen, von Lagermentalität weit entfernten Ausführungen von Hermann Rudolph, Die Herausforderung der Politik. Innenansichten der Bundesrepublik, Stuttgart 1987.

121 Vgl. Rudolf Wassermann, 8. Mai 1945: Die Katastrophe als Chance zum Neubeginn. Der demokratische Rechtsstaat als Reaktion auf den nationalsozialistischen Unrechtsstaat, in: APZG, B 16/85, S. 12. Siehe auch ders., Gibt es ein Recht auf zivilen Ungehorsam?, in: ZfP, 30 (1983), S. 343–348; ders., Von der parlamentarischen zur Demonstrations- und Widerstandsdemokratie?, in ZfP, 31 (1984), S. 1–10. Ferner: Ralf Dreier, Widerstandsrecht im Rechtsstaat? Bemerkungen zum zivilen Ungehorsam, in: Recht und Staat im sozialen Wandel. Festschrift für Hans Ulrich Scupin, Berlin 1983, S. 573–599; Martin Kriele, Die Rechtfertigungsmodelle des Widerstands, in: APZG, B 39/83, S. 12–24.

Offenheit, damit die Kernsubstanz des demokratischen Verfassungsstaates, geraten in Gefahr, wenn der Konsens im Hinblick auf fundamentale Werte und Spielregeln schwindet[122].

Wer einer geistigen Aushöhlung der konstitutionellen Demokratie entgegentritt und sich offensiv mit den Gefahren extremistischer Bestrebungen auseinandersetzt, leitet keineswegs Wasser auf die Mühlen des politischen Extremismus. Er sollte dies freilich im Geiste der Toleranz und Liberalität tun. Auch Extremisten sind in einer pluralistischen Demokratie nicht vogelfrei, sondern im Besitz elementarer Rechte – darunter dem Recht zur politischen Teilhabe. Zwar sieht die streitbare Demokratie Mechanismen vor, die verhindern sollen, daß die demokratischen Freiheiten zur Abschaffung eben dieser Freiheiten mißbraucht werden; diese unterliegen jedoch einer klaren Eingrenzung und belassen auch demjenigen, der grundlegende Werte und Spielregeln mißachtet, einen breiten Betätigungsraum. Die verbreitete Parole: »Keine Freiheit den Feinden der Freiheit!« stellt mithin keineswegs die Maxime der streitbaren Demokratie dar.

Freilich ist die Auseinandersetzung mit dem politischen Extremismus in der Bundesrepublik nicht immer von Liberalität durchdrungen. Statt zum geistigen Degen greift man allzu oft zur argumentativen Keule. Statt differenzierter Betrachtung und dem Bemühen um Gerechtigkeit gegenüber dem Kontrahenten finden sich häufig grobschlächtige Formeln und Pejorativa, mit denen extremisische Gruppierungen mehr entstellt als dargestellt werden. Besonders rechtsextremen Kräften wird häufig mit volkspädagogischem Eifer entgegengetreten. Polemische Wendungen wie »Neonazis« oder »Faschisten« belegen dies. Nicht von ungefähr haben zwei Frankfurter Sozialwissenschaftler, denen sich gewiß keine Sympathien zur politischen »Rechten« unterstellen läßt, die Geschichte des Rechtsextremismus in der Bundesrepublik mit Hilfe von Begriffen wie »Subkultur« und »Stigmatisierung« nachgezeichnet[123]. So sinnvoll und unerläßlich eine entschiedene Bekämpfung des Extremismus auch ist, so darf dieser Kampf jedoch nicht in ein Ritual ausarten. Arno Plack hat angesichts manch pädagogisierender Verhaltensweisen zu Recht die Frage aufgeworfen: »Wie oft wird Hitler noch besiegt?«[124] Die Schatten der Vergangenheit sind nach wie vor lang[125].

Geistig-politische Auseinandersetzung mit extremistischen Bestrebungen sollte sich durch das Bemühen um Wahrhaftigkeit, Selbstkritik und Differenziertheit auszeichnen. Sie verliert ihre Glaubwürdigkeit, wird ein Popanz aufgebaut, der zur anschließenden Demontage einlädt. Müssen Extremisten gleich welcher Couleur her-

122 Sehr eindringlich in diesem Sinne Christian Graf von Krockow. Gewalt für den Frieden? Die Politische Kultur des Konflikts, München 1983.

123 Siehe Peter Dudek/Hans-Gerd Jaschke, Entstehung und Entwicklung des Rechtsextremismus in der Bundesrepublik. Zur Tradition einer besonderen politischen Kultur, 2 Bde., Opladen 1984.

124 Vgl. Arno Plack, Wie oft wird Hitler noch besiegt? Neonazismus und Vergangenheitsbewältigung, Frankfurt/M. 1985.

125 Vgl. Peter Graf Kielmansegg, Lange Schatten. Vom Umgang der Deutschen mit der nationalsozialistischen Vergangenheit, Berlin 1989; Uwe Backes/Eckhard Jesse/Rainer Zitelmann (Hrsg.), Die Schatten der Vergangenheit. Impulse zur Historisierung des Nationalsozialismus, Frankfurt/M.-Berlin 1992².

halten, um ein manichäistisches Schwarz-Weiß-Gemälde vom absolut Guten auf der einen Seite und dem absolut Bösen auf der anderen zu entwerfen, ist damit dem geistigen Anspruch des demokratischen Verfassungsstaates ein Bärendienst erwiesen.

6. Resümee

Gewiß gilt folgender Sachverhalt: »Es gehört zu den schwierigen Aufgaben des Rechtsstaates, die Wölfe im Schafspelz des Grundgesetzes zu erkennen und sich nicht an den Schafen im Wolfspelz des Verbalradikalismus zu vergreifen. Im übrigen sind die Verfassungsgefährdungen selten offenkundig, und die offenkundigen weisen selten den höchsten Gefährlichkeitsgrad auf.«[126] Man kann noch ein anderes Dilemma ergänzen: Je schwächer der politische Extremismus ist, um so einfacher ist dessen Bekämpfung, gleichzeitig aber auch um so überflüssiger; je stärker der Extremismus sich entwickelt, um so schwieriger wird seine Bekämpfung, freilich auch um so notwendiger. Es wäre zu simpel, wollte man die Schwierigkeiten leugnen, die sich um das Problemfeld ranken, wie dem politischen Extremismus der Boden entzogen werden kann. Aber aus den Dilemmata läßt sich nicht die Konsequenz ziehen, es gäbe gegenüber dem politischen Extremismus keine angemessene Verteidigung.

Es bieten sich verschiedene Möglichkeiten an: An erster Stelle ist – vor dem Hintergrund der Wertgebundenheit der Verfassung – die geistig-politische Auseinandersetzung zu erwähnen. Wenn diese nämlich nicht funktioniert, verblassen auch die legislativen, administrativen und judikativen Möglichkeiten, sofern sie keine Ergänzung im politischen Bereich und in der öffentlichen Meinung finden. Mit der geistig-politischen Auseinandersetzung ist gemeint, daß man Extremisten entschieden bekämpft, auch wenn sie nicht gegen gesetzliche Bestimmungen verstoßen. Denn die Wahrung der Legalität gehört gerade zur Taktik von Teilen des politischen Extremismus, der auf diese Weise Salonfähigkeit anstrebt. Die im Grundgesetz vorgesehenen Schutzvorkehrungen stehen also in keinem Gegensatz zur freiheitlichen Ordnung. »Gleichzeitig darf die Vereinbarkeit der Vorschriften zum Schutz der freiheitlichen Demokratie mit dem Gedanken der freien Selbstbestimmung des Volkes allerdings auch nicht etwa dazu verleiten, die Aufrechterhaltung der freiheitlichen Demokratie allein mit Rücksicht auf das Vorhandensein dieser Vorschriften als tatsächlich dauerhaft gesichert anzusehen. Vielmehr ist immer im Auge zu behalten, daß die beste Gewähr für die Aufrechterhaltung der freiheitlichen demokratischen Grundordnung ungeachtet aller im Grundgesetz enthaltenen Vorkehrungen zur Ermöglichung der Abwehr von dagegen gerichteten Angriffen in der Erhaltung und Gewinnung der Zustimmung einer jeweils möglichst großen Mehrheit der Bürger zu dieser Ordnung liegt.«[127]

Die Instrumentarien der streitbaren Demokratie sind bisher maßvoll eingesetzt worden – in den fünfziger Jahren jedoch weit intensiver als später. Der Übergang vom Legalitäts- zum Opportunitätsprinzip hat mehr Vor- als Nachteile. Die Argumente der unterschiedlich argumentierenden Kritiker sind nicht einleuchtend: Die einen

---

126 So Josef Isensee, Wehrhafte Demokratie, in: Das Parlament vom 17. Januar 1976, S. 1.
127 A. Sattler (Anm. 27), S. 100f.

erblicken im Opportunitätsprinzip eine Aufweichung, wenn nicht gar eine Aufgabe der streitbaren Demokratie schlechthin. Dabei übersehen sie, daß der demokratische Verfassungsstaat unterschiedlich flexibel handeln kann und muß. Parteiverbote sind in der gegenwärtigen Situation anachronistisch – das gilt für die DKP und die K-Gruppen ebenso wie für die NPD und die FAP. Man würde mit Kanonen auf Spatzen schießen. Die anderen wittern – gerade umgekehrt – im Opportunitätsprinzip eine Möglichkeit, politisch unangenehme Positionen zu stigmatisieren[128], ohne daß diese die Möglichkeit der angemessenen Gegenwehr haben. Tatsächlich stellt die Orientierung am Opportunitätsprinzip eine Zwischenposition zwischen rigider Bekämpfung auch kleinster extremisitscher Bestrebungen und einem passiven Attentismus dar, wie er in der Weimarer Republik verbreitet war. Wer für das Opportunitätsprinzip votiert, muß sich konsequenterweise, allerdings wird dies häufig ignoriert, zum Begriff der Verfassungsfeindlichkeit bekennen. So kann der Verzicht auf ein Verbot zugleich auch ein Verzicht auf entschiedene geistig-politische Auseinandersetzung nach sich ziehen. Damit würde das Opportunitätsprinzip auf eine Schwächung der streitbaren Demokratie hinauslaufen. Das war nicht die ursprüngliche Intention.

Was den Komplex »Extremismus und öffentlicher Dinst« angeht, braucht die bundesdeutsche Praxis bei allem bürokratischen Perfektionismus den Vergleich zu anderen westlichen Demokratien nicht zu scheuen. Es ist sehr die Frage, ob den »eleganten« Abwehrmechanismen vieler westlicher Demokratien gegenüber dem Extremismus, die nach außen hin weniger Angriffsflächen bieten, Vorzug gegenüber dem »Formalismus« in der Bundesrepublik gebührt. Die Kampagnen gegen den »Radikalenerlaß« von 1972 haben gänzlich verkannt, daß die Beamtengesetze in der Bundesrepublik von den Beamten ein Bekenntnis zur freiheitlichen demokratischen Grundordnung verlangen. Selbstverständlich wird damit nicht eine wie immer geartete politische Disziplinierung bezweckt. Denn die mit dem Begriff der freiheitlichen demokratischen Grundordnung umschriebenen Werte schließen entschiedene Verfechter einer alternativen sozialistischen Ordnung, sofern diese nicht freiheitliche Prinzipien abzuschaffen gedenken, ebensowenig vom Grundkonsens aus wie Verfechter konservativer Staatsvorstellungen. Die Diskussion um den »Radikalenerlaß« ist ein signifikantes Beispiel dafür, wie Extremisten es verstanden haben, Gutwillige auf ihre Seite zu bringen und Mißtrauen gegenüber dem demokratischen Verfassungsstaat zu schüren. Aber man muß auch die Frage aufwerfen, wie die politisch Verantwortlichen in der Bundesrepublik so in die Defensive geraten konnten.

Die Antwort hängt mit dem Wandel der Wirkungskraft des Demokratieschutzes zusammen. Sie ist – nicht zuletzt durch die »Zäsur Studentenrevolte«[129] mit ihren nahezu kulturrevolutionären Begleiterscheinungen in der zweiten Hälfte der sechziger Jahre – geschwächt worden. Antifaschistische Denkmuster überlagern – jedenfalls im tonangebenden intellektuellen Milieu – antiextremistische. Nach dem Desaster des »vormundschaftlichen Staates«[130] nicht nur in der DDR ist zwar keine Kehrt-

---

128 Vgl. etwa Dieter Grimm, Politische Parteien, in: E. Benda/W. Maihofer/H.-J. Vogel (Anm. 26), S. 317–388, insbes. S. 338f.
129 So Hermann Hoffmann, Zäsur Studentenrevolte, in: Civis, 22 (1989) 3, S. 50–56.
130 So Rolf Henrich, der vormundschaftliche Staat. Vom Versagen des real existierenden Sozialismus, Reinbek bei Hamburg 1989.

wende eingekehrt, wohl aber eine kritischere Beurteilung des Anti-Antikommunismus. So besteht Hoffnung auf eine Revitalisierung antiextremistischer Grundpositionen. »Die Linke nach dem Sieg des Westens«[131] – besinnt sie sich auf eine Kurskorrektur?

Es gehört zur Ethik demokratischen Handelns, daß sich die demokratischen Kräfte nicht nur auf bestimmte Prinzipien verständigen, sondern sie auch praktizieren: Toleranz, Kompromißbereitschaft, Konfliktfähigkeit. Die häufige Mißachtung dieser Maximen kann kein Grund zu ihrer Desavouierung sein. Aus prinzipiellen Gründen müssen sich die demokratischen Kräfte eines pfleglichen Umgangs miteinander befleißigen, ganz abgesehen davon, daß stets Extremisten Nutznießer sind, wenn demokratische Kräfte die eigenen Prinzipien ignorieren.

131 So Peter Glotz, Die Linke nach dem Sieg des Westens, Stuttgart 1992.

IX. Schlußbetrachtung

1. Zusammenfassung

Am Ende dieser Studie über den politischen Extremismus in der Bundesrepublik Deutschland muß man sich Rechenschaft darüber ablegen, was die Untersuchung zutage gefördert hat. Die Frage nach dem Ertrag stellt sich. Welche Erkenntnisse und Ergebnisse konnten gewonnen werden?

Die in der Propädeutik angestellten Überlegungen dienten der Definition der für die Analyse zentralen Begriffe »Extremismus« und »demokratischer Verfassungsstaat«. Dazu wurde eine Reihe in Umlauf befindlicher Bedeutungen kritisch erörtert, ehe anschließend eine systematische Begriffsbestimmung erfolgte. »Extremismus« und »demokratischer Verfassungsstaat« gelten hierbei als antithetische Größen, zwischen denen es keine vermittelnde Position geben kann. Dennoch wirft eine Grenzziehung zwischen beiden Definitionsbereichen gelegentlich besondere Schwierigkeiten auf, denkt man etwa an das weite und vielgestaltige Feld der »sozialen Bewegungen« oder auch an national-populistische Protestparteien vom Schlage der REP. Es muß davor gewarnt werden, jegliches von der Norm abweichende politische Verhalten als Extremismus oder dessen Vorform auszugeben. Schließlich lebt die konstitutionelle Demokratie gerade auch von neuen, kreativen Ideen, die notwendig sind, um den Bedingungen einer in ständigem Wandel begriffenen Welt auf Dauer gewachsen zu sein. Das Verlassen eingetretener Bahnen, der Bruch mit allzu selbstverständlich gewordenen Konventionen könnte sich daher auch einmal als Lebenselixier des demokratischen Prozesses erweisen. Der statistische Durchschnitt oder die »goldene Mitte« sind kein Maßstab für die demokratietheoretische Beurteilung politischer Ideen und Bestrebungen. Ein an derartigen Kategorien orientierter Extremismusbegriff, dessen Ursprung vielleicht in einem juste milieu zu suchen wäre, sähe sich zudem der akuten Gefahr einer »self-fulfilling prophecy« ausgeliefert.

Was die Phänomenologie angeht, so ist das extremistische Spektrum breit gespannt, selbst wenn man einmal den Terrorismus außer acht läßt. Die Palette reicht vom Neonationalsozialismus über den eher deutsch-nationalen Rechtsextremismus der NPD und DVU bis zu den intellektuell zum Teil herausfordernden Strömungen der »Neuen Rechten« auf der einen Seite, von den K-Gruppen und den Trotzkisten über Linke von DKP und SED bis zu spontaneistischen Gruppierungen (»Autonome«) und Anarchisten auf der anderen Seite. Bei manchen sozialen Bewegungen durchmischten sich demokratische und extremistische Gesinnungen und Aktivitäten.

In der vierzigjährigen Geschichte der Bundesrepublik wechselte die Stärke der extremistischen Bewegungen des öfteren. Ein direkter Zusammenhang zwischen den

Erfolgen der politischen Extreme auf beiden Seiten des politischen Spektrums im Sinne einer »Hochschaukelungstheorie« besteht nicht oder nur ganz partiell. Die KPD war am stärksten in der Nachkriegszeit, nahm später – schon vor dem Parteiverbotsantrag – nahezu kontinuierlich ab. Die DKP konnte, was die Wahlergebnisse betrifft (bei der Bundestagswahl 1987 stellte sie sich als eigenständige Kraft gar nicht zur Wahl), keineswegs an die KPD anknüpfen, war jedoch nicht so geächtet wie diese. In einigen gesellschaftlichen Teilbereichen (etwa in Einzelgewerkschaften des DGB) vermochte sie gewisse Erfolge zu verbuchen bis sie ihren Einfluß infolge des Zusammenbruchs der SED weitgehend verlor. Bislang ist es der PDS in den alten Bundesländern nicht gelungen, in deren Fußstapfen zu treten.

Erlebte die in Teilen neonationalsozialistisch ausgerichtete SRP im Jahre 1951 einen beachtlichen, wenn auch nur kurzen Höhepunkt, so dauerte es bis in die zweite Hälfte der sechziger Jahre, ehe der Rechtsextremismus in Form der NPD einige Achtungserfolge erzielte, die die überwiegend deutsch-national orientierte Partei in mehrere Landesparlamente brachten, nicht jedoch in den Bundestag. Nach dem für sie enttäuschenden Wahlausgang von 1969 auf Bundesebene (4,3 Prozent) verlor die NPD den weitaus größeren Teil ihrer Mitglieder und Wähler, wiewohl seit Mitte der achtziger Jahre eine Konsolidierung auf niedrigem Niveau einsetzte. Wahlabsprachen mit der seit 1987 als Partei auftretenden DVU-Liste D kommen mehr der DVU zugute, die Abgeordnete in die Landesparlamente von Bremen und Schleswig-Holstein entsenden konnte. NPD und DVU mußten später jedoch hilflos zusehen, wie es einer neuen Protestpartei rechts von der Union seit 1989 gelang, das Gros der politisch Unzufrieden zu mobilisieren. Die neonationalsozialistischen Aktivitäten sind – im Vergleich zu den Jahrzehnten zuvor – seit Mitte der siebziger Jahre merklich gestiegen, wenngleich sie ohne jegliche gesellschaftliche Verankerung auskommen müssen und mit öffentlichkeitswirksamen Aktionen immer wieder aus dem Schatten ihrer politischen Randexistenz herauszutreten versuchen. Allerdings hat sich die »Szene« der Skinheads als gewalttätiges Rekrutierungsfeld erwiesen.

Seit der Vereinigung der beiden deutschen Staaten haben sich die Kräfteverhältnisse merklich verschoben. Die extreme Linke hat durch den Zusammenbruch des SED-Regimes an Boden verloren, und die extreme Rechte ist dadurch aufgewertet worden. National-populistische Wahlbewegungen haben ebenso Konjunktur wie militante Gruppierungen neonationalsozialistischer Observanz. Vor allem in den neuen Bundesländern haben – auch infolge der gravierenden sozialen und ökonomischen Probleme – Links- und Rechtsextremisten ein geistiges Resonanzfeld gefunden, auch wenn ihr Wirken keine systembedrohenden Ausmaße angenommen hat.

Der (Links-)Terrorismus in der Bundesrepublik hat seine Hauptwurzel in der Studentenbewegung Ende der sechziger Jahre, die sich in viele Richtungen verzweigte. Er bildet(e) auch wie in einem Zerrspiegel die ideologische Bandbreite dieses »Inkubationsherdes« ab: vom Marxismus-Leninismus (RAF) bis zur »antiautoritären« und teilweise anarchistischen Ausrichtung (Bewegung 2. Juni). Die rechtsterroristischen Aktivitäten blieben hinter denen von links deutlich zurück. Aber auch »linke« Terroristen haben die demokratische Gesellschaft nicht erschüttern können, wenngleich etwa der mittlerweile bereits zum Mythos gewordene »deutsche Herbst« nachhaltig gewirkt und zum Teil Überreaktionen erzeugt hat. Nach dem Jahr 1977 ist der Terrorismus rückläufig, wenn auch nicht völlig aufgerieben, wie Attentate mit tödlichem Ausgang beweisen. Die Grenzen zu bestimmten Formen der Militanz, man denke an die sogenannten »Autonomen« und die Umtriebe rechtsextremer Skinheads sind fließend.

Wie buntscheckig die extremistischen Phänomene auch immer sein mögen, läßt die Untersuchung doch folgenden Schluß zu: Sie weisen derart viele Gemeinsamkeiten im Hinblick auf politische Ziele und die damit verbundenen Mittel auf, daß es angebracht ist, sie unter einen Oberbegriff zu verorten. Die Frontstellung gegenüber dem demokratischen Verfassungsstaat vereint sie, mögen sie sich untereinander auch heftig befehden. Die Motive im Hinblick auf die Ablehnung des demokratischen Verfassungsstaates sind nämlich unterschiedlicher Natur: Rechtsextremisten etwa lehnen den Verfassungsstaat ab, weil sie das Prinzip politischer Gleichberechtigung aller zurückweisen, während Linksextremisten vorgeben, jedenfalls der Theorie zufolge, eine herrschaftsfreie Gesellschaft anzustreben. Demokratie wird bei Extremisten vielfach – unter Anknüpfung an Rousseau – im Sinne eines einheitlichen »Volkswillens« verstanden. Antipluralismus ist verbreitet, wobei er weit über den Kreis derjenigen hinausgeht, die sich in einschlägigen Organisationen zusammenfinden.

Charakteristisch für den Extremismus sind Ideologien, die für sich Verbindlichkeit beanspruchen und – angeblich – Vergangenheit, Gegenwart und Zukunft erklären können. Allerdings hat die marxistisch-leninistische Ideologie der DKP eine ganz andere Geschlossenheit aufzuweisen als das Ideengebräu auf der rechten des politischen Spektrums. Meistens gekennzeichnet durch Dogmatismus, Absolutheitsansprüche, Determinismus und ein manichäistisches Freund-Feind-Denken, teilen die extremistischen Ideologien die Welt in »gut« und »böse« ein. Auch Konspirationstheorien sind für extremistische Doktrinen nicht untypisch, auf der rechten Seite ebenso wie auf der linken. Überall werden Verschwörer gewittert, denen man die Übel der Welt in die Schuhe schieben kann. Man muß aber nicht nur an die »Juden« oder an das »Großkapital« denken, vergegenwärtigt man sich, welche Bedeutung extremistische Kräfte den Medien im Hinblick auf allgegenwärtige Manipulation zuschreiben. Allerdings ist die EAP mit ihrer primitiven Verschwörungsideologie eine Ausnahme und keineswegs typisch für die meisten extremistischen Ideologien, zumal sie – wie ein Irrlicht – den ganzen Raum des politischen Koordinatensystems durchmessen hat.

Die Doktrinen färben auf die organisatorischen Strukturen extremistischer Gruppierungen ab, so daß sich gewisse Gemeinsamkeiten erkennen lassen: Das gilt etwa für das politische Engagement. »Karteileichen« werden in extremistischen Organisationen in der Regel nicht geduldet. Das Missionsbedürfnis ist groß. Die jeweilige Organisation gewährt zudem Schutz und Sicherheit gegenüber der als feindlich angesehenen Umwelt. Dies trifft nicht nur auf linksextreme Kaderorganisationen (z. B. K-Gruppen), sondern auch für den »etablierten« Rechtsextremismus zu, wie er sich etwa an dem »Netzwerk« der DVU Gerhard Freys zeigt. Charakteristisch für extremistische Organisationen ist zudem die mangelnde innerdemokratische Willensbildung, so sehr in diesem Bereich auch bei den »etablierten« Parteien Defizite vorliegen. Immerhin wurde das seitens des Bundesverfassungsgerichts ausgesprochene Verbot gegen die SRP und gegen die KPD nicht zuletzt mit der innerorganisatorischen Struktur begründet. Da der ideologische Dogmatismus oft so dominant ist, führt dies zum Auseinanderbrechen und zur Spaltung der jeweiligen Organisation. Der Trotzkismus in der Bundesrepublik, mittlerweile in eine Vielzahl von Mini-

Grüppchen – das doppelte Diminutiv hat in diesem Fall seine Berechtigung – aufgesplittert, ist hierfür ein signifikantes Beispiel.

Die Strategien extremistischer Bewegungen sind durch die Ablehnung des demokratischen Verfassungsstaates geprägt, der auf Kompromissen und der Wahrung fundamentaler Werte und Spielregeln basiert. Allerdings variieren die Methoden. Fallen bei Terroristen – überspitzt formuliert – Mittel und Ziele mitunter zusammen, tarnen sich K-Gruppen und Neonazionalsozialisten nicht, während DKP und NPD einer ausgesprochenen Legalitätstaktik huldigen. Strikt an den Gesetzen orientiert, wollen sie einerseits keinen Anlaß für eine Intervention seitens des Staates geben, andererseits die »Massen« für sich gewinnen (»Elektoralismus«). Speziell die DKP hat es zum Teil erfolgreich verstanden, ihre Unterwanderungsmechanismen in die Wirklichkeit umzusetzen, während demgegenüber die »Rechte« nicht nur im intellektuellen Milieu weitgehend isoliert ist, so sehr sich auch seit einigen Jahren – nicht ohne gewisse Erfolge – eine »Neue Rechte« um ein anspruchsvolleres Image bemüht.

Im Rahmen der Ursachenproblematik wurde eine Reihe von Erklärungsansätzen erörtert, die den Forschungsbemühungen einer Vielzahl von Disziplinen zu verdanken sind. Sie setzen auf verschiedenen Ebenen an – bei der individuellen Psyche und deren Entwicklung vor allem in der frühen Kindheit, sozialpsychologischen Konstellationen wie auch sozialstrukturellen Gegebenheiten, dem Zustand des politischen Systems, dem Einfluß politischer Ideen und der Veränderung von Werthaltungen. Diese Ansätze sind teilweise miteinander vereinbar, weisen gelegentlich aber auch Überschneidungen und Widersprüche im Hinblick auf Reichweite, Grenzen und Gehalt der Aussagen auf. Dabei tut eine Differenzierung zwischen unterschiedlichen Erklärungsbereichen not. Kaum eine der relevanten Hypothesen bezieht sich ausschließlich auf den Bereich des politischen Extremismus. Vielmehr treffen einzelne Erklärungsfaktoren (»Kernneurose«, »autoritäre Persönlichkeit«, politische Unzufriedenheit, »Statusinkonsistenz«, »Postmaterialismus«) auf solche Individuen zu, die sich keineswegs in extremistischen Organisationen betätigen und auch nicht durch markante politische Einstellungen auffallen. Politisch-extreme Verhaltensweisen sind eben nicht als Folge eines bestimmten Erklärungsfaktors, sondern nur aus dem Zusammenwirken mannigfaltiger Einflüsse zu verstehen. Biographien eröffnen einen methodischen Zugang, der die Rekonstruktion einer Vielzahl miteinander verschränkter Variablen ermöglicht. Insofern kann der biographische Ansatz als eine Art Integrationskonzept gelten.

Die biographische Perspektive läßt Hintergründe der historisch-politischen Entwicklung sichtbar werden und ermöglicht eine je individuelle Gewichtung der unterschiedlichen Erklärungskonzepte. So können familiäre Verhältnisse den späteren politischen Weg vorzeichnen, aber ebenso gut kann der Bruch mit den Normen des Elternhauses die Voraussetzung für »abweichendes« politisches Verhalten sein. Logische Erklärungsmodelle haben ihre Grenze auch dort, wo der Faktor Zufall eingreift und einen Menschen aus der bis dahin geradlinigen Lebensbahn wirft. Der Vergleich von Lebensläufen verdeutlicht die große Bedeutung des jeweiligen Zeithorizontes, der ganzen Generationen seinen Stempel aufdrücken kann. Epochenwechsel verbinden sich zumeist mit gravierenden Veränderungen im Ablauf politischer Karrieren.

Der demokratische Verfassungsstaat, wie er in der Bundesrepublik seit 1949 besteht, ist das Gegenbild zum politischen Extremismus. Das bedeutet freilich nicht, daß man jede im Namen der Demokratie getroffene Maßnahme gutheißen muß.

Aber umgekehrt läuft dies gleichzeitig auch auf eine Absage an jenen in Deutschland verbreiteten Kunstgriff hinaus, der sich darin zeigt, daß man die Verfassungstheorie gegen die Verfassungswirklichkeit ausspielt. Hier treffen sich viele demokratische Kritiker mit Extremisten, die einen »Verfall« der Demokratie in der Bundesrepublik an die Wand malen. Die demokratische Ordnung hat sich in der mehr als vierzigjährigen Geschichte der Bundesrepublik bewährt, wie immer man die Diskussion um die Einführung plebiszitärer Elemente oder die Grenzen der »Mehrheitsdemokratie« bewerten mag. Paradoxer- und inkonsequenterweise befürworten gerade auch jene Kritiker Volksabstimmungen zu Sachfragen, die ansonsten vor der »Tyrannei der Mehrheit« warnen.

Wer leichtfertig mit dem Wort von der »Legitimitätskrise« hantiert, ignoriert die Stabilität der politischen Entwicklung. Tatsächlich ist »Bonn nicht Weimar« – diese Formel hat längst ihre Berechtigung angesichts des fundamentalen Wandels in der politischen Kultur der Bundesrepublik seit den fünfziger Jahren erwiesen. Unabhängig davon, ob es jemals einen »Sonderweg« in der deutschen Geschichte gegeben hat, muß der Sachverhalt hervorgehoben werden, daß die Bundesrepublik eine »westliche Demokratie« geworden ist. Zunächst noch dominante obrigkeitliche Denkmuster und Einflüsse haben in der politischen Kultur stark an Bedeutung verloren – eine Entwicklung, die auch durch die Osterweiterung der Bundesrepublik erstaunlicherweise nicht entscheidend konterkariert worden ist. Wiewohl seit einigen Jahren auch wieder – nicht nur im Zusammenhang mit der »deutschen Frage« – eine Abkehr von westlichen Vorstellungen, und zwar aus ganz unterschiedlichen Richtungen, um sich greift, kommt diesen Positionen gleichwohl keine Breitenwirkung zu. Gravierender als die eine oder andere irrationale Haltung dürften für die Gefährdung der Stabilität der Bundesrepublik Deutschland bestimmte Systemschwächen sein, weil sie die Glaubwürdigkeit der Demokratie von innen untergraben. Aber die Mängel, die das politische System der Bundesrepublik Deutschland aufweist, wohnen auch anderen westlichen Demokratien inne, so daß das Wort von einer »Legitimitätskrise« wenig Triftigkeit für sich zu beanspruchen vermag. Was das Gefährdungspotential für die Ordnung in der Bundesrepublik angeht, kann man sich in der Tat nicht nur auf die eher bescheidene Zustimmungsquote für Extremisten bei Wahlen verlassen. Aber die Festigkeit des Verfassungsstaates im Verein mit dem Wandel der politischen Kultur und den – alles in allem gesehen – nicht sonderlich gravierenden Systemschwächen müssen zu dem Schluß führen, daß in der Bundesrepublik der politische Extremismus von rechts und mit gewissen Einschränkungen auch der von links auf absehbare Zeit nicht das demokratische System gefährden. Der Wandel der politischen Kultur ist allerdings für den politischen Extremismus ambivalent: Einerseits hat sich das demokratische Bewußtsein beispielsweise durch die Zunahme politischer Beteiligung erhöht, andererseits antitotalitäres Bewußtsein zugunsten eines nach linksaußen »offeneren« Verhaltens abgeschwächt. Maßnahmen zum Schutz der Demokratie gelten bei Teilen politisch engagierter Bürger mithin als antiquiert. Insofern ist Obacht geboten.

Das gilt auch für die Interaktion zwischen Demokraten und Extremisten. Hier fallen bestimmte Eigentümlichkeiten auf: Gewiß sind sich Demokraten in der Ablehnung extremistischer Bestrebungen prinzipiell einig, aber häufig wird der demokratische Gegner (oder ein Flügel der gegnerischen Partei) ins extremistische Abseits zu stellen versucht. Neigen Repräsentanten der Union dazu, der SPD (oder einzelnen

Gruppierungen) mitunter eine Nähe zu linksextremistischen Strömungen anzudichten, so versuchen dies Vertreter der SPD umgekehrt mit Teilen der Union, konstruieren eine Verbindung zum Rechtsextremismus. Im Prinzip sind derartige Warnungen weit überzogen, aber insofern berechtigt, als es in der Tat bei beiden großen Parteien Kräfte gibt, die politischen Extremisten nicht aus dem Wege gehen, verleitet durch »antifaschistische« und »antikommunistische« Parolen. Jedenfalls ist auffallend und bezeichnend, daß Teile der SPD den politischen Extremismus von links herunterspielen, Kräfte der Union wohl hingegen den von rechts.

Das Verhalten extremistischer Kräfte gegenüber Demokraten ist höchst unterschiedlich: Es reicht von Anbiederung (z. B. bei PDS und REP) über schroffe Ablehnung (z. B. K-Gruppen und Neonationalsozialisten) bis hin zu gewaltsamer Bekämpfung (Links- und in Ansätzen auch Rechtsterrorismus). Erstaunlich ist das Phänomen, daß die rechte Variante des politischen Extremismus die linke Variante benötigt wie die Luft zum Atmen, wobei dies auch umgekehrt gilt. Rechtsextremisten befehden besonders leidenschaftlich Linksextremisten und suggerieren eine fehlende Abwehrbereitschaft der Demokratie. Wenn Extremisten so sehr auf ihr Pendant fixiert sind, dann hat dies damit etwas zu tun, daß sie glauben, auf diese Weise könnten sie glaubwürdiger erscheinen. Es ist leichter, beispielsweise, »Antifaschist« zu sein als Kommunist. Im Gegensatz etwa zur Weimarer Republik gibt es so gut wie keine Hinweise auf eine wie auch immer verborgene Zusammenarbeit von Links- und Rechtsextremisten. Die Heftigkeit der Auseinandersetzung bewegt sich bis jetzt weitgehend im verbalen Rahmen, wenngleich sie gestiegen ist und auch Schlägereien sowie sonstige gewalttätige Aktionen zu verzeichnen sind, die freilich nicht annähernd das Ausmaß von Weimar erreicht haben.

Was die Therapien betrifft, muß zunächst nachdrücklich der Sachverhalt untermauert werden, daß es gegenüber dem politischen Extremismus kein Patentrezept gibt: Extremisten gehören zum politischen Alltag nicht nur in der Bundesrepublik. Für den demokratischen Verfassungsstaat besteht ein Dilemma insofern, als ein unnachsichtiges Vorgehen gegenüber dem politischen Extremismus die eigenen Grundlagen bedroht, mangelnde Abwehrbereitschaft hingegen unter Umständen den politischen Extremismus nährt. Die Bundesrepublik ist aufgrund der bitteren Erfahrungen derjenige Staat, der in der Verfassung die meisten Vorkehrungen gegenüber dem politischen Extremismus getroffen hat. Allerdings ist von den einschlägigen Schutzbestimmungen nur in zurückhaltender Form Gebrauch gemacht worden.

Wurde in den ersten fünfzehn Jahren (von den zwei Parteiverboten abgesehen) häufig das Instrumentarium des Vereinsverbots gebraucht (die Vorschrift von Art. 18 GG blieb stets wirkungslos), fühlen sich die politischen Verantwortlichen zunehmend dem Gebot des Opportunitätsprinzips verpflichtet. Dies hängt wesentlich mit dem Wandel der politischen Kultur zusammen. Die Bekämpfung antidemokratischer Bestrebungen soll auf politischem Wege erfolgen. Anders verhalten sich die politisch Verantwortlichen (mit gewissen, wenn auch nicht allzu großen Unterschieden in der Praxis zwischen Union und SPD) beim Komplex »Extremismus und öffentlicher Dienst«. Die Grenzen für das Opportunitätsprinzip sind eng gezogen. Allerdings haben es nicht zuletzt extremistische Kräfte verstanden, in Teilen der Öffentlichkeit – das Schlagwort »Berufsverbote« etwa konnte eine beträchtliche Verbreitung erlangen – einen irrigen Eindruck von den Abwehrmaßnahmen zu erwecken. Diese verletzten keineswegs Prinzipien des demokratischen Verfassungsstaates, so sehr man auch über bürokratischen Perfektionismus im Detail streiten mag. Insgesamt haben die Schutzmechanismen die demokratische Ordnung nicht gefährdet; diesen kommt bei ihrer Sicherung freilich nur eine unterstützende Funktion zu.

Der demokratische Verfassungsstaat, nicht nur derjenige in der Bundesrepublik, wird sich stets mit antidemokratischen Bestrebungen auseinanderzusetzen haben. Wer von einem realistischen Menschenbild ausgeht, kommt um diese Feststellung nicht herum. Man unterschätzt den Extremismus, wird er zum »lunatic fringe« degradiert und bespöttelt. Der Versuchung zur umfassenden Welterklärung und endgültigen Lösung sämtlicher Probleme sind Menschen zu allen Zeiten erlegen – und werden es sein. Die alten Griechen haben bereits ein Wort zur Charakterisierung der politischen Strukturen geprägt, die solchem Denken entspringen: Tyrannis. Der Absolutheitsanspruch ist die Quelle politischer Willkürherrschaft. Er läßt keine anderen Auffassungen neben sich zu, gebiert Intoleranz und Unterdrückung. Die demokratischen Verfassungsstaaten der Gegenwart, das Entwicklungsprodukt eines historischen Erfahrungsprozesses in der Auseinandersetzung mit verschiedensten Formen der Willkürherrschaft, haben ein verwickeltes, auf dem Grundwert der Menschenwürde basierendes Regelwerk geschaffen, das Machtmißbrauch und angemaßte Herrschaftsausübung verhindern soll.

Es erstaunt daher nicht, daß ihm Extremismen unterschiedlicher Provenienz den Kampf ansagen. Die von ihnen propagierten Doktrinen stehen in der historischen Tradition von Willkür und Tyrannei, selbst wenn (oder gerade weil) sie den Menschen den Himmel auf Erden verheißen. Insgesamt hat die Bundesrepublik Deutschland die Probleme gemeistert, die in der Auseinandersetzung mit dem politischen Extremismus unvermeidlich sind. Auch der abschließende kurze Vergleich zu den rechts- und linksextremistischen sowie terroristischen Bestrebungen in anderen westlichen Demokratien legt dieses Urteil nahe.

2. Vergleich zum Ausland

Folgende Paradoxie springt ins Auge: Obwohl der politische Extremismus in der Bundesrepublik zu keinem Zeitpunkt dramatische Ausmaße angenommen hat, sind die Vorkehrungen zu seiner Bekämpfung im europäischen Maßstab besonders weitgehend. Denn nirgendwo existiert das Instrumentarium der streitbaren Demokratie in dieser Form. Allerdings muß man die Paradoxie, die sich beim ersten Augenschein einstellt, etwas relativieren: Zwar bestehen aufgrund des ausgeprägten Formalismus in der Bundesrepublik zahlreiche Schutzbestimmungen, aber eine ganz andere Frage ist, in welchem Umfang in der Praxis von den Schutzmaßnahmen Gebrauch gemacht wird. Hier unterscheidet sich die Bundesrepublik keineswegs gravierend von anderen westlichen Demokratien. Ob die Rechtsförmigkeit des Verfahrens bei administrativen Eingriffen ein Nachteil ist, läßt sich mit guten Gründen bezweifeln, so sehr sie natürlich mitunter als wenig »elegant« erscheint und zu Kritik geradezu einlädt. Wenig einleuchtend erscheint es, wenn man die Bundesrepublik nicht an denselben Kriterien mißt wie die anderen parlamentarischen Demokratien. So benötigen nach Gregor Paul Boventer westliche Demokratien wie Frankreich und die USA keineswegs die im Grundgesetz verankerten Schutzmechanismen: »Die USA und Frankreich besitzen ausgesprochene Konsensstrukturen über die Gestaltung des Gemeinwesens, die in der Bundesrepublik noch schwächer ausgeprägt zu sein scheinen. Beide Länder pflegen auch diesen Konsens im nationalen Rahmen, was wiederum für die Bundesrepublik als einem geteilten Land noch problematisch ist.«[1] Tatsächlich schützen sich andere westliche Demokratien ebenfalls vor extremistischen Bestrebungen[2]. Das gilt auch und gerade für den Komplex »Extremismus und Öffentlicher Dienst«, wenn auch in einer vergleichsweisen geräuschlosen Form[3]. Und die Bundesrepublik Deutschland ist im Laufe der letzten fünfundzwanzig Jahre ein Staat geworden, der auf die Zustimmung seiner Bürger bauen kann. Würde sich die Begründung für das Konzept der streitbaren Demokratie darin erschöpfen, labile Demokratien mit Krücken zu stützen, müßte man auch umgekehrt argumentieren: Gerade die Demokatie, die sich ihrer Werte bewußt ist, sollte die eigenen Prinzipien offen und offensiv verteidigen.

Die Anfälligkeiten für extremistische Strömungen sind in der Bundesrepublik alles in allem gesehen – im Vergleich zu anderen Demokratien noch immer eher unterdurchschnittlich groß: Das gilt für den Links- ebenso wie für den Rechtsextremismus. Angesichts der historischen Erfahrungen mit dem Nationalsozialismus einerseits, dem kommunistischen Regime im anderen Teil Deutschlands andererseits treffen beide extremistische Varianten in weiten Teilen der Bevölkerung nach wie vor auf wenig Gegenliebe, wenngleich in der jüngeren Generation eine Abschwächung und »Entimmunisierung« gegenüber extremistischen Versuchungen von rechts und links festzustellen ist[4]. Beim Terrorismus sieht es, was den Vergleich zum Ausland angeht, etwas anders aus. Einige Daten[5] sollen diese Behauptungen unterstreichen.

Trotz starker Traditionen fristete der Rechtsextremismus nach 1945 lange Zeit eine politische Randexistenz – unterbrochen allerdings von zeitweiligen Wahlerfolgen wie der NPD in der zweiten Hälfte der sechziger Jahre. Doch seit der zweiten Hälfte der achtziger Jahre bahnte sich ein Erstarken von Wahlbewegungen rechts von der Union an. Insbesondere die REP sorgten mit ungewöhnlich hohen Wahlergebnissen bei Landtagswahlen für Überraschungen. Ihnen ist derzeit auch am ehesten eine Etablierung auf der politischen Bühne zuzutrauen. Man kann darin einen gewissen »Normalisierungseffekt«[6] sehen, ist eine sich deutlich artikulierende extreme Rechte

---

1 Gregor Paul Boventer, Grenzen politischer Freiheit im demokratischen Staat. Das Konzept der streitbaren Demokratie in einem internationalen Vergleich, Berlin 1985, S. 250.

2 Beispielsweise erklären die Verfassungen von Griechenland und Portugal eine Reihe von Bestimmungen für unabänderbar. Leider herrscht im Hinblick auf Vereinsverbote in den meisten Staaten kein hohes Maß an Transparenz vor, so daß Zahlen kaum vorliegen.

3 Vgl. etwa Eckhard Jesse, Verfassungsschutz in der Bundesrepublik Deutschland im Vergleich zu anderen westlichen Demokratien, in: Politische Bildung, 17 (1984) 1, insbes. S. 50–54.

4 Vgl. dazu Elisabeth Noelle-Neumann/Erp Ring, Das Extremismus-Potential unter jungen Leuten in der Bundesrepublik Deutschland 1984, Bonn 1984.

5 Wahlanalysen und Wahlergebnisse finden sich gut dokumentiert in dem seit 1982 erscheinenden Periodikum »Electoral Studies«. Für einen ersten, groben Überblick: Wahlatlas Europa. Wahlen und Abstimmungen in allen Mitgliedstaaten der Europäischen Gemeinschaft, Braunschweig 1988. Das Angebot an vergleichenden Studien zum politischen Extremismus in westlichen Demokratien ist dürftig.

6 Vgl. zu dieser These: Claus Leggewie. Die Zwerge am rechten Rand – Zu den Chancen kleiner neuer Rechtsparteien in der Bundesrepublik Deutschland, in: PVS, 28 (1987), S. 361–383, 363.

doch in vielen europäischen Nachbarstaaten fester Bestandteil des politischen Kräftefeldes. Aufgrund der tabuisierenden Wirkung der NS-Vergangenheit blieb in den vergangenen Jahrzehnten manches unter der Oberfläche, was mit größerem historischen Abstand nun deutlicher vernehmbar wird. Im Vergleich zu anderen Ländern erscheint die heutige rechtsextreme »Szene« in Deutschland weniger bedrohlich als bei isolierender Betrachtung[7].

In Italien ist die neofaschistische Bewegung des »Movimento Sociale Italiano« (MSI) seit 1948 im Parlament vertreten und erreichte bei Wahlen seit 1953 Quoten zwischen 4,5 und 8,7 Prozent[8]. Und in Frankreich sorgt der »Front National« für Aufregung, seit es der Partei Jean-Marie Le Pens gelang, bei der Europawahl 1984 11,1 Prozent der Stimmen auf sich zu vereinen. Von 1986 bis 1988 war der FN aufgrund einer für die Partei günstigen Wahlrechtsänderung im Parlament vertreten, und bei der Europawahl 1989 verbesserte sie ihr bisheriges Ergebnis auf 11,7 Prozent (die REP erreichten bei dieser Wahl 7,1 Prozent). Dieses Quorum ist bei den Parlamentswahlen vom März 1993 nochmals übertroffen worden. Der FN erreichte im ersten Wahlgang 12,4 Prozent der Stimmen. Wahlresultate dieser Größenordnung waren in Frankreich von rechtsextremen Gruppierungen seit den Erfolgen der Poujadisten und der Algérie française-Bewegung Ende der fünfziger, Anfang der sechziger Jahre nicht mehr erreicht worden[9].

Ähnliche Entwicklungen ließen sich für Belgien, die Niederlande und Österreich konstatieren, von den Verhältnissen in den sich demokratisierenden Regimen Mittel- und Osteuropas ganz zu schweigen[10]. Überdies gibt es provokative Aktionen neofaschistischer oder neonationalsozialistischer Aktivisten auch in Staaten mit langen demokratischen Traditionen. Selbst das als Mutterland des Parlamentarismus viel gepriesene Großbritannien hat seine rechtsextremen »fringe groups«. Die »National Front« sorgte in den siebziger Jahren zeitweilig für beträchtliches Aufsehen, wenngleich ihr der Einzug ins Parlament mangels Masse und aufgrund des Mehrheitswahlsystems verwehrt blieb[11]. Inzwischen hat ihr die von John Tyndall gegründete »British National Front« (BNF) den Rang abgelaufen. Auch in skandinavischen Staaten entstanden rechtsextreme, sogar neonationalsozialistische Splittergruppen – in Schwe-

---

7 Vgl. Uwe Backes, Extremismus und Populismus von rechts: Ein Vergleich auf europäischer Ebene, in: APZG, B 46–47/90, S. 3–14.

8 Das wichtigste Werk zum MSI stammt von: Piero Ignazi, Il polo escluso. Profilo del Movimento Sociale Italiano, Bologna 1989. Siehe auch: Mario Caciagli, The Movimento Sociale Italiano-Destra Nazionale and Neo-Fascism in Italy, in: WEP, 11 (1988) 2, S. 19–33.

9 Vgl. zum FN vor allem: Nonna Mayer/Pascal Perrineau (Hrsg.), Le Front national à découvert, Paris 1989; Dietmar Loch, Der schnelle Aufstieg des Front National. Rechtsextremismus im Frankreich der 80er Jahre, München 1990. Siehe zur Geschichte des französischen Rechtsextremismus: Hans-Gerd Jaschke, Renaissance des Rechtsextremismus in Europa? – Das französische Beispiel, in: Uwe Backes/Eckhard Jesse (Hrsg.), Jahrbuch Extremismus & Demokratie, Bd. 1, Bonn 1989, S. 67–97 mit weiterführenden Literaturhinweisen.

10 Vgl. den Sammelband von Paul Hainsworth (Hrsg.), The Extreme Right in Europe and the USA, London 1992.

11 Vgl. zur »National Front«: Nigel Fielding, The National Front, Londen 1980; Martin Walker, The national Front, Glasgow 1978[2]. Einen Überblick zur Entwicklung des Rechtsextremismus in Großbritannien gibt: Franz Nuscheler, Rassistische und faschistische Auswüchse der britischen Krise, in: APZG, B 44/79, S. 3–19. Zum neuesten Stand: Roger Eatwell, Why has the Extreme Right failed in Britain, in: P. Hainsworth (Anm. 10), S. 175–192.

den bezeichnenderweise eher als in Dänemark und Norwegen, die beide eine deutsche Besatzung kennengelernt hatten[12]. (Neo-)Faschistische Aktivisten aus sieben europäischen Ländern trafen sich bereits 1951 auf Einladung des schwedischen Rechtsextremisten Per Engdahl in Malmö, um die »Europäische Soziale Bewegung« ins Leben zu rufen, ein internationaler Zusammenschluß rechtsextremer Gruppierungen, die sich in vielen Punkten an faschistischen Vorbildern der Zwischenkriegszeit orientierten[13]. Nationale Sektionen entstanden zunächst in Schweden, Norwegen, Dänemark, den Niederlanden, Belgien, der Bundesrepublik Deutschland, Frankreich und Österreich[14]. Wenn die entsprechenden nationalen Organisationsbildungen auch in keinem dieser Länder zu einer relevanten politischen Kraft heranwuchsen, belegt das Beispiel doch die Verbreitung rechtsextremer Gruppierungen in Europa nach 1945. Die Ideen der »Europäischen Sozialen Bewegung« werden beispielsweise in der Bundesrepublik noch heute von der Zeitschrift »Nation Europa« propagiert, leben im wiederauferstandenen belgischen Rexismus[15] fort und finden in gewisser Weise auch in den publizistischen Aktivitäten des in Lausanne ansässigen ehemaligen Sprachlehrers Gaston-Armand Amaudruz Ausdruck, dessen »Europäische Neuordnung« sich Mitte der fünfziger Jahre von der »Europäischen Sozialen Bewegung« abgespalten hatte[16].

Weder rechtsextreme Organisationsbildungen noch die Verbreitung entsprechender Gesinnungen sind eine deutsche »Spezialität«. Nach einer Statistik über »Antisemitische Vorfälle in den Jahren 1981–1983«, die der vom Europäischen Parlament eingesetzte Untersuchungsausschuß »Wiederaufleben des Faschismus und Rassismus in Europa« in seinem Bericht von 1985 präsentierte[17], rangierte die Bundesrepublik

---

12 Vgl. die entsprechenden Abschnitte bei: Patrice Chairoff, Dossier Néo-Nazisme, Paris 1977, S. 268–283.

13 Vgl. dazu besonders: Werner Smoydzin, Hitler lebt! Vom internationalen Faschismus zur Internationale des Hakenkreuzes, Pfaffenhofen 1966, S. 57–82.

14 Zum internationalen Rechtsextremismus liegt – neben den bereits genannten Studien von P. Chairoff (Anm. 12) und W. Smoydzin (Anm. 13) – eine Reihe von Publikationen vor, wenngleich echte Vergleiche fehlen und die Arbeiten durchgängig von einer »antifaschistisch«-moralisierenden Optik geprägt sind: Angelo Del Boca/Mario Giovana, Fascism Today. A World Survey, Londen 1970 (Orginal: I figli del sole, Mailand 1965); Dennis Eisenberg, Fascistes et nazis d'aujourd'hui, Paris 1963; Internationale Föderation der Widerstandskämpfer (Hrsg.), Neofaschismus in Europa von heute. Dokumentation, Wien 1972; Michel R. Lang (Hrsg.), »Straße frei . . «. Die neue Nazi-Internationale, Berlin 1982; Frédéric Laurent, L'orchestre noir, Paris 1978; Pierre Paraf, Le racisme dans le monde, Paris 1964; Jean-Marc Théolleyre, Les néo-nazis, Paris 1982.

15 Vgl. zum Rechtsextremismus in Belgien vor allem: E. Verhoeyen, L'estrême-droite en Belgique, in: Courrier Hebdomadaire 1974, Nr. 642–643, S. 1–43, 1975, Nr. 675–676, S. 1–62, 1976, Nr. 715–716, S. 1–44. Ferner: Mico Benjamin/Jean-Michel Dethy, L'ordre noir. Les néo-nazis et l'extrême-droite en Belgique, Brüssel, o. J. (1977); Michel Géoris-Reitshof, Extrême droite et néo-fascisme en Belgique, Brüssel–Paris 1962. Zum gegenwärtigen Stand: Christopher T. Husbands, Belgien: Flemish Legions on the March, in: P. Hainsworth (Anm. 10), S. 126–150.

16 Vgl. über den Rechtsextremismus in der Schweiz und Amaudruz: Jürg Frischknecht/Peter Haffner/Ueli Haldimann/Peter Niggli, Die unheimlichen Patrioten. Politische Reaktionen in der Schweiz. Ein aktuelles Handbuch mit Nachtrag 1979–84, Zürich 1987[6], S. 468–482.

17 Bericht im Namen des Untersuchungsausschusses »Wiederaufleben des Faschismus und Rassismus in Europa« über die Ergebnisse der Arbeiten des Untersuchungsausschusses; Berichterstatter Herr Dimitrios Evrigenis, = Europäisches Parlament: Sitzungsdokumente vom 23. Januar 1985 , Serie A, Dokument A 2 – 160/85/rev. + Anlagen I, II und III.

keineswegs an erster Stelle. Rechnet man die dort angegebenen Daten auf die jeweilige Bevölkerungszahl um, ergibt sich folgende Rangfolge: Großbritannien, Österreich, Belgien, Griechenland, Dänemark, Frankreich, Norwegen, Niederlande, Bundesrepublik Deutschland, Schweiz, Schweden, Italien, Finnland, Spanien. Dieses Ergebnis mag erstaunen, es sollte aufgrund mangelnder Angaben über die Gewinnung dieser Vergleichsdaten auch nicht zu hoch bewertet werden, kann jedoch dem Eindruck entgegenwirken, als sei Deutschland das Mutterland des Antisemitismus schlechthin.

Auch was intellektuelle Innovationsversuche rechtsextremer Strömungen betrifft, nimmt die Bundesrepublik keinen Spitzenplatz ein. Eine Vorreiterfunktion in diesem Bereich hat seit etwa zwei Jahrzehnten die französische »Nouvelle Droite« um ihren Cheftheoretiker Alain de Benoist übernommen[18]. Daß de Benoist von der Académie Française für eines seiner Werke der Literaturpreis verliehen wurde, hält Klaus von Beyme für »wahrscheinlich alarmierender als der eine oder andere Wahlerfolg des Front National«[19]. Mag dieses Urteil auch überzogen sein, so sollten intellektuelle Bemühungen und Erfolge dieser Art doch nicht auf die leichte Schulter genommen werden. In der Bundesrepublik ist die »Neue Rechte« im Vergleich zu Frankreich eher schwach vertreten, wenngleich auch hier eine geistige Ausstrahlung auf das rechtsextreme »Lager« als Ganzes nicht ausgeblieben ist – allen historischen Erfahrungen zum Trotz.

Geht man von den Wahlergebnissen aus, bot der Linksextremismus in der Bundesrepublik in den letzten Jahrzehnten stets ein wenig dramatisches Bild. Die DKP kam in den achtziger Jahren, wenn sie überhaupt kandidierte, nicht aus dem Bereich von Zehntelprozenten heraus. Der Untergang des SED-Regimes bedeutete auch einen wesentlichen Einflußverlust in gesellschaftlichen Feldern wie den sozialen Bewegungen, Teilen der Gewerkschaften und an den Universitäten. Was die DKP an Boden verlor, wurde durch die SED-Nachfolgepartei PDS nicht wettgemacht, auch wenn die Zahl von 155 000 Mitgliedern immer noch beachtlich erscheint. Doch muß man sich die Ausgangsbasis von 2 300 000 SED-Mitgliedern Mitte 1989 vergegenwärtigen[20]. Der PDS ist es nicht gelungen, in den alten Bundesländern Fuß zu fassen, so daß ihr allenfalls eine temporäre Rolle als Protestpartei in den neuen Bundesländern zuzutrauen ist.

Auch in anderen westlichen Demokratien ist der ehemals an Moskau orientierte Kommunismus im Niedergang. Doch selbst die Restbestände sind zum Teil noch beachtlich. Die reformfreudigste KP des Westens, diejenige Italiens, hat einen Transformationsprozeß mit einem Namenswechsel vorläufig abgeschlossen. Die nun als »Partito Democratico della Sinistra« (PDS) auftretende politische Kraft verfügte 1991

---

18 Vgl. hierzu besonders die Beiträge von Marieluise Christadler (»Die ›Nouvelle Droite‹ in Frankreich«) und Patrick Moreau (»Die neue Religion der Rasse. Der Biologismus und die kollektive Ethik der Neuen Rechten in Frankreich und Deutschland«), jeweils in: Iring Fetscher (Hrsg.), Neokonservative und »Neue Rechte«. Der Angriff gegen Sozialstaat und liberale Demokratie in den Vereinigten Staaten, Westeuropa und der Bundesrepublik, München 1983, S. 122–162, 163–215.
19 Klaus von Beyme, Right-Wing Extremism in Post-War Europe, in: WEP, 11 (1988) 2, S. 1–18, 11.
20 Vgl. Patrick Moreau, PDS. Anatomie einer postkommunistischen Partei, Bonn-Berlin 1992.

noch über mehr als 1,2 Mio. Mitglieder. Die ca. 100 000 Anhänger des Altkommunisten Armando Cossutta wollen am alten Parteinamen festhalten[21]. Die Bedeutung der französischen KP wird durch ihren nach wie vor beachtlichen Einfluß bei Wahlen unterstrichen. Bei den Regionalwahlen vom März 1992 erhielt sie noch 8,7 Prozent (gegenüber 10,4 Prozent 1986), und bei den Parlamentswahlen vom März 1993 sank sie auf 9,18 Prozent (gegenüber 11,3 Prozent 1988). Noch immer ist der Einfluß auf die größte Gewerkschaft CGT beträchtlich. Die seit 1986 in einem Wahlbündnis mit anderen linken Gruppierungen zur »Izquierda Unida« zusammengeschlossenen spanischen Kommunisten (»Partido Comunista de España«) erreichten bei den Parlamentswahlen von 1989 9,1 Prozent und üben nach wie vor maßgeblichen Einfluß auf die zweitstärkste Gewerkschaftsorganisation des Landes, die »Comisiones Obreras«, aus[22]. Diese Beispiele dürften die vergleichsweise geringe Bedeutung des Linksextremismus in der Bundesrepublik verdeutlichen.

In weit stärkerem Maße als legal operierende linke und rechte extremistische Gruppierungen stellte insbesondere der Linksterrorismus seit Beginn der siebziger Jahre eine ernsthafte Gefahr für die innere Sicherheit in der Bundesrepublik dar. Gewiß mußte zu keinem Zeitpunkt – auch nicht im »deutschen Herbst« des Jahres 1977 – eine Destabilisierung des politischen Systems befürchtet werden, gleichwohl haben terroristische Aktionen, vor allem in den siebziger Jahren, den Verfassungsstaat vor gravierende Bewährungsproben gestellt. Der Terrorismus in der Bundesrepublik wird offenkundig nicht aus sozialen Defiziten gespeist (wie in Ländern der »Dritten Welt«), und ebensowenig geht er auf Aktionen ethnischer Minderheiten zurück (wie etwa der ETA in Spanien). Es handelt sich insbesondere um einen Linksterrorismus mit sozial-revolutionärer Zielrichtung. Ob die besondere Militanz des RAF-Terrorismus seine Wurzeln in prägenden deutschen Traditionen hat (Reaktion auf die mangelnde Aufarbeitung der nationalsozialistischen Vergangenheit), wie gemutmaßt worden ist, läßt sich empirisch nur schwer überprüfen, muß letztlich Spekulation bleiben. Stimmiger schon dürfte die Annahme sein, daß die Strategien und Theorien zur Revolutionierung der Gesellschaft »wohl am konsequentesten in der Bundesrepublik aufgenommen und in den Argumentehaushalt zumal der Neuen Linken integriert«[23] wurden. »Der deutsche Terrorismus verstand sich, trotz aller internationalen Anleihen und Stilisierungen, in erster Linie als eine konsequent radikale Anti-System-Bewegung aus der Tradition der Außerparlamentarischen Opposition der späten sechziger Jahre«[24] – was so zu deuten ist, daß die Protestbewegung Ende der sechziger Jahre die Wurzeln für eine Reihe unterschiedlicher Entwicklungen gebildet hat, die sich für den Bestand des demokratischen Systems sowohl positiv (Aufbrechung von »Verkrustungen«, Stärkung des politischen Bewußtseins in der

21 Vgl. ders., Postkommunistische Parteien in Westeuropa, in: Eckhard Jesse (Hrsg.), Extremismus in Deutschland und Europa, München 1993, S. 57–76.
22 Vgl. Dieter Nohlen/Andreas Hildenbrand, Spanien. Wirtschaft – Gesellschaft – Politik, Opladen 1992, S. 208–214, 349–351.
23 So Karl Dietrich Bracher, Politik und Zeitgeist. Tendenzen der siebziger Jahre, in: ders./ Wolfgang Jäger/Werner Link, Republik im Wandel. 1969–1974. Die Ära Brandt, Stuttgart-Mannheim 1986, S. 339.
24 Ebd., S 339.

Bevölkerung, Abbau obrigkeitlicher Orientierungen) als auch negativ (Militanz, Unterhöhlung der Legitimitätsbasis, Verbreitung neuer Dogmatismen) auswirkten.

Im Vergleich mit anderen westlichen Demokratien nimmt die Bundesrepublik auch im Hinblick auf den Terrorismus keinen Spitzenplatz ein, sondern rangiert mit um die 50 Tötungsdelikten terroristischer Täter und an die 3 000 Sprengstoff- und Brandanschlägen (1969 bis 1990) im »Mittelfeld«[25]. Einerseits gibt es eine Reihe von Demokratien, die von kontinuierlichen terroristischen Aktivitäten nahezu verschont geblieben sind – hierzu zählen etwa die skandinavischen Staaten und die Alpenländer. Andererseits trifft man auf weit gravierendere Erscheinungen bei einigen unserer europäischen Nachbarn. Dies sollen einige Daten erhellen, wenngleich Terrorismus-Statistiken an mancherlei Ungenauigkeiten kranken und daher nur mit großer Zurückhaltung zu gebrauchen sind[26]: Eine »Bilanz terroristischer Aktionen« des französischen Senats etwa erhellt eindrucksvoll die Vielschichtigkeit des Phänomens, hatte sich Frankreich seit den siebziger Jahren – unter anderem aufgrund einer wohl zu nachlässigen Sicherheitspolitik – doch zu einem Schauplatz der Aktivitäten nationaler und internationaler Terrororganisationen entwickelt. Die Statistik weist daher fünf Rubriken auf: internationaler Terrorismus, Autonomismus (vor allem Korsika und Neukaledonien, in weit geringerem Maße etwa die Bretagne), Rassismus, extreme Rechte und extreme Linke[27]. Für den Zeitraum 1975 bis Anfang 1984 werden folgende Zahlen genannt: 1. internationaler Terrorismus: 272 Anschläge gegen Sachen, 70 Tötungsdelikte; 2. Autonomismus: 4066 Anschläge gegen Sachen, 45 Tötungsdelikte; 3. Rassismus: 184 Anschläge gegen Sachen, 6 Tötungsdelikte; 4. extreme Rechte: 169 Anschläge gegen Sachen, 5 Tötungsdelikte; 5. extreme Linke: 657 Anschläge gegen Sachen, 4 Tötungsdelikte. Die Gesamtzahl beläuft sich also auf 5 348 Anschläge gegen Sachen und 130 Tötungsdelikte im Zeitraum 1975 bis Anfang 1984. Obwohl diese Faktoren gewiß nicht die einzigen sind, die bei der Einschätzung von Bedrohungspotentialen zugrunde gelegt werden müssen, deuten die Zahlen dennoch Proportionen im internationalen Vergleich an.

Auch Italien, das neben Frankreich und Belgien häufig als Schauplatz des sogenannten »Euroterrorismus« genannt wurde[28] – gemeint sind Ansätze der Kooperation zwischen europäischen Terrorgruppen wie der RAF, der französischen »Action directe«, den belgischen »Cellules Communistes Combattantes« und den italienischen

---

25 Vgl. Uwe Backes, Bleierne Jahre. Baader-Meinhof und danach, Erlangen 1991, S. 205.
26 Vgl. Walter Laqueur, Terrorismus. Die globale Herausforderung, Frankfurt/M.-Berlin 1987, S. 413 f.
27 Rapport fait au nom de la commission de contrôle des conditions de fonctionnement, d'intervention et de coordination des services de police et de sécurité engagés dans la lutte contre le terrorisme par M. Paul Masson, in: Sénat, seconde session ordinaire de 1983–1984, annexe au procès-verbal de la séance du 17 mai 1984, Nr. 322, S. 217. Siehe zum Terrorismus in Frankreich ferner: Alain Hamon/Jean-Charles Marchand, Action directe. Du terrorisme français à l'euroterrorisme, Paris 1986; Dieter Paas, Frankreich: Der integrierte Linksradikalismus, in: Henner Hess u. a., Angriff auf das Herz des Staates. Soziale Entwicklung und Terrorismus, Bd. 2, Frankfurt/M. 1988, S. 167–279; Xavier Raufer, Terrorisme, violence, Réponses aux questions que tout le monde se pose, Paris 1984, S. 87–106.
28 Vgl. hierzu die Lageanalyse von: Hans Josef Horchem, Terror in Europa, Akteure und Hindergründe – Gegenstrategien, in: BzK, 16 (1986) 4, S. 33–54.

»Brigate Rosse«–, wies eine höhere »Aktivitätsrate« des Terrorismus als die Bundesrepublik auf[29]. Peter Fritzsche kam in einem vergleichenden Beitrag zum italienischen und bundesdeutschen Terrorismus zu folgendem Ergebnis: »Nachdem bis 1974 der rechte Terrorismus bereits 55 Tote gefordert hatte, expandierte ab 1974 der linke Terrorismus und dominierte einige Jahre die Gewaltszene. 1987 belief sich die Zahl der Todesopfer, die der rechte und linke Terrorismus seit 1969 gefordert hatten, auf 356 (die toten Terroristen eingeschlossen); davon gehen mindestens 149 auf das Konto des linken Terrorismus. Die ›Jahre des Bleis‹ haben somit in Italien mindestens fünfmal so viele Tote hinterlassen wie in der Bundesrepublik. Der Anteil der umgekommenen Terroristen ist dagegen in der Bundesrepublik ungefähr dreimal so hoch wie in Italien.«[30] Die italienischen Daten freilich werden wohl – im Hinblick auf die Zahl der Opfer – noch übertroffen, richtet man den Blick etwa auf die trotz mancher Erfolge der spanischen Sicherheitskräfte noch immer heftigen Aktivitäten der baskischen Terrororganisation ETA. Allein im Jahre 1987 wurden 51 Menschen von ETA-Aktivisten getötet. Allerdings war die Zahl der Toten in diesem Jahr besonders hoch, sie rangiert an vierter Stelle nach den »schwarzen Jahren« 1978, 1979 und 1980[31].

Im Gegensatz etwa zu Italien, wo Attentate rechtsextremer Täter zeitweilig eine größere Rolle spielten als die Aktivitäten der »Roten Brigaden« und anderer linksterroristischer Gruppen ist der Rechtsterrorismus in der Bundesrepublik bislang aus einem Anfangsstadium nicht hinausgelangt. Das Anwachsen rechtsextremer Militanz seit den siebziger Jahren läßt sich bis zu einem gewissen Grad auch als Nachahmungseffekt im Hinblick auf linksterroristische Vorbilder interpretieren. Jedoch gibt es keine dem »linken Milieu« entsprechende »Infrastruktur«, die als Operationsbasis für dauerhafte und kontinuierliche rechtsterroristische Aktivitäten dienen könnte. Allerdings dürfte die »Szene« der militanten, rechtsextremen Skinheads in keinem europäischen Land so stark ausgeprägt sein wie im vereinten Deutschland. Allerdings scheinen die Skinheads in ihrem Ursprungsland Großbritannien besser organisiert zu sein, gruppierte sich Anfang 1993 doch eine Anzahl von ca. 1 600 Personen um die von dem Rock-Musiker Ian Stuart Donaldson gegründete Vereinigung »Blood & Honour«[32]. Die Spirale der Gewalt, vor allem gegen Asylbewerber, erreichte 1992 einen Höhepunkt. Es besteht die akute Gefahr, daß die sich etablierenden rechtsmilitanten »Szenen« sich zu einer Rekrutierungs- und Unterstützungsbasis für rechtsterroristische Untergrundgruppen entwickeln.

Trotz aller Kassandrarufe besteht kein Anlaß, um den Bestand des demokratischen Systems in der Bundesrepublik zu fürchten. Die wieder häufiger gewordene Beschwörung der Weimarer Zustände bedeutet eine Dramatisierung, die der Abwehr der zweifellos größer gewordenen Gefahren nicht zuträglich ist. Die zweite deutsche Demokratie ist so fest verankert, daß die gewalttätigen Exzesse einer kleinen Minder-

29 Siehe zum italienischen Terrorismus besonders: H. Hess u. a. (Anm. 27), S. 9–166; Donatella della Porta (Hrsg.), Terrorismi in Italia, Bologna 1984.
30 Peter Fritzsche, Terrorismus in der Bundesrepublik Deutschland und in Italien. Erbschaft der »68er-Bewegung« oder »Last des Faschismus«?, in: Universitas, 43 (1988), S. 1056–1064.
31 Mitteilung des spanischen Innenministeriums vom Februar 1988 an die Autoren; siehe auch Peter Waldmann, Militanter Nationalismus im Baskenland, Frankfurt/M. 1990.
32 So »Searchlight«-Autor Graeme Atkinson, Unter dem Daumen – Nazis in Großbritannien, zitiert nach: Der Rechte Rand, Nr. 18/1992, S. 13f.

heit von Jugendlichen ihre Existenz nicht bedrohen. Doch bedarf es ernsthafter Gegenwehr, flankiert von sozial-pädagogischen Maßnahmen, damit der Verfassungsstaat seiner Schutzfunktion gegenüber schwachen Minderheiten gerecht wird. Was das Anwachsen nationalistischer Wahlbewegungen betrifft, sind sie auch ein Indiz für das Funktionieren des demokratischen Prozesses. Die großen demokratischen Parteien sind vor allem gefordert, das Potential der Unzufriedenheit durch beherztes politisches Handeln und vertrauensbildende Maßnahmen abzubauen.

Glossar

Das Glossar enthält Definitionen, Erläuterungen und Problemskizzen zu zentralen Termini des Bandes. Dem mit der Materie noch wenig Vertrauten bietet es eine Hilfestellung bei der Durchdringung des Stoffes; der sachkundige Leser mag vor allem aus den knapp umrissenen Problemstellungen Nutzen ziehen. Die einzelnen Artikel versuchen Standard-Informationen zu vermitteln, beziehen sich im übrigen aber auf die im Text vorzufindenden Fragen und Verwendungsweisen. Besonders wichtig erscheinende Termini sind ausführlicher (Demokratischer Verfassungsstaat, Extremismus, Linksextremismus, Nationalsozialismus, Real existierender Sozialismus, Rechtsextremismus, Streitbare Demokratie, Terrorismus, Totalitarismus), für die Fragestellungen des Bandes weniger bedeutsame in geraffter Form behandelt worden. Alle Beiträge weisen dasselbe Gliederungsschema auf: Ein erster Block enthält den Versuch einer kurzen Begriffsbestimmung (A). Anschließend werden Probleme der Begriffsverwendung, kontroverse Aspekte und gegebenenfalls Schwachpunkte der aktuellen Diskussion aufgezeigt (B). Im Text verstreut finden sich Querverweise (*) auf benachbarte Stichwörter des Glossars. Weiterführende Hinweise bieten unter anderem folgende Lexika: Uwe Andersen/Wichard Woyke (Hrsg.), Handwörterbuch des politischen Systems der Bundesrepublik Deutschland, Opladen 1993; Iring Fetscher/Herfried Münkler (Hrsg.), Pipers Handbuch der politischen Ideen, Bd. 5: Neuzeit: Vom Zeitalter des Imperialismus bis zu den neuen sozialen Bewegungen, München-Zürich 1987; Axel Görlitz/Rainer Prätorius (Hrsg.), Handbuch der Politikwissenschaft. Grundlagen – Forschungsstand – Perspektiven, Reinbek bei Hamburg 1987; Martin Greiffenhagen/Sylvia Greiffenhagen/Rainer Prätorius (Hrsg.), Handwörterbuch zur politischen Kultur der Bundesrepublik Deutschland. Ein Lehr- und Nachschlagewerk, Opladen 1981; Everhard Holtmann, Politik-Lexikon, München 1991; Ekkehard Lippert/Roland Wakenhut (Hrsg.), Handwörterbuch der Politischen Psychologie, Opladen 1983; Thomas Meyer/Karl-Heinz Klär/Susanne Miller/Klaus Novy/Heinz Timmermann (Hrsg.), Lexikon des Sozialismus, Köln 1986; Wolfgang W. Mickel, in Verbindung mit Dietrich Zitzlaff (Hrsg.), Handlexikon zur Politikwissenschaft, München 1983; Dieter Nohlen (Hrsg.), Wörterbuch Staat und Politik, München-Zürich 1991; Dieter Nohlen/Rainer-Olaf Schultze (Hrsg.), Pipers Wörterbuch zur Politik, Bd. 1: Politikwissenschaft, 2 Teilbde., München 1985; Werner Weidenfeld/Karl Rudolf Korte (Hrsg.), Handwörterbuch zur Deutschen Einheit, Frankfurt/M. 1992.

Anarchismus

A. Anarchismus ist ein Sammelbegriff für Doktrinen und Utopien, die jegliche Herrschaft des Menschen über den Menschen zugunsten einer herrschaftsfreien Ordnung aufheben wollen. Ziel einer anarchistischen Revolution ist die Auflösung staatlicher Institutionen. An deren Stelle sollen dezentralisierte, auf freiwilligem Zusammenschluß beruhende Selbstverwaltungs-Einheiten treten. Der Anarchismus, gekennzeichnet durch ein hohes Maß an Theoriescheu, zerfällt in zahlreiche ideologische Varianten. Im Groben kann zwischen einer stärker individualistischen (»Anarcho-Liberalismus«) und einer stärker kollektivistischen Richtung (»Anarcho-Kommunismus«) unterschieden werden. Wegen der fehlenden Theoriezentriertheit sind Ausdifferenzierungen nur schwer möglich. Der Anarchismus ist neben dem *Kommunismus, der ihn als eine kleinbürgerliche, utopische und pseudorevolutionäre Ideologie ansieht, eine Spielart des *Linksextremismus. Allerdings wurde er in größerem Maßstab niemals praxisrelevant.

B. Die RAF-Terroristen wurden häufig fälschlicherweise als »Anarchisten« bezeichnet (*Terrorismus), wobei die russischen Anarchisten des vergangenen Jahrhunderts wohl Pate gestanden haben. Das Terrorkonzept der RAF ist jedoch ideologisch von einem am Leninismus orientierten Avantgarde-Selbstverständnis bestimmt; die terroristische Gruppe als revolutionäre Elite. Hingegen ist die auf Berlin beschränkte »Bewegung 2. Juni« stärker anarchistisch gewesen. Die Studentenbewegung der sechziger Jahre hatte anarchistischen Konzepten zu einer zeitweiligen Renaissance verholfen.

Antifaschismus und Antikommunismus

A. Gegner des *Faschismus und des *Kommunismus können als Antifaschisten und Antikommunisten bezeichnet werden. In diesem Sinne wären also – geht man vom nicht hinreichend aussagekräftigen Wählerverhalten aus – weit über 90 Prozent der Bürger der Bundesrepublik zugleich Antifaschisten und Antikommunisten. Tatsächlich aber wird der Begriff »Antifaschismus« in aller Regel nur von denen gebraucht, die den Begriff »Antikommunismus« ablehnen. Für den Terminus »Antikommunismus« gilt dies umgekehrt ebenso. Die politischen Fronten verlaufen nicht zwischen »Antifaschisten« und »Faschisten« und ebensowenig zwischen »Antikommunisten« und »Kommunisten«. Schließlich können Antifaschisten und Antikommunisten ebenfalls Gegner des *demokratischen Verfassungsstaates sein – und sind es häufig genug. Diese Begriffe versuchen, den grundlegenden Gegensatz zwischen demokratischen Verfassungsstaaten und Diktaturen zu verwässern, ja aufzuheben.

B. Die Termini »Antifaschismus« und »Antikommunismus« stellen in erster Linie Kampfbegriffe dar; sie sind wissenschaftlich weitgehend unbrauchbar. Denn der Begriff »Antikommunist« suggeriert, es sei schon ein Ausweis demokratischer Gesinnung, gegen den Kommunismus eingeschworen zu sein. Das ist eine notwendige, jedoch keine hinreichende Voraussetzung, um als Demokrat zu gelten. Bezeichnenderweise propagieren auch und gerade Rechtsextremisten »Antikommunismus«. Für den Begriff »Antifaschist« gilt der gleiche Sachverhalt spiegelbildlich. Es ist nun einmal leichter, unter der Agitationsvokabel des »Antifaschismus« Massen zu mobilisieren, als Anhänger für den Kommunismus. Begriffe wie »Antifaschismus« und »Antikommunismus« eignen sich daher vorzüglich zur Tarnung extremistischer Gruppierungen. Hitler hatte den Zweiten Weltkrieg unter dem Feldzeichen des »Antikommunismus« geführt; die Mauer firmierte in der DDR als »antifaschistischer Schutzwall«. Die DDR habe sich als Staat des Antifaschismus verstanden, um so Stabilität und Legitimität gleichermaßen anzusammeln.

»Autonome«

A. Die meisten Gewalttaten von links in der Bundesrepublik gehen auf die »autonome« Szene zurück. Vornehmlich in Ballungszentren haben sich Gruppen gebildet, die sich durch große Distanz zum »Schweinesystem« auszeichnen und eine Art »Gegenkultur« darstellen. Sie sind organisatorisch zersplittert und ideologisch uneinheitlich ausgerichtet. In ihren Begründungen für militante Aktionen unterschiedlicher Art finden sich teils zynische, teils flapsige Formulierungen. Hervorgegangen aus der Bewegung des »Spontaneismus« und verwandt mit anarchistischen Gruppen, wollen sich die »Autonomen« nicht vereinnahmen lassen – weder vom Staat noch von linken Organisationen.

B. Bisher ist der Begriff der »Autonomen« lediglich auf das linke Milieu angewendet worden. Wer jedoch von »rechten Autonomen« redet, macht sich nicht notwendigerweise eine contradictio in adjecto zu eigen. Schließlich hat sich in den letzten Jahren, gefördert durch die Wiedervereinigung, auch eine subkulturelle Szene von rechtsaußen gebildet. Ein Teil der Skinheads, die zum Teil mit NS-Symbolen hantieren und im jugendlichen Alter sind, zeichnet sich durch Militanz und rassistische Grundvorstellungen aus. Die Rolle der Ideologie ist ebenso nur schwach entwickelt wie der Organisationsgrad. Auch sie, die sich gegen eine Vereinnahmung von rechtsextremen Organisationen wehren, müssen als eine soziale Bewegung begriffen werden. Auseinandersetzungen zwischen »Antifa-« und »Anti-Antifa«-Gruppen haben in letzter Zeit zugenommen.

Autoritarismus

A. Insbesondere zwei unterschiedliche Verwendungsweisen sind sorgfältig voneinander zu trennen: 1. Autoritarismus von Persönlichkeiten, individuelle Denk- und Charakterstrukturen; 2. autoritäre politische Systeme. Als sozialpsychologisches Konzept befand sich die Autoritarismusforschung zunächst auf der Suche nach einem typisch »autoritären Charakter«, der den Erfolg von Regimen wie des Nationalsozialismus erklären helfen sollte. Soziologische Ansätze führten jedoch zur Korrektur dieser primär psychologisch orientierten Sichtweise. Begreift man autoritäre Einstellungen als Produkt eines möglicherweise jahrzehntelangen Sozialisationsprozesses, so stellt sich die Frage nach sozialen Determinanten, die zur Prägung autoritärer Bewußtseinsformen beitragen. Davon strikt zu trennen ist die in der Staatsformenlehre verbreitete Unterscheidung totalitärer und autoritärer Diktaturen, die wiederum in ihrer Gesamtheit einen Gegensatz zu den Formen konstitutioneller Demokratie bilden (*demokratischer Verfassungsstaat). Als differenzierende Kriterien gelten der Grad des noch geduldeten gesellschaftlichen Pluralismus, die Intensität der Ideologisierung der Gesellschaft, die Art der Begrenzung und der Umfang des herrschenden Personenkreises. Ein autoritärer Staat unterscheidet sich von einem totalitären Regime insbesondere dadurch, daß er keine Zwangspolitisierung anstrebt, auf eine gesellschaftliche Umwälzung verzichtet und den Bürgern mehr Freiheiten einräumt. Opposition gegen die herrschende Clique wird jedoch nicht toleriert.

B. Der Schluß von autoritären Einstellungen auf extremistische Aktivitäten bzw. von autoritären Formen politischer Herrschaft auf autoritäre Einstellungen ist nicht oder nur mit größter Vorsicht möglich. Empirische Repräsentativstudien über autoritäre Einstellungen in der Bevölkerung werden in ihrer Aussagekraft durch die Faktoren Schulbildung, politisches Interesse, Intelligenz, Erfahrungswelt der Befragten wesentlich eingeschränkt. Umgekehrt müssen autoritäre Herrschaftsformen nicht Konsequenz entsprechender Überzeugungs- und Bewußtseinsformen sein. Machterwerb und Machterhalt etwa gewinnen in Diktaturen eine Eigendynamik.

Bewegung

A. Soziale Bewegungen sind lockere organisatorische Zusammenschlüsse von Vertretern gesellschaftlicher Protestgruppen mit kollektivem Bewußtsein zur Verfolgung politischer Ziele auf vornehmlich außerinstitutionellem Wege. Sie werden von breiteren, potentiell mobilisierbaren Bevölkerungsgruppen getragen, die gesellschaftliche Krisenzustände als ungerecht erfahren und von einem Engagement innerhalb der »etablierten« Gruppierungen keine Lösung ihrer Probleme erwarten. Oft treffen in sozialen Bewegungen Elemente aus der Mehrheitskultur und der Minderheitenkultur zusammen.

B. Außerparlamentarisch wirkende Protestgruppen verstehen sich häufig selbst als »Bewegung«, suggerieren damit einen Massenanhang, der objektiv oftmals nicht oder jedenfalls nicht in dieser Form vorhanden ist. Von sozialen Bewegungen sollte erst gesprochen werden, wenn sich breitere Bevölkerungskreise mit den politischen Zielen der Protestler identifizieren. In der repräsentativen Demokratie können soziale Bewegungen ein Indiz für Versäumnisse der staatlichen Institutionen bei der Lösung gesellschaftlicher Probleme sein, ebenso jedoch auch ein Beleg für den Grad postmaterialistischen Denkens oder gar ein Symptom für die Lebendigkeit der Demokratie. Die Einschätzung hängt wesentlich davon ab, wie stark sich extremistisches Gedankengut in den Bewegungen manifestiert. Dieser Aspekt wird in den meisten einschlägigen Untersuchungen vernachlässigt.

Demokratischer Verfassungsstaat

A. Auf den ersten Blick erscheint es unmöglich, einen Allerweltsbegriff, der so vielfältig verwendet wird wie »Demokratie«, überhaupt zu definieren. In der parteipolitischen Arena streiten »konservative«, »christliche«, »liberale«, »soziale«, »sozialistische« und »radikale« Demokraten um seine Auslegung. Selbst extremistische Kräfte haben »Demokratie« für ihre Zwecke okkupiert: »Nationaldemokraten« und »Volksdemokraten« schmücken sich jedoch mit fremden Federn. Die freiheitliche, pluralistische, rechtsstaatliche, konstitutionelle – wie die vielfältigen Präzisierungen lauten – Demokratie, auch demokratischer Verfassungsstaat genannt, ist das Produkt eines bis in die Antike zurückreichenden historischen Erfahrungsprozesses in der Auseinandersetzung mit verschiedenen Formen der Willkürherrschaft. Ihre Ausformung steht in engem Zusammenhang zur Herausbildung von Verfassungsstaaten und der Verbreitung der modernen Freiheitsidee wie der Entwicklung hochdifferenzierter Industriegesellschaften.

Unterschiedliche Grundgedanken und teilweise in einem Spannungsverhältnis zueinander stehende Strukturmerkmale sind in das historische Entwicklungsprodukt des demokratischen Verfassungsstaates eingeflossen. Wegweisend ist nach wie vor die »Konkurrenztheorie der Demokratie«. Sie geht davon aus, daß in der pluralistisch organisierten Gesellschaft verschiedene Interessen existieren, denen gleichermaßen *Legitimität zukommt. Die politische Willensbildung soll durch einen offenen Prozeß der Auseinandersetzung zwischen den heterogenen Gruppeninteressen vonstatten gehen, wobei ein Minimum gemeinsamer Überzeugungen erforderlich ist. Aufgrund der Vielfalt der Meinungen und Interessen gibt es »die« absolut richtige Lösung nicht. Wenn das Mehrheitsprinzip daher auch als Entscheidungsgrundlage gilt, so darf dennoch keine »Tyrannei der Mehrheit«, welche die demokratischen Spielregeln und unveräußerlichen Menschenrechte notgedrungen antastet, ausgeübt werden. Ein ausgeprägter Minderheitenschutz bildet für dieses Demokratieverständnis einen konstitutiven Bestandteil. In den letzten Jahren ist immer wieder auf die Grenzen einer »Mehrheitsdemokratie« verwiesen worden. Die Annahme eines vorgegebenen, einheitlichen und objektiv erkennbaren Volkswillens verwirft der demokratische Verfassungsstaat (»Konkurrenztheorie der Demokratie«). Hingegen leugnet die von Rousseau beeinflußte Demokratietheorie, die sich Extremisten aller Schattierungen direkt oder indirekt zu eigen machen, die Legitimität von Interessenkonflikten und betrachtet den Volkswillen als homogen. Nach diesem Verständnis bedeutet Demokratie Identität von Regierenden und Regierten (»Identitätstheorie der Demokratie«). Der »Führer« oder die »Partei« setzt den einmal als richtig erkannten Gemeinwillen in die Tat um. Abweichungen und oppositionelle Strömungen gelten als Häresie.

Eine zur Abgrenzung gegenüber Extremismen jeglicher Couleur geeignete Begriffserklärung muß alle denkbaren Formen des demokratischen Verfassungsstaates berücksichtigen, gleichzeitig aber auch eine ausreichende Trennschärfe aufweisen. Das Bundesverfassungsgericht hat sich in den Verbotsurteilen gegenüber der »Sozialistischen Reichspartei« (SRP) 1952 und der »Kommunistischen Partei Deutschlands« (KPD) 1956 auf eine derartige Gratwanderung eingelassen. Der so umrissene »kleinste gemeinsame Nenner« (»freiheitliche demokratische Grundordnung«) umfaßt Funktionsbedingungen und Strukturelemente sowie Wert- und Zielvorstellungen, die für die Existenz einer freiheitlichen Demokratie als unerläßlich angesehen werden: »So läßt sich die freiheitliche demokratische Grundordnung als eine Ordnung bestimmen, die unter Ausschluß jeglicher Gewalt- und Willkürherrschaft eine rechtsstaatliche Herrschaftsordnung auf der Grundlage der Selbstbestimmung des Volkes nach dem Willen der jeweiligen Mehrheit und der Freiheit und Gleichheit darstellt. Zu den grundlegenden Prinzipien dieser Ordnung sind mindestens zu rechnen: Die Achtung vor den im Grundgesetz konkretisierten Menschenrechten, vor allem vor dem Recht der Persönlichkeit auf Leben und freie Entfaltung, die Volkssouveränität, die Gewaltenteilung, die Verantwortlichkeit der Regierung, die Gesetzmäßigkeit der Verwaltung, die Unabhängigkeit der Gerichte, das Mehrparteienprinzip und die Chancengleichheit für alle politischen Parteien mit dem Recht auf verfassungsmäßige Bildung und Ausübung einer Opposition«. Zwar bedürfen die so verankerten Strukturelemente teilweise der Interpretation (z. B. »Gewaltenteilung«) und der Relativierung (z. B. »Volkssouveränität«); dennoch erlaubt diese Beschreibung des demokratischen Minimalkonsenses eine relativ klare und einleuchtende Abgrenzung gegenüber extremistischen Bestrebungen.

B. Eine Minimaldefinition von Demokratie, wie sie das Bundesverfassungsgericht zu geben versucht hat, mag eine ausreichende theoretische Trennschärfe besitzen, für die praktische Umsetzung ist dies jedoch nicht ohne weiteres gegeben. Extremisten offenbaren, gerade wenn sie in demokratischen Verfassungsstaaten wirken, nicht immer ihre wahre Identität. Sie beteuern vielmehr ihre demokratische Einstellung und halten sich nach Möglichkeit an die Gesetze (Legalitätstaktik). Gerade in der streitbaren Demokratie, die nicht davor zurückscheut, sich mit ihren Feinden offensiv auseinanderzusetzen, üben extremistische Kräfte vielfach äußerste Zurückhaltung, vermeiden verräterische Formulierungen in öffentlichen Bekundungen und verfolgen eine defensive politische Taktik. So kann die »Entlarvung« von Extremisten im Einzelfall schwierig oder gar unmöglich sein. Schließlich entsprechen in vielerlei Hinsicht verfängliche »Gesinnungsprüfungen« nicht dem Wesen freiheitlicher Demokratie. Daher erscheint es sinnvoll, beim Nachweis extremistischer Bestrebungen nicht auf die individuelle, sondern auf die organisatorische Ebene abzuheben. Dies gilt etwa auch bei der Einstellungspraxis für den öffentlichen Dienst. In aller Regel ist es wesentlich einfacher, Organisationen zweifelsfrei als extremistisch zu identifizieren. Wer sich in ihnen betätigt, unterliegt automatisch dem Verdacht, antidemokratische Positionen zu vertreten. Der Einsatz in sicherheitsrelevanten Bereichen des Staates kann dann nicht mehr in Frage kommen.

Freilich ist es in manchen Zweifelsfällen auch unmöglich, einer bestimmten Organisation extremistische Tendenzen einwandfrei nachzuweisen. Dann muß der römische Rechtsgrundsatz »in dubio pro reo« gelten. Wenn Demokraten versuchen, mißliebige politische Kräfte in ein Zwielicht zu rücken, indem sie einen schwach begründeten Verdacht auf Verfassungsfeindlichkeit äußern, widerspricht dies dem Gebot der Liberalität. Die Gefahr, daß sich »abweichendes« politisches Verhalten eines Tages als Extremismus entpuppt, muß eine Demokratie aushalten können, will sie ihres freiheitlichen Charakters nicht verlustig gehen.

Diktatur siehe: *Autoritarismus, *Streitbare Demokratie, *Totalitarismus

Extremismus

A. Als Antithese des *demokratischen Verfassungsstaates dient der Begriff des politischen Extremismus zur umfassenden Bezeichnung antidemokratischer Gesinnungen und Bestrebungen. Im einzelnen werden damit verschiedenartige Erscheinungsformen umschrieben. Zu unterscheiden ist zwischen an die Macht gelangten Extremisten, die als Träger staatlicher Herrschaft fungieren, und solchen, die in freiheitlichen Demokratien ihre subversive – wenn auch häufig aus strategischen Erwägungen am Legalitätsprinzip orientierte – Tätigkeit entfalten. Im ersten Fall handelt es sich um Diktaturen autoritärer oder totalitärer Prägung, je nach dem Grad des politischen Pluralismus, der ideologischen Ausrichtung und der Mobilisierung der Bevölkerung. Generell wird zwischen *links- und *rechtsextremen Varianten differenziert. Diese Zweiteilung beruht insbesondere auf den gegensätzlichen Endzielen und Menschenbildern rechts- und linksextremer Gruppierungen. So geht der *Kommunismus von der Realisierbarkeit einer »klassenlosen Gesellschaft« aus, die der Menschheit ein Leben in Frieden, Freiheit und Wohlstand ermöglichen soll. Rechtsextreme Konzeptionen negieren dagegen das Prinzip fundamentaler Menschengleichheit. Zu ihnen zählen etwa neonationalsozialistische Doktrinen, die im Endeffekt auf die Unterdrückung eines Teils der Menschen zugunsten der Diktatur einer »Herrenrasse« hinauslaufen. Mögen ideologische Konzeptionen für Extremismen in freiheitlichen Demokratien noch eine bedeutende Rolle für Gegenwartsbedeutung und Zukunftsgestaltung, Gruppenzusammenhalt und Mobilisation neuer Mitglieder spielen, so dient die *Ideologie in diktatorischen Regimen vornehmlich zur Herrschaftslegitimierung. *Totalitarismus-Konzepte heben daher die Parallelen in den Methoden der Herrschaftsausübung zwischen ideologisch gegensätzlichen Regimen hervor: Extremismen, welcher Couleur auch immer, verwenden ähnliche Mittel beim Kampf gegen das demokratische Gemeinwesen.

Über vordergründige programmatische Einzelfragen und strategisch-taktische Kalküle hinaus lassen sich jedoch auch strukturelle Gemeinsamkeiten extremistischen Denkens bestimmen. So neigen alle Extremismen dazu, ihr politisches Handeln und die Wahrnehmung der Wirklichkeit in den Rahmen einer »Weltanschauung« einzuordnen, die für möglichst viele Probleme Lösungen bieten soll und in sich mehr oder weniger systematisch aufgebaut ist. Extremistische Ideologien basieren teilweise auf nicht überprüfbaren Aussagen. Der Stellenwert der Ideologie schwankt jedoch von Gruppe zu Gruppe. Intellektuelle Zirkel oder sektenähnliche Vereinigungen legen naturgemäß einen größeren Wert auf weltanschauliche Fragen und ideologische Geschlossenheit als etwa extremistische Samm-

464

lungsbewegungen. Extremismen mit ansonsten völlig konträrer Programmatik weisen übereinstimmende gedankliche Stereotypen auf. Dies beginnt mit der Verabsolutierung bestimmter Grundvorstellungen (»kapitalistische Klassengesellschaft«, Rassenlehren), denen zur Weltinterpretation und Problemlösung universelle Bedeutung beigemessen wird. Extremisten wähnen sich im Besitz der alleinigen Wahrheit, sie verfechten ihre einmal für richtig erkannten Ziele kompromißlos und unerbittlich. Die Menschheit teilt sich demnach in Freunde und Feinde, Gute und Böse, Erleuchtete und Irrgläubige. Auch die Neigung zu Verschwörungstheorien ist rechten und linken Extremismen gemeinsam. Sie dienen dazu, die aufgrund der Absolutheitsansprüche entstehende Kluft zwischen Wahn und Wirklichkeit zu überbrücken.

B. Neben »Extremismus« findet in der Forschung auch der traditionsreichere Begriff »Radikalismus« Verwendung. »Radikalismus« ist jedoch semantisch vorbelastet. So hatten im 18. und 19. Jahrhundert liberale Emanzipationsbewegungen in romanischen und angelsächsischen Ländern den Begriff auf ihre Fahnen geschrieben. Sie verbanden mit »Radikalismus« den Kampf um bürgerliche Freiheitsrechte, Verfechter des Obrigkeitsstaates dagegen die gewaltsame Zerstörung einer legitimierten politischen Ordnung. Auch heute noch ist »Radikalismus« ein ambivalenter Begriff: Die einen werten ihn durch ein Kompositum wie »Radikaldemokratie« auf; den anderen bedeutet »Radikalismus« soviel wie »Verfassungsfeindlichkeit«. Vom Alltagsverständnis her sind die Termini »Radikalismus« und »Extremismus« beide nicht mit eindeutigen Inhalten besetzt; erst die Definition macht sie für den wissenschaftlichen Gebrauch geeignet. Eine solche Definition ist jedoch im Falle des Extremismusbegriffs leichter durchsetzbar, da er begriffshistorisch weniger mißverständliche Assoziationen ermöglicht.

Der Extremismusbegriff als Sammelbezeichnung antidemokratischer Gesinnungen und Bestrebungen hat eine doppelte Funktion: eine politische und eine wissenschaftliche. »Politisch« nicht im Sinne von »parteipolitisch«, sondern im Sinne einer Politik für den demokratischen Verfassungsstaat und gegen totalitäre Versuchungen jeglicher Provenienz. »Extremismus« stellt diesen fundamentalen Antagonismus in den Vordergrund, der die Unterschiede zwischen autoritären und totalitären Regimen, rechts- und linksextremen Varianten gegenüber der allen gemeinsamen Negation des Demokratischen verblassen läßt. Aber er erfüllt auch eine im engeren Sinne wissenschaftliche Funktion, indem er das Erkenntnisinteresse auf Gemeinsamkeiten der Extremismen untereinander lenkt, die auf den ersten Blick nicht zum Vorschein kommen, für die Einschätzung und Einordnung des Gesamtphänomens jedoch sehr bedeutsam sind.

Faschismus

A. Faschismus bezeichnet zunächst den italienischen Faschismus, eine von Benito Mussolini (1883–1945) begründete politische *Bewegung, die in der ersten Hälfte der zwanziger Jahre die Macht im italienischen Staat an sich zog und den »totalen Staat« errichten wollte. Im italienischen Faschismus verbanden sich die Ideen charismatischen Führertums und der Politisierung der Massen mit einem aggressiven Nationalismus und Imperialismus. Davon zu unterscheiden sind vergleichende Faschismustheorien, die Entstehung, Entwicklung, Ausprägung und Verfall in der Zwischenkriegszeit entstandener politischer Bewegungen zu erklären suchen. Diese Theorien orientieren sich insbesondere am italienischen Faschismus und am deutschen Nationalsozialismus und beziehen eine mehr oder weniger große Zahl ähnlicher Phänomene in anderen europäischen Ländern in ihre Überlegungen ein. Hier ist weiterhin eine primär wissenschaftliche Begriffsverwendung, der es lediglich um den erkenntnistheoretischen Wert eines vergleichenden Faschismusbegriffs geht, von einer politisch-polemischen zu trennen. Insbesondere marxistisch-leninistisch, aber auch neomarxistisch orientierte Autoren haben einer unzulässigen Ausdehnung und Verwässerung des Begriffs Vorschub geleistet und ihn in das zum Kampf gegen den *demokratischen Verfassungsstaat bestimmte Waffenarsenal aufgenommen.

B. Begriffe wie »Faschismus«, »Neofaschismus« und »faschistoid« finden in einer umfangreichen marxistischen Literatur beim Kampf gegen die »bürgerliche Demokratie« Verwendung. Nicht-Marxisten können unter einen generellen »Neofaschismus«-Verdacht gestellt werden. Als »faschistoid«, soll heißen: »tendenziell faschistisch«, gelten schließlich unter Umständen alle als »repressiv« interpretierten Gesellschaftsstrukturen. Die Ausweitung des Faschismusbegriffs bedeutet so einerseits eine Verharmlosung des Nationalsozialismus, andererseits eine Perhorreszierung des demokratischen Verfassungsstaates.

Fundamentalismus siehe: *Rechtsextremismus

Ideologie

A. Ideologien sind politische Überzeugungssysteme, deren Elemente (Ideologeme) in einem mehr oder weniger systematischen Zusammenhang zueinander stehen, deren Aussagen für möglichst viele Problembereiche Lösungen bieten und deren Wahrheitsgehalt sich teilweise der Überprüfung entzieht. Quantitativ sind sie also durch hohe Komplexität, Interdependenz der Ideologeme und Reichweite der Aussagen, qualitativ durch ein geschickt komponiertes System von Wahrheiten, Unwahrheiten und Halbwahrheiten gekennzeichnet. Extremistisches Denken ist in besonderem Maße ideologisch geprägt. In *demokratischen Verfassungsstaaten dienen Ideologien extremistischen Kräften vor allem zur Integration und Weltvermittlung, in diktatorischen Regimen insbesondere zur Rechtfertigung und Sanktionierung. Sie zeichnen sich u. a. durch ihren Leerformelcharakter aus, durch Freund-Feind-Bilder und durch das Festhalten an Verschwörungstheorien.

B. Es ist zu betonen, daß die hier vorgenommene Begriffsbestimmung lediglich *eine* Form möglicher Konzeptualisierung darstellt. Der Ideologiebegriff ist aufgrund seiner langen Tradition und des Stellenwerts der mit ihm verbundenen Probleme in unterschiedlichster, auch widersprüchlicher Form definiert worden. Der Marxismus-Leninismus etwa verwendet ihn gleich in doppelter Ausführung. Hier bedeutet »Ideologie« einerseits »falsches Bewußtsein«, andererseits wird offiziell von der »marxistisch-leninistischen Ideologie« gesprochen. Im Rahmen der Extremismusforschung erscheint eine Verbindung qualitativer mit quantitativen Elementen des Ideologiebegriffs sinnvoll.

Kommunismus

A. Der Begriff Kommunismus wird und wurde mit sehr unterschiedlichen Inhalten besetzt. So ist »Kommunismus« als »klassenlose Gesellschaft« der Zukunft aufzufassen. »Kommunismus« wird aber auch identisch mit »Marxismus-Leninismus« verwendet und bezeichnet dann Ideologie und gesellschaftliche Wirklichkeit in den Staaten des »real existierenden Sozialismus«. »Kommunismus« kann ebenso die Gesamtheit kommunistischer Parteien meinen. Am häufigsten scheint der Begriff aber als Sammelbezeichnung für politische Ideen und Bestrebungen gebraucht zu werden, welche die Überwindung »kapitalistischer Klassengesellschaften« zugunsten der Errichtung einer »klassenlosen Gesellschaft« auf ihre Fahnen geschrieben haben. »Kommunismus« ist dann identisch mit »Marxismus« im weiteren Sinne des Wortes.

B. Die Lehren von Karl Marx (1818–1883) und Friedrich Engels (1820–1895) stehen somit am Anfang einer Geschichte des Kommunismus; Vorläufer können hier vernachlässigt werden. Nach Karl Marx und Friedrich Engels ist die kapitalistische Wirtschaftsordnung nicht in der Lage, eine gerechte Verteilung der wirtschaftlichen Güter zu leisten. Die Dynamik des kapitalistischen Systems fördere vielmehr seinen Untergang. Dem Proletariat komme als revolutionärem Subjekt die Aufgabe zu, den Verfall des kapitalistischen Systems für den Aufbau einer klassenlosen Gesellschaft zu nutzen, die nach einer revolutionären Übergangsphase erreicht werden könne. Wladimir Iljitsch Lenin (1870–1924) verstand sich selbst als orthodoxer Marxist, stand aber vor dem ideologischen Problem, eine Revolution im Agrarstaat Rußland durchführen zu wollen, in einem Land also, dem die bei Marx als revolutionäres Subjekt fungierende Industriearbeiterschaft weitgehend fehlte. Lenin forderte daher eine Kaderpartei mit strenger Parteidisziplin und zentralistischem Aufbau, die als Eliteformation Träger der revolutionären Umwälzung sein sollte. Während Lenin und vor allem Leo Trotzki (1879–1940) die russische Oktoberrevolution als ersten Schritt zu einer weltweiten Umwälzung ansahen, vertrat der Nachfolger Lenins, Josef Stalin (1879–1953), die These vom »Aufbau des Sozialismus in einem Lande«. Unter dem Stalinismus verfestigte sich der totalitäre Grundzug im politischen System der Sowjetunion. Stalin führte rigorose Säuberungen zur Eliminierung politischer Gegner durch. Reformkommunistische Tendenzen innerhalb des Ostblocks sind systematisch unterdrückt worden. Reformen des Generalsekretärs der KPdSU Michail Gorbatschow, die das kommunistische System lebenskräftiger gestalten sollten, unterminierten es und trugen so zu seinem Ende bei – jedenfalls in der Sowjetunion und in den osteuropäischen Diktaturen. Im Gegensatz zu Lenin entdeckte der chinesische Kommunist Mao Tse-tung (1893–1976) die kleinbäuerlichen Massen Chinas als Subjekt einer kommunistischen Umwälzung. In Rivalität zu Moskau erhob nun auch Peking den Anspruch, Zentrum der kommunistischen Weltrevolution zu sein. Die Differenzen mit der Sowjetunion beruhten auf ideologischen und machtpolitischen Gegensätzen.

Legalität und Legitimität

A. Bedeutet Legalität lediglich die äußere Rechtmäßigkeit, so ist unter Legitimität die innere Anerkennungswürdigkeit zu verstehen. Maßnahmen in einer Diktatur, die mit den dortigen Gesetzen übereinstimmen, sind legal, brauchen aber nicht legitim zu sein. Die Orientierung an der Legalität erhöht allerdings in jedem Falle die Berechenbarkeit staatlichen Handelns. Der Begriff Legitimität hat im Laufe der Zeit einen deutlichen Bedeutungswandel erfahren. Galt etwa in der Restaurationsperiode der ersten Hälfte des 19. Jahrhunderts für die »Heilige Allianz« nur die Herrschaft von »Gottes Gnaden« als legitim, so bedeutet das demokratische Legitimitätsprinzip heutzutage, Herrschaft habe sich auf den Willen des Volkes zu gründen (»Volkssouveränität«). Auch zahlreiche Diktaturen jedweder Färbung hüllen sich in das Renommiergewand demokratischer Legitimation.

B. Konnte in »Weimar« die wertrelativistisch angelegte verfassungsmäßige Ordnung mit der nötigen Mehrheit gleichsam legal aus den Angeln gehoben werden (»legale Revolution«), so schiebt das wertgebundene Grundgesetz dem einen Riegel vor. Art. 79,3 GG statuiert »Ewigkeitswerte« (z. B. Unantastbarkeit der Menschenwürde). Gewiß vermag sich eine antidemokratische Bewegung über die Prinzipien des Verfassungskerns hinwegzusetzen; sie begeht dann aber Verfassungsbruch und kann sich nicht mehr als Verteidiger in der Legalität gerieren. Extremistische Kräfte neigen dazu, Legitimität und Legalität gegeneinander auszuspielen. Verfechter des Marxismus-Leninismus etwa akzeptieren eine auf dem Privateigentum an Produktionsmitteln basierende Wirtschaftsordnung nicht als anerkennungswürdig, unabhängig von der Auffassung der Bevölkerung, die eben »manipuliert« oder »korrumpiert« sei. Teile der Friedensbewegung betrachten die Nachrüstungsentscheidung des Bundestages als illegitim, da sie den Frieden in höchstem Maße gefährde. Frieden aber sei nun einmal der höchste Wert. Hieraus speist sich dann die Rechtfertigung für subversive Aktionen und für den »zivilen Ungehorsam« Tatsächlich aber gibt es unterschiedliche Auffassungen über die »richtigen« Mittel der Friedenssicherung.

Leninismus siehe: *Kommunismus, *Linksextremismus

Linksextremismus

A. Linksextremismus ist eine Sammelbezeichnung für antidemokratische Gesinnungen und Bestrebungen, die traditionell auf der äußersten »Linken« des Rechts-Links-Spektrums verortet werden. Den zahlreichen ideologischen Strömungen ist – jedenfalls dem Anspruch gemäß – die Ablehnung jeglicher Herrschaft des Menschen über den Menschen gemeinsam, sei es, daß zentrale Organisationsformen generell als Übel gelten (*Anarchismus, *»Autonome«), sei es, daß die »kapitalistische Klassengesellschaft« haftbar gemacht wird (*Kommunismus). Die pluralistische Demokratie diene lediglich der geschickten Verschleierung gesellschaftlicher Herrschaft und Unterdrückung.

Über den »kleinsten gemeinsamen Nenner« hinaus lassen sich unterschiedliche linksextreme Varianten unterscheiden. Zu nennen wären – was die organisatorische Seite betrifft – Gruppierungen, die sich auf die »richtige« Auslegung der Lehren von Marx, Engels, Lenin, Stalin, Trotzki oder Mao Tse-tung berufen. Zu dieser Richtung zählten in der Bundesrepublik erstens die sogenannten »orthodoxen Kommunisten«, Anhänger der moskautreuen Linie der DKP und ihrer Nebenorganisationen, die dank massiver finanzieller Unterstützung und organisatorischem Geschick mit Abstand den größten Einfluß ausüben. Zweitens die im Zuge der Studentenbewegung aufgekommenen, ebenfalls dogmatischen K-Gruppen, die, in ihrer Mehrzahl maoistisch orientiert, niemals die Bedeutung der DKP erreichten. Drittens die so zahlreichen wie einflußlosen trotzkistischen Splittergruppen, die alle für sich die einzig richtige Interpretation der durchaus widersprüchlichen Lehre ihres Meisters Leo Trotzki beanspruchen. Durch den Zusammenbruch des kommunistischen Weltsystems haben diese Differenzierungen nur noch eine beschränkte Bedeutung. Teilweise ist es zu einer Vermischung der Positionen gekommen. Dagegen spielen die weder organisatorisch verfestigten noch ideologisch einheitlichen »Autonomen« eine wichtigere Rolle im linksextremen Milieu.

Für den Linksextremismus in der Bundesrepublik bedeutete die Existenz eines kommunistischen deutschen Nachbarstaates eine Chance und eine Gefahr zugleich. Einerseits konnte die DDR ihr gewogene Gruppierungen ideologisch, organisatorisch und finanziell zur Hand gehen, andererseits versperrte das abschreckende Beispiel der DDR den Zugang zu größeren systemkritischen Gruppen. Das linksalternative Milieu, das sich seit Ende der sechziger Jahre herauszubilden begann, entwickelte nicht nur Vorbehalte gegenüber den »etablierten« Kräften des »Systems«, sondern ebenso auch gegenüber dem Kommunismus in den düsteren Farben der DDR.

B. Ähnlich wie der Begriff *»Rechtsextremismus« ist auch »Linksextremismus« nur als ein möglicher Versuch zur übersichtlichen Gliederung an sich recht unterschiedlicher Phänomene zu verstehen. Im einzelnen werden dabei Probleme der Einordnung sichtbar. Für die Rechts-Links-Dimensionierung spricht allerdings ihre Verankerung in der politischen Kultur.

Ideologische Fragen können an Bedeutung verlieren, sobald eine extremistische Bewegung an die Macht gelangt ist. Der moderne Kommunismus hatte in allen Staaten, wo er Fuß fassen konnte, Diktaturen mit Einheitsparteien errichtet – unabhängig davon, ob formal mehrere Parteien zugelassen waren. Die Herrschaftsinstanzen und Produktionsmittel wurden in staatliche Hand gegeben und streng zentralistisch verwaltet. Darüber hinaus bestand die Tendenz, in möglichst weite gesellschaftliche Bereiche regulierend einzugreifen. In den Methoden der Herrschaftsausübung gleichen sich »rechte« und »linke« Diktaturen einander an (*Totalitarismus). Der fundamentale Antagonismus zwischen demokratischen Verfassungsstaaten und politischen Extremismen läßt Unterschiede zwischen einzelnen Erscheinungsformen zurücktreten.

Maoismus siehe: *Kommunismus, *Linksextremismus

Marxismus siehe: *Kommunismus, *Linksextremismus, *Real existierender Sozialismus

Nationalismus siehe: *Faschismus, *Nationalsozialismus, *Neonationalsozialismus, *Rechtsextremismus

Nationalsozialismus

A. Der Begriff des »Nationalsozialismus« verbindet sich mit der im Jahre 1919 – zunächst unter anderem Namen (»Deutsche Arbeiterpartei«) – gegründeten »Nationalsozialistischen Deutschen Arbeiterpartei« (NSDAP), die seit Ende der zwanziger Jahre in Deutschland Massenanhang gewann, zur führenden politischen Kraft heranwuchs und im Jahre 1933 die Macht übernahm. Zu unterscheiden ist zwischen der NS-Bewegung, insbesondere vor der »Machtergreifung«, deren Ideologie und Methoden sowie der Struktur des NS-Regimes.

Bis weit in die zwanziger Jahre hinein war die NSDAP eine Kleinpartei mit geringem politischem Einfluß. Erst insbesondere vor dem Hintergrund der ökonomischen Krise mit hohen Arbeitslosenzahlen gelang es ihr nach und nach, das Potential anderer rechtsextremer Strömungen und Gruppierungen aufzusaugen, Wähler auch demokratischer Parteien an sich zu ziehen, alle soziale Schichten – mit beträchtlichem, wenn auch unterschiedlichem Erfolg – zu erreichen und schließlich zur Massenbewegung zu werden. Strebte die NSDAP-Führung anfänglich den Staatsstreich an, so zog sie aus dem Scheitern des Putschversuchs strategische Konsequenzen und setzte forthin auf die Möglichkeit einer legalen Machtübernahme (»Legalitätstaktik«).

Bei der Betrachtung des politischen Erfolgs der NSDAP dürfen Ideologie und Programmatik der Partei nicht ausgeklammert werden. In dem 1920 verkündeten und später für unabänderlich erklärten Programm fanden sich Forderungen mit einiger Bedeutung für die zukünftige Politik (z.B. »Groß-Deutschland«, »Aufhebung der Friedensverträge von Versailles und St. Germain«, »Blut und Boden«, »Kein Jude kann daher Volksgenosse sein«) neben Erklärungen, die später nur eine geringe oder gar keine Rolle spielen sollten (z.B. »Brechung der Zinsknechtschaft«, »deutsches Gemeinrecht«, »Freiheit aller religiösen Bekenntnisse im Staat«). Und in ihren Erfolgsjahren wurde die Partei zu einem Sammelbecken verschiedenartiger (rechtsextremer) Strömungen, deren intellektuelle Repräsentanten (wie etwa Gottfried Feder, Alfred Rosenberg, Gregor und Otto Straßer) untereinander beträchtliche Differenzen austrugen. Ein gewisser Grundkonsens bestand jedoch im Hinblick auf die »nationalsozialistische Weltanschauung«, die der bald zum unumstrittenen »Führer« gewordene Adolf Hitler (1889–1945) aus diversen Quellen zu einer erstaunlich konsistenten *Ideologie geformt und in Schriften (wie etwa »Mein Kampf«, 1925/26) und zahlreichen Reden verbreitet hatte. Wurden diese Anschauungen auch in hohem Maße von Anti-Haltungen bestimmt (Antiparlamentarismus, Antiliberalismus, Antibolschewismus, Antikapitalismus, Antiegalitarismus, Antisemitismus), so entsprach ihnen doch auch eine Reihe politischer Glaubensartikel, die sich prägend auf die späteren politischen Gestaltungen der Partei auswirkten: eine rassistische Doktrin, die aufgrund biologischer Kriterien zwischen Rassen mit unterschiedlichen Qualitätsmerkmalen unterscheidet und das eigene Volk (Deutsche, Arier) auf der obersten Stufe der Rassenhierarchie ansiedelt; der sozialdarwinistisch begründete Rassenkampf als historische Tatsache und Prinzip der Auslese; die Propagierung einer »Volksgemeinschaft« auf der Grundlage der Rasseeinheit; das »Führerprinzip« als dominierendes politisches Organisationsmuster; das Streben nach »Eroberung von Lebensraum« und einer Vormachtstellung in Europa und darüber hinaus.

Die tragenden Elemente der NS-Ideologie waren keineswegs im Sinne von Verbalradikalismen zu verstehen, wie sich im Zuge der »Machtergreifung« erwies. Die Nationalsozialisten entmachteten die alten Eliten, schalteten alle oppositionellen Kräfte aus, sicherten das Parteimonopol der NSDAP und errichteten ein unter anderem durch Massenmobilisierung, Geheimpolizei, paramilitärische Verbände (SA, SS) und »Konzentrationslager« gestütztes Herrschaftssystem, das trotz Rivalitäten und Machtkämpfe auf allen Entscheidungsebenen deutlich totalitäre Züge aufwies (*Totalitarismus). Der militärische Expansionismus führte zur Entfesselung des Zweiten Weltkrieges und mündete in die Zerschlagung des Deutschen Reiches. Der Rassenwahn der Nationalsozialisten gipfelte in der systematischen, industriell betriebenen Massenvernichtung der Juden.

B. Für die extreme Rechte wurde der Nationalsozialismus nach 1945 zum Ausgangspunkt politischer Neuformierung. Dies geschah allerdings auf vielfältige Weise. Die häufig anzutreffende Gleichsetzung von *Rechtsextremismus und *Neonationalsozialismus läßt das notwendige Unterscheidungsvermögen vermissen. Sie übersieht die Heterogenität rechtsextremer Strömungen. Zwar flossen deutsch-nationale, völkische und konservativ-revolutionäre Elemente in das Ideologiegebräu des Nationalsozialismus ein; zwischen den Vertretern der verschiedenen Richtungen bestanden jedoch mehr oder weniger große Differenzen. Oppositionelle Aktivitäten gegen das NS-Regime gingen daher nicht nur von Demokraten und Kommunisten aus, sondern ebenso von Rechtsextremisten. Die extreme Nachkriegsrechte in der Bundesrepublik kannte freilich ebenso Erscheinungen (angefangen bei der SRP), die in kaum verhüllter Form an Ideologie und Programmatik des Nationalsozialismus anknüpften. Wurde aus diesen Reihen auch Kritik gegenüber »Deformierungen« des Dritten Reiches geäußert, so dominierte hier dennoch ein Konsens im Hinblick auf grundlegende ideologische Inhalte des Nationalsozialismus.

Der extremen Linken dient(e) das Negativbild des Nationalsozialismus vielfach dazu, mittels der *Antifaschismus-Vokabel unliebsame politische Gegner zu stigmatisieren und gleichzeitig (angebliche) eigene Vorzüge herauszustreichen. Diese Selbststilisierung übergeht allerdings strukturelle Gemeinsamkeiten rechts- und linksextremer Doktrinen. Sie alle kennzeichnet die strikte Ablehnung des *demokratischen Verfassungsstaates und die Propagierung eines als absolut richtig geltenden und damit der Diskussion entzogenen Politikmodells. Dieses ist auf beiden Enden des ideologischen Spektrums durch manichäische Simplifizierungen, Freund-Feind-Stereotype, Dogmatismen und verschwörungstheoretische Spekulationen gekennzeichnet. Hierin bewahrheitet sich trotz aller Unterschiede und Gegensätze die alte Wendung: Les extrêmes se touchent!

Neofaschismus siehe: *Faschismus, *Nationalsozialismus, *Neonationalsozialismus, *Rechtsextremismus

Neonationalsozialismus

A. Neonationalsozialismus bezeichnet rechtsextreme politische Gesinnungen und Bestrebungen, die sich an tragenden Prinzipien des historischen Nationalsozialismus orientieren. Zu den charakteristischen Merkmalen gehören: das Führerprinzip, eine rassistische, insbesondere antisemitische *Ideologie, ein aggressiver »Antibolschewismus« und Militarismus. Neonationalsozialismus ist stets verbunden mit dem Versuch, den historischen *Nationalsozialismus zu rehabilitieren und als erstrebenswertes politisches System zu empfehlen. Nach 1945 trug in der Bundesrepublik die »Sozialistische Reichspartei« (SRP) teilweise offen neonationalsozialistische Züge. In neuerer Zeit wird der Begriff vor allem im Zusammenhang mit Gruppen rechtsextremer Jugendlicher gebraucht, die nationalsozialistische Symbole (Hakenkreuz, SS-Runen, Totenkopfabzeichen, entsprechende Uniformen) als Mittel der Provokation benutzen. Hier ist jedoch zu unterscheiden zwischen einem harten Kern politisch überzeugter Neonationalsozialisten und Mitläufern mit eher apolitischen Motiven.

B. Begreiflicherweise nimmt der historische Nationalsozialismus in der rechtsextremen Szene – als Vorbild wie auch Ansatzpunkt mehr oder weniger kritischer Auseinandersetzung – der Bundesrepublik eine integrierende Funktion wahr. Nur eine Minderheit läßt jegliche Sympathien in dieser Richtung vermissen. Das Spektrum reicht vom offenen Bekenntnis bis zu stillschweigender Verharmlosung und partieller Rehabilitierung des Nationalsozialismus. Dennoch ist Neonationalsozialismus keineswegs identisch mit Rechtsextremismus. Auch in der Bundesrepublik gab und gibt es rechtsextreme Gruppierungen wie die NPD oder die DVU, die sich vom Nationalsozialismus ausdrücklich distanzier(t)en. Die Tatsache, daß Rechtsextremismus nicht mit Neonationalsozialismus zusammenfällt, wird vor allem auch beim Blick über die Landesgrenzen hinaus bestätigt.

Neue Linke

A. Wie der Begriff der *Neuen Rechten, so hat jener der Neuen Linken unterschiedliche Bedeutungen. Meistens werden darunter jene Bestrebungen verstanden, die sich vom Kommunismus der Moskauer Richtung unterschieden haben. Der Begriff erfuhr in der ersten Hälfte der sechziger Jahre im angelsächsischen Sprachraum eine gewisse Verbreitung (»New Left«): Neomarxistische Richtungen im Westen wollten sich damit sowohl vom Marxismus-Leninismus der Moskauer Observanz als auch von sozialdemokratischen Positionen absetzen. Im intellektuellen Milieu entfalteten ihre Ideen eine beträchtliche Breitenwirkung. Die Theorie von der Rolle der Arbeiterklasse als revolutionäre Kraft wurde weitgehend fallengelassen. Radikaldemokratische, maoistische, anarchistische, trotzkistische Vorstellungen bilde(te)n eine Gemengelage. Die Studentenbewegung in der westlichen Welt ist durch Ideen der Neuen Linken maßgeblich inspiriert worden.

B. In extremismustheoretischer Hinsicht ist die Frage ungeklärt, ob es sich bei der Neuen Linken durchweg um antidemokratische Bestrebungen handelt. Das hängt wesentlich damit zusammen, was man unter diesen Sammelbegriff faßt. Für Gruppierungen, die sich am chinesischen Modell ausrichte(te)n, läßt sich die Frage klar beantworten. Aber es gab auch eine Strömung in der Studentenbewegung, die sich gegen »verkrustete Strukturen« wandte und bei allem Rigorismus nicht notwendigerweise die demokratische Grundordnung, wiewohl man sie als erstarrt empfand, in Frage stellte. Sie fand sich später teilweise u. a. bei den »Grünen« wieder.

Neue Rechte

A. Die Verwendungsweise des Begriffs der Neuen Rechten ist besonders schillernd, ja irritierend. Manche verstehen darunter einfach die Renaissance rechten Gedankenguts, andere rechte Positionen als Scharnierfunktion zwischen demokratischen und rechtsextremistischen Gruppierungen. Die dritten meinen damit die Anknüpfung an die Konzeption der »Konservativen Revolution« in Weimar. Sinnvoll ist der Begriff eigentlich nur für intellektuelle Zirkel, die eine Modifizierung im Sinne von Modernisierung der Grundpositionen seitens der »alten Rechten« in die Wege leiten. In diesem Sinne ist von ihr seit Ende der sechziger Jahre die Rede, wohl nicht zufällig als Reaktion auf die neomarxistisch inspirierte Studentenbewegung. Besonders in Frankreich hat die »Nouvelle Droite« im intellektuellen Milieu für Aufsehen gesorgt. Sie zeichnet sich durch eine anti-egalitäre Grundeinstellung und eine Absage an das Christentum aus.

B. Ob es sich bei der Neuen Rechten ausschließlich um antidemokratische Varianten handeln muß, ist analog der Charakterisierung der *Neuen Linken umstritten. Wie die Ablehnung der Konzeption der »alten Rechten« allein noch nicht ausreicht, die Neue Rechte als demokratisch anzusehen, genügt es nicht, unter Hinweis auf Herauslösung einzelner Ideologeme den antidemokratischen Charakter aller Strömungen der Neuen Rechten zu behaupten. Diese verbindet mit der Neuen Linken als vornehmlich intellektueller Bewegung die Bezugnahme auf Antonio Gramsci (1891–1937), jedenfalls in einem bestimmten Punkt: Beim Gramscismus geht es darum, als Voraussetzung für politischen Einfluß und für eine Veränderung der Machtverhältnisse kulturelle Hegemonie zu erringen. Nicht mehr ausschließlich das Sein präge das Bewußtsein.

Politischer Wandel

A. Politischer Wandel umfaßt strukturelle Veränderungen politischer Systeme mit systemkonformer und systemsprengender Wirkung. Systemkonforme Veränderungen (»Reformen«) lassen die grundlegenden Werte und Spielregeln des politischen Systems unangetastet. Systemsprengende Aktivitäten (»Subversion«) zielen dagegen auf einen Umsturz hin, d. h. eine die Fundamente des Systems zerstörende, gewaltsame Veränderung. Der politische Umsturz kann Folge einer – häufig spontanen – Massenerhebung breiter Bevölkerungsteile sein, die eine soziale und politische Umwälzung bewirkt (»Revolution«). Einzelne unterdrückte Bevölkerungsgruppen können sich in einer »Rebellion« gegen die staatliche Herrschaft auflehnen. Schließlich besteht die Möglichkeit, daß eine Führungsgruppe die andere in einem sorgfältig geplanten und als Überraschungscoup durchgeführten »Staatsstreich« oder »Putsch« ersetzt. Der politische Umsturz ist dann gerechtfertigt, wenn er sich auf ein Widerstandsrecht gegen ungerecht ausgeübte Herrschaft berufen kann, wie dies prinzipiell in diktatorischen Regimen der Fall ist. In demokratischen Verfassungsstaaten, politischen Systemen also, die einen friedlichen und freiheitssichernden Konfliktaustrag ermöglichen und politischen Veränderungen gegenüber offen sind, solange dadurch die Grundlagen des Systems nicht tangiert werden, kann es einen legitimierten politischen Umsturz nicht geben.

B. Politischer Wandel ist ein Kunstbegriff, der es ermöglicht, unterschiedliche Kategorien zueinander in Beziehung zu setzen. In der Politikwissenschaft sind insbesondere die Begriffe »Revolution« und »Staatsstreich«/»Putsch« in präziser Weise definiert worden.

»Subversion« und »Rebellion« werden dagegen in wechselnder Form verwendet. Für den wissenschaftlichen Sprachgebrauch ist jedoch eine möglichst zweifelsfreie Begriffsklärung wünschenswert.

Populismus siehe: *Rechtsextremismus

Radikalismus siehe: *Extremismus

Rassismus siehe: *Nationalsozialismus, *Neonationalsozialismus, *Rechtsextremismus

Real existierender Sozialismus

A. Nach dem Selbstverständnis der Staaten des »real existierenden Sozialismus« und der dort kodifizierten Doktrin des »Marxismus-Leninismus«, wurde jene Phase des historischen Übergangsprozesses von der kapitalistischen zur kommunistischen Gesellschaft als »Sozialismus« bezeichnet, die nach der Beseitigung des kapitalistischen Systems unmittelbar folgt und die Voraussetzungen zur Verwirklichung des *Kommunismus schafft. In politischer Hinsicht ist diese Phase nach Marx/Engels gekennzeichnet durch die revolutionäre »Diktatur des Proletariats«. Dieser Zustand, obgleich »diktatorischen« Charakters, gilt im Vergleich zu jedem »bürgerlichen« System als weit »demokratischer«, da hier die Mehrheit über eine Minderheit herrscht, während dort, aufgrund der kapitalistischen Produktionsweise, die Minderheit über die Mehrheit bestimmt. Freilich sollte erst der Kommunismus das – im Vergleich zum Kapitalismus – »kleinere Übel« der Diktatur des Proletariats zugunsten einer »klassenlosen« und damit herrschaftsfreien Ordnung beseitigen.

Die Staaten des »real existierenden Sozialismus« verstanden sich als konkrete Ausprägungen jener ersten Entwicklungsphase beim Übergang von der kapitalistischen zur kommunistischen Gesellschaft. Aus der Sicht der *demokratischen Verfassungsstaaten waren diese Regime freilich illegitime Einparteidiktaturen mit prinzipiell unbegrenztem Herrschaftsumfang (*Totalitarismus). Mochten die zur Verfügung stehenden Herrschaftsmittel (im Extremfall: Staatsterrorismus) auch nur in beschränktem Maße und dosiert eingesetzt werden, fehlten dennoch Mechanismen einer wirksamen Herrschaftskontrolle. Der einzelne stand daher Übergriffen der Staatsautorität weitgehend hilflos gegenüber. Unter diesen Voraussetzungen waren die Staaten des »real existierenden Sozialismus« nur insoweit »demokratisch«, als die Herrschenden im Namen und Interesse des Volkes zu handeln vorgeben.

B. Im Hinblick auf die Frage, inwieweit sich die Staaten des »real existierenden Sozialismus« zu Recht auf Marx beriefen, herrscht in der Diskussion noch immer Dissens. Insbesondere vier Positionen lassen sich unterscheiden: 1. Für die Vertreter der »Orthodoxie« besteht zwischen der Marxschen Lehre, der weiterführenden Interpretation durch Lenin und der politischen Struktur des »real existierenden Sozialismus« kein Widerspruch. 2. Mit dieser Position stimmen im Ergebnis Vertreter einer Interpretationsrichtung überein, für die das Werk von Karl Marx ganz und gar von dogmatischen und »totalitären« Denkstrukturen durchzogen ist. 3. Von etablierten »Orthodoxien« unabhängige Marxisten sprachen der Sowjetunion und den mit ihr verbündeten Regimen jedes Recht ab, sich auf Marx zu berufen, da dessen Werk von humanitären Motiven durchzogen sei. 4. Eine vermittelnde Position weist demgegenüber auf die wissenschaftlichen Verdienste Marxens einerseits, dessen Tendenz zur Prophetie und religionsähnlichen Konzeptualisierung seiner Lehre andererseits hin. Demnach war der Sowjetmarxismus eine rechtmäßige und fundierte, längst jedoch nicht die einzig mögliche Marx-Interpretation.

Die politischen Veränderungen in der Sowjetunion in der zweiten Hälfte der achtziger Jahre wurden mit Berufung auf Marx und Lenin in Angriff genommen. »Glasnost« und »Perestroika« sollte das politische System effektiver, nicht notwendigerweise pluralistisch gestalten. Die Reformen haben jedoch eine Eigendynamik entfaltet und die kommunistische Ordnung zum Einsturz gebracht. Die viel erörterte Frage, warum der Kommunismus so plötzlich und für nahezu alle Beobachter derart unerwartet kollabiert ist, sollte durch eine andere ergänzt werden: Wieso konnte er sich derart lange halten? Diese Frage will die Leistungsfähigkeit des kommunistischen Systems, die Bedeutung der Ideologie, die Rolle des Unterdrückungsapparates, den Stellenwert außenpolitischer Faktoren usw. gewichten.

Rebellion siehe: *Legalität und Legitimität, *Politischer Wandel

Rechtsextremismus

A. Rechtsextremismus ist eine Sammelbezeichnung für antidemokratische Gesinnungen und Bestrebungen, die traditionell auf der äußersten »Rechten« des Rechts-Links-Spektrums verortet werden. Im einzelnen handelt es sich dabei um recht unterschiedliche Erscheinungsformen. Im Zentrum aller rechtsextremen Doktrinen steht die strikte Verneinung des Prinzips menschlicher Fundamentalgleichheit, das seinen Ausdruck in der Forderung nach gleichen politischen Rechten findet. Bei den rechtsextremen Gruppierungen der Gegenwart findet das Plädoyer für eine auf prinzipielle Ungleichheit gegründete Ordnung zumeist seinen Ausdruck in einem – mehr oder minder – aggressiven Nationalismus, der häufig mit Ressentiments gegenüber ethnischen Fremdgruppen einhergeht und nicht selten in Rassismus einmündet. Im Unterschied zu den utopischen Endzielen kommunistischer und anarchistischer Observanz erstrebt der Rechtsextremist einen starken Staat, der die vermeintlich »objektiven« Interessen der Nation oder »Volksgemeinschaft« auch mit militärischen Mitteln durchzusetzen bereit ist (Militarismus).

Für weite Teile des bundesdeutschen Rechtsextremismus erfüllt(e) der historische Nationalsozialismus eine Vorbildfunktion, sei es, daß er völlig unkritisch als erstrebenswertes Regime gilt, sei es, daß er zwar kritisiert, in seinen charakteristischen Elementen jedoch für gut geheißen wird, sei es, daß lediglich seine Symbole als wirkungsvolles Provokationsmittel zum Einsatz kommen. Die seit Mitte der siebziger Jahre in der Bundesrepublik verstärkt auftretenden jugendlichen neonationalsozialistischen Gruppen knüpfen ungeniert an nationalsozialistische Vorbilder an. Sie propagieren vielfach die Wiederzulassung der NSDAP und die Errichtung eines neuen NS-Staates. Für Teile der – häufig militanten – Szene ist allerdings zu berücksichtigen, daß es sich möglicherweise auch um einen nur scheinbar politischen Protest handelt. Weniger eindeutig sind die Beziehungen eher deutsch-national ausgerichteter Teile des bundesdeutschen Rechtsextremismus zum historischen Nationalsozialismus: »Nationaldemokratische« und »national-freiheitliche« Organisationen tragen jedoch durch ihre Aktivitäten und öffentlichen Verlautbarungen zu dessen Verharmlosung bei.

B. In der Literatur werden die Begriffe *»Neonationalsozialismus« oder auch »Neofaschismus« häufig synonym mit »Rechtsextremismus« gebraucht. Dies ist wenig sinnvoll. Abgesehen davon, daß ein so verengter Rechtsextremismus-Begriff lediglich für die Bundesrepublik verwendbar wäre, übt der historische Nationalsozialismus auf das rechtsextreme Spektrum eine recht unterschiedliche Anziehungskraft aus. »Neonazismus«, so die polemisch verkürzte Bezeichnung, sollte demnach nur zur Bezeichnung rechtsextremer

Kräfte dienen, die sich mit tragenden Prinzipien des Nationalsozialismus identifizieren. »Neofaschismus« wird häufig von marxistischen Autoren verwendet. Sie ersetzen den *Totalitarismus- durch einen vergleichenden *Faschismusbegriff. Der Ausdruck »Neofaschismus« wird dabei als politische Kampfvokabel auf »Antikommunisten« unterschiedlichster Richtungen angewendet. Eine derartige Terminologie verwischt die Grenze zwischen *Extremismus und *demokratischem Verfassungsstaat.

Auch sonst gerät die Terminologie durcheinander. Der Begriff der »extremen Rechten« ist weniger sinnvoll, weil er nicht den normativen Aspekt akzentuiert. Wer »extrem rechts« steht, muß nicht notwendigerweise »rechtsextrem« sein. Kein tauglicher Ersatzbegriff für rechtsextrem ist aufgrund seiner unscharfen Bedeutung »rechtsradikal«. Dieser Terminus wird zum einen im gleichen Verständnis wie »rechtsextrem« verwendet, obwohl die Konnotation »radikal« eigentlich auf eine andere Fährte lockt, zum andern im Sinne von »noch demokratisch«. Daß der Gebrauch des Terminus aufgrund fehlender Trennschärfe zu (bewußten?) Mißverständnissen führt, liegt nahe.

»(Rechts-)Fundamentalismus« ist kein brauchbarer Ersatzbegriff für (Rechts-) Extremismus, zumal »Fundamentalismus« häufig als Pendant zur Moderne firmiert und die Gegnerschaft zum demokratischen Verfassungsstaat damit nicht klar genug zum Ausdruck kommt. Gleiches gilt für den Begriff des »(Rechts-)Populismus«. Beim Populismus handelt es sich nicht um eine bestimmte ideologische Strömung, sondern um eine Agitationstechnik. Man paßt sich an Stimmungen bei Wählern an und schürt Vorurteile. Nicht notwendigerweise muß ein Populist dem politischen Extremismus oder einer rechten Grundposition zugetan sein. Wer politisch sehr weit rechts steht oder eine normative Einordnung scheut, spricht unverfänglich vom »rechten Lager«. Das ebnet den Unterschied zwischen »rechts« und »rechtsextrem« ein, suggeriert außerdem eine Einheitlichkeit rechter Ideologien und Strategien. Kennzeichnend für das rechtsextremistische Umfeld ist vielmehr organisatorische und ideologische Zersplitterung. Für den Gebrauch des Oberbegriffs »Rechtsextremismus« spricht damit viel: Erstens kommt darin die antidemokratische Komponente zum Ausdruck, zweitens die spezifische Richtung, drittens erlaubt der Terminus weitere Differenzierungen, und viertens signalisiert er die Existenz einer anderen Variante des politischen Extremismus.

Reform siehe: *Legalität und Legitimität, *Politischer Wandel

Revolution siehe: *Kommunismus, *Legalität/Legitimität, *Politischer Wandel, *Real existierender Sozialismus

Spontaneismus siehe: *»Autonome«

Stalinismus siehe: *Kommunismus, *Linksextremismus, *Real existierender Sozialismus

Streitbare Demokratie

A. Die Bundesrepublik Deutschland versteht sich nach den historischen Erfahrungen mit der nationalsozialistischen Diktatur als eine streitbare Demokratie. Die Adjektive »abwehrbereit«, »wachsam«, »wehrhaft«, »militant« und »kämpferisch« gelten als Synonyma, wobei »militant« und »kämpferisch«, aber auch »wehrhaft« mehr den offensiven, »wachsam« und »abwehrbereit« hingegen eher den defensiven Charakter betonen. Der

Begriff hat sich eingebürgert. Jedenfalls taucht er in den Entscheidungen des Bundesverfassungsgerichts öfter als vergleichbare Wendungen auf. Allerdings erfaßt er nicht exakt das, was mit dem Begriff umschrieben werden soll – das Phänomen des präventiven Demokratieschutzes, der gegen legal operierende Gruppierungen vorgehen kann, auch wenn diese keine illegalen Methoden anwenden. Die streitbare Demokratie versucht eine Gratwanderung zwischen zu viel und zu wenig Schutz. Sie basiert auf dem Gedanken, daß die Absolutsetzung der Volkssouveränität noch nicht die Wahrung der Prinzipien des *demokratischen Verfassungsstaates garantiert. Auch andere Demokratien bedienen sich des Demokratieschutzes der Vorbeugung von Subversion, wenngleich meistens mehr in verdeckter und zugleich flexibler Form.

Die Konzeption der streitbaren Demokratie umfaßt die Prinzipien der Wertgebundenheit, der Abwehrbereitschaft und der Vorverlagerung. Nur der Staat, der sich zu Werten bekennt, kann abwehrbereit sein. Die Abwehrbereitschaft wiederum muß auf der Wertgebundenheit fußen. Der zentrale Gedanke für diese Konzeption ist die Vorverlagerung des Demokratieschutzes in den Bereich des legalen politischen Handelns. Der demokratische Verfassungsstaat soll sich seiner Gegner nicht erst erwehren können, wenn diese Strafgesetze übertreten. Dieses Demokratieverständnis will die Hilflosigkeit der relativistisch geprägten Demokratie der Weimarer Zeit überwinden und der Legalitätstaktik des politischen *Extremismus den Boden entziehen. Wer sich bei der Bekämpfung des *Terrorismus auf die streitbare Demokratie beruft, mißversteht die Vorverlagerung des Demokratieschutzes. Auch die Weimarer Verfassungsordnung konnte gegen Rechtsverstöße einschreiten.

Das Grundgesetz hat bestimmte Schutzvorkehrungen gegen organisierte (z. B. Vereinigungsverbote gemäß Art. 9, Abs. 2 oder Parteienverbote gemäß Art. 21, Abs. 2 GG) oder individuelle Verfassungsfeindlichkeit (z. B. Aberkennung der Grundrechte gemäß Art. 18 GG oder Einstellungsvoraussetzungen gemäß Art. 33, Abs. 4 und 5 GG). In der Praxis ist von diesen Bestimmungen unterschiedlicher Gebrauch gemacht worden – gegen die Rechte ebenso wie gegen die äußerste Linke. Allerdings ist die administrative Bekämpfung des politischen Extremismus immer mehr ins Hintertreffen geraten.

B. Der Konzeption der streitbaren Demokratie wohnen bestimmte Gefahren inne. So steht sie in der Gefahr, zur Stigmatisierung auch jener Gruppierungen beizutragen, die nicht das demokratische System aus den Angeln heben, sondern es lediglich – unter Aufrechterhaltung demokratischer Prinzipien – umwandeln wollen. Wer die streitbare Demokratie im Sinne des Diktums »keine Freiheit den Feinden der Freiheit« interpretiert, leistet daher keinem besonnenen Umgang mit dieser Konzeption Vorschub. Auch Verfassungsfeinde dürfen nicht geächtet werden. Was die Verfassungspraxis angeht, kann wohl keine Rede von einer Überreaktion der Streitbarkeit des Staates sein.

Im Gegenteil glauben manche, die streitbare Demokratie sei aufgrund der fehlenden oder nur selten ausgesprochenen Verbote faktisch aufgehoben worden. Diese Auffassung entspringt einem Fehlschuß insofern, als sie auf die administrative Ebene fixiert ist. Aber die streitbare Demokratie erschöpft sich keineswegs in dieser Dimension. Schließlich gibt es auch eine argumentative Ebene. Nicht alles, was nicht verboten ist, muß demokratisch sein. Der Wandel, den die streitbare Demokratie erfahren hat, erscheint ambivalent: Einerseits hat die Zunahme der gesellschaftlichen Liberalität den repressiven Verfassungsschutz in vielen Fällen unmöglich gemacht, andererseits ist der Rückgang antiextremistischer Vorstellungen unübersehbar, wie das bei der Fernhaltung von Extremisten in den öffentlichen Dienst unübersehbar wurde.

Kein Komplex der streitbaren Demokratie hat so viel Aufregung ausgelöst wie der zum Teil in irrationalen Formen geführte Streit um die Fernhaltung von Extremisten aus dem öffentlichen Dienst. Bis tief in die sechziger Jahre hinein galt es als selbstverständlich, ihn für Repräsentanten extremistischer Bewegungen zu versperren. Seit dem Jahre 1972 – der Extremistenbeschluß (mißverständlich auch als »Radikalenerlaß« bezeichnet) wollte angesichts zunehmender extremistischer Tendenzen bei Teilen der Studentenschaft und angesichts des angekündigten »Marsches durch die Institutionen« (Rudi Dutschke) lediglich an die Beamtengesetze erinnern, wonach Verfassungsfeinde vom öffentlichen Dienst ausgeschlossen bleiben – mußte diese Position faktisch zunehmend zurückweichen. Die als Folge des Extremistenbeschlusses eingeführte »Regelanfrage« geriet ins Schußfeld der Kritik und wurde abgeschafft – zunächst in den von der SPD regierten Bundesländern, später von den unionsregierten. Die breiten Proteste (nicht die Mißstände) führten zu dieser Kurskorrektur. Der so heftig gescholtene Extremistenbeschluß hat also nicht, wie behauptet, Duckmäusertum und Gesinnungsschnüffelei provoziert. Es wurden etwas mehr als 1 000 Personen – überwiegend aus dem linken Spektrum – wegen mangelnder Verfassungstreue nicht in den öffentlichen Dienst eingestellt. Eine neue Aktualität hat die Diskussion um die Fernhaltung von Extremisten aus dem öffentlichen Dienst durch den Zusammenbruch des *»real existierenden« Sozialismus in der DDR und die ihm schnell folgende Wiedervereinigung gewonnen.

Subversion siehe: *»Autonome«, *Legalität und Legitimität, *Politischer Wandel, *Streitbare Demokratie

Terrorismus

A. Terrorismus ist eine Form des politischen *Extremismus, die auf die Beseitigung des *demokratischen Verfassungsstaates mittels systematischer Anwendung massiver Gewalttakte zielt. Es handelt sich um ein Strategie politisch relativ einflußschwacher, die *Legalität und die Legitimität der bestehenden Ordnung abstreitender Minderheiten. Terroristen bezwecken die Erregung von Furcht und Schrecken bei zu bekämpfenden gesellschaftlichen Gruppen, gleichzeitig möchten sie Aufmerksamkeit und (längerfristig) Sympathie bei breiten Bevölkerungskreisen für ihre politischen Ziele erregen. Durch ihre Aktionen erhoffen sich die Terroristen eine massenmobilisierende und revolutionierende Wirkung. Das politische System soll destabilisiert und schließlich durch ein Regime der eigenen Wahl ersetzt werden. Terrorismus ist erstens zu unterscheiden vom Terror, den politische Machthaber auf Beherrschte ausüben; zweitens von entsprechenden Widerstandsaktionen in Diktaturen. Der Terrorismus in der Bundesrepublik Deutschland ist bisher vornehmlich ein Linksterrorismus gewesen. Er entstand Ende der sechziger Jahre als ein radikales Zerfallsprodukt der studentischen Protestbewegung. Rechtsterroristische Ansätze bildeten sich zeitweilig Ende der siebziger Jahre vor dem Hintergrund einer militanten neonationalsozialistischen Szene heraus. Allerdings blieben sie weit hinter dem Linksterrorismus zurück.

B. Rechtsterroristische Aktivitäten hatten viel weniger Resonanz erzeugen können als der Linksterrorismus. Die große intellektuelle Attraktivität linker Gesellschaftsentwürfe für einen Teil der jüngeren Generation schuf militanten und linksterroristischen Gruppen in manchen Universitätsstädten eine recht stabile Ausgangsbasis. Linksalternative Milieus stellten neue Aktivisten, boten Unterschlupf und Unterstützung. Die Weltsicht der Terroristen wurde vielfach geteilt, auch wenn man nicht die gleichen Konsequenzen zog. Die allen gemeinsame Verachtung gegenüber dem »kapitalistischen« und »imperialistischen« System schuf Solidarität über Gräben unterschiedlicher Handlungskonzepte hinweg.

Angesichts des Fehlens »rechts-alternativer« Milieus waren dem Wirkungsfeld des Rechtsterrorismus demgegenüber weit engere Schranken gezogen.

Die Grenzen zwischen noch nicht-terroristischer Militanz und terroristischen Aktionen sind fließend. Der definitorische Spielraum wird durch Häufigkeit und Intensität der Terrorakte, deren Publizität und Bedrohlichkeit bestimmt. So stellt sich die Frage, ob auch militante Ausschreitungen einer subkulturellen Szene von rechtsaußen, wie sie sich insbesondere seit Anfang der neunziger Jahre zeigen, als Terror gelten können, obwohl diese Ausschreitungen zum Teil mit tödlichem Ausgang nicht durch feste rechtsextremistische Organisationen gesteuert zu sein scheinen, vielmehr häufig auf Spontaneität fußen, unter der Wirkung von Alkohol geschehen.

Totalitarismus

A. Als Begriff der Staatsformenlehre bezeichnet »Totalitarismus« eine Form der Willkürherrschaft, die unter den Entwicklungsbedingungen des 20. Jahrhunderts entstanden ist. Nach Carl Joachim Friedrich und Zbigniew Brzezinski sind totalitäre Regime insbesondere durch sechs konstitutive, in wechselseitigem Zusammenhang stehende Merkmale gekennzeichnet: 1. Eine für möglichst viele Problembereiche Lösungen bietende *Ideologie mit chiliastischen Verheißungen; 2. die Existenz einer hierarchisch gegliederten, oligarchisch organisierten und der Staatsbürokratie übergeordneten bzw. mit ihr verflochtenen Massenpartei; 3. ein von Geheimpolizei und Partei getragenes Terrorsystem zur Eliminierung und Kontrolle systemwidriger Kräfte; 4. ein staatliches Nachrichtenmonopol; 5. ein staatliches Waffenmonopol; 6. eine zentrale Wirtschaftslenkung. Insbesondere die ersten vier Merkmale können auch heute noch als konstitutiv gelten. Dagegen verfügt auch der demokratische Staat über ein Waffen- und »Gewaltmonopol«. Zudem haben Modelle übergeordneter Wirtschaftsplanung auch in demokratischen Verfassungsstaaten Anwendung gefunden. Stellt das Totalitarismuskonzept von Friedrich/Brzezinski auf bestimmte strukturelle Merkmale ab, so ist nach Martin Drath und Richard Löwenthal ein System totalitär, wenn es ein neuartiges Wertsystem durchsetzen will. Ist dies erfolgt, so handelt es sich um ein posttotalitäres System.

Das Totalitarismuskonzept wurde aufgrund der Erfahrungen mit den Regimen des *Nationalsozialismus, des italienischen *Faschismus und des sowjetischen *Kommunismus entwickelt. Dabei richtet es sein Augenmerk vor allem auf die Methoden der Herrschaftsausübung, nicht aber auf die propagierten Endziele. Ideologisch gegensätzlich ausgerichtete Regime weisen in der Herrschaftspraxis wesentliche Übereinstimmungen auf. Besonders deutsche Emigranten haben wegweisende Arbeiten zur Totalitarismustheorie geleistet. Die Auffassung, das Totalitarismuskonzept sei ein Produkt des Kalten Krieges, erweist sich damit als Chimäre – sie dient der Diskreditierung eines mißliebigen Begriffs, der auf Gemeinsamkeiten rechter und linker Diktaturen verweist.

B. Das Totalitarismuskonzept sah sich seit den sechziger Jahren zunehmender Kritik ausgesetzt. Von den zahlreichen politisch motivierten Attacken abgesehen, wurden auch von wissenschaftlicher Seite Einwände vorgebracht, die das Modell teils modifizierten, teils aber auch für obsolet erklärten. Besonders ernst zu nehmen ist der Vorwurf mangelnder Historizität: Das Modell gebe lediglich eine statische Zustandsbeschreibung und sei so beispielsweise auf die Wandlungen unterworfenen kommunistischen Systeme nicht mehr anwendbar. Dieser Einwand hat – auch nach dem von der Totalitarismusforschung nicht vorhergesehenen Kollaps des Kommunismus – eine gewisse Berechtigung; allerdings kann er nicht das prinzipielle Verdienst des Modells erschüttern, das im Vergleich der Herrschaftsmethoden besteht. Diesem Punkt wurde entgegengehalten, das Totalitarismuskonzept greife nur einen Aspekt des Systemvergleichs heraus, biete aber keine Theorie totalitärer Systeme. Man tut in der Tat gut daran, totalitarismuskonzeptionelle Erwägungen auf die Herrschaftspraxis zu konzentrieren. Es handelt sich dabei allerdings um einen zentralen Gesichtspunkt, der nicht zuletzt den Alltag der in totalitären Regimen lebenden Menschen bestimmt.

Das Totalitarismusmodell hebt die Gemeinsamkeiten in der Herrschaftspraxis eines Typs diktatorischer Regime hervor und weist so auf den grundlegenden Unterschied zu jeglicher Form konstitutioneller Demokratie hin – unabhängig davon, daß diese auf den ersten Blick vom differierenden ideologischen Anspruch vernebelt werden. »Totalitarismus« ist somit keineswegs als Modell überholt, es bedarf jedoch empirischer Prüfung und Weiterentwicklung. Insbesondere das Problem der Abgrenzung totalitärer und autoritärer Regime ist bisher noch nicht in befriedigender Weise gelöst worden. Zweifelhaft mag auch sein, ob totalitäre Regime als spezifische Phänomene des 20. Jahrhunderts gelten können, oder ob sie im wesentlichen als moderne und radikale Variante der älteren Autokratien aufzufassen sind.

Durch den Zusammenbruch des *»real existierenden Sozialismus« ist die Totalitarismusforschung unverhofft auf eine neue Grundlage gestellt worden: Bisher verschlossene Materialien werden ebenso zugänglich wie die authentischen Meinungen der in den Systemen lebenden Menschen. Man ist nicht mehr auf offizielle Verlautbarungen angewiesen und kann auf spekulative, kaum durch Fakten untermauerte Interpretationen verzichten (»Kreml-Astrologie«). Die verbreitete These, der Kommunismus sei nun diskreditiert, erscheint insofern fragwürdig, als die Einschätzung offenkundig von der Existenz oder Nicht-Existenz des Gemeinwesens abhängig gemacht wird. Der Zusammenbruch des Kommunismus hat doch keine Fakten zutage gefördert, die eine andere Einschätzung rechtfertigen. Die Frage nach der Legitimität einer politischen Ordnung steht in keinem Zusammenhang zu ihrer Stabilität. Das Beispiel ist jedoch typisch für die Orientierung an machtpolitischen Gegebenheiten und belegt die normative Kraft des Faktischen.

Trotzkismus siehe: *Kommunismus, *Linksextremismus

Literaturverzeichnis

Dieses Literaturverzeichnis will einen möglichst umfassenden Überblick zur einschlägigen Literatur präsentieren, ohne allerdings auch nur annähernd den Anspruch auf Vollständigkeit zu erheben. So tauchen nicht alle im Textteil erwähnten (marginalen) Abhandlungen auf, wenngleich der größte Teil verzeichnet ist. Im ersten Teil findet das selbständig, im zweiten das unselbständig erschienene Schrifttum zum Extremismus Berücksichtigung, also Abhandlungen aus Sammelbänden und Zeitschriften. Beiträge aus Tages- und Wochenzeitungen werden nicht erfaßt. Dagegen ist entsprechend dem Aufbau des Bandes exemplarisch auch auf jene Literatur verwiesen, die den Themenkreis am Rande berührt (z. B. Vorgeschichte, streitbare Demokratie, soziale Bewegungen). Quellen, sofern aufgenommen, sind wegen der Abgrenzungsproblematik nicht gesondert aufgeführt. Zur Kommentierung und Einordnung wichtiger Literatur sei generell verwiesen auf: Uwe Backes/Eckhard Jesse, Politischer Extremismus in der Bundesrepublik Deutschland, Bd. I: Literatur, Köln 1989, zur Wiedergabe charakteristischer Quellen auf Bd. III: Dokumentation, Köln 1989.

1. Selbständig erschienenes Schrifttum

5 Millionen Deutsche: ›Wir sollten wieder einen Führer haben....‹. Die SINUS-Studie über rechtsextremistische Einstellungen bei den Deutschen, Reinbek bei Hamburg 1981.

ABENDROTH, WOLFGANG/HELMUT RIDDER/OTTO SCHÖNFELDT (Hrsg.), KPD-Verbot oder Mit Kommunisten leben?, Reinbek bei Hamburg 1968.

ABENDROTH, WOLFGANG, Ein Leben in der Arbeiterbewegung. Gespräche, Frankfurt/M. 1976.

ABOSCH, HEINZ, Trotzki zur Einführung, Hamburg 1990.

ADAMS, JAMES, Geld und Gewalt. Wer finanziert den internationalen Terror?, Bergisch Gladbach 1990.

ADORNO, THEODOR W., Studien zum autoritären Charakter (1950), Frankfurt/M. 1982⁴.

AGNOLI, JOHANNES/PETER BRÜCKNER, Die Transformation der Demokratie, Frankfurt/M. 1968.

AGNOLI, JOHANNES, Die Transformation der Demokratie und andere Schriften zur Kritik der Politik, Freiburg 1990.

AHLBERG, RENÉ, Ursachen der Revolte. Analyse des studentischen Protestes, Stuttgart u. a. 1972.

AIERBE, PEIO, Bewaffneter Kampf in Europa. Korsika, Italien, Nordirland, BRD, Berlin 1991.

Akademie für Gesellschaftswissenschaften beim ZK der SED (Hrsg.), Linksradikalismus. Linksradikale Kräfte in den gesellschaftlichen Auseinandersetzungen, Berlin (Ost) 1989.

Akademie für Politische Bildung (Hrsg.), Ist der »Antikommunismus« überholt?, Tutzing 1983.

ALBERS, DETLEV/FRANK DEPPE/MICHAEL STAMM (Hrsg.), Fernaufklärung. Glasnost und die bundesdeutsche Linke, Köln 1989.

ALLEMANN, FRITZ RENÉ, Bonn ist nicht Weimar, Köln 1956.

ALLERBECK, KLAUS R., Soziologie radikaler Studentenbewegungen. Eine vergleichende Untersuchung in der Bundesrepublik Deutschland und den Vereinigten Staaten, München u. a. 1973.

ALLES, WOLFGANG (Hrsg.), Die kommunistische Alternative. Texte der Linken Opposition und IV. Internationale 1932–1985, Frankfurt/M. 1989.

ALMOND, GABRIEL A./SIDNEY VERBA, (Hrsg.), The Civic Culture Revisited, Boston 1980.

ALMOND, GABRIEL A./SIDNEY VERBA, The Civic Culture. Political Attitudes and Democracy in five Nations, Princeton 1963.

ALT, FRANZ, Frieden ist möglich. Die Politik der Bergpredigt, München 1983.

AMBOS, KAI, Terrorismo y Ley. Análisis comparativo: República Federal Alemana, Gran Bretaña, Perú y Colombia, Lima 1989.

AMMER, THOMAS/HANS-JOACHIM MEMMLER (Hrsg.), Staatssicherheit in Rostock. Zielgruppen, Methoden, Auflösung, Köln 1991.

ANDERT, REINHOLD/WOLFGANG HERZBERG, Der Sturz. Erich Honecker im Kreuzverhör, Berlin-Weimar 1990.

ANGRESS, WERNER T., Die Kampfzeit der KPD 1921–1923, Düsseldorf 1973.

ARENDT, HANNAH, Elemente und Ursprünge totaler Herrschaft, München-Zürich 1986 (Original: The Origins of Totalitarianism, New York 1951).

ARNDT, HANS-JOACHIM, Die Besiegten von 1945. Versuch einer Politologie für Deutsche samt Würdigung der Politikwissenschaft in der Bundesrepublik Deutschland. Berlin 1978.

ARNDT, UWE, u.a., Die Demokratischen Sozialisten. Von der Schwierigkeit der Bildung einer linkssozialistischen Partei, Frankfurt/M. 1990.

ARON, RAYMOND, Demokratie und Totalitarismus, Hamburg 1970 (Original: Démocratie et totalitarisme, Paris 1965).

ASH, TIMOTHY GARTON, Ein Jahrhundert wird abgewählt. Aus den Zentren Mitteleuropas 1980–1990, München 1990.

ASSEO, HENRIETTE, u.a., Révision de l'histoire. Totalitarismes, crimes et génocides nazis, Paris 1990.

ASSHEUER, THOMAS/HANS SARKOWICZ, Rechtsradikale in Deutschland. Die alte und die neue Rechte, München 1992².

AUST, STEFAN, Der Baader-Meinhof-Komplex, Hamburg 1985.

BACHMEIER, CHRISTINE (Hrsg.), Deutschland – Aufstieg zum 4. Reich? Für eine antiimperialistische Bewegung, Darmstadt 1990.

BACHMEIER, CHRISTINE/ALEXANDER EWALD/THOMAS FISCHER/SABINE NORTON, Mythen knacken. 40 Jahre westdeutsche Linke, Darmstadt 1989.

BACKES, UWE, Bleierne Jahre. Baader-Meinhof und danach, Erlangen 1991.

BACKES, UWE, Politischer Extremismus in demokratischen Verfassungsstaaten. Elemente einer normative Rahmentheorie, Opladen 1989.

BACKES, UWE/ECKHARD JESSE (Hrsg.), Jahrbuch Extremismus & Demokratie, Bd. 1, Bonn 1989.

BACKES, UWE/ECKHARD JESSE (Hrsg.), Jahrbuch Extremismus & Demokratie, Bd. 2, Bonn 1990.

BACKES, UWE/ECKHARD JESSE (Hrsg.), Jahrbuch Extremismus & Demokratie, Bd. 3, Bonn 1991.

BACKES, UWE/ECKHARD JESSE (Hrsg.), Jahrbuch Extremismus & Demokratie, Bd. 4, Bonn 1992.

BACKES, UWE/ECKHARD JESSE/RAINER ZITELMANN (Hrsg.), Die Schatten der Vergangenheit. Impulse zur Historisierung des Nationalsozialismus, Frankfurt/M.-Berlin 1992.

BACKES, UWE/ECKHARD JESSE, Politischer Extremismus in der Bundesrepublik Deutschland. Bd. I: Literatur, Köln 1989.

BACKES, UWE/ECKHARD JESSE, Politischer Extremismus in der Bundesrepublik Deutschland, Bd. III: Dokumentation, Köln 1989.

BACKES, UWE/ECKHARD JESSE, Totalitarismus – Extremismus – Terrorismus. Ein Literaturführer und Wegweiser im Lichte deutscher Erfahrung, Opladen 1985².

BAEYER-KATTE, WANDA VON/DIETER CLAESSENS/HUBERT FEGER/FRIEDHELM NEIDHARDT, Gruppenprozesse, = Analysen zum Terrorismus 3, Opladen 1982.

BAHRO, RUDOLF, Logik der Rettung. Wer kann die Apokalypse aufhalten? Ein Versuch über die Grundlagen ökologischer Politik, Stuttgart–Wien 1987.

BAHRO, RUDOLF, Wahnsinn mit Methode. Über die Logik der Blockkonfrontation, die Friedensbewegung, die Sowjetunion und die DKP, Berlin 1982.

BAIER, LOTHAR, u.a., Die Früchte der Revolte. Über die Veränderung der politischen Kultur durch die Studentenbewegung, Berlin 1988.

BAKKER, SCHUT/PIETER H. (Hrsg.), Das info. Briefe der Gefangenen aus der RAF, 1973–1977, Kiel 1987.

BAKKER, SCHUT/PIETER H., Stammheim. Der Prozeß gegen die Rote Armee Fraktion, Kiel 1986.

BAMBERG, HANS-DIETER, Gefährdung unserer Demokratie von rechts. Die Feinde in Gesellschaft und Staat, Hannover 1980.

BÄNSCH, DIETRICH (Hrsg.), Die fünfziger Jahre. Beiträge zu Politik und Kultur, Tübingen 1985.

BARING, ARNULF, Deutschland, was nun?, Berlin 1991.

BARNES, SAMUEL H./MAX KAASE (Hrsg.), Political Action. Mass Participation in Five Western Democracies, Beverly Hills 1979.

BARSCH, GÜNTER, Anarchismus in Deutschland, Bd. 1 und Bd. 2/3, Hannover 1972/73.

BARTEL, NORBERT/UDO WALENDY, Selbstmord einer Demokratie. Identität von KPD + DKP, Preußisch Oldendorf 1974.

BARTSCH, GÜNTER, Revolution von rechts? Ideologie und Organisation der Neuen Rechten, Freiburg, 1975.

BARTSCH, GÜNTER, Trotzkismus als eigentlicher Sowjetkommunismus? Die 4. Internationale und ihre Konkurrenzverbände, Berlin-Bonn 1977.

BARTSCH, GÜNTER, Zwischen drei Stühlen: Otto Strasser. Eine Biographie, Koblenz 1990.

BÄRWALD, HELMUT, Das Ostbüro der SPD, 1946–1971. Kampf und Niedergang, Krefeld 1991.

BÄRWALD, HELMUT, Deutsche Kommunistische Partei. Die kommunistische Bündnispolitik in Deutschland, Köln 1970.

BATH, MATTHIAS (Bearb.), Die gewendete Demokratie. Die REPUBLIKANER in der DDR und Ost-Berlin. Dokumente der Unterdrückung, Berlin 1990.

BAUER, WOLFRAM, Wertrelativismus und Wertbestimmtheit im Kampf um die Weimarer Demokratie. Zur Politologie des Methodenstreits der Staatsrechtslehre, Berlin 1968.

BAUMANN, BOMMI, Hi Ho. Wer nicht weggeht, kommt nicht wieder, Hamburg 1987.

BAUMANN, BOMMI, Wie alles anfing, Frankfurt/M. 1979.

BAUSS, GERHARD, Die Studentenbewegung der sechziger Jahre in der Bundesrepublik und Westberlin. Handbuch, Köln 1977.

Bayerisches Landesamt für Verfassungsschutz (Hrsg.), Aufhellung des rechtsextremistischen Hintergrundes in der Skinhead-Szene. Spezial: Fanzines, München o.J.

Bayerisches Landesamt für Verfassungsschutz (Hrsg.), Aufhellung des rechtsextremistischen Hintergrundes in der Skinhead-Szene. Spezial: Skinhead-Musik und Skinhead-Bands, München 1991.

BECK, ULRICH, Risikogesellschaft. Auf dem Weg in eine andere Moderne, Frankfurt/M. 1986.

BECKER, JILLIAN, Hitlers Kinder? Der Baader-Meinhof-Terrorismus, Frankfurt/M. 1978 (Original: Hitler's Children. The Story of the Baader-Meinhof-Gang, London u.a. 1977).

BECKER, KURT E./HANS-PETER SCHREINER (Hrsg.), Anti-Politik. Terrorismus – Gewalt – Gegengewalt, Hannover 1979.

BECKER, WERNER, Die Freiheit, die wir meinen. Entscheidung für die liberale Demokratie, München-Zürich 1984[2].

BEHREND, MANFRED/HELMUT MEIER (Hrsg.), Der schwere Weg der Erneuerung. Von der SED zur PDS. Eine Dokumentation, Berlin 1991.

BENDA, ERNST/WERNER MAIHOFER/HANS-JOCHEN VOGEL (Hrsg.), Handbuch des Verfassungsrechts der Bundesrepublik Deutschland, Berlin-New York 1983.

BENEDICT, HANS-JÜRGEN, Ziviler Ungehorsam als christliche Tugend, Frankfurt/M. 1989.

BENOIST, ALAIN DE, Demokratie. Das Problem, Tübingen 1986.

BENOIST, ALAIN DE, Die entscheidenden Jahre, Tübingen 1982.

BENOIST, ALAIN DE, Heide sein. Zu einem neuen Anfang. Die europäische Glaubensalternative, Tübingen 1981.

BENOIST, ALAIN DE, Aus rechter Sicht. Eine kritische Anthologie zeitgenössischer Ideen, 2 Bde., Tübingen u. a. 1983/84.

BENOIST, ALAIN DE, Kulturrevolution von rechts. Gramsci und die Nouvelle Droite, Krefeld 1985.

BENZ, WOLFGANG (Hrsg.), Die Juden in Deutschland 1933–1945. Leben unter nationalsozialistischer Herrschaft, München 1988.

BENZ, WOLFGANG (Hrsg.), Dimension des Völkermords. Die Zahl der jüdischen Opfer des Nationalsozialismus, München 1991.

BENZ, WOLFGANG (Hrsg.), Rechtsextremismus in der Bundesrepublik. Voraussetzungen, Zusammenhänge, Wirkungen, Frankfurt/M. 1989.

BERDING, HELMUT, Moderner Antisemitismus in Deutschland, Frankfurt/M. 1988.

BERG-SCHLOSSER, DIRK/JAKOB SCHISSLER (Hrsg.), Politische Kultur in Deutschland. Bilanz und Perspektiven der Forschung, Opladen 1987.

BERGER, THEO, Ausbruch. Erinnerungen des »Al Capone vom Donaumoos«, Augsburg 1989.

BERGHAHN, VOLKER R., Der Stahlhelm. Bund der Frontsoldaten, 1918–1935, Düsseldorf 1966.

BERGMANN, WERNER/RAINER ERB (Hrsg.), Antisemitismus in der politischen Kultur nach 1945, Opladen 1990.

BERGMANN, WERNER/RAINER ERB, Antisemitismus in der Bundesrepublik Deutschland. Ergebnisse der empirischen Forschung von 1946–1989, Opladen 1991.

BERGSDORF, WOLFGANG, Herrschaft und Sprache. Studie zur politischen Terminologie der Bundesrepublik Deutschland, Pfullingen 1983.

Bericht im Namen des Untersuchungsausschusses »Wiederaufleben des Faschismus und Rassismus in Europa« über die Ergebnisse der Arbeiten des Untersuchungsausschusses; Berichterstatter Herr Dimitrios Evrigenis, = Europäisches Parlament: Sitzungsdokumente vom 23. Januar 1985, Serie A, Dokument A 2-160 BERLIN, ISAIAH, Der Nationalismus. Seine frühere Vernachlässigung und gegenwärtige Macht, Frankfurt/M. 1990.

Berliner Republikaner (Hrsg.), Die Republikaner. Fraktion im Abgeordnetenhaus. 641 Tage im Parlament, Berlin 1990[2].

BESIER, GERHARD/STEPHAN WOLFF (Hrsg.), »Pfarrer, Christen und Katholiken«. Das Ministerium für Staatssicherheit der ehemaligen DDR und die Kirchen, Neukirchen-Vluyn 1991.

BETZ, HANS-GEORG, Postmodern Politics in Germany. The Politics of Resentment, London 1991.

BEYME, KLAUS VON/ERNST-OTTO CZEMPIEL/PETER GRAF KIELMANSEGG (Hrsg.), Funk-Kolleg Politik, 3 Bde., Frankfurt/M. 1987.

BEYME, KLAUS VON, Das politische System der Bundesrepublik Deutschland. Eine Einführung, München 1991[6].

BIALER, SEWERYN/SOPHIA SLUZAR (Hrsg.), Radicalism in the Contemporary Age, 3 Bde., Boulder 1977.

BIELING, RAINER, Die Tränen der Revolution. Die 68er zwanzig Jahre danach, Berlin 1988.

BIEMANN, GEORG/JOACHIM KRISCHKA (Hrsg.), Nazis, Skins und alte Kameraden, Dortmund 1986.

BILLIG, MICHAEL, Die Rassistische Internationale. Zur Renaissance der Rassenlehre in der modernen Psychologie, Frankfurt/M. 1981 (Original: Psychology, Racism and Fascism, Birmingham 1979).

BILSTEIN, HELMUT u. a., Organisierter Kommunismus in der Bundesrepublik Deutschland, DKP – SDAJ – MSB Spartakus-KPD/KPD(ML)KBW, Opladen 1977[4].

BINET, RENÉ, Rassenethik, Kälberhagen 1977.

BLACKBOURN, DAVID/GEOFF ELEY, Mythen deutscher Geschichtsschreibung. Die gescheiterte bürgerliche Revolution von 1848, Frankfurt/M. 1980.

BLASIUS, DIRK, Geschichte der politischen Kriminalität in Deutschland 1800–1980, Frankfurt/M. 1980.

BOBBIO, NORBERTO, Die Zukunft der Demokratie, Berlin 1988.

BOCK, MARLENE, u. a., Zwischen Resignation und Gewalt. Jugendprotest in den achtziger Jahren, Opladen 1989.

BÖCKELMANN, FRANK/HERBERT NAGEL (Hrsg.), Subversive Aktion. Der Sinn der Organisation ist ihr Scheitern, Frankfurt/M. 1976.

BÖCKENFÖRDE, ERNST-WOLFGANG/CHRISTIAN TOMUSCHAT/DIETER C. UMBACH (Hrsg.), Extremisten und öffentlicher Dienst. Rechtslage und Praxis des Zugangs zum und der Entlassung aus dem öffentlichen Dienst in Westeuropa, USA, Jugoslawien und der EG, Baden-Baden 1981.

BODEWIG, KURT/RAINER HESELS/DIETER MAHLBERG (Hrsg.), Die schleichende Gefahr. Rechtsextremismus heute, Essen 1990.

BOETTCHER, CARL-HEINZ, Keine neue KPD? Anmerkungen und Dokumente zum Thema Kommunismus und parlamentarische Demokratie, Köln 1968.

BÖHME, HERBERT, Bekenntnisse eines freien Mannes, München 1960.

BÖHME-KUBY, SUSANNA, Extremismus, Radikalismus, Terrorismus in Deutschland. Zur Geschichte der Begriffe, München 1991.

Bonner Initiative Gemeinsam gegen Neofaschismus, Gegen Leggewiesierung und Heitmeyerei im Antifaschismus, Bonn 1989.

BORCHERS, ANDREAS, Neue Nazis im Osten. Hintergründe und Fakten, Weinheim 1992.

BORGS-MACIEJEWSKI, HERMANN, Was jeder vom Verfassungsschutz wissen sollte. Aufgaben – Methoden – Organisation, Heidelberg 1988.

BORTFELDT, WOLFRAM, Deckname »Kette«. Der Verfassungsschutz und der Mord an Ulrich Schmücker, Hamburg-Zürich 1992.

BOSCH, MICHAEL (Hrsg.), Antisemitismus, Nationalsozialismus und Neonazismus, Düsseldorf 1979.

BOSSLE, LOTHAR, Soziologie des Radikalismus, Würzburg 1977.

BOTZAT, TATJANA/ELISABETH KIDERLEN/FRANK WOLFF, Ein deutscher Herbst. Zustände, Dokumente, Berichte, Kommentare, Frankfurt/M. 1978.

BOVENTER, GREGOR, Grenzen politischer Freiheit im demokratischen Staat. Das Konzept der streitbaren Demokratie in einem internationalen Vergleich, Berlin 1985.

BRACHER, KARL DIETRICH, Geschichte und Gewalt. Zur Politik im 20. Jahrhundert, Berlin 1981.

BRACHER, KARL DIETRICH, Totalitäre Erfahrung, München 1987.

BRACHER, KARL DIETRICH, Zeit der Ideologien. Eine Geschichte politischen Denkens im 20. Jahrhundert, Stuttgart 1982.

BRACHER, KARL DIETRICH, Zeitgeschichtliche Kontroversen. Um Faschismus, Totalitarismus, Demokratie, München 1984[5].

BRACHER, KARL DIETRICH/LEO VALIANI (Hrsg.), Faschismus und Nationalsozialismus, Berlin 1991.

BRACHER, KARL DIETRICH/MANFRED FUNKE/HANS-ADOLF JACOBSEN (Hrsg.), Deutschland 1933–1945. Neue Studien zur nationalsozialistischen Herrschaft, Bonn 1992.

BRACHER, KARL DIETRICH/WOLFGANG JÄGER/WERNER LINK, Republik im Wandel. 1969–1974. Die Ära Brandt, Stuttgart-Mannheim 1986.

BRAKE, MIKE, Soziologie der jugendlichen Subkulturen. Eine Einführung, Frankfurt/M.-New York 1981 (Original: The Sociology of Youth Culture and Youth Subcultures, London 1980).

BRAKELMANN, GÜNTER/MARTIN ROSOWSKI (Hrsg.), Antisemitismus. Von religiöser Judenfeindschaft zur Rassenideologie, Göttingen 1989.

BRAND, ENNO, Staats-Gewalt. Politische Unterdrückung und Innere Sicherheit in der Bundesrepublik, Göttingen 1988.

BRAND, KARL-WERNER/DETLEF BÜSSER/DIETER RUCHT, Aufbruch in eine andere Gesellschaft. Neue soziale Bewegungen in der Bundesrepublik, Frankfurt/M.-New York 1984[2].

BRANDES, VOLKHARD, Wie der Stein ins Rollen kam. Vom Aufbruch in die Revolte der sechziger Jahre, Frankfurt/M. 1988.

BRANDT, PETER, Antifaschismus und Arbeiterbewegung. Aufbau – Ausprägung – Politik in Bremen 1945/46, Hamburg 1976.

BRANDT, PETER/HERBERT AMMON (Hrsg.), Die Linke und die nationale Frage. Dokumente zur deutschen Einheit seit 1945, Hamburg 1981.

BRAUNTHAL, GERARD, Politische Loyalität und Öffentlicher Dienst. Der »Radikalenerlaß« von 1972 und die Folgen, Marburg 1992.

BREMER, JÖRG, Die Sozialistische Arbeiterpartei Deutschlands (SAP). Untergrund und Exil 1933–1945, Frankfurt/M. 1978.

BRIE, ANDRÉ, Befreiung der Visionen. Für eine sozialistische Erneuerung, Hamburg 1992.

BRINKEL, WOLFGANG/JO RODEJOHANN (Hrsg.), Das SPD-SED-Papier. Der Streit der Ideologien und die gemeinsame Sicherheit, Freiburg 1988.

BRÖDER, FRIEDRICH J., Ein Sprachrohr des Rechtsradikalismus: Die Deutschen Nachrichten. Eine Studie zur Propagandatechnik und -methode, Mainz 1969.

BROSZAT, MARTIN/HERMANN WEBER (Hrsg.), SBZ-Handbuch. Staatliche Verwaltungen, Parteien, gesellschaftliche Organisationen und ihre Führungskräfte in der Sowjetischen Besatzungszone Deutschlands 1945–1949, München 1990.

BROSZAT, MARTIN, Nach Hitler. Der schwierige Umgang mit unserer Geschichte, München 1988.

BRÜCKNER, PETER, Über die Gewalt. Sechs Aufsätze zur Rolle der Gewalt in der Entstehung und Zerstörung sozialer Systeme, Berlin 1979.

BRÜCKNER, PETER, Ulrike Marie Meinhof und die deutschen Verhältnisse, Berlin 1976.

BRÜDIGAM, HEINZ, Der Schoß ist fruchtbar noch. Neonazistische, militaristische, nationalistische Literatur und Publizistik in der Bundesrepublik, Frankfurt/M. 1965[2].

BRÜNNECK, ALEXANDER VON, Politische Justiz gegen Kommunisten in der Bundesrepublik Deutschland 1949–1968, Frankfurt/M. 1968.

BRUNNER, ERICH EDWIN, Die Problematik der verfassungsrechtlichen Behandlung extremistischer Parteien in den westeuropäischen Verfassungsstaaten (unter vergleichender Berücksichtigung Westdeutschlands, Österreichs, Frankreichs und der Schweiz), Zürich 1965.

BRZEZINSKI, ZBIGNIEW, Das gescheiterte Experiment. Der Untergang des kommunistischen Systems, Wien 1989.

BUFORD, BILL, Geil auf Gewalt. Unter Hooligans, München-Wien 1992.

BULLOCK, ALAN, Hitler und Stalin. Parallele Leben, Berlin 1991.

Bundesamt für Verfassungsschutz (Hrsg.), Verfassungsschutz in der Demokratie. Beiträge aus Wissenschaft und Praxis, Köln u. a. 1990.

Bundesministerium des Innern (Hrsg.), Verfassungsschutzberichte, Bonn 1969 ff.

Bundesministerium des Innern (Hrsg.), Hat sich die Republik verändert? Terrorismus im Spiegel der Presse, Bonn 1978.

Bundesministerium des Innern (Hrsg.), Verfassungsschutz und Rechtsstaat. Beiträge aus Wissenschaft und Praxis, Köln 1981.

Bundesministerium des Innern (Hrsg.), Gewalt von rechts – Beiträge aus Wissenschaft und Publizistik, Bonn 1982.

Bundesministerium des Innern (Hrsg.), Neonazistische Militanz und Rechtsextremismus unter Jugendlichen, Stuttgart u. a. 1982.

Bundesministerium des Innern (Hrsg.), Terroristen im Kampf gegen Recht und Menschenwürde, Bonn 1985[2].

Bundesministerium des Innern (Hrsg.), Kommunistische Frontorganisationen im ideologischen Klassenkampf, Bonn 1985[2].

Bundesministerium des Innern (Hrsg.), Gewalt und Terrorismus. Bericht über ein Seminar, veranstaltet vom Bundesministerium des Innern, Bonn 1987.

Bundesministerium des Innern (Hrsg.), Demokratie und politisch motivierte Gewalt, Bonn 1989.

Bundesministerium des Innern (Hrsg.), Abwehrbereite Demokratie und Verfassungsschutz, Bonn 1989.

Bundesministerium des Innern (Hrsg.), Aktuelle Fragen des Extremismus, Bonn 1989.

Bundesministerium des Innern (Hrsg.), Aufgaben und Kontrolle des Verfassungsschutzes, Bonn 1990.

Bundesministerium des Innern (Hrsg.), Bedeutung und Funktion des Antifaschismus, Bonn 1990.

Bundesministerium des Innern (Hrsg.), Rechtsextremismus in der Bundesrepublik Deutschland, Bonn 1990.

Bundesministerium des Innern (Hrsg.), Terroristische Aktivitäten von Ausländern in der Bundesrepublik Deutschland, Bonn 1990.

Bundesministerium des Innern (Hrsg.), Verfassungsschutz und Rechtsstaat, Bonn 1990.

Bundesministerium des Innern (Hrsg.), Ausländerextremismus in der Bundesrepublik Deutschland, Bonn 1991.

Bundesministerium des Innern (Hrsg.), Die »Marxistische Gruppe« (MG). Ideologie, Ziele und Arbeitsmethoden eines kommunistischen Geheimbundes, Bonn 1991.

Bundesministerium des Innern (Hrsg.), Extremismus in der Bundesrepublik Deutschland, Bonn 1991.

Bundesministerium des Innern (Hrsg.), Hat der Rechtsextremismus eine Chance?, verfaßt von Hans-Helmuth Knütter, Bonn 1991.

Bundesministerium des Innern (Hrsg.), Rechtsextremismus in der Bundesrepublik Deutschland – aktueller Stand, Bonn 1991.

Bundesministerium des Innern (Hrsg.), Streitbare Demokratie. Neue Herausforderungen – Neue Antworten?, Bonn 1991.

Bundesministerium des Innern (Hrsg.), Verfassungsschutz – Rechtsentwicklung – Bekämpfung des Extremismus, Bonn 1992.

Bundesministerium des Innern (Hrsg.), Schutz der Demokratie, Bonn 1992.

Bundesministerium des Innern (Hrsg.), Wehrhafte Demokratie und Rechtsextremismus, Bonn 1992.

Bundesministerium des Innern (Hrsg.), Aspekte der inneren Sicherheit, Bonn 1992.

Bundesministerium des Innern (Hrsg.), Extremismus und Fremdenfeindlichkeit, 2 Bde., Bonn 1992.

Bundeszentrale für politische Bildung (Hrsg.), Extremistische Medien in der Bundesrepublik. Pädagogische und juristische Auseinandersetzungen am Beispiel des Rechtsextremismus, Bonn 1984.

Bürgerkomitee Leipzig, Stasi intern. Macht und Banalität, Leipzig 1991.

BÜRKLIN, WILHELM, Wählerverhalten und Wertewandel, Opladen 1988.

BURNS, ROB/WILFRIED VAN DER WILL, Protest and Democracy in West Germany. Extra-Parliamentary Opposition and the Democratic Agenda, Houndmills-Basingstoke-London 1988.

BÜSCH, OTTO/PETER FURTH, Rechtsradikalismus im Nachkriegsdeutschland. Studien über die »Sozialistische Reichspartei« (SRP), Berlin-Frankfurt/M. 1957.

BUSCH-WEISSLAU, JOHANNES, Der Marxismus und die Legitimation politischer Macht, Frankfurt/M.-New York 1990.

BUSCHFORT, WOLFGANG, Das Ostbüro der SPD. Von der Gründung bis zur Berlin-Krise, München 1991.

BÜTOW, HELLMUTH G., Radikale Demokratie oder Demokratie der Radikalen. Außenparlamentarische Opposition heute, Berlin 1969.

BUTTERWEGGE, CHRISTOPH/HORST ISOLA (Hrsg.), Rechtsextremismus im vereinten Deutschland. Randerscheinung oder Gefahr für die Demokratie?, Bremen-Berlin 1990.

CALLEO, DAVID, Legende und Wirklichkeit der deutschen Gefahr. Neue Aspekte zur Rolle Deutschlands in der Weltgeschichte von Bismarck bis heute, Bonn 1980.

CARLEBACH, EMIL, Am Anfang stand ein Doppelmord. Kommunist in Deutschland, Bd. 1: Bis 1937, Köln 1988.

CHAUSSY, ULRICH, Die drei Leben des Rudi Dutschke. Eine Biographie, Darmstadt-Neuwied 1983.

CHAUSSY, ULRICH, Oktoberfest. Ein Attentat, Darmstadt-Neuwied 1985.

CHELES, LUCIANO/RONNIE FERGUSON/MICHALINA VAUGHAN (Hrsg.), Neo-Fascism in Europe, London-New York 1991.

CHRISTIANS, GEORG, »Die Reihen fest geschlossen«. Die FAP – zu Anatomie und Umfeld einer militant-neofaschistischen Partei in den 80er Jahren, Marburg 1990.

CHRISTIER, HOLGER, Sozialdemokratie und Kommunismus. Die Politik der SPD und der KPD in Hamburg 1945–1949, Hamburg 1975.

CHRISTOPHERSEN, THIES, Die Auschwitz-Lüge. Ein Erlebnisbericht von Thies Christophersen, Mohrkirchen 1978[6].

CLESS, OLAV, Sozialismusforschung in der Bundesrepublik. Das herrschende DDR-Bild und seine Dogmen, Köln 1978.

COHN-BENDIT, DANIEL (Hrsg.), 1968. Die letzte Revolution, die noch nichts vom Ozonloch wußte, Berlin 1988.

COHN-BENDIT, DANIEL (Hrsg.), Wir haben sie so geliebt, die Revolution, Frankfurt/M. 1987.

COHN-BENDIT, DANIEL UND GABRIEL, Linksradikalismus. Gewaltkur gegen die Alterskrankheit des Kommunismus, Reinbek bei Hamburg 1968.

CONRAD-MARTIUS, HEDWIG, Utopien der Menschenzüchtung. Der Sozialdarwinismus und seine Folgen, München 1955.

CONRADT, DAVID P., The German Polity, New York 1986[3].

DAHRENDORF, RALF, Gesellschaft und Demokratie in Deutschland, Sonderausgabe, München 1965.

DAMMANN, KLAUS/ERWIN SIEMANTEL (Hrsg.), Berufsverbote und Menschenrechte in der Bundesrepublik, Köln 1987.

DECKER, PETER/KARL HELD, DDR kaputt – Deutschland ganz. Eine Abrechnung mit dem »Realen Sozialismus« und dem Imperialismus deutscher Nation, München 1989.

DECKER, PETER/KARL HELD, DDR kaputt – Deutschland ganz. Der Anschluß – Eine Abrechnung mit dem »Realen Sozialismus« und dem Imperialismus deutscher Nation, Bd. 2, München 1990.

DECKERT, GÜNTER, Ausländerstop. Handbuch gegen Überfremdung, Kiel 1981.

DEGENHARDT, HENRY W., Political Dissent. An International Guide to Dissident, Extra-Parliamentary, Guerilla and Illegal Political Movements, Harlow-Essex 1983.

DEGNER, PETER, (Pseud. für Peter Dehourst), Wille zur Zukunft. Zeugnisse denkender Jugend, Leoni am Starnberger See 1964.

DENNINGER, ERHARD (Hrsg.), Freiheitliche demokratische Grundordnung. Materialien zum Staatsverständnis und zur Verfassungswirklichkeit in der Bundesrepublik Deutschland, 2 Bde., Frankfurt/M. 1977.

DEPPE, FRANK/WILLI GERNS/HEINZ JUNG (Hrsg.), Marxismus und Arbeiterbewegung. Josef Schleifstein zum 65. Geburtstag, Frankfurt/M. 1980.

Deutscher Beirat und Sekretariat des 3. Internationalen Russell-Tribunals (Hrsg.), Zur Situation der Menschenrechte in der Bundesrepublik Deutschland, 4 Bde., Berlin 1978/79.

Deutscher Informationsdienst (Hrsg.), Hitlers Enkel und die FAP. Ein zweiter »Fall Röhm« spaltet die Neonazi-Szene, Bonn 1986.

DICKHUT, WILLI, Der staatsmonopolistische Kapitalismus in der BRD, 2 Bde., Stuttgart 1979.

DICKHUT, WILLI, Die dialektische Einheit von Theorie und Praxis, Düsseldorf 1988.

DICKHUT, WILLI, Die Restauration des Kapitalismus in der Sowjetunion, Stuttgart 1974.

DICKHUT, WILLI, Gewerkschaften und Klassenkampf, überarb. und erw. Neuaufl., Düsseldorf 1988.

DICKHUT, WILLI, So war's damals... Tatsachenbericht eines Solinger Arbeiters 1926–1948, Stuttgart 1979.

Die Inoffiziellen Mitarbeiter. Richtlinien, Befehle, Direktiven, Dokumentation des Bundesbeauftragten für die Unterlagen des Staatssicherheitsdienstes der ehemaligen DDR, Berlin 1992.

Die Grünen (Hrsg.), Ende der bleiernen Zeit? Versuch eines Dialogs zwischen Gesellschaft und RAF, Bonn 1989.

Die Grünen, Bundesvorstand (Hrsg.), Argumente gegen REPs & Co., Bonn 1989.

Die Linke antwortet Jürgen Habermas , Frankfurt/M. 1968.

Die Linke im Rechtsstaat. Bd. 1: Bedingungen sozialistischer Politik 1945–1965; Bd. 2: Bedingungen und Perspektiven sozialistischer Politik bis heute, Berlin 1976/1979.

Die Mythen knacken. Materialien wider ein Tabu. Neue Linke – RAF – Deutscher Herbst – Amnestie, hrsg. von der Linken Liste an der Universität Frankfurt, Frankfurt/M. 1987.

Die Republikaner/Fraktion im Abgeordnetenhaus, 641 Tage im Parlament, Berlin 1990[2].

DIWALD, HELLMUT (Hrsg.), Handbuch zur Deutschen Nation. Bd. 4: Deutschlands Einigung und Europas Zukunft, Tübingen u. a. 1992.

DOEHRING, KARL u. a., Verfassungstreue im öffentlichen Dienst europäischer Staaten, Berlin 1980.

DOERRY, THOMAS, Antifaschismus in der Bundesrepublik. Vom antifaschistischen Konsens 1945 bis zur Gegenwart, Frankfurt/M. 1980.

DOHSE, RAINER, Der Dritte Weg. Neutralitätsbestrebungen in Westdeutschland zwischen 1945 und 1955, Hamburg 1974.

Dokumente der Kommunistischen Partei Deutschlands 1945–1956 , Berlin (Ost) 1965.

DOLLINGER, HANS (Hrsg.), Revolution gegen den Staat? Die außerparlamentarische Opposition und die neue Linke. Eine politische Anthologie, Bern u. a. 1968.

DRECHSLER, HANNO, Die Sozialistische Arbeiterpartei Deutschlands (SAPD). Ein Beitrag zur Geschichte der deutschen Arbeiterbewegung am Ende der Weimarer Republik, Meisenheim am Glan 1965.

DUDEK, PETER (Hrsg.), Hakenkreux und Judenwitz. Antifaschistische Jugendarbeit in der Schule, Bensheim 1980.

DUDEK, PETER (Hrsg.), Jugendliche Rechtsextremisten zwischen Hakenkreux und Odalsrune. 1945 bis heute, Köln 1985.

DUDEK, PETER/HANS-GERD JASCHKE, Die Deutsche Nationalzeitung. Inhalt, Geschichte, Aktionen, München 1981.

DUDEK, PETER/HANS-GERD JASCHKE, Entstehung und Entwicklung des Rechtsextremismus in der Bundesrepublik. Zur Tradition einer besonderen politischen Kultur, 2 Bde., Opladen 1984.

DUDEK, PETER/HANS-GERD JASCHKE, Jugend rechtsaußen. Analysen, Essays, Kritik, Bensheim 1982.

DUDEK, PETER/HANS-GERD JASCHKE, Revolte von rechts. Anatomie einer neuen Jugendpresse, Frankfurt/M. 1981.

DUPEUX, LOUIS,»Nationalbolschewismus« in Deutschland 1919–1933. Kommunistische Strategien und konservative Dynamik, München 1985 (Original: Stratégie communiste et dynamique conservatrice.»Nationalbolchevisme« en Allemagne sous la République de Weimar, Paris 1976.

DURANTON-CRABOL, ANNE-MARIE, L'Europe de l'extrême droite – de 1945 à nos jours, Brüssel 1991.

DUTSCHKE, RUDI/MANFRED WILKE, unter Mitarbeit von Reinhard Crusius (Hrsg.), Die Sowjetunion, Solschenizyn und die westliche Linke, Reinbek bei Hamburg 1975.

DUTSCHKE, RUDI, Aufrecht Gehen. Eine fragmentarische Autobiographie, Berlin 1981.

DUTSCHKE, RUDI, Die Revolte. Wurzeln und Spuren eines Aufbruchs, hrsg. von Gretchen Dutschke-Klotz/Jürgen Miermeister/Jürgen Treulieb, Reinbek bei Hamburg 1983.

DUTSCHKE, RUDI, Geschichte ist machbar. Texte über das herrschende Falsche und die Radidkalität des Friedens, hrsg. von Jürgen Miermeister, Berlin 1980.

DUTSCHKE, RUDI, Mein langer Marsch. Reden, Schriften und Tagebücher aus zwanzig Jahren, hrsg. von Gretchen Dutschke-Klotz, Helmut Gollwitzer und Jürgen Miermeister, Reinbek bei Hamburg 1980.

DUVE, FREIMUT (Hrsg.), Die Restauration entläßt ihre Kinder. Oder: Der Erfolg der Rechten in der Bundesrepublik, Hamburg 1968.

DUVE, FREIMUT/HEINRICH BÖLL/KLAUS STAECK (Hrsg.), Briefe zur Verteidigung der bürgerlichen Freiheit, Reinbek bei Hamburg 1979.

DUVE, FREIMUT/HEINRICH BÖLL/KLAUS STAECK (Hrsg.), Briefe zur Verteidigung der Republik, Reinbek bei Hamburg 1977.

EATWELL, ROGER/NOËL O'SULLIVAN (Hrsg.), The Nature of the Right. European and American Politics and Political Thought since 1789, London 1989.

EBERT, THEODOR, Ziviler Ungehorsam. Von der APO zur Friedensbewegung, Waldkirch 1984.

EICHBERG, HENNING, Nationale Identität. Entfremdung und nationale Frage in der Industriegesellschaft, München-Wien 1978.

EISEL, STEPHAN, Minimalkonsens und freiheitliche Demokratie. Eine Studie zur Akzeptanz der Grundlagen demokratischer Ordnung in der Bundesrepublik Deutschland, Paderborn 1986.

EISENMANN, PETER/GERHARD HIRSCHER (Hrsg.), Dem Zeitgeist geopfert. Die DDR in Wissenschaft, Publizistik und politischer Bildung, Mainz 1992.

ELEY, GEOFF, Wilhelminismus, Nationalismus, Faschismus: zur historischen Kontinuität in Deutschland, Münster 1991.

ELLWEIN, THOMAS/JOACHIM JENS HESSE, Das Regierungssystem der Bundesrepublik Deutschland, 2 Bde., Opladen 1992[7].

ENDLICH, HANS/ROLF GRIX/KLAUS WILLBERG, Extremismus, Radikalismus, Demagogie von rechts. Entwicklungen und Bestandsaufnahme, Frankfurt/M. 1990.

ENGELSTÄDTER, HEINZ/OTTO SEIFFERT, Die schleichende Gefahr. Europa, die Deutschen, Nationalismus und Neofaschismus, Berlin 1990.

EPSTEIN, KLAUS, Die Ursprünge des Konservativismus in Deutschland, Frankfurt/M. u. a. 1973 (Original: The Genesis of German Conservatism, Princeton/N. J. 1966).

ERGER, JOHANNES, Der Kapp-Lüttwitz-Putsch. Ein Beitrag zur deutschen Innenpolitik 1919/20, Düsseldorf 1967.

ESCHENBURG, THEODOR, Jahre der Besatzung, 1945–1949, Mannheim-Stuttgart 1983.

ESCHENBURG, THEODOR, Spielregeln der Politik. Beiträge und Kommentare zur Verfassung der Republik, Stuttgart 1987.

ESCHENBURG, THEODOR, Zur Politischen Praxis in der Bundesrepublik, 3 Bde., München 1964/ 66/72.

EVANS, RICHARD J., Im Schatten Hitlers. Historikerstreit und Vergangenheitsbewältigung in der Bundesrepublik, Frankfurt/M. 1991.

EYSENCK, HANS JÜRGEN, The Psychology of Politics, London 1968[5].

FALLER, KURT/HEINZ SIEBOLD (Hrsg.), Neofaschismus. Dulden? Verbieten? Ignorieren? Bekämpfen?, Frankfurt/M. 1986.

FALTER, JÜRGEN W., Hitlers Wähler, München 1991.

FANON, FRANTZ, Die Verdammten dieser Erde, Vorwort von Jean-Paul Sartre, Frankfurt/M. 1969 (Original: Les damnés de la terre, Paris 1961).

FARIN, KLAUS/EBERHARD SEIDEL-PIELEN, Krieg in den Städten. Jugendgangs in Deutschland, Berlin 1991[2].

FARIN, KLAUS/EBERHARD SEIDEL-PIELEN, Rechtsruck. Rassismus im neuen Deutschland, Berlin 1992.

FAULENBACH, BERND, Ideologie des deutschen Weges. Die deutsche Geschichte in der Historiographie zwischen Kaiserreich und Nationalsozialismus, München 1980.

FEIT, MARGRET, Die »Neue Rechte« in der Bundesrepublik. Organisation – Ideologie – Strategie, Frankfurt/M.-New York 1987.

FENSKE, HANS, Konservativismus und Rechtsradikalismus in Bayern nach 1918, Bad Homburg v. d. H. u. a. 1969.

FETSCHER, IRING, Terrorismus und Reaktion in der Bundesrepublik Deutschland und in Italien, Neuausgabe, Reinbek bei Hamburg 1981.

FETSCHER, IRING, Toleranz. Von der Unentbehrlichkeit einer kleinen Tugend für die Demokratie, Stuttgart 1990.

FETSCHER, IRING (Hrsg.), Neokonservative und »Neue Rechte«. Der Angriff gegen Sozialstaat und liberale Demokratie in den Vereinigten Staaten, Westeuropa und der Bundesrepublik, München 1983.

FETSCHER, IRING (Hrsg.), Rechtsradikalismus, Frankfurt/M. 1967.

FETSCHER, IRING/GÜNTER ROHRMOSER, Ideologien und Strategien, = Analysen zum Terrorismus 1, Opladen 1981.

FICHTER, TILMAN, SDS und SPD. Parteilichkeit jenseits der Partei, Opladen 1988.

FICHTER, TILMAN/SIEGWARD LÖNNENDONKER, Kleine Geschichte des SDS. Der sozialistische Deutsche Studentenbund von 1946 bis zur Selbstauflösung, Berlin 1977.

FILMER, WERNER/HERIBERT SCHWAN, Was von Hitler blieb. 50 Jahre nach der Machtergreifung, Frankfurt/M. u. a. 1983.

FISCH, HEINRICH/HANS-HELMUTH KNÜTTER, Freiheit? Aber sicher! – 40 Jahre wehrhafte Demokratie, Bonn 1989.

FISCHER, CONAN, The German Communists and the Rise of Nazism, London 1991.

FISCHER, GEORG, Vom aufrechten Gang eines Sozialisten. Ein Parteiarbeiter erzählt, Bonn-Berlin 1979.

FISCHER, RUTH/ARKADIJ MASLOW, Abtrünnig wider Willen. Aus Briefen und Manuskripten des Exils, hrsg. von Peter Lübbe, München 1990.

FISCHER, RUTH, Stalin und der deutsche Kommunismus, Bd. 1: Von der Entstehung des deutschen Kommunismus bis 1924, Bd. 2: Die Bolschewisierung des deutschen Kommunismus ab 1925, Berlin 1991.

FISCHER, THOMAS, Die »neue Rechte«. Eine Herausforderung für die westdeutsche Linke, Darmstadt 1989.

FISHER, STEPHEN L., The Minor Parties of the Federal Republic of Germany. Toward a Comparative Theory of Minor Parties, The Hague 1974.

FLECHTHEIM, OSSIP K./MANFRED WILKE/WOLFGANG RUDZIO/FRITZ VILMAR, Der Marsch der DKP durch die Institutionen, Frankfurt/M. 1981[2].

FLOCKEN, JAN VON/MICHAEL KLONOVSKY, Stalins Lager in Deutschland 1945–1950. Dokumentation, Zeugenberichte, Berlin-Frankfurt/M. 1991.

FOITZIK, JAN, Zwischen den Fronten. Zur Politik, Organisation und Funktion linker politischer Kleinorganisationen im Widerstand 1933 bis 1939/40, Bonn 1986.

FORD, FRANKLIN L., Der politische Mord. Von der Antike bis zur Gegenwart, Hamburg 1990.

FORD, GLYN, Bericht im Namen des Untersuchungsausschusses Rassismus und Ausländerfeindlichkeit über die Untersuchungsergebnisse des Ausschusses, = Europäisches Parlament: Sitzungsdokumente vom 23. Juli 1990, Serie A, A3-195/90.

FRAENKEL, ERNST, Deutschland und die westlichen Demokratien, erweiterte Neuausgabe, Frankfurt/M. 1991.

FREI, BRUNO, Die anarchistische Utopie, Frankfurt/M. 1971.

FREY, GERHARD (Hrsg.), Prominente ohne Maske, 2 Bde., München 1984/86.

FREYHOLD, MICHAELA VON, Autoritarismus und politische Apathie. Analyse einer Skala zur Ermittlung autoritätsgebundener Verhaltensweisen, Frankfurt/M. 1971.

FRICKE, DIETER u. a., Lexikon zur Parteiengeschichte. Die bürgerlichen und kleinbürgerlichen Parteien und Verbände in Deutschland 1789–1945, 4 Bde., Köln 1983–1986.

FRICKE, KARL WILHELM, Die DDR-Staatssicherheit. Entwicklungen – Strukturen – Aktionsfelder, Köln 1989[3].

FRICKE, KARL WILHELM, MfS intern. Macht, Strukturen, Auflösung der DDR-Staatssicherheit. Analyse und Dokumentation, Köln 1991.

FRIEDRICH, CARL JOACHIM, Demokratie als Herrschafts- und Lebensform, Heidelberg 1966[2].

FRIEDRICH, CARL JOACHIM, Der Verfassungsstaat der Neuzeit, Berlin u. a. 1953 (Original: Constitutional Government and Democracy, 1951).

FRIEDRICH, CARL JOACHIM, Die Staatsräson des Verfassungsstaates, München 1961.

FRISCH, PETER, Extremistenbeschluß, Leverkusen 1977[4].

FRISCHKOPF, ARTHUR/URSULA SCHNEIDER-WOHLFART/HANS BALLHAUSEN, Rechtsextremismus. Erscheinungsformen, Ursachen, Entwicklungen, Soest 1990.

FRISTER, ERICH/UWE JOCHIMSEN (Hrsg.), Wie links dürfen Lehrer sein? Unsere Gesellschaft vor einer Grundsatzentscheidung, Reinbek bei Hamburg 1972.

FRITSCHE, KLAUS, Politische Romantik und Gegenrevolution. Fluchtwege in der Krise der bürgerlichen Gesellschaft: Das Beispiel des »Tat«-Kreises, Frankfurt/M. 1976.

FROMME, FRIEDRICH KARL, Von der Weimarer Verfassung zum Bonner Grundgesetz. Die verfassungspolitischen Folgerungen des Parlamentarischen Rates aus Weimarer Republik und nationalsozialistischer Diktatur, Tübingen 1962[2].

FUCHS, DIETER, Die Unterstützung des politischen Systems der Bundesrepublik, Opladen 1989.

FÜLBERTH, GEORG, KPD und DKP 1945–1990. Zwei kommunistische Parteien in der vierten Periode kapitalistischer Entwicklung, Heilbronn 1992[2].

FÜLBERTH, GEORG, Sieben Anstrengungen, den vorläufigen Endsieg des Kapitalismus zu begreifen, Hamburg 1991.

FUNKE, HAJO, »Jetzt sind wir dran«. Nationalismus im geeinten Deutschland, Aspekte der Einigungspolitik und nationalistische Potentiale in Deutschland, Berlin 1991.

FUNKE, HAJO, »Republikaner«. Rassismus, Judenfeindschaft, nationaler Größenwahn. Zu den Potentialen der Rechtsextremen am Beispiel der »Republikaner«, Berlin 1989.

FUNKE, MANFRED (Hrsg.), Extremismus im demokratischen Rechtsstaat. Ausgewählte Texte und Materialien zur aktuellen Diskussion, Düsseldorf 1978.

FUNKE, MANFRED (Hrsg.), Terrorismus. Untersuchungen zur Strategie und Struktur revolutionärer Gewaltpolitik, Düsseldorf 1977.

FUNKE, MANFRED (Hrsg.), Totalitarismus. Ein Studien-Reader zur Herrschaftsanalyse moderner Diktaturen, Düsseldorf 1978.

FUNKE, MANFRED/HANS-ADOLF JACOBSEN/HANS-HELMUTH KNÜTTER/HANS PETER SCHWARZ (Hrsg.), Demokratie und Diktatur. Geist und Gestalt politischer Herrschaft in Deutschland und Europa, Bonn 1987.

FUNKE, MANFRED, Starker oder schwacher Diktator? Hitlers Herrschaft und die Deutschen. Ein Essay, Düsseldorf 1989.

FURIAN, GILBERT, Mehl aus Mielkes Mühlen. Schicksale politisch Verurteilter, Berichte, Briefe, Dokumente, Berlin 1991.

FÜRSTENAU, JUSTUS, Entnazifizierung. Ein Kapitel deutscher Nachkriegspolitik, Neuwied-Berlin 1969.

GABERT, JOSEF/LUTZ PRIEß (Hrsg.), SED und Stalinismus. Dokumente aus dem Jahre 1956, Berlin 1990.

GABRIEL, OSCAR W., Politische Kultur, Postmaterialismus und Materialismus in der Bundesrepublik Deutschland, Opladen 1987.

GALM, HEINRICH, Ich war immer ein Rebell, Offenbach 1980.

GALTUNG, JOHAN, Strukturelle Gewalt. Beiträge zur Friedens- und Konfliktforschung, Reinbek bei Hamburg 1982.

GANßER, WALTER, Abwehrbereit. Demokratie und Verfassungsschutz, München 1985.

GAUCK, JOACHIM, Die Stasi-Akten. Das unheimliche Erbe der DDR, Reinbek bei Hamburg 1991.

GEHRMANN, THOMAS, Fußballrandale. Hooligans in Deutschland, Essen 1990[2].

GEISS, IMANUEL, Der Hysterikerstreit. Ein unpolemischer Essay, Bonn-Berlin 1992.

GEISS, IMANUEL, Geschichte des Rassismus, Frankfurt/M. 1988.

GEIßLER, HEINER (Hrsg.), Der Weg in die Gewalt. Geistige und gesellschaftliche Ursachen des Terrorismus, München 1978.

GELLNER, ERNEST, Nationalismus und Moderne, Berlin 1991.

GEMBALLA, GERO, Geheimgefährlich. Verfassungsschutz. Dienste in Deutschland, Köln 1990.

GERLACH, MANFRED, Mitverantwortlich. Als Liberaler im SED-Staat, Berlin 1991.

GERNS, WILLI/ROBERT STEIGERWALD, Antimonopolistischer Kampf heute, Frankfurt/M. 1983[5].

GERONIMO, Feuer und Flamme. Zur Geschichte und Gegenwart der Autonomen, Berlin 1990.

GESSENHARTER, WOLFGANG/HELMUT FRÖCHLING/BURKHART KRUPP, Rechtsextremismus als normativ-praktisches Forschungsproblem. Eine empirische Analyse der Einstellungen von studierenden Offizieren der Hochschule der Bundeswehr Hamburg sowie von militärischen und zivilen Vergleichsgruppen, Weinheim-Basel 1978.

GIESECKE, HERMANN, Vom Wandervogel bis zur Hitlerjugend. Jugendarbeit zwischen Politik und Pädagogik, München 1978.

GIESEN, BERND/CLAUS LEGGEWIE (Hrsg.), Experiment Vereinigung. Ein sozialer Großversuch, Berlin 1991.

GILL, DAVID/ULRICH SCHRÖTER, Das Ministerium für Staatssicherheit. Anatomie des Mielke-Imperiums, Berlin 1991.

GINZEL, GÜNTHER B. (Hrsg.), Antisemitismus. Erscheinungsformen der Judenfeindschaft gestern und heute, Köln 1991.

GINZEL, GÜNTHER-BERND, Hitlers (Ur)enkel. Neonazis: Ihre Ideologien und Aktionen, Düsseldorf 1981[3].

GLASER, HERMANN (Hrsg.), Bundesrepublikanisches Lesebuch. Drei Jahrzehnte geistiger Auseinandersetzung, München 1978.

GLASER, HERMANN, Jugend zwischen Aggression und Apathie, Heidelberg-Karlsruhe 1980.

GLOTZ, PETER (Hrsg.), Ziviler Ungehorsam im Rechtsstaat, Frankfurt/M. 1983.
GLOTZ, PETER, Die deutsche Rechte. Eine Streitschrift, Stuttgart 1989.
GLOTZ, PETER, Die Linke nach dem Sieg des Westens, Stuttgart 1992.
GLUCKSMANN, ANDRÉ, Das Ende des Tunnels. Das falsche Denken ging dem katastrophalen Handeln voraus. Eine Bilanz des 20. Jahrhunderts, Berlin 1991.
GOELDEL, DENIS, Moeller van den Bruck (1876–1925). Un nationaliste contre la révolution. Contribution à l'étude de la »Révolution conservatrice« et du conservatisme allemand au XXᵉ siècle, Frankfurt/M. u. a. 1984.
GOETZ, RAINALD, Kontrolliert. Geschichte, Frankfurt/M. 1988.
GORSCHENEK, GÜNTER (Hrsg.), Grundwerte in Staat und Gesellschaft, München 1977.
GÖSSNER, ROLF, Das Anti-Terror-System. Politische Justiz im präventiven Sicherheitsstaat, Hamburg 1991.
GOTTSCHALCH, WILFRIED, Rätedemokratie und Parlamentarismus. Ein historisches Lesebuch, Berlin 1968.
GRABERT, HERBERT, Hochschullehrer klagen an. Von der Demontage deutscher Wissenschaft, Göttingen 1954³.
GRABERT, HERBERT, Sieger und Besiegte. Der deutsche Nationalismus nach 1945, Tübingen 1966.
GRAF, WERNER (Hrsg.), »Wenn ich die Regierung wäre . . .«. Die rechtsradikale Bedrohung, Bonn 1984.
GRAMSCI, ANTONIO, Gefängnishefte 1.1. Heft, Hamburg 1991.
GRAMSCI, ANTONIO, Gefängnishefte 2.2. und 3. Heft, Hamburg 1991.
GRANSOW, VOLKER/KONRAD H. JARAUSCH (Hrsg.), Die deutsche Vereinigung. Dokumente zu Bürgerbewegung, Annäherung und Beitritt, Köln 1991.
GRÄSSLE-MÜNSCHER, JOSEF, Kriminelle Vereinigung. Von den Burschenschaften zur RAF, Hamburg 1991.
GREBING, HELGA, Linksradikalismus gleich Rechtsradikalismus. Eine falsche Gleichung, Stuttgart 1971.
GREBING, HELGA UNTER MITARBEIT VON DORIS VON DER BRELIE-LEWIEN UND HANS-JOACHIM FRANZEN, Der »Deutsche Sonderweg« in Europa 1806–1945, Stuttgart 1986.
GREIFFENHAGEN, MARTIN (Hrsg.), Kampf um Wörter? Politische Begriffe im Meinungsstreit, München 1980.
GREIFFENHAGEN, MARTIN/SYLVIA GREIFFENHAGEN/RAINER PRÄTORIUS (Hrsg.), Handwörterbuch zur politischen Kultur der Bundesrepublik Deutschland. Ein Lehr- und Nachschlagewerk, Opladen 1981.
GREIFFENHAGEN, MARTIN, Von Potsdam nach Bonn. Zehn Kapitel zur politischen Kultur Deutschlands, München 1986.
GREIFFENHAGEN, MARTIN UND SYLVIA, Ein schwieriges Vaterland. Zur Politischen Kultur Deutschlands, München 1979.
GREIVE, HERMANN, Geschichte des modernen Antisemitismus in Deutschland, Darmstadt 1983.
GREß, FRANZ/HANS-GERD JASCHKE/KLAUS SCHÖNEKÄS, Neue Rechte und Rechtsextremismus in Europa. Bundesrepublik, Frankreich, Großbritannien, Opladen 1990.
GREß, FRANZ/HANS-GERD JASCHKE, Rechtsextremismus in der Bundesrepublik nach 1960. Dokumentation und Analyse von Verfassungsschutzberichten, München 1982.
GREVE, UWE, Lager des Grauens. Sowjetische KZs in der DDR nach 1945, Kiel 1990.
GRIFFIN, ROGER, The Nature of Fascism, London 1991.
GRIMM, HANS, Warum – woher – aber wohin?, Lippoldsberg 1954.
GRITSCHNEDER, OTTO, Bewährungsfrist für den Terroristen Adolf H. Der Hitler-Putsch und die bayerische Justiz, München 1990.
GROSSARTH-MATICEK, RONALD, Anfänge anarchistischer Gewaltbereitschaft in der Bundesrepublik Deutschland, Bonn-Bad Godesberg 1975.
GROSSER, ALFRED, Ermordung der Menschheit. Der Genozid im Gedächtnis der Völker, München 1990.
Gruppe Linkswende , Ein Staat . . . ein Volk?, Darmstadt 1990.
GRÜTZBACH, FRANK (Hrsg.), Heinrich Böll: Freies Geleit für Ulrike Meinhof. Ein Artikel und seine Folgen, Köln 1972.

GUEVARA, ERNESTO, »Che«, Guerillakampf und Befreiungsbewegung, Dortmund 1986.

GUGEL, GÜNTHER, Ausländer – Aussiedler – Übersiedler. Fremdenfeindlichkeit in der Bundesrepublik Deutschland, Tübingen 1992[4].

GUGGENBERGER, BERND, Weltflucht und Geschichtsgläubigkeit. Strukturelemente des Linksradikalismus, Mainz 1974.

GUGGENBERGER, BERND, Wohin treibt die Protestbewegung? Junge Rebellen zwischen Subkultur und Parteikommunismus. Ursachen und Folgen der Unfähigkeit zur Politik, Freiburg 1975.

GUGGENBERGER, BERND/UDO KEMPF (Hrsg.), Bürgerinitiativen und repräsentatives System, Opladen 1984[2].

GUGGENBERGER, BERND/CLAUS OFFE (Hrsg.), An den Grenzen der Mehrheitsdemokratie. Politik und Soziologie der Mehrheitsregel, Opladen 1984.

GUGGENBERGER, BERND/KLAUS HANSEN (Hrsg.), Die Mitte. Vermessungen in Politik und Kultur, Opladen 1993.

GURR, TED R., Rebellion, Düsseldorf-Wien 1970.

GUSY, CHRISTOPH, Weimar – die wehrlose Republik? Verfassungsschutzrecht und Verfassungsschutz in der Weimarer Republik, Tübingen 1991.

GYSI, GREGOR, Einspruch! Gespräche, Briefe, Reden, hrsg. von Hanno Harnisch und Hannelore Heider, Berlin 1992.

GYSI, GREGOR (Hrsg.), Wir brauchen einen dritten Weg. Selbstverständnis und Programm der PDS, Hamburg 1990.

GYSI, GREGOR/THOMAS FALKNER, Sturm aufs Große Haus. Der Untergang der SED, Berlin 1990.

HAACK, FRIEDRICH WILHELM, Wotans Wiederkehr. Blut-, Boden- und Rasse-Religion, München 1981.

HAASKEN, GEORG/MICHAEL WIGBERS, Protest in der Klemme. Soziale Bewegungen in der Bundesrepublik, Frankfurt/M. 1986.

HABERMAS, JÜRGEN (Hrsg.), Stichworte zur ›Geistigen Situation der Zeit‹, 2 Bde., Frankfurt/M. 1979.

HABERMAS, JÜRGEN, Die nachholende Revolution, Frankfurt/M. 1992.

HACKER, JENS, Deutsche Irrtümer. Schönfärber und Helfershelfer der SED-Diktatur im Westen, Berlin 1992.

HABERMEHL, WERNER, Sind die Deutschen faschistoid? Ergebnisse einer empirischen Untersuchung über die Verbreitung rechter und rechtsextremer Ideologien in der Bundesrepublik Deutschland, Hamburg 1979.

HÄUSLER, BERND, Der unendliche Zeuge. Szenen aus dem Schmücker-Prozeß, Berlin 1987.

HAFENEGER, BENNO/PETER KRAHULEC, »Sein Amt stets korrekt und gewissenhaft geführt«. Materialien und Dokumente zur Geschichte der »Rechten« im Raum Fulda, Reinheim 1986.

HAFENEGER, BENNO, Die »extreme Rechte« und Europa. Herausforderung für eine multikulturelle Gesellschaft, Frankfurt/M. 1990.

HAINSWORTH, PAUL (Hrsg.), The Extreme Right in Europe and North America since 1945, London 1992.

HAMMER, ECKEHARD, Möglichkeiten einer Wiedereingliederung verfassungsfeindlicher Parteien, Berlin 1976.

HANNOVER, HEINRICH, Politische Diffamierung der Opposition im freiheitlich-demokratischen Rechtsstaat, Dortmund 1962.

HANNOVER, HEINRICH, Terroristenjustiz. Erfahrungen und Erkenntnisse eines Strafverteidigers, Hamburg 1991.

HANNOVER, HEINRICH/ELISABETH HANNOVER-DRÜCK, Der Mord an Rosa Luxemburg und Karl Liebknecht. Dokumentation eines politischen Verbrechens, Göttingen 1989.

HANNOVER, HEINRICH, Der Mord an Ernst Thälmann. Eine Anklage, Köln 1989.

HARICH, WOLFGANG, Zur Kritik der revolutionären Ungeduld. Eine Abrechnung mit dem alten und dem neuen Anarchismus, Basel 1971.

HAUG, WOLFGANG FRITZ, Vom hilflosen Antifaschismus zur Gnade der späten Geburt, Berlin 1987.

HAVEMANN, ROBERT, Dokumente seines Lebens, zusammengestellt und eingeleitet von Dirk Draheim u. a., Berlin 1991.

HEIN, PETER, Stadtguerilla, bewaffneter Kampf in der BRD und Westberlin. Eine Bibliographie, Amsterdam 1989.

HEINEMANN, KARL-HEINZ/WILFRIED SCHUBARTH (Hrsg.), Der antifaschistische Staat entläßt seine Kinder. Jugend und Rechtsextremismus in Ostdeutschland, Köln 1992.

HEINRICH, ROLF, Der vormundschaftliche Staat. Vom Versagen des real existierenden Sozialismus, Reinbek bei Hamburg 1989.

HEINRICH-BÖLL-STIFTUNG (Hrsg.), Die Kontinuität des Wegsehens und Mitmachens. Stasi-Akten oder die schwierige Bewältigung der DDR-Vergangenheit – Entwurf eines Gesetzes über die Sicherung und Nutzung der Daten und Unterlagen des Ministeriums für Staatssicherheit der Deutschen Demokratischen Republik, Köln 1991.

HEITMEYER, KLAUS, Rechtsextremistische Orientierungen bei Jugendlichen. Empirische Ergebnisse und Erklärungsmuster einer Untersuchung zur politischen Sozialisation, Weinheim-München 1987.

HEITMEYER, WILHELM, Rechtsextremismus. »Warum handeln Menschen gegen ihre eigenen Interessen?«. Materialien zur Auseinandersetzung mit Ursachen, Köln 1991.

HEITMEYER, WILHELM, u. a., Die Bielefelder Rechtsextremismus-Studie. Erste Langzeituntersuchung zur politischen Sozialisation männlicher Jugendlicher, Weinheim-München 1992.

HEITMEYER, WILHELM/KURT MÖLLER/HEINZ SÜNKER (Hrsg.), Jugend – Staat – Gewalt. Politische Sozialisation von Jugendlichen, Jugendpolitik und politische Bildung, Weinheim-München 1992².

HELLFELD, MATTHIAS VON, Modell Vergangenheit. Rechtsextreme und neokonservative Ideologien in der Bundesrepublik, Köln 1987.

HELLFELD, MATTHIAS VON (Hrsg.), Dem Haß keine Chance. Der neue rechte Fundamentalismus, Köln 1989.

HELLFELD, MATTHIAS VON (Hrsg.), Im Schatten der Krise. Rechtsextremismus, Neofaschismus und Ausländerfeindlichkeit in der Bundesrepublik, Köln 1986.

HEMPFER, KLAUS W./ALEXANDER SCHWAN (Hrsg.), Grundlagen der politischen Kultur des Westens, Berlin-New York 1987.

HENKE, KLAUS-DIETMAR, Politische Säuberung unter französischer Besatzung. Die Entnazifizierung in Württemberg-Hohenzollern, Stuttgart 1981.

HENKE, KLAUS-DIETMAR/HANS WOLLER (Hrsg.), Politische Säuberung in Europa. Die Abrechnung mit Faschismus und Kollaboration nach dem zweiten Weltkrieg, München 1991.

HENNIG, EIKE/HANS-GERD JASCHKE, Neofaschismus und Jugend in der BRD heute, Weinheim-Basel 1980.

HENNIG, EIKE, Die Republikaner im Schatten Deutschlands. Zur Organisation der mentalen Provinz, Frankfurt/M. 1991.

HENNIG, EIKE, Neonazisistische Militanz und Rechtsextremismus unter Jugendlichen, hrsg. vom Bundesministerium des Innern, Bonn 1982.

HENNIS, WILHELM, Die mißverstandene Demokratie. Demokratie – Verfassung – Parlament. Studien zu deutschen Problemen, Freiburg 1973.

HERB, HARTMUT/JAN PETERS/MATHIAS THESEN, Der neue Rechtsextremismus. Fakten und Trends, Lohra-Rodenhausen 1980.

HERBST, LUDOLF (Hrsg.), Westdeutschland 1945–1955. Unterwerfung, Kontrolle, Integration, München 1986.

HERLEMANN, BEATRIX, Die Emigration als Kampfposten. Die Anleitung des Kommunistischen Widerstandes in Deutschland aus Frankreich, Belgien und den Niederlanden, Königstein 1983.

HERMANN, JOST, Der alte Traum vom neuen Reich. Völkische Utopien und Nationalsozialismus, Frankfurt/M. 1988.

HERRNSTADT, RUDOLF, Das Herrnstadt-Dokument, Reinbek bei Hamburg 1990.

HERTEL, GERHARD, Terrorismus und Politikwissenschaft in der Bundesrepublik Deutschland, München 1986.

HERTZMAN, LEWIS, DNVP. Right-Wing Opposition in the Weimar Republic. 1918–1924, Lincoln/Nebr. 1963.

HERZ, THOMAS A., Soziale Bedingungen für Rechtsextremismus in der Bundesrepublik Deutschland und in den Vereinigten Staaten. Eine vergleichende Analyse der Anhänger der Nationaldemokratischen Partei Deutschlands und der Anhänger von Georg C. Wallace, Meisenheim am Glan 1975.

HERZOG, THOMAS, Terrorismus – Versuch einer Definition und Analyse internationaler Übereinkommen zu seiner Bekämpfung, Frankfurt/M. 1991.

HESS, HENNER u. a., Angriff auf das Herz des Staates. Soziale Entwicklung und Terrorismus, 2 Bde., Frankfurt/M. 1988.

HESS, WOLF RÜDIGER, Mord an Rudolf Hess? Der geheimnisvolle Tod meines Vaters in Spandau, Leoni 1989.

HETHEY, RAIMUND/PETER KRATZ (Hrsg.), In bester Gesellschaft. Aus der Grauzone zwischen Konservativismus und Neo-Faschismus, Göttingen 1991.

HEUER, UWE JENS, Marxismus und Demokratie, Baden-Baden 1989.

HEUMANN, LUCAS, Antiimperialistisches Kampffeld Hochschule. Zur Ideologie. Geschichte und Praxis kommunistischer Bündnispolitik an den Hochschulen, Köln 1983.

HILDEBRAND, KLAUS, Von Erhard zur Großen Koalition 1963–1969, Stuttgart 1984.

HILDERMEIER, MANFRED, Die Russische Revolution 1905–1921, Frankfurt/M. 1989.

HIRSCH, KURT unter Mitarbeit von Peter B. Heim, Rechts, REPs, rechts. Aktuelles Handbuch zur rechtsextremen Szene, Berlin 1990.

HIRSCH, KURT/HANS SARKOWICZ, Schönhuber. Der Politiker und seine Kreise, mit einem Beitrag von Thomas Assheuer über die »Ideologischen Brücken nach rechts«, Frankfurt/M. 1989.

HIRSCH, KURT/PETER B. HEIM, Von links nach rechts. Rechtsradikale Aktivitäten in den neuen Bundesländern, München 1991.

HIRSCH, KURT, Rechts von der Union. Personen, Organisationen, Parteien seit 1945. Ein Lexikon, München 1989.

HIRSCHER, GERHARD, Die Republikaner. Auseinandersetzung mit einer Protestpartei zwischen Rechtspopulismus und Rechtsextremismus, hrsg. von der Hanns-Seidel-Stiftung, München 1990.

HISTOR, MANFRED, Willy Brandts vergessene Opfer. Geschichte und Statistik der politisch motivierten Berufsverbote in Westdeutschland 1971–1988, Freiburg 1989.

HISTOR, MANFRED, Willys Erben. Vom Hamburger zum Rostocker Modell. Berufsverbote in der DDR, Freiburg 1990.

»Historikerstreit«. Die Dokumentation der Kontroverse um die Einzigartigkeit der nationalsozialistischen Judenvernichtung, München-Zürich 1987.

HITZER, FRIEDRICH/REINHARD OPITZ (Hrsg.), Alternativen der Opposition, Köln 1969.

HOBE, KONRAD, Zur ideologischen Begründung des Terrorismus. Ein Beitrag zur Auseinandersetzung mit der Gesellschaftskritik und der Revolutionstheorie des Terrorismus, Bonn 1979.

HODOS, GEORG HERMANN, Schauprozesse. Stalinistische Säuberungen in Osteuropa 1948–54, Frankfurt/M. 1988.

HOFF, KLAUS, Rechts und Links – Zwei Schlagworte auf dem Prüfstand, Krefeld 1992.

HÖFFKEN, HEINZ WERNER/MARTIN SATTLER, Rechtsextremismus in der Bundesrepublik Deutschland, Opladen 1980[2].

HOFFMANN, CHRISTA, Stunden Null? Vergangenheitsbewältigung in Deutschland 1945 und 1989, Berlin-Bonn 1992.

HOFFMANN, KARL HEINZ, Verrat und Treue. Ein an Tatsachen orientierter Roman, Neunkirchen o.J. (1988).

HOFMANN, WERNER, Stalinismus und Antikommunismus. Zur Soziologie des Ost-West-Konflikts, Frankfurt/M. 1970[4].

HOHLBEIN, HARTMUT, Politischer Extremismus. Links- und Rechtsextremismus in der Bundesrepublik Deutschland, Hamburg 1985.

HOLLSTEIN, WALTER, Der Untergrund. Zur Soziologie jugendlicher Protestbewegungen, Neuwied-Berlin 1970[2].

HOLZ, HANS HEINZ, Niederlage und Zukunft des Sozialismus, Essen 1991.

HOLZ, HANS HEINZ/GIUSEPPE PRESTIPINO (Hrsg.), Antonio Gramsci heute. Aktuelle Perspektiven seiner Philosophie, Bonn 1992.

HOLZBACH, HEIDRUN, Das »System Hugenberg«. Die Organisation bürgerlicher Sammlungspolitik vor dem Aufstieg der NSDAP, Stuttgart 1981.

HONOLKA, HARRO, Schwarzrotgrün. Die Bundesrepublik auf der Suche nach ihrer Identität, München 1987.

HORCHEM, HANS JOSEF, Die verlorene Revolution. Terrorismus in Deutschland, Herford 1988.

HORCHEM, HANS JOSEF, Extremisten in einer selbstbewußten Demokratie, Freiburg u. a. 1975.

HORN, MICHAEL, Sozialpsychologie des Terrorismus, Frankfurt/M. 1982.

HORN, STEPHANIE, Abschied vom Kollektiv. Der Frankfurter Pflasterstrand, Frankfurt/M. 1989.

HORN, WOLFGANG, Der Marsch zur Machtergreifung. Die NSDAP vor 1933, Königstein/Ts.-Düsseldorf 1980[2].

HORNUNG, KLAUS, Der Jungdeutsche Orden, Düsseldorf 1958.

HORX, MATHIAS, Aufstand im Schlaraffenland – Selbsterkenntnisse einer rebellischen Generation, München-Wien 1989.

HUBER, ELFI, Anarchistisches Denken. Zwischen europäischer Tradition und amerikanischer Eigenart, München 1989.

HUHN, ANNE/ALWIN MEYER, »Einst kommt der Tag der Rache.« Die rechtsextreme Herausforderung 1945 bis heute, Freiburg 1986.

HÜLLEN, RUDOLF VAN, Ideologie und Machtkampf bei den Grünen. Untersuchung zur programmatischen und innerorganisatorischen Entwicklung einer deutschen »Bewegungspartei«, Bonn 1990.

ID-Archiv (Hrsg.), aufruhr, widerstand gegen repression und § 129a. materialien und texte zur diskussion, Berlin 1991.

ID-Archiv im ISSG (Hrsg.), Drahtzieher im braunen Netz. Der Wiederaufbau der NSDAP. Ein Handbuch des antifaschistischen Autorenkollektivs Berlin, Berlin-Amsterdam 1992.

IHLAU, OLAF, Die roten Kämpfer. Ein Beitrag zur Geschichte der Arbeiterbewegung in der Weimarer Republik und im Dritten Reich, Meisenheim am Glan 1969.

INFRATEST WIRTSCHAFTSFORSCHUNG, Politischer Protest in der Bundesrepublik Deutschland. Beiträge zur sozialempirischen Untersuchung des Extremismus, Stuttgart u. a. 1980.

INFRATEST WIRTSCHAFTSFORSCHUNG, Politischer Protest in der sozialwissenschaftlichen Literatur, Stuttgart 1978.

INGELHART, RONALD, Kultureller Umbruch. Wertwandel in der westlichen Welt, Frankfurt/M.-New York 1989.

INGLEHART, RONALD, The Silent Revolution. Changing Values and Political Styles Among Western Publics, Princeton 1977.

INSTITUT FÜR GESCHICHTE DER ARBEITERBEWEGUNG (Hrsg.), In den Fängen des NKWD. Deutsche Opfer des stalinistischen Terrors, Berlin 1991.

INSTITUT FÜR SOZIALFORSCHUNG (Hrsg.), Aspekte der Fremdenfeindlichkeit. Beiträge zur aktuellen Diskussion, Frankfurt/M.-New York 1992.

INSTITUT FÜR ZEITGESCHICHTE (Hrsg.), Deutscher Sonderweg – Mythos oder Realität?, München-Wien 1982.

INTERNATIONALES INSTITUT FÜR SOZIALGESCHICHTE AMSTERDAM (Hrsg.), Schwarze Texte – Politische Zensur in der BRD 1968 bis heute. Dokumente – Analysen – Diskussionen, Berlin 1989.

ISENSEE, JOSEF, Das legalisierte Widerstandsrecht. Eine staatsrechtliche Analyse des Art. 20 Abs. 4 Grundgesetz, Bad Homburg v. d. H. u. a. 1969.

ISHIDA, YUJI, Jungkonservative in der Weimarer Republik. Der Ring-Kreis 1928–1933, Frankfurt/M. u. a. 1988.

IWAND, MICHAEL, Paradigma Politische Kultur. Konzepte, Methoden, Ergebnisse der Political Culture-Forschung in der Bundesrepublik, Opladen 1985.

JÄCKEL, EBERHARD, Hitlers Weltanschauung. Entwurf einer Herrschaft, erweiterte und überarbeitete Neuausgabe, Stuttgart 1981.

JACOBY, EDMUND (Hrsg.), Lexikon linker Leitfiguren. 200 Kurzbiographien, Frankfurt/M. u. a. 1988.

JÄGER, HERBERT/GERHARD SCHMIDTCHEN/LIESELOTTE SÜLLWOLD, Lebenslaufanalysen, = Analysen zum Terrorismus 2, Opladen 1981.

JÄGER, SIEGFRIED (Hrsg.), Rechtsdruck. Die Presse der Neuen Rechten, Berlin-Bonn 1988.

JÄGER, SIEGFRIED, BrandSätze. Rassismus im Alltag, Duisburg 1992.

JÄGER, WOLFGANG/WERNER LINK, Republik im Wandel. 1974–1982. Die Ära Schmidt, Mannheim-Stuttgart 1987.

JÄGGI, CHRISTIAN J./DAVID J. KRIEGER, Fundamentalismus. Ein Phänomen der Gegenwart, Zürich-Wiesbaden 1991.

JÄGGI, CHRISTIAN J., Rassismus. Ein globales Problem, Zürich-Wiesbaden 1992.

JAHN, THOMAS/PETER WEHLING, Ökologie von rechts. Nationalismus und Umweltschutz bei der Neuen Rechten und den »Republikanern«, Frankfurt/M. 1990.

JAIDE, WALTER, Wertewandel? Grundfragen zur Diskussion, Opladen 1983.

JANKA, WALTER, Spuren eines Lebens, Berlin 1991.

JANSEN, HELMUT/MICHAEL SCHUBERT (Hrsg.), Staatssicherheit. Die Bekämpfung des politischen Feindes im Innern, Bielefeld 1990.

JASCHKE, HANS-GERD, Die »Republikaner«. Profile einer Rechtsaußen-Partei, Bonn-Berlin 1990.

JASCHKE, HANS-GERD, Streitbare Demokratie und innere Sicherheit. Grundlagen, Praxis und Kritik, Opladen 1991.

JASPER, GOTTHARD, Der Schutz der Republik. Studien zur staatlichen Sicherung der Demokratie in der Weimarer Republik 1922–1930, Tübingen 1963.

JENKE, MANFRED, Die nationale Rechte. Parteien – Politiker – Publizisten, Berlin 1967.

JENKE, MANFRED, Verschwörung von rechts? Ein Bericht über den Rechtsradikalismus in Deutschland nach 1945, Berlin 1961.

JENNINGS, M. KENT/JAN W. VAN DETH u. a., Continuities in Political Action. A Longitudinal Study of Political Orientations in Three Western Democracies, Berlin-New York 1990.

JESCHKE, AXEL/WOLFGANG MALANOWSKI (Hrsg.), Der Minister und der Terrorist. Gespräche zwischen Gerhart Baum und Horst Mahler, Reinbek bei Hamburg 1980.

JESSE, ECKHARD, Die Demokratie der Bundesrepublik Deutschland. Eine Einführung in das politische System, Berlin 1986[7].

JESSE, ECKHARD, Streitbare Demokratie. Theorie, Praxis und Herausforderungen in der Bundesrepublik Deutschland, Berlin 1981[2].

JESSE, ECKHARD (Hrsg.), Extremismus in Deutschland und Europa, München 1993.

JESSE, ECKHARD/ARMIN MITTER (Hrsg.), Die Gestaltung der deutschen Einheit. Geschichte-Politik-Gesellschaft, Bonn 1992.

JOAS, HANS/MARTIN KOHLI (Hrsg.), Der Zusammenbruch der DDR. Soziologische Analysen, Frankfurt/M. 1993.

JUDICK, GÜNTER/JOSEF SCHLEIFSTEIN/KURT STEINHAUS (Hrsg.), KPD 1945–1968. Dokumente, 2 Bde., Neuss 1989.

Jugend '92 Lebenslagen, Orientierungen und Entwicklungsperspektiven im vereinigten Deutschland, hrsg. vom Jugendwerk der Deutschen Shell, 4 Bde., Opladen 1992.

JÜNSCHKE, KLAUS, Spätlese. Texte zu RAF und Knast, Frankfurt/M. 1988.

KAHL, WERNER, Vorsicht Schußwaffen! Von kommunistischem Extremismus, Terror und revolutionärer Gewalt, München 1986.

KAHLER, ERICH VON, Judentum und Judenhaß. Drei Essays, Wien 1991.

KALINKA, WERNER, Der Fall B. Der Tod, der kein Mord sein darf, Berlin 1993.

KALINOWSKI, HARRY H., Rechtsextremismus und Strafrechtspflege. Eine Analyse von Strafverfahren wegen mutmaßlicher rechtsextremistischer Aktivitäten und Erscheinungen, Köln 1986[2].

KAMINSKI, ANDRZEJ J., Konzentrationslager 1896 bis heute. Geschichte – Funktion – Typologie, München-Zürich 1990.

KARL, FRANK D., Die K-Gruppen. Entwicklung, Ideologie, Programme, Bonn-Bad Godesberg 1976.

KASTENDIEK, HANS, Die Entwicklung der westdeutschen Politikwissenschaft, Frankfurt/M. 1977.

KATER, MICHAEL H., Studentenschaft und Rechtsradikalismus in Deutschland 1918–1933, Hamburg 1975.

KATER, MICHAEL H., The Nazi Party. A Social Profile of Members and Leaders, 1919–1945, Oxford 1983.

KEBIR, SABINE, Gramsci's Zivilgesellschaft, Hamburg 1991.

KELLERSHON, HELMUT, Der völkische Nationalismus der Republikaner. Ideologie und Programmatik, Duisburg 1989.

KELLMANN, KLAUS, Die Kommunistischen Parteien in Westeuropa. Entwicklung zur Sozialdemokratie oder Sekte?, Köln 1988.

KEPEL, GILLES, Die Rache Gottes. Radikale Moslems, Christen und Juden auf dem Vormarsch, München-Zürich 1991.

KEPPLINGER, HANS MATHIAS, Rechte Leute von links. Gewaltkultur und Innerlichkeit, Freiburg 1970.

KERBS, DIETHARD (Hrsg.), Die hedonistische Linke. Beiträge zur Subkultur-Debatte, Neuwied-Berlin 1970.

KERSHAW, IAN, Der NS-Staat. Geschichtsinterpretationen und Kontroversen im Überblick, Reinbek bei Hamburg 1988.

KIELMANSEGG, PETER GRAF, Das Experiment der Freiheit. Zur gegenwärtigen Lage des demokratischen Verfassungsstaates, Stuttgart 1988.

KIELMANSEGG, PETER GRAF, Lange Schatten. Vom Umgang der Deutschen mit der nationalsozialistischen Vergangenheit, Berlin 1989.

KIELMANSEGG, PETER GRAF, Nachdenken über die Demokratie. Aufsätze aus einem unruhigen Jahrzehnt, Stuttgart 1980.

KING, DENNIS, Lyndon LaRouche and the New American Fascism, New York u. a. 1989.

KIRFEL, MARTINA/WALTER OSWALT (Hrsg.), Die Rückkehr der Führer. Modernisierter Rechtsradikalismus in Westeuropa, Wien-Zürich 1989.

KLAGES, HELMUT/PETER KMIECIAK (Hrsg.), Wertwandel und gesellschaftlicher Wandel, Frankfurt/M. 1979.

KLÄR, KARL-HEINZ/MALTE RISTAU/BERND SCHOPPE/MARTIN STADELMAIER (Hrsg.), Die Wähler der extremen Rechten, 3 Bde., Bonn 1989.

KLEIN, HANS-JOACHIM, Rückkehr in die Menschlichkeit. Appell eines ausgestiegenen Terroristen, Reinbek bei Hamburg 1979.

KLEIN, THOMAS/VERA VORDENBÄUMEN/CARSTEN WIEGREFE/UDO WOLF (Hrsg.), Keine Opposition. Nirgends? Linke in Deutschland nach dem Sturz des Realsozialismus, Berlin 1991.

KLEIST, PETER, Auch Du warst dabei. Ein Buch des Ärgernisses und der Hoffnung, Heidelberg 1952.

KLEMM, BERND, Die Arbeiter-Partei (Sozialistische Einheitspartei) Hessen 1945–1954. Entstehungsbedingungen, Geschichte und Programmatik einer dritten deutschen Arbeiterpartei nach dem Zweiten Weltkrieg, Hannover 1980.

KLEßMANN, CHRISTOPH, Die doppelte Staatsgründung. Deutsche Geschichte 1945–1955, Göttingen 1986[4].

KLEßMANN, CHRISTOPH, Zwei Staaten, eine Nation. Deutsche Geschichte 1955–1970, Göttingen 1988.

KLICHE, ALEXANDRA, Nichts wie weg! Warum ich die »Republikaner« verlassen habe, München 1989.

KLIER, FREYA, Lüg' Vaterland. Erziehung in der DDR, München 1990.

KLINGEMANN, HANS D./FRANZ U. PAPPI, Politischer Radikalismus, Theoretische und methodische Probleme der Radikalismusforschung, dargestellt am Beispiel einer Studie anläßlich der Landtagswahl 1970 in Hessen, München-Wien 1972.

KLÖNNE, ARNO, Jugend im Dritten Reich. Die Hitler-Jugend und ihre Gegner, München 1990.

KLÖNNE, ARNO, Rechts-Nachfolge. Risiken des deutschen Wesens nach 1945, Köln 1990.

KLUGHARDT, WERNER, Die Gesetzgebung zur Bekämpfung des Terrorismus aus strafrechtlich-soziologischer Sicht, München 1984.

KLUMP, BRIGITTE, Das rote Kloster. Als Zögling in der Kaderschmiede der Stasi, Neuausgabe, München 1991.

KLUTH, HANS, Die KPD in der Bundesrepublik. Ihre politische Tätigkeit und Organisation 1945–1956, Köln-Opladen 1959.

KNECHTEL, RÜDIGER/JÜRGEN FIEDLER (Hrsg.), Stalins DDR. Berichte politisch Verfolgter, Leipzig 1991.

KNIGHT, UTE/WOLFGANG KOWALSKY (Hrsg.), Deutschland nur den Deutschen – Die Ausländerfrage in Deutschland, Frankreich und den USA, Erlangen 1991.

KNOCHE, HANSJÜRGEN, Die DKP. Organisation, Ideologie, Politik, Hannover 1980.

KNORR, LORENZ, Geschichte der Friedensbewegung in der Bundesrepublik, Köln 1984[2].

KNÜTTER, HANS-HELMUTH (Hrsg.), Kritik des Antifaschismus, Bornheim 1990.

KNÜTTER, HANS-HELMUTH, Deutschfeindlichkeit. Gestern, heute und morgen…?, Asendorf 1991.

KNÜTTER, HANS-HELMUTH, Die Deutsche National-Zeitung und Soldaten-Zeitung 1965/66, hrsg. vom DGB, o.O. o.J. (1966).

KNÜTTER, HANS-HELMUTH, Hat der Rechtsextremismus in der Bundesrepublik Deutschland eine Chance?, Bonn 1988.

KNÜTTER, HANS-HELMUTH, Ideologien des Rechtsradikalismus im Nachkriegsdeutschland. Eine Studie über die Nachwirkungen des Nationalsozialismus, Bonn 1961.

KOCH-BAUMGARTEN, SIGRID, Aufstand der Avantgarde. Die Märzaktion der KPD 1921, Frankfurt/M. 1986.

KÖCHER, RENATE, Ausmaß und Formen des heutigen Antisemitismus in der Bundesrepublik Deutschland, Allensbach, o.J. (1988).

KÖCHER, RENATE, Deutsche und Juden vier Jahrzehnte danach. Eine Repräsentativbefragung im Auftrag des Stern, Allensbach 1986.

KÖDDERITZSCH, PETER/LEO A. MÜLLER, Rechtsextremismus in der DDR, Göttingen 1990.

KOELSCHTZKY, MARTINA, Die Stimme ihrer Herren. Die Ideologie der Neuen Rechten, Köln 1986.

KOLINSKY, EVA (Hrsg.), Opposition in Western Europe, London 1987.

KOLLMANN, DORIS, u.a., Schwarzbücherbraun. Medienhandbuch zum Thema (Neo)faschismus, Bielefeld 1990.

KOMITEE FÜR GRUNDRECHTE UND DEMOKRATIE (Hrsg.), Ohne Zweifel für den Staat. Die Praxis zehn Jahre nach dem Radikalenerlaß, Reinbek bei Hamburg 1982.

Kongreß der Radikalen Linken. Reden und Diskussionsbeiträge zum Kongreß an Pfingsten 1990 und auf der Demo »Nie wieder Deutschland« am 12.5.1990 in Frankfurt am Main, Frankfurt a.M. 1990.

KONGRESSVORBEREITUNGSGRUPPE (Hrsg.), Die Radikale Linke. Reader zum Kongreß vom 1.–3. Juni 1990 in Köln, Hamburg 1990.

KOSCHNICK, HANS (Hrsg.), Der Abschied vom Extremistenbeschluß, Bonn 1979.

KOWALSKY, WOLFGANG, Rechtsaußen… und die verfehlten Strategien der deutschen Linken, Frankfurt/M.-Berlin 1992.

KPD 1945–1956. Abriß – Dokumente – Zeittafel, Berlin (Ost) 1966.

KRATZ, PETER, Gaddafi-Mechtersheimer-Schönhuber. Quellen und rotgrüne Querverbindungen neofaschistischer Deutschland-Vereiniger, Bonn 1990.

KRAUS, HERBERT (Hrsg.), Die im Braunschweiger Remer-Prozeß erstatteten moraltheologischen und historischen Gutachten nebst Urteil, Hamburg 1953.

KRAUSE, CHRISTIAN/DETLEF LEHNERT/KLAUS-JÜRGEN SCHERER, Zwischen Revolution und Resignation. Alternativkultur, politische Grundströmungen und Hochschulaktivitäten in der Studentenschaft, Bonn 1980.

KRAUSE, FRITZ, Antimilitaristische Opposition in der BRD 1949–55, Frankfurt/M. 1971.

KRAUSHAAR, WOLFGANG, Revolte und Reflexion. Politische Aufsätze 1976–1987, Frankfurt/M. 1990.

KREBS, MARIO, Ulrike Meinhof. Ein Leben im Widerspruch, Reinbek bei Hamburg 1988.

KREBS, PIERRE (Hrsg.), Das unvergängliche Erbe. Alternativen zum Prinzip der Gleichheit, Tübingen 1981.

KREMZOW, HEINZ FRIEDRICH, Theorie und Praxis der DKP im Lichte des KPD-Verbots durch das Bundesverfassungsgericht, München 1982.

KRENZ, EGON, Wenn Mauern fallen. Die Friedliche Revolution: Vorgeschichte – Ablauf – Auswirkungen, Wien 1990.

KREUTZBERGER, WOLFGANG, Rechtsradikalismus in der Bundesrepublik. Versuch einer Zwischenbilanz, Frankfurt/M. 1984².

KRIELE, MARTIN (Hrsg.), Befreiung und politische Aufklärung. Plädoyer für die Würde des Menschen, Freiburg/Brsg. 1986².

KRIELE, MARTIN, Die demokratische Weltrevolution. Warum sich die Freiheit durchsetzen wird, München 1987.

KRIELE, MARTIN, Legitimitätsprobleme der Bundesrepublik, München 1977.

KRIVITSKY, WALTER G., Ich war Stalins Agent, hrsg. von Hellmut G. Haasis, Grafenau-Döffingen 1990.

KROCKOW, CHRISTIAN GRAF VON, Gewalt für den Frieden? Die politische Kultur des Konflikts, München 1983.

KRÜGER, HEINZ-JOCHEN, Das Bild der Jugend im Spiegel der rechtsextremen Presse. Deutsche National- und Soldatenzeitung, Deutsche Nachrichten, Nation Europa, Berlin 1968.

KRÜGER, WOLFGANG, Entnazifiziert! Zur Praxis der politischen Säuberung in Nordrhein-Westfalen, Wuppertal 1982.

KUHN, HERMANN, Bruch mit dem Kommunismus. Über autobiographische Schriften von Ex-Kommunisten im geteilten Deutschland, Münster 1990.

KÜHNHARDT, LUDGER, Die Universalität der Menschenrechte. Studie zur ideengeschichtlichen Bestimmung eines politischen Schlüsselbegriffs, Bonn 1990².

KÜHNL, REINHARD, Der Faschismus. Ursachen, Herrschaftsstruktur, Aktualität. Eine Einführung, Heilbronn 1988².

KÜHNL, REINHARD, Faschismustheorien. Ein Leitfaden, aktualisierte Neuaufl., Heilbronn 1990.

KÜHNL, REINHARD, Gefahr von rechts. Vergangenheit und Gegenwart der extremen Rechten, Heilbronn 1990.

KÜHNL, REINHARD/RAINER RILLING/CHRISTINE SAGER, Die NPD. Struktur, Ideologie und Funktion einer neofaschistischen Partei, Frankfurt/M. 1969.

KULEMANN, PETER, Die Linke in Westdeutschland nach 1945. Die erste Nachkriegszeit zwischen sozialdemokratischer Integration und dem Stalinismus der KPD – das Scheitern der »titoistischen« Unabhängigen Arbeiterpartei UAP 1950, Hannover 1978.

KUSHNER, TONY/KENNETH LUNN (Hrsg.), The Politics of Marginality, London 1990.

KUTSCHA, MARTIN, Verfassung und »streitbare Demokratie«. Historische und rechtliche Aspekte der Berufsverbote im öffentlichen Dienst, Köln 1979.

KVISTAD, GREGG O., Radicals and the German State: Hegel, Marx and the Political Demands on German Servants, Berkely 1984.

LAKER, THOMAS, Ziviler Ungehorsam. Geschichte – Begriff – Rechtfertigung, Baden-Baden 1986.

LAMEYER, JOHANNES, Streitbare Demokratie. Eine verfassungshermeneutische Untersuchung, Berlin 1978.

LANDAUER, GUSTAV, Auch die Vergangenheit ist Zukunft. Essays zum Anarchismus, hrsg. von Siegbert Wolf, Frankfurt/M. 1989.

Landesamt für Verfassungsschutz Baden-Württemberg, Skinheads, Stuttgart 1991.

LANG, JOCHEN VON, Erich Mielke. Eine deutsche Karriere, Berlin 1991.

LANG, JOCHEN VON, Und willst du nicht mein Bruder sein . . . Der Terror in der Weimarer Republik, Wien-Darmstadt 1989.

LANGGUTH, GERD, Protestbewegung. Entwicklung – Niedergang – Renaissance. Die Neue Linke seit 1968, Köln 1983.

LAPONCE, JEAN A., Left and Right. The Topography of Political Perceptions, Toronto-Buffalo-London 1981.

LAQUEUR, WALTER, Stalin. Abrechnung im Zeichen von Glasnost, Frankfurt/M. 1990.

LAQUEUR, WALTER, Terrorismus. Die globale Herausforderung, Frankfurt/M. 1986.

LAROUCHE, JR., LYNDON H., Verteidigung des gesunden Menschenverstandes, Wiesbaden 1990.

LAUNER, EKKEHARD/ECKHARDT POHL/ECKHARD STENGEL (Hrsg.), Rechtsum zum Abitur oder: Wie braun durten Lehrer sein, Göttingen 1979².

LEGGEWIE, CLAUS, Der Geist steht rechts. Ausflüge in die Denkfabriken der Wende, Berlin 1987.

LEGGEWIE, CLAUS, Die Republikaner. Ein Phantom nimmt Gestalt an, völlig überarb. und erw. Neuausgabe, Berlin 1990.

LEGGEWIE, CLAUS, Kofferträger. Das Algerien-Projekt der Linken im Adenauer-Deutschland, Berlin 1984.

LEHMANN, LUTZ, Legal & Opportun. Politische Justiz in der Bundesrepublik, Berlin 1966.

LEICHT, ROBERT, Grundgesetz und politische Praxis des Parlamentarismus in der Bundesrepublik, München 1974.

LEONHARD, WOLFGANG, Die Revolution entläßt ihre Kinder (1955), Frankfurt/M. 1972.

LEONHARD, WOLFGANG, Spurensuche. 40 Jahre nach Die Revolution entläßt ihre Kinder, Köln 1992.

LEPENIES, WOLF, Folgen einer unerhörten Begebenheit. Die Deutschen nach der Vereinigung, Berlin 1992.

LERSCH, PAUL (Hrsg.), Die verkannte Gefahr. Rechtsradikalismus in der Bundesrepublik, Reinbek bei Hamburg 1981.

LESSMANN, PETER, Die preußische Schutzpolizei in der Weimarer Republik. Streifendienst und Straßenkampf, Düsseldorf 1989.

LICHTENSTEIN, HEINER (Hrsg.), Die Fassbinder-Kontroverse oder Das Ende der Schonzeit, Königstein 1986.

LIEBE, WERNER, Die Deutschnationale Volkspartei 1918–1924, Düsseldorf 1956.

LIEBERT, ULRIKE/WOLFGANG MERKEL (Hrsg.), Die Politik zur deutschen Einheit. Probleme – Strategien – Kontroversen, Opladen 1991.

LIJPHART, AREND, Democracies, Patterns of Majoritarian and Consensus Governement in Twentyone Countries, New Haven-Londen 1984.

LINK, WERNER, Die Geschichte des Internationalen Jugend-Bundes (IJB) und des Internationalen Sozialistischen Kampf-Bundes (ISK). Ein Beitrag zur Geschichte der Arbeiterbewegung in der Weimarer Republik und im Dritten Reich, Meisenheim am Glan 1964.

LINN, GOTTFRIED, Politischer Extremismus an den Hochschulen. Die Gruppierungen und ihre Aussagen, Bonn 1987.

LINSE, ULRICH, Die anarchistische und anarcho-syndikalistische Jugendbewegung 1918–1933. Zur Geschichte und Ideologie der anarchistischen, syndikalistischen und unionistischen Kinder- und Jugendorganisationen 1919–1933, Frankfurt/M. 1976.

LINSE, ULRICH (Hrsg.), Gustav Landauer und die Revolutionszeit 1918/19. Die politischen Reden, Schriften, Erlasse und Briefe Landauers aus der November-Revolution 1918/19, Berlin 1974.

LINZ, JUAN J./ALFRED STEPAN, The Breakdown of Democratic Regimes, 2 Bde., Baltimore 1978.

LIPPMANN, HEINZ, Honecker. Porträt eines Nachfolgers, Köln 1971.

LIPSET, SEYMOUR M./EARL RAAB, The Politics of Unreason. Right-Wing Extremism in America, 1970–1977, Chicago-London 1979².

LIPSET, SEYMOUR M., Political Man. The Social Basis of Politics, expanded edition, London 1983.

LITTEN, JENS, Eine verpaßte Revolution? Nachruf auf den SDS, Hamburg 1968.

LOCHNER, AXEL (Hrsg.), Linke Politik in Deutschland. Beiträge aus DDR und BRD, Hamburg 1990.

LOEST, ERICH, Die Stasi war mein Eckermann. Oder: mein Leben mit der Wanze, Göttingen-Leipzig 1991.

LOEWENSTEIN, KARL, Verfassungslehre, Tübingen 1975[3].

LORENZO, GIOVANNI DI, Stefan, 22, deutscher Rechtsterrorist: »Mein Traum ist der Traum von vielen«, Reinbek bei Hamburg 1984.

LORSCHEID, HELMUT/LEO A. MÜLLER, Deckname Schiller. Die Deutschen Patrioten des Lyndon LaRouche, Reinbek bei Hamburg 1986.

LÖSCHE, PETER, Anarchismus, Darmstadt 1977.

LÖW, KONRAD (Hrsg.), Totalitarismus contra Freiheit. Begriff und Realität, Berlin 1988.

LÖW, KONRAD, Terror. Theorie und Praxis im Marxismus, Asendorf 1991.

LÖW, KONRAD, Warum fasziniert der Kommunismus? Eine systematische Untersuchung, München 1985[2].

LÖWENTHAL, RICHARD, Der romantische Rückfall. Wege und Irrwege einer rückwärts gewandten Revolte, Stuttgart 1970.

LÖWENTHAL, RICHARD, Gesellschaftswandel und Kulturkrise. Zukunftsprobleme der westlichen Demokratien, Frankfurt/M. 1974.

LÖWENTHAL, RICHARD/HANS-PETER SCHWARZ (Hrsg.), Die zweite Republik. 25 Jahre Bundesrepublik Deutschland – eine Bilanz, Stuttgart 1974.

LÜBBE, HERMANN, Endstation Terror, Stuttgart 1978.

LÜBBE, HERMANN, Freiheit statt Emanzipationszwang. Die liberalen Traditionen und das Ende der marxistischen Illusionen, Osnabrück 1991.

LÜBBE, HERMANN, Politischer Moralismus. Der Triumph der Gesinnung über die Urteilskraft, Berlin 1987.

LUFF, JOHANNES, Beziehungen zwischen politischer Gewalt und sozialer Anomie. Eine empirische Untersuchung zur Situation der Bundesrepublik Deutschland im Vergleich zu Uruguay, Pfaffenweiler 1989.

LUFT, CHRISTA, Zwischen Wende und Ende. Eindrücke, Erlebnisse, Erfahrungen eines Mitglieds der Modrow-Regierung, Berlin 1991.

MABIRE, JEAN, Skorzeny. »L'homme le plus dangereux d'Europe«, Paris 1990.

MAGISTRATSVERWALTUNG FÜR JUGEND, FAMILIE UND SPORT, Jugend und Rechtsextremismus in Berlin-Ost. Fakten und Gegenstrategien, Berlin 1990.

MAIER, CHARLES S., Die Gegenwart der Vergangenheit. Geschichte und die nationale Identität der Deutschen, Frankfurt/M. 1992.

MAIER, HANS, Die Deutschen und die Freiheit. Perspektiven der Nachkriegszeit, Stuttgart 1985.

MAIER, HANS, Politische Wissenschaft in Deutschland. Lehre und Wirkung, erweiterte Neuausgabe, München 1985.

MAIER, HANS/HERMANN BOTT, Die NPD. Struktur und Ideologie einer »nationalen Rechtspartei«, München 1968[2].

MALAPARTE, CURZIO, Technik des Staatsstreiches, Berlin 1988.

MALUSCHKE, GÜNTHER, Philosophische Grundlagen des demokratischen Verfassungsstaates, Freiburg-München 1982.

MANNHEIM, KARL, Diagnose unserer Zeit. Gedanken eines Soziologen (1941), Zürich u. a. 1951.

MANSTEIN, PETER, Die Mitglieder und Wähler der NSDAP, 1919–1933, Frankfurt/M. u. a. 1989[2].

MARCUSE, HERBERT, Der eindimensionale Mensch. Studien zur Ideologie der fortgeschrittenen Industriegesellschaft, Darmstadt-Neuwied 1967.

MARQUARDT, BERNHARD, Der Totalitarismus – ein gescheitertes Herrschaftssystem. Eine Analyse der Sowjetunion und anderer Staaten Ost-Mitteleuropas, Bochum 1991.

MARTEN, HEINZ-GEORG, Der niedersächsische Ministersturz. Protest und Widerstand der Georg-August-Universität Göttingen gegen den Kultusminister Schlüter im Jahre 1955, Göttingen 1987.

MARTEN, HEINZ-GEORG, Die unterwanderte FDP. Politischer Liberalismus in Niedersachsen, Aufbau und Entwicklung der Freien Demokratischen Partei 1945–1955. Eine politiksoziologische Untersuchung der krisenreichen Neubelebung des politischen Liberalismus unter besonderer Berücksichtigung der innerparteilichen, programmatischen und sozialstrukturellen Konstitutionsbedingungen des niedersächsischen FDP-Landtages, Frankfurt/M.-Zürich 1978.

MARTEN, HEINZ-GEORG, Sozialbiologismus. Biologische Grundpositionen der politischen Ideengeschichte, Frankfurt/M.-New York 1983.

MARTINI, WINFRIED, Die Legende vom Hause Ludendorff, Rosenheim 1949.

MAßNER, STEPHAN, Rechtsextreme Orientierung unter Ostberliner Jugendlichen. Eine sozialwissenschaftliche Untersuchung, hrsg. vom Berlin-Brandenburger Bildungswerk e. V, Berlin o. J. (1990).

MATZ, ULRICH/GERHARD SCHMIDTCHEN, Gewalt und Legitimität, = Analysen zum Terrorismus 4/1, Opladen 1983.

MATZ, ULRICH, Politik und Gewalt. Zur Theorie des demokratischen Verfassungsstaates und der Revolution, Freiburg 1975.

MAUCH, HANS-JOACHIM, Nationalistische Wehrorganisationen in der Weimarer Republik. Zur Entwicklung und Ideologie des »Paramilitarismus«, Frankfurt/M.-Bern 1982.

MAYER, MARIE LUISE, Die Deutsche Friedensgesellschaft – Vereinigte Kriegsdienstgegner. Eine kritische Studie zum Programm, Bonn 1980.

MAYER, UDO/GERHARD STUBY (Hrsg.), Die Entstehung des Grundgesetzes. Beiträge und Dokumente, Köln 1976.

MEHNERT, KLAUS, Moskau und die Neue Linke. Wie reagieren die Hüter der Weltrevolution auf die jungen Revolutionäre im Westen?, Stuttgart 1973.

MEINEL, REINHARD/THOMAS WERNICKE (Hrsg.), Mit tschekistischem Gruß. Berichte der Bezirksverwaltung für Staatssicherheit Potsdam 1989, Potsdam 1990.

MEINHOF, ULRIKE, Die Würde des Menschen ist antastbar. Aufsätze und Polemiken, Berlin 1980.

MEMMI, ALBERT, Rassismus, Frankfurt/M. 1987 (Original: Le racisme. Description, définition, traitement, Paris 1982).

MENSING, WILHELM, Maulwürfe im Kulturbeet. DKP-Einfluß in Presse, Literatur und Kunst, Zürich 1983.

MENSING, WILHELM, Nehmen oder Annehmen. Die verbotene KPD auf der Suche nach politischer Teilnahme, Zürich-Osnabrück 1989.

MENSING, WILHELM, Wir wollen unsere Kommunisten wieder haben . . . Demokratische Starthilfen für die Gründung der DKP, Zürich-Osnabrück 1989.

MENZE, ERNEST A. (Hrsg.), Totalitarianism Reconsidered, Port-Washington-London 1981.

MERKLE, PETER (Hrsg.), Political Violence and Terror. Motifs and Motivations, Berkeley-Los Angeles-London 1986.

MERLEAU-PONTY, MAURICE, Humanismus und Terror, Frankfurt/M. 1990.

MEYER, ALWIN/KARL-KLAUS RABE, Unsere Stunde, die wird kommen, Bornheim-Merten 1980.

MEYER, THOMAS (Hrsg.), Fundamentalismus in der modernen Welt, Frankfurt/M. 1989.

MEYER, THOMAS, Am Ende der Gewalt? Der deutsche Terrorismus. Protokoll eines Jahrzehnts, Frankfurt/M. u. a. 1980.

MEYER, THOMAS, Fundamentalismus. Aufstand gegen die Moderne. Essay, Reinbek bei Hamburg 1989.

MICHALKA, WOLFGANG (Hrsg.), Extremismus und streitbare Demokratie, Stuttgart 1987.

MICKSCH, JÜRGEN, Kulturelle Vielfalt statt nationaler Einfalt. Eine Strategie gegen Nationalismus und Rassismus, Frankfurt/M. 1989.

MIERMEISTER, JÜRGEN, RUDI DUTSCHKE, Reinbek bei Hamburg 1986.

MILES, ROBERT, Rassismus. Einführung in die Geschichte und Theorie eines Begriffs, Hamburg 1991.

MILZA, PIERRE/SERGE BERSTEIN, Dictionnaire Historique des Fasciscmes et du Nazisme, Brüssel 1992.

MINRATH, AXEL, Friedenskampf. Die DKP und ihre Bündnispolitik in der Anti-Nachrüstungsbewegung, Köln 1986.

MITTER, ARMIN/STEFAN WOLLE (Hrsg.), »Ich liebe euch doch alle?« Befehle und Lageberichte des MfS Januar – November 1989, Berlin 1990.

MODROW, HANS, Aufbruch und Ende, Hamburg 1991.

MOHLER, ARMIN, Der Nasenring. Im Dickicht der Vergangenheitsbewältigung, Neuauflage, Frankfurt/M.-Berlin 1991.

MOHLER, ARMIN, Die Konservative Revolution in Deutschland 1918–1932. Ein Handbuch, Hauptband, Darmstadt 1989[3]; Ergänzungsband: Darmstadt 1989.

MOHLER, ARMIN, Liberalenbeschimpfung, Essen 1990.

MOHR, ARNO, Politikwissenschaft als Alternative. Stationen einer wissenschaftlichen Disziplin auf dem Wege zu ihrer Selbständigkeit in der Bundesrepublik Deutschland 1945–1965, Bochum 1988.

MOHR, REINHARD, Zaungäste. Die Generation, die nach der Revolte kam, Frankfurt/M. 1992[3].

MÖLLER, H. (Hrsg.), Materialien zur Kritik der PDS, Hamburg 1990.

MONZAT, RENÉ, Enquêtes sur la droite extrême, Paris 1992.

MOREAU, PATRICK, Nationalsozialismus von links. Die »Kampfgemeinschaft Revolutionärer Nationalsozialisten« und die »Schwarz Front« Otto Straßers 1930–1935, Stuttgart 1984.

MOREAU, PATRICK, PDS. Anatomie einer postkommunistischen Partei, Bonn 1992.

MORSTEIN, MANFRED, Der Pate des Terrors. Die mörderische Verbindung von Terrorismus, Rauschgift und Waffenhandel, München 1989.

MOSLER, PETER, Was wir wollten, was wir wurden. Studentenrevolte 10 Jahre danach, Reinbek bei Hamburg 1977.

MOSSE, GEORGE L., Ein Volk – Ein Reich – Ein Führer. Die völkischen Ursprünge des Nationalsozialismus, Königstein/Ts. 1979 (Original: The crisis of German Ideology, New York 1964).

MOSSE, GEORGE L., Rassismus. Ein Krankheitssymptom in der europäischen Geschichte des 19. und 20. Jahrhunderts, Königstein 1978 (Original: Towards the Final Solution. A History of European Racism, New York 1978).

MÜLLER, EMIL-PETER, Die Bündnispolitik der DKP. Ein trojanisches Pferd, Köln 1982.

MÜLLER, EMIL-PETER, Republikaner und Grüne – zwischen Ideologie und Protest, hrsg. vom Institut der deutschen Wirtschaft, Köln 1989.

MÜLLER, EMIL-PETER/HORST UDO NIEDENHOFF, Auf dem Marsch durch die Institutionen. Die kommunistische Agitation im Betrieb und in den Gewerkschaften, Köln 1982[2].

MÜLLER, LEO A., Republikaner, NPD, DVU, Liste D . . ., Göttingen 1989.

MÜLLER, MICHAEL/ANDREAS KANONENBERG, Die RAF-Stasi-Connection, Berlin 1992.

MÜLLER, WERNER, Die KPD und die »Einheit der Arbeiterklasse«, Frankfurt/M. 1979.

MÜLLER, WERNER, Lohnkampf, Massenstreik, Sowjetmacht. Ziele und Grenzen der »Revolutionären Gewerkschafts-Opposition« (RGO) in Deutschland 1928–1933, Köln 1988.

MÜLLER-ENBERGS, HELMUT, Der Fall Rudolf Herrnstadt. Tauwetterpolitik vor dem 17. Juni, Berlin 1991.

MÜLLER-ENBERGS /MARIANNE SCHULZ/JAN WIELGOHS (Hrsg.), Von der Illegalität ins Parlament. Werdegang und Konzept der neuen Bürgerbewegungen, Berlin 1991.

MÜNDEMANN, TOBIAS, Die 68er . . . und was aus ihnen geworden ist, München 1988.

MÜNKLER, HERFRIED (Hrsg.), Der Partisan. Theorie, Strategie, Gestalt, Opladen 1990.

Nationalismus heute, = Junge Kritik 1 (Beiheft des Deutschen Studentenanzeigers), Coburg 1970.

NEGT, OSKAR u.a., Zur Aktualität von Herbert Marcuse. Politik und Ästhetik am Ende der Industriegesellschaft, Tübingen 1989.

NETTLAU, MAX, Geschichte der Anarchie, 9 Bde., Berlin 1992.

NEUBERT, HARALD (Hrsg.), Antonio Gramsci – vergessener Humanist? Eine Anthologie 1917–1936, Berlin 1991.

NEVERMANN, KNUT (Hrsg.), Der 2. Juni 1967. Studenten zwischen Notstand und Demokratie. Dokumente zu den Ereignissen, Berlin 1967.

NICLAUSS, KARLHEINZ, Demokratiegründung in Westdeutschland. Die Entstehung der Bundesrepublik 1945–1949, München 1974.

NIEDENHOFF, HORST UDO, Auf dem Marsch durch die Institutionen. Die kommunistische Agitation im Betrieb und in den Gewerkschaften, Köln 1982[2].

NIETHAMMER, LUTZ, Angepaßter Faschismus. Politische Praxis der NPD, Frankfurt/M. 1969.

NIETHAMMER, LUTZ, Entnazifizierung in Bayern. Säuberung und Rehabilitation unter amerikanischer Besatzung, Frankfurt/M. 1972.

505

NOELLE-NEUMANN, ELISABETH/RENATE KÖCHER, Die verletzte Nation. Über den Versuch der Deutschen, ihren Charakter zu ändern, Stuttgart 1987.

NOELLE-NEUMANN, ELISABETH/RENATE KÖCHER (Hrsg.), Allensbacher Jahrbuch der Demoskopie 1984–1992, München-Allensbach 1993.

NOELLE-NEUMANN, ELISABETH/EDGAR PIEL (Hrsg.), Allensbacher Jahrbuch der Demoskopie 1978–1983, München 1983.

NOELLE NEUMANN, ELISABETH/EDGAR PIEL (Hrsg.), Eine Generation später. Bundesrepublik Deutschland 1953–1979, München 1983.

NOELLE-NEUMANN, ELISABETH/ERP RING, Das Extremismus-Potential unter jungen Leuten in der Bundesrepublik Deutschland 1984, Bonn 1984.

NOLLAU, GÜNTER, Wie sicher ist die Bundesrepublik?, München 1976.

NOLTE, ERNST, Der Faschismus in seiner Epoche. Die Action française. Der italienische Faschismus. Der Nationalsozialismus, München-Zürich 1984[6].

NOLTE, ERNST, Deutschland und der Kalte Krieg, Stuttgart 1985[2].

NOLTE, ERNST, Der europäische Bürgerkrieg. Nationalsozialismus und Bolschewismus 1917–1945, Berlin 1987.

NOLTE, ERNST, Geschichtsdenken im 20. Jahundert. Von Max Weber bis Hans Jonas, Frankfurt/M.-Berlin 1991.

NORTH, DAVID, Das Erbe, das wir verteidigen. Ein Beitrag zur Geschichte der Vierten Internationale, Essen 1988.

O MAOLÁIN, CIARÁN, The Radical Right. A World Directory, Harlow 1987.

OBERREUTER, HEINRICH (Hrsg.), Wahrheit statt Mehrheit? An den Grenzen der parlamentarischen Demokratie, München 1986.

OBERREUTER, HEINRICH, Bewährung und Herausforderung. Zum Verfassungsverständnis der Bundesrepublik Deutschland, München 1989.

OBST, CLAUS-HENNING, Chancen direkter Demokratie in der Bundesrepublik, Köln 1986.

OPITZ, REINHARD, Faschismus und Neofaschismus, Frankfurt/M. 1984.

OPPENHEIMER, MAX (Hrsg.), Antifaschismus. Tradition – Politik – Perspektive. Geschichte und Ziele der VVN-Bund der Antifaschisten, Frankfurt/M. 1978.

ORDNUNG, THOMAS, Zur Praxis und Theorie des präventiven Demokratieschutzes. Darlegungen zum Problem der »streitbaren Demokratie« und seinem verfassungsrechtlichen, politischen und historischen Umfeld am Beispiel des Parteiverbots, Diss., 2 Bde., Berlin 1985.

OTTO, KARL A., APO. Die außerparlamentarische Opposition in Quellen und Dokumenten, Köln 1989.

OTTO, KARL A., Vom Ostermarsch zur APO. Geschichte der außerparlamentarischen Opposition in der Bundesrepublik 1960–1970, Frankfurt/M. 1977.

OVERATH, MARGOT, Drachenzähne. Gespräche, Dokumente und Recherchen aus der Wirklichkeit der Hochsicherheitsjustiz, Hamburg 1991.

PACZENSKY, SUSANNE VON (Hrsg.), Frauen und Terror, Reinbek bei Hamburg 1978.

PANAHI, BADI, Vorurteile. Rassismus, Antisemitismus, Nationalismus in der Bundesrepublik heute. Eine empirische Untersuchung, Frankfurt/M. 1980.

PAUL, GERHARD (Hrsg.), Hitlers Schatten verblaßt. Die Normalisierung des Rechtsextremismus, Bonn 1989.

PAUL, GERHARD/BERNHARD SCHOSSIG (Hrsg.), Jugend und Neofaschismus. Provokation oder Identifikation?, Frankfurt/M. 1979.

PAUL, GERHARD, Aufstand der Bilder. Die NS-Propaganda vor 1933, Bonn 1990.

PEARLSTEIN, RICHARD M., The Mind of the Political Terrorist, Washington 1991.

PECHMANN, ROLAND/JÜRGEN VOGEL (Hrsg.), Abgesang der Stasi. Das Jahr 1989 in Presseartikeln und Stasi-Dokumenten, Braunschweig 1992.

PERDELWITZ, WOLF, Integration oder Revolution. Grenzen demokratischen Verhaltens, Bonn-Bad Godesberg 1973.

PETERS, BUTZ, RAF. Terrorismus in Deutschland, Stuttgart 1991.

PETERS, JAN (Hrsg.), Nationaler »Sozialismus« von rechts, Berlin 1980.

Peukert, Detlev J. K./Frank Bajohr, Rechtsradikalismus in Deutschland. Zwei historische Beiträge, Hamburg 1990.

Pfahl-Traughber, Armin, Rechtsextremismus. Eine kritische Bestandsaufnahme nach der Wiedervereinigung, Bonn 1993.

Pfeiffer, Gerd/Hans-Georg Strickert (Hrsg.), KPD-Prozeß. Dokumentarwerk, Bde. 1–3, Karlsruhe 1955/56.

Pfetsch, Frank R., Ursprünge der Zweiten Republik. Prozesse der Verfassungsgebung in den Westzonen und in der Bundesrepublik, Opladen 1990.

Pfürtner, Stephan H., Fundamentalismus. Die Flucht ins Radikale, Freiburg 1991.

Pipes, Richard, Die Russische Revolution, 4 Bde., Bd. 1: Der Zerfall des Zarenreiches, Bd. 2: Die Macht der Bolschewiki, Berlin 1992.

Pizza (Hrsg.), Odranoel. Die Linke – zwischen den Welten, Hamburg 1992.

Plack, Arno, Wie oft wird Hitler noch besiegt? Neonazismus und Vergangenheitsbewältigung, Frankfurt/M. 1985.

Politisches Lexikon, hrsg. von der DN-Verlagsgesellschaft, Hannover 1966 ff. (Loseblattsammlung).

Pomorin, Jürgen/Reinhard Junge/Georg Biemann/Hans-Peter Bordien, Blutige Spuren. Der zweite Aufstieg der SS, Dortmund 1980.

Pomorin, Jürgen/Reinhard Junge, Die Neonazis und wie man sie bekämpfen kann, Dortmund 1978.

Pomorin, Jürgen/Reinhard Junge, Vorwärts, wir marschieren zurück. Die Neonazis, Teil 2, Dortmund 1979.

Popper, Karl R., Die offene Gesellschaft und ihre Feinde, 2 Bde., München 1992[7] (Original: The Open Society and its Enemies, London 1944).

Portner, Dieter, Bundeswehr und Linksextremismus, München-Wien 1976.

Posser, Diether, Anwalt im Kalten Krieg. Ein Stück deutscher Geschichte in politischen Prozessen 1951–1968, München 1991.

Preissinger, Adrian (Hrsg.), Todesfabriken der Kommunisten. Von Sachsenhausen bis Buchenwald, Berg am See 1991.

Prell, Uwe/Lothar Wilker (Hrsg.), Die Freie Universität Berlin 1948 – 1968 – 1988. Ansichten und Einsichten, Berlin 1989.

Presse- und Informationsamt der Bundesregierung (Hrsg.), Dokumentation der Bundesregierung zu den Ereignissen und Entscheidungen im Zusammenhang mit der Entführung von Hanns Martin Schleyer und der Lufthansa-Maschine »Landshut«, Bonn 1977.

Preuss, Ulrich K., Legalität und Pluralismus. Beiträge zum Verfassungsrecht der Bundesrepublik Deutschland, Frankfurt/M. 1973.

Preuss, Ulrich K., Politische Verantwortung und Bürgerloyalität. Von den Grenzen der Verfassung und des Gehorsams in der Demokratie, Frankfurt/M. 1984.

Prinz, Alois, Der poetische Mensch im Schatten der Utopie. Zur politisch-weltanschaulichen Idee der 68er Studentenbewegung und deren Auswirkung auf die Literatur, Würzburg 1990.

Probst, Ulrich, Die Kommunistischen Parteien in der Bundesrepublik Deutschland, München 1980.

Pröhuber, Karl-Heinz, Die nationalrevolutionäre Bewegung in Westdeutschland, Hamburg 1980.

Przybylski, Peter, Tatort Politbüro. Die Akte Honecker, Berlin 1991.

Przybylski, Peter, Tatort Politbüro 2, Berlin 1992.

Puhle, Hans-Jürgen, Agrarische Interessenpolitik und preußischer Konservatismus im wilhelminischen Reich (1893–1914). Ein Beitrag zur Analyse des Nationalismus in Deutschland am Beispiel des Bundes der Landwirte und der Deutsch-Konservativen Partei, Hannover 1967.

Pyta, Wolfram, Gegen Hitler und für die Republik. Die Auseinandersetzung der deutschen Sozialdemokratie mit der NSDAP in der Weimarer Republik, Düsseldorf 1989.

Rabe, Karl-Klaus, Rechtsextreme Jugendliche. Gespräche mit Verführern und Verführten, Bornheim-Merten 1980.

RABEHL, BERND, Am Ende der Utopie. Die politische Geschichte der Freien Universität Berlin, Berlin 1988.

RABERT, BERNHARD, Terrorismus in Deutschland. Zum Faschismusvorwurf der deutschen Linksterroristen, Bonn 1991.

RAJEWSKI, CHRISTIANE/ADELHEID SCHMITZ, Wegzeichen. Initiativen gegen Rechtsextremismus und Ausländerfeindlichkeit, Tübingen 1992.

RAMMSTEDT, OTTHEIM/GERT SCHMIDT (Hrsg.), BRD ade! Vierzig Jahre in Rück-Ansichten von Sozial- und Kulturwissenschaftlern, Frankfurt/M. 1992.

RANDELZHOFER, ALBRECHT/WERNER SÜß (Hrsg.), Konsens und Konflikt. 35 Jahre Grundgesetz. Vorträge und Diskussionen einer Veranstaltung der Freien Universität Berlin vom 6. bis 8. Dezember 1984, Berlin 1986.

RAUBALL, REINHARD, Die Baader-Meinhof-Gruppe, Berlin-New York 1973.

RAUSCH, HEINZ, Politische Kultur in der Bundesrepublik Deutschland, Berlin 1980.

RAUSCHENBACH, BRIGITTE (Hrsg.), Erinnern, Wiederholen, Durcharbeiten. Zur Psycho-Analyse deutscher Wenden, Berlin 1992.

RAWLS, JOHN, Eine Theorie der Gerechtigkeit, Frankfurt/M. 1979 (Erstausgabe: A Theory of Justice, New York 1971).

REDAKTION DISKUS (Hrsg.), Die freundliche Zivilgesellschaft. Rassismus und Nationalismus in Deutschland, Berlin 1992.

REES, PHILIP, Biographical Dictionary of the Extreme Right Since 1890, New York u.a. 1990.

REHLINGER, LUDWIG A., Freikauf. Die Geschäfte der DDR mit politisch Verfolgten 1963–1989, Berlin 1991.

REICH, WALTER (Hrsg.), Origins of terrorism. Psychologies, ideologies, theologies, states of mind, Cambridge u.a. 1990.

REICHEL, PETER (Hrsg.), Politische Kultur in Westeuropa. Bürger und Staaten in der Europäischen Gemeinschaft, Frankfurt/M.-New York 1984.

REICHEL, PETER, Politische Kultur der Bundesrepublik, Opladen 1981.

REIMANN, MAX (Hrsg.), KPD-Verbot. Ursachen und Folgen 1956–1971, Frankfurt/M. 1971.

REIMANN, MAX/LUDWIG LANDWEHR/WILLI MOHN/OTTO NIEBERGALL (Hrsg.), KPD-Verbot. Ursachen und Folgen 1956–71, Frankfurt/M. 1971.

REISSIG, ROLF/GERT-JOACHIM GLAESSNER (Hrsg.), Das Ende eines Experiments. Umbruch in der DDR und deutsche Einheit, Berlin 1991.

REUTH, RALF GEORG, Goebbels, München-Zürich 1990.

REVEL, JEAN FRANÇOIS, Die totalitäre Versuchung, Berlin-Wien 1976 (Original: La tentation totalitaire, Paris 1976).

REVEL, JEAN FRANÇOIS, So enden die Demokratien, München-Zürich 1984 (Original: Comment les démocraties finissent, Paris 1983).

RICHERT, ERNST, Die radikale Linke. Von 1945 bis zur Gegenwart, Berlin 1969.

RICHERT, FRITZ, Die nationale Welle. Masche, Mythos und Misere einer neuen Rebellion von rechts, Stuttgart 1966.

RICHTER, KARL (Hrsg.), Franz Schönhuber. Wer ist dieser Mann? Weggefährten berichten, Landshut 1992.

RICHTER, KARL, Die trojanische Herde. Ein dokumentarischer Bericht, Köln 1959.

RICHTER, ROLF (Hrsg.), Rechtsextremismus und Neonazismus unter Jugendlichen Ostberlins. Beiträge zur Analyse und Vorschläge zu Gegenmaßnahmen. Ein Berliner Projekt, gefördert vom Bundesministerium für Jugend und Sport der Bundesrepublik Deutschland, Berlin 1991.

RITTER, FALKO, Die geheimen Nachrichtendienste der Bundesrepublik Deutschland. Rechtsgrundlagen – Aufgaben – Arbeitsweise – Koordinierung – Kontrolle, Heidelberg 1989.

ROBBE, MARTIN, Verlockung der Gewalt. Linksradikalismus, Anarchismus, Terrorismus, Berlin (Ost) 1981.

ROGGER, HANS/EUGEN WEBER (Hrsg.), The European Right. A Historical Profile, Berkely-Los Angeles 1965.

RÖHRICH, WILFRIED, Die Demokratie der Westdeutschen. Geschichte und politisches Klima einer Republik, München 1988.

RÖHRICH, WILFRIED, Die verspätete Demokratie. Zur politischen Kultur der Bundesrepublik Deutschland, Köln 1983.

ROHRMOSER, GÜNTER, Krise der politischen Kultur, Mainz 1983.

ROLINSKI, KLAUS/IRENÄUS EIBL-EIBESFELDT (Hrsg.), Gewalt in unserer Gesellschaft. Gutachten für das Bayerische Staatsministerium des Innern, Berlin 1990.

ROLKE, LOTHAR, Protestbewegungen in der Bundesrepublik. Eine analytische Sozialgeschichte des politischen Widerspruchs, Opladen 1987.

ROSEN, KLAUS-HENNING (Hrsg.), Die Republikaner – Aspekte einer rechten Partei. Daten – Fakten – Hintergründe, Bonn 1991.

ROSEN, KLAUS-HENNING (Hrsg.), Die zweite Vertreibung. Fremde in Deutschland, Bonn 1992.

ROSSDEUTSCHER, REINHARD, Wählerverhalten im Vorharz nach dem 2. Weltkrieg. Einflußfaktoren auf die Resultate rechtsextremer Parteien im Vorharzraum bei Kommunal- und Landtagswahlen in der Zeit von 1946 bis 1952, Frankfurt/M. 1990.

ROTE ARMEE FRAKTION, Texte der RAF, Lund (Schweden) 1983.

ROTE ARMEE FRAKTION, Zum bewaffneten Kampf in Westeuropa, Berlin o. J. (1971).

ROWOLD, MANFRED, Im Schatten der Macht. Zur Oppositionsrolle der nicht-etablierten Parteien in der Bundesrepublik Deutschland, Düsseldorf 1974.

RÜCKERL, ADALBERT, Die Strafverfolgung von NS-Verbrechen 1945–1978. Eine Dokumentation, Heidelberg-Karlsruhe 1979.

RUDIZIO, WOLFGANG, Die Erosion der Abgrenzung. Zum Verhältnis zwischen der demokratischen Linken und Kommunisten in der Bundesrepublik Deutschland, Opladen 1988.

RUDZIO, WOLFGANG, Das politische System der Bundesrepublik. Eine Einführung, Opladen 1991³.

RUDOLPH, HERMANN, Die Herausforderung der Politik. Innenansichten der Bundesrepublik, Stuttgart 1987.

RUPP, HANS KARL, Außerparlamentarische Opposition in der Ära Adenauer. Der Kampf gegen die Atombewaffnung in den fünfziger Jahren. Eine Studie zur innenpolitischen Entwicklung der BRD, Köln 1970.

RYSCHKOWSKY, NIKOLAUS J., Die linke Linke, München 1968.

SACK, FRITZ/HEINZ STEINERT, Protest und Reaktion, = Analysen zum Terrorismus 4/2, Opladen 1984.

SANDOICA, ELMA HERNÁNDEZ, Los fascismos europeos, Madrid 1992.

SATTLER, ANDREAS, Die rechtliche Bedeutung der Entscheidung für die streitbare Demokratie, Baden-Baden 1982.

SAUER, HEINER/HANS-OTTO PLUMEYER, Der Salzgitter-Report. Die Zentrale Erfassungsstelle berichtet über Verbrechen im SED-Staat, Esslingen-München 1991.

SCHABEDOTH, HANS-JOACHIM/KLAUS JÜRGEN SCHERER (Hrsg.), Ende der Wende? Konservative Hegemonie zwischen Manifestation und Erosion, Marburg 1990.

SCHABOWSKI, GÜNTER, Der Absturz, Berlin 1991.

SCHÄFER, HELMUT M., Die freiheitliche-demokratische Grundordnung. Eine Einführung in das deutsche Verfassungsrecht, München-Wien 1982.

SCHÄFER, MAX (Hrsg.), Die DKP. Gründung, Entwicklung, Bedeutung, Frankfurt/M. 1978.

SCHASSEN, BURKHARD VON/CHRISTOF KALDEN, Terrorismus. Eine Auswahlbibliographie, Koblenz 1989.

SCHELENZ, BERNHARD, Der politische Sprachgebrauch der »Repubikaner«, Frankfurt/M. u. a. 1992.

SCHELESKY, HELMUT, Systemüberwindung, Demokratisierung und Gewaltenteilung. Grundsatzkonflikte der Bundesrepublik, München 1973.

SCHELL, MANFRED/WERNER KALINKA, Stasi und kein Ende. Die Personen und Fakten, Frankfurt/M./Berlin 1991.

SCHENKE, WOLF, Siegerwille und Unterwerfung. Auf dem Irrweg zur Teilung – Erinnerungen 1945–1955, München 1988.

SCHERB, ARMIN, Präventiver Demokratieschutz als Problem der Verfassungsgebung nach 1945, Frankfurt/M. u. a. 1987.

SCHEUB, UTE, Alte Bekannte. Den neuen Nazis und ihren alten Freunden auf der Spur, Reinbek bei Hamburg 1985.

SCHEUCH, ERWIN K., Wie deutsch sind die Deutschen? Eine Nation wandelt ihr Gesicht, Bergisch Gladbach 1991.

SCHEUCH, ERWIN K. (Hrsg.), Die Wiedertäufer der Wohlstandsgesellschaft, Eine kritische Untersuchung der »Neuen Linken« und ihrer Dogmen, Köln 1968.

SCHIFFERS, REINHARD, Zwischen Bürgerfreiheit und Staatsschutz. Wiederherstellung und Neufassung des politischen Strafrechts in der Bundesrepublik Deutschland, Düsseldorf 1989.

SCHLICHT, UWE, Vom Burschenschafter bis zum Sponti. Studentische Opposition gestern und heute, Berlin 1980.

SCHLÖGEL, KARL/WILLI JASPER/BERND ZIESEMER, Partei kaputt. Das Scheitern der KPD und die Krise der Linken, Berlin 1981.

SCHLOMANN, FRIEDRICH WILHELM/PAULETTE FRIEDLINGSTEIN. Die Maoisten. Pekings Filialen in Westeuropa, Frankfurt/M. 1970.

SCHLÜTER, LEONARD (anonym), Die große Hetze. Der niedersächsische Ministersturz. Ein Tatsachenbericht zum Fall Schlüter, Göttingen 1958.

SCHMÄDEKE, JÜRGEN/PETER STEINBACH (Hrsg.), Der Widerstand gegen den Nationalsozialismus. Die deutsche Gesellschaft und der Widerstand gegen Hitler, München 1985.

SCHMIDT, GISELHER, Das ABC der Radikalen. Eine Abrechnung mit den Extremisten von rechts und links, Bad Godesberg 1969.

SCHMIDT, GISELHER, Hitler und Maos Söhne. NPD und Neue Linke, Frankfurt/M. 1969.

SCHMIDT, GISELHER, Politik als Heilslehre. Zur Idee des Totalitarismus, Mainz 1970.

SCHMITT GLAESER, WALTER unter Mitwirkung von Hans-Detlef Horn, Private Gewalt im politischen Meinungskampf. Zugleich ein Beitrag zur Legitimität des Staates, Berlin 1992^2.

SCHNEIDER, FRANZ (Hrsg.), Dienstjubiläum einer Revolte. »1968« und 25 Jahre, Mainz 1993.

SCHNEIDER, JOHANNES, KP im Untergrund. Kommunistische Untergrundarbeit in der Bundesrepublik Deutschland, München 1963.

SCHNEIDER, RUDOLF, Die SS ist ihr Vorbild. Neonazistische Kampfgruppen und Aktionskreise in der Bundesrepublik, Frankfurt/M. 1981.

SCHOEPS, JULIUS H., Leiden an Deutschland. Vom antisemitischen Wahn und der Last der Erinnerung, München-Zürich 1990.

SCHOMERS, MICHAEL, Deutschland ganz rechts. Sieben Monate als Republikaner in BRD & DDR, Köln 1990.

SCHÖNBOHM, WULF (Hrsg.), Verfassungsfeinde als Beamte? Die Kontroverse um die streitbare Demokratie, München 1979.

SCHÖNHUBER, FRANZ, Freunde in der Not, München 1983.

SCHÖNHUBER, FRANZ, Ich war dabei. Der ehrliche Bericht eines »Ehemaligen«, München 1981.

SCHREIBER, GERHARD, Hitler. Interpretationen 1923–1983. Ergebnisse, Methoden und Probleme der Forschung, Darmstadt 1984.

SCHRÖDER, BURKHARD, Rechte Kerle. Skinheads, Faschos, Hooligans, Reinbek bei Hamburg 1992.

SCHÜDDEKOPF, OTTO-ERNST, Nationalbolschewismus in Deutschland 1918–1933, Frankfurt/M.-Berlin-Wien 1973 (1960).

SCHULZ, HANS-JÜRGEN (Hrsg.), Sie sind wieder da! Faschismus und Reaktion in Europa, Frankfurt/M. 1990.

SCHUMANN, FRANK, Glatzen am Alex. Rechtsextremismus in der DDR, Berlin 1990.

SCHUMPETER, JOSEPH A., Kapitalismus, Sozialismus und Demokratie (1942), München 1972^3.

SCHÜRGERS, NORBERT J., Politische Philosophie in der Weimarer Republik. Staatsverständnis zwischen Führerdemokratie und bürokratischem Sozialismus, Stuttgart 1989.

SCHÜTT, PETER, Die Himbeersoße kam vom KGB. Auf den Spuren meiner sibirischen Irrtümer, Dortmund 1990.

SCHÜTTE, JOHANNES, Revolte und Verweigerung. Zur Politik und Sozialpsychologie der Spontibewegung, Gießen 1980.

SCHWAGERL, H. JOACHIM, Verfassungsschutz in der Bundesrepublik Deutschland, Heidelberg 1985.

SCHWAGERL, H. JOACHIM, Rechtsextremes Denken. Merkmale und Methoden, Frankfurt/M. 1993.

510

SCHWARZ, HANS-PETER, Der konservative Anarchist. Politik und Zeitkritik Ernst Jüngers, Freiburg i. Br. 1962.

SCHWARZ, HANS-PETER, Die Ära Adenauer 1949–1957, Stuttgart 1981.

SCHWARZ, HANS-PETER, Die Ära Adenauer 1957–1963, Stuttgart 1983.

SCHWARZ, PETER, Marxismus gegen Maoismus. Die Politik der MLPD, Essen 1988.

SCHWEIZER, GERHARD, Ungläubig sind immer die anderen. Weltreligionen zwischen Toleranz und Fanatismus, Stuttgsrt 1990.

SCHWIERSKOTT, HANS JÜRGEN, Arthur Moeller van den Bruck und der revolutionäre Nationalismus in der Weimarer Republik, Göttingen 1962.

SCHWIND, HANS-DIETER (Hrsg.), Ursachen des Terrorismus in der Bundesrepublik Deutschland, Berlin-New York 1978.

SCHWIND, HANS-DIETER/JÜRGEN BAUMANN u. a. (Hrsg.), Ursachen, Prävention und Kontrolle von Gewalt. Analysen und Vorschläge der Unabhängigen Regierungskommission zur Verhinderung und Bekämpfung von Gewalt, 4 Bde., Berlin 1990.

SÉLITRENNY, RITA/THILO WEICHERT, Das unheimliche Erbe. Die Spionageabteilung der Stasi, Leipzig 1991.

SEEBACHER-BRANDT, BRIGITTE, Die Linke und die Einheit, Berlin 1991.

SEELIGER, ROLF, Die Außerparlamentarische Opposition, München 1968.

SEELIGER, ROLF (Hrsg.), Grauzone zwischen Union und der Neuen Rechten. Personen – Institutionen – Identifikationen, München 1990.

SEIBOLD, CARSTEN (Hrsg.), Die 68er. Das Fest der Rebellion, München 1988.

SEIDEL, BRUNO/SIEGFRIED JENKNER (Hrsg.), Wege der Totalitarismus-Forschung, Darmstadt 1974[3].

SEIFERT, JÜRGEN, Kampf um Verfassungspositionen, Materialien über Grenzen und Möglichkeiten von Rechtspolitik, Frankfurt/M. 1974.

SEIFFERT, WOLFGANG, Abschied von der Weltrevolution. Das Ende des Stalinismus und die Zukunft Europas, Erlangen u. a. 1989.

SHILS, EDWARD, The Torment of Secrecy. The Background and Consequences of American Security Policies, Melbourne 1956.

SIEGLER, BERND, Auferstanden aus Ruinen . . . Rechtsextremismus in der DDR, Berlin 1991.

SILBERMANN, ALPHONS, Sind wir Antisemiten? Ausmaß und Wirkung eines sozialen Vorurteils in der Bundesrepublik Deutschland, Köln 1982.

SILBERMANN, ALPHONS/JULIUS H. SCHOEPS (Hrsg.), Antisemitismus nach dem Holocaust. Bestandaufnahme und Erscheinungsformen in deutschsprachigen Ländern, Köln 1986.

SIRELLI, JEAN-FRANÇOIS, Histoire des droites en France, 3 Bde., Paris 1992.

SMELSER, RONALD/ZITELMANN, RAINER, Die braune Elite. 22 biographische Skizzen, Darmstadt 1989.

SNYDER, LOUIS L., Encyclopedia of Nationalism, New York 1990.

SOCHATZKY, KLAUS und Mitarbeiter, Parole: rechts? Jugend, wohin? Neofaschismus im Schülerurteil – eine empirische Studie, Frankfurt/M. 1981.

SONTHEIMER, KURT u. a., Der Überdruß an der Demokratie. Neue Linke und alte Rechte – Unterschiede und Gemeinsamkeiten, Köln 1970.

SONTHEIMER, KURT, Antidemokratisches Denken in der Weimarer Republik. Die politischen Ideen des deutschen Nationalismus zwischen 1918 und 1933 (1962), München 1983[2].

SONTHEIMER, KURT, Das Elend unserer Intellektuellen. Linke Theorie in der Bundesrepublik Deutschland, Hamburg 1976.

SONTHEIMER, KURT, Deutschlands Politische Kultur, München 1990.

SONTHEIMER, KURT, Grundzüge des politischen Systems der Bundesrepublik Deutschland, München 1989[12].

SONTHEIMER, KURT, Zeitenwende? Die Bundesrepublik Deutschland zwischen alter und alternativer Politik, Hamburg 1983.

SONTHEIMER, MICHAEL/OTTO KALLSCHEUER, (Hrsg.), Einschüsse, Besichtigung eines Frontverlaufs. Zehn Jahre nach dem Deutschen Herbst, Berlin 1987.

SPITTMANN, ILSE/GISELA HELWIG (Hrsg.), Die DDR auf dem Weg zur deutschen Einheit. Probleme – Perspektiven – offene Fragen, Köln 1990.

STARITZ, DIETRICH/HERMANN WEBER (Hrsg.), Einheitsfront, Einheitspartei. Kommunisten und Sozialdemokraten in Ost- und Westeuropa 1944–1948, Köln 1989.

STARZACHER, KARL u. a. (Hrsg.), Protestwähler und Wahlverweigerer. Krise der Demokratie?, Köln 1992.

STEINBERGER, HELMUT, Konzeptionen und Grenzen freiheitlicher Demokratie. Dargestellt am Beispiel des Verfassungsrechtsdenkens in den Vereinigten Staaten von Amerika und des amerikanischen Antisubversionsrechts, Berlin u. a. 1974.

STEINWEG, REINER (Red.), Faszination der Gewalt. Politische Strategie und Alltagserfahrung, Frankfurt/M. 1983.

STERLING, CLAIRE, Das internationale Terrornetz. Der geheime Krieg gegen die westlichen Demokratien, Bern-München 1983 (Original: The Terror-Network, 1981).

STERN, FRANK, Im Anfang war Auschwitz. Antisemitismus und Philosemitismus im deutschen Nachkrieg, Gerlingen 1991.

STERN, FRITZ, Kulturpessimismus als politische Gefahr. Eine Analyse nationaler Ideologie in Deutschland, Bern u. a. 1963 (Original: The Politics of Cultural Despair. A Study in the Rise of the German Ideology, Berkeley 1961).

STERNBERGER, DOLF, Drei Wurzeln der Politik, Frankfurt/M. 1978.

STERNBERGER, DOLF, Verfassungspatriotismus, Hannover 1982.

STILLER, MICHAEL, Die Republikaner. Franz Schönhuber und seine rechtsradikale Partei, München 1989.

STOMMELN, HEIN, Neonazismus in der Bundesrepublik Deutschland. Eine Bestandsaufnahme, Bonn 1979.

STÖSS, RICHARD, Die »Republikaner«. Woher sie kommen – Was sie wollen – Wer sie wählt – Was zu tun ist, Köln 1990.

STÖSS, RICHARD, Die extreme Rechte in der Bundesrepublik. Entwicklung – Ursachen – Gegenmaßnahmen, Opladen 1989.

STÖSS, RICHARD, Vom Nationalismus zum Umweltschutz. Die Deutsche Gemeinschaft/Aktionsgemeinschaft Unabhängiger Deutscher im Parteiensystem der Bundesrepublik, Opladen 1980.

STÖSS, RICHARD (Hrsg.), Parteien-Handbuch. Die Parteien der Bundesrepublik Deutschland 1945–1980, 2 Bde., Opladen 1983/84.

STRAUSS, HERBERT A./NORBERT KAMPE (Hrsg.), Antisemitismus. Von der Judenfeindschaft zum Holocaust, Bonn 1984.

STRAUSS, HERBERT A./WERNER BERGMANN/CHRISTHARD HOFFMANN (Hrsg.), Der Antisemitismus der Gegenwart, Frankfurt/M.-New York 1990.

STRIESOW, JAN, Die Deutschnationale Volkspartei und die Völkisch-Radikalen 1918–1922, 2 Bde., Frankfurt/M. 1981.

STROBEL, INGRID, Frausein allein ist kein Programm, mit einem Vorwort von Goldy Parin-Matthey und Paul Parin, Freiburg/Brsg. 1989.

SÜNDERMANN, HELMUT, Deutsche Notizen 1945/1965. Erlebnis – Widerspruch – Erwartung, Leoni 1965.

SÜSS, WERNER, Friedensstiftung durch präventive Staatsgewalt. Eine Untersuchung zu Theorie und Praxis staatlicher Gewalt in der Bundesrepublik Deutschland, Opladen 1984.

TAGUIEFF, PIERRE-ANDRÉ, Face au racisme, 2 Bde., Paris 1992.

TALER, CONRAD, Rechts wo die Mitte ist. Der neue Nationalismus in der Bundesrepublik, Frankfurt/M. 1972.

TALMAN, JACOB L., The Myth of the Nation and the Vision of Revolution. The Origins of Ideological Polarisation in the Twentieth Century, Londen-Berkeley-Los Angeles 1980.

TALMON, JACOB L., Die Ursprünge der totalitären Demokratie, Köln-Opladen 1961.

TALMON, JACOB L., Politischer Messianismus – Die romantische Phase, Köln-Opladen 1963.

TAUBER, KURT P., Beyond Eagle and Swastika. German Nationalism Since 1945, 2 Bde., Middletown/Conn. 1967.

THADDEN, ADOLF VON, Die verfemte Rechte. Deutschland-, Europa- und Weltpolitik in Vergangenheit, Gegenwart und Zukunft aus der Sicht von rechts, Preußisch Oldendorf 1984.

THAMER, HANS-ULRICH, Verführung und Gewalt. Deutschland 1933–1945, Berlin 1986.
THAYSEN, UWE, Der runde Tisch. Oder: Wo blieb das Volk? Der Weg der DDR in die Demokratie, Opladen 1990.
THEISEN, HEINZ, Katastrophenstimmung und freiheitliche Demokratie. Gefährdungen, Grenzen und Möglichkeiten freiheitlicher Politik in den prognostizierten Bedrohungsfeldern unserer Zukunft, Köln 1985.
TILTON, TIMOTHY ALAN, Nazism and the Peasantry, Bloomington-London 1975.
TJADEN, KARL HEINZ, Struktur und Funktion der »KPD-Opposition« (KPO). Eine organisations-soziologische Untersuchung zur »Rechts«-Opposition im deutschen Kommunismus zur Zeit der Weimarer Republik, Meisenheim am Glan 1964.
TOLMEIN, OLIVER, Die RAF und der starke Staat, Hamburg 1992.
TOLMEIN, OLIVER/DETLEF ZUM WINKEL, Nix gerafft. 20 Jahre Deutscher Herbst und der Konservatismus der Linken, Hamburg 1987.
TOPITSCH, ERNST/KURT SALAMUN, Ideologie. Herrschaft des Vor-Urteils, München-Wien 1972.
TOPPE, HILMAR, Der Kommunismus in Deutschland, München 1961.
Totalitarian Democracy and After, Jerusalem 1984.
TRÄGERKREIS DES INTERNATIONALEN GEGENKONGRESSES DER IWF-WELTBANK-KAMPAGNE/DIE GRÜNEN IM BUNDESTAG (Hrsg.), Gegen IWF und Weltbank. Beiträge vom Internationalen Gegenkongreß der IWF-Weltbank-Kampagne, Köln 1989.
TYRELL, ALBRECHT, Vom »Trommler« zum »Führer«. Der Wandel von Hitlers Selbstverständnis zwischen 1919 und 1924 und die Entwicklung der NSDAP, München 1975.

ULBRICH, STEFAN (Hrsg.), Gedanken zu Großdeutschland, Vilsbiburg 1990.
ULBRICH, STEFAN (Hrsg.), Multikultopia. Gedanken zur multikulturellen Gesellschaft, Vilsbiburg 1991.
UTHMANN, JÖRG VON, Die Sehnsucht nach dem Paradies. Zeitgemäße Anmerkungen zur deutschen Neurose, Stuttgart 1986.

VESPER, BERNWARD, Die Reise, Stuttgart 1977.
VILMAR, FRITZ, Strategien der Demokratisierung, 2 Bde., Darmstadt 1973.
VILMAR, FRITZ, Was heißt hier kommunistische Unterwanderung? Eine notwendige Analyse – und wie die Linke darauf reagiert, Frankfurt/M. u. a. 1981.
VINKE, HERMANN (Hrsg.), Mit zweierlei Maß. Die deutsche Reaktion auf den Terror von rechts. Eine Dokumentation, Reinbek bei Hamburg 1981.
VOLKOV, SHULAMIT, Jüdisches Leben und Antisemitismus im 19. und 20. Jahrhundert. Zehn Essays, München 1990.
VOLKSFRONT GEGEN REAKTION, FASCHISMUS UND KRIEG (Hrsg.), Verbot der NPD und aller faschistischen Organisationen, Rechtsgutachten, Freiburg 1986[4].
VOLLNHALS, CLEMENS (Hrsg.), Entnazifizierung. Politische Säuberung und Rehabilitierung in den vier Besatzungszonen 1945–1949, München 1991.
VONDUNG, KLAUS, Die Apokalypse in Deutschland, München 1988.
VORLÄNDER, HANS, Verfassung und Konsens. Der Streit um die Verfassung in der Grundlagen- und Grundgesetz-Diskussion der Bundesrepublik Deutschland. Untersuchungen zu Konsensfunktion und Konsenschance der Verfassung in der pluralistischen und sozialstaatlichen Demokratie, Berlin 1981.
VOSS, RÜDIGER VON (Hrsg.), Von der Legitimation der Gewalt. Widerstand und Terrorismus, Stuttgart 1978.

WAGNER, BENNO, Im Dickicht der politischen Kultur. Parlamentarismus, Alternativen und Mediensymbolik vom »Deutschen Herbst« bis zur »Wende«, München 1992.
WAGNER, PETER M., Die NPD in der Kommunalpolitik. Ursachen der Erfolge einer rechtsextremistischen Partei in Villingen-Schwenningen, Freiburg/Brsg. 1992.
WASSERMANN, RUDOLF (Hrsg.), Terrorismus contra Rechtsstaat, Darmstadt-Neuwied 1976.
WASSERMANN, RUDOLF, Ein epochaler Umbruch. Probleme der Wiedervereinigung, Asendorf 1991.

WASSERMANN, RUDOLF, Politisch motivierte Gewalt in der modernen Gesellschaft. Herausforderungen und Antworten, Hannover 1989.

WAWRZYN, LIENHARD, Der Blaue. Das Spitzelsystem der DDR, Berlin 1990.

WEBER, HERMANN, Aufbau und Fall einer Diktatur. Kritische Beiträge zur Geschichte der DDR, Köln 1991.

WEBER, HERMANN, Die Wandlung des deutschen Kommunismus. Die Stalinisierung der KPD in der Weimarer Republik, Frankfurt/M. 1969.

WEBER, HERMANN, Hauptfeind Sozialdemokratie. Strategie und Taktik der KPD 1929–1933, Düsseldorf 1982.

WEBER, HERMANN, Kommunismus in Deutschland 1918–1945, Darmstadt 1983.

WEBER, HERMANN, Kommunistische Bewegung und realsozialistischer Staat. Beiträge zum deutschen und internationalen Kommunismus, hrsg. und eingeleitet von Werner Müller, Köln 1988.

WEBER, PETRA, Sozialismus als Kulturbewegung. Frühsozialistische Arbeiterbewegung und das Entstehen zweier feindlicher Brüder Marxismus und Anarchismus, Düsseldorf 1989.

WEGNER, BERND, Hitlers politische Soldaten. Die Waffen-SS 1933–1945, Paderborn 1982.

WEHLER, HANS-ULRICH, Entsorgung der deutschen Vergangenheit? Ein polemischer Essay zum »Historikerstreit«, München 1988.

WEIDENFELD, WERNER/HARTMUT ZIMMERMANN (Hrsg.), Deutschland-Handbuch. Eine doppelte Bilanz 1949–1989, München-Wien 1989.

WEIDENFELD, WERNER, Deutschland. Eine Nation – doppelte Geschichte. Materialien zum deutschen Staatsverständnis, Köln 1993.

WEILER, HAGEN, Verfassungstreue im öffentlichen Dienst, Königstein 1979.

WEINGARTNER, THOMAS, Stalin und der Aufstieg Hitlers. Die Deutschlandpolitik der Sowjetunion und der Kommunistischen Internationale 1929–1934, Berlin 1970.

WEISS, ANDREAS VON, Die Neue Linke. Eine kritische Analyse, Boppard 1969.

WEISS, ANDREAS VON, Schlagwörter der Neuen Linken. Die Agitation der Sozialrevolutionäre, München-Wien 1974.

WEISS, HILDEGARD, Die Ideologieentwicklung in der deutschen Studentenbewegung, München-Wien 1985.

WEMBER, HEINER, Umerziehung im Lager. Internierung und Bestrafung von Nationalsozialisten in der britischen Besatzungszone Deutschlands, Essen 1991.

WIESENTHAL, SIMON, Recht, nicht Rache. Erinnerungen, Frankfurt/M.-Berlin 1988.

WIGGERSHAUS, ROLF, Die Frankfurter Schule. Geschichte, theoretische Entwicklung, politische Bedeutung, München-Wien 1986.

WILKE, MANFRED/HANS-PETER MÜLLER/MARION BRABANT, Die Deutsche Kommunistische Partei (DKP). Geschichte – Organisation – Politik, Köln 1990.

WILKE, MANFRED/HANS-PETER MÜLLER, SED-Politik gegen die Realitäten. Verlauf und Funktion der Diskussion über die westdeutschen Gewerkschaften in SED und KPD/DKP 1961 bis 1972, Köln 1990.

WILKE, MANFRED/MARION BRABANT, Totalitäre Träumer. Die Politik der SDAJ und die Wirklichkeit des realen Sozialismus, München 1988.

WILKE, MANFRED, Einheitsgewerkschaft zwischen Demokratie und antifaschistischem Bündnis, Melle 1985.

WILLMS, BERNARD (Hrsg.), Handbuch zur Deutschen Frage, Bd. 1: Geistiger Bestand und politische Lage, Bd. 2: Nationale Verantwortung und liberale Gesellschaft, Bd. 3: Moderne Wissenschaft und Zukunftsperspektive, Tübingen 1987/88.

WILLMS, GÜNTHER, Staatsschutz im Geiste der Verfassung, Frankfurt/M.-Bonn 1962.

WINDAUS, EBERHARD/FRANK WOLFF, Studentenbewegung 67–69, Frankfurt/M. 1977.

WINKLER, ARNO, Neo-Faschismus in der BRD. Erscheinungen, Hintergründe, Gefahren, Berlin (Ost) 1980.

WINKLER, HANS-JOACHIM, IN ZUSAMMENARBEIT MIT HELMUT BILSTEIN (Hrsg.), Das Establishment antwortet der APO. Eine Dokumentation, Opladen 1968.

WINTER, FRANZ FLORIAN, Ich glaubte an die NPD, Mainz 1968.

WIPPERMANN, WOLFGANG, Europäischer Faschismus im Vergleich 1922–1982, Frankfurt/M. 1983.

WIPPERMANN, WOLFGANG, Faschismustheorien. Zum Stand der gegenwärtigen Diskussion, Darmstadt 1989[5].

Wir warn die stärkste der Partein... Erfahrungsberichte aus der Welt der K-Gruppen, Berlin 1977.

WISNEWSKI, GERHARD/WOLFGANG LANDGRAEBER/EKKEHARD SIEKER, Das RAF-Phantom. Wozu Politiker und Wirtschaft Terroristen brauchen, München 1992.

WITTKE, THOMAS, Terrorismusbekämpfung als rationale politische Entscheidung. Die Fallstudie Bundesrepublik, Bern 1983.

WITTKOP, JUSTUS F., Unter der schwarzen Fahne. Gestalten und Aktionen des Anarchismus, Frankfurt/M. 1989.

WOELK, VOLKMAR, Natur und Mythos. Ökologiekonzeptionen der »Neuen Rechten« im Spannungsfeld zwischen Blut und Boden und New Age, Duisburg 1992.

WOLF, MARKUS, In eigenem Auftrag. Bekenntnisse und Einsichten, München 1991.

WOLFF, FRANK/EBERHARD WINDAUS (Hrsg.), Studentenbewegung 1967–1969. Protokolle und Materialien, Frankfurt/M. 1977.

WOLFFSOHN, MICHAEL, Ewige Schuld? 40 Jahre deutsch-jüdisch-israelische Beziehungen, München 1988.

WOLLER, HANS, Die Loritz-Partei. Geschichte, Struktur und Politik der Wirtschaftlichen Aufbau-Vereinigung (WAV) 1945–1955, Stuttgart 1982.

WÖRDEMANN, FRANZ, Terrorismus. Motive, Täter, Strategien, München 1977.

WORST, ANNE, Das Ende eines Geheimdienstes. Oder: Wie lebendig ist die Stasie?, Berlin 1991.

ZALESHOFF, ANDREAS P., Der zweite Frühling der NPD, o.O. (Hannover) 1989.

ZAYAS, ALFRED DE, Die Anglo-Amerikaner und die Vertreibung der Deutschen. Vorgeschichte, Verlauf, Folgen, München 1980.

ZENTRALKOMITEE DER MARXISTISCH-LENINISTISCHEN PARTEI DEUTSCHLANDS (Hrsg.), Die Arbeiterpartei der Zukunft, Düsseldorf 1988.

ZENTRALKOMITEE DER MARXISTISCH-LENINISTISCHEN PARTEI DEUTSCHLANDS (Hrsg.), Geschichte der Marxistisch-Leninistischen Partei Deutschlands, I. Teil: Entstehung, Entwicklung und Ende der »marxistisch-leninistischen Bewegung«, II. Teil: Parteiaufbau vom KABD zur MLPD, Düsseldorf 1986.

ZIMMERMANN, EKKART, Massenmobilisierung. Protest als politische Gewalt, Zürich-Osnabrück 1983.

ZIMMERMANN, EKKART, Soziologie der politischen Gewalt, Stuttgart 1977.

ZIMMERMANN, RÜDIGER, Der Leninbund. Linke Kommunisten in der Weimarer Republik, Düsseldorf 1978.

ZITELMANN, RAINER, Adolf Hitler. Eine politische Biographie, Göttingen-Zürich 1989.

ZITELMANN, RAINER, Hitler. Selbstverständnis eines Revolutionärs, Stuttgart 1990[3].

ZORATTO, BRUNOT, DDR-Mord am Genossen Corghi. Italienische Opfer der SED/Stasi-Willkür, Böblingen 1991.

ZÜNDEL, ERNST, Einsatz für Deutschtum und Deutschland, Toronto, o.J. (1980?).

2. Unselbständig erschienenes Schrifttum

ABENDROTH, WOLFGANG, Das KPD-Verbotsurteil des Bundesverfassungsgerichts. Ein Beitrag zum Problem der richterlichen Interpretation von Rechtsgrundsätzen der Verfassung im demokratischen Staat, in: ZfP, 3 (1956), S. 305–327.

AHLBERG, RENÉ, Die politische Konzeption des Sozialistischen Deutschen Studentenbundes, in: APZG, B 20/68, S. 3–31.

AHLBERG, RENÉ, Differenzen und Konflikte zwischen den kommunistischen Parteien der Bundesrepublik Deutschland. Zu den Methoden und Zielen, in: BzK, 9 (1979) 3, S. 67–83.

ALMOND, GABRIEL A., Politische Kultur-Forschung – Rückblick und Ausblick, in: Dirk Berg-Schlosser/Jakob Schissler (Hrsg.), Politische Kultur in Deutschland. Bilanz und Perspektiven der Forschung, Opladen 1987, S. 27–38.

AZZOLA, AXEL/JÜRGEN CRÖSSMANN, 30 Jahre Verbot der KPD, in: DuR, 14 (1986), S. 266–281.

BACIA, JÜRGEN, Der Kommunistische Bund Westdeutschland, in: Richard Stöss (Hrsg.), Parteien-Handbuch. Die Parteien der Bundesrepublik Deutschland 1945–1980, Opladen 1984, Bd. 2, S. 1648–1662.

BACIA, JÜRGEN, Die Kommunistische Partei Deutschlands [Maoisten], in: Richard Stöss (Hrsg.), Parteien-Handbuch. Die Parteien der Bundesrepublik Deutschland 1945–1980, Opladen 1984, Bd. 2, S. 1810–1830.

BACIA, JÜRGEN, Die Kommunistische Partei Deutschlands/Marxisten-Leninisten, in: Richard Stöss (Hrsg.), Parteien-Handbuch. Die Parteien der Bundesrepublik Deutschland 1945–1980, Opladen 1984, Bd. 2, S. 1831–1851.

BACKES, UWE, Biographisches Porträt: Michael »Bommi« Baumann, in: ders./Eckhard Jesse (Hrsg.), Jahrbuch Extremismus & Demokratie, Bd. 1, Bonn 1989, S. 196–204.

BACKES, UWE, Demokratie und Demokratietheorie in der Bundesrepublik Deutschland – Beiträge wider den »Zeitgeist«, in: NPL, 30 (1985), S. 226–236.

BACKES, UWE, Der neue Rechtsextremismus, in: NPL, 27 (1982), S. 147–201.

BACKES, UWE, Extremismus und Populismus von rechts. Ein Vergleich auf europäischer Ebene, in: APZG, B 46–47/90, S. 3–14.

BACKES, UWE, Nationalpolitische Protestparteien in Europa. Vergleichende Betrachtungen zur phänomenologischen und demokratietheoretischen Einordnung, in: ÖZP, 20 (1991) 1, S. 7–17.

BACKES, UWE, Nationalpopulismus und Rechtsextremismus im westlichen Deutschland. Kritische Betrachtungen zum neuerlichen »Hoch« in Politik und Literatur, in: NPL, (1990), S. 443–471.

BACKES, UWE, Organisationen 1988, in: ders./Eckhard Jesse (Hrsg.), Jahrbuch Extremismus & Demokratie, Bd. 1, Bonn 1989, S. 135–154.

BACKES, UWE, Organisationen 1989, in: ders./Eckhard Jesse (Hrsg.), Jahrbuch Extremismus & Demokratie, Bd. 2, Bonn 1990, S. 143–157.

BACKES, UWE, Organisationen 1990, in: ders./Eckhard Jesse (Hrsg.), Jahrbuch Extremismus & Demokratie, Bd. 3, Bonn 1991, S. 113–132.

BACKES, UWE, Organisationen 1991, in: ders./Eckhard Jesse (Hrsg.), Jahrbuch Extremismus & Demokratie, Bd. 4, Bonn 1992, S. 101–113.

BACKES, UWE, Rechts- und linksradikale Intellektuelle. Mechanismen zur Delegitimierung des demokratischen Verfassungsstaates, in: Eckhard Jesse (Hrsg.), Politischer Extremismus in Deutschland und Europa, München 1993, S. 111–121.

BACKES, UWE, Rechtsextremismus in westlichen Demokratien. Bundesrepublik Deutschland, Frankreich, Großbritannien, Italien, vergleichende Länderstudien, in: Wolfgang Michalka (Hrsg.), Extremismus und streitbare Demokratie, Stuttgart 1987, S. 71–128.

BACKES, UWE, Terror im Schlaraffenland – die biographische Perspektive, in: Konrad Löw (Hrsg.), Extremismus – Terrorismus – politische Gewalt, Berlin 1993.

BACKES, UWE, The West German Republikaner: A Nationalist, Populist Party of Protest, in: Patterns of Prejudice, 24 (1990) 1, S. 3–18.

BACKES, UWE, Geistige Wurzeln des Linksterrorismus in Deutschland, in: APZG, B 3–4/92, S. 40–46.

BACKES, UWE, Totalitarismus – ein Phänomen des 20. Jahrhunderts?, in: Thomas Nipperdey/Anselm Doering-Manteuffel/Hans-Ulrich Thamer (Hrsg.), Weltbürgerkrieg der Ideologien. Antworten an Ernst Nolte. Festschrift zum 70. Geburtstag, Berlin 1993, S. 244–260.

BACKES, UWE, Gefahren von rechts: Nationalpopulisten, Militante und Intellektuelle, in: liberal, 35 (1993) 2, S. 15–22.

BACKES, UWE, Vom »Herzklopfen für das Wohl der Menschheit« zur »Raserei des Eigendünkels«, in: Peter Waldmann (Hrsg.), Terroristische Karrieren im internationalen Vergleich, München 1993.

BACKES, UWE/ECKHARD JESSE, Extremismusforschung – ein Stiefkind der Politikwissenschaft, in: Wolfgang Michalka (Hrsg.), Extremismus und streibare Demokratie, Stuttgart 1987, S. 9–28.

BACKES, UWE/ECKHARD JESSE, Demokratie und Extremismus. Anmerkungen zu einem antithetischen Begriffspaar, in: APZG, B 44/83, S. 3–18.

BACKES, UWE/ECKHARD JESSE, Politischer Extremismus in europäischen Demokratien. Rechtsextremismus, Linksextremismus und Terrorismus im Vergleich, in: dies. (Hrsg.), Jahrbuch Extremismus & Demokratie, Bd. 1, Bonn 1989, S. 7–43.

BACKES, UWE/ECKHARD JESSE, Extremismus und streitbare Demokratie in der Bundesrepublik Deutschland, in: dies. (Hrsg.), Jahrbuch Extremismus & Demokratie, Bd. 2, Bonn 1990, S. 7–36.

BACKES, UWE/ECKHARD JESSE, Extremistische Gefahrenpotentiale im demokratischen Verfassungsstaat – Am Beispiel der ersten und der zweiten deutschen Demokratie, in: dies. (Hrsg.), Jahrbuch Extremismus & Demokratie, Bd. 3, Bonn 1991, S. 7–32.

BACKES, UWE/ECKHARD JESSE, Totalitarismus und Totalitarismusforschung – Zur Renaissance einer lange tabuisierten Konzeption, in: dies. (Hrsg.), Jahrbuch Extremismus & Demokratie, Bd. 4, Bonn 1992, S. 7–27.

BACKES, UWE/RAINER ZITELMANN, Nationalsozialismus in der Weimarer Republik – Rechtsextremismus in der Bundesrepublik, in: Jugendforum, (1988) 11/12, S. 294–307.

BAHNE, SIEGFRIED, Der »Trotzkismus« in Geschichte und Gegenwart, in: VfZ, 15 (1967), S. 56–86.

BALLESTREM, KARL GRAF, Aporien der Totalitarismus-Theorie, in: Volker Gerhardt/Henning Ottmann (Hrsg.), Politisches Denken, Jahrbuch 1991, Stuttgart 1992, S. 50–67.

BARTSCH, GÜNTER, Die Nationalrevolutionäre – heute, in: Criticón, 14 (1984) 81, S. 32f.

BARTSCH, GÜNTER, Die Nationalrevolutionäre. Zur Situation einer fast unbekannten politischen Bewegung, in: Neue Politik, 22 (1977) 5, S. 22–25.

BARTSCH, GÜNTER, Nationalrevolutionäre auf dem Weg zum Nationalmarxismus, in: Criticón, 16 (1986) 98, S. 278.

BAUER, PETRA/OSKAR NIEDERMAYER, Extrem rechtes Potential in den Ländern der Europäischen Gemeinschaft, in: APZG, B 46–47/90, S. 15–26.

BAUER, WOLFRAM, Wertrelativismus und Wertbestimmtheit im Kampf um die Weimarer Demokratie. Zum Methodenstreit der Staatsrechtslehrer und seiner Bedeutung für die Politologie, in: VfZ, 16 (1968), S. 209–229.

BECK, ULRICH/ELISABETH GERNSHEIM, Zu einer Theorie der Studentenunruhen in fortgeschrittenen Industriegesellschaften, in: KZSS, 23 (1971), S. 439–477.

Bekanntmachung der vor dem Inkrafttreten des Vereinsgesetzes ergangenen Vereinsverbote, in: Gemeinsames Ministerialblatt, 17 (1966), S. 1–26.

BENZ, WOLFGANG, Organisierter Rechtsradikalismus in der Bundesrepublik Deutschland. Ein Überblick 1945–1984, in: GWU, 38 (1987), S. 90–104.

BERGHAHN, VOLKER R., Right-Wing Radicalism in West Germany's Younger Generation, in: Journal of Central European Affairs, 22 (1962), S. 317–336.

BERGMANN, WERNER/RAINER ERB, Kommunikationslatenz, Moral und öffentliche Meinung. Theoretische Überlegungen zum Antisemitismus in der Bundesrepublik Deutschland, in: KZSS, 38 (1986), S. 223–246.

BERGMANN, WERNER/RAINER ERB, Extreme Antisemiten in der Bundesrepublik Deutschland, in: Uwe Backes/Eckhard Jesse (Hrsg.), Jahrbuch Extremismus & Demokratie, Bd. 3, Bonn 1991, S. 70–93.

BETZ, HANS-GEORG, Radikal rechtspopulistische Parteien in Westeuropa, in: APZG, B 44/91, S. 3–14.

BEYME, KLAUS VON, Der Neo-Korporatismus und die Politik des begrenzten Pluralismus in der Bundesrepublik, in: Jürgen Habermas (Hrsg.), Stichworte zur ›Geistigen Situation der Zeit‹, Bd. 1, Frankfurt/M. 1979, S. 229–262.

BEYME, KLAUS VON, Politischer Extremismus im Lichte sozialwissenschaftlicher Radikalismusforschung, in: ders., Der Vergleich in der Politikwissenschaft, München 1988, S. 269–301.

BEYME, KLAUS VON, Right-Wing Extremism in Post-War Europe, in: West European Politics, 11 (1988) 2, S. 1–18.

BIELEFELDT, HEINER, Die Menschenrechte als Chance in der pluralistischen Weltgesellschaft, in: ZRP, 21 (1988), S. 423–431.

BILLING, WERNER, Wehrhafte Demokratie und offene Gesellschaft, in: RuP, 27 (1991), S. 122–129.

BILSTEIN, HELMUT, Berlin: 29. Januar 1989 – Keine Wahl wie jede andere Oder der Erfolg der »Republikaner«, in: Gegenwartskunde, 38 (1989), S. 193–205,

BIRSL, URSULA, Frauen und Rechtsextremismus, in: APZG, B 3–4/92, S. 22–30.

BOCKEMÜHL, CHRISTIAN, 25 Jahre nach dem KPD-Urteil. Historische and aktuelle Überlegungen, in: APZG, B 46/81, S. 3–12.

BOOR, WOLFGANG DE: Terrorismus: der »Wahn« der Gesunden, in: Hans-Dieter Schwind (Hrsg.), Ursachen des Terrorismus in der Bundesrepublik Deutschland, Berlin-New York 1978, S. 122–153.

BORTFELDT, HEINRICH, Der zweite Parteitag der PDS – zweite Tagung, in: DA, 24 (1991), S. 936–940.

BORTFELDT, HEINRICH, Die PDS und ihr zweiter Parteitag, in: DA, 24 (1991), S. 268–273.

BORTFELDT, HEINRICH, The German Communists in Disarray, in: The Journal of Communist Studies, 7 (1991), S. 522–532.

BRACHER, KARL DIETRICH, Das 20. Jahrhundert als Zeitalter der ideologischen Auseinandersetzung zwischen demokratischen und totalitären Systemen, in: Klaus W. Hempfer/Alexander Schwan (Hrsg.), Grundlagen der politischen Kultur des Westens, Berlin 1987, S. 211–235.

BRANDT, PETER/RUDOLF STEINKE, Die Gruppe Internationale Marxisten, in: Richard Stöss (Hrsg.), Parteien-Handbuch. Die Parteien der Bundesrepublik Deutschland 1945–1980, Opladen 1984, Bd. 2, Opladen 1984, S. 1599–1647.

BREDOW, WILFRIED VON, Extremismus und politische Tabus, in: liberal, 21 (1979), S. 907–919.

BRÜNNECK, ALEXANDER VON, Politik und Verfolgung der KPD seit 1948, in: Die Linie im Rechtsstaat, Bd. 1: Bedingungen sozialistischer Politik 1945–1965, Berlin 1976, S. 211–235.

BULLA, ECKART, Die Lehre von der streitbaren Demokratie. Versuch einer kritischen Analyse unter besonderer Berücksichtigung der Rechtsprechung des Bundesverfassungsgerichts, in: AöR, 98 (1973), S. 340–360.

BÜRKLIN, WILHELM P., Links und/oder demokratisch? Dimensionen studentischen Demokratieverständnisses, in: PVS, 21 (1980), S. 220–247.

BURO, ANDREAS, Die Entstehung der Ostermarsch-Bewegung als Beispiel für die Entfaltung von Massenlernprozessen, in: Reiner Steinweg (Red.), Friedensanalyse. Theorie und Praxis, Frankfurt/M. 1977, S. 50–78.

CASTNER, HARTMUT/THILO CASTNER, Rechtsextremismus und Jugend, in: APZG, B 41–42/89, S. 32–39.

COBLER, SEBASTIAN, Das Gesetz gegen die »Auschwitz-Lüge«. Anmerkungen zu einem rechtspolitischen Ablaßhandel, in: KJ, 18 (1985), S. 159–171.

COLE, TYLOR, Neo-Fascism in Western Germany and Italy, in: ASPR, 49 (1955), S. 131–143.

CONRADT, DAVID P., Changing German Political Culture, in: Gabriel A. Almond/Sidney Verba (Hrsg.), The Civic Culture Revisited, Boston 1980, S. 212–272.

CONRADT, DAVID P., West Germany: A Remade Political Culture. Some Evidence from Survey Archives, in CPS, 7 (1974), S. 222–238.

DEITERS, GERHARD C., Aufbruch der Neuen Rechten?, in: Vorgänge, 28 (1989) 98, S. 75–84.

DEITERS, GERHARD C., Die »Republikaner«. Eine populistische Variante der NPD?, in: Vorgänge, 26 (1987) 86, S. 16–21.

DEITERS, GERHARD C., Streitkultur oder Auszehrung? Von »innerparteilicher Demokratie« am rechten Rand, in: Vorgänge, 31 (1992) 116, S. 100–116.

DENNINGER, ERHARD, Der Schutz der Verfassung, in: Ernst Benda/Werner Maihofer/Hans-Jochen Vogel (Hrsg.), Handbuch des Verfassungsrechts der Bundesrepublik Deutschland, Berlin-New York 1983, S. 1293–1327.

DENNINGER, ERHARD, Verfassungstreue und Schutz der Verfassung, in: VVDStRL, 37 (1979), S. 7–51.

518

DERES, MICHAEL, Die Praxis des Vereinsverbotes. Eine Darstellung der materiellen Vorausset-zungen, in: Verwaltungsrundschau, 38 (1992), S. 421–431.

DIEHL, RAINER, Auf dem kurzen Marsch in die Selbstisolation. Die Deutsche Kommunistische Partei und die real existierende Sozialdemokratie, in: NG, 33 (1986), S. 354–359.

DINGEL, FRANK, Die Kommunistische Partei Saar, in: Richard Stöss (Hrsg.), Parteien-Hand-buch. Die Parteien der Bundesrepublik Deutschland 1945–1980, Opladen 1984, Bd. 2, S. 1852–1879.

DOLL, HANS-JÜRGEN, Die Entwicklung der »Deutschen Volksunion-Liste D« (DVU-Liste D), in: Bundesministerium des Innern (Hrsg.), Aktuelle Fragen des Extremismus, Bonn 1989, S. 99–107.

DUDEK, PETER, Konzepte und Strategien staatlicher Rechtsextremismusbekämpfung, in: Wider-sprüche, (1985) 16, S. 65–73.

DUDEK, PETER/HANS-GERD, JASCHKE, Die neue rechtsextreme Jugendpresse in der Bundesrepu-blik, in: APZG, B 43/81, S. 21–35.

DYSON, KENNETH H. F., Anti-Communism in the Federal Republic of Germany: The Case of the ›Berufsverbot‹, in: Parliamentary Affairs, 28 (1975), S. 51–67.

DYSON, KENNETH H. F., Left-Wing Political Extremism and the Problem of Tolerance in Western Germany, in: GO, 10 (1975), S. 306–331.

EBBIGHAUSEN, ROLF/PETER KIRCHHOFF, Der angepaßte Klassenkampf. Organisation und Politik der DKP zwei Jahre nach ihrer Neukonstituierung, in: PVS, 11 (1970), S. 556–578.

ESCHEN, KLAUS, Das 21. Strafrechtsänderungsgesetz – eine stumpfe Waffe gegen den Rechtsex-tremismus in: ZRP, 16 (1983), S. 10–12.

EUCHNER, WALTER, Über das Altern revolutionärer Ideen, in: APZG, B 32–33/82, S. 24–40.

FALKNER, THOMAS, Von der SED zur PDS. Weitere Gedanken eines Beteiligten, in: DA, 24 (1991), S. 30–51.

FALTER, JÜRGEN W., Wählerwanderungen vom Liberalismus zu (rechts-)extremen Parteien. Ein Forschungsbericht am Beispiel des NSDAP-Aufstiegs 1928–1933 und der NPD-Erfolge 1966–1970, in: Lothar Albertin (Hrsg.), Politischer Liberalismus in der Bundesrepublik, Göttingen 1980, S. 92–124.

FALTER, JÜRGEN W./SIEGFRIED SCHUMANN, Affinity towards Right-Wing Extremism in Western Europe, in: WEP, 11 (1988) 2, S. 96–110.

FAULENBACH, BERND, »Deutscher Sonderweg«. Zur Geschichte und Problematik einer zentralen Kategorie des deutschen geschichtlichen Bewußtseins, in: APZG, B 33/81, S. 3–21.

FEIST, URSULA, Rechtsparteien im Vormarsch: Gründe für ihre Wahlerfolge – Strategien zu ihrer Eindämmung, in: Gegenwartskunde, 38 (1989), S. 321–330.

FEIST, URSULA, Rechtsruck in Baden-Württemberg und Schleswig-Holstein, in: Karl Starzacher u. a. (Hrsg.), Protestwähler und Wahlverweigerer, Krise der Demokratie, Köln 1992, S. 69–76.

FEIT, MARGRET, Der akademische Antifaschismus, wirkungslos, in: Blätter für deutsche und internationale Politik, 34 (1989), S. 539–545.

FICHTER, MICHAEL, Die Europäische Arbeiterpartei, in: Richard Stöss (Hrsg.), Parteien-Hand-buch, Die Parteien der Bundesrepublik Deutschland 1945–1980, Opladen 1983, Bd. 1, S. 1279–1295.

FIJALKOWSKI, JÜRGEN, Neuer Konsens durch plebiszitäre Öffnung?, in: Albrecht Randelzhofer/Werner Süß (Hrsg.), Konsens und Konflikt. 35 Jahre Grundgesetz. Vorträge und Diskussio-nen einer Veranstaltung der Freien Universität vom 6. bis 8. Dezember 1984, Berlin 1986, S. 236–266.

FOGT, HELMUT, Die GRÜNEN und die Neue Linke. Zum innerparteilichen Einfluß des organi-sierten Linksextremismus, in: Manfred Langner (Hrsg.), Die Grünen auf dem Prüfstand. Analyse einer Partei, Bergisch Gladbach 1987, S. 129–208.

FRAENKEL, ERNST, Strukturanalyse der modernen Demokratie (1970) in: ders., Reformismus und Pluralismus. Materialien zu einer ungeschriebenen politischen Autobiographie, Ham-burg 1973, S. 404–433.

FRICKE, KARL WILHELM, »Schild und Schwert der Partei«. Das Ministerium für Staatssicherheit – Herrschaftsinstrument der SED, in: APZG, B 21/92, S. 3–10.

FRIEDRICH, WALTER/WILFRIED SCHUBARTH, Ausländerfeindliche und rechtsextreme Orientierungen bei ostdeutschen Jugendlichen, in: DA, 24 (1991), S. 1052–1065.

FRITZSCHE, PETER, Terrorismus in der Bundesrepublik Deutschland und in Italien, in: Universitas, 43 (1988), S. 1056–1064.

FUCHS, DIETER, Trends politischer Unterstutzung in der Bundesrepublik, in: Dirk Berg-Schlosser/Jakob Schissler (Hrsg.), Politische Kultur in Deutschland. Bilanz und Perspektiven der Forschung, Opladen 1987, S. 357–377.

FUNK, ALBRECHT, Verfassungswidrige, extremistische, radikale und verfassungstreue Parteien. Zur Überprüfung der »Republikaner« durch die Ämter für Verfassungsschutz, in: KJ, 22 (1989), S. 467–474.

FUNKE, HAJO, »Auszug der Deutschen aus der babylonischen Gefangenschaft. Über Potentiale, Programmatik und Traditionslinien der »Republikaner«, in: Blätter für deutsche und internationale Politik, 34 (1989), S. 937–945.

FUNKE, HAJO, Kein Grund zur Verharmlosung – die »Republikaner« sind eine Jungwählerpartei, in: NG, 36 (1989), S. 312–320.

FUNKE, MANFRED, Art. »Extremismus«, in: Wolfgang W. Mickel (Hrsg.), Handlexikon zur Politikwissenschaft, München 1983, S. 133f.

GAERTRINGEN, FRIEDRICH FRHR. HILLER VON, Monarchismus in der deutschen Republik, in: Michael Stürmer (Hrsg.), Die Weimarer Republik. Belagerte Civitas, Königstein/Ts. 1985², S. 254–271.

GASTIL, RAYMOND, The Past, Present and Future of Democracy, in: Journal of International Affairs, 38 (1985), S. 161–179.

GEISS, IMANUEL, Messianismus von links und rechts. Renaissance dualistischen Denkens, in: Evangelische Kommentare, 21 (1988) 88, S. 195–198.

GESSENHARTER, WOLFGANG, Die »Neue Rechte« als Scharnier zwischen Neokonservatismus und Rechtsextremismus in der Bundesrepublik, in: Rainer Eisfeld/Ingo Müller (Hrsg.), Gegen Barbarei. Essays Robert M. W. Kempner zu Ehren, Frankfurt/M. 1989, S. 424–452.

GESSENHARTER, WOLFGANG, Konservatismus und Rechtsextremismus – Nähen und Distanzen, in: GM, 40 (1989), S. 561–570.

GIBOWSKI, WOLFGANG G., Die Bedeutung der Links-Rechts-Dimension als Bezugsrahmen für politische Präferenzen, in: PVS, 18 (1977), S. 600–626.

GLOTZ, PETER, Marginalien über Kommunismus, Marxismus und soziale Demokratie, in: NG, 33 (1986), S. 349–353.

GREIFFENHAGEN, MARTIN, Vom Obrigkeitsstaat zur Demokratie. Die politische Kultur in der Bundesrepublik Deutschland, in: Peter Reichel (Hrsg.), Politische Kultur in Westeuropa. Bürger und Staaten in der Europäischen Gemeinschaft, Frankfurt/M.-New York 1984, S. 52–76.

GRESS, FRANZ/HANS-GERD JASCHKE, Politische Justiz gegen rechts: Der Remer-Prozeß 1952 in paradigmatischer Perspektive, in: Rainer Eisfeld/Ingo Müller (Hrsg.), Gegen Barbarei. Essays Robert M. W. Kempner zu Ehren, Frankfurt/M. 1989, S. 453–478.

GUSY, CHRISTOPH, Die »freiheitliche demokratische Grundordnung« in der Rechtsprechung des Bundesverfassungsgerichts, in: AöR, 105 (1980), S. 279–310.

HÄBERLE, PETER, 1789 und der moderne Verfassungsstaat, in: Universitas, 44 (1989), S. 823–835.

HABERMAS, JÜRGEN, Ziviler Ungehorsam – Testfall für den demokratischen Rechtsstaat, in: ders., Die Neue Unübersichtlichkeit. Kleine Politische Schriften V, Frankfurt/M. 1985, S. 79–99.

HAFENEGER, BENNO/WALTER LOCHMANN, Rechtsextreme Jugend. Zu einigen aktuellen Entwicklungen, in: Vorgänge, 25 (1986) 84, S. 7–11.

HANKE, IRMA, Zur Identität des neuen Programmentwurfs der KPD, in: ZfP, 15 (1968), S. 430–452.

HANNOVER, HEINRICH, Keine Gnade für Terroristen?, in: DuR, 18 (1990), S. 277–288.

HARTUNG, KLAUS, Die antifaschistische Mehrheit. Der Kampf gegen die rechte Gefahr und die linke Ideologie, in: NG 36 (1989), S. 873–878.

HASSNER, PIERRE, Was geht in Deutschland vor? Wiederbelebung der deutschen Frage durch Friedensbewegung und alternative Gruppen, in: EA, 27 (1982), S. 517–526.

HEIMANN, SIEGFRIED, Die Deutsche Kommunistische Partei, in: Richard Stöss (Hrsg.), Parteien-Handbuch. Die Parteien der Bundesrepublik Deutschland 1945–1980, Opladen 1983, Bd. 1, S. 901–981.

HEIMANN, SIEGFRIED, Die Unabhängige Sozialdemokratische Partei Deutschlands, in: Richard Stöss (Hrsg.), Parteien-Handbuch. Die Parteien der Bundesrepublik Deutschland 1945–1980, Opladen 1984, Bd. 2, S. 2361–2380.

HEITMEYER, WILHELM, Jugend auf dem Weg nach rechts?, in: GM, 40 (1989), S. 549–560.

HEITMEYER, WILHELM, Wenn der Alltag fremd wird. Modernisierungsschock und Fremdenfeindlichkeit, in: Blätter für deutsche und internationale Politik, 36 (1991), S. 851–858.

HEITMEYER, WILHELM, Eine gewerkschaftliche Politik gegen den Rechtsextremismus findet nicht statt, in: GM, 43 (1992), S. 620–633.

HEITMEYER, WILHELM, Gesellschaftliche Desintegrationsprozesse als Ursachen von fremdenfeindlicher Gewalt und politischer Paralysierung, in: APZG, B 2–3/93, S. 3–13.

HENKEL, ANNE-KATRIN, Die neonazistische Unterwanderung der FAP, in: Vorgänge, 26 (1987) 90, S. 20–27.

HENNIG, EIKE, »Wert habe ich nur als Kämpfer«. Rechtsextremistische Militanz und neonazistischer Terror, in: Reiner Steinweg (Red.), Faszination der Gewalt. Politische Strategie und Alltagserfahrung, Frankfurt/M. 1983, S. 89–122.

HENNIG, EIKE, Konservatismus und Rechtsextremismus in der Bundesrepublik. Fragen der Berührung und Abgrenzung, in: Eike Hennig/Richard Saage (Hrsg.), Konservatismus – eine Gefahr für die Freiheit?, München 1983, S. 299–317.

HENNIG, EIKE, Neonazistische Militanz und Rechtsextremismus unter Jugendlichen, in: APZG, B 23/82, S. 23–37.

HENNIG, EIKE, »Das ist'n ganz kriminelles System, was wir hier haben.« Kultur, Gegenkultur und Rechtsextremismus in der Bundesrepublik, in: Volkmar Gessner/Winfried Hassemer (Hrsg.), Gegenkultur und Recht, Baden-Baden 1985, S. 133–165.

HENNIG, EIKE, Alte Linke und Neue Rechte oder: Wer organisiert die Systemunzufriedenheit?, in: GM, 39 (1988), S. 630–644.

HENNIG, EIKE, Aktuelle Wahlerfolge kleiner Rechtsparteien in der Bundesrepublik, in: GM, 40 (1989), S. 524–537.

HERRMANN, KLAUS DIETER, »Links«opportunismus und Gewerkschaften, in: IPW-Berichte, (1974) 10, S. 21–29.

HESS, HENNER, Terrorismus und Terrorismus-Diskurs, in: Kriminologisches Journal, 15 (1983), S. 89–109.

HOFFMANN-LANGE, URSULA/CHRISTIANE EILDERS, Das rechtsradikale Potential unter Jugendlichen in der Bundesrepublik, in: Diskurs, (1990) 0, S. 24–30.

HOFMANN, HERMANN, Zäsur Studentenrevolte, in: Civis, 22 (1989) 3, S. 50–56.

HOFMANN-GÖTTIG, JOACHIM, Die Neue Rechte: Die Männerparteien, in: APZG, B 41–42/89, S. 21–31.

HOLTFORT, WERNER, Plädoyer für die Abschaffung der Anti-Terror-Gesetze. Entwurf eines Briefes an die Bundesregierung und die Fraktionen des Bundestages, in: Vorgänge, 18 (1979) 6, S. 9–18.

HORCHEM, HANS JOSEF, Der Verfall der Roten Armee Fraktion, in: APZG, B 46–47/90, S. 54–61.

HORCHEM, HANS JOSEF, Terrorismus in der Bundesrepublik Deutschland 1985, in: BzK, 16 (1986) 4, S. 31–54.

HORCHEM, HANS JOSEF, Fünfzehn Jahre Terrorismus in der Bundesrepublik Deutschland, in: APZG, B 5/87, S. 1–15.

HUND, WULF D., Zur Sprache der NPD. Eine Analyse des Parteiorgans »Deutsche Nachrichten«, in: Blätter für deutsche und internationale Politik, 13 (1968), S. 183–189.

521

HUSBANDS, CHRISTOPHER T., Contemporary Right-Wing Extremism in Western European Democracies: A Review Article, in: EJPR, 9 (1981), S. 75–99.

IGNAZI, PIERO, The silent counter-revolution. Hypotheses on the emergence of extreme-right parties in Europe, in: EJPR, 22 (1992), S. 3–34.

INGLEHART, RONALD, Politische Kultur und stabile Demokratie, in: PVS, 29 (1988), S. 369–387.

INGLEHART, RONALD, The Silent Revolution in Europe, in: APSR, 65 (1971), S. 991–1017.

INGLEHART, RONALD, Wertwandel in den westlichen Gesellschaften. Politische Konsequenzen von materialistischen und postmaterialistischen Prioritäten, in: Helmut Klages/Peter Kmieciak (Hrsg.), Wertwandel und gesellschaftlicher Wandel, Frankfurt/M. 1989, S. 279–316.

JAHN, JOACHIM, Neonazis vor Gericht, in: KJ, 21 (1988), S. 329–340.

JASCHKE, HANS-GERD, Gewalt von rechts vor und nach Hitler, in: APZG, B 23/82, S. 3–21.

JASCHKE, HANS-GERD, Rechtsextremismus, in: Iring Fetscher/Herfried Münkler (Hrsg.), Pipers Handbuch der politischen Ideen, Bd. 5: Neuzeit: Vom Zeitalter des Imperialismus bis zu den neuen sozialen Bewegungen, München 1987, S. 487–495.

JASCHKE, HANS-GERD, Subkulturelle Aspekte des Rechtsextremismus, in: Dirk Berg-Schlosser/Jakob Schissler (Hrsg.), Politische Kultur in Deutschland. Bilanz und Perspektiven der Forschung, Opladen 1987, S. 322–330.

JASCHKE, HANS-GERD, Verschlungene Traditionen. Zur Geschichte des Rechtsextremismus in der Bundesrepublik, in: GM, 40 (1989), S. 513–523.

JASCHKE, HANS-GERD, Die »Republikaner« und das »Republikaner-Phänomen«. Ein neuer Fundamentalismus von Rechts?, in: Widersprüche, (1990) 35, S. 9–15.

JASCHKE, HANS-GERD, Biographisches Porträt: Michael Kühnen, in: Uwe Backes/Eckhard Jesse (Hrsg.), Jahrbuch Extremismus & Demokratie, Bd. 4, Bonn 1992, S. 168–180.

JASCHKE, HANS-GERD, Moralische Empörung, totschweigen oder politisch bekämpfen? Warum das Fernsehen beim Thema »Rechtsextremismus« unter chronischen Bildstörungen leidet, in: Mechthild M. Jansen u. a. (Hrsg.), Rechtsradikalismus, Frankfurt/M. 1992, S. 101–125.

JASCHKE, HANS-GERD, Nationalismus und Ethnopluralismus. Zum Wiederaufleben von Ideen der »Konservativen Revolution«, in: APZG, B 3–4/92, S. 3–10.

JASCHKE, HANS-GERD, Politische Richtungsbegriffe im Wandel: Neue Linke, Neue Rechte – Gibt es auch eine Neue Mitte?, in: Bernd Guggenberger/Klaus Hansen (Hrsg.), Die Mitte. Vermessung in Politik und Kultur, Opladen 1993, S. 55–73.

JESSE, ECKHARD, »Vergangenheitsbewältigung« und politische Kultur, in: Politische Bildung, 23 (1990) 3, S. 43–56.

JESSE, ECKHARD, Biographisches Porträt: Adolf von Thadden, in: Uwe Backes/Eckhard Jesse (Hrsg.), Jahrbuch Extremismus & Demokratie, Bd. 2, Bonn 1990, S. 228–238.

JESSE, ECKHARD, Der Totalitarismus-Ansatz nach dem Zusammenbruch des real-existierenden Sozialismus, in: NG, 38 (1991), S. 983–992.

JESSE, ECKHARD, Die Demokratie und ihre Gegner, in: Politische Studien, 37 (1986), S. 150–163.

JESSE, ECKHARD, Die extreme Rechte im Aufwind? Der Rechtsextremismus und die Partei der Republikaner, in: Uwe Backes/ders. (Hrsg.), Jahrbuch Extremismus & Demokratie, Bd. 2, Bonn 1990, S. 241–266.

JESSE, ECKHARD, Die Konzeption der streitbaren Demokratie im Wandel, in: RuP, 28 (1992), S. 20–28.

JESSE, ECKHARD, Die politikwissenschaftliche DDR-Forschung in der Bundesrepublik Deutschland, in: Peter Eisenmann/Gerhard Hirscher (Hrsg.), Dem Zeitgeist geopfert. Die DDR in Wissenschaft, Publizistik und politischer Bildung, Mainz 1992, S. 13–58.

JESSE, ECKHARD, Links- und Rechtsextremismus in der Bundesrepublik Deutschland, in: BzK, 15 (1985) 4, S. 51–72.

JESSE, ECKHARD, Linksextremismus in der Bundesrepublik Deutschland. Von den Anfängen bis zur Gegenwart, in: APZG, B 3–4/92, S. 31–39.

JESSE, ECKHARD, Streitbare Demokratie in Vergangenheit, Gegenwart und Zukunft. Eine umstrittene Konzeption auf dem Prüfstand, in: Konrad Löw (Hrsg.), Extremismus – Terrorismus – politische Gewalt, Berlin 1993.

JESSE, ECKHARD, Streitbare Demokratie und Vergangenheitsbewältigung, in: Bundesamt für Verfassungsschutz (Hrsg.), Verfassungsschutz in der Demokratie. Beiträge aus Wissenschaft und Praxis, Köln 1990, S. 257–305.

JESSE, ECKHARD, Streitbare Demokratie – oder was sonst? Überlegungen zu einem vielbefehdeten Begriff, in: Wolfgang Michalka (Hrsg.), Extremismus und streitbare Demokratie, Stuttgart 1987, S. 29–70.

JESSE, ECKHARD, Verfassungsschutz in der Bundesrepublik Deutschland im Vergleich zu anderen westlichen Demokratien, in: Politische Bildung, 17 (1984) 1, S. 43–66.

JESSE, ECKHARD, Wider der Behauptung von der wachsenden Illiberalität. Zur Kritik an der mangelnden historischen Perspektive, in: Peter Steinbach (Hrsg.), Geschichte der Bundesrepublik. Geschichte und Aspekte der Verfassungsordnung, Berlin 1982, S. 259–270.

JESSE, ECKHARD: Demokratie – Autoritarismus – Totalitarismus. Anmerkungen zur Klassifikation politischer Systeme, in: Politische Bildung, 18 (1985) 2, S. 3–26.

KAASE, MAX, Bedingungen unkonventionellen politischen Verhaltens in der Bundesrepublik Deutschland, in: PVS, 17 (1976), S. 179–216.

KAASE, MAX, Demokratische Einstellungen in der Bundesrepublik Deutschland, in: SJP, 2 (1971), S. 119–136.

KAASE, MAX, Zu den extremistischen Potentialen in der Bundesrepublik Deutschland, in: Bundeszentrale für politische Bildung (Hrsg.), Extremismus und Schule. Daten, Analysen und Arbeitshilfen, Bonn 1984, S. 94–108.

KARSTEDT, SUSANNE, Theorien zur Erklärung terroristischer Bewegungen, in: Erhard Blankenburg (Hrsg.), Politik der inneren Sicherheit, Frankfurt/M. 1980, S. 169–237.

KELSEN, HANS, Verteidigung der Demokratie (1932), in: ders., Demokratie und Sozialismus. Ausgewählte Aufsätze, Wien 1967, S. 54–68.

KEPPLINGER, HANS MATHIAS, Medieninhalte und Gewaltanwendung, in: Hans-Dieter Schwind u. a. (Hrsg.), Ursachen, Prävention und Kontrolle von Gewalt. Analysen und Vorschläge der Unabhängigen Regierungskommission zur Verhinderung und Bekämpfung von Gewalt (Gewaltkommission), Bd. III: Sondergutachten, Berlin 1990, S. 381–396.

KEVENHÖRSTER, PAUL, Eine unbequeme Alternative: Demokratische und totalitäre Herrschaft. Zur Kongruenz von linkem und rechtem Totalitarismus, in: ZfP, 21 (1974), S. 61–67.

KIELMANSEGG, PETER GRAF, Der demokratische Verfassungsstaat im Wettbewerb der Systeme, in: Manfred Funke u. a. (Hrsg.), Demokratie und Diktatur. Geist und Gestalt politischer Herrschaft in Deutschland und Europa. Festschrift für Karl Dietrich Bracher, Düsseldorf 1987, S. 581–597.

KIELMANSEGG, PETER GRAF, Die Verspätung des freiheitlichen Verfassungsstaates in Deutschland, in: Merkur, 33 (1979), S. 111–126.

KIELMANSEGG, PETER GRAF, Von der Notwendigkeit und den Schwierigkeiten streitbarer Demokratie, in: Wulf Schönbohm (Hrsg.), Verfassungsfeinde als Beamte? Die Kontroverse um die streitbare Demokratie, München-Wien 1979, S. 39–68.

KIESERLING, MANFRED, Warum mit der Rechten in der BRD kein Staat zu machen ist, in: Vorgänge, 31 (1992) 116, S. 89–99.

KIMMEL, ADOLF, RFA, la montée de l'extrême droite: les Republikaner, in: Pouvoirs, (1990) 52, S. 167–174.

KLEIN, HANS HUGO, Verfassungstreue und Schutz der Verfassung, in: VVDStRL, 37 (1985), S. 53–110.

KLEINEWEFERS, HENNER, Nationalismus – wieder zum Problem geworden, in: Schweizerische Monatshefte, 72 (1992), S. 300–316.

KLESSMANN, CHRISTOPH, Opposition und Dissidenz in der Geschichte der DDR, in: APZG, B 5/91, S. 52–62.

KLINGEMANN, HANS D., Politische und soziale Bedingungen der Wählerbewegungen zur NPD. Fallstudie Baden-Württemberg, in: SJP, 2 (1971), S. 563–601.

KLÖNNE, ARNO, »Linke Leute von rechts« und »rechte Leute von links« damals und heute, in: Blätter für deutsche und internationale Politik, 28 (1983), S. 115–122.

KLÖNNE, ARNO, Aufstand der Modernisierungsopfer, in: Blätter für deutsche und internationale Politik, 34 (1989), S. 545–548.

KLÖNNE, ARNO, Die »Nationale Opposition« in der Bundesrepublik. Ein Überblick, in: Politische Studien, 10 (1959), S. 584–593.

KNOLL, JOACHIM H , Der autoritäre Staat. Konservative Ideologie und Staatstheorie am Ende der Weimarer Republik, in: Hellmut Diwald (Hrsg.), Lebendiger Geist. Hans-Joachim Schoeps zum 50. Geburtstag von Schülern dargebracht, Leiden-Köln 1959, S. 200–224.

KNÜTTER, HANS-HELMUTH, Das Sendungs- und Elitebewußtsein bei den Rechtsradikalen, in: Politische Studien, 17 (1966), S. 59–66.

KNÜTTER, HANS-HELMUTH, Demokratische Institutionen in der Sicht rechtsradikaler Kreise der Bundesrepublik, in: PVS, 7 (1966), S. 189–207.

KNÜTTER, HANS-HELMUTH, Hat der Rechtsradikalismus in der Bundesrepublik eine Chance?, in: Bundesministerium des Innern (Hrsg.), Verfassungsschutz und Rechtsstaat. Beiträge aus Wissenschaft und Praxis, Köln u. a. 1981, S. 237–253.

KNÜTTER, HANS-HELMUTH, Antifaschismus und politische Kultur in der Bundesrepublik Deutschland, in: Manfred Funke u. a. (Hrsg.), Demokratie und Diktatur. Geist und Gestalt politischer Herrschaft in Deutschland und Europa. Festschrift für Karl Dietrich Bracher, Düsseldorf 1987, S. 365–382.

KNÜTTER, HANS-HELMUTH, Antifaschismus und politische Kultur in Deutschland nach der Wiedervereinigung, in: APZG, B 9/91, S. 17–28.

KNÜTTER, HANS-HELMUTH, Antifaschismus und Intellektuelle, in: Uwe Backes/Eckhard Jesse (Hrsg.), Jahrbuch Extremismus & Demokratie, Bd. 4, Bonn 1992, S. 53–66.

KOHL, HERIBERT, Die Deutschen Nachrichten. Eine politologisch-soziologische Analyse des publizistischen Organs der NPD, in: PVS, 8 (1967), S. 272–292.

KOHN, HANS, Romanticism and the Rise of German Conservatism, in: The Review of Politics, 12 (1950), S. 443–466.

KOLAKOWSKI, LESZEK, Selbstgefährung der offenen Gesellschaft, in: Willy Linder/Hanno Helbing/Hugo Bütler (Hrsg.), Liberalismus – nach wie vor. Grundgedanken und Zukunftsfragen, Zürich 1979, S. 155–168.

KORFES, GUNHILD, Zur Entwicklung des Rechtsextremismus in der DDR, in: Kriminologisches Journal, 24 (1992), S. 50–64.

KOWALSKY, WOLFGANG, Rechtsextremismus und Anti-Rechtsextremismus in der modernen Industriegesellschaft, in: APZG, B 2–3/93, S. 14–25.

KOWALSKY, WOLFGANG, Wider die Denkfaulheit, auch die linke, in: Blätter für deutsche und internationale Politik, 34 (1989), S. 549–553.

KRAHULEC, PETER, Nicht »Sieger«, sondern Erben der Geschichte, in: Widersprüche, (1990) 35, S. 17–28.

KÜHNL, REINHARD, Der Aufstieg der extremen Rechten in Europa, in: Blätter für deutsche und internationale Politik, 37 (1992), S. 730–741.

KVISTAD, GREGG O., Radicals and the State. The Political Demands on West German Civil Servants, in: CPS, (1988) 1, S. 95–125.

LANGGUTH, GERD, Protest von links. Die Studentenbewegung in der Bundesrepublik Deutschland 1967–1976, in: APZG, B 12/77, S. 3–24.

LEDERER, GERDA, u. a., Autoritarismus unter Jugendlichen der ehemaligen DDR, in: DA, 24 (1991) 6, S. 587–596.

LEGGEWIE, CLAUS, Der rechte Aufmarsch, in: NG, 39 (1992), S. 237–245.

LEGGEWIE, CLAUS, Die Zwerge am rechten Rand. Zu den Chancen kleiner neuer Rechtsparteien in der Bundesrepublik Deutschland, in: PVS, 28 (1987), S. 361–383.

LEGGEWIE, CLAUS/HORST MEIER, Die Berliner Republik als Streitbare Demokratie? Vorgezogener Nachruf auf die freiheitliche demokratische Grundordnung, in: Blätter für deutsche und internationale Politik, 27 (1992), S. 598–604.

LEPSZY, NORBERT, Die Republikaner. Ideologie – Programm – Organisation, in: APZG, B 41–42/89, S. 3–9.

LIEPELT, KLAUS, Anhänger der neuen Rechtspartei. Ein Beitrag zur Diskussion über das Wählerreservoir der NPD, in: PVS, 8 (1967), S. 237–271.

LINSE, ULRICH, Die Transformation der Gesellschaft durch die anarchistische Weltanschauung. Zur Ideologie und Organisation anarchistischer Gruppen in der Weimarer Republik, in: Archiv für Sozialgeschichte, 11 (1971), S. 289–372.

LINZ, JUAN, Totalitarian and Authoritarian Regimes, in: Fred I. Greenstein/Nelson W. Polsby (Hrsg.), Handbook of Political Science, Bd. 3, Reading 1975, S. 175–411.

LOEWENICH, GERHARD VON, Die Instrumentarium einer streitbaren Demokratie, in: Bundesministerium des Innern (Hrsg.), Die Gefährdung des Rechtsstaats durch Extremismus, Köln u. a. 1982, S. 53–70.

LOEWENSTEIN, KARL, Militant Democracy und Fundamental Rights, in: APSR, 31 (1937), S. 417–432, S. 638–658.

LORENZ, DIETER, Verfassungswidrige Parteien und Entscheidungsmonopol des Bundesverfassungsgerichts, in: AöR, 101 (1976), S. 1–24.

LUTZ, HERMANN, Gewerkschaften und Rechtsextremismus, in: Gewerkschaftliche Monatshefte, 40 (1989), S. 577–584.

MAAZ, HANS-JOACHIM, Gewalt in Deutschland – eine psychologische Analyse, in: APZG, B 2–3/93, S. 26–32.

MAIER, HANS, Totalitäre Herrschaft – neubesehen, in: Thomas Nipperdey/Anselm Doering-Manteuffel/Hans-Ulrich Thamer (Hrsg.), Weltbürgerkrieg der Ideologien. Antworten an Ernst Nolte. Festschrift zum 70. Geburtstag, Berlin 1993, S. 233–242.

MAIHOFER, WERNER, Politische Kriminalität, in: Manfred Funke (Hrsg.), Extremismus im demokratischen Rechtsstaat. Ausgewählte Texte und Materialien zur aktuellen Diskussion, Düsseldorf 1978, S. 327–334.

MANDT, HELLA, Grenzen politischer Toleranz in der offenen Gesellschaft. Zum Verfassungsgrundsatz der streitbaren Demokratie, in: APZG, B 3/78, S. 3–15.

MANDT, HELLA, Kritik der Formaldemokratie und Entförmlichung der politischen Auseinandersetzung, in: ZfP, 32 (1985), S. 115–131.

MARCUSE, HERBERT, Repressive Toleranz, in: Robert Paul Wolff/Barrington Moore/Herbert Marcuse, Kritik der reinen Toleranz, Frankfurt/M. 1968, S. 91–128.

MATZ, ULRICH, Das Gewaltproblem im Neomarxismus, in: Eduard J. M. Kroker (Hrsg.), Die Gewalt in Politik, Religion und Gesellschaft, Stuttgart u. a. 1976, S. 59–79.

MAUCH, HANSJÖRG, Zur Ideologie der NPD – dargestellt an Hand einer quantitativen systematischen Inhaltsanalyse der Deutschen Nachrichten, in: SJP, 2 (1971), S. 603–627.

MAURER, HARTMUT, Das Verbot politischer Parteien. Zur Problematik des Art. 21 Abs. 2 GG, in: AöR, 96 (1971), S. 203–236.

MEIER, HORST, Als die Demokratie streiten lernte. Zur Argumentationsstruktur des KPD-Urteils von 1956, in: KJ, 20 (1987), S. 460–473.

MEIER, HORST, Antirepublikanische Umtriebe, in: Vorgänge, 28 (1989) 98, S. 19–23.

MEIER, HORST, Parteiverbote und demokratische Republik. Verfassungspolitische Perspektiven eines radikalen Pluralismus, in: Merkur, 43 (1989), S. 719–723.

MEIER-BERGFELD, PETER, Die Bündnispolitik der Deutschen Kommunistischen Partei, in: Bundesministerium des Innern (Hrsg.), Verfassungsschutz und Rechtsstaat. Beiträge aus Wissenschaft und Praxis, Köln u. a. 1981, S. 255–295.

MENGELKAMP, ANDREAS/JOHANNES ZABEL, Zwischen Ideologie und Protest – Die Republikaner im Aufwind, in: Civis, (1989) 3, S. 57–64.

MENGELKAMP, ANDREAS/JOHANNES ZABEL, Mit Radikalismus wider die offene Gesellschaft?, in: Civis, (1990) 1, S. 4–9.

MIELKE, GERD, Strohfeuer oder Schwelbrand? Zur Diskussion um die Anhänger der neuen Rechtsparteien. Eine Analyse der Wähler der Republikaner bei der Europawahl und der Kommunalwahl 1989 in Freiburg, in: Sonderberichte des Amtes für Statistik und Einwohnerwesen der Stadt Freiburg im Breisgau, hrsg. vom Amt für Statistik und Einwohnerwesen der Stadt Freiburg im Breisgau, September 1990, S. 7–70.

MIES, HERBERT, Die DKP vor der Bundestagswahl 1987, in: MB, 24 (1986) 6, S. 73–79.

MILLER, MICHAEL, Pankows neue Friedensengel, in: Politische Studien, 12 (1961), S. 524–530.

MÖLLER, KURT, Gewalt und politischer Extremismus – Herausforderungen für die Jugendarbeit, in: Neue Praxis, (1991) 4, S. 281–299.

MOREAU, PATRICK, (Pseud. Pierre Bergamlain), La crise Gorbatchévienne du DKP, in: Communisme, (1989) 20–21, S. 48–55.

MOREAU, PATRICK, Biographisches Porträt: Kurt Bachmann, in: Uwe Backes/Eckhard Jesse (Hrsg.), Jahrbuch Extremismus & Demokratie, Bd. 3, Bonn 1991, S. 175–182.

MOREAU, PATRICK, Der westdeutsche Kommunismus in der Krise – ideologische Auseinandersetzungen und Etappen des organisatorischen Verfalls, in: Uwe Backes/Eckhard Jesse (Hrsg.), Jahrbuch Extremismus & Demokratie, Bd. 2, Bonn 1990, S. 170–206.

MOREAU, PATRICK, Krisen und Anpassungsstrategien der kommunistischen Strömungen in der Bundesrepublik Deutschland und der ehemaligen DDR, in: APZG, B 46–47/90, S. 38–53.

MOREAU, PATRICK, Postkommunistische Parteien in Westeuropa. Anpassungsstrategien zum Überleben, in: Eckhard Jesse (Hrsg.), Extremismus in Deutschland und Europa, München 1993, S. 57–76.

MÜLLER, JOHANN BAPTIST, Politische Attitüden links und rechts, in: Civitas, 16 (1979), S. 154–170.

MÜLLER, PETER, Die Sozialistische Einheitspartei Deutschlands, in: Richard Stöss (Hrsg.), Parteien-Handbuch. Die Parteien der Bundesrepublik Deutschland 1945–1980, Opladen 1984, Bd. 2, S. 2241–2273.

NARR, WOLF-DIETER, Gewalt und Legitimität, in: Leviathan, 2 (1973), S. 7–42.

NARR, WOLF-DIETER, Radikalismus, Extremismus, in: Martin Greiffenhagen (Hrsg.), Kampf um Wörter? Politische Begriffe im Meinungsstreit, München-Wien 1980, S. 366–375.

NAUMANN, KLAUS, Republikaner sind wir doch alle. Zeitgemäßes zum Umgang mit Parteien und Potentialen von rechtsaußen, in: Vorgänge, 28 (1989) 5, S. 13–19.

NAUMANN, KLAUS, Wieso Republikaner? Welche Republik?, in: Blätter für deutsche und internationale Politik, 34 (1989), S. 274–279.

NEIDHARDT, FRIEDHELM, Linker und rechter Terrorismus. Empirische Ansätze zu einem Vergleich in: Gewalt von rechts. Beiträge aus Wissenschaft und Publizistik, hrsg. vom Referat »Öffentlichkeitsarbeit gegen Terrorismus« im Bundesministerium des Innern, Bonn 1982, S. 155–204.

NIEKE, W., Art. »Extremismus«, in: Joachim Ritter (Hrsg.), Historisches Wörterbuch der Philosophie, völlig neubearb. Ausgabe des »Wörterbuch der Philosophischen Begriffe« von Rudolf Eisler, Bd. 2, Basel-Stuttgart 1972, S. 884.

NIETHAMMER, LUTZ, Die NPD. Führer, Anhänger, Wähler, in: Der Monat, 19 (1967) 223, S. 21–35.

NOLTE, ERNST, Despotismus – Totalitarismus – Freiheitliche Gesellschaft. Drei Grundbegriffe im westlichen Selbstverständnis, in: ders., Was ist bürgerlich? und andere Artikel, Abhandlungen und Auseinandersetzungen, Stuttgart 1979, S. 114–133.

NÜSKE, GERD FRIEDRICH, »Mehr Niederlagen als Siege« – Das Ende der SEW, einer deutschen kommunistischen Partei, in: Uwe Backes/Eckhard Jesse (Hrsg.), Jahrbuch Extremismus & Demokratie, Bd. 4, Bonn 1992, S. 123–145.

OPITZ, GERHARD, Der Weg ins Abseits. Glanz und Elend der Nationalen Rechten im Nachkriegsdeutschland, in: Junges Forum, (1979) 1–2, S. 3–31.

ORDE, SABINE AM, Die neuen alten Frauenbilder der »Neuen Rechten« in: Perspektiven. Zeitschrift für sozialistische Theorie, (1991) 8, S. 27–46.

PAPCKE, SVEN, Der Skandal. Von der Schönwetter- zur Allwetterdemokratie?, in: L'80, (1988) 45, S. 84–91.

PAPCKE, SVEN, Der Kalte Krieg als Problem der Zeitgeschichtsschreibung, in: EA, 45 (1990), S. 623–631.

PAPPI, FRANZ URBAN, Die Republikaner im Parteiensystem der Bundesrepublik. Protesterscheinung oder politische Alternative?, in: APZG, B 21/90, S. 37–44.

526

PAUL, GERHARD, Die »Republikaner«. Profile einer neuen Partei, in: GM, 40 (1989), S. 537–548.

PFAHL-TRAUGHBER, ARMIN, Der Extremismusbegriff in der politikwissenschaftlichen Diskussion, in: Uwe Backes/Eckhard Jesse (Hrsg.), Jahrbuch Extremismus & Demokratie, Bd. 4, Bonn 1992, S. 67–86.

PFAHL-TRAUGHBER, ARMIN, GRECE – Die Neue Rechte in Frankreich, in: Vorgänge, 30 (1991) 113, S. 15–27.

PFAHL-TRAUGHBER, ARMIN, Rechte Intelligenzblätter und Theorieorgane, in: Vorgänge, 31 (1992) 116, S. 37–50.

PFAHL-TRAUGHBER, ARMIN, Rechtsextreme Tendenzen in der ehemaligen DDR, in: liberal, 33 (1991) 1, S. 71–79.

PFAHL-TRAUGHBER, ARMIN, Rechtsextremismus in den neuen Bundesländern, in: APZG, B 3–4/ 92, S. 11–21.

PFAHL-TRAUGHBER, ARMIN, Das »Le Pen- oder Schönhuber-Phänomen«. Ein Vergleich der »Front National« und »Republikaner«, in: liberal, 31 (1989) 4, S. 77–82.

PFAHL-TRAUGHBER, ARMIN, Rechtspopulistische Parteien in Westeuropa. Das Eindringen in die demokratische Mehrheitskultur, in: Eckhard Jesse (Hrsg.), Extremismus in Deutschland und Europa, München 1993, S. 39–56.

RAISCH, PETER, Rechtsextremismus im Freistaat Sachsen. Aspekte der Strafverfolgung und Vorbeugung, in: Kriminalistik, (1992) 7, S. 431–436.

REBMANN, KURT, Terrorismus und Rechtsordnung, in: Deutscher Richterbund (Hrsg.), Kurskorrekturen im Recht, Köln 1980, S. 109–144.

REESE, HARTMUT, Protagonisten der »nationalen Identität«: die Nationalrevolutionäre, in: FH, 39 (1984) 6, S. 13–20.

RICHARDS, FRED H., Die »nationale Opposition« in der BRD 1965, in: Politische Studien, 16 (1965), S. 575–583.

RICHTER, KARL-OTTO/BERNHARD SCHMIDTBAUER, Zur Akzeptanz von Asylbewerbern in Rostock-Stadt. Empirische Ergebnisse aus dem Frühjahr 1992, in: APZG, B 2–3/93, S. 45–54.

RIPPL, SUSANNE u. a., Determinanten der Parteisympathie für die Republikaner: Eine regionale Studie, in: Journal für Sozialforschung, 31 (1991) 2, S. 147–162.

RITTER, GERHARD A., Der Antiparlamentarismus und Antipluralismus der Rechts- und Linksradikalen, in: Kurt Sontheimer u. a., Der Überdruß an der Demokratie. Neue Linke und alte Rechte – Unterschiede und Gemeinsamkeiten, Köln 1970, S. 43–91.

ROBERTS, GEOFFREY K., Right-Wing Radicalism in the New Germany, in: Parliamentary Affairs, 45 (1992), S. 327–343.

RÖDEL, ULRICH, Der neue Linksradikalismus, in: Iring Fetscher/Herfried Münkler (Hrsg.), Pipers Handbuch der politischen Ideen, Bd. 5: Neuzeit: Vom Zeitalter des Imperialismus bis zu den neuen sozialen Bewegungen, München 1987, S. 479–487.

ROMMELFANGER, ULRICH, Die PDS: Eine zu verbietende politische Partei?, in: ZRP, 25 (1992) 6, S. 213–217.

ROSEN, KLAUS-HENNING, Anmerkungen zur Treuepflicht des öffentlichen Dienstes der Bundesrepublik Deutschland. Die Geschichte des Extremistenbeschlusses, in: Tel Aviver Jahrbuch für deutsche Geschichte, 19 (1990), S. 411–427.

ROSEN, KLAUS-HENNING, Hat der Wolf Kreide gefressen? Das neue Parteiprogramm der »Republikaner«, in: Vorgänge, 29 (1990) 2, S. 22–31.

ROSENBAUM, ULRICH, DKP und Perestrojka, in: NG, 35 (1988), S. 933–936.

ROTH, DIETER, Die Republikaner. Schneller Aufstieg und tiefer Fall einer Protestpartei am rechten Rand, in: APZG, B 37–38/90, S. 27–39.

ROTH, DIETER, Sind die Republikaner die fünfte Partei? Sozial- und Meinungsstruktur der Wähler der Republikaner, in: APZG, B 41–42/89, S. 10–20.

RUDZIO, WOLFGANG, Systemaversionen bei linksorientierten Jugendlichen. Sozialisationsschwächen der deutschen Demokratie, in: APZG, B 50/84, S. 27–34.

SCHEUCH, ERWIN K., Die NPD als rechtsextreme Partei, in: Hamburger Jahrbuch für Wirtschafts- und Gesellschaftspolitik, 15 (1970), S. 321–333.

SCHEUCH, ERWIN K., Die NPD in der Bundesrepublik, in: NG, 14 (1967), S. 292–301.

SCHEUCH, ERWIN K., Theorie des Rechtsradikalismus in westlichen Industriegesellschaften, in: Hamburger Jahrbuch für Wirtschafts- und Gesellschaftspolitik, 12 (1967), S. 11–29

SCHEUCH, ERWIN K., Zum Wiedererstehen der Erlösungsbewegungen, in: Kurt Sontheimer u. a., Der Überdruß an der Demokratie. Neue Linke und alte Rechte – Unterschiede und Gemeinsamkeiten, Köln 1970, S. 129–206.

SCHEUCH, ERWIN K., Politischer Extremismus in der Bundesrepublik, in: Richard Löwenthal/Hans-Peter Schwarz (Hrsg.), Die zweite Republik. 25 Jahre Bundesrepublik Deutschland – eine Bilanz, Stuttgart 1974, S. 433–469.

SCHEUCH, ERWIN K., Parteienverdrossenheit, Veränderungen des politischen Systems in der Bundesrepublik Deutschland, in: NO, 44 (1990) 1, S. 52–66.

SCHLOMANN, FRIEDRICH WILHELM, Trotzkisten, Europäische Arbeiterpartei, »Maoisten«, in: APZG, B 27/80, S. 12–28.

SCHMERL, CHRISTIANE/HELMUT BONN, Zum Problem dogmatischer Einstellungen bei »Rechten« und »Linken«, in: Soziale Welt, 26 (1975), S. 174–187.

SCHMOLLINGER, HORST W., Der Deutsche Block, in: Richard Stöss (Hrsg.), Parteien-Handbuch. Die Parteien der Bundesrepublik Deutschland 1945–1980, Opladen 1983, Bd. 1, S. 807–847.

SCHMOLLINGER, HORST W., Die Nationaldemokratische Partei Deutschlands, in: Richard Stöss (Hrsg.), Parteien-Handbuch. Die Parteien der Bundesrepublik Deutschland 1945–1980, Opladen 1984, Bd. 2, S. 1922–1994.

SCHMOLLINGER, HORST W., Die Deutsche Konservative Partei – Deutsche Rechtspartei, in: Richard Stöss (Hrsg.), Parteien-Handbuch. Die Parteien der Bundesrepublik Deutschland 1945–1980, Opladen 1983, Bd. 1, 982–1024.

SCHMOLLINGER, HORST W., Die Deutsche Reichspartei, in: Richard Stöss (Hrsg.), Parteien-Handbuch. Die Parteien der Bundesrepublik Deutschland 1945–1980, Opladen 1983, Bd. 1, S. 1112–1191.

SCHMOLLINGER, HORST W., Die Sozialistische Reichspartei, in: Richard Stöss (Hrsg.), Parteien-Handbuch. Die Parteien der Bundesrepublik Deutschland 1945–1980, Opladen 1984, Bd. 2, S. 2274–2336.

SCHNEIDER, HELMUT, Jugendlicher Rechtsextremismus in der Bundesrepublik nach 1945. Geschichte – Formen – Hintergründe, in: Diskurs, (1990) 0, S. 62–69.

SCHÖNBOHM, WULF, Politischer Radikalismus: Das häßliche Gesicht gesellschaftlichen Wandels, in: Sonde, 22 (1989) 3, S. 54–63.

SCHÖNFELDT, RALF, Die Deutsche Friedens-Union, in: Richard Stöss (Hrsg.), Parteien-Handbuch. Die Parteien der Bundesrepublik Deutschland 1945–1980, Opladen 1983, Bd. 1, S. 848–876.

SCHUSTER, RUDOLF, Relegalisierung der KPD oder Illegalisierung der NPD, in: ZfP, 15 (1968), S. 413–429.

SCHUSTER, RUDOLF, Über die Grenzen der »abwehrbereiten Demokratie«, in: JZ, 23 (1968), S. 152–159.

SCHÜTTE, CHRISTOPH, Völkererwachen und Intellektuellendämmerung. Die Rezeption der Nouvelle Droite in Deutschland, in: Vorgänge, 31 (1992) 116, S. 51–60.

SCHWAGERL, H. JOACHIM, Ihre Ehre heißt Treue. Zur Traditionspflege der ehemaligen Angehörigen der Waffen-SS, in: Tribüne, 28 (1989) 109, S. 155–164; 110, S. 204–214; 111, S. 216–227.

SCHWAGERL, H. JOACHIM, Verfassungsschutz zwischen Fragwürdigkeit und Notwendigkeit, in: ZRP, 21 (1988), S. 167–172.

SEIFERT, JÜRGEN, Haus oder Forum. Wertsystem oder offene Verfassung, in: Jürgen Habermas (Hrsg.), Stichworte zur ›Geistigen Situation der Zeit‹, Bd. 1, Frankfurt/M. 1979, S. 321–339.

SEIFERT, JÜRGEN, Hoheitliche Verrufserklärungen? Verfassungsschutzberichte von Bund und Ländern im Vergleich, in: Vorgänge, 21 (1982) 55, S. 46–60.

SEITZ, NORBERT, Der ideelle Gesamtpopulist, Notizen zu einer »historischen« Rede Franz Schönhubers, in: NG, 36 (1989), S. 110–112.

SHELL, KURT L., Extraparliamentary Opposition in Postwar Germany, in: Comparative Politics, 2 (1970), S. 653–680.

SIPPEL, HEINRICH, Rechtsextremismus nach der Wiedervereinigung, in: Uwe Backes/Eckhard Jesse (Hrsg.), Jahrbuch Extremismus & Demokratie, Bd. 3, Bonn 1991, S. 166–174.

STARITZ, DIETRICH, Die Kommunistische Partei Deutschlands, in: Richard Stöss (Hrsg.), Parteien-Handbuch. Die Parteien der Bundesrepublik Deutschland, Opladen 1984, Bd. 2, S. 1663–1809.

STARITZ, DIETRICH, KPD und Kalter Krieg bis 1950, in: Die Linke im Rechtsstaat, Bd. 1: Bedingungen sozialistischer Politik 1945–1965, Berlin 1976, S. 195–210.

STEG, THOMAS, Mit alten Rezepten zu neuen Ufern – Anmerkungen zu den wirtschafts- und sozialpolitischen Aussagen der »Republikaner«, in: GM, 40 (1989), S. 571–577.

STÖSS, RICHARD, Einleitung: Struktur und Entwicklung des Parteiensystems der Bundesrepublik – Eine Theorie, in: ders. (Hrsg.), Parteien-Handbuch. Die Parteien der Bundesrepublik Deutschland 1945–1980, Opladen 1983, Bd. 1, S. 17–309.

STÖSS, RICHARD, Die Aktionsgemeinschaft Unabhängiger Deutscher, in: ders. (Hrsg.), Parteien-Handbuch. Die Parteien der Bundesrepublik Deutschland 1945–1980, Opladen 1983, Bd. 1, S. 310–335.

STÖSS, RICHARD, Die Deutsch-Soziale Union, in: ders. (Hrsg.), Parteien-Handbuch. Die Parteien der Bundesrepublik Deutschland 1945–1980, Opladen 1983, Bd. 1, S. 1243–1278.

STÖSS, RICHARD, Die Deutsche Gemeinschaft, in: ders. (Hrsg.), Parteien-Handbuch. Die Parteien der Bundesrepublik Deutschland 1945–1980, Opladen 1983, Bd. 1, S. 877–900.

STÖSS, RICHARD, Die Unabhängige Arbeiter-Partei, in: ders. (Hrsg.), Parteien-Handbuch. Die Parteien der Bundesrepublik Deutschland 1945–1980, Opladen 1984, Bd. 2, S. 2337–2360

STÖSS, RICHARD, The Problem of Right-Wing Extremism in West Germany, in: WEP, 11 (1988) 2, S. 34–46.

STÖSS, RICHARD, Väter und Enkel: Alter und Neuer Nationalismus in der Bundesrepublik, in: Ästhetik und Kommunikation, 9 (1978) 3, S. 35–57.

STRASSER, JOHANO, Zum Selbstverständnis der PDS, in: NG, 37 (1990), S. 1044–1047.

STRÜBEL, MICHAEL, Mehr direkte Demokratie?, in: APZG, B 42/87, S. 17–30.

STURZBECHER, DIETMAR/PETER DIETRICH, Jugend in Brandenburg – Signale einer unverstandenen Generation, in: APZG, B 2–3/93, S. 33–44.

THEIMER, WALTER, Die Gefahr des Neonazismus, in: GM, 3 (1952), S. 168–172.

TROM, DANNY, Entre gauche et droite. Enquête sur le romantisme populiste. Le cas de la revue Wir Selbst, in: Lignes, (1989) 7, S. 87–121.

VOGEL, HANS-JOCHEN, Strafverfahrensrecht und Terrorismus – eine Bilanz, in: NJW, 31 (1978), S. 1217–1228.

WAGNER, PETER M., Die NPD nach der Spaltung, in: Uwe Backes/Eckhard Jesse (Hrsg). Jahrbuch Extremismus & Demokratie, Bd. 4, Bonn 1992, S. 157–167.

WARNECKE, STEVEN, The Future of Rightist Extremism in West Germany, in: Martin Kolinsky/ William E. Paterson (Hrsg.), Social and Political Movements in Western Europe, London 1976, S. 67–90.

WASMUND, KLAUS, Zur politischen Sozialisation in terroristischen Gruppen, in: APZG, B 34/80, S. 29–46.

WASSERMANN, RUDOLF, Politisch motivierte Gewalt in der modernen Gesellschaft, in: APZG, B 48/77, S. 29–37.

WASSERMANN, RUDOLF, Zur vorzeitigen Entlassung verurteilter Terroristen, in: RuP, 28 (1992) 1, S. 32–34.

WEBER, HELLMUTH VON, Zum SRP-Urteil des Bundesverfassungsgerichts, in: JZ, 8 (1953), S. 293–298.

WEBER, HERMANN, Aufstieg und Niedergang des deutschen Kommunismus, in: APZG, B 40/91, S. 25–39.

WEHLER, HANS-ULRICH, »Deutscher Sonderweg«, oder allgemeine Probleme des westlichen Kapitalismus? Zur Kritik an einigen »Mythen deutscher Geschichtsschreibung«, in: Merkur, 35 (1981), S. 478–487.

WEISS, ANDREAS VON, Linksradikale Organisationen in der Bundesrepublik Deutschland und ihre politische Bedeutung, in: ZfP, 32 (1975), S. 41–58.

WEISS, ANDREAS VON, Weltanschauungen der linken politischen Gruppierungen, in: Anton Peisl/Armin Mohler (Hrsg.), Kursbuch der Weltanschauungen, Frankfurt/M. u.a. 1980, S. 83–145.

WELLERS, GEORGES, Der »Leuchter-Bericht« über die Gaskammer von Auschwitz. Revisionistische Propaganda und Leugnung der Wahrheit, in: Dachauer Hefte, 7 (1991), S. 230–241.

WELLMER, ALBRECHT, Terrorismus und Gesellschaftskritik, in: Jürgen Habermas (Hrsg.), Stichworte zur ›Geistigen Situation der Zeit‹, Bd. 1, Frankfurt/M. 1979, S. 265–293.

WIESNER, JOACHIM, Der Durchbruch der »Republikaner«. Steht die Bundesrepublik vor einem Wandel ihres Regierungssystems?, in: liberal, 31 (1989) 3, S. 73–97.

WILKE, MANFRED, Die DKP und die Gewerkschaften, in: Uwe Backes/Eckhard Jesse (Hrsg.), Jahrbuch Extremismus & Demokratie, Bd. 1, Bonn 1989, S. 185–195.

WILKE, MANFRED, Die Krise der Deutschen Kommunistischen Partei, in: APZG, B 46–47/90, S. 27–37.

WILKE, MANFRED, Ist die »Partei des demokratischen Sozialismus« (PDS) noch eine kommunistische Partei?, in: Politische Studien, 41 (1990), S. 695–705.

WILKE, MANFRED, DKP und PDS nach dem Ende des deutschen Kommunismus, in: Uwe Backes/Eckhard Jesse (Hrsg.), Jahrbuch Extremismus & Demokratie, Bd. 3, Bonn 1991, S. 147–158.

WINKLER, HEINRICH A., Die konservative Demokratie. Die Parteienverbote des Bundesverfassungsgerichts, in: GWU, 12 (1961), S. 435–444.

WINKLER, HEINRICH A., Der deutsche Sonderweg: Eine Nachlese, in: Merkur, 35 (1981), S. 793–804.

WITTENBERG, REINHARD/BERNHARD PROSCH/MARTIN ABRAHAM, Antisemitismus in der ehemaligen DDR. Überraschende Ergebnisse der ersten Repräsentativ-Umfrage und einer Befragung von Jugendlichen in Jena, in: Tribüne, 30 (1991) 118, S. 102–120.

WOLLER, HANS, Die Wirtschaftliche Aufbau-Vereinigung, in: Richard Stöss (Hrsg.), Parteien-Handbuch. Die Parteien der Bundesrepublik Deutschland 1945–1980, Opladen 1984, Bd. 2, S. 2458–2481.

ZIPPELIUS, REINHOLD, Zur Rechtfertigung des Mehrheitsprinzips in der Demokratie, in: APZG, B 42/87, S. 3–10.

ZITELMANN, RAINER, Die Republikaner – »Nazis« – »Rechtsextremisten« – »Populisten«, in: ZfP, 36 (1989), S. 410–421.

Abkürzungsverzeichnis

1. Periodika

AHR	American Historical Review
AöR	Archiv des öffentlichen Rechts
APSR	American Political Science Review
APZG	Aus Politik und Zeitgeschichte. Beilage zur Wochenzeitung »Das Parlament«
ASR	American Sociological Review
b:e	betrifft: erziehung
BJPS	British Journal of Political Science
BJS	British Journal of Sociology
BVerfGE	Entscheidungen des Bundesverfassungsgerichts
BzK	Beiträge zur Konfliktforschung
CPS	Comparative Political Studies
DA	Deutschland Archiv
DNZ	Deutsche National-Zeitung
DuR	Demokratie und Recht
EA	Europa-Archiv
EJPR	European Journal of Political Research
FAZ	Frankfurter Allgemeine Zeitung
FH	Frankfurter Hefte
FR	Frankfurter Rundschau
GG	Geschichte und Gesellschaft
GM	Gewerkschaftliche Monatshefte
GO	Government and Opposition
GWU	Geschichte in Wissenschaft und Unterricht
HJb	Historisches Jahrbuch
Innere Sicherheit	Informationsdienst »Innere Sicherheit«, hrsg. vom Bundesministerium des Innern
JZ	Juristenzeitung
KJ	Kritische Justiz
KZSS	Kölner Zeitschrift für Soziologie und Sozialpsychologie
MB	Marxistische Blätter
NG	Die Neue Gesellschaft
NJW	Neue Juristische Wochenschrift

NO	Die Neue Ordnung
NPL	Neue Politische Literatur
NZZ	Neue Zürcher Zeitung
ÖZP	Österreichische Zeitschrift für Politikwissenschaft
PDI	Pressedienst Demokratische Initiative
PSQ	Political Science Quarterly
PVS	Politische Vierteljahresschrift
PVS-L	PVS-Literatur
RFSP	Revue Française de Science Politique
RuP	Recht und Politik
SJP	Sozialwissenschaftliches Jahrbuch für Politik
SZ	Süddeutsche Zeitung
taz	die tageszeitung
UZ	Unsere Zeit
VfZ	Vierteljahrshefte für Zeitgeschichte
VSB	Verfassungsschutzbericht, hrsg. vom Bundesministerium des Innern
VuV	Verfassung und Verfassungswirklichkeit
VVDStRL	Veröffentlichungen der Vereinigung der Deutschen Staatsrechtslehrer
WEP	West European Politics
ZfG	Zeitschrift für Geschichtswissenschaft
ZfP	Zeitschrift für Politik
ZRP	Zeitschrift für Rechtspolitik

2. Organisationen

ADF	Aktion Demokratischer Fortschritt
ANR	Aktion Neue Rechte
ANS/NA	Aktionsfront Nationaler Sozialisten/Nationale Aktivisten
APO	Außerparlamentarische Opposition
AUD	Aktionsgemeinschaft Unabhängiger Deutscher
AVV	Arbeitskreis Volkstreuer Verbände
BBI	Bürger- und Bauerninitiative
BdD	Bund der Deutschen
BDJ	Bund Deutscher Jugend
BNS	Bund Nationaler Studenten
BWK	Bund Westdeutscher Kommunisten
CDU	Christlich Demokratische Union Deutschlands
CSU	Christlich-Soziale Union
DAP	Deutsche Aufbau-Partei
DB	Der Deutsche Block
DFG/VK	Deutsche Friedensgesellschaft – Vereinigte Kriegsdienstgegner
DFP	Deutsche Freiheitspartei
DFU	Deutsche Friedens-Union
DG	Deutsche Gemeinschaft

DGB	Deutscher Gewerkschaftsbund
DKEG	Deutsches Kulturwerk Europäischen Geistes
DKP	Deutsche Kommunistische Partei
DKP	Deutsche Konservative Partei
DKP-DRP	Deutsche Konservative Partei-Deutsche Rechtspartei
DN	Deutsche Nachrichten
DNVP	Deutschnationale Volkspartei
DP	Deutsche Partei
DRP	Deutsche Reichspartei
DVFP	Deutschvölkische Freiheitspartei
DVU	Deutsche Volksunion
EAP	Europäische Arbeiterpartei
ENO	Europäische Neu-Ordnung
ESB	Europäische Soziale Bewegung
FAP	Freiheitliche Deutsche Arbeiterpartei
FDP	Freie Demokratische Partei
FN	Front National
FöGA	Föderation Gewaltfreier Aktionsgruppen
FSU	Freisoziale Union
GB/BHE	Gesamtdeutscher Block/Bund der Heimatvertriebenen und Entrechteten
GIM	Gruppe Internationale Marxisten
GuD	Gemeinschaft unabhängiger Deutscher
HNG	Hilfsorganisation für Nationale Politische Gefangene
JN	Junge Nationaldemokraten
JP	Junge Pioniere
KABD	Kommunistischer Arbeiterbund Deutschlands
KB	Kommunistischer Bund
KBW	Kommunistischer Bund Westdeutschlands
KdA	Kampf dem Atomtod
KfA	Kampagne für Abrüstung
KFAZ	Komitee für Frieden, Abrüstung und Zusammenarbeit
KfDA	Kampagne für Demokratie und Abrüstung
KNJ	Kameradschaftsring Nationaler Jugendverbände
KPD	Kommunistische Partei Deutschlands
KPD/ML	Kommunistische Partei Deutschlands/Marxisten-Leninisten
KPdSU	Kommunistische Partei der Sowjetunion
KPO	KPD-Opposition
MLPD	Marxistisch-Leninistische Partei Deutschlands
MSI	Movimento Sociale Italiano
MSB	Marxistischer Studentenbund Spartakus
NDP	Nationaldemokratische Partei
NF	Nationalistische Front
NPD	Nationaldemokratische Partei Deutschlands
NRAO	Nationalrevolutionäre Aufbauorganisation
NS	Nationalsozialismus
NSDAP	Nationalsozialistische Deutsche Arbeiterpartei

NSDAP/AO	Nationalsozialistische Deutsche Arbeiterpartei/Auslands- und Aufbauorganisation
RAF	Rote Armee Fraktion
REP	Die Republikaner
RZ	Revolutionäre Zellen
SA	Sturm-Abteilung
SB	Sozialistischer Bund/Sozialistisches Büro
SDAJ	Sozialistische Deutsche Arbeiterjugend
SDS	Sozialistischer Deutscher Studentenbund
SdV/NRAO	Sache des Volkes/Nationalrevolutionäre Aufbauorganisation
SED	Sozialistische Einheitspartei Deutschlands
SEW	Sozialistische Einheitspartei Westberlin
SHB	Sozialistischer Hochschulbund
SPD	Sozialdemokratische Partei Deutschlands
SRP	Sozialistische Reichspartei
SS	Schutz-Staffel
SVB	Solidaristische Volksbewegung
UAP	Unabhängige Arbeiterpartei
UAPD	Unabhängige Arbeiterpartei Deutschlands
VDNV	Vereinigung Deutsche Nationalversammlung
VDS	Vereinigte Deutsche Studentenschaften
VUS	Vereinigung Unabhängiger Sozialisten
VSBD/PdA	Volkssozialistische Bewegung Deutschland/Partei der Arbeit
VSP	Vereinigte Sozialistische Partei
VVN/BdA	Vereinigung der Verfolgten des Naziregimes – Bund der Antifaschisten
WAV	Wirtschaftliche Aufbau-Vereinigung

Tabellen- und Schaubilderverzeichnis

1. Tabellen

2. Schaubilder

Personenverzeichnis

Aufgenommen wurden die im Textteil, nicht die im Anmerkungsverzeichnis vorkommenden Personen.

Die Autoren

Backes, Uwe, Dr. phil., Akademischer Rat a. Z. am Lehrstuhl Politische Wissenschaft der Universität Bayreuth; geb. 1960; Studium der Politikwissenschaft, Geschichtswissenschaft und Germanistik an der Universität Trier.
Veröffentlichungen u. a.: Politischer Extremismus in demokratischen Verfassungsstaaten. Elemente einer normativen Rahmentheorie, Opladen 1989; Bleierne Jahre. Baader-Meinhof und danach, Erlangen 1991.

Jesse, Eckhard, Dr. phil. habil., Dipl.-Politologe, Hochschuldozent im Fach Politikwissenschaft an der Universität Trier, z. Z. Professor an der Technischen Universität Chemnitz-Zwickau; geb. 1948; Studium der Politikwissenschaft und der Geschichtswissenschaft an der Freien Universität Berlin.
Veröffentlichungen u. a.: Die Demokratie der Bundesrepublik Deutschland. Eine Einführung in das politische System (1978), Berlin 1986[7]; Wahlrecht zwischen Kontinuität und Reform. Eine Analyse der Wahlsystemdiskussion und der Wahlrechtsänderungen in der Bundesrepublik Deutschland 1949–1983, Düsseldorf 1985.

Backes und Jesse sind Autoren des dreibändigen Werkes »Der politische Extremismus in der Bundesrepublik Deutschland« (Köln 1989) sowie Herausgeber des »Jahrbuchs Extremismus & Demokratie« (seit 1989) und der gleichnamigen Schriftenreihe im Bonner Bouvier Verlag (seit 1992).

Täglich berichten die Medien über gewalttätige Ausschreitungen von Banden jugendlicher Skinheads. Neo-nationalsozialistische Gruppen provozieren mit aggressiven Parolen und Symbolen aus der NS-Zeit. Rechte und auch rechtsextreme Parteien verbuchen wachsende Stimmanteile und ziehen in die Parlamente ein.

Aber schon wird erkennbar, wie sich Links- und Rechtsextremisten gegenseitig hochschaukeln: »Autonome« Gewalttäter gehen in einigen Großstädten auf »Faschisten«-Jagd. Und die PDS hält sich, vom Verfassungsschutz unbeobachtet, hartnäckig in den neuen Bundesländern.

Das Standardwerk über Geschichte und Gegenwart des politischen Extremismus in der Bundesrepublik Deutschland liegt nun in einer aktualisierten und erweiterten Fassung vor – unverzichtbar für die politische Bildungsarbeit, für Journalisten, Wissenschaftler und Politiker. Die *Neue Politische Literatur* urteilte über die Erstausgabe: »Jesse und Backes legen mit ihrer Gemeinschaftsarbeit eine solide Grundlage für die Politische Wissenschaft, mit Ausstrahlungen auf die bundesdeutsche Zeitgeschichte, wie für eine offene demokratische Politische Bildung.«